注释法典丛书
新五版·13

中华人民共和国
保 险
注释法典

中国法制出版社
CHINA LEGAL PUBLISHING HOUSE

我国的立法体系[①]

机构	立法权限
全国人民代表大会	修改宪法，制定和修改刑事、民事、国家机构的和其他的基本法律
全国人民代表大会常务委员会	制定和修改除应当由全国人民代表大会制定的法律以外的其他法律；在全国人民代表大会闭会期间，对全国人民代表大会制定的法律进行部分补充和修改；根据全国人民代表大会授权制定相关法律；解释法律。
国务院	根据宪法、法律和全国人民代表大会及其常务委员会的授权，制定行政法规。
省、自治区、直辖市的人民代表大会及其常务委员会	根据本行政区域的具体情况和实际需要，在不同宪法、法律、行政法规相抵触的前提下，制定地方性法规。
设区的市、自治州的人民代表大会及其常务委员会	在不同上位法相抵触的前提下，可对城乡建设与管理、生态文明建设、历史文化保护、基层治理等事项制定地方性法规。
经济特区所在地的省、市的人民代表大会及其常务委员会	根据全国人民代表大会的授权决定，制定法规，在经济特区范围内实施。
上海市人民代表大会及其常务委员会	根据全国人民代表大会常务委员会的授权决定，制定浦东新区法规，在浦东新区实施。
海南省人民代表大会及其常务委员会	根据法律规定，制定海南自由贸易港法规，在海南自由贸易港范围内实施。
民族自治地方的人民代表大会	依照当地民族的政治、经济和文化的特点，制定自治条例和单行条例。对法律和行政法规的规定作出变通的规定，但不得违背法律或者行政法规的基本原则，不得对宪法和民族区域自治法的规定以及其他有关法律、行政法规专门就民族自治地方所作的规定作出变通规定。
国务院各部、委员会、中国人民银行、审计署和具有行政管理职能的直属机构以及法律规定的机构	根据法律和国务院的行政法规、决定、命令，在本部门的权限范围内，制定规章。
省、自治区、直辖市和设区的市、自治州的人民政府	根据法律、行政法规和本省、自治区、直辖市的地方性法规，制定规章。设区的市、自治州人民政府制定的地方政府规章限于城乡建设与管理、生态文明建设、历史文化保护、基层治理等方面的事项。
中央军事委员会	根据宪法和法律制定军事法规，在武装力量内部实施。
中国人民解放军各战区、军兵种和中国人民武装警察部队	根据法律和中央军事委员会的军事法规、决定、命令，在其权限范围内制定军事规章，在武装力量内部实施。
国家监察委员会	根据宪法和法律、全国人民代表大会常务委员会的有关决定，制定监察法规。
最高人民法院、最高人民检察院	作出属于审判、检察工作中具体应用法律的解释。

[①] 本图表为编者根据《立法法》相关规定编辑整理，供参考。

■ 因为专业　所以卓越

出版说明

"注释法典"丛书是我社集数年法规编撰经验,创新出版的大型实用法律工具书。本套工具书不仅全面反映我国立法成果与现状,全面收录相关领域重要法律文件,而且秉持权威、实用的理念,从条文【注释】、【实务问答】及【裁判规则】多角度阐释重要法律规定,相信能够成为广大读者理解、掌握、适用法律的首选工具书。

本套工具书以中国特色社会主义法律体系为主线,结合实践确定分册,独家打造七重法律价值:

一、内容全面

本分册涵盖保险领域重要的法律、法规、部门规章、司法解释等文件,收录的文件均为现行有效文本,方便读者全面、及时掌握相关规定。

二、注释精炼

在重要法律文件前设【理解与适用】,介绍该法历史沿革、主要内容、适用注意事项;以【注释】形式对重难点条文进行详细阐释。注释内容在吸取全国人大常委会法制工作委员会、最高人民法院等权威解读的基础上,结合最新公布的相关规定及司法实践全新撰写,保证注释内容的准确性与时效性。另外,在重要条文注释中,提炼简明小标题,并予以加粗,帮助读者快速把握条文注释主要内容。

三、实务问答

在相关法条下设【实务问答】,内容来源于最高人民法院司法观点、相关函复等,解答法律适用中的重点与难点。

四、案例指导

在相关法条下设【案例】,案件主要来源于最高人民法院、最高人民检察院指导性案例及公报案例,整理【裁判规则】,展示解决法律问题的权威实例。

五、关联法规链接

在相关法条下以【链接】的方式索引关联条文,提供相关且有效的条文援引,全面体现相关法律规定。

六、层级清晰　检索便捷

(1) 目录按照法律文件的效力等级分为法律及文件、行政法规及文件、部门规章及文件、司法解释及文件四个层级。(2) 每一层级下法律文件大多按照公布或者最后一次修改时间排列,以方便读者快速定位目标文件,但为了方便读者对某一类问题进行集中查找,本书将一些联系紧密的文件进行了集中排版。

七、超值增值服务

为了使读者能够全面了解解决法律问题的实例,准确适用法律,同时及时充分了解我国立法的动态信息,凡是购买本书的读者,均可获得以下超值增值服务:(1) 扫码添加书后"法规编辑部"公众号→点击菜单栏→进入资料下载栏→选择注释法典资料项→点击网址或扫码下载,即可获取最高人民法院、最高人民检察院指导性案例电子版;(2) 通过"法规编辑部"公众号,及时了解最新立法信息,并可线上留言,编辑团队会就图书相关疑问进行动态解答。

能够为大家学习法律、解决法律难题提供实实在在的帮助,是我们全心努力的方向,衷心欢迎广大读者朋友反馈意见、建议。

中国法制出版社
2023年11月

目 录*

一、综合

● 法律
中华人民共和国保险法 …………… 1
　（2015 年 4 月 24 日）
中华人民共和国民法典（节录） …… 43
　（2020 年 5 月 28 日）
中华人民共和国海商法（节录） …… 117
　（1992 年 11 月 7 日）
中华人民共和国刑法（节录） ……… 120
　（2020 年 12 月 26 日）

● 行政法规及文件
国务院关于保险业改革发展的若干意见 … 121
　（2006 年 6 月 15 日）
国务院关于加快发展现代保险服务业的若干意见 …………………………… 125
　（2014 年 8 月 10 日）
国务院办公厅关于加快发展商业养老保险的若干意见 ……………………… 128
　（2017 年 6 月 29 日）

● 部门规章及文件
中国银保监会行政许可实施程序规定 …… 131
　（2020 年 5 月 24 日）
银行保险机构许可证管理办法 ……… 134
　（2021 年 4 月 28 日）
中国银保监会现场检查办法（试行） …… 137
　（2019 年 12 月 24 日）
中国银行保险监督管理委员会派出机构监管职责规定 ………………………… 142
　（2021 年 7 月 30 日）
中国保险监督管理委员会政务信息工作办法 ………………………………… 144
　（2015 年 12 月 29 日）

保险标准化工作管理办法 …………… 146
　（2017 年 12 月 29 日）
银行保险机构消费者权益保护管理办法 … 148
　（2022 年 12 月 12 日）
反保险欺诈指引 ……………………… 152
　（2018 年 2 月 11 日）
互联网保险风险专项整治工作实施方案 … 157
　（2016 年 4 月 14 日）
银行保险机构应对突发事件金融服务管理办法 ………………………………… 158
　（2020 年 9 月 9 日）

● 司法解释
最高人民法院关于适用《中华人民共和国保险法》若干问题的解释（一） ……… 162
　（2009 年 9 月 21 日）
最高人民法院关于适用《中华人民共和国保险法》若干问题的解释（二） ……… 163
　（2020 年 12 月 29 日）
最高人民法院关于适用《中华人民共和国保险法》若干问题的解释（三） ……… 165
　（2020 年 12 月 29 日）
最高人民法院关于适用《中华人民共和国保险法》若干问题的解释（四） ……… 167
　（2020 年 12 月 29 日）
最高人民法院关于审理海上保险纠纷案件若干问题的规定 ………………… 169
　（2020 年 12 月 29 日）
最高人民检察院研究室关于保险诈骗未遂能否按犯罪处理问题的答复 …… 170
　（1998 年 11 月 27 日）

---

* 编者按：本目录中的时间为法律文件的公布时间或最后一次修正、修订公布时间。

最高人民法院关于如何理解《中华人民共和国保险法》第六十五条"自杀"含义的请示的答复 …… 170
（2002年3月6日）
最高人民法院关于对四川省高级人民法院关于内江市东兴区农村信用合作社联合社与中国太平洋保险公司内江公司保险合同赔付纠纷合同是否成立等请示一案的答复 …… 171
（2003年7月10日）

・指导案例・
1. 中国平安财产保险股份有限公司江苏分公司诉江苏镇江安装集团有限公司保险人代位求偿权纠纷案 …… 174
2. 江西熊某等交通事故保险理赔虚假诉讼监督案 …… 176
3. 华泰财产保险有限公司北京分公司诉李志贵、天安财产保险股份有限公司河北省分公司张家口支公司保险人代位求偿权纠纷案 …… 178

二、机构管理

（一）保险公司

● 部门规章及文件
保险公司管理规定 …… 179
（2015年10月19日）
保险公司分支机构市场准入管理办法 …… 185
（2021年9月2日）
保险集团公司监督管理办法 …… 190
（2021年11月24日）
再保险公司设立规定 …… 199
（2002年9月17日）
保险公司股权管理办法 …… 200
（2018年3月2日）
保险公司控股股东管理办法 …… 208
（2012年7月25日）
银行保险机构大股东行为监管办法（试行） …… 211
（2021年9月30日）
保险公司董事、监事和高级管理人员任职资格管理规定 …… 216
（2021年6月3日）
银行保险机构董事监事履职评价办法（试行） …… 221
（2021年5月20日）
保险公司总精算师管理办法 …… 227
（2010年12月3日）
银行保险机构公司治理准则 …… 229
（2021年6月2日）

保险公司合规管理办法 …… 240
（2016年12月30日）
银行保险机构公司治理监管评估办法 …… 244
（2022年11月28日）
银行保险机构声誉风险管理办法（试行） …… 247
（2021年2月8日）
保险公司设立境外保险类机构管理规定 …… 250
（2015年10月19日）

● 司法解释
最高人民法院关于审理涉及保险公司不正当竞争行为的行政处罚案件时如何确定行政主体问题的复函 …… 253
（2003年12月8日）

（二）保险业务

● 部门规章及文件
保险公司业务范围分级管理办法 …… 253
（2013年5月2日）
保险公司保险业务转让管理暂行办法 …… 256
（2011年8月26日）
再保险业务管理规定 …… 257
（2021年7月21日）
中国保险监督管理委员会办公厅关于《再保险业务管理规定》第十一条适用范围的复函 …… 260
（2017年4月26日）
责任保险业务监管办法 …… 260
（2020年12月22日）

旅行社责任保险管理办法 …………… 263
　　（2010 年 11 月 25 日）
互联网保险业务监管办法 ……………… 264
　　（2020 年 12 月 7 日）
商业银行代理保险业务管理办法 ……… 273
　　（2019 年 8 月 23 日）
银行业保险业绿色金融指引 …………… 281
　　（2022 年 6 月 1 日）
银行保险机构关联交易管理办法 ……… 284
　　（2022 年 1 月 10 日）

（三）保险监管

● 部门规章及文件

保险公司非现场监管暂行办法 ………… 292
　　（2022 年 1 月 18 日）
保险资产负债管理监管暂行办法 ……… 295
　　（2019 年 7 月 24 日）
保险公司信息披露管理办法 …………… 297
　　（2018 年 4 月 28 日）
保险机构洗钱和恐怖融资风险评估及客
　户分类管理指引 …………………… 301
　　（2014 年 12 月 30 日）
银行保险机构恢复和处置计划实施暂行
　办法 ………………………………… 307
　　（2021 年 6 月 3 日）
相互保险组织监管试行办法 …………… 310
　　（2015 年 1 月 23 日）

（四）保险统计

● 部门规章及文件

银行保险监管统计管理办法 …………… 313
　　（2022 年 12 月 25 日）
保险公司分支机构开业统计与信息化建
　设验收指引 ………………………… 316
　　（2005 年 5 月 12 日）
绿色保险业务统计制度 ………………… 317
　　（2022 年 11 月 10 日）
保险外币统计币种及折算汇率管理办法 … 320
　　（2006 年 12 月 22 日）

（五）外资保险公司

● 行政法规

中华人民共和国外资保险公司管理条例 … 320
　　（2019 年 9 月 30 日）

● 部门规章及文件

中华人民共和国外资保险公司管理条例
　实施细则 …………………………… 324
　　（2021 年 3 月 10 日）
外国保险机构驻华代表机构管理办法 …… 327
　　（2018 年 2 月 13 日）
中国保险监督管理委员会关于适用《外
　国保险机构驻华代表机构管理办法》
　若干问题的解释 …………………… 330
　　（2008 年 11 月 14 日）

三、财产保险

（一）综合

● 行政法规

农业保险条例 …………………………… 332
　　（2016 年 2 月 6 日）

● 部门规章及文件

农业保险承保理赔管理办法 …………… 334
　　（2022 年 2 月 17 日）
财产保险公司保险条款和保险费率管理
　办法 ………………………………… 339
　　（2021 年 8 月 16 日）

中国保险监督管理委员会关于实施《财
　产保险公司保险条款和保险费率管理
　办法》有关问题的通知 …………… 341
　　（2010 年 5 月 11 日）
财产保险公司再保险管理规范 ………… 351
　　（2012 年 1 月 12 日）
财产保险公司产品费率厘定指引 ……… 361
　　（2017 年 1 月 5 日）
财产保险公司保险产品开发指引 ……… 366
　　（2016 年 12 月 30 日）

财产保险灾害事故分级处置办法 ………… 370
　（2022 年 10 月 28 日）

（二）机动车辆保险

● 行政法规

机动车交通事故责任强制保险条例 ……… 372
　（2019 年 3 月 2 日）

● 部门规章及文件

机动车交通事故责任强制保险条款 ……… 376
　（2020 年 9 月 11 日）
机动车辆保险理赔管理指引 ……………… 379
　（2012 年 2 月 21 日）
机动车交通事故责任强制保险费率浮动
　暂行办法 ………………………………… 388
　（2020 年 9 月 9 日）
机动车辆保险监制单证管理办法 ………… 391
　（2002 年 2 月 1 日）
保险小额理赔服务指引（试行）…………… 391
　（2015 年 10 月 24 日）

● 司法解释

最高人民法院关于审理道路交通事故损
　害赔偿案件适用法律若干问题的解释 … 394
　（2020 年 12 月 29 日）

四、人身保险

（一）综合

● 部门规章及文件

人身保险业务基本服务规定 ……………… 398
　（2010 年 2 月 11 日）
人身保险客户信息真实性管理暂行办法 … 400
　（2013 年 11 月 4 日）
人身保险公司风险排查管理规定 ………… 402
　（2013 年 6 月 19 日）
全面推广小额人身保险方案 ……………… 405
　（2012 年 6 月 12 日）
人身保险电话销售业务管理办法 ………… 407
　（2013 年 4 月 25 日）
人身保险业综合治理销售误导评价办法
　（试行）…………………………………… 411
　（2012 年 11 月 7 日）
人身保险公司销售误导责任追究指导意见 … 413
　（2012 年 10 月 23 日）
人身保险公司保险条款和保险费率管理
　办法 ……………………………………… 416
　（2015 年 10 月 19 日）
中国保险监督管理委员会关于《人身保
　险公司保险条款和保险费率管理办法》
　若干问题的通知 ………………………… 421
　（2012 年 1 月 4 日）
人身保险产品信息披露管理办法 ………… 422
　（2022 年 11 月 11 日）
一年期以上人身保险产品信息披露
　规则 ……………………………………… 425
　（2022 年 12 月 30 日）
普通型人身保险精算规定 ………………… 429
　（2020 年 1 月 21 日）

（二）人寿险

● 部门规章及文件

保险公司养老保险业务管理办法 ………… 433
　（2010 年 12 月 3 日）
养老保障管理业务管理办法 ……………… 436
　（2015 年 7 月 30 日）
国家金融监督管理总局关于促进专属商
　业养老保险发展有关事项的通知 ……… 442
　（2023 年 10 月 20 日）

（三）健康险

● 部门规章及文件

健康保险管理办法 ………………………… 445
　（2019 年 10 月 31 日）
国家金融监督管理总局关于适用商业健
　康保险个人所得税优惠政策产品有关
　事项的通知 ……………………………… 450
　（2023 年 7 月 4 日）

（四）意外险

● **部门规章及文件**

中国保险监督管理委员会关于界定责任
保险和人身意外伤害保险的通知 ……… 452
（1999 年 12 月 15 日）

意外伤害保险业务监管办法 ………… 452
（2021 年 10 月 13 日）

五、保险资金运用

（一）资金运用

● **部门规章及文件**

保险资产配置管理暂行办法 …………… 456
（2012 年 7 月 16 日）
保险资产管理公司管理规定 …………… 459
（2022 年 7 月 28 日）
保险资产管理产品管理暂行办法 ……… 467
（2020 年 3 月 18 日）
保险资金委托投资管理办法 …………… 473
（2022 年 5 月 9 日）
保险保障基金管理办法 ………………… 475
（2022 年 10 月 26 日）
保险机构投资者股票投资管理暂行办法 … 479
（2004 年 10 月 24 日）
保险资金参与金融衍生产品交易办法 … 484
（2020 年 6 月 23 日）
保险资金参与国债期货交易规定 ……… 487
（2020 年 6 月 23 日）
保险资金参与股指期货交易规定 ……… 489
（2020 年 6 月 23 日）
保险资金投资债券暂行办法 …………… 491
（2012 年 7 月 16 日）

保险资金间接投资基础设施项目管理
办法 ……………………………… 495
（2016 年 6 月 14 日）
保险资金境外投资管理暂行办法 ……… 503
（2007 年 7 月 26 日）
保险资金境外投资管理暂行办法实施
细则 ……………………………… 510
（2012 年 10 月 12 日）

（二）运用监管

保险资金运用管理办法 ………………… 514
（2018 年 1 月 24 日）
保险资金运用内控与合规计分监管
规则 ……………………………… 521
（2014 年 6 月 22 日）
中国保险监督管理委员会关于印发《保
险资金运用内部控制指引》及应用指
引的通知 ………………………… 524
（2015 年 12 月 7 日）
中国银保监会关于加强保险机构资金运
用关联交易监管工作的通知 ……… 537
（2022 年 5 月 27 日）

六、财务管理

● **部门规章及文件**

保险公司资本保证金管理办法 ………… 540
（2015 年 4 月 3 日）
保险公司非寿险业务准备金管理办法 … 541
（2021 年 10 月 14 日）

保险公司次级定期债务管理办法 ……… 544
（2018 年 2 月 13 日）
保险公司费用分摊指引 ………………… 547
（2006 年 8 月 29 日）
保险公司财会工作规范 ………………… 551
（2012 年 1 月 12 日）

保险公司偿付能力管理规定 …………… 557
　　（2021年1月15日）

国家金融监督管理总局关于优化保险公
　　司偿付能力监管标准的通知 …………… 560
　　（2023年9月10日）

七、保险销售

● 部门规章及文件

保险销售行为管理办法 …………… 562
　　（2023年9月20日）
保险经纪人监管规定 ……………… 567
　　（2018年2月1日）
保险代理人监管规定 ……………… 577
　　（2020年11月12日）
保险中介行政许可及备案实施办法 …… 589
　　（2021年10月28日）
保险专业中介机构分类监管暂行办法 …… 599
　　（2008年12月30日）

保险公司中介业务违法行为处罚办法 …… 605
　　（2009年9月25日）
保险中介机构外部审计指引 …………… 606
　　（2005年1月6日）
保险销售行为可回溯管理暂行办法 …… 608
　　（2017年6月28日）
中国保险监督管理委员会关于落实《保
　　险销售行为可回溯管理暂行办法》有
　　关事项的通知 …………………………… 609
　　（2017年10月23日）
保险中介机构信息化工作监管办法 …… 612
　　（2021年1月5日）

八、稽查

● 部门规章及文件

中国银保监会行政处罚办法 …………… 616
　　（2020年6月15日）
中国保险监督管理委员会行政复议办法 … 624
　　（2010年1月6日）
银行保险违法行为举报处理办法 ……… 629
　　（2019年12月25日）
银行业保险业消费投诉处理管理办法 …… 631
　　（2020年1月14日）
中国银保监会信访工作办法 …………… 634
　　（2020年1月14日）
保险机构案件责任追究指导意见 ……… 638
　　（2010年1月29日）
保险业内涉嫌非法集资活动预警和查处
　　工作暂行办法 …………………………… 643
　　（2007年12月26日）

银行保险机构涉刑案件管理办法
　　（试行） ………………………………… 644
　　（2020年5月22日）
银行保险机构涉刑案件风险防控管理
　　办法 ……………………………………… 649
　　（2023年11月2日）
中国保监会关于在行政执法中及时移送
　　涉嫌犯罪案件的规定 …………………… 653
　　（2008年5月8日）

● 司法解释

最高人民法院、中国保险监督管理委员会
　　关于在全国部分地区开展建立保险纠纷
　　诉讼与调解对接机制试点工作的通知 … 654
　　（2012年12月18日）

一、综合

中华人民共和国保险法

- 1995年6月30日第八届全国人民代表大会常务委员会第十四次会议通过
- 根据2002年10月28日第九届全国人民代表大会常务委员会第三十次会议《关于修改〈中华人民共和国保险法〉的决定》第一次修正
- 2009年2月28日第十一届全国人民代表大会常务委员会第七次会议修订
- 根据2014年8月31日第十二届全国人民代表大会常务委员会第十次会议《关于修改〈中华人民共和国保险法〉等五部法律的决定》第二次修正
- 根据2015年4月24日第十二届全国人民代表大会常务委员会第十四次会议《关于修改〈中华人民共和国计量法〉等五部法律的决定》第三次修正

理解与适用

保险法是以保险关系为调整对象的法律规范的总称,也就是以保险组织、保险对象以及保险当事人的权利义务为调整对象的法律规范。其中保险关系是指参与保险活动的主体之间形成的权利义务关系,包括当事人之间依保险合同发生的权利义务关系和国家对保险业进行监督管理过程中所发生的各种关系。保险法通常有广义和狭义之分,广义的保险法既包括保险公法,也包括保险私法;狭义的保险法则仅指保险私法。所谓保险公法,就是有关保险的公法性质的法律,即调整社会公共保险关系的行为规范,主要指保险业法和社会保险法;所谓保险私法,就是调整自然人、法人或其他组织之间保险关系的法律,主要指保险合同法和保险特别法(如海商法中有关海上保险的法律规范)。

新中国的保险立法除新中国成立初期制订的几部强制保险条例外,主要是在改革开放后发展起来的。1979年,国务院决定恢复国内保险业务。1981年12月13日颁布的《经济合同法》[①]中第一次对财产保险合同作了原则性的规定。1983年9月1日国务院发布了《财产保险合同条例》,该条例基本具备了保险合同法的框架,适应了当时保险业的发展。1985年3月3日国务院又颁发了《保险企业管理暂行条例》。如果说《财产保险合同条例》构建了我国保险合同法的基本框架,《保险企业管理暂行条例》则为我国保险业法的制定打下了基础。1992年11月7日通过的《海商法》第一次以法律的形式对海上保险作出明确规定。1995年6月30日,全国人大常委会通过《保险法》,内容包括总则、财产和人身保险合同、保险公司、保险业的监督管理等。这是新中国成立以来第一部保险基本法,它标志着以保险法为主体、相关法规配套的中国保险法律法规体系的初步形成。随着中国保险监督管理委员会于1998年11月18日宣告成立,我国保险法规体系在组织结构上也逐步走向完善。

2002年为履行我国加入世贸组织的承诺,对保险法曾做过部分修改。保险法的公布施行,对保护保险活动各方当事人的合法权益、规范保险市场秩序、促进保险业的健康发展,发挥了重要作用。随着经济社会的发展,我国保险业在快速发展、取得显著成绩的同时,也出现了一些新的情况和问题。原保险法的一些规定已不能完全适应形势发展的需要,有必要进一步修改完善。保险法修订草案于2008年8月由国务院提交全国人大常委会审议。全国人大常委会会议于

---

① 为便于阅读,本书理解与适用、注释、链接中对相关法律文件名称中的"中华人民共和国"字样都予以省略。

2008年8月、12月和2009年2月三次审议。在2009年2月28日举行的十一届全国人大常委会第七次会议的全体会议上,通过了修订后的保险法。修订后的保险法从2009年10月1日起施行。这次修订是对保险法的一次全面修改,条文数量由修订前的一百五十八条增加到修订后的一百八十七条,绝大多数条款都有修改。此后,全国人大常委会于2014年8月31日、2015年4月24日对保险法的部分条文作出了进一步修改。

在保险法中,保险合同法是其核心内容。它是关于保险关系双方当事人权利义务的法律规定,通常包括保险合同的订立、效力、履行、终止、变更、解除以及保险合同纠纷的处理等事项。我国保险法第二章是对保险合同的规范,包括三节内容:分别就保险合同的一般规则、人身保险和财产保险两大类保险合同的一些特殊规则进行了规定,基本确立了我国保险合同法的体系和内容。对于实践中发生的保险合同纠纷,如果保险法未规定,则可适用合同法的相关规定;合同法中也未规定的,则可适用民法总则的有关规定。除此之外,其他法律中关于保险合同的具体规定也是我国保险合同法的有机组成部分。目前最重要的就是海商法中关于海上保险合同的规定。

而保险业法,又称为保险组织法、保险业监督法,其内容是有关保险组织的设立、经营、管理、监督、破产、解散和清算等的规定。保险业法的调整对象一般包括:(1)国家在监督和管理保险企业过程中所发生的关系;(2)保险企业相互间因合作、竞争而发生的关系;(3)保险企业在内部管理过程中所发生的关系。我国保险法第三章至第六章规定了对保险业进行监督管理的法律规范,包括保险公司的设立、变更、解散、破产、保险经营规则、保险业的监督管理以及保险中介等。

从我国保险法的规定来看,保险法的作用主要体现在以下几个方面:一是规范保险活动。在中国境内从事的保险活动必须遵循我国保险法的基本原则,并严格按照法律的规定进行。二是保护保险活动当事人的合法权益。我国保险法保护的是保险活动当事人即投保人、被保险人和保险人的合法权益。三是加强对保险业的监督管理。我国保险法明确了国务院保险监督管理机构依法负责对保险业实施监督管理,并在该法第六章保险业监督管理部分具体规定了监督管理的内容,包括保险险种和保险费率的审批或备案、保险监督管理机构的检查以及采取有关行政措施的权力,如调整负责人及有关管理人员、接管和整顿保险公司等。四是促进保险业的健康发展。我国保险法通过规范保险活动,保护保险活动当事人的合法权益和加强对保险业的监督管理,来达到维护保险业公平竞争、促进保险业健康发展的目的。

第一章 总 则

第一条 【立法宗旨】* 为了规范保险活动,保护保险活动当事人的合法权益,加强对保险业的监督管理,维护社会经济秩序和社会公共利益,促进保险事业的健康发展,制定本法。

注释 在人类的生产与生活中,危险无处不在,给人们的生产、生活造成严重威胁,危险事故的发生则给人们带来伤害和损失。无论是个人还是集体,对危险的损害后果都难以独自承担,对危险进行识别、衡量、防范和控制的要求就很自然地产生了。危险处理的方法有许多种,包括危险回避、损失控制、危险转移、危险自留等。其中危险转移是指通过合理的措施,将危险及其损失从一个主体转移给另一个主体,即转移损失发生及其程度的不确定性。危险转移包括两种方式:一种是控制型的危险转移,即转移可能发生危险损失的财产或活动,例如将容易着火的建筑物卖掉,也就不再承担其着火带来的损失;另一种是财务型的危险转移,即通过财务方式转移危险损失。保险就是财务型危险转移方式之一,即通过购买保险将可能发生的危险损失由保险人来承担,以确定的保险费支出代替损失程度的不确定性。

第二条 【调整范围】 本法所称保险,是指投保人根据合同约定,向保险人支付保险费,保险人对于合同约定的可能发生的事故因其发生所造成的财产损失承担赔偿保险金责任,或者当被保险人死亡、伤残、疾病或者达到合同约定的年龄、期限等条件时承担给付保险金责任的商业保险行为。

---

* 条文主旨为编者所加,下同。

注释 从理论上讲,保险有广义和狭义之分。广义的保险是将商业保险、社会保险与政策保险等一切采取保险方式来处理危险的社会化保险机制都包括在内;狭义的保险则仅指商业保险,即采取商业手段并严格按照市场法则运行的保险机制。我国保险法在本条中明确规定了保险法的调整对象是商业保险活动。

实务问答 1. 如何区分商业保险与社会保险?

商业保险与具有社会保障性质的社会保险相比较,具有以下三个特点:一是具有自愿性,商业保险法律关系的确立,是投保人与保险人根据意思自治原则,在平等互利、协商一致的基础上通过自愿订立保险合同来实现的,而社会保险则是通过法律强制实施的;二是具有营利性,商业保险是一种商业行为,经营商业保险业务的公司无论采取何种组织形式都是以营利为目的的,而社会保险则是以保障社会成员的基本生活需要为目的;三是从业务范围及赔偿保险金和支付保障金的原则来看,商业保险既包括财产保险又包括人身保险,投入相应多的保险费,在保险价值范围内就可以取得相应多的保险金赔付,体现的是多投多保、少投少保的原则,而社会保险则仅限于人身保险,并不单纯以投入保险费的多少来加以差别保障,体现的是社会基本保障原则。

2. 因果关系存在是保险人承担保险责任的前提吗?

在保险法上,因果关系旨在解决保险人填补责任的有无,所以侧重于危险(承保危险和免责危险)与损害(金钱损害)之间的因果关系有无的判断。而有关被保险人所受损害且应由保险人补偿的范围确定问题,则不属于因果关系解决的范畴。被保险人为防范可能发生的事故、弥补因不确定的事故发生而可能招致的不利益,向保险人投保;保险事故发生后,保险人对"因"承保的事故所产生的财产损失承担赔偿保险责任。因此《保险法》第二条规定:"……保险人对于合同约定的可能发生的事故因其发生所造成的财产损失承担赔偿保险金责任……"但是,所发生的事故是否是合同约定的事故,或者说所发生的事故与损失之间是否有"因果关系",是在保险理赔中需要认定的一个重要问题。换言之,保险人承担保险金赔偿的前提是承保的事故与损失之间存在"因果关系",两者无因果关系时,保险人不负赔偿责任,这是保险法上因果关系意义最重要所在。

具体到我国《保险法》第四十五条,不能是只要被保险人有故意犯罪或者抗拒依法采取的刑事强制措施的行为,即使保险人赔付保险金的责任得以豁免,而是必须判断上述行为同被保险人的死亡、伤残之间是否存在因果关系,存在因果关系的,保险人无需承担保险责任,不存在因果关系的,保险人以被保险人存在上述行为来抗辩不能成立。①

第三条 【适用范围】 在中华人民共和国境内从事保险活动,适用本法。

实务问答 外国人、外国保险组织适用我国保险法吗?

按照本条规定,无论是中国自然人、法人还是外国自然人、法人以及无国籍人,只要在中华人民共和国境内从事保险活动,包括处于保险人地位或处于投保人、被保险人、受益人地位的所有保险活动当事人,都必须遵守和执行本法;无论外国保险组织在中国境内有没有设立机构,只要从中国境内吸收投保,并依所订立的保险合同在中国境内履行保险责任,都受本法的约束。同时由于本法第二条已明确规定保险法仅调整商业保险活动,因此,在中国境内从事的所有商业保险活动,包括保险人的业务经营,保险代理人、保险经纪人和保险公估人等的业务活动及其他与保险有关的行为,都适用本法。

第四条 【从事保险活动的基本原则】 从事保险活动必须遵守法律、行政法规,尊重社会公德,不得损害社会公共利益。

第五条 【诚实信用原则】 保险活动当事人行使权利、履行义务应当遵循诚实信用原则。

第六条 【保险业务经营主体】 保险业务由依照本法设立的保险公司以及法律、行政法规规定的其他保险组织经营,其他单位和个人不得经营保险业务。

实务问答 1. 商业保险业务经营主体有什么社会职能?

商业保险是现代市场经济高度发展的大工业

---

① 杜万华主编、最高人民法院民事审判第二庭编著:《最高人民法院关于保险法司法解释(三)理解与适用》,人民法院出版社2015年版,第551~552页。

社会中的一种经济活动,经营商业保险业务的目的固然在于营利,但从全社会的角度来看,商业保险业务经营主体的社会职能是对减低风险进行组织、管理、计算、研究、赔付和监督的一种服务。由于保险业务直接经营着货币资本,所以它又是一种金融服务。

2. 法律为何需要规范保险业务经营主体?

保险业务涉及众多投保人、被保险人和受益人的利益,如果商业保险业务经营主体经营不当,不能赔付应承担的保险金,不仅会使投保人、被保险人和受益人因保险事故的发生出现的损害得不到补偿,而且会引发社会矛盾和不安定。因此法律为保障社会公共利益,需要对商业保险业务经营主体的成立、管理、投资和终止经营等各个方面予以规范,以保障这种社会财富再分配的顺利进行。长期的保险活动实践也要求商业保险业务经营主体应当实行专业经营原则,也就是说商业保险业务只能由符合法律规定条件的特定商业组织经营。

第七条 【境内投保原则】在中华人民共和国境内的法人和其他组织需要办理境内保险的,应当向中华人民共和国境内的保险公司投保。

注释 本条规定中的"境内的法人",既包括依照我国法律设立的具有法人资格的公司、企事业单位、机关和社会团体,也包括经我国政府批准在我国境内设立分支机构的外国法人;本条规定中的"其他组织",是指依法成立的不具备法人资格的各类组织,包括合伙企业、个人独资企业、未取得法人资格的联营企业等;本条规定中的"境内的保险公司",是指我国的保险公司以及经批准设立在我国境内的中外合资保险公司和外国保险公司分公司。如果上述境内的法人和其他组织在我国境内从事生产经营或其他活动,需要办理境内保险时,按照本条规定就应当向我国境内的保险公司投保。

第八条 【分业经营原则】保险业和银行业、证券业、信托业实行分业经营、分业管理,保险公司与银行、证券、信托业务机构分别设立。国家另有规定的除外。

实务问答 1. 何为金融分业经营?何为金融混业经营?

保险业是金融业的重要组成部分。金融分业经营是指银行、证券、保险、信托等金融行业内以及金融业与非金融业实行相互分离经营。金融混业经营是指金融业的混合、交叉经营。本条规定了我国金融业分业经营的原则,即在金融业内部实行专业化经营。严格的分业经营的模式可以简单概括为:一个法人,一个执照,一类业务。

2. 为何实行分业经营、分业管理?

从历史发展来看,金融分业的目的在于在资本市场和货币市场中间建立管制屏障,避免银行、保险资金流入高风险的证券市场,以确保银行、保险业的稳定、安全,保护储户、保户的利益,稳定金融。同时,金融分业,实行专业化经营还有助于提高效率,维护市场的公平竞争。1929年世界金融危机之后,分业经营作为切断银行、保险与证券市场的联系的一道防火墙而被采用。但是,随着全球经济的发展和不断融合,过于严格的分业经营和金融管制也增加了金融业的成本,降低了综合经营效率,难以满足客户的多元化需求,也不利于提高金融业的竞争力。因此,这些年来一些国家的政策和实践也在一定限度上采取混业经营。为了有效防范金融风险,同时有利于金融创新,这次修订保险法,根据实践发展的需要,在对保险业与其他金融业继续实行分业经营、分业管理的同时,增加规定"国家另有规定的除外",以法律的形式为我国金融体制的进一步改革和保险市场的健康发展留有余地。

第九条 【保险监督管理机构】国务院保险监督管理机构依法对保险业实施监督管理。

国务院保险监督管理机构根据履行职责的需要设立派出机构。派出机构按照国务院保险监督管理机构的授权履行监督管理职责。

第二章 保险合同

第一节 一般规定

第十条 【保险合同及其主体】保险合同是投保人与保险人约定保险权利义务关系的协议。

投保人是指与保险人订立保险合同,并按照合同约定负有支付保险费义务的人。

保险人是指与投保人订立保险合同,并按照合同约定承担赔偿或者给付保险金责任的保险公司。

实务问答 1. 投保人应该具备哪些条件?

保险合同的当事人即投保人和保险人。投保

人作为保险合同的当事人,必须具备以下条件:

一是具有完全的民事权利能力和相应的民事行为能力。民事权利能力是指民事主体依法享有民事权利和承担民事义务的资格;民事行为能力是指民事主体以自己的行为享有民事权利和承担民事义务的能力。《民法典》将自然人的民事行为能力按照年龄、智力、精神健康状况分为完全民事行为能力、限制民事行为能力和无民事行为能力。八周岁以上的未成年人、不能完全辨认自己行为的成年人为限制民事行为能力人,其作为投保人订立保险合同时,需由其法定代理人代理或经其法定代理人同意、追认。未满八周岁的未成年人、不能辨认自己行为的八周岁以上的自然人为无民事行为能力人,通常不能成为保险合同的当事人。

二是投保人须对保险标的具有保险利益。否则不能申请订立保险合同,已订立的合同为无效合同。规定投保人应对保险标的具有保险利益,可以使保险与赌博区别开来,并预防道德风险和限制赔偿金额。

三是投保人须是以自己的名义与保险人订立保险合同的当事人,同时还须依保险合同的约定交纳保险费。保险合同是双务合同和有偿合同,被保险人获得保险保障是以投保人交纳保险费为前提。当投保人为自己的利益投保时,有义务交纳保险费;在为他人利益投保时,也要承担保险费的交付义务。投保人如不按期交纳保险费,保险人可以分情况要求其交付保险费及利息,或者终止保险合同。保险人对终止合同前投保方欠交的保险费及利息,仍有权要求投保方如数补足。

2. 保险人应该具备哪些条件?

保险人应具备以下条件:第一,要有法定资格。保险人经常以各种经营组织形态出现。按照我国《保险法》的规定,保险人必须是依法成立的保险公司。第二,保险公司须以自己的名义订立保险合同。作为一方当事人,保险人只有以自己的名义与投保人签订保险合同后,才能成为保险合同的保险人。

链接 《民法典》第17-24条;《保险法》第6条、第181条;《海商法》第216条

第十一条 【保险合同订立原则】订立保险合同,应当协商一致,遵循公平原则确定各方的权利和义务。

除法律、行政法规规定必须保险的外,保险合同自愿订立。

注释 保险合同和其他民商事合同一样,需要双方当事人协商一致形成合意后才能形成。在合同的订立过程中,双方当事人在法律和法规的允许范围内,经过磋商,做出一个双方均能够接受的意思合意,即构成保险合同。双方当中,任何一方都不能把自己的意愿强加给另一方。

实务问答 如何保护投保人的合同权益?

在实践中,由于保险合同的复杂性和专业性,往往是由保险人制作格式合同,而由投保人签字而形成的,这些内容,并不是双方当事人意思表示合意的表现,有些甚至侵害了投保人的合法利益。这就需要建立起一套保护投保人地位的制度。

首先,要建立起有效的批注制度,手写或事后打印的批注,是双方协商和订立合同时所约定的特别条款,一旦出现批注的内容与格式合同中的条款相矛盾的,则以批注的条款为准,而否认格式条款的效力。《保险法解释①(二)》第十四条明确了这一规则的顺序:(1)投保单与保险单或者其他保险凭证不一致的,以投保单为准。但不一致的情形系经保险人说明并经投保人同意的,以投保人签收的保险单或者其他保险凭证载明的内容为准;(2)非格式条款与格式条款不一致的,以非格式条款为准;(3)保险凭证记载的时间不同的,以形成时间在后的为准;(4)保险凭证存在手写和打印两种方式的,以双方签字、盖章的手写部分的内容为准。

其次,有利于投保人和被保险人的解释。《保险法》第三十条对这一解释规则作出了规定,即在条文文意有争议之时,采用有利于当事人的解释方式,以保障投保人的地位与利益。

最后,是保险人的告知义务。《保险法》第十七条第二款明确规定:"对保险合同中免除保险人责任的条款,保险人在订立合同时应当在投保单、保险单或者其他保险凭证上作出足以引起投保人注意的提示,并对该条款的内容以书面或者口头形式向投保人作出明确说明;未作提示或者明确说明的,该条款不产生效力。"通过这样的条款,能

---

① 《最高人民法院关于适用〈中华人民共和国保险法〉若干问题的解释》,本书中统一简称为《保险法解释》。

够使协商一致的民事基本原则得以贯彻实施。①

链接 《民法典》第 147-151 条;《机动车交通事故责任强制保险条例》

第十二条【保险利益、保险标的】 人身保险的投保人在保险合同订立时,对被保险人应当具有保险利益。

财产保险的被保险人在保险事故发生时,对保险标的应当具有保险利益。

人身保险是以人的寿命和身体为保险标的的保险。

财产保险是以财产及其有关利益为保险标的的保险。

被保险人是指其财产或者人身受保险合同保障,享有保险金请求权的人。投保人可以为被保险人。

保险利益是指投保人或者被保险人对保险标的具有的法律上承认的利益。

注释 保险利益又称可保利益,是指投保人或被保险人对投保标的所具有的法律上所承认的利益。它体现了投保人或被保险人与保险标的之间存在的利益关系。衡量投保人或被保险人对保险标的是否具有保险利益的标志主要是看投保人或被保险人是否因保险标的的损害或丧失而遭受经济上的损失,即当保险标的安全时,投保人或被保险人可以从中获益;反之,当保险标的受损,投保人或被保险人必然会遭受经济损失,则投保人或被保险人对该标的具有保险利益。

保险利益是保险合同法特有的制度,财产保险合同的被保险人对保险标的是否具有保险利益直接决定被保险人是否能够请求赔偿保险金。实践中,财产的使用人、租赁人、承运人等非财产所有权人有转移风险的需求,可能向保险公司投保,有些保险公司虽给予承保,却在保险事故发生时以被保险人不是财产所有权人、不具有保险利益为由拒赔,有违诚实信用,不符合保险消费者的合理期待。为此,《保险法解释(二)》第一条规定,不同投保人可以就同一保险标的分别投保,承认财产的使用人、租赁人、承运人等主体对保险标的也具有保险利益,防止保险人滥用保险利益原则拒绝承担保险责任。当然,任何人都不得通过保险合同获得超过损失的赔偿,故被保险人只能在其保险利益范围内依据保险合同主张保险赔偿。

实务问答 1. 财产保险利益如何认定?

财产保险的保险利益产生于当事人与财产标的的利害关系,因此根据财产主体与客体不同的法律关系,可将保险利益分为现在利益、期待利益、责任利益和合同利益等类型。一般来说,投保人或被保险人具有下列情形之一的,可认定有保险利益存在:

(1)对财产标的具有所有权或其他物权等。凡是对财产享有法律上的财产权利,无论是所有权,还是抵押权、留置权、经营权等,也不论此种权利是现在的还是将来的,都可认定有保险利益。

(2)对财产标的物依法占有、使用或保管。经济生活中,通常会出现当事人依法或依约定对他人所有的财产占有、使用或保管的情形。此时占有人、使用人或保管人对财产标的物的毁损灭失依法或依约也具有经济上的利害关系,应认定当事人有保险利益,可以就所占有、使用、保管的财产标的进行投保。

(3)基于合同关系产生的利益。当事人根据彼此之间的合同,需要承担财产损失的风险时,则对该财产具有保险利益。如根据租赁合同或承揽合同,承租人或承揽人对租赁物、加工承揽物负有毁损灭失风险的,则承租人、承揽人对该标的物具有保险利益,可以投保。

(4)法律责任。自然人或法人依法对他人承担的赔偿责任也是一种保险利益。当事人可以将其可能对他人负有的法律责任进行投保,此时认为他对其法律责任负有保险利益。这种保险利益称为"责任利益"。责任利益一般是指民事赔偿责任,包括侵权责任和合同责任。保险实务上,责任利益包括雇主责任、公众责任、职业责任、代理责任等。

(5)期待利益。期待利益包括消极的期待利益和积极的期待利益。消极的期待利益是指基于现有利益而期待某种责任不发生的利益,主要针对责任保险而言,责任利益就是一种消极的期待利益。积极的期待利益,即当事人对于其现有财产或事业的安全而可获得的利益,如利润利益、营业收入、租金收入等。当事人对积极的期待利益

---

① 《最高人民法院专家法官阐释疑难问题与案例指导·保险合同卷》,中国法制出版社 2016 年版,第 7-8 页。

2. 投保人在人身保险合同成立后对被保险人丧失保险利益的,保险合同继续有效吗?

《保险法》第十二条第一款规定,人身保险的投保人在保险合同订立时,对被保险人应当具有保险利益。第三十一条第三款明确规定,订立合同时,投保人对被保险人不具有保险利益的,合同无效。根据以上规定,显然投保人只要在保险合同订立时存在保险利益即可,保险关系存续期间丧失保险利益不影响保险合同的效力。此外,该方式也不会增加被保险人可能遭受的道德风险。因为,根据《保险法》第四十条和四十一条的规定,受益人的指定和变更都必须经过被保险人的同意,被保险人可以通过变更受益人控制道德风险。而且,《保险法》第四十三条也明确规定,投保人故意制造保险事故的,保险人不承担保险责任;受益人故意制造保险事故的,丧失受益权。该规定也将使得故意制造保险事故投保人或者受益人无法获得保险金,故即使投保人在保险期间丧失保险利益,其一般不会有加害被保险人的道德危险。[①]

链接《海商法》第218条

第十三条 【保险合同成立与生效】 投保人提出保险要求,经保险人同意承保,保险合同成立。保险人应当及时向投保人签发保险单或者其他保险凭证。

保险单或者其他保险凭证应当载明当事人双方约定的合同内容。当事人也可以约定采用其他书面形式载明合同内容。

依法成立的保险合同,自成立时生效。投保人和保险人可以对合同的效力约定附条件或者附期限。

注释 订立保险合同是投保人与保险人的双方法律行为,保险合同的订立过程,是投保人和保险人意思表示趋于一致的过程,在双方意思表示一致的基础上,双方最终达成协议,保险合同才能成立。订立保险合同与其他合同一样要经过要约和承诺两个步骤,一方要约,另一方承诺,保险合同即告成立。根据我国《民法典》的有关规定,要约是希望与他人订立合同的意思表示,该意思表示应当符合下列条件:(1)内容具体确定;(2)表明经受要约人承诺,要约人即受该意思表示约束。承诺是受要约人同意要约的意思表示。承诺的内容应当与要约的内容一致。承诺生效时合同成立。

但是,保险合同的成立并不等于生效,这两者的区分已经很明确地规定在了本条的第三款之中:"依法成立的保险合同,自成立时生效。投保人和保险人可以对合同的效力约定附条件或者附期限。"一般来说,合同成立即生效,然而,根据合同的原理,成立的合同并不必然生效,有的可以推迟生效,有的甚至根本就不能发生效力。合同的成立和生效是不同的概念,首先,成立是保险合同本身的一个事实判断,即对合同这样一个法律关系的存在与否作出一个判断。而生效则是一个法律上的价值判断,如果成立的保险合同违反了《民法典》第一编第六章第三节或者第三编第一分编等有关规定或《保险法》规定的其他无效要件,例如在人身保险合同中,投保人在投保时对被保险人的人身并不享有保险利益,此时,即使成立的合同,也会因法律的价值判断要件的不符合而使合同归于无效。当然,同时符合合同的成立要件和生效要件的保险合同,即根据第三款前段的规定,自然发生效力,即合同成立时即生效。

实务问答 1. 保险凭证主要有哪些种类?

载明合同内容的保险凭证主要有以下几种:

(1)保险单。保险单是投保人与保险人之间订立的保险合同的书面凭证,它由保险人签发给投保人,是最基本的载明合同内容的形式。

(2)保险凭证。保险凭证是保险人签发给投保人以证明保险合同业已生效的文件,它是一种简化的保险单,与保险单具有同样的作用和效力。

(3)投保单。投保单是投保人向保险人递交的书面要约。为准确迅速处理保险业务,投保单的格式和项目都由保险人设计,附格式条款,并以规范的形式提出。在保险人出立正式保险单后,投保单成为保险合同的组成部分。

(4)暂保单。暂保单是在正式保险单出立之前先给予投保人的一种临时保险凭证,它具有与正式保险单同等法律效力,并于正式保险单交付

---

① 杜万华主编、最高人民法院民事审判第二庭编著:《最高人民法院关于保险法司法解释(三)理解与适用》,人民法院出版社2015年版,第95~97页。

时自动失效。当然,在订立保险合同过程中,由于保险标的的特殊性不能采用标准的保险单时,投保人与保险人需要就保险标的及保险保障的一些问题进行具体的协商,经双方同意可以在保险合同中增加新的内容或对部分合同内容进行修改。如保险人在保险合同之外出具批单,以注明保险单的变动事项,或者在保险合同上记载附加条款,以增加原保险合同的内容,或者采用其他书面协议形式载明合同内容。这里所讲的其他书面协议形式,也就是指前述四种形式之外的书面形式。

2. 如何理解对保险合同约定附条件或附期限?

依据本条规定,投保人和保险人可以对合同的效力约定附条件或者附期限。

(1)所附条件是指合同当事人自己约定的、未来有可能发生的、用来限定合同效力的某种合法事实。所附条件有以下特点:一是所附条件是由双方当事人约定的,并作为合同的一个条款列入合同中。其与法定条件的最大区别就在于后者是由法律规定的,不由当事人的意思取舍并具有普遍约束力的条件。因此,合同双方当事人不得以法定条件作为所附条件。二是条件是将来可能发生的事实。过去的、现存的事实或者将来必定发生的事实或者必定不能发生的事实不能作为所附条件。三是所附条件是当事人用来限制合同法律效力的附属意思表示。它同当事人约定的所谓供货条件、付款条件是不同的,后者是合同自身内容的一部分,而附条件合同的所附条件只是合同的附属内容。四是所附条件必须是合法的事实。违法的事实不能作为条件,如双方当事人不能约定某人杀死某人作为合同生效的条件。所附条件可分为生效条件和解除条件。生效条件是指使合同的效力发生或者不发生的条件,在此条件出现之前,合同的效力处于不确定状态,当此条件出现后,即条件成就后,合同生效;当条件没有出现,合同也就不生效。需要特别指出的是,附条件的合同虽然要在所附条件出现时生效或者失效,但是对于当事人仍然具有法律约束力,双方当事人不能随意变更或者解除。条件未出现前的效力对于附生效条件的合同表现为当事人不得自行撤销、变更合同的拘束力和可基于条件出现时对该合同生效的期待权。

(2)所附期限是指双方当事人约定的将来的某个时间。合同中的附期限可分为附生效期限和附终止期限。生效期限是指以其到来使合同发生效力的期限。该期限的作用是延缓合同效力的发生,其作用与附条件合同中的生效条件相当。合同在该期限到来之前,其效力处于停止状态,待期限到来时,合同的效力才发生。终止期限是指以其到来使合同效力消灭的期限。保险合同附期限一般为附期限生效。

3. 保险人接受了投保人提交的投保单并收取了保险费,尚未作出是否承保的意思表示,发生保险事故,被保险人或者受益人请求其赔偿的,如何处理?

保险人接受了投保人提交的投保单并收取了保险费,尚未作出是否承保的意思表示,发生保险事故,被保险人或者受益人请求保险人按照保险合同承担赔偿或者给付保险金责任,符合承保条件的,人民法院应予支持;不符合承保条件的,保险人不承担保险责任,但应当退还已经收取的保险费。保险人主张不符合承保条件的,应承担举证责任。

4. 如无特别约定,是否交付保险费对保险合同的成立和生效都不能产生影响?

保险合同以当事人双方意思表示一致为成立要件,即保险合同以双方当事人愿意接受特定条件拘束时,保险合同即为成立。签发保险单属于保险方的行为,目的是对保险合同的内容加以确立,便于当事人知晓保险合同的内容,能产生证明的效果。根据《保险法》第十三条关于"投保人提出保险要求,经保险人同意承保,保险合同成立。保险人应当及时向投保人签发保险单或者其他保险凭证,并在保险单或者其他保险凭证中载明当事人双方约定的全部内容"之规定,签发保险单并非保险合同成立时所必须具备的形式。

保险费是被保险人获得保险保障的对价。根据《保险法》第十三条第三款关于"依法成立的保险合同,自成立时生效。投保人和保险人可以对合同的效力约定附条件或者附期限"之规定,保险合同可以明确约定以交纳保险费为合同的生效要件。如果保险合同约定于交纳保险费后保险合同生效,则保险人对交纳保险费前所发生的损失不承担赔偿责任。(参见"云南某物流有限公司与某财产保险股份有限公司曲靖中心支公司财产损失保险合同纠纷申请再审案",载《最高人民法院公报》2016年第7期。)

链接 《民法典》第三编第一分编第二、三章;《海商法》第221条;《保险法解释(一)》第1-5条;《保险法解释(二)》第3、4条

第十四条 【保险合同效力】 保险合同成立后,投保人按照约定交付保险费,保险人按照约定的时间开始承担保险责任。

注释 保险合同是一种诺成性合同,并不是实践性合同。投保人无需交纳保费,只要合同双方意思表示一致,合同就可以成立。但合同成立并不就等于合同生效。《保险法》第十四条规定,保险合同成立后,投保人按照约定交付保险费,保险人按照约定的时间开始承担保险责任。可见,一般情况下,是合同成立后再交付保险费,是否交付保险费与合同成立之间没有关系。合同是否生效需要法律对当事人的合意进行评判。保险合同可以明确约定以交纳保险费为合同的生效要件。

第十五条 【保险合同解除】 除本法另有规定或者保险合同另有约定外,保险合同成立后,投保人可以解除合同,保险人不得解除合同。

注释 按照本条的规定,除本法另有规定或者保险合同另有约定外,保险合同成立后,保险人不得解除保险合同。只有在发生本法规定的情形或者保险合同另有约定外,保险人才有权解除保险合同:(1)投保人故意隐瞒事实,不履行如实告知义务的,或者因重大过失未履行如实告知义务,足以影响保险人决定是否同意承保或者提高保险费率的,保险人有权解除保险合同。(2)被保险人或者受益人在未发生保险事故的情况下,谎称发生了保险事故,向保险人提出赔偿或者给付保险金的请求的,保险人有权解除保险合同,并不退还保险费。(3)投保人、被保险人故意制造保险事故的,保险人有权解除合同,不承担赔偿或者给付保险金的责任。(4)投保人、被保险人未按照约定履行其对保险标的的安全应尽的责任的,保险人有权要求增加保险费或者解除合同。(5)在合同有效期内,保险标的的危险程度显著增加的,被保险人按照合同约定应当及时通知保险人,保险人有权要求增加保险费或者解除合同。(6)保险标的的发生部分损失的,保险人履行了赔偿责任后,除合同约定外,保险人可以解除合同。(7)投保人申报的被保险人年龄不真实,并且其真实年龄不符合合同约定的年龄限制的,保险人可以解除合同。(8)人身保险合同分期支付保险费的,合同效力中止超过二年的,保险人有权解除合同。

实务问答 1. 以可流动人员的身体作为保险标的的人身保险合同的效力如何认定?

原告王某某之妻陈某某在某保险公司永顺县支公司工作期间,既是该保险公司永顺县支公司的职工,也是该公司工会的会员,有权利享受职工和会员的待遇。某保险公司永顺县支公司从该公司工会出资为其女职工投保,是该公司工会给会员的福利待遇。因保险合同的成立,陈某某以被保险人和受益人的身份成为合同当事人。依照保险法的规定,陈某某享有保险金请求权。在保险合同中,由于有被保险人加入,合同与被保险人利害相关,因此只有在通知并征求被保险人的意见后,才能决定合同的订立、变更或解除。原告王某某之妻陈某某从被告调离后,永顺支公司借该人身保险合同为同一人签署的便利,在没有征求陈某意见的情况下,就以业务批单的形式解除合同。此举违背了《保险法》第十五条的规定,不能发生解除的效力。

人员流动是社会发展的正常现象。以可流动人员的身体作为保险标的的人身保险合同,投保人在投保时对保险标的具有的保险利益,可能由于人员流动而在投保后发生变化。对人身保险合同,只能根据投保人在投保时是否具有保险利益来确定合同效力,不能随保险合同成立后的人事变化情况来确定合同效力,这样才能保持合同的稳定性。被告永顺支公司以陈某某调离后,永顺支公司已没有可保利益为由,主张本案合同无效,理由不能成立。(参见"王某某诉某人寿保险公司永顺县支公司保险合同纠纷案",载《最高人民法院公报》2001年第4期)

2. 投保人与被保险人不一致时,投保人解除保险合同是否需要经过被保险人同意?

投保人为他人投保,与被保险人、受益人为不同主体时,投保人解除保险合同是否需要经过被保险人或者受益人同意,理论界与实务界确实存在不少争议。《保险法解释(三)》第十七条明确,投保人解除保险合同,无须经过被保险人和受益人的同意,理由在于:一是从保险立法来看,《保险法》第十五条确立了投保人的任意解除权,并没有对其行使进行限制,如要求投保人解除合同需征得被保险人或受益人同意不符合立法精神;二是

从合同原理来看，保险合同的当事人是投保人与保险人，被保险人与受益人是保险合同的保障对象和保险金请求权的主体，其权利依附于投保人与保险人之间的合同，而不能影响保险合同的存续；三是从保险行业发展来看，保险单转让与质押是人身保险未来发展的方向之一，这些业务的开展是以投保人能够随时解除保险合同并取得保险单现金价值为条件的，如要求投保人解除合同需要经过被保险人和受益人同意，则可能限制保险单转让与质押业务的开展。基于被保险人与受益人利益保护的需要，《保险法解释（三）》第十七条规定了但书内容。虽然投保人解除保险合同无需经过被保险人与受益人的同意，但是保险合同的存续确实对被保险人与受益人的利益有较大影响，故如果被保险人、受益人同意向投保人支付相当于保险单现金价值的款项，可以承受投保人的合同地位，保险合同无需解除，一方面保护投保人对保险单现金价值的权利，另一方面也照顾到被保险人、受益人的合理期待。①

链接《民法典》第 562-566 条；《保险法》第 16、27、32、37、49、50-52、58 条；《海商法》第 226-228 条

第十六条　【投保人如实告知义务】订立保险合同，保险人就保险标的或者被保险人的有关情况提出询问的，投保人应当如实告知。

投保人故意或者因重大过失未履行前款规定的如实告知义务，足以影响保险人决定是否同意承保或者提高保险费率的，保险人有权解除合同。

前款规定的合同解除权，自保险人知道有解除事由之日起，超过三十日不行使而消灭。自合同成立之日起超过二年的，保险人不得解除合同；发生保险事故的，保险人应当承担赔偿或者给付保险金的责任。

投保人故意不履行如实告知义务的，保险人对于合同解除前发生的保险事故，不承担赔偿或者给付保险金的责任，并不退还保险费。

投保人因重大过失未履行如实告知义务，对保险事故的发生有严重影响的，保险人对于合同解除前发生的保险事故，不承担赔偿或者给付保险金的责任，但应当退还保险费。

保险人在合同订立时已经知道投保人未如实告知的情况的，保险人不得解除合同；发生保险事故的，保险人应当承担赔偿或者给付保险金的责任。

保险事故是指保险合同约定的保险责任范围内的事故。

注释 投保人在订立保险合同时负有如实告知义务。告知是投保人在订立保险合同时对保险人的询问所作的说明或者陈述，包括对事实的陈述、对将来事件或行为的陈述以及对他人陈述的转述。如实告知要求投保人的陈述应当全面、真实、客观，不得隐瞒或故意不回答，也不得编造虚假情况欺骗保险人。投保人不仅应当告知其现时已经知道的情况，而且对于其尚未知道却应当知道的情况，也负有告知义务。如果投保人因重大过失而未知道，也构成对如实告知义务的违反。

本条第七款是对保险事故定义的规定。按照这一款规定，保险事故是指保险合同约定的保险责任范围内的事故，也就是造成保险人承担保险责任的事故。例如，财产保险中的火灾，海上货物运输险中的触礁、沉没等，人身保险中的意外伤害、死亡、疾病等。投保人要求保险人承保的事故项目在保险合同中必须一一列明，从而确定保险人的责任范围。需要指出的是，并不是任何事故均可成为保险人承保的事故，只有具备一定条件的事故才可成为保险事故。构成保险事故应具备以下要件：一是事故须有发生的可能，否则如根本不存在发生的可能性，保险人不能承保；二是事故的发生须不确定，其中又分三种情况，即事故发生与否不确定，或者发生虽确定但发生的时期不确定，或者发生及发生的时间大体确定，但其发生的程度不确定；三是事故的发生须属将来，也就是说其发生须在保险合同订立以后，才可作为保险事故。

实务问答 1. 如何理解如实告知的范围？

保险合同订立时，投保人有义务将保险标的的有关情况向保险人进行如实说明和陈述。但作为一种制度安排，将有关保险标的所有事实情况都进行告知，既不可能，也没有必要；作为一种法定义务，投保人如实告知的范围应当有一个合理

---

① 参见最高人民法院民二庭负责人就《最高人民法院关于适用〈中华人民共和国保险法〉若干问题的解释（三）》答记者问。

的界定。综观各国（地区）的立法与实践，其共识可以概括为：投保人应当如实告知的乃是其所知道的"重要事实"。

根据各国（地区）法律实践以及理论上的共识，所谓重要事实，是指能够影响保险人决定是否承保或以何种费率承保的各种客观事实和情况。我国保险法关于如实告知范围的规定，同样采取了上述原则标准。根据本条第二款，只有投保人未告知的事实"足以影响保险人决定是否同意承保或者提高保险费率的"，保险人才有权解除合同。所谓"足以影响"应当理解为该事实对保险人的承保决定具有实质影响，即如果保险人因投保人未进行告知而不知晓该事实，他的承保行为会违背其真实意愿，而如果保险人知道该事实则将拒绝承保或提高费率水平。例如，投保机动车辆保险，车的用途是家庭自用还是营业使用，如作为出租车，对于保险人风险评估、费率适用是有实质影响的。如果投保人隐瞒或者误告了车辆使用性质，则视为违反了如实告知义务，保险人可以解除合同。但是，车辆的颜色，对于保险人是否承保和决定适用何种费率并没有影响。因此，即使投保人错误告知了车辆颜色，保险人也不得解除合同，因为该情况并非重要事实，不在投保人告知义务范围内。

此外，采用当事人哪一方的标准来判断一个客观情况的重要性，对当事人的权利义务影响甚大。对一个具体的纷争来说，未告知的事实是否"足以影响"保险人，应当以谁的标准判断，是个重要的事实认定问题。一般认为，"足以影响"是针对保险人的判断。从逻辑上说，采用审慎的保险人标准是可行的，但基于利益平衡，同时考虑投保人一方的判断能力和合理期待可能更为合理。当然，对特定案例进行判断，还应当综合各种具体情势具体分析。

2. 保险人未询问投保人详细信息，由于自身的主观判断失误造成因信息不符实而不属于保险范围的，保险公司能否因此要求解除合同而拒绝承担赔偿责任？

《保险法》第十六条规定，订立保险合同，保险人就保险标的或者被保险人的有关情况提出询问，投保人应当如实告知。投保人故意隐瞒事实，不履行如实告知义务的，或者因过失未履行如实告知义务，足以影响保险人决定是否同意承保或者提高保险费率的，保险人有权解除保险合同。投保人故意不履行如实告知义务的，保险人对于保险合同解除前发生的保险事故，不承担赔偿或者给付保险金的责任，并不退还保险费。但是投保人的如实告知义务，仅限于保险人询问的事项，而对于保险人未询问的事项则不具有告知义务。保险人在投保人投保时，未进行必要的询问，而通过主观判断操作，使得因投保人的信息不符实而不属于保险范围的，不能认定为投保人违反了如实告知的义务，因此保险合同应当认定为有效，保险公司不能要求解除合同或拒绝承担赔偿责任。（参见"韩某某等诉某人寿保险股份有限公司江苏分公司保险合同纠纷案"，载《最高人民法院公报》2010年第5期）

3. 保险人明知投保人未履行如实告知义务，仍与之订立保险合同，如何处理？

（1）基于保险合同的特殊性，合同双方当事人应当最大限度地诚实守信。投保人依法履行如实告知义务，即是最大限度诚实守信的一项重要内容。根据《保险法》第十六条的规定，投保人在订立保险合同前，应当如实回答保险人就保险标的或者被保险人的有关情况作出的询问，如实告知影响保险人对是否承保以及如何设定承保条件、承保费率作出正确决定的重要事项。对于投保人故意隐瞒事实，不履行如实告知义务的，或者因过失未履行如实告知义务，足以影响保险人决定是否同意承保或者提高保险费率的，保险人有权解除保险合同，并对于保险合同解除前发生的保险事故不承担赔偿或者给付保险金的责任。

（2）如果保险人在明知投保人未履行如实告知义务的情况下，不是进一步要求投保人如实告知，而是仍与之订立保险合同，则应视为其主动放弃了抗辩权利，构成有法律约束力的弃权行为，故无权再以投保人违反如实告知义务为由解除合同，而应严格依照保险合同的约定承担保险责任。（参见"何某某诉某人寿保险股份有限公司佛山市顺德支公司、某人寿保险股份有限公司佛山分公司保险合同纠纷案"，载《最高人民法院公报》2008年第8期）

链接 《海商法》第222-224条；《保险法解释（二）》第5-8条

第十七条 【保险人说明义务】订立保险合同，采用保险人提供的格式条款的，保险人向投保人提供的投保单应当附格式条款,保险人应当向投保人说明合同的内容。

对保险合同中免除保险人责任的条款,保险人在订立合同时应当在投保单、保险单或者其他保险凭证上作出足以引起投保人注意的提示,并对该条款的内容以书面或者口头形式向投保人作出明确说明;未作提示或者明确说明的,该条款不产生效力。

注释 所谓免责条款,是指保险合同中载明的保险人不负赔偿或者给付保险金责任的范围的条款。其范围一般包括:战争或者军事行动所造成的损失;保险标的自身的自然损耗;被保险人故意行为造成的事故;其他不属于保险责任范围的损失等。保险合同中规定有关于保险人责任免除条款的,保险人在订立保险合同时应当向投保人明确说明。如果订立保险合同时保险人未向投保人明确说明保险人在何种情况下免责,那么保险合同中关于保险人免责的条款将不产生法律效力。

保险合同中的免责条款就是保险公司不承担责任的条款。可以分成这样几个层次:第一,不属于合同约定的保险责任范畴。无论是否发生保险事故,保险人均不承担保险责任,也可以认为是法定免责条款。第二,合同约定不由保险人承担责任的条款。实际上,这类条款是指保险人在一定条件下不承担保险责任,也是保险人为了自身利益而与投保人协商确定的保险人可以不承担责任的条款。第三,特别免责条款。在一般情况下,保险人应当承担保险责任,不应轻易免责,但在一些特殊条件下保险人是可以免责的。例如,由于被保险人的过错或投保人隐瞒真相和重大事实导致保险人错误保险,或者发生人力所不能抗拒的自然灾害、战争等,或者为降低保险人的风险约定了特殊的免责条款。在保险合同中,就不承担责任的免责条款,保险人一般会用一些特别的声明性的条款引起投保人的重视,并会向投保人作出特别的说明。

保险合同属于专业性很强的合同,应以具有普通正常理性公民所能理解和认识为前提。保险术语,特别是涉及医疗事故、重大疾病保险方面,除非是医学专业人士,普通人一般难以正确认识和掌握。因此,为体现人性化和公平原则,特别是体现保险防灾救灾,减少、抚平损失的精神,更加需要参与合同各方都能正确把握合同意图,体现真实意思表示,避免产生欺诈。

保险人在进行说明时,既可采取重大、晦涩难懂术语的逐文阐释;也可采取重大条款,如免责、限责条款的是否阅读、理解的明知,是否存在疑点、难点需要进一步解释的答问,以选择判断的方式予以说明;还可以在主合同之后的附注中,特别提示投保人应当认真阅读的事项,以及允许提出疑议和修改要求的合理期间,以便于投保人对是否要投保作出正确选择。

实务问答 1. 如何辨别保险合同中的免责条款?

保险合同中的免责条款就是保险公司不承担责任的条款。可以分成以下几个层次:第一,不属于合同约定的保险责任范畴。无论是否发生保险事故,保险人均不承担保险责任,也可以认为是法定免责条款。第二,合同约定不由保险人承担责任的条款。实际上,这类条款是指保险人在一定条件下不承担保险责任,也是保险人为了自身利益而与投保人协商确定的保险人可以不承担责任的条款。第三,特别免责条款。在一般情况下,保险人应当承担保险责任,不应轻易免责,但在一些特殊条件下保险人是可以免责的。例如,由于被保险人的过错,投保人隐瞒真相和重大事实,导致保险人错误保险,或者人力所不能抗拒的自然灾害、战争等,也有的是为了保险人的风险降低,特别约定免责条款。

在保险合同中,保险人不承担责任的免责条款,保险人一般会用特别的一些声明性的条款引起投保人的重视,并会对投保人作出特别的说明,即为免责条款的范畴。

2. 对于免责条款或限责条款的明确说明,保险公司应当以何种形式来履行说明义务?

保险合同属于专业性很强的合同。保险术语,特别是涉及医疗事故、重大疾病保险方面,除非是医学专业人士,一般普通百姓难以正确认识和掌握。因此,为体现人性化和公平原则,特别是体现保险防灾救灾,减少、抚平损失的精神,更加需要参与合同各方都能正确把握合同意图,体现真实意思表示,避免产生欺诈。

保险人在进行说明时,既可采取重大、晦涩难懂术语的逐文阐释;也可采取重大条款,如免责、限责条款的是否阅读、理解的明知,是否存在疑点、难点需要进一步解释的答问,以选择判断的方式予以说明;还可以在主合同之后的附注中,特别提示投保人应当认真阅读的事项，以及允许提出疑议和修改要求的合理期间，以便于投保人对是否要投保作出正确选择。

3."自助式保险卡"的如实告知义务如何界定？

保险人或其委托的代理人出售"自助式保险卡"未尽说明义务，又未就相关事项向投保人提出询问，自行代替投保人激活保险卡形成数据电文形式的电子保险单，在保险合同生效后，保险人以电子保险单内容不准确，投保人违反如实告知义务为由主张解除保险合同的，人民法院不予支持。（参见"韩某某等诉某人寿保险股份有限公司江苏分公司保险合同纠纷案"，载《最高人民法院公报》2010年第5期）

4. 什么是"免除保险人责任的条款"？

保险人提供的格式合同文本中的责任免除条款、免赔率条款、比例赔付条款，可以认定为《保险法》第十七条第二款规定的"免除保险人责任的条款"，保险人应当尽到提示和明确说明义务。（参见"吴某诉某保险公司财产保险合同纠纷案"，载《最高人民法院公报》2014年第2期）

链接《民法典》第496、498条；《海商法》第222、223条；《保险法解释（二）》第9-13、17条；《最高人民法院研究室关于对〈保险法〉第十七条规定的"明确说明"应如何理解的问题的答复》

第十八条【保险合同内容】 保险合同应当包括下列事项：

（一）保险人的名称和住所；

（二）投保人、被保险人的姓名或者名称、住所，以及人身保险的受益人的姓名或者名称、住所；

（三）保险标的；

（四）保险责任和责任免除；

（五）保险期间和保险责任开始时间；

（六）保险金额；

（七）保险费以及支付办法；

（八）保险金赔偿或者给付办法；

（九）违约责任和争议处理；

（十）订立合同的年、月、日。

投保人和保险人可以约定与保险有关的其他事项。

受益人是指人身保险合同中由被保险人或者投保人指定的享有保险金请求权的人。投保人、被保险人可以为受益人。

保险金额是指保险人承担赔偿或者给付保险金责任的最高限额。

注释 保险标的，是指作为保险对象的财产及其有关利益或者人的寿命和身体，它既是确定危险程度和保险利益的重要依据，也是决定保险种类、确定保险金额和选定保险费率的依据。订立保险合同时，保险标的必须明确记载于保险合同中，这样一方面可以认定投保人是否具有保险利益，另一方面可以确定保险人对哪些承保对象承担保险责任。

保险责任，是指保险人按照合同约定，对于可能发生的事故因其发生所造成的财产损失，或者当被保险人死亡、伤残、疾病或者达到合同约定的年龄、期限时承担的赔偿或者给付保险金的责任。在保险合同中，保险责任条款具体规定了保险人所承担的风险范围，保险种类不同，保险责任也不相同。

实务问答 保险当事人之间如何约定与保险有关的其他事项？

由于保险种类很多，每一个保险人的保险业务方式也不尽相同，因此保险合同除法定记载事项外，投保人和保险人还可以就与保险有关的其他事项作出约定，这些针对其他事项所作的约定也就是保险合同的特约条款。所谓保险合同的特约条款，是指保险合同当事人于基本条款之外，自由约定的履行特种义务的条款，其实质是对基本条款的修正或者限制。在保险实务中保险合同的特约条款具体包括：

(1)附加条款。保险合同当事人双方常常根据需要，在保险单基本条款的基础上，附加一些补充条文，用以扩大或者限制原基本条款中所规定的权利和义务，这些补充就是附加条款，通常主要有：防灾防损条款、危险增加条款、保证条款、退赔条款、无赔偿优惠条款、保险事故通知条款、索赔期限条款、代位求偿条款、保险标的条款、保险标的的过户和保险单的转让条款中的贷款条款、自杀条款、误报年龄条款、年龄限制条款等。

(2)保证条款。保证条款是指保险人要求被保险人保证做或者不做某事，或者保证某事态存在或者不存在，否则就是违背保证；保证如被违背，保险人自被保险人违背保证之日起即有权解除合同，因此保证条款实际上是一种消极性的特约条款。

保险合同中记载的内容不一致的,按照下列规则认定:(1)投保单与保险单或者其他保险凭证不一致的,以投保单为准。但不一致的情形系经保险人说明并经投保人同意,以投保人签收的保险单或者其他保险凭证载明的内容为准。(2)非格式条款与格式条款不一致的,以非格式条款为准。(3)保险凭证记载的时间不同的,以形成时间在后的为准。(4)保险凭证存在手写和打印两种方式的,以双方签字、盖章的手写部分的内容为准。

链接《保险法解释(二)》第14条

第十九条 【无效格式条款】采用保险人提供的格式条款订立的保险合同中的下列条款无效:

(一)免除保险人依法应承担的义务或者加重投保人、被保险人责任的;

(二)排除投保人、被保险人或者受益人依法享有的权利的。

实务问答 1. 什么是格式条款?

本条是2009年保险法修改增加的条文,是对格式条款无效的规定。

格式条款是当事人为了重复使用而预先拟定,并在订立合同时未与对方协商的条款。使用格式条款的好处是简洁、省时、方便、降低交易成本,但其弊端是格式条款的提供者极有可能凭借自己的优势地位损害合同相对方的利益,这一点在消费者作为合同相对方的时候特别突出,必须在立法上予以限制。

2. 保险合同格式条款限定被保险人治疗方式被认定无效吗?

保险公司以保险合同格式条款限定被保险人患病时的治疗方式,既不符合医疗规律,也违背保险合同签订的目的。被保险人有权根据自身病情选择最佳的治疗方式,而不必受保险合同关于治疗方式的限制。保险公司不能以被保险人没有选择保险合同指定的治疗方式而免除自己的保险责任。(参见"王某诉某人寿保险公司淮安市楚州支公司保险合同纠纷案",载《最高人民法院公报》2015年第12期)

链接《民法典》第497条

第二十条 【保险合同变更】投保人和保险人可以协商变更合同内容。

变更保险合同的,应当由保险人在保险单或者其他保险凭证上批注或者附贴批单,或者由投保人和保险人订立变更的书面协议。

注释 保险合同内容的变更即体现双方权利义务关系的合同条款变更,可分为两种情况:一是投保人根据需要而变更合同的某些条款,如延长或者缩短保险期,增加或者减少保险费等。二是当情况发生变化,依照法律规定,必须变更保险合同的内容时,投保人需及时通知保险人更改合同的某些条款。实践中保险合同内容的变更是经常的,如财产保险中,标的种类的变化、数量的增减、存放地点、占用性质、危险程度、危险责任、保险期限、保险金额、保险费缴纳办法等内容变化;人身保险被保险人职业的变化,保险金额的增减、缴费方法的变更等,都可能引起保险合同的变更。

实务问答 如何变更保险合同的内容?

保险合同内容的变更会影响到保险合同当事人的权益及保险风险的大小,因此,保险合同的变更应当采用法定形式,经过一定的法律程序方可实施。依照本条第二款的规定,变更保险合同的,应当由保险人在保险单或者其他保险凭证上批注或者附贴批单,或者由投保人和保险人订立变更的书面协议。这也就是说,变更保险合同的法定形式有两种:一是由保险人在原保险单或者其他保险凭证上批注或者附贴批单;二是由投保人和保险人订立变更的书面协议。其中批单是变更保险合同时使用的一种保险单证,上面列明变更的条款内容,一般附贴在原保单或保险凭证之上,批单需由保险人签署。

链接《民法典》第543条;《海商法》第229、230条

第二十一条 【通知义务】投保人、被保险人或者受益人知道保险事故发生后,应当及时通知保险人。故意或者因重大过失未及时通知,致使保险事故的性质、原因、损失程度等难以确定的,保险人对无法确定的部分,不承担赔偿或者给付保险金的责任,但保险人通过其他途径已经及时知道或者应当及时知道保险事故发生的除外。

注释 适用上述规定,应当注意以下三点:一是投保人、被保险人或者受益人主观上必须是出于故意或者重大过失;二是保险人不能通过其他途径已经及时知道或者应当及时知道保险事故发生;三是保险人不承担赔偿或者给付保险金的责任的范围仅限于保险事故的性质、原因、损失程度等难以确定的部分。

第二十二条 【协助义务】保险事故发生后,按照保险合同请求保险人赔偿或者给付保险金时,投保人、被保险人或者受益人应当向保险人提供其所能提供的与确认保险事故的性质、原因、损失程度等有关的证明和资料。

保险人按照合同的约定,认为有关的证明和资料不完整的,应当及时一次性通知投保人、被保险人或者受益人补充提供。

实务问答 本条所称的"有关的证明和资料"是指哪些?

这里所讲的"有关的证明和资料"主要是指:(1)保险单或者保险凭证的正本;(2)已支付保险费的凭证;(3)账册、收据、发票、装箱单、运输合同等有关保险财产的原始单据;(4)身份证、工作证、户口簿或者其他有关人身保险的被保险人姓名、年龄、职业等情况的证明材料;(5)确认保险事故的性质、原因、损失程度等的证明和资料,如调查检验报告、出险证明书、损害鉴定、被保险人死亡证明或者丧失劳动能力程度鉴定、责任案件的结论性意见等;(6)索赔清单,如受损财产清单、各种费用清单、其他要求保险人给付的详细清单等。

第二十三条 【理赔】保险人收到被保险人或者受益人的赔偿或者给付保险金的请求后,应当及时作出核定;情形复杂的,应当在三十日内作出核定,但合同另有约定的除外。保险人应当将核定结果通知被保险人或者受益人;对属于保险责任的,在与被保险人或者受益人达成赔偿或者给付保险金的协议后十日内,履行赔偿或者给付保险金义务。保险合同对赔偿或者给付保险金的期限有约定的,保险人应当按照约定履行赔偿或者给付保险金义务。

保险人未及时履行前款规定义务的,除支付保险金外,应当赔偿被保险人或者受益人因此受到的损失。

任何单位和个人不得非法干预保险人履行赔偿或者给付保险金的义务,也不得限制被保险人或者受益人取得保险金的权利。

实务问答 理赔核定期间的起算点如何认定?

保险理赔是最易引起保险纠纷的原因之一,理赔难问题一直备受社会大众关注。保险法虽规定了"三十日"理赔核定期间,但并未明确该期间的起算点。为避免保险人拖延赔付,《保险法解释(二)》明确该"三十日"核定期间应自保险人初次收到索赔请求及投保人、被保险人或者受益人提供的有关证明和资料之日起算。保险人主张扣除投保人、被保险人或者受益人补充提供有关证明和资料期间的,人民法院应予支持。扣除期间自保险人根据《保险法》第二十二条规定作出的通知到达投保人、被保险人或者受益人之日起,至投保人、被保险人或者受益人按照通知要求补充提供的有关证明和资料到达保险人之日止。

链接 《保险法解释(二)》第15条

第二十四条 【拒绝赔付通知】保险人依照本法第二十三条的规定作出核定后,对不属于保险责任的,应当自作出核定之日起三日内向被保险人或者受益人发出拒绝赔偿或者拒绝给付保险金通知书,并说明理由。

第二十五条 【先行赔付】保险人自收到赔偿或者给付保险金的请求和有关证明、资料之日起六十日内,对其赔偿或者给付保险金的数额不能确定的,应当根据已有证明和资料可以确定的数额先予支付;保险人最终确定赔偿或者给付保险金的数额后,应当支付相应的差额。

实务问答 什么情况下可以先予支付保险金?

具体来讲,符合先予支付保险金的条件是:(1)属于保险责任;(2)收到索赔申请和有关证明、资料之日起满六十日;(3)保险人赔偿或者给付保险金的数额不能确定。如果符合上述条件,保险人应当根据已有证明和资料可以确定的数额,先予支付保险金。修改前的保险法规定先予支付的数额是"可以确定的最低数额",2009年修改保险法,将其规定为"可以确定的数额",目的是更好地保护被保险人、受益人的利益。

第二十六条 【诉讼时效】人寿保险以外的其他保险的被保险人或者受益人,向保险人请求赔偿或者给付保险金的诉讼时效期间为二年,自其知道或者应当知道保险事故发生之日起计算。

人寿保险的被保险人或者受益人向保险人请求给付保险金的诉讼时效期间为五年,自其知道或者应当知道保险事故发生之日起计算。

注释 所谓保险金请求权诉讼时效,也就是索赔时效,是指投保人或者被保险人在保险标的因保险事故而遭受损失后,依照保险合同的有关规定,请求保险人给予经济补偿或者给付保险金的权利行使期限。

链接 《保险法解释(四)》第18条

第二十七条 【保险欺诈】 未发生保险事故,被保险人或者受益人谎称发生了保险事故,向保险人提出赔偿或者给付保险金请求的,保险人有权解除合同,并不退还保险费。

投保人、被保险人故意制造保险事故的,保险人有权解除合同,不承担赔偿或者给付保险金的责任;除本法第四十三条规定外,不退还保险费。

保险事故发生后,投保人、被保险人或者受益人以伪造、变造的有关证明、资料或者其他证据,编造虚假的事故原因或者夸大损失程度的,保险人对其虚报的部分不承担赔偿或者给付保险金的责任。

投保人、被保险人或者受益人有前三款规定行为之一,致使保险人支付保险金或者支出费用的,应当退回或者赔偿。

注释 为保护保险人的合法权益,防止保险欺诈,本条规定严格禁止投保人、被保险人、受益人进行保险欺诈。根据本条规定,投保人、被保险人、受益人进行保险欺诈主要有三种情形:

(1)在未发生保险事故的情况下谎称发生了保险事故。在这种情形下,当事人通常会伪造事故现场,编造事故原因,伪造有关证明文件和资料等,以骗取保险人的信任,非法取得保险金。

(2)故意制造保险事故。如有的以死亡为给付保险金条件的保险合同的投保人,为了获取保险金而杀害被保险人或者造成被保险人伤残、染病;有的财产保险合同的被保险人纵火烧毁保险财产等。在这种情形下,虽然确实发生了被保险人死亡、伤残或者保险财产损失等事故,但这种事故是投保人、被保险人图谋获取保险金而故意制造的,因此这种事故不属于保险合同约定的保险事故。投保人、被保险人故意制造保险事故的行为,显然是一种保险欺诈行为。

(3)保险事故发生后,投保人、被保险人或者受益人以伪造、变造的有关证明、资料或者其他证据,编造虚假的事故原因或者夸大损失程度。这种情形是指确实有保险事故发生,但投保人、被保险人或者受益人并不是根据保险事故实际所造成的人身伤残情况或者财产损失情况提出赔付保险金的请求,而是弄虚作假,伪造证据,夸大人身损害程度或者财产损失程度,企图得到超额的赔付。

实务问答 保险公司故意隐瞒被保险人可以获得保险赔偿的重要事实,对被保险人进行错误诱导,致使被保险人误以为将不能从保险公司获得赔偿,并在此基础上作出同意销案的意思表示,则保险公司的行为是否构成欺诈?

根据《合同法》第五十四条第二款①的规定,一方以欺诈、胁迫的手段或乘人之危,使对方在违背真实意思的情况下订立的合同,受损害方有权请求人民法院或仲裁机构变更或者撤销。而欺诈是指合同一方当事人故意告知对方虚假情况,或者故意隐瞒真实情况,诱使对方当事人作出错误意思表示的行为。保险公司故意隐瞒被保险人可以获得保险赔偿的重要事实,对被保险人进行错误诱导,致使被保险人误以为将不能从保险公司获得赔偿,并在此基础上作出同意销案的意思表示,应认定被保险人作出了不真实的意思表示,保险公司的行为违背诚信原则,因此构成保险合同欺诈。(参见"刘某某诉某财产保险公司保险合同纠纷案",载《最高人民法院公报》2013年第8期)

链接 《刑法》第198条

第二十八条 【再保险】 保险人将其承担的保险业务,以分保形式部分转移给其他保险人的,为再保险。

应再保险接受人的要求,再保险分出人应当将其自负责任及原保险的有关情况书面告知再保险接受人。

注释 再保险又称第二次保险也叫分保,是指保险人在原保险合同的基础上,通过订立合同,将其承担的保险业务,以承保形式,部分转移给其他保险人。进行再保险,可以分散保险人的风险,有利于其控制损失,稳定经营。再保险是在原保险合同的基础上建立的。在再保险关系中,直接接受保险业务的保险人称为原保险人,也叫再保险分出人;接受分出保险责任的保险人称为再保险接受人,也叫再保险人。再保险的权利义务关系是由再保险分出人与再保险接受人通过订立再保险合同确立的。再保险合同的存在虽然是以原保险合同的存在为前提,但两者在法律上是各自独立存在的合同,所以再保险的权利义务关系与原保险

---

① 对应《民法典》总则编第一百四十八条:"一方以欺诈手段,使对方在违背真实意思的情况下实施的民事法律行为,受欺诈方有权请求人民法院或者仲裁机构予以撤销。"

的权利义务关系,是相互独立的法律关系,不能混淆。

第二十九条 【再保险的保费及赔付】再保险接受人不得向原保险的投保人要求支付保险费。

原保险的被保险人或者受益人不得向再保险接受人提出赔偿或者给付保险金的请求。

再保险分出人不得以再保险接受人未履行再保险责任为由,拒绝履行或者迟延履行其原保险责任。

第三十条 【争议条款解释】采用保险人提供的格式条款订立的保险合同,保险人与投保人、被保险人或者受益人对合同条款有争议的,应当按照通常理解予以解释。对合同条款有两种以上解释的,人民法院或者仲裁机构应当作出有利于被保险人和受益人的解释。

注释 实践中,除少数保险合同外,多数保险合同采取保险人提供的格式条款订立。由于保险的专业性很强,对于投保人、被保险人、受益人来讲,一些术语、名词很难理解,一旦发生纠纷,保险人处于明显的优势地位。为了保护投保人、被保险人、受益人的合法权益,本法第十七条规定保险人应当向投保人说明合同的内容,并对合同中免除保险人责任的条款作出说明,否则,该条款不生效力。同时,依照民法典合同编对格式条款的解释原则,本条规定了对采用格式条款订立的保险合同的解释原则:(1)保险人与投保人、被保险人、受益人对合同条款有争议的,应当按照通常理解予以解释。所谓"通常理解"是指既不采纳保险人的解释,也不采纳投保人、被保险人、受益人的解释,而是按照一般人的理解来解释。(2)如果对合同条款有两种以上通常解释的,人民法院或者仲裁机构应当作出有利于被保险人和受益人的解释。

第二节 人身保险合同

第三十一条 【人身保险利益】投保人对下列人员具有保险利益:

(一)本人;

(二)配偶、子女、父母;

(三)前项以外与投保人有抚养、赡养或者扶养关系的家庭其他成员、近亲属;

(四)与投保人有劳动关系的劳动者。

除前款规定外,被保险人同意投保人为其订立合同的,视为投保人对被保险人具有保险利益。

订立合同时,投保人对被保险人不具有保险利益的,合同无效。

注释 "与投保人有劳动关系的劳动者",这是2009年修订保险法增加的一项。虽然有工伤保险为工伤劳动者提供保障,但工伤保险赔付的范围和限额都有限,不能完全补偿工伤劳动者的损失,故很多用人单位为那些经常出差或风险较大岗位的职工另行购买了意外险,有的企业把为员工购买商业保险作为企业的福利形式,以激励员工为企业创造更多的价值。但是,根据2002年保险法对人身保险中保险利益的规定,单位是不能作为投保人投保人身保险的,这在无形中使单位为员工购买人身保险的程序变得繁杂。有了该条规定,用人单位为员工购买人身保险,就可以直接把自己作为投保人,而无须劳动者同意或签字,简便了操作程序。

实务问答 单位是否可以为自己的职工投保人身险?

任何单位为自己的职工谋取合法利益,都是法律允许并支持的正当行为。由于保险是原某保险公司永顺县支公司的业务,此次保险是该公司为自己的职工投保,这种特殊情况决定了该保险合同上投保人和保险人的签署是同一人,但这与自己和自己签订的无效合同情况不同,仍然属于两个平等民事主体之间签订合同。根据保费出资的实际情况,应认定这个保险合同的投保人是原某保险公司永顺县支公司工会,保险人是该公司。工会在职工同意的情况下为职工投保人身险,是其履行职责的体现。依照《保险法》的规定,原某保险公司永顺县支公司工会对保险标的具有保险利益,本案的人身保险合同是当事人真实意思表示,依法成立有效。(参见"王某某诉某保险公司永顺县支公司保险合同纠纷案",载《最高人民法院公报》2001年第4期)

链接 《保险法解释(二)》第2条;《保险法解释(三)》第3、4条

第三十二条 【申报年龄不真实的处理】投保人申报的被保险人年龄不真实,并且其真实年龄不符合合同约定的年龄限制的,保险人可以解除合同,并按照合同约定退还保险单的现金价值。保险人行使合同解除权,适用本法第十六条第三款、第六款的规定。

投保人申报的被保险人年龄不真实,致使投保人支付的保险费少于应付保险费的,保险人有权更正并要求投保人补交保险费,或者在给付保险

金时按照实付保险费与应付保险费的比例支付。

投保人申报的被保险人年龄不真实,致使投保人支付的保险费多于应付保险费的,保险人应当将多收的保险费退还投保人。

注释 保险公司根据人身保险的特点,按照概率计算,确定了承保年龄的最高上限,对超过这一年限的,不予承保。同时,保险公司要以被保险人的年龄为参照值,根据生命表等计算出死亡概率,确定被保险人在不同年龄段投保时缴纳的保险费的费率。因此,人身保险合同中被保险人的年龄对保险人决定是否承保、确定保险费率的高低有重大影响。

实务问答 年龄不实对保险费及保险金额的影响应如何计算?

申报年龄不真实,致使投保人支付的保险费多于应付保险费的,保险人应当将多收的保险费退还投保人。

申报年龄不真实,致使投保人支付的保险费少于应付保险费的。保险人发现年龄错报时可以作出更正,并有权要求投保人补交保险费不足部分,或者按保费不足额调整保险金额,并按调整后的约定给付保险金。调整公式为:

$$应付保险金额 = 约定保险金额 \times \frac{实交保险费}{应交保险费}$$

实交保险费指投保人按错报年龄实际缴纳的保险费,应交保险费按被保险人真实年龄计算应该缴纳的保险费。

例如,A 投保人寿保险,保险金额为 10 万元,其实际年龄为 50 岁,其保险费本应交 10000 元,因虚报年龄为 40 岁,仅仅交费 7000 元。保险事故发生时,保险人仅需支付:100000×7000/10000 = 70000 元。

第三十三条 【死亡保险的禁止】 投保人不得为无民事行为能力人投保以死亡为给付保险金条件的人身保险,保险人也不得承保。

父母为其未成年子女投保的人身保险,不受前款规定限制。但是,因被保险人死亡给付的保险金总和不得超过国务院保险监督管理机构规定的限额。

注释 死亡保险合同,是指以被保险人的死亡为保险事故,在事故发生时由保险人给付保险金的保险。死亡保险的被保险人不得是无民事行为能力人,在父母为未成年子女投保的情况下,死亡保险的被保险人可以是无民事行为能力人,但是保险金额总和不得超过规定的限额。

第三十四条 【死亡保险合同的效力】 以死亡为给付保险金条件的合同,未经被保险人同意并认可保险金额的,合同无效。

按照以死亡为给付保险金条件的合同所签发的保险单,未经被保险人书面同意,不得转让或者质押。

父母为其未成年子女投保的人身保险,不受本条第一款规定限制。

链接 《保险法解释(三)》第 1 条、第 2 条、第 6 条

第三十五条 【保险费的支付】 投保人可以按照合同约定向保险人一次支付全部保险费或者分期支付保险费。

第三十六条 【逾期支付保险费】 合同约定分期支付保险费,投保人支付首期保险费后,除合同另有约定外,投保人自保险人催告之日起超过三十日未支付当期保险费,或者超过约定的期限六十日未支付当期保险费的,合同效力中止,或者由保险人按照合同约定的条件减少保险金额。

被保险人在前款规定期限内发生保险事故的,保险人应当按照合同约定给付保险金,但可以扣减欠交的保险费。

注释 人身保险合同中约定分期支付保险费的合同,一般是长达几年或者几十年的长期合同。因此,合同双方必须在合同中订明分期支付保险费的具体办法,比如支付保险费的周期、每期支付的时间和数额等。投保人应当严格按照合同的约定如期支付保险费。如果投保人不能按期支付保险费,就会影响合同的效力。因为保险合同是双务合同,投保人依照合同约定按时交纳保险费,保险人按照合同约定承担保险责任。本条对投保人支付首期保险费后,超过合同约定期限支付当期保险费的法律后果规定如下:

(1)合同效力中止。即投保人自保险人催告之日起超过三十日未支付当期保险费,或者超过约定的期限六十日未支付当期保险费的,合同效力中止。"合同效力中止"是指合同暂时失去效力,当满足一定条件后,合同效力还可以恢复,与"合同效力终止"不同。根据本条规定,投保人未按照合同约定期限支付当期保险费,合同效力并不立即中止,而是在一定期限内继续有效,这一期限被称为宽限期。即投保人只要在宽限期届满前

支付当期保险费,保险合同就继续有效。否则,将导致合同效力中止。本条规定宽限期,是为了避免在合同生效后,因投保人一时不能按照合同约定的期限支付当期保险费而影响合同的效力,实际上是适当延长了投保人的交费期限。从另一方面来讲,这一规定也有利于保险人,保险人因此可以稳定保费来源。本条对宽限期的具体规定是:投保人自保险人催告之日起三十日内,或者在合同规定的交费日起六十日内。需要说明的是,如果保险合同对效力中止问题作了约定,应当适用合同的约定,不适用本条的规定。

(2)由保险人按照合同约定的条件减少保险金额。即宽限期届满后投保人仍未交纳保险费的,保险人用减少保险金额的办法来折抵投保人未交的保险费。因为保险金额的大小与缴纳保险费的多少是成正比的。因此,本条规定保险人可以减少保险金额以折抵投保人未按规定缴纳的保险费,从而继续维持合同的效力。根据本条规定,如果采用这种办法,保险人应当按照合同约定的条件减少保险金额,而不能随意减少。

(3)如前所述,在宽限期内保险合同的效力依然存在。因此,本条第二款规定,对在此期间发生的保险事故,保险人应当按照合同约定给付保险金。由于投保人未交纳这一期间的保险费,本着公平的原则,本条第二款规定,保险人在给付保险金时可以扣减欠交的保险费。

实务问答 保险公司单方改变双方长期形成的保费缴纳交易习惯导致保单失效的,责任应如何承担?

《合同法》第六十条①规定,当事人应当遵循诚实信用原则,根据合同的性质、目的和交易习惯履行通知、协助、保密等义务。第六十一条②规定,合同生效后,当事人就质量、价款或者报酬、履行地点等内容没有约定或者约定不明确的,可以协议补充;不能达成补充协议的,按照合同有关条款或者交易习惯确定。据此,保险合同未约定保费的具体缴纳方式,但如果投保人与保险人之间长期以来形成了固定的保费缴纳模式的,应认定为构成交易惯例,双方应遵守诚实信用原则,不得擅自改变交易习惯。如果保险公司违反诚实信用原

则,单方改变该交易习惯,致使投保人未能及时缴纳保费从而保单失效的,应由保险人承担责任,保险公司无权中止合同效力并解除保险合同。(参见"陆某某诉某保险股份有限公司太仓支公司保险合同纠纷案",载《最高人民法院公报》2013年第11期)

链接《保险法解释(三)》第7条、第8条

第三十七条 【合同效力的恢复】合同效力依照本法第三十六条规定中止的,经保险人与投保人协商并达成协议,在投保人补交保险费后,合同效力恢复。但是,自合同效力中止之日起满二年双方未达成协议的,保险人有权解除合同。

保险人依照前款规定解除合同的,应当按照合同约定退还保险单的现金价值。

注释 本条为复效条款。所谓保险合同复效,是指保险合同的效力中止以后重新恢复其效力。在人身保险合同中,投保人因不能如期支付保险费而导致合同效力中止后,既可以重新投保成立新的保险合同,也可以在一定条件下,要求恢复原合同的效力。

第三十八条 【禁止通过诉讼要求支付保险费】保险人对人寿保险的保险费,不得用诉讼方式要求投保人支付。

第三十九条 【受益人的确定】人身保险的受益人由被保险人或者投保人指定。

投保人指定受益人时须经被保险人同意。投保人为与其有劳动关系的劳动者投保人身保险,不得指定被保险人及其近亲属以外的人为受益人。

被保险人为无民事行为能力人或者限制民事行为能力人的,可以由其监护人指定受益人。

实务问答 什么人可以被指定为受益人?

人身保险的受益人,是指人身保险合同中由被保险人或者投保人指定的享有保险金请求权的人。至于什么人可以被指定为受益人,本条未作任何限制,即被保险人或者投保人可以任意指定受益人,包括投保人或者被保险人自己,都可以作为受益人。

链接《保险法解释(三)》第9条

---

① 对应《民法典》合同编第五百零九条:"当事人应当按照约定全面履行自己的义务。当事人应当遵循诚信原则,根据合同的性质、目的和交易习惯履行通知、协助、保密等义务。当事人在履行合同过程中,应当避免浪费资源、污染环境和破坏生态。"

② 对应《民法典》合同编第五百一十条:"合同生效后,当事人就质量、价款或者报酬、履行地点等内容没有约定或者约定不明确的,可以协议补充;不能达成补充协议的,按照合同相关条款或者交易习惯确定。"

第四十条 【受益顺序及份额】被保险人或者投保人可以指定一人或者数人为受益人。

受益人为数人的,被保险人或者投保人可以确定受益顺序和受益份额;未确定受益份额的,受益人按照相等份额享有受益权。

第四十一条 【受益人变更】被保险人或者投保人可以变更受益人并书面通知保险人。保险人收到变更受益人的书面通知后,应当在保险单或者其他保险凭证上批注或者附贴批单。

投保人变更受益人时须经被保险人同意。

链接《保险法解释(三)》第10条、第11条、第13条

第四十二条 【保险金作为遗产情形】被保险人死亡后,有下列情形之一的,保险金作为被保险人的遗产,由保险人依照《中华人民共和国继承法》的规定履行给付保险金的义务:

(一)没有指定受益人,或者受益人指定不明无法确定的;

(二)受益人先于被保险人死亡,没有其他受益人的;

(三)受益人依法丧失受益权或者放弃受益权,没有其他受益人的。

受益人与被保险人在同一事件中死亡,且不能确定死亡先后顺序的,推定受益人死亡在先。

注释 受益人是享有保险金请求权的人。因此,被保险人死亡后,保险人应当依照合同的约定将保险金给付受益人。本条对因各种原因而没有受益人的情况下,该保险金如何处理作了规定。

实务问答 1. 哪些情况属于没有受益人?

(1)没有指定受益人的。根据本法规定,投保人、被保险人可以指定受益人。投保人指定受益人的,应当经被保险人同意。没有指定受益人,主要是指被保险人生前未指定,投保人指定后被保险人生前未同意等情形。(2)受益人先于被保险人死亡,没有其他受益人的。(3)受益人依法丧失受益权或者放弃受益权,没有其他受益人的。受益人依法丧失受益权是指本法规定的受益人故意造成被保险人死亡或者伤残,或者故意杀害被保险人未遂的情况。受益人主动放弃受益权是受益人在享有受益权的前提下主动放弃这种权利。受益权作为一种民事权利,受益人可以放弃。

2. 没有受益人的情况下如何处理保险金?

将保险金作为被保险人的遗产,由保险人依照继承法的规定,向被保险人的继承人履行给付保险金的义务。因为根据本法规定,被保险人是指其人身受保险合同保障,享有保险金请求权的人;被保险人可以指定受益人;投保人指定受益人必须经被保险人同意;被保险人可以为受益人。鉴于此,本条规定,在没有受益人时,保险金作为被保险人的遗产。

链接《保险法解释(三)》第14、15条;《民法典》第六编

第四十三条 【受益权丧失】投保人故意造成被保险人死亡、伤残或者疾病的,保险人不承担给付保险金的责任。投保人已交足二年以上保险费的,保险人应当按照合同约定向其他权利人退还保险单的现金价值。

受益人故意造成被保险人死亡、伤残、疾病的,或者故意杀害被保险人未遂的,该受益人丧失受益权。

第四十四条 【被保险人自杀处理】以被保险人死亡为给付保险金条件的合同,自合同成立或者合同效力恢复之日起二年内,被保险人自杀的,保险人不承担给付保险金的责任,但被保险人自杀时为无民事行为能力人的除外。

保险人依照前款规定不承担给付保险金责任的,应当按照合同约定退还保险单的现金价值。

实务问答 如何认定"自杀"?

对于"自杀"的认定通常需要考虑两个因素:一是要求自杀者有主观的意愿,其行为是建立在故意的动机之上的。二是自杀者的行为造成了死亡的客观事实。实践中通常认为对于无民事行为能力人的主观意愿不能被认定为符合第一个条件。因为无民事行为能力人不能为自己的行为负责,不符合保险中"故意"的条件。

链接《保险法解释(三)》第21条

第四十五条 【免于赔付情形】因被保险人故意犯罪或者抗拒依法采取的刑事强制措施导致其伤残或者死亡的,保险人不承担给付保险金的责任。投保人已交足二年以上保险费的,保险人应当按照合同约定退还保险单的现金价值。

注释 所谓故意犯罪,是指明知自己的行为会发生危害社会的结果,并且希望或者放任这种结果发生,因而构成犯罪的情形。

刑事强制措施是指公安机关、人民检察院、人民法院为了有效地同犯罪作斗争,并保障诉讼活

动的顺利进行,依法对犯罪嫌疑人、被告人及现行犯所采取的暂时限制或剥夺其人身自由的各种诉讼方法和手段的总称。依据《刑事诉讼法》的规定,刑事强制措施有:拘传、取保候审、监视居住、拘留、逮捕。

实务问答 如何正确认识合同约定条款与犯罪不赔的关系?

实践中,保险合同的责任免除条款通常包括犯罪不赔,而且部分保险公司的条款表述与《保险法》第四十五条存在一定差异。比如有的合同约定将犯罪或者抗拒依法采取的刑事强制措施,"直接或间接造成被保险人身故、残疾的"均列入免赔范围。有的合同将"拒捕"导致身故作为免责情形。有的合同约定"不法"或"非法"活动导致身故属于免赔情形。这些条款或者将"导致"一词的因果关系扩大至间接导致,或者将故意犯罪扩大为不法行为、违法行为,实际上使得保险人免除责任的情形大于《保险法》第四十五条。在审判实务中,当保险人依据此类约定拒赔时,法院应当如何处理?我们认为,保险条款中的此类条款属于责任减免条款。在具体处理时,应当根据其约定内容分别处理。首先,条款中有关故意犯罪或抗拒依法采取的刑事强制措施导致其伤残或者死亡的内容,如与《保险法》第四十五条一致的,属于保险合同重述法定免责条款。此种约定条款不论保险人有无履行提示和明确说明义务,均当然发生法律效力。其次,保险合同将不法、违法行为导致的死亡、伤残列入保险责任免责事由的,法院应当根据《保险法》第十七条审查该条款是否产生效力。第三,条款就《保险法》第四十五条"导致"一词进行扩大性解释,将故意犯罪间接导致也列入免赔范围的,法院也应当依据《保险法》第十七条审查该条款是否产生效力。[①]

链接 《保险法解释(三)》第22条、第23条

第四十六条 【保险人禁止追偿】被保险人因第三者的行为而发生死亡、伤残或者疾病等保险事故的,保险人向被保险人或者受益人给付保险金后,不享有向第三者追偿的权利,但被保险人或者受益人仍有权向第三者请求赔偿。

注释 本条在规定保险人向被保险人或者受益人给付保险金后,不得享有向第三者追偿的权利的同时,又规定被保险人或者受益人仍有权向第三者请求赔偿。因为人的生命或者身体是无价的,不能以金钱来衡量。所以,人身保险不适用财产保险的补偿原则,即使被保险人或者受益人从保险人处获得保险赔偿,也不妨碍其依法向侵权人请求赔偿。当第三者给被保险人造成死亡、伤残或者疾病时,应依法承担相应的民事责任,进行损害赔偿。人身保险是一种给付性的保险,而不是赔偿性的保险。不能因为保险人已向被保险人或者受益人支付了保险金,而剥夺被保险人或者受益人向第三者请求追偿的权利。被保险人或者受益人享有侵权赔偿请求权和保险金请求权两项权利,从而能够更好地保护被保险人或者受益人的权利。

实务问答 意外伤害保险合同的被保险人在获得第三者侵权赔偿后,是否有权继续要求保险公司理赔?

意外伤害保险,是指当被保险人遭受意外伤害时,保险人给予保险金的保险。根据保险法规定,意外伤害保险属于人身保险的范围。财产保险中的"损失补偿原则"规定,保险人向被保险人赔偿后,有权在赔偿金范围内向第三人代位追偿。而在人身保险中,保险人在被保险人从实施致害行为的第三人处获得侵权赔偿后,仍然负有赔付保险金的义务,且保险人向被保险人赔偿后,无权在其赔偿金范围内向第三人代位追偿。因此,财产保险中的"损失补偿原则"不适用于人身保险。同时,被保险人依保险合同取得赔偿系基于保险合同关系;被保险人依受害人身份取得赔偿系基于侵权关系,二者隶属的法律关系不同。对此,保险人不能以第三人已经向保险人给予赔偿为由拒绝保险理赔,被保险人有权继续要求保险人履行赔付保险金的义务。(参见"冯某某诉某人寿保险有限公司保险合同纠纷案",载《最高人民法院公报》2007年第11期)

第四十七条 【人身保险合同解除】投保人解除合同的,保险人应当自收到解除合同通知之日起三十日内,按照合同约定退还保险单的现金价值。

链接 《保险法解释(三)》第16条、第17条

[①] 参见杜万华主编、最高人民法院民事审判第二庭编著:《最高人民法院关于保险法司法解释(三)理解与适用》,人民法院出版社2015年版,第546~547页。

第三节 财产保险合同

第四十八条 【财产保险利益】保险事故发生时,被保险人对保险标的不具有保险利益的,不得向保险人请求赔偿保险金。

注释 依据本条规定,财产保险的被保险人在保险事故发生时,对保险标的不具有保险利益的,由于其并没有因为保险事故的发生而产生经济利益的损失,因此保险人不承担赔偿保险金的责任,被保险人不得按照保险合同的约定向保险人请求赔偿。同时,根据保险事故对保险标的物造成损害的不同,对保险合同可以有以下几种处理方式:第一,保险标的物因保险事故的发生而灭失的。因为合同标的不存在,保险合同自然终止。第二,保险标的物部分损坏、没有灭失的。因为保险标的仍然存在,保险合同继续有效,如果以后再发生保险事故,且当时被保险人对保险标的具有保险利益,保险人仍应按照保险合同的约定向被保险人承担赔偿保险金的责任。当然,投保人也可以要求解除保险合同,保险人应依照本法第五十四条的规定,将已经收取的保险费按照合同约定扣除自保险责任开始之日起至合同解除之日止应收的部分后,退还投保人。

链接 《保险法解释(四)》第1条

第四十九条 【保险标的转让】保险标的转让的,保险标的的受让人承继被保险人的权利和义务。

保险标的转让的,被保险人或者受让人应当及时通知保险人,但货物运输保险合同和另有约定的合同除外。

因保险标的的转让导致危险程度显著增加的,保险人自收到前款规定的通知之日起三十日内,可以按照合同约定增加保险费或者解除合同。保险人解除合同的,应当将已收取的保险费,按照合同约定扣除自保险责任开始之日起至合同解除之日止应收的部分后,退还投保人。

被保险人、受让人未履行本条第二款规定的通知义务的,因转让导致保险标的的危险程度显著增加而发生的保险事故,保险人不承担赔偿保险金的责任。

注释 所谓保险标的的转让,是指合同中被保险的财产及其有关利益的转让,既包括这些保险财产及其有关利益的所有权发生转让,如买卖、让与、继承等,也包括使用权、经营管理权、抵押权等的转移。

本条对保险标的转让进行了重大修订,将因保险标的的转让而发生的保险合同变更由"通知变更"(即保险标的转让的,投保人或被保险人应当通知保险人,经保险人同意继续承保后,变更保险合同),修改为"自动变更",有助于实现保险保障的自动延续。从而避免因保险标的的转让与保险人同意承保之间产生保险合同的"空白期",减少争议。

实务问答 保险标的的转让后投保人可以行使任意解除权吗?①

投保人任意解除权属于特殊情形下的合同解除。保险合同是具有保障性的合同,投保人为保障自己的保险利益与保险人签订保险合同,保险利益基于投保人对保险标的的权利而产生,投保人有权在法律规定的范围内任意处分自己的民事权利。也即在订立保险合同时,应充分尊重投保人的意思自由,其可以选择保险或者不保险,可以选择何时保险或者何时不再保险。投保人的合同任意解除权是法律赋予保险合同投保人的一项特殊权利,与普通商事合同存在较大不同,属于一项特殊的权利,是法律对投保人权益的一项特别保护措施。

保险标的的转让后投保人行使任意解除权应有所限制。其主要理由是:第一,《保险法》第四十九条曾在2009年进行了较大程度的修改,从原来保险合同不经变更不发生权利义务转让变为当然转让,同时增加规定了当事人保险标的转让的通知义务及责任。该修改的目的是实现保险保障的自动延续,从而避免因保险标的的转让与保险人同意承保之间产生保险合同的空白期,减少争议,充分保障受让人的合法权益。若保险标的的转让后,允许原投保人行使解除权,显然会影响到受让人的权利,导致现行《保险法》第四十九条规定的目的落空。第二,从立法目的看,《保险法》第四十九条对保险标的的转让作出的规定更加合理。财产

---

① 内容来源于《中国法院2023年度案例·保险纠纷》一书,国家法官学院、最高人民法院司法案例研究院编,中国法制出版社2023年5月出版。

险合同系依附于保险标的而订立,若当事人在转让保险标的时未对保险合同作出特别约定,根据社会通常观念,应推定包括保险标的的所有权在内的一切权益均转让给受让人,以及受让人所支付的对价应包括保险合同部分。第三,如此处理并不会对投保人的任意解除权形成实质影响,其完全可以在转让前依法行使合同解除权,从而达到解除合同的目的。本案中,原告的车辆在2017年12月20日即转让给第三人,其如果需要解除保险合同,完全可以在车辆转让前向保险人提出,并不影响其民事权利的行使。

保险标的转让后对投保人行使任意解除权应当进行严格审查。就本案而言,一个特殊情况是,本案原告系在短期内买进并迅速卖出案涉车辆,其在合同存续期间虽曾申请退保,但直至合同有效期届满后一年多时间才提起本案诉讼,经法院释明也不愿提供转让合同,导致相关事实难以查清,其行为目的的正当性值得怀疑,可能存在一定的道德风险,应当承担举证不能的不利法律后果。与此同时,从规范保险市场秩序和维护当事人合法权益的角度出发,二审法院最终判决对其诉请不予支持。(参见"蒋某诉财保盐城分公司财产保险合同案",江苏省盐城市中级人民法院〔2020〕苏09民终4257号民事判决书)

链接 《保险法解释(四)》第2、4、5条

第五十条 【禁止解除合同】货物运输保险合同和运输工具航程保险合同,保险责任开始后,合同当事人不得解除合同。

注释 在财产保险中,以一次航程或运程来计算保险期间的,为航程保险。货物运输保险属于航程保险,运输工具也有航程保险。航程保险期间不是按日期而是按航程或运程计算,保险责任的起止时间一般采用"仓至仓"条款,就是保险人对保险标的所负保险责任,从保险单载明的起运地开始,到保险单载明的目的地为止。

链接 《海商法》第227条、第228条

第五十一条 【安全义务】被保险人应当遵守国家有关消防、安全、生产操作、劳动保护等方面的规定,维护保险标的的安全。

保险人可以按照合同约定对保险标的的安全状况进行检查,及时向投保人、被保险人提出消除不安全因素和隐患的书面建议。

投保人、被保险人未按照约定履行其对保险标的的安全应尽责任的,保险人有权要求增加保险费或者解除合同。

保险人为维护保险标的的安全,经被保险人同意,可以采取安全预防措施。

第五十二条 【危险增加通知义务】在合同有效期内,保险标的的危险程度显著增加的,被保险人应当按照合同约定及时通知保险人,保险人可以按照合同约定增加保险费或者解除合同。保险人解除合同的,应当将已收取的保险费,按照合同约定扣除自保险责任开始之日起至合同解除之日止应收的部分后,退还投保人。

被保险人未履行前款规定的通知义务的,因保险标的的危险程度显著增加而发生的保险事故,保险人不承担赔偿保险金的责任。

注释 保险标的危险程度增加,是指保险责任范围内的灾害事故发生的可能性增加,而且这种危险程度增加的情形是合同当事人在订立合同时没有预料到的。保险合同订立和履行过程中,保险标的的情况可能会发生变化,如果发生保险事故的可能性增加,则视为是危险程度增加。由于保险标的的危险程度显著增加直接关系保险人的利益,所以被保险人在知悉后,都应当及时通知保险人。通知的具体时间、方式和范围可以由保险合同约定,被保险人应当按照合同约定履行危险通知义务。

实务问答 保险标的因为什么危险程度增加?

保险标的的危险程度增加主要有三个方面的原因:一是投保人或被保险人变更保险标的的用途所致;二是保险标的的自身发生意外引起物理、化学反应;三是保险标的的周围环境发生变化。

链接 《保险法解释(四)》第4条

第五十三条 【降低保险费】有下列情形之一的,除合同另有约定外,保险人应当降低保险费,并按日计算退还相应的保险费:

(一)据以确定保险费率的有关情况发生变化,保险标的的危险程度明显减少的;

(二)保险标的的保险价值明显减少的。

第五十四条 【保费退还】保险责任开始前,投保人要求解除合同的,应当按照合同约定向保险人支付手续费,保险人应当退还保险费。保险责任开始后,投保人要求解除合同的,保险人应当将已收取的保险费,按照合同约定扣除自保险责任开始之日起至合同解除之日止应收的部分后,

退还投保人。

第五十五条 【保险价值的确定】投保人和保险人约定保险标的的保险价值并在合同中载明的,保险标的发生损失时,以约定的保险价值为赔偿计算标准。

投保人和保险人未约定保险标的的保险价值的,保险标的发生损失时,以保险事故发生时保险标的的实际价值为赔偿计算标准。

保险金额不得超过保险价值。超过保险价值的,超过部分无效,保险人应当退还相应的保险费。

保险金额低于保险价值的,除合同另有约定外,保险人按照保险金额与保险价值的比例承担赔偿保险金的责任。

注释 保险价值,是确定保险金额从而确定保险人所承担赔偿责任的依据,确定保险价值对于履行财产保险合同具有重要意义。

实务问答 1. 如何确定保险价值?

按照保险法的规定,确定保险价值有两种方法。

其一,保险价值由投保人和保险人在订立合同时约定,并在合同中明确作出记载。合同当事人通常都根据保险财产在订立合同时的市场价格估定其保险价值,有些不能以市场价格估定的,就由双方当事人约定其价值。事先约定保险价值的合同为定值保险合同,采用这种保险合同的保险,是定值保险。属于定值保险的,发生保险责任范围内的损失时,不论所保财产当时的实际价值是多少,保险人都要按保险合同上载明的保险价值计算赔偿金额。保险标的发生损失时,以约定的保险价值为赔偿计算标准。

其二,保险价值可以在保险事故发生时,按照当时保险标的的实际价值确定。在保险事故已经发生,需要确定保险赔偿金额时,才去确定保险价值的保险,是不定值保险,采取不定值保险方式订立的合同为不定值保险合同。对于不定值保险的保险价值,投保人与保险人在订立保险合同时并不加以确定,因此,不定值保险合同中只记载保险金额,不记载保险价值。以保险事故发生时保险标的的实际价值为赔偿计算标准。

2. 保险金额和保险价值之间有什么关系?

在财产保险合同中,保险金额十分重要,它是保险人承担赔偿或者给付保险金责任的最高限额,也是投保人缴付保险费的依据。保险金额与保险价值的关系非常紧密,根据保险法的规定,二者的基本法律关系是,保险价值是确定保险金额的依据,保险金额可以低于保险价值,不得高于保险价值,保险金额超过保险价值的,超过的部分无效。具体讲,在财产保险合同中,保险金额与保险价值的关系可以有三种状态:一是保险金额与保险价值相等。这是足额保险,在这种保险中,如果保险标的发生保险事故而受到损失,被保险人可以得到与实际损失价值相等的保险金赔偿。二是保险金额超过保险价值。这是超额保险,这种状态主要是由于投保人和保险人对保险财产的实际价值未能准确掌握,或者保险合同订立后保险财产的实际价值下降,或者是投保人故意虚报保险财产价值等原因而形成的。对于超额保险,不管是什么原因造成的,对保险金额超过保险价值的部分,都是无效的,被保险人不得获得超额的经济补偿。三是保险金额低于保险价值。这是不足额保险,在这种保险中,保险人按照保险财产的实际损失承担赔偿责任,最高不超过保险金额。

第五十六条 【重复保险】重复保险的投保人应当将重复保险的有关情况通知各保险人。

重复保险的各保险人赔偿保险金的总和不得超过保险价值。除合同另有约定外,各保险人按照其保险金额与保险金额总和的比例承担赔偿保险金的责任。

重复保险的投保人可以就保险金额总和超过保险价值的部分,请求各保险人按比例返还保险费。

重复保险是指投保人对同一保险标的、同一保险利益、同一保险事故分别与两个以上保险人订立保险合同,且保险金额总和超过保险价值的保险。

注释 重复保险是指投保人对同一保险标的、同一保险利益、同一保险事故分别与两个以上保险人订立保险合同,且保险金额总和超过保险价值的保险。

实务问答 重复保险的情况下,发生保险事故时如何赔偿?

根据重复保险赔偿的基本原则,在发生保险事故时,各个保险人可以按两种方式承担赔偿责任。

一是按比例分摊赔偿责任。这就是将各保险人承保的保险金额的总和计算出来,再计算每个保险人承保的保险金额占各个保险人承保的保险金额总和的比例,每个保险人分别按照各自的比例分摊损失赔偿金额。

二是按照合同约定的方式承担赔偿责任。重复保险的赔偿方式可以由各保险人在保险合同中约定。不管是各个保险人共同约定,还是由投保人在订立保险合同时与各保险人分别约定,只要有合同约定,保险人就应当按照合同约定的方式承担赔偿责任。

链接《保险法解释(二)》第1条

第五十七条 【防止或减少损失责任】保险事故发生时,被保险人应当尽力采取必要的措施,防止或者减少损失。

保险事故发生后,被保险人为防止或者减少保险标的的损失所支付的必要的、合理的费用,由保险人承担;保险人所承担的费用数额在保险标的的损失赔偿金额以外另行计算,最高不超过保险金额的数额。

实务问答 为防止或减少损失产生的费用,由谁负责?

被保险人为防止或者减少保险财产损失而采取施救、保护、整理等措施,必然要有一定的费用支出。由于被保险人的财产已经投保,从某种意义上说,被保险人的这些费用是为保险人的利益而支出的。因此,保险法规定,被保险人为防止或者减少保险标的的损失而支付的必要的、合理的费用,应当由保险人来承担。这些费用在实践中一般包括两个部分:一是保险事故发生时,为抢救财产或者防止灾害蔓延采取必要措施而造成的损失,如房屋发生火灾,为防止火势蔓延,将房屋周围的附属建筑物拆除,所造成的损失就应由保险人赔偿;二是抢救、保护和整理保险标的所支出的合理费用,如抢救的人工费、材料费等。

链接《保险法解释(四)》第6条

第五十八条 【赔偿解除】保险标的发生部分损失的,自保险人赔偿之日起三十日内,投保人可以解除合同;除合同另有约定外,保险人也可以解除合同,但应当提前十五日通知投保人。

合同解除的,保险人应当将保险标的未受损失部分的保险费,按照合同约定扣除自保险责任开始之日起至合同解除之日止应收的部分后,退还投保人。

第五十九条 【保险标的的残值权利归属】保险事故发生后,保险人已支付了全部保险金额,并且

保险金额等于保险价值的,受损保险标的的全部权利归于保险人;保险金额低于保险价值的,保险人按照保险金额与保险价值的比例取得受损保险标的的部分权利。

第六十条 【代位求偿权】因第三者对保险标的的损害而造成保险事故的,保险人自向被保险人赔偿保险金之日起,在赔偿金额范围内代位行使被保险人对第三者请求赔偿的权利。

前款规定的保险事故发生后,被保险人已经从第三者取得损害赔偿的,保险人赔偿保险金时,可以相应扣减被保险人从第三者已取得的赔偿金额。

保险人依照本条第一款规定行使代位请求赔偿的权利,不影响被保险人就未取得赔偿的部分向第三者请求赔偿的权利。

注释 本条是对保险人行使代位求偿权的规定。代位求偿权,是指在财产保险中,保险标的的由于第三者责任导致保险损失,保险人按照合同的约定履行赔偿责任后,依法取得对保险标的的损失负有责任的第三者请求赔偿的权利。

实务问答 在实践中,因第三者对保险标的造成损害的,保险人行使代位求偿权,应当如何确定管辖法院?

保险代位求偿权又称保险代位权,是指当保险标的遭受保险事故造成的损失,依法应由第三者承担赔偿责任时,保险公司自支付保险赔偿金之日起,在赔偿金额的限度内,相应地取得向第三者请求赔偿的权利。《保险法》第六十条第一款规定即是对保险代位求偿权的诠释。另,《民事诉讼法》第二十五条规定,因保险合同纠纷提起的诉讼,由被告住所地或者保险标的物所在地人民法院管辖。第二十九条规定,因侵权的行为提起的诉讼,由侵权行为地或者被告住所地人民法院管辖。保险人的代位求偿权源自被保险人与第三者之间的法律关系,所以保险人提起代位求偿之诉时,应当根据保险人所代位的被保险人与第三者之间的法律关系确定管辖法院,而不应当根据保险合同法律关系确定管辖法院,即应当由侵权行为地或者被告住所地人民法院管辖。(参见"最高人民法院指导性案例第25号:某财产保险有限公司北京分公司诉李某某、某财产保险股份有限公司河北省分公司张家口支公司保险人代位求偿权纠纷案")

链接《保险法解释（二）》第 16、19 条；《保险法解释（四）》第 7-13 条

第六十一条 【不能行使代位求偿权的法律后果】保险事故发生后，保险人未赔偿保险金之前，被保险人放弃对第三者请求赔偿的权利的，保险人不承担赔偿保险金的责任。

保险人向被保险人赔偿保险金后，被保险人未经保险人同意放弃对第三者请求赔偿的权利的，该行为无效。

被保险人故意或者因重大过失致使保险人不能行使代位请求赔偿的权利的，保险人可以扣减或者要求返还相应的保险金。

第六十二条 【代位求偿权行使限制】除被保险人的家庭成员或者其组成人员故意造成本法第六十条第一款规定的保险事故外，保险人不得对被保险人的家庭成员或者其组成人员行使代位请求赔偿的权利。

注释 被保险人的家庭成员，是指作为自然人的被保险人，其配偶、子女、父母以及与被保险人有抚养、赡养或者扶养关系的人。被保险人的组成人员，是指作为法人和其他组织的被保险人，其内部工作人员。一般情况下，被保险人的家庭成员或者其组成人员对保险标的具有与被保险人共同的利益。如家庭财产遭受损失，不仅被保险人的利益受损害，所有家庭成员的生活及工作都会受到影响；企业财产遭受损失，企业的生产和效益以及职工的利益也会受影响。因此，被保险人的家庭成员或者其组成人员通常不会故意造成保险标的的损失，一旦他们造成保险事故，实际上是给他们自己带来损失。在这种情况下，法律不必再追究他们的责任。因此，对于过失造成保险标的损失的被保险人的家庭成员或者其组成人员，保险人不得行使代位求偿权。

第六十三条 【协助行使代位求偿权】保险人向第三者行使代位请求赔偿的权利时，被保险人应当向保险人提供必要的文件和所知道的有关情况。

链接《保险法解释（四）》第 11 条

第六十四条 【勘险费用承担】保险人、被保险人为查明和确定保险事故的性质、原因和保险标的的损失程度所支付的必要的、合理的费用，由保险人承担。

第六十五条 【责任保险】保险人对责任保险的被保险人给第三者造成的损害，可以依照法律的规定或者合同的约定，直接向该第三者赔偿保险金。

责任保险的被保险人给第三者造成损害，被保险人对第三者应负的赔偿责任确定的，根据被保险人的请求，保险人应当直接向该第三者赔偿保险金。被保险人怠于请求的，第三者有权就其应获赔偿部分直接向保险人请求赔偿保险金。

责任保险的被保险人给第三者造成损害，被保险人未向该第三者赔偿的，保险人不得向被保险人赔偿保险金。

责任保险是指以被保险人对第三者依法应负的赔偿责任为保险标的的保险。

注释 责任保险，又称为第三者责任保险，是被保险人对第三者负损害赔偿责任时，由保险人承担其赔偿责任的一种保险。订立责任保险合同的目的，实际上是由保险人担负被保险人对第三者的损害赔偿责任。

责任保险的保险标的，是被保险人在法律上应该承担的损害赔偿责任，既可以是侵权责任，也可以是违约责任。如汽车司机因交通肇事而负的民事责任，卖主因产品质量不合格造成第三人的财产和人身损害而负的民事责任等。这与以某一具体的物质形态的财产为标的的保险有所不同。但是，由于发生民事赔偿责任，就需要向受损害的第三者支付金钱或者实物作为赔偿，所以，这种保险实际上是以被保险人的全部财产为保险标的的一种保险，也应属于财产保险的范畴。

实务问答 1. 如何认定"第三者"及"第三者责任险免责条款"?

（1）根据机动车辆保险合同的约定，机动车辆第三者责任险中的"第三者"，是指除投保人、被保险人和保险人以外的，因保险车辆发生意外事故遭受人身伤亡或财产损失的保险车辆下的受害者；车上人员责任险中的"车上人员"，是指发生意外事故时身处保险车辆之上的人员。据此，判断因保险车辆发生意外事故而受害的人属于"第三者"还是属于"车上人员"，必须以该人员在事故发生当时这一特定的时间是否身处保险车辆之上为依据，在车上即为"车上人员"，在车下即为"第三者"。

（2）由于机动车辆是一种交通工具，任何人都不可能永久地置身于机动车辆之上，故机动车辆

保险合同中所涉及的"第三者"和"车上人员"均为在特定时空条件下的临时性身份,即"第三者"与"车上人员"均不是永久的、固定不变的身份,二者可以因特定时空条件的变化而转化。因保险车辆发生意外事故而受害的人,如果在事故发生前是保险车辆的车上人员,事故发生时已经置身于保险车辆之下,则属于"第三者"。至于何种原因导致该人员在事故发生时置身于保险车辆之下,不影响其"第三者"的身份。

(3)涉案机动车辆第三者责任险免责条款规定,因保险车辆发生意外事故,导致本车上其他人员的人身伤亡或财产损失,不论在法律上是否应当由被保险人承担赔偿责任,保险人均不负责赔偿。鉴于该免责条款为格式条款,且对于该条款中的"本车上其他人员的人身伤亡或财产损失"可能有两种解释,一种解释是仅指车上人员在本车上发生的人身伤亡或财产损失,至于车上人员离开本车后又被本车事故导致的损害结果则不属免责范围;另一种解释是对于车上人员在本车上及离开本车后因本车事故导致的损害结果保险人均可免责。鉴于双方当事人对此存在争议,故对此格式条款依法应当作出不利于格式条款提供者的解释。据此认定本案不适用该免责条款。(参见"郑某某诉徐某某、某财产保险股份有限公司长兴支公司道路交通事故人身损害赔偿纠纷案")

2. 直接索赔的诉讼时效怎么计算?

根据《全国法院民商事审判工作会议纪要》(2019年11月8日,法〔2019〕254号)第九十九条的规定:商业责任保险的被保险人给第三者造成损害,被保险人对第三者应当承担的赔偿责任确定后,保险人应当根据被保险人的请求,直接向第三者赔偿保险金。被保险人怠于提出请求的,第三者有权依据《保险法》第六十五条第二款的规定,就其应获赔偿部分直接向保险人请求赔偿保险金。保险人拒绝赔偿的,第三者请求保险人直接赔偿保险金的诉讼时效期间的起算时间如何认定,实务中存在争议。根据诉讼时效制度的基本原理,第三者请求保险人直接赔偿保险金的诉讼时效期间,自其知道或者应当知道向保险人的保险金赔偿请求权行使条件成就之日起计算。

链接 《保险法解释(四)》第14-20条;《全国法院民商事审判工作会议纪要》99

第六十六条 【责任保险相应费用承担】责任保险的被保险人因给第三者造成损害的保险事故而被提起仲裁或者诉讼的,被保险人支付的仲裁或者诉讼费用以及其他必要的、合理的费用,除合同另有约定外,由保险人承担。

第三章 保险公司

第六十七条 【设立须经批准】设立保险公司应当经国务院保险监督管理机构批准。

国务院保险监督管理机构审查保险公司的设立申请时,应当考虑保险业的发展和公平竞争的需要。

注释 按照我国公司法的规定,对公司的设立实行准则主义与核准主义相结合的原则,即只要符合公司法规定的有限责任公司或者股份有限公司的设立条件,就可以登记设立公司;法律、行政法规规定设立公司必须报经批准的,应当在公司登记前依法办理批准手续。保险公司属于我国公司法规范的公司,但其与一般的公司又有所不同:保险业属于金融行业,其涉及的范围广泛,关系社会的方方面面,与整个经济的运行和人民的生活息息相关,保险公司尤其是人寿保险公司的经营好坏,直接影响着被保险人和受益人的利益,关系整个社会的稳定。同时,保险公司是专业性很强的金融机构,需要有专业的经营管理人员,健全的内部管理机制和抵御风险的能力。这就决定了设立保险公司必须具备比一般企业设立具有更为严格的条件。按照我国行政许可法的规定,直接关系公共利益的特定行业的市场准入,需要赋予特定权利的事项,以及提供公众服务并且直接关系公共利益的职业、行业,需要确定具备特殊信誉、特殊条件或者特殊技能等资格、资质的事项,可以设立行政许可。根据保险行业的特点和有关法律的规定,本法对保险设立规定了前置的行政审批,依照本条规定,设立保险公司应当经国务院保险监督管理机构批准。未经批准设立保险公司,从事保险经营活动的,要依据本法的有关规定给予行政处罚。这样规定有利于保证保险公司的质量,促进我国保险市场的有序发展,更好地保护投保人、被保险人和受益人的利益。

链接 《公司法》第6条;《行政许可法》第11条;《保险公司管理规定》第2、3条

第六十八条 【设立条件】设立保险公司应当具备下列条件:

（一）主要股东具有持续盈利能力，信誉良好，最近三年内无重大违法违规记录，净资产不低于人民币二亿元；

（二）有符合本法和《中华人民共和国公司法》规定的章程；

（三）有符合本法规定的注册资本；

（四）有具备任职专业知识和业务工作经验的董事、监事和高级管理人员；

（五）有健全的组织机构和管理制度；

（六）有符合要求的营业场所和与经营业务有关的其他设施；

（七）法律、行政法规和国务院保险监督管理机构规定的其他条件。

第六十九条 【注册资本】设立保险公司，其注册资本的最低限额为人民币二亿元。

国务院保险监督管理机构根据保险公司的业务范围、经营规模，可以调整其注册资本的最低限额，但不得低于本条第一款规定的限额。

保险公司的注册资本必须为实缴货币资本。

第七十条 【申请文件、资料】申请设立保险公司，应当向国务院保险监督管理机构提出书面申请，并提交下列材料：

（一）设立申请书，申请书应当载明拟设立的保险公司的名称、注册资本、业务范围等；

（二）可行性研究报告；

（三）筹建方案；

（四）投资人的营业执照或者其他背景资料，经会计师事务所审计的上一年度财务会计报告；

（五）投资人认可的筹备组负责人和拟任董事长、经理名单及本人认可证明；

（六）国务院保险监督管理机构规定的其他材料。

第七十一条 【批准决定】国务院保险监督管理机构应当对设立保险公司的申请进行审查，自受理之日起六个月内作出批准或者不批准筹建的决定，并书面通知申请人。决定不批准的，应当书面说明理由。

第七十二条 【筹建期限和要求】申请人应当自收到批准筹建通知之日起一年内完成筹建工作；筹建期间不得从事保险经营活动。

第七十三条 【保险监督管理机构批准开业申请的期限和决定】筹建工作完成后，申请人具备本法第六十八条规定的设立条件的，可以向国务院保险监督管理机构提出开业申请。

国务院保险监督管理机构应当自受理开业申请之日起六十日内，作出批准或者不批准开业的决定。决定批准的，颁发经营保险业务许可证；决定不批准的，应当书面通知申请人并说明理由。

链接《银行保险机构许可证管理办法》

第七十四条 【设立分支机构】保险公司在中华人民共和国境内设立分支机构，应当经保险监督管理机构批准。

保险公司分支机构不具有法人资格，其民事责任由保险公司承担。

注释 保险公司在中华人民共和国境内设立的分支机构，是指保险公司在我国境内设立、构成保险公司组成部分、不能独立承担民事责任、以自己的名义开展保险业务的机构；保险公司分支机构也称为保险公司的分公司、支公司。保险公司对其设立的分支机构的所有活动负责。保险公司可以在我国境内设立分支机构。保险公司通过分支机构开展保险业务，在经济上可以节省开办公司和运营公司的费用。分支机构是总公司的派出机构，它和总公司一样，具有开展保险业务的能力，只是不具备法人资格。所以法律规定要经保险监督管理机构批准，以便严格管理保险市场，使分支机构的设立有利于保险业务的发展和公平竞争的需要。

链接《保险公司管理规定》

第七十五条 【设立分支机构提交的材料】保险公司申请设立分支机构，应当向保险监督管理机构提出书面申请，并提交下列材料：

（一）设立申请书；

（二）拟设机构三年业务发展规划和市场分析材料；

（三）拟任高级管理人员的简历及相关证明材料；

（四）国务院保险监督管理机构规定的其他材料。

第七十六条 【审批保险公司设立分支机构申请的期限】保险监督管理机构应当对保险公司设立分支机构的申请进行审查，自受理之日起六十日内作出批准或者不批准的决定。决定批准的，颁发分支机构经营保险业务许可证；决定不批准的，应当书面通知申请人并说明理由。

第七十七条 【工商登记】经批准设立的保险

公司及其分支机构,凭经营保险业务许可证向工商行政管理机关办理登记,领取营业执照。

第七十八条 【工商登记期限】保险公司及其分支机构自取得经营保险业务许可证之日起六个月内,无正当理由未向工商行政管理机关办理登记的,其经营保险业务许可证失效。

第七十九条 【境外机构设立规定】保险公司在中华人民共和国境外设立子公司、分支机构,应当经国务院保险监督管理机构批准。

第八十条 【外国保险机构驻华代表机构设立的批准】外国保险机构在中华人民共和国境内设立代表机构,应当经国务院保险监督管理机构批准。代表机构不得从事保险经营活动。

注释 外国保险机构是指在我国境外依照外国法设立,从事保险经营活动的机构。外国保险机构在我国境内可以设立代表机构,该代表机构不从事保险经营活动,其职能是调查研究,搜集情报,为机构总部提供驻在地有关保险方面的信息,起到机构总部与驻在地的沟通、联络作用。通常情况下,外国保险机构一般是在没有设立分支机构的国家或者地区设立代表机构,由代表机构摸情况,打基础,待条件成熟后,再设立分支机构或子公司,开展保险业务。虽然代表机构不直接从事保险业务,但是其活动与保险业务有密切的联系,因而需要保险监督管理机构从总体上把握代表机构的设立情况,以便对其日常活动进行监管。因此,本条规定,外国保险机构在我国境内设立代表机构,事先要取得国务院保险监督管理机构的批准;同时明确,外国保险机构的代表机构不得从事保险经营活动。

第八十一条 【董事、监事和高级管理人员任职规定】保险公司的董事、监事和高级管理人员,应当品行良好,熟悉与保险相关的法律、行政法规,具有履行职责所需的经营管理能力,并在任职前取得保险监督管理机构核准的任职资格。

保险公司高级管理人员的范围由国务院保险监督管理机构规定。

注释《保险公司董事、监事和高级管理人员任职资格管理规定》,其中第四条规定了保险公司高管人员的范围。高级管理人员,是指对保险公司经营管理活动和风险控制具有决策权或者重大影响的下列人员:(1)总公司总经理、副总经理和总经理助理;(2)总公司董事会秘书、总精算师、合规负责人、财务负责人和审计责任人;(3)省级分公司总经理、副总经理和总经理助理;(4)其他分公司、中心支公司总经理;(5)与上述高级管理人员具有相同职权的管理人员。

链接《保险公司董事、监事和高级管理人员任职资格管理规定》

第八十二条 【董事、高级管理人员的任职禁止】有《中华人民共和国公司法》第一百四十六条规定的情形或者下列情形之一的,不得担任保险公司的董事、监事、高级管理人员:

(一)因违法行为或者违纪行为被金融监督管理机构取消任职资格的金融机构的董事、监事、高级管理人员,自被取消任职资格之日起未逾五年的;

(二)因违法行为或者违纪行为被吊销执业资格的律师、注册会计师或者资产评估机构、验证机构等机构的专业人员,自被吊销执业资格之日起未逾五年的。

注释 按照本条规定,有下列情形的人员不能担任保险公司的董事、监事、高级管理人员:

1. 有《公司法》第一百四十六条规定的情形之一的不能担任。按照本条的规定,有下列情形之一的,不得担任保险公司的董事、监事、高级管理人员:(1)无民事行为能力或者限制民事行为能力;(2)因贪污、贿赂、侵占财产、挪用财产或者破坏社会主义市场经济秩序,被判处刑罚,执行期满未逾五年,或者因犯罪被剥夺政治权利,执行期满未逾五年;(3)担任破产清算的公司、企业的董事或者厂长、经理,对该公司、企业的破产负有个人责任的,自该公司、企业破产清算完结之日起未逾三年;(4)担任因违法被吊销营业执照、责令关闭的公司、企业的法定代表人,并负有个人责任的,自该公司、企业被吊销营业执照之日起未逾三年;(5)个人所负数额较大的债务到期未清偿。公司违反前款规定选举、委派董事、监事或者聘任高级管理人员的,该选举、委派或者聘任无效。董事、监事、高级管理人员在任职期间出现本条第一款所列情形的,公司应当解除其职务。

2. 因违法行为或者违纪行为被金融监管机构取消任职资格的金融机构的董事、监事、高级管理人员,自被取消任职资格之日起未逾五年的。这一规定,包括下述内容:限制对象是指因违法行为或者违纪行为被金融监管机构取消任职资格的金融机构的董事、监事、高级管理人员。金融机构在我国并没有严格的法律定义,一般是指商业银行,包括政策性银行、证券类公司企业、保险类公司企业、证券投资基金类公司企业等。上述受任职限制的人员均应当是违反法律、法规、行政规章的规定而被相关的金融监管机构取消任职资格的人员。限制的时间为五年,从被取消任职资格时起计算。

3. 因违法行为或者违纪行为被吊销执业资格的律师、注册会计师或者资产评估机构、验证机构的专业人员,自被吊销执业资格之日起未逾五年。这一规定,包括下述内容:限制对象为被中介服务机构的管理机关吊销执业资格的专业人员,包括:(1)被司法行政部门吊销律师执业证书的人员。根据《律师法》第四十九条至第五十条的规定,律师有法定的违法行为之一的,由省、自治区、直辖市人民政府司法行政部门吊销其律师执业证书。(2)被吊销注册会计师证书的人员。根据《注册会计师法》第三十九条的规定,注册会计师违法违规,由省级以上人民政府财政部门吊销注册会计师证书。(3)资产评估机构、验证机构被吊销执业证书的专业人员。资产评估机构、验证机构的专业人员是指在资产评估机构、验证机构从业并取得执业证书的人员。这些人员如果违反法律、法规和内部纪律,由有关法定的机构吊销有关的执业证书。限制的时间为五年,从被吊销执业资格之日起计算。

链接 《公司法》第146条;《律师法》第49-51条;《注册会计师法》第39条

第八十三条 【董事、监事、高级管理人员的责任】保险公司的董事、监事、高级管理人员执行公司职务时违反法律、行政法规或者公司章程的规定,给公司造成损失的,应当承担赔偿责任。

第八十四条 【变更事项批准】保险公司有下列情形之一的,应当经保险监督管理机构批准:

(一)变更名称;

(二)变更注册资本;

(三)变更公司或者分支机构的营业场所;

(四)撤销分支机构;

(五)公司分立或者合并;

(六)修改公司章程;

(七)变更出资额占有限责任公司资本总额百分之五以上的股东,或者变更持有股份有限公司股份百分之五以上的股东;

(八)国务院保险监督管理机构规定的其他情形。

第八十五条 【精算报告制度和合规报告制度】保险公司应当聘用专业人员,建立精算报告制度和合规报告制度。

注释 保险精算制度,是指保险公司通过专业的、科学的数学计算手段,核定保险产品的保险费率及责任准备金的制度。从保险业经营的需要来说,不仅是人身保险业务特别是人寿保险业务,需要对保险费,包括预定死亡率、预定利息率、预定费用率以及责任准备金的提取比率,进行专业的、科学的计算;对于财产保险业务,也需要对其保险费率,特别是每一个保险产品的损失概率,以及预定费用率及责任准备金的提取比率进行科学计算。随着我国保险市场的发展,保险业经营管理水平的提高,目前保险监督管理机构已经要求所有的保险公司都应当聘请精算专业人员,建立精算报告制度。

第八十六条 【如实报送报告、报表、文件和资料】保险公司应当按照保险监督管理机构的规定,报送有关报告、报表、文件和资料。

保险公司的偿付能力报告、财务会计报告、精算报告、合规报告及其他有关报告、报表、文件和资料必须如实记录保险业务事项,不得有虚假记载、误导性陈述和重大遗漏。

注释 保险公司的偿付能力是指保险公司在承保之后,如遇保险事故,其承担赔偿或者给付保险金的能力。或者说,保险公司只有具备了所必需的最低偿付能力,即在保险经营中能够履行其赔付保险金的义务,才可以依法存在和经营。

第八十七条 【账簿、原始凭证和有关资料的保管】保险公司应当按照国务院保险监督管理机构的规定妥善保管业务经营活动的完整账簿、原始凭证和有关资料。

前款规定的账簿、原始凭证和有关资料的保管期限,自保险合同终止之日起计算,保险期间在一年以下的不得少于五年,保险期间超过一年的不得少于十年。

第八十八条 【聘请或解聘中介服务机构】保险公司聘请或者解聘会计师事务所、资产评估机构、资信评级机构等中介服务机构,应当向保险监督管理机构报告;解聘会计师事务所、资产评估机构、资信评级机构等中介服务机构,应当说明理由。

第八十九条 【解散和清算】保险公司因分立、合并需要解散,或者股东会、股东大会决议解散,或者公司章程规定的解散事由出现,经国务院保险监督管理机构批准后解散。

经营有人寿保险业务的保险公司,除因分立、合并或者被依法撤销外,不得解散。

保险公司解散,应当依法成立清算组进行清算。

第九十条 【重整、和解和破产清算】保险公司有《中华人民共和国企业破产法》第二条规定情形的,经国务院保险监督管理机构同意,保险公司或者其债权人可以依法向人民法院申请重整、和解或者破产清算;国务院保险监督管理机构可以依法向人民法院申请对该保险公司进行重整或者破产清算。

第九十一条 【破产财产清偿顺序】破产财产在优先清偿破产费用和共益债务后,按照下列顺序清偿:

(一)所欠职工工资和医疗、伤残补助、抚恤费用,所欠应当划入职工个人账户的基本养老保险、基本医疗保险费用,以及法律、行政法规规定应当支付给职工的补偿金;

(二)赔偿或者给付保险金;

(三)保险公司欠缴的除第(一)项规定以外的社会保险费用和所欠税款;

(四)普通破产债权。

破产财产不足以清偿同一顺序的清偿要求的,按照比例分配。

破产保险公司的董事、监事和高级管理人员的工资,按照该公司职工的平均工资计算。

注释 破产财产优先支付破产费用和共益债务后,尚有剩余的,才能依照法定的顺序进行清偿。依本条的规定,受破产财产清偿的请求权分为四个顺位:第一顺位请求权为保险公司所欠职工工资和劳动保险费用请求权;第二顺位请求权为被保险人或受益人对保险公司享有的赔偿或者给付保险金请求权;第三顺位为保险公司所欠税款请求权;第四顺位为对保险公司享有的一般债权。如果破产财产不足以清偿同一顺位的保险公司债务的,则按比例清偿。

第九十二条 【人寿保险合同及责任准备金转让】经营有人寿保险业务的保险公司被依法撤销或者被依法宣告破产的,其持有的人寿保险合同及责任准备金,必须转让给其他经营有人寿保险业务的保险公司;不能同其他保险公司达成转让协议的,由国务院保险监督管理机构指定经营有人寿保险业务的保险公司接受转让。

转让或者由国务院保险监督管理机构指定接受转让前款规定的人寿保险合同及责任准备金的,应当维护被保险人、受益人的合法权益。

第九十三条 【经营保险业务许可证的注销】保险公司依法终止其业务活动,应当注销其经营保险业务许可证。

第九十四条 【适用公司法的规定】保险公司,除本法另有规定外,适用《中华人民共和国公司法》的规定。

第四章 保险经营规则

第九十五条 【业务范围】保险公司的业务范围:

(一)人身保险业务,包括人寿保险、健康保险、意外伤害保险等保险业务;

(二)财产保险业务,包括财产损失保险、责任保险、信用保险、保证保险等保险业务;

(三)国务院保险监督管理机构批准的与保险有关的其他业务。

保险人不得兼营人身保险业务和财产保险业务。但是,经营财产保险业务的保险公司经国务院保险监督管理机构批准,可以经营短期健康保险业务和意外伤害保险业务。

保险公司应当在国务院保险监督管理机构依法批准的业务范围内从事保险经营活动。

注释 财产保险业务,是指保险公司以财产及其有关利益为保险对象的业务。这里的财产既包括有形的财产,也包括无形的财产,前者如房屋、汽车、商品等,后者如财产权利、财产责任、预期收益等。财产保险业务,以财产及其利益作为保险对象,由投保人交付保险费,形成保险基金,当保险财产及其利益在保险事故中遭受损失时,由保险公司赔偿保险金。

实务问答 1. 财产保险业务包括哪些类别?

财产保险业务作为保险业务的两大基本类别之一,还可以进行细分,如:

(1)财产损失保险业务。是指保险公司以有形财产为保险标的而从事的保险业务。财产损失保险业务的特点在于,投保人按照约定向保险公司支付保险费,在被保险财产发生保险事故而受到损失时,保险公司按照约定向被保险人给付保险赔偿金。

(2)责任保险业务。是指保险公司以被保险人依法应当对第三人承担的赔偿责任为保险标的而从事的保险业务。责任保险业务的特点在于,投保人按照约定向保险公司支付保险费,在被保险人应当向第三人承担赔偿责任时,由保险公司按照约定向被保险人给付保险赔偿金。

(3)信用保险业务。是指保险公司对被保险人的信用或者履约能力提供担保而从事的保险业务。信用保险业务的特点在于,投保人按照约定向保险公司支付保险费,在被保险人不能偿付其支付款项的义务时,由保险公司按照约定对被保险人承担赔偿责任。

2. 人身保险业务包括哪些类别?

人身保险业务,是以人的寿命和身体为保险对象的保险业务,在本条划分为人寿保险、健康险以及意外伤害保险等人身保险业务。

(1)人寿保险业务。保险公司以被保险人在保险期限内死亡、残废或者保险期限届满时仍生存作为给付保险金条件而从事的保险业务。人寿保险业务又可以具体划分为死亡保险、生存险、生死两全保险、简易人身保险、年金保险业务等。人寿保险的保险标的为被保险人的寿命,或者为被保险人的死亡或残废,或者为被保险人的生存,或者为被保险人的死亡和生存二者。开展人寿保险业务的期间一般较长,保险公司承担的给付保险金的责任期间相应较长,保险公司应当留存足够的人寿保险准备金。

(2)健康保险业务。健康保险业务又称为疾病保险业务。保险公司对被保险人在保险期限内发生疾病、分娩或由此引起的残废、死亡承担给付保险金责任而开展的保险业务。健康保险业务为综合性保险业务,保险公司不仅承保被保险人的疾病和因病致残的风险,而且承保被保险人因病死亡风险。健康保险具有综合附加险和短期险的特征,国外有的将其称为"第三领域"的保险,允许财险公司开展这方面的业务。

(3)意外伤害保险业务。保险公司对被保险人遭受的意外伤害或者因意外伤害致残、死亡承担给付保险金责任而开展的保险业务。意外伤害保险业务,可以具体分为一般意外伤害保险、旅客意外伤害保险和职业伤害保险等三大类业务。意外伤害保险既可以作为财产综合险中的附加险,也有短期险的特征,也是所谓"第三领域"的保险。

第九十六条 【再保险业务】经国务院保险监督管理机构批准,保险公司可以经营本法第九十五条规定的保险业务的下列再保险业务:

(一)分出保险;

(二)分入保险。

链接《再保险业务管理规定》

第九十七条 【保证金】保险公司应当按照其注册资本总额的百分之二十提取保证金,存入国务院保险监督管理机构指定的银行,除公司清算时用于清偿债务外,不得动用。

注释 保证金,是指保险公司设立后,应当依法提取并向保险监督管理机构指定的金融机构缴存的、用于担保保险公司的偿付能力的资金。

第九十八条 【责任准备金】保险公司应当根据保障被保险人利益、保证偿付能力的原则,提取各项责任准备金。

保险公司提取和结转责任准备金的具体办法,由国务院保险监督管理机构制定。

注释 保险责任准备金,是指保险公司为保证其如约履行保险赔偿或给付义务而提取的、与其所承担的保险责任相对应的基金。保险责任准备金包括未决赔款准备金、已发生未报告赔款准备金、未到期责任准备金、长期责任准备金、寿险责任准备金、长期健康险责任准备金等。保险公司提存的各项保险责任准备金必须真实、充足。

第九十九条 【公积金】保险公司应当依法提取公积金。

第一百条 【保险保障基金】保险公司应当缴纳保险保障基金。

保险保障基金应当集中管理,并在下列情形下统筹使用:

(一)在保险公司被撤销或者被宣告破产时,向投保人、被保险人或者受益人提供救济;

(二)在保险公司被撤销或者被宣告破产时,向依法接受其人寿保险合同的保险公司提供救济;

(三)国务院规定的其他情形。

保险保障基金筹集、管理和使用的具体办法,由国务院制定。

注释 保险保障基金,即保险行业风险基金,是指根据法律规定,由保险公司缴纳形成,在保险公司被撤销、被宣告破产或在保险业遇到重大危机的特定情况下,用于向投保方或者保单受让公司等提供救济的法定基金。它与未到期责任准备金和未决赔款准备金不同。未到期责任准备金和未决赔款准备金是保险组织的负债,用于正常情况下的赔款,而保险保障基金则属于保险组织的资本,主要是应付巨大灾害事故的特大赔款,只有在当年业务收入和其他准备金不足以赔付时方能运用。

第一百零一条 【最低偿付能力】保险公司应当具有与其业务规模和风险程度相适应的最低偿付能力。保险公司的认可资产减去认可负债的差额不得低于国务院保险监督管理机构规定的数额;低于规定数额的,应当按照国务院保险监督管理机构的要求采取相应措施达到规定的数额。

注释 保险公司的偿付能力,是指保险公司对被保险人、受益人履行合同约定的赔偿或者给付保险金责任的能力。保险公司必须具备充足的偿付能力,才能及时、足额地赔偿或者给付保险金,保障投保人、被保险人、受益人的利益,维持自身的稳健经营,促进社会的安定团结。对保险公司偿付能力的监管涉及公司经营的方方面面,包括资本和盈余要求,定价和产品,准备金,再保险,投资方向和比例,关联交易和公司管理等。保险监管机构通过对保险公司偿付能力的有效监管,了解保险公司的财务状况,及时提醒偿付能力不足的保险公司采取积极有效的措施,以恢复偿付能力充足性,切实保障投保人、被保险人、受益人的合法权益。

第一百零二条 【财产保险公司自留保险费】经营财产保险业务的保险公司当年自留保险费,不得超过其实有资本金加公积金总和的四倍。

第一百零三条 【最大损失责任的赔付要求】保险公司对每一危险单位,即对一次保险事故可能造成的最大损失范围所承担的责任,不得超过其实有资本金加公积金总和的百分之十;超过的部分应当办理再保险。

保险公司对危险单位的划分应当符合国务院保险监督管理机构的规定。

实务问答 如何理解"危险单位"?

危险单位,是指一次保险事故可能造成的最大损失范围所承担的责任。危险单位确定或计算办法,既可按投保单位划定为一个危险单位,如一只船,包括船中货物和船体本身为投保单位,视作一个危险单位;亦可以将一个具体标的视为一个危险单位,如我们可以视船体本身为一个危险单位,可以视船中货物为另一个危险单位。

第一百零四条 【危险单位划分方法和巨灾风险安排方案】保险公司对危险单位的划分方法和巨灾风险安排方案,应当报国务院保险监督管理机构备案。

实务问答 如何理解"巨灾"?

所谓巨灾,是指人力难以抗拒的、无法有效控制的造成众多人员伤亡或大量财产损失的自然灾害或意外事故。巨灾按其发生的原因可以分为两大类:一是自然灾害风险。比如:气象气候灾害中的大风、暴雨、冰雹、寒潮、干旱、洪水等;地质灾害中的地震、地裂等;地貌灾害中的泥石流、雪崩、滑坡等;生物灾害中的植物病虫害、森林火灾、流行病等。自然灾害造成的损失通常会涉及某一地区的大量人群;灾害造成的损失程度不仅取决于该自然灾害的强度,也取决于受灾地区的抗灾能力、防灾措施等人为因素。二是人为灾难风险。例如,重大火灾、爆炸,航空航天灾难、航运灾难、公路灾难、铁路灾难,建筑物、桥梁倒塌,以及恐怖活动等。人为巨灾风险一般只是小范围内某一大型标的物受到影响,而这一标的物只为少数几张保险单所保障;此类风险一旦发生,将对承保的保险公司的偿付能力造成严重冲击。

第一百零五条 【再保险】保险公司应当按照国务院保险监督管理机构的规定办理再保险,并审慎选择再保险接受人。

第一百零六条 【资金运用的原则和形式】保险公司的资金运用必须稳健,遵循安全性原则。

保险公司的资金运用限于下列形式:

(一)银行存款;

(二)买卖债券、股票、证券投资基金份额等有价证券;

(三)投资不动产;

(四)国务院规定的其他资金运用形式。

保险公司资金运用的具体管理办法,由国务院保险监督管理机构依照前两款的规定制定。

注释 保险公司的资金运用又称保险投资或保险资产运用,是保险公司将自有资金和保险准备金,通过法律允许的各种渠道进行投资或运用来获取投资收益的经营活动。保险公司资金运用的重要性体现在,一方面,保险公司的资金运用以取得盈利而使保险基金增值为目的,是保险公司的主要利润来源之一;另一方面,保险公司的资金主要由各种责任准备金组成,其运用成效直接影响保险公司的偿付能力,进而影响到投保人、被保险人、受益人的利益,甚至影响整个社会的安定。

实务问答 如何理解保险公司资金运用的三大原则?

保险公司的资金运用应当遵循三大原则:一是安全性原则,即保险资金在运用过程中不能发生贬损;二是效益性原则,即保险公司资金运用要在保值的基础上实现增值;三是流动性原则,即运用保险公司的资金所作的投资,应当能够及时、方便变现,以及时履行保险责任。其中,为了保证保险公司的偿付能力充足性,保险公司资金运用的安全性原则最为重要,本法特别予以强调。保险公司运用保险资金的主要目标是追求利润最大化,投资必有风险,为防止保险公司在追求利润最大化的同时而形成的投资风险,保险公司必须稳健经营,其资金运用首先应当保证资金的安全性,注意防范和分散风险,避免受到损失。

链接 《保险资金境外投资管理暂行办法》;《保险资金间接投资基础设施项目管理办法》;《中国保监会关于保险资金股票投资有关问题的通知》;《保险机构投资者股票投资管理暂行办法》;《保险公司管理规定》

第一百零七条 【保险资产管理公司】 经国务院保险监督管理机构会同国务院证券监督管理机构批准,保险公司可以设立保险资产管理公司。

保险资产管理公司从事证券投资活动,应当遵守《中华人民共和国证券法》等法律、行政法规的规定。

保险资产管理公司的管理办法,由国务院保险监督管理机构会同国务院有关部门制定。

第一百零八条 【关联交易管理和信息披露制度】 保险公司应当按照国务院保险监督管理机构的规定,建立对关联交易的管理和信息披露制度。

第一百零九条 【关联交易的禁止】 保险公司的控股股东、实际控制人、董事、监事、高级管理人员不得利用关联交易损害公司的利益。

第一百一十条 【重大事项披露】 保险公司应当按照国务院保险监督管理机构的规定,真实、准确、完整地披露财务会计报告、风险管理状况、保险产品经营情况等重大事项。

第一百一十一条 【保险销售人员任职资格】 保险公司从事保险销售的人员应当品行良好,具有保险销售所需的专业能力。保险销售人员的行为规范和管理办法,由国务院保险监督管理机构规定。

第一百一十二条 【保险代理人登记制度】 保险公司应当建立保险代理人登记管理制度,加强对保险代理人的培训和管理,不得唆使、诱导保险代理人进行违背诚信义务的活动。

第一百一十三条 【依法使用经营保险业务许可证】 保险公司及其分支机构应当依法使用经营保险业务许可证,不得转让、出租、出借经营保险业务许可证。

第一百一十四条 【公平合理拟订保险条款和保险费率并及时履行义务】 保险公司应当按照国务院保险监督管理机构的规定,公平、合理拟订保险条款和保险费率,不得损害投保人、被保险人和受益人的合法权益。

保险公司应当按照合同约定和本法规定,及时履行赔偿或者给付保险金义务。

第一百一十五条 【公平竞争原则】 保险公司开展业务,应当遵循公平竞争的原则,不得从事不正当竞争。

第一百一十六条 【保险业务行为禁止】 保险公司及其工作人员在保险业务活动中不得有下列行为:

(一)欺骗投保人、被保险人或者受益人;

(二)对投保人隐瞒与保险合同有关的重要情况;

(三)阻碍投保人履行本法规定的如实告知义务,或者诱导其不履行本法规定的如实告知义务;

(四)给予或者承诺给予投保人、被保险人、受益人保险合同约定以外的保险费回扣或者其他利益;

(五)拒不依法履行保险合同约定的赔偿或者给付保险金义务;

(六)故意编造未曾发生的保险事故、虚构保险合同或者故意夸大已经发生的保险事故的损失程度进行虚假理赔,骗取保险金或者牟取其他不正当利益;

(七)挪用、截留、侵占保险费;

(八)委托未取得合法资格的机构从事保险销

售活动；

（九）利用开展保险业务为其他机构或者个人牟取不正当利益；

（十）利用保险代理人、保险经纪人或者保险评估机构，从事以虚构保险中介业务或者编造退保等方式套取费用等违法活动；

（十一）以捏造、散布虚假事实等方式损害竞争对手的商业信誉，或者以其他不正当竞争行为扰乱保险市场秩序；

（十二）泄露在业务活动中知悉的投保人、被保险人的商业秘密；

（十三）违反法律、行政法规和国务院保险监督管理机构规定的其他行为。

第五章 保险代理人和保险经纪人

第一百一十七条 【保险代理人】保险代理人是根据保险人的委托，向保险人收取佣金，并在保险人授权的范围内代为办理保险业务的机构或者个人。

保险代理机构包括专门从事保险代理业务的保险专业代理机构和兼营保险代理业务的保险兼业代理机构。

注释 保险代理人，是指根据保险人的委托，在保险人授权的范围内代为办理保险业务，并依法向保险人收取佣金的单位或个人。保险代理人可以是单位，也可以是个人。保险代理人主要分为三大类：第一类是专业保险代理机构，是指经保险监督管理机构批准设立并办理工商登记的，根据保险人的委托，在保险人授权的范围内专门办理保险业务的企业；第二类是兼营保险代理机构，是指经保险监督管理机构核准，接受保险人的委托，在从事自身业务的同时，为保险人代办保险业务的企业；第三类是个人保险代理人，是指接受保险人委托，代为办理保险业务的自然人。无论是保险代理机构，还是保险个人代理人，都应当具备保险监督管理机构规定的资格条件，并取得保险监督管理机构颁发的经营保险代理业务许可证，向工商行政管理机关办理登记，领取营业执照。

第一百一十八条 【保险经纪人】保险经纪人是基于投保人的利益，为投保人与保险人订立保险合同提供中介服务，并依法收取佣金的机构。

实务问答 如何区分保险经纪人与保险代理人？

（1）保险经纪人是基于投保人的利益，向保险人或其代理人洽定保险合同，而保险代理人则是根据保险人的委托而代为办理保险业务。

（2）保险经纪人虽然一般也像保险代理人一样，向保险人收取佣金，但有的时候他也可以向委托人收取佣金，如经纪人为其提供风险咨询、充当风险管理顾问等。

（3）保险经纪人收取佣金的行为，对保险人无约束力，即法律上不视为保险人已经收到，被保险人不能以此为由主张保险合同业已成立，但是在投保人或被保险人授权的情况下，其在授权范围内所为的行为则对投保人或被保险人有约束力；而保险代理人收取保险费后，即使实际尚未交付给保险人，在法律上则视为保险人已收到。

（4）保险经纪人的业务范围要比保险代理人广，他也可受被保险人的委托，为被保险人提供防灾、防损或风险评估、风险管理咨询服务等，也可以代理被保险人进行损失的勘验和理赔。

第一百一十九条 【保险代理机构、保险经纪人的资格条件及从业许可】保险代理机构、保险经纪人应当具备国务院保险监督管理机构规定的条件，取得保险监督管理机构颁发的经营保险代理业务许可证、保险经纪业务许可证。

第一百二十条 【以公司形式设立的保险专业代理机构、保险经纪人的注册资本】以公司形式设立保险专业代理机构、保险经纪人，其注册资本最低限额适用《中华人民共和国公司法》的规定。

国务院保险监督管理机构根据保险专业代理机构、保险经纪人的业务范围和经营规模，可以调整其注册资本的最低限额，但不得低于《中华人民共和国公司法》规定的限额。

保险专业代理机构、保险经纪人的注册资本或者出资额必须为实缴货币资本。

第一百二十一条 【保险专业代理机构、保险经纪人的高级管理人员的经营管理能力与任职资格】保险专业代理机构、保险经纪人的高级管理人员，应当品行良好，熟悉保险法律、行政法规，具有履行职责所需的经营管理能力，并在任职前取得保险监督管理机构核准的任职资格。

第一百二十二条 【个人保险代理人、保险代理机构的代理从业人员、保险经纪人的经纪从业人员的任职资格】个人保险代理人、保险代理机构的代理从业人员、保险经纪人的经纪从业人员，应当品行良好，具有从事保险代理业务或者保险经纪业务所需的专业能力。

第一百二十三条【经营场所与账簿记载】保险代理机构、保险经纪人应当有自己的经营场所，设立专门账簿记载保险代理业务、经纪业务的收支情况。

第一百二十四条【保险代理机构、保险经纪人缴存保证金或者投保职业责任保险】保险代理机构、保险经纪人应当按照国务院保险监督管理机构的规定缴存保证金或者投保职业责任保险。

第一百二十五条【个人保险代理人代为办理人寿保险业务接受委托的限制】个人保险代理人在代为办理人寿保险业务时，不得同时接受两个以上保险人的委托。

第一百二十六条【保险业务委托代理协议】保险人委托保险代理人代为办理保险业务，应当与保险代理人签订委托代理协议，依法约定双方的权利和义务。

第一百二十七条【保险代理责任承担】保险代理人根据保险人的授权代为办理保险业务的行为，由保险人承担责任。

保险代理人没有代理权、超越代理权或者代理权终止后以保险人名义订立合同，使投保人有理由相信其有代理权的，该代理行为有效。保险人可以依法追究越权的保险代理人的责任。

注释 这里所说的"有理由相信"，是指投保人不知道或者不应当知道保险代理人超越了代理权，而且投保人尽了必要的注意义务，即投保人不存在疏忽大意的过失。同时，根据合同法的有关规定，除超越代理权这种情形外，保险代理人没有代理权或者代理权终止后以保险人的名义订立保险合同，投保人有理由相信保险代理人有代理权的，该代理行为也有效，由此产生的保险责任由保险人承担。当然，保险代理人应当对自己超越代理权的行为承担相应的责任。如果保险代理人超越职权的行为，造成保险人多承担了责任，或者给保险人造成了其他损害，保险人可以就该损害要求保险代理人予以赔偿。此为表见代理制度在保险代理中的体现。

实务问答 什么情况下不能免除保险公司对善意投保人应当承担的法律责任？

投保人通过保险公司设立的营销部购买机动车第三者责任险，营销部营销人员为侵吞保费，将自己伪造的、内容和形式与真保单一致的假保单填写后，加盖伪造的保险公司业务专用章，通过营销部的销售员在该营销部内销售并交付投保人。作为不知情的善意投保人有理由相信其购买的保险是真实的，保单的内容也并不违反有关法律的规定，营销部的行为在民法上应当视为保险公司的行为。因此，虽然投保人持有的保单是假的，但并不能据此免除保险公司根据保险合同依法应当承担的民事责任。（参见"刘某诉汪某某、朱某某、某保险盐城中心支公司交通事故人身损害赔偿纠纷案"，载《最高人民法院公报》2012年第3期）

第一百二十八条【保险经纪人的赔偿责任】保险经纪人因过错给投保人、被保险人造成损失的，依法承担赔偿责任。

第一百二十九条【保险事故的评估和鉴定】保险活动当事人可以委托保险公估机构等依法设立的独立评估机构或者具有相关专业知识的人员，对保险事故进行评估和鉴定。

接受委托对保险事故进行评估和鉴定的机构和人员，应当依法、独立、客观、公正地进行评估和鉴定，任何单位和个人不得干涉。

前款规定的机构和人员，因故意或者过失给保险人或者被保险人造成损失的，依法承担赔偿责任。

注释 接受保险人或者被保险人的委托，办理保险事故的勘验、鉴定、评估以及赔款理算的中介机构或个人，通常被称为保险公估人。

保险公估人对其过错行为应当依法承担赔偿责任。保险公估人承担过错赔偿责任应当具备下列条件：(1)保险公估人必须具有主观上的过错。过错指的是保险公估人在从事保险事故评估、鉴定业务中的一种主观状态，包括故意和过失两个方面。故意指的是保险公估人知道或者应当知道其行为会给保险人或者被保险人造成损害，而希望或者放任这种损害后果的发生。过失指的是保险公估人对其行为会给保险人或者被保险人造成损害的后果应当预见而没有预见到，或者虽然已经预见但轻信该后果能够避免。(2)保险公估人的过错行为给保险人或者被保险人造成了损失。这种损失在保险评估、鉴定业务中一般是经济上的损失，包括直接损失和间接损失。直接损失是指保险人或者被保险人现有财产和利益的减少。间接损失是指保险人或者被保险人应当得到或者能够得到的利益而没有得到。(3)保险人或者被保险人的损失与保险公估人的过错行为之间存在因果关系。因果关系是一定的事实与一定的行为之间存在客观的、必然的联系。如果保险人、被保险人的损失不是由于保险公估人的过错行为造成的，保险公估人就不存在承担赔偿责任的问题。

第一百三十条　【保险佣金的支付】保险佣金只限于向保险代理人、保险经纪人支付，不得向其他人支付。

第一百三十一条　【保险代理人、保险经纪人及其从业人员的禁止行为】保险代理人、保险经纪人及其从业人员在办理保险业务活动中不得有下列行为：

（一）欺骗保险人、投保人、被保险人或者受益人；

（二）隐瞒与保险合同有关的重要情况；

（三）阻碍投保人履行本法规定的如实告知义务，或者诱导其不履行本法规定的如实告知义务；

（四）给予或者承诺给予投保人、被保险人或者受益人保险合同约定以外的利益；

（五）利用行政权力、职务或者职业便利以及其他不正当手段强迫、引诱或者限制投保人订立保险合同；

（六）伪造、擅自变更保险合同，或者为保险合同当事人提供虚假证明材料；

（七）挪用、截留、侵占保险费或者保险金；

（八）利用业务便利为其他机构或者个人牟取不正当利益；

（九）串通投保人、被保险人或者受益人，骗取保险金；

（十）泄露在业务活动中知悉的保险人、投保人、被保险人的商业秘密。

实务问答 保险代理人阻碍投保人履行如实告知义务的，应该承担什么责任？①

在认定保险代理人是否存在阻碍投保人履行如实告知义务、诱导其不履行如实告知义务的行为时，应注意的是，投保人应对其向保险代理人的询问所作出的回答承担相应法律责任，亦应对"阻碍""诱导"行为承担举证责任。"阻碍""诱导"行为一般包括以下情形：其一，保险代理人在投保人如实回答后代为填写相反内容，或者保险代理人

未对单证所涉问题逐一询问即自行填写，后投保人因善意信赖保险代理人未予检查即签字确认。本案中，王某称韩某未对家族病史、吸毒史、吸烟史进行询问，且韩某明知其家族病史、吸毒史、吸烟史却未如实代为填写，属于阻碍其履行如实告知义务，但其提交的证据不足以证明韩某存在上述行为，应承担举证不能的法律后果。其二，保险代理人诱导投保人陈述不实内容，如以投保人如实陈述将无法承保或相应问题并不重要、无须如实回答等理由诱导投保人作出错误回答。此种情形下，投保人可能存在与保险代理人串通隐瞒事实的主观故意。本案中，王某称韩某要求其在电话回访时简单回答"是、对"，属于诱导其不履行如实告知义务，但未能提交证据予以证明，故相应主张亦无法得到支持。

在上述情形下，即便投保人举证证明保险代理人确有《保险法》第一百三十一第三项规定的"阻碍""诱导"行为的，并不能直接产生合同无效的法律后果。根据我国保险法规定，如保险代理人阻碍投保人履行如实告知义务或诱导投保人不履行如实告知义务，其法律后果应为保险人丧失保险合同解除权，并对相应保险事故继续承担保险责任。若是因保险代理人的过错导致，保险人可向保险代理人另行主张相应责任。（参见"王某诉韩某、某保险北京分公司人身保险合同案"，北京市海淀区人民法院〔2020〕京0108民初5404号民事判决书）

第一百三十二条　【准用条款】本法第八十六条第一款、第一百一十三条的规定，适用于保险代理机构和保险经纪人。

第六章　保险业监督管理

第一百三十三条　【保险监督管理机构职责】保险监督管理机构依照本法和国务院规定的职责，遵循依法、公开、公正的原则，对保险业实施监督管理，维护保险市场秩序，保护投保人、被保险人和受益人的合法权益。

第一百三十四条　【国务院保险监督管理机构立法权限】国务院保险监督管理机构依照法律、行政法规制定并发布有关保险业监督管理的规章。

---

① 内容来源于《中国法院2023年度案例·保险纠纷》一书，国家法官学院、最高人民法院司法案例研究院编，中国法制出版社2023年5月出版。

第一百三十五条 【保险条款与保险费率的审批与备案】关系社会公众利益的保险险种、依法实行强制保险的险种和新开发的人寿保险险种等的保险条款和保险费率,应当报国务院保险监督管理机构批准。国务院保险监督管理机构审批时,应当遵循保护社会公众利益和防止不正当竞争的原则。其他保险险种的保险条款和保险费率,应当报保险监督管理机构备案。

保险条款和保险费率审批、备案的具体办法,由国务院保险监督管理机构依照前款规定制定。

第一百三十六条 【对违法、违规保险条款和费率采取的措施】保险公司使用的保险条款和保险费率违反法律、行政法规或者国务院保险监督管理机构的有关规定的,由保险监督管理机构责令停止使用,限期修改;情节严重的,可以在一定期限内禁止申报新的保险条款和保险费率。

注释 强制保险险种,又称法定保险,是指保险标的或者保险对象的范围直接由法律、法规规定,对于规定范围内的保险标的或者对象必须向保险人投保的保险。

链接《财产保险公司保险条款和保险费率管理办法》

第一百三十七条 【对保险公司偿付能力的监控】国务院保险监督管理机构应当建立健全保险公司偿付能力监管体系,对保险公司的偿付能力实施监控。

链接《保险公司管理规定》第60条

第一百三十八条 【对偿付能力不足的保险公司采取的措施】对偿付能力不足的保险公司,国务院保险监督管理机构应当将其列为重点监管对象,并可以根据具体情况采取下列措施:

(一)责令增加资本金、办理再保险;
(二)限制业务范围;
(三)限制向股东分红;
(四)限制固定资产购置或者经营费用规模;
(五)限制资金运用的形式、比例;
(六)限制增设分支机构;
(七)责令拍卖不良资产、转让保险业务;
(八)限制董事、监事、高级管理人员的薪酬水平;
(九)限制商业性广告;
(十)责令停止接受新业务。

第一百三十九条 【责令保险公司改正违法行为】保险公司未依照本法规定提取或者结转各项责任准备金,或者未依照本法规定办理再保险,或者严重违反本法关于资金运用的规定的,由保险监督管理机构责令限期改正,并可以责令调整负责人及有关管理人员。

第一百四十条 【保险公司整顿】保险监督管理机构依照本法第一百三十九条的规定作出限期改正的决定后,保险公司逾期未改正的,国务院保险监督管理机构可以决定选派保险专业人员和指定该保险公司的有关人员组成整顿组,对公司进行整顿。

整顿决定应当载明被整顿公司的名称、整顿理由、整顿组成员和整顿期限,并予以公告。

第一百四十一条 【整顿组职权】整顿组有权监督被整顿保险公司的日常业务。被整顿公司的负责人及有关管理人员应当在整顿组的监督下行使职权。

第一百四十二条 【被整顿保险公司的业务运作】整顿过程中,被整顿保险公司的原有业务继续进行。但是,国务院保险监督管理机构可以责令被整顿公司停止部分原有业务、停止接受新业务,调整资金运用。

第一百四十三条 【保险公司结束整顿】被整顿保险公司经整顿已纠正其违反本法规定的行为,恢复正常经营状况的,由整顿组提出报告,经国务院保险监督管理机构批准,结束整顿,并由国务院保险监督管理机构予以公告。

第一百四十四条 【保险公司接管】保险公司有下列情形之一的,国务院保险监督管理机构可以对其实行接管:

(一)公司的偿付能力严重不足的;
(二)违反本法规定,损害社会公共利益,可能严重危及或者已经严重危及公司的偿付能力的。

被接管的保险公司的债权债务关系不因接管而变化。

注释 保险公司的接管,是指由保险监督管理机构指派接管组织直接介入保险公司的日常经营管理,并由接管组织负责保险公司的全部经营活动的监管活动。对保险公司实施接管是一种比较严厉的行政监管措施。

第一百四十五条 【国务院保险监督管理机构决定并公告接管组的组成和接管的实施办法】接管组的组成和接管的实施办法,由国务院保险监督管理机构决定,并予以公告。

第一百四十六条 【接管保险公司期限】接管期限届满,国务院保险监督管理机构可以决定延长接管期限,但接管期限最长不得超过二年。

第一百四十七条 【终止接管】接管期限届满,被接管的保险公司已恢复正常经营能力的,由国务院保险监督管理机构决定终止接管,并予以公告。

第一百四十八条 【被整顿、被接管的保险公司的重整及破产清算】被整顿、被接管的保险公司有《中华人民共和国企业破产法》第二条规定情形的,国务院保险监督管理机构可以依法向人民法院申请对该保险公司进行重整或者破产清算。

第一百四十九条 【保险公司的撤销及清算】保险公司因违法经营被依法吊销经营保险业务许可证的,或者偿付能力低于国务院保险监督管理机构规定标准,不予撤销将严重危害保险市场秩序、损害公共利益的,由国务院保险监督管理机构予以撤销并公告,依法及时组织清算组进行清算。

第一百五十条 【提供信息资料】国务院保险监督管理机构有权要求保险公司股东、实际控制人在指定的期限内提供有关信息和资料。

第一百五十一条 【股东利用关联交易严重损害公司利益,危及公司偿付能力的处理措施】保险公司的股东利用关联交易严重损害公司利益,危及公司偿付能力的,由国务院保险监督管理机构责令改正。在按照要求改正前,国务院保险监督管理机构可以限制其股东权利;拒不改正的,可以责令其转让所持的保险公司股权。

第一百五十二条 【保险公司业务活动和风险管理重大事项说明】保险监督管理机构根据履行监督管理职责的需要,可以与保险公司董事、监事和高级管理人员进行监督管理谈话,要求其就公司的业务活动和风险管理的重大事项作出说明。

第一百五十三条 【保险公司被整顿、接管、撤销清算期间及出现重大风险时对董事、监事、高级管理人员和其他责任人员采取的措施】保险公司在整顿、接管、撤销清算期间,或者出现重大风险时,国务院保险监督管理机构可以对该公司直接负责的董事、监事、高级管理人员和其他直接责任人员采取以下措施:

(一)通知出境管理机关依法阻止其出境;

(二)申请司法机关禁止其转移、转让或者以其他方式处分财产,或者在财产上设定其他权利。

第一百五十四条 【保险监督管理机构的履职措施及程序】保险监督管理机构依法履行职责,可以采取下列措施:

(一)对保险公司、保险代理人、保险经纪人、保险资产管理公司、外国保险机构的代表机构进行现场检查;

(二)进入涉嫌违法行为发生场所调查取证;

(三)询问当事人及与被调查事件有关的单位和个人,要求其对与被调查事件有关的事项作出说明;

(四)查阅、复制与被调查事件有关的财产权登记等资料;

(五)查阅、复制保险公司、保险代理人、保险经纪人、保险资产管理公司、外国保险机构的代表机构以及与被调查事件有关的单位和个人的财务会计资料及其他相关文件和资料;对可能被转移、隐匿或者毁损的文件和资料予以封存;

(六)查询涉嫌违法经营的保险公司、保险代理人、保险经纪人、保险资产管理公司、外国保险机构的代表机构以及与涉嫌违法事项有关的单位和个人的银行账户;

(七)对有证据证明已经或者可能转移、隐匿违法资金等涉案财产或者隐匿、伪造、毁损重要证据的,经保险监督管理机构主要负责人批准,申请人民法院予以冻结或者查封。

保险监督管理机构采取前款第(一)项、第(二)项、第(五)项措施的,应当经保险监督管理机构负责人批准;采取第(六)项措施的,应当经国务院保险监督管理机构负责人批准。

保险监督管理机构依法进行监督检查或者调查,其监督检查、调查的人员不得少于二人,并应当出示合法证件和监督检查、调查通知书;监督检查、调查的人员少于二人或者未出示合法证件和监督检查、调查通知书的,被检查、调查的单位和个人有权拒绝。

注释 现场检查包括常规检查、临时检查和稽核调查等。常规检查是纳入年度现场检查计划的检查。按检查范围可以分为风险管理及内控有效性等综合性检查,对某些业务领域或区域进行的专项检查,对被查机构以往现场检查中发现的重大问题整改落实情况进行的后续检查。临时检查是在年度现场检查计划之外,根据重大工作部署或临时工作任务开展的检查。稽核调查是适用简化现场检查流程对特定事项进行专门调查的活动。

检查过程中，检查人员有权查阅与检查事项有关的文件资料和信息系统、查看经营管理场所、采集数据信息、测试有关系统设备设施、访谈或询问相关人员，并可以根据需要，收集原件、原物，进行复制、记录、录音、录像、照相等。对可能被转移、隐匿或者毁损的文件、资料，可以按照有关法律法规进行封存。根据工作需要，可以采取线上检查、函询稽核等新型检查方法。线上检查是运用信息技术和网络技术分析筛查疑点业务和机构并实施的穿透式检查。函询稽核是对重大风险或问题通过下发质询函等方式检查核实的活动。

实务问答 如何进行现场检查？

银保监会及其派出机构组织实施现场检查可以采取以下方式：（1）由立项单位组织实施；（2）由上级部门部署下级部门实施；（3）对专业性强的领域，可以要求银行业和保险业机构选聘符合条件的第三方机构进行检查，并将检查结果报告监管部门；（4）必要时可以按照相关程序，聘请资信良好、符合条件的会计师事务所等第三方机构参与检查工作，具体办法由银保监会另行制定；（5）采用符合法律法规及规章规定的其他方式实施。

链接《中国银保监会现场检查办法（试行）》

第一百五十五条【配合检查、调查】保险监督管理机构依法履行职责，被检查、调查的单位和个人应当配合。

第一百五十六条【保险监督管理机构工作人员行为准则】保险监督管理机构工作人员应当忠于职守，依法办事，公正廉洁，不得利用职务便利牟取不正当利益，不得泄露所知悉的有关单位和个人的商业秘密。

第一百五十七条【金融监督管理机构监督管理信息共享机制】国务院保险监督管理机构应当与中国人民银行、国务院其他金融监督管理机构建立监督管理信息共享机制。

保险监督管理机构依法履行职责，进行监督检查、调查时，有关部门应当予以配合。

第七章 法律责任

第一百五十八条【擅自设立保险公司、保险资产管理公司或非法经营商业保险业务的法律责任】违反本法规定，擅自设立保险公司、保险资产管理公司或者非法经营商业保险业务的，由保险监督管理机构予以取缔，没收违法所得，并处违法所得一倍以上五倍以下的罚款；没有违法所得或者违法所得不足二十万元的，处二十万元以上一百万元以下的罚款。

第一百五十九条【擅自设立保险代理机构、保险经纪人或者未取得许可从事保险业务的法律责任】违反本法规定，擅自设立保险专业代理机构、保险经纪人，或者未取得经营保险代理业务许可证、保险经纪业务许可证从事保险代理业务、保险经纪业务的，由保险监督管理机构予以取缔，没收违法所得，并处违法所得一倍以上五倍以下的罚款；没有违法所得或者违法所得不足五万元的，处五万元以上三十万元以下的罚款。

第一百六十条【保险公司超出业务范围经营的法律责任】保险公司违反本法规定，超出批准的业务范围经营的，由保险监督管理机构责令限期改正，没收违法所得，并处违法所得一倍以上五倍以下的罚款；没有违法所得或者违法所得不足十万元的，处十万元以上五十万元以下的罚款。逾期不改正或者造成严重后果的，责令停业整顿或者吊销业务许可证。

第一百六十一条【保险公司在保险业务活动中从事禁止性行为的法律责任】保险公司有本法第一百一十六条规定行为之一的，由保险监督管理机构责令改正，处五万元以上三十万元以下的罚款；情节严重的，限制其业务范围、责令停止接受新业务或者吊销业务许可证。

第一百六十二条【保险公司未经批准变更公司登记事项的法律责任】保险公司违反本法第八十四条规定的，由保险监督管理机构责令改正，处一万元以上十万元以下的罚款。

第一百六十三条【超额承保及为无民事行为能力人承保以死亡为给付保险金条件的保险的法律责任】保险公司违反本法规定，有下列行为之一的，由保险监督管理机构责令改正，处五万元以上三十万元以下的罚款：

（一）超额承保，情节严重的；

（二）为无民事行为能力人承保以死亡为给付保险金条件的保险的。

第一百六十四条【违反保险业务规则和保险组织机构管理规定的法律责任】违反本法规定，有下列行为之一的，由保险监督管理机构责令改

正,处五万元以上三十万元以下的罚款;情节严重的,可以限制其业务范围、责令停止接受新业务或者吊销业务许可证:

(一)未按照规定提存保证金或者违反规定动用保证金的;

(二)未按照规定提取或者结转各项责任准备金的;

(三)未按照规定缴纳保险保障基金或者提取公积金的;

(四)未按照规定办理再保险的;

(五)未按照规定运用保险公司资金的;

(六)未经批准设立分支机构的;

(七)未按照规定申请批准保险条款、保险费率的。

第一百六十五条 【保险代理机构、保险经纪人违反诚信原则办理保险业务的法律责任】保险代理机构、保险经纪人有本法第一百三十一条规定行为之一的,由保险监督管理机构责令改正,处五万元以上三十万元以下的罚款;情节严重的,吊销业务许可证。

第一百六十六条 【不按规定缴存保证金或者投保职业责任保险、设立收支账簿的法律责任】保险代理机构、保险经纪人违反本法规定,有下列行为之一的,由保险监督管理机构责令改正,处二万元以上十万元以下的罚款;情节严重的,责令停业整顿或者吊销业务许可证:

(一)未按照规定缴存保证金或者投保职业责任保险的;

(二)未按照规定设立专门账簿记载业务收支情况的。

第一百六十七条 【违法聘任不具有任职资格的人员的法律责任】违反本法规定,聘任不具有任职资格的人员的,由保险监督管理机构责令改正,处二万元以上十万元以下的罚款。

第一百六十八条 【违法转让、出租、出借业务许可证的法律责任】违反本法规定,转让、出租、出借业务许可证的,由保险监督管理机构处一万元以上十万元以下的罚款;情节严重的,责令停业整顿或者吊销业务许可证。

第一百六十九条 【不按规定披露保险业务相关信息的法律责任】违反本法规定,有下列行为之一的,由保险监督管理机构责令限期改正;逾期不改正的,处一万元以上十万元以下的罚款:

(一)未按照规定报送或者保管报告、报表、文件、资料的,或者未按照规定提供有关信息、资料的;

(二)未按照规定报送保险条款、保险费率备案的;

(三)未按照规定披露信息的。

第一百七十条 【提供保险业务相关信息不实、拒绝或者妨碍监督检查、不按规定使用保险条款、保险费率的法律责任】违反本法规定,有下列行为之一的,由保险监督管理机构责令改正,处十万元以上五十万元以下的罚款;情节严重的,可以限制其业务范围、责令停止接受新业务或者吊销业务许可证:

(一)编制或者提供虚假的报告、报表、文件、资料的;

(二)拒绝或者妨碍依法监督检查的;

(三)未按照规定使用经批准或者备案的保险条款、保险费率的。

第一百七十一条 【董事、监事、高级管理人员的法律责任】保险公司、保险资产管理公司、保险专业代理机构、保险经纪人违反本法规定的,保险监督管理机构除分别依照本法第一百六十条至第一百七十条的规定对该单位给予处罚外,对其直接负责的主管人员和其他直接责任人员给予警告,并处一万元以上十万元以下的罚款;情节严重的,撤销任职资格。

第一百七十二条 【个人保险代理人的法律责任】个人保险代理人违反本法规定的,由保险监督管理机构给予警告,可以并处二万元以下的罚款;情节严重的,处二万元以上十万元以下的罚款。

第一百七十三条 【外国保险机构违法从事保险活动的法律责任】外国保险机构未经国务院保险监督管理机构批准,擅自在中华人民共和国境内设立代表机构的,由国务院保险监督管理机构予以取缔,处五万元以上三十万元以下的罚款。

外国保险机构在中华人民共和国境内设立的代表机构从事保险经营活动的,由保险监督管理机构责令改正,没收违法所得,并处违法所得一倍以上五倍以下的罚款;没有违法所得或者违法所得不足二十万元的,处二十万元以上一百万元以下的罚款;对其首席代表可以责令撤换;情节严重的,撤销其代表机构。

第一百七十四条 【投保人、被保险人或受益人进行保险诈骗活动的法律责任】 投保人、被保险人或者受益人有下列行为之一,进行保险诈骗活动,尚不构成犯罪的,依法给予行政处罚:

(一)投保人故意虚构保险标的,骗取保险金的;

(二)编造未曾发生的保险事故,或者编造虚假的事故原因或者夸大损失程度,骗取保险金的;

(三)故意造成保险事故,骗取保险金的。

保险事故的鉴定人、评估人、证明人故意提供虚假的证明文件,为投保人、被保险人或者受益人进行保险诈骗提供条件的,依照前款规定给予处罚。

第一百七十五条 【侵权民事责任的规定】 违反本法规定,给他人造成损害的,依法承担民事责任。

注释 由于违反保险法规定,给他人造成损害的情况比较复杂,法律不可能将所有的违法行为一一列举出来,因此,本条只是原则规定,违反保险法,"给他人造成损害的,依法承担民事责任"。这样规定有三个好处:一是可以避免法律条文过于烦琐;二是可以防止挂一漏万;三是可以给受到损害的当事人提供全面保护。

第一百七十六条 【拒绝、阻碍监督检查、调查的行政责任】 拒绝、阻碍保险监督管理机构及其工作人员依法行使监督检查、调查职权,未使用暴力、威胁方法的,依法给予治安管理处罚。

第一百七十七条 【禁止从业的规定】 违反法律、行政法规的规定,情节严重的,国务院保险监督管理机构可以禁止有关责任人员一定期限直至终身进入保险业。

第一百七十八条 【保险监督人员的法律责任】 保险监督管理机构从事监督管理工作的人员有下列情形之一的,依法给予处分:

(一)违反规定批准机构的设立的;

(二)违反规定进行保险条款、保险费率审批的;

(三)违反规定进行现场检查的;

(四)违反规定查询账户或者冻结资金的;

(五)泄露其知悉的有关单位和个人的商业秘密的;

(六)违反规定实施行政处罚的;

(七)滥用职权、玩忽职守的其他行为。

第一百七十九条 【刑事责任的规定】 违反本法规定,构成犯罪的,依法追究刑事责任。

第八章 附 则

第一百八十条 【保险行业协会的规定】 保险公司应当加入保险行业协会。保险代理人、保险经纪人、保险公估机构可以加入保险行业协会。

保险行业协会是保险业的自律性组织,是社会团体法人。

第一百八十一条 【其他保险组织的商业保险业务适用本法】 保险公司以外的其他依法设立的保险组织经营的商业保险业务,适用本法。

第一百八十二条 【海上保险的法律适用】 海上保险适用《中华人民共和国海商法》的有关规定;《中华人民共和国海商法》未规定的,适用本法的有关规定。

注释 海上保险,是指保险人依照保险合同约定,对海上保险事故造成的保险标的的损失及产生的责任负赔偿责任的保险。

《海商法》设专章对海上保险予以规范。主要内容包括:海上保险责任范围,海上保险合同的主要条款,保险标的及其保险价值的计算,海上保险合同的订立、解除和转让,被保险人的义务与保险人的责任,保险标的的损失和委付,保险赔偿的支付等。海商法的上述规范相对于保险法来讲属于对海上保险的特别规定,应当适用。但是海商法并没有也不可能解决海上保险的所有问题,海上保险依然属于商业保险范畴,因此,保险法作为商业保险的基本法,其有关从事商业保险活动应遵循的基本原则和规范应当适用于海上保险。此外,海商法未作规定的有关事项,依照本条规定,应当适用保险法的有关规定,如有关对保险业的监督管理及法律责任等。

第一百八十三条 【合资保险公司、外资公司法律适用规定】 中外合资保险公司、外资独资保险公司、外国保险公司分公司适用本法规定;法律、行政法规另有规定的,适用其规定。

第一百八十四条 【农业保险和强制保险的规定】 国家支持发展为农业生产服务的保险事业。农业保险由法律、行政法规另行规定。

强制保险,法律、行政法规另有规定的,适用其规定。

注释 1.农业保险是以生长期和收获期的农作物、

经济作物、畜禽和水产养殖动物为保险标的,在保险标的遭受自然灾害或意外事故损害时,由保险人承担赔偿责任的保险。农业保险的业务分散,承保的危险复杂,多数危险属于巨灾,经营成本和赔付率都很高,难以按照商业保险的一般规则从事经营。目前,世界上许多国家和地区解决农业保险问题主要采取政策倾斜和财政补贴的办法。

我国幅员辽阔,又是农业大国,每年受各种自然灾害影响,农业损失巨大。虽然农民有参加农业保险的客观需求,但是普遍承受不起按照商业保险原则确定的高额保费。因此,保险法确立的商业保险活动的规范难以完全适用于农业保险,仅靠国家有限的财力也难以解决农业赈灾扶困的根本问题。如何解决我国农业保险问题,还需要结合国家扶持农业发展的方针由法律、行政法规另行规定。但是国家支持发展为农业生产服务的保险事业的政策不会改变。本条的规定为发展我国农业保险提供了法律依据。

2. 商业保险的基本原则是自愿原则。对于危险范围广,对社会公众利益影响较大的个别险种,法律也规定实行强制保险。强制保险,一般应适用保险法的规定。如我国保险法规定的诚实信用原则、损失补偿原则,以及依法实行强制保险险种的保险条款和费率应当报国务院保险监督管理机构批准的规定等。同时,由于强制保险的险种具有特殊性,为了维护公共利益,也需要由法律、行政法规在保险法之外另行规定有关规则。如国务院根据道路交通安全法和保险法制定的《机动车交通事故责任强制保险条例》,从有利于道路交通事故受害人获得及时有效的经济保障和医疗救治,减轻交通事故肇事者的经济负担,促进道路交通安全出发,做出了具有经营机动车交通事故责任强制保险资格的保险公司不得拒绝承保、保险公司办理强制保险以不盈利或微利为原则、保险合同不得随意解除原则、多部门联合监管的规定,并实行责任限额法定的原则。根据我国强制保险的实践和国际上的通行做法,本条规定,强制保险,法律、行政法规另有规定的,适用其规定。

链接《农业保险条例》;《机动车交通事故责任强制保险条例》

第一百八十五条 【施行日期】本法自2009年10月1日起施行。

中华人民共和国民法典(节录)

- 2020年5月28日第十三届全国人民代表大会第三次会议通过
- 2020年5月28日中华人民共和国主席令第45号公布
- 自2021年1月1日起施行

……

第三编 合 同

第一分编 通 则

第一章 一般规定

第四百六十三条 【合同编的调整范围】本编调整因合同产生的民事关系。

第四百六十四条 【合同的定义及身份关系协议的法律适用】合同是民事主体之间设立、变更、终止民事法律关系的协议。

婚姻、收养、监护等有关身份关系的协议,适用有关该身份关系的法律规定;没有规定的,可以根据其性质参照适用本编规定。

注释 根据本条规定,合同是民事主体之间设立、变更、终止民事法律关系的协议。其特征是:(1)合同的主体是民事主体,包括自然人、法人和非法人组织;(2)合同的内容是民事主体设立、变更、终止民事法律关系;(3)合同是协议,是民事主体之间就上述内容达成的协议。因此,合同的本质是民事主体就民事权利义务关系的变动达成合意而形成的协议。

婚姻、收养、监护等有关身份关系的协议也是民事合同,由于其内容的性质不同,因而应当适用有关该身份关系的法律规定。当这些具有身份关系、人格关系的协议在总则编、人格权编、婚姻家庭编等或者其他法律中没有规定的,可以根据其性质参照适用本编关于合同的规定。

链接《保险法》第10条

第四百六十五条 【依法成立的合同受法律保护及合同相对性原则】依法成立的合同,受法律保护。

依法成立的合同,仅对当事人具有法律约束力,但是法律另有规定的除外。

注释 依法成立的合同受法律保护,说的是合同成立后即在当事人之间产生了法律效力,当事人必须受到合同的约束。如果当事人在合同依法成立后,不履行合同义务,或者不完全履行合同义务,法律将强制其履行,并科以违约责任。当然,合同的法律约束力是有限度的,即只对合同当事人发生,对合同以外的人不发生法律约束力。这就是合同的相对性原则。

本条第二款规定的但书,含义是在法律另有规定的情况下,可以打破合同相对性原则。比如涉他合同,合同约定为他人设置权利的,债务人应当向第三人履行义务,突破了合同相对性原则拘束。

第四百六十六条 【合同的解释规则】 当事人对合同条款的理解有争议的,应当依据本法第一百四十二条第一款的规定,确定争议条款的含义。

合同文本采用两种以上文字订立并约定具有同等效力的,对各文本使用的词句推定具有相同含义。各文本使用的词句不一致的,应当根据合同的相关条款、性质、目的以及诚信原则等予以解释。

注释 《民法典》第一百四十二条第一款的适用具体到合同领域,对合同争议条款的解释规则,可作以下理解:(1)首先要按照条款所使用的词句进行解释,这种解释方法又被称为文义解释。一些词句在不同的场合可能表达出不同的含义,对条款中词句的理解首先应当按照一个合理人通常的理解来进行。也就是说,法官应当考虑一个合理人在通常情况下对有争议的条款所能理解的含义作为解释词句含义的标准。对于何谓"合理人"应结合具体情况来判断,如果是一般的民事活动,则"合理人"就是社会一般的人;如果是某种特殊交易,则"合理人"就是该领域内的人。(2)对条款中词句的理解不能孤立进行,要结合其他相关条款、行为的性质和目的、习惯以及诚实信用原则,综合判断、确定争议条款的含义。合同条款是合同整体的一部分,条款之间有着密切联系,因此对争议条款的解释不仅要从该条款本身词句的含义去理解,还要结合其他相关条款进行分析判断,即应当整体考虑合同的上下文,根据不同条款之间的关联性来进行解释。行为的性质或者合同的性质,指该合同所体现的显著区别于其他合同的本质特征。合同的性质不同,那么在合同的成立、履行、解除、违约责任等方面也就有所不同。根据行为目的即合同目的进行解释是指在对争议条款进行解释时,应当根据当事人订立合同所追求的目的对争议条款进行解释。当事人签订合同都是为达到一定的目的,合同中的各条款都是为达到合同目的而制定的。合同目的包括了整个合同的真实意图。因此,在解释争议条款时,应当从符合合同目的原则的角度进行剖析,当条款表达意见含混不清或相互矛盾时,作出与合同目的协调一致的解释。按照习惯进行解释是指在条款发生争议以后,应当根据当事人所知悉的生活和交易习惯来对争议条款进行解释。交易习惯也称为交易惯例,它是人们在长期实践的基础上形成的,是某一地区、某一行业在经济交往中普遍采用的做法,成为这一地区、这一行业的当事人所公认并遵守的规则。按照交易习惯确定合同条款的含义是国际贸易中普遍承认的原则。在运用交易习惯进行解释时,双方当事人应当对运用的交易习惯是否存在以及其内容进行举证证明,在当事人未举证的情况下,人民法院也可以主动适用交易习惯进行解释。依照诚信原则解释是指根据诚信原则对有争议的条款进行解释。《民法典》第七条将诚信原则作为民法基本原则,这一基本原则贯穿合同从订立到终止的整个过程。在解释合同条款时也应遵从诚信原则。诚信原则也要求法官实事求是地考虑各种因素,将自己作为一个诚实守信的当事人来理解争议条款的内容,平衡双方当事人的利益,合理地判断、确定争议条款的含义。

第四百六十七条 【非典型合同及特定涉外合同的法律适用】 本法或者其他法律没有明文规定的合同,适用本编通则的规定,并可以参照适用本编或者其他法律最相类似合同的规定。

在中华人民共和国境内履行的中外合资经营企业合同、中外合作经营企业合同、中外合作勘探开发自然资源合同,适用中华人民共和国法律。

注释 无名合同又叫非典型合同,是指法律尚未规定,也未赋予其一定名称的合同。本法或者其他法律没有明文规定的合同就是无名合同。依照合同自由原则,在不违反法律强制性规定和公序良俗的前提下,当事人可以根据实际生活需要,选择订立法律没有规范的无名合同。

第四百六十八条【非合同之债的法律适用】非因合同产生的债权债务关系,适用有关该债权债务关系的法律规定;没有规定的,适用本编通则的有关规定,但是根据其性质不能适用的除外。

注释 非因合同产生的债权债务关系,是合同以外的债权债务关系,依照《民法典》第一百一十八条第二款规定,包括无因管理之债、不当得利之债、侵权行为之债以及法律的其他规定的债,例如单方允诺之债。

本条规定的主要目的,是为合同编第三分编规定的无因管理之债和不当得利之债的法律适用,提供一般规则的法律依据,同时,也对侵权行为之债以及其他法律规定的债与合同编通则规定的关系予以明确。

第二章 合同的订立

第四百六十九条【合同形式】当事人订立合同,可以采用书面形式、口头形式或者其他形式。

书面形式是合同书、信件、电报、电传、传真等可以有形地表现所载内容的形式。

以电子数据交换、电子邮件等方式能够有形地表现所载内容,并可以随时调取查用的数据电文,视为书面形式。

链接《民法典》第 135 条;《电子签名法》第 4 条;《仲裁法》第 16 条

第四百七十条【合同主要条款及示范文本】合同的内容由当事人约定,一般包括下列条款:

(一)当事人的姓名或者名称和住所;
(二)标的;
(三)数量;
(四)质量;
(五)价款或者报酬;
(六)履行期限、地点和方式;
(七)违约责任;
(八)解决争议的方法。

当事人可以参照各类合同的示范文本订立合同。

注释 合同条款是表达合同当事人约定的合同内容的具体条款。本条第一款列举了合同应当包含的条款,没有规定合同的主要条款。合同的主要条款是合同的必备条款,缺少必备条款,合同不能成立,缺少其他条款,则可以通过法律规定的确定方法等予以确定,不能导致合同不能成立。合同的主要条款就是标的和数量。

链接《保险法》第 18 条;《著作权法》第 26、27 条

第四百七十一条【订立合同的方式】当事人订立合同,可以采取要约、承诺方式或者其他方式。

注释 合同订立,是缔约人为意思表示并达成合意的状态。合同订立是当事人为实现预期目的,为意思表示并达成合意的动态过程,包含当事人各方为了进行交易,与对方进行接触、洽谈,最终达成合意的整个过程,是动态行为和静态协议的统一体。合同订立与合同成立不同,合同成立是合同订立的组成部分。

合同订立的方式是要约和承诺。在订立合同中,一方当事人提出要约,另一方当事人予以承诺,双方就交易目的及其实现达成合意,合同即告成立。因此,要约和承诺既是合同订立的方式,也是合同订立的两个阶段,其结果是合同成立。

合同成立的其他方式,主要是指格式条款和悬赏广告等。

第四百七十二条【要约的定义及其构成】要约是希望与他人订立合同的意思表示,该意思表示应当符合下列条件:

(一)内容具体确定;
(二)表明经受要约人承诺,要约人即受该意思表示约束。

注释 要约是在合同订立过程中,要约人希望与他人订立合同的意思表示。一方当事人以缔结合同为目的,向对方当事人提出合同条件,希望对方当事人接受的意思表示,就是要约,亦称发价、发盘、出盘、出价或者报价。要约的性质,是一种与承诺结合后成立一个民事法律行为的意思表示,本身并不构成一个独立的法律行为。

要约发生法律效力,应当符合下列构成要件:(1)要约的内容具体、确定。内容具体,是指要约必须具有足以确定合同成立的内容,包含合同的主要条款。要约人发出要约后,受要约人一旦承诺,合同就告成立。内容确定,是指要约的内容必须明确,不能含混不清,应当达到一般人能够理解其真实含义的水平,否则合同将无法履行。(2)表明经受要约人承诺,要约人即受该意思表示约束。不论要约人向特定的还是不特定的受要约人发出要约,要约的内容都须表明,一旦该要约经受要约人承诺,要约人即受该意思表示约束,约束的具体

表现是要约被承诺后合同即告成立,要约人要受合同效力的约束。在实践中,不可能要求所有的要约都能够明确地、直截了当地写明自己接受要约内容约束的文字,但是,只要当事人发出要约,就意味着自己愿意接受要约意思表示的约束。只要依据要约的条文能够合理分析出要约人在要约中含有已经承诺即受拘束的意旨,或者通过要约人明确的订立合同的意图可以合理推断该要约包含了要约人愿意接受承诺后果的意思表示,即可认为符合该要件。

第四百七十三条 【要约邀请】 要约邀请是希望他人向自己发出要约的表示。拍卖公告、招标公告、招股说明书、债券募集办法、基金招募说明书、商业广告和宣传、寄送的价目表等为要约邀请。

商业广告和宣传的内容符合要约条件的,构成要约。

注释 要约邀请,即要约引诱,也称为邀请要约,是一方希望他人向自己发出要约的表示。

在实践中,要约和要约邀请较为相似,有时难以区分,其实这两个概念有着本质的不同。要约邀请只是订立合同的预备行为,发出要约邀请时,当事人仍然处于订立合同的准备阶段,既不能因相对人的承诺而成立合同,也不能因自己作出某种承诺而约束要约人。要约邀请是一种事实行为,在发出要约邀请后,要约邀请人撤回其要约邀请,只要没有给善意相对人造成信赖利益的损失,要约邀请人一般不承担法律责任。

要约邀请与要约的主要区别是:(1)要约是一种法律行为,具有法律意义;要约邀请是一种事实行为,不具有法律意义。(2)要约是当事人自己主动提出愿意与他人订立合同的意思表示;要约邀请是希望他人向自己发出要约的意思表示。(3)要约中表明经受要约人承诺,要约人即受该意思表示约束的意思,要约一旦被承诺,合同即告成立,要约人受其要约的约束;而要约邀请则不包括发出要约邀请的当事人表示愿意接受要约邀请内容约束的意思,受要约邀请的人依要约邀请发出要约,要约邀请人仍然享有是否作出承诺的选择权。(4)要约的内容应当包括合同的主要条款,这样才能因受要约人的承诺而成立合同;而要约邀请只是希望对方向自己发出要约,无需具备合同的主要条款。

拍卖公告、招标公告、招股说明书、债券募集办法、基金招募说明书、商业广告和宣传、寄送的价目表,都是要约邀请,因而具有这些形式的意思表示都不是要约,而是要约邀请。

在这些形式的意思表示中,只有商业广告和宣传才有特例,即在一般情况下,它们是要约邀请,但是,如果商业广告和宣传具备了要约的条件,就构成了要约。比如,在商品房买卖中,商品房的销售广告和宣传资料为要约邀请,但是出卖人就商品房开发规划范围内的房屋及相关设施所作的说明和允诺具体确定,并对商品房买卖合同的订立以及房屋价格的确定有重大影响的,构成要约。该说明和允诺即使未载入商品房买卖合同,亦应当为合同内容,当事人违反的,应当承担违约责任。(参见《最高人民法院关于审理商品房买卖合同纠纷案件适用法律若干问题的解释》第三条)

案例 1. 某集团公司诉浙江省某县国土局土地使用权出让合同纠纷案(《最高人民法院公报》2005年第5期)

裁判规则: 根据《合同法》第十五条第一款的规定,国有土地使用权出让公告属于要约邀请,竞买人在竞买申请中提出报价,并按要约邀请支付保证金的行为,属于要约,双方当事人尚未形成土地使用权出让合同关系。国有土地使用权出让方因出让公告违反法律的禁止性规定,撤销公告后,造成竞买人在缔约阶段发生信赖利益损失的,应对竞买人的实际损失承担缔约过失责任。

2. 成都某实业有限公司与江西省某县人民政府、某采砂管理工作领导小组办公室采矿权纠纷案(《最高人民法院公报》2010年第4期)

裁判规则: 当事人在网站发布公开拍卖推介书的行为,实质上是就公开拍卖事宜向社会不特定对象发出的要约邀请。在受要约人与之建立合同关系,且双方对合同约定的内容产生争议时,该要约邀请对合同的解释可以产生证据的效力。

链接《公司法》第85、86条;《招标投标法》第10、16、17条;《拍卖法》第45—48条

第四百七十四条 【要约的生效时间】 要约生效的时间适用本法第一百三十七条的规定。

第四百七十五条 【要约的撤回】 要约可以撤回。要约的撤回适用本法第一百四十一条的规定。

第四百七十六条 【要约不得撤销情形】要约可以撤销,但是有下列情形之一的除外:

(一)要约人以确定承诺期限或者其他形式明示要约不可撤销;

(二)受要约人有理由认为要约是不可撤销的,并已经为履行合同做了合理准备工作。

注释 要约撤销,是指要约人在要约生效之后,受要约人作出承诺之前,宣布取消该项要约,使该要约的效力归于消灭的行为。

要约的撤回与要约的撤销是不同的。要约的撤回是要约未生效前使其不发生效力,而要约的撤销是指要约作出并生效后,行为人又作出取消其要约的意思表示。由于要约在到达后已经生效,相对人已知悉了要约的内容,甚至可能已经对该要约产生了合理的信赖,因此,行为人能否在要约生效时取消其意思表示,需要考虑保障相对人合理信赖的问题。这与要约撤回中仅考虑保护意思表示行为人对其意思表示的自由处分权利存在较大区别。考虑到要约生效后,已经对行为人产生了法律约束力,能否撤销要平衡行为人和相对人的利益,不宜泛泛规定行为人可以撤销意思表示,基于此,本法规定,要约可以撤销,但撤销要约的通知应当在受要约人发出承诺通知之前到达受要约人。

本条在规定要约可以撤销的同时,规定了以下限制性的条件:1.要约人以确定承诺期限或者以其他形式明示要约不可撤销。(1)要约中确定了承诺期限,就意味着要约人向受要约人允诺在承诺期限内要约是可以信赖的。在承诺期限内,发生不利于要约人的变化,应当视为商业风险,也意味着受要约人在承诺期限内取得了承诺资格和对承诺期限的信赖,只要在承诺期限内作出承诺,就可以成立合同。即便受要约人没有发出承诺,但受要约人可能已经在为履约做准备,待准备工作就绪后再向要约人承诺,订立合同。因此,在承诺期限内,不得撤销要约。(2)以其他形式明示要约不可撤销。例如,标明"保证现货供应""随到随买"等字样的要约,根据交易习惯就是不得撤销的要约。2.受要约人有理由认为要约不可撤销,并且已经为履行合同做了准备工作。

第四百七十七条 【要约撤销条件】撤销要约的意思表示以对话方式作出的,该意思表示的内容应当在受要约人作出承诺之前为受要约人所知道;撤销要约的意思表示以非对话方式作出的,应当在受要约人作出承诺之前到达受要约人。

注释 要约人行使要约撤销权,应在要约生效之后,受要约人作出承诺之前。如果受要约人已经发出承诺通知,即使承诺通知仍然在途中,要约人撤销要约无异于撕毁合同,要约人应当承担违约责任或者缔约过失责任。

本条对于要约撤销生效时间分以下两种情形:(1)撤销要约的意思表示以对话方式作出的,该意思表示的内容应当在受要约人作出承诺之前为受要约人所知道,即仍然采取知道主义。(2)撤销要约的意思表示以非对话方式作出的,应当在受要约人作出承诺之前到达受要约人。如果在承诺之后要约撤销的意思表示才到达受要约人的,就不再是要约撤销,而是违约行为,因为要约一经承诺,合同即成立。

第四百七十八条 【要约失效】有下列情形之一的,要约失效:

(一)要约被拒绝;

(二)要约被依法撤销;

(三)承诺期限届满,受要约人未作出承诺;

(四)受要约人对要约的内容作出实质性变更。

注释 要约在特定的情形下会丧失效力,对要约人和受要约人不再产生约束力。此时,受要约人不再有承诺的资格,即使作出"承诺",也不再发生承诺的效力,这就是要约失效。

要约失效的事由是:(1)要约被拒绝。受要约人直接向要约人明确表示对要约予以拒绝,拒绝的通知到达要约人时要约失效。(2)要约被依法撤销。要约人依照法律的规定撤销要约,发生要约失效的法律效力。撤销要约后,如果收到受要约人拒绝要约的通知,可以免除要约人撤销要约的法律责任。(3)承诺期限届满,受要约人未作出承诺。凡要约规定了承诺期限的,必须在该期限内作出承诺,超过承诺期限受要约人未作出承诺,要约失效。(4)受要约人对要约的内容作出实质性变更。承诺是对要约内容的全部接受,凡是对要约的内容进行实质性变更的,都是新的要约,受要约人变成要约人,原要约人成为受要约人,原要约人发出的要约失效。

链接《拍卖法》第36条

第四百七十九条 【承诺的定义】承诺是受要约人同意要约的意思表示。

注释 承诺以接受要约的全部条件为内容,其目的在于与要约人订立合同。

承诺应当符合下列条件:

1. 承诺须由受要约人或者其代理人向要约人作出。承诺是受要约人的权利,在承诺期限内,要约人不得随意撤销要约,受要约人一旦承诺,就成立合同,要约人不得否认。这种权利是直接由要约人赋予的。

2. 承诺是受要约人同意要约的意思表示。同意要约,是以接受要约的全部条件为内容,是无条件的承诺,对要约的内容既不得限制,也不得扩张,更不能变更,但要约的非实质性变更除外。

3. 承诺必须在规定的期限内到达要约人。承诺必须遵守承诺期间,没有规定承诺期间的,按照《民法典》第四百八十一条第二款规定确定。

4. 承诺的方式必须符合要约的要求。承诺应当以通知的方式作出。要约规定承诺须以特定方式作出,否则承诺无效的,承诺人承诺时须符合要约人规定的承诺方式。

第四百八十条 【承诺的方式】承诺应当以通知的方式作出;但是,根据交易习惯或者要约表明可以通过行为作出承诺的除外。

注释 承诺的方式是指受要约人将承诺的意思送达要约人的具体方式。

承诺的法定形式是通知方式,称为积极的承诺方式,是受要约人以明示的方式明确无误地表达承诺意思表示内容的形式。

选择通知以外的行为方式进行承诺的是:(1)根据交易习惯或者要约表明可以通过行为的形式作出承诺的,也是符合要求的承诺方式。交易习惯是指某种合同的承诺适合于以行为作为承诺方式,例如悬赏广告,或者当事人之间进行交易的某种习惯。(2)要约人在要约中表明可以通过行为作出承诺。只要这种表明没有违背法律和公序良俗,就对受要约人产生约束力,受要约人应当依照要约人规定的方式进行承诺。如要约人在要约中明确表明"同意上述条件,即可在某期限内发货"的,就表明了要约人同意受要约人以发货行为作为承诺的意思表示。

缄默或者不行为不能作为承诺的方式,以缄默或者不行为回应要约的,承诺不成立,而不是承诺无效。因为要约人没有权利为受要约人设定义务。

第四百八十一条 【承诺的期限】承诺应当在要约确定的期限内到达要约人。

要约没有确定承诺期限的,承诺应当依照下列规定到达:

(一)要约以对话方式作出的,应当即时作出承诺;

(二)要约以非对话方式作出的,承诺应当在合理期限内到达。

注释 承诺期限,实际上是受要约人资格的存续期限,在该期限内受要约人具有承诺资格,可以向要约人发出具有约束力的承诺。承诺资格是要约人依法赋予受要约人的有期限的权利。

本条中的"合理期限",应当根据交易性质、交易习惯和要约采用的传递方式进行综合考虑予以确定,一般是依通常情形可期待承诺到达时期,大致可由三段构成:(1)要约到达受要约人的期间;(2)作出承诺所必要的期间;(3)承诺的通知到达要约人所必要的期间。其中,第(1)段与第(3)段的期间,根据通讯方式的不同而有所差别,如以信件或电报的方式进行要约或承诺通常所必要的期间。第(2)段的期间,是自要约到达受要约人起至受要约人发送承诺通知的期间,是受要约人考虑是否承诺所必需的时间。这个时间可以通常人为标准确定,但依要约的内容不同有所差异,内容复杂,考虑的时间一般就长。

第四百八十二条 【承诺期限的起算】要约以信件或者电报作出的,承诺期限自信件载明的日期或者电报交发之日开始计算。信件未载明日期的,自投寄该信件的邮戳日期开始计算。要约以电话、传真、电子邮件等快速通讯方式作出的,承诺期限自要约到达受要约人时开始计算。

注释 以电话、传真、电子邮件等快捷通讯方式发出的要约,承诺期限从要约到达受要约人的时间开始计算,电话以接听为准,传真、电子邮件则适用本法总则编第一百三十七条第二款规定的该数据电文进入受要约人的特定系统时生效的规则。

第四百八十三条 【合同成立时间】承诺生效时合同成立,但是法律另有规定或者当事人另有约定的除外。

注释 合同成立的时间是双方当事人的磋商过程结束、达成共同意思表示的时间界限。

合同成立的时间标志是承诺生效。承诺生效,意味着受要约人完全接受要约的意思表示,订约过程结束,要约、承诺的内容对要约人和受要约人产生法律约束力。承诺生效时,合同即告成立。如果当事人对合同是否成立存在争议,则以能够确定当事人名称或者姓名、标的和数量的达成合意的时间为认定合同成立的标准,其他内容依照有关合同内容确定和合同内容解释的规定予以确定。

第四百八十四条 【承诺生效时间】以通知方式作出的承诺,生效的时间适用本法第一百三十七条的规定。

承诺不需要通知的,根据交易习惯或者要约的要求作出承诺的行为时生效。

注释 承诺生效时间,是承诺在何时发生法律约束力。承诺生效时间在合同法的理论和实践中具有重大意义:(1)由于承诺的时间就是合同成立的时间,因而承诺在什么时间生效,就直接决定了合同在什么时间成立。(2)由于合同的成立时间和生效时间的一致性,承诺生效之时又是合同生效之日,是双方享有合同权利、承担合同义务之日。(3)合同的生效时间可能涉及诉讼时效、履行期限利益等问题。(4)合同的成立涉及合同签订地以及法院管辖权、准据法的确定等问题。

根据需要通知和不需要通知,确定承诺的生效时间的方法是:(1)承诺是以通知方式作出的,承诺生效的时间依照《民法典》第一百三十七条规定确定,采用到达主义。(2)承诺不需要通知的,应当根据交易习惯或者要约的要求作出承诺的行为时生效。根据交易习惯,某种承诺的性质可以确定用行为的方式承诺,该承诺行为实施的时间,就是承诺生效的时间。如果要约已经表明承诺可以由行为作出的意思表示确立,则实施该行为的时间就是承诺生效时间。

第四百八十五条 【承诺的撤回】承诺可以撤回。承诺的撤回适用本法第一百四十一条的规定。

注释 承诺的撤回,是指在发出承诺之后,承诺生效之前,宣告收回发出的承诺,取消其效力的行为。法律规定承诺人的承诺撤回权,是由于承诺的撤回发生在承诺生效之前,要约人还未曾知晓受要约人承诺的事实,合同没有成立,一般不会造成承诺人的损害,因而允许承诺人根据市场的变化、需求等各种经济情势,改变发出的承诺,以保护承诺人的利益。

第四百八十六条 【逾期承诺及效果】受要约人超过承诺期限发出承诺,或者在承诺期限内发出承诺,按照通常情形不能及时到达要约人的,为新要约;但是,要约人及时通知受要约人该承诺有效的除外。

注释 逾期承诺,是指受要约人在超过承诺期限发出承诺,或者在承诺期限内发出承诺,按照通常情形不能及时到达要约人的。因受要约人原因的承诺迟到,是受要约人虽然在承诺期限内发出承诺,但是按照通常情形,该承诺不能及时到达要约人,从而使承诺到达要约人时超过承诺期限。本条将其纳入逾期承诺中,一并规定法律效果。

逾期承诺的效力是:

1. 逾期承诺不发生承诺的法律效力。由于在承诺期限届满之后,受要约人不再有承诺的资格,因而逾期承诺的性质不是承诺,对要约人没有承诺的约束力,不能因此而成立合同。

2. 逾期承诺是一项新要约。逾期承诺因时间因素而不具有承诺的性质,但它还是对要约人的要约内容作出了响应,故应视为新要约。该新要约须以原来的要约和逾期承诺的内容为内容。对方可以在合理的时间内给予承诺,即按照一般的承诺期限作出承诺的,合同成立。

3. 要约人及时通知受要约人该承诺有效的情况下,逾期承诺具有承诺的法律效力。逾期承诺到达要约人,要约人认为该逾期承诺可以接受的,应当按照当事人的意志,承认承诺的效力,合同成立。

第四百八十七条 【迟到的承诺】受要约人在承诺期限内发出承诺,按照通常情形能够及时到达要约人,但是因其他原因致使承诺到达要约人时超过承诺期限的,除要约人及时通知受要约人因承诺超过期限不接受该承诺外,该承诺有效。

注释 承诺迟延,是承诺人在承诺期限内发出承诺,按照通常情形能够及时到达要约人,但是因其他原因致使承诺到达要约人时超出了承诺期限。承诺迟延和逾期承诺不同,逾期承诺的受要约人发出承诺的时间就已经超出了承诺期限。

非因受要约人原因的承诺迟延的法律效力是,原则上该承诺发生承诺的法律效力,但要约人及时通知受要约人因承诺超过期限不接受承诺的,不发生承诺的效力。

第四百八十八条 【承诺对要约内容的实质性变更】承诺的内容应当与要约的内容一致。受要约人对要约的内容作出实质性变更的,为新要约。有关合同标的、数量、质量、价款或者报酬、履行期限、履行地点和方式、违约责任和解决争议方法等的变更,是对要约内容的实质性变更。

注释 承诺与要约内容一致性原则,是承诺的一般规则。承诺是以接受要约的全部条件为内容的,是对要约的无条件认可,因而承诺的内容须与要约的内容一致。这就是英美法的"镜像原则",即要求承诺如同镜子一般照出要约的内容。

随着社会经济的发展,在保证交易安全的前提下,合同规则对传统有所修正,区分承诺变更的实质性和非实质性,规定不同的效果。本条后段规定的是受要约人对要约的内容作出实质性变更及效果的规定。

受要约人对要约的内容作出实质性变更的效果,是成立新要约。凡是对要约的内容进行了实质性变更的,都意味着受要约人不同意要约人的要约,因此一律作为新要约处理,在学理上称为反要约。

判断受要约人是否对要约内容作出实质性变更,根据以下项目进行:(1)合同标的的变更,改变了要约人的根本目的,发生根本的变化;(2)数量、质量的变更,对要约人的权利义务有重大影响;(3)价款或者报酬的变更,对要约人将来的权利义务有重大影响;(4)履行期限的变更,改变了当事人的期限利益;(5)履行地点的变更,关系到运费的负担、标的物所有权的转移和意外灭失风险的转移;(6)履行方式的变更,对双方的权利有不同影响;(7)违约责任的变更,有可能不利于要约人;(8)解决争议方法的变更,有可能不利于要约人。这些变更都属于对要约内容的实质性变更。

第四百八十九条 【承诺对要约内容的非实质性变更】承诺对要约的内容作出非实质性变更的,除要约人及时表示反对或者要约表明承诺不得对要约的内容作出任何变更外,该承诺有效,合同的内容以承诺的内容为准。

注释 承诺对要约的内容作出非实质性变更的,原则上为有效承诺,合同的内容以承诺的内容为准。对要约的非实质性变更在下列情况下无效:(1)变更了要约内容的承诺到达要约人后,要约人及时对承诺人表示反对的,该"承诺"不发生承诺的效力,是一种新要约。(2)要约人在要约中明确表示承诺不得对要约的内容作出任何变更的,承诺对要约的内容的非实质性变更,为反要约即新要约。

第四百九十条 【采用书面形式订立合同的成立时间】当事人采用合同书形式订立合同的,自当事人均签名、盖章或者按指印时合同成立。在签名、盖章或者按指印之前,当事人一方已经履行主要义务,对方接受时,该合同成立。

法律、行政法规规定或者当事人约定合同应当采用书面形式订立,当事人未采用书面形式但是一方已经履行主要义务,对方接受时,该合同成立。

注释 根据本条规定,签名、盖章或者按指印是订约人最终对合同书或者确认书的承认,是自愿接受其约束的意思表示,也是当事人签署合同书的三种形式,除非有特别约定,只要有其中一种签署形式,就发生合同成立的效力。当事人各方签名、盖章或者按指印不在同一时间的,以最后一方签名、盖章或者按指印的时间为合同成立的时间。

本条还规定了两个特殊情形:(1)在合同书签名、盖章或者按指印之前,如果当事人一方已经履行主要义务,对方予以接受时,该合同成立。(2)法律、行政法规规定或者当事人约定合同应当采用书面形式订立,当事人未采用书面形式,但是一方已经履行主要义务,对方接受时,该合同也成立。

链接 《电子签名法》第13、14条;《电子商务法》第49条;《保险法》第13条;《信托法》第8条;《最高人民法院关于审理买卖合同纠纷案件适用法律问题的解释》(以下简称《买卖合同解释》)第1条

第四百九十一条 【签订确认书的合同及电子合同成立时间】当事人采用信件、数据电文等形式订立合同要求签订确认书的,签订确认书时合同成立。

当事人一方通过互联网等信息网络发布的商品或者服务信息符合要约条件的,对方选择该商品或者服务并提交订单成功时合同成立,但是当事人另有约定的除外。

注释 对于采用信件和电子数据订立合同的,实际上在符合要求的承诺作出之后,合同就成立了。不过,如果当事人约定还要签订确认书的,则在签订确认书时,该合同方成立。因此,双方签署确认书的时间,是信件、数据电文合同成立的时间。

根据网络交易的特点(线上签订合同,缺少明显的要约、承诺的行为标志),确认网络交易中的合同订立,一方在互联网等信息网络发布的商品或者服务信息,只要符合要约的条件,就认为是网络交易合同的要约。对方也就是消费者在网络上

选择该商品或者服务,并提交订单的,为承诺。当网络交易服务界面显示提交订单成功时,合同成立。因而,界面显示"提交订单成功"时,就是网络交易合同的成立时间。

链接 《电子商务法》第49条;《拍卖法》第52条

第四百九十二条 【合同成立的地点】承诺生效的地点为合同成立的地点。

采用数据电文形式订立合同的,收件人的主营业地为合同成立的地点;没有主营业地的,其住所地为合同成立的地点。当事人另有约定的,按照其约定。

注释 合同成立地点,是当事人经过对合同内容的磋商,最终意思表示一致的地点。最终意思表示一致以承诺的生效为标志。确定合同生效地点的一般原则,是以承诺生效的地点为合同成立的地点。合同成立地点成为缔结地,对于合同的纠纷管辖、法律适用等有重要意义。

采用数据电文形式订立合同的,没有明显的承诺生效地点,因而以收件人的主营业地为合同成立的地点;如果收件人没有主营业地,其住所地为合同成立的地点。如果采用数据电文形式订立合同的当事人对合同成立地点另有约定的,按照其约定确定合同成立地点。

第四百九十三条 【采用合同书订立合同的成立地点】当事人采用合同书形式订立合同的,最后签名、盖章或者按指印的地点为合同成立的地点,但是当事人另有约定的除外。

链接 《电子签名法》第12条;《民事诉讼法》第35条

第四百九十四条 【强制缔约义务】国家根据抢险救灾、疫情防控或者其他需要下达国家订货任务、指令性任务的,有关民事主体之间应当依照有关法律、行政法规规定的权利和义务订立合同。

依照法律、行政法规的规定负有发出要约义务的当事人,应当及时发出合理的要约。

依照法律、行政法规的规定负有作出承诺义务的当事人,不得拒绝对方合理的订立合同要求。

第四百九十五条 【预约合同】当事人约定在将来一定期限内订立合同的认购书、订购书、预订书等,构成预约合同。

当事人一方不履行预约合同约定的订立合同义务的,对方可以请求其承担预约合同的违约责任。

注释 预约,也叫预备合同或合同预约,是指当事人之间约定在将来一定期限内应当订立合同的预先约定。而将来应当订立的合同叫本约,或者本合同。预约是订立合同的意向,本约是订立的合同本身。预约的表现形式,通常是认购书、订购书、预订书等。预约成立之后,产生预约的法律效力,即当事人在将来一定期限内订立本约的债务。预约的成立应当遵循合同成立的一般规则。

判断一个约定是预约还是本约,应探求当事人的真意,真意不明的,应当通观合同的全部内容确定:(1)合同要素已经明确、合致,其他事项规定明确,已无另行订立合同必要的,为本约。(2)如果将来系依所订合同履行而无须另订本约,即使名为预约,也应认定为本约。(3)预约在交易上属于例外,当对一个合同是预约还是本约有疑问时,应认定为本约。(4)只要不具有将来订立本约的法律效力,不认为是预约;具有将来订立本约的效力的,应当认定为预约。

预约成立,当事人即负有履行预约所规定的订立本约的义务,只要本约未订立,就是预约没有履行。预约的当事人一方不履行预约约定的订立合同义务的,对方当事人可以请求其承担预约的违约责任。预约违约责任的确定,依照预约的约定或者参照违约责任的法律规定。

第四百九十六条 【格式条款】格式条款是当事人为了重复使用而预先拟定,并在订立合同时未与对方协商的条款。

采用格式条款订立合同的,提供格式条款的一方应当遵循公平原则确定当事人之间的权利和义务,并采取合理的方式提示对方注意免除或者减轻其责任等与对方有重大利害关系的条款,按照对方的要求,对该条款予以说明。提供格式条款的一方未履行提示或者说明义务,致使对方没有注意或者理解与其有重大利害关系的条款的,对方可以主张该条款不成为合同的内容。

注释 格式条款合同,是指当事人为了重复使用而预先拟定,并在订立合同时未与对方协商的条款。格式条款合同与一般合同不同,其主要特征是:(1)格式条款合同一般由居于垄断地位的一方所拟定;(2)格式条款合同的对方当事人处于从属地位;(3)格式条款合同可以用不同的但必须是明确的书面形式表达出来。

格式条款的优点是便捷、易行、高效,缺点是无协商余地,双方地位不平等。故对提供格式条款的一方当事人规定了法定义务:(1)遵循公平原则确定当事人权利义务的义务;(2)采取合理的方式提示对方注意免除或者减轻其责任等与对方有重大利害关系条款的义务;(3)按照对方的要求对该条款予以说明的义务。

提供格式条款的一方对格式条款中免除或者减轻其责任等与对方有重大利害关系的内容,在合同订立时采用足以引起对方注意的文字、符号、字体等特别标识,并按照对方的要求以常人能够理解的方式对该格式条款予以说明的,人民法院应当认定符合上述的"采取合理的方式"。提供格式条款一方对已尽合理提示及说明义务承担举证责任。

提供格式条款的一方未尽上述第二项和第三项规定的提示义务和说明义务,致使对方当事人没有注意或者理解与其有重大利害关系的条款的,对方当事人可以提出主张,认为该条款不成为合同的内容,即不对当事人发生约束力。对此,法院和仲裁机构应当支持对方当事人的这一主张。

案例 刘超捷诉中国移动通信集团江苏有限公司徐州分公司电信服务合同纠纷案(最高人民法院指导案例64号)

裁判规则:经营者在格式合同中未明确规定对某项商品或服务的限制条件,且未能证明在订立合同时已将该限制条件明确告知消费者并获得消费者同意的,该限制条件对消费者不产生效力。

电信服务企业在订立合同时未向消费者告知某项服务设定了有效期限限制,在合同履行中又以该项服务超过有效期限为由限制或停止对消费者服务的,构成违约,应当承担违约责任。

第四百九十七条 【格式条款无效的情形】有下列情形之一的,该格式条款无效:

(一)具有本法第一编第六章第三节和本法第五百零六条规定的无效情形;

(二)提供格式条款一方不合理地免除或者减轻其责任、加重对方责任、限制对方主要权利;

(三)提供格式条款一方排除对方主要权利。

注释 具有以下情形之一的格式条款无效:

1. 格式条款具备《民法典》第一编第六章第三节和第五百零六条规定的情形,即无民事行为能力人实施的民事法律行为、虚假的民事法律行为、违反法律强制性规定的民事法律行为、违背公序良俗的民事法律行为、恶意串通的民事法律行为,以及造成对方人身损害、因故意或者重大过失造成对方财产损害的免责条款,一律无效。

2. 提供格式条款一方不合理地免除或者减轻责任、加重对方责任、限制对方主要权利。这些情形都不是合同当事人订立合同时所期望的,与当事人订立合同的目的相悖,严重地损害对方当事人的合法权益,明显违背公平原则等民法基本原则,因而都是导致格式条款无效的法定事由,只要出现其中一种情形,格式条款就无效。

3. 提供格式条款一方排除对方主要权利。排除对方当事人的主要权利,将导致对方当事人订立合同的目的不能实现,因而属于格式条款绝对无效的情形。

案例 1. 周某某、俞某某与某房地产开发有限公司商品房销售合同纠纷案(《最高人民法院公报》2016年第11期)

裁判规则:商品房买卖中,开发商的交房义务不仅仅局限于交钥匙,还需出示相应的证明文件,并签署房屋交接单等。合同中分别约定了逾期交房与逾期办证的违约责任,但同时又约定开发商承担了逾期交房的责任之后,逾期办证的违约责任就不予承担的,应认定该约定属于免除开发商按时办证义务的无效格式条款,开发商仍应按照约定承担逾期交房、逾期办证的多项违约之责。

2. 孙某某诉上海某美容有限公司服务合同纠纷案(《最高人民法院公报》2014年第11期)

裁判规则:在消费者预先支付全部费用、经营者分期分次提供商品或服务的预付式消费模式中,如果经营者提供的格式条款载明"若消费者单方终止消费,则经营者对已经收费但尚未提供商品或服务部分的价款不予退还"的,该类格式条款违反我国合同法、消费者权益保护法的相关规定,应属无效。

在预付式消费中,如果消费者单方终止消费,经营者并无违约或过错行为的,应结合消费者过错程度、经营者已经提供的商品或服务量占约定总量的比例、约定的计价方式等因素综合确定消费者的违约责任。

链接 《民用航空法》第130条;《保险法》第19条;《消费者权益保护法》第26条;《海商法》第126条

第四百九十八条 【格式条款的解释方法】对格式条款的理解发生争议的,应当按照通常理解予以解释。对格式条款有两种以上解释的,应当作出不利于提供格式条款一方的解释。格式条款和非格式条款不一致的,应当采用非格式条款。

注释 格式条款解释,是在当事人对格式条款的含义存在不同理解时,应当依据何种事实、原则对该条款作出合理的说明。当对格式条款的理解发生争议时,应当对格式条款的内容进行解释。

格式条款解释的方法是:

1. 通常解释原则。格式条款解释的一般原则,是对有争议的合同条款按照通常的理解予以解释。

2. 不利解释原则。对格式条款有两种以上解释的,应当作不利于格式条款的提供方的解释。这是由于格式条款是由特定的一方当事人提供的,其服从性和不可协商性有可能使对方当事人的意思表示不真实,因而使其利益受到损害。格式条款在整体上会出现有利于提供者而不利于相对方的问题。

3. 格式条款和非格式条款不一致的,应当采用非格式条款。这是指在格式条款合同中,既存在格式条款,又存在非格式条款,内容不一致,采用不同的条款会对双方当事人的利益产生重大影响。对此,非格式条款处于优先地位,应当采用非格式条款确认合同内容,与该非格式条款相矛盾的格式条款无效。

案例 1. 曹某成、胡某兰、曹某建、曹某忠诉某人寿保险股份有限公司江苏分公司保险合同纠纷案(《最高人民法院公报》2014 年第 10 期)

裁判规则:在保险人责任免除条款及保险条款释义中,没有对机动车的认定标准作出规定的情况下,基于轻便摩托车生产厂家产品说明书、产品检验合格证(均显示该车为助力车)的误导,以及被保险人客观上无法取得机动车号牌的事实,作出案涉车辆不属于保险人免责条款中所规定的机动车之解释,符合一个普通车辆购买人及使用人的认知标准,应作出有利于被保险人的解释,案涉车辆应认定为不属于保险人免责条款中所规定的机动车。此时,被保险人在不领取驾驶证的情况下驾驶上述车辆,亦不属于免责条款规定的无证驾驶情形。

2. 顾某芳诉张某君、林某钢、钟某军追偿权纠纷案(《最高人民法院公报》2017 年第 10 期)

裁判规则:对格式条款的理解发生争议的,首先应当按照通常理解予以解释。只有按照通常理解对格式条款有两种以上解释的,才应采用不利解释原则。连带共同保证中保证人减少时,应按实际保证人人数平均分配保证份额。

链接《保险法》第 30 条;《旅行社条例》第 29 条;《最高人民法院关于适用〈中华人民共和国保险法〉若干问题的解释(三)》第 14、17 条

第四百九十九条 【悬赏广告】 悬赏人以公开方式声明对完成特定行为的人支付报酬的,完成该行为的人可以请求其支付。

注释 依据本条规定,悬赏广告的构成要满足以下几个条件:一是要以公开的方式作出声明。公开的具体方式,可以是通过广播电视、报纸期刊或者互联网等媒介发布,也可以是在公众场所发传单、在公开的宣传栏张贴广告等。二是悬赏人在声明中提出明确的要求,即要完成特定行为。该要求,要有具体、明确的表达,不能含混不清。三是悬赏人具有支付报酬的意思表示,即对完成特定行为的人给付一定报酬。悬赏人应当对报酬的形式、给付方式等作出明确的表达。如果报酬是给付金钱,应当明确金钱的币种、数额等。对于满足以上条件的悬赏广告,完成该特定行为的人可以请求悬赏人支付报酬,悬赏人不得拒绝。

第五百条 【缔约过失责任】 当事人在订立合同过程中有下列情形之一,造成对方损失的,应当承担赔偿责任:

(一)假借订立合同,恶意进行磋商;

(二)故意隐瞒与订立合同有关的重要事实或者提供虚假情况;

(三)有其他违背诚信原则的行为。

注释 本条是对缔约过失责任的规定。缔约过失责任,也称为先契约责任或者缔约过失中的损害赔偿责任,是指在合同缔结过程中,一方当事人违反了以诚实信用为基础的先契约义务,造成了另一方当事人的损害,因此应承担的法律后果。

缔约过失责任的法律特征是:(1)是缔结合同过程中发生的民事责任;(2)是以诚实信用原则为基础的民事责任;(3)是以补偿缔约相对人损害后果为特征的民事责任。

缔约过失责任的主要表现是:(1)假借订立合同,恶意进行磋商。恶意磋商实际上已经超出了缔约过失的范围,而是恶意借订立合同之机而加害于对方当事人或者第三人。对此造成的损失应

当予以赔偿。(2) 故意隐瞒与订立合同有关的重要事实或者提供虚假情况。故意隐瞒构成缔约过失，如知道或者应当知道合同无效的原因存在而不告知对方，使对方产生信赖而造成损失。(3) 有其他违背诚信原则的行为。这是缔约过失责任的主要部分，只要当事人在缔约过程中具有违背诚信原则的过失，使对方相信合同已经成立，因而造成损失的，都构成缔约过失责任。

缔约过失责任的形式是损害赔偿。对方因基于对对方当事人的信赖，而相信合同成立产生的信赖利益损失，有过失的一方缔约人应当全部予以赔偿。

案例 深圳市某投资发展有限公司与某市财政局股权转让纠纷案（《最高人民法院公报》2017 年第 12 期）

裁判规则：合同约定生效要件为报批允准，承担报批义务方不履行报批义务的，应当承担缔约过失责任。

缔约过失人获得利益以善意相对人丧失交易机会为代价，善意相对人要求缔约过失人赔偿的，人民法院应予支持。

除直接损失外，缔约过失人对善意相对人的交易机会损失等间接损失，应予赔偿。间接损失数额应考虑缔约过失人过错程度及获得利益情况、善意相对人成本支出及预期利益等，综合衡量确定。

第五百零一条 【合同缔结人的保密义务】当事人在订立合同过程中知悉的商业秘密或者其他应当保密的信息，无论合同是否成立，不得泄露或者不正当地使用；泄露、不正当地使用该商业秘密或者信息，造成对方损失的，应当承担赔偿责任。

注释 商业秘密，是指不为公众所知悉、能为权利人带来经济利益、具有实用性并经权利人采取保密措施的技术信息和经营信息。经营者不得采用下列手段侵犯商业秘密：(1) 以盗窃、利诱、胁迫或者其他不正当手段获取权利人的商业秘密；(2) 披露、使用或者允许他人使用以前项手段获取的权利人的商业秘密；(3) 违反约定或者违反权利人有关保守商业秘密的要求，披露、使用或者允许他人使用其所掌握的商业秘密。第三人明知或者应知侵犯商业秘密的违法行为，获取、使用或者披露他人的商业秘密，视为侵犯商业秘密。

知悉对方当事人的商业秘密或者其他应保密的信息的当事人，如果违反保密义务，向他人泄露该秘密，或者自己不正当地使用该商业秘密或者信息，凡是给对方造成损失的，都应当承担损害赔偿责任。

链接《反不正当竞争法》第 9、21 条

第三章 合同的效力

第五百零二条 【合同生效时间及未办理批准手续的处理规则】依法成立的合同，自成立时生效，但是法律另有规定或者当事人另有约定的除外。

依照法律、行政法规的规定，合同应当办理批准等手续的，依照其规定。未办理批准等手续影响合同生效的，不影响合同中履行报批等义务条款以及相关条款的效力。应当办理申请批准等手续的当事人未履行义务的，对方可以请求其承担违反该义务的责任。

依照法律、行政法规的规定，合同的变更、转让、解除等情形应当办理批准等手续的，适用前款规定。

注释 合同的效力是法律赋予依法成立的合同对当事人的法律强制力。合同生效，是指已经成立的合同在当事人之间产生法律约束力。合同生效时间，是合同在什么时间发生法律约束力。同时成立之原则，是合同生效时间的基本规则，即合同的成立与其效力同时发生。

合同生效时间包含两个内容：(1) 合同生效的一般时间界限，是合同依法成立。这里的"依法"，为承诺生效，合同即告成立。在这种情况下，合同成立和合同生效的时间是一致的。(2) 法律另有规定或者当事人另有约定的，按照法律规定或者当事人约定的合同生效时间发生法律效力。例如当事人约定合同经过公证后生效，则在办理公证后合同生效。

本条第二款规定的是法律规定的合同生效时间。依照法律、行政法规规定应当办理批准等手续才生效的合同，在办理了相关的手续时生效。如果没有办理批准等手续，该合同不生效，但不是合同无效，仍然可以通过补办报批手续而使其生效。因此，未办理批准等手续，并不影响合同中履行报批等义务条款以及相关条款的效力。负有履行报批义务的当事人拒不履行该义务，致使合同无法生效的，应当承担损害赔偿责任，对对方当事人因此造成的损失，承担违约责任。

本条第三款规定的是,依照法律、行政法规的规定,合同的变更、转让、解除等情形也应当办理批准等手续的,也应当按照第二款规定的规则处理。

案例 1. 陈某某与确山县某矿业开发有限公司采矿权转让合同纠纷案(2016年7月12日最高人民法院发布十起审理矿业权民事纠纷案件典型案例)

裁判规则: 对矿业权的转让进行审批,是国家规范矿业权有序流转,实现矿产资源科学保护、合理开发的重要制度。矿权转让合同未经国土资源主管部门批准并办理矿业权变更登记手续,不发生矿业权物权变动的效力,但应确认转让合同中的报批义务条款自合同成立时即具有法律效力,报批义务人应依约履行。在转让合同不具有法定无效情形且报批义务具备履行条件的情况下,相对人有权请求报批义务人履行报批义务;人民法院依据案件事实和相对人的请求,也可以判决由相对人自行办理报批手续。允许相对人自行办理报批手续既符合诚实信用和鼓励交易的原则,也有利于衡平双方当事人的利益。

2. 陈某某与宽甸满族自治县虎山镇某村民委员会采矿权转让合同纠纷案(《最高人民法院公报》2012年第3期)

裁判规则: 租赁采矿权属于一种特殊的矿业权转让方式,采矿权转让合同属于批准后才生效的合同。根据国务院《探矿权采矿权转让管理办法》第十条第三款的规定,出租采矿权须经有权批准的机关审批,批准转让的,转让合同自批准之日起生效。

诉讼中,采矿权租赁合同未经批准,人民法院应认定该合同未生效。采矿权合同虽未生效,但合同约定的报批条款依然有效。如果一方当事人据此请求对方继续履行报批义务,人民法院经审查认为客观条件允许的,对其请求应予支持;继续报批缺乏客观条件的,依法驳回其请求。

链接 《城市房地产管理法》第44条;《民用航空法》第14条;《海商法》第13条;《最高人民法院关于审理建设工程施工合同纠纷案件适用法律问题的解释(一)》第3条;《最高人民法院关于审理矿业权纠纷案件适用法律若干问题的解释》第6条;《最高人民法院关于审理商品房买卖合同纠纷案件适用法律若干问题的解释》第2、6条;《最高人民法院关于审理涉及国有土地使用权合同纠纷案件适用法律问题的解释》第2、8、13条

第五百零三条 【被代理人以默示方式追认无权代理】 无权代理人以被代理人的名义订立合同,被代理人已经开始履行合同义务或者接受相对人履行的,视为对合同的追认。

注释 对于无权代理人以被代理人的名义订立的合同,尽管被代理人没有明示表示追认,但是被代理人已经开始履行该合同约定的义务,或者对对方当事人的履行行为予以受领的,就表明他已经接受了该合同订立的事实,并且承认其效力,因而视为被代理人对该合同的追认。被代理人不得再主张该合同对其不发生效力,善意相对人也不得对该合同行使撤销权。

第五百零四条 【超越权限订立合同的效力】 法人的法定代表人或者非法人组织的负责人超越权限订立的合同,除相对人知道或者应当知道其超越权限外,该代表行为有效,订立的合同对法人或者非法人组织发生效力。

注释 本条是对法人的法定代表人、非法人组织的负责人超越权限订立合同效力的规定。

《民法典》第六十一条第三款规定:"法人章程或者法人权力机构对法定代表人代表权的限制,不得对抗善意相对人。"而本条是对法人的法定代表人等超越权限订立的合同的效力问题的进一步规定。

与第六十一条规定相衔接,本条规定,判断法人的法定代表人或者非法人组织的负责人超越权限订立的合同是否具有法律效力,主要的标准是相对人是否知道或者应当知道其超越权限。如果相对人知道或者应当知道对方的法定代表人或者负责人超越权限,这个相对人就是非善意的,订立的合同不发生效力,法人或者非法人组织可以以此对抗非善意的相对人,主张合同无效或者不生效。如果相对人不知道也不应当知道法定代表人或者负责人订立合同超越权限,且无过失,即相对人为善意,则该合同发生法律效力,法人或者非法人组织不得以法定代表人或者负责人超越权限而对抗善意相对人,不得主张该合同无效。

链接 《最高人民法院关于适用〈中华人民共和国民法典〉有关担保制度的解释》第7条

第五百零五条 【超越经营范围订立的合同效力】 当事人超越经营范围订立的合同的效力,应

当依照本法第一编第六章第三节和本编的有关规定确定,不得仅以超越经营范围确认合同无效。

注释 本条确定的规则是,当事人超越经营范围订立的合同的效力,应当依照总则编第六章关于民事法律行为效力问题的规定,以及本编关于合同效力的规定来确定:如果具有无效的事由,则应当确定合同无效;如果属于可撤销民事法律行为,则依照撤销权人的意志确定撤销还是不撤销;如果是效力待定的民事法律行为,则应当依照具体规则处理。如果不存在这些方面的法定事由,那么,这个合同就是有效的,不能仅仅以订立合同超越了该法人或者非法人组织的经营范围而确认合同无效。这样的规则延续了《民法典》第六十五条规定的不得对抗善意相对人的要求。如果相对人是非善意的,则应当依据上述民事法律行为效力的基本规则确定合同的效力。

案例 某银行股份有限公司大连东港支行与大连某氟涂料股份有限公司、大连某集团有限公司借款合同纠纷案(《最高人民法院公报》2015 年第 2 期)

裁判规则:《公司法》第十六条第二款规定,公司为公司股东或者实际控制人提供担保的,必须经股东会或者股东大会决议。该条款是关于公司内部控制管理的规定,不应以此作为评价合同效力的依据。担保人抗辩认为其法定代表人订立抵押合同的行为超越代表权,债权人以其对相关股东会决议履行了形式审查义务,主张担保人的法定代表人构成表见代理的,人民法院应予支持。

链接《最高人民法院关于审理建设工程施工合同纠纷案件适用法律问题的解释(一)》第 4 条

第五百零六条 【免责条款无效情形】合同中的下列免责条款无效:

(一)造成对方人身损害的;

(二)因故意或者重大过失造成对方财产损失的。

注释 合同免责条款,是指双方当事人在合同中预先达成的免除将来可能发生损害的赔偿责任的合同条款。合同免责条款的特点是:(1)由双方约定;(2)以明示方式作出,并规定在合同中;(3)对当事人具有相当的约束力。

人身损害免责条款,是约定因履行合同一方当事人造成人身伤害,而对方当事人对此不负责任、免除其赔偿责任的条款。这种免责条款是无效的。比如在劳动合同中,双方当事人约定免除人身伤害赔偿责任的条款都没有法律上的约束力,不能预先免除雇主的赔偿责任。不过这一规定有特例,例如在竞技体育中,对某些有严重危险的项目,事先约定免除竞赛者的民事责任,为有效。如拳击、散打、跆拳道、搏击等项目,一方过失造成对方的人身伤害,不需承担赔偿责任,只有故意伤害对方当事人的,才应当承担赔偿责任。

财产损害免责条款,是约定一方当事人因故意或者重大过失造成对方损失,而免除其赔偿责任的条款。这样的免责条款,将会给对方当事人以损害他人财产的合理理由,因而也是无效的。

现有法律规定中免责条款无效的情形:

保险合同。订立保险合同,采用保险人提供的格式条款的,保险人向投保人提供的投保单应当附格式条款,保险人应当向投保人说明合同的内容。对保险合同中免除保险人责任的条款,保险人在订立合同时应当在投保单、保险单或者其他保险凭证上作出足以引起投保人注意的提示,并对该条款的内容以书面或者口头形式向投保人作出明确说明;未作提示或者明确说明的,该条款不产生效力。

安全生产。生产经营单位不得以任何形式与从业人员订立协议,免除或者减轻其对从业人员因生产安全事故伤亡依法应承担的责任。

航空运输。任何旨在免除《民用航空法》规定的承运人责任或者降低《民用航空法》规定的赔偿责任限额的条款,均属无效;但是,此种条款的无效,不影响整个航空运输合同的效力。

海上旅客运输合同。海上旅客运输合同中的以下条款无效:(1)免除承运人对旅客应当承担的法定责任;(2)降低《海商法》关于海上旅客运输合同中规定的承运人责任限额;(3)对《海商法》关于海上旅客运输合同中规定的举证责任作出相反的约定;(4)限制旅客提出赔偿请求的权利。

合同条款的无效,不影响合同其他条款的效力。

链接《民用航空法》第 130 条;《保险法》第 19 条;《消费者权益保护法》第 26 条;《海商法》第 126 条

第五百零七条 【争议解决条款的独立性】合同不生效、无效、被撤销或者终止的,不影响合同中有关解决争议方法的条款的效力。

注释 仲裁协议独立存在,合同的变更、解除、终止或者无效,不影响仲裁协议的效力。(参见《仲裁法》第十九条第一款)

合同成立后未生效或者被撤销的,仲裁协议效力的认定适用《仲裁法》第十九条第一款的规定。当事人在订立合同时就争议达成仲裁协议的,合同未成立不影响仲裁协议的效力。(参见《最高人民法院关于适用〈中华人民共和国仲裁法〉若干问题的解释》第十条)

案例 1. 苏州某置业有限公司、苏州市某担保有限责任公司、苏州市某金属材料有限公司、苏州市某黑色金属材料有限公司、徐某与苏州某总公司、江苏某集团公司资产转让合同纠纷案(《最高人民法院公报》2007年第2期)

裁判规则:当事人签订的多份合同中,有的约定了仲裁条款,有的既没有约定仲裁条款,也没有明确将其列为约定了仲裁条款的合同的附件,或表示接受约定了仲裁条款的合同关于仲裁管辖的约定。尽管上述合同之间具有一定的关联性,但不能因此否认各自的独立性。

根据仲裁法的相关规定,当事人采用仲裁方式解决纠纷,应当自愿达成仲裁协议;未达成仲裁协议,一方当事人申请仲裁的,仲裁委员会不予受理。因此,当事人约定仲裁管辖必须有明确的意思表示并订立仲裁协议,仲裁条款也只在达成仲裁协议的当事人之间产生法律效力。

2. 某银行股份有限公司无锡分行与中国某银行股份有限公司长春分行委托合同纠纷管辖权异议案(《最高人民法院公报》2016年第7期)

裁判规则:合同效力是对已经成立的合同是否具有合法性的评价,依法成立的合同,始对当事人具有法律约束力。《合同法》第五十七条关于"合同无效、被撤销或者终止的,不影响合同中独立存在的有关解决争议方法的条款的效力"的规定适用于已经成立的合同,"有关解决争议方法的条款"应当符合法定的成立条件。

审查管辖权异议,注重程序公正和司法效率,既要妥当保护当事人的管辖异议权,又要及时矫正、遏制当事人错误、滥用管辖异议权。确定管辖权应当以起诉时为标准,结合诉讼请求对当事人提交的证据材料进行形式要件审查以确定管辖。

从双方当事人在两案中的诉讼请求看,后诉的诉讼请求如果成立,存在实质上否定前诉裁判结果的可能,如果后诉的诉讼请求不能完全涵盖于前诉的裁判结果之中,后诉和前诉的诉讼请求所依据的民事法律关系并不完全相同,前诉和后诉并非重复诉讼。

案件移送后,当事人的诉讼请求是否在另案中通过反诉解决,超出了管辖异议的审查和处理的范围,应由受移送的人民法院结合当事人对诉权的处分等情况,依据《最高人民法院关于适用〈中华人民共和国民事诉讼法〉的解释》第二百三十二条、第二百三十三条等的有关规定依法处理。

3. 中国某集团有限公司、北京某有限责任公司与某投资发展有限公司、香港某发展有限公司借款担保合同纠纷案(《最高人民法院公报》2008年第1期)

裁判规则:《最高人民法院关于适用〈中华人民共和国仲裁法〉若干问题的解释》第十六条规定:"对涉外仲裁协议的效力审查,适用当事人约定的法律;当事人没有约定适用的法律但约定了仲裁地的,适用仲裁地法律;没有约定适用的法律也没有约定仲裁地或者仲裁地约定不明的,适用法院地法律。"据此,在涉外合同纠纷案件中,当事人在合同中约定有仲裁条款的,可以同时对确定该仲裁条款效力的准据法作出明确约定。因仲裁条款的独立性,故合同中约定的适用于解决合同争议的准据法,不能用以判定该仲裁条款的效力。如果当事人在合同中没有约定确定仲裁条款效力的准据法,也没有约定仲裁地或者对仲裁地约定不明,应当适用法院地法律审查仲裁协议的效力。

第五百零八条 【合同效力适用指引】本编对合同的效力没有规定的,适用本法第一编第六章的有关规定。

注释 本条是对认定合同效力适用民事法律行为效力规则的规定。

在原《民法通则》和原《合同法》之间,曾经存在民事法律行为效力规则和合同效力规则的双重规制,部分规定之间存在冲突。这是在松散型民法中不可避免的问题,故只能采取新法优于旧法的原则处理。

第四章 合同的履行

第五百零九条 【合同履行的原则】当事人应当按照约定全面履行自己的义务。

当事人应当遵循诚信原则,根据合同的性质、目的和交易习惯履行通知、协助、保密等义务。

当事人在履行合同过程中,应当避免浪费资源、污染环境和破坏生态。

注释 本条是对履行合同原则的规定。

合同履行是合同债务人全面地、适当地完成其合同义务,债权人的合同债权得到完全实现。

合同履行的原则,是指当事人在履行合同债务时应当遵循的基本准则。当事人在履行合同债务中,只有遵守这些基本准则,才能够实现债权人的债权,当事人期待的合同利益才能实现。

本条规定了三个合同履行原则:

1. 遵守约定原则,亦称约定必须信守原则。依法订立的合同对当事人具有法律约束力。双方的履行过程一切都要服从约定,信守约定,约定的内容是什么就履行什么,一切违反约定的履行行为都属于对该原则的违背。遵守约定原则包括:(1)适当履行原则,合同当事人按照合同约定的履行主体、标的、时间、地点以及方式等履行,且均须适当,完全符合合同约定的要求。(2)全面履行原则,要求合同当事人按照合同所约定的各项条款,全部而完整地完成合同义务。

2. 诚实信用原则,对于一切合同及合同履行的一切方面均应适用,根据合同的性质、目的和交易习惯履行合同义务。具体包括:(1)协作履行原则,要求当事人基于诚实信用原则的要求,对对方当事人的履行债务行为给予协助:一是及时通知,二是相互协助,三是予以保密。(2)经济合理原则,要求当事人在履行合同时追求经济效益,付出最小的成本,取得最佳的合同利益。

3. 绿色原则,依照《民法典》第九条规定,履行合同应当避免浪费资源、污染环境和破坏生态,遵守绿色原则。

案例 1. 陆某芳诉中国某保险股份有限公司太仓支公司保险合同纠纷案(《最高人民法院公报》2013年第11期)

裁判规则:人寿保险合同未约定具体的保费缴纳方式,投保人与保险人之间长期以来形成了较为固定的保费缴纳方式,应视为双方成就了特定的交易习惯。保险公司单方改变交易习惯,违反最大诚信原则,致使投保人未能及时缴纳保费的,不应据此认定保单失效,保险公司无权终止合同效力并解除保险合同。

2. 周某栋诉某农行储蓄合同纠纷案(《最高人民法院公报》2006年第2期)

裁判规则:对于商业银行法规定的保证支付、取款自由、为储户保密应当进行全面理解。保证支付不仅是指银行不得拖延、拒绝支付,还包括银行应当以适当的方式履行支付义务;取款自由,不仅包括取款时间、取款数额上的自由,在有柜台和自动取款机等多种取款方式的情况下,还应当包括选择取款方式的自由;为储户保密不仅是指银行应当对储户已经提供的个人信息保密,也包括应当为到银行办理交易的储户提供必要的安全、保密的环境。

第五百一十条 【约定不明时合同内容的确定】合同生效后,当事人就质量、价款或者报酬、履行地点等内容没有约定或者约定不明确的,可以协议补充;不能达成补充协议的,按照合同相关条款或者交易习惯确定。

注释 合同的标的和数量是主要条款,其他条款属于非主要条款。当事人就合同的主要条款达成合意即合同成立,非主要条款没有约定或者约定不明确,并不影响合同成立。

案例 罗某某诉张某某买卖合同纠纷案(最高人民法院民事审判第一庭《民事审判指导与参考》2010年第1辑)

裁判规则:双方当事人签订的《石料供应合同》合法有效,在出卖方不能证明供货的具体数量,仅能证明送货次数的情况下,则以运输车辆的核定载重吨位为准来确定。

链接《买卖合同解释》第2条

第五百一十一条 【质量、价款、履行地点等内容的确定】当事人就有关合同内容约定不明确,依据前条规定仍不能确定的,适用下列规定:

(一)质量要求不明确的,按照强制性国家标准履行;没有强制性国家标准的,按照推荐性国家标准履行;没有推荐性国家标准的,按照行业标准履行;没有国家标准、行业标准的,按照通常标准或者符合合同目的的特定标准履行。

(二)价款或者报酬不明确的,按照订立合同时履行地的市场价格履行;依法应当执行政府定价或者政府指导价的,依照规定履行。

(三)履行地点不明确,给付货币的,在接受货币一方所在地履行;交付不动产的,在不动产所在地履行;其他标的,在履行义务一方所在地履行。

（四）履行期限不明确的，债务人可以随时履行，债权人也可以随时请求履行，但是应当给对方必要的准备时间。

（五）履行方式不明确的，按照有利于实现合同目的的方式履行。

（六）履行费用的负担不明确的，由履行义务一方负担；因债权人原因增加的履行费用，由债权人负担。

链接 《标准化法》第10—12条

第五百一十二条 【电子合同交付时间的认定】通过互联网等信息网络订立的电子合同的标的为交付商品并采用快递物流方式交付的，收货人的签收时间为交付时间。电子合同的标的为提供服务的，生成的电子凭证或者实物凭证中载明的时间为提供服务时间；前述凭证没有载明时间或者载明时间与实际提供服务时间不一致的，以实际提供服务的时间为准。

电子合同的标的物为采用在线传输方式交付的，合同标的物进入对方当事人指定的特定系统且能够检索识别的时间为交付时间。

电子合同当事人对交付商品或者提供服务的方式、时间另有约定的，按照其约定。

注释 确定网络交易合同的交付时间，分为三种情形：

1. 网络买卖合同的商品交付，采用快递物流方式交付标的物的，应当以收货人的签收时间为交付时间。网络服务合同，由于没有明显的交付标志，因此以生成的电子凭证或者实物凭证中载明的时间为提供服务时间；如果前述凭证没有载明时间或者载明时间与实际提供服务时间不一致的，以实际提供服务的时间为准。

2. 电子合同的标的为采用在线传输方式交付的，例如网络咨询服务合同，合同标的物（如咨询报告）在进入对方当事人指定的且能够检索识别的时间为交付时间。

3. 电子合同当事人对交付商品或者提供服务的方式、时间另有约定的，按照其约定。例如，网络买卖合同的买受人主张自己选择快递物流取货的，将买卖标的物交付给买受人自己选择的快递物流单位的时间为交付时间。

链接 《电子商务法》第51—57条

第五百一十三条 【执行政府定价或指导价的合同价格确定】执行政府定价或者政府指导价的，在合同约定的交付期限内政府价格调整时，按照交付时的价格计价。逾期交付标的物的，遇价格上涨时，按照原价格执行；价格下降时，按照新价格执行。逾期提取标的物或者逾期付款的，遇价格上涨时，按照新价格执行；价格下降时，按照原价格执行。

注释 合同的标的物属于政府定价或者政府指导价的，必须按照政府定价和政府指导价确定其价格，当事人不得另行约定价格。

政府定价是国家对少数关乎国计民生的产品由政府直接确定价格，企业不得违背的定价。政府指导价是政府对少数产品确定一个中准价，各地根据当地情况作出具体定价，按照当地政府确定的定价进行交易，当事人应当执行这种定价。

合同在履行过程中，如果遇到政府定价或者政府指导价作调整时，确定产品价格的原则是保护按约履行合同的一方。具体办法是：(1)执行政府定价和政府指导价的，在履行中遇到政府定价或者政府指导价作调整时，应按交付时的政府定价或者政府指导价计价，即按新的价格执行：交付货物时，该货物提价的，按已提的价格执行；降价的，则按所降的价格计算。(2)当事人逾期交货的，该产品的政府定价或者政府指导价提高时，按原定的价格执行；该产品政府定价或者政府指导价降低时，按已降低的价格执行。(3)当事人超过合同规定时间提货或付款的，该产品的政府定价或者政府指导价提高时，按已提高的价格计价付款；该产品政府定价或者政府指导价降低时，则按原来合同所议定的价格执行。

第五百一十四条 【金钱之债给付货币的确定规则】以支付金钱为内容的债，除法律另有规定或者当事人另有约定外，债权人可以请求债务人以实际履行地的法定货币履行。

注释 本条是新增条文。金钱债务，又称为金钱之债、货币之债，是指以给付一定数额的金钱为标的的债务。金钱债务的履行，涉及清偿时用何种货币支付的问题。

本条规定的规则是：(1)法律规定或者当事人有约定的，依照法律规定或者当事人约定的货币种类予以支付。例如法律规定在中国境内不能以外币支付的就应当以人民币结算；当事人约定的支付币种不违反国家法律规定的，依当事人约定。(2)除前述情形外，债权人可以请求债务人以实际履行地的法定货币履行。

第五百一十五条 【选择之债中债务人的选择权】标的有多项而债务人只需履行其中一项的,债务人享有选择权;但是,法律另有规定、当事人另有约定或者另有交易习惯的除外。

享有选择权的当事人在约定期限内或者履行期限届满未作选择,经催告后在合理期限内仍未选择的,选择权转移至对方。

注释选择之债,是指债的关系在成立之时,确定的标的有数个,当事人在履行时可以选定其中一个为给付的债。其要件是:(1)须预定数种给付债务;(2)债务人只需于数种给付债务中选定其一为给付。凡在债的给付标的、履行时间、方式、地点等诸方面可供选择的债,都为选择之债。

选择之债因选择权的行使,而最终确定一个给付为债的标的,并因此产生溯及既往的效力。在数种给付中确定其一为给付,就是选择之债的确定。选择权也叫择定权,是指在选择之债中,一方当事人享有的因自己的意思表示而引起选择之债变更为简单之债的形成权。

选择权以属于债务人为原则,因为债务毕竟是要由债务人实际履行的,将选择权归属于债务人,既有利于保护债务人的利益,也有利于债务的履行。如果法律另有规定或者当事人另有约定,则从其规定或者约定。

选择权也可以转移,转移的条件是:享有选择权的当事人在约定期限内或者履行期限届满未作选择,经催告后在合理期限内仍未选择。

第五百一十六条 【选择权的行使】当事人行使选择权应当及时通知对方,通知到达对方时,标的确定。标的确定后不得变更,但是经对方同意的除外。

可选择的标的发生不能履行情形的,享有选择权的当事人不得选择不能履行的标的,但是该不能履行的情形是由对方造成的除外。

注释选择权是形成权,一经行使,即发生选择的效力,被选择的债务就被特定化,其他选项的债务消灭。故享有选择权的当事人在行使选择权时,以对相对人作出意思表示而发生效力,即及时通知对方,通知到达对方时,标的确定,从而使该选择之债自始成为简单之债。该意思表示非经相对人同意,不得变更,也不得撤销,除非对方当事人同意。

如果在选择之债的数种给付中,其中一个或数个因不可抗力等原因而履行不能时,则选择权人只能就剩余的给付加以选择。尤其是只有一种可以履行而其他均发生履行不能时,则当事人丧失选择的余地,只能按可以履行的标的履行,选择之债变更为简单之债,无须另行选择。此种不能履行应当以不可归责于无选择权的当事人为限。如果该履行不能因无选择权的当事人的行为所致,则选择权人仍然有权就该不能履行的给付加以选择。如果选择权人为债务人,可以通过选择不能履行的给付而免予承担自己的债务;如果选择权人为债权人,则其可以通过选择不能履行的给付而解除合同,追究对方的违约责任。

第五百一十七条 【按份债权与按份债务】债权人为二人以上,标的可分,按照份额各自享有债权的,为按份债权;债务人为二人以上,标的可分,按照份额各自负担债务的,为按份债务。

按份债权人或者按份债务人的份额难以确定的,视为份额相同。

注释可分之债,是指在债的关系中,债权或者债务是可以分割的债。可分之债的性质为复数之债,且只是因为标的同一而联系在一起,各债权或者债务并无共同目的,故各债权人或者债务人发生的事项,原则上不对其他债权人或者债务人产生效力。债权或者债务是否可以分割的标准是:(1)债权或者债务的分割是否损害债的目的。分割不损害债的目的的,为可分给付;否则为不可分给付。(2)债权或者债务的分割是否在约定中予以禁止。(3)债权或者债务分割是否符合交易习惯和标的物的用途。比如钥匙与锁的关系,不能仅交付其一。

可分之债分为可分债权和可分债务。债权人为二人以上,标的可分,按照份额各自享有债权的,为按份债权;债务人为二人以上,标的可分,按照份额各自负担债务的,为按份债务。

第五百一十八条 【连带债权与连带债务】债权人为二人以上,部分或者全部债权人均可以请求债务人履行债务的,为连带债权;债务人为二人以上,债权人可以请求部分或者全部债务人履行全部债务的,为连带债务。

连带债权或者连带债务,由法律规定或者当事人约定。

注释本条是对连带债权和连带债务的规定。

连带之债,是指在一个债的关系中,债权人或者债务人有数人时，各个债权人均得请求债务人履行全部债务，各个债务人均负有履行全部债务的义务，且全部债务因一次全部履行而归于消灭的债。

连带之债产生于两种原因：（1）法定连带之债，例如合伙债务、代理上的连带债务、共同侵权行为的损害赔偿责任为连带之债，以及法律规定的其他连带之债。（2）意定连带之债，当事人通过协议，约定为连带债权或者连带债务，如数个借款合同债务人就同一借贷，约定各负清偿全部债务的义务。

链接 《合伙企业法》第39、40条

第五百一十九条 【连带债务份额的确定及追偿】 连带债务人之间的份额难以确定的，视为份额相同。

实际承担债务超过自己份额的连带债务人，有权就超出部分在其他连带债务人未履行的份额范围内向其追偿，并相应地享有债权人的权利，但是不得损害债权人的利益。其他连带债务人对债权人的抗辩，可以向该债务人主张。

被追偿的连带债务人不能履行其应分担份额的，其他连带债务人应当在相应范围内按比例分担。

注释 连带债务对外不分份额，只有对内才分份额，连带债务人在内部对自己的份额承担最终责任。连带债务人可以事先约定份额，或者根据实际情况确定份额。如果债务份额难以确定的，视为份额相同，各个债务人以同等份额承担最终责任。

在连带债务中，由于每一个债务人对外均负有履行全部债务的义务，债权人有权向连带债务人中的数人或者全体请求履行。被请求的债务人不得以还有其他债务人而互相推诿，也不得以自己仅负担债务中的一定份额为由而拒绝履行全部债务。连带债务人这时承担的清偿责任，是中间责任。在承担中间责任中，如果实际承担债务的连带债务人承担了超过自己份额的，有权就超出部分在其他连带债务人未履行的份额范围内向其追偿。在行使追偿权时，承担了超出自己份额的中间责任的债务人，实际上相应地享有了债权人的权利，但是，行使这种债权，不得损害债权人的利益。连带债务人在行使追偿权时，如果其他连带债务人对连带债务的债权人享有抗辩权的，

可以向该债务人主张对债权人的抗辩，对抗该债务人的追偿权。

本条第三款为新增条文，进一步明确了被追偿的连带债务人不能履行其应分担份额时，其他连带债务人的分担规则。

第五百二十条 【连带债务人之一所生事项涉他效力】 部分连带债务人履行、抵销债务或者提存标的物的，其他债务人对债权人的债务在相应范围内消灭；该债务人可以依据前条规定向其他债务人追偿。

部分连带债务人的债务被债权人免除的，在该连带债务人应当承担的份额范围内，其他债务人对债权人的债务消灭。

部分连带债务人的债务与债权人的债权同归于一人的，在扣除该债务人应当承担的份额后，债权人对其他债务人的债权继续存在。

债权人对部分连带债务人的给付受领迟延的，对其他连带债务人发生效力。

注释 在连带债务中，就一债务人所生的事项，效力有的及于其他债务人，有的不及于其他债务人。前者称为有涉他效力的事项，后者称为无涉他效力的事项。

在连带债务中，有涉他效力的事项包括：

1. 部分连带债务人履行、抵销债务或者提存标的物的，其他债务人对债权人的债务在相应范围内消灭；该债务人可以依照前条规定向其他债务人追偿。

2. 部分连带债务人的债务被债权人免除的，在该连带债务人所应承担的份额范围内，其他债务人对债权人的债务消灭。

3. 部分连带债务人的债务与债权人的债权同归于一人的，在扣除该债务人所应承担的份额后，债权人对其他债务人的债权继续存在。

4. 债权人对部分连带债务人的给付受领迟延的，对其他连带债务人发生效力。

第五百二十一条 【连带债权内外部关系】 连带债权人之间的份额难以确定的，视为份额相同。

实际受领债权的连带债权人，应当按比例向其他连带债权人返还。

连带债权参照适用本章连带债务的有关规定。

第五百二十二条 【向第三人履行】 当事人约定由债务人向第三人履行债务，债务人未向第三

人履行债务或者履行债务不符合约定的，应当向债权人承担违约责任。

法律规定或者当事人约定第三人可以直接请求债务人向其履行债务，第三人未在合理期限内明确拒绝，债务人未向第三人履行债务或者履行债务不符合约定的，第三人可以请求债务人承担违约责任；债务人对债权人的抗辩，可以向第三人主张。

注释 向第三人履行，即第三人代债权人受领。合同当事人约定向第三人履行合同的，只要该第三人符合法律或合同规定的接受履行资格能够受领的，该第三人就成为合同的受领主体，是合格的受领主体，有权接受履行。第三人接受履行时，只是接受履行的主体，而不是合同当事人。第三人替债权人接受履行不适当或因此给债务人造成损失的，应由债权人承担民事责任。当债务人向第三人履行清偿义务，履行增加的费用，应当由债权人负担。债务人未向第三人履行债务或者履行债务不符合约定的，构成违约行为，债务人应当向债权人承担违约责任。第三人替债权人接受履行，通常是因为第三人与债权人之间存在一定关系，但第三人并不是债权人的代理人，不应当适用关于代理的规定。

本条在原《合同法》第六十四条的基础上增加规定了第二款。法律规定或者当事人约定第三人可以直接请求债务人向其履行债务，第三人未在合理期限内明确拒绝，债务人未向第三人履行债务或者履行债务不符合约定的，第三人可以请求债务人承担违约责任；债务人如果对债权人享有抗辩的权利，可以直接向第三人主张其对债权人的抗辩予以抗辩，发生向债权人抗辩的效力。

第五百二十三条 【第三人履行】当事人约定由第三人向债权人履行债务，第三人不履行债务或者履行债务不符合约定的，债务人应当向债权人承担违约责任。

注释 由第三人履行，也叫第三人代债务人履行，是指在合同的履行中，由第三人代替债务人向债权人履行债务。第三人代债务人履行，是合同的履行主体变化。在第三人代替债务人履行债务中，第三人与债权人、债务人并未达成转让债务协议，第三人并未成为合同当事人，只是按照合同当事人之间的约定，代替债务人向债权人履行债务，并不构成债务转移。根据合同自由原则，只要不违反法律规定和合同约定，且未给债权人造成损失或增加费用，由第三人履行是有效的。

构成由第三人履行，即当事人约定由第三人向债权人履行债务的，如果第三人不履行债务或者履行债务不符合约定，债务人构成违约行为，应当向债权人承担违约责任。

链接《买卖合同解释》第 16 条

第五百二十四条 【第三人代为履行】债务人不履行债务，第三人对履行该债务具有合法利益的，第三人有权向债权人代为履行；但是，根据债务性质、按照当事人约定或者依照法律规定只能由债务人履行的除外。

债权人接受第三人履行后，其对债务人的债权转让给第三人，但是债务人和第三人另有约定的除外。

注释 本条为新增条文。当一个债务已届履行期，债务人不履行债务，该不履行债务的行为有可能损害第三人的利益时，第三人得代债务人向债权人履行债务，以使自己的合法利益得到保全。如果根据债务的性质、按照当事人约定或者依照法律规定，该债务只能由债务人履行的，不适用第三人代为履行的规则。

第三人代债务人为履行之后，债权人已经接受第三人的履行的，债权人对债务人的债权就转让给了第三人，第三人对债务人享有该债权，可以向债务人主张该债权。如果债务人和第三人对如何确定他们之间的债权债务关系另有约定的，则按照约定办理，不受这一债权转让规则的拘束。

案例 某物流有限公司诉吴某运输合同纠纷案[人民法院贯彻实施民法典典型案例（第一批）]

裁判规则：某物流有限公司与吴某存在运输合同关系，在吴某未及时向货物承运司机结清费用，致使货物被扣留时，某物流有限公司对履行该债务具有合法利益，有权代吴某向承运司机履行。某物流有限公司代为履行后，承运司机对吴某的债权即转让给该公司，故依照民法典第五百二十四条规定，判决支持某物流有限公司请求吴某支付剩余运费的诉讼请求。

第五百二十五条 【同时履行抗辩权】当事人互负债务，没有先后履行顺序的，应当同时履行。一方在对方履行之前有权拒绝其履行请求。一方在对方履行债务不符合约定时，有权拒绝其相应的履行请求。

注释 所谓抗辩权,是指对抗请求权或否认对方权利主张的权利,又称异议权。其包括消灭的抗辩权和延缓的抗辩权。行使消灭的抗辩权会使对方的请求权归于消灭,而延缓的抗辩权仅阻碍对方请求权效力在一定期限内的发生。

同时履行抗辩权,又称为不履行抗辩权,是指双务合同的当事人在对方未为对待给付之前,得拒绝履行自己的给付。同时履行抗辩权的产生需要满足下列条件:(1)当事人双方因同一双务合同而互负债务。互负债务是指当事人所负的债务具有对价关系,而并非经济上完全等价。(2)合同中没有约定履行的先后顺序。(3)双方互负的债务均已届清偿期。(4)对方当事人未履行合同义务或者未按照约定履行合同义务。其中,未按照约定履行合同义务包括瑕疵履行即交付的标的物存在质量问题和部分履行即交付的标的物在数量上不足。(5)对方当事人的对待履行是可能的。如果对方当事人因客观原因不能履行合同义务,则应当通过合同变更、解除或者追究违约责任等规则来处理,适用同时履行抗辩权规则没有任何意义。例如,以特定物为标的的合同,在履行前标的物毁损灭失的,行使同时履行抗辩权无助于合同履行。

在没有先后履行顺序的合同中,同时履行抗辩权的具体内容是:(1)一方在对方未履行之前有权拒绝对方的履行请求。(2)一方在对方履行债务不符合约定时,有权拒绝其相应的履行请求。这里所指的"相应的",是指一方拒绝履行的债务应当与对方不适当履行的债务相当。一般而言,对轻微违约不得行使同时履行抗辩权,这是各国对同时履行抗辩权作出的普遍限制。这有利于合同的遵守,稳定交易秩序,减少纠纷。

第五百二十六条 【先履行抗辩权】 当事人互负债务,有先后履行顺序,应当先履行债务一方未履行的,后履行一方有权拒绝其履行请求。先履行一方履行债务不符合约定的,后履行一方有权拒绝其相应的履行请求。

注释 先履行抗辩权,是指根据法律规定或者当事人约定,双务合同的一方当事人应当先履行合同义务,先履行一方未履行或者未适当履行的,后履行一方有权拒绝为相应履行。先履行抗辩权是为了保护后履行一方的期限利益或者其履行合同条件而规定的。先履行抗辩权的适用条件包括:(1)合同当事人根据同一双务合同而互负债务。(2)合同当事人的债务履行有先后次序。(3)应当先履行的一方当事人没有履行或者履行不符合约定。(4)应当先履行的债务是可能履行的。先履行抗辩权属延期的抗辩权,只是暂时阻止对方当事人请求权的行使,非永久的抗辩权。对方当事人完全履行了合同义务,先履行抗辩权消灭,当事人应当履行自己的义务。当事人行使先履行抗辩权致使合同迟延履行的,迟延履行责任应由对方当事人承担。

链接《买卖合同解释》第31条

第五百二十七条 【不安抗辩权】 应当先履行债务的当事人,有确切证据证明对方有下列情形之一的,可以中止履行:

(一)经营状况严重恶化;

(二)转移财产、抽逃资金,以逃避债务;

(三)丧失商业信誉;

(四)有丧失或者可能丧失履行债务能力的其他情形。

当事人没有确切证据中止履行的,应当承担违约责任。

注释 不安抗辩权,是指双务合同中一方当事人应当先履行合同义务,在合同订立之后履行之前,有确切证据证明后履行一方当事人将来有不履行或者不能履行合同的可能时,先履行一方可以暂时中止履行,并及时通知对方当事人在合理的期限内提供适当担保;如果对方在合理期限内提供了适当担保,则应当恢复履行;如果对方未能在合理期限内提供适当担保,则中止履行的一方可以解除合同。例如,甲、乙订有一买卖合同,约定甲于六月一日前交货,乙收到货后两个月内付款。之后,甲发现乙因故需承担巨额赔偿责任,并有确切证据证明其难以付清货款,于是甲可以行使不安抗辩权中止向乙供货,并及时通知乙。如果乙提供了相应担保,甲应恢复履行合同义务。

不安抗辩权的适用条件包括以下几个方面:(1)双务合同中一方当事人应当先履行合同义务。如果当事人没有在合同中约定、法律也没有规定当事人履行义务的先后次序,则当事人应当同时履行合同义务,只能适用同时履行抗辩权,而不能行使不安抗辩权。(2)有确切的证据证明后履行一方当事人将来不履行或者不能履行合同义务。没有确切证据而中止自己的履行要承担违约责任。包括以下几种情形：①经营状况严重恶化，是指合同订立之后，当事人的经营状况发生不好的变化，财产大量减少，以致影响其履行债务的能力；②转移财产、抽逃资金，是指后履行债务的当事人以逃避债务为目的，将自己的财产转移到别处或者从企业中撤回所投入的资金；③丧失商业信誉，是指后履行债务的当事人失去了诚实信用、按期履行等良好的声誉；④有丧失或者可能丧失履行债务能力的其他情形。一方当事人出现丧失或者可能丧失履行债务能力的情形并不以其对这种结果的发生存在过错为条件，不论是何种原因造成的，只要存在丧失或者可能丧失履行债务能力的事实即可。(3)应当先履行一方当事人的合同义务已到履行期。如果先履行一方当事人的合同履行期限尚未届至，则其可以根据期限规定进行抗辩，而无须援用不安抗辩权。

案例 俞某新与福建某房地产有限公司、魏某瑞商品房买卖(预约)合同纠纷案(《最高人民法院公报》2011年第8期)

裁判规则： 根据合同的相对性原则，涉案合同一方当事人以案外人违约为由，主张在涉案合同履行中行使不安抗辩权的，人民法院不予支持。

第五百二十八条　【不安抗辩权的行使】 当事人依据前条规定中止履行的，应当及时通知对方。对方提供适当担保的，应当恢复履行。中止履行后，对方在合理期限内未恢复履行能力且未提供适当担保的，视为以自己的行为表明不履行主要债务，中止履行的一方可以解除合同并可以请求对方承担违约责任。

注释 法律要求双务合同当事人双方利益的平衡，规定主张不安抗辩权的当事人对后履行一方当事人负担通知义务。法律要求主张不安抗辩权的一方当事人在提出权利主张的同时，应当立即通知另一方。不安抗辩权的行使取决于权利人一方的意思，无须取得另一方同意的必要。法律使其负即时通知义务，是为了避免另一方当事人因此受到损害。

通知的另一目的在于，经过通知，便于后履行一方在获此通知后，及时提供充分的履行债务担保，以消灭不安抗辩权。不安抗辩权消灭后，先履行一方应当恢复履行。

不安抗辩权行使后产生的法律后果是：(1)先履行一方已经发出通知后，在后履行一方当事人没有提供适当担保之前，有权中止自己的履行。(2)后履行一方当事人接到通知后，向对方提供了适当担保的，不安抗辩权消灭，合同恢复履行，主张不安抗辩权的当事人应当承担先履行的义务。(3)先履行债务的当事人中止履行并通知对方当事人后，对方当事人在合理期限内没有恢复履行能力，也没有提供适当担保的，先履行债务的当事人产生法定解除权，可以单方解除合同，同时还可以主张追究后履行一方的违约责任。

第五百二十九条　【因债权人原因致债务履行困难的处理】 债权人分立、合并或者变更住所没有通知债务人，致使履行债务发生困难的，债务人可以中止履行或者将标的物提存。

注释 在合同履行过程中，债务人应当诚实守信，积极履约，满足债权人的债权要求。但是，在由于债权人的原因，而使债务人履行发生困难时，就不能认为债务人违约。

第五百三十条　【债务人提前履行债务】 债权人可以拒绝债务人提前履行债务，但是提前履行不损害债权人利益的除外。

债务人提前履行债务给债权人增加的费用，由债务人负担。

第五百三十一条　【债务人部分履行债务】 债权人可以拒绝债务人部分履行债务，但是部分履行不损害债权人利益的除外。

债务人部分履行债务给债权人增加的费用，由债务人负担。

第五百三十二条　【当事人变化不影响合同效力】 合同生效后，当事人不得因姓名、名称的变更或者法定代表人、负责人、承办人的变动而不履行合同义务。

第五百三十三条　【情势变更】 合同成立后，合同的基础条件发生了当事人在订立合同时无法预见的、不属于商业风险的重大变化，继续履行合同对于当事人一方明显不公平的，受不利影响的当事人可以与对方重新协商；在合理期限内协商不成的，当事人可以请求人民法院或者仲裁机构变更或者解除合同。

人民法院或者仲裁机构应当结合案件的实际情况，根据公平原则变更或者解除合同。

注释 情势变更原则，是指在合同成立后，订立合同的基础条件发生了当事人在订立合同时无法预见的、不属于商业风险的重大变化，仍然维持合同效力履行合同对于当事人一方明显不公平的情势，受不利影响的当事人可以请求对方重新协商，变更或解除合同并免除责任的合同效力规则。

在合同领域，对情势变更原则的适用条件是相当严格的，应当具备的条件是：（1）须有应变更或解除合同的情势，即订立合同的基础条件发生了变动，在履行时成为一种新的情势，与当事人的主观意思无关。（2）变更的情势须发生在合同成立后至消灭前。（3）情势变更的发生不可归责于双方当事人，当事人对于情势变更的发生没有主观过错。（4）情势变更须未为当事人所预料且不能预料，而且不属于商业风险。（5）继续维持合同效力将会产生显失公平的结果。

情势变更原则适用的法律效力是：（1）当事人重新协商，即再协商，再协商达成协议的，按照协商达成的协议确定双方当事人的权利义务关系。（2）再协商达不成协议的，可以变更或解除合同并免除当事人责任。人民法院或者仲裁机构应当结合案件的实际情况，根据公平原则确定变更或者解除合同。

不可抗力制度和情势变更制度具有相同之处：（1）两者均非商业风险，也都是当事人事先无法预见的情形；（2）两者的发生及其影响均不可归责于当事人；（3）两者均可能对合同的履行和责任承担造成影响，并产生相应法律后果；（4）两者对于合同的影响均出现于合同订立之后履行完毕之前。

但二者毕竟是两种不同的制度，具有很多不同之处：（1）制度价值不同。不可抗力制度，主要是一种免责事由。该制度体现的精神是法律不强人所难，不让无辜者承担意外之责。情势变更制度体现的是当事人之间的公平和合同权利义务的对等。（2）适用范围不同。不可抗力制度作为民事责任的一般免责事由，除法律作出的特别规定外，适用于所有民事责任领域，特别是侵权责任领域和合同领域。情势变更制度仅为合同领域的一项特殊制度。（3）对合同的影响方式和程度不同。不可抗力制度的适用前提是不可抗力造成当事人不能履行合同的后果。情势变更制度是合同基础条件与合同成立时相比出现了当事人无法预见且不可归责于当事人的重大变化，该重大变化对合同的履行也造成了重大影响，但是一般来说合同仍有继续履行的可能，只是继续履行合同

对一方当事人明显不公平，例如履行成本显著上升、等价交换关系显著失衡。（4）法律效果不同。适用不可抗力制度体现为免责，对于因不可抗力造成的履行不能，免除全部或者部分责任。但是，其不直接导致变更合同内容，合同部分不能履行的，其他部分继续履行，合同一时不能履行的，影响消除后继续履行。适用情势变更制度则体现为合同的解除或者变更，不直接具有免责效果。在根据该制度调整权利义务前，当事人之间的权利义务关系不变，只有在根据该制度进行调整后，当事人的权利义务关系才按照调整后的内容继续履行。至于如何调整，是解除合同，还是变更合同，如何变更合同，需要法院或仲裁机构在个案中根据具体情况判断。（5）当事人权利行使方式和程序不同。当不可抗力导致不能履行合同时，受不可抗力影响的一方应当及时向对方发出受不可抗力影响不能履行合同的通知，并在合理期限内提供证明。未发出通知导致对方损失扩大的，对于扩大的损失不能免责，对于迟延履行后发生不可抗力的也不能主张免除责任。对于情势变更制度，因情势变化导致合同履行对一方明显不公平时，受不利影响的当事人首先可以通过与对方协商调整失衡的利益，在合理期限内协商不成的，当事人可以请求法院或仲裁机构变更或解除合同。

案例 某集团有限公司、宗某晋与淮北某矿业有限公司、淮北某房地产开发有限责任公司、涡阳某房地产开发有限公司股权转让纠纷案（《最高人民法院公报》2016年第6期）

裁判规则： 矿业权与股权是两种不同的民事权利，如果仅转让公司股权而不导致矿业权主体的变更，则不属于矿业权转让，转让合同无需地质矿产主管部门审批，在不违反法律、行政法规强制性规定的情况下，应认定合同合法有效。迟延履行生效合同约定义务的当事人以迟延履行期间国家政策变化为由主张情势变更的，不予支持。

第五百三十四条　【合同监督】 对当事人利用合同实施危害国家利益、社会公共利益行为的，市场监督管理和其他有关行政主管部门依照法律、行政法规的规定负责监督处理。

第五章　合同的保全

第五百三十五条　【债权人代位权】 因债务人怠于行使其债权或者与该债权有关的从权利，影

响债权人的到期债权实现的,债权人可以向人民法院请求以自己的名义代位行使债务人对相对人的权利,但是该权利专属于债务人自身的除外。

代位权的行使范围以债权人的到期债权为限。债权人行使代位权的必要费用,由债务人负担。

相对人对债务人的抗辩,可以向债权人主张。

注释 债权人代位权,是指债权人依法享有的为保全其债权,以自己的名义行使属于债务人对相对人权利的实体权利。当债务人怠于行使属于自己的债权或者与该债权有关的从权利,而害及债权人的权利实现时,债权人可依债权人代位权,以自己的名义行使债务人怠于行使的债权。"债务人怠于行使其债权或者与该债权有关的从权利,影响债权人的到期债权实现的",是指债务人不履行其对债权人的到期债务,又不以诉讼方式或者仲裁方式向相对人主张其享有的债权或者与该债权有关的从权利,致使债权人的到期债权未能实现。相对人不认为债务人有怠于行使其债权或者与该债权有关的从权利情况的,应当承担举证责任。

本条规定的是债权人债权到期的代位权,其行使要件是:(1)债权人对债务人的债权合法;(2)债务人怠于行使其债权或者与该债权有关的从权利;(3)影响债权人到期债权的实现;(4)债务人的权利不是专属于债务人自身的权利。

债权人行使代位权,是向人民法院请求以自己的名义行使债务人对相对人的权利。行使权利的范围,应当以债务人到期债权或者与该债权有关的从权利为限,对超出到期债权范围的部分,不能行使代位权。债权人行使代位权所支出的费用,由债务人负担,债权人可以向其追偿。

债权人行使代位权时,相对人对债务人的抗辩,可以向债权人主张,例如相对人因债务超过诉讼时效而取得抗辩权的,该抗辩权可以直接向债权人行使,可以对抗债权人代位权。

《合伙企业法》第41条有特殊规定:合伙人发生与合伙企业无关的债务,相关债权人不得以其债权抵销其对合伙企业的债务;也不得代位行使合伙人在合伙企业中的权利。

案例 1. 中国某银行汇金支行诉张家港某厂代位权纠纷案(《最高人民法院公报》2004年第4期)

裁判规则:代位权制度的立法本意是鼓励债权人积极行使权利。在进入代位权诉讼程序后,债务人即丧失了主动处分次债务人债权的权利。代位权行使的后果直接归属于债权人,次债务人如果履行义务,只能向代位权人履行,不能向债务人履行。债务人和次债务人在诉讼中达成以资产抵债的协议从而主动清结债权债务,存在逃避诉讼、规避法律的故意,该协议无效,不能产生导致本案终结的法律后果。

债务人在债务到期后,没有以诉讼或者仲裁方式向次债务人主张债权,而是与次债务人签订协议延长履行债务期限,损害债权人债权的,属于《合同法》第七十三条规定的怠于行使到期债权的行为,债权人可以自己的名义代位行使次债务人的债权。债务人与次债务人之间的具体债务数额是否确定,不影响债权人行使代位权。

2. 成都市国土资源局某分局与某(蛇口)成都房地产开发有限责任公司、成都某实业开发有限责任公司、海南某科技实业开发总公司债权人代位权纠纷案(《最高人民法院公报》2012年第6期)

裁判规则:债务人与次债务人约定以代物清偿方式清偿债务的,因代物清偿协议系实践性合同,故若次债务人未实际履行代物清偿协议,则次债务人与债务人之间的原金钱债务并未消灭,债权人仍有权代位行使债务人的债权。

企业改制只是转换企业的组织形式和变更企业的经济性质,原企业的债权债务并不因改制而消灭。根据《最高人民法院关于审理与企业改制相关的民事纠纷案件若干问题的规定》第五条的规定,企业通过增资扩股或者转让部分产权,实现他人对企业的参股,将企业整体改造为有限责任公司或者股份有限公司的,原企业债务由改造后的新设公司承担。故债权人代位行使对次债务人的债权,次债务人改制的,由改制后的企业向债权人履行清偿义务。

3. 中国某股份有限公司汕头分行与广东某银行股份有限公司韶关分行、第三人珠海经济特区某实业(集团)公司代位权纠纷案(《最高人民法院公报》2011年第11期)

裁判规则:债权人提起代位权诉讼,应以主债权和次债权的成立为条件。债权成立不仅指债权的内容不违反法律、法规的规定,而且要求债权的数额应当确定。债权数额的确定既可以表现为债务人、次债务人对债权的认可,也可以经人民法院判决或者仲裁机构裁决加以确认。

根据《最高人民法院关于审理民事案件适用诉讼时效制度若干问题的规定》第十八条的规定，债权人提起代位权诉讼的，应当认定对债权人的债权和债务人的债权均发生诉讼时效中断的效力。

链接 《最高人民法院关于审理建设工程施工合同纠纷案件适用法律问题的解释（一）》第44条

第五百三十六条 【保存行为】 债权人的债权到期前，债务人的债权或者与该债权有关的从权利存在诉讼时效期间即将届满或者未及时申报破产债权等情形，影响债权人的债权实现的，债权人可以代位向债务人的相对人请求其向债务人履行、向破产管理人申报或者作出其他必要的行为。

注释 本条是新增条文。债权到期前债权人代位权行使的条件是，债务人对相对人享有的债权或者与该债权有关的从权利可能存在诉讼时效期间即将届满或者未及时申报破产债权等情形，影响债权人的债权实现。其具体方法是：(1)可以债务人的名义，代位向债务人的相对人请求其向债务人履行，这是典型的代位权行使方法。(2)相对人在破产程序中的，债权人可以代债务人之位，向破产管理人申报债权，将该债权纳入破产财产清偿范围，期待在破产清算中实现债权。(3)作出其他必要的行为，例如符合条件的，可以请求查封、冻结财产等。后两种方法超出了传统债权人代位权的范围，其目的仍然是保全债务人的财产以保护自己的债权，是针对实际情况所作的规定，对于保全债权人的债权具有重要意义。

第五百三十七条 【代位权行使后的法律效果】 人民法院认定代位权成立的，由债务人的相对人向债权人履行义务，债权人接受履行后，债权人与债务人、债务人与相对人之间相应的权利义务终止。债务人对相对人的债权或者与该债权有关的从权利被采取保全、执行措施，或者债务人破产的，依照相关法律的规定处理。

案例 北京某燃料有限公司诉山东某物流有限公司买卖合同纠纷案（最高人民法院指导案例167号）

裁判规则：代位权诉讼执行中，因相对人无可供执行的财产而被终结本次执行程序，债权人就未实际获得清偿的债权另行向债务人主张权利的，人民法院应予支持。

第五百三十八条 【撤销债务人无偿行为】 债务人以放弃其债权、放弃债权担保、无偿转让财产等方式无偿处分财产权益，或者恶意延长其到期债权的履行期限，影响债权人的债权实现的，债权人可以请求人民法院撤销债务人的行为。

注释 债权人撤销权，是指债权人依法享有的为保全其债权，对债务人无偿或者低价处分作为债务履行资力的现有财产，以及放弃其债权或者债权担保、恶意延长到期债权履行期限，请求法院予以撤销的权利。

债权人撤销权的目的，是保全债务人的一般财产，否定债务人不当减少一般财产的行为（欺诈行为），将已经脱离债务人一般财产的部分，恢复为债务人的一般财产。当债务人实施减少其财产或者放弃其到期债权而损害债权人债权的民事行为时，债权人可以依法行使这一权利，请求法院对该民事行为予以撤销，使已经处分了的财产恢复原状，以保护债权人债权实现的物质基础。

案例 永安市某房地产开发有限公司与郑某南、某（厦门）房地产发展有限公司及第三人高某珍第三人撤销之诉案（《最高人民法院公报》2020年第4期）

裁判规则：作为普通债权人的第三人一般不具有基于债权提起第三人撤销之诉的事由，但是如果生效裁判所确认的债务人相关财产处分行为符合《合同法》第七十四条所规定的撤销权条件，则依法享有撤销权的债权人与该生效裁判案件处理结果具有法律上的利害关系，从而具备以无独立请求权第三人身份提起第三人撤销之诉的原告主体资格。

第五百三十九条 【撤销债务人有偿行为】 债务人以明显不合理的低价转让财产，以明显不合理的高价受让他人财产或者为他人的债务提供担保，影响债权人的债权实现，债务人的相对人知道或者应当知道该情形的，债权人可以请求人民法院撤销债务人的行为。

注释 债权人对债务人低价处分财产行为行使撤销权的要件是：(1)债权人与债务人之间有债权债务关系；(2)债务人实施了明显不合理的低价处分财产的积极行为；(3)债务人的行为须有害于债权；(4)债务人有逃避债务的恶意，低价处分财产行为的受让人知道或者应当知道该情形。

本条规定的明显不合理的低价或者高价，人

民法院应当以交易当地一般经营者的判断,并参考交易时交易地的物价部门指导价或者市场交易价,结合其他相关因素综合考虑予以认定。

转让价格达不到交易时交易地的指导价或者市场交易价百分之七十的,一般可以视为明显不合理的低价;对转让价格高于当地指导价或者市场交易价百分之三十的,一般可以视为明显不合理的高价。当事人对于其所主张的交易时交易地的指导价或者市场交易价承担举证责任。

案例 王某某诉乐某某债权人撤销权纠纷案(最高人民法院中国应用法学研究所《人民法院案例选》2010 年第 4 辑)

裁判规则:债务人逾期未偿还债务,并以低于市场价 70%的价格转让财产的,视为以明显不合理低价转让财产的行为;对债权人造成损害,且受让人明知的,债权人可以请求法院撤销债务人的转让行为。

链接 《最高人民法院关于印发〈全国法院贯彻实施民法典工作会议纪要〉的通知》第 9 条

第五百四十条　【撤销权的行使范围】 撤销权的行使范围以债权人的债权为限。债权人行使撤销权的必要费用,由债务人负担。

第五百四十一条　【撤销权的行使期间】 撤销权自债权人知道或者应当知道撤销事由之日起一年内行使。自债务人的行为发生之日起五年内没有行使撤销权的,该撤销权消灭。

注释 债权人撤销权是形成权,存在权利失权的问题,因此,适用除斥期间的规定。本条规定的债权人撤销权的除斥期间,与《民法典》第一百五十二条规定的除斥期间相同,即自债权人知道或者应当知道撤销事由之日起,为一年时间;如果债权人不知道也不应当知道撤销事由,即自债务人实施的处分财产行为发生之日起,最长期间为五年,撤销权消灭。对此,适用《民法典》第一百九十九条关于除斥期间的一般性规定,不适用诉讼时效中止、中断和延长的规定。除斥期间届满,撤销权消灭,债权人不得再行使。

第五百四十二条　【债务人行为被撤销的法律效果】 债务人影响债权人的债权实现的行为被撤销的,自始没有法律约束力。

注释 债权人撤销权的目的是保全债务人的财产,而不是直接用债务人的财产清偿债务。因此,债权人向法院起诉主张撤销债务人损害债权的财产处分行为,人民法院支持其主张,撤销了债务人损害债权人利益的行为,其后果是该处分行为自始没有法律约束力,处分的财产回到债务人手中。

第六章　合同的变更和转让

第五百四十三条　【协议变更合同】 当事人协商一致,可以变更合同。

注释 合同的变更,分为法定变更、裁判变更和协商变更。本条规定的是协议变更。协商一致就是合意,即意思表示一致。如果一方当事人要变更合同,另一方当事人不同意变更合同,或者双方都有变更合同内容的意愿,但是双方意思表示的内容不能达成一致,还存在分歧,就是没有协商一致,还没有形成合同变更的意思表示一致,合同变更的合意就没有成立,所以不成立合同变更,不发生合同变更的效果,原合同继续有效。

第五百四十四条　【合同变更不明确推定为未变更】 当事人对合同变更的内容约定不明确的,推定为未变更。

注释 合同变更禁止推定,是指当事人变更合同的意思表示须以明示方式为之,在当事人未以明示方式约定合同变更的,禁止适用推定规则推定当事人有变更合同的意愿。禁止推定规则是合同变更须以明示方式为之的应有之义。

案例 通州某集团有限公司与内蒙古某房地产有限责任公司建设工程施工合同纠纷案(《最高人民法院公报》2017 年第 9 期)

裁判规则:一、对以物抵债协议的效力、履行等问题的认定,应以尊重当事人的意思自治为基本原则。一般而言,除当事人有明确约定外,当事人于债务清偿期届满后签订的以物抵债协议,并不以债权人现实地受领抵债物,或取得抵债物所有权、使用权等财产权利,为成立或生效要件。只要双方当事人的意思表示真实,合同内容不违反法律、行政法规的强制性规定,合同即为有效。

二、当事人于债务清偿期届满后达成的以物抵债协议,可能构成债的更改,即成立新债务,同时消灭旧债务;亦可能属于新债清偿,即成立新债务,与旧债务并存。基于保护债权的理念,债的更改一般需有当事人明确消灭旧债的合意,否则,当事人于债务清偿期届满后达成的以物抵债协议,性质一般应为新债清偿。

三、在新债清偿情形下,旧债务于新债务履行之前不消灭，旧债务和新债务处于衔接并存的状态；在新债务合法有效并得以履行完毕后，因完成了债务清偿义务，旧债务才归于消灭。

四、在债权人与债务人达成以物抵债协议、新债务与旧债务并存时，确定债权是否得以实现，应以债务人是否按照约定全面履行自己义务为依据。若新债务届期不履行，致使以物抵债协议目的不能实现的，债权人有权请求债务人履行旧债务，且该请求权的行使，并不以以物抵债协议无效、被撤销或者被解除为前提。

第五百四十五条【债权转让】债权人可以将债权的全部或者部分转让给第三人，但是有下列情形之一的除外：

（一）根据债权性质不得转让；

（二）按照当事人约定不得转让；

（三）依照法律规定不得转让。

当事人约定非金钱债权不得转让的，不得对抗善意第三人。当事人约定金钱债权不得转让的，不得对抗第三人。

注释 债的移转，是指在不改变债的客体和内容的情况下，对债的主体进行变更的债的转移形态。故债的移转就是债的主体之变更，包括债权转让、债务转移以及债权债务概括转移三种形式。

债权转让，也叫债权让与，是指债权人通过协议将其享有的债权全部或者部分地转让给第三人的行为。债权转让是债的关系主体变更的一种形式，它是在不改变债的内容的情况下，通过协议将债的关系中的债权人进行变更。债权转让的构成要件是：(1)须有有效的债权存在；(2)债权的转让人与受让人应达成转让协议；(3)转让的债权必须是依法可以转让的债权；(4)债权的转让协议须通知债务人。

案例 沈阳某投资管理有限公司与中国某资产管理公司沈阳办事处债权转让合同纠纷案（《最高人民法院公报》2010年第5期）

裁判规则：一、金融资产管理公司收购和处置银行不良金融债权，具有较强的政策性。银行不良金融债权的转让，不能完全等同于一般民事主体之间的债权转让行为，具有高风险、高收益的特点，与等价交换的市场规律有较为明显的区别。不良债权交易的实物资产，不是一般资产买卖关系，而主要是一种风险与收益的转移。

二、银行不良金融债权以资产包形式整体出售转让的，资产包内各不良金融债权的可回收比例各不相同，而资产包一旦形成，即具有不可分割性。因此，资产包整体买进后，如需解除合同，也必须整体解除，将资产包整体返还。银行不良金融债权的受让人在将资产包中相对优质的债权变卖获益后，又通过诉讼请求部分解除合同，将资产包中其他债权返还的，人民法院不予支持。

三、不良金融资产转让协议之目的是公平合规地完成债权及实物资产的顺利转让，在未对受让人是否能够清收债权及清收债权的比例作出承诺和规范的情况下，受让人以合同预期盈利目的不能实现为由提出解除合同的诉讼请求，人民法院不予支持。

链接《保险法》第34条

第五百四十六条【债权转让的通知义务】债权人转让债权，未通知债务人的，该转让对债务人不发生效力。

债权转让的通知不得撤销，但是经受让人同意的除外。

案例 1. 大连某房屋开发有限公司与辽宁某房屋实业公司、辽宁某房地产开发有限公司国有土地使用权转让合同纠纷案（《最高人民法院公报》2006年第12期）

裁判规则：债权人可以将合同权利全部或者部分转让给第三人，转让只需通知到债务人即可而无需征得债务人的同意。因此，转让行为一经完成，原债权人即不再是合同权利主体，亦即丧失以自己名义作为债权人向债务人主张合同权利的资格。

2. 何某兰诉某公司等清偿债务纠纷案（《最高人民法院公报》2004年第4期）

裁判规则：《合同法》第八十条第一款规定，债权人转让债权的，应当通知债务人。未经通知，该转让对债务人不发生效力。该规定是为了避免债务人重复履行、错误履行债务或加重履行债务的负担。债权人以登报的形式通知债务人并不违反法律的规定。只要债权人实施了有效的通知行为，债权转让就应对债务人发生法律效力。

3. 陕西某山庄有限公司与中建三局某工程有限公司、中建三局某建设工程有限责任公司建设工程施工合同纠纷案（《最高人民法院公报》2007年第12期）

裁判规则：根据《合同法》第七十九条的规定，

法律、法规并不禁止建设工程施工合同项下的债权转让,只要建设工程施工合同的当事人没有约定合同项下的债权不得转让,债权人向第三人转让债权并通知债务人的,债权转让合法有效,债权人无须就债权转让事项征得债务人同意。

第五百四十七条 【债权转让从权利一并转让】债权人转让债权的,受让人取得与债权有关的从权利,但是该从权利专属于债权人自身的除外。

受让人取得从权利不因该从权利未办理转移登记手续或者未转移占有而受到影响。

注释 从权利随主权利转移原则,是债权转让的重要规则。主债权发生转移时,其从权利应随之一同转移,即使债权的从权利是否转让没有在转让协议中作出明确规定,也与主债权一并转移于债权的受让人。但该从权利专属于债权人自身的除外。

债权的从权利是指与主债权相联系的、但自身并不能独立存在的权利。债权的从权利大部分是由主债权债务关系的从合同规定的,也有本身就是主债权内容的一部分。如通过抵押合同设定的抵押权、质押合同设定的质权、保证合同设定的保证权、定金合同设定的定金债权等,都属于由主债权的从合同设定的从权利。违约金债权、损害赔偿请求权、留置权、债权解除权、债权人撤销权、债权人代位权等,则属于由主债权或者依照法律的规定产生的债权的从权利。

债权转让中从权利的随从转移具有法定性。如果受让人取得了从权利,该从权利未办理转移登记手续,或者未转移占有的,不影响债权转让引发从权利转移的效力。

第五百四十八条 【债权转让中债务人抗辩】债务人接到债权转让通知后,债务人对让与人的抗辩,可以向受让人主张。

注释 本条中债务人得主张的抗辩包括:(1)法定抗辩事由,是法律规定的债的一方当事人用以主张对抗另一方当事人的免责事由,例如不可抗力。(2)在实际订立合同以后,发生的债务人可据以对抗原债权人的一切事由,债务人可以之对抗债权的受让人,如债务人享有撤销权的。(3)原债权人的行为引起的债务人的抗辩权,如原债权人的违约行为,原债权人有关免责的意思表示,原债权人的履行债务的行为等。(4)债务人的行为所产生的可以对抗原债权人的一切抗辩事由,如债务人对原债权人已为的履行行为,可以对抗受让人。

第五百四十九条 【债权转让中债务人的抵销权】有下列情形之一的,债务人可以向受让人主张抵销:

(一)债务人接到债权转让通知时,债务人对让与人享有债权,且债务人的债权先于转让的债权到期或者同时到期;

(二)债务人的债权与转让的债权是基于同一合同产生。

注释 债务抵销是合同法的重要制度,是债的消灭方式之一,在债权转让中同样适用。被转让的债权如果存在债权人与债务人互负债务的情形,各以其债权充当债务的清偿,可以主张抵销。即使该债权被转让,债务人接到债权转让通知,债权发生转移,如果债务人对原债权人享有的债权先于转让的债权到期或者同时到期的,债务人可以向债权的受让人即新的债权人主张抵销,而使其债务与对方的债务在相同数额内互相消灭,不再履行。

链接《合伙企业法》第41条

第五百五十条 【债权转让费用的承担】因债权转让增加的履行费用,由让与人负担。

第五百五十一条 【债务转移】债务人将债务的全部或者部分转移给第三人的,应当经债权人同意。

债务人或者第三人可以催告债权人在合理期限内予以同意,债权人未作表示的,视为不同意。

注释 债务转移,也称债务让与,是指债务人将其负有的债务转移给第三人,由第三人取代债务人的地位,对债权人负责给付的债的转移形态。债务转移的要件是:(1)须有有效的债务存在,自然债务不能转移;(2)转让的债务应具有可转让性,法律规定不得转移、当事人约定不得转移以及依照性质不得转移的债务,不得转移;(3)须有转移的内容,债务受让人成为债权人的债务人;(4)须经债权人同意,如果债权人不同意债务转让,则债务人转让其债务的行为无效,不对债权人产生约束力。

债务转移分为全部转移和部分转移:(1)债务的全部转移,是债务人与第三人达成协议,将其在债的关系中的全部债务一并转移给第三人。(2)债务的部分转移,是债务人将债的关系中债务的一部分转移给第三人,由第三人对债权人承担该部分债务。

案例 1. 中国某银行股份有限公司三门峡车站支行与三门峡某铝业股份有限公司、三门峡某铝业集团有限公司借款担保合同纠纷案(《最高人民法院公报》2008 年第 11 期)

裁判规则：债务人将合同的义务全部或者部分转移给第三人的，应当经债权人同意。因此，债务人向债权人出具承诺书，表示将所负债务全部或者部分转移给第三人，而债权人对此未予接受，亦未在债务人与第三人签订的债务转移协议书上加盖公章的，应当认定债权人不同意债务转让，债务人与第三人之间的债务转让协议对债权人不发生法律效力。

借新贷还旧贷，系在贷款到期不能按时收回的情况下，作为债权人的金融机构又与债务人订立协议，向债务人发放新的贷款用于归还旧贷款的行为。该行为与债务人用自有资金偿还贷款，从而消灭原债权债务关系的行为具有本质的区别。虽然新贷代替了旧贷，但原有的债权债务关系并未消灭，客观上只是以新贷形式延长了旧贷的还款期限。

2. 中国某银行哈尔滨市太平支行与哈尔滨某奶牛有限责任公司、哈尔滨某集团股份有限公司、哈尔滨某会计师事务所有限公司借款合同纠纷案(《最高人民法院公报》2008 年第 9 期)

裁判规则：债务人在债权人发出的债务逾期催收通知书上签字或者盖章的行为，虽然并不必然表示债务人愿意履行债务，但可以表示其认可该债务的存在，属于当事人对民事债务关系的自认，人民法院可据此认定当事人之间存在债务关系。

国有企业改制后，原有债务应当由改制后的企业承担。债权人向改制后的企业发出债务逾期催收通知书的，应当视为债权人对债务人变更的认可。

链接 《招标投标法》第 48 条

第五百五十二条 【债务加入】第三人与债务人约定加入债务并通知债权人的，或者第三人向债权人表示愿意加入债务，债权人未在合理期限内明确拒绝的，债权人可以请求第三人在其愿意承担的债务范围内和债务人承担连带债务。

注释 债务加入，也称并存的债务承担，指原债务人并没有脱离原债务关系，第三人又加入原存的债务关系中，与债务人共同承担债务。

构成债务加入的要件是：(1)第三人与债务人约定，第三人加入债务，与债务人共同承担债务；(2)第三人或者债务人通知债权人，或者向债权人表示，第三人愿意加入债务，与债务人共同承担债务；(3)债权人同意，或者在合理期限内未明确表示拒绝。

案例 广东某物业管理有限公司与广东某企业集团有限公司、广东某电讯产业有限公司、广州市某实业有限公司股权转让合作纠纷案(《最高人民法院公报》2012 年第 5 期)

裁判规则：合同外的第三人向合同中的债权人承诺承担债务人义务的，如果没有充分的证据证明债权人同意债务转移给该第三人或者债务人退出合同关系，不宜轻易认定构成债务转移，一般应认定为债务加入。第三人向债权人表明债务加入的意思后，即使债权人未明确表示同意，但只要其未明确表示反对或未以行为表示反对，仍应当认定为债务加入成立，债权人可以依照债务加入关系向该第三人主张权利。

链接 《最高人民法院关于适用〈中华人民共和国民法典〉有关担保制度的解释》第 12 条

第五百五十三条 【债务转移时新债务人抗辩】债务人转移债务的，新债务人可以主张原债务人对债权人的抗辩；原债务人对债权人享有债权的，新债务人不得向债权人主张抵销。

注释 债务转移后，新债务人取得原债务人的一切法律地位，有关对债权人的一切抗辩和抗辩权，新债务人都有权对债权人主张。但是，原债务人享有的对债权人的抵销权不发生转移，即原债务人对债权人享有债权的，新债务人不得向债权人主张抵销。

第五百五十四条 【从债务随主债务转移】债务人转移债务的，新债务人应当承担与主债务有关的从债务，但是该从债务专属于原债务人自身的除外。

注释 对附属于主债务的从债务，在债务人转让债务以后，新债务人一并应对从债务予以承担，即使当事人在转让债务时未在转让协议中明确规定从债务问题，也不影响从债务转移给债务的受让人。如附属于主债务的利息债务等，因债务转移而将移转给承担人。例外的是，第三人原来向债权人所提供的担保，在债务转移时，若担保人未明确表示继续承担担保责任，则担保责任任不因债务转移而消灭。

专属于原债务人的从债务,在主债务转移时不必然随之转移。专属于原债务人的从债务,是指应当由原债务人自己来履行的附属于主债务的债务。一般在债务转移之前已经发生的从债务,要由原债务人来履行,不得转由债务的受让人来承担。对于与债务人的人身相关或者与原债务人有特殊关联的从债务,应由原债务人来承担,不随主债务的转让而由新债务人承担。

第五百五十五条　【合同权利义务的一并转让】当事人一方经对方同意,可以将自己在合同中的权利和义务一并转让给第三人。

注释　债权债务概括转移,是指债的关系当事人一方将其债权与债务一并转移给第三人,由第三人概括地继受这些债权和债务的债的移转形态。债权债务概括移转与债权转让及债务转移不同之处在于,债权转让和债务转移仅是债权或者债务的单一转让,而债权债务概括转移则是债权与债务的一并转让。

债权债务概括转移,一般由债的一方当事人与债的关系之外的第三人通过签订转让协议的方式,约定由第三人取代债权债务转让人的地位,享有该关系中转让人的一切债权并承担转让人一切债务。

可以进行债权债务概括转移的只能是双务之债,例如双务合同。仅仅一方负有债务、另一方享有债权的合同,以及单务合同,不适用债权债务概括转移。

债权债务概括转移的法律效果,是第三人替代合同的原当事人,成为新合同的当事人,一并承受转让的债权和债务。

第五百五十六条　【一并转让的法律适用】合同的权利和义务一并转让的,适用债权转让、债务转移的有关规定。

注释　由于债权债务概括转移在转让债权的同时,也有债务的转让,因此,应当适用债权转让和债务转移的有关规定。应当特别强调的是,为保护当事人的合法权利,不因债权债务的转让而使另一方受到损失,债权债务概括转移必须经另一方当事人同意,否则转让协议不产生法律效力。

第七章　合同的权利义务终止

第五百五十七条　【债权债务终止的法定情形】有下列情形之一的,债权债务终止:

(一)债务已经履行;
(二)债务相互抵销;
(三)债务人依法将标的物提存;
(四)债权人免除债务;
(五)债权债务同归于一人;
(六)法律规定或者当事人约定终止的其他情形。

合同解除的,该合同的权利义务关系终止。

注释　债的终止,也叫债权债务关系终止或者债的消灭,是指债的当事人之间的债的关系在客观上已经不复存在,债权与债务归于消灭。

债的消灭原因,本条规定为六种,即:(1)债务已经履行,即清偿;(2)债务相互抵销;(3)提存;(4)免除;(5)混同;(6)其他原因。除此之外,解除也消灭债的关系。之所以将解除从债的消灭事由中单独规定出来,是因为合同的解除是合同尚未履行完毕就推翻合同约定,这与前述六种债的消灭是不一样的。

链接　《证券投资基金法》第81条

第五百五十八条　【后合同义务】债权债务终止后,当事人应当遵循诚信等原则,根据交易习惯履行通知、协助、保密、旧物回收等义务。

注释　后合同义务,是指合同的权利义务终止后,当事人依照法律的规定,遵循诚信原则和交易习惯应当履行的附随义务。后合同义务的确定根据是法律规定和交易习惯。前者如本条规定的通知、协助、保密、旧物回收等义务,后者如售后三包服务等。后合同义务具有强制性。在后合同阶段,当事人不履行附随义务,给对方当事人造成损害的,应当承担相应的损害赔偿责任。

链接　《最高人民法院关于印发〈全国法院贯彻实施民法典工作会议纪要〉的通知》第10条

第五百五十九条　【从权利消灭】债权债务终止时,债权的从权利同时消灭,但是法律另有规定或者当事人另有约定的除外。

链接　《企业破产法》第124条

第五百六十条　【数项债务的清偿抵充顺序】债务人对同一债权人负担的数项债务种类相同,债务人的给付不足以清偿全部债务的,除当事人另有约定外,由债务人在清偿时指定其履行的债务。

债务人未作指定的,应当优先履行已经到期的债务;数项债务均到期的,优先履行对债权人缺乏担保或者担保最少的债务;均无担保或者担保相等的,优先履行债务人负担较重的债务;负担相同的,按照债务到期的先后顺序履行;到期时间相同的,按照债务比例履行。

注释 本条确定了债务清偿抵充规则。债务清偿抵充,是指对同一债权人负担数项债务的债务人,其给付的种类相同,但不足以清偿全部债务时,决定清偿抵充何项债务的债法制度。例如,债务人欠银行数笔欠款,设置担保、利息高低各不相同,在其给付不能清偿全部债务时,该次清偿应偿还哪笔欠款,就是清偿抵充。

第五百六十一条 【费用、利息和主债务的清偿抵充顺序】债务人在履行主债务外还应当支付利息和实现债权的有关费用,其给付不足以清偿全部债务的,除当事人另有约定外,应当按照下列顺序履行:

(一)实现债权的有关费用;

(二)利息;

(三)主债务。

注释 本条是对实现债权的费用之债、利息之债、主债务的清偿抵充顺序的规定。当债务人的给付不足以清偿全部债务时,有约定的,按照约定顺序进行;没有约定的,依照法定抵充顺序:(1)实现债权的有关费用;(2)利息之债;(3)主债务。该法定抵充顺序,均具有前一顺序对抗后一顺序的效力。

第五百六十二条 【合同的约定解除】当事人协商一致,可以解除合同。

当事人可以约定一方解除合同的事由。解除合同的事由发生时,解除权人可以解除合同。

注释 本条规定了两种当事人约定解除合同的情形:(1)在合同有效成立后、尚未履行完毕之前,当事人就解除合同协商一致的,可以解除合同;(2)当事人事先约定可以解除合同的事由,当该事由发生时,赋予一方合同解除权。

链接《劳动法》第 24 条

第五百六十三条 【合同的法定解除】有下列情形之一的,当事人可以解除合同:

(一)因不可抗力致使不能实现合同目的;

(二)在履行期限届满前,当事人一方明确表示或者以自己的行为表明不履行主要债务;

(三)当事人一方迟延履行主要债务,经催告后在合理期限内仍未履行;

(四)当事人一方迟延履行债务或者有其他违约行为致使不能实现合同目的;

(五)法律规定的其他情形。

以持续履行的债务为内容的不定期合同,当事人可以随时解除合同,但是应当在合理期限之前通知对方。

注释 在出现法定解除事由的情形下,拥有解除权的一方当事人可以单方面行使解除权,而无需和对方协商一致,即当事人可以解除,也可以决定不解除而继续履行。是否解除,由享有解除权的当事人根据实际情况自行作出判断。

案例 1. 张某华、徐某英诉启东市某置业有限公司房屋买卖合同纠纷案(《最高人民法院公报》2017 年第 9 期)

裁判规则:当事人将特定主观目的作为合同条件或成交基础并明确约定,则该特定主观目的之客观化,属于《合同法》第九十四条第四项"有其他违约行为致使不能实现合同目的"的规制范围。如开发商交付的房屋与购房合同约定的方位布局相反,且无法调换,购房者可以合同目的不能实现解除合同。

2. 何某红诉中国某保险股份有限公司佛山市顺德支公司、中国某保险股份有限公司佛山分公司保险合同纠纷案(《最高人民法院公报》2008 年第 8 期)

裁判规则:基于保险合同的特殊性,合同双方当事人应当最大限度地诚实守信。投保人依法履行如实告知义务,即是最大限度诚实守信的一项重要内容。根据《保险法》的规定,投保人在订立保险合同前,应当如实回答保险人就保险标的或者被保险人的有关情况作出的询问,如实告知影响保险人对是否承保以及如何设定承保条件、承保费率作出正确决定的重要事项。对于投保人故意隐瞒事实,不履行如实告知义务的,或者因过失未履行如实告知义务,足以影响保险人决定是否同意承保或者提高保险费率的,保险人有权解除保险合同,并对于保险合同解除前发生的保险事故不承担赔偿或者给付保险金的责任。

如果保险人在明知投保人未履行如实告知义务的情况下,不是进一步要求投保人如实告知,而是仍与之订立保险合同,则应视为其主动放弃了抗辩权利,构成有法律约束力的弃权行为,故无权再以投保人违反如实告知义务为由解除保险合同,而应严格依照保险合同的约定承担保险责任。

3. 甲公司诉乙公司等合作开发协议纠纷案
（《最高人民法院公报》2005年第3期）

裁判规则： 一、催告对方履行的当事人应当是守约方，处于违约状态的当事人不享有基于催告对方仍不履行而产生的合同解除权。

二、合同解除权的行使须以解除权成就为前提，解除行为应当符合法律规定的程序，否则不能引起合同解除的法律效果。

链接《城市房地产管理法》第16、17条；《农村土地承包法》第42条；《消费者权益保护法》第24条；《买卖合同解释》第19条

第五百六十四条【解除权行使期限】法律规定或者当事人约定解除权行使期限，期限届满当事人不行使的，该权利消灭。

法律没有规定或者当事人没有约定解除权行使期限，自解除权人知道或者应当知道解除事由之日起一年内不行使，或者经对方催告后在合理期限内不行使的，该权利消灭。

注释 本条是对解除权行使期限的规定。不论是约定的解除权行使期限，还是法定的解除权行使期限，都是不变期间，不适用中止、中断和延长的规定。

案例 天津市某商贸大世界有限公司与天津市某工贸有限公司、王某锋财产权属纠纷案（《最高人民法院公报》2013年第10期）

裁判规则：《最高人民法院关于审理商品房买卖合同纠纷案件适用法律若干问题的解释》关于解除权行使期限的规定仅适用于该解释所称的商品房买卖合同纠纷案件。对于其他房屋买卖合同解除权的行使期限，法律没有规定或者当事人没有约定的，应当根据《合同法》第九十五条的规定，在合理期限内行使。何为"合理期限"，由人民法院结合具体案情予以认定。

链接《最高人民法院关于审理商品房买卖合同纠纷案件适用法律若干问题的解释》第11条

第五百六十五条【合同解除权的行使规则】当事人一方依法主张解除合同的，应当通知对方。合同自通知到达对方时解除；通知载明债务人在一定期限内不履行债务则合同自动解除，债务人在该期限内未履行债务的，合同自通知载明的期限届满时解除。对方对解除合同有异议的，任何一方当事人均可以请求人民法院或者仲裁机构确认解除行为的效力。

当事人一方未通知对方，直接以提起诉讼或者申请仲裁的方式依法主张解除合同，人民法院或者仲裁机构确认该主张的，合同自起诉状副本或者仲裁申请书副本送达对方时解除。

注释 解除权的性质是形成权，行使解除权的方式是通知。故确定解除权生效时间的基本规则是：

1. 解除权人在行使解除权时，只要将解除合同的意思表示通知对方，即产生解除的效力，解除权生效的时间采到达主义，即合同自通知到达对方时解除。

2. 通知载明债务人在一定期限内不履行债务则合同自动解除，债务人在该期限内未履行债务的，合同自通知载明的期限届满时解除。对方如果对行使解除权解除合同有异议，任何一方当事人都可以向法院起诉或者仲裁机构申请，请求确认解除合同的效力。人民法院或者仲裁机构确认解除权成立的，按照上述解除权生效时间的规定裁判。

如果当事人一方未通知对方，而是直接向法院或者仲裁机构起诉或者申请，以诉讼或者仲裁方式主张解除合同的，人民法院或者仲裁机构支持该方当事人行使解除权主张的，起诉状副本或者仲裁申请书副本送达对方的时间，为合同的解除时间。

案例 深圳某实业有限公司与深圳市某股份合作公司、深圳市宝安区某物业发展总公司、深圳市某投资发展有限公司等合作开发房地产合同纠纷案（《最高人民法院公报》2011年第5期）

裁判规则： 合同一方当事人构成根本违约时，守约的一方当事人享有法定解除权。合同的解除在解除通知送达违约方时即发生法律效力，解除通知送达时间的拖延只能导致合同解除时间相应后延，而不能改变合同解除的法律后果。当事人没有约定合同解除异议期间，在解除通知送达之日起三个月以后才向人民法院起诉的，人民法院不予支持。

第五百六十六条【合同解除的法律后果】合同解除后，尚未履行的，终止履行；已经履行的，根据履行情况和合同性质，当事人可以请求恢复原状或者采取其他补救措施，并有权请求赔偿损失。

合同因违约解除的，解除权人可以请求违约方承担违约责任，但是当事人另有约定的除外。

主合同解除后，担保人对债务人应当承担的

民事责任仍应当承担担保责任，但是担保合同另有约定的除外。

【注释】解除效力，是指合同之债解除后所产生的法律后果。

合同解除的直接法律后果，是使合同关系消灭，合同不再履行。解除之前的债权债务关系应当如何处理，涉及解除的溯及力问题。如果具有溯及力，则对解除之前已经履行的部分，就要发生恢复原状的法律后果；如果解除不具有溯及力，则解除之前所为的履行仍然有效存在，当事人无须恢复原状。

本条规定的规则是：（1）尚未履行的，履行终止，不再继续履行；（2）已经履行的，一是根据履行情况和合同性质，二是根据当事人是否请求的态度决定，当事人可以请求恢复原状，也可以不请求，完全取决于当事人的意志。请求恢复原状的，这种合同之债解除就具有溯及力，反之，就不具有溯及力。当事人也可以采取其他补救措施，并有权要求赔偿损失。根据合同的履行情况和合同性质，能够恢复原状，当事人又予以请求的，则可以恢复原状。如果根据履行情况和合同性质是不可能恢复原状的，即使当事人请求，也不可能恢复原状。例如，租赁、借贷、委托、中介、运输等合同，都是不能恢复原状的。至于损害赔偿，合同的解除不影响当事人要求损害赔偿的权利。只要合同不履行已经造成了债权人的财产利益损失，违约方要进行赔偿，就应当予以赔偿。如果解除合同的原因是不可抗力，则不发生损害赔偿责任。

合同是因违约而解除的，未违约的一方当事人是解除权人，可以请求违约方承担违约责任，如果当事人另有约定，则按照当事人的约定办理。

主合同解除后，尽管主合同的债权债务关系消灭，但是其担保人对债权人的担保权利并不一并消灭，担保人（包括第三人担保和债务人自己担保）对债务人应当承担的民事责任并不消灭，仍应承担担保责任，但是担保合同另有约定的除外。

【案例】孟某诉某旅行社旅游合同纠纷案（《最高人民法院公报》2005年第2期）

【裁判规则】一方当事人提出解除合同后，在未与对方协商一致的情况下，拒绝对方提出减少其损失的建议，坚持要求对方承担解除合同的全部损失，并放弃履行合同，致使自身利益受到损害的，应负全部责任。

【链接】《城市房地产管理法》第16条；《劳动法》第28条；《保险法》第47条；《旅游法》第65、68条

第五百六十七条 【结算、清理条款效力的独立性】合同的权利义务关系终止，不影响合同中结算和清理条款的效力。

第五百六十八条 【法定抵销】当事人互负债务，该债务的标的物种类、品质相同的，任何一方可以将自己的债务与对方的到期债务抵销；但是，根据债务性质、按照当事人约定或者依照法律规定不得抵销的除外。

当事人主张抵销的，应当通知对方。通知自到达对方时生效。抵销不得附条件或者附期限。

【注释】抵销，是指当事人互负给付债务，各以其债权充当债务的清偿，而使其债务与对方的债务在对等额内相互消灭的债的消灭制度。抵销分为法定抵销与合意抵销两种。法定抵销，是指由法律规定两债权得以抵销的条件，当条件具备时，依当事人一方的意思表示即可发生抵销效力的抵销。这种通过单方意思表示即可产生抵销效力的权利，是形成权。

法定抵销须具备的要件是：（1）双方当事人必须互负债权、债务；（2）双方当事人所负债务标的物种类、品质相同；（3）对方债务须已届清偿期，此处与原合同法的规定不同；（4）双方所负债务必须都属于可抵销的债务。具备这些条件，当事人取得抵销权，可以即时行使，也可以放弃。

抵销为处分债权的单方法律行为，应当适用关于法律行为和意思表示的法律规定。当事人主张抵销的，应当通知对方。通知自到达对方时生效。抵销不得附条件，也不得附期限，因为如果抵销附条件或者附期限，会使抵销的效力变得不确定，有违抵销的本意，也有害于他人的利益。

现行法律中规定不得抵销的情形：

破产程序。债权人在破产申请受理前对债务人负有债务的，可以向管理人主张抵销。但是，有下列情形之一的，不得抵销：（1）债务人的债务人在破产申请受理后取得他人对债务人的债权的；（2）债权人已知债务人有不能清偿到期债务或者破产申请的事实，对债务人负担债务的；但是，债权人因为法律规定或者有破产申请一年前所发生的原因而负担债务的除外；（3）债务人的债务人已知债务人有不能清偿到期债务或者破产申请的事实，对债务人取得债权的；但是，债务人的债务人

因为法律规定或者有破产申请一年前所发生的原因而取得债权的除外。(参见《企业破产法》第四十条)

合伙企业债务。合伙人发生与合伙企业无关的债务,相关债权人不得以其债权抵销其对合伙企业的债务;也不得代位行使合伙人在合伙企业中的权利。(参见《合伙企业法》第四十一条)

农村土地承包。发包方或者其他组织、个人擅自截留、扣缴承包收益或者土地经营权流转收益,承包方请求返还的,应予支持。发包方或者其他组织、个人主张抵销的,不予支持。(参见《最高人民法院关于审理涉及农村土地承包纠纷案件适用法律问题的解释》)

第五百六十九条　【约定抵销】当事人互负债务,标的物种类、品质不相同的,经协商一致,也可以抵销。

注释　合意抵销,也叫约定抵销、意定抵销,是指当事人双方基于协议而实行的抵销。

合意抵销重视的是债权人之间的意思自由,因而可以不受法律所规定的构成要件的限制,当事人只要达成抵销合意,即可发生抵销的效力。之所以这样规定,是因为债权属于债权人的私权,债权人有处分的权利,只要其处分行为不违背法律、法规与公序良俗,法律就无权干涉。

合意抵销的效力与法定抵销的区别是:(1)抵销的根据不同,一个是法律规定,一个是当事人约定。(2)债务的性质要求不同,法定抵销要求当事人互负债务的种类、品种相同;合意抵销则允许不同。(3)债务的履行期限要求不同,合意抵销不受债务是否已届清偿期的要求。(4)抵销的程序不同,法定抵销以通知的方式为之,抵销自通知到达对方时生效;合意抵销双方协商一致即可。

第五百七十条　【提存的条件】有下列情形之一,难以履行债务的,债务人可以将标的物提存:

(一)债权人无正当理由拒绝受领;

(二)债权人下落不明;

(三)债权人死亡未确定继承人、遗产管理人,或者丧失民事行为能力未确定监护人;

(四)法律规定的其他情形。

标的物不适于提存或者提存费用过高的,债务人依法可以拍卖或者变卖标的物,提存所得的价款。

注释　提存,是指债务人于债务已届履行期时,将无法给付的标的物提交给提存部门,以消灭债务的债的消灭方式。提存可使债务人将无法交付给债权人的标的物交付给提存部门,消灭债权债务关系,为保护债务人的利益提供了一项行之有效的措施。

提存作为债的消灭原因,提存的标的物应与合同约定给付的标的物相符合,否则不发生清偿的效力。给付的标的物是债务人的行为、不行为或单纯的劳务,不适用提存。其他不适宜提存或者提存费用过高的,如体积过大之物,易燃易爆的危险物等,应由债务人依法拍卖或变卖,将所得的价金进行提存。

法律规定的其他可以提存的情形,比如《企业破产法》规定:

对于附生效条件或者解除条件的债权,管理人应当将其分配额提存。提存的分配额,在最后分配公告日,生效条件未成就或者解除条件成就的,应当分配给其他债权人;在最后分配公告日,生效条件成就或者解除条件未成就的,应当交付给债权人。

债权人未受领的破产财产分配额,管理人应当提存。债权人自最后分配公告之日起满两个月仍不领取的,视为放弃受领分配的权利,管理人或者人民法院应当将提存的分配额分配给其他债权人。

破产财产分配时,对于诉讼或者仲裁未决的债权,管理人应当将其分配额提存。自破产程序终结之日起满两年仍不能受领分配的,人民法院应当将提存的分配额分配给其他债权人。

链接　《公证法》第12条;《企业破产法》第117—119条

第五百七十一条　【提存的成立】债务人将标的物或者将标的物依法拍卖、变卖所得价款交付提存部门时,提存成立。

提存成立的,视为债务人在其提存范围内已经交付标的物。

第五百七十二条　【提存的通知】标的物提存后,债务人应当及时通知债权人或者债权人的继承人、遗产管理人、监护人、财产代管人。

第五百七十三条　【提存期间风险、孳息和提存费用负担】标的物提存后,毁损、灭失的风险由债权人承担。提存期间,标的物的孳息归债权人所有。提存费用由债权人负担。

第五百七十四条 【提存物的领取与取回】债权人可以随时领取提存物。但是,债权人对债务人负有到期债务的,在债权人未履行债务或者提供担保之前,提存部门根据债务人的要求应当拒绝其领取提存物。

债权人领取提存物的权利,自提存之日起五年内不行使而消灭,提存物扣除提存费用后归国家所有。但是,债权人未履行对债务人的到期债务,或者债权人向提存部门书面表示放弃领取提存物权利的,债务人负担提存费用后有权取回提存物。

注释 本条规定的五年为不变期间,不适用诉讼时效中止、中断或者延长的规定。

此外,本条第二款在原合同法规定的基础上增加了关于债务人可以取回提存物的情形的规定。

第五百七十五条 【债的免除】债权人免除债务人部分或者全部债务的,债权债务部分或者全部终止,但是债务人在合理期限内拒绝的除外。

注释 免除,是指债权人抛弃债权,从而全部或者部分消灭债的关系的单方法律行为。免除是无因行为、无偿行为、不要式行为。

免除应当具备的条件是:(1)免除的意思表示须向债务人为之,免除的意思表示到达债务人或其代理人时生效。(2)债权人须对被免除的债权具有处分能力,如法律禁止抛弃的债权不得免除。(3)免除不得损害第三人利益,如已就债权设定质权的债权人,不得免除债务人的债务而对抗质权人。

免除的效力是使债的关系消灭。债务全部免除的,债的关系全部消灭;债务部分免除的,债的关系于免除的范围内部分消灭。主债因免除而消灭的,从债随之消灭。从债务免除的,不影响主债务的存在,但其他债务人不再负担该份债务。

债权人作出免除的意思表示后,债务人可以拒绝。债务人拒绝债务免除的意思表示,应当在合理期限之内为之,超出合理期限的,视为免除已经生效,消灭该债务债务关系。

第五百七十六条 【债权债务混同的处理】债权和债务同归于一人的,债权债务终止,但是损害第三人利益的除外。

注释 混同,是指债权和债务同归于一人,而使合同关系消灭的事实。混同以债权与债务归属于同一人而成立,与人的意志无关,属于事件。混同的效力是导致债的关系的绝对消灭,并且主债务消灭,从债务随之消灭,如保证债务因主债务人与债权人混同而消灭。混同虽然产生债的消灭的效力,但在例外的情形下,即损害第三人利益时,虽然债权人和债务人混同,但是合同并不消灭。

第八章 违约责任

第五百七十七条 【违约责任的种类】当事人一方不履行合同义务或者履行合同义务不符合约定的,应当承担继续履行、采取补救措施或者赔偿损失等违约责任。

注释 违约行为形态主要是:(1)不履行合同义务:主要形态是拒绝履行,是指债务人对债权人表示不履行的违约行为;也包括履行不能,是债务人在客观上已经没有履行能力,或者法律禁止该种债的履行。(2)履行合同义务不符合约定:一是迟延履行,是指债务人能够履行但在履行期限届满时却未履行债务的违约行为,也包括债权人的受领迟延行为;二是瑕疵履行,是指债务人虽然履行了债务,但其履行不符合债务本质的违约行为。

案例 1. 范某与某期货经纪有限责任公司天津营业部期货交易合同纠纷再审案(《最高人民法院公报》2011年第6期)

裁判规则:期货公司采取强行平仓措施必须具备三个前提条件:一是客户保证金不足;二是客户没有按照要求及时追加保证金;三是客户没有及时自行平仓。期货公司违反上述规定和合同约定强行平仓,导致客户遭受损害的,应依法承担相应的责任。

2. 荷属某航运有限公司与中国某船舶修理合同纠纷案(《最高人民法院公报》2008年第12期)

裁判规则:船舶虽然在修理厂进行修理,但并非全船属于修理厂的修理范围,船员始终保持全编在岗状态。在此情况下发生火灾,船方主张修理厂对火灾损失承担违约责任的,应当对起火点位于船舶修理合同范围之内、修理厂存在不履行合同或者不按约定履行合同的违约行为、火灾损失的存在以及修理厂的违约行为与火灾损失的发生之间存在因果关系等问题承担举证责任。船方不能就上述问题举证的,人民法院对其诉讼请求不予支持。

3. 黄某诉某房产公司商品房预售合同纠纷案（《最高人民法院公报》2006年第2期）

裁判规则：对所购房屋显而易见的瑕疵，业主主张已经在开发商收执的《业主入住验收单》上明确提出书面异议。开发商拒不提交有业主签字的《业主入住验收单》，却以业主已经入住为由，主张业主对房屋现状认可。根据《最高人民法院关于民事诉讼证据的若干规定》，可以推定业主关于已提出异议的主张成立。交付房屋不符合商品房预售合同中的约定，应由开发商向业主承担违约责任。交付房屋改变的建筑事项，无论是否经过行政机关审批或者是否符合建筑规范，均属另一法律关系，不能成为开发商不违约或者免除违约责任的理由。

4. 徐某诉某银行股份有限公司上海某支行银行卡纠纷案（最高人民法院指导案例169号）

裁判规则：持卡人提供证据证明他人盗用持卡人名义进行网络交易，请求发卡行承担被盗刷账户资金减少的损失赔偿责任，发卡行未提供证据证明持卡人违反信息妥善保管义务，仅以持卡人身份识别信息和交易验证信息相符为由主张不承担赔偿责任的，人民法院不予支持。

链接《旅游法》第70—72条

第五百七十八条　【预期违约责任】当事人一方明确表示或者以自己的行为表明不履行合同义务的，对方可以在履行期限届满前请求其承担违约责任。

注释　预期违约，也称为先期违约，是指在履行期限到来前，一方无正当理由而明确表示其在履行期到来后将不履行合同，或者以其行为表明其在履行期到来以后将不可能履行合同。预期违约包括明示毁约和默示毁约。明示毁约是指一方当事人无正当理由，明确肯定地向另一方当事人表示他将在履行期限到来后不履行合同。默示毁约是指在履行期限到来前，一方虽然没有明确表示不履行债务但以自己的行为或者现状表明其将不会或不能履行债务。

"以自己的行为表明"是指一方当事人通过自己的行为让对方当事人有确切的证据预见到其在履行期限届满时将不履行或不能履行合同主要义务。由于这两种违约行为发生在履行期限届满前，因此，另一方当事人可以在履行期限届满前要求违约方承担违约责任。

预期违约的构成要件是：其一，违约的时间必须是在合同有效成立后至履行期限届满前；其二，违约必须是对合同根本性义务的违反，即导致合同目的落空，体现为不履行合同义务；其三，违约方不履行合同义务无正当理由。如果债务人有正当理由拒绝履行债务的，例如拒绝履行诉讼时效已届满的债务则不构成预期违约。

第五百七十九条　【金钱债务的继续履行】当事人一方未支付价款、报酬、租金、利息，或者不履行其他金钱债务的，对方可以请求其支付。

第五百八十条　【非金钱债务的继续履行】当事人一方不履行非金钱债务或者履行非金钱债务不符合约定的，对方可以请求履行，但是有下列情形之一的除外：

（一）法律上或者事实上不能履行；

（二）债务的标的不适于强制履行或者履行费用过高；

（三）债权人在合理期限内未请求履行。

有前款规定的除外情形之一，致使不能实现合同目的的，人民法院或者仲裁机构可以根据当事人的请求终止合同权利义务关系，但是不影响违约责任的承担。

注释　债权人请求继续履行，必须以非金钱债务能够继续履行为前提，如果非金钱债务不能继续履行，对方就不能请求继续履行，或者其提出继续履行的请求，债务人能够依据本条第一款提出抗辩。当然，即使债权人不能请求债务人继续履行，其仍然有权依法请求债务人承担其他违约责任，尤其是赔偿损失。不能请求继续履行具体包括以下情形：

1. 法律上或者事实上不能履行。法律上不能履行，指的是基于法律规定而不能履行，或者履行将违反法律的强制性规定。事实上不能履行，是指依据自然法则已经不能履行。人民法院或者仲裁机构应当对是否存在法律上或者事实上不能履行的情形进行审查。

2. 债务的标的不适于强制履行或者履行费用过高。债务的标的不适于强制履行，指依据债务的性质不适合强制履行，或者执行费用过高。比如：（1）基于高度的人身依赖关系而产生的合同，如委托合同、合伙合同等。（2）对于许多提供服务、劳务或者不作为的合同来说，如果强制履行会危害到债务人的人身自由和人格尊严，或者完全属于人身性质,则不得请求继续履行。履行费用过高,指履行仍然可能,但确会导致履行方负担过重,产生不合理的过大的负担或者过高的费用。在判断履行费用是否过高时,需要对比履行的费用和债权人通过履行所可能获得的利益、履行的费用和采取其他补救措施的费用,还需要考量守约方从其他渠道获得履行进行替代交易的合理性和可能性。

3. 债权人在合理期限内未请求履行。此处的合理期限首先可以由当事人事先约定;如果没有约定或约定不明确,当事人可以协议补充;无法协议补充的,按照合同有关条款或者交易习惯确定,这需要在个案中结合合同种类、性质、目的和交易习惯等因素予以具体判断。

同时,需要指出的是,请求继续履行和合同解除是互斥而且不能并存的。本法第五百六十六条第二款规定,合同因违约解除的,解除权人可以请求违约方承担违约责任,但是当事人另有约定的除外。该款中的违约责任不包括继续履行,如果合同被依法解除,债权人就不能请求债务人继续履行。

本条第二款是关于出现非金钱债务继续履行除外条款之一,致使合同目的不能实现,当事人可申请司法终止合同的规定。该款规定不影响对当事人依据法律规定或者约定所享有的法定解除权和约定解除权,对方当事人仍然可以行使解除权解除合同。

该款适用的法律后果如下:(1)人民法院或者仲裁机构可以终止合同权利义务关系。应当注意的是,并非当事人提出请求后,人民法院或者仲裁机构就必须终止合同,在当事人提出终止合同的请求后,由人民法院或者仲裁机构依法判决是否终止合同。因此,当事人根据本款所享有的仅仅是申请司法终止合同的权利,而非终止合同的权利,本款并未规定当事人的终止权或者形成诉权,而是司法的终止权。人民法院或者仲裁机构有权结合案件的实际情况,根据诚信和公平原则决定是否终止合同。此时,可以考虑债务人是否已经进行了部分履行、债务人是否恶意违约、不能继续履行的原因、债务人是否因合同不终止而遭受了严重损失、债权人是否能够以成本较低的方式获得替代履行、债务人是否对他人有赔偿请求权、债权人拒绝解除合同是否为获得不相当的利益而违反诚信原则、合同不终止是否导致双方的权利

义务或者利益关系明显失衡等因素。(2)不影响违约方承担除继续履行之外的其他违约责任。合同被终止后,违约方自然无需继续履行,但其仍然要依法承担除继续履行之外的其他违约责任,尤其是赔偿损失的责任,以保障对方当事人的利益。因此,对方当事人有权依据本法第五百八十四条请求违约方承担违约责任;如果双方约定了违约金或者定金,对方当事人有权依据第五百八十五条以下条文请求违约方承担违约金责任或者定金责任。

第五百八十一条 【替代履行】当事人一方不履行债务或者履行债务不符合约定,根据债务的性质不得强制履行的,对方可以请求其负担由第三人替代履行的费用。

第五百八十二条 【瑕疵履行违约责任】履行不符合约定的,应当按照当事人的约定承担违约责任。对违约责任没有约定或者约定不明确,依据本法第五百一十条的规定仍不能确定的,受损害方根据标的的性质以及损失的大小,可以合理选择请求对方承担修理、重作、更换、退货、减少价款或者报酬等违约责任。

注释 对于非金钱债务,如果债务人履行不符合约定,应当承担的违约责任主要是采取补救措施。如果在合同中对因履行不符合约定承担违约责任没有约定或者约定不明确的,应当采取办法进行确定。确定的办法是:

1. 依照《民法典》第五百一十条的规定进行确定。合同当事人就质量、价款或者报酬、履行地点等内容的违约责任没有约定或者约定不明确的,可以协议补充,不能达成协议的,按照合同的有关条款、合同性质、目的或者交易习惯确定采取补救措施的违约责任。

2. 受损害方根据标的的性质以及损失的大小,合理选择应当采取的补救措施的违约责任。

链接《消费者权益保护法》第40—45、48、52—54条;《产品质量法》第40—43条;《买卖合同解释》第17条

第五百八十三条 【违约损害赔偿责任】当事人一方不履行合同义务或者履行合同义务不符合约定的,在履行义务或者采取补救措施后,对方还有其他损失的,应当赔偿损失。

第五百八十四条 【法定的违约赔偿损失】当事人一方不履行合同义务或者履行合同义务不符合约定,造成对方损失的,损失赔偿额应当相当于

因违约所造成的损失，包括合同履行后可以获得的利益；但是，不得超过违约一方订立合同时预见到或者应当预见到的因违约可能造成的损失。

注释 违约的赔偿损失包括法定的赔偿损失和约定的赔偿损失，本条规定的是法定的违约赔偿损失。承担违约赔偿损失责任的构成要件包括：（1）有违约行为，即当事人一方不履行合同义务或者履行合同义务不符合约定。（2）违约行为造成了对方的损失。如果违约行为未给对方造成损失，则不能用赔偿损失的方式追究违约人的民事责任。（3）违约行为与对方损失之间有因果关系，对方的损失是违约行为所导致的。（4）无免责事由。

违约赔偿损失的范围可由法律直接规定，或由双方约定。当事人可以事先约定免除责任和限制责任的条款，在不违反法律规定的前提下，该免责或者限制责任条款是有效的。在法律没有特别规定和当事人没有另行约定的情况下，应按完全赔偿原则，即因违约方的违约使受害人遭受的全部损失都应当由违约方承担赔偿责任。完全赔偿意味着：第一，在因违约造成受害人损失的情况下，应以受害人的损失作为确定赔偿范围的标准。第二，赔偿不能超过受害人的损失，受害人不能因此而获利。第三，在赔偿时，一般不应根据违约方的过错程度来确定责任的范围。按照完全赔偿原则，违约损失赔偿额应当相当于因违约所造成的损失，包括对实际损失和可得利益的赔偿。实际损失，即所受损害，指因违约而导致现有利益的减少，是现实利益的损失，又被称为积极损失。实际损失包括：（1）信赖利益的损失，包括费用的支出、丧失其他交易机会的损失以及因对方违约导致自己对第三人承担违约赔偿的损失等。（2）固有利益的损失。在违约赔偿中，由于证明可得利益的困难性，债权人可以选择请求债务人赔偿信赖利益。可得利益，即所失利益，受害人在合同履行后本可以获得的，但因违约而无法获得的利益，是未来的、期待的利益的损失，又被称为消极损失。可得利益是合同履行后债权人所能获得的纯利润。根据交易的性质、合同的目的等因素，可得利益损失主要分为生产利润损失、经营利润损失和转售利润损失等类型。可得利益必须是将来按照通常情形能够得到的利益，这要求在一些情形中，对可得利益的赔偿应当考量发生的概率。

案例 陈甲、徐某芳、陈乙诉上海携程国际旅行社有限公司旅游合同纠纷案（《最高人民法院公报》2015年第4期）

裁判规则：当事人对自己提出的主张，有责任提供证据。旅游经营者主张旅游者的单方解约系违约行为，应当按照合同约定承担实际损失的，则旅游经营者应当举证证明"损失已实际产生"和"损失的合理性"。如举证不力，则由旅游经营者承担不利后果。

第五百八十五条 【违约金的约定】当事人可以约定一方违约时应当根据违约情况向对方支付一定数额的违约金，也可以约定因违约产生的损失赔偿额的计算方法。

约定的违约金低于造成的损失的，人民法院或者仲裁机构可以根据当事人的请求予以增加；约定的违约金过分高于造成的损失的，人民法院或者仲裁机构可以根据当事人的请求予以适当减少。

当事人就迟延履行约定违约金的，违约方支付违约金后，还应当履行债务。

注释 违约金是当事人在合同中约定的或者由法律直接规定的一方违反合同时向对方支付一定数额的金钱，这是违反合同可以采用的承担民事责任的方式，只适用于当事人有违约金约定或者法律规定违反合同应支付违约金的情形。违约金的标的物通常是金钱，但是当事人也可以约定违约金标的物为金钱以外的其他财产。违约金依据产生的根据，可以分为法定违约金和约定违约金。法定违约金是由法律直接规定违约的情形和应当支付的违约金数额。只要当事人一方发生法律规定的违约情况，就应当按照法律规定的数额向对方支付违约金。中国人民银行关于逾期罚息的规定，可以认为是法定违约金。约定违约金可能表现为不同的形式，可以约定向对方支付一定数额的违约金，也可以约定因违约产生的损失赔偿额的计算方法。根据约定违约金的目的，违约金可以区分为赔偿性的违约金、惩罚性的违约金和责任限制性违约金。当事人约定违约金，一方面是为了事先确定违约后的赔偿数额，以降低法定损失的举证成本，另一方面也可能是为了向对方施加履约压力、督促对方守约而约定高额的违约金，还可能是为了避免责任过重而约定低额的违约金。当事人的这些意图可能兼而有之，因此，不同性质的违约金可能在功能上有交叉和重合。在赔偿性的违约金和惩罚性的违约金之间,首先是取决于当事人的目的,一般而言,如果约定了明显高额的违约金,或者违约金不排斥继续履行或者法定的赔偿损失,则可以认定为惩罚性的违约金,或者约定违约金至少部分具有惩罚性的功能。本条规定的违约金以赔偿性的违约金为原则,当事人无约定或者约定不明时,推定为赔偿性的违约金。

本条第二款对于约定的违约金确立了司法酌情增减规则。司法酌情增减适用的前提是:(1)约定的违约金低于或者过分高于造成的损失。此处的损失应当按照前条规定的法定赔偿损失的范围和数额予以认定,包括实际损失和可得利益。(2)由当事人提出申请,提出申请的当事人需承担相应的举证责任。在适用本款规定的时候,人民法院或者仲裁机构可以适当调整违约金数额,但并非应当。在判断约定违约金是否需增减时,一般应当以对债权人造成的损失为基准。

应当注意的是,当事人关于定金的约定,适用定金罚则后也可能会出现与造成的损失不相匹配的情形,此时可以参照适用本款规定,由人民法院或者仲裁机构根据当事人的请求酌情予以调整。

本条第三款是关于违约方支付迟延履行违约金后,还应当履行债务的规定。对此不应反面解释认为,如果债权人先主张继续履行或先行受领了继续履行,即不得请求迟延履行违约金或者视为放弃迟延履行违约金。债权人受领了债务人迟延后的继续履行,仍可并行主张迟延履行违约金,此并行主张不以受领给付时作特别保留为必要。应当注意的是,本款仅规定了迟延履行违约金和继续履行之间的关系,并未具体规定违约金和其他违约责任形式之间的关系,也未具体规定在其他违约类型中违约金和继续履行之间的关系。关于这些关系的处理,需要结合具体情形予以考量。首先要注意是否是同一违约行为导致违约金和其他违约责任形式;其次要注意当事人是否存在特别约定;再次要注意约定的违约金是否是替代给付的违约金,以及其与其他违约责任形式之间的目的衔接;最后还要注意,约定的违约金可以与其他违约责任形式并用时,则需要考量债权人损失的大小,而在不同情形中对违约金予以适当调整。

链接《买卖合同解释》第20、21条;《最高人民法院关于印发〈全国法院贯彻实施民法典工作会议纪要〉的通知》第11条

第五百八十六条 【定金】当事人可以约定一方向对方给付定金作为债权的担保。定金合同自实际交付定金时成立。

定金的数额由当事人约定;但是,不得超过主合同标的额的百分之二十,超过部分不产生定金的效力。实际交付的定金数额多于或者少于约定数额的,视为变更约定的定金数额。

注释 本条吸收了担保法及担保法司法解释关于定金及其数额的规定。所谓定金,就是指当事人约定的,为保证债权的实现,由一方在履行前预先向对方给付的一定数量的货币或者其他代替物。定金是担保的一种,本条规定的是违约定金。定金与预付款不同,定金具有担保作用,不履行债务或者履行债务不符合约定,致使不能实现合同目的的,适用定金罚则;但预付款仅仅是在标的物正常交付或者服务正常提供的情况下预付的款项,如有不足,交付预付款的一方再补交剩余的价款即可,在交付标的物或者提供服务的一方违约时,如果交付预付款的一方解除合同,有权请求返还预付款。定金与押金也不同,一般而言,押金的数额没有定金数额的限制,而且没有定金罚则的适用。押金类型非常多,无法统一确定,甚至有的押金需要清算,多退少补。履约保证金的类型也是多种多样。当事人交付留置金、担保金、保证金、订约金、押金或者订金等,但没有约定定金性质的,不能按照定金处理,但是,如果押金和保证金根据当事人的约定符合定金构成的,可以按照定金处理。

定金合同是民事法律行为的一种,适用民事法律行为的一般规则,可以在合同的主文中载明,也可以单独设立。但是,按照本条第一款的规定,定金合同是实践性合同,自实际交付定金时才成立,当然定金交付的时间由双方当事人约定。当事人订立定金合同后,不履行交付定金的约定,不承担违约责任。同时,定金合同是一种从合同,应参照本法第六百八十二条第一款的规定,主债权债务合同无效、被撤销或者确定不发生效力,定金合同也随之无效或者不发生效力。但是,在主合同因违约而被解除后,根据本法第五百六十六条第二款的规定"合同因违约解除的,解除权人可以请求违约方承担违约责任,但是当事人另有约定的除外",解除权人仍有权依据定金罚则请求违约方承担责任。

按照本条第二款规定,定金的数额由当事人约定。但是,在能够确定主合同标的额的前提下,约定的数额不得超过主合同标的额的百分之二十。如果超过,则超过的部分不产生定金的效力,应当予以返还或者按照约定抵作价款,但未超过的部分仍然产生定金效力。

第五百八十七条 【定金罚则】债务人履行债务的,定金应当抵作价款或者收回。给付定金的一方不履行债务或者履行债务不符合约定,致使不能实现合同目的的,无权请求返还定金;收受定金的一方不履行债务或者履行债务不符合约定,致使不能实现合同目的的,应当双倍返还定金。

注释 相较于原合同法的规定,本条增加规定了在"履行债务不符合约定,致使不能实现合同目的"的情形下定金罚则的适用。

定金的主要效力,是在主合同履行后,定金应当抵作价款或者收回。抵作价款是以定金抵销货币给付义务,应当优先适用。而当一方当事人违约时,定金罚则发生效力。给付定金的一方不履行约定的债务或者履行债务不符合约定,致使不能实现合同目的的,无权要求返还定金;收受定金的一方不履行约定的债务或者履行债务不符合约定,致使不能实现合同目的的,应当双倍返还定金。适用定金罚则的条件是不履行债务,即违约。违约的归责事由属于哪一方当事人,就由哪一方当事人承担定金罚则的后果。违约的归责事由属于给付定金一方,则由给付定金一方承担,属于收受定金一方,则由收受定金一方承担。具体的违约行为,可以是主观上的原因,也可以是客观上的原因,具体原因不论,只要不履行债务即可适用定金罚则。

当合同债务不能履行是因不可归责于双方当事人的事由时,不履行者当然不应承担民事责任,定金作为合同的担保也就不再发生效力,应当使其恢复原状,收受定金一方应当将定金返还给付定金的一方当事人。

第五百八十八条 【违约金与定金竞合选择权】当事人既约定违约金,又约定定金的,一方违约时,对方可以选择适用违约金或者定金条款。

定金不足以弥补一方违约造成的损失的,对方可以请求赔偿超过定金数额的损失。

注释 合同既约定了违约金,又约定了定金,在当事人不存在明确的特别约定的情况下,如果一方违约,对方当事人可以选择适用违约金或者定金条款,但二者不能并用。不能并用的前提是针对同一违约行为。如果违约金和定金是针对不同的违约行为,则存在并用的可能性,但不应超过违约行为所造成的损失总额。

第五百八十九条 【债权人受领迟延】债务人按照约定履行债务,债权人无正当理由拒绝受领的,债务人可以请求债权人赔偿增加的费用。

在债权人受领迟延期间,债务人无须支付利息。

注释 债权人无正当理由拒绝受领,并不会使得债务人的给付义务消灭。但是,债权人受领债务人的履行,是债权人的权利,同时也是其义务,对该义务的违反一般不会导致债权人的违约责任,而是使债务人的负担或者责任减轻或者使得债权人负担由此给债务人增加的费用,可被认为是不真正义务,除非法律另有规定或者当事人另有约定。所谓给债务人增加的费用,包括:(1)债务人提出给付的费用,例如,货物往返运送的费用、履行债务所支付的交通费用、通知费用等;(2)保管给付物的必要费用;(3)其他费用,例如对不宜保存的标的物的处理费用。同时,本条第二款规定,在债权人受领迟延期间,债务人无须支付利息。

第五百九十条 【因不可抗力不能履行合同】当事人一方因不可抗力不能履行合同的,根据不可抗力的影响,部分或者全部免除责任,但是法律另有规定的除外。因不可抗力不能履行合同的,应当及时通知对方,以减轻可能给对方造成的损失,并应当在合理期限内提供证明。

当事人迟延履行后发生不可抗力的,不免除其违约责任。

注释 在合同的履行过程中,如果发生了不可抗力,《民法典》第一百八十条规定的一般原则是不承担民事责任,法律另有规定的,依照其规定。本条对合同领域中发生不可抗力的规定,就是法律另有的规定。

当事人一方因不可抗力不能履行合同的,并不一定全部免除责任,而是要根据不可抗力的实际影响程度确定。不可抗力是不能履行合同的部分原因的,部分免除责任;不可抗力是不能履行合同的全部原因的,全部免除责任;法律如果另有规定的,依照规定,例如保价邮包因不可抗力发生灭失的,不免除赔偿责任。当不可抗力不能履行合同时,一方当事人应当及时通知对方,以减轻可能给对方造成的损失,同时,应当在合理期限内提供不可抗力而不能履行合同的证明。

当事人迟延履行后发生不可抗力的,不免除其违约责任。如果债务人没有迟延履行,则不可抗力的发生就不会导致债务的不能履行进而发生损害,因此债务人的迟延履行与债权人的损害之间具有因果关系,债务人应当就不可抗力负责。但是,如果债务人能够证明,即使其不迟延履行,仍不免发生债务的不能履行进而发生损害,则债务人应当能够免责,此时债务人的迟延履行和债务的不能履行进而发生损害之间不存在因果关系。

第五百九十一条 【非违约方防止损失扩大义务】当事人一方违约后,对方应当采取适当措施防止损失的扩大;没有采取适当措施致使损失扩大的,不得就扩大的损失请求赔偿。

当事人因防止损失扩大而支出的合理费用,由违约方负担。

案例 河南省偃师市某建安工程有限公司与洛阳某学院、河南省某建筑工程公司索赔及工程欠款纠纷案(《最高人民法院公报》2013年第1期)

裁判规则:因发包人提供错误的地质报告致使建设工程停工,当事人对停工时间未作约定或未达成协议的,承包人不应盲目等待而放任停工状态的持续以及停工损失的扩大。对于由此导致的停工损失所依据的停工时间的确定,也不能简单地以停工状态的自然持续时间为准,而是应根据案件事实综合确定一定的合理期间作为停工时间。

链接《买卖合同解释》第22条

第五百九十二条 【双方违约和与有过错规则】当事人都违反合同的,应当各自承担相应的责任。

当事人一方违约造成对方损失,对方对损失的发生有过错的,可以减少相应的损失赔偿额。

注释 本条第二款关于过失相抵的规则为新增规定。在合同履行过程中,当事人一方的违约行为造成对方损失,但是受损害方对损失的发生也有过错的,构成合同责任中的与有过失,应当实行过失相抵。过失相抵的法律后果,按照受损害一方当事人对损害发生的过错程度,可以减少违约方相应的损失赔偿额。

案例 1. 兰州某商贸有限责任公司等与某房地产开发有限公司合作开发房地产合同纠纷案(《最高人民法院公报》2015年第5期)

裁判规则:在双务合同中,双方均存在违约的情况下,应根据合同义务分配情况、合同履行程度以及各方违约程度大小等综合因素,判断合同当事人是否享有解除权。

2. 蔡某辉诉金某来信用卡纠纷案(《最高人民法院公报》2010年第12期)

裁判规则:银联卡特约商户在受理有预留签名的银联信用卡消费时,应当根据其与发卡银行之间的约定以及中国人民银行《银行卡联网联合业务规范》的规定,核对持卡人在交易凭证上的签字与信用卡签名条上预留的签字是否一致。未核对签名造成持卡人损失的,应承担相应的赔偿责任。信用卡所有人为信用卡设置了密码,但因自身原因导致密码泄露的,可以适当减轻特约商户的赔偿责任。

3. 北京新某公司诉某公司股权转让合同纠纷案(《最高人民法院公报》2005年第2期)

裁判规则:因双方当事人的过错,导致股权转让协议终止履行,一方当事人因准备协议履行及实际履行中产生的损失,应由双方共同承担民事责任。

第五百九十三条 【因第三人原因造成违约情况下的责任承担】当事人一方因第三人的原因造成违约的,应当依法向对方承担违约责任。当事人一方和第三人之间的纠纷,依照法律规定或者按照约定处理。

第五百九十四条 【国际贸易合同诉讼时效和仲裁时效】因国际货物买卖合同和技术进出口合同争议提起诉讼或者申请仲裁的时效期间为四年。

第二分编 典型合同

第九章 买卖合同

第五百九十五条 【买卖合同的概念】买卖合同是出卖人转移标的物的所有权于买受人,买受人支付价款的合同。

注释 买卖合同是最重要的传统合同,其法律特征是:(1)买卖合同是转移标的物的所有权的合同;(2)买卖合同是双务合同;(3)买卖合同是有偿合同;(4)买卖合同是诺成性合同;(5)买卖合同一般是不要式合同。

第五百九十六条 【买卖合同条款】买卖合同的内容一般包括标的物的名称、数量、质量、价款、履行期限、履行地点和方式、包装方式、检验标准和方法、结算方式、合同使用的文字及其效力等条款。

注释 标的物是买卖合同双方当事人权利义务的指向对象。有关标的物的条款是合同的主要条款。

第五百九十七条 【无权处分的违约责任】因出卖人未取得处分权致使标的物所有权不能转移的,买受人可以解除合同并请求出卖人承担违约责任。

法律、行政法规禁止或者限制转让的标的物,依照其规定。

注释 对标的物的买卖,其实就是对标的物所有权的转移,在买卖合同中,取得标的物的所有权是买受人的交易目的,将标的物的所有权转移给买受人,是出卖人的主要义务。转移标的物的所有权是在交付标的物的基础上实现的。如果因出卖人未取得标的物的处分权,致使标的物所有权不能转移,就不能实现转让标的物及其所有权的义务,买受人也无法取得标的物的所有权,出卖人构成根本违约,因而买受人享有法定解除权,可以解除买卖合同,并请求出卖人承担违约责任。

买卖合同转让的标的物须具有合法流通性,如果是法律、行政法规禁止或者限制转让的标的物,依照其规定,不能转让或者限制转让。如根据《野生动物保护法》的规定,国家重点保护野生动物及其制品是禁止出售、购买的。

案例 1. 万某全、万某诉狄某等人房屋买卖合同纠纷案(《最高人民法院公报》2018年第2期)

裁判规则:共同居住的家庭成员,以自己的名义将其他家庭成员名下的房屋出卖给他人,该行为对房屋所有人是否有效,须判断房屋所有人是否事前知晓且同意。为此,人民法院应当结合房屋产权证书、钥匙是否为房屋所有人持有、对价支付情况,买受人实际占有房屋持续时间以及相关证人证言等综合判定。

2. 甲公司诉乙公司等土地使用权转让合同纠纷案(《最高人民法院公报》2005年第7期)

裁判规则:签订国有土地使用权转让合同时,转让人虽未取得国有土地使用权证,但在诉讼前已经取得该证的,应认定转让合同有效。当事人取得国有土地使用权证后未足额缴纳土地出让金,或对转让土地的投资开发未达到投资总额25%以上的,属转让标的瑕疵,不影响转让合同的效力。

链接《宪法》第10条;《土地管理法》第2条;《城市房地产管理法》第38条;《野生动物保护法》第27、28条;《文物保护法》第24、25、51条

第五百九十八条 【出卖人基本义务】出卖人应当履行向买受人交付标的物或者交付提取标的物的单证,并转移标的物所有权的义务。

注释 交付标的物,是将标的物交付给买受人,如果标的物是用提取标的物的单证形态表现的,交付提取标的物的单证也构成交付,例如交付仓单。

链接《土地管理法》第12条;《城市房地产管理法》第60、61条;《民用航空法》第14条;《道路交通安全法》第8、12条

第五百九十九条 【出卖人义务:交付单证、交付资料】出卖人应当按照约定或者交易习惯向买受人交付提取标的物单证以外的有关单证和资料。

注释 向买受人交付的提取标的物单证以外的有关单证和资料,比如购买商品的保修单、使用说明书等。这项义务是出卖人应当履行的从义务,是辅助合同主义务的义务,以实现买受人的交易目的。

链接《买卖合同解释》第4、5条

第六百条 【买卖合同知识产权保留条款】出卖具有知识产权的标的物的,除法律另有规定或者当事人另有约定外,该标的物的知识产权不属于买受人。

注释 出卖具有知识产权的标的物的,除了法律另有规定或者当事人另有约定之外,该标的物的知识产权并不随同标的物的所有权一并转移于买受人。这就是"知识产权保留条款"。例如购买著作权人享有著作权的作品,只能买到这本书,而不能买到这本书的著作权,著作权仍然保留在作者手中。

链接《著作权法》第20条;《计算机软件保护条例》第9—14条

第六百零一条 【出卖人义务:交付期间】出卖人应当按照约定的时间交付标的物。约定交付

期限的,出卖人可以在该交付期限内的任何时间交付。

第六百零二条 【标的物交付期限不明时的处理】当事人没有约定标的物的交付期限或者约定不明确的,适用本法第五百一十条、第五百一十一条第四项的规定。

第六百零三条 【买卖合同标的物的交付地点】出卖人应当按照约定的地点交付标的物。

当事人没有约定交付地点或者约定不明确,依据本法第五百一十条的规定仍不能确定的,适用下列规定:

(一)标的物需要运输的,出卖人应当将标的物交付给第一承运人以运交给买受人;

(二)标的物不需要运输,出卖人和买受人订立合同时知道标的物在某一地点的,应当在该地点交付标的物;不知道标的物在某一地点的,应当在出卖人订立合同时的营业地交付标的物。

链接《买卖合同解释》第8条

第六百零四条 【标的物的风险承担】标的物毁损、灭失的风险,在标的物交付之前由出卖人承担,交付之后由买受人承担,但是法律另有规定或者当事人另有约定的除外。

注释 买卖合同标的物意外灭失风险负担,是指对买卖合同标的物由于不可归责于双方当事人的事由而毁损、灭失所造成的损失应当由谁承担的规则。根据该条规定,对于标的物毁损、灭失风险的承担采用的是交付转移原则,即交付之前由出卖人承担,交付之后由买受人承担。买受人此时承担标的物风险不以其是否取得标的物的所有权为前提。此为标的物风险转移的一般规则,如果法律另有规定或者当事人另有约定的除外。

链接《买卖合同解释》第9条

第六百零五条 【迟延交付标的物的风险负担】因买受人的原因致使标的物未按照约定的期限交付的,买受人应当自违反约定时起承担标的物毁损、灭失的风险。

注释"因买受人的原因",这里的原因,一般是指买受人的过错,包括故意和过失。

第六百零六条 【路货买卖中的标的物风险转移】出卖人出卖交由承运人运输的在途标的物,除当事人另有约定外,毁损、灭失的风险自合同成立时起由买受人承担。

注释 路货买卖是指标的物已在运输途中,出卖人寻找买主,出卖在途中的标的物。它可以是出卖人先把标的物装上开往某个目的地的运输工具(一般是船舶)上,然后再寻找适当的买主订立买卖合同,也可以是一个买卖合同的买受人未实际收取标的物前,把处于运输途中的标的物转卖给另一个买受人。本条规定的情形是第六百零四条规定的特殊情况,而第六百零四条规定的风险转移时间点为"交付时",本条规定的风险转移时间点为"合同成立时",这是因为路货买卖的双方当事人均无实际控制货物,只能根据双方当事人已经确定的合同关系来确定,即以"合同成立时"来确定最为合理。本条规定的情形主要发生于国际货物买卖合同之中。

链接《买卖合同解释》第10条

第六百零七条 【需要运输的标的物风险负担】出卖人按照约定将标的物运送至买受人指定地点并交付给承运人后,标的物毁损、灭失的风险由买受人承担。

当事人没有约定交付地点或者约定不明确,依据本法第六百零三条第二款第一项的规定标的物需要运输的,出卖人将标的物交付给第一承运人后,标的物毁损、灭失的风险由买受人承担。

第六百零八条 【买受人不履行接受标的物义务的风险负担】出卖人按照约定或者依据本法第六百零三条第二款第二项的规定将标的物置于交付地点,买受人违反约定没有收取的,标的物毁损、灭失的风险自违反约定时起由买受人承担。

第六百零九条 【未交付单证、资料的风险负担】出卖人按照约定未交付有关标的物的单证和资料的,不影响标的物毁损、灭失风险的转移。

注释 没有交付单证和资料,并不意味着权属没有转移。交付单证和资料仅仅是从义务,而不是主义务。买卖合同只要完成交付标的物的主义务,标的物的所有权就发生转移。因此,不能因为有关单证和资料没有交付而认为交付没有完成。既然标的物的所有权已经发生转移,标的物意外灭失风险当然也就由买受人负担。

第六百一十条 【根本违约】因标的物不符合质量要求,致使不能实现合同目的的,买受人可以拒绝接受标的物或者解除合同。买受人拒绝接受标的物或者解除合同的,标的物毁损、灭失的风险由出卖人承担。

链接 《买卖合同解释》第 24 条

第六百一十一条 【买受人承担风险与出卖人违约责任关系】标的物毁损、灭失的风险由买受人承担的,不影响因出卖人履行义务不符合约定,买受人请求其承担违约责任的权利。

注释 本条是对标的物意外灭失风险负担不影响违约责任的规定。

标的物意外灭失风险负担,与承担违约责任是两种不同的规则,前者是由于买卖合同的标的物发生不可归责于当事人的原因而意外灭失,法律判断这种意外灭失风险由哪一方负担的规则;后者是当事人一方违反合同义务,应当向对方承担违约责任,救济对方因违约而发生损害的规则。

第六百一十二条 【出卖人的权利瑕疵担保义务】出卖人就交付的标的物,负有保证第三人对该标的物不享有任何权利的义务,但是法律另有规定的除外。

注释 本条是对标的物权利瑕疵担保义务的规定。

出卖人的权利瑕疵担保,是指卖方应保证对其所出售的标的物享有合法的权利,没有侵犯任何第三人的权利,并且任何第三人都不会就该标的物向买受人主张任何权利。买卖合同根本上就是标的物所有权的转让,因此,出卖人的这项义务也就是其一项最基本的义务。具体说,出卖人的权利瑕疵担保义务包括:(1)出卖人对出卖的标的物享有合法的权利,即须对标的物具有所有权或者处分权。(2)出卖人应当保证在其出售的标的物上不存在任何未曾向买方透露的他人可以主张的权利,如抵押权、租赁权等。(3)出卖人应保证标的物没有侵犯他人的知识产权。

出卖人必须保证其所出卖的标的物不得有第三人向买受人主张任何权利,否则,出卖人须承担违约责任。此时买受人可以实施的救济方式是:(1)请求减少价款。如果标的物上虽然部分权利属于他人,但不影响买受人对标的物最终获得所有权的,买受人可以接受标的物,但有权请求出卖人减少价款。所减少的价款的数额可以根据因他人对标的物享有部分权利而致使买受人无法及时对标的物行使所有权所造成的损失等因素确定。(2)解除合同。如果因标的物上的部分权利属于他人,致使买受人自始不能获得所有权的,买受人可以解除买卖合同。

以上是对出卖人标的物权利瑕疵担保的原则性规定,如果法律对此另有规定的,则依照法律的规定。

第六百一十三条 【权利瑕疵担保责任之免除】买受人订立合同时知道或者应当知道第三人对买卖的标的物享有权利的,出卖人不承担前条规定的义务。

第六百一十四条 【买受人的中止支付价款权】买受人有确切证据证明第三人对标的物享有权利的,可以中止支付相应的价款,但是出卖人提供适当担保的除外。

第六百一十五条 【买卖标的物的质量瑕疵担保】出卖人应当按照约定的质量要求交付标的物。出卖人提供有关标的物质量说明的,交付的标的物应当符合该说明的质量要求。

链接 《消费者权益保护法》第 18、23 条;《产品质量法》第 26 条

第六百一十六条 【标的物法定质量担保义务】当事人对标的物的质量要求没有约定或者约定不明确,依据本法第五百一十条的规定仍不能确定的,适用本法第五百一十一条第一项的规定。

注释 本条是对标的物质量要求确定方法的规定。

在买卖合同中,当事人如果对标的物的质量标准没有约定或者约定不明确,可以通过法律规定的质量标准确定方法予以确定。确定的办法是:(1)依照《民法典》第五百一十条进行补充协商,确定标的物的质量标准。(2)在补充协商中,双方当事人不能达成补充协议的,应当按照合同的有关条款或者交易习惯确定。(3)按照合同的有关条款或者交易习惯仍然不能确定的,依照《民法典》第五百一十一条第一项的规定,应按照国家标准、行业标准履行;没有国家标准、行业标准的,应按照通常标准或者符合合同目的的特定标准确定。

第六百一十七条 【质量瑕疵担保责任】出卖人交付的标的物不符合质量要求的,买受人可以依据本法第五百八十二条至第五百八十四条的规定请求承担违约责任。

链接 《消费者权益保护法》第 23 条

第六百一十八条 【标的物瑕疵担保责任减免的特约效力】当事人约定减轻或者免除出卖人对标的物瑕疵承担的责任,因出卖人故意或者重大过失不告知买受人标的物瑕疵的,出卖人无权主张减轻或者免除责任。

【注释】如果出卖人因故意或者重大过失不向买受人告知标的物存在瑕疵的,属于隐瞒标的物瑕疵,构成产品欺诈,出卖人无权主张减轻或者免除责任,应当承担违约责任,采取补救措施或者承担赔偿责任,符合法律规定的甚至要承担惩罚性赔偿责任。

第六百一十九条 【标的物的包装方式】出卖人应当按照约定的包装方式交付标的物。对包装方式没有约定或者约定不明确,依据本法第五百一十条的规定仍不能确定的,应当按照通用的方式包装;没有通用方式的,应当采取足以保护标的物且有利于节约资源、保护生态环境的包装方式。

第六百二十条 【买受人的检验义务】买受人收到标的物时应当在约定的检验期限内检验。没有约定检验期限的,应当及时检验。

第六百二十一条 【买受人检验标的物的异议通知】当事人约定检验期限的,买受人应当在检验期限内将标的物的数量或者质量不符合约定的情形通知出卖人。买受人怠于通知的,视为标的物的数量或者质量符合约定。

当事人没有约定检验期限的,买受人应当在发现或者应当发现标的物的数量或者质量不符合约定的合理期限内通知出卖人。买受人在合理期限内未通知或者自收到标的物之日起二年内未通知出卖人的,视为标的物的数量或者质量符合约定;但是,对标的物有质量保证期的,适用质量保证期,不适用该二年的规定。

出卖人知道或者应当知道提供的标的物不符合约定的,买受人不受前两款规定的通知时间的限制。

【链接】《海商法》第83条;《买卖合同解释》第12、13条

第六百二十二条 【检验期限或质量保证期过短的处理】当事人约定的检验期限过短,根据标的物的性质和交易习惯,买受人在检验期限内难以完成全面检验的,该期限仅视为买受人对标的物的外观瑕疵提出异议的期限。

约定的检验期限或者质量保证期短于法律、行政法规规定期限的,应当以法律、行政法规规定的期限为准。

【链接】《买卖合同解释》第14条

第六百二十三条 【标的物数量和外观瑕疵检验】当事人对检验期限未作约定,买受人签收的送货单、确认单等载明标的物的数量、型号、规格的,推定买受人已经对数量和外观瑕疵进行检验,但是有相关证据足以推翻的除外。

第六百二十四条 【向第三人履行情形的检验标准】出卖人依照买受人的指示向第三人交付标的物,出卖人和买受人约定的检验标准与买受人和第三人约定的检验标准不一致的,以出卖人和买受人约定的检验标准为准。

第六百二十五条 【出卖人的回收义务】依照法律、行政法规的规定或者按照当事人的约定,标的物在有效使用年限届满后应予回收的,出卖人负有自行或者委托第三人对标的物予以回收的义务。

第六百二十六条 【买受人支付价款及方式】买受人应当按照约定的数额和支付方式支付价款。对价款的数额和支付方式没有约定或者约定不明确的,适用本法第五百一十条、第五百一十一条第二项和第五项的规定。

第六百二十七条 【买受人支付价款的地点】买受人应当按照约定的地点支付价款。对支付地点没有约定或者约定不明确,依据本法第五百一十条的规定仍不能确定的,买受人应当在出卖人的营业地支付;但是,约定支付价款以交付标的物或者交付提取标的物单证为条件的,在交付标的物或者交付提取标的物单证的所在地支付。

第六百二十八条 【买受人支付价款的时间】买受人应当按照约定的时间支付价款。对支付时间没有约定或者约定不明确,依据本法第五百一十条的规定仍不能确定的,买受人应当在收到标的物或者提取标的物单证的同时支付。

【链接】《买卖合同解释》第18条

第六百二十九条 【出卖人多交标的物的处理】出卖人多交标的物的,买受人可以接收或者拒绝接收多交的部分。买受人接收多交部分的,按照约定的价格支付价款;买受人拒绝接收多交部分的,应当及时通知出卖人。

【链接】《买卖合同解释》第3条

第六百三十条 【买卖合同标的物孳息的归属】标的物在交付之前产生的孳息,归出卖人所有;交付之后产生的孳息,归买受人所有。但是,当事人另有约定的除外。

【注释】标的物于合同订立前后所生孳息的归属,即利益承受,与买卖合同的标的物风险负担密切相关,二者遵循同一原则,即权利归谁所有,利益和

风险就归谁享有或者负担。

标的物的孳息,是指标的物在合同履行期间产生的增值或者收益,既包括天然孳息,也包括法定孳息。前者如树木的果实、牲畜的幼畜;后者如出租房屋的租金。

利益承受的规则是:(1)交付之前产生的孳息,归出卖人所有,例如买卖牲畜,在交付之前出生的幼畜,归出卖人所有。(2)交付之后产生的孳息,由买受人所有,例如交付之后的出租房屋,收取的租金归买受人所有。(3)合同另有约定的,依其约定,不适用上述规则。

第六百三十一条 【主物与从物在解除合同时的效力】因标的物的主物不符合约定而解除合同的,解除合同的效力及于从物。因标的物的从物不符合约定被解除的,解除的效力不及于主物。

第六百三十二条 【数物买卖合同的解除】标的物为数物,其中一物不符合约定的,买受人可以就该物解除。但是,该物与他物分离使标的物的价值显受损害的,买受人可以就数物解除合同。

第六百三十三条 【分批交付标的物的情况下解除合同的情形】出卖人分批交付标的物的,出卖人对其中一批标的物不交付或者交付不符合约定,致使该批标的物不能实现合同目的的,买受人可以就该批标的物解除。

出卖人不交付其中一批标的物或者交付不符合约定,致使之后其他各批标的物的交付不能实现合同目的的,买受人可以就该批以及之后其他各批标的物解除。

买受人如果就其中一批标的物解除,该批标的物与其他各批标的物相互依存的,可以就已经交付和未交付的各批标的物解除。

注释 本条涉及长期供货合同分批交付标的物的情况,如果出卖人不适当履行的,买受人要求解除合同,受本条规定调整。一般情况下,出卖人不适当履行某一批标的物的交付,买受人可以针对该批标的物不适当履行的情况,要求出卖人承担违约责任。出卖人就某批标的物的交付构成根本违约,即交付的结果将导致该批以及之后其他各批标的物的交付不能实现合同目的的,买受人有权以该批标的物的交付违约为由,解除长期供货合同该部分及之后应当交付部分的内容。法律并未明确说明属于这类情形的具体情况,因为合同实践是复杂的,立法只能作出一个原则性的规定,具体适用的尺度把握应当具体问题具体分析。但是需要明确指出的是,某批标的物交付的根本违约,将致使今后各批的交付也构成根本违约的情况必须是十分明显的,才能适用这一规定。

第六百三十四条 【分期付款买卖】分期付款的买受人未支付到期价款的数额达到全部价款的五分之一,经催告后在合理期限内仍未支付到期价款的,出卖人可以请求买受人支付全部价款或者解除合同。

出卖人解除合同的,可以向买受人请求支付该标的物的使用费。

注释 分期付款买卖,是指买受人将其应付的总价款按照一定期限分批向出卖人支付的买卖合同。本条相较于原《合同法》第一百六十七条,增加规定了出卖人在因买受人未按期支付价款达到全部价款的五分之一而享有全部价款支付请求权或合同解除权之前,应对买受人进行催告,并给予其支付到期价款的合理期限。

在交易实践中,当事人双方就分期付款买卖通常有以下特别约定:

1. 所有权保留特约,是指买受人虽先占有、使用标的物,但在双方当事人约定的特定条件(通常是价款的一部或者全部清偿)成就之前,出卖人保留标的物的所有权,待条件成就后,再将所有权转移给买受人。

2. 请求支付全部价款或者解除合同,买受人未付到期价款的数额达到全部价款的五分之一的,出卖人可以请求买受人支付全部价款或者解除合同,除非当事人另有约定。

3. 出卖人解除合同可以请求买受人支付该标的物的使用费,该部分价款通常按照市场价格计算。使用费可以从已经支付的价款中扣除,剩余部分应当返还。标的物有毁损的,买受人应当支付损害赔偿金。

案例 汤长龙诉周士海股权转让纠纷案(最高人民法院指导案例67号)

裁判规则:有限责任公司的股权分期支付转让款中发生股权受让人延迟或者拒付等违约情形,股权转让人要求解除双方签订的股权转让合同的,不适用《合同法》第一百六十七条关于分期付款买卖中出卖人在买受人未支付到期价款的金额达到合同全部价款的五分之一时即可解除合同的规定。

链接 《买卖合同解释》第27、28条

第六百三十五条 【凭样品买卖合同】凭样品买卖的当事人应当封存样品，并可以对样品质量予以说明。出卖人交付的标的物应当与样品及其说明的质量相同。

注释 样品买卖，是指当事人双方约定用以决定标的物品质的样品，出卖人交付的标的物应当与样品具有相同品质。由于样品买卖是在一般买卖关系中为出卖人附加了一项须按样品的品质标准交付标的物的担保，故样品买卖除了适用普通买卖的规定外，还产生下列效力：（1）封存样品，并可就其质量予以说明，以作为样品买卖合同标的物的质量标准。（2）出卖人交付的标的物应当与样品及其说明的质量相同，即在合同的实际履行中，出卖人交付标的物的质量，应当与样品的质量及其说明相一致。在判断交付的标的物是否与样品及其说明的质量相同时，应当依据合同的性质以及交易的习惯确定。（3）出卖人交付的标的物与样品及其说明的质量不相同的，高于样品及其说明的，当然没有问题；低于样品及其说明的标准的，构成违约行为，买受人可以解除合同或者追究出卖人的违约责任。

链接 《买卖合同解释》第29条

第六百三十六条 【凭样品买卖合同样品存在隐蔽瑕疵的处理】凭样品买卖的买受人不知道样品有隐蔽瑕疵，即使交付的标的物与样品相同，出卖人交付的标的物的质量仍然应当符合同种物的通常标准。

第六百三十七条 【试用买卖的试用期限】试用买卖的当事人可以约定标的物的试用期限。对试用期限没有约定或者约定不明确，依据本法第五百一十条的规定仍不能确定的，由出卖人确定。

注释 试用买卖合同，是指当事人双方约定于合同成立时，出卖人将标的物交付买受人试验或者检验，并以买受人在约定期限内对标的物的认可为生效要件的买卖合同。其特征是：（1）试用买卖约定由买受人试验或者检验标的物；（2）试用买卖是以买受人对标的物的认可为生效条件的买卖合同。

链接 《买卖合同解释》第30条

第六百三十八条 【试用买卖合同买受人对标的物购买选择权】试用买卖的买受人在试用期内可以购买标的物，也可以拒绝购买。试用期限届满，买受人对是否购买标的物未作表示的，视为购买。

试用买卖的买受人在试用期内已经支付部分价款或者对标的物实施出卖、出租、设立担保物权等行为的，视为同意购买。

第六百三十九条 【试用买卖使用费】试用买卖的当事人对标的物使用费没有约定或者约定不明确的，出卖人无权请求买受人支付。

第六百四十条 【试用买卖中的风险承担】标的物在试用期内毁损、灭失的风险由出卖人承担。

第六百四十一条 【标的物所有权保留条款】当事人可以在买卖合同中约定买受人未履行支付价款或者其他义务的，标的物的所有权属于出卖人。

出卖人对标的物保留的所有权，未经登记，不得对抗善意第三人。

注释 买卖合同中的所有权保留，是指买受人虽先占有、使用标的物，但在双方当事人约定的特定条件（通常是价款的一部或者全部清偿）成就之前，出卖人保留标的物的所有权，待条件成就后，再将所有权转移给买受人的特别约定。这种合同类型一般适用于动产买卖。所有权保留的担保物权，可以进行担保物权的登记。出卖人对标的物保留的所有权未经登记的，不得对抗善意第三人。

链接 《买卖合同解释》第25条

第六百四十二条 【所有权保留中出卖人的取回权】当事人约定出卖人保留合同标的物的所有权，在标的物所有权转移前，买受人有下列情形之一，造成出卖人损害的，除当事人另有约定外，出卖人有权取回标的物：

（一）未按照约定支付价款，经催告后在合理期限内仍未支付；

（二）未按照约定完成特定条件；

（三）将标的物出卖、出质或者作出其他不当处分。

出卖人可以与买受人协商取回标的物；协商不成的，可以参照适用担保物权的实现程序。

注释 所有权保留作为担保物权的一种，最重要的担保价值，就在于出卖人将分期付款的标的物交付买受人后，还保留自己对标的物的所有权，正是基于该所有权保留，出卖人享有买卖合同标的物的取回权。当出现危及其价款债权的情形时，出卖人行使取回权，追回交付给买受人占有的买卖标的物。

故本条规定的出卖人取回权的规则是,当事人约定出卖人保留合同标的物的所有权,在标的物所有权转移前,买受人有下列情形之一,对出卖人造成损害的,除法律另有规定或者当事人另有约定外,出卖人有权取回标的物。产生取回权的原因是:(1)买受人未按照约定支付价款,经催告后在合理期限内仍未支付;(2)买受人未按照约定完成特定条件;(3)买受人将标的物出卖、出质或者作出其他不当处分。

实现取回权的方法是:(1)出卖人行使取回权,取回标的物;(2)协商确定,出卖人可以与买受人协商实现取回权的办法;(3)当事人协商不成的,参照适用担保物权的实现程序,例如拍卖或者变卖标的物,用价款优先偿还未支付的价金等;(4)取回的标的物价值明显减少的,出卖人有权要求买受人赔偿损失,买受人承担损害赔偿责任。

链接 《买卖合同解释》第 26 条;《最高人民法院关于适用〈中华人民共和国民法典〉有关担保制度的解释》第 64 条

第六百四十三条 【买受人回赎权及出卖人再出卖权】出卖人依据前条第一款的规定取回标的物后,买受人在双方约定或者出卖人指定的合理回赎期限内,消除出卖人取回标的物的事由的,可以请求回赎标的物。

买受人在回赎期限内没有回赎标的物,出卖人可以以合理价格将标的物出卖给第三人,出卖所得价款扣除买受人未支付的价款以及必要费用后仍有剩余的,应当返还买受人;不足部分由买受人清偿。

第六百四十四条 【招标投标买卖的法律适用】招标投标买卖的当事人的权利和义务以及招标投标程序等,依照有关法律、行政法规的规定。

链接 《招标投标法》

第六百四十五条 【拍卖的法律适用】拍卖的当事人的权利和义务以及拍卖程序等,依照有关法律、行政法规的规定。

案例 曾某龙与江西某拍卖有限公司、中国某股份有限公司上饶市分行、徐某炬拍卖纠纷案(《最高人民法院公报》2006 年第 1 期)

裁判规则:根据合同法、拍卖法的有关规定,拍卖是以公开竞价的形式,将特定物品或者财产权利转让给最高应价者的买卖方式,拍卖活动必须遵守法律规定和行业惯例,必须符合公平、公正的原则。在拍卖活动中,拍卖师的拍卖行为违反法律规定和行业习惯做法,侵害有关竞买人的合法权益的,应认定其拍卖行为无效。

链接 《拍卖法》

第六百四十六条 【买卖合同准用于有偿合同】法律对其他有偿合同有规定的,依照其规定;没有规定的,参照适用买卖合同的有关规定。

链接 《买卖合同解释》第 32 条

第六百四十七条 【易货交易的法律适用】当事人约定易货交易,转移标的物的所有权的,参照适用买卖合同的有关规定。

第十章 供用电、水、气、热力合同

第六百四十八条 【供用电合同概念及强制缔约义务】供用电合同是供电人向用电人供电,用电人支付电费的合同。

向社会公众供电的供电人,不得拒绝用电人合理的订立合同要求。

第六百四十九条 【供用电合同的内容】供用电合同的内容一般包括供电的方式、质量、时间、用电容量、地址、性质、计量方式、电价、电费的结算方式,供用电设施的维护责任等条款。

链接 《电力法》第 27 条;《电力供应与使用条例》第 33 条

第六百五十条 【供用电合同的履行地点】供用电合同的履行地点,按照当事人约定;当事人没有约定或者约定不明确的,供电设施的产权分界处为履行地点。

第六百五十一条 【供电人的安全供电义务】供电人应当按照国家规定的供电质量标准和约定安全供电。供电人未按照国家规定的供电质量标准和约定安全供电,造成用电人损失的,应当承担赔偿责任。

链接 《电力法》第 28、59、60 条;《电力供应与使用条例》第 19—24 条

第六百五十二条 【供电人中断供电时的通知义务】供电人因供电设施计划检修、临时检修、依法限电或者用电人违法用电等原因,需要中断供电时,应当按照国家有关规定事先通知用电人;未事先通知用电人中断供电,造成用电人损失的,应当承担赔偿责任。

链接 《电力法》第 29 条;《电力供应与使用条例》第 28 条

第六百五十三条　【供电人抢修义务】因自然灾害等原因断电,供电人应当按照国家有关规定及时抢修;未及时抢修,造成用电人损失的,应当承担赔偿责任。

链接《电力法》第30条

第六百五十四条　【用电人支付电费的义务】用电人应当按照国家有关规定和当事人的约定及时支付电费。用电人逾期不支付电费的,应当按照约定支付违约金。经催告用电人在合理期限内仍不支付电费和违约金的,供电人可以按照国家规定的程序中止供电。

供电人依据前款规定中止供电的,应当事先通知用电人。

链接《电力法》第33条;《电力供应与使用条例》第23—26、34条

第六百五十五条　【用电人安全用电义务】用电人应当按照国家有关规定和当事人的约定安全、节约和计划用电。用电人未按照国家有关规定和当事人的约定用电,造成供电人损失的,应当承担赔偿责任。

链接《电力法》第32、59、60条;《电力供应与使用条例》第29—31条

第六百五十六条　【供用水、气、热力合同参照适用供用电合同】供用水、供用气、供用热力合同,参照适用供用电合同的有关规定。

链接《城市供水条例》;《城镇燃气管理条例》

第十一章　赠与合同

第六百五十七条　【赠与合同的概念】赠与合同是赠与人将自己的财产无偿给予受赠人,受赠人表示接受赠与的合同。

注释 赠与合同是指赠与人将自己的财产及权利无偿给予受赠人,受赠人表示接受赠与的合同。赠与合同是诺成性、单务合同。赠与行为是赠与人依法处分自己财产的法律行为,要求自然人必须有民事行为能力。接受赠与是一种纯获利的行为,法律承认无民事行为能力人和限制民事行为能力人的受赠人法律地位。

赠与合同无效的情形有:(1)以赠与为名规避有关限制流通物和禁止流通物规定的赠与合同无效。(2)以规避法律义务为目的的赠与无效。

第六百五十八条　【赠与的任意撤销及限制】赠与人在赠与财产的权利转移之前可以撤销赠与。

经过公证的赠与合同或者依法不得撤销的具有救灾、扶贫、助残等公益、道德义务性质的赠与合同,不适用前款规定。

注释 婚前或者婚姻关系存续期间,当事人约定将一方所有的房产赠与另一方或者共有,赠与方在赠与房产变更登记之前撤销赠与,另一方请求判令继续履行的,人民法院可以按照本条的规定处理。

链接《公益事业捐赠法》第2—5条;《最高人民法院关于适用〈中华人民共和国民法典〉婚姻家庭编的解释(一)》第32条

第六百五十九条　【赠与特殊财产需要办理有关法律手续】赠与的财产依法需要办理登记或者其他手续的,应当办理有关手续。

第六百六十条　【法定不得撤销赠与的赠与人不交付赠与财产的责任】经过公证的赠与合同或者依法不得撤销的具有救灾、扶贫、助残等公益、道德义务性质的赠与合同,赠与人不交付赠与财产的,受赠人可以请求交付。

依据前款规定应当交付的赠与财产因赠与人故意或者重大过失致使毁损、灭失的,赠与人应当承担赔偿责任。

第六百六十一条　【附义务的赠与合同】赠与可以附义务。

赠与附义务的,受赠人应当按照约定履行义务。

注释 赠与所附的义务不得违反法律和社会公共利益,不得违背公序良俗,否则,赠与合同无效。

赠与附义务的,受赠人应当按照约定履行义务。如果赠与人已经为给付,而受赠人不履行其义务的,赠与人得请求受赠人履行其义务,或者依法撤销赠与,以不当得利请求返还赠与的财产。如果受赠人受领的赠与的财产的价值不足以补偿其履行义务所为的给付时,受赠人是否得继续履行其义务,我国法律没有明确规定,根据诚实信用原则和公平原则,一般认为这时受赠人仅于赠与财产的价值限度内履行其义务。

第六百六十二条　【赠与财产的瑕疵担保责任】赠与的财产有瑕疵的,赠与人不承担责任。附义务的赠与,赠与的财产有瑕疵的,赠与人在附义务的限度内承担与出卖人相同的责任。

赠与人故意不告知瑕疵或者保证无瑕疵,造成受赠人损失的,应当承担赔偿责任。

第六百六十三条　【赠与人的法定撤销情形及撤销权行使期间】受赠人有下列情形之一的,赠与人可以撤销赠与:

(一)严重侵害赠与人或者赠与人近亲属的合法权益;

(二)对赠与人有扶养义务而不履行;

(三)不履行赠与合同约定的义务。

赠与人的撤销权,自知道或者应当知道撤销事由之日起一年内行使。

注释 赠与的法定撤销,是指具备法定条件时,允许赠与人或其继承人、监护人行使撤销权,撤销赠与合同的行为。法定撤销与任意撤销不同,必须具有法定理由,在具备这些法定事由时,权利人可以撤销赠与。

赠与人的法定撤销事由规定为三种情形:(1)受赠人严重侵害赠与人或赠与人近亲属的合法权益。此处的严重侵害,含故意和重大过失两种。(2)受赠人对赠与人有扶养义务而不履行的。(3)不履行赠与合同约定的义务。在附义务的赠与合同中,受赠人如果不按约定履行该负担的义务,有损于赠与人利益的,赠与人可以行使法定撤销权。

第六百六十四条　【赠与人的继承人或法定代理人的撤销权】因受赠人的违法行为致使赠与人死亡或者丧失民事行为能力的,赠与人的继承人或者法定代理人可以撤销赠与。

赠与人的继承人或者法定代理人的撤销权,自知道或者应当知道撤销事由之日起六个月内行使。

第六百六十五条　【撤销赠与的效力】撤销权人撤销赠与的,可以向受赠人请求返还赠与的财产。

第六百六十六条　【赠与义务的免除】赠与人的经济状况显著恶化,严重影响其生产经营或者家庭生活的,可以不再履行赠与义务。

第十二章　借款合同

第六百六十七条　【借款合同的定义】借款合同是借款人向贷款人借款,到期返还借款并支付利息的合同。

注释 借款合同的特征是:(1)借款合同的标的物为货币。(2)借款合同是转让借款所有权的合同。货币是消耗物,一旦交付给借款人,则该部分货币即归借款人所有,贷款人对该部分货币的所有权则转化为合同到期时主张借款人偿还本息的请求权。(3)借款合同一般是有偿合同,除法律另有规定外,借款人按一定标准支付利息。自然人之间借款对利息如无约定或约定不明确,视为不支付利息。(4)借款合同一般是诺成、双务合同。

案例 北京某投资基金与武汉某世纪房地产开发有限公司等委托贷款合同纠纷案(《最高人民法院公报》2016年第11期)

裁判规则:委托人、受托银行与借款人三方签订委托贷款合同,由委托人提供资金、受托银行根据委托人确定的借款人、用途、金额、币种、期限、利率等代为发放、协助监督使用并收回贷款,受托银行收取代理委托贷款手续费,并不承担信用风险,其实质是委托人与借款人之间的民间借贷。委托贷款合同的效力、委托人与借款人之间的利息、逾期利息、违约金等权利义务均应受有关民间借贷的法律、法规和司法解释的规制。

第六百六十八条　【借款合同的形式和内容】借款合同应当采用书面形式,但是自然人之间借款另有约定的除外。

借款合同的内容一般包括借款种类、币种、用途、数额、利率、期限和还款方式等条款。

链接《商业银行法》第37条

第六百六十九条　【借款合同借款人的告知义务】订立借款合同,借款人应当按照贷款人的要求提供与借款有关的业务活动和财务状况的真实情况。

链接《商业银行法》第35条

第六百七十条　【借款利息不得预先扣除】借款的利息不得预先在本金中扣除。利息预先在本金中扣除的,应当按照实际借款数额返还借款并计算利息。

第六百七十一条　【提供及收取借款迟延责任】贷款人未按照约定的日期、数额提供借款,造成借款人损失的,应当赔偿损失。

借款人未按照约定的日期、数额收取借款的,应当按照约定的日期、数额支付利息。

链接《商业银行法》第42条

第六百七十二条　【贷款人对借款使用情况检查、监督的权利】贷款人按照约定可以检查、监督借款的使用情况。借款人应当按照约定向贷款人定期提供有关财务会计报表或者其他资料。

第六百七十三条　【借款人违约使用借款的后果】借款人未按照约定的借款用途使用借款的,

贷款人可以停止发放借款、提前收回借款或者解除合同。

第六百七十四条 【借款利息支付期限的确定】借款人应当按照约定的期限支付利息。对支付利息的期限没有约定或者约定不明确，依据本法第五百一十条的规定仍不能确定，借款期间不满一年的，应当在返还借款时一并支付；借款期间一年以上的，应当在每届满一年时支付，剩余期间不满一年的，应当在返还借款时一并支付。

链接《商业银行法》第42条

第六百七十五条 【还款期限的确定】借款人应当按照约定的期限返还借款。对借款期限没有约定或者约定不明确，依据本法第五百一十条的规定仍不能确定的，借款人可以随时返还；贷款人可以催告借款人在合理期限内返还。

第六百七十六条 【借款合同违约责任承担】借款人未按照约定的期限返还借款的，应当按照约定或者国家有关规定支付逾期利息。

第六百七十七条 【提前偿还借款】借款人提前返还借款的，除当事人另有约定外，应当按照实际借款的期间计算利息。

第六百七十八条 【借款展期】借款人可以在还款期限届满前向贷款人申请展期；贷款人同意的，可以展期。

第六百七十九条 【自然人之间借款合同的成立】自然人之间的借款合同，自贷款人提供借款时成立。

第六百八十条 【借款利率和利息】禁止高利放贷，借款的利率不得违反国家有关规定。

借款合同对支付利息没有约定的，视为没有利息。

借款合同对支付利息约定不明确，当事人不能达成补充协议的，按照当地或者当事人的交易方式、交易习惯、市场利率等因素确定利息；自然人之间借款的，视为没有利息。

注释 为解决民间借贷领域存在的突出问题，本条第一款明确规定禁止高利放贷。根据《最高人民法院关于审理民间借贷案件适用法律若干问题的规定》第二十五条："出借人请求借款人按照合同约定利率支付利息的，人民法院应予支持，但是双方约定的利率超过合同成立时一年期贷款市场报价利率四倍的除外。前款所称'一年期贷款市场报价利率'，是指中国人民银行授权全国银行间同业拆借中心自2019年8月20日起每月发布的一年期贷款市场报价利率。"

本条第二款在合同法规定的基础上，将没有约定支付利息的借贷情形，拓展到了所有借贷领域，即所有类型或者当事人之间订立的借贷合同，只要没有约定支付利息，就一律视为没有利息。

本条第三款对于借款合同当事人就支付利息约定不明确时的处理规则进行了规定：(1)当事人可就支付利息问题进行重新协商，能够达成补充协议的，按其执行。(2)不能达成补充协议的，依据本法第一百四十二条第一款以及第五百一十条的规定，应当根据借款合同所使用的词句，通过合同的文义解释和整体解释确定利息标准。(3)如果通过上述两种方式均无法确定借款合同的利息标准，可以按照合同履行地或者当事人之间的交易方式、交易习惯补充确定利息。实践中，法院或者仲裁机构在当事人就利息问题约定不明时，可以订立借款合同时合同履行地的商业银行同期同类贷款利率计算利息。至于自然人之间的借款就支付利息约定不明确的，也视为没有利息。

第十三章　保证合同

第一节　一般规定

第六百八十一条 【保证合同的概念】保证合同是为保障债权的实现，保证人和债权人约定，当债务人不履行到期债务或者发生当事人约定的情形时，保证人履行债务或者承担责任的合同。

注释 保证是指法人、非法人组织和公民以其信誉和不特定的财产为他们的债务提供担保，当债务人不履行其债务时，该第三人按照约定履行债务或者承担责任的担保方式。这里的第三人叫作保证人，保证人必须是主合同以外的第三人。债务人不得为自己的债务作保证，且保证人应当具有清偿债务的能力，必须具有足以承担保证责任的财产，具有代为清偿能力是保证人应当具备的条件。这里的债权人既是主合同等主债的债权人，又是保证合同中的债权人，"保证人履行债务或者承担责任"构成保证债务或保证责任。保证属于人的担保范畴，而不同于抵押、质押、留置等物的担保形式。保证不是用具体的财产提供担保，而是以保证人的信誉和不特定的财产为他人的债务提供担保。

第六百八十二条 【保证合同的附从性及被确认无效后的责任分配】保证合同是主债权债务合同的从合同。主债权债务合同无效,保证合同无效,但是法律另有规定的除外。

保证合同被确认无效后,债务人、保证人、债权人有过错的,应当根据其过错各自承担相应的民事责任。

注释 保证合同是主债权债务合同的从合同,具有附从性,以主合同的存在或将来可能存在为前提,随主合同的消灭而消灭。保证担保的范围不得超过主合同中的债务,不得与主合同债务分离而移转。但本条第一款同时又规定了但书条款,即"法律另有规定的除外"。最高人民法院发布的《关于审理独立保函纠纷案件若干问题的规定》明确了在国内交易中允许银行或非银行金融机构有资格开具独立保函。

第六百八十三条 【保证人的资格】机关法人不得为保证人,但是经国务院批准为使用外国政府或者国际经济组织贷款进行转贷的除外。

以公益为目的的非营利法人、非法人组织不得为保证人。

链接《公司法》第16条;《商业银行法》第22条

第六百八十四条 【保证合同的一般内容】保证合同的内容一般包括被保证的主债权的种类、数额,债务人履行债务的期限,保证的方式、范围和期间等条款。

第六百八十五条 【保证合同的订立】保证合同可以是单独订立的书面合同,也可以是主债权债务合同中的保证条款。

第三人单方以书面形式向债权人作出保证,债权人接收且未提出异议的,保证合同成立。

第六百八十六条 【保证方式】保证的方式包括一般保证和连带责任保证。

当事人在保证合同中对保证方式没有约定或者约定不明确的,按照一般保证承担保证责任。

链接《最高人民法院关于适用〈中华人民共和国民法典〉有关担保制度的解释》第10、14、25—29条

第六百八十七条 【一般保证及先诉抗辩权】当事人在保证合同中约定,债务人不能履行债务时,由保证人承担保证责任的,为一般保证。

一般保证的保证人在主合同纠纷未经审判或者仲裁,并就债务人财产依法强制执行仍不能履行债务前,有权拒绝向债权人承担保证责任,但是有下列情形之一的除外:

(一)债务人下落不明,且无财产可供执行;

(二)人民法院已经受理债务人破产案件;

(三)债权人有证据证明债务人的财产不足以履行全部债务或者丧失履行债务能力;

(四)保证人书面表示放弃本款规定的权利。

案例 青海金泰融资担保有限公司与上海金桥工程建设发展有限公司、青海三工置业有限公司执行复议案(最高人民法院指导案例120号)

裁判规则:在案件审理期间保证人为被执行人提供保证,承诺在被执行人无财产可供执行或者财产不足清偿债务时承担保证责任的,执行法院对保证人应当适用一般保证的执行规则。在被执行人虽有财产但严重不方便执行时,可以执行保证人在保证责任范围内的财产。

第六百八十八条 【连带责任保证】当事人在保证合同中约定保证人和债务人对债务承担连带责任的,为连带责任保证。

连带责任保证的债务人不履行到期债务或者发生当事人约定的情形时,债权人可以请求债务人履行债务,也可以请求保证人在其保证范围内承担保证责任。

第六百八十九条 【反担保】保证人可以要求债务人提供反担保。

第六百九十条 【最高额保证合同】保证人与债权人可以协商订立最高额保证的合同,约定在最高债权额限度内一定期间连续发生的债权提供保证。

最高额保证除适用本章规定外,参照适用本法第二编最高额抵押权的有关规定。

第二节 保证责任

第六百九十一条 【保证责任的范围】保证的范围包括主债权及其利息、违约金、损害赔偿金和实现债权的费用。当事人另有约定的,按照其约定。

链接《最高人民法院关于适用〈中华人民共和国民法典〉有关担保制度的解释》第3条

第六百九十二条 【保证期间】保证期间是确定保证人承担保证责任的期间,不发生中止、中断和延长。

债权人与保证人可以约定保证期间,但是约

定的保证期间早于主债务履行期限或者与主债务履行期限同时届满的,视为没有约定;没有约定或者约定不明确的,保证期间为主债务履行期限届满之日起六个月。

债权人与债务人对主债务履行期限没有约定或者约定不明确的,保证期间自债权人请求债务人履行债务的宽限期届满之日起计算。

注释 保证期间具有如下特征:第一,保证期间是就保证责任的承担所设定的期间。从性质上说,保证期间是确定保证人承担保证责任的期间,它既非保证合同的有效期间,也非附期限合同中的期限,而仅仅是针对保证责任的承担所设定的期限。第二,保证期间由当事人约定或法律规定。保证期间可以由法律作出明确规定,也可以由当事人通过特别约定确定,在当事人没有约定或约定不明时,才适用法律规定的保证期间。保证期间设立的目的在于限制保证人的责任、保障保证人的利益,当事人可以就保证期间作出特别约定,按照私法自治的原则,此种约定应当有效。第三,保证期间是保证合同的组成部分。保证合同的当事人可以就保证期间作出约定,只要此种约定不违反法律的强制性规定,该约定就是有效的,其应当成为保证合同的重要组成部分。

第六百九十三条 【保证期间届满的法律效果】一般保证的债权人未在保证期间对债务人提起诉讼或者申请仲裁的,保证人不再承担保证责任。

连带责任保证的债权人未在保证期间请求保证人承担保证责任的,保证人不再承担保证责任。

第六百九十四条 【保证债务的诉讼时效】一般保证的债权人在保证期间届满前对债务人提起诉讼或者申请仲裁的,从保证人拒绝承担保证责任的权利消灭之日起,开始计算保证债务的诉讼时效。

连带责任保证的债权人在保证期间届满前请求保证人承担保证责任的,从债权人请求保证人承担保证责任之日起,开始计算保证债务的诉讼时效。

第六百九十五条 【主合同变更对保证责任的影响】债权人和债务人未经保证人书面同意,协商变更主债权债务合同内容,减轻债务的,保证人仍对变更后的债务承担保证责任;加重债务的,保证人对加重的部分不承担保证责任。

债权人和债务人变更主债权债务合同的履行期限,未经保证人书面同意的,保证期间不受影响。

第六百九十六条 【债权转让时保证人的保证责任】债权人转让全部或者部分债权,未通知保证人的,该转让对保证人不发生效力。

保证人与债权人约定禁止债权转让,债权人未经保证人书面同意转让债权的,保证人对受让人不再承担保证责任。

第六百九十七条 【债务承担对保证责任的影响】债权人未经保证人书面同意,允许债务人转移全部或者部分债务,保证人对未经其同意转移的债务不再承担保证责任,但是债权人和保证人另有约定的除外。

第三人加入债务的,保证人的保证责任不受影响。

第六百九十八条 【一般保证人免责】一般保证的保证人在主债务履行期限届满后,向债权人提供债务人可供执行财产的真实情况,债权人放弃或者怠于行使权利致使该财产不能被执行的,保证人在其提供可供执行财产的价值范围内不再承担保证责任。

第六百九十九条 【共同保证】同一债务有两个以上保证人的,保证人应当按照保证合同约定的保证份额,承担保证责任;没有约定保证份额的,债权人可以请求任何一个保证人在其保证范围内承担保证责任。

链接 《最高人民法院关于适用〈中华人民共和国民法典〉有关担保制度的解释》第13、14条

第七百条 【保证人的追偿权】保证人承担保证责任后,除当事人另有约定外,有权在其承担保证责任的范围内向债务人追偿,享有债权人对债务人的权利,但是不得损害债权人的利益。

第七百零一条 【保证人的抗辩权】保证人可以主张债务人对债权人的抗辩。债务人放弃抗辩的,保证人仍有权向债权人主张抗辩。

第七百零二条 【抵销权或撤销权范围内的免责】债务人对债权人享有抵销权或者撤销权的,保证人可以在相应范围内拒绝承担保证责任。

第十四章 租赁合同

第七百零三条 【租赁合同的概念】租赁合同是出租人将租赁物交付承租人使用、收益,承租人

支付租金的合同。

第七百零四条　【租赁合同的内容】租赁合同的内容一般包括租赁物的名称、数量、用途、租赁期限、租金及其支付期限和方式、租赁物维修等条款。

链接《海商法》第130、145条

第七百零五条　【租赁期限的最高限制】租赁期限不得超过二十年。超过二十年的,超过部分无效。

租赁期限届满,当事人可以续订租赁合同;但是,约定的租赁期限自续订之日起不得超过二十年。

第七百零六条　【租赁合同登记对合同效力影响】当事人未依照法律、行政法规规定办理租赁合同登记备案手续的,不影响合同的效力。

第七百零七条　【租赁合同形式】租赁期限六个月以上的,应当采用书面形式。当事人未采用书面形式,无法确定租赁期限的,视为不定期租赁。

第七百零八条　【出租人义务】出租人应当按照约定将租赁物交付承租人,并在租赁期限内保持租赁物符合约定的用途。

第七百零九条　【承租人义务】承租人应当按照约定的方法使用租赁物。对租赁物的使用方法没有约定或者约定不明确,依据本法第五百一十条的规定仍不能确定的,应当根据租赁物的性质使用。

第七百一十条　【承租人合理使用租赁物的免责】承租人按照约定的方法或者根据租赁物的性质使用租赁物,致使租赁物受到损耗的,不承担赔偿责任。

第七百一十一条　【承租人未合理使用租赁物的责任】承租人未按照约定的方法或者未根据租赁物的性质使用租赁物,致使租赁物受到损失的,出租人可以解除合同并请求赔偿损失。

链接《最高人民法院关于审理城镇房屋租赁合同纠纷案件具体应用法律若干问题的解释》第6条

第七百一十二条　【出租人的维修义务】出租人应当履行租赁物的维修义务,但是当事人另有约定的除外。

链接《海商法》第132、133、146条

第七百一十三条　【租赁物的维修和维修费负担】承租人在租赁物需要维修时可以请求出租人在合理期限内维修。出租人未履行维修义务的,承租人可以自行维修,维修费用由出租人负担。因维修租赁物影响承租人使用的,应当相应减少租金或者延长租期。

因承租人的过错致使租赁物需要维修的,出租人不承担前款规定的维修义务。

第七百一十四条　【承租人的租赁物妥善保管义务】承租人应当妥善保管租赁物,因保管不善造成租赁物毁损、灭失的,应当承担赔偿责任。

第七百一十五条　【承租人对租赁物进行改善或增设他物】承租人经出租人同意,可以对租赁物进行改善或者增设他物。

承租人未经出租人同意,对租赁物进行改善或者增设他物的,出租人可以请求承租人恢复原状或者赔偿损失。

链接《最高人民法院关于审理城镇房屋租赁合同纠纷案件具体应用法律若干问题的解释》第7—12条

第七百一十六条　【转租】承租人经出租人同意,可以将租赁物转租给第三人。承租人转租的,承租人与出租人之间的租赁合同继续有效;第三人造成租赁物损失的,承租人应当赔偿损失。

承租人未经出租人同意转租的,出租人可以解除合同。

链接《海商法》第137、138、150条

第七百一十七条　【转租期限】承租人经出租人同意将租赁物转租给第三人,转租期限超过承租人剩余租赁期限的,超过部分的约定对出租人不具有法律约束力,但是出租人与承租人另有约定的除外。

第七百一十八条　【出租人同意转租的推定】出租人知道或者应当知道承租人转租,但是在六个月内未提出异议的,视为出租人同意转租。

第七百一十九条　【次承租人的代为清偿权】承租人拖欠租金的,次承租人可以代承租人支付其欠付的租金和违约金,但是转租合同对出租人不具有法律约束力的除外。

次承租人代为支付的租金和违约金,可以充抵次承租人应当向承租人支付的租金;超出其应付的租金数额的,可以向承租人追偿。

第七百二十条　【租赁物的收益归属】在租赁期限内因占有、使用租赁物获得的收益,归承租人所有,但是当事人另有约定的除外。

第七百二十一条　【租金支付期限】承租人应

当按照约定的期限支付租金。对支付租金的期限没有约定或者约定不明确,依据本法第五百一十条的规定仍不能确定,租赁期限不满一年的,应当在租赁期限届满时支付;租赁期限一年以上的,应当在每届满一年时支付,剩余期限不满一年的,应当在租赁期限届满时支付。

链接 《海商法》第 140 条

第七百二十二条 【承租人的租金支付义务】承租人无正当理由未支付或者迟延支付租金的,出租人可以请求承租人在合理期限内支付;承租人逾期不支付的,出租人可以解除合同。

链接 《海商法》第 140 条

第七百二十三条 【出租人的权利瑕疵担保责任】因第三人主张权利,致使承租人不能对租赁物使用、收益的,承租人可以请求减少租金或者不支付租金。

第三人主张权利的,承租人应当及时通知出租人。

第七百二十四条 【承租人解除合同的法定情形】有下列情形之一,非因承租人原因致使租赁物无法使用的,承租人可以解除合同:

(一)租赁物被司法机关或者行政机关依法查封、扣押;

(二)租赁物权属有争议;

(三)租赁物具有违反法律、行政法规关于使用条件的强制性规定情形。

第七百二十五条 【买卖不破租赁】租赁物在承租人按照租赁合同占有期限内发生所有权变动的,不影响租赁合同的效力。

案例 唐某富、庞某与合肥某房地产开发有限公司给付瑕疵责任担保纠纷案(《最高人民法院公报》2020 年第 2 期)

裁判规则:买卖尚处于租赁期间的房屋,出卖人应当告知买受人房屋租赁合同的内容,但承租人的履约能力属于商业风险范畴,不属于出卖人先合同义务,买受人应自行审查与承担。租赁期间房屋产权发生变更,除当事人有特别约定外,租金自产权变更之日归买受人所有。买受人在产权变更后,因租金难以收取,以出卖人有缔约过失、交付房屋存在瑕疵为由,要求出卖人承担租金损失的,人民法院不予支持。

链接 《最高人民法院关于审理城镇房屋租赁合同纠纷案件具体应用法律若干问题的解释》第 14 条

第七百二十六条 【房屋承租人的优先购买权】出租人出卖租赁房屋的,应当在出卖之前的合理期限内通知承租人,承租人享有以同等条件优先购买的权利;但是,房屋按份共有人行使优先购买权或者出租人将房屋出卖给近亲属的除外。

出租人履行通知义务后,承租人在十五日内未明确表示购买的,视为承租人放弃优先购买权。

案例 杨某丽诉某泵业公司优先购买权侵权纠纷案(《最高人民法院公报》2004 年第 5 期)

裁判规则:法律规定的优先购买权,是指当出租人出卖租赁房屋时,承租人在同等条件下可以优先购买自己承租的房屋;对出租人出卖的其他房屋,承租人不享有优先购买权。

承租人提交的证据,只能证明出租人出卖过房屋并且收取过卖房款,不能证明其承租的房屋已被出租人出卖。而只要承租人不能证明其承租的房屋已被出租人出卖,就不能因出租人出卖其他房屋而主张享有优先购买权,出租人出卖其他房屋与承租人无关。

链接 《最高人民法院关于审理城镇房屋租赁合同纠纷案件具体应用法律若干问题的解释》第 15 条

第七百二十七条 【承租人对拍卖房屋的优先购买权】出租人委托拍卖人拍卖租赁房屋的,应当在拍卖五日前通知承租人。承租人未参加拍卖的,视为放弃优先购买权。

第七百二十八条 【妨害承租人优先购买权的赔偿责任】出租人未通知承租人或者有其他妨害承租人行使优先购买权情形的,承租人可以请求出租人承担赔偿责任。但是,出租人与第三人订立的房屋买卖合同的效力不受影响。

第七百二十九条 【租赁物毁损、灭失的法律后果】因不可归责于承租人的事由,致使租赁物部分或者全部毁损、灭失的,承租人可以请求减少租金或者不支付租金;因租赁物部分或者全部毁损、灭失,致使不能实现合同目的的,承租人可以解除合同。

第七百三十条 【租期不明的处理】当事人对租赁期限没有约定或者约定不明确,依据本法第五百一十条的规定仍不能确定的,视为不定期租赁;当事人可以随时解除合同,但是应当在合理期限之前通知对方。

链接 《最高人民法院关于审理涉及农村土地承包纠纷案件适用法律问题的解释》第 16 条

第七百三十一条 【租赁物质量不合格时承租人的解除权】租赁物危及承租人的安全或者健康，即使承租人订立合同时明知该租赁物质量不合格，承租人仍然可以随时解除合同。

第七百三十二条 【房屋承租人死亡时租赁关系的处理】承租人在房屋租赁期限内死亡的，与其生前共同居住的人或者共同经营人可以按照原租赁合同租赁该房屋。

第七百三十三条 【租赁物的返还】租赁期限届满，承租人应当返还租赁物。返还的租赁物应当符合按照约定或者根据租赁物的性质使用后的状态。

链接《海商法》第142、143条

第七百三十四条 【租赁期限届满的续租及优先承租权】租赁期限届满，承租人继续使用租赁物，出租人没有提出异议的，原租赁合同继续有效，但是租赁期限为不定期。

租赁期限届满，房屋承租人享有以同等条件优先承租的权利。

第十五章　融资租赁合同

第七百三十五条 【融资租赁合同的概念】融资租赁合同是出租人根据承租人对出卖人、租赁物的选择，向出卖人购买租赁物，提供给承租人使用，承租人支付租金的合同。

链接《最高人民法院关于审理融资租赁合同纠纷案件适用法律问题的解释》第1、2条

第七百三十六条 【融资租赁合同的内容】融资租赁合同的内容一般包括租赁物的名称、数量、规格、技术性能、检验方法，租赁期限，租金构成及其支付期限和方式、币种，租赁期限届满租赁物的归属等条款。

融资租赁合同应当采用书面形式。

第七百三十七条 【融资租赁通谋虚伪表示】当事人以虚构租赁物方式订立的融资租赁合同无效。

第七百三十八条 【特定租赁物经营许可对合同效力影响】依照法律、行政法规的规定，对于租赁物的经营使用应当取得行政许可的，出租人未取得行政许可不影响融资租赁合同的效力。

第七百三十九条 【融资租赁标的物的交付】出租人根据承租人对出卖人、租赁物的选择订立的买卖合同，出卖人应当按照约定向承租人交付标的物，承租人享有与受领标的物有关的买受人的权利。

第七百四十条 【承租人的拒绝受领权】出卖人违反向承租人交付标的物的义务，有下列情形之一的，承租人可以拒绝受领出卖人向其交付的标的物：

（一）标的物严重不符合约定；

（二）未按照约定交付标的物，经承租人或者出租人催告后在合理期限内仍未交付。

承租人拒绝受领标的物的，应当及时通知出租人。

链接《最高人民法院关于审理融资租赁合同纠纷案件适用法律问题的解释》第3条

第七百四十一条 【承租人的索赔权】出租人、出卖人、承租人可以约定，出卖人不履行买卖合同义务的，由承租人行使索赔的权利。承租人行使索赔权利的，出租人应当协助。

第七百四十二条 【承租人行使索赔权的租金支付义务】承租人对出卖人行使索赔权利，不影响其履行支付租金的义务。但是，承租人依赖出租人的技能确定租赁物或者出租人干预选择租赁物的，承租人可以请求减免相应租金。

第七百四十三条 【承租人索赔不能的违约责任承担】出租人有下列情形之一，致使承租人对出卖人行使索赔权利失败的，承租人有权请求出租人承担相应的责任：

（一）明知租赁物有质量瑕疵而不告知承租人；

（二）承租人行使索赔权利时，未及时提供必要协助。

出租人怠于行使只能由其对出卖人行使的索赔权利，造成承租人损失的，承租人有权请求出租人承担赔偿责任。

第七百四十四条 【出租人不得擅自变更买卖合同内容】出租人根据承租人对出卖人、租赁物的选择订立的买卖合同，未经承租人同意，出租人不得变更与承租人有关的合同内容。

链接《最高人民法院关于审理融资租赁合同纠纷案件适用法律问题的解释》第4条

第七百四十五条 【租赁物的登记对抗效力】出租人对租赁物享有的所有权，未经登记，不得对抗善意第三人。

第七百四十六条 【租金的确定规则】融资租

赁合同的租金,除当事人另有约定外,应当根据购买租赁物的大部分或者全部成本以及出租人的合理利润确定。

第七百四十七条 【租赁物瑕疵担保责任】租赁物不符合约定或者不符合使用目的的,出租人不承担责任。但是,承租人依赖出租人的技能确定租赁物或者出租人干预选择租赁物的除外。

链接《最高人民法院关于审理融资租赁合同纠纷案件适用法律问题的解释》第8条

第七百四十八条 【出租人保证承租人占有和使用租赁物】出租人应当保证承租人对租赁物的占有和使用。

出租人有下列情形之一的,承租人有权请求其赔偿损失:

(一)无正当理由收回租赁物;

(二)无正当理由妨碍、干扰承租人对租赁物的占有和使用;

(三)因出租人的原因致使第三人对租赁物主张权利;

(四)不当影响承租人对租赁物占有和使用的其他情形。

链接《最高人民法院关于审理融资租赁合同纠纷案件适用法律问题的解释》第6条

第七百四十九条 【租赁物致人损害的责任承担】承租人占有租赁物期间,租赁物造成第三人人身损害或者财产损失的,出租人不承担责任。

第七百五十条 【租赁物的保管、使用、维修】承租人应当妥善保管、使用租赁物。

承租人应当履行占有租赁物期间的维修义务。

第七百五十一条 【承租人占有租赁物毁损、灭失的租金承担】承租人占有租赁物期间,租赁物毁损、灭失的,出租人有权请求承租人继续支付租金,但是法律另有规定或者当事人另有约定的除外。

第七百五十二条 【承租人支付租金的义务】承租人应当按照约定支付租金。承租人经催告后在合理期限内仍不支付租金的,出租人可以请求支付全部租金;也可以解除合同,收回租赁物。

链接《最高人民法院关于审理融资租赁合同纠纷案件适用法律问题的解释》第9、10条;《最高人民法院关于适用〈中华人民共和国民法典〉有关担保制度的解释》第65条

第七百五十三条 【承租人擅自处分租赁物时出租人的解除权】承租人未经出租人同意,将租赁物转让、抵押、质押、投资入股或者以其他方式处分的,出租人可以解除融资租赁合同。

第七百五十四条 【出租人或承租人均可解除融资租赁合同情形】有下列情形之一的,出租人或者承租人可以解除融资租赁合同:

(一)出租人与出卖人订立的买卖合同解除、被确认无效或者被撤销,且未能重新订立买卖合同;

(二)租赁物因不可归责于当事人的原因毁损、灭失,且不能修复或者确定替代物;

(三)因出卖人的原因致使融资租赁合同的目的不能实现。

链接《最高人民法院关于审理融资租赁合同纠纷案件适用法律问题的解释》第5—7、11条

第七百五十五条 【承租人承担出租人损失赔偿责任情形】融资租赁合同因买卖合同解除、被确认无效或者被撤销而解除,出卖人、租赁物系由承租人选择的,出租人有权请求承租人赔偿相应损失;但是,因出租人原因致使买卖合同解除、被确认无效或者被撤销的除外。

出租人的损失已经在买卖合同解除、被确认无效或者被撤销时获得赔偿的,承租人不再承担相应的赔偿责任。

第七百五十六条 【租赁物意外毁损灭失】融资租赁合同因租赁物交付承租人后意外毁损、灭失等不可归责于当事人的原因解除的,出租人可以请求承租人按照租赁物折旧情况给予补偿。

第七百五十七条 【租赁期满租赁物的归属】出租人和承租人可以约定租赁期限届满租赁物的归属;对租赁物的归属没有约定或者约定不明确,依据本法第五百一十条的规定仍不能确定的,租赁物的所有权归出租人。

第七百五十八条 【承租人请求部分返还租赁物价值】当事人约定租赁期限届满租赁物归承租人所有,承租人已经支付大部分租金,但是无力支付剩余租金,出租人因此解除合同收回租赁物,收回的租赁物的价值超过承租人欠付的租金以及其他费用的,承租人可以请求相应返还。

当事人约定租赁期限届满租赁物归出租人所有,因租赁物毁损、灭失或者附合、混合于他物致使承租人不能返还的,出租人有权请求承租人给

予合理补偿。

第七百五十九条 【支付象征性价款时的租赁物归属】当事人约定租赁期限届满，承租人仅需向出租人支付象征性价款的，视为约定的租金义务履行完毕后租赁物的所有权归承租人。

第七百六十条 【融资租赁合同无效时租赁物的归属】融资租赁合同无效，当事人就该情形下租赁物的归属有约定的，按照其约定；没有约定或者约定不明确的，租赁物应当返还出租人。但是，因承租人原因致使合同无效，出租人不请求返还或者返还后会显著降低租赁物效用的，租赁物的所有权归承租人，由承租人给予出租人合理补偿。

第十六章　保理合同

第七百六十一条 【保理合同的概念】保理合同是应收账款债权人将现有的或者将有的应收账款转让给保理人，保理人提供资金融通、应收账款管理或者催收、应收账款债务人付款担保等服务的合同。

链接 《最高人民法院关于适用〈中华人民共和国民法典〉有关担保制度的解释》

第七百六十二条 【保理合同的内容与形式】保理合同的内容一般包括业务类型、服务范围、服务期限、基础交易合同情况、应收账款信息、保理融资款或者服务报酬及其支付方式等条款。

保理合同应当采用书面形式。

第七百六十三条 【虚构应收账款】应收账款债权人与债务人虚构应收账款作为转让标的，与保理人订立保理合同的，应收账款债务人不得以应收账款不存在为由对抗保理人，但是保理人明知虚构的除外。

第七百六十四条 【保理人发出转让通知的表明身份义务】保理人向应收账款债务人发出应收账款转让通知的，应当表明保理人身份并附有必要凭证。

第七百六十五条 【无正当理由变更、终止基础交易合同对保理人的效力】应收账款债务人接到应收账款转让通知后，应收账款债权人与债务人无正当理由协商变更或者终止基础交易合同，对保理人产生不利影响的，对保理人不发生效力。

第七百六十六条 【有追索权保理】当事人约定有追索权保理的，保理人可以向应收账款债权人主张返还保理融资款本息或者回购应收账款债权，也可以向应收账款债务人主张应收账款债权。保理人向应收账款债务人主张应收账款债权，在扣除保理融资款本息和相关费用后有剩余的，剩余部分应当返还给应收账款债权人。

第七百六十七条 【无追索权保理】当事人约定无追索权保理的，保理人应当向应收账款债务人主张应收账款债权，保理人取得超过保理融资款本息和相关费用的部分，无需向应收账款债权人返还。

第七百六十八条 【多重保理的清偿顺序】应收账款债权人就同一应收账款订立多个保理合同，致使多个保理人主张权利的，已经登记的先于未登记的取得应收账款；均已经登记的，按照登记时间的先后顺序取得应收账款；均未登记的，由最先到达应收账款债务人的转让通知中载明的保理人取得应收账款；既未登记也未通知的，按照保理融资款或者服务报酬的比例取得应收账款。

链接 《最高人民法院关于适用〈中华人民共和国民法典〉有关担保制度的解释》第 66 条

第七百六十九条 【参照适用债权转让的规定】本章没有规定的，适用本编第六章债权转让的有关规定。

第十七章　承揽合同

第七百七十条 【承揽合同的定义及类型】承揽合同是承揽人按照定作人的要求完成工作，交付工作成果，定作人支付报酬的合同。

承揽包括加工、定作、修理、复制、测试、检验等工作。

第七百七十一条 【承揽合同的主要条款】承揽合同的内容一般包括承揽的标的、数量、质量、报酬、承揽方式、材料的提供、履行期限、验收标准和方法等条款。

第七百七十二条 【承揽人独立完成主要工作】承揽人应当以自己的设备、技术和劳力，完成主要工作，但是当事人另有约定的除外。

承揽人将其承揽的主要工作交由第三人完成的，应当就该第三人完成的工作成果向定作人负责；未经定作人同意的，定作人也可以解除合同。

第七百七十三条 【承揽人对辅助性工作的责任】承揽人可以将其承揽的辅助工作交由第三人完成。承揽人将其承揽的辅助工作交由第三人完成的，应当就该第三人完成的工作成果向定作人负责。

第七百七十四条 【承揽人提供材料时的主要义务】承揽人提供材料的,应当按照约定选用材料,并接受定作人检验。

第七百七十五条 【定作人提供材料时双方当事人的义务】定作人提供材料的,应当按照约定提供材料。承揽人对定作人提供的材料应当及时检验,发现不符合约定时,应当及时通知定作人更换、补齐或者采取其他补救措施。

承揽人不得擅自更换定作人提供的材料,不得更换不需要修理的零部件。

第七百七十六条 【定作人要求不合理时双方当事人的义务】承揽人发现定作人提供的图纸或者技术要求不合理的,应当及时通知定作人。因定作人怠于答复等原因造成承揽人损失的,应当赔偿损失。

第七百七十七条 【中途变更工作要求的责任】定作人中途变更承揽工作的要求,造成承揽人损失的,应当赔偿损失。

第七百七十八条 【定作人的协助义务】承揽工作需要定作人协助的,定作人有协助的义务。定作人不履行协助义务致使承揽工作不能完成的,承揽人可以催告定作人在合理期限内履行义务,并可以顺延履行期限;定作人逾期不履行的,承揽人可以解除合同。

链接 《最高人民法院第八次全国法院民事商事审判工作会议(民事部分)纪要》第33条

第七百七十九条 【定作人监督检验承揽工作】承揽人在工作期间,应当接受定作人必要的监督检验。定作人不得因监督检验妨碍承揽人的正常工作。

第七百八十条 【工作成果交付】承揽人完成工作的,应当向定作人交付工作成果,并提交必要的技术资料和有关质量证明。定作人应当验收该工作成果。

第七百八十一条 【工作成果质量不合约定的责任】承揽人交付的工作成果不符合质量要求的,定作人可以合理选择请求承揽人承担修理、重作、减少报酬、赔偿损失等违约责任。

链接 《产品质量法》第40条

第七百八十二条 【支付报酬期限】定作人应当按照约定的期限支付报酬。对支付报酬的期限没有约定或者约定不明确,依据本法第五百一十条的规定仍不能确定的,定作人应当在承揽人交付工作成果时支付;工作成果部分交付的,定作人应当相应支付。

第七百八十三条 【承揽人的留置权及同时履行抗辩权】定作人未向承揽人支付报酬或者材料费等价款的,承揽人对完成的工作成果享有留置权或者有权拒绝交付,但是当事人另有约定的除外。

第七百八十四条 【承揽人保管义务】承揽人应当妥善保管定作人提供的材料以及完成的工作成果,因保管不善造成毁损、灭失的,应当承担赔偿责任。

第七百八十五条 【承揽人的保密义务】承揽人应当按照定作人的要求保守秘密,未经定作人许可,不得留存复制品或者技术资料。

第七百八十六条 【共同承揽】共同承揽人对定作人承担连带责任,但是当事人另有约定的除外。

第七百八十七条 【定作人的任意解除权】定作人在承揽人完成工作前可以随时解除合同,造成承揽人损失的,应当赔偿损失。

第十八章 建设工程合同

第七百八十八条 【建设工程合同的定义】建设工程合同是承包人进行工程建设,发包人支付价款的合同。

建设工程合同包括工程勘察、设计、施工合同。

第七百八十九条 【建设工程合同形式】建设工程合同应当采用书面形式。

链接 《建筑法》第15条

第七百九十条 【工程招标投标】建设工程的招标投标活动,应当依照有关法律的规定公开、公平、公正进行。

链接 《建筑法》第16—22条;《招标投标法》第3条;《招标投标法实施条例》第2条;《最高人民法院关于审理建设工程施工合同纠纷案件适用法律问题的解释(一)》第2条

第七百九十一条 【总包与分包】发包人可以与总承包人订立建设工程合同,也可以分别与勘察人、设计人、施工人订立勘察、设计、施工承包合同。发包人不得将应当由一个承包人完成的建设工程支解成若干部分发包给数个承包人。

总承包人或者勘察、设计、施工承包人经发包人同意,可以将自己承包的部分工作交由第三人完成。第三人就其完成的工作成果与总承包人或者勘察、设计、施工承包人向发包人承担连带责任。承包人不得将其承包的全部建设工程转包给第三人或者将其承包的全部建设工程支解以后以分包的名义分别转包给第三人。

禁止承包人将工程分包给不具备相应资质条件的单位。禁止分包单位将其承包的工程再分包。建设工程主体结构的施工必须由承包人自行完成。

链接《建筑法》第24、28、29条;《建设工程质量管理条例》第7、18、78条;《最高人民法院关于审理建设工程施工合同纠纷案件适用法律问题的解释(一)》第5条

第七百九十二条 【国家重大建设工程合同的订立】国家重大建设工程合同,应当按照国家规定的程序和国家批准的投资计划、可行性研究报告等文件订立。

第七百九十三条 【建设工程施工合同无效的处理】建设工程施工合同无效,但是建设工程经验收合格的,可以参照合同关于工程价款的约定折价补偿承包人。

建设工程施工合同无效,且建设工程经验收不合格的,按照以下情形处理:

(一)修复后的建设工程经验收合格的,发包人可以请求承包人承担修复费用;

(二)修复后的建设工程经验收不合格的,承包人无权请求参照合同关于工程价款的约定折价补偿。

发包人对因建设工程不合格造成的损失有过错的,应当承担相应的责任。

第七百九十四条 【勘察、设计合同主要内容】勘察、设计合同的内容一般包括提交有关基础资料和概预算等文件的期限、质量要求、费用以及其他协作条件等条款。

第七百九十五条 【施工合同主要内容】施工合同的内容一般包括工程范围、建设工期、中间交工工程的开工和竣工时间、工程质量、工程造价、技术资料交付时间、材料和设备供应责任、拨款和结算、竣工验收、质量保修范围和质量保证期、相互协作等条款。

链接《最高人民法院关于审理建设工程施工合同纠纷案件适用法律问题的解释(一)》第8—10条

第七百九十六条 【建设工程监理】建设工程实行监理的,发包人应当与监理人采用书面形式订立委托监理合同。发包人与监理人的权利和义务以及法律责任,应当依照本编委托合同以及其他有关法律、行政法规的规定。

链接《建筑法》第30—35条;《建设工程质量管理条例》第12、34—38条

第七百九十七条 【发包人检查权】发包人在不妨碍承包人正常作业的情况下,可以随时对作业进度、质量进行检查。

第七百九十八条 【隐蔽工程】隐蔽工程在隐蔽以前,承包人应当通知发包人检查。发包人没有及时检查的,承包人可以顺延工程日期,并有权请求赔偿停工、窝工等损失。

第七百九十九条 【竣工验收】建设工程竣工后,发包人应当根据施工图纸及说明书、国家颁发的施工验收规范和质量检验标准及时进行验收。验收合格的,发包人应当按照约定支付价款,并接收该建设工程。

建设工程竣工经验收合格后,方可交付使用;未经验收或者验收不合格的,不得交付使用。

链接《建筑法》第60、61条;《建设工程质量管理条例》第16、17、49条;《城镇燃气管理条例》第11条;《最高人民法院关于审理建设工程施工合同纠纷案件适用法律问题的解释(一)》第11、14条

第八百条 【勘察、设计人质量责任】勘察、设计的质量不符合要求或者未按照期限提交勘察、设计文件拖延工期,造成发包人损失的,勘察人、设计人应当继续完善勘察、设计,减收或者免收勘察、设计费并赔偿损失。

链接《建筑法》第52—56条;《建设工程质量管理条例》第18—24条

第八百零一条 【施工人的质量责任】因施工人的原因致使建设工程质量不符合约定的,发包人有权请求施工人在合理期限内无偿修理或者返工、改建。经过修理或者返工、改建后,造成逾期交付的,施工人应当承担违约责任。

链接《建筑法》第58—60条;《建设工程质量管理条例》第25—33条

第八百零二条 【质量保证责任】因承包人的原因致使建设工程在合理使用期限内造成人身损害和财产损失的,承包人应当承担赔偿责任。

链接 《建筑法》第60—63条;《建设工程质量管理条例》第39—42条;《最高人民法院关于审理建设工程施工合同纠纷案件适用法律问题的解释(一)》第15条

第八百零三条　【发包人违约责任】 发包人未按照约定的时间和要求提供原材料、设备、场地、资金、技术资料的,承包人可以顺延工程日期,并有权请求赔偿停工、窝工等损失。

第八百零四条　【发包人原因致工程停建、缓建的责任】 因发包人的原因致使工程中途停建、缓建的,发包人应当采取措施弥补或者减少损失,赔偿承包人因此造成的停工、窝工、倒运、机械设备调迁、材料和构件积压等损失和实际费用。

第八百零五条　【发包人原因致勘察、设计返工、停工或修改设计的责任】 因发包人变更计划,提供的资料不准确,或者未按照期限提供必需的勘察、设计工作条件而造成勘察、设计的返工、停工或者修改设计,发包人应当按照勘察人、设计人实际消耗的工作量增付费用。

第八百零六条　【建设工程合同的法定解除】 承包人将建设工程转包、违法分包的,发包人可以解除合同。

发包人提供的主要建筑材料、建筑构配件和设备不符合强制性标准或者不履行协助义务,致使承包人无法施工,经催告后在合理期限内仍未履行相应义务的,承包人可以解除合同。

合同解除后,已经完成的建设工程质量合格的,发包人应当按照约定支付相应的工程价款;已经完成的建设工程质量不合格的,参照本法第七百九十三条的规定处理。

第八百零七条　【工程价款的支付】 发包人未按照约定支付价款的,承包人可以催告发包人在合理期限内支付价款。发包人逾期不支付的,除根据建设工程的性质不宜折价、拍卖外,承包人可以与发包人协议将该工程折价,也可以请求人民法院将该工程依法拍卖。建设工程的价款就该工程折价或者拍卖的价款优先受偿。

案例 中天建设集团有限公司诉河南恒和置业有限公司建设工程施工合同纠纷案(最高人民法院指导案例171号)

裁判规则: 执行法院依其他债权人的申请,对发包人的建设工程强制执行,承包人向执行法院主张其享有建设工程价款优先受偿权且未超过除

斥期间的,视为承包人依法行使了建设工程价款优先受偿权。发包人以承包人起诉时行使建设工程价款优先受偿权超过除斥期间为由进行抗辩的,人民法院不予支持。

链接 《最高人民法院关于审理建设工程施工合同纠纷案件适用法律问题的解释(一)》第19—42条

第八百零八条　【参照适用承揽合同的规定】 本章没有规定的,适用承揽合同的有关规定。

第十九章　运输合同

第一节　一般规定

第八百零九条　【运输合同的定义】 运输合同是承运人将旅客或者货物从起运地点运输到约定地点,旅客、托运人或者收货人支付票款或者运输费用的合同。

链接 《民用航空法》第107、108条;《铁路法》第11条;《海商法》第41条;《道路运输条例》第2条

第八百一十条　【公共运输承运人的强制缔约义务】 从事公共运输的承运人不得拒绝旅客、托运人通常、合理的运输要求。

第八百一十一条　【承运人安全运输义务】 承运人应当在约定期限或者合理期限内将旅客、货物安全运输到约定地点。

链接 《铁路法》第10条;《最高人民法院关于审理铁路运输人身损害赔偿纠纷案件适用法律若干问题的解释》;《最高人民法院关于审理铁路运输损害赔偿案件若干问题的解释》第7条

第八百一十二条　【承运人合理运输义务】 承运人应当按照约定的或者通常的运输路线将旅客、货物运输到约定地点。

链接 《铁路法》第12条

第八百一十三条　【支付票款或运输费用】 旅客、托运人或者收货人应当支付票款或者运输费用。承运人未按照约定路线或者通常路线运输增加票款或者运输费用的,旅客、托运人或者收货人可以拒绝支付增加部分的票款或者运输费用。

链接 《铁路法》第25、26条

第二节　客运合同

第八百一十四条　【客运合同的成立】 客运合同自承运人向旅客出具客票时成立,但是当事人另有约定或者另有交易习惯的除外。

链接《民用航空法》第 109—111 条;《海商法》第 110、111 条

第八百一十五条 【按有效客票记载内容乘坐义务】旅客应当按照有效客票记载的时间、班次和座位号乘坐。旅客无票乘坐、超程乘坐、越级乘坐或者持不符合减价条件的优惠客票乘坐的,应当补交票款,承运人可以按照规定加收票款;旅客不支付票款的,承运人可以拒绝运输。

实名制客运合同的旅客丢失客票的,可以请求承运人挂失补办,承运人不得再次收取票款和其他不合理费用。

链接《民用航空法》第 109、112、128 条;《海商法》第 112 条;《道路运输条例》第 17 条

第八百一十六条 【退票与变更】旅客因自己的原因不能按照客票记载的时间乘坐的,应当在约定的期限内办理退票或者变更手续;逾期办理的,承运人可以不退票款,并不再承担运输义务。

第八百一十七条 【按约定携带行李义务】旅客随身携带行李应当符合约定的限量和品类要求;超过限量或者违反品类要求携带行李的,应办理托运手续。

第八百一十八条 【危险物品或者违禁物品的携带禁止】旅客不得随身携带或者在行李中夹带易燃、易爆、有毒、有腐蚀性、有放射性以及可能危及运输工具上人身和财产安全的危险物品或者违禁物品。

旅客违反前款规定的,承运人可以将危险物品或者违禁物品卸下、销毁或者送交有关部门。旅客坚持携带或者夹带危险物品或者违禁物品的,承运人应当拒绝运输。

链接《海商法》第 113 条;《民用航空安全保卫条例》第 26—33 条

第八百一十九条 【承运人告知义务和旅客协助配合义务】承运人应当严格履行安全运输义务,及时告知旅客安全运输应当注意的事项。旅客对承运人为安全运输所作的合理安排应当积极协助和配合。

第八百二十条 【承运人迟延运输或者有其他不能正常运输情形】承运人应当按照有效客票记载的时间、班次和座位号运输旅客。承运人迟延运输或者有其他不能正常运输情形的,应当及时告知和提醒旅客,采取必要的安置措施,并根据旅客的要求安排改乘其他班次或者退票;由此造成旅客损失的,承运人应当承担赔偿责任,但是不可归责于承运人的除外。

链接《道路运输条例》第 18、19 条

第八百二十一条 【承运人变更服务标准的后果】承运人擅自降低服务标准的,应当根据旅客的请求退票或者减收票款;提高服务标准的,不得加收票款。

第八百二十二条 【承运人尽力救助义务】承运人在运输过程中,应当尽力救助患有急病、分娩、遇险的旅客。

第八百二十三条 【旅客伤亡的赔偿责任】承运人应当对运输过程中旅客的伤亡承担赔偿责任;但是,伤亡是旅客自身健康原因造成的或者承运人证明伤亡是旅客故意、重大过失造成的除外。

前款规定适用于按照规定免票、持优待票或者经承运人许可搭乘的无票旅客。

链接《民用航空法》第 124、127—136 条;《铁路法》第 58 条;《海商法》第 114、115、117、118、120—126 条;《道路运输条例》第 16、35 条;《最高人民法院关于审理铁路运输人身损害赔偿纠纷案件适用法律若干问题的解释》

第八百二十四条 【对行李的赔偿责任】在运输过程中旅客随身携带物品毁损、灭失,承运人有过错的,应当承担赔偿责任。

旅客托运的行李毁损、灭失的,适用货物运输的有关规定。

链接《民用航空法》第 125—136 条;《铁路法》第 16—18 条;《海商法》第 114—126 条

第三节 货运合同

第八百二十五条 【托运人如实申报情况义务】托运人办理货物运输,应当向承运人准确表明收货人的姓名、名称或者凭指示的收货人,货物的名称、性质、重量、数量,收货地点等有关货物运输的必要情况。

因托运人申报不实或者遗漏重要情况,造成承运人损失的,托运人应当承担赔偿责任。

链接《民用航空法》第 117 条;《铁路法》第 18、19、23 条;《海商法》第 66、68 条

第八百二十六条 【托运人办理审批、检验等手续义务】货物运输需要办理审批、检验等手续的,托运人应当将办理完有关手续的文件提交承运人。

链接《民用航空法》第 123 条;《道路运输条例》第 25 条

第八百二十七条　【托运人的包装义务】托运人应当按照约定的方式包装货物。对包装方式没有约定或者约定不明确的,适用本法第六百一十九条的规定。

托运人违反前款规定的,承运人可以拒绝运输。

链接《铁路法》第 20 条

第八百二十八条　【托运人运送危险货物时的义务】托运人托运易燃、易爆、有毒、有腐蚀性、有放射性等危险物品的,应当按照国家有关危险物品运输的规定对危险物品妥善包装,做出危险物品标志和标签,并将有关危险物品的名称、性质和防范措施的书面材料提交承运人。

托运人违反前款规定的,承运人可以拒绝运输,也可以采取相应措施以避免损失的发生,因此产生的费用由托运人负担。

链接《海商法》第 68 条;《道路运输条例》第 27 条;《国内水路运输管理条例》第 20 条;《民用航空安全保卫条例》第 30—32 条

第八百二十九条　【托运人变更或解除的权利】在承运人将货物交付收货人之前,托运人可以要求承运人中止运输、返还货物、变更到达地或者将货物交给其他收货人,但是应当赔偿承运人因此受到的损失。

第八百三十条　【提货】货物运输到达后,承运人知道收货人的,应当及时通知收货人,收货人应当及时提货。收货人逾期提货的,应当向承运人支付保管费等费用。

链接《铁路法》第 16、21 条;《海商法》第 50 条

第八百三十一条　【收货人对货物的检验】收货人提货时应当按照约定的期限检验货物。对检验货物的期限没有约定或者约定不明确,依据本法第五百一十条的规定仍不能确定的,应当在合理期限内检验货物。收货人在约定的期限或者合理期限内对货物的数量、毁损等未提出异议的,视为承运人已经按照运输单证的记载交付的初步证据。

第八百三十二条　【承运人对货损的赔偿责任】承运人对运输过程中货物的毁损、灭失承担赔偿责任。但是,承运人证明货物的毁损、灭失是因不可抗力、货物本身的自然性质或者合理损耗以

及托运人、收货人的过错造成的,不承担赔偿责任。

链接《民用航空法》第 125—136 条;《铁路法》第 16—18 条

第八百三十三条　【确定货损额的方法】货物的毁损、灭失的赔偿额,当事人有约定的,按照其约定;没有约定或者约定不明确,依据本法第五百一十条的规定仍不能确定的,按照交付或者应当交付时货物到达地的市场价格计算。法律、行政法规对赔偿额的计算方法和赔偿限额另有规定的,依照其规定。

第八百三十四条　【相继运输的责任承担】两个以上承运人以同一运输方式联运的,与托运人订立合同的承运人应当对全程运输承担责任;损失发生在某一运输区段的,与托运人订立合同的承运人和该区段的承运人承担连带责任。

第八百三十五条　【货物因不可抗力灭失的运费处理】货物在运输过程中因不可抗力灭失,未收取运费的,承运人不得请求支付运费;已经收取运费的,托运人可以请求返还。法律另有规定的,依照其规定。

第八百三十六条　【承运人留置权】托运人或者收货人不支付运费、保管费或者其他费用的,承运人对相应的运输货物享有留置权,但是当事人另有约定的除外。

链接《海商法》第 87、88 条

第八百三十七条　【货物的提存】收货人不明或者收货人无正当理由拒绝受领货物的,承运人依法可以提存货物。

第四节　多式联运合同

第八百三十八条　【多式联运经营人的权利义务】多式联运经营人负责履行或者组织履行多式联运合同,对全程运输享有承运人的权利,承担承运人的义务。

第八百三十九条　【多式联运经营人的责任承担】多式联运经营人可以与参加多式联运的各区段承运人就多式联运合同的各区段运输约定相互之间的责任;但是,该约定不影响多式联运经营人对全程运输承担的义务。

链接《海商法》第 104 条

第八百四十条　【多式联运单据】多式联运经营人收到托运人交付的货物时,应当签发多式联

运单据。按照托运人的要求，多式联运单据可以是可转让单据，也可以是不可转让单据。

第八百四十一条 【托运人的过错赔偿责任】因托运人托运货物时的过错造成多式联运经营人损失的，即使托运人已经转让多式联运单据，托运人仍然应当承担赔偿责任。

第八百四十二条 【赔偿责任的法律适用】货物的毁损、灭失发生于多式联运的某一运输区段的，多式联运经营人的赔偿责任和责任限额，适用调整该区段运输方式的有关法律规定；货物毁损、灭失发生的运输区段不能确定的，依照本章规定承担赔偿责任。

链接《铁路法》第29条；《海商法》第104—106条

第二十章 技术合同

第一节 一般规定

第八百四十三条 【技术合同的定义】技术合同是当事人就技术开发、转让、许可、咨询或者服务订立的确立相互之间权利和义务的合同。

第八百四十四条 【订立技术合同的原则】订立技术合同，应当有利于知识产权的保护和科学技术的进步，促进科学技术成果的研发、转化、应用和推广。

链接《最高人民法院关于审理技术合同纠纷案件适用法律若干问题的解释》（以下简称《技术合同纠纷司法解释》）第1条

第八百四十五条 【技术合同的主要条款】技术合同的内容一般包括项目的名称，标的的内容、范围和要求，履行的计划、地点和方式，技术信息和资料的保密，技术成果的归属和收益的分配办法，验收标准和方法，名词和术语的解释等条款。

与履行合同有关的技术背景资料、可行性论证和技术评价报告、项目任务书和计划书、技术标准、技术规范、原始设计和工艺文件，以及其他技术文档，按照当事人的约定可以作为合同的组成部分。

技术合同涉及专利的，应当注明发明创造的名称、专利申请人和专利权人、申请日期、申请号、专利号以及专利权的有效期限。

第八百四十六条 【技术合同价款、报酬或使用费的支付方式】技术合同价款、报酬或者使用费的支付方式由当事人约定，可以采取一次总算、一次总付或者一次总算、分期支付，也可以采取提成支付或者提成支付附加预付入门费的方式。

约定提成支付的，可以按照产品价格、实施专利和使用技术秘密后新增的产值、利润或者产品销售额的一定比例提成，也可以按照约定的其他方式计算。提成支付的比例可以采取固定比例、逐年递增比例或者逐年递减比例。

约定提成支付的，当事人可以约定查阅有关会计账目的办法。

链接《技术合同纠纷司法解释》第14条

第八百四十七条 【职务技术成果的财产权归属】职务技术成果的使用权、转让权属于法人或者非法人组织的，法人或者非法人组织可以就该项职务技术成果订立技术合同。法人或者非法人组织订立技术合同转让职务技术成果时，职务技术成果的完成人享有以同等条件优先受让的权利。

职务技术成果是执行法人或者非法人组织的工作任务，或者主要是利用法人或者非法人组织的物质技术条件所完成的技术成果。

链接《专利法》第6、14、15条；《技术合同纠纷司法解释》第2—7条

第八百四十八条 【非职务技术成果的财产权归属】非职务技术成果的使用权、转让权属于完成技术成果的个人，完成技术成果的个人可以就该项非职务技术成果订立技术合同。

第八百四十九条 【技术成果人身权】完成技术成果的个人享有在有关技术成果文件上写明自己是技术成果完成者的权利和取得荣誉证书、奖励的权利。

第八百五十条 【技术合同的无效】非法垄断技术或者侵害他人技术成果的技术合同无效。

链接《技术合同纠纷司法解释》第10—13条

第二节 技术开发合同

第八百五十一条 【技术开发合同的定义及种类】技术开发合同是当事人之间就新技术、新产品、新工艺、新品种或者新材料及其系统的研究开发所订立的合同。

技术开发合同包括委托开发合同和合作开发合同。

技术开发合同应当采用书面形式。

当事人之间就具有实用价值的科技成果实施

转化订立的合同,参照适用技术开发合同的有关规定。

链接 《技术合同纠纷司法解释》第17、18条

第八百五十二条 【委托人的主要义务】委托开发合同的委托人应当按照约定支付研究开发经费和报酬,提供技术资料,提出研究开发要求,完成协作事项,接受研究开发成果。

第八百五十三条 【研究开发人的主要义务】委托开发合同的研究开发人应当按照约定制定和实施研究开发计划,合理使用研究开发经费,按期完成研究开发工作,交付研究开发成果,提供有关的技术资料和必要的技术指导,帮助委托人掌握研究开发成果。

第八百五十四条 【委托开发合同的当事人违约责任】委托开发合同的当事人违反约定造成研究开发工作停滞、延误或者失败的,应当承担违约责任。

第八百五十五条 【合作开发各方的主要义务】合作开发合同的当事人应当按照约定进行投资,包括以技术进行投资,分工参与研究开发工作,协作配合研究开发工作。

链接 《技术合同纠纷司法解释》第19条

第八百五十六条 【合作开发各方的违约责任】合作开发合同的当事人违反约定造成研究开发工作停滞、延误或者失败的,应当承担违约责任。

第八百五十七条 【技术开发合同的解除】作为技术开发合同标的的技术已经由他人公开,致使技术开发合同的履行没有意义的,当事人可以解除合同。

第八百五十八条 【技术开发合同的风险责任负担】技术开发合同履行过程中,因出现无法克服的技术困难,致使研究开发失败或者部分失败的,该风险由当事人约定;没有约定或者约定不明确,依据本法第五百一十条的规定仍不能确定的,风险由当事人合理分担。

当事人一方发现前款规定的可能致使研究开发失败或者部分失败的情形时,应当及时通知另一方并采取适当措施减少损失;没有及时通知并采取适当措施,致使损失扩大的,应当就扩大的损失承担责任。

第八百五十九条 【发明创造的归属和分享】委托开发完成的发明创造,除法律另有规定或者当事人另有约定外,申请专利的权利属于研究开发人。研究开发人取得专利权的,委托人可以依法实施该专利。

研究开发人转让专利申请权的,委托人享有以同等条件优先受让的权利。

第八百六十条 【合作开发发明创造专利申请权的归属和分享】合作开发完成的发明创造,申请专利的权利属于合作开发的当事人共有;当事人一方转让其共有的专利申请权的,其他各方享有以同等条件优先受让的权利。但是,当事人另有约定的除外。

合作开发的当事人一方声明放弃其共有的专利申请权的,除当事人另有约定外,可以由另一方单独申请或者由其他各方共同申请。申请人取得专利权的,放弃专利申请权的一方可以免费实施该专利。

合作开发的当事人一方不同意申请专利的,另一方或者其他各方不得申请专利。

第八百六十一条 【技术秘密成果的归属与分配】委托开发或者合作开发完成的技术秘密成果的使用权、转让权以及收益的分配办法,由当事人约定;没有约定或者约定不明确,依据本法第五百一十条的规定仍不能确定的,在没有相同技术方案被授予专利权前,当事人均有使用和转让的权利。但是,委托开发的研究开发人不得在向委托人交付研究开发成果之前,将研究开发成果转让给第三人。

链接 《促进科技成果转化法》第40条;《专利法》第8条;《技术合同纠纷司法解释》第20、21条

第三节 技术转让合同和技术许可合同

第八百六十二条 【技术转让合同和技术许可合同的定义】技术转让合同是合法拥有技术的权利人,将现有特定的专利、专利申请、技术秘密的相关权利让与他人所订立的合同。

技术许可合同是合法拥有技术的权利人,将现有特定的专利、技术秘密的相关权利许可他人实施、使用所订立的合同。

技术转让合同和技术许可合同中关于提供实施技术的专用设备、原材料或者提供有关的技术咨询、技术服务的约定,属于合同的组成部分。

链接 《专利法》第10、12条;《技术合同纠纷司法解释》第22—27条

第八百六十三条 【技术转让合同和技术许

可合同的种类及合同要件】技术转让合同包括专利权转让、专利申请权转让、技术秘密转让等合同。

技术许可合同包括专利实施许可、技术秘密使用许可等合同。

技术转让合同和技术许可合同应当采用书面形式。

第八百六十四条 【技术转让合同和技术许可合同的限制性条款】技术转让合同和技术许可合同可以约定实施专利或者使用技术秘密的范围，但是不得限制技术竞争和技术发展。

链接 《技术合同纠纷司法解释》第 28 条

第八百六十五条 【专利实施许可合同的有效期限】专利实施许可合同仅在该专利权的存续期限内有效。专利权有效期限届满或者专利权被宣告无效的，专利权人不得就该专利与他人订立专利实施许可合同。

链接 《专利法》第 42—44 条

第八百六十六条 【专利实施许可合同许可人的义务】专利实施许可合同的许可人应当按照约定许可被许可人实施专利，交付实施专利有关的技术资料，提供必要的技术指导。

第八百六十七条 【专利实施许可合同被许可人的义务】专利实施许可合同的被许可人应当按照约定实施专利，不得许可约定以外的第三人实施该专利，并按照约定支付使用费。

第八百六十八条 【技术秘密让与人和许可人的义务】技术秘密转让合同的让与人和技术秘密使用许可合同的许可人应当按照约定提供技术资料，进行技术指导，保证技术的实用性、可靠性，承担保密义务。

前款规定的保密义务，不限制许可人申请专利，但是当事人另有约定的除外。

第八百六十九条 【技术秘密受让人和被许可人的义务】技术秘密转让合同的受让人和技术秘密使用许可合同的被许可人应当按照使用技术，支付转让费、使用费，承担保密义务。

第八百七十条 【技术转让合同让与人和技术许可合同许可人的保证义务】技术转让合同的让与人和技术许可合同的许可人应当保证自己是所提供的技术的合法拥有者，并保证所提供的技术完整、无误、有效，能够达到约定的目标。

第八百七十一条 【技术转让合同受让人和

技术许可合同被许可人保密义务】技术转让合同的受让人和技术许可合同的被许可人应当按照约定的范围和期限，对让与人、许可人提供的技术中尚未公开的秘密部分，承担保密义务。

注释 考虑到技术许可合同被许可人的保密义务与技术转让合同的受让人的保密义务是一致的，故本条在《合同法》第三百五十条规定的基础上增加了技术许可合同被许可人保密义务的规定。

第八百七十二条 【技术许可人和让与人的违约责任】许可人未按照约定许可技术的，应当返还部分或者全部使用费，并应当承担违约责任；实施专利或者使用技术秘密超越约定的范围的，违反约定擅自许可第三人实施该项专利或者使用该项技术秘密的，应当停止违约行为，承担违约责任；违反约定的保密义务的，应当承担违约责任。

让与人承担违约责任，参照适用前款规定。

第八百七十三条 【技术被许可人和受让人的违约责任】被许可人未按照约定支付使用费的，应当补交使用费并按照约定支付违约金；不补交使用费或者支付违约金的，应当停止实施专利或者使用技术秘密，交还技术资料，承担违约责任；实施专利或者使用技术秘密超越约定的范围的，未经许可人同意擅自许可第三人实施该专利或者使用该技术秘密的，应当停止违约行为，承担违约责任；违反约定的保密义务的，应当承担违约责任。

受让人承担违约责任，参照适用前款规定。

第八百七十四条 【实施专利、使用技术秘密侵害他人合法权益责任承担】受让人或者被许可人按照约定实施专利、使用技术秘密侵害他人合法权益的，由让与人或者许可人承担责任，但是当事人另有约定的除外。

第八百七十五条 【后续改进技术成果的分享办法】当事人可以按照互利的原则，在合同中约定实施专利、使用技术秘密后续改进的技术成果的分享办法；没有约定或者约定不明确，依据本法第五百一十条的规定仍不能确定的，一方后续改进的技术成果，其他各方无权分享。

第八百七十六条 【其他知识产权转让和许可的参照适用】集成电路布图设计专有权、植物新品种权、计算机软件著作权等其他知识产权的转让和许可，参照适用本节的有关规定。

第八百七十七条 【技术进出口合同或专利、

专利申请合同的法律适用】法律、行政法规对技术进出口合同或者专利、专利申请合同另有规定的，依照其规定。

链接《对外贸易法》第14—19条；《技术进出口管理条例》

第四节 技术咨询合同和技术服务合同

第八百七十八条 【技术咨询合同、技术服务合同的定义】技术咨询合同是当事人一方以技术知识为对方就特定技术项目提供可行性论证、技术预测、专题技术调查、分析评价报告等所订立的合同。

技术服务合同是当事人一方以技术知识为对方解决特定技术问题所订立的合同，不包括承揽合同和建设工程合同。

链接《技术合同纠纷司法解释》第30、33条

第八百七十九条 【技术咨询合同委托人的义务】技术咨询合同的委托人应当按照约定阐明咨询的问题，提供技术背景材料及有关技术资料，接受受托人的工作成果，支付报酬。

第八百八十条 【技术咨询合同受托人的义务】技术咨询合同的受托人应当按照约定的期限完成咨询报告或者解答问题，提出的咨询报告应当达到约定的要求。

链接《技术合同纠纷司法解释》第31、32条

第八百八十一条 【技术咨询合同当事人的违约责任及决策风险责任】技术咨询合同的委托人未按照约定提供必要的资料，影响工作进度和质量，不接受或者逾期接受工作成果的，支付的报酬不得追回，未支付的报酬应当支付。

技术咨询合同的受托人未按期提出咨询报告或者提出的咨询报告不符合约定的，应当承担减收或者免收报酬等违约责任。

技术咨询合同的委托人按照受托人符合约定要求的咨询报告和意见作出决策所造成的损失，由委托人承担，但是当事人另有约定的除外。

第八百八十二条 【技术服务合同委托人的义务】技术服务合同的委托人应当按照约定提供工作条件，完成配合事项，接受工作成果并支付报酬。

第八百八十三条 【技术服务合同受托人的义务】技术服务合同的受托人应当按照约定完成服务项目，解决技术问题，保证工作质量，并传授解决技术问题的知识。

链接《技术合同纠纷司法解释》第34条

第八百八十四条 【技术服务合同的当事人违约责任】技术服务合同的委托人不履行合同义务或者履行合同义务不符合约定，影响工作进度和质量，不接受或者逾期接受工作成果的，支付的报酬不得追回，未支付的报酬应当支付。

技术服务合同的受托人未按照约定完成服务工作的，应当承担免收报酬等违约责任。

链接《技术合同纠纷司法解释》第35条

第八百八十五条 【技术成果的归属和分享】技术咨询合同、技术服务合同履行过程中，受托人利用委托人提供的技术资料和工作条件完成的新的技术成果，属于受托人。委托人利用受托人的工作成果完成的新的技术成果，属于委托人。当事人另有约定的，按照其约定。

第八百八十六条 【受托人履行合同的费用负担】技术咨询合同和技术服务合同对受托人正常开展工作所需费用的负担没有约定或者约定不明确的，由受托人负担。

第八百八十七条 【技术中介合同和技术培训合同法律适用】法律、行政法规对技术中介合同、技术培训合同另有规定的，依照其规定。

链接《技术合同纠纷司法解释》第36—41条

第二十一章 保管合同

第八百八十八条 【保管合同的定义】保管合同是保管人保管寄存人交付的保管物，并返还该物的合同。

寄存人到保管人处从事购物、就餐、住宿等活动，将物品存放在指定场所的，视为保管，但是当事人另有约定或者另有交易习惯的除外。

第八百八十九条 【保管合同的报酬】寄存人应当按照约定向保管人支付保管费。

当事人对保管费没有约定或者约定不明确，依据本法第五百一十条的规定仍不能确定的，视为无偿保管。

第八百九十条 【保管合同的成立】保管合同自保管物交付时成立，但是当事人另有约定的除外。

第八百九十一条 【保管人给付保管凭证的义务】寄存人向保管人交付保管物的，保管人应当出具保管凭证，但是另有交易习惯的除外。

第八百九十二条 【保管人对保管物的妥善保管义务】保管人应当妥善保管保管物。

当事人可以约定保管场所或者方法。除紧急情况或者为维护寄存人利益外，不得擅自改变保管场所或者方法。

第八百九十三条 【寄存人如实告知义务】寄存人交付的保管物有瑕疵或者根据保管物的性质需要采取特殊保管措施的，寄存人应当将有关情况告知保管人。寄存人未告知，致使保管物受损失的，保管人不承担赔偿责任；保管人因此受损失的，除保管人知道或者应当知道且未采取补救措施外，寄存人应当承担赔偿责任。

第八百九十四条 【保管人亲自保管义务】保管人不得将保管物转交第三人保管，但是当事人另有约定的除外。

保管人违反前款规定，将保管物转交第三人保管，造成保管物损失的，应当承担赔偿责任。

第八百九十五条 【保管人不得使用或许可他人使用保管物义务】保管人不得使用或者许可第三人使用保管物，但是当事人另有约定的除外。

第八百九十六条 【保管人返还保管物的义务及危险通知义务】第三人对保管物主张权利的，除依法对保管物采取保全或者执行措施外，保管人应当履行向寄存人返还保管物的义务。

第三人对保管人提起诉讼或者对保管物申请扣押的，保管人应当及时通知寄存人。

第八百九十七条 【保管物毁损灭失责任】保管期内，因保管人保管不善造成保管物毁损、灭失的，保管人应当承担赔偿责任。但是，无偿保管人证明自己没有故意或者重大过失的，不承担赔偿责任。

链接《最高人民法院关于审理旅游纠纷案件适用法律若干问题的规定》第19条

第八百九十八条 【寄存贵重物品的声明义务】寄存人寄存货币、有价证券或者其他贵重物品的，应当向保管人声明，由保管人验收或者封存。寄存人未声明的，该物品毁损、灭失后，保管人可以按照一般物品予以赔偿。

第八百九十九条 【保管物的领取及领取时间】寄存人可以随时领取保管物。

当事人对保管期限没有约定或者约定不明确的，保管人可以随时请求寄存人领取保管物；约定保管期限的，保管人无特别事由，不得请求寄存人

提前领取保管物。

第九百条 【保管人归还原物及孳息的义务】保管期限届满或者寄存人提前领取保管物的，保管人应当将原物及其孳息归还寄存人。

第九百零一条 【消费保管】保管人保管货币的，可以返还相同种类、数量的货币；保管其他可替代物的，可以按照约定返还相同种类、品质、数量的物品。

第九百零二条 【保管费的支付期限】有偿的保管合同，寄存人应当按照约定的期限向保管人支付保管费。

当事人对支付期限没有约定或者约定不明确，依据本法第五百一十条的规定仍不能确定的，应当在领取保管物的同时支付。

第九百零三条 【保管人的留置权】寄存人按照约定支付保管费或者其他费用的，保管人对保管物享有留置权，但是当事人另有约定的除外。

第二十二章 仓储合同

第九百零四条 【仓储合同的定义】仓储合同是保管人储存存货人交付的仓储物，存货人支付仓储费的合同。

第九百零五条 【仓储合同的成立时间】仓储合同自保管人和存货人意思表示一致时成立。

第九百零六条 【危险物品和易变质物品的储存】储存易燃、易爆、有毒、有腐蚀性、有放射性等危险物品或者易变质物品的，存货人应当说明该物品的性质，提供有关资料。

存货人违反前款规定的，保管人可以拒收仓储物，也可以采取相应措施以避免损失的发生，因此产生的费用由存货人负担。

保管人储存易燃、易爆、有毒、有腐蚀性、有放射性等危险物品的，应当具备相应的保管条件。

链接《危险化学品安全管理条例》

第九百零七条 【仓储物的验收】保管人应当按照约定对入库仓储物进行验收。保管人验收时发现入库仓储物与约定不符合的，应当及时通知存货人。保管人验收后，发生仓储物的品种、数量、质量不符合约定的，保管人应当承担赔偿责任。

链接《粮油仓储管理办法》第9条

第九百零八条 【保管人出具仓单、入库单义务】存货人交付仓储物的，保管人应当出具仓单、

入库单等凭证。

第九百零九条 【仓单的内容】保管人应当在仓单上签名或者盖章。仓单包括下列事项：

（一）存货人的姓名或者名称和住所；

（二）仓储物的品种、数量、质量、包装及其件数和标记；

（三）仓储物的损耗标准；

（四）储存场所；

（五）储存期限；

（六）仓储费；

（七）仓储物已经办理保险的，其保险金额、期间以及保险人的名称；

（八）填发人、填发地和填发日期。

第九百一十条 【仓单的转让和出质】仓单是提取仓储物的凭证。存货人或者仓单持有人在仓单上背书并经保管人签名或者盖章的，可以转让提取仓储物的权利。

第九百一十一条 【检查仓储物或提取样品的权利】保管人根据存货人或者仓单持有人的要求，应当同意其检查仓储物或者提取样品。

第九百一十二条 【保管人的通知义务】保管人发现入库仓储物有变质或者其他损坏的，应当及时通知存货人或者仓单持有人。

第九百一十三条 【保管人危险催告义务和紧急处置权】保管人发现入库仓储物有变质或者其他损耗，危及其他仓储物的安全和正常保管的，应当催告存货人或者仓单持有人作出必要的处置。因情况紧急，保管人可以作出必要的处置；但是，事后应当将该情况及时通知存货人或者仓单持有人。

第九百一十四条 【仓储物的提取】当事人对储存期限没有约定或者约定不明确的，存货人或者仓单持有人可以随时提取仓储物，保管人也可以随时请求存货人或者仓单持有人提取仓储物，但是应当给予必要的准备时间。

第九百一十五条 【仓储物的提取规则】储存期限届满，存货人或者仓单持有人应当凭仓单、入库单等提取仓储物。存货人或者仓单持有人逾期提取的，应当加收仓储费；提前提取的，不减收仓储费。

第九百一十六条 【逾期提取仓储物】储存期限届满，存货人或者仓单持有人不提取仓储物的，保管人可以催告其在合理期限内提取；逾期不提

取的，保管人可以提存仓储物。

第九百一十七条 【保管不善的责任承担】储存期内，因保管不善造成仓储物毁损、灭失的，保管人应当承担赔偿责任。因仓储物本身的自然性质、包装不符合约定或者超过有效储存期造成仓储物变质、损坏的，保管人不承担赔偿责任。

第九百一十八条 【参照适用保管合同的规定】本章没有规定的，适用保管合同的有关规定。

第二十三章 委托合同

第九百一十九条 【委托合同的概念】委托合同是委托人和受托人约定，由受托人处理委托人事务的合同。

第九百二十条 【委托权限】委托人可以特别委托受托人处理一项或者数项事务，也可以概括委托受托人处理一切事务。

链接《律师法》第25条

第九百二十一条 【处理委托事务的费用】委托人应当预付处理委托事务的费用。受托人为处理委托事务垫付的必要费用，委托人应当偿还该费用并支付利息。

第九百二十二条 【受托人服从指示的义务】受托人应当按照委托人的指示处理委托事务。需要变更委托人指示的，应当经委托人同意；因情况紧急，难以和委托人取得联系的，受托人应当妥善处理委托事务，但是事后应当将该情况及时报告委托人。

第九百二十三条 【受托人亲自处理委托事务】受托人应当亲自处理委托事务。经委托人同意，受托人可以转委托。转委托经同意或者追认的，委托人可以就委托事务直接指示转委托的第三人，受托人仅就第三人的选任及其对第三人的指示承担责任。转委托未经同意或者追认的，受托人应当对转委托的第三人的行为承担责任；但是，在紧急情况下受托人为了维护委托人的利益需要转委托第三人的除外。

第九百二十四条 【受托人的报告义务】受托人应当按照委托人的要求，报告委托事务的处理情况。委托合同终止时，受托人应当报告委托事务的结果。

第九百二十五条 【受托人以自己名义从事受托事务的法律效果】受托人以自己的名义，在委托人的授权范围内与第三人订立的合同，第三人

在订立合同时知道受托人与委托人之间的代理关系的,该合同直接约束委托人和第三人;但是,有确切证据证明该合同只约束受托人和第三人的除外。

第九百二十六条 【委托人的介入权与第三人的选择权】受托人以自己的名义与第三人订立合同时,第三人不知道受托人与委托人之间的代理关系的,受托人因第三人的原因对委托人不履行义务,受托人应当向委托人披露第三人,委托人因此可以行使受托人对第三人的权利。但是,第三人与受托人订立合同时如果知道该委托人就不会订立合同的除外。

受托人因委托人的原因对第三人不履行义务,受托人应当向第三人披露委托人,第三人因此可以选择受托人或者委托人作为相对人主张其权利,但是第三人不得变更选定的相对人。

委托人行使受托人对第三人的权利的,第三人可以向委托人主张其对受托人的抗辩。第三人选定委托人作为其相对人的,委托人可以向第三人主张其对受托人的抗辩以及受托人对第三人的抗辩。

第九百二十七条 【受托人转移所得利益的义务】受托人处理委托事务取得的财产,应当转交给委托人。

第九百二十八条 【委托人支付报酬的义务】受托人完成委托事务的,委托人应当按照约定向其支付报酬。

因不可归责于受托人的事由,委托合同解除或者委托事务不能完成的,委托人应当向受托人支付相应的报酬。当事人另有约定的,按照其约定。

第九百二十九条 【因受托人过错致委托人损失的赔偿责任】有偿的委托合同,因受托人的过错造成委托人损失的,委托人可以请求赔偿损失。无偿的委托合同,因受托人的故意或者重大过失造成委托人损失的,委托人可以请求赔偿损失。

受托人超越权限造成委托人损失的,应当赔偿损失。

第九百三十条 【委托人的赔偿责任】受托人处理委托事务时,因不可归责于自己的事由受到损失的,可以向委托人请求赔偿损失。

第九百三十一条 【委托人另行委托他人处理事务】委托人经受托人同意,可以在受托人之外委托第三人处理委托事务。因此造成受托人损失的,受托人可以向委托人请求赔偿损失。

第九百三十二条 【共同委托】两个以上的受托人共同处理委托事务的,对委托人承担连带责任。

第九百三十三条 【任意解除权】委托人或者受托人可以随时解除委托合同。因解除合同造成对方损失的,除不可归责于该当事人的事由外,无偿委托合同的解除方应当赔偿因解除时间不当造成的直接损失,有偿委托合同的解除方应当赔偿对方的直接损失和合同履行后可以获得的利益。

第九百三十四条 【委托合同的终止】委托人死亡、终止或者受托人死亡、丧失民事行为能力、终止的,委托合同终止;但是,当事人另有约定或者根据委托事务的性质不宜终止的除外。

第九百三十五条 【受托人继续处理委托事务】因委托人死亡或者被宣告破产、解散,致使委托合同终止将损害委托人利益的,在委托人的继承人、遗产管理人或者清算人承受委托事务之前,受托人应当继续处理委托事务。

第九百三十六条 【受托人死亡后其继承人等的义务】因受托人死亡、丧失民事行为能力或者被宣告破产、解散,致使委托合同终止的,受托人的继承人、遗产管理人、法定代理人或者清算人应当及时通知委托人。因委托合同终止将损害委托人利益的,在委托人作出善后处理之前,受托人的继承人、遗产管理人、法定代理人或者清算人应当采取必要措施。

第二十四章　物业服务合同

第九百三十七条 【物业服务合同的定义】物业服务合同是物业服务人在物业服务区域内,为业主提供建筑物及其附属设施的维修养护、环境卫生和相关秩序的管理维护等物业服务,业主支付物业费的合同。

物业服务人包括物业服务企业和其他管理人。

第九百三十八条 【物业服务合同的内容与形式】物业服务合同的内容一般包括服务事项、服务质量、服务费用的标准和收取办法、维修资金的使用、服务用房的管理和使用、服务期限、服务交接等条款。

物业服务人公开作出的有利于业主的服务承

诺，为物业服务合同的组成部分。

物业服务合同应当采用书面形式。

第九百三十九条　【物业服务合同的约束力】建设单位依法与物业服务人订立的前期物业服务合同，以及业主委员会与业主大会依法选聘的物业服务人订立的物业服务合同，对业主具有法律约束力。

第九百四十条　【前期物业服务合同的终止情形】建设单位依法与物业服务人订立的前期物业服务合同约定的服务期限届满前，业主委员会或者业主与新物业服务人订立的物业服务合同生效的，前期物业服务合同终止。

第九百四十一条　【物业服务合同的转委托】物业服务人将物业服务区域内的部分专项服务事项委托给专业性服务组织或者其他第三人的，应当就该部分专项服务事项向业主负责。

物业服务人不得将其应当提供的全部物业服务转委托给第三人，或者将全部物业服务支解后分别转委托给第三人。

第九百四十二条　【物业服务人的义务】物业服务人应当按照约定和物业的使用性质，妥善维修、养护、清洁、绿化和经营管理物业服务区域内的业主共有部分，维护物业服务区域内的基本秩序，采取合理措施保护业主的人身、财产安全。

对物业服务区域内违反有关治安、环保、消防等法律法规的行为，物业服务人应当及时采取合理措施制止、向有关行政主管部门报告并协助处理。

链接《消防法》第 18、46 条；《物业管理条例》第 35、46、47 条

第九百四十三条　【物业服务人的信息公开义务】物业服务人应当定期将服务的事项、负责人员、质量要求、收费项目、收费标准、履行情况，以及维修资金使用情况、业主共有部分的经营与收益情况等以合理方式向业主公开并向业主大会、业主委员会报告。

第九百四十四条　【业主支付物业费义务】业主应当按照约定向物业服务人支付物业费。物业服务人已经按照约定和有关规定提供服务的，业主不得以未接受或者无需接受相关物业服务为由拒绝支付物业费。

业主违反约定逾期不支付物业费的，物业服务人可以催告其在合理期限内支付；合理期限届满仍不支付的，物业服务人可以提起诉讼或者申请仲裁。

物业服务人不得采取停止供电、供水、供热、供燃气等方式催交物业费。

链接《物业管理条例》第 7、40—44 条；《最高人民法院关于审理物业服务纠纷案件适用法律若干问题的解释》第 2、3 条

第九百四十五条　【业主的告知、协助义务】业主装饰装修房屋的，应当事先告知物业服务人，遵守物业服务人提示的合理注意事项，并配合其进行必要的现场检查。

业主转让、出租物业专有部分、设立居住权或者依法改变共有部分用途的，应当及时将相关情况告知物业服务人。

链接《物业管理条例》第 49—55 条

第九百四十六条　【业主解聘物业服务人】业主依照法定程序共同决定解聘物业服务人的，可以解除物业服务合同。决定解聘的，应当提前六十日书面通知物业服务人，但是合同对通知期限另有约定的除外。

依据前款规定解除合同造成物业服务人损失的，除不可归责于业主的事由外，业主应当赔偿损失。

第九百四十七条　【物业服务人的续聘】物业服务期限届满前，业主依法共同决定续聘的，应当与原物业服务人在合同期限届满前续订物业服务合同。

物业服务期限届满前，物业服务人不同意续聘的，应当在合同期限届满前九十日书面通知业主或者业主委员会，但是合同对通知期限另有约定的除外。

第九百四十八条　【不定期物业服务合同的成立与解除】物业服务期限届满后，业主没有依法作出续聘或者另聘物业服务人的决定，物业服务人继续提供物业服务的，原物业服务合同继续有效，但是服务期限为不定期。

当事人可以随时解除不定期物业服务合同，但是应当提前六十日书面通知对方。

第九百四十九条　【物业服务合同终止后原物业服务人的义务】物业服务合同终止的，原物业服务人应当在约定期限或者合理期限内退出物业服务区域，将物业服务用房、相关设施、物业服务所必需的相关资料等交还给业主委员会、决定自行管理的业主或者其指定的人，配合新物业服务

人做好交接工作,并如实告知物业的使用和管理状况。

原物业服务人违反前款规定的,不得请求业主支付物业服务合同终止后的物业费;造成业主损失的,应当赔偿损失。

链接《最高人民法院关于审理物业服务纠纷案件适用法律若干问题的解释》第3条

第九百五十条 【物业服务合同终止后新合同成立前期间的相关事项】物业服务合同终止后,在业主或者业主大会选聘的新物业服务人或者决定自行管理的业主接管之前,原物业服务人应当继续处理物业服务事项,并可以请求业主支付该期间的物业费。

第二十五章 行纪合同

第九百五十一条 【行纪合同的概念】行纪合同是行纪人以自己的名义为委托人从事贸易活动,委托人支付报酬的合同。

第九百五十二条 【行纪人的费用负担】行纪人处理委托事务支出的费用,由行纪人负担,但是当事人另有约定的除外。

第九百五十三条 【行纪人保管义务】行纪人占有委托物的,应当妥善保管委托物。

第九百五十四条 【行纪人处置委托物义务】委托物交付给行纪人时有瑕疵或者容易腐烂、变质的,经委托人同意,行纪人可以处分该物;不能与委托人及时取得联系的,行纪人可以合理处分。

第九百五十五条 【行纪人按指定价格买卖的义务】行纪人低于委托人指定的价格卖出或者高于委托人指定的价格买入的,应当经委托人同意;未经委托人同意,行纪人补偿其差额的,该买卖对委托人发生效力。

行纪人高于委托人指定的价格卖出或者低于委托人指定的价格买入的,可以按照约定增加报酬;没有约定或者约定不明确,依照本法第五百一十条的规定仍不能确定的,该利益属于委托人。

委托人对价格有特别指示的,行纪人不得违背该指示卖出或者买入。

第九百五十六条 【行纪人的介入权】行纪人卖出或者买入具有市场定价的商品,除委托人有相反的意思表示外,行纪人自己可以作为买受人或者出卖人。

行纪人有前款规定情形的,仍然可以请求委托人支付报酬。

第九百五十七条 【委托人受领、取回义务及行纪人提存委托物】行纪人按照约定买入委托物,委托人应当及时受领。经行纪人催告,委托人无正当理由拒绝受领的,行纪人依法可以提存委托物。

委托物不能卖出或者委托人撤回出卖,经行纪人催告,委托人不取回或者不处分该物的,行纪人依法可以提存委托物。

第九百五十八条 【行纪人的直接履行义务】行纪人与第三人订立合同的,行纪人对该合同直接享有权利、承担义务。

第三人不履行义务致使委托人受到损害的,行纪人应当承担赔偿责任,但是行纪人与委托人另有约定的除外。

第九百五十九条 【行纪人的报酬请求权及留置权】行纪人完成或者部分完成委托事务的,委托人应当向其支付相应的报酬。委托人逾期不支付报酬的,行纪人对委托物享有留置权,但是当事人另有约定的除外。

第九百六十条 【参照适用委托合同的规定】本章没有规定的,参照适用委托合同的有关规定。

第二十六章 中介合同

第九百六十一条 【中介合同的概念】中介合同是中介人向委托人报告订立合同的机会或者提供订立合同的媒介服务,委托人支付报酬的合同。

注释 中介合同、委托合同、行纪合同都是接受委托人的委托处理委托事务或者提供某种服务的服务性合同。它们都是当事人与委托人之间的基础合同,在此基础上,又与第三人订立合同,所以一般都涉及三方当事人。

它们的不同点在于:1.当事人的地位、提供的服务行为和行为法律后果的归属不同。中介合同的中介人,限于报告订约机会或媒介订约,其服务的范围有限制,只是介绍或协助委托人与第三人订立合同,委托人与第三人直接订立合同,中介人本人并不参与委托人与第三人之间的合同,在中介活动中不能自己作出或者代委托人作出意思表示;委托合同的受托人办理委托事务时,以委托人的名义或者以自己的名义进行活动,可以向第三人作出意思表示,代委托人与第三人订立合同,依照委托人的指示参与并可决定委托人与第三人之间的关系内容,处理事务的后果直接归于委托人;

行纪合同的行纪人是行纪合同的一方当事人，行纪人以自己的名义为委托人办理交易事务，同时也是与第三人订立合同的当事人，与第三人发生直接的权利义务关系，处理事务的后果是间接地而不是直接地归于委托人，委托人与第三人之间不发生直接的法律关系。

2. 所处理事务内容的范围不同。中介合同的中介人，是为委托人提供与第三人订立合同的机会，或者为委托人提供媒介服务，在委托人与第三人之间进行斡旋促成他们的交易，其行为本身对于委托人与第三人之间订立的合同而言并不具有直接的法律意义；委托合同的受托人是按委托人的要求处理受托事务，处理的事务可以是有法律意义的事务，也可以是非法律意义的事务；行纪合同的行纪人则是按委托人的要求，从事购销、寄售等特定的民事法律行为，行纪人受托的事务只能是民事法律行为，其行纪行为具有法律意义。

3. 是否有偿以及报酬的来源和支付条件不同。中介合同是有偿合同，但中介人只能在有中介结果时才可以请求报酬，并且在为订约媒介中介时可从委托人和其相对人双方取得报酬；委托合同可以是有偿的，也可以是无偿的，有偿委托的受托人从委托人处获得报酬；行纪合同都是有偿合同，行纪人却只从委托人一方取得报酬。

4. 费用的负担不同。在中介合同中，中介人促成合同成立的，中介活动的费用由中介人负担，双方可以约定没有促成合同成立的情况下费用由中介人还是委托人负担，或者双方分担。在委托合同中，委托人应当负担受托人处理委托事务的费用，而且应当预付该费用。而行纪人应当自己负担处理委托事务支出的费用。

第九百六十二条　【中介人的如实报告义务】中介人应当就有关订立合同的事项向委托人如实报告。

中介人故意隐瞒与订立合同有关的重要事实或者提供虚假情况，损害委托人利益的，不得请求支付报酬并应当承担赔偿责任。

链接《房地产经纪管理办法》第21条

第九百六十三条　【中介人的报酬请求权】中介促成合同成立的，委托人应当按照约定支付报酬。对中介人的报酬没有约定或者约定不明确，依据本法第五百一十条的规定仍不能确定的，根据中介人的劳务合理确定。因中介人提供订立合同的媒介服务而促成合同成立的，由该合同的当事人平均负担中介人的报酬。

中介人促成合同成立的，中介活动的费用，由中介人负担。

链接《房地产经纪管理办法》第17—19条

第九百六十四条　【中介人的中介费用】中介人未促成合同成立的，不得请求支付报酬；但是，可以按照约定请求委托人支付从事中介活动支出的必要费用。

第九百六十五条　【委托人"跳单"应支付中介报酬】委托人在接受中介人的服务后，利用中介人提供的交易机会或者媒介服务，绕开中介人直接订立合同的，应当向中介人支付报酬。

第九百六十六条　【参照适用委托合同的规定】本章没有规定的，参照适用委托合同的有关规定。

第二十七章　合伙合同

第九百六十七条　【合伙合同的定义】合伙合同是两个以上合伙人为了共同的事业目的，订立的共享利益、共担风险的协议。

第九百六十八条　【合伙人的出资义务】合伙人应当按照约定的出资方式、数额和缴付期限，履行出资义务。

链接《合伙企业法》第16、17条

第九百六十九条　【合伙财产的定义】合伙人的出资、因合伙事务依法取得的收益和其他财产，属于合伙财产。

合伙合同终止前，合伙人不得请求分割合伙财产。

链接《合伙企业法》第20、21条

第九百七十条　【合伙事务的执行】合伙人就合伙事务作出决定的，除合伙合同另有约定外，应当经全体合伙人一致同意。

合伙事务由全体合伙人共同执行。按照合伙合同的约定或者全体合伙人的决定，可以委托一个或者数个合伙人执行合伙事务；其他合伙人不再执行合伙事务，但是有权监督执行情况。

合伙人分别执行合伙事务的，执行事务合伙人可以对其他合伙人执行的事务提出异议；提出异议后，其他合伙人应当暂停该项事务的执行。

链接《合伙企业法》第26—36条

第九百七十一条　【合伙人执行合伙事务不得请求支付报酬】合伙人不得因执行合伙事务而

请求支付报酬,但是合伙合同另有约定的除外。

第九百七十二条 【合伙的利润分配和亏损分担】合伙的利润分配和亏损分担,按照合伙合同的约定办理;合伙合同没有约定或者约定不明确的,由合伙人协商决定;协商不成的,由合伙人按照实缴出资比例分配、分担;无法确定出资比例的,由合伙人平均分配、分担。

链接《合伙企业法》第 33 条

第九百七十三条 【合伙人对合伙债务的连带责任及追偿权】合伙人对合伙债务承担连带责任。清偿合伙债务超过自己应当承担份额的合伙人,有权向其他合伙人追偿。

链接《合伙企业法》第 38—40 条

第九百七十四条 【合伙人转让财产份额的要求】除合伙合同另有约定外,合伙人向合伙人以外的人转让其全部或者部分财产份额的,须经其他合伙人一致同意。

链接《合伙企业法》第 22、23 条

第九百七十五条 【合伙人债权人代位行使权利的限制】合伙人的债权人不得代位行使合伙人依照本章规定和合伙合同享有的权利,但是合伙人享有的利益分配请求权除外。

链接《合伙企业法》第 41、42 条

第九百七十六条 【合伙期限的推定】合伙人对合伙期限没有约定或者约定不明确,依据本法第五百一十条的规定仍不能确定的,视为不定期合伙。

合伙期限届满,合伙人继续执行合伙事务,其他合伙人没有提出异议的,原合伙合同继续有效,但是合伙期限为不定期。

合伙人可以随时解除不定期合伙合同,但是应当在合理期限之前通知其他合伙人。

第九百七十七条 【合伙人死亡、民事行为能力丧失或终止时合伙合同的效力】合伙人死亡、丧失民事行为能力或者终止的,合伙合同终止;但是,合伙合同另有约定或者根据合伙事务的性质不宜终止的除外。

链接《合伙企业法》第 80 条

第九百七十八条 【合伙合同终止后剩余财产的分配规则】合伙合同终止后,合伙财产在支付因终止而产生的费用以及清偿合伙债务后有剩余的,依照本法第九百七十二条的规定进行分配。

第三分编 准合同

第二十八章 无因管理

第九百七十九条 【无因管理的定义及法律效果】管理人没有法定的或者约定的义务,为避免他人利益受损失而管理他人事务的,可以请求受益人偿还因管理事务而支出的必要费用;管理人因管理事务受到损失的,可以请求受益人给予适当补偿。

管理事务不符合受益人真实意思的,管理人不享有前款规定的权利;但是,受益人的真实意思违反法律或者违背公序良俗的除外。

第九百八十条 【不适当的无因管理】管理人管理事务不属于前条规定的情形,但是受益人享有管理利益的,受益人应当在其获得的利益范围内向管理人承担前条第一款规定的义务。

第九百八十一条 【管理人的善良管理义务】管理人管理他人事务,应当采取有利于受益人的方法。中断管理对受益人不利的,无正当理由不得中断。

第九百八十二条 【管理人的通知义务】管理人管理他人事务,能够通知受益人的,应当及时通知受益人。管理的事务不需要紧急处理的,应当等待受益人的指示。

第九百八十三条 【管理人的报告及移交财产义务】管理结束后,管理人应当向受益人报告管理事务的情况。管理人管理事务取得的财产,应当及时转交给受益人。

第九百八十四条 【本人对管理事务的追认】管理人管理事务经受益人事后追认的,从管理事务开始时起,适用委托合同的有关规定,但是管理人另有意思表示的除外。

第二十九章 不当得利

第九百八十五条 【不当得利的构成及除外情况】得利人没有法律根据取得不当利益的,受损失的人可以请求得利人返还取得的利益,但是有下列情形之一的除外:

(一)为履行道德义务进行的给付;

(二)债务到期之前的清偿;

(三)明知无给付义务而进行的债务清偿。

第九百八十六条 【善意得利人的返还责任】得利人不知道且不应当知道取得的利益没有法律

根据,取得的利益已经不存在的,不承担返还该利益的义务。

第九百八十七条 【恶意得利人的返还责任】 得利人知道或者应当知道取得的利益没有法律根据的,受损失的人可以请求得利人返还其取得的利益并依法赔偿损失。

第九百八十八条 【第三人的返还义务】 得利人已经将取得的利益无偿转让给第三人的,受损失的人可以请求第三人在相应范围内承担返还义务。

……

中华人民共和国海商法(节录)

- 1992年11月7日第七届全国人民代表大会常务委员会第二十八次会议通过
- 1992年11月7日中华人民共和国主席令第64号公布
- 自1993年7月1日起施行

……

第十二章 海上保险合同

第一节 一般规定

第二百一十六条 海上保险合同,是指保险人按照约定,对被保险人遭受保险事故造成保险标的的损失和产生的责任负责赔偿,而由被保险人支付保险费的合同。

前款所称保险事故,是指保险人与被保险人约定的任何海上事故,包括与海上航行有关的发生于内河或者陆上的事故。

第二百一十七条 海上保险合同的内容,主要包括下列各项:

(一)保险人名称;
(二)被保险人名称;
(三)保险标的;
(四)保险价值;
(五)保险金额;
(六)保险责任和除外责任;
(七)保险期间;
(八)保险费。

第二百一十八条 下列各项可以作为保险标的:

(一)船舶;
(二)货物;
(三)船舶营运收入,包括运费、租金、旅客票款;
(四)货物预期利润;
(五)船员工资和其他报酬;
(六)对第三人的责任;
(七)由于发生保险事故可能受到损失的其他财产和产生的责任、费用。

保险人可以将对前款保险标的的保险进行再保险。除合同另有约定外,原被保险人不得享有再保险的利益。

第二百一十九条 保险标的的保险价值由保险人与被保险人约定。

保险人与被保险人未约定保险价值的,保险价值依照下列规定计算:

(一)船舶的保险价值,是保险责任开始时船舶的价值,包括船壳、机器、设备的价值,以及船上燃料、物料、索具、给养、淡水的价值和保险费的总和;

(二)货物的保险价值,是保险责任开始时货物在起运地的发票价格或者非贸易商品在起运地的实际价值以及运费和保险费的总和;

(三)运费的保险价值,是保险责任开始时承运人应收运费总额和保险费的总和;

(四)其他保险标的的保险价值,是保险责任开始时保险标的的实际价值和保险费的总和。

第二百二十条 保险金额由保险人与被保险人约定。保险金额不得超过保险价值;超过保险价值的,超过部分无效。

第二节 合同的订立、解除和转让

第二百二十一条 被保险人提出保险要求,经保险人同意承保,并就海上保险合同的条款达成协议后,合同成立。保险人应当及时向被保险人签发保险单或者其他保险单证,并在保险单或者其他保险单证中载明当事人双方约定的合同内容。

第二百二十二条 合同订立前,被保险人应当将其知道的或者在通常业务中应当知道的有关影响保险人据以确定保险费率或者确定是否同意承保的重要情况,如实告知保险人。

保险人知道或者在通常业务中应当知道的情

况,保险人没有询问的,被保险人无需告知。

第二百二十三条 由于被保险人的故意,未将本法第二百二十二条第一款规定的重要情况如实告知保险人的,保险人有权解除合同,并不退还保险费。合同解除前发生保险事故造成损失的,保险人不负赔偿责任。

不是由于被保险人的故意,未将本法第二百二十二条第一款规定的重要情况如实告知保险人的,保险人有权解除合同或者要求相应增加保险费。保险人解除合同的,对于合同解除前发生保险事故造成的损失,保险人应当负赔偿责任;但是,未告知或者错误告知的重要情况对保险事故的发生有影响的除外。

第二百二十四条 订立合同时,被保险人已经知道或者应当知道保险标的已经因发生保险事故而遭受损失的,保险人不负赔偿责任,但是有权收取保险费;保险人已经知道或者应当知道保险标的已经不可能因发生保险事故而遭受损失的,被保险人有权收回已经支付的保险费。

第二百二十五条 被保险人对同一保险标的就同一保险事故向几个保险人重复订立合同,而使该保险标的的保险金额总和超过保险标的的价值的,除合同另有约定外,被保险人可以向任何保险人提出赔偿请求。被保险人获得的赔偿金额总和不得超过保险标的的受损价值。各保险人按照其承保的保险金额同保险金额总和的比例承担赔偿责任。任何一个保险人支付的赔偿金额超过其应当承担的赔偿责任的,有权向未按照其应当承担的赔偿责任支付赔偿金额的保险人追偿。

第二百二十六条 保险责任开始前,被保险人可以要求解除合同,但是应当向保险人支付手续费,保险人应当退还保险费。

第二百二十七条 除合同另有约定外,保险责任开始后,被保险人和保险人均不得解除合同。

根据合同约定在保险责任开始后可以解除合同的,被保险人要求解除合同,保险人有权收取自保险责任开始之日起至合同解除之日止的保险费,剩余部分予以退还;保险人要求解除合同,应当将自合同解除之日起至保险期间届满之日止的保险费退还被保险人。

第二百二十八条 虽有本法第二百二十七条规定,货物运输和船舶的航次保险,保险责任开始后,被保险人不得要求解除合同。

第二百二十九条 海上货物运输保险合同可以由被保险人背书或者以其他方式转让,合同的权利、义务随之转移。合同转让时尚未支付保险费的,被保险人和合同受让人负连带支付责任。

第二百三十条 因船舶转让而转让船舶保险合同的,应当取得保险人同意。未经保险人同意,船舶保险合同从船舶转让时起解除;船舶转让发生在航次之中的,船舶保险合同至航次终了时解除。

合同解除后,保险人应当将自合同解除之日起至保险期间届满之日止的保险费退还被保险人。

第二百三十一条 被保险人在一定期间分批装运或者接受货物的,可以与保险人订立预约保险合同。预约保险合同应当由保险人签发预约保险单证加以确认。

第二百三十二条 应被保险人要求,保险人应当对依据预约保险合同分批装运的货物分别签发保险单证。

保险人分别签发的保险单证的内容与预约保险单证的内容不一致的,以分别签发的保险单证为准。

第二百三十三条 被保险人知道经预约保险合同保险的货物已经装运或者到达的情况时,应当立即通知保险人。通知的内容包括装运货物的船名、航线、货物价值和保险金额。

第三节 被保险人的义务

第二百三十四条 除合同另有约定外,被保险人应当在合同订立后立即支付保险费;被保险人支付保险费前,保险人可以拒绝签发保险单证。

第二百三十五条 被保险人违反合同约定的保证条款时,应当立即书面通知保险人。保险人收到通知后,可以解除合同,也可以要求修改承保条件、增加保险费。

第二百三十六条 一旦保险事故发生,被保险人应当立即通知保险人,并采取必要的合理措施,防止或者减少损失。被保险人收到保险人发出的有关采取防止或者减少损失的合理措施的特别通知的,应当按照保险人通知的要求处理。

对于被保险人违反前款规定所造成的扩大的损失,保险人不负赔偿责任。

第四节 保险人的责任

第二百三十七条 发生保险事故造成损失后,保险人应当及时向被保险人支付保险赔偿。

第二百三十八条 保险人赔偿保险事故造成的损失,以保险金额为限。保险金额低于保险价值的,在保险标的发生部分损失时,保险人按照保险金额与保险价值的比例负赔偿责任。

第二百三十九条 保险标的在保险期间发生几次保险事故所造成的损失,即使损失金额的总和超过保险金额,保险人也应当赔偿。但是,对发生部分损失后未经修复又发生全部损失的,保险人按照全部损失赔偿。

第二百四十条 被保险人为防止或者减少根据合同可以得到赔偿的损失而支出的必要的合理费用,为确定保险事故的性质、程度而支出的检验、估价的合理费用,以及为执行保险人的特别通知而支出的费用,应当由保险人在保险标的损失赔偿之外另行支付。

保险人对前款规定的费用的支付,以相当于保险金额的数额为限。

保险金额低于保险价值的,除合同另有约定外,保险人应当按照保险金额与保险价值的比例,支付本条规定的费用。

第二百四十一条 保险金额低于共同海损分摊价值的,保险人按照保险金额同分摊价值的比例赔偿共同海损分摊。

第二百四十二条 对于被保险人故意造成的损失,保险人不负赔偿责任。

第二百四十三条 除合同另有约定外,因下列原因之一造成货物损失的,保险人不负赔偿责任:

(一)航行迟延、交货迟延或者行市变化;

(二)货物的自然损耗、本身的缺陷和自然特性;

(三)包装不当。

第二百四十四条 除合同另有约定外,因下列原因之一造成保险船舶损失的,保险人不负赔偿责任:

(一)船舶开航时不适航,但是在船舶定期保险中被保险人不知道的除外;

(二)船舶自然磨损或者锈蚀。

运费保险比照适用本条的规定。

第五节 保险标的的损失和委付

第二百四十五条 保险标的发生保险事故后灭失,或者受到严重损坏完全失去原有形体、效用,或者不能再归被保险人所拥有的,为实际全损。

第二百四十六条 船舶发生保险事故后,认为实际全损已经不可避免,或者为避免发生实际全损所需支付的费用超过保险价值的,为推定全损。

货物发生保险事故后,认为实际全损已经不可避免,或者为避免发生实际全损所需支付的费用与继续将货物运抵目的地的费用之和超过保险价值的,为推定全损。

第二百四十七条 不属于实际全损和推定全损的损失,为部分损失。

第二百四十八条 船舶在合理时间内未从被获知最后消息的地点抵达目的地,除合同另有约定外,满两个月后仍没有获知其消息的,为船舶失踪。船舶失踪视为实际全损。

第二百四十九条 保险标的发生推定全损,被保险人要求保险人按照全部损失赔偿的,应当向保险人委付保险标的。保险人可以接受委付,也可以不接受委付,但是应当在合理的时间内将接受委付或者不接受委付的决定通知被保险人。

委付不得附带任何条件。委付一经保险人接受,不得撤回。

第二百五十条 保险人接受委付的,被保险人对委付财产的全部权利和义务转移给保险人。

第六节 保险赔偿的支付

第二百五十一条 保险事故发生后,保险人向被保险人支付保险赔偿前,可以要求被保险人提供与确认保险事故性质和损失程度有关的证明和资料。

第二百五十二条 保险标的发生保险责任范围内的损失是由第三人造成的,被保险人向第三人要求赔偿的权利,自保险人支付赔偿之日起,相应转移给保险人。

被保险人应当向保险人提供必要的文件和其所需要知道的情况,并尽力协助保险人向第三人追偿。

第二百五十三条 被保险人未经保险人同意放弃向第三人要求赔偿的权利,或者由于过失致使保险人不能行使追偿权利的,保险人可以相应扣减保险赔偿。

第二百五十四条 保险人支付保险赔偿时,可以从应支付的赔偿额中相应扣减被保险人已经从第三人取得的赔偿。

保险人从第三人取得的赔偿,超过其支付的保险赔偿的,超过部分应当退还给被保险人。

第二百五十五条 发生保险事故后,保险人有权放弃对保险标的的权利,全额支付合同约定的保险赔偿,以解除对保险标的的义务。

保险人行使前款规定的权利,应当自收到被保险人有关赔偿损失的通知之日起的七日内通知被保险人;被保险人在收到通知前,为避免或者减少损失而支付的必要的合理费用,仍然应当由保险人偿还。

第二百五十六条 除本法第二百五十五条的规定外,保险标的发生全损,保险人支付全部保险金额的,取得对保险标的的全部权利;但是,在不足额保险的情况下,保险人按照保险金额与保险价值的比例取得对保险标的的部分权利。

……

中华人民共和国刑法(节录)

· 1979 年 7 月 1 日第五届全国人民代表大会第二次会议通过

· 1997 年 3 月 14 日第八届全国人民代表大会第五次会议修订

· 根据 1998 年 12 月 29 日第九届全国人民代表大会常务委员会第六次会议通过的《全国人民代表大会常务委员会关于惩治骗购外汇、逃汇和非法买卖外汇犯罪的决定》、1999 年 12 月 25 日第九届全国人民代表大会常务委员会第十三次会议通过的《中华人民共和国刑法修正案》、2001 年 8 月 31 日第九届全国人民代表大会常务委员会第二十三次会议通过的《中华人民共和国刑法修正案(二)》、2001 年 12 月 29 日第九届全国人民代表大会常务委员会第二十五次会议通过的《中华人民共和国刑法修正案(三)》、2002 年 12 月 28 日第九届全国人民代表大会常务委员会第三十一次会议通过的《中华人民共和国刑法修正案(四)》、2005 年 2 月 28 日第十届全国人民代表大会常务委员会第十四次会议通过的《中华人民共和国刑法修正案(五)》、2006 年 6 月 29 日第十届全国人民代表大会常务委员会第二十二次会议通过的《中华人民共和国刑法修正案(六)》、2009 年 2 月 28 日第十一届全国人民代表大会常务委员会第七次会议通过的《中华人民共和国刑法修正案(七)》、2009 年 8 月 27 日第十一届全国人民代表大会常务委员会第十次会议通过的《全国人民代表大会常务委员会关于修改部分法律的决定》、2011 年 2 月 25 日第十一届全国人民代表大会常务委员会第十九次会议通过的《中华人民共和国刑法修正案(八)》、2015 年 8 月 29 日第十二届全国人民代表大会常务委员会第十六次会议通过的《中华人民共和国刑法修正案(九)》、2017 年 11 月 4 日第十二届全国人民代表大会常务委员会第三十次会议通过的《中华人民共和国刑法修正案(十)》和 2020 年 12 月 26 日第十三届全国人民代表大会常务委员会第二十四次会议通过的《中华人民共和国刑法修正案(十一)》修正)[1]

……

第一百九十八条 【保险诈骗罪】有下列情形之一,进行保险诈骗活动,数额较大的,处五年以下有期徒刑或者拘役,并处一万元以上十万元以下罚金;数额巨大或者有其他严重情节的,处五年以上十年以下有期徒刑,并处二万元以上二十万元以下罚金;数额特别巨大或者有其他特别严重情节的,处十年以上有期徒刑,并处二万元以上二十万元以下罚金或者没收财产:

(一)投保人故意虚构保险标的,骗取保险金的;

(二)投保人、被保险人或者受益人对发生的保险事故编造虚假的原因或者夸大损失的程度,骗取保险金的;

(三)投保人、被保险人或者受益人编造未曾发生的保险事故,骗取保险金的;

(四)投保人、被保险人故意造成财产损失的保险事故,骗取保险金的;

(五)投保人、受益人故意造成被保险人死亡、

---

[1] 刑法、历次刑法修正案、涉及修改刑法的决定的施行日期,分别依各法律所规定的施行日期确定。

伤残或者疾病,骗取保险金的。

有前款第四项、第五项所列行为,同时构成其他犯罪的,依照数罪并罚的规定处罚。

单位犯第一款罪的,对单位判处罚金,并对其直接负责的主管人员和其他直接责任人员,处五年以下有期徒刑或者拘役;数额巨大或者有其他严重情节的,处五年以上十年以下有期徒刑;数额特别巨大或者有其他特别严重情节的,处十年以上有期徒刑。

保险事故的鉴定人、证明人、财产评估人故意提供虚假的证明文件,为他人诈骗提供条件的,以保险诈骗的共犯论处。

注释 本条具体规定了保险诈骗罪的五种表现形式:(1)投保人故意虚构保险标的,骗取保险金的。这里所说的"投保人",是指与保险人订立保险合同,并根据保险合同负支付保险费义务的人;"保险人",是指与投保人订立保险合同,并根据保险合同收取保险费,在保险事故发生或者约定的保险期间届满时,承担赔偿或者给付保险金责任的保险公司;"被保险人",是指在保险事故发生或者约定的保险期间届满时,依据保险合同,有权向他人请求补偿损失或者领取保险金的人;"受益人",则是指由保险合同明确指定的或者依照法律规定有权取得保险金的人。"保险标的",是指作为保险对象的物质财富及有关利益、人的生命或健康。保险标的,从某种意义上讲是订立保险合同的核心内容。"投保人故意虚构保险标的",是指投保人违背法律关于诚实信用的原则,在与他人订立保险合同时,故意虚构保险标的的行为。(2)投保人、被保险人或者受益人对发生的保险事故编造虚假的原因或者夸大损失的程度,骗取保险金的。(3)投保人、被保险人或者受益人编造未曾发生的保险事故,骗取保险金的。"编造未曾发生的保险事故",是指投保人、被保险人或者受益人在未发生保险事故的情况下,虚构事实,谎称发生保险事故,骗取保险金的行为。(4)投保人、被保险人故意造成财产损失的保险事故,骗取保险金的。"故意造成财产损失的保险事故",是指投保财产险的投保人、被保险人,在保险合同的有效期内,故意人为地制造保险标的的出险的保险事故,造成财产损失,从而骗取保险金的行为。(5)投保人、受益人故意造成被保险人死亡、伤残或者疾病,骗取保险金的。这里所说的"故意造成被保险人死亡、伤残或者疾病,骗取保险金的",是指投保人、受益人采取杀害、伤害、虐待、遗弃、投毒、传播传染病以及利用其他方法故意造成人身事故,致使被保险人死亡、伤残或者生病,以取得保险金的行为。

链接 《保险法》第27、44、174、179条;《最高人民检察院、公安部关于公安机关管辖的刑事案件立案追诉标准的规定(二)》第51条

……

国务院关于保险业改革发展的若干意见

· 2006年6月15日
· 国发〔2006〕23号

改革开放特别是党的十六大以来,我国保险业改革发展取得了举世瞩目的成就。保险业务快速增长,服务领域不断拓宽,市场体系日益完善,法律法规逐步健全,监管水平不断提高,风险得到有效防范,整体实力明显增强,在促进改革、保障经济、稳定社会、造福人民等方面发挥了重要作用。但是,由于保险业起步晚、基础薄弱、覆盖面不宽,功能和作用发挥不充分,与全面建设小康社会和构建社会主义和谐社会的要求不相适应,与建立完善的社会主义市场经济体制不相适应,与经济全球化、金融一体化和全面对外开放的新形势不相适应。面向未来,保险业发展站在一个新的历史起点上,发展的潜力和空间巨大。为全面贯彻落实科学发展观,明确今后一个时期保险业改革发展的指导思想、目标任务和政策措施,加快保险业改革发展,促进社会主义和谐社会建设,现提出如下意见:

一、充分认识加快保险业改革发展的重要意义

保险具有经济补偿、资金融通和社会管理功能,是市场经济条件下风险管理的基本手段,是金融体系和社会保障体系的重要组成部分,在社会主义和谐社会建设中具有重要作用。

加快保险业改革发展有利于应对灾害事故风险,保障人民生命财产安全和经济稳定运行。我国每年因自然灾害和交通、生产等各类事故造成的人民生命财产损失巨大。由于受体制机制等因

素制约，企业和家庭参加保险的比例过低，仅有少部分灾害事故损失能够通过保险获得补偿，既不利于及时恢复生产生活秩序，又增加了政府财政和事务负担。加快保险业改革发展，建立市场化的灾害、事故补偿机制，对完善灾害防范和救助体系，增强全社会抵御风险的能力，促进经济又快又好发展，具有不可替代的重要作用。

加快保险业改革发展有利于完善社会保障体系，满足人民群众多层次的保障需求。我国正处在完善社会主义市场经济体制的关键时期，人口老龄化进程加快，人民生活水平提高，保障需求不断增强。加快保险业改革发展，鼓励和引导人民群众参加商业养老、健康等保险，对完善社会保障体系，提高全社会保障水平，扩大居民消费需求，实现社会稳定与和谐，具有重要的现实意义。

加快保险业改革发展有利于优化金融资源配置，完善社会主义市场经济体制。我国金融体系发展不平衡，间接融资比例过高，影响了金融资源配置效率，不利于金融风险的分散和化解。本世纪头20年是我国加快发展的重要战略机遇期，金融在现代经济中的核心作用更为突出。加快保险业改革发展，发挥保险在金融资源配置中的重要作用，促进货币市场、资本市场和保险市场协调发展，对健全金融体系，完善社会主义市场经济体制，具有重要意义。

加快保险业改革发展有利于社会管理和公共服务创新，提高政府行政效能。随着行政管理体制改革的深入，政府必须整合各种社会资源，充分运用市场机制和手段，不断改进社会管理和公共服务。加快保险业改革发展，积极引入保险机制参与社会管理，协调各种利益关系，有效化解社会矛盾和纠纷，推进公共服务创新，对完善社会化经济补偿机制，进一步转变政府职能，提高政府行政效能，具有重要的促进作用。

二、加快保险业改革发展的指导思想、总体目标和主要任务

随着我国经济社会发展水平的提高和社会主义市场经济体制的不断完善，人民群众对保险的认识进一步加深，保险需求日益增强，保险的作用更加突出，发展的基础和条件日趋成熟，加快保险业改革发展成为促进社会主义和谐社会建设的必然要求。

加快保险业改革发展的指导思想是：以邓小平理论和"三个代表"重要思想为指导，坚持以人为本、全面协调可持续的科学发展观，立足改革发展稳定大局，着力解决保险业与经济社会发展和人民生活需求不相适应的矛盾，深化改革，加快发展，做大做强，发展中国特色的保险业，充分发挥保险的经济"助推器"和社会"稳定器"作用，为全面建设小康社会和构建社会主义和谐社会服务。

总体目标是：建设一个市场体系完善、服务领域广泛、经营诚信规范、偿付能力充足、综合竞争力较强，发展速度、质量和效益相统一的现代保险业。围绕这一目标，主要任务是：拓宽保险服务领域，积极发展财产保险、人身保险、再保险和保险中介市场，健全保险市场体系；继续深化体制机制改革，完善公司治理结构，提升对外开放的质量和水平，增强国际竞争力和可持续发展能力；推进自主创新，调整优化结构，转变增长方式，不断提高服务水平；加强保险资金运用管理，提高资金运用水平，为国民经济建设提供资金支持；加强和改善监管，防范化解风险，切实保护被保险人合法权益；完善法规政策，宣传普及保险知识，加快建立保险信用体系，推动诚信建设，营造良好发展环境。

三、积极稳妥推进试点，发展多形式、多渠道的农业保险

认真总结试点经验，研究制定支持政策，探索建立适合我国国情的农业保险发展模式，将农业保险作为支农方式的创新，纳入农业支持保护体系。发挥中央、地方、保险公司、龙头企业、农户等各方面的积极性，发挥农业部门在推动农业保险立法、引导农民投保、协调各方关系、促进农业保险发展等方面的作用，扩大农业保险覆盖面，有步骤地建立多形式经营、多渠道支持的农业保险体系。

明确政策性农业保险的业务范围，并给予政策支持，促进我国农业保险的发展。改变单一、事后财政补助的农业灾害救助模式，逐步建立政策性农业保险与财政补助相结合的农业风险防范与救助机制。探索中央和地方财政对农户投保给予补贴的方式、品种和比例，对保险公司经营的政策性农业保险适当给予经营管理费补贴，逐步建立农业保险发展的长效机制。完善多层次的农业巨灾风险转移分担机制，探索建立中央、地方财政支持的农业再保险体系。

探索发展相互制、合作制等多种形式的农业保险组织。鼓励龙头企业资助农户参加农业保险。支持保险公司开发保障适度、保费低廉、保单通俗的农业保险产品，建立适合农业保险的服务网络和销售渠道。支持农业保险公司开办特色农业和其他涉农保险业务，提高农业保险服务水平。

四、统筹发展城乡商业养老保险和健康保险，完善多层次社会保障体系

适应完善社会主义市场经济体制和建设社会主义新农村的新形势，大力发展商业养老保险和健康保险等人身保险业务，满足城乡人民群众的保险保障需求。

积极发展个人、团体养老等保险业务。鼓励和支持有条件的企业通过商业保险建立多层次的养老保障计划，提高员工保障水平。充分发挥保险机构在精算、投资、账户管理、养老金支付等方面的专业优势，积极参与企业年金业务，拓展补充养老保险服务领域。大力推动健康保险发展，支持相关保险机构投资医疗机构。努力发展适合农民的商业养老保险、健康保险和意外伤害保险。建立节育手术保险和农村计划生育家庭养老保险制度。积极探索保险机构参与新型农村合作医疗管理的有效方式，推动新型农村合作医疗的健康发展。

五、大力发展责任保险，健全安全生产保障和突发事件应急机制

充分发挥保险在防损减灾和灾害事故处置中的重要作用，将保险纳入灾害事故防范救助体系。不断提高保险机构风险管理能力，利用保险事前防范与事后补偿相统一的机制，充分发挥保险费率杠杆的激励约束作用，强化事前风险防范，减少灾害事故发生，促进安全生产和突发事件应急管理。

采取市场运作、政策引导、政府推动、立法强制等方式，发展安全生产责任、建筑工程责任、产品责任、公众责任、执业责任、董事责任、环境污染责任等保险业务。在煤炭开采等行业推行强制责任保险试点，取得经验后逐步在高危行业、公众聚集场所、境内外旅游等方面推广。完善高危行业安全生产风险抵押金制度，探索通过专业保险公司进行规范管理和运作。进一步完善机动车交通事故责任强制保险制度。通过试点，建立统一的医疗责任保险。推动保险业参与"平安建设"。

六、推进自主创新，提升服务水平

健全以保险企业为主体、以市场需求为导向、引进与自主创新相结合的保险创新机制。发展航空航天、生物医药等高科技保险，为自主创新提供风险保障。稳步发展住房、汽车等消费信贷保证保险，促进消费增长。积极推进建筑工程、项目融资等领域的保险业务。支持发展出口信用保险，促进对外贸易和投资。努力开发满足不同层次、不同职业、不同地区人民群众需求的各类财产、人身保险产品，优化产品结构，拓宽服务领域。

运用现代信息技术，提高保险产品科技含量，发展网上保险等新的服务方式，全面提升服务水平。提高保险精算水平，科学厘定保险费率。大力推进条款通俗化和服务标准化。加强保险营销员教育培训，提升营销服务水平。发挥保险中介机构在承保理赔、风险管理和产品开发方面的积极作用，提供更加专业和便捷的保险服务。加快发展再保险，促进再保险市场和直接保险市场协调发展。统筹保险业区域发展，提高少数民族地区和欠发达地区保险服务水平。

鼓励发展商业养老保险、健康保险、责任保险等专业保险公司。支持具备条件的保险公司通过重组、并购等方式，发展成为具有国际竞争力的保险控股（集团）公司。稳步推进保险公司综合经营试点，探索保险业与银行业、证券业更广领域和更深层次的合作，提供多元化和综合性的金融保险服务。

七、提高保险资金运用水平，支持国民经济建设

深化保险资金运用体制改革，推进保险资金专业化、规范化、市场化运作，提高保险资金运用水平。建立有效的风险控制和预警机制，实行全面风险管理，确保资产安全。

保险资产管理公司要树立长期投资理念，按照安全性、流动性和收益性相统一的要求，切实管好保险资产。允许符合条件的保险资产管理公司逐步扩大资产管理范围。探索保险资金独立托管机制。

在风险可控的前提下，鼓励保险资金直接或间接投资资本市场，逐步提高投资比例，稳步扩大保险资金投资资产证券化产品的规模和品种，开展保险资金投资不动产和创业投资企业试点。支持保险资金参股商业银行。支持保险资金境外投资。根据国民经济发展的需求,不断拓宽保险资金运用的渠道和范围,充分发挥保险资金长期性和稳定性的优势,为国民经济建设提供资金支持。

八、深化体制改革、提高开放水平,增强可持续发展能力

进一步完善保险公司治理结构,规范股东会、董事会、监事会和经营管理者的权责,形成权力机构、决策机构、监督机构和经营管理者之间的制衡机制。加强内控制度建设和风险管理,强化法人机构管控责任,完善和落实保险经营责任追究制。转换经营机制,建立科学的考评体系,探索规范的股权、期权等激励机制。实施人才兴业战略,深化人才体制改革,优化人才结构,建立一支高素质人才队伍。

统筹国内发展与对外开放,充分利用两个市场、两种资源,增强保险业在全面对外开放条件下的竞争能力和发展能力。认真履行加入世贸组织承诺,促进中外资保险公司优势互补、合作共赢、共同发展。支持具备条件的境内保险公司在境外设立营业机构,为"走出去"战略提供保险服务。广泛开展国际保险交流,积极参与制定国际保险规则。强化与境外特别是周边国家和地区保险监管机构的合作,加强跨境保险业务监管。

九、加强和改善监管,防范化解风险

坚持把防范风险作为保险业健康发展的生命线,不断完善以偿付能力、公司治理结构和市场行为监管为支柱的现代保险监管制度。加强偿付能力监管,建立动态偿付能力监管指标体系,健全精算制度,统一财务统计口径和绩效评估标准。参照国际惯例,研究制定符合保险业特点的财务会计制度,保证财务数据真实、及时、透明,提高偿付能力监管的科学性和约束力。深入推进保险公司治理结构监管,规范关联交易,加强信息披露,提高透明度。强化市场行为监管,改进现场、非现场检查,严厉查处保险经营中的违法违规行为,提高市场行为监管的针对性和有效性。

按照高标准、规范化的要求,严格保险市场准入,建立市场化退出机制。实施分类监管,扶优限劣。健全保险业资本补充机制。完善保险保障基金制度,逐步实现市场化、专业化运作。建立和完善保险监管信息系统,提高监管效率。

规范行业自保、互助合作保险等保险组织形式,整顿规范行业或企业自办保险行为,并统一纳入保险监管。研究并逐步实施对保险控股(集团)公司并表监管。健全保险业与其他金融行业之间的监管协调机制,防范金融风险跨行业传递,维护国家经济金融安全。

加快保险信用体系建设,培育保险诚信文化。加强从业人员诚信教育,强化失信惩戒机制,切实解决误导和理赔难等问题。加强保险行业自律组织建设。建立保险纠纷快速处理机制,切实保护被保险人合法权益。

十、进一步完善法规政策,营造良好发展环境

加快保险业改革发展,既要坚持发挥市场在资源配置中的基础性作用,又要加强政府宏观调控和政策引导,加大政策支持力度。根据不同险种的性质,按照区别对待的原则,探索对涉及国计民生的政策性保险业务给予适当的税收优惠,鼓励人民群众和企业积极参加保险。立足我国国情,结合税制改革,完善促进保险业发展的税收政策。不断完善保险营销员从业和权益保障的政策措施。建立国家财政支持的巨灾风险保险体系。修改完善保险法,加快推进农业保险法律法规建设,研究推动商业养老、健康保险和责任保险以及保险资产管理等方面的立法工作,健全保险法规规章体系。将保险教育纳入中小学课程,发挥新闻媒体的正面宣传和引导作用,普及保险知识,提高全民风险和保险意识。

各地区、各部门要充分认识加快保险业改革发展的重要意义,加强沟通协调和配合,努力做到学保险、懂保险、用保险,提高运用保险机制促进社会主义和谐社会建设的能力和水平。要将保险业纳入地方或行业的发展规划统筹考虑,认真落实各项法规政策,为保险业改革发展创造良好环境。要坚持依法行政,切实维护保险企业的经营自主权及其他合法权益。保监会要不断提高引领保险业发展和防范风险的能力和水平,认真履行职责,加强分类指导,推动政策落实。通过全社会的共同努力,实现保险业又快又好发展,促进社会主义和谐社会建设。

国务院关于加快发展现代保险服务业的若干意见

- 2014年8月10日
- 国发〔2014〕29号

各省、自治区、直辖市人民政府，国务院各部委、各直属机构：

保险是现代经济的重要产业和风险管理的基本手段，是社会文明水平、经济发达程度、社会治理能力的重要标志。改革开放以来，我国保险业快速发展，服务领域不断拓宽，为促进经济社会发展和保障人民群众生产生活作出了重要贡献。但总体上看，我国保险业仍处于发展的初级阶段，不能适应全面深化改革和经济社会发展的需要，与现代保险服务业的要求还有较大差距。加快发展现代保险服务业，对完善现代金融体系、带动扩大社会就业、促进经济提质增效升级、创新社会治理方式、保障社会稳定运行、提升社会安全感、提高人民群众生活质量具有重要意义。为深入贯彻党的十八大和十八届二中、三中全会精神，认真落实党中央和国务院决策部署，加快发展现代保险服务业，现提出以下意见。

一、总体要求

（一）指导思想。以邓小平理论、"三个代表"重要思想、科学发展观为指导，立足于服务国家治理体系和治理能力现代化，把发展现代保险服务业放在经济社会工作整体布局中统筹考虑，以满足社会日益增长的多元化保险服务需求为出发点，以完善保险经济补偿机制、强化风险管理核心功能和提高保险资金配置效率为方向，改革创新、扩大开放、健全市场、优化环境、完善政策，建设有市场竞争力、富有创造力和充满活力的现代保险服务业，使现代保险服务业成为完善金融体系的支柱力量、改善民生保障的有力支撑、创新社会管理的有效机制、促进经济提质增效升级的高效引擎和转变政府职能的重要抓手。

（二）基本原则。一是坚持市场主导、政策引导。对商业化运作的保险业务，营造公平竞争的市场环境，使市场在资源配置中起决定性作用；对具有社会公益性、关系国计民生的保险业务，创造低成本的政策环境，给予必要的扶持；对服务经济提质增效升级具有积极作用但目前基础薄弱的保险业务，更好发挥政府的引导作用。二是坚持改革创新、扩大开放。全面深化保险业体制机制改革，提升对内对外开放水平，引进先进经营管理理念和技术，释放和激发行业持续发展和创新活力。增强保险产品、服务、管理和技术创新能力，促进市场主体差异化竞争、个性化服务。三是坚持完善监管、防范风险。完善保险法制体系，加快推进保险监管现代化，维护保险消费者合法权益，规范市场秩序。处理好加快发展和防范风险的关系，守住不发生系统性区域性金融风险的底线。

（三）发展目标。到2020年，基本建成保障全面、功能完善、安全稳健、诚信规范，具有较强服务能力、创新能力和国际竞争力，与我国经济社会发展需求相适应的现代保险服务业，努力由保险大国向保险强国转变。保险成为政府、企业、居民风险管理和财富管理的基本手段，成为提高保障水平和保障质量的重要渠道，成为政府改进公共服务、加强社会管理的有效工具。保险深度（保费收入/国内生产总值）达到5%，保险密度（保费收入/总人口）达到3500元/人。保险的社会"稳定器"和经济"助推器"作用得到有效发挥。

二、构筑保险民生保障网，完善多层次社会保障体系

（四）把商业保险建成社会保障体系的重要支柱。商业保险要逐步成为个人和家庭商业保障计划的主要承担者、企业发起的养老健康保障计划的重要提供者、社会保险市场化运作的积极参与者。支持有条件的企业建立商业养老健康保障计划。支持保险机构大力拓展企业年金等业务。充分发挥商业保险对基本养老、医疗保险的补充作用。

（五）创新养老保险产品服务。为不同群体提供个性化、差异化的养老保障。推动个人储蓄性养老保险发展。开展住房反向抵押养老保险试点。发展独生子女家庭保障计划。探索对失独老人保障的新模式。发展养老机构综合责任保险。支持符合条件的保险机构投资养老服务产业，促进保险服务业与养老服务业融合发展。

（六）发展多样化健康保险服务。鼓励保险公司大力开发各类医疗、疾病保险和失能收入损失保险等商业健康保险产品，并与基本医疗保险相

衔接。发展商业性长期护理保险。提供与商业健康保险产品相结合的疾病预防、健康维护、慢性病管理等健康管理服务。支持保险机构参与健康服务业产业链整合，探索运用股权投资、战略合作等方式，设立医疗机构和参与公立医院改制。

三、发挥保险风险管理功能，完善社会治理体系

（七）运用保险机制创新公共服务提供方式。政府通过向商业保险公司购买服务等方式，在公共服务领域充分运用市场化机制，积极探索推进具有资质的商业保险机构开展各类养老、医疗保险经办服务，提升社会管理效率。按照全面开展城乡居民大病保险的要求，做好受托承办工作，不断完善运作机制，提高保障水平。鼓励发展治安保险、社区综合保险等新兴业务。支持保险机构运用股权投资、战略合作等方式参与保安服务产业链整合。

（八）发挥责任保险化解矛盾纠纷的功能作用。强化政府引导、市场运作、立法保障的责任保险发展模式，把与公众利益关系密切的环境污染、食品安全、医疗责任、医疗意外、实习安全、校园安全等领域作为责任保险发展重点，探索开展强制责任保险试点。加快发展旅行社、产品质量以及各类职业责任保险、产品责任保险和公众责任保险，充分发挥责任保险在事前风险预防、事中风险控制、事后理赔服务等方面的功能作用，用经济杠杆和多样化的责任保险产品化解民事责任纠纷。

四、完善保险经济补偿机制，提高灾害救助参与度

（九）将保险纳入灾害事故防范救助体系。提升企业和居民利用商业保险等市场化手段应对灾害事故风险的意识和水平。积极发展企业财产保险、工程保险、机动车辆保险、家庭财产保险、意外伤害保险等，增强全社会抵御风险的能力。充分发挥保险费率杠杆的激励约束作用，强化事前风险防范，减少灾害事故发生，促进安全生产和突发事件应急管理。

（十）建立巨灾保险制度。围绕更好保障和改善民生，以制度建设为基础，以商业保险为平台，以多层次风险分担为保障，建立巨灾保险制度。研究建立巨灾保险基金、巨灾再保险等制度，逐步形成财政支持下的多层次巨灾风险分散机制。鼓励各地根据风险特点，探索对台风、地震、滑坡、泥石流、洪水、森林火灾等灾害的有效保障模式。制定巨灾保险法规。建立核保险巨灾责任准备金制度。建立巨灾风险管理数据库。

五、大力发展"三农"保险，创新支农惠农方式

（十一）积极发展农业保险。按照中央支持保大宗、保成本，地方支持保特色、保产量，有条件的保价格、保收入的原则，鼓励农民和各类新型农业经营主体自愿参保，扩大农业保险覆盖面，提高农业保险保障程度。开展农产品目标价格保险试点，探索天气指数保险等新兴产品和服务，丰富农业保险风险管理工具。落实农业保险大灾风险准备金制度。健全农业保险服务体系，鼓励开展多种形式的互助合作保险。健全保险经营机构与灾害预报部门、农业主管部门的合作机制。

（十二）拓展"三农"保险广度和深度。各地根据自身实际，支持保险机构提供保障适度、保费低廉、保单通俗的"三农"保险产品。积极发展农村小额信贷保险、农房保险、农机保险、农业基础设施保险、森林保险，以及农民养老健康保险、农村小额人身保险等普惠保险业务。

六、拓展保险服务功能，促进经济提质增效升级

（十三）充分发挥保险资金长期投资的独特优势。在保证安全性、收益性前提下，创新保险资金运用方式，提高保险资金配置效率。鼓励保险资金利用债权投资计划、股权投资计划等方式，支持重大基础设施、棚户区改造、城镇化建设等民生工程和国家重大工程。鼓励保险公司通过投资企业股权、债权、基金、资产支持计划等多种形式，在合理管控风险的前提下，为科技型企业、小微企业、战略性新兴产业等发展提供资金支持。研究制定保险资金投资创业投资基金相关政策。

（十四）促进保险市场与货币市场、资本市场协调发展。进一步发挥保险公司的机构投资者作用，为股票市场和债券市场长期稳定发展提供有力支持。鼓励设立不动产、基础设施、养老等专业保险资产管理机构，允许专业保险资产管理机构设立夹层基金、并购基金、不动产基金等私募基金。稳步推进保险公司设立基金管理公司试点。探索保险机构投资、发起资产证券化产品。探索发展债券信用保险。积极培育另类投资市场。

（十五）推动保险服务经济结构调整。建立完善科技保险体系，积极发展适应科技创新的保险产品和服务，推广国产首台首套装备的保险风险补偿机制，促进企业创新和科技成果产业化。加快发展小微企业信用保险和贷款保证保险，增强小微企业融资能力。积极发展个人消费贷款保证保险，释放居民消费潜力。发挥保险对咨询、法律、会计、评估、审计等产业的辐射作用，积极发展文化产业保险、物流保险，探索演艺、会展责任险等新兴保险业务，促进第三产业发展。

（十六）加大保险业支持企业"走出去"的力度。着力发挥出口信用保险促进外贸稳定增长和转型升级的作用。加大出口信用保险对自主品牌、自主知识产权、战略性新兴产业的支持力度，重点支持高科技、高附加值的机电产品和大型成套设备，简化审批程序。加快发展境外投资保险，以能源矿产、基础设施、高新技术和先进制造业、农业、林业等为重点支持领域，创新保险品种，扩大承保范围。稳步放开短期出口信用保险市场，进一步增加市场经营主体。积极发展航运保险。拓展保险资金境外投资范围。

七、推进保险业改革开放，全面提升行业发展水平

（十七）深化保险行业改革。继续深化保险公司改革，加快建立现代保险企业制度，完善保险公司治理结构。全面深化寿险费率市场化改革，稳步开展商业车险费率市场化改革。深入推进保险市场准入、退出机制改革。加快完善保险市场体系，支持设立区域性和专业性保险公司，发展信用保险专业机构。规范保险公司并购重组。支持符合条件的保险公司在境内外上市。

（十八）提升保险业对外开放水平。推动保险市场进一步对内对外开放，实现"引进来"和"走出去"更好结合，以开放促改革促发展。鼓励中资保险公司尝试多形式、多渠道"走出去"，为我国海外企业提供风险保障。支持中资保险公司通过国际资本市场筹集资金，多种渠道进入海外市场。努力扩大保险服务出口。引导外资保险公司将先进经验和技术植入中国市场。

（十九）鼓励保险产品服务创新。切实增强保险业自主创新能力，积极培育新的业务增长点。支持保险公司积极运用网络、云计算、大数据、移动互联网等新技术促进保险业销售渠道和服务模式创新。大力推进条款通俗化和服务标准化，鼓励保险公司提供个性化、定制化产品服务，减少同

质低效竞争。推动保险公司转变发展方式，提高服务质量，努力降低经营成本，提供质优价廉、诚信规范的保险产品和服务。

（二十）加快发展再保险市场。增加再保险市场主体。发展区域性再保险中心。加大再保险产品和技术创新力度。加大再保险对农业、交通、能源、化工、水利、地铁、航空航天、核电及其他国家重点项目的大型风险、特殊风险的保险保障力度。增强再保险分散自然灾害风险的能力。强化再保险对我国海外企业的支持保障功能，提升我国在全球再保险市场的定价权、话语权。

（二十一）充分发挥保险中介市场作用。不断提升保险中介机构的专业技术能力，发挥中介机构在风险定价、防灾防损、风险顾问、损失评估、理赔服务等方面的积极作用，更好地为保险消费者提供增值服务。优化保险中介市场结构，规范市场秩序。稳步推进保险营销体制改革。

八、加强和改进保险监管，防范化解风险

（二十二）推进监管体系和监管能力现代化。坚持机构监管与功能监管相统一，宏观审慎监管与微观审慎监管相统一，加快建设以风险为导向的保险监管制度。加强保险公司治理和内控监管，改进市场行为监管，加快建设第二代偿付能力监管制度。完善保险法规体系，提高监管法制化水平。积极推进监管信息化建设。充分发挥保险行业协会等自律组织的作用。充分利用保险监管派出机构资源，加强基层保险监管工作。

（二十三）加强保险消费者合法权益保护。推动完善保险消费者合法权益保护法律法规和规章制度。探索建立保险消费纠纷多元化解决机制，建立健全保险纠纷诉讼、仲裁与调解对接机制。加大保险监管力度，监督保险机构全面履行对保险消费者的各项义务，严肃查处各类损害保险消费者合法权益的行为。

（二十四）守住不发生系统性区域性金融风险的底线。加强保险业全面风险管理，建立健全风险监测预警机制，完善风险应急预案，优化风险处置流程和制度，提高风险处置能力。强化责任追究，增强市场约束，防止风险积累。加强金融监管协调，防范风险跨行业传递。完善保险监管与地方人民政府以及公安、司法、新闻宣传等部门的合作机制。健全保险保障基金管理制度和运行机制。

九、加强基础建设,优化保险业发展环境

(二十五)全面推进保险业信用体系建设。加强保险信用信息基础设施建设,扩大信用记录覆盖面,构建信用信息共享机制。引导保险机构采取差别化保险费率等手段,对守信者予以激励,对失信者进行约束。完善保险从业人员信用档案制度、保险机构信用评价体系和失信惩戒机制。

(二十六)加强保险业基础设施建设。加快建立保险业各类风险数据库,修订行业经验生命表、疾病发生率表等。组建全行业的资产托管中心、保险资产交易平台、再保险交易所、防灾防损中心等基础平台,加快中国保险信息技术管理有限责任公司发展,为提升保险业风险管理水平、促进行业转型升级提供支持。

(二十七)提升全社会保险意识。发挥新闻媒体的正面宣传和引导作用,鼓励广播电视、平面媒体及互联网等开办专门的保险频道或节目栏目,在全社会形成学保险、懂保险、用保险的氛围。加强中小学、职业院校学生保险意识教育。

十、完善现代保险服务业发展的支持政策

(二十八)建立保险监管协调机制。加强保险监管跨部门沟通协调和配合,促进商业保险与社会保障有效衔接、保险服务与社会治理相互融合、商业机制与政府管理密切结合。建立信息共享机制,逐步实现数据共享,提升有关部门的风险甄别水平和风险管理能力。建立保险数据库公安、司法、审计查询机制。

(二十九)鼓励政府通过多种方式购买保险服务。鼓励各地结合实际,积极探索运用保险的风险管理功能及保险机构的网络、专业技术等优势,通过运用市场化机制,降低公共服务运行成本。对于商业保险机构运营效率更高的公共服务,政府可以委托保险机构经办,也可以直接购买保险产品和服务;对于具有较强公益性,但市场化运作无法实现盈亏平衡的保险服务,可以由政府给予一定支持。

(三十)研究完善加快现代保险服务业发展的税收政策。完善健康保险有关税收政策。适时开展个人税收递延型商业养老保险试点。落实和完善企业为职工支付的补充养老保险费和补充医疗保险费有关企业所得税政策。落实农业保险税收优惠政策。结合完善企业研发费用所得税加计扣除政策,统筹研究科技研发保险费用支出税前扣除政策问题。

(三十一)加强养老产业和健康服务业用地保障。各级人民政府要在土地利用总体规划中统筹考虑养老产业、健康服务业发展需要,扩大养老服务设施、健康服务业用地供给,优先保障供应。加强对养老、健康服务设施用地监管,严禁改变土地用途。鼓励符合条件的保险机构等投资兴办养老产业和健康服务业机构。

(三十二)完善对农业保险的财政补贴政策。加大农业保险支持力度,提高中央、省级财政对主要粮食作物的保费补贴,减少或取消产粮大县三大粮食作物保险县级财政保费补贴。建立财政支持的农业保险大灾风险分散机制。

各地区、各部门要充分认识加快现代保险服务业发展的重要意义,把发展现代保险服务业作为促进经济转型、转变政府职能、带动扩大就业、完善社会治理、保障改善民生的重要抓手,加强沟通协调,形成工作合力。有关部门要根据本意见要求,按照职责分工抓紧制定相关配套措施,确保各项政策落实到位。省级人民政府要结合实际制定具体方案,促进本地区现代保险服务业有序健康发展。

(本文有删减)

国务院办公厅关于加快发展商业养老保险的若干意见

·2017年6月29日
·国办发〔2017〕59号

各省、自治区、直辖市人民政府,国务院各部委、各直属机构:

商业养老保险是商业保险机构提供的,以养老风险保障、养老资金管理等为主要内容的保险产品和服务,是养老保障体系的重要组成部分。发展商业养老保险,对于健全多层次养老保障体系,促进养老服务业多层次多样化发展,应对人口老龄化趋势和就业形态新变化,进一步保障和改善民生,促进社会和谐稳定等具有重要意义。为深入贯彻落实《中共中央关于全面深化改革若干重大问题的决定》、《国务院关于加快发展养老服务业的若干意见》(国发〔2013〕35号)、《国务院关

于加快发展现代保险服务业的若干意见》(国发〔2014〕29号)等文件要求,经国务院同意,现就加快发展商业养老保险提出以下意见:

一、总体要求

(一)指导思想。

全面贯彻党的十八大和十八届三中、四中、五中、六中全会精神,深入贯彻习近平总书记系列重要讲话精神和治国理政新理念新思想新战略,认真落实党中央、国务院决策部署,牢固树立新发展理念,以提高发展质量和效益为中心,以推进供给侧结构性改革为主线,以应对人口老龄化、满足人民群众日益增长的养老保障需求、促进社会和谐稳定为出发点,以完善养老风险保障机制、提升养老资金运用效率、优化养老金融服务体系为方向,依托商业保险机构专业优势和市场机制作用,扩大商业养老保险产品供给,拓宽服务领域,提升保障能力,充分发挥商业养老保险在健全养老保障体系、推动养老服务业发展、促进经济提质增效升级等方面的生力军作用。

(二)基本原则。

坚持改革创新,提升保障水平。以应对人口老龄化、保障和改善民生为导向,坚持专注主业,深化商业养老保险体制机制改革,激发创新活力,增加养老保障产品和服务供给,提高服务质量和效率,更好满足人民群众多样化、多层次养老保障需求。

坚持政策引导,强化市场机制。更好发挥政府引导和推动作用,给予商业养老保险发展必要政策支持,创造良好政策环境。充分发挥市场在资源配置中的决定性作用,鼓励市场主体及相关业务特色化、差异化发展。

坚持完善监管,规范市场秩序。始终把维护保险消费者合法权益作为商业养老保险监管的出发点和立足点,坚持底线思维,完善制度体系,加强监管协同,强化制度执行,杜绝行政摊派、强买强卖,营造平等参与、公平竞争、诚信规范的市场环境。

(三)主要目标。

到2020年,基本建立运营安全稳健、产品形态多样、服务领域较广、专业能力较强、持续适度盈利、经营诚信规范的商业养老保险体系,商业养老保险成为个人和家庭商业养老保障计划的主要承担者、企业发起的商业养老保障计划的重要提供者、社会养老保障市场化运作的积极参与者、养老服务业健康发展的有力促进者、金融安全和经济增长的稳定支持者。

二、创新商业养老保险产品和服务

(四)丰富商业养老保险产品供给,为个人和家庭提供个性化、差异化养老保障。支持商业保险机构开发多样化商业养老保险产品,满足个人和家庭在风险保障、财富管理等方面的需求。积极发展安全性高、保障性强、满足长期或终身领取要求的商业养老年金保险。支持符合条件的商业保险机构积极参与个人税收递延型商业养老保险试点。针对独生子女家庭、无子女家庭、"空巢"家庭等特殊群体养老保障需求,探索发展涵盖多种保险产品和服务的综合养老保障计划。允许商业养老保险机构依法合规发展具备长期养老功能、符合生命周期管理特点的个人养老保障管理业务。

(五)推动商业保险机构提供企业(职业)年金计划等产品和服务。鼓励商业保险机构发展与企业(职业)年金领取相衔接的商业保险业务,强化基金养老功能。支持符合条件的商业保险机构申请相关资质,积极参与企业年金基金和职业年金基金管理,在基金受托、账户管理、投资管理等方面提供优质高效服务。鼓励商业保险机构面向创新创业企业就业群体的市场需求,丰富商业养老保险产品供给,优化相关服务,提供多样化养老保障选择。

(六)鼓励商业保险机构充分发挥行业优势,提供商业服务和支持。充分发挥商业保险机构在精算管理和服务资源等方面的优势,为养老保险制度改革提供技术支持和相关服务。支持符合条件的商业保险机构利用资产管理优势,依法依规有序参与基本养老保险基金和全国社会保障基金投资运营,促进养老保险基金和社会保障基金保值增值。

三、促进养老服务业健康发展

(七)鼓励商业保险机构投资养老服务产业。发挥商业养老保险资金长期性、稳定性优势,遵循依法合规、稳健安全原则,以投资新建、参股、并购、租赁、托管等方式,积极兴办养老社区以及养老养生、健康体检、康复管理、医疗护理、休闲康养等养老健康服务设施和机构,为相关机构研发生产老年用品提供支持,增加养老服务供给。鼓励商业保险机构积极参与养老服务业综合改革试点,加快推进试点地区养老服务体系建设。

(八)支持商业保险机构为养老机构提供风险保障服务。探索商业保险机构与各类养老机构合作模式,发展适应养老机构经营管理风险要求的综合责任保险,提升养老机构运营效率和稳健性。支持商业保险机构发展针对社区日间照料中心、老年活动中心、托老所、互助型社区养老服务中心等老年人短期托养和文体休闲活动机构的责任保险。

(九)建立完善老年人综合养老保障计划。针对老年人养老保障需求,坚持保障适度、保费合理、保单通俗原则,大力发展老年人意外伤害保险、老年人长期护理保险、老年人住房反向抵押养老保险等适老性强的商业保险,完善保单贷款、多样化养老金支付形式等配套金融服务。逐步建立老年人长期照护、康养结合、医养结合等综合养老保障计划,健全养老、康复、护理、医疗等服务保障体系。

四、推进商业养老保险资金安全稳健运营

(十)发挥商业养老保险资金长期投资优势。坚持风险可控、商业可持续原则,推进商业养老保险资金稳步有序参与国家重大战略实施。支持商业养老保险资金通过债权投资计划、股权投资计划、不动产投资计划、资产支持计划、保险资产管理产品等形式,参与重大基础设施、棚户区改造、新型城镇化建设等重大项目和民生工程建设,服务科技型企业、小微企业、战略性新兴产业、生活性服务新业态等发展,助力国有企业混合所有制改革。

(十一)促进商业养老保险资金与资本市场协调发展。发挥商业保险机构作为资本市场长期机构投资者的积极作用,依法有序参与股票、债券、证券投资基金等领域投资,为资本市场平稳健康发展提供长期稳定资金支持,规范有序参与资本市场建设。

(十二)审慎开展商业养老保险资金境外投资。在风险可控前提下,稳步发展商业养老保险资金境外投资业务,合理配置境外资产,优化配置结构。支持商业养老保险资金通过相关自贸试验区开展境外市场投资;按照商业可持续原则,有序参与丝路基金、亚洲基础设施投资银行和金砖国家新开发银行等主导的投资项目,更好服务国家"走出去"战略。

五、提升管理服务水平

(十三)加强制度建设。坚持制度先行,健全商业养老保险管理运行制度体系,优化业务流程,提升运营效率,增强商业养老保险业务运作规范性。细化完善商业养老保险资金重点投资领域业务规则,强化限额管理,探索建立境外投资分级管理机制。完善商业养老保险服务国家战略的引导政策和支持实体经济发展的配套政策。

(十四)提升服务质量。制定完善商业养老保险服务标准,构建以保险消费者满意度为核心的服务评价体系。深入推进以客户为中心的运营管理体系建设,运用现代技术手段,促进销售渠道和服务模式创新,为保险消费者提供高效便捷的服务。突出销售、承保、赔付等关键服务环节,着力改进服务质量,提升保险消费者消费体验,巩固培育商业品牌和信誉。

(十五)发展专业机构。提升商业养老保险从业人员职业道德和专业素质,加大专业人才培养和引进力度,完善职业教育。支持符合条件的商业保险机构发起设立商业养老保险机构,拓宽民间资本参与商业养老保险机构投资运营渠道,允许专业能力强、市场信誉度高的境外专业机构投资商业养老保险机构。

(十六)强化监督管理。完善商业养老保险监管政策,加强监督检查,规范商业养老保险市场秩序,强化保险消费者权益保护。落实偿付能力监管制度要求,加强商业养老保险资金运用监管,健全风险监测预警和信息披露机制。督促商业保险机构加强投资能力和风险管控能力建设,强化资产负债匹配管理和风险控制,防范投资运用风险,实现商业养老保险资金保值及合理回报,提升保险保障水平。

六、完善支持政策

(十七)加强组织领导与部门协同。各地区、各有关部门要将加快发展商业养老保险纳入完善养老保障体系和加快发展养老服务业的总体部署,加强沟通配合,创新体制机制,积极研究解决商业养老保险发展中的重大问题。有关部门可根据本意见精神,细化完善配套政策措施。各省(区、市)人民政府可结合实际制定具体实施意见,促进本地区商业养老保险持续健康发展。

(十八)加强投资和财税等政策支持。研究制定商业养老保险服务实体经济的投资支持政策,完善风险保障机制,为商业养老保险资金服务国家战略、投资重大项目、支持民生工程建设提供绿色通道和优先支持。落实好国家支持现代保险服务业和养老服务业发展的税收优惠政策,对商业保险机构一年期以上人身保险保费收入免征增值税。2017年年底前启动个人税收递延型商业养老保险试点。研究制定商业保险机构参与全国社会保障基金投资运营的相关政策。

（十九）完善地方保障支持政策。各省（区、市）人民政府要统筹规划养老服务业发展,鼓励符合条件的商业保险机构投资养老服务业,落实好养老服务设施的用地保障政策。支持商业保险机构依法依规在投资开办的养老机构内设置医院、门诊、康复中心等医疗机构,符合条件的可按规定纳入城乡基本医疗保险定点范围。支持商业保险机构开展住房反向抵押养老保险业务,在房地产交易、登记、公证等机构设立绿色通道,降低收费标准,简化办事程序,提升服务效率。

（二十）营造良好环境。大力普及商业养老保险知识,增强人民群众商业养老保险意识。以商业养老保险满足人民群众多样化养老保障需求为重点,加大宣传力度,积极推广成熟经验。加强保险业诚信体系建设,推动落实守信联合激励和失信联合惩戒机制。强化行业自律,倡导公平竞争合作,为商业养老保险健康发展营造良好环境。

中国银保监会行政许可实施程序规定

· 2020年5月24日中国银行保险监督管理委员会令2020年第7号公布
· 自2020年7月1日起施行

第一章 总 则

第一条 为规范中国银行保险监督管理委员会(以下简称银保监会)及其派出机构实施行政许可行为,明确行政许可程序,提高行政许可效率,保护申请人的合法权益,根据《中华人民共和国银行业监督管理法》《中华人民共和国保险法》《中华人民共和国行政许可法》等法律及行政法规,制定本规定。

第二条 银保监会依照本规定的程序,对银行保险机构及银保监会监督管理的其他金融机构实施行政许可。银保监会可以依法授权派出机构实施行政许可,银保监局在银保监会授权范围内,可以依法授权银保监分局实施行政许可。授权实施的行政许可,行政许可决定以被授权机构的名义作出。

银保监局在银保监会授权范围内,依照本规定的程序实施行政许可。银保监分局在银保监会、银保监局授权范围内,依照本规定的程序实施行政许可。

第三条 银保监会实施行政许可应当遵循公开、公平、公正、非歧视、效率及便民的原则。法律、行政法规规定实施行政许可应当遵循审慎监管原则的,从其规定。

第四条 银保监会的行政许可事项包括银行保险机构及银保监会监督管理的其他金融机构设立、变更和终止许可事项,业务许可事项,银行业金融机构董事(理事)和高级管理人员任职资格许可事项,保险业金融机构董事、监事和高级管理人员任职资格许可事项,法律、行政法规规定和国务院决定的其他许可事项。

第五条 行政许可实施程序分为申请与受理、审查、决定与送达三个环节。

第六条 银保监会及其派出机构按照以下操作流程实施行政许可：

（一）由银保监会、银保监局或银保监分局其中一个机关受理、审查并决定；

（二）由银保监分局受理并初步审查,报送银保监局审查并决定；

（三）由银保监局受理并初步审查,报送银保监会审查并决定；

（四）由银保监会受理,与其他行政机关共同审查并决定；

（五）法律、行政法规和银保监会规定的其他情形。

第二章 申请与受理

第七条 申请人应按照银保监会公布的行政许可事项申请材料目录和格式要求提交申请材料。

第八条 申请人向受理机关提交申请材料的方式为当面递交、邮寄或电子传输至银保监会办公厅、银保监局办公室或银保监分局办公室。

申请材料中应当注明详细、准确的联系方式和送达行政许可决定的邮寄地址。当面递交申请材料的,经办人员应当出示授权委托书和合法身份证件。申请人为自然人的应当出示合法身份证件；申请人委托他人提交申请材料的,受托人还应提交申请人的授权委托书及受托人的合法身份证件。

第九条　由下级机关受理、报上级机关决定的申请事项，申请人应向受理机关提交申请材料，并提交受理申请书，简要说明申请事项。

前款提交的申请材料的主送单位应当为决定机关。

第十条　申请事项依法不需要取得行政许可或者申请事项不属于受理机关职权范围的，受理机关应当即时告知申请人不予受理，并出具不予受理通知书。申请事项不属于本机关职权范围的，还应当告知申请人向有关行政机关申请。

第十一条　申请事项属于受理机关职权范围的，受理机关对照行政许可事项申请材料目录和格式要求，发现申请材料不齐全或不符合规定要求的，应在收到申请材料之日起5日内向申请人发出补正通知书，一次告知申请人应补正的全部内容，并要求其在补正通知书发出之日起3个月内提交补正申请材料。

申请材料齐全并符合规定要求的，受理机关应在收到完整申请材料之日起5日内受理行政许可申请，并向申请人发出受理通知书。受理通知书应注明接收材料日期及受理日期，接收材料日期以接收完整材料日期为准。

第十二条　申请人有下列情形之一的，作出不予受理申请决定：

（一）在补正通知书发出之日起3个月内，申请人未能提交补正申请材料的；

（二）在补正通知书发出之日起3个月内，申请人提交的补正申请材料仍不齐全或者不符合规定要求的；

（三）法律、行政法规及银保监会规定的其他情形。

决定不予受理申请的，受理机关出具不予受理通知书，并说明不予受理的理由。不予受理决定，应当自补正期满后5日内，或接收全部补正申请材料之日起5日内作出。

第十三条　在作出受理申请决定之前，申请人要求撤回申请的，应当向受理机关提交书面撤回申请。受理机关应在登记后将申请材料退回申请人。

第十四条　受理通知书、不予受理通知书、补正通知书应由受理机关加盖本机关专用印章并注明日期，并由受理机关交予、邮寄或电子传输至申请人。

第三章　审　查

第十五条　由下级机关受理、报上级机关决定的申请事项，下级机关应在受理之日起20日内审查完毕并将审查意见及完整申请材料上报决定机关。

第十六条　由银保监会受理的申请事项，涉及银保监局属地监管职责的，银保监会可以征求相关银保监局的意见。

由银保监局受理的申请事项，涉及银保监分局属地监管职责的，银保监局可以征求相关银保监分局的意见。

由银保监局、银保监分局受理的申请事项，涉及同级或上级机关监管职责的，银保监局、银保监分局可以征求同级或上级机关的意见。

各级机关应当及时向征求意见机关提出反馈意见。

第十七条　受理机关或决定机关对行政许可申请进行审查时，发现行政许可事项直接关系他人重大利益的，应当告知该利害关系人。申请人、利害关系人有权进行陈述和申辩。受理机关或决定机关应当听取申请人、利害关系人的意见。

第十八条　受理机关或决定机关在审查过程中，认为需要申请人对申请材料作出书面说明解释的，可以将问题一次汇总成书面意见，并要求申请人作出书面说明解释。决定机关认为必要的，经其相关负责人批准，可以第二次要求申请人作出书面说明解释。

书面说明解释可以通过当面递交、邮寄或电子传输方式提交；经受理机关或决定机关同意，也可以采取传真、电子邮件等方式提交。

申请人应在书面意见发出之日起2个月内提交书面说明解释。未能按时提交书面说明解释的，视为申请人自动放弃书面说明解释。

第十九条　受理机关或决定机关认为需要由申请人对申请材料当面作出说明解释的，可以在办公场所与申请人进行会谈。参加会谈的工作人员不得少于2人。受理机关或决定机关应当做好会谈记录，并经申请人签字确认。

第二十条　受理机关或决定机关在审查过程中，根据情况需要，可以直接或委托下级机关对申请材料的有关内容进行实地核查。进行实地核查的工作人员不得少于2人，并应当出示合法证件。

实地核查应当做好笔录,收集相关证明材料。

第二十一条 受理机关或决定机关在审查过程中对有关信访、举报材料认为有必要进行核查的,应及时核查并形成书面核查意见。

第二十二条 决定机关在审查过程中,对于疑难、复杂或者专业技术性较强的申请事项,可以直接或委托下级机关或要求申请人组织专家评审,并形成经专家签署的书面评审意见。

第二十三条 行政许可直接涉及申请人与他人之间重大利益关系的,决定机关在作出行政许可决定前,应当告知申请人、利害关系人享有要求听证的权利;申请人、利害关系人在被告知听证权利之日起 5 日内提出听证申请的,决定机关应当在 20 日内组织听证。

第二十四条 在受理机关或决定机关审查过程中,有下列情形之一的,可以作出中止审查的决定,并通知申请人:

(一)申请人或相应行政许可事项直接关系人因涉嫌违法违规被行政机关调查,或者被司法机关侦查,尚未结案,对相应行政许可事项影响重大;

(二)申请人被银保监会依法采取责令停业整顿、接管等监管措施,尚未解除;

(三)对有关法律、行政法规、规章的规定,需要进一步明确具体含义,请求有关机关作出解释;

(四)申请人主动要求中止审查,理由正当。

法律、行政法规、规章对前款情形另有规定的,从其规定。

第二十五条 因本规定第二十四条第一款第(一)(二)(三)项规定情形中止审查的,该情形消失后,受理机关或决定机关恢复审查,并通知申请人。

申请人主动要求中止审查的,应当向受理机关提交书面申请。同意中止审查的,受理机关应当出具中止审查通知。申请人申请恢复审查的,应当向受理机关提交书面申请。同意恢复审查的,受理机关应当出具恢复审查通知。

第二十六条 以下时间不计算在审查期限内:

(一)需要申请人对申请材料中存在的问题作出书面说明解释的,自书面意见发出之日起到收到申请人提交书面说明解释的时间;

(二)需要对有关信访、举报材料进行核查的,自作出核查决定之日起到核查结束的时间;

(三)需要专家评审的,自组织专家评审之日起到书面评审意见形成的时间;

(四)需要组织听证的,自申请人、利害关系人提出听证申请之日起到听证结束的时间;

(五)中止审查的,自中止审查决定作出之日起到恢复审查通知出具的时间;

(六)法律规定不计算在审查期限内的检验、检测等其他时间。

前款扣除的时间,受理机关或决定机关应及时告知申请人。第(二)(三)项所扣除的时间不得超过合理和必要的期限。

第四章 决定与送达

第二十七条 在受理机关或决定机关审查过程中,因申请人死亡、丧失行为能力或依法终止,致使行政许可申请不符合法定条件或行政许可决定没有必要的,受理机关或决定机关应当终止审查。

第二十八条 在受理机关或决定机关审查过程中,申请人主动要求撤回申请的,应当向受理机关提交终止审查的书面申请,受理机关或决定机关应当终止审查。

第二十九条 由一个机关受理并决定的行政许可,决定机关应在规定期限内审查,作出准予或者不予行政许可的书面决定,并在作出决定后 10 日内向申请人送达书面决定。

由下级机关受理、报上级机关决定的行政许可,决定机关自收到下级机关的初步审查意见及申请人完整申请材料后,在规定期限内审查,作出准予或者不予行政许可的书面决定,并在作出决定后 10 日内向申请人送达书面决定,同时抄送下级机关。

作出中止审查或终止审查决定的,应于决定作出后 10 日内向申请人送达书面决定。

第三十条 由银保监会受理,与其他行政机关共同审查并决定的行政许可,由银保监会受理、审查后,将申请材料移送有关行政机关审查,并根据审查意见在规定的期限内,作出准予或者不予行政许可的书面决定。

第三十一条 对于不符合条件的行政许可事项,决定机关应当作出不予行政许可决定。决定机关作出不予行政许可决定的,应当说明理由,并告知申请人依法享有在法定时间内申请行政复议或者提起行政诉讼的权利。

第三十二条 有下列情形之一的,决定机关或者其上级机关,根据利害关系人的请求或者依据职权,可以撤销行政许可:

(一)银保监会及其派出机构工作人员滥用职权、玩忽职守作出准予行政许可决定的;

(二)超越法定职权作出准予行政许可决定的;

(三)违反法定程序作出准予行政许可决定的;

(四)对不具备申请资格或者不符合法定条件的申请人准予行政许可的;

(五)依法可以撤销行政许可的其他情形。

申请人以欺骗、贿赂等不正当手段取得行政许可的,应当予以撤销。

依照前两款规定撤销行政许可,可能对公共利益造成重大损害的,不予撤销。

依照本条第一款规定撤销行政许可,申请人的合法权益受到损害的,应当依法给予赔偿。依照本条第二款规定撤销行政许可的,申请人基于行政许可取得的利益不受保护。

第三十三条 行政许可决定文件由决定机关以挂号邮件或特快专递送达申请人,也可电子传输至申请人。采取邮寄方式送达的,决定机关应当及时向邮政部门索取申请人签收的回执。

行政许可决定文件也可应申请人要求由其领取,领取人应出示授权委托书、合法身份证件并签收。

申请人在接到领取通知5日内不领取行政许可文件且受理机关无法通过邮寄等方式送达的,可以通过银保监会外网网站或公开发行报刊公告送达。自公告之日起,经过60个自然日,即视为送达。

第三十四条 决定机关作出准予行政许可决定后,需要向申请人颁发、换发金融许可证、保险许可证的,决定机关应当通知申请人到发证机关领取、换领金融许可证、保险许可证。

发证机关应当在决定作出后10日内颁发、换发金融许可证、保险许可证。

第五章 公 示

第三十五条 银保监会及其派出机构将行政许可的事项、依据、条件、程序、期限以及需要申请人提交的申请材料目录和格式要求等进行公示,方便申请人查阅。

第三十六条 银保监会及其派出机构采取下列一种或多种方式进行公示:

(一)在银保监会外网网站上公布;

(二)在公开发行报刊上公布;

(三)印制行政许可手册,并放置在办公场所供查阅;

(四)在办公场所张贴;

(五)其他有效便捷的公示方式。

第三十七条 除涉及国家秘密、商业秘密、个人隐私外,银保监会及其派出机构作出的行政许可决定应当通过银保监会外网网站或者公告等方式公布。

第六章 附 则

第三十八条 除特别说明外,本规定中的"日"均为工作日。

第三十九条 本规定由银保监会负责解释。

第四十条 本规定自2020年7月1日起施行。《中国银行业监督管理委员会行政许可实施程序规定》(银监会令2006年第1号)和《中国保险监督管理委员会行政许可实施办法》(保监会令2014年第2号)同时废止。

银行保险机构许可证管理办法

· 2021年4月28日中国银行保险监督管理委员会令2021年第3号公布
· 自2021年7月1日起施行

第一条 为了加强银行保险机构许可证管理,促进银行保险机构依法经营,根据《中华人民共和国行政许可法》《中华人民共和国银行业监督管理法》《中华人民共和国商业银行法》《中华人民共和国保险法》等有关法律规定,制定本办法。

第二条 本办法所称许可证是指中国银行保险监督管理委员会(以下简称银保监会)依法颁发的特许银行保险机构经营金融业务的法律文件。

许可证的颁发、换发、收缴等由银保监会及其授权的派出机构依法行使,其他任何单位和个人不得行使上述职权。

第三条 本办法所称银行保险机构包括政策性银行、大型银行、股份制银行、城市商业银行、民营银行、外资银行、农村中小银行机构等银行机构及其分支机构,保险集团(控股)公司、保险公司、保险资产管理公司、金融资产管理公司、信托公司、企业集团财务公司、金融租赁公司、汽车金融公司、货币经纪公司、消费金融公司、银行理财公司、金融资产投资公司以及经银保监会及其派出机构批准设立的其他非银行金融机构及其分支机构,保险代理集团(控股)公司、保险经纪集团(控股)公司、保险专业代理公司、保险经纪公司、保险兼业代理机构等保险中介机构。

上述银行保险机构开展金融业务,应当依法取得许可证和市场监督管理部门颁发的营业执照。

第四条 本办法所称许可证包括下列几种类型:

(一)金融许可证;

(二)保险许可证;

(三)保险中介许可证。

金融许可证适用于政策性银行、大型银行、股份制银行、城市商业银行、民营银行、外资银行、农村中小银行机构等银行机构及其分支机构,以及金融资产管理公司、信托公司、企业集团财务公司、金融租赁公司、汽车金融公司、货币经纪公司、消费金融公司、银行理财公司、金融资产投资公司等非银行金融机构及其分支机构。

保险许可证适用于保险集团(控股)公司、保险公司、保险资产管理公司等保险机构及其分支机构。

保险中介许可证适用于保险代理集团(控股)公司、保险经纪集团(控股)公司、保险专业代理公司、保险经纪公司、保险兼业代理机构等保险中介机构。

第五条 银保监会对银行保险机构许可证实行分级管理。

银保监会负责其直接监管的政策性银行、大型银行、股份制银行、外资银行、保险集团(控股)公司、保险公司、保险资产管理公司、保险代理集团(控股)公司、保险经纪集团(控股)公司、金融资产管理公司、银行理财公司、金融资产投资公司、保险兼业代理机构等银行保险机构许可证的颁发与管理。

银保监会派出机构根据上级管理单位授权,负责辖内银行保险机构许可证的颁发与管理。

第六条 银保监会及其派出机构根据行政许可决定或备案、报告信息向银行保险机构颁发、换发、收缴许可证。

经批准设立的银行保险机构应当自收到行政许可决定之日起10日内到银保监会或其派出机构领取许可证。对于采取备案或报告管理的机构设立事项,银行保险机构应当在完成报告或备案后10日内到银保监会或其派出机构领取许可证。

第七条 许可证载明下列内容:

(一)机构编码;

(二)机构名称;

(三)业务范围;

(四)批准日期;

(五)机构住所;

(六)颁发许可证日期;

(七)发证机关。

机构编码按照银保监会有关编码规则确定。

金融许可证和保险许可证的批准日期为机构批准设立日期。保险中介许可证的批准日期为保险中介业务资格批准日期。对于采取备案或报告管理的机构设立事项,批准日期为发证机关收到完整备案或报告材料的日期。

第八条 银行保险机构领取许可证时,应当提交下列材料:

(一)银行保险机构介绍信或委托书;

(二)领取许可证人员的合法有效身份证明。

第九条 许可证记载事项发生变更的,银行保险机构应当向发证机关缴回原证,并领取新许可证。

前款所称事项变更须经发证机关许可的,银行保险机构应当自收到行政许可决定之日起10日内到发证机关领取新许可证。前款所称变更事项须向发证机关备案或报告的,银行保险机构应当在完成备案或报告后10日内到发证机关领取新许可证。前款所称变更事项无须许可或备案、报告的,银行保险机构应当自变更之日起15日内到发证机关领取新许可证。

第十条 许可证破损的,银行保险机构应当自发现之日起7日内向发证机关缴回原证,并领取新许可证。

第十一条 许可证遗失,银行保险机构应立即报告发证机关,并于发现之日起7日内发布遗失声明公告、重新领取许可证。

报告内容包括机构名称、地址、批准日期、许可证流水号、编码、颁发日期、当事人、失控的时间、地点、事发原因、过程等情况。

发布遗失声明公告的方式同新领、换领许可证。

许可证遗失的,银行保险机构向发证机关领取新许可证时,除应提交本办法第八条规定的材料外,还应当提交遗失声明公告及对该事件的处理结果报告。

第十二条 银行保险机构行政许可被撤销、被吊销许可证,或者机构解散、关闭、被撤销、被宣告破产的,应当在收到银保监会及其派出机构有关文件、法律文书或人民法院宣告破产裁定书之日起15日内,将许可证缴回发证机关;逾期不缴回的,由发证机关在缴回期满后5日内依法收缴。

第十三条 新领、换领许可证,银行保险机构应于30日内进行公告。银行保险机构应采取下列一种或多种方式进行公告:

(一)在公开发行报刊上公告;

(二)在银行保险机构官方网站上公告;

(三)其他有效便捷的公告方式。

公告的具体内容应当包括:事由、机构名称、机构住所、机构编码、联系电话。公告的知晓范围应至少与机构开展业务经营的地域范围相匹配。银行保险机构应保留相关公告材料备查。

第十四条 银行保险机构应当在营业场所的显著位置公示许可证原件。保险中介机构分支机构应当在营业场所的显著位置公示加盖法人机构公章的许可证复印件。

银行保险机构应当依据行政许可决定文件和上级管理单位授权文件,在营业场所的显著位置以适当方式公示其业务范围、经营区域、主要负责人。通过网络平台开展业务的,应当在相关网络页面及功能模块以清晰、醒目的方式展示上述内容。

上述公示事项内容发生变更,银行保险机构应当自变更之日起10日内更换公示内容。

第十五条 银行保险机构应当妥善保管和依法使用许可证。

任何单位和个人不得伪造、变造、转让、出租、出借银行保险机构许可证。

第十六条 银保监会及其派出机构应当加强银行保险机构许可证的信息管理,建立完善的许可证管理信息系统,依法披露许可证的有关信息。

第十七条 银保监会及其派出机构依法对银行保险机构许可证管理、公告和公示等情况进行监督与检查。

第十八条 银行保险机构违反本办法,有下列情形之一的,依照《中华人民共和国银行业监督管理法》《中华人民共和国商业银行法》《中华人民共和国保险法》有关规定进行处罚;法律、行政法规没有规定的,由银保监会及其派出机构责令改正,予以警告,对有违法所得的处以违法所得一倍以上三倍以下罚款,但最高不超过三万元,对没有违法所得的处以一万元以下罚款;构成犯罪的,依法追究刑事责任:

(一)转让、出租、出借、伪造、变造许可证;

(二)未按规定新领、换领、缴回许可证;

(三)损坏许可证;

(四)因管理不善导致许可证遗失;

(五)遗失许可证未按规定向发证机关报告;

(六)未按规定公示许可证、业务范围、经营区域、主要负责人;

(七)新领、换领许可证等未按规定进行公告;

(八)新领、换领许可证后未按规定向市场监督管理部门办理登记,领取、换领营业执照。

第十九条 银行保险机构许可证由银保监会统一印制和管理。颁发时加盖发证机关的单位印章方可生效。

银保监会及其派出机构应按照行政审批与许可证管理适当分离的原则,对许可证进行专门管理。许可证保管、打印、颁发等职能应相互分离、相互制约,同时建立许可证颁发、收缴、销毁登记制度。

对于许可证颁发管理过程中产生的废证、收回的旧证、依法缴回和吊销的许可证,应加盖"作废"章,作为重要凭证专门收档,定期销毁。

第二十条 银保监会根据电子证照相关法律法规、国家标准和全国一体化在线政务服务平台标准,制定银行保险机构许可证电子证照标准,推进银行保险机构许可证电子化。

银行保险机构许可证电子证照的签发、使用、管理等,按国家和银保监会有关规定执行。

第二十一条 本办法规定的有关期限,均以工作日计算。

第二十二条 本办法由银保监会负责解释。

本办法自2021年7月1日起施行,《金融许可证管理办法》(银监会令2007年第8号修订)和《保险许可证管理办法》(保监会令2007年第1号)同时废止。

中国银保监会现场检查办法(试行)

- 2019年12月24日中国银行保险监督管理委员会令2019年第7号公布
- 自2020年1月28日起施行

第一章 总 则

第一条 为全面贯彻落实党中央、国务院对金融工作的决策部署,加强对银行业和保险业的监督管理,规范现场检查行为,提升现场检查质效,促进行业健康发展,根据《中华人民共和国银行业监督管理法》《中华人民共和国保险法》《中华人民共和国商业银行法》等有关法律法规,制定本办法。

第二条 本办法所称现场检查,是指中国银行保险监督管理委员会(以下简称"银保监会")及其派出机构依法对银行业和保险业机构经营管理情况进行监督检查的行政执法行为。

第三条 现场检查是银保监会及其派出机构监督管理的重要组成部分,通过发挥查错纠弊、校验核实、评价指导、警示威慑等作用,督促银行业和保险业机构贯彻落实国家宏观政策及监管政策,提高经营管理水平,合法稳健经营,落实银行业和保险业机构风险防控的主体责任,维护银行业和保险业安全,更好服务实体经济发展。

第四条 银保监会及其派出机构开展现场检查应当依照法律、行政法规、规章和规范性文件确定的职责、权限和程序进行。

第五条 银保监会及其派出机构和实施现场检查的人员(以下简称检查人员)应当依法检查,文明执法,严格落实中央八项规定精神,遵守保密和廉政纪律。银保监会及其派出机构应当加强现场检查纪律和廉政制度建设,加强对检查人员廉洁履职情况的监督。

第六条 银保监会及其派出机构依法开展现场检查,被查机构及其工作人员应当配合,保证提供的有关文件资料及相关情况真实、准确、完整、及时。对于被查机构及其工作人员存在不配合检查、不如实反映情况或拒绝、阻碍检查等行为的,银保监会及其派出机构可以根据情节轻重,对相关机构和个人依法采取监管措施和行政处罚。

检查期间,被查机构应当为现场检查工作提供必要的办公条件和工作保障。

被查机构及其工作人员未经银保监会及其派出机构同意,不得将检查情况和相关信息向外透露。

第七条 本办法所指现场检查包括常规检查、临时检查和稽核调查等。

常规检查是纳入年度现场检查计划的检查。按检查范围可以分为风险管理及内控有效性等综合性检查,对某些业务领域或区域进行的专项检查,对被查机构以往现场检查中发现的重大问题整改落实情况进行的后续检查。

临时检查是在年度现场检查计划之外,根据重大工作部署或临时工作任务开展的检查。

稽核调查是适用简化现场检查流程对特定事项进行专门调查的活动。

第八条 银保监会及其派出机构应当建立和完善现场检查管理信息系统,实现检查资源共享,提高现场检查效率。

第九条 银保监会及其派出机构应当严格按照法律法规规定的程序编制现场检查项目经费预算,强化预算管理,合规使用检查费用。

第十条 银保监会及其派出机构应当配备与检查任务相适应的检查力量,加强现场检查专业人才培养,建立完善随机检查人员名录库,细化人才的专业领域,提升现场检查水平,将现场检查作为培养银行业和保险业监管队伍和提高监管能力的重要途径。

第十一条 银保监会各部门、各派出机构在现场检查工作中应当加强沟通协调,建立有效的现场检查联动机制。

第二章 职责分工

第十二条 根据监管职责划分,银保监会及其派出机构现场检查工作实行分级立项、分级实施,按照"谁立项、谁组织、谁负责"的工作机制,开展现场检查。

第十三条 银保监会负责统筹全系统现场检查工作,根据监管职责划分,组织对相关银行业和保险业机构的现场检查，组织全系统重大专项检查、临时检查和稽核调查，对派出机构的现场检查进行统筹指导和考核评价。

第十四条　各派出机构负责统筹辖内现场检查工作，根据监管职责划分，组织对辖内银行业和保险业机构的现场检查，完成上级部门部署的现场检查任务，对下级部门的现场检查工作进行指导、考核和评价。

第十五条　根据需要，银保监会可以对银保监局监管的机构、银保监局可以对辖内银保监分局监管的机构直接开展现场检查。

第十六条　银保监会及其派出机构现场检查部门负责现场检查的归口管理。

银保监会及其派出机构承担现场检查任务的部门负责现场检查的立项和组织实施，提出整改、采取监管措施和行政处罚的建议，通过约谈、后续检查和稽核调查等方式对被查机构整改情况进行评价，并就现场检查情况及时与相关部门进行沟通。

银保监会及其派出机构的其他机构监管和功能监管等部门积极配合开展现场检查工作，负责提出现场检查立项建议，加强信息共享，提供现场检查所需的数据、资料和相关信息。

第十七条　银保监会及其派出机构应当加强与政府相关部门的工作联动，沟通检查情况，依法共享检查信息，积极探索利用征信信息、工商登记信息、纳税信息等外部数据辅助现场检查工作。配合建立跨部门双随机联合抽查工作机制，必要时可以联合其他部门开展对银行业和保险业机构相关业务领域的现场检查。

第十八条　银保监会及其派出机构应当根据监管备忘录等合作协议规定和对等原则，开展对中资银行业和保险业机构境外机构及业务的检查，并加强与境外监管机构的沟通协作，配合境外监管机构做好外资银行业和保险业机构境内机构及业务的检查。

第三章　立项管理

第十九条　根据监管职责划分，银保监会及其派出机构实行分级立项。银保监会及其派出机构应当加强现场检查立项管理，根据银行业和保险业机构的依法合规情况、评级情况、系统重要性程度、风险状况和以往检查情况等，结合随机检查

对象名录库及随机抽查事项清单，确定现场检查的频率、范围，确保检查项目科学、合理、可行。未经立项审批程序，不得开展现场检查。

第二十条　银保监会现场检查部门应当在征求机构监管、功能监管等部门以及各银保监局意见基础上，结合检查资源情况，制定年度现场检查计划，报委务会议或专题主席会议审议决定，由银保监会主要负责人签发。各银保监局制定辖内的年度现场检查计划，按相关规定向银保监会报告。

第二十一条　银保监会按年度制定现场检查计划，现场检查计划一经确定原则上不作更改。列入年度计划的个别项目确需调整的，应当说明调整意见及理由，每年中期集中调整一次。调整时，对于银保监会负责的项目，应当经银保监会负责人审批；对于派出机构负责的项目，应当经银保监局负责人审批同意后，按要求向银保监会报告。

第二十二条　经银保监会或银保监局主要负责人批准，银保监会或银保监局可以立项开展临时检查。各银保监局应当在临时立项后10个工作日内，将立项情况向银保监会报告。银保监会相关部门针对重大风险隐患或重大突发事件拟按照现场检查流程开展的检查，原则上应当按照职责分工和分级立项要求，会签相应的现场检查部门。

第二十三条　稽核调查可以纳入年度现场检查计划，也可以适用临时检查立项程序。

第四章　检查流程

第二十四条　现场检查工作分为检查准备、检查实施、检查报告、检查处理和检查档案整理五个阶段。

第二十五条　银保监会及其派出机构组织实施现场检查可以采取以下方式：

（一）由立项单位组织实施；

（二）由上级部门部署下级部门实施；

（三）对专业性强的领域，可以要求银行业和保险业机构选聘符合条件的第三方机构进行检查，并将检查结果报告监管部门；

（四）必要时可以按照相关程序，聘请资信良好、符合条件的会计师事务所等第三方机构参与检查工作，具体办法由银保监会另行制定；

（五）采用符合法律法规及规章规定的其他方式实施。

第二十六条　银保监会及其派出机构依法组

织实施现场检查时，检查人员不得少于二人，并应当出示执法证或工作证等合法证件和检查通知书。检查人员少于二人或未出示合法证件和检查通知书的，被查单位和个人有权拒绝检查。

第二十七条 存在影响或者可能影响依法公正履行职责情况的，现场检查人员应当按照履职回避的相关规定予以回避，并且不得参加相关事项的讨论、审核和决定，不得以任何方式对相关事项施加影响。被查机构认为检查人员与其存在利害关系的，有权申请检查人员回避。

第二十八条 银保监会及其派出机构应当在实施现场检查前组成检查组，根据检查任务，结合检查人员业务专长，合理配备检查人员。检查组实行组长负责制。检查组组长在检查组成员中确定主查人，负责现场检查工作的具体组织和实施。

第二十九条 检查组根据检查项目需要，开展查前调查，收集被查机构检查领域的有关信息，主要包括被查机构内外部审计报告及其对内外部检查和审计的整改和处罚情况，被查机构的业务开展情况、经营管理状况、监管部门掌握的被查机构的情况等，并进行检查分析和模型分析，制定检查方案，做好查前培训。

第三十条 检查组应当提前或进场时向被查机构发出书面检查通知，组织召开进点会谈，并向被查机构提出配合检查工作的要求。同时由检查组组长或负责人宣布现场检查工作纪律和有关规定，告知被查机构对检查人员履行监管职责和执行工作纪律、廉政纪律情况进行监督。

第三十一条 检查人员应当按要求做好工作记录、检查取证、事实确认和问题定性。

第三十二条 检查过程中，应当加强质量控制，做到检查事实清楚、问题定性准确、责任认定明晰、定性依据充分、取证合法合规。

第三十三条 检查组通过事实确认书、检查事实与评价等方式，就检查过程中发现的问题与被查机构充分交换意见，被查机构应当及时认真反馈意见。承担现场检查任务的部门应当与相关部门加强对检查情况的沟通。

第三十四条 检查结束后，检查组应当制作现场检查工作报告，并向被查机构出具现场检查意见书。必要时，可以将检查意见告知被查机构的上级管理部门或被查机构的董事会、监事会、高级管理层或主要股东等。

第三十五条 检查人员应当按照相关规定认真收集、整理检查资料，将记录检查过程、反映检查结果、证实检查结论的各类文件、数据、资料等纳入检查档案范围。

第三十六条 稽核调查参照一般现场检查程序，根据工作要求和实际情况，可以简化流程，可以不与调查对象交换意见，可以不出具检查意见书，以调查报告作为稽核调查的成果。调查过程中如发现涉及需要采取监管措施或行政处罚的事项，应当按照相关要求收集证据，依程序进行处理。

第三十七条 对于有特殊需要的现场检查项目，经检查组组长确定，可以适当简化检查程序，包括但不限于不进行查前培训、不组织进点会谈等。

第五章 检查方式

第三十八条 检查过程中，检查人员有权查阅与检查事项有关的文件资料和信息系统、查看经营管理场所、采集数据信息、测试有关系统设备设施、访谈或询问相关人员，并可以根据需要，收集原件、原物，进行复制、记录、录音、录像、照相等。对可能被转移、隐匿或者毁损的文件、资料，可以按照有关法律法规进行封存。

根据工作需要，可以采取线上检查、函询稽核等新型检查方法。线上检查是运用信息技术和网络技术分析筛查疑点业务和机构并实施的穿透式检查。函询稽核是对重大风险或问题通过下发质询函等方式检查核实的活动。

第三十九条 银保监会及其派出机构应当持续完善检查分析系统，充分运用信息技术手段，开展检查分析，实施现场检查，提高现场检查质效。银行业和保险业机构应当按照银保监会及其派出机构要求，加强数据治理，按照监管数据标准要求，完成检查分析系统所需数据整理、报送等工作，保证相关数据的全面、真实、准确、规范和及时。银保监会及其派出机构应当加强对银行业和保险业机构信息科技外包服务等工作的监督检查。

第四十条 检查人员可以就检查事项约谈银行业和保险业机构外聘审计机构人员，了解审计情况。银行业和保险业机构外聘审计机构时，应当在相关合同或协议中明确外聘审计人员有配合银保监会及其派出机构检查的责任。对外聘审计机构审计结果严重失实、存在严重舞弊行为等问题的，银保监会及其派出机构可以要求被查机构立即评估该外审机构的适当性。

第四十一条 必要时，银保监会及其派出机构可以要求银行业和保险业机构内审部门对特定项目进行检查。内审部门应当按照监管要求实施检查、形成报告报送监管部门。银保监会及其派出机构应当加强检查指导，对检查实行质量控制和评价。

第四十二条 检查过程中，为查清事实，检查组需向除被查机构以外的其他银行业和保险业机构了解情况的，可以要求相关机构予以配合。经银保监会承担现场检查任务部门的负责人批准，检查人员可以向相关银行业和保险业机构了解情况，也可以委托相关机构所在地银保监局或检查组予以协助。涉及跨银保监局辖区的协查事项，经银保监局负责人批准，可以发函要求相关机构所在地银保监局予以协助。银保监局辖内的协查事项，由各银保监局自行确定相关程序和要求。协查人员负责调取相关资料，查明相关情况，检查责任由检查组承担。

第四十三条 银保监会及其派出机构依法对银行业和保险业机构进行检查时，为了查清涉嫌违法行为，可以根据《中华人民共和国银行业监督管理法》第四十二条、《中华人民共和国保险法》第一百五十四条的规定对与涉嫌违法事项有关的单位和个人进行调查。

第四十四条 银保监会及其派出机构行使相关调查权应当符合以下条件：

（一）在检查中已获取银行业和保险业机构或相关人员涉嫌违法的初步证据；

（二）相关调查权行使对象限于与涉嫌违法事项有关的单位和个人。

第四十五条 与涉嫌违法事项有关的单位和个人包括与涉嫌违法行为有直接关系的民事主体，也包括没有参与违法行为，但掌握违法行为情况的单位和个人。主要指：

（一）银行业和保险业机构的股东、实际控制人、关联方、一致行动人及最终受益人等；

（二）银行业和保险业机构的客户及其交易对手等；

（三）为银行业和保险业机构提供产品和服务的企业、市场中介机构和专业人士等；

（四）通过协议、合作、关联关系等途径扩大对银行业和保险业机构的控制比例或巩固其控制地位的自然人、法人或其他组织；

（五）其他与银行业和保险业机构涉嫌违法事项有关的单位和个人。

第四十六条 调查人员依法开展相关调查时，被调查单位和个人应当配合，如实说明有关情况，并提供有关文件、资料，不得拒绝、阻碍和隐瞒。阻碍银保监会及其派出机构工作人员依法执行调查任务的，由银保监会及其派出机构提请公安机关依法给予治安管理处罚，涉嫌构成犯罪的，依法移送司法监察机关等部门。

第六章 检查处理

第四十七条 银保监会及其派出机构可以将现场检查情况通报被查机构的上级部门或主要股东，可以与被查机构的董事、监事、高级管理人员进行监管谈话，要求其就检查发现的问题作出说明和承诺，也可以对相关责任人进行谈话提醒、批评教育或者责令书面检查等。

第四十八条 对于检查中发现的问题，银保监会及其派出机构应当在检查意见书中责令被查机构限期改正。被查机构应当在规定时间内提交整改报告。

第四十九条 对于被查机构在现场检查前反馈的自查情况中主动发现并及时纠正相关问题，符合《中华人民共和国行政处罚法》第二十七条规定的相关情形的，应当依法提出从轻、减轻或不予行政处罚的意见建议。

第五十条 银保监会及其派出机构在检查中发现被查机构存在违反法律法规、审慎经营规则和偿付能力监管规则等情形的，应当依法采取《中华人民共和国银行业监督管理法》《中华人民共和国保险法》规定的监管措施。

第五十一条 银保监会及其派出机构应当对现场检查中发现涉及行政处罚的违法违规行为及时启动行政处罚立案调查程序，按照《中华人民共和国银行业监督管理法》《中华人民共和国保险法》及银保监会行政处罚有关规定办理。

第五十二条 立案前现场检查中已经依法取得的证据材料，符合行政处罚证据要求的可以作为认定违法、违规事实的证据。审查过程中确需补充证据材料的，应当按照有关规定开展补充立案调查。

第五十三条 银保监会及其派出机构在现场检查中发现银行业和保险业机构及其工作人员、客户以及其他相关组织、个人涉嫌犯罪的，应当根据有关规定，依法向司法监察机关等部门移送。

第五十四条 检查结束后，承担现场检查任务的部门应当将现场检查意见书及时抄送机构监管部门及其他相关部门。机构监管部门应当根据检查意见，督促被查机构落实整改要求。必要时，可以设立一定的整改观察期。

第五十五条 承担现场检查任务的部门负责对被查机构整改情况进行评价。评价过程中，可以查阅被查机构的整改报告、要求被查机构补充相关材料、约谈被查机构相关人员、听取机构监管部门等相关部门意见，必要时可以通过后续检查、稽核调查等方式进行。

第五十六条 被查机构未按要求整改的，银保监会及其派出机构可以根据《中华人民共和国银行业监督管理法》《中华人民共和国保险法》规定采取进一步监管措施或进行行政处罚。

第五十七条 银保监会及其派出机构应当加强对检查情况和整改情况的统计分析，建立现场检查信息反馈和共享机制。对于检查中发现的普遍性、典型性风险和问题，应当及时采取监管通报、风险提示等措施；对于检查中发现的系统性风险苗头，应当及时专题上报；对于检查中发现的监管机制和制度存在的问题，应当及时提出修订和完善监管机制与制度的建议。

第五十八条 银保监会及其派出机构应当将现场检查发现的情况和问题，在被查机构的监管评级和风险评估中反映，必要时相应调整被查机构的监管评级和风险评估，并依照相关规定在市场准入工作中予以考虑。

第五十九条 银保监会及其派出机构有权按照规定披露相关检查情况，但涉及国家秘密、商业秘密、个人隐私以及公布后可能危及国家安全、公共安全、经济安全和社会稳定的除外。

第七章 考核评价

第六十条 银保监会及其派出机构应当建立现场检查工作质量控制和考核评价机制，对检查立项的科学性、检查实施的合规性、检查成果的有效性以及现场检查人员的履职尽责情况等进行质量控制和考核评价。

第六十一条 银保监会及其派出机构可以建立现场检查正向激励机制，对于检查能力突出、查实重大违法违规问题、发现重大案件或重大风险隐患的检查人员，可以给予表彰奖励。

第六十二条 银保监会及其派出机构应当按照权责一致、宽严适度、教育与惩戒相结合的原则，完善现场检查工作问责和免责机制。对于在现场检查工作中不依法合规履职的，应当在查清事实的基础上依照有关法律法规及银保监会履职问责有关规定，对相关检查人员予以问责。对于有证据表明检查人员已履职尽责的，免除检查人员的责任。

第六十三条 对于滥用职权、徇私舞弊、玩忽职守、泄露所知悉的被查机构商业秘密等严重违反现场检查纪律的人员，依法给予纪律处分；涉嫌构成犯罪的，依法移送司法监察机关等部门。

第八章 附 则

第六十四条 银保监会及其派出机构根据日常监管需要，开展的信访举报和投诉核查、监管走访、现场调查、核查、督查或调研等活动，不属于本办法规定的现场检查，具体办法由银保监会另行制定。

第六十五条 本办法所称银行业和保险业机构，包括：

（一）在中华人民共和国境内依法设立的政策性银行和商业银行、农村信用社等吸收公众存款的金融机构、外国银行在华代表处；

（二）在中华人民共和国境内依法设立的保险集团（控股）公司、保险机构、保险资产管理机构、保险中介机构、外国保险公司驻华代表处；

（三）在中华人民共和国境内依法设立的信托机构、金融资产管理公司、企业集团财务公司、金融租赁、汽车金融公司、消费金融公司、货币经纪公司以及经银保监会及其派出机构批准设立的其他非银行金融机构；

（四）经银保监会及其派出机构批准在境外设立的金融机构。

第六十六条 银保监会可以依照本办法制定现场检查规程及相关实施细则。各派出机构可以依照本办法制定辖内现场检查实施细则。

第六十七条 本办法由银保监会负责解释。

第六十八条 本办法自2020年1月28日起施行。《中国银监会现场检查暂行办法》同时废止。本办法施行前有关规定与本办法不一致的，以本办法为准。

中国银行保险监督管理委员会派出机构监管职责规定

· 2021年7月30日中国银行保险监督管理委员会令2021年第9号公布
· 自2021年10月1日起施行

第一条 为明确中国银行保险监督管理委员会(以下简称银保监会)派出机构监管职责，根据《中华人民共和国银行业监督管理法》《中华人民共和国商业银行法》《中华人民共和国保险法》等法律、行政法规，制定本规定。

第二条 本规定所称派出机构，是指银保监会派驻各省(自治区、直辖市)和计划单列市的监管局(以下简称银保监局)、派驻地市(州、盟)的监管分局(以下简称银保监分局)以及设在县(市、区、旗)的监管组。

本规定所称银行保险机构，是指依法由银行保险监督管理机构监管的商业银行、政策性银行、开发性银行、农村合作银行、村镇银行、外国银行分行、外国银行代表处、农村信用社、农村资金互助社、贷款公司、保险集团(控股)公司、保险公司、外国保险机构驻华代表机构、保险资产管理公司、保险代理机构、保险经纪机构、保险公估机构、信托公司、金融资产管理公司、金融资产投资公司、金融租赁公司、企业集团财务公司、消费金融公司、汽车金融公司、银行理财公司、货币经纪公司等机构。

第三条 银保监会对派出机构实行垂直领导。

派出机构监管职责的确立，遵循职权法定、属地监管、分级负责、权责统一的原则。

银保监局在银保监会的领导下，履行所在省(自治区、直辖市)和计划单列市银行业和保险业监督管理职能。银保监局根据银保监会的授权和统一领导，依法依规独立对辖内银行业和保险业实行统一监督管理。

银保监分局在银保监局的领导下，履行所在地市银行业和保险业监督管理职能。银保监分局根据银保监会和省(自治区、直辖市)银保监局的授权和统一领导，依法依规独立对辖内银行业和保险业实行统一监督管理。

县(市、区、旗)监管组在银保监局或银保监分局的授权和统一领导下，依法依规负责所在县市银行保险机构及其业务活动的监管工作，收集所在县市有关金融风险的信息并向上级机构报告，承担交办的其他工作。

第四条 派出机构在履行职责过程中坚持和加强党对银行业和保险业监管工作的集中统一领导，确保党中央关于银行业和保险业监管工作的方针政策和决策部署得到贯彻落实。

第五条 派出机构依法、公开、公正履行对辖内银行业和保险业的监管职责，维护银行业和保险业金融活动当事人的合法权益，促进辖内银行业和保险业合法、稳健运行，防范和化解金融风险等。

第六条 派出机构根据有关规定统计辖内银行保险机构有关数据和信息，跟踪、监测、研判辖内银行业和保险业运行情况，报送辖内银行业和保险业运行情况和风险情况，及时向上级监管机构报告有可能影响当地银行业和保险业稳健运行的重大事项。

第七条 银保监会依照法律法规统一监督管理全国银行业和保险业。银保监会可以根据实际需要，明确银保监会直接监管的机构，并在官方网站公布各银行保险机构法人的监管责任单位。

银保监局、银保监分局根据法律、行政法规及银保监会的规定，负责辖内银行保险机构的直接监管，具体名单由银保监局、银保监分局公布。

第八条 银保监局、银保监分局依照法定权限和程序制定涉及辖内银行业和保险业监管的规范性文件，并负责监督相关法律、行政法规及规章制度在辖内的贯彻实施。

第九条 银保监局、银保监分局根据法律、行政法规和银保监会的规定，依法对辖内银行保险机构及其有关人员实施行政许可。

第十条 银保监局、银保监分局依法对辖内银行保险机构的公司治理、风险管理、内部控制、资本充足、偿付能力、资产质量、业务活动、信息披露、信息科技、第三方合作等实施监督管理，具体监管事项依照法律、行政法规和银保监会的相关规定确定。

第十一条　银保监局、银保监分局依法对辖内银行保险机构实施现场检查、调查和非现场监管，参与防范和处置辖内银行保险机构有关风险。

第十二条　银保监局、银保监分局负责辖内银行业和保险业消费者权益保护工作，督促辖内银行保险机构健全消费者权益保护体制机制，规范经营行为，强化落实消费投诉处理主体责任，做好金融消费者教育宣传等工作。

第十三条　银保监局、银保监分局根据法律、行政法规和银保监会的规定，负责辖内信访、银行保险违法行为举报处理以及消费投诉督查等工作。

第十四条　银保监局、银保监分局依法负责本机构政府信息公开工作。

第十五条　银保监局、银保监分局根据法律、行政法规及银保监会的规定，负责辖内银行业和保险业重大风险事件处置、涉刑案件管理、反保险欺诈、反洗钱和反恐怖融资监督管理，督导银行保险机构做好安全保卫相关工作。

第十六条　银保监局、银保监分局依法督导银行保险机构做好非法集资可疑资金的监测工作，建立健全与非法集资之间的防火墙。

第十七条　银保监局、银保监分局依法查处辖内非法设立银行保险机构、非法以银行业金融机构名义从事业务以及非法经营保险业务的行为。

第十八条　银保监局、银保监分局负责辖内应急管理工作，督促银行保险机构落实突发事件信息报送首报责任，按规定组织开展应急演练，制定应急预案并向上级单位报备。

第十九条　银保监局、银保监分局负责统筹开展辖内新闻宣传工作，指导辖内银行保险机构新闻宣传工作。

银保监局、银保监分局负责督促辖内银行保险机构做好声誉风险管理工作，及时、妥善处置声誉风险事件。

第二十条　银保监局、银保监分局按照银监会统一部署，推动辖内银行业和保险业信用体系建设工作。

第二十一条　银保监局、银保监分局对违反法律、行政法规、银行保险监管规定的机构和人员，依法实施行政处罚或者监管措施。

第二十二条　上级监管机构发现下级监管机构负责监管的银行保险机构出现下列情形时，应当督促下级监管机构加强监管，情节严重的，可以上收监管权限：

（一）风险状况急剧恶化；

（二）存在重大违法违规问题；

（三）上级监管机构认为需要上收监管权限的其他情况。

第二十三条　上级监管机构可以依法委托下级监管机构实施监管行为，并负责监督委托实施的行为，对委托实施行为的后果承担法律责任。

第二十四条　设有银保监分局的银保监局负责审理以辖内银保监分局为被申请人的行政复议案件。

第二十五条　银保监局、银保监分局负责涉及本机构的各类诉讼的应诉工作。

第二十六条　银保监局、银保监分局在监管职责范围内与辖区司法机关建立协助机制，依法处理司法机关来访、来函等事项。

银保监局、银保监分局负责建立和完善与辖区公安机关、纪检监察机关的协作配合机制，按照规定向公安机关、纪检监察机关通报和移送银行保险机构违法犯罪案件线索，配合公安机关、纪检监察机关开展调查工作。

第二十七条　银保监局、银保监分局按照银保监会的统一部署，支持辖内相关自律组织等发挥金融纠纷调解作用，监督辖区银行业和保险业调解机构规范运行，加强与辖区司法机关、司法行政机关、仲裁机构的联系，推动建立完善多元化金融纠纷解决机制。

第二十八条　银保监局、银保监分局依法依规协同配合做好辖内银行业和保险业风险防范和化解工作，切实承担监管责任，推动落实地方党委党的领导责任、地方国有金融资本股东责任和属地金融风险处置责任。

第二十九条　银保监局、银保监分局指导和监督地方金融监管部门相关业务工作，并有权纠正不符合相关监管规则的行为。

第三十条　银保监局、银保监分局负责与辖区地方人民政府相关部门、其他金融管理机构协同推动当地普惠金融发展，指导辖内银行保险机构推进小微企业、"三农"等普惠金融重点领域工作。

第三十一条　银保监会、银保监分局依照法律、行政法规和银保监会的规定对辖内银行业保险业社团组织进行指导和监督。

第三十二条　银保监会对各级派出机构的监管职责另有规定的，从其规定。

第三十三条　本规定由银保监会负责解释。

第三十四条　本规定自2021年10月1日起施行。《中国银行业监督管理委员会关于印发〈中国银行业监督管理委员会监管职责分工和工作程序的暂行规定〉的通知》（银监发〔2004〕28号）同时废止。

中国保险监督管理委员会政务信息工作办法

· 2015年12月29日
· 保监发〔2015〕128号

第一章　总　则

第一条　为进一步加强中国保险监督管理委员会（以下简称"保监会"）政务信息工作，实现政务信息工作的科学化和规范化，根据中共中央办公厅、国务院办公厅政务信息工作有关规定，结合保险监管和保险业工作实际，制定本办法。

第二条　保监会政务信息工作是保险监管部门收集和掌握保险业重要情况，向党中央、国务院及时反映行业动态、监管工作以及政策性意见建议的重要渠道；是监管部门了解市场一线情况和主体诉求，服务监管科学决策的重要方式；是保险业总结经验、交流情况，促进共同发展的重要平台。保监会政务信息通过办公厅政务信息渠道收集和发送。

第三条　做好政务信息工作是保险监管部门、保险社团组织以及保险机构（以下统称各单位）的重要职责。各单位应落实工作责任，建立工作制度，健全信息渠道，确保政务信息工作持续有效开展，全面、准确、及时收集和报送信息。

第四条　中国保险监督管理委员会（以下简称保监会）办公厅是政务信息工作的归口管理部门，负责对保监会政务信息工作进行组织、协调、指导、监督和检查。

第二章　政务信息工作主体

第五条　保监会政务信息工作的主体是保监会机关各部门、各保监局、保监会会管单位以及各保险社团组织、各保险机构。

办公厅可根据工作需要，选取部分保监分局、区域性保险社团组织、保险分支机构等作为信息直报点，以减少中间环节，及时反映基层情况和意见建议。

第六条　各单位应确定政务信息工作部门，负责组织开展本单位政务信息工作。政务信息工作部门的职责是：

（一）制定工作制度，完善工作机制；

（二）建立工作网络，全面采集并向保监会办公厅报送信息；

（三）制定信息报送计划和重点，定期组织信息会商，对本单位报送信息进行协调、指导、修改、把关；

（四）对信息报送及采用情况进行反馈、汇总和通报；

（五）与保监会办公厅建立沟通联系机制等。

第七条　各单位应建立业务部门和政务信息工作部门共同参与、通力合作的信息采集报送机制，推动信息与业务工作同部署、同开展，形成信息来源于工作、服务于工作的格局。

第八条　各单位应指定1至2名人员担任信息工作联络员（简称信息员），具体负责本单位的信息采集、综合、分析和上报工作。

信息员要保持相对稳定，确保信息渠道联络畅通。信息员变动后，应及时补充并在10个工作日内报保监会办公厅备案。

第九条　信息员应具备的基本条件是：

（一）热爱信息工作，有较强的事业心和责任感；

（二）熟悉国家政策尤其是保险、金融、经济等领域的大政方针和本单位各项工作开展情况；

（三）具有较高的理论文字水平和较强的组织协调能力；

（四）善于把握大局，有较强的政治敏感性和鉴别力，能够及时发现、捕捉、反映各类重要信息。

第十条　各单位要为信息员提供查阅文件、列席会议、了解领导批示指示、调研学习等方面的机会和条件，确保信息员顺利开展工作。

第十一条　各单位应根据需要不定期举办政务信息写作培训，提高信息撰写及编辑人员的理论水平和实际工作能力。

保监会办公厅适时组织针对监管系统和全行业的政务信息工作培训，提升政务信息工作整体水平。

第三章　政务信息报送

第十二条　各单位政务信息报送的主要内容是：

（一）贯彻落实党中央、国务院政策方针和保监会工作部署的情况，保险业参与社会治理、服务政府职能转变和改善民生方面的做法及经验；

（二）党中央、国务院及各部委、各省（自治区、直辖市、计划单列市）领导对保险业的重要批示指示，相关政府部门对保险业实施的重要政策措施；

（三）各单位重点工作开展情况，工作新思路、新经验、新举措及其成效，工作中遇到的困难、问题和政策建议；

（四）保险业的热点、难点、焦点问题；保险市场变化情况和趋势性、苗头性、风险性问题；

（五）社会重大突发事件保险业应对情况，保险业重大突发事件，涉及保险业的敏感问题、重大舆情、群体性事件等；

（六）宏观政策、法律环境对保险业发展的影响，国际金融保险市场和监管动态，保险市场调研报告、考察报告、专题研究报告等；

（七）专家学者、保险消费者以及社会公众的意见建议；

（八）保监会办公厅布置的信息收集或调研任务。

第十三条　各单位报送的政务信息要做到事实确凿、主题鲜明、格式规范、言简意赅、文字通顺、专业术语准确。

信息内容应符合以下要求：

（一）准确：信息涉及到的主体、时间、地点、事实、数据、概念等必须真实可靠；

（二）全面：从多侧面、多角度采集信息，做到点面结合、喜忧参半，辩证反映事物全貌，防止以偏概全；

（三）适用：紧密围绕领导决策需求，结合各单位自身工作重点和特点，有针对性地报送信息，做到适用对路；

（四）深入：要透过表面现象，揭示事物的本质和深层次问题，努力做到有情况、有分析、有预测、有建议。

第十四条　政务信息报送的时限要求：

（一）党中央、国务院和各部委、各省（自治区、直辖市、计划单列市）领导对保险业的重要批示指示，应在获知后的2个工作日内报送；

（二）党中央、国务院和保监会出台的重要决策部署，内容与本单位有关的，应及时收集报送贯彻落实情况，并在一个时期后报送阶段性进展；

（三）重大突发事件、敏感舆情事件应按照保监会有关规定报送信息；

（四）新闻发布的内容如需报送政务信息的，一般应在对外发布之前报送。

第十五条　保监会办公厅负责组织向党中央、国务院报送重要的政务信息。

各单位应与办公厅密切协作，共同做好向党中央、国务院的政务信息报送工作，积极反映本领域、本单位的工作情况和市场状况，保险业改革发展中面临的困难和问题，提出有关政策建议。

第十六条　政务信息报送前，须经本单位政务信息工作部门负责人或分管领导签发，重要信息应送主要负责人审签。对重要的突发性事件，在无法向领导请示的情况下可直接报送，但要在事后补办签批手续。

第十七条　政务信息应通过保监会办公厅指定的方式报送。各单位的内部信息刊物，不能作为向保监会报送政务信息的载体。

第十八条　各单位应加强涉密信息管理，对有密级的政务信息按照保密管理有关规定进行报送和处理。

第四章　政务信息刊发

第十九条　政务信息刊发要在稿件筛选、内容核实、文字加工、送审印发、核稿校对等各个环节规范流程和标准，实行严格的责任制，确保工作质量和信息安全。

第二十条　政务信息刊发的载体是保监会办公厅的政务信息刊物，具体包括：保监会专报信息、保监会简报、保监会值班信息、送阅信息、参阅件、保险监管参考、值班要情、保监会舆情专报等。

保监会办公厅可根据需要，对政务信息刊物的名称种类、发送范围及方式、采用分数等进行调整。

第二十一条 保监会办公厅应及时收集已刊发信息的领导批示,并进行登记和反馈报送单位。

第二十二条 已刊发信息的原件、签批件应按照档案管理有关要求进行保管和归档。

第二十三条 保监会办公厅可根据信息反映的问题,结合领导工作需求,适时组织开展信息调研。

信息调研采取实地调研、委托调研以及信息约稿等多种形式。相关单位对办公厅开展的信息调研任务应积极配合完成。

第二十四条 保监会办公厅定期通报政务信息刊发和采用情况,对近期信息报送工作重点进行提示。

第二十五条 保监会办公厅根据政务信息报送及采用情况,对优秀单位、个人及优秀信息进行通报表扬。

各单位可结合实际对优秀单位及个人给予鼓励。

第五章 附 则

第二十六条 本办法所称各保险机构,是指各保险集团公司、保险控股公司、保险公司、再保险公司、保险资产管理公司以及保险专业中介机构等。

本办法所称各保险社团组织,是指全国性保险社团组织。

第二十七条 本办法由保监会办公厅负责解释。

第二十八条 本办法自发布之日起施行。2005年1月1日起施行的《保险政务信息工作管理办法》(保监发〔2004〕151号)同时废止。

附件: 中国保险监督管理委员会办公厅政务信息刊物及报送方式简介(略)

保险标准化工作管理办法

- 2017年12月29日
- 保监发〔2017〕94号

第一条 为促进保险业标准化健康发展,提高保险业标准化工作的规范性和科学性,根据《中华人民共和国标准化法》《全国专业标准化技术委员会管理办法》《深化保险标准化工作改革方案》等法律法规和监管要求,结合保险标准化工作实际,制定本办法。

第二条 本办法适用于保险国家标准、行业标准、团体标准相关工作与管理流程。

第三条 本规定所称保险机构包括在中华人民共和国境内依法设立的保险集团(控股)公司、保险公司、保险资产管理公司、保险专业中介机构。

第四条 建立政府主导制定的标准与市场自主制定的标准协同发展、协调配套的新型保险标准管理体系,健全统一协调、运行高效、政府与市场共治的保险标准化工作体制。

第五条 保险标准化工作由中国保险监督管理委员会(简称保监会)统一归口管理。全国金融标准化技术委员会保险分技术委员会(以下简称"保标委")在保监会组织领导下,在国家标准化管理委员会(以下简称"国家标准委")、全国金融标准化技术委员会(以下简称"金标委")的业务指导下,具体负责保险标准化发展规划制定、保险标准体系的建立与维护,以及国家标准、行业标准制修订等工作。

第六条 保险社会团体负责协调团体成员,制定和修订保险团体标准。团体标准由保险社会团体自主制定和发布,对团体标准的管理不设行政许可。成熟稳定的团体标准可按照行业标准立项程序申请上升为行业标准。

保监会组织保标委负责团体标准的总体协调,对团体标准的制定进行规范、引导和监督,确保团体标准之间及与保险国家标准、行业标准的相互衔接和统一。

第七条 保监会是保险业标准化工作的管理机构,主要职责是领导和组织保标委开展保险业标准化工作,批准、发布行业标准,开展国家标准、行业标准的实施监督检查工作。

第八条 保标委是保险行业从事全国性标准化工作的技术组织。在保监会统一领导下,负责归口管理保险业国家标准、行业标准,主要职责是制定行业标准化工作政策、规划,组织制修订国家标准、行业标准,对国家标准、行业标准进行复审,组织国家标准、行业标准宣贯,对团体标准制定机构给予业务指导。

第九条 保标委秘书处为保标委日常办事机构,主要职责是组织安排保标委会议,贯彻落实保标委会议精神,组织协调各保险机构开展行业标准立项、制修订、征求意见、审查、报批及实施监督等相关工作。

第十条 保险社会团体为团体标准的管理者，主要职责是组织开展团体标准制修订工作，批准、发布团体标准，对团体标准进行复审，开展团体标准宣贯。

第十一条 保险机构作为保险业标准化工作的主体，主要职责是向保标委提出国家标准、行业标准立项申请，向保险社会团体提出团体标准立项申请，承担国家标准、行业标准、团体标准的起草工作，根据要求组织实施国家标准、行业标准和团体标准。

第十二条 保险国家标准、行业标准的制定程序包括立项、起草、征求意见、审查、报批、发布实施、备案、复审等阶段，团体标准制定程序可参照执行。

第十三条 在立项阶段，保标委主要对标准项目建议进行审查、汇总、协调。对于国家标准，按国家标准委程序申请立项；对于行业标准，由保监会最终下达标准制修订项目计划。

第十四条 在起草阶段，标准起草单位编写保险标准，具体包括成立标准制修订项目组、拟定工作计划、开展调查研究、完成标准征求意见稿等环节。

第十五条 在征求意见阶段，标准起草单位向相关单位征求意见，根据反馈意见完成标准送审稿。如需要对征求意见稿进行重大修改，还应进行第二次征求意见。

第十六条 在审查阶段，保标委先行对行业标准送审稿组织初审，初审通过后，确定采用会审或函审形式。国家标准由国家标准委组织审查，行业标准由保标委组织审查。审查（会审或函审）结束后，在协商一致的基础上，形成标准报批稿。

第十七条 保险国家标准报批稿按程序提交国家标准委审批，取得国家标准编号。保险行业标准报批稿按程序提交金标委审批，取得行业标准编号。

第十八条 保险国家标准由国家标准委发布；保险行业标准由保监会发布。

第十九条 行业标准发布后三十日内，标准起草单位应以书面和电子格式同时将"标准发布公文"、"行业标准备案登记表"、"金融行业标准文本"及"编制说明"等材料提交秘书处，秘书处审核通过后报金标委备案。

第二十条 标准实施一定时期后，保标委应根据业务发展需要，对现行标准进行复审，确认标准继续有效或者予以修订、废止、转化。标准的复审周期一般不超过五年。

第二十一条 保险社会团体应制定团体标准管理办法，规范团体标准制修订程序。团体标准应向保标委备案。保险社会团体应将各自的团体标准化组织机构建设、发展规划、团体标准制修订计划、年度团体标准化工作总结等情况报送保监会和保标委。

第二十二条 保标委应积极推动参与国际标准化活动，开展标准化对外合作交流，参与制定国际标准，结合国情采用国际标准，推进保险国内标准与国外标准之间的转化运用。

第二十三条 国家标准、行业标准由保监会组织保标委负责向全行业推广实施，团体标准由保险社会团体组织本团体成员相关保险机构约定采用或者按照本团体规定供社会自愿采用。保险机构应积极贯彻执行国家标准、行业标准，定期向保标委上报执行情况。鼓励保险机构积极采用团体标准。

第二十四条 保险机构标准实施程序包括制定实施计划、做好实施准备工作、标准实施和自我总结检查。

第二十五条 保险机构应制定实施计划，包括标准的实施方式、内容、步骤、负责人员、起止时间、预期目标等。

第二十六条 保险机构应做好标准实施准备，包括建立相应的组织机构，负责对实施标准进行组织协调；向有关人员宣传、讲解标准；进行物质准备，为实施标准创造物质条件；充分运用技术手段推动标准实施。

第二十七条 保险机构应按照基础类、业务类、管理类、信息技术类、数据类及其他类等6大类标准的不同特点，在保险业务经营和管理各个环节组织实施。

第二十八条 在标准实施后，保险机构应定期对标准实施效果进行总结检查，分析存在的问题、提出解决措施，积极向保监会、保标委或标准制定机构提出建议。保险机构应公开其执行的强制性标准、推荐性标准、团体标准的编号和名称。

第二十九条 保监会对保险业国家标准、行业标准实施情况进行定期和不定期的监督检查；各保险社会团体对所负责发布的团体标准实施情况进行督导。

第三十条 保险标准资料主要包括各种现行有效的标准文本，国内外标准化期刊、出版物、专著，国家、行业及团体有关标准化的法律、法规、规章和规范性文件，相关国际标准、技术法规和国外先进标准的中、外文本等。

保标委和保险社会团体负责建立标准电子化信息库，向全行业提供服务，强制性保险国家标准文本应当免费向社会公开，根据国家有关要求推动推荐性保险国家标准、行业标准逐步向全社会免费公开标准文本，鼓励团体标准通过标准信息公共服务平台、保标委和保险社会团体网站等媒介向社会公开；保险机构对已搜集到的资料，应及时进行整理、分类、登记、编目，实现电子化存档，妥善保管，保管期限不得少于5年。

第三十一条 新标准发布后，保标委和社会团体应按需要组织对保险主体进行推广培训。相关从业人员应熟悉国家有关标准化的法律、法规、方针、政策，了解标准化基本知识，并熟练掌握管辖范围内的各类标准。

第三十二条 本办法由中国保监会负责解释。

第三十三条 本办法自发布之日起施行。

银行保险机构消费者权益保护管理办法

- 2022年12月12日中国银行保险监督管理委员会令2022年第9号公布
- 自2023年3月1日起施行

第一章 总 则

第一条 为维护公平公正的金融市场环境，切实保护银行业保险业消费者合法权益，促进行业高质量健康发展，根据《中华人民共和国银行业监督管理法》《中华人民共和国商业银行法》《中华人民共和国保险法》《中华人民共和国消费者权益保护法》等法律法规，制定本办法。

第二条 本办法所称银行保险机构，是指在中华人民共和国境内依法设立的向消费者提供金融产品或服务的银行业金融机构和保险机构。

第三条 银行保险机构承担保护消费者合法权益的主体责任。银行保险机构应当通过适当程序和措施，在业务经营全过程公平、公正和诚信对待消费者。

第四条 消费者应当诚实守信，理性消费，审慎投资，依法维护自身合法权益。

第五条 中国银行保险监督管理委员会（以下简称银保监会）及其派出机构依法对银行保险机构消费者权益保护行为实施监督管理。

第六条 银行保险机构消费者权益保护应当遵循依法合规、平等自愿、诚实守信的原则。

第二章 工作机制与管理要求

第七条 银行保险机构应当将消费者权益保护纳入公司治理、企业文化建设和经营发展战略，建立健全消费者权益保护体制机制，将消费者权益保护要求贯穿业务流程各环节。

第八条 银行保险机构董事会承担消费者权益保护工作的最终责任，对消费者权益保护工作进行总体规划和指导，董事会应当设立消费者权益保护委员会。高级管理层应当建立健全消费者权益保护管理体系，确保消费者权益保护目标和政策得到有效执行。监事会应当对董事会、高级管理层消费者权益保护工作履职情况进行监督。

银行保险机构应当明确履行消费者权益保护职责的部门，由其牵头组织并督促指导各部门开展消费者权益保护工作。

第九条 银行保险机构应当建立消费者权益保护审查机制，健全审查工作制度，对面向消费者提供的产品和服务在设计开发、定价管理、协议制定、营销宣传等环节进行消费者权益保护审查，从源头上防范侵害消费者合法权益行为发生。推出新产品和服务或者现有产品和服务涉及消费者利益的条款发生重大变化时，应当开展审查。

第十条 银行保险机构应当建立完善消费者权益保护信息披露机制，遵循真实性、准确性、完整性和及时性原则，在售前、售中、售后全流程披露产品和服务关键信息。

银行保险机构应当通过年报等适当方式，将消费者权益保护工作开展情况定期向公众披露。

第十一条 银行保险机构应当建立消费者适当性管理机制，对产品的风险进行评估并实施分级、动态管理，开展消费者风险认知、风险偏好和风险承受能力测评,将合适的产品提供给合适的消费者。

第十二条　银行保险机构应当按照相关规定建立销售行为可回溯管理机制,对产品和服务销售过程进行记录和保存,利用现代信息技术,提升可回溯管理便捷性,实现关键环节可回溯、重要信息可查询、问题责任可确认。

第十三条　银行保险机构应当建立消费者个人信息保护机制,完善内部管理制度、分级授权审批和内部控制措施,对消费者个人信息实施全流程分级分类管控,有效保障消费者个人信息安全。

第十四条　银行保险机构应当建立合作机构名单管理机制,对涉及消费者权益的合作事项,设定合作机构准入和退出标准,并加强对合作机构的持续管理。在合作协议中应当明确双方关于消费者权益保护的责任和义务,包括但不限于信息安全管控、服务价格管理、服务连续性、信息披露、纠纷解决机制、违约责任承担和应急处置等内容。

第十五条　银行保险机构应当建立健全投诉处理工作机制,畅通投诉渠道,规范投诉处理流程,加强投诉统计分析,不断溯源整改,切实履行投诉处理主体责任。

第十六条　银行保险机构应当健全矛盾纠纷多元化解配套机制,积极主动与消费者协商解决矛盾纠纷,在协商不成的情况下,通过调解、仲裁、诉讼等方式促进矛盾纠纷化解。

消费者向银行业保险业纠纷调解组织请求调解的,银行保险机构无正当理由不得拒绝参加调解。

第十七条　银行保险机构应当建立消费者权益保护内部培训机制,对从业人员开展消费者权益保护培训,提升培训效能,强化员工消费者权益保护意识。

第十八条　银行保险机构应当完善消费者权益保护内部考核机制,建立消费者权益保护内部考核制度,对相关部门和分支机构的工作进行评估和考核。

银行保险机构应当将消费者权益保护内部考核纳入综合绩效考核体系,合理分配权重,并纳入人力资源管理体系和问责体系,充分发挥激励约束作用。

第十九条　银行保险机构应当建立常态化、规范化的消费者权益保护内部审计机制,制定消费者权益保护审计方案,将消费者权益保护工作纳入年度审计范围,以5年为一个周期全面覆盖本机构相关部门和一级分支机构。

第二章　保护消费者知情权、自主选择权和公平交易权

第二十条　银行保险机构应当优化产品设计,对新产品履行风险评估和审批程序,充分评估客户可能承担的风险,准确评定产品风险等级。

第二十一条　银行保险机构应当保障消费者的知情权,使用通俗易懂的语言和有利于消费者接收、理解的方式进行产品和服务信息披露。对产品和服务信息的专业术语进行解释说明,及时、真实、准确揭示风险。

第二十二条　银行保险机构应当以显著方式向消费者披露产品和服务的性质、利息、收益、费用、费率、主要风险、违约责任、免责条款等可能影响消费者重大决策的关键信息。贷款类产品应当明示年化利率。

第二十三条　银行保险机构不得进行欺诈、隐瞒或者误导性的宣传,不得作夸大产品收益或者服务权益、掩饰产品风险等虚假或者引人误解的宣传。

第二十四条　银行业金融机构应当根据业务性质,完善服务价格管理体系,按照服务价格管理相关规定,在营业场所、网站主页等醒目位置公示服务项目、服务内容和服务价格等信息。新设收费服务项目或者提高服务价格的,应当提前公示。

第二十五条　银行保险机构不得允许第三方合作机构在营业网点或者自营网络平台以银行保险机构的名义向消费者推介或者销售产品和服务。

第二十六条　银行保险机构销售产品或者提供服务的过程中,应当保障消费者自主选择权,不得存在下列情形:

(一)强制捆绑、强制搭售产品或者服务;

(二)未经消费者同意,单方为消费者开通收费服务;

(三)利用业务便利,强制指定第三方合作机构为消费者提供收费服务;

（四）采用不正当手段诱使消费者购买其他产品；

（五）其他侵害消费者自主选择权的情形。

第二十七条 银行保险机构向消费者提供产品和服务时，应当确保风险收益匹配、定价合理、计量正确。

在提供相同产品和服务时，不得对具有同等交易条件或者风险状况的消费者实行不公平定价。

第二十八条 银行保险机构应当保障消费者公平交易权，不得存在下列情形：

（一）在格式合同中不合理地加重消费者责任、限制或者排除消费者合法权利；

（二）在格式合同中不合理地减轻或者免除本机构义务或者损害消费者合法权益应当承担的责任；

（三）从贷款本金中预先扣除利息；

（四）在协议约定的产品和服务收费外，以向第三方支付咨询费、佣金等名义变相向消费者额外收费；

（五）限制消费者寻求法律救济；

（六）其他侵害消费者公平交易权的情形。

第四章　保护消费者财产安全权和依法求偿权

第二十九条 银行保险机构应当审慎经营，保障消费者财产安全权，采取有效的内控措施和监控手段，严格区分自身资产与消费者资产，不得挪用、占用消费者资金。

第三十条 银行保险机构应当合理设计业务流程和操作规范，在办理业务过程中落实消费者身份识别和验证，不得为伪造、冒用他人身份的客户开立账户。

第三十一条 银行保险机构应当严格区分公募和私募资产管理产品，严格审核投资者资质，不得组织、诱导多个消费者采取归集资金的方式满足购买私募资产管理产品的条件。

资产管理产品管理人应当强化受托管理责任，诚信、谨慎履行管理义务。

第三十二条 保险公司应当勤勉尽责，收到投保人的保险要求后，及时审慎审核投保人提供的保险标的或者被保险人的有关情况。

保险公司应当对核保、理赔的规则和标准实行版本管理，不得在保险事故发生后以不同于核保时的标准重新对保险标的或者被保险人的有关情况进行审核。

第三十三条 保险公司收到被保险人或者受益人的赔偿或者给付保险金的请求后，应当依照法律法规和合同约定及时作出处理，不得拖延理赔、无理拒赔。

第五章　保护消费者受教育权和受尊重权

第三十四条 银行保险机构应当开展金融知识教育宣传，加强教育宣传的针对性，通过消费者日常教育与集中教育活动，帮助消费者了解金融常识和金融风险，提升消费者金融素养。

第三十五条 金融知识教育宣传应当坚持公益性，不得以营销、推介行为替代金融知识普及与消费者教育。银行保险机构应当建立多元化金融知识教育宣传渠道，在官方网站、移动互联网应用程序、营业场所设立公益性金融知识普及和教育专区。

第三十六条 银行保险机构应当加强诚信教育与诚信文化建设，构建诚信建设长效机制，培育行业的信用意识，营造诚实、公平、守信的信用环境。

第三十七条 银行保险机构应当不断提升服务质量，融合线上线下，积极提供高品质、便民化金融服务。提供服务过程中，应当尊重消费者的人格尊严和民族风俗习惯，不得进行歧视性差别对待。

第三十八条 银行保险机构应当积极融入老年友好型社会建设，优化网点布局，尊重老年人使用习惯，保留和改进人工服务，不断丰富适老化产品和服务。

第三十九条 银行保险机构应当充分保障残障人士公平获得金融服务的权利，加快线上渠道无障碍建设，提供更加细致和人性化的服务。有条件的营业网点应当提供无障碍设施和服务，更好满足残障人士日常金融服务需求。

第四十条 银行保险机构应当规范营销行为，通过电话呼叫、信息群发、网络推送等方式向消费者发送营销信息的，应当向消费者提供拒收或者退订选择。消费者拒收或者退订的，不得以同样方式再次发送营销信息。

第四十一条 银行保险机构应当规范催收行

为，依法依规督促债务人清偿债务。加强催收外包业务管理，委托外部机构实施催收前，应当采取适当方式告知债务人。

银行保险机构自行或者委托外部机构催收过程中不得存在下列情形：

（一）冒用行政机关、司法机关等名义实施催收；

（二）采取暴力、恐吓、欺诈等不正当手段实施催收；

（三）采用其他违法违规和违背公序良俗的手段实施催收。

第六章 保护消费者信息安全权

第四十二条 银行保险机构处理消费者个人信息，应当坚持合法、正当、必要、诚信原则，切实保护消费者信息安全权。

第四十三条 银行保险机构收集消费者个人信息应当向消费者告知收集使用的目的、方式和范围等规则，并经消费者同意，法律法规另有规定的除外。消费者不同意的，银行保险机构不得因此拒绝提供不依赖于其所拒绝授权信息的金融产品或服务。

银行保险机构不得采取变相强制、违规购买等不正当方式收集使用消费者个人信息。

第四十四条 对于使用书面形式征求个人信息处理同意的，银行保险机构应当以醒目的方式、清晰易懂的语言明示与消费者存在重大利害关系的内容。

银行保险机构通过线上渠道使用格式条款获取个人信息授权的，不得设置默认同意的选项。

第四十五条 银行保险机构应当在消费者授权同意等基础上与合作方处理消费者个人信息，在合作协议中应当约定数据保护责任、保密义务、违约责任、合同终止和突发情况下的处置条款。

合作过程中，银行保险机构应当严格控制合作方行为与权限，通过加密传输、安全隔离、权限管控、监测报警、去标识化等方式，防范数据滥用或者泄露风险。

第四十六条 银行保险机构应当督促和规范与其合作的互联网平台企业有效保护消费者个人信息，未经消费者同意，不得在不同平台间传递消费者个人信息，法律法规另有规定的除外。

第四十七条 银行保险机构处理和使用个人信息的业务和信息系统，遵循权责对应、最小必要原则设置访问、操作权限，落实授权审批流程，实现异常操作行为的有效监控和干预。

第四十八条 银行保险机构应当加强从业人员行为管理，禁止违规查询、下载、复制、存储、篡改消费者个人信息。从业人员不得超出自身职责和权限非法处理和使用消费者个人信息。

第七章 监督管理

第四十九条 银保监会及其派出机构依法履行消费者权益保护监管职责，通过采取监管措施和手段，督促银行保险机构切实保护消费者合法权益。严格行为监管要求，对经营活动中的同类业务、同类主体统一标准、统一裁量，依法打击侵害消费者权益乱象和行为，营造公平有序的市场环境。

第五十条 银行保险机构发生涉及消费者权益问题的重大事件，应当根据属地监管原则，及时向银保监会或其派出机构消费者权益保护部门报告。

重大事件是指银行保险机构因消费者权益保护工作不到位或者发生侵害消费者权益行为导致大量集中投诉、引发群体性事件或者造成重大负面舆情等。

第五十一条 各类银行业保险业行业协会以及各地方行业社团组织应当通过行业自律、维权、协调及宣传等方式，指导会员单位提高消费者权益保护水平，妥善化解矛盾纠纷，维护行业良好形象。

第五十二条 银保监会及其派出机构指导设立银行业保险业纠纷调解组织，监督银行业保险业消费纠纷调解机制的有效运行。

银行业保险业纠纷调解组织应当优化治理结构，建章立制，提升调解效能，通过线上、现场、电话等途径，及时高效化解纠纷。

第五十三条 银保监会及其派出机构对银行保险机构消费者权益保护工作中存在的问题，视情节轻重依法采取相应监管措施，包括但不限于：

（一）监管谈话；

（二）责令限期整改；

（三）下发风险提示函、监管意见书等；

（四）责令对直接负责的董事、高级管理人员和其他直接责任人员进行内部问责；

（五）责令暂停部分业务，停止批准开办新业务；

（六）将相关问题在行业内通报或者向社会公布；

（七）职责范围内依法可以采取的其他措施。

第五十四条 银行保险机构以及从业人员违反本办法规定的，由银保监会及其派出机构依据《中华人民共和国银行业监督管理法》《中华人民共和国商业银行法》《中华人民共和国保险法》《中华人民共和国消费者权益保护法》等法律法规实施行政处罚。法律、行政法规没有规定，但违反本办法的，由银保监会及其派出机构责令改正；情节严重或者逾期不改正的，区分不同情形，给予以下行政处罚：

（一）通报批评；

（二）警告；

（三）处10万元以下罚款。

银行保险机构存在严重侵害消费者合法权益行为，且涉及人数多、涉案金额大、持续时间长、社会影响恶劣的，银保监会及其派出机构除按前款规定处理外，可对相关董事会成员及高级管理人员给予警告，并处10万元以下罚款。

银行保险机构以及从业人员涉嫌犯罪的，依法移交司法机关追究其刑事责任。

第八章 附 则

第五十五条 本办法所称银行业金融机构是指商业银行、农村信用合作社等吸收公众存款的金融机构以及信托公司、消费金融公司、汽车金融公司、理财公司等非银行金融机构。保险机构是指保险集团（控股）公司、保险公司（不含再保险公司）和保险专业中介机构。

银保监会负责监管的其他金融机构参照适用本办法。邮政企业代理邮政储蓄银行办理商业银行有关业务的，适用本办法有关规定。

第五十六条 本办法由银保监会负责解释。

第五十七条 本办法自2023年3月1日起施行。

反保险欺诈指引

· 2018年2月11日
· 保监发〔2018〕24号

第一章 总 则

第一条 为提升保险业全面风险管理能力，防范和化解保险欺诈风险，根据《中华人民共和国保险法》《中华人民共和国刑法》等法律法规，制定本指引。

第二条 本指引所称保险机构，是指经中国保险监督管理委员会（以下简称保监会）及其派出机构（以下简称派出机构）批准设立的保险集团（控股）公司、保险公司及其分支机构。保险专业中介机构、再保险公司和其他具有反保险欺诈职能的机构参照本指引开展反欺诈相关工作。

第三条 保险欺诈（以下简称欺诈）是指假借保险名义或利用保险合同谋取非法利益的行为，主要包括保险金诈骗类欺诈行为、非法经营保险业务类欺诈行为和保险合同诈骗类欺诈行为等。除特别说明，本指引所称欺诈仅指保险金诈骗类欺诈行为，主要包括故意虚构保险标的，骗取保险金；编造未曾发生的保险事故、编造虚假的事故原因或者夸大损失程度，骗取保险金；故意造成保险事故，骗取保险金的行为等。

本指引所称保险欺诈风险（以下简称欺诈风险）是指欺诈实施者进行欺诈活动，给保险行业、保险消费者及社会公众造成经济损失或其他损失的风险。

第四条 反欺诈工作以保护保险消费者合法权益，维护保险市场秩序，促进保险行业健康发展为目标。

第五条 保监会及其派出机构依法对保险机构的欺诈风险管理工作实施监管。

第二章 保险机构欺诈风险管理

第六条 保险机构应当承担欺诈风险管理的主体责任，建立健全欺诈风险管理制度和机制，规范操作流程，妥善处置欺诈风险，履行报告义务。

第七条 保险机构欺诈风险管理体系应包括

以下基本要素：

（一）董事会、监事会、管理层的有效监督和管理；

（二）与业务性质、规模和风险特征相适应的制度机制；

（三）欺诈风险管理组织架构和流程设置；

（四）职责、权限划分和考核问责机制；

（五）欺诈风险识别、计量、评估、监测和处置程序；

（六）内部控制和监督机制；

（七）欺诈风险管理信息系统；

（八）报告和危机处理机制。

第一节　制度体系与组织架构

第八条　保险机构应制定欺诈风险管理制度，以明确董事会及其专门委员会、监事会（监事）、管理层、相关部门在欺诈风险管理中的作用、职责及报告路径，规范操作流程，严格考核、问责制度执行。

第九条　保险机构董事会承担欺诈风险管理的最终责任，董事会主要职责包括：

（一）确定欺诈风险管理战略规划和总体政策；

（二）审定欺诈风险管理的基本制度；

（三）监督欺诈风险管理制度执行有效性；

（四）审议管理层或风险管理委员会提交的欺诈风险管理报告；

（五）根据内部审计结果调整和完善欺诈风险管理政策，监督管理层整改；

（六）审议涉及欺诈风险管理的其他重大事项；

（七）法律、法规规定的其他职责。

董事会根据公司章程和董事会议事规则，可以授权其下设的风险管理委员会履行其欺诈风险管理的部分职责。

第十条　保险机构管理层承担欺诈风险管理的实施责任，主要职责包括：

（一）制定欺诈风险管理制度，报董事会批准后执行；

（二）建立欺诈风险管理组织架构，明确职能部门、业务部门以及其他部门的职责分工和权限，确定欺诈风险报告路径；

（三）对重大欺诈风险事件或项目，根据董事会授权进行处置，必要时提交董事会审议；

（四）定期评估欺诈风险管理的总体状况并向董事会提交报告；

（五）建立和实施欺诈风险管理考核和问责机制；

（六）法律、法规规定的或董事会授予的其他职责。

第十一条　监事会（监事）应对董事会及管理层在欺诈风险管理中的履职情况进行监督评价。

第十二条　保险机构应当指定欺诈风险管理负责人（以下简称负责人），并以书面形式告知保监会。负责人应由能够承担欺诈风险管理责任的高级管理人员担任，职责包括：

（一）分解欺诈风险管理责任，明晰风险责任链条；

（二）组织落实风险管理措施与内控建设措施；

（三）监督欺诈风险管理制度和程序的实施；

（四）为保险机构欺诈风险管理战略、规划、政策和程序提出建议；

（五）审核反欺诈职能部门出具的欺诈风险年度报告等文件；

（六）向保监会报告，接受监管质询等。

保险机构应当为负责人履行职责提供必要的条件。负责人未能履行职责或者在履行职责过程中遇到困难的，应当向保监会提供书面说明。负责人因岗位或者工作变动不能继续履行职责的，保险机构应在10个工作日内另行指定负责人并向保监会报告变更。

第十三条　保险机构应在总部指定内设机构作为反欺诈职能部门，并设立专职的反欺诈管理岗位，负责欺诈风险管理措施的执行。反欺诈职能部门应当履行下列职责：

（一）拟定欺诈风险管理的具体政策、操作规程和操作标准，报董事会或管理层批准后执行；

（二）建立并组织实施欺诈风险识别、计量、评估、监测和报告流程；

（三）建立并管理反欺诈信息系统；

（四）组织开展反欺诈调查和风险排查；

（五）协调其他部门执行反欺诈操作规程；

（六）监测和分析欺诈风险管理情况，定期向公司管理层、董事会和保监会提交欺诈风险报告；

（七）提供反欺诈培训，开展反欺诈经验交

流,建设欺诈风险管理文化,进行反欺诈宣传和教育;

(八)与欺诈风险管理相关的其他工作。

第十四条 保险机构应保障欺诈风险管理工作的有效开展,并配备适当的资源,包括但不限于提供必要的经费、设置必要的岗位、配备适当的人员、提供培训、赋予欺诈风险管理人员履行职务所必需的权限等。保险机构的其他部门应在职责范围内为反欺诈职能部门提供支持。

第十五条 保险省级机构应指定内设机构作为反欺诈职能部门,负责本地区欺诈风险管理措施的执行,并按照赔案数量、保费规模、风险特征、机构数量等指标配备一定比例的专职工作人员。保险省级机构应以书面形式将反欺诈组织架构和负责人告知所在地派出机构。

第十六条 保险机构应建立重大欺诈风险监测预警、报告、应急处置工作机制,明确不同层级的应急响应措施。

第十七条 保险机构应在综合考虑业务发展、技术更新及市场变化等因素的基础上对欺诈风险管理策略、制度和程序及时进行评估,并根据评估结果判断相关策略、制度和程序是否需要更新和修订。评估工作每年最少进行一次。

第二节 内部控制与信息系统

第十八条 保险机构应基于全面风险管理框架构建反欺诈管理体系,合理确定各项业务活动和管理活动的欺诈风险控制点,明确欺诈风险管理相关事项的审核部门和审批权限,执行标准统一的业务流程和管理流程,将欺诈风险管控覆盖到机构设立、产品开发、承保和核保、理赔管理、资金收付、单证管理、人员管理、中介及第三方外包服务等关键业务单元。

第十九条 保险机构在开发新产品、引入新技术手段、设立新机构和新业务部门前,应在可行性研究中充分评估其对欺诈风险产生的影响,制定相应欺诈风险管理措施,并根据需要及时进行调整。

第二十条 保险机构应将员工道德风险可能引发的职务欺诈作为欺诈风险管理的重要部分,营造诚信的企业文化,健全人员选任和在岗履职检查机制,明确岗位责任,设置内部控制和监督措施等。

第二十一条 保险机构应审慎选择中介业务合作对象或与保险业务相关的第三方外包服务商,重点关注对方的资质、财务状况、内部反欺诈制度和流程等。

第二十二条 保险机构应将欺诈风险管理纳入内部审计范围。内审部门应定期审查和评价欺诈风险管理体系的充分性和有效性,并向董事会报告评估结果。内部审计应涵盖欺诈风险管理的所有环节,包括但不限于以下内容:

(一)管理体系、内部控制制度和实施程序是否足以识别、计量、监测和控制欺诈风险;

(二)欺诈风险管理的信息系统是否完善;

(三)欺诈风险管理报告是否准确、及时、有效;

(四)相关机构、部门和人员是否严格执行既定的欺诈风险管理政策和程序。

审计工作每年应至少进行一次。鼓励业务复杂程度较高和规模较大的保险机构委托专业机构对其欺诈风险管理体系定期进行审计和评价。

第二十三条 保险机构应当为有效地识别、计量、评估、监测、控制和报告欺诈风险建立信息系统或将现有信息系统嵌入相关功能,其功能至少应当包括:

(一)记录和处理与欺诈风险相关的数据;

(二)识别并报告疑似欺诈客户及交易;

(三)支持不同业务领域、业务类型欺诈风险的计量;

(四)采用定量标准和定性标准评估欺诈风险并进行风险评级,监测欺诈风险管理执行情况;

(五)为行业反欺诈共享平台和保险业征信系统提供有效数据和信息支持;

(六)提供欺诈风险信息,满足内部管理、监管报告、信息披露和共享要求。

第二十四条 保险机构应对欺诈案件信息或疑似欺诈信息实行严格管理,保证数据安全性和完备性。反欺诈职能部门应制定欺诈或疑似欺诈信息的标准、信息类型,根据数据类型进行分级保存和管理,并准确传递给核保、核赔、审计等部门。

第二十五条 保险机构应依据保险业标准化和保险业务要素数据规范等规定的要求,建立基础数据质量管理和数据报送责任机制,确保欺诈风险管理相关数据的真实、完整、准确、规范。

第三节 欺诈风险识别、评估与应对

第二十六条 保险机构应建立欺诈风险识别机制,对关键业务单元面临的欺诈风险进行收集、发现、辨识和描述,形成风险清单。欺诈风险识别流程包括:

(一)监测关键的欺诈风险指标,收集风险信息;

(二)通过欺诈因子筛选、要素分析、风险调查等方法,发现风险因素;

(三)对识别出的风险因素按照损失事件、业务类别、风险成因、损失形态和后果严重程度等进行合理归类,形成风险清单,为风险分析提供依据。

第二十七条 保险机构应在风险识别的基础上,对欺诈风险发生的可能性和危害程度进行评估。欺诈风险评估基本流程包括:

(一)对识别出的欺诈风险的发生概率、频率、损失程度等因素进行综合分析;

(二)对应欺诈风险威胁,对公司制度、流程、内部控制中存在的薄弱点进行分析与评价;

(三)对公司已采取的风险控制措施进行分析与评价;

(四)依据欺诈风险计量的方法及风险等级评价原则,结合行业标准,确定风险的大小与等级;

(五)确定公司承受风险的能力;

(六)对公司欺诈管理投入的资源、经济效益做出总体评估,决定是否需要采取控制、缓释等相应措施。

第二十八条 保险机构应针对欺诈风险事件,综合考虑欺诈风险性质和危害程度、经营目标、风险承受能力和风险管理能力、法律法规规定及对保险行业的影响,选择合适的风险处置策略和工具,控制事件发展态势、弥补资产损失,妥善化解风险。

第二十九条 保险机构发现风险线索可能涉及多个案件或团伙欺诈的,应对线索进行串并,必要时应提请上级机构或总公司在全系统范围内进行审核与串并。涉及其他机构或其他地区的,应报请各地保险行业协会或反欺诈中心、中国保险行业协会对风险线索进行审核与串并。针对发现的趋势性、苗头性问题,各保险机构应积极组织开展风险排查,做好风险预警。

第三十条 各保险机构发现违法事实涉嫌犯罪需要依法追究刑事责任的,应及时向公安机关报案。保监会及其派出机构发现违法事实涉嫌犯罪需要依法追究刑事责任的,应依据案件线索移送的相关规定,及时向公安司法机关移送。

第三十一条 保险机构应当建立欺诈风险管理报告制度,明确报告的内容、频率、路径。保险机构应及时报送欺诈风险信息和报告,包括:

(一)欺诈案件和重大欺诈风险事件报告。对于已经由公安、司法机关接受处理的欺诈案件或危害特别大、影响范围特别广的欺诈事件,应根据保险案件相关的监管规定向保监会及其派出机构进行报告。

(二)欺诈线索报告。保险机构通过风险识别发现欺诈风险和线索,可能引发保险欺诈案件的,应依据相关规定及时向上级机构或保监会及其派出机构进行报告。

(三)欺诈风险定期报告。保险机构应定期分析、评估本机构的欺诈风险情况、风险管理状况及工作效果。保险法人机构应当于每年1月31日前向保监会报送上一年度欺诈风险报告。报告内容应包括但不限于以下内容:公司反欺诈风险管理设置和董事会、经营管理层履职情况;公司反欺诈制度、流程建设情况;反欺诈自主评估和审计结果;重大欺诈风险处置结果;其他相关情况等。保险分支机构按照派出机构的要求报送欺诈风险定期报告。

(四)涉及重大突发事件的,保险机构应当根据重大突发事件应急管理相关规定进行报告。

第三十二条 保险机构应定期分析欺诈风险趋势、欺诈手法、异动指标等,指标分析应包括:

(一)总体情况指标。反映在公司制度、流程、内部控制等方面欺诈风险应对能力的总体情况指标,包括欺诈案件占比、欺诈金额占比、欺诈案件的追诉率、反欺诈挽损比率等,用以衡量公司欺诈整体状况。

(二)分布特征指标。主要包括行为分布特征、险种分布特征、人员分布特征、地区分布特征、金额分布特征等,用以更好地制定欺诈风险的防范和识别措施,提升欺诈风险管理的经济效果。

(三)趋势性指标。将不同时期同类指标的历史数据进行比较,从而综合、直观地呈现欺诈风

险的变化趋势和变化规律。

统计分析至少应每季度进行一次。

第三十三条 保险机构在依法合规前提下，可适当借助公估公司等机构力量开展反欺诈工作。

第四节 考核、宣传教育及举报

第三十四条 保险机构应针对欺诈风险管理建立明确的内部评价考核机制。

第三十五条 保险机构应当通过开展案例通报和警示宣传、发布风险提示等方式，提高保险消费者对欺诈的认识，增强保险消费者防范欺诈的意识和能力。

第三十六条 保险机构反欺诈职能部门应定期向公司管理人员和员工提供反欺诈培训，培训内容应包括公司内部反欺诈制度、操作流程、职业操守等，针对承担反欺诈职能的员工还应进行欺诈监测方法、欺诈手法、关键指标、内部报告等培训。

第三十七条 保险机构应当建立欺诈举报制度，向社会公众公布欺诈举报渠道、方式等，并采取保密措施保证举报信息不被泄露。

第三章 反欺诈监督管理与行业协作

第三十八条 保监会及其派出机构应当在行业反欺诈工作中承担以下职责：

（一）建立反欺诈监管框架，制定反欺诈监管制度；

（二）指导保险机构和行业组织防范和应对欺诈风险；

（三）审查和评估保险机构反欺诈工作；

（四）依据保险公司偿付能力监管规则中的风险综合评级规则，对保险机构欺诈风险进行评价和监管；

（五）通报欺诈案件、发布风险信息，定期对行业整体欺诈风险状况进行评估；

（六）推动建立行业合作平台，促进反欺诈协作；

（七）加强与其他行业主管部门、司法机关的合作、协调和信息交流；

（八）普及反欺诈知识，提高消费者对欺诈的认识。

第三十九条 保监会及其派出机构应定期对保险机构欺诈风险管理体系的健全性和有效性进行检查和评估，包括但不限于：

（一）对反欺诈监管规定的执行情况；

（二）内部欺诈风险管理制度的制定情况；

（三）欺诈风险管理组织架构的建立和人员履职情况；

（四）欺诈风险管理流程的完备性、可操作性和运行情况；

（五）反欺诈系统的建设和运行情况；

（六）欺诈风险报告情况；

（七）风险应对和处置情况。

保监会及其派出机构通过监管评级、风险提示、通报、约谈等方式对保险机构欺诈风险管理进行持续监管。

第四十条 保监会及其派出机构应致力于完善反欺诈协作配合机制，包括但不限于：

（一）健全与公安部门和司法机关的案件移交、联合执法机制，深化案件联合督办机制；

（二）将欺诈行政处罚、刑事处罚记录纳入企业个人信用记录和诚信档案，实行失信联合惩戒，提高打击欺诈行为的震慑力；

（三）完善与公安、司法、人民银行、工商等部门的案件信息和执法信息通报制度，加强信息共享和交流互训；

（四）会同有关部委推动反欺诈立法，协同司法机关完善惩治欺诈犯罪的司法解释，明确欺诈的认定标准和处理规范；

（五）探索建立与其他行业主管部门共同打击欺诈案件的联动机制；

（六）构建与港、澳、台地区的反欺诈合作机制，在信息查询通报、组织委托调查、调查程序与文书认证标准、开展技术交流等领域进行协作，并建立反欺诈工作的日常联络机制；

（七）推动国际合作。建立健全国际交流与合作的框架体系，指导行业组织加强与国际反欺诈组织的沟通联络，在跨境委托调查、提供司法协助、交流互访等方面开展反欺诈合作，形成打击跨境欺诈的工作机制。

第四十一条 保监会及其派出机构应指导保险机构、保险行业协会和保险学会深入开展行业合作，构建数据共享和欺诈风险信息互通机制，联合开展打击欺诈的行业行动，深化理论研究和学术交流，强化风险处置协作，协同推进反欺诈工作。

第四十二条 保险行业协会应在保监会及其派出机构的指导下，发挥行业自律作用，开展以下工作：

（一）建立反欺诈联席会议制度；

（二）建立欺诈风险警戒线标准和欺诈风险关键指标；

（三）组织欺诈案件协查和风险排查；

（四）通报欺诈案件、发布风险信息；

（五）推动行业数据及信息共享，组织建立反欺诈警示名单及不良记录清单等；

（六）加强与国际反保险欺诈组织的沟通联络；

（七）开展反欺诈培训、专题教育和公益宣传活动等。

第四十三条 派出机构应在保监会的领导下，指导辖区行业协会、保险分支机构根据实际情况健全反欺诈组织，如设立或与公安机关共同成立反欺诈中心、反保险欺诈办公室等，完善案件调查、移交立案、证据调取等机制。

第四十四条 中国保险信息技术有限公司应在保监会的指导下，探索建立多险种的反欺诈信息管理平台，充分发挥大数据平台集中管理优势，为保险行业欺诈风险的分析和预警监测提供支持。

第四章 附则

第四十五条 本指引的配套应用指引另行制定。

第四十六条 本指引由保监会负责解释、修订。

第四十七条 本指引自2018年4月1日起施行。

互联网保险风险专项整治工作实施方案

· 2016年4月14日
· 保监发〔2016〕31号

为贯彻落实党中央、国务院决策部署，推动互联网保险风险专项整治工作有序开展，根据《关于促进互联网金融健康发展的指导意见》和《互联网金融风险专项整治工作实施方案》，制定本方案。

一、工作目标和原则

（一）工作目标。

规范互联网保险经营模式，优化市场发展环境，完善监管制度规则，实现创新与防范风险并重，促进互联网保险健康可持续发展，切实发挥互联网保险在促进普惠金融发展、服务经济社会方面的独特优势。

（二）工作原则。

突出重点，积极稳妥。坚持问题导向，集中力量对存在的风险进行整治，有效打击各类违法违规活动，同时广泛排查保险业互联网经营模式和保险产品，为完善监管奠定基础。

分类施策，标本兼治。根据违法违规情节分类施策纠偏，讲究方式方法、力度节奏，妥善化解存量风险，有效控制增量风险。既要立足当前，切实防范化解风险，震慑违法违规行为；又要着眼长远，以专项整治为契机，建立健全长效监管机制。

明确责任，加强协作。保监会各相关部门和各省级派出机构要高度重视此次专项整治工作，加强组织领导，落实主体责任，充分考虑互联网保险跨区域、跨领域的特点，完善工作机制，加强内外协调和上下联动。

二、整治重点和措施

（一）互联网高现金价值业务。

重点查处和纠正以下问题：保险公司通过互联网销售保险产品，进行不实描述、片面或夸大宣传过往业绩、违规承诺收益或者承担损失等误导性描述。具体措施：一是加强互联网保险信息披露监管，要求保险公司严格按照有关规定披露产品信息，满足消费者知情权。二是排查万能型人身保险产品（包括高现价产品）相关风险，出台有针对性的监管政策。三是加大互联网高现价业务查处力度，对于存在违规问题的公司予以严肃查处。

（二）保险机构依托互联网跨界开展业务。

重点查处和纠正以下问题：一是保险公司与不具备经营资质的第三方网络平台合作开展互联网保险业务的行为。二是保险公司与存在提供增信服务、设立资金池、非法集资等行为的互联网信贷平台合作，引发风险向保险领域传递。三是保险公司在经营互联网信贷平台融资性保证保险业务过程中，存在风控手段不完善、内控管理不到位等情况。

（三）非法经营互联网保险业务。

一是清理互联网保险经营资质，重点查处非持牌机构违规开展互联网保险业务、互联网企业未取得业务资质依托互联网开展保险业务等问题。二是查处不法机构和不法人员通过互联网利用保险公司名义或假借保险公司信用进行非法集资。

保险机构不得与未取得相应业务资质的互联网金融从业机构开展合作，保险机构与互联网企业合作开展业务不得违反相关法律法规规定，不得通过互联网跨界开展金融活动实现监管套利。

（四）配套措施。

互联网保险从业机构应严格落实客户资金第三方存管制度要求，保护客户资金安全。依靠举报和重罚机制及时发现问题，纠正不当行为，对违法违规机构进行严厉查处。

三、组织领导和职责分工

（一）组织机构。保监会成立互联网保险专项整治工作领导小组，领导小组组长由保监会负责同志担任。设立领导小组办公室，负责组织协调相关工作。

（二）职责分工。保监会负责专项整治工作的总体部署和重大事项的协调处理，制定互联网保险风险专项整治工作实施方案，按进度推进专项整治工作，组织研究专项整治工作中遇到的新问题，做好专项整治工作总结汇报，汇总提出长效机制建设建议。在省级人民政府统一领导下，省金融办（局）与保监会省级派出机构共同牵头负责本地区分领域整治工作，共同承担分领域整治任务。

四、时间进度

（一）摸底排查。通过全面排查、随机抽查等方式摸排风险底数，制定整改方案。对行业万能险存在的流动性风险、资产负债错配风险、利差损风险和销售误导风险等进行排查。此项工作于2016年7月底前完成。

（二）查处整改。严格按照制度规定，对相关问题限时、全面整改。适时下发专项通知，规范中短存续期产品。严肃查处，对于违规经营的市场主体采取叫停业务、责令整改等监管措施。此项工作于2016年11月底前完成。

（三）总结报告。按照《互联网金融风险专项整治工作实施方案》要求，认真总结此次专项整治工作，将有关情况汇总形成书面报告，报送互联网金融风险专项整治工作领导小组办公室。此项工作于2017年1月底前完成。

五、保障措施

（一）加强组织领导。高度重视本次专项整治工作，深刻认识防范化解互联网金融风险的重要意义，按照工作方案的统一部署，细化整治内容，认真开展工作，狠抓落实，确保专项整治工作落到实处。

（二）务求工作实效。创新方式方法，确保专项整治工作不走过场。深入剖析问题成因，分类处理。坚持即查即改，对于需要协调解决的问题，要说明情况，并提出有针对性和可操作性的意见建议。

（三）加强协调配合。针对互联网金融保险活动跨区域、跨领域、难追责的特点，做好上下沟通及内外协调，形成风险防范合力。加强协作配合，明确职责与分工，推动各有关部门纵横联动和信息共享，确保专项整治工作顺利推进。

（四）建立长效机制。以整治工作中发现的问题为导向，从完善制度、深化改革、加强监督入手，及时积累总结经验，加强对互联网保险的监测预警，引导保险机构加强风险管控，形成对互联网保险领域全覆盖的长效监管体制机制。

银行保险机构应对突发事件金融服务管理办法

- 2020年9月9日中国银行保险监督管理委员会令2020年第10号公布
- 自公布之日起施行

第一章 总 则

第一条 为规范银行保险机构应对突发事件的经营活动和金融服务，保护客户的合法权利，增强监管工作的针对性，维护银行业保险业安全稳健运行，根据《中华人民共和国银行业监督管理法》《中华人民共和国商业银行法》《中华人民共和国保险法》《中华人民共和国突发事件应对法》等相关法律法规，制定本办法。

第二条 本办法所称突发事件，是指符合《中华人民共和国突发事件应对法》规定的，突然发生，造成或者可能造成严重社会危害，需要采取应急处置措施予以应对的自然灾害、事故灾难、公共卫生事件和社会安全事件。

本办法所称重大突发事件，是指《中华人民共和国突发事件应对法》规定的特别重大或重大等级的突发事件。

第三条　银行保险监督管理机构应当切实履行应对突发事件的职责，加强与县级以上人民政府及其部门的沟通、联系、协调、配合，做好对银行保险机构的指导和监管，促进银行保险机构完善突发事件金融服务。

第四条　银行保险机构应当做好应对突发事件的组织管理、制度和预案体系建设工作，及时启动应对预案，健全风险管理，确保基本金融服务功能的安全性和连续性，加强对重点领域、关键环节和特殊人群的金融服务。

第五条　应对突发事件金融服务应当坚持以下原则：

（一）常态管理原则。银行保险机构应当建立突发事件应对工作机制，并将突发事件应对管理纳入全面风险管理体系。

（二）及时处置原则。银行保险机构应当及时启动本单位应对预案，制定科学的应急措施、调度所需资源，及时果断调整金融服务措施。

（三）最小影响原则。银行保险机构应当采取必要措施将突发事件对业务连续运行、金融服务功能的影响控制在最小程度，确保持续提供基本金融服务。

（四）社会责任原则。银行保险机构应当充分评估突发事件对客户、员工和经济社会发展的影响，在风险可控的前提下提供便民金融服务，妥善保障员工合法权益，积极支持受突发事件重大影响的企业、行业保持正常生产经营。

第六条　国务院银行保险监督管理机构应当积极利用双边、多边监管合作机制和渠道，与境外监管机构加强信息共享，协调监管行动，提高应对工作的有效性。

第二章　组织管理

第七条　银行保险机构应当建立突发事件应对管理体系。董（理）事会是银行保险机构突发事件应对管理的决策机构，对突发事件的应对管理承担最终责任。高级管理层负责执行经董（理）事会批准的突发事件应对管理政策。

第八条　银行保险机构应当成立由高级管理层和突发事件应对管理相关部门负责人组成的突发事件应对管理委员会及相应指挥机构，负责突发事件应对工作的管理、指挥和协调，并明确成员部门相应的职责分工。

银行保险机构可以指定业务连续性管理委员会等专门委员会负责突发事件应对管理工作。

第九条　银行保险机构应当制定应对突发事件的管理制度，与业务连续性管理、信息科技风险管理、声誉风险管理、资产安全管理等制度有效衔接。银行保险机构在制定恢复处置计划时，应当充分考虑应对突发事件的因素。

第十条　银行保险机构应当根据本机构的具体情况细化突发事件的类型并制定、更新应对预案。银行保险机构应当充分评估营业场所、员工、基础设施、信息数据等要素，制定具体的突发事件应对措施以及恢复方案。

银行保险机构至少每三年开展一次突发事件应对预案的演练，检验应对预案的完整性、可操作性和有效性，验证应对预案中有关资源的可用性，提高突发事件的综合处置能力。银行保险机构对灾难备份等关键资源或重要业务功能至少每年开展一次突发事件应对预案的演练。

第十一条　银行保险机构应当依法配合县级以上人民政府及法定授权部门的指挥，有序开展突发事件应对工作。

银行保险机构应当在应对突发事件过程中提供必要的相互协助。

第十二条　银行保险机构应当按照关于银行业保险业突发事件信息报告的监管要求，向银行保险监督管理机构报告突发事件信息、采取的应对措施、存在的问题以及所需的支持。

第十三条　行业自律组织应当为银行保险机构应对突发事件、实施同业协助提供必要的协调和支持。

第三章　业务和风险管理

第十四条　银行保险机构应当加强突发事件预警，按照县级以上人民政府及法定授权部门发布的应对突发事件的决定、命令以及银行保险监督管理机构的监管规则，加强对各类风险的识别、计量、监测和控制，及时启动相关应对预案，采取必要措施保障人员和财产安全，保障基本金融服务功能的正常运转。

第十五条 银行保险机构应当按照银行保险监督管理机构的要求，根据县级以上人民政府及法定授权部门响应突发事件的具体措施，及时向处置突发事件的有关单位和个人提供急需的金融服务。

第十六条 受突发事件重大影响的银行保险机构需要暂时变更营业时间、营业地点、营业方式和营业范围等的，应当在作出决定当日报告属地银行保险监督管理机构和所在地人民政府后向社会公众公告。

银行保险监督管理机构可以根据突发事件的等级和影响范围，决定暂时变更受影响的银行保险机构的营业时间、营业地点、营业方式和营业范围等。

第十七条 在金融服务受到重大突发事件影响的区域，银行保险机构应当在保证员工人身和财产安全的前提下，经向银行保险监督管理机构报告后，采用设立流动网点、临时服务点等方式提供现场服务，合理布放自动柜员机（ATM）、销售终端（POS）、智能柜员机（含便携式、远程协同式）等机具，满足客户金融服务需求。

银行保险机构因重大突发事件无法提供柜面、现场或机具服务的，应当利用互联网、移动终端、固定电话等信息技术方式为客户提供服务。

第十八条 银行保险机构应当为受重大突发事件影响的客户办理账户查询、挂失、补办、转账、提款、继承、理赔、保全等业务提供便利。对身份证明或业务凭证丢失的客户，银行保险机构通过其他方式可以识别客户身份或进行业务验证的，应当满足其一定数额或基本的业务需求，不得以客户无身份证明或业务凭证为由拒绝办理业务。

第十九条 银行业金融机构对重大突发事件发生前已经发放、受突发事件影响、非因借款人自身原因不能按时偿还的各类贷款，应当考虑受影响借款人的实际情况调整贷款回收方式，可不收取延期还款的相关罚息及费用。银行业金融机构不得仅以贷款未及时偿还为理由，阻碍受影响借款人继续获得其他针对突发事件的信贷支持。

第二十条 保险公司应当根据突发事件形成的社会风险保障需求，及时开发保险产品，增加巨灾保险、企业财产保险、安全生产责任保险、出口信用保险、农业保险等业务供给，积极发挥保险的风险防范作用。

第二十一条 为切实服务受重大突发事件影响的客户，支持受影响的个人、机构和行业，银行业金融机构可以采取以下措施：

（一）减免受重大影响客户账户查询、挂失和补办、转账、继承等业务的相关收费；

（二）与受重大影响的客户协商调整债务期限、利率和偿还方式等；

（三）为受重大影响的客户提供续贷服务；

（四）在风险可控的前提下，加快信贷等业务审批流程；

（五）其他符合银行保险监督管理机构要求的措施。

第二十二条 为切实服务受重大突发事件影响的客户，支持受影响的个人、机构和行业，保险公司可以采取以下措施：

（一）适当延长受重大影响客户的报案时限，减免保单补发等相关费用；

（二）适当延长受重大影响客户的保险期限，对保费缴纳给予一定优惠或宽限期；

（三）对因突发事件导致单证损毁遗失的保险客户，简化其理赔申请资料；

（四）对受重大影响的农户和农业生产经营组织，在确保投保意愿真实的前提下，可暂缓其提交承保农业保险所需的相关资料，确定发生农业保险损失的，可采取预付部分赔款等方式提供理赔服务；

（五）针对突发事件造成的影响，在风险承受范围内适当扩展保险责任范围；

（六）其他符合银行保险监督管理机构要求的措施。

第二十三条 银行保险机构应当及时预估受突发事件重大影响的企业恢复生产经营的资金需求情况，加强对受突发事件影响的重点地区、行业客户群体的金融服务，发挥在基础设施、农业、特色优势产业、小微企业等方面的金融支持作用。

第二十四条 银行业金融机构应当加强贷前审查和贷后管理，通过行业自律和联合授信等机制，防范客户不正当获取、使用与应对突发事件有关的融资便利或优惠措施，有效防范多头授信和过度授信，防止客户挪用获得的相关融资。

银行业金融机构对符合贷款减免和核销规定的贷款,应当严格按照程序和条件进行贷款减免和核销,做好贷款清收管理和资产保全工作,切实维护合法金融债权。

第二十五条 银行保险机构应当及时保存与应对突发事件有关的交易或业务记录,及时进行交易或业务记录回溯,重点对金额较大、交易笔数频繁、非工作时间交易等情况进行核查和分析。

银行保险机构应当及时对应对突发事件金融服务措施的实际效果和风险状况进行后评估。

第二十六条 银行保险机构应当加强突发事件期间对消费者权益的保护,确保投诉渠道畅通,及时处理相关咨询和投诉事项。银行保险机构不得利用突发事件进行诱导销售、虚假宣传等营销行为,或侵害客户的知情权、公平交易权、自主选择权、隐私权等合法权利。

银行保险机构应当加强声誉风险管理,做好舆情监测、管理和应对,及时、规范开展信息发布、解释和澄清等工作,防范负面舆情引发声誉风险、流动性风险等次生风险,保障正常经营秩序。

第四章 监督管理

第二十七条 银行保险监督管理机构应当保持监管工作的连续性、有效性、灵活性,并根据突发事件的等级、银行保险机构受影响情况,适当调整监管工作的具体方式。

银行保险监督管理机构应当依法对银行保险机构突发事件应对机制、活动和效果进行指导和监督检查,妥善回应社会关注和敏感问题,及时发布支持政策和措施,加强与同级人民银行及相关政府部门的信息共享和沟通,协调解决应对突发事件过程中的问题。

第二十八条 银行保险监督管理机构应当按照县级以上人民政府及法定授权部门对突发事件的应对要求,审慎评估突发事件对银行保险机构造成的影响,依法履行以下职责:

(一)加强对突发事件引发的区域性、系统性风险的监测、分析和预警;

(二)督促银行保险机构按照突发事件应对预案,保障基本金融服务功能持续安全运转;

(三)指导银行保险机构提供突发事件应急处置金融服务;

(四)引导银行保险机构积极承担社会责任;

(五)协调有关政府部门,协助保障银行保险机构正常经营。

第二十九条 受突发事件重大影响的银行保险机构等申请人在行政许可流程中无法在规定期限内完成办理事项的,可以向银行保险监督管理机构申请延长办理期限。银行保险监督管理机构经评估,可以根据具体情况决定延长有关办理期限。

银行保险监督管理机构可以根据突发事件的等级及影响情况,依法调整行政许可的程序、条件或材料等相关规则,以便利银行保险机构为应对突发事件提供金融服务。

第三十条 受突发事件重大影响的银行保险机构可以根据实际情况向银行保险监督管理机构申请变更报送监管信息、统计数据的时间和报送方式。银行保险监督管理机构经评估同意变更的,应当持续通过其他方式开展非现场监管。

银行保险监督管理机构可以根据突发事件的等级及影响情况,依法决定实施非现场监管的具体方式、时限要求及频率。

第三十一条 受突发事件重大影响的银行保险机构可以根据实际情况向银行保险监督管理机构申请暂时中止现场检查、现场调查及其他重大监管行动或者变更其时间。

银行保险监督管理机构可以按照突发事件的等级及影响情况,根据申请或主动决定暂时中止对银行保险机构进行现场检查、现场调查及采取其他重大监管行动或变更其时间。银行保险监督管理机构应当在突发事件影响消除后重新安排现场检查、现场调查等监管工作。

第三十二条 根据应对重大突发事件和落实国家金融支持政策的需要,国务院银行保险监督管理机构可以依据法律、行政法规的授权或经国务院批准,决定临时性调整审慎监管指标和监管要求。

国务院银行保险监督管理机构可以根据银行保险机构受重大突发事件的影响情况,依法对临时性突破审慎监管指标的银行保险机构豁免采取监管措施或实施行政处罚,但应要求银行保险机构制定合理的整改计划。

银行保险机构不得利用上述情形扩大股东分红或其他利润分配,不得提高董事、监事及高级管理人员的薪酬待遇。

第三十三条 银行保险监督管理机构应当评估银行保险机构因突发事件产生的风险因素,并在市场准入、监管评级等工作中予以适当考虑。

第三十四条 对于银行保险机构因突发事件导致的重大风险,银行保险监督管理机构应当及时采取风险处置措施,维护金融稳定。

根据处置应对重大金融风险、维护金融稳定的需要,国务院银行保险监督管理机构可以依法豁免对银行保险机构适用部分监管规定。

第三十五条 银行保险机构存在以下情形的,银行保险监督管理机构可以依据《中华人民共和国银行业监督管理法》《中华人民共和国保险法》等法律法规采取监管措施或实施行政处罚;法律、行政法规没有规定的,由银行保险监督管理机构责令改正,给予警告,对有违法所得的处以违法所得 1 倍以上 3 倍以下罚款,最高不超过 3 万元,对没有违法所得的处以 1 万元以下罚款:

(一)未按照本办法要求建立突发事件应对管理体系、组织架构、制度或预案;

(二)未按照要求定期开展突发事件应对预案的演练;

(三)未采取有效应对措施,导致基本金融服务长时间中断;

(四)突发事件影响消除后,未及时恢复金融服务;

(五)利用突发事件实施诱导销售、虚假宣传等行为,侵害客户合法权利;

(六)利用监管支持政策违规套利;

(七)其他违反本办法规定的情形。

第五章 附 则

第三十六条 本办法所称银行保险机构,是指银行业金融机构和保险公司。

本办法所称银行业金融机构,是指在中华人民共和国境内设立的商业银行、农村信用合作社等吸收公众存款的金融机构以及开发性金融机构、政策性银行。

第三十七条 在中华人民共和国境内设立的金融资产管理公司、信托公司、财务公司、金融租赁公司、汽车金融公司、消费金融公司、货币经纪公司、金融资产投资公司、银行理财子公司、保险集团(控股)公司、保险资产管理公司以及保险中介机构等银行保险监督管理机构监管的其他机构,参照执行本办法的规定。

第三十八条 本办法自公布之日起施行。

银行保险机构应当自本办法施行之日起 6 个月内,建立和完善突发事件应对管理体系和管理制度,并向银行保险监督管理机构报告。

最高人民法院关于适用《中华人民共和国保险法》若干问题的解释(一)

- 2009 年 9 月 14 日最高人民法院审判委员会第 1473 次会议通过
- 2009 年 9 月 21 日最高人民法院公告公布
- 自 2009 年 10 月 1 日起施行
- 法释〔2009〕12 号

为正确审理保险合同纠纷案件,切实维护当事人的合法权益,现就人民法院适用 2009 年 2 月 28 日第十一届全国人大常委会第七次会议修订的《中华人民共和国保险法》(以下简称保险法)的有关问题规定如下:

第一条 保险法施行后成立的保险合同发生的纠纷,适用保险法的规定。保险法施行前成立的保险合同发生的纠纷,除本解释另有规定外,适用当时的法律规定;当时的法律没有规定的,参照适用保险法的有关规定。

认定保险合同是否成立,适用合同订立时的法律。

第二条 对于保险法施行前成立的保险合同,适用当时的法律认定无效而适用保险法认定有效的,适用保险法的规定。

第三条 保险合同成立于保险法施行前而保险标的转让、保险事故、理赔、代位求偿等行为或事件,发生于保险法施行后的,适用保险法的规定。

第四条 保险合同成立于保险法施行前,保险法施行后,保险人以投保人未履行如实告知义务或者申报被保险人年龄不真实为由,主张解除合同的,适用保险法的规定。

第五条 保险法施行前成立的保险合同,下列情形下的期间自 2009 年 10 月 1 日起计算:

(一)保险法施行前,保险人收到赔偿或者给

付保险金的请求,保险法施行后,适用保险法第二十三条规定的三十日的;

(二)保险法施行前,保险人知道解除事由,保险法施行后,按照保险法第十六条、第三十二条的规定行使解除权,适用保险法第十六条规定的三十日的;

(三)保险法施行后,保险人按照保险法第十六条第二款的规定请求解除合同,适用保险法第十六条规定的二年的;

(四)保险法施行前,保险人收到保险标的转让通知,保险法施行后,以保险标的转让导致危险程度显著增加为由请求按照合同约定增加保险费或者解除合同,适用保险法第四十九条规定的三十日的。

第六条 保险法施行前已经终审的案件,当事人申请再审或者按照审判监督程序提起再审的案件,不适用保险法的规定。

最高人民法院关于适用《中华人民共和国保险法》若干问题的解释(二)

- 2013年5月6日最高人民法院审判委员会第1577次会议通过
- 根据2020年12月23日最高人民法院审判委员会第1823次会议通过的《最高人民法院关于修改〈最高人民法院关于破产企业国有划拨土地使用权应否列入破产财产等问题的批复〉等二十九件商事类司法解释的决定》修正
- 2020年12月29日最高人民法院公告公布
- 自2021年1月1日起施行
- 法释〔2020〕18号

为正确审理保险合同纠纷案件,切实维护当事人的合法权益,根据《中华人民共和国民法典》《中华人民共和国保险法》《中华人民共和国民事诉讼法》等法律规定,结合审判实践,就保险法中关于保险合同一般规定部分有关法律适用问题解释如下:

第一条 财产保险中,不同投保人就同一保险标的分别投保,保险事故发生后,被保险人在其保险利益范围内依据保险合同主张保险赔偿的,人民法院应予支持。

第二条 人身保险中,因投保人对被保险人不具有保险利益导致保险合同无效,投保人主张保险人退还扣减相应手续费后的保险费的,人民法院应予支持。

第三条 投保人或者投保人的代理人订立保险合同时没有亲自签字或者盖章,而由保险人或者保险人的代理人代为签字或者盖章的,对投保人不生效。但投保人已经交纳保险费的,视为其对代签字或者盖章行为的追认。

保险人或者保险人的代理人代为填写保险单证后经投保人签字或者盖章确认的,代为填写的内容视为投保人的真实意思表示。但有证据证明保险人或者保险人的代理人存在保险法第一百一十六条、第一百三十一条相关规定情形的除外。

第四条 保险人接受了投保人提交的投保单并收取了保险费,尚未作出是否承保的意思表示,发生保险事故,被保险人或者受益人请求保险人按照保险合同承担赔偿或者给付保险金责任,符合承保条件的,人民法院应予支持;不符合承保条件的,保险人不承担保险责任,但应当退还已经收取的保险费。

保险人主张不符合承保条件的,应承担举证责任。

第五条 保险合同订立时,投保人明知的与保险标的或者被保险人有关的情况,属于保险法第十六条第一款规定的投保人"应当如实告知"的内容。

第六条 投保人的告知义务限于保险人询问的范围和内容。当事人对询问范围及内容有争议的,保险人负举证责任。

保险人以投保人违反了对投保单询问表中所列概括性条款的如实告知义务为由请求解除合同的,人民法院不予支持。但该概括性条款有具体内容的除外。

第七条 保险人在保险合同成立后知道或者应当知道投保人未履行如实告知义务,仍然收取保险费,又依照保险法第十六条第二款的规定主张解除合同的,人民法院不予支持。

第八条 保险人未行使合同解除权,直接以存在保险法第十六条第四款、第五款规定的情形为由拒绝赔偿的,人民法院不予支持。但当事人就拒绝赔偿事宜及保险合同存续另行达成一致的情况除外。

第九条 保险人提供的格式合同文本中的责

任免除条款、免赔额、免赔率、比例赔付或者给付等免除或者减轻保险人责任的条款，可以认定为保险法第十七条第二款规定的"免除保险人责任的条款"。

保险人因投保人、被保险人违反法定或者约定义务，享有解除合同权利的条款，不属于保险法第十七条第二款规定的"免除保险人责任的条款"。

第十条 保险人将法律、行政法规中的禁止性规定情形作为保险合同免责条款的免责事由，保险人对该条款作出提示后，投保人、被保险人或者受益人以保险人未履行明确说明义务为由主张该条款不成为合同内容的，人民法院不予支持。

第十一条 保险合同订立时，保险人在投保单或者保险单等其他保险凭证上，对保险合同中免除保险人责任的条款，以足以引起投保人注意的文字、字体、符号或者其他明显标志作出提示的，人民法院应当认定其履行了保险法第十七条第二款规定的提示义务。

保险人对保险合同中有关免除保险人责任条款的概念、内容及其法律后果以书面或者口头形式向投保人作出常人能够理解的解释说明的，人民法院应当认定保险人履行了保险法第十七条第二款规定的明确说明义务。

第十二条 通过网络、电话等方式订立的保险合同，保险人以网页、音频、视频等形式对免除保险人责任条款予以提示和明确说明的，人民法院可以认定其履行了提示和明确说明义务。

第十三条 保险人对其履行了明确说明义务负举证责任。

投保人对保险人履行了符合本解释第十一条第二款要求的明确说明义务在相关文书上签字、盖章或者以其他形式予以确认的，应当认定保险人履行了该项义务。但另有证据证明保险人未履行明确说明义务的除外。

第十四条 保险合同中记载的内容不一致的，按照下列规则认定：

（一）投保单与保险单或者其他保险凭证不一致的，以投保单为准。但不一致的情形系经保险人说明并经投保人同意的，以投保人签收的保险单或者其他保险凭证载明的内容为准；

（二）非格式条款与格式条款不一致的，以非格式条款为准；

（三）保险凭证记载的时间不同的，以形成时间在后的为准；

（四）保险凭证存在手写和打印两种方式的，以双方签字、盖章的手写部分的内容为准。

第十五条 保险法第二十三条规定的三十日核定期间，应自保险人初次收到索赔请求及投保人、被保险人或者受益人提供的有关证明和资料之日起算。

保险人主张扣除投保人、被保险人或者受益人补充提供有关证明和资料期间的，人民法院应予支持。扣除期间自保险人根据保险法第二十二条规定作出的通知到达投保人、被保险人或者受益人之日起，至投保人、被保险人或者受益人按照通知要求补充提供的有关证明和资料到达保险人之日止。

第十六条 保险人应以自己的名义行使保险代位求偿权。

根据保险法第六十条第一款的规定，保险人代位求偿权的诉讼时效期间应自其取得代位求偿权之日起算。

第十七条 保险人在其提供的保险合同格式条款中对非保险术语所作的解释符合专业意义，或者虽不符合专业意义，但有利于投保人、被保险人或者受益人的，人民法院应予认可。

第十八条 行政管理部门依据法律规定制作的交通事故认定书、火灾事故认定书等，人民法院应当依法审查并确认其相应的证明力，但有相反证据能够推翻的除外。

第十九条 保险事故发生后，被保险人或者受益人起诉保险人，保险人以被保险人或者受益人未要求第三者承担责任为由抗辩不承担保险责任的，人民法院不予支持。

财产保险事故发生后，被保险人就其所受损失从第三者取得赔偿后的不足部分提起诉讼，请求保险人赔偿的，人民法院应予依法受理。

第二十条 保险公司依法设立并取得营业执照的分支机构属于《中华人民共和国民事诉讼法》第四十八条规定的其他组织，可以作为保险合同纠纷案件的当事人参加诉讼。

第二十一条 本解释施行后尚未终审的保险合同纠纷案件，适用本解释；本解释施行前已经终审，当事人申请再审或者按照审判监督程序决定再审的案件，不适用本解释。

最高人民法院关于适用《中华人民共和国保险法》若干问题的解释（三）

- 2015年9月21日最高人民法院审判委员会第1661次会议通过
- 根据2020年12月23日最高人民法院审判委员会第1823次会议通过的《最高人民法院关于修改〈最高人民法院关于破产企业国有划拨土地使用权应否列入破产财产等问题的批复〉等二十九件商事类司法解释的决定》修正
- 2020年12月29日最高人民法院公告公布
- 自2021年1月1日起施行
- 法释〔2020〕18号

为正确审理保险合同纠纷案件，切实维护当事人的合法权益，根据《中华人民共和国民法典》《中华人民共和国保险法》《中华人民共和国民事诉讼法》等法律规定，结合审判实践，就保险法中关于保险合同章人身保险部分有关法律适用问题解释如下：

第一条 当事人订立以死亡为给付保险金条件的合同，根据保险法第三十四条的规定，"被保险人同意并认可保险金额"可以采取书面形式、口头形式或者其他形式；可以在合同订立时作出，也可以在合同订立后追认。

有下列情形之一的，应认定为被保险人同意投保人为其订立保险合同并认可保险金额：

（一）被保险人明知他人代其签名同意而未表示异议的；

（二）被保险人同意投保人指定的受益人的；

（三）有证据足以认定被保险人同意投保人为其投保的其他情形。

第二条 被保险人以书面形式通知保险人和投保人撤销其依据保险法第三十四条第一款规定所作出的同意意思表示的，可认定为保险合同解除。

第三条 人民法院审理人身保险合同纠纷案件时，应主动审查投保人订立保险合同时是否具有保险利益，以及以死亡为给付保险金条件的合同是否经过被保险人同意并认可保险金额。

第四条 保险合同订立后，因投保人丧失对被保险人的保险利益，当事人主张保险合同无效的，人民法院不予支持。

第五条 保险合同订立时，被保险人根据保险人的要求在指定医疗服务机构进行体检，当事人主张投保人如实告知义务免除的，人民法院不予支持。

保险人知道被保险人的体检结果，仍以投保人未就相关情况履行如实告知义务为由要求解除合同的，人民法院不予支持。

第六条 未成年人父母之外的其他履行监护职责的人为未成年人订立以死亡为给付保险金条件的合同，当事人主张参照保险法第三十三条第二款、第三十四条第三款的规定认定该合同有效的，人民法院不予支持，但经未成年人父母同意的除外。

第七条 当事人以被保险人、受益人或者他人已经代为支付保险费为由，主张投保人对应的交费义务已经履行的，人民法院应予支持。

第八条 保险合同效力依照保险法第三十六条规定中止，投保人提出恢复效力申请并同意补交保险费的，除被保险人的危险程度在中止期间显著增加外，保险人拒绝恢复效力的，人民法院不予支持。

保险人在收到恢复效力申请后，三十日内未明确拒绝的，应认定为同意恢复效力。

保险合同自投保人补交保险费之日恢复效力。保险人要求投保人补交相应利息的，人民法院应予支持。

第九条 投保人指定受益人未经被保险人同意的，人民法院应认定指定行为无效。

当事人对保险合同约定的受益人存在争议，除投保人、被保险人在保险合同之外另有约定外，按以下情形分别处理：

（一）受益人约定为"法定"或者"法定继承人"的，以民法典规定的法定继承人为受益人；

（二）受益人仅约定为身份关系的，投保人与被保险人为同一主体时，根据保险事故发生时与被保险人的身份关系确定受益人；投保人与被保险人为不同主体时，根据保险合同成立时与被保险人的身份关系确定受益人；

（三）约定的受益人包括姓名和身份关系，保险事故发生时身份关系发生变化的，认定为未指定受益人。

第十条 投保人或者被保险人变更受益人,当事人主张变更行为自变更意思表示发出时生效的,人民法院应予支持。

投保人或者被保险人变更受益人未通知保险人,保险人主张变更对其不发生效力的,人民法院应予支持。

投保人变更受益人未经被保险人同意,人民法院应认定变更行为无效。

第十一条 投保人或者被保险人在保险事故发生后变更受益人,变更后的受益人请求保险人给付保险金的,人民法院不予支持。

第十二条 投保人或者被保险人指定数人为受益人,部分受益人在保险事故发生前死亡、放弃受益权或者依法丧失受益权的,该受益人应得的受益份额按照保险合同的约定处理;保险合同没有约定或者约定不明的,该受益人应得的受益份额按以下情形分别处理:

(一)未约定受益顺序和受益份额的,由其他受益人平均享有;

(二)未约定受益顺序但约定受益份额的,由其他受益人按照相应比例享有;

(三)约定受益顺序但未约定受益份额的,同顺序的其他受益人平均享有;同一顺序没有其他受益人的,由后一顺序的受益人平均享有;

(四)约定受益顺序和受益份额的,由同顺序的其他受益人按照相应比例享有;同一顺序没有其他受益人的,由后一顺序的受益人按照相应比例享有。

第十三条 保险事故发生后,受益人将与本次保险事故相对应的全部或者部分保险金请求权转让给第三人,当事人主张该转让行为有效的,人民法院应予支持,但根据合同性质、当事人约定或者法律规定不得转让的除外。

第十四条 保险金根据保险法第四十二条规定作为被保险人遗产,被保险人的继承人要求保险人给付保险金,保险人以其已向持有保险单的被保险人的其他继承人给付保险金为由抗辩的,人民法院应予支持。

第十五条 受益人与被保险人存在继承关系,在同一事件中死亡且不能确定死亡先后顺序的,人民法院应依据保险法第四十二条第二款推定受益人死亡在先,并按照保险法及本解释的相关规定确定保险金归属。

第十六条 人身保险合同解除时,投保人与被保险人、受益人为不同主体,被保险人或者受益人要求退还保险单的现金价值的,人民法院不予支持,但保险合同另有约定的除外。

投保人故意造成被保险人死亡、伤残或者疾病,保险人依照保险法第四十三条规定退还保险单的现金价值的,其他权利人按照被保险人、被保险人的继承人的顺序确定。

第十七条 投保人解除保险合同,当事人以其解除合同未经被保险人或者受益人同意为由主张解除行为无效的,人民法院不予支持,但被保险人或者受益人已向投保人支付相当于保险单现金价值的款项并通知保险人的除外。

第十八条 保险人给付费用补偿型的医疗费用保险金时,主张扣减被保险人从公费医疗或者社会医疗保险取得的赔偿金额的,应当证明该保险产品在厘定医疗费用保险费率时已经将公费医疗或者社会医疗保险部分相应扣除,并按照扣减后的标准收取保险费。

第十九条 保险合同约定按照基本医疗保险的标准核定医疗费用,保险人以被保险人的医疗支出超出基本医疗保险范围为由拒绝给付保险金的,人民法院不予支持;保险人有证据证明被保险人支出的费用超过基本医疗保险同类医疗费用标准,要求对超出部分拒绝给付保险金的,人民法院应予支持。

第二十条 保险人以被保险人未在保险合同约定的医疗服务机构接受治疗为由拒绝给付保险金的,人民法院应予支持,但被保险人因情况紧急必须立即就医的除外。

第二十一条 保险人以被保险人自杀为由拒绝承担给付保险金责任的,由保险人承担举证责任。

受益人或者被保险人的继承人以被保险人自杀时无民事行为能力为由抗辩的,由其承担举证责任。

第二十二条 保险法第四十五条规定的"被保险人故意犯罪"的认定,应当以刑事侦查机关、检察机关和审判机关的生效法律文书或者其他结论性意见为依据。

第二十三条 保险人主张根据保险法第四十五条的规定不承担给付保险金责任的,应当证明被保险人的死亡、伤残结果与其实施的故意犯罪或者抗拒依法采取的刑事强制措施的行为之间存在因果关系。

被保险人在羁押、服刑期间因意外或者疾病造成伤残或者死亡,保险人主张根据保险法第四十五条的规定不承担给付保险金责任的,人民法院不予支持。

第二十四条 投保人为被保险人订立以死亡为给付保险金条件的人身保险合同,被保险人被宣告死亡后,当事人要求保险人按照保险合同约定给付保险金的,人民法院应予支持。

被保险人被宣告死亡之日在保险责任期间之外,但有证据证明下落不明之日在保险责任期间之内,当事人要求保险人按照保险合同约定给付保险金的,人民法院应予支持。

第二十五条 被保险人的损失系由承保事故或者非承保事故、免责事由造成难以确定,当事人请求保险人给付保险金的,人民法院可以按照相应比例予以支持。

第二十六条 本解释施行后尚未终审的保险合同纠纷案件,适用本解释;本解释施行前已经终审,当事人申请再审或者按照审判监督程序决定再审的案件,不适用本解释。

最高人民法院关于适用《中华人民共和国保险法》若干问题的解释(四)

- 2018年5月14日最高人民法院审判委员会第1738次会议通过
- 根据2020年12月23日最高人民法院审判委员会第1823次会议通过的《最高人民法院关于修改〈最高人民法院关于破产企业国有划拨土地使用权应否列入破产财产等问题的批复〉等二十九件商事类司法解释的决定》修正
- 2020年12月29日最高人民法院公告公布
- 自2021年1月1日起施行
- 法释〔2020〕18号

为正确审理保险合同纠纷案件,切实维护当事人的合法权益,根据《中华人民共和国民法典》《中华人民共和国保险法》《中华人民共和国民事诉讼法》等法律规定,结合审判实践,就保险法中财产保险合同部分有关法律适用问题解释如下:

第一条 保险标的已交付受让人,但尚未依法办理所有权变更登记,承担保险标的毁损灭失风险的受让人,依照保险法第四十八条、第四十九条的规定主张行使被保险人权利的,人民法院应予支持。

第二条 保险人已向投保人履行了保险法规定的提示和明确说明义务,保险标的受让人以保险标的转让后保险人未向其提示或者明确说明为由,主张免除保险人责任的条款不成为合同内容的,人民法院不予支持。

第三条 被保险人死亡,继承保险标的的当事人主张承继被保险人的权利和义务的,人民法院应予支持。

第四条 人民法院认定保险标的是否构成保险法第四十九条、第五十二条规定的"危险程度显著增加"时,应当综合考虑以下因素:

(一)保险标的的用途的改变;
(二)保险标的的使用范围的改变;
(三)保险标的的所处环境的变化;
(四)保险标的的因改装等原因引起的变化;
(五)保险标的的使用人或者管理人的改变;
(六)危险程度增加持续的时间;
(七)其他可能导致危险程度显著增加的因素。

保险标的的危险程度虽然增加,但增加的危险属于保险合同订立时保险人预见或者应当预见的保险合同承保范围的,不构成危险程度显著增加。

第五条 被保险人、受让人依法及时向保险人发出保险标的转让通知后,保险人作出答复前,发生保险事故,被保险人或者受让人主张保险人按照保险合同承担赔偿保险金的责任的,人民法院应予支持。

第六条 保险事故发生后,被保险人依照保险法第五十七条的规定,请求保险人承担为防止或者减少保险标的的损失所支付的必要、合理费用,保险人以被保险人采取的措施未产生实际效果为由抗辩的,人民法院不予支持。

第七条 保险人依照保险法第六十条的规定,主张代位行使被保险人因第三者侵权或者违约等享有的请求赔偿的权利的,人民法院应予支持。

第八条 投保人和被保险人为不同主体,因投保人对保险标的的损害而造成保险事故,保险人依法主张代位行使被保险人对投保人请求赔偿的权利的,人民法院应予支持,但法律另有规定或者保险合同另有约定的除外。

第九条 在保险人以第三者为被告提起的代位求偿权之诉中,第三者以被保险人在保险合同订立前已放弃对其请求赔偿的权利为由进行抗辩,人民法院认定上述放弃行为合法有效,保险人就相应部分主张行使代位求偿权的,人民法院不予支持。

保险合同订立时,保险人就是否存在上述放弃情形提出询问,投保人未如实告知,导致保险人不能代位行使请求赔偿的权利,保险人请求返还相应保险金的,人民法院应予支持,但保险人知道或者应当知道上述情形仍同意承保的除外。

第十条 因第三者对保险标的的损害而造成保险事故,保险人获得代位请求赔偿的权利的情况未通知第三者或者通知到达第三者前,第三者在被保险人已经从保险人处获赔的范围内又向被保险人作出赔偿,保险人主张代位行使被保险人对第三者请求赔偿的权利的,人民法院不予支持。保险人就相应保险金主张被保险人返还的,人民法院应予支持。

保险人获得代位请求赔偿的权利的情况已经通知到第三者,第三者又向被保险人作出赔偿,保险人主张代位行使请求赔偿的权利,第三者以其已经向被保险人赔偿为由抗辩的,人民法院不予支持。

第十一条 被保险人因故意或者重大过失未履行保险法第六十三条规定的义务,致使保险人未能行使或者未能全部行使代位请求赔偿的权利,保险人主张在其损失范围内扣减或者返还相应保险金的,人民法院应予支持。

第十二条 保险人以造成保险事故的第三者为被告提起代位求偿权之诉的,以被保险人与第三者之间的法律关系确定管辖法院。

第十三条 保险人提起代位求偿权之诉时,被保险人已经向第三者提起诉讼的,人民法院可以依法合并审理。

保险人行使代位求偿权时,被保险人已经向第三者提起诉讼,保险人向受理该案的人民法院申请变更当事人,代位行使被保险人对第三者请求赔偿的权利,被保险人同意的,人民法院应予准许;被保险人不同意的,保险人可以作为共同原告参加诉讼。

第十四条 具有下列情形之一的,被保险人可以依照保险法第六十五条第二款的规定请求保险人直接向第三者赔偿保险金:

(一)被保险人对第三者所负的赔偿责任经人民法院生效裁判、仲裁裁决确认;

(二)被保险人对第三者所负的赔偿责任经被保险人与第三者协商一致;

(三)被保险人对第三者应负的赔偿责任能够确定的其他情形。

前款规定的情形下,保险人主张按照保险合同确定保险赔偿责任的,人民法院应予支持。

第十五条 被保险人对第三者应负的赔偿责任确定后,被保险人不履行赔偿责任,且第三者以保险人为被告或者以保险人与被保险人为共同被告提起诉讼时,被保险人尚未向保险人提出直接向第三者赔偿保险金的请求的,可以认定为属于保险法第六十五条第二款规定的"被保险人怠于请求"的情形。

第十六条 责任保险的被保险人因共同侵权依法承担连带责任,保险人以该连带责任超出被保险人应承担的责任份额为由,拒绝赔付保险金的,人民法院不予支持。保险人承担保险责任后,主张就超出被保险人责任份额的部分向其他连带责任人追偿的,人民法院应予支持。

第十七条 责任保险的被保险人对第三者所负的赔偿责任已经生效判决确认并已进入执行程序,但未获得清偿或者未获得全部清偿,第三者依法请求保险人赔偿保险金,保险人以前述生效判决已进入执行程序为由抗辩的,人民法院不予支持。

第十八条 商业责任险的被保险人向保险人请求赔偿保险金的诉讼时效期间,自被保险人对第三者应负的赔偿责任确定之日起计算。

第十九条 责任保险的被保险人与第三者就被保险人的赔偿责任达成和解协议且经保险人认可,被保险人主张保险人在保险合同范围内依据和解协议承担保险责任的,人民法院应予支持。

被保险人与第三者就被保险人的赔偿责任达成和解协议,未经保险人认可,保险人主张对保险责任范围以及赔偿数额重新予以核定的,人民法院应予支持。

第二十条 责任保险的保险人在被保险人向第三者赔偿之前向被保险人赔偿保险金,第三者依照保险法第六十五条第二款的规定行使保险金请求权时,保险人以其已向被保险人赔偿为由拒绝赔偿保险金的,人民法院不予支持。保险人向第三者赔偿后,请求被保险人返还相应保险金的,人民法院应予支持。

第二十一条 本解释自 2018 年 9 月 1 日起施行。

本解释施行后人民法院正在审理的一审、二审案件,适用本解释;本解释施行前已经终审,当事人申请再审或者按照审判监督程序决定再审的案件,不适用本解释。

最高人民法院关于审理海上保险纠纷案件若干问题的规定

- 2006 年 11 月 13 日最高人民法院审判委员会第 1405 次会议通过
- 根据 2020 年 12 月 23 日最高人民法院审判委员会第 1823 次会议通过的《最高人民法院关于修改〈最高人民法院关于破产企业国有划拨土地使用权应否列入破产财产等问题的批复〉等二十九件商事类司法解释的决定》修正
- 2020 年 12 月 29 日最高人民法院公告公布
- 自 2021 年 1 月 1 日起施行
- 法释〔2020〕18 号

为正确审理海上保险纠纷案件,依照《中华人民共和国海商法》《中华人民共和国保险法》《中华人民共和国海事诉讼特别程序法》和《中华人民共和国民事诉讼法》的相关规定,制定本规定。

第一条 审理海上保险合同纠纷案件,适用海商法的规定;海商法没有规定的,适用保险法的有关规定;海商法、保险法均没有规定的,适用民法典等其他相关法律的规定。

第二条 审理非因海上事故引起的港口设施或者码头作为保险标的的保险合同纠纷案件,适用保险法等法律的规定。

第三条 审理保险人因发生船舶触碰港口设施或者码头等保险事故,行使代位请求赔偿权利向造成保险事故的第三人追偿的案件,适用海商法的规定。

第四条 保险人知道被保险人未如实告知海商法第二百二十二条第一款规定的重要情况,仍收取保险费或者支付保险赔偿,保险人又以被保险人未如实告知重要情况为由请求解除合同的,人民法院不予支持。

第五条 被保险人未按照海商法第二百三十四条的规定向保险人支付约定的保险费的,保险责任开始前,保险人有权解除保险合同,但保险人已经签发保险单证的除外;保险责任开始后,保险人以被保险人未支付保险费请求解除合同的,人民法院不予支持。

第六条 保险人以被保险人违反合同约定的保证条款未立即书面通知保险人为由,要求从违反保证条款之日起解除保险合同的,人民法院应予支持。

第七条 保险人收到被保险人违反合同约定的保证条款书面通知后仍支付保险赔偿,又以被保险人违反合同约定的保证条款为由请求解除合同的,人民法院不予支持。

第八条 保险人收到被保险人违反合同约定的保证条款的书面通知后,就修改承保条件、增加保险费等事项与被保险人协商未能达成一致的,保险合同于违反保证条款之日解除。

第九条 在航次之中发生船舶转让的,未经保险人同意转让的船舶保险合同至航次终了时解除。船舶转让时起至航次终了时止的船舶保险合同的权利、义务由船舶出让人享有、承担,也可以由船舶受让人继受。

船舶受让人根据前款规定向保险人请求赔偿时,应当提交有效的保险单证及船舶转让合同的证明。

第十条 保险人与被保险人在订立保险合同时均不知道保险标的已经发生保险事故而遭受损失,或者保险标的已经不可能因发生保险事故而遭受损失的,不影响保险合同的效力。

第十一条 海上货物运输中因承运人无正本提单交付货物造成的损失不属于保险人的保险责任范围。保险合同当事人另有约定的,依约定。

第十二条 发生保险事故后,被保险人为防止或者减少损失而采取的合理措施没有效果,要求保险人支付由此产生的合理费用的,人民法院应予支持。

第十三条 保险人在行使代位请求赔偿权利时,未依照海事诉讼特别程序法的规定,向人民法院提交其已经向被保险人实际支付保险赔偿凭证的,人民法院不予受理;已经受理的,裁定驳回起诉。

第十四条 受理保险人行使代位请求赔偿权利纠纷案件的人民法院应当仅就造成保险事故的第三人与被保险人之间的法律关系进行审理。

第十五条 保险人取得代位请求赔偿权利后,以被保险人向第三人提起诉讼、提交仲裁、申请扣押船舶或者第三人同意履行义务为由主张诉讼时效中断的,人民法院应予支持。

第十六条 保险人取得代位请求赔偿权利后,主张享有被保险人因申请扣押船舶取得的担保权利的,人民法院应予支持。

第十七条 本规定自2007年1月1日起施行。

最高人民检察院研究室关于保险诈骗未遂能否按犯罪处理问题的答复

· 1998年11月27日
· 〔1998〕高检研发第20号

河南省人民检察院:

你院《关于保险诈骗未遂能否按犯罪处理的请示》(豫检捕〔1998〕11号)收悉。经研究,并经高检院领导同意,答复如下:

行为人已经着手实施保险诈骗行为,但由于其意志以外的原因未能获得保险赔偿的,是诈骗未遂,情节严重的,应依法追究刑事责任。

最高人民法院关于如何理解《中华人民共和国保险法》第六十五条"自杀"含义的请示的答复

· 2002年3月6日
· 〔2001〕民二他字第18号

江西省高级人民法院:

你院〔2001〕赣经请字第3号关于如何理解《中华人民共和国保险法》第六十五条[①]"自杀"含义的请示收悉。经研究,答复如下:

本案被保险人在投保后两年内因患精神病,在不能控制自己行为的情况下溺水身亡,不属于主动剥夺自己生命的行为,亦不具有骗取保险金的目的,故保险人应按合同约定承担保险责任。

此复

附:

《江西省高级人民法院关于如何理解〈中华人民共和国保险法〉第六十五条"自杀"含义的请示》内容

一、案件主要事实

1998年9月30日,张敏华与新余保险公司签订保险合同。合同约定,被保险人梁虹霞,女,1974年11月11日生;投保人张敏华,男,1971年5月10日生,与被保险人系配偶关系;受益人张敏华,受益份额100%;保险名称为重大疾病终身保险,基本保险金额30000元,保险期间为终身,保险责任起止时间为1998年9月30日零时至终身,交费期20年,交费方式为年交保费765元,并以重大疾病终身保险条款作为保险合同的组成部分。该条款第八条规定,在本合同有效期内,被保险人因意外伤害而身故或身体高度残疾,或于本合同生效或复效之日起180日以后因疾病而身故或身体高度残疾时,保险公司按保险单所载保险金额的三倍给付身故保险或身体高度残疾保险金。合同签订同时,张敏华向新余保险公司交保险费765元,1999年11月29日交第二年保险费765元。

1997年7月1日,被保险人在医院生育一女孩。1999年12月10日,因小孩生病,被保险人感到紧张,于2000年元月25日生病住进了新余市第二人民医院,经诊断:被保险人患有产后抑郁症。被保险人在住院前在家多次打开煤气开关,用布上吊等轻生。2000年3月12日,被保险人在医院住院期间随张敏华请假回家后独自到北湖水库溺水身亡。2000年3月14日,新余市第二人民医院

[①] 《中华人民共和国保险法》已于2002年10月28日修正,修正前的第六十五条的顺序已调整为第六十六条。后文中引用的修正前《保险法》第三十条调整为第三十一条;第二十三条、第一百零六条分别调整为第二十四条、第一百零七条,内容有修正。——编者注

最高人民法院关于对四川省高级人民法院关于内江市东兴区农村信用合作社联合社与中国太平洋保险公司内江公司保险合同赔付纠纷合同是否成立等请示一案的答复

· 2003年7月10日
· 〔2003〕民二他字第09号

四川省高级人民法院：

你院〔2002〕川民终字第90号关于内江市东兴区农村信用合作社联合社与中国太平洋保险公司内江支公司（以下简称内江太保公司）保险合同赔付纠纷一案，保险合同是否成立等问题的请示收悉。经研究，答复如下：

一般保险合同只要双方签字盖章，或者保险人向投保人签发保险单或者其他保险凭证，该保险合同即应认定已经成立。内江太保公司在签发保险单时如投保人未提供借款合同，则该公司不应签发保险单。内江太保公司经审核向钟玉琪签发了保险单，故应认定所涉借款合同已报送内江太保公司。虽投保人提供的借款合同与保险条款中所列的消费借款合同种类不一致，但至出险前内江太保公司未提出异议，应视为内江太保公司认可了钟玉琪提交的商业贷款合同代替了保险合同中的消费贷款。故同意你院研究的第一种意见，应认定本案保险合同有效，内江太保公司依约承担保险责任。

此复

附：

四川省高级人民法院关于内江市东兴区农村信用合作社联合社与中国太平洋保险公司内江支公司保险合同赔付纠纷合同是否成立等请示一案的请示

一、案件基本事实

原审原告内江市东兴区农村信用合作联合

出具居民死亡医院证明，证明被保险人直接导致死亡的疾病是产后抑郁症，发病到死亡四月许。被保险人死亡后，张敏华向新余保险公司要求按合同给付保险金，新余保险公司于2000年4月4日作出拒付案件通知书称："经审核在合同订立或复效之日起2年内自杀不属于保险责任范围，此案拒付。"为此，张敏华向法院起诉。

二、请示问题

江西省新余市渝水区人民法院经审理认为，本案属保险合同理赔纠纷。《中华人民共和国保险法》第六十五条第一款规定"自杀"这一除外责任条款，无疑是为避免蓄意自杀者通过保险谋取保险金，防止诈保。因此，《保险法》意义上的"自杀"应当是具有主观上的故意，企图剥夺自己生命的行为。本案被保险人自杀系精神失常不能自已的行为所致。其情形不符合《保险法》所特指的蓄意自杀。保险公司依法应当给付张敏华保险金，不能免责。依据《中华人民共和国保险法》第二十三条第一款、第二款、第六十五条第一款以及《重大疾病终身保险条款》第八条的规定，判决新余保险公司给付张敏华保险金9万元；新余保险公司支付滞纳金（按中国人民银行同期逾期贷款利率计算，自2000年4月4日至7月28日止）给付张敏华。上列款项限新余保险公司在判决生效后10日内支付。本案诉讼费3120元由新余保险公司承担。

新余保险公司上诉后，新余市中级人民法院为正确审理本案，对如何理解《保险法》第六十五条"自杀"的含义，特向上级法院请示。江西省高级人民法院的倾向性意见是：《保险法》第六十五条"自杀"仅指故意自杀，不包括精神失常的自杀。经咨询专家产后抑郁症属一种精神病，病人临床表现自杀意图明显。从第六十五条立法目的来解释，法律规定被保险人在合同订立后两年内自杀的，保险公司免责只是为了防止道德危险的发生。本案被保险人自杀不是故意的，保险公司应给付保险金。另一种意见认为，《保险法》第六十五条明确规定被保险人在投保后两年内自杀的，保险公司可免除保险责任。这里的"自杀"含义是无论被保险人精神正常与否，如果由于其本人自己的行为而造成死亡，保险公司只负返还已交保险费的责任。江西省高级人民法院就本案保险公司应否承担保险责任问题，向本院提出书面请示。

社(下称东兴信用社)与原审被告中国太平洋保险公司内江支公司(下称内江太保公司)保险合同赔付纠纷一案,前由四川省内江市中级人民法院于2002年1月11日作出〔2001〕内经初字第178号民事判决。宣判后,东兴信用社不服,向四川省高级人民法院提起上诉。四川省高级人民法院在研究中存有不同意见,遂以〔2002〕川民终字第90号请示报告书面请示最高人民法院。

二、请示的理由

1999年10月,内江太保公司与东兴信用社签订兼业代理合同,约定内江太保公司委托东兴信用社代理销售保险业务。该合同第五条第(3)项约定:东兴信用社在代理保险业务时,应核实投保标的和投保人的可保利益,指导投保人正确填写投保单,认真审核投保单,并在承保前及时将投保单转交内江太保公司签发保险单。东兴信用社在代理期内,内江太保公司经批准推出了喜洋洋消费借贷者定期寿险险种。喜洋洋消费借贷者定期寿险条款载明:本保险合同由保险单及所附条款、投保单、有效声明、体检报告、批注、消费贷款合同等构成;保险责任为若被保险人因疾病或遭受意外伤害事故所致身故或全残,保险人于事故发生后的第一个贷款归还日,按即日保险金额给付保险金于受益人,保险责任终止;本保险的受益人为发放消费贷款的金融机构或办理商品分期付款的销售商,也可为投保人。2001年1月28日,内江市玉琪商贸有限责任公司(下称玉琪公司)向东兴信用社申请借款110万元,当日,东兴信用社同意借款,双方签订抵押担保借款110万元的合同,约定借款期限自2000年1月28日至2001年1月28日,玉琪公司以其土地作抵押,但双方未办理抵押登记手续。同年1月31日,东兴信用社将110万元划给玉琪公司。在签订借款合同当日,钟玉琪向内江太保公司申请投保前述喜洋洋消费贷款人寿保险。内江太保公司经审查有关材料后,于当日签发保险单。该保险单载明:保险单号NEJ001DL4100005;险种名称为喜洋洋3年定期;被保险人为钟玉琪;受益人为东兴区信用联社;保险期限自2000年1月29日零时起至2003年1月28日24时止;缴费方式趸缴;投保份数为110份,每份保险金额1万元,保险费合计为2420元。同日,内江太保公司出具收到钟玉琪2420元保险费发票。2001年1月8日,玉琪公司向东兴信用社申请

将借款延期1年,同日东兴信用社同意展期1年。同年7月11日,钟玉琪被人枪击死亡。经内江市中区公安分局刑警大队现场勘查、尸检作出结论:钟玉琪系他杀。2001年8月13日、10月11日,东兴信用社向内江太保公司书面提出理赔110万元的申请,并提供保险单正本、保险费发票原件、被保险人户籍注销证明、被保险人火化证明、贷款合同、展期合同、内江市中区公安分局刑警大队出具的死亡证明等理赔申请材料,提出理赔申请。内江太保公司在收到上述理赔申请材料后,于同年10月19日向东兴信用社复函称索赔函已收悉,其非常重视该项事情的处理;现阶段,还在查勘过程中,待有进展时,将及时与贵社函接。庭审中,经双方质证,本案所涉借款合同,仅有玉琪公司与东兴信用社签订的前述抵押担保借款合同,除此之外无其他合同。因内江太保公司未予赔付,酿成纠纷。

原审法院认为:东兴信用社不能提供证据证明投保人钟玉琪在投保时即交付了与险种相符的贷款合同,因该贷款合同是喜洋洋保险合同的主要构成要件,钟玉琪与内江太保公司之间的保险合同因缺少个人消费贷款要件而不能成立。对此,东兴信用社应承担举证不能的法律后果,其提出钟玉琪与内江太保公司的保险合同的理赔要求,不予支持。据此判决:驳回东兴信用社的诉讼请求。

宣判后,东兴信用社不服,向二审法院提起上诉。其上诉的主要理由是:钟玉琪与内江太保公司之间签有合法的保险合同,钟玉琪向内江太保公司投保并交纳保费,内江太保公司签发了保险单,保险单为订立保险合同的法律凭证,保险合同成立;双方的投保事实与保监会核发的"险种"内容有异,而否定双方存在的保险合同关系,内江太保公司按照保险程序审核后向钟玉琪签发保险单说明其认可了钟玉琪提交的借款合同,且钟玉琪在此过程中无不当之处;保险合同内容符合《保险法》的规定并已实际履行。请求依法撤销原判,由被上诉人支付110万元保险金。内江太保公司答辩:钟玉琪与东兴信用社并未签订作为保险合同构成要件的个人消费贷款合同,钟玉琪应知其所投险种为个人定期消费贷款寿险,但实际上上诉人提供的材料中表明钟玉琪与东兴信用社之间不存在任何个人消费贷款合同,上诉人所提供的借款合同主体不是钟玉琪,而是内江市玉琪商贸有限责任公司(下称玉琪公司),钟玉琪与内江太

保公司之间的保险合同未成立；造成保险合同不成立的过错责任在上诉人；上诉人不是本案合格的当事人。请求维持原判。

三、请示问题

本案争议的焦点是：保险合同是否成立；钟玉琪保险事故的发生，东兴信用社是否有保险利益受损；内江太保公司在本案中是否应承担责任，应承担何种责任。

在本案所涉保险合同是否成立的问题上，合议庭意见一致，即认为虽然双方当事人对有关案件事实各执一词，但钟玉琪向内江太保公司申请投保，内江太保公司经审核同意并向钟玉琪签发保险单的基本事实成立，符合合同成立的形式要件。但在本案的具体处理上，存在三种意见。

第一种意见认为，内江太保公司应承担保险赔偿责任。其理由是：

1. 根据内江太保公司与东兴信用社签订兼业代理合同，东兴信用社代内江太保公司受理相关保险业务，其中包括指导投保人填写并负责审核投保单。作为受益人，还应向内江太保公司送报作为保险合同组成部分的相关借款合同。现双方当事人虽对本案所涉借款合同是否先行送报内江太保公司各执一词，但从保险单签发程序上看，如缺乏借款合同这一保险对象，内江太保公司不应签发保险单。现在的基本事实是，该公司经审核向钟玉琪签发了保险单，故可推定本案所涉借款合同当时已报送内江太保公司。该借款合同经保险公司审查后，内江太保公司已知道该借款合同与险种中的消费借款合同种类不一致，但至出险前均未提出异议，应视为内江太保公司认可了钟玉琪提交的商业贷款合同代替了保险合同的消费贷款。内江太保公司接受了钟玉琪以个人名义填写的投保单，且接收了钟玉琪所交保费签发保险单，承诺了钟玉琪以玉琪公司名义与东兴信用社的贷款合同投保要约，该承诺合法有效，理应承担赔付责任。即使认定本案保险合同所涉借款合同有瑕疵，但其责任也既不在钟玉琪，也不在东兴信用社。

2. 就保险合同而言，无论是个人消费贷款，还是商业贷款，只是贷款性质的改变，而不影响钟玉琪以人的生命作为保险标的的保险合同成立。该保险合同的保险利益是作为投保人的钟玉琪对其生命完结后的保险标的具有法律承认的利益，钟

玉琪的保险利益能否保障，在这种险种中，投保人死亡后，保险利益自然应由保险合同中约定的受益人东兴信用社取得。因此，无论是钟玉琪个人投保，还是玉琪公司投保，保险单确认的受益人为东兴信用社，因钟玉琪死亡后具有的保险利益就应由内江太保公司向东兴信用社赔付。基于此，东兴信用社的上诉理由成立，其请求依法应予支持。拟撤销原判，判决内江太保公司向东兴信用社支付110万元保险金。

第二种意见认为，受益人东兴信用社因未遭受保险利益损失而不应赔付。其理由是：根据前述保险条款，本案所涉保险是一种特殊的险种，是寿险与财险的一种结合。与个人签订合同，并以个人的身故或全残为理赔原因，体现了其寿险的特征，但其保险利益又并非人身伤害，而是该个人因身故或全残给他人（受益人）造成的财产损失；保险金并不向该个人支付，而是向与该个人签订个人消费借贷合同的金融机构支付，用于偿还该个人的欠贷，这在保险条款中作了明确规定。因此，本案所涉保险合同保险的对象是钟玉琪的个人消费贷款，其与钟玉琪的个人消费贷款合同的客观存在是构成本案所涉保险合同中作为受益人的东兴信用社的保险利益不可缺少的要件。本案中，东兴信用社与钟玉琪个人之间未签订个人消费贷款合同，其所提供的是玉琪公司与东兴信用社的商业贷款合同，主体和用途都不同，不能作为本案保险合同的保险利益。因此，钟玉琪的死亡，并未造成规定的作为内江太保公司承担保险责任的东兴信用社的保险利益受损，保险公司不应承担赔付责任，东兴信用社应依法向玉琪公司提出偿还欠款的请求。拟维持原判。

第三种意见认为，保险合同成立，但不存在保险利益受损，保险公司应承担过错责任。其理由是：内江太保公司与钟玉琪签订保险合同时，未认真审查投保人的身份和贷款合同的性质，造成贷款合同主体与被保险合同主体不一致、个人消费贷款与商业贷款不一致的合同瑕疵，在出险前未提出解除合同或者变更合同，出险后又不及时理赔，内江太保公司应承担主要过错责任。拟判令内江太保公司承担部分赔偿责任。

四川高院就上述问题向最高人民法院提出书面请示。

指导案例

1. 中国平安财产保险股份有限公司江苏分公司诉江苏镇江安装集团有限公司保险人代位求偿权纠纷案[1]

【关键词】

民事/保险代位求偿权/财产保险合同/第三者对保险标的的损害/违约行为

【裁判要点】

因第三者的违约行为给被保险人的保险标的造成损害的,可以认定为属于《中华人民共和国保险法》第六十条第一款规定的"第三者对保险标的的损害"的情形。保险人由此依法向第三者行使代位求偿权的,人民法院应予支持。

【相关法条】

《中华人民共和国保险法》第60条第1款

【基本案情】

2008年10月28日,被保险人华东联合制罐有限公司(以下简称华东制罐公司)、华东联合制罐第二有限公司(以下简称华东制罐第二公司)与被告江苏镇江安装集团有限公司(以下简称镇江安装公司)签订《建设工程施工合同》,约定由镇江安装公司负责被保险人整厂机器设备迁建安装等工作。《建设工程施工合同》第二部分"通用条款"第38条约定:"承包人按专用条款的约定分包所承包的部分工程,并与分包单位签订分包合同,未经发包人同意,承包人不得将承包工程的任何部分分包";"工程分包不能解除承包人任何责任与义务。承包人应在分包场地派驻相应管理人员,保证本合同的履行。分包单位的任何违约行为或疏忽导致工程损害或给发包人造成其他损失,承包人承担连带责任"。《建设工程施工合同》第三部分"专用条款"第14条(1)项约定"承包人不得将本工程进行分包施工"。"通用条款"第40条约定:"工程开工前,发包人为建设工程和施工场地内的自有人员及第三人人员生命财产办理保险,支付保险费用";"运至施工场地内用于工程的材料和待安装设备,由发包人办理保险,并支付保险费用";"发包人可以将有关保险事项委托承包人办理,费用由发包人承担";"承包人必须为从事危险作业的职工办理意外伤害保险,并为施工场地内自有人员生命财产和施工机械设备办理保险,支付保险费用"。

2008年11月16日,镇江安装公司与镇江亚民大件起重有限公司(以下简称亚民运输公司)公司签订《工程分包合同》,将前述合同中的设备吊装、运输分包给亚民运输公司。2008年11月20日,就上述整厂迁建设备安装工程,华东制罐公司、华东制罐第二公司向中国平安财产保险股份有限公司江苏分公司(以下简称平安财险公司)投保了安装工程一切险。投保单中记载被保险人为华东制罐公司及华东制罐第二公司,并明确记载承包人镇江安装公司不是被保险人。投保单"物质损失投保项目和投保金额"栏载明"安装项目投保金额为177465335.56元"。附加险中,还投保有"内陆运输扩展条款A",约定每次事故财产损失赔偿限额为200万元。投保期限从2008年11月20日起至2009年7月31日止。投保单附有被安装机器设备的清单,其中包括:SEQUA彩印机2台,合计原值为29894340.88元。投保单所附保险条款中,对"内陆运输扩展条款A"作如下说明:经双方同意,鉴于被保险人已按约定交付了附加的保险费,保险公司负责赔偿被保险人的保险财产在中华人民共和国境内供货地点到保险单中列明的工地,除水运和空运以外的内陆运输途中因自然灾害或意外事故引起的损失,但被保险财产在运输时必须有合格的包装及装载。

2008年12月19日10时30分许,亚民运输公司驾驶员姜玉才驾驶苏L06069、苏L003挂重型半挂车,从旧厂区承运彩印机至新厂区的途中,在转弯时车上钢丝绳断裂,造成彩印机侧翻滑落地面损坏。平安财险公司接险后,对受损标的确定了清单。经镇江市公安局交通巡逻警察支队现场查勘,认定姜玉才负事故全部责任。后华东制罐公司、华东制罐第二公司、平安财险公司、镇江安装公司及亚民运输公司共同委托泛华保险公估有限公司(以下简称泛华公估公司)对出险事故损失进

---

[1] 案例来源:最高人民法院指导案例74号。

行公估，并均同意认可泛华公估公司的最终理算结果。2010年3月9日，泛华公估公司出具了公估报告，结论：出险原因系设备运输途中翻落（意外事故）；保单责任成立；定损金额总损1518431.32元、净损1498431.32元；理算金额1498431.32元。泛华公估公司收取了平安财险公司支付的47900元公估费用。

2009年12月2日，华东制罐公司及华东制罐第二公司向镇江安装公司发出《索赔函》，称"该事故导致的全部损失应由贵司与亚民运输公司共同承担。我方已经向投保的中国平安财产保险股份有限公司镇江中心支公司报险。一旦损失金额确定，投保公司核实并先行赔付后，对赔付限额内的权益，将由我方让渡给投保公司行使。对赔付不足部分，我方将另行向贵司与亚民运输公司主张。"

2010年5月12日，华东制罐公司、华东制罐第二公司向平安财险公司出具赔款收据及权益转让书，载明：已收到平安财险公司赔付的1498431.32元。同意将上述赔款部分保险标的的一切权益转让给平安财险公司，同意平安财险公司以平安财险公司的名义向责任方追偿。后平安财险公司诉至法院，请求判令镇江安装公司支付赔偿款和公估费。

【裁判结果】

江苏省镇江市京口区人民法院于2011年2月16日作出（2010）京商初字第1822号民事判决：一、江苏镇江安装集团有限公司于判决生效后10日内给付中国平安财产保险股份有限公司江苏分公司1498431.32元；二、驳回中国平安财产保险股份有限公司江苏分公司关于给付47900元公估费的诉讼请求。一审宣判后，江苏镇江安装集团有限公司向江苏省镇江市中级人民法院提起上诉。江苏省镇江市中级人民法院于2011年4月12日作出（2011）镇商终字第0133号民事判决：一、撤销镇江市京口区人民法院（2010）京商初字第1822号民事判决；二、驳回中国平安财产保险股份有限公司江苏分公司对江苏镇江安装集团有限公司的诉讼请求。二审宣判后，中国平安财产保险股份有限公司江苏分公司向江苏省高级人民法院申请再审。江苏省高级人民法院于2014年5月30日作出（2012）苏商再提字第0035号民事判决：一、撤销江苏省镇江市中级人民法院（2011）镇商终字

第0133号民事判决；二、维持镇江市京口区人民法院（2010）京商初字第1822号民事判决。

【裁判理由】

法院生效裁判认为，本案的焦点问题是：1. 保险代位求偿权的适用范围是否限于侵权损害赔偿请求权；2. 镇江安装公司能否以华东制罐公司、华东制罐第二公司已购买相关财产损失险为由，拒绝保险人对其行使保险代位求偿权。

关于第一个争议焦点。《中华人民共和国保险法》（以下简称《保险法》）第六十条第一款规定："因第三者对保险标的的损害而造成保险事故的，保险人自向被保险人赔偿保险金之日起，在赔偿金额范围内代位行使被保险人对第三者请求赔偿的权利。"该款使用的是"因第三者对保险标的的损害而造成保险事故"的表述，并未限制规定为"因第三者对保险标的的侵权损害而造成保险事故"。将保险代位求偿权的权利范围理解为限于侵权损害赔偿请求权，没有法律依据。从立法目的看，规定保险代位求偿权制度，在于避免财产保险的被保险人因保险事故的发生，分别从保险人及第三者获得赔偿，取得超出实际损失的不当利益，并因此增加道德风险。将《保险法》第六十条第一款中的"损害"理解为仅指"侵权损害"，不符合保险代位求偿权制度设立的目的。故保险人行使代位求偿权，应以被保险人对第三者享有损害赔偿请求权为前提，这里的赔偿请求权既可因第三者对保险标的实施的侵权行为而产生，亦可基于第三者的违约行为等产生，不应仅限于侵权赔偿请求权。本案平安财险公司是基于镇江安装公司的违约行为而非侵权行为行使代位求偿权，镇江安装公司对保险事故的发生是否有过错，对案件的处理并无影响。并且，《建设工程施工合同》约定"承包人不得将本工程进行分包施工"。因此，镇江安装公司关于其对保险事故的发生没有过错因而不应承担责任的答辩意见，不能成立。平安财险公司向镇江安装公司主张权利，主体适格，并无不当。

关于第二个争议焦点。镇江安装公司提出，在发包人与其签订的建设工程施工合同通用条款第40条中约定，待安装设备由发包人办理保险，并支付保险费用。从该约定可以看出，就工厂搬迁及设备的拆解安装事项，发包人与镇江安装公司共同商定办理保险，虽然保险费用由发包人承担，

但该约定在双方的合同条款中体现,即该费用系双方承担,或者说,镇江安装公司在总承包费用中已经就保险费用作出了让步。由发包人向平安财险公司投保的业务,承包人也应当是被保险人。关于镇江安装公司的上述抗辩意见,《保险法》第十二条第二款、第六款分别规定:"财产保险的被保险人在保险事故发生时,对保险标的应当具有保险利益";"保险利益是指投保人或者被保险人对保险标的具有的法律上承认的利益"。据此,不同主体对于同一保险标的可以具有不同的保险利益,可就同一保险标的的投保与其保险利益相对应的保险险种,成立不同的保险合同,并在各自的保险利益范围内获得保险保障,从而实现利用保险制度分散各自风险的目的。因发包人和承包人对保险标的具有不同的保险利益,只有分别投保与其保险利益相对应的财产保险类别,才能获得相应的保险保障,二者不能相互替代。发包人华东制罐公司和华东制罐第二公司作为保险标的的所有权人,其投保的安装工程一切险是基于对保险标的享有的所有权保险利益而投保的险种,旨在分散保险标的的损坏或灭失风险,性质上属于财产损失保险;附加险中投保的"内陆运输扩展条款A"约定"保险公司负责赔偿被保险人的保险财产在中华人民共和国境内供货地点到保险单中列明的工地,除水运和空运以外的内陆运输途中因自然灾害或意外事故引起的损失",该项附加险在性质上亦属财产损失保险。镇江安装公司并非案涉保险标的的所有权人,不享有所有权保险利益,其作为承包人对案涉保险标的享有责任保险利益,欲将施工过程中可能产生的损害赔偿责任转由保险人承担,应当投保相关责任保险,而不能借由发包人投保的财产损失保险免除自己应负的赔偿责任。其次,发包人不认可承包人的被保险人地位,案涉《安装工程一切险投保单》中记载的被保险人为华东制罐公司及华东制罐第二公司,并明确记载承包人镇江安装公司不是被保险人。因此,镇江安装公司关于"由发包人向平安财险公司投保的业务,承包人也应当是被保险人"的答辩意见,不能成立。《建设工程施工合同》明确约定"运至施工场地内用于工程的材料和待安装设备,由发包人办理保险,并支付保险费用"及"工程分包不

能解除承包人任何责任与义务,分包单位的任何违约行为或疏忽导致工程损害或给发包人造成其他损失,承包人承担连带责任"。由此可见,发包人从未作出在保险赔偿范围内免除承包人赔偿责任的意思表示,双方并未约定在保险赔偿范围内免除承包人的赔偿责任。再次,在保险事故发生后,被保险人积极向承包人索赔并向平安财险公司出具了权益转让书。根据以上情况,镇江安装公司以其对保险标的也具有保险利益,且保险标的所有权人华东制罐公司和华东制罐第二公司已投保财产损失保险为由,主张免除其依建设工程施工合同应对两制罐公司承担的违约损害赔偿责任,并进而拒绝平安财险公司行使代位求偿权,没有法律依据,不予支持。

综上理由作出如上判决。

2. 江西熊某等交通事故保险理赔虚假诉讼监督案[①]

【关键词】

保险理赔　伪造证据　民事抗诉

【要旨】

假冒原告名义提起诉讼,采取伪造证据、虚假陈述等手段,取得法院生效裁判文书,非法获取保险理赔款,构成虚假诉讼。检察机关在履行职责过程中发现虚假诉讼案件线索,应当强化线索发现和调查核实的能力,查明违法事实,纠正错误裁判。

【基本案情】

2012年10月21日,张某驾驶轿车与熊某驾驶摩托车发生碰撞,致使熊某受伤、车辆受损,交通事故责任认定书认定张某负事故全部责任,熊某无责任。熊某伤情经司法鉴定为九级伤残。张某驾驶的轿车在甲保险公司投保交强险和商业第三者责任险。

事故发生后,熊某经他人介绍同意由周某与保险公司交涉该案保险理赔事宜,但并未委托其提起诉讼,周某为此向熊某支付了5万元。张某亦经同一人介绍同意将该案保险赔偿事宜交周某

[①] 案例来源:最高人民检察院检例56号。

处理,并出具了委托代理诉讼的《特别授权委托书》。2013年3月18日,周某冒用熊某的名义向上饶市信州区人民法院提起诉讼,周某冒用熊某名义签署起诉状和授权委托书,冒用委托代理人的名义签署庭审笔录、宣判笔录和送达回证,熊某及被冒用的"委托代理人"对此均不知情。该案中,周某还作为张某的诉讼代理人参加诉讼。

此外,本案事故发生时,熊某为农村户籍,从事钢筋工工作,居住上饶县某某村家中,而周某为实现牟取高额保险赔偿金的目的,伪造公司证明和工资表,并利用虚假材料到公安机关开具证明,证明熊某在2011年9月至2012年10月在县城工作并居住。2013年6月17日,上饶市信州区人民法院作出(2013)信民一初字第470号民事判决,判令甲保险公司在保险限额内向原告熊某赔偿医疗费、伤残赔偿金、被抚养人生活费等共计118723.33元。甲保险公司不服一审判决,上诉至上饶市中级人民法院。2013年10月18日,上饶市中级人民法院作出(2013)饶中民一终字第573号民事调解书,确认甲保险公司赔偿熊某医疗费、残疾赔偿金、被抚养人生活费等共计106723元。

【检察机关监督情况】

线索发现 2016年3月,上饶市检察机关在履行职责中发现,熊某在人民法院作出生效裁判后又提起诉讼,经调阅相关卷宗,发现周某近两年来代理十余件道路交通事故责任涉保险索赔案件,相关案件中存在当事人本人未出庭、委托代理手续不全、熊某的工作证明与个人基本情况明显不符等疑点,初步判断有虚假诉讼嫌疑。

调查核实 根据案件线索,检察机关重点开展了以下调查核实工作:一是向熊某本人了解情况,查明2013年3月18日的民事起诉状非熊某本人的意思表示,起诉状中签名也非熊某本人所签,熊某本人对该起诉讼毫不知情,并不认识起诉状中所载原告委托代理人,亦未委托其参加诉讼;二是向有关单位核实熊某出险前的经常居住地和工作地,查明周某为套用城镇居民人均可支配收入的赔偿标准获取非法利益,指使某汽车服务公司伪造了熊某工作证明和居住证明;三是对周某代理的13件道路交通事故保险理赔案件进行梳理,发现均涉嫌虚假诉讼,本案最为典型;四是及时将线索移送公安机关,进一步查实了周某通过冒用他人名义虚构诉讼主体、伪造授权委托书、伪造工作证明以及利用虚假证据材料骗取公安机关证明文件等事实。

监督意见 2016年6月26日,上饶市人民检察院提请抗诉。2016年11月5日,江西省人民检察院提出抗诉,认为上饶市中级人民法院(2013)饶中民一终字第573号民事调解书系虚假调解,周某伪造原告起诉状、假冒原告及其诉讼代理人提起虚假诉讼,非法套取高额保险赔偿金,扰乱诉讼秩序,损害社会公共利益和他人合法权益。

监督结果 2017年8月1日,江西省高级人民法院作出(2017)赣民再第45号民事裁定书,认为本案是一起由周某假冒熊某诉讼代理人向法院提起的虚假诉讼案件,熊某本人及被冒用的诉讼代理人并未提起和参加诉讼,原一审判决和原二审调解书均有错误,裁定撤销,终结本案审理程序。同时,江西省高级人民法院还作出(2017)赣民再第45号民事制裁决定书,对周某进行民事制裁。2019年1月,上饶市中级人民法院决定对一审法官、信州区人民法院立案庭副庭长戴某给予撤职处分。

【指导意义】

检察机关办理民事虚假诉讼监督案件,应当强化线索发现和调查核实的能力。虚假诉讼具有较强的隐蔽性和欺骗性,仅从诉讼活动表面难以甄别,要求检察人员在履职过程中有敏锐的线索发现意识。本案中,就线索发现而言,检察人员注重把握了以下几个方面:一是庭审过程的异常,"原告代理人"或无法发表意见,或陈述、抗辩前后矛盾;二是案件材料和证据异常,熊某工作证明与其基本情况、履历明显不符;三是调解结果异常,甲保险公司二审中并未提交新的证据,"原告代理人"为了迅速达成调解协议,主动提出减少保险赔偿数额,不符合常理。以发现的异常情况为线索,开展深入的调查核实工作,是突破案件瓶颈的关键。根据案件具体情况,可以综合运用询问有关当事人或者知情人、查阅、调取、复制相关法律文书或者证据材料、案卷材料,查询财务账目、银行存款记录、勘验、鉴定、审计以及向有关部门进行专业咨询等调查措施。同时,应主动加强与公安机关、人民法院、司法行政部门的沟通协作。本案中,检察机关及时移送刑事犯罪案件线索,通过公安机关侦查取证手段,查实了周某虚假诉讼的事实。

【相关规定】

《中华人民共和国民事诉讼法》第二百零八条

《人民检察院民事诉讼监督规则(试行)》第二十三条

3. 华泰财产保险有限公司北京分公司诉李志贵、天安财产保险股份有限公司河北省分公司张家口支公司保险人代位求偿权纠纷案①

【关键词】

民事诉讼　保险人代位求偿　管辖

【裁判要点】

因第三者对保险标的的损害造成保险事故,保险人向被保险人赔偿保险金后,代位行使被保险人对第三者请求赔偿的权利而提起诉讼的,应当根据保险人所代位的被保险人与第三者之间的法律关系,而不应当根据保险合同法律关系确定管辖法院。第三者侵害被保险人合法权益的,由侵权行为地或者被告住所地法院管辖。

【相关法条】

《中华人民共和国民事诉讼法》第二十八条

《中华人民共和国保险法》第六十条第一款

【基本案情】

2011年6月1日,华泰财产保险有限公司北京分公司(简称华泰保险公司)与北京亚大锦都餐饮管理有限公司(简称亚大锦都餐饮公司)签订机动车辆保险合同,被保险车辆的车牌号为京A82368,保险期间自2011年6月5日0时起至2012年6月4日24时止。2011年11月18日,陈某某驾驶被保险车辆行驶至北京市朝阳区机场高速公路上时,与李志贵驾驶的车牌号为冀GA9120的车辆发生交通事故,造成被保险车辆受损。经交管部门认定,李志贵负事故全部责任。事故发生后,华泰保险公司依照保险合同的约定,向被保险人亚大锦都餐饮公司赔偿保险金83878元,并依法取得代位求偿权。基于肇事车辆系在天安财产保险股份有限公司河北省分公司张家口支公司(简称天安保险公司)投保了机动车交通事故责任强制保险,华泰保险公司于2012年10月诉至北京市东城区人民法院,请求判令被告肇事司机李志贵和天安保险公司赔偿83878元,并承担诉讼费用。

被告李志贵的住所地为河北省张家口市怀来县沙城镇,被告天安保险公司的住所地为张家口市怀来县沙城镇燕京路东108号,保险事故发生地为北京市朝阳区机场高速公路上,被保险车辆行驶证记载所有人的住址为北京市东城区工体北路新中西街8号。

【裁判结果】

北京市东城区人民法院于2012年12月17日作出(2012)东民初字第13663号民事裁定:对华泰保险公司的起诉不予受理。宣判后,当事人未上诉,裁定已发生法律效力。

【裁判理由】

法院生效裁判认为:根据《中华人民共和国保险法》第六十条的规定,保险人的代位求偿权是指保险人依法享有的,代位行使被保险人向造成保险标的的损害负有赔偿责任的第三者请求赔偿的权利。保险人代位求偿权源于法律的直接规定,属于保险人的法定权利,并非基于保险合同而产生的约定权利。因第三者对保险标的的损害造成保险事故,保险人向被保险人赔偿保险金后,代位行使被保险人对第三者请求赔偿的权利而提起诉讼的,应根据保险人所代位的被保险人与第三者之间的法律关系确定管辖法院。第三者侵害被保险人合法权益,因侵权行为提起的诉讼,依据《中华人民共和国民事诉讼法》第二十八条的规定,由侵权行为地或者被告住所地法院管辖,而不适用财产保险合同纠纷管辖的规定,不应以保险标的的物所在地作为管辖依据。本案中,第三者实施了道路交通侵权行为,造成保险事故,被保险人对三者有侵权损害赔偿请求权;保险人行使代位权起诉第三者的,应当由侵权行为地或者被告住所地法院管辖。现二被告的住所地及侵权行为地均不在北京市东城区,故北京市东城区人民法院对该起诉没有管辖权,应裁定不予受理。

---

① 案例来源:最高人民法院指导案例25号。

二、机构管理

（一）保险公司

保险公司管理规定

- 2009年9月25日中国保险监督管理委员会令2009年第1号发布
- 根据2015年10月19日中国保险监督管理委员会令2015年第3号《关于修改〈保险公司设立境外保险类机构管理办法〉等八部规章的决定》修订

第一章 总 则

第一条 为了加强对保险公司的监督管理，维护保险市场的正常秩序，保护被保险人合法权益，促进保险业健康发展，根据《中华人民共和国保险法》（以下简称《保险法》）、《中华人民共和国公司法》（以下简称《公司法》）等法律、行政法规，制定本规定。

第二条 中国保险监督管理委员会（以下简称中国保监会）根据法律和国务院授权，对保险公司实行统一监督管理。

中国保监会的派出机构在中国保监会授权范围内依法履行监管职责。

第三条 本规定所称保险公司，是指经保险监督管理机构批准设立，并依法登记注册的商业保险公司。

本规定所称保险公司分支机构，是指经保险监督管理机构批准，保险公司依法设立的分公司、中心支公司、支公司、营业部、营销服务部以及各类专属机构。专属机构的设立和管理，由中国保监会另行规定。

本规定所称保险机构，是指保险公司及其分支机构。

第四条 本规定所称分公司，是指保险公司依法设立的以分公司命名的分支机构。

本规定所称省级分公司，是指保险公司根据中国保监会的监管要求，在各省、自治区、直辖市内负责许可申请、报告提交等相关事宜的分公司。保险公司在住所地以外的各省、自治区、直辖市已经设立分公司的，应当指定其中一家分公司作为省级分公司。

保险公司在计划单列市设立分支机构的，应当指定一家分支机构，根据中国保监会的监管要求，在计划单列市负责许可申请、报告提交等相关事宜。

省级分公司设在计划单列市的，由省级分公司同时负责前两款规定的事宜。

第五条 保险业务由依照《保险法》设立的保险公司以及法律、行政法规规定的其他保险组织经营，其他单位和个人不得经营或者变相经营保险业务。

第二章 法人机构设立

第六条 设立保险公司，应当遵循下列原则：

（一）符合法律、行政法规；

（二）有利于保险业的公平竞争和健康发展。

第七条 设立保险公司，应当向中国保监会提出筹建申请，并符合下列条件：

（一）有符合法律、行政法规和中国保监会规定条件的投资人，股权结构合理；

（二）有符合《保险法》和《公司法》规定的章程草案；

（三）投资人承诺出资或者认购股份，拟注册资本不低于人民币2亿元，且必须为实缴货币资本；

（四）具有明确的发展规划、经营策略、组织机构框架、风险控制体系；

（五）拟任董事长、总经理应当符合中国保监会规定的任职资格条件；

（六）有投资人认可的筹备组负责人；

（七）中国保监会规定的其他条件。

中国保监会根据保险公司业务范围、经营规模，可以调整保险公司注册资本的最低限额，但不得低于人民币2亿元。

第八条 申请筹建保险公司的,申请人应当提交下列材料一式三份:

(一)设立申请书,申请书应当载明拟设立保险公司的名称、拟注册资本和业务范围等;

(二)设立保险公司可行性研究报告,包括发展规划、经营策略、组织机构框架和风险控制体系等;

(三)筹建方案;

(四)保险公司章程草案;

(五)中国保监会规定投资人应当提交的有关材料;

(六)筹备组负责人、拟任董事长、总经理名单及本人认可证明;

(七)中国保监会规定的其他材料。

第九条 中国保监会应当对筹建保险公司的申请进行审查,自受理申请之日起6个月内作出批准或者不批准筹建的决定,并书面通知申请人。决定不批准的,应当书面说明理由。

第十条 中国保监会在对筹建保险公司的申请进行审查期间,应当对投资人进行风险提示。

中国保监会应当听取拟任董事长、总经理对拟设保险公司在经营管理和业务发展等方面的工作思路。

第十一条 经中国保监会批准筹建保险公司的,申请人应当自收到批准筹建通知之日起1年内完成筹建工作。筹建期间届满未完成筹建工作的,原批准筹建决定自动失效。

筹建机构在筹建期间不得从事保险经营活动。筹建期间不得变更主要投资人。

第十二条 筹建工作完成后,符合下列条件的,申请人可以向中国保监会提出开业申请:

(一)股东符合法律、行政法规和中国保监会的有关规定;

(二)有符合《保险法》和《公司法》规定的章程;

(三)注册资本最低限额为人民币2亿元,且必须为实缴货币资本;

(四)有符合中国保监会规定任职资格条件的董事、监事和高级管理人员;

(五)有健全的组织机构;

(六)建立了完善的业务、财务、合规、风险控制、资产管理、反洗钱等制度;

(七)有具体的业务发展计划和按照资产负债匹配等原则制定的中长期资产配置计划;

(八)具有合法的营业场所,安全、消防设施符合要求,营业场所、办公设备等与业务发展规划相适应,信息化建设符合中国保监会要求;

(九)法律、行政法规和中国保监会规定的其他条件。

第十三条 申请人提出开业申请,应当提交下列材料一式三份:

(一)开业申请书;

(二)创立大会决议,没有创立大会决议的,应当提交全体股东同意申请开业的文件或者决议;

(三)公司章程;

(四)股东名称及其所持股份或者出资的比例,资信良好的验资机构出具的验资证明,资本金入账原始凭证复印件;

(五)中国保监会规定股东应当提交的有关材料;

(六)拟任该公司董事、监事、高级管理人员的简历以及相关证明材料;

(七)公司部门设置以及人员基本构成;

(八)营业场所所有权或者使用权的证明文件;

(九)按照拟设地的规定提交有关消防证明;

(十)拟经营保险险种的计划书、3年经营规划、再保险计划、中长期资产配置计划,以及业务、财务、合规、风险控制、资产管理、反洗钱等主要制度;

(十一)信息化建设情况报告;

(十二)公司名称预先核准通知;

(十三)中国保监会规定提交的其他材料。

第十四条 中国保监会应当审查开业申请,进行开业验收,并自受理开业申请之日起60日内作出批准或者不批准开业的决定。验收合格决定批准开业的,颁发经营保险业务许可证;验收不合格决定不批准开业的,应当书面通知申请人并说明理由。

经批准开业的保险公司,应当持批准文件以及经营保险业务许可证,向工商行政管理部门办理登记注册手续,领取营业执照后方可营业。

第三章 分支机构设立

第十五条 保险公司可以根据业务发展需要

申请设立分支机构。

保险公司分支机构的层级依次为分公司、中心支公司、支公司、营业部或者营销服务部。保险公司可以不逐级设立分支机构，但其在住所地以外的各省、自治区、直辖市开展业务，应当首先设立分公司。

保险公司可以不按照前款规定的层级逐级管理下级分支机构；营业部、营销服务部不得再管理其他任何分支机构。

第十六条 保险公司以2亿元人民币的最低资本金额设立的，在其住所地以外的每一省、自治区、直辖市首次申请设立分公司，应当增加不少于人民币2千万元的注册资本。

申请设立分公司，保险公司的注册资本达到前款规定的增资后额度的，可以不再增加相应的注册资本。

保险公司注册资本达到人民币5亿元，在偿付能力充足的情况下，设立分公司不需要增加注册资本。

第十七条 设立省级分公司，由保险公司总公司提出申请；设立其他分支机构，由保险公司总公司提出申请，或者由省级分公司持总公司批准文件提出申请。

在计划单列市申请设立分支机构，还可以由保险公司根据本规定第四条第三款指定的分支机构持总公司批准文件提出申请。

第十八条 设立分支机构，应当提出设立申请，并符合下列条件：

（一）上一年度偿付能力充足，提交申请前连续2个季度偿付能力均为充足；

（二）保险公司具备良好的公司治理结构，内控健全；

（三）申请人具备完善的分支机构管理制度；

（四）对拟设立分支机构的可行性已进行充分论证；

（五）在住所地以外的省、自治区、直辖市申请设立省级分公司以外其他分支机构的，该省级分公司已经开业；

（六）申请人最近2年内无受金融监管机构重大行政处罚的记录，不存在因涉嫌重大违法行为正在受到中国保监会立案调查的情形；

（七）申请设立省级分公司以外其他分支机构，在拟设地所在的省、自治区、直辖市内，省级分

公司最近2年内无受金融监管机构重大行政处罚的记录，已设立的其他分支机构最近6个月内无受重大保险行政处罚的记录；

（八）有申请人认可的筹建负责人；

（九）中国保监会规定的其他条件。

第十九条 设立分支机构，申请人应当提交下列材料一式三份：

（一）设立申请书；

（二）申请前连续2个季度的偿付能力报告和上一年度经审计的偿付能力报告；

（三）保险公司上一年度公司治理结构报告以及申请人内控制度；

（四）分支机构设立的可行性论证报告，包括拟设机构3年业务发展规划和市场分析，设立分支机构与公司风险管理状况和内控状况相适应的说明；

（五）申请人分支机构管理制度；

（六）申请人作出的其最近2年无受金融监管机构重大行政处罚的声明；

（七）申请设立省级分公司以外其他分支机构的，提交省级分公司最近2年无受金融监管机构重大行政处罚的声明；

（八）拟设机构筹建负责人的简历以及相关证明材料；

（九）中国保监会规定提交的其他材料。

第二十条 中国保监会应当自收到完整申请材料之日起30日内对设立申请进行书面审查，对不符合本规定第十八条的，作出不予批准决定，并书面说明理由；对符合本规定第十八条的，向申请人发出筹建通知。

第二十一条 申请人应当自收到筹建通知之日起6个月内完成分支机构的筹建工作。筹建期间不计算在行政许可的期限内。

筹建期间届满未完成筹建工作的，应当根据本规定重新提出设立申请。

筹建机构在筹建期间不得从事任何保险经营活动。

第二十二条 筹建工作完成后，筹建机构具备下列条件的，申请人可以向中国保监会提交开业验收报告：

（一）具有合法的营业场所，安全、消防设施符合要求；

（二）建立了必要的组织机构和完善的业务、

财务、风险控制、资产管理、反洗钱等管理制度；

（三）建立了与经营管理活动相适应的信息系统；

（四）具有符合任职条件的拟任高级管理人员或者主要负责人；

（五）对员工进行了上岗培训；

（六）筹建期间未开办保险业务；

（七）中国保监会规定的其他条件。

第二十三条 申请人提交的开业验收报告应当附下列材料一式三份：

（一）筹建工作完成情况报告；

（二）拟任高级管理人员或者主要负责人简历及有关证明；

（三）拟设机构营业场所所有权或者使用权证明；

（四）计算机设备配置、应用系统及网络建设情况报告；

（五）业务、财务、风险控制、资产管理、反洗钱等制度；

（六）机构设置和从业人员情况报告，包括员工上岗培训情况报告等；

（七）按照拟设地规定提交有关消防证明，无需进行消防验收或者备案的，提交申请人作出的已采取必要措施确保消防安全的书面承诺；

（八）中国保监会规定提交的其他材料。

第二十四条 中国保监会应当自收到完整的开业验收报告之日起30日内，进行开业验收，并作出批准或者不予批准的决定。验收合格批准设立的，颁发分支机构经营保险业务许可证；验收不合格不予批准设立的，应当书面通知申请人并说明理由。

第二十五条 经批准设立的保险公司分支机构，应当持批准文件以及分支机构经营保险业务许可证，向工商行政管理部门办理登记注册手续，领取营业执照后方可营业。

第四章 机构变更、解散与撤销

第二十六条 保险机构有下列情形之一的，应当经中国保监会批准：

（一）保险公司变更名称；

（二）变更注册资本；

（三）扩大业务范围；

（四）变更营业场所；

（五）保险公司分立或者合并；

（六）修改保险公司章程；

（七）变更出资额占有限责任公司资本总额5%以上的股东，或者变更持有股份有限公司股份5%以上的股东；

（八）中国保监会规定的其他情形。

第二十七条 保险机构有下列情形之一，应当自该情形发生之日起15日内，向中国保监会报告：

（一）变更出资额不超过有限责任公司资本总额5%的股东，或者变更持有股份有限公司股份不超过5%的股东，上市公司的股东变更除外；

（二）保险公司的股东变更名称，上市公司的股东除外；

（三）保险公司分支机构变更名称；

（四）中国保监会规定的其他情形。

第二十八条 保险公司依法解散的，应当经中国保监会批准，并报送下列材料一式三份：

（一）解散申请书；

（二）股东大会或者股东会决议；

（三）清算组织及其负责人情况和相关证明材料；

（四）清算程序；

（五）债权债务安排方案；

（六）资产分配计划和资产处分方案；

（七）中国保监会规定提交的其他材料。

第二十九条 保险公司依法解散的，应当成立清算组，清算工作由中国保监会监督指导。

保险公司依法被撤销的，由中国保监会及时组织股东、有关部门以及相关专业人员成立清算组。

第三十条 清算组应当自成立之日起10日内通知债权人，并于60日内在中国保监会指定的报纸上至少公告3次。

清算组应当委托资信良好的会计师事务所、律师事务所，对公司债权债务和资产进行评估。

第三十一条 保险公司撤销分支机构，应当经中国保监会批准。分支机构经营保险业务许可证自被批准撤销之日起自动失效，并应当于被批准撤销之日起15日内缴回。

保险公司合并、撤销分支机构的，应当进行公告，并书面通知有关投保人、被保险人或者受益人，对交付保险费、领取保险金等事宜应当充分告知。

第三十二条 保险公司依法解散或者被撤销的，其资产处分应当采取公开拍卖、协议转让或者中国保监会认可的其他方式。

第三十三条 保险公司依法解散或者被撤销的，在保险合同责任清算完毕之前，公司股东不得分配公司资产，或者从公司取得任何利益。

第三十四条 保险公司有《中华人民共和国企业破产法》第二条规定情形的，依法申请重整、和解或者破产清算。

第五章 分支机构管理

第三十五条 保险公司应当加强对分支机构的管理，督促分支机构依法合规经营，确保上级机构对管理的下级分支机构能够实施有效管控。

第三十六条 保险公司总公司应当根据本规定和发展需要制定分支机构管理制度，其省级分公司应当根据总公司的规定和当地实际情况，制定本省、自治区、直辖市分支机构管理制度。

保险公司在计划单列市设立分支机构的，应当由省级分公司或者保险公司根据本规定第四条第三款指定的分支机构制定当地分支机构管理制度。

第三十七条 分支机构管理制度至少应当包括下列内容：

（一）各级分支机构职能；

（二）各级分支机构人员、场所、设备等方面的配备要求；

（三）分支机构设立、撤销的内部决策制度；

（四）上级机构对下级分支机构的管控职责和措施。

第三十八条 保险公司分支机构应当配备必要数量的工作人员，分支机构高级管理人员或者主要负责人应当是与保险公司订立劳动合同的正式员工。

第三十九条 保险公司分支机构在经营存续期间，应当具有规范和稳定的营业场所，配备必要的办公设备。

第四十条 保险公司分支机构应当将经营保险业务许可证原件放置于营业场所显著位置，以备查验。

第六章 保险经营

第四十一条 保险公司的分支机构不得跨省、自治区、直辖市经营保险业务，本规定第四十二条规定的情形和中国保监会另有规定的除外。

第四十二条 保险机构参与共保、经营大型商业保险或者统括保单业务，以及通过互联网、电话营销等方式跨省、自治区、直辖市承保业务，应当符合中国保监会的有关规定。

第四十三条 保险机构应当公平、合理拟订保险条款和保险费率，不得损害投保人、被保险人和受益人的合法权益。

第四十四条 保险机构的业务宣传资料应当客观、完整、真实，并应当载有保险机构的名称和地址。

第四十五条 保险机构应当按照中国保监会的规定披露有关信息。

保险机构不得利用广告或者其他宣传方式，对其保险条款内容和服务质量等做引人误解的宣传。

第四十六条 保险机构对保险合同中有关免除保险公司责任、退保、费用扣除、现金价值和犹豫期等事项，应当依照《保险法》和中国保监会的规定向投保人作出提示。

第四十七条 保险机构开展业务，应当遵循公平竞争的原则，不得从事不正当竞争。

第四十八条 保险机构不得将其保险条款、保险费率与其他保险公司的类似保险条款、保险费率或者金融机构的存款利率等进行片面比较。

第四十九条 保险机构不得以捏造、散布虚假事实等方式损害其他保险机构的信誉。

保险机构不得利用政府及其所属部门、垄断性企业或者组织，排挤、阻碍其他保险机构开展保险业务。

第五十条 保险机构不得劝说或者诱导投保人解除与其他保险机构的保险合同。

第五十一条 保险机构不得给予或者承诺给予投保人、被保险人、受益人保险合同约定以外的保险费回扣或者其他利益。

第五十二条 除再保险公司以外，保险机构应当按照规定设立客户服务部门或者咨询投诉部门，并向社会公开咨询投诉电话。

保险机构对保险投诉应当认真处理，并将处理意见及时告知投诉人。

第五十三条 保险机构应当建立保险代理人的登记管理制度，加强对保险代理人的培训和管理,不得唆使、诱导保险代理人进行违背诚信义务的活动。

第五十四条　保险机构不得委托未取得合法资格的机构或者个人从事保险销售活动,不得向未取得合法资格的机构或者个人支付佣金或者其他利益。

第五十五条　保险公司应当建立健全公司治理结构,加强内部管理,建立严格的内部控制制度。

第五十六条　保险公司应当建立控制和管理关联交易的有关制度。保险公司的重大关联交易应当按照规定及时向中国保监会报告。

第五十七条　保险机构任命董事、监事、高级管理人员,应当在任命前向中国保监会申请核准上述人员的任职资格。

保险机构董事、监事、高级管理人员的任职资格管理,按照《保险法》和中国保监会有关规定执行。

第五十八条　保险机构应当依照《保险法》和中国保监会的有关规定管理、使用经营保险业务许可证。

第七章　监督管理

第五十九条　中国保监会对保险机构的监督管理,采取现场监管与非现场监管相结合的方式。

第六十条　保险机构有下列情形之一的,中国保监会可以将其列为重点监管对象:

(一)严重违法;

(二)偿付能力不足;

(三)财务状况异常;

(四)中国保监会认为需要重点监管的其他情形。

第六十一条　中国保监会对保险机构的现场检查包括但不限于下列事项:

(一)机构设立、变更是否依法经批准或者向中国保监会报告;

(二)董事、监事、高级管理人员任职资格是否依法经核准;

(三)行政许可的申报材料是否真实;

(四)资本金、各项准备金是否真实、充足;

(五)公司治理和内控制度建设是否符合中国保监会的规定;

(六)偿付能力是否充足;

(七)资金运用是否合法;

(八)业务经营和财务情况是否合法,报告、报表、文件、资料是否及时、完整、真实;

(九)是否按规定对使用的保险条款和保险费率报经审批或者备案;

(十)与保险中介的业务往来是否合法;

(十一)信息化建设工作是否符合规定;

(十二)需要事后报告的其他事项是否按照规定报告;

(十三)中国保监会依法检查的其他事项。

第六十二条　中国保监会对保险机构进行现场检查,保险机构应当予以配合,并按中国保监会的要求提供有关文件、材料。

第六十三条　中国保监会工作人员依法实施现场检查;检查人员不得少于2人,并应当出示有关证件和检查通知书。

中国保监会可以在现场检查中,委托会计师事务所等中介服务机构提供相关专业服务;委托上述中介服务机构提供专业服务的,应当签订书面委托协议。

第六十四条　保险机构出现频繁撤销分支机构、频繁变更分支机构营业场所等情形,可能或者已经对保险公司经营造成不利影响的,中国保监会有权根据监管需要采取下列措施:

(一)要求保险机构在指定时间内完善分支机构管理的相关制度;

(二)询问保险机构负责人、其他相关人员,了解变更、撤销的有关情况;

(三)要求保险机构提供其内部对变更、撤销行为进行决策的相关文件和资料;

(四)出示重大风险提示函,或者对有关人员进行监管谈话;

(五)依法采取的其他措施。

保险机构应当按照中国保监会的要求进行整改,并及时将整改情况书面报告中国保监会。

第六十五条　中国保监会有权根据监管需要,要求保险机构进行报告或者提供专项资料。

第六十六条　保险机构应当按照规定及时向中国保监会报送营业报告、精算报告、财务会计报告、偿付能力报告、合规报告等报告、报表、文件和资料。

保险机构向中国保监会提交的各类报告、报表、文件和资料,应当真实、完整、准确。

第六十七条　保险公司的股东大会、股东会、董事会的重大决议,应当在决议作出后30日内向中国保监会报告,中国保监会另有规定的除外。

第六十八条　中国保监会有权根据监管需要,对保险机构董事、监事、高级管理人员进行监管谈话,要求其就保险业务经营、风险控制、内部管理等有关重大事项作出说明。

第六十九条　保险机构或者其从业人员违反本规定,由中国保监会依照法律、行政法规进行处罚;法律、行政法规没有规定的,由中国保监会责令改正,给予警告,对有违法所得的处以违法所得1倍以上3倍以下罚款,但最高不得超过3万元,对没有违法所得的处以1万元以下罚款;涉嫌犯罪的,依法移交司法机关追究其刑事责任。

第八章　附　则

第七十条　外资独资保险公司、中外合资保险公司分支机构设立适用本规定;中国保监会之前作出的有关规定与本规定不一致的,以本规定为准。

对外资独资保险公司、中外合资保险公司的其他管理,适用本规定,法律、行政法规和中国保监会另有规定的除外。

第七十一条　除本规定第四十二条和第七十二条第一款规定的情形外,外国保险公司分公司只能在其住所地的省、自治区、直辖市行政辖区内开展业务。

对外国保险公司分公司的其他管理,参照本规定对保险公司总公司的有关规定执行,法律、行政法规和中国保监会另有规定的除外。

第七十二条　再保险公司,包括外国再保险公司分公司,可以直接在全国开展再保险业务。

再保险公司适用本规定,法律、行政法规和中国保监会另有规定的除外。

第七十三条　政策性保险公司、相互制保险公司参照适用本规定,国家另有规定的除外。

第七十四条　保险公司在境外设立子公司、分支机构,应当经中国保监会批准;其设立条件和管理,由中国保监会另行规定。

第七十五条　保险公司应当按照《保险法》的规定,加入保险行业协会。

第七十六条　本规定施行前已经设立的分支机构,无需按照本规定的设立条件重新申请设立审批,但应当符合本规定对分支机构的日常管理要求。不符合规定的,应当自本规定施行之日起2年内进行整改,在高级管理人员或者主要负责人资质、场所规范、许可证使用、分支机构管理等方面达到本规定的相关要求。

第七十七条　保险机构依照本规定报送的各项报告、报表、文件和资料,应当用中文书写。原件为外文的,应当附中文译本;中文与外文意思不一致的,以中文为准。

第七十八条　本规定中的日是指工作日,不含法定节假日;本规定中的以上、以下,包括本数。

第七十九条　本规定由中国保监会负责解释。

第八十条　本规定自2009年10月1日起施行。中国保监会2004年5月13日发布的《保险公司管理规定》(保监会令〔2004〕3号)同时废止。

保险公司分支机构市场准入管理办法

· 2021年9月2日
· 银保监发〔2021〕37号

第一章　总　则

第一条　为加强保险市场体系建设,规范保险公司分支机构市场准入,根据《中华人民共和国保险法》《中华人民共和国行政许可法》《保险公司管理规定》等法律法规和行政规章,制定本办法。

第二条　本办法所称保险公司,是指经中国银行保险监督管理委员会(以下简称银保监会)批准设立,并依法登记注册的商业保险公司。

本办法所称保险机构,是指保险公司及其分支机构。

本办法所称保险公司分支机构,是指保险公司依法设立的分公司、中心支公司、支公司、营业部、营销服务部。

本办法所称上级管理机构,是指保险公司对拟设立、改建、变更营业场所、撤销的分支机构实际履行管理职能的上一级机构。

第三条　银保监会及其派出机构依照本办法,对保险公司分支机构设立、改建、变更营业场所、撤销等事项实施管理。

第四条　保险公司设立分支机构应进行市场调研和可行性论证,制定科学规划。

第五条　银保监会及其派出机构在审批保险公司分支机构设立申请时,应审慎评估相关保险公司分支机构设立申请是否与其自身经营战略、资本实力、管控能力、人员储备情况及当地经济社会发展状况、市场环境、市场容量、商业需求、竞争程度相适应。

第二章　分支机构设立

第六条　保险公司设立分支机构,应当遵循以下原则:

(一)统筹规划,合理布局;

(二)审慎决策,严格管理;

(三)程序规范,质量过硬;

(四)保障运营,强化服务。

第七条　保险公司在住所地以外的各省、自治区、直辖市设立分支机构,应当首先设立省级分公司。

第八条　保险公司分支机构名称应当合法规范。同一保险公司各分支机构应保持统一的命名规则。

第九条　保险公司注册资本为两亿元人民币的,在其住所地以外每申请设立一家省级分公司,应当增加不少于两千万元人民币的注册资本。注册资本在五亿元人民币以上的,可不再增加。

第十条　保险公司在住所地所省域以外设立分支机构,应当开业满两年。

第十一条　保险公司分支机构设立,分为筹建、开业两个阶段。

第十二条　保险公司申请筹建省级分公司,应当符合以下条件:

(一)符合申请人自身发展规划;

(二)上一年度及提交申请前连续两个季度综合偿付能力充足率均不低于150%,核心偿付能力充足率均不低于75%;

(三)提交申请前连续两个季度保险公司风险综合评级B类以上;

(四)具备良好的公司治理,内控健全,上一年度公司治理评估结果为C级以上;

(五)具备完善的分支机构管理制度;

(六)有符合省级分公司总经理任职条件的筹建负责人;

(七)符合准备金监管要求;

(八)符合反洗钱和反恐怖融资工作相关要求;

(九)已设立的省级分公司运转正常;

(十)银保监会规定的其他条件。

第十三条　申请筹建省级分公司以外分支机构的,应当符合以下条件:

(一)符合申请人自身发展规划;

(二)上一年度及提交申请前连续两个季度综合偿付能力充足率均不低于120%,核心偿付能力充足率均不低于75%;

(三)提交申请前连续两个季度保险公司风险综合评级B类以上;

(四)保险公司具备良好的公司治理,上一年度公司治理评估结果为C级以上,上级管理机构内控健全有效;

(五)符合准备金监管要求;

(六)有符合拟设机构主要负责人任职条件的筹建负责人;

(七)符合反洗钱和反恐怖融资工作相关要求;

(八)拟设机构的上级管理机构开业满三个月,省级分公司在其所在地市设立分支机构不受此限制;

(九)银保监会规定的其他条件。

第十四条　申请筹建保险公司分支机构的,不得有以下情形:

(一)申请人最近两年内受到金融监管机构重大行政处罚;

(二)申请人或其下辖与拟设机构同一层级的分支机构或其工作人员发生因工作行为涉嫌重大违法犯罪,造成不良社会影响,正在受到金融监管机构、监察部门或者司法机关立案调查的;

(三)申请人最近一年内受到保险行政处罚,或其下辖与拟设机构同一层级的分支机构最近一年内受到罚没30万元以上款项、限制业务范围、责令停止接受新业务、吊销业务许可证或其工作人员受到撤销任职资格、行业禁入等保险行政处罚的;

(四)申请人或其分支机构下辖与拟设机构同一层级的分支机构最近一年内发生影响业务稳定性的重大信息安全事件的;

(五)银保监会及其派出机构认定申请人不具

备对分支机构管控能力的。

第十五条 申请筹建省级分公司以外分支机构的，申请人下辖与拟设机构同一层级分支机构不得有以下情形：

（一）最近一年内出现无主要负责人、临时负责人超期或同时有3家以上分支机构主要负责人存在兼任情形的；

（二）最近两年内同一分支机构存在本办法第三十四条第一款规定以外的营业场所变更两次以上，或者变更主要负责人三次以上的；

（三）最近一年内发生过公司责任导致的五十人以上群访群诉事件，或者一百人以上非正常集中退保事件，或者出现重大负面舆情事件，影响较为恶劣的。

第十六条 专业性保险公司申请设立分支机构的，应具备专业化特色，主业突出。

第十七条 筹建保险公司分支机构，应当提交以下材料：

（一）筹建申请书；

（二）申请设立省级分公司以外分支机构的，提交保险公司批准文件；

（三）申请前连续两个季度的偿付能力报告和上一年度经审计的偿付能力报告，因未完成审计无法及时提供经审计后偿付能力报告的，可先提供未经审计的报告，经审计报告在提交开业验收报告时一并提供；

（四）保险公司上一年度公司治理报告以及申请人内控制度清单；

（五）保险公司分支机构发展规划，分支机构设立的可行性论证报告，包括拟设机构经营范围、三年业务发展规划和市场分析、设立分支机构与公司风险管理状况和内控状况相适应的说明；

（六）保险公司分支机构管理制度，至少包括各级分支机构职能，各级分支机构人员、场所、设备等方面的配备要求，上级机构对下级分支机构的管控职责和措施；

（七）受到行政处罚或者立案调查情况和申请人下辖与拟设机构同一层级的其他分支机构运营情况说明，并就是否存在本办法第十四条、十五条所列情形做出声明；

（八）符合准备金监管要求的说明；

（九）拟设机构筹建负责人的简历以及相关证明材料；

（十）未受到反洗钱重大行政处罚（或者因涉嫌洗钱正在受到刑事起诉情况）的说明，保险公司的反洗钱、反恐怖融资内控制度；

（十一）银保监会规定提交的其他材料。

同一机构在一年内再次申请设立分支机构，以上第（三）、（四）、（六）、（七）项材料内容未发生变化的，只需首次报送时提供，再次报送需提交已报送说明。说明内容包括该材料首次报送时间、文号及具体事项等。

第十八条 省级分公司的筹建申请，由保险公司根据银保监会监管职责相关规定，向银保监会或其派出机构提交。其他分支机构的筹建申请，由拟设分支机构的上级管理机构向拟设地银保监会派出机构提交。

银保监会或其派出机构自受理之日起三十日内对筹建申请进行审查。对符合规定的，向申请人发出筹建通知书；对不符合规定的，作出不予批准决定，并书面说明理由。

第十九条 保险公司分支机构筹建期间不计算在行政许可期限内。申请人应当自收到筹建通知书起六个月内完成分支机构筹建工作。筹建期满未提交开业验收报告的，筹建批准文件自动失效。

筹建机构不得从事任何保险经营活动。

第二十条 筹建工作完成后，筹建机构符合以下标准的，申请人可以向拟设地银保监会派出机构提交开业验收报告：

（一）营业场所权属清晰，安全、消防等设施符合要求，使用面积、使用期限、功能布局等满足经营需要，办公设备配置齐全，运行正常，承诺营业场所连续使用时间不短于两年；

（二）统计和信息化建设符合监管要求；

（三）有健全的组织机构；

（四）有完善的业务、财务、资产、反洗钱等内控管理制度；

（五）拟任主要负责人符合任职条件；

（六）特定岗位工作人员符合法律法规规定的执业资格要求或相关行业的工作经验，从业人员经过培训、符合上岗条件；

（七）产品、单证、服务能力等满足运营要求；

（八）筹建期间未开办保险业务；

（九）提交开业申请时符合机构筹建条件，未出现本规定第十四条、十五条所列禁止性情形；

（十）银保监会规定的其他条件。

第二十一条　申请人提交的开业验收报告，应当附拟设机构的以下材料：

（一）筹建工作完成情况报告，其中应说明筹建机构是否符合本办法第二十条所规定的分支机构开业标准；

（二）营业场所所有权或者使用权证明；

（三）消防证明或者已采取必要措施确保消防安全的书面承诺；

（四）计算机设备配置、应用系统及统计和信息化建设情况报告；

（五）内控制度建设情况报告，说明分支机构内控制度建设总体情况，不包括内控制度文本；

（六）机构设置和从业人员情况报告，包括员工上岗培训情况等；

（七）拟任主要负责人简历及有关证明；

（八）拟设分支机构的反洗钱、反恐怖融资机构设置报告，岗位人员配备及接受培训情况的报告；

（九）银保监会规定提交的其他材料。

第二十二条　保险公司分支机构开业时拟任主要负责人需要进行任职资格核准的，申请人应当在提交开业验收报告的同时，提交该机构拟任主要负责人任职资格核准申请。

保险公司分支机构开业时拟任主要负责人原则上应为筹建负责人；筹建期间确有特殊情形需要更换筹建负责人的，应于更换后十日内向批准筹建的银保监会或其派出机构报告，并说明原因。

第二十三条　银保监会派出机构根据开业标准对保险公司分支机构实施开业验收，可以采取现场验收、远程审核或委托验收等形式。验收方法包括谈话、抽查、专业测试、系统演示等。

第二十四条　银保监会派出机构自收到完整开业验收报告之日起三十日内，作出批准或者不予批准的决定。批准开业的，颁发保险许可证；不予批准的，书面通知申请人并说明理由。

第二十五条　经批准设立的保险公司分支机构，应当向市场监督管理部门办理登记注册手续，领取营业执照后方可营业。

第三章　分支机构改建

第二十六条　保险公司分支机构改建为其他级别分支机构的，除符合本办法规定的筹建条件、开业标准外，还应当符合以下条件：

（一）改建具有必要性和合理性；

（二）对改建可能造成的影响已进行充分评估，并有可行的应对措施。

第二十七条　保险公司分支机构改建为其他级别分支机构，应当提交本办法第二十一条除第（一）项以外的其他材料，同时还应当提交以下材料：

（一）改建申请书；

（二）保险公司同意改建的书面文件；

（三）申请人分支机构管理制度，至少包括各级分支机构职能，各级分支机构人员、场所、设备等方面的配备要求，上级机构对下级分支机构的管控职责和措施；

（四）改建报告，包括改建的必要性、合理性说明，改建情况，改建对保险业务和投保人、被保险人或者受益人的影响及处理方案，改建机构三年业务发展规划和市场分析，改建机构与公司风险管理状况和内控状况相适应的说明；

（五）改建为上级分支机构的，提交申请前连续两个季度的偿付能力报告和上一年度经审计的偿付能力报告；上一年度公司治理报告；受到行政处罚或者立案调查情况的说明；改建机构所在地银保监会省级派出机构辖区内的其他分支机构运营情况说明，并就是否存在本办法第十四条、十五条所列情形做出声明。

第二十八条　保险公司分支机构改建为省级分公司的，由保险公司根据银保监会监管职责相关规定，向银保监会或其派出机构提交。改建为其他分支机构的，由拟设机构的上级管理机构向拟设地银保监会派出机构提交申请。

银保监会或其派出机构自受理之日起三十日内，作出批准或者不予批准的书面决定。作出批准决定的，颁发新的保险许可证；不予批准的，书面通知申请人并说明理由。

银保监会或其派出机构在作出决定之前，可以根据需要对改建机构进行验收。

第二十九条　保险公司分支机构改建机构拟任负责人需要进行任职资格核准的，申请人应当在提交改建申请的同时，提交拟任负责人任职资格核准申请。

第三十条　经批准改建的保险公司分支机构，应向发证机关缴回原许可证，领取新许可证，并依据有关规定到市场监督管理部门办理变更手续。

第四章　分支机构变更营业场所

第三十一条　保险公司分支机构可在申请设立时确定的经营区域范围内变更营业场所,不可跨经营区域变更。

第三十二条　保险公司分支机构变更营业场所,应在符合开业标准后持上级管理机构批准文件或由上级管理机构向机构所在地银保监会派出机构提交以下材料:

(一)变更营业场所申请;

(二)变更后营业场所所有权或者使用权证明;

(三)消防证明或者已采取必要措施确保消防安全的书面承诺;

(四)符合开业标准承诺书;

(五)银保监会规定提交的其他材料。

第三十三条　银保监会派出机构自受理之日起二十日内,作出批准或不予批准的书面决定。批准变更营业场所的,颁发保险许可证;不予批准的,书面通知申请人并说明理由。

第三十四条　保险公司分支机构在现有营业场所同一地址范围内增加或减少使用面积,应自变更之日起十日内,向机构所在地银保监会派出机构报告。

前款应提交的报告材料包括本办法第三十二条中除第(一)项以外的其他材料。

第三十五条　保险公司分支机构变更营业场所的,应向发证机关缴回原许可证,领取新许可证,并依据有关规定到市场监督管理部门办理变更手续。

第五章　分支机构撤销

第三十六条　经批准设立的保险公司分支机构,应具备持续经营能力和服务能力。保险公司分支机构在经营过程中出现不具备基本经营条件、服务能力严重欠缺、存在重大风险隐患等情形,或因战略调整撤销分支机构,应提出分支机构撤销申请。

第三十七条　保险公司撤销分支机构,应审慎决策、程序规范、控制风险,不得损害保险消费者合法权益。

第三十八条　保险公司撤销分支机构,应由拟撤销机构的上级管理机构向银保监会或其派出机构提交以下材料:

(一)撤销申请书;

(二)保险公司同意撤销该分支机构的批准文件;

(三)分支机构撤销后业务后续处理方案及其他保障消费者权益具体安排情况说明;

(四)银保监会规定的其他材料。

第三十九条　银保监会或其派出机构自受理之日起二十日内,作出批准或者不予批准的决定。

分支机构保险许可证自被批准撤销之日起自动失效,并应当于被批准撤销之日起十五日内缴回发证机关。

分支机构撤销的,应当进行公告,并通知有关投保人、被保险人或者受益人,对交付保险费、领取保险金等事宜作出妥善安排。

第六章　附　则

第四十条　申请人提供的申请材料中有复制资料的,应当签注"经核对与原件无误"字样,并加盖申请人公章。

第四十一条　保险公司在计划单列市设立分支机构,参照其在各省设立分支机构执行。

第四十二条　政策性保险公司分支机构市场准入管理,参照本办法执行。法律、行政法规和银保监会另有规定的,适用其规定。

第四十三条　相互保险组织分支机构市场准入管理,参照本办法执行。

第四十四条　保险公司设立专属机构相关要求,由银保监会另行规定。

第四十五条　本办法中的"日"指工作日;本办法中的"以上"均包含本数或本级。

第四十六条　本办法自发布之日起施行。《保险公司分支机构市场准入管理办法》(保监发〔2013〕20号)、《中国保监会关于进一步加强人身保险监管有关事项的通知》(保监发〔2016〕113号)同时废止。

保险集团公司监督管理办法

- 2021年11月24日中国银行保险监督管理委员会令2021年第13号公布
- 自公布之日起施行

第一章 总 则

第一条 为加强对保险集团公司的监督管理,有效防范保险集团经营风险,促进金融保险业健康发展,根据《中华人民共和国保险法》(以下简称《保险法》)、《中华人民共和国公司法》等法律、行政法规及《国务院对确需保留的行政审批项目设定行政许可的决定》(中华人民共和国国务院令第412号),制定本办法。

第二条 中国银行保险监督管理委员会(以下简称银保监会)根据法律、行政法规和国务院授权,按照实质重于形式的原则,对保险集团公司实行全面、持续、穿透的监督管理。

第三条 本办法所称保险集团公司,是指依法登记注册并经银保监会批准设立,名称中具有"保险集团"或"保险控股"字样,对保险集团成员公司实施控制、共同控制或重大影响的公司。

保险集团是指保险集团公司及受其控制、共同控制或重大影响的公司组成的企业集合,该企业集合中除保险集团公司外,有两家以上子公司为保险公司且保险业务为该企业集合的主要业务。

保险集团成员公司是指保险集团公司及受其控制、共同控制或重大影响的公司,包括保险集团公司、保险集团公司直接或间接控制的子公司以及其他成员公司。

第二章 设立和许可

第四条 设立保险集团公司,应当报银保监会审批,并具备下列条件:

(一)投资人符合银保监会规定的保险公司股东资质条件,股权结构合理,且合计至少控制两家境内保险公司50%以上股权;

(二)具有符合本办法第六条规定的成员公司;

(三)注册资本最低限额为20亿元人民币;

(四)具有符合银保监会规定任职资格条件的董事、监事和高级管理人员;

(五)具有完善的公司治理结构、健全的组织机构、有效的风险管理和内部控制管理制度;

(六)具有与其经营管理相适应的营业场所、办公设备和信息系统;

(七)法律、行政法规和银保监会规定的其他条件。

涉及处置风险的,经银保监会批准,上述条件可以适当放宽。

第五条 保险集团公司的股权监管、股东行为监管,参照适用银保监会关于保险公司股权管理的监管规定。

第六条 拟设立保险集团公司的投资人控制的保险公司中至少有一家具备下列条件:

(一)在中国境内开业6年以上;

(二)最近3个会计年度连续盈利;

(三)上一年末净资产不低于10亿元人民币,总资产不低于100亿元人民币;

(四)具有完善的公司治理结构、健全的组织机构、有效的风险管理和内部控制管理制度;

(五)最近4个季度核心偿付能力充足率不低于75%,综合偿付能力充足率不低于150%;

(六)最近4个季度风险综合评级不低于B类;

(七)最近3年无重大违法违规行为和重大失信行为。

第七条 设立保险集团公司可以采取下列两种方式:

(一)发起设立。保险公司的股东作为发起人,以其持有的保险公司股权和货币出资设立保险集团公司,其中货币出资总额不得低于保险集团公司注册资本的50%。

(二)更名设立。保险公司转换更名为保险集团公司,保险集团公司以货币出资设立保险子公司,原保险公司的保险业务依法转移至该保险子公司。

保险集团公司设立包括筹建和开业两个阶段。

第八条 采取发起设立的方式设立保险集团公司的,发起人应当在筹建阶段向银保监会提交下列材料:

(一)设立申请书,包括拟设立公司的名称、组织形式、注册资本、住所（营业场所）、投资人、投资金额、投资比例、业务范围、筹备组织情况、联系人及联系方式等；

（二）可行性研究报告，包括可行性分析、设立方式、发展战略、公司治理和组织机构框架、风险管理和内部控制体系、保险子公司整合前后偿付能力评估等；

（三）筹建方案，包括筹备组设置、工作职责和工作计划，拟设立的保险集团公司及其子公司的股权结构，理顺股权关系的总体规划和操作流程，子公司的名称和业务类别等；

（四）筹备负责人材料，包括投资人关于认可筹备组负责人和拟任董事长、总经理任职的确认书，筹备组负责人基本情况、本人认可证明，拟任董事长、总经理的任职资格申请表、身份证明和学历学位证书复印件；

（五）保险集团公司章程草案；

（六）发起人控制的保险公司最近3年经审计的财务报告、偿付能力报告；

（七）营业执照；

（八）投资人有关材料，包括基本情况类材料、财务信息类材料、公司治理类材料、附属信息类材料、有限合伙企业投资人的特别材料等；

（九）住所（营业场所）所有权或者使用权的证明文件；

（十）中长期发展战略和规划、业务经营计划、对外投资计划，资本及财务管理、风险管理和内部控制等主要制度；

（十一）信息化建设情况报告；

（十二）法律意见书；

（十三）反洗钱材料；

（十四）材料真实性声明；

（十五）银保监会规定的其他材料。

第九条 采取更名设立的方式设立保险集团公司的，拟更名的保险公司应当在筹建阶段向银保监会提交下列材料：

（一）更名申请书，其中应当载明拟更名公司的名称、组织形式、注册资本、住所（营业场所）、业务范围、筹备组织情况、联系人及联系方式等；

（二）可行性研究报告，包括可行性分析、更名方式、公司治理和组织机构框架、发展战略、风险管理和内部控制体系、保险公司更名前后偿付能力评估等；

（三）更名方案，包括拟设立的保险集团公司及其子公司的股权结构，理顺股权关系的总体规划和操作流程，子公司的名称和业务类别等；

（四）筹备负责人材料，包括投资人关于认可筹备组负责人和拟任董事长、总经理任职的确认书，筹备组负责人基本情况、本人认可证明，拟任董事长、总经理任职资格申请表，身份证明和学历学位证书复印件；

（五）保险集团公司章程草案；

（六）保险公司股东（大）会同意更名设立保险集团公司的决议；

（七）保险公司最近3年经审计的财务报告、偿付能力报告；

（八）更名后的营业执照；

（九）住所（营业场所）所有权或者使用权的证明文件；

（十）中长期发展战略和规划、业务经营计划、对外投资计划，资本及财务管理、风险管理和内部控制等主要制度；

（十一）信息化建设情况报告；

（十二）法律意见书；

（十三）反洗钱材料；

（十四）材料真实性声明；

（十五）银保监会规定的其他材料。

第十条 设立保险集团公司的，发起人或拟更名的保险公司应当在开业阶段向银保监会提交下列材料：

（一）开业申请书，包括公司名称、住所（营业场所）、法定代表人、注册资本、股权结构、经营区域、业务范围，拟任董事、监事、高级管理人员和关键岗位管理人员名单。

（二）采取发起设立方式的，提供创立大会决议，没有创立大会决议的，应当提交所有投资人同意申请开业的文件或决议；采取更名设立方式的，提供股东（大）会决议。

（三）保险集团公司章程，股东（大）会、董事会、监事会议事规则。

（四）采取发起设立方式的，提供验资报告；采取更名设立方式的，提供拟注入新设保险子公司的资产评估报告、客户和债权人权益保障计划、员工权益保障计划。

（五）发展规划，包括公司战略目标、业务发展、机构发展、偿付能力管理、资本管理、风险管理、保障措施等规划要素。

（六）拟任董事、监事、高级管理人员的简历及其符合相应任职资格条件的证明材料。

（七）公司组织机构，包括部门设置及人员基本构成情况。

（八）资产托管协议或资产托管合作意向书。

（九）住所（营业场所）所有权或者使用权的证明文件及消防安全证明。

（十）信息化建设情况报告。

（十一）公司内部管理制度。

（十二）营业执照。

（十三）投资人有关材料，包括财务信息类材料、纳税证明和征信记录，股权结构、控股股东及实际控制人情况材料，无重大违法违规记录声明、自有资金投资承诺书等。

（十四）反洗钱材料。

（十五）材料真实性声明。

（十六）银保监会规定的其他材料。

第十一条 设立保险集团公司，应当向市场监督管理部门办理工商注册登记，领取营业执照。

保险集团公司应当经银保监会批准方能开展相关经营活动。银保监会批准后，应当颁发保险许可证。

保险集团公司设立事项审批时限参照保险公司相关规定执行。

第三章 经营规则

第十二条 保险集团公司的业务以股权投资及管理为主。

保险集团公司开展重大股权投资应当使用自有资金。重大股权投资是指对被投资企业实施控制的投资行为。

第十三条 保险集团公司经营保险业务、进行股权管理、开展保险资金运用，应当遵守法律、行政法规及其他监管规定的要求。

第十四条 在尊重子公司及其他成员公司独立法人经营自主权的基础上，保险集团公司应当对全集团的股权投资进行统筹管理，防止无序扩张。

第十五条 保险集团公司可以投资下列保险类企业：

（一）保险公司；

（二）保险资产管理机构；

（三）保险专业代理机构、保险经纪机构和保险公估机构；

（四）银保监会批准设立的其他保险类企业。

第十六条 保险集团公司可以投资非保险类金融企业。

保险集团公司及其子公司对境内非保险类金融企业重大股权投资的账面余额，合计不得超过集团上一年末合并净资产的30%。

第十七条 保险集团公司及其子公司投资同一金融行业中主营业务相同的企业，控股的数量原则上不得超过一家。

第十八条 保险集团公司可以投资本办法第五十六条规定的与保险业务相关的非金融类企业。

除本办法第五十六条规定的非金融类企业和为投资不动产设立的项目公司外，保险集团公司对其他单一非金融类企业的持股比例不得超过25%，或不得对该企业有重大影响。

第十九条 保险集团公司及其金融类子公司对境内非金融类企业重大股权投资的账面余额，合计不得超过集团上一年末合并净资产的10%。

纳入前款计算范围的非金融类企业是指保险集团公司及其金融类子公司在境内投资的首层级非金融类企业。

本条规定的非金融类企业，不包括保险集团公司及其金融类子公司为投资不动产设立的项目公司，以及本办法第五十六条第一款第（一）项规定的主要为保险集团提供服务的共享服务类子公司。

第二十条 保险集团公司可进行境外投资。

保险集团公司及其境内子公司对境外主体重大股权投资的账面余额，合计不得超过集团上一年末合并净资产的10%。

纳入前款计算范围的境外主体是指保险集团公司及其境内子公司在境外投资的首层级境外主体。

保险集团公司及其境内子公司投资单一境外非金融主体的账面余额不得超过集团上一年末合并净资产的5%。

本条规定的境外主体不包括保险集团公司及其境内金融类子公司为投资不动产设立的项目公司

第四章 公司治理

第二十一条 保险集团公司应当按照法律、行政法规及其他监管规定的要求，建立符合下列要求的公司治理框架：

（一）覆盖集团所有成员公司；

（二）覆盖集团所有重要事项；

（三）恰当地识别和平衡各成员公司与集团整体之间以及各成员公司之间的利益冲突。

治理框架应关注的内容包括但不限于：

（一）规范的治理结构；

（二）股权结构和管理结构的适当性；

（三）清晰的职责边界；

（四）主要股东的财务稳健性；

（五）科学的发展战略、价值准则与良好的社会责任；

（六）有效的风险管理与内部控制；

（七）合理的激励约束机制；

（八）完善的信息披露制度。

第二十二条 保险集团公司应当尊重子公司及其他成员公司独立法人经营自主权，统筹管理集团人力资源、财务会计、数据治理、信息系统、资金运用、品牌文化等事项，加强集团内部的业务协同和资源共享，建立覆盖集团整体的风险管理、内控合规和内部审计体系，提高集团整体运营效率和风险防范能力。

第二十三条 保险集团公司对子公司履行管理职能过程中，不得滥用其控制地位或采取其他不正当措施，损害子公司及其他利益相关者的合法权益。

第二十四条 保险集团公司应当组织制定集团整体战略规划，定期对战略规划执行情况进行评估，根据发展实际和外部环境变化调整和完善战略规划。

保险集团公司应当根据集团整体战略规划，指导子公司制定发展战略和经营计划。保险集团公司应当设立或指定相应职能部门，定期监控、评估子公司发展战略和经营计划的执行情况并提出管理意见，确保集团整体目标和子公司责任目标的实现。

第二十五条 保险集团公司应当根据自身管理需要，合理确定董事会规模及成员构成。

第二十六条 保险集团公司董事会应当根据相关监管要求及实际情况设立专门委员会，行使审计、提名薪酬管理、战略管理、风险管理以及关联交易管理等职能。

第二十七条 保险集团公司应当根据集团整体战略规划和子公司管理需求，按照合规、精简、高效的原则，指导子公司建立规范的公司治理结构。

子公司为上市公司的，公司治理应当符合上市规则及上市公司监管要求。

第二十八条 保险集团公司在依法推进本公司股东(大)会、董事会、监事会良好运作的同时，应当加强对子公司不同层级、不同类别会议的决策支持和组织管理。

保险集团公司应当设立或指定相应的职能部门，为其派驻子公司董事、监事履职提供支持和服务。子公司董事、监事对其在董事会或监事会的履职行为依法承担责任。

第二十九条 保险集团公司满足下列条件的，经向银保监会备案后，可以豁免其下属保险子公司适用关于独立董事、董事会专门委员会等方面的监管要求：

（一）保险集团公司治理结构健全、公司治理机制运行有效，并已根据相关监管规定建立独立董事和董事会专门委员会制度；

（二）保险集团公司已对保险子公司建立有效的管控机制。

获得前款豁免的保险子公司出现公司治理机制失灵、公司治理缺陷等情形的，银保监会可视情况撤销豁免。

第三十条 保险集团公司应当具有简明、清晰、可穿透的股权结构。

保险集团应当建立与其战略规划、风险状况和管理能力相适应的组织架构和管理结构，实现保险集团公司与其下属成员公司股权控制层级合理，组织架构清晰透明，管理结构明确。

第三十一条 保险集团公司与其金融类子公司之间的股权控制层级原则上不得超过三级，与其非金融类子公司之间的股权控制层级原则上不得超过四级。股权控制层级的计算，以保险集团公司本级为第一级。不开展业务、不实际运营的特殊目的实体以及为投资不动产设立的项目公司，可以不计算在上述股权控制层级之内。

第三十二条 保险集团成员公司之间原则上

不得交叉持股,子公司及其他成员公司不得持有保险集团公司的股权。

第三十三条 保险集团公司高级管理人员原则上最多兼任一家保险子公司的高级管理人员。

子公司及其他成员公司高级管理人员原则上不得相互兼任。

第三十四条 保险集团公司应当建立健全覆盖全集团的董事、监事及高级管理人员履职评价体系。

保险集团公司应当建立与本集团发展战略、风险管理、整体效益、岗位职责、社会责任、企业文化相适应的科学合理的薪酬管理机制和绩效考核体系。

第三十五条 保险集团公司应当建立统一的内部审计制度,对集团及其成员公司财务收支、业务经营、内部控制、风险管理实施独立、客观的监督、评价和建议,指导和评估子公司的内部审计工作。

保险集团公司对内部审计实行集中化或垂直化管理的,子公司可以委托保险集团公司实施内部审计工作。

第五章 风险管理

第三十六条 保险集团公司应当整合集团风险管理资源,建立与集团战略目标、组织架构、业务模式相适应的全面风险管理体系以及科学有效的风险预警机制,有效识别、计量、评估、监测和控制集团总体风险。

保险集团风险包括但不限于:

(一)一般风险,包括保险风险、信用风险、市场风险、流动性风险、操作风险、声誉风险、战略风险等;

(二)特有风险,包括风险传染、组织结构不透明风险、集中度风险、非保险领域风险等。

第三十七条 保险集团公司应当设立独立于业务部门的风险管理部门,负责集团全面风险管理体系的制定和实施,并要求各业务条线、子公司及其他成员公司在集团整体风险偏好和风险管理政策框架下,制定自身的风险管理政策,促进保险集团风险管理的一致性和有效性。

第三十八条 保险集团公司应当制定集团层面的风险偏好体系,明确集团在实现其战略目标过程中愿意并能够承担的风险水平,确定风险管理目标,以及集团对各类风险的风险容忍度和风险限额。

风险偏好体系应当经董事会批准后实施,并每年进行审查、修订和完善。

第三十九条 保险集团公司应当根据集团整体的发展战略和风险偏好,对各类风险指标和风险限额进行分配,建立超限额处置机制。子公司及其他成员公司风险偏好、风险容忍度和风险限额应当与集团风险偏好、风险容忍度和风险限额相协调。

保险集团公司应当对集团整体、子公司及其他成员公司的风险管理制度执行情况进行监测,必要时可基于集团风险限额要求各成员公司对风险限额进行调整。

第四十条 保险集团公司应当建立满足集团风险管理需要的信息系统,确保能够准确、全面、及时地获取集团风险管理相关信息,对各类风险进行定性、定量分析,有效识别、评估和监测集团整体风险状况。

第四十一条 保险集团公司应当在并表基础上管理集团集中度风险,建立和完善集中度管理的政策、程序和方法,以识别、计量、监测和防范集团整体以及各成员公司的不同类型的集中度风险。

保险集团集中度风险,是指成员公司单个风险或风险组合在集团层面聚合后,可能直接或间接威胁到集团偿付能力的风险;包括但不限于交易对手集中度风险、保险业务集中度风险、非保险业务集中度风险、投资资产集中度风险、行业集中度风险、地区集中度风险等。

第四十二条 保险集团公司应当建立和完善集团内部资金管理、业务运营、信息管理以及人员管理等方面的防火墙制度,防范保险集团成员公司之间的风险传递。

保险集团成员公司之间开展业务协同的,应当依法以合同等形式明确风险承担主体,防止风险责任不清、交叉传染及利益冲突。

第四十三条 保险集团公司应当建立监测、报告、控制和处理整个保险集团关联交易和内部交易的政策与程序,防范可能产生的不当利益输送、风险延迟暴露、监管套利、风险传染和其他对保险集团稳健经营的负面影响。

保险集团的内部交易应当遵守银保监会对于

关联交易、内部交易的相关规定。

第四十四条 保险集团公司应当加强集团对外担保的统筹管理，明确对外担保的条件、额度及审批程序。

保险集团公司只能对其保险子公司提供担保，且保险集团公司及其子公司对外担保的余额不得超过本公司上一年度末净资产的10%。

第四十五条 保险集团公司应当建立与其风险相适应的压力测试体系，定期对集团整体的流动性、偿付能力等开展压力测试，将测试结果应用于制定经营管理决策、应急预案以及恢复和处置计划。

第四十六条 保险集团公司应当加强集团客户信息安全保护，指导和督促子公司及其他成员公司按照合法、正当、必要的原则，依法开展客户信息收集、传输、存储、使用和共享，严格履行信息保护义务。

第六章 资本管理

第四十七条 保险集团公司应当建立健全覆盖整个集团的资本管理体系，包括资本规划机制、资本充足评估机制、资本约束机制以及资本补充机制，确保资本与资产规模、业务复杂程度和风险特征相适应，并能够充分覆盖集团面临的各类风险。

第四十八条 保险集团公司应当根据公司发展战略目标、行业情况和国家有关规定，有针对性地制定保险集团公司及其金融类子公司至少未来3年的资本规划，并保证资本规划的可行性。

第四十九条 保险集团公司应当根据集团的发展战略、经营规划和风险偏好，设定恰当的资本充足目标。

保险集团公司及其金融类子公司应当建立与其自身风险特征、经营环境相适应的资本充足评估机制，定期评估资本状况，确保保险集团公司及其保险子公司满足偿付能力监管要求，非保险类金融子公司的资本状况持续符合金融监管部门规定，并将非金融类子公司资产负债比率保持在合理水平，实现集团安全稳健运行。

第五十条 保险集团公司应当在集团内部建立资本约束机制，指导子公司及其他成员公司在制定发展战略与经营规划、设计产品、资金运用等方面，严格遵守资本约束指标，注重审慎经营，强化风险管理。

保险集团公司应当加强资产负债管理，保持债务规模和期限结构合理适当，保持资产结构和负债结构合理匹配。

第五十一条 保险集团公司应当建立与子公司及其他成员公司发展战略和经营规划相适应的资本补充机制，通过加强业务管理、提高内部盈利能力、股权或者债权融资等方式保持集团的资本充足，并加强现金流管理，履行对子公司及其他成员公司的出资义务。

第五十二条 保险集团公司可以根据法律、行政法规及其他监管规定发行符合条件的资本工具，但应当严格控制双重杠杆比率。保险集团公司的双重杠杆比率不得高于银保监会的相关要求。

本办法所称双重杠杆比率，是指保险集团公司长期股权投资账面价值与所有者权益之比；账面价值是指账面余额扣除减值准备。

第七章 非保险子公司管理

第五十三条 本办法所称非保险子公司，是指保险集团公司及其保险子公司直接或间接控制的不属于本办法第十五条规定的保险类企业的境内外子公司。

第五十四条 保险集团公司及其保险子公司直接或间接投资非保险子公司，应当有利于优化集团资源配置、发挥协同效应、提升集团整体专业化水平和市场竞争能力，有效促进保险主业发展。

本章所称直接投资，是指保险集团公司及其保险子公司以出资人名义投资并持有非保险子公司股权的行为；所称间接投资，是指保险集团公司及其保险子公司的各级非保险子公司以出资人名义投资并持有其他非保险子公司股权的行为。

投资非保险子公司，应当遵循实质重于形式的原则。实质上由保险集团公司或其保险子公司开展的投资，不得违规通过非保险子公司以间接投资的形式规避监管。

第五十五条 保险集团公司应当建立健全完善的内部管理制度，明确对非保险子公司管理的权限、流程和责任，落实对非保险子公司管理的主体责任。

第五十六条 保险集团公司可以直接或间接投资非保险子公司，具体类型包括：

（一）主要为保险集团成员公司提供信息技术服务、审计、保单管理、巨灾管理、物业等服务和管理的共享服务类子公司；

（二）根据银保监会关于保险资金运用的监管规定开展重大股权投资设立的其他非保险子公司；

（三）法律、行政法规及银保监会规定的其他类子公司。

第五十七条 保险集团公司直接投资共享服务类非保险子公司的，应当符合下列条件：

（一）公司治理机制健全、运行良好；

（二）上期末综合偿付能力充足率在150%以上，核心偿付能力充足率在75%以上；

（三）使用自有资金投资，资金来源符合法律、行政法规及监管规定要求；

（四）拟投资的共享服务类非保险子公司主要为该保险集团提供共享服务；

（五）银保监会关于重大股权投资的监管规定。

保险集团公司不得间接投资共享服务类非保险子公司。

第五十八条 保险集团公司投资共享服务类非保险子公司，应当报银保监会审批，并提供下列材料：

（一）银保监会相关监管规定要求的重大股权投资应当提交的材料；

（二）共享服务或管理的具体方案、风险隔离的制度安排以及保险消费者权益保护的有关措施等。

保险集团公司直接投资共享服务类之外的其他非保险子公司，应当按照银保监会重大股权投资的监管规定执行。

保险集团公司间接投资非保险子公司的，保险集团公司应当在发起人协议或投资协议签署之日起15个工作日内向银保监会报告。

第五十九条 保险集团公司及其保险子公司直接投资非保险子公司，应符合法律、行政法规、监管规定及其公司章程规定的内部决策程序，经其股东（大）会、董事会或其授权机构审批通过。

间接投资非保险子公司的，应当向保险集团公司或其保险子公司董事会报告。

第六十条 保险集团公司及其保险子公司应通过对直接控制的非保险子公司的管理，确保非保险子公司投资设立或收购的其他非保险子公司遵守本办法有关要求。

第六十一条 保险集团公司应当加强商标、字号管理，明确非保险成员公司使用本公司商标、字号的具体方式和权限等，避免声誉风险传递。

第六十二条 保险集团公司及其保险子公司不得为非保险子公司的债务提供担保，不得向非保险子公司提供借款，银保监会另有规定的除外。

第六十三条 保险集团公司及其保险子公司不能以对被投资企业债务承担连带责任的方式投资非保险子公司。

保险集团公司及其保险子公司认购非保险子公司股权或其发行的股票、债券等有价证券的，应当遵守银保监会关于保险资金运用等监管规定。

保险集团公司及其保险子公司就将来向非保险子公司增加投资或提供资本协助等作出承诺的，应当符合相关规定，并经其股东（大）会、董事会或其授权机构批准。

第六十四条 保险集团公司及其保险子公司应当建立外包管理制度，明确允许和禁止外包的范围、内容、形式、决策权限与程序、后续管理以及外包各方的权利义务与责任等。

本办法所称外包，是指保险集团公司及其保险子公司将原本由自身负责处理的某些业务活动或管理职能委托给非保险子公司或者集团外机构持续处理的行为。

第六十五条 保险集团公司及其保险子公司外包本公司业务或职能的，应当进行风险评估并经其董事会或董事会授权机构审议通过，确保提供外包服务的受托方具备良好稳定的财务状况、较高的技术实力和服务质量、完备的管理能力以及较强的应对突发事件能力。

保险集团公司及其保险子公司外包时，应与受托方签署书面合同，明确外包内容、形式、服务价格、客户信息保密要求、各方权利义务以及违约责任等内容。外包过程中应加强对外包活动风险的监测，在年度风险评估中定期审查外包业务、职能的履行情况，进行风险敞口分析和其他风险评估，并向董事会报告。

保险集团公司及其保险子公司应当在外包合同签署前20个工作日向银保监会报告。银保监会根据该外包行为的风险状况，可以采取风险提示、约见谈话、监管质询等措施。

第六十六条　保险集团公司应当于每年 4 月 30 日前向银保监会报送非保险子公司年度报告。报告应当包含下列内容：

（一）投资非保险子公司的总体情况，包括非保险子公司的数量、层级、业务分类及其经营情况、管控情况、重要内控和风险管理制度等；

（二）非保险子公司股权结构图，包括非保险子公司层级及计算情况、保险集团公司及其保险子公司直接或间接投资非保险子公司的股权比例等；

（三）非保险子公司主要高级管理人员基本信息；

（四）非保险子公司风险评估情况，包括重大关联交易和重大内部交易情况、外包管理情况、防火墙建设以及非金融类子公司的资产负债率情况等；

（五）保险集团持有非保险子公司股权变动情况及原因；

（六）银保监会要求的其他事项。

保险集团所属非保险子公司年度报告，由保险集团公司统一报送。

第八章　信息披露

第六十七条　保险集团公司应当根据法律、行政法规及其他监管规定的要求，遵循完整、准确、及时、有效的原则，规范地披露信息。

第六十八条　保险集团公司除根据保险机构信息披露相关监管规定披露本公司基本情况外，还应当披露集团整体的基本情况，包括：

（一）保险集团公司与各级子公司之间的股权结构关系；

（二）非保险子公司名称、注册资本、实缴资本、股权结构、法定代表人等基本信息；

（三）银保监会规定的其他事项。

第六十九条　保险集团公司除根据保险机构信息披露相关监管规定披露本公司重大事项外，还应当披露集团发生的下列重大事项：

（一）对集团造成重大影响的风险事件；

（二）银保监会规定的其他事项。

第七十条　保险集团公司应当制作年度信息披露报告，除根据保险机构信息披露相关监管规定披露的本公司年度信息外，还应当至少包括下列内容：

（一）上一年度合并口径下的财务会计信息；

（二）上一年度的偿付能力信息；

（三）上一年度保险集团并表成员公司之间的重大内部交易，根据法律、行政法规及其他监管规定要求已由成员公司披露的除外；

（四）上一年度集团整体的风险管理状况；

（五）银保监会规定的其他事项。

第七十一条　保险集团公司应当将本公司及集团整体的基本情况、重大事项、年度信息披露报告登载于公司网站上。

基本情况发生变更的，保险集团公司应当自变更之日起 10 个工作日内更新。

发生重大事项的，保险集团公司应当自事项发生之日起 15 个工作日内发布临时信息披露公告。

年度信息披露报告应当在每年 4 月 30 日前发布，银保监会另有规定的从其规定。

偿付能力相关信息披露按照保险公司偿付能力监管规则有关要求执行。

第七十二条　上市保险集团公司按照上市公司信息披露要求已披露的相关信息，可不再重复披露。

第九章　监督管理

第七十三条　银保监会在单一法人监管的基础上，对保险集团的资本、财务以及风险进行全面和持续的并表监管，识别、计量、监控和评估保险集团的总体风险。

银保监会基于并表监管，可采取直接或间接监管方式，依法通过保险集团公司或其他受监管的成员公司，全面监测保险集团所有成员公司的风险，必要时可采取相应措施。

金融管理部门依法按照金融监管职责分工，对保险集团公司及其金融类成员公司实施监管。

第七十四条　银保监会遵循实质重于形式的原则，以控制为基础，兼顾风险相关性，确定保险集团的并表监管范围。

第七十五条　保险集团公司及其子公司应当纳入并表监管范围。

除前款规定的情形外，保险集团公司投资的下列机构，应当纳入并表监管的范围：

（一）被投资机构所产生的风险或造成的损失足以对保险集团的财务状况及风险水平造成重大

影响;

(二)通过境内外附属机构、空壳公司等复杂股权设计成立的,保险集团实际控制或对该机构的经营管理存在重大影响的其他被投资机构。

第七十六条　银保监会有权根据保险集团公司股权结构变动、风险类别及风险状况,确定和调整并表监管范围并提出监管要求。

保险集团公司应当向银保监会报告并表范围及管理情况。

第七十七条　银保监会可以要求下列单位或者个人,在指定的期限内提供与保险集团公司经营管理和财务状况有关的资料、信息:

(一)保险集团成员公司;

(二)保险集团公司股东、实际控制人;

(三)保险集团公司董事、监事、高级管理人员;

(四)银保监会认为需要提供相关资料、信息的其他单位或个人。

银保监会可以建立与保险集团公司以及外部审计机构的三方会谈机制,了解保险集团在公司治理、风险防控和集团管控等方面的情况。

依据《保险法》和金融监管协调机制的有关规定,银保监会可以请保险集团成员公司的开户银行、指定商业银行、资产托管机构、证券交易所、证券登记结算机构等协助调查。

第七十八条　保险集团公司应当按照有关规定及时向银保监会报送财务报告、偿付能力报告、并表监管报告以及非保险子公司报告等有关报告和其他资料。

第七十九条　发生影响或可能影响保险集团公司经营管理、财务状况、风险控制、客户资产安全的重大事件,或者保险集团的组织架构、管理结构或股权结构等发生重大变化时,保险集团公司应立即向银保监会报送报告,说明起因、目前状态、可能产生的影响和拟采取的措施。

第八十条　保险集团公司的金融类子公司资本充足水平未能达到金融监管机构规定的,银保监会可以要求保险集团公司采取增资等方式保证其实现资本充足。保险集团公司不落实监管要求的,银保监会可以依法采取相应措施。

第八十一条　保险集团公司的保险子公司未达到金融监管机构规定的审慎监管要求,业务或财务状况显著恶化的,银保监会可以要求保险集团公司采取有效措施协助其恢复正常运营。

第八十二条　非保险子公司显著危及保险集团公司或其保险子公司安全经营的,银保监会可以要求保险集团公司进行整改。

第八十三条　保险集团公司及其子公司的股权投资范围、比例或股权控制层级不符合监管要求的,银保监会可依法采取相应措施。

第八十四条　银保监会可以基于审慎监管原则,要求保险集团公司对其偿付能力、流动性等风险开展覆盖全集团的压力测试,并根据压力测试结果采取相应措施。

第八十五条　银保监会可以根据保险集团的资产规模、业务复杂程度以及风险状况等要求保险集团公司制定恢复和处置计划。恢复计划应当确保面对危机时保险集团重要业务的可持续性;处置计划应当避免保险集团经营中断对行业造成负面影响,并最大程度降低对公共资本的消耗。

第八十六条　银保监会与境内其他监管机构相互配合,共享监督管理信息,协调监管政策和监管措施,有效监管保险集团成员公司,避免监管真空和重复监管。

银保监会可以与境外监管机构以签订跨境合作协议或其他形式开展监管合作,加强跨境监管协调及信息共享,对跨境运营的保险集团实施有效的监管。

第十章　附　则

第八十七条　保险集团公司的合并、分立、变更、解散、业务,以及相关人员任职资格等事项的监督管理,参照银保监会关于保险公司相关规定执行。

第八十八条　外国保险公司或外国保险集团公司作为中国境内保险公司股东设立保险集团公司的,适用本办法。《外资保险公司管理条例》及其实施细则有特殊规定的,从其规定。

对其他保险类企业具有直接或间接控制权,但名称中不带有"保险集团"或"保险控股"字样的保险公司,参照适用本办法,第二十九条第一款不适用。

被认定为系统重要性金融机构的保险集团,有特殊监管规定的,从其规定。

第八十九条　保险公司直接或间接投资设立的非保险子公司的管理,参照适用本办法关于非保险子公司的规定。

除保险集团成员公司分支机构外，保险集团所属非法人组织，参照适用本办法关于保险集团成员公司的规定。

第九十条 本办法所称控制，是指存在下列情况之一：

（一）投资人直接或间接取得被投资企业过半数有表决权股份；

（二）投资人通过与其他投资人签订协议或其他安排，实质拥有被投资企业过半数表决权；

（三）按照法律规定或协议约定，投资人具有实际支配被投资企业行为的权力；

（四）投资人有权任免被投资企业董事会或其他类似权力机构的过半数成员；

（五）投资人在被投资企业董事会或其他类似权力机构具有过半数表决权；

（六）其他属于控制的情形，包括按照《企业会计准则第33号——合并财务报表》构成控制的情形。

两个或两个以上投资人均有资格单独主导被投资企业不同方面的决策、经营和管理等活动时，能够主导对被投资企业回报产生最重大影响的活动的一方，视为对被投资企业形成控制。

第九十一条 本办法所称"以上""至少""不低于"均包含本数，"超过"不含本数。

第九十二条 本办法由银保监会解释。

第九十三条 本办法自公布之日起施行。原中国保险监督管理委员会发布的《保险集团公司管理办法（试行）》（保监发〔2010〕29号）同时废止。《保险集团并表监管指引》（保监发〔2014〕96号）规定与本办法不一致的，以本办法为准。

再保险公司设立规定

· 2002年9月17日中国保险监督管理委员会令2002年第4号发布
· 自发布之日起施行

第一条 为促进再保险市场的发展，规范再保险公司的设立，根据《中华人民共和国保险法》和《中华人民共和国外资保险公司管理条例》，制定本规定。

第二条 本规定所称的再保险公司是指经中国保险监督管理委员会（以下简称中国保监会）批准设立，依法登记注册专门经营再保险业务的公司。

第三条 设立再保险公司应经中国保监会批准。依据业务经营范围，再保险公司可以分为人寿再保险公司、非人寿再保险公司和综合再保险公司。

第四条 经中国保监会批准，再保险公司可以经营以下全部或部分业务：

（一）人寿再保险业务

1. 中国境内的再保险业务；
2. 中国境内的转分保业务；
3. 国际再保险业务。

（二）非人寿再保险业务

1. 中国境内的再保险业务；
2. 中国境内的转分保业务；
3. 国际再保险业务。

（三）同时经营上述（一）、（二）两项的全部或部分业务

第五条 人寿再保险公司和非人寿再保险公司的实收货币资本金应不低于2亿元人民币或等值的可自由兑换货币；综合再保险公司的实收货币资本金应不低于3亿元人民币或等值的可自由兑换货币。外国保险公司的出资应当为可自由兑换货币。

第六条 再保险公司应当聘用经中国保监会认可的精算专业人员。

第七条 投资再保险公司的中资股东应符合中国保监会《向保险公司投资入股暂行规定》，其持股比例和股权变更，应遵守中国保监会的有关规定。

投资中外合资、外资独资再保险公司的外国保险公司，应符合中国加入世界贸易组织的有关承诺。

第八条 外国再保险公司在中国境内设立的分公司，其营运资金标准和设立要求，适用本规定。

第九条 香港特别行政区、澳门特别行政区和台湾地区的再保险公司在内地设立的分公司，比照本规定。

第十条 本规定自发布之日起实施。

保险公司股权管理办法

- 2018年3月2日中国保险监督管理委员会令2018年第5号公布
- 自2018年4月10日起施行

第一章 总 则

第一条 为了加强保险公司股权监管，规范保险公司股东行为，保护投保人、被保险人、受益人的合法权益，维护保险市场秩序，根据《中华人民共和国公司法》《中华人民共和国保险法》等法律、行政法规，制定本办法。

第二条 保险公司股权管理遵循以下原则：
（一）资质优良，关系清晰；
（二）结构合理，行为规范；
（三）公开透明，流转有序。

第三条 中国保险监督管理委员会（以下简称中国保监会）按照实质重于形式的原则，依法对保险公司股权实施穿透式监管和分类监管。

股权监管贯穿于以下环节：
（一）投资设立保险公司；
（二）变更保险公司注册资本；
（三）变更保险公司股权；
（四）保险公司上市；
（五）保险公司合并、分立；
（六）保险公司治理；
（七）保险公司风险处置或者破产清算。

第四条 根据持股比例、资质条件和对保险公司经营管理的影响，保险公司股东分为以下四类：
（一）财务Ⅰ类股东。是指持有保险公司股权不足百分之五的股东。
（二）财务Ⅱ类股东。是指持有保险公司股权百分之五以上，但不足百分之十五的股东。
（三）战略类股东。是指持有保险公司股权百分之十五以上，但不足三分之一的股东，或者其出资额、持有的股份所享有的表决权已足以对保险公司股东（大）会的决议产生重大影响的股东。
（四）控制类股东。是指持有保险公司股权三分之一以上，或者其出资额、持有的股份所享有的表决权已足以对保险公司股东（大）会的决议产生控制性影响的股东。

第五条 中国保监会鼓励具备风险管理、科技创新、健康管理、养老服务等专业能力的投资人投资保险业，促进保险公司转型升级和优化服务。

第二章 股东资质

第六条 符合本办法规定条件的以下投资人，可以成为保险公司股东：
（一）境内企业法人；
（二）境内有限合伙企业；
（三）境内事业单位、社会团体；
（四）境外金融机构。

事业单位和社会团体只能成为保险公司财务Ⅰ类股东，国务院另有规定的除外。

自然人只能通过购买上市保险公司股票成为保险公司财务Ⅰ类股东。中国保监会另有规定的除外。

第七条 资产管理计划、信托产品可以通过购买公开发行股票的方式投资上市保险公司。单一资产管理计划或者信托产品持有上市保险公司股票的比例不得超过该保险公司股本总额的百分之五。具有关联关系、委托同一或者关联机构投资保险公司的，投资比例合并计算。

第八条 财务Ⅰ类股东，应当具备以下条件：
（一）经营状况良好，有合理水平的营业收入；
（二）财务状况良好，最近一个会计年度盈利；
（三）纳税记录良好，最近三年内无偷漏税记录；
（四）诚信记录良好，最近三年内无重大失信行为记录；
（五）合规状况良好，最近三年内无重大违法违规记录；
（六）法律、行政法规以及中国保监会规定的其他条件。

第九条 财务Ⅱ类股东，除符合本办法第八条规定外，还应当具备以下条件：
（一）信誉良好，投资行为稳健，核心主业突出；
（二）具有持续出资能力，最近二个会计年度连续盈利；
（三）具有较强的资金实力，净资产不低于二亿元人民币；
（四）法律、行政法规以及中国保监会规定的其他条件。

第十条 战略类股东，除符合本办法第八条、第九条规定外，还应当具备以下条件：

（一）具有持续出资能力，最近三个会计年度连续盈利；

（二）净资产不低于十亿元人民币；

（三）权益性投资余额不得超过净资产；

（四）法律、行政法规以及中国保监会规定的其他条件。

第十一条 控制类股东，除符合本办法第八条、第九条、第十条规定外，还应当具备以下条件：

（一）总资产不低于一百亿元人民币；

（二）最近一年末净资产不低于总资产的百分之三十；

（三）法律、行政法规以及中国保监会规定的其他条件。

国家另有规定的，金融机构可以不受前款第二项限制。

第十二条 投资人为境内有限合伙企业的，除符合本办法第八条、第九条规定外，还应当具备以下条件：

（一）其普通合伙人应当诚信记录良好，最近三年内无重大违法违规记录；

（二）设有存续期限的，应当承诺在存续期限届满前转让所持保险公司股权；

（三）层级简单，结构清晰。

境内有限合伙企业不得发起设立保险公司。

第十三条 投资人为境内事业单位、社会团体的，除符合本办法第八条规定外，还应当具备以下条件：

（一）主营业务或者主要事务与保险业相关；

（二）不承担行政管理职能；

（三）经上级主管机构批准同意。

第十四条 投资人为境内金融机构的，还应当符合法律、行政法规的规定和所在行业金融监管机构的监管要求。

第十五条 投资人为境外金融机构的，除符合上述股东资质要求规定外，还应当具备以下条件：

（一）最近三个会计年度连续盈利；

（二）最近一年末总资产不低于二十亿美元；

（三）最近三年内国际评级机构对其长期信用评级为A级以上；

（四）符合所在地金融监管机构的监管要求。

第十六条 保险公司发起设立保险公司，或者成为保险公司控制类股东的，应当具备以下条件：

（一）开业三年以上；

（二）公司治理良好，内控健全；

（三）最近一个会计年度盈利；

（四）最近一年内总公司无重大违法违规记录；

（五）最近三年内无重大失信行为记录；

（六）净资产不低于三十亿元人民币；

（七）最近四个季度核心偿付能力充足率不低于百分之七十五，综合偿付能力充足率不低于百分之一百五十，风险综合评级不低于B类；

（八）中国保监会规定的其他条件。

第十七条 关联方、一致行动人合计持股达到财务Ⅱ类、战略类或者控制类股东标准的，其持股比例最高的股东应当符合本办法规定的相应类别股东的资质条件，并报中国保监会批准。

自投资入股协议签订之日前十二个月内具有关联关系的，视为关联方。

第十八条 投资人有下列情形之一的，不得成为保险公司的股东：

（一）因严重失信行为被国家有关单位确定为失信联合惩戒对象且应当在保险领域受到相应惩戒；

（二）股权结构不清晰或者存在权属纠纷；

（三）曾经委托他人或者接受他人委托持有保险公司股权；

（四）曾经投资保险业，存在提供虚假材料或者作不实声明的行为；

（五）曾经投资保险业，对保险公司经营失败负有重大责任未逾三年；

（六）曾经投资保险业，对保险公司重大违规行为负有重大责任；

（七）曾经投资保险业，拒不配合中国保监会监督检查。

第十九条 投资人成为保险公司的控制类股东，应当具备投资保险业的资本实力、风险管控能力和审慎投资理念。投资人有下列情形之一的，不得成为保险公司的控制类股东：

（一）现金流量波动受经济景气影响较大；

（二）经营计划不具有可行性；

(三)财务能力不足以支持保险公司持续经营；

(四)核心主业不突出且其经营范围涉及行业过多；

(五)公司治理结构与机制存在明显缺陷；

(六)关联企业众多、股权关系复杂且不透明、关联交易频繁且异常；

(七)在公开市场上有不良投资行为记录；

(八)曾经有不诚信商业行为，造成恶劣影响；

(九)曾经被有关部门查实存在不正当行为；

(十)其他对保险公司产生重大不利影响的情况。

保险公司实际控制人适用前款规定。

第三章 股权取得

第二十条 投资人可以通过以下方式取得保险公司股权：

(一)发起设立保险公司；

(二)认购保险公司发行的非上市股权；

(三)以协议方式受让其他股东所持有的保险公司股权；

(四)以竞价方式取得其他股东公开转让的保险公司股权；

(五)从股票市场购买上市保险公司股权；

(六)购买保险公司可转换债券，在符合合同约定条件下，取得保险公司股权；

(七)作为保险公司股权的质权人，在符合有关规定的条件下，取得保险公司股权；

(八)参与中国保监会对保险公司的风险处置取得股权；

(九)通过行政划拨取得保险公司股权；

(十)中国保监会认可的其他方式。

第二十一条 保险公司的投资人应当充分了解保险行业的经营特点、业务规律和作为保险公司股东所应当承担的责任和义务，知悉保险公司的经营管理状况和潜在风险等信息。

投资人投资保险公司的，应当出资意愿真实，并且履行必要的内部决策程序。

第二十二条 以发起设立保险公司方式取得保险公司股权的，应当按照《中华人民共和国保险法》和《保险公司管理规定》等规定的条件和程序，完成保险公司的筹建和开业。

第二十三条 认购保险公司发行的股权或者受让其他股东所持有的保险公司股权的，应当按照保险公司章程的约定，经保险公司履行相应内部审查和决策程序后，按照本办法规定报中国保监会批准或者备案。

保险公司章程约定股东对其他股东的股权有优先购买权的，转让股权的股东应当主动要求保险公司按照章程约定，保障其他股东行使优先购买权。

第二十四条 保险公司股权采取协议或者竞价方式转让的，保险公司应当事先向投资人告知本办法的有关规定。

参加竞价的投资人应当符合本办法有关保险公司股东资格条件的规定。竞得保险公司股权后，应当按照本办法的规定，报中国保监会批准或者备案。不予批准的，相关投资人应当自不予批准之日起一年内转出。

第二十五条 投资人从股票市场购买上市保险公司股票，所持股权达到本办法第五十五条规定比例的，应当报中国保监会批准。不予批准的，应当自不予批准之日起五十个交易日内转出。如遇停牌，应当自复牌之日起十个交易日内转出。

第二十六条 投资人通过购买保险公司可转换债券，按照合同条件转为股权的，或者通过质押权实现取得保险公司股权的，应当按照本办法规定报中国保监会批准或者备案。

第二十七条 股权转让涉及国有资产的，应当符合国有资产管理的有关规定。

通过行政划拨等方式对保险公司国有股权合并管理的，应当符合本办法关于持股比例和投资人条件的规定，国家另有规定的除外。

第二十八条 通过参与员工持股计划取得股权的，持股方式和持股比例由中国保监会另行规定。

第二十九条 保险公司股东持股比例除符合本办法第四条、第六条规定外，还应当符合以下要求：

(一)单一股东持股比例不得超过保险公司注册资本的三分之一；

(二)单一境内有限合伙企业持股比例不得超过保险公司注册资本的百分之五，多个境内有限合伙企业合计持股比例不得超过保险公司注册资本的百分之十五。

保险公司因为业务创新、专业化或者集团化

经营需要投资设立或者收购保险公司的，其出资或者持股比例上限不受限制。

股东与其关联方、一致行动人的持股比例合并计算。

第三十条　投资人及其关联方、一致行动人只能成为一家经营同类业务的保险公司的控制类股东。投资人为保险公司的，不得投资设立经营同类业务的保险公司。

投资人及其关联方、一致行动人，成为保险公司控制类和战略类股东的家数合计不得超过两家。

保险公司因为业务创新或者专业化经营投资设立保险公司的，不受本条第一款、第二款限制，但不得转让其设立保险公司的控制权。成为两家以上保险公司控制类股东的，不得成为其他保险公司的战略类股东。

根据国务院授权持有保险公司股权的投资主体，以及经中国保监会批准参与保险公司风险处置的公司和机构不受本条第一款和第二款限制。

第三十一条　投资人不得委托他人或者接受他人委托持有保险公司股权。

第四章　入股资金

第三十二条　投资人取得保险公司股权，应当使用来源合法的自有资金。中国保监会另有规定的除外。

本办法所称自有资金以净资产为限。投资人不得通过设立持股机构、转让股权预期收益权等方式变相规避自有资金监管规定。根据穿透式监管和实质重于形式原则，中国保监会可以对自有资金来源向上追溯认定。

第三十三条　投资人应当用货币出资，不得用实物、知识产权、土地使用权等非货币财产作价出资。

中国保监会对保险集团（控股）公司另有规定的除外。

第三十四条　投资人为保险公司的，不得利用其注册资本向其子公司逐级重复出资。

第三十五条　投资人不得直接或者间接通过以下资金取得保险公司股权：

（一）与保险公司有关的借款；

（二）以保险公司存款或者其他资产为担保获取的资金；

（三）不当利用保险公司的财务影响力，或者与保险公司的不正当关联关系获取的资金；

（四）以中国保监会禁止的其他方式获取的资金。

严禁挪用保险资金，或者以保险公司投资信托计划、私募基金、股权投资等获取的资金对保险公司进行循环出资。

第三十六条　保险公司和保险公司筹备组，应当按照国家有关规定，开立和使用验资账户。

投资人向保险公司出资，应当经会计师事务所验资并出具验资证明。

第五章　股东行为

第三十七条　保险公司的股权结构应当清晰、合理，并且应当向中国保监会说明实际控制人情况。

第三十八条　保险公司股东应当按照《中华人民共和国公司法》的规定，以及保险公司章程的约定，依法行使股东权利，履行股东义务。

第三十九条　保险公司应当在章程中约定，股东有下列情形之一的，不得行使股东（大）会参会权、表决权、提案权等股东权利，并承诺接受中国保监会的处置措施：

（一）股东变更未经中国保监会批准或者备案；

（二）股东的实际控制人变更未经中国保监会备案；

（三）委托他人或者接受他人委托持有保险公司股权；

（四）通过接受表决权委托、收益权转让等方式变相控制股权；

（五）利用保险资金直接或者间接自我注资、虚假增资；

（六）其他不符合监管规定的出资行为、持股行为。

第四十条　保险公司股东应当建立有效的风险隔离机制，防止风险在股东、保险公司以及其他关联机构之间传染和转移。

第四十一条　保险公司股东不得与保险公司进行不正当的关联交易，不得利用其对保险公司经营管理的影响力获取不正当利益。

第四十二条　保险公司需要采取增资方式解决偿付能力不足的，股东负有增资的义务。不能增资或者不增资的股东,应当同意其他股东或者投资人采取合理方案增资。

第四十三条 保险公司发生风险事件或者重大违法违规行为,被中国保监会采取接管等风险处置措施的,股东应当积极配合。

第四十四条 保险公司控制类股东应当严格依法行使对保险公司的控制权,不得利用其控制地位损害保险公司及其他利益相关方的合法权益。

第四十五条 保险公司控股股东对保险公司行使股东权利义务的,应当符合中国保监会关于控股股东的规定。

保险集团(控股)公司对其控股保险公司行使股东权利义务的,应当符合中国保监会关于保险集团(控股)公司的规定。

第四十六条 保险公司股东应当如实向保险公司报告财务信息、股权结构、入股保险公司的资金来源、控股股东、实际控制人、关联方、一致行动人等信息。

保险公司股东的控股股东、实际控制人发生变化的,该股东应当及时将变更情况、变更后的关联方及关联关系情况、一致行动人情况书面通知保险公司。

第四十七条 保险公司股东依法披露的信息应当真实、准确、完整,不得有虚假记载、误导性陈述或者重大遗漏。

第四十八条 保险公司股东应当自发生以下情况之日起十五个工作日内,书面通知保险公司:

(一)所持保险公司股权被采取诉讼保全措施或者被强制执行;

(二)所持有的保险公司股权被质押或者解质押;

(三)股权变更取得中国保监会许可后未在三个月内完成变更手续;

(四)名称变更;

(五)合并、分立;

(六)解散、破产、关闭、被接管;

(七)其他可能导致所持保险公司股权发生变化的情况。

第四十九条 保险公司股东质押其持有的保险公司股权的,不得损害其他股东和保险公司的利益。

保险公司股东不得利用股权质押形式,代持保险公司股权、违规关联持股以及变相转移股权。

保险公司股东质押股权时,不得与质权人约定债务人不履行到期债务时被质押的保险公司股权归债权人所有,不得约定由质权人或者其关联方行使表决权等股东权利,也不得采取股权收益权转让等其他方式转移保险公司股权的控制权。

第五十条 投资人自成为控制类股东之日起五年内不得转让所持有的股权,自成为战略类股东之日起三年内不得转让所持有的股权,自成为财务Ⅱ类股东之日起二年内不得转让所持有的股权,自成为财务Ⅰ类股东之日起一年内不得转让所持有的股权。

经中国保监会批准进行风险处置的,中国保监会责令依法转让股权的,或者在同一控制人控制的不同主体之间转让股权等特殊情形除外。

第六章 股权事务

第五十一条 保险公司董事会办公室是保险公司处理股权事务的办事机构。

保险公司董事长和董事会秘书是保险公司处理股权事务的直接责任人。

第五十二条 行政许可申请、事项报告或者资料报送等股权事务,由保险公司负责办理。必要时经中国保监会同意可以由股东直接提交相关材料。

发起设立保险公司的,由全部发起人或者经授权的发起人向中国保监会提交相关材料。

第五十三条 保险公司变更持有百分之五以上股权的股东,应当经中国保监会批准。

保险公司变更持有不足百分之五股权的股东,应当报中国保监会备案,并在保险公司官方网站以及中国保监会指定网站公开披露,上市保险公司除外。

保险公司股东的实际控制人变更,保险公司股东持有的保险公司股权价值占该股东总资产二分之一以上的,实际控制人应当符合本办法关于股东资质的相关要求,并向保险公司及时提供相关材料,保险公司应当在变更前二十个工作日内将相关情况报中国保监会备案。

第五十四条 保险公司应当自股东签署股权转让协议书之日起三个月内,报中国保监会批准或者备案。

第五十五条 投资人购买上市保险公司股

票,其所持股权比例达到保险公司股本总额的百分之五、百分之十五和三分之一的,应当自交易之日起五个工作日内向保险公司书面报告,保险公司应当在收到报告后十个工作日内报中国保监会批准。

第五十六条 保险公司的股东及其控股股东或者实际控制人发生本办法第四十六条第二款或者第四十八条规定情形的,保险公司应当自知悉之日起十个工作日内,向中国保监会书面报告。

第五十七条 保险公司应当按照有关监管规定,及时、真实、准确、完整地披露保险公司相关股权信息,披露内容包括:

(一)股权结构及变动情况;

(二)持股百分之五以上股东及其控股股东及实际控制人情况;

(三)财务Ⅱ类股东、战略类股东、控制类股东及其控股股东、实际控制人、关联方、一致行动人变更情况;

(四)相关股东出质保险公司股权情况;

(五)股东提名董事、监事情况;

(六)中国保监会规定的其他信息。

第五十八条 投资人成为保险公司控制类股东的,保险公司应当修改公司章程,对董事提名和选举规则,中小股东和投保人、被保险人、受益人利益保护作出合理安排。

第五十九条 保险公司应当加强股东股权管理,对股东及其控股股东、实际控制人、关联方、一致行动人信息进行核实并掌握其变动情况,就股东对保险公司经营决策的影响进行判断,依法及时、准确、完整地报告或者披露相关信息。

第六十条 保险公司应当自中国保监会核准或者备案之日起三个月内完成章程变更和工商登记手续。

未在规定时间内完成变更的,保险公司应当及时向中国保监会书面报告。

第六十一条 保险公司应当加强对股权质押和解质押的管理,在股东名册上记载质押相关信息,并及时协助股东向有关机构办理出质登记。

第七章 材料申报

第六十二条 申请发起设立或者投资入股保险公司的,保险公司或者投资人应当按照中国保监会的要求提交申报材料,申报材料必须真实、准确、完整。

申报材料包括基本情况类、财务信息类、公司治理类、附属信息类以及中国保监会要求提交的其他相关材料。

第六十三条 基本情况类材料包括以下具体文件:

(一)营业执照复印件;

(二)经营范围的说明;

(三)组织管理架构图;

(四)对外长期股权投资的说明;

(五)自身以及关联机构投资入股其他金融机构等情况的说明。

第六十四条 财务信息类材料包括以下具体文件:

(一)财务Ⅰ类股东经会计师事务所审计的最近一年的财务会计报告,财务Ⅱ类股东经会计师事务所审计的最近二年的财务会计报告,境外金融机构、战略类股东、控制类股东经会计师事务所审计的最近三年的财务会计报告;

(二)关于入股资金来源的说明;

(三)最近三年的纳税证明;

(四)由征信机构出具的投资人征信记录;

(五)国际评级机构对境外金融机构最近三年的长期信用评级;

(六)最近四个季度的偿付能力报告。

第六十五条 公司治理类材料包括以下具体文件:

(一)逐级披露股权结构至最终权益持有人的说明;

(二)股权信息公开披露的相关证明材料;

(三)控股股东、实际控制人及其最近一年内的变更情况的说明;

(四)投资人共同签署的股权认购协议书或者转让方与受让方共同签署的股权转让协议;

(五)股东(大)会或者董事会同意其投资的证明材料;

(六)投资人及其实际控制人与保险公司其他投资人之间关联关系、一致行动的情况说明,新设保险机构还应当提供关联方的基本情况说明;

(七)保险公司实际控制人,或者控制类股东实际控制人的履职经历、经营记录、既往投资情况等说明材料;

(八)控制类股东关于公司治理、经营计划、后续资金安排等情况的说明。

第六十六条 附属信息类材料包括以下具体文件：

（一）投资人关于报送材料的授权委托书；

（二）主管机构同意其投资的证明材料；

（三）金融机构审慎监管指标报告；

（四）金融监管机构出具的监管意见；

（五）无重大违法违规记录的声明；

（六）中国保监会要求出具的其他声明或者承诺书。

第六十七条 境内有限合伙企业向保险公司投资入股，除提交本办法第六十三条至第六十六条规定的有关材料外，还应当提交以下材料：

（一）资金来源和合伙人名称或者姓名、国籍、经营范围或者职业、出资额等背景情况的说明材料；

（二）负责执行事务的合伙人关于资金来源不违反反洗钱有关规定的承诺；

（三）合伙人与保险公司其他投资人之间的关联关系的说明。

第六十八条 保险公司变更注册资本，应当向中国保监会提出书面申请，并应当提交以下材料：

（一）公司股东（大）会通过的增加或者减少注册资本的决议；

（二）增加或者减少注册资本的方案和可行性研究报告；

（三）增加或者减少注册资本后的股权结构；

（四）验资报告和股东出资或者减资证明；

（五）参与增资股东经会计师事务所审计的财务会计报告；

（六）退股股东的名称、基本情况以及减资金额；

（七）中国保监会规定的其他材料。

保险公司新增股东的，应当提交本办法第六十三条至第六十六条规定的有关材料。

第六十九条 股东转让保险公司股权的，保险公司应当报中国保监会批准或者备案，并提交股权转让协议和受让方经会计师事务所审计的财务会计报告。

受让方为新增股东，保险公司还应当提交本办法第六十三条至第六十六条规定的有关材料。

第七十条 保险公司向中国保监会报告股权被采取诉讼保全或者被强制执行时，应当提交有关司法文件。

第七十一条 保险公司向中国保监会报告股权质押或者解质押时，应当提交以下材料：

（一）质押和解质押有关情况的书面报告；

（二）质押或者解质押合同；

（三）主债权债务合同或者股权收益权转让合同；

（四）有关部门出具的登记文件；

（五）出质人与债务人关系的说明；

（六）股东关于质押行为符合公司章程和监管要求的声明，并承诺如提供不实声明将自愿接受监管部门对其所持股权采取处置措施；

（七）截至报告日股权质押的全部情况；

（八）中国保监会规定的其他材料。

其中，书面报告应当包括出质人、债务人、质权人基本情况，被担保债权的种类和数额，债务人履行债务的期限，出质股权的数量，担保的范围，融入资金的用途，资金偿还能力以及相关安排，可能引发的风险以及应对措施等内容。质权人为非金融企业的，还应当说明质权人融出资金的来源，以及质权人与出质人的关联关系情况。

第七十二条 保险公司向中国保监会报告股东更名时，应当提交股东更名后的营业执照和有关部门出具的登记文件。

第八章 监督管理

第七十三条 中国保监会加强对保险公司股东的穿透监管和审查，可以对保险公司股东及其实际控制人、关联方、一致行动人进行实质认定。

中国保监会采取以下措施对保险公司股权实施监管：

（一）依法对股权取得或者变更实施审查；

（二）根据有关规定或者监管需要，要求保险公司报告股权有关事项；

（三）要求保险公司在指定媒体披露相关股权信息；

（四）委托专业中介机构对保险公司提供的财务报告等资料信息进行审查；

（五）与保险公司董事、监事、高级管理人员以及其他相关当事人进行监管谈话，要求其就相关情况作出说明；

（六）对股东涉及保险公司股权的行为进行调查或者公开质询；

（七）要求股东报送审计报告、经营管理信息、股权信息等材料；

（八）查询、复制股东及相关单位和人员的财务会计报表等文件、资料；

（九）对保险公司进行检查，并依法对保险公司和有关责任人员实施行政处罚；

（十）中国保监会依法可以采取的其他监管措施。

第七十四条　中国保监会对保险公司股权取得或者变更实施行政许可，重点审查以下内容：

（一）申报材料的完备性；

（二）保险公司决策程序的合规性；

（三）股东资质及其投资行为的合规性；

（四）资金来源的合规性；

（五）股东之间的关联关系；

（六）中国保监会认为需要审查的其他内容。

申请人应当如实提交有关材料和反映真实情况，并对其申请材料实质内容的真实性负责。

第七十五条　中国保监会对保险公司股权取得或者变更实施行政许可，可以采取以下方式进行审查：

（一）对申报材料进行审核；

（二）根据审慎监管的需要，要求保险公司或者股东提交证明材料；

（三）对保险公司或者相关股东进行监管谈话、公开问询；

（四）要求相关股东逐级披露其股东或者实际控制人；

（五）根据审慎监管的需要，要求相关股东逐级向上声明关联关系和资金来源；

（六）向相关机构查阅有关账户或者了解相关信息；

（七）实地走访股东或者调查股东经营情况等；

（八）中国保监会认为需要采取的其他审查方式。

第七十六条　在行政许可过程中，投资人、保险公司或者股东有下列情形之一的，中国保监会可以中止审查：

（一）相关股权存在权属纠纷；

（二）被举报尚需调查；

（三）因涉嫌违法违规被有关部门调查，或者被司法机关侦查，尚未结案；

（四）被起诉尚未判决；

（五）中国保监会认定的其他情形。

第七十七条　在实施行政许可或者履行其他监管职责时，中国保监会可以要求保险公司或者股东就其提供的有关资质、关联关系或者入股资金等信息的真实性作出声明，并就提供虚假信息或者不实声明所应当承担的后果作出承诺。

第七十八条　保险公司或者股东提供虚假材料或者不实声明，情节严重的，中国保监会将依法撤销行政许可。被撤销行政许可的投资人，应当按照入股价格和每股净资产价格的孰低者退出，承接的机构应当符合中国保监会的相关要求。

第七十九条　保险公司未遵守本办法规定进行股权管理的，中国保监会可以调整该保险公司公司治理评价结果或者分类监管评价类别。

第八十条　中国保监会建立保险公司股权管理不良记录，并纳入保险业企业信用信息系统，通过全国信用信息共享平台与政府机构共享信息。

第八十一条　保险公司及其董事和高级管理人员在股权管理中弄虚作假、失职渎职，严重损害保险公司利益的，中国保监会依法对其实施行政处罚，或者要求保险公司撤换有关当事人。

第八十二条　保险公司股东或者相关当事人违反本办法规定的，中国保监会可以采取以下监管措施：

（一）通报批评并责令改正；

（二）公开谴责并向社会披露；

（三）限制其在保险公司的有关权利；

（四）依法责令其转让或者拍卖其所持股权。股权转让完成前，限制其股东权利。限期未完成转让的，由符合中国保监会相关要求的投资人按照评估价格受让股权；

（五）限制其在保险业的投资活动，并向其他金融监管机构通报；

（六）依法限制保险公司分红、发债、上市等行为；

（七）中国保监会可以依法采取的其他措施。

第八十三条　中国保监会建立保险公司投资人市场准入负面清单，记录投资人违法违规情况，并正式函告保险公司和投资人。中国保监会根据投资人违法违规情节，可以限制其五年以上直至终身不得再次投资保险业。涉嫌犯罪的,依法移送司法机关。

第八十四条 中国保监会建立会计师事务所等第三方中介机构诚信档案,记载会计师事务所、律师事务所及其从业人员的执业质量。第三方中介机构出具不具有公信力的评估报告或者有其他不诚信行为的,自行为发生之日起五年内中国保监会对其再次出具的报告不予认可,并向社会公布。

第九章 附 则

第八十五条 本办法适用于中华人民共和国境内依法登记注册的中资保险公司。

全部外资股东持股比例占公司注册资本百分之二十五以上的保险公司,参照适用本办法有关规定。

第八十六条 保险集团(控股)公司、保险资产管理公司的股权管理参照适用本办法,法律、行政法规或者中国保监会另有规定的,从其规定。

第八十七条 金融监管机构对非金融企业投资金融机构另有规定的,从其规定。

第八十八条 经中国保监会批准,参与保险公司风险处置的,或者由指定机构承接股权的,不受本办法关于股东资质、持股比例、入股资金等规定的限制。

第八十九条 通过购买上市保险公司股票成为保险公司财务Ⅰ类股东的,不受本办法第八条、第十二条、第十三条、第十五条、第五十条、第五十三条第三款、第六十二条、第六十七条、第六十九条的限制。

第九十条 在全国中小企业股份转让系统挂牌的保险公司参照适用本办法有关上市保险公司的规定。

第九十一条 本办法所称"以上""不低于"均含本数,"不足""超过"不含本数。

第九十二条 本办法所称"一致行动",是指投资人通过协议、其他安排,与其他投资人共同扩大其所能够支配的一个保险公司表决权数量的行为或者事实。

在保险公司相关股权变动活动中有一致行动情形的投资人,互为一致行动人。如无相反证据,投资人有下列情形之一的,为一致行动人:

(一)投资人的董事、监事或者高级管理人员中的主要成员,同时担任另一投资人的董事、监事或者高级管理人员;

(二)投资人通过银行以外的其他投资人提供的融资安排取得相关股权;

(三)投资人之间存在合伙、合作、联营等其他经济利益关系;

(四)中国保监会规定的其他情形。

投资人认为其与他人不应被视为一致行动人的,可以向中国保监会提供相反证据。

第九十三条 本办法由中国保监会负责解释。

第九十四条 本办法自2018年4月10日起施行。中国保监会2010年5月4日发布的《保险公司股权管理办法》(保监会令2010年第6号)、2014年4月15日发布的《中国保险监督管理委员会关于修改〈保险公司股权管理办法〉的决定》(保监会令2014年第4号)、2013年4月9日发布的《中国保监会关于〈保险公司股权管理办法〉第四条有关问题的通知》(保监发〔2013〕29号)、2013年4月17日发布的《中国保监会关于规范有限合伙式股权投资企业投资入股保险公司有关问题的通知》(保监发〔2013〕36号)、2014年3月21日发布的《中国保险监督管理委员会关于印发〈保险公司收购合并管理办法〉的通知》(保监发〔2014〕26号)同时废止。

保险公司控股股东管理办法

- 2012年7月25日中国保险监督管理委员会令2012年第1号公布
- 自2012年10月1日起施行

第一章 总 则

第一条 为了加强保险公司治理监管,规范保险公司控股股东行为,保护保险公司、投保人、被保险人和受益人的合法权益,根据《中华人民共和国保险法》《中华人民共和国公司法》等法律、行政法规制定本办法。

第二条 本办法所称保险公司,是指经中国保险监督管理委员会(以下简称中国保监会)批准设立,并依法登记注册的商业保险公司。

第三条 本办法所称保险公司控股股东,是指其出资额占保险公司资本总额百分之五十以上或者其持有的股份占保险公司股本总额百分之五十以上的股东；出资额或者持有股份的比例虽然不足百分之五十，但依其出资额或者持有的股份所享有的表决权已足以对股东会、股东大会的决议产生重大影响的股东。

第四条 中国保监会根据法律、行政法规以及本办法的规定，对保险公司控股股东实施监督管理。

第二章 行为及义务

第一节 控制行为

第五条 保险公司控股股东应当善意行使对保险公司的控制权，依法对保险公司实施有效监督，防范保险公司经营风险，不得利用控制权损害保险公司、投保人、被保险人和受益人的合法权益。

第六条 保险公司控股股东应当审慎行使对保险公司董事、监事的提名权，提名人选应当符合中国保监会规定的条件。

保险公司控股股东应当依法加强对其提名的保险公司董事、监事的履职监督，对不能有效履职的人员应当按照法律和保险公司章程的规定及时进行调整。

第七条 保险公司控股股东应当对同时在控股股东和保险公司任职的人员进行有效管理，防范利益冲突。

保险公司控股股东的工作人员不得兼任保险公司的执行董事和高级管理人员。

保险公司控股股东的董事长不受本条第二款规定的限制。

第八条 保险公司控股股东应当支持保险公司建立独立、完善、健全的公司治理结构，维护保险公司的独立运作，不得对保险公司董事会、监事会和管理层行使职权进行不正当限制或者施加其他不正当影响。

第九条 保险公司控股股东不得指使保险公司董事、监事、高级管理人员以及其他在保险公司任职的人员作出损害保险公司、保险公司其他股东、投保人、被保险人和受益人合法权益的决策或者行为。

第十条 保险公司控股股东提名的保险公司董事，应当审慎提名保险公司高级管理人员，提名人选应当符合中国保监会规定的条件。

保险公司控股股东提名的保险公司董事，应当以维护保险公司整体利益最大化为原则进行独立、公正决策，对所作决策依法承担责任，不得因直接或者间接为控股股东谋取利益导致保险公司、投保人、被保险人和受益人的合法权益受到损害。

保险公司董事会决策违反法律、行政法规和中国保监会规定的，中国保监会将依法追究董事的法律责任，经证明在表决时曾表明异议并记载于会议记录的董事除外。

第十一条 保险公司控股股东应当维护保险公司财务和资产独立，不得对保险公司的财务核算、资金调动、资产管理和费用管理等进行非法干预，不得通过借款、担保等方式占用保险公司资金。

第二节 交易行为

第十二条 保险公司控股股东应当确保与保险公司进行交易的透明性和公允性，不得无偿或者以明显不公平的条件要求保险公司为其提供资金或者其他重大利益。

第十三条 保险公司控股股东与保险公司之间的关联交易应当严格遵守《保险公司关联交易管理暂行办法》等中国保监会的规定。

保险公司控股股东不得利用关联交易、利润分配、资产重组、对外投资等任何方式损害保险公司的合法权益。

第十四条 保险公司控股股东不得利用其对保险公司的控制地位，谋取属于保险公司的商业机会。

第十五条 保险公司控股股东不得向保险公司出售其非公开发行的债券。保险公司控股股东公开发行债券的，应当采取必要措施，确保保险公司购买的债券不得超过该次发行债券总额的百分之十。

第十六条 保险公司控股股东不得要求保险公司代其偿还债务，不得要求保险公司为其支付或者垫支工资、福利、保险、广告等费用。

第三节 资本协助

第十七条 保险公司控股股东应当恪守对保

险公司作出的资本协助承诺,不得擅自变更或者解除。

第十八条 保险公司控股股东应当保持财务状况良好稳定,具有较强的资本实力和持续的出资能力。

对偿付能力不足的保险公司,保监会依法责令其增加资本金时,保险公司控股股东应当积极协调保险公司其他股东或者采取其他有效措施,促使保险公司资本金达到保险监管的要求。

第十九条 保险公司控股股东应当根据保险公司的发展战略、业务发展计划以及风险状况,指导保险公司编制资本中期规划和长期规划,促进保险公司资本需求与资本补充能力相匹配。

第二十条 保险公司控股股东的财务状况、资本补充能力和信用状况发生重大不利变化的,应当依法及时向中国保监会报告。

第二十一条 保险公司控股股东不得接受其控制的保险公司以及该保险公司控制的子公司的投资入股。

第四节 信息披露和保密

第二十二条 保险公司控股股东应当严格按照国家有关规定履行信息披露义务,并保证披露信息的及时、真实、准确、完整,不得有虚假记载、误导性陈述或者重大遗漏。

第二十三条 保险公司控股股东应当建立信息披露管理制度,明确规定涉及保险公司重大信息的范围、保密措施、报告和披露等事项。

第二十四条 保险公司控股股东与保险公司之间进行重大关联交易,保险公司按照《保险公司信息披露管理办法》的要求,披露保险公司全体独立董事就该交易公允性出具的书面意见以及其他相关信息,保险公司控股股东应当积极配合。

第二十五条 保险公司控股股东应当恪守对保险公司的保密义务,不得违法使用保险公司的客户信息和其他信息。

第二十六条 公共传媒上出现与保险公司控股股东有关的、对保险公司可能产生重大影响的报道或者传闻,保险公司控股股东应当及时就有关报道或者传闻所涉及事项向保险公司通报。

第五节 监管配合

第二十七条 保险公司控股股东应当及时了解中国保监会的相关规定、政策,根据中国保监会对保险公司的监管意见,督促保险公司依法合规经营。

保险公司控股股东认为必要时,可以向中国保监会反映保险公司的业务经营和风险管理等情况。

第二十八条 保险公司控股股东对保险公司的股权投资策略和发展战略作出重大调整的,应当及时向中国保监会报告。

第二十九条 保险公司控股股东应当积极配合中国保监会对保险公司进行风险处置,并按照中国保监会的要求提供有关信息资料或者采取其他措施。

第三十条 保险公司控股股东转让股权导致或者有可能导致保险公司控制权变更的,应当在转让期间与受让方和保险公司共同制定控制权交接计划,确保保险公司经营管理稳定,维护投保人、被保险人和受益人的合法权益。

控制权交接计划应当对转让过程中可能出现的违法违规或者违反承诺的行为约定处理措施。

第三章 监督管理

第三十一条 中国保监会建立保险公司控股股东信息档案,记录和管理保险公司控股股东的相关信息。

第三十二条 因股权转让导致保险公司控制权变更的,保险公司在向中国保监会提交股权变更审批申请时,应当提交本办法第三十条规定的控制权交接计划并说明相关情况。

第三十三条 中国保监会有权要求保险公司控股股东在指定的期限内提供下列信息和资料:

(一)法定代表人或者主要负责人情况;

(二)股权控制关系结构图;

(三)经审计的财务报告;

(四)其他有关信息和资料。

保险公司控股股东股权控制关系结构图应当包括其持股百分之五以上股东的基本情况、持股目的和持股情况,并应当逐级披露至享有最终控制权的自然人、法人或者机构。

第三十四条 保险公司出现严重亏损、偿付能力不足、多次重大违规或者其他重大风险隐患的,中国保监会可以对保险公司控股股东的董事、监事和高级管理人员进行监管谈话。

第三十五条 保险公司控股股东利用关联交易严重损害保险公司利益，危及公司偿付能力的，由中国保监会责令改正。在按照要求改正前，中国保监会可以限制其享有的资产收益、参与重大决策和选择管理者等股东权利；拒不改正的，可以责令其在一定期限内转让所持的部分或者全部保险公司股权。

第三十六条 保险公司控股股东有其他违反本办法规定行为的，由中国保监会责令改正，并可以依法采取相应的监管措施。

第四章 附 则

第三十七条 保险集团公司控股股东参照适用本办法。

第三十八条 国务院财政部门、国务院授权投资机构以及《保险集团公司管理办法（试行）》规定的保险集团公司是保险公司控股股东的，不适用本办法。

第三十九条 外资保险公司控股股东不适用本办法第七条第二款的规定；中国保监会另有规定的，适用其规定。

第四十条 本办法由中国保监会负责解释。

第四十一条 本办法自2012年10月1日起施行。

银行保险机构大股东行为监管办法（试行）

- 2021年9月30日
- 银保监发〔2021〕43号

第一章 总 则

第一条 为加强银行保险机构公司治理监管，规范大股东行为，保护银行保险机构及利益相关者合法权益，根据《中华人民共和国公司法》《中华人民共和国银行业监督管理法》《中华人民共和国商业银行法》《中华人民共和国保险法》等法律法规及其他相关规定，制定本办法。

第二条 本办法适用于在中华人民共和国境内依法设立的国有控股大型商业银行、全国性股份制商业银行、城市商业银行、农村商业银行、外资法人银行、民营银行、保险集团（控股）公司、保险公司、保险资产管理公司、信托公司、金融资产管理公司、金融租赁公司、消费金融公司和汽车金融公司（以下统称银行保险机构）。

第三条 本办法所称银行保险机构大股东，是指符合下列条件之一的银行保险机构股东：

（一）持有国有控股大型商业银行、全国性股份制商业银行、外资法人银行、民营银行、保险机构、金融资产管理公司、金融租赁公司、消费金融公司和汽车金融公司等机构15%以上股权的；

（二）持有城市商业银行、农村商业银行等机构10%以上股权的；

（三）实际持有银行保险机构股权最多，且持股比例不低于5%的（含持股数量相同的股东）；

（四）提名董事两名以上的；

（五）银行保险机构董事会认为对银行保险机构经营管理有控制性影响的；

（六）中国银行保险监督管理委员会（以下简称银保监会）或其派出机构认定的其他情形。

股东及其关联方、一致行动人的持股比例合并计算。持股比例合计符合上述要求的，对相关股东均视为大股东管理。

第四条 银保监会及其派出机构依法对银行保险机构大股东的行为进行监管。

第二章 持股行为

第五条 银行保险机构大股东应当充分了解银行业或保险业的行业属性、风险特征、审慎经营规则，以及大股东的权利和义务，积极维护银行保险机构稳健经营及金融市场稳定，保护消费者权益，支持银行保险机构更好地服务实体经济、防控金融风险。

第六条 银行保险机构大股东应当强化资本约束，保持杠杆水平适度，科学布局对银行保险机构的投资，确保投资行为与自身资本规模、持续出资能力、经营管理水平相适应，投资入股银行保险机构的数量应符合相关监管要求。

第七条 银行保险机构大股东应当使用来源合法的自有资金入股银行保险机构，不得以委托资金、债务资金等非自有资金入股，法律法规另有规定的除外。

银行保险机构大股东取得股权，并报银保监会及其派出机构审批、备案时，应当详细说明资金来源，积极配合银保监会及其派出机构和银行保险机构对资金来源的审查。

第八条 银行保险机构大股东应当逐层说明其股权结构直至实际控制人、最终受益人，以及与其他股东的关联关系或者一致行动关系，确保股权关系真实、透明，严禁隐藏实际控制人、隐瞒关联关系、股权代持、私下协议等违法违规行为。

第九条 银行保险机构大股东与银行保险机构之间不得直接或间接交叉持股，国务院另有规定的除外。

第十条 银行保险机构大股东质押银行保险机构股权数量超过其所持股权数量的50%时，大股东及其所提名董事不得行使在股东(大)会和董事会上的表决权。对信托公司、特定类型金融机构另有规定的，从其规定。

银行保险机构大股东不得以所持银行保险机构股权为股东自身及其关联方以外的债务提供担保，不得利用股权质押形式，代持银行保险机构股权、违规关联持股以及变相转让股权。

银行保险机构大股东应当及时、准确、完整地向银行保险机构告知其所持股权的质押和解押信息，并由银行保险机构在公司年报中予以披露。

第十一条 银行保险机构大股东应当注重长期投资和价值投资，不得以投机套现为目的；应当维护银行保险机构股权结构的相对稳定，在股权限制转让期限内不得转让或变相转让所持有的银行保险机构股权，司法裁定、行政划拨或银保监会及其派出机构责令转让的除外。

第三章 治理行为

第十二条 银行保险机构大股东应当依照法律法规、监管规定和公司章程履职尽责，合法、有效参与公司治理，严禁滥用股东权利。

第十三条 银行保险机构大股东应当支持银行保险机构建立独立健全、有效制衡的公司治理结构，鼓励支持银行保险机构把党的领导与公司治理有机融合。

第十四条 银行保险机构大股东应当通过公司治理程序正当行使股东权利，维护银行保险机构的独立运营，严禁违规通过下列方式对银行保险机构进行不正当干预或限制，法律法规另有规定或经银保监会认可的情形除外：

（一）对股东(大)会和董事会决议设置前置批准程序；

（二）干预银行保险机构工作人员的正常选聘程序，或越过股东(大)会、董事会直接任免工作人员；

（三）干预银行保险机构董事、监事和其他工作人员的绩效评价；

（四）干预银行保险机构正常经营决策程序；

（五）干预银行保险机构的财务核算、资金调动、资产管理和费用管理等财务、会计活动；

（六）向银行保险机构下达经营计划或指令；

（七）要求银行机构发放贷款或者提供担保；

（八）要求保险机构开展特定保险业务或者资金运用；

（九）以其他形式干预银行保险机构独立经营。

第十五条 银行保险机构大股东可以委托代理人参加股东(大)会，但代理人不得为股东自身及其关联方、一致行动人、所提名董事和监事以外的人员。银行保险机构大股东不得接受非关联方、一致行动人的委托参加股东(大)会。

第十六条 银行保险机构大股东为股权投资基金等机构投资者的，应当向所持股权的最终受益人及银行保险机构披露其对银行保险机构的公司治理及投票政策，包括决定使用投票权的相关程序。

第十七条 银行保险机构大股东应当审慎行使对银行保险机构董事的提名权，确保提名人选符合相关监管规定。鼓励大股东通过市场化方式选聘拟提名董事的候选人，不断提高董事的专业水平。

第十八条 银行保险机构大股东提名的董事应当基于专业判断独立履职，公平对待所有股东，应当以维护银行保险机构整体利益最大化为原则进行独立、专业、客观决策，并对所作决策依法承担责任，不得损害银行保险机构和其他利益相关者的合法权益。

第十九条 银行保险机构大股东及其所在企业集团的工作人员，原则上不得兼任银行保险机构的高级管理人员。独资银行保险机构、监管部门认定处于风险处置和恢复期的银行保险机构以及大股东为中管金融企业的除外。

第二十条 银行保险机构大股东应当依法加强对其提名的董事和监事的履职监督，对不能有效履职的人员应当按照法律法规、银行保险机构章程规定和监管要求及时进行调整。

第四章 交易行为

第二十一条 银行保险机构大股东应当遵守法律法规和银保监会关于关联交易的相关规定，确保与银行保险机构之间交易的透明性和公允性。

第二十二条 银行保险机构大股东严禁通过下列方式与银行保险机构进行不当关联交易，或利用其对银行保险机构的影响力获取不正当利益：

（一）以优于对非关联方同类交易的条件获取贷款、票据承兑和贴现、债券投资、特定目的载体投资等银行授信；

（二）以优于对非关联方同类交易的条件与保险机构开展资金运用业务或保险业务；

（三）通过借款、担保等方式，非法占用、支配银行保险机构资金或其他权益；

（四）由银行保险机构承担不合理的或应由大股东及其关联方承担的相关费用；

（五）以优于对非关联方同类交易的条件购买、租赁银行保险机构的资产，或将劣质资产出售、租赁给银行保险机构；

（六）无偿或以优于对非关联方同类交易的条件使用银行保险机构的无形资产，或向银行保险机构收取过高的无形资产使用费；

（七）利用大股东地位，谋取属于银行保险机构的商业机会；

（八）利用银行保险机构的未公开信息或商业秘密谋取利益；

（九）以其他方式开展不当关联交易或获取不正当利益。

第二十三条 银行保险机构大股东应当充分评估与银行保险机构开展关联交易的必要性和合理性，严禁通过掩盖关联关系、拆分交易、嵌套交易拉长融资链条等方式规避关联交易审查。鼓励大股东减少与银行保险机构开展关联交易的数量和规模，增强银行保险机构的独立性，提高其市场竞争力。

第二十四条 银行保险机构大股东及其关联方与银行保险机构开展重大关联交易时，应当按照有关规定和监管要求配合提供相关材料，由银行保险机构按规定报告和披露。

第二十五条 银行保险机构大股东应当配合银行保险机构开展关联交易的动态管理，及时统计关联交易累计金额，监测是否符合关联交易集中度的有关规定，定期向银行保险机构提供与其开展关联交易的总体情况，并根据银行保险机构的预警提示及时采取相应措施。

第二十六条 银行保险机构大股东非公开发行债券的，银行保险机构不得为其提供担保，不得直接或通过金融产品购买。

第五章 责任义务

第二十七条 银行保险机构大股东应当认真学习和执行银保监会的相关规定、政策，严格自我约束，践行诚信原则，善意行使大股东权利，不得利用大股东地位损害银行保险机构和其他利益相关者的合法权益。

第二十八条 银行保险机构发生重大风险事件或重大违法违规行为，被银保监会或其派出机构采取风险处置或接管等措施的，银行保险机构大股东应当积极配合开展风险处置，严格落实相关监管措施和要求，主动维护银行保险机构经营稳定，依法承担股东责任和义务。

第二十九条 银保监会及其派出机构依法对银行保险机构开展现场检查、调查的，银行保险机构大股东应当积极配合监管部门采取的有关措施，严格执行有关监管要求。

第三十条 银行保险机构大股东应当严格按照监管规定履行信息报送义务，制定并完善内部工作程序，明确信息报送的范围、内容、审核程序、责任部门等，保证信息报送及时、真实、准确、完整，不得有虚假记载、误导性陈述或者重大遗漏。

第三十一条 银行保险机构大股东应当积极配合银行保险机构做好声誉风险管理，引导社会正向舆论，维护银行保险机构品牌形象。

银行保险机构大股东监测到与其有关的、对银行保险机构可能产生重大影响的报道或者传闻时，应当及时向银行保险机构通报相关事项。

第三十二条 银行保险机构大股东应当加强其所持股的银行保险机构同其他小额贷款公司、担保公司等非持牌金融机构之间的风险隔离，不得利用银行保险机构名义进行不当宣传，严禁混淆持牌与非持牌金融机构之间的产品和服务，或放大非持牌金融机构信用，谋取不当利益。

第三十三条 银行保险机构大股东应当根据

银行保险机构的发展战略、业务规划以及风险状况,支持银行保险机构编制实施资本中长期规划,促进银行保险机构资本需求与资本补充能力相匹配,保障银行保险机构资本持续满足监管要求。

第三十四条 银行保险机构大股东应当支持银行保险机构多渠道、可持续补充资本,优化资本结构,增强服务实体经济和抵御风险能力。

银保监会及其派出机构依法责令银行保险机构补充资本时,如银行保险机构无法通过增资以外的方式补充资本,大股东应当履行资本补充义务,不具备资本补充能力或不参与增资的,不得阻碍其他股东或投资人采取合理方案增资。

第三十五条 银行保险机构大股东应当支持银行保险机构根据自身经营状况、风险状况、资本规划以及市场环境调整利润分配政策,平衡好现金分红和资本补充的关系。银行保险机构存在下列情形之一的,大股东应支持其减少或不进行现金分红:

(一)资本充足率不符合监管要求或偿付能力不达标的;

(二)公司治理评估结果低于C级或监管评级低于3级的;

(三)贷款损失准备低于监管要求或不良贷款率显著高于行业平均水平的;

(四)银行保险机构存在重大风险事件、重大违法违规情形的;

(五)银保监会及其派出机构认为不应分红的其他情形。

第三十六条 银行保险机构大股东应当根据监管规定,就有关责任义务出具书面承诺,并积极履行承诺事项。大股东出具虚假承诺或未履行承诺事项的,银保监会可以约谈银行保险机构、大股东及其他相关人员,并在商业银行和保险公司股权管理不良记录中予以记录。

第三十七条 银行保险机构大股东应当鼓励支持全体股东,特别是中小股东就行使股东权利等有关事宜开展正当沟通协商,协调配合中小股东依法行使知情权或质询权等法定权利。

第三十八条 银行保险机构大股东应当支持中小股东获得有效参加股东(大)会和投票的机会,不得阻挠或指使银行保险机构阻挠中小股东参加股东(大)会,或对中小股东参加股东(大)会设置其他障碍。

第三十九条 银行保险机构大股东应当关注其他股东行使股东权利、履行股东义务的有关情况,发现存在损害银行保险机构利益或其他利益相关者合法权益的,应及时通报银行保险机构。银行保险机构应当按照法律法规和公司章程的规定及时采取相应措施,并向银保监会或其派出机构报告。

第六章 银行保险机构职责

第四十条 银行保险机构董事会应当勤勉尽责,并承担股权管理的最终责任。

银行保险机构董事长是处理银行保险机构股权事务的第一责任人。董事会秘书协助董事长工作,是处理股权事务的直接责任人。

第四十一条 银行保险机构应当加强股东权管理和关联交易管理,重点关注大股东行为,发现大股东及其实际控制人存在涉及银行保险机构的违规行为时,应当及时采取措施防止违规情形加剧,并及时向银保监会或其派出机构报告。

第四十二条 银行保险机构应当坚持独立自主经营,建立有效的风险隔离机制,采取隔离股权、资产、债务、管理、财务、业务和人员等审慎措施,实现与大股东的各自独立核算和风险承担,切实防范利益冲突和风险传染。银保监会对银行保险机构监督管理另有规定的,从其规定。

第四十三条 鼓励银行保险机构制定大股东权利义务清单和负面行为清单。

权利义务清单应当明确大股东依法享有的股东权利和应当履行的责任义务;负面行为清单应当明确大股东不得利用股东地位开展的违规行为,以及存在违规行为时,将承担的法律责任和可能面临的监管处罚。

银行保险机构应当根据法律法规和监管政策及时更新权利义务清单和负面行为清单,充分运用公司章程,督促引导大股东严格依法依规行使股东权利,积极主动履行责任义务。

第四十四条 银行保险机构应当建立大股东信息档案,记录和管理大股东的相关信息,并通过询问股东、查询公开信息等方式,至少每半年一次,核实掌握大股东的控制权情况、与银行保险机构其他股东间的关联关系及一致行动情况、所持股权质押冻结情况,如发生变化,应按照有关规定及时、准确、完整地报告和披露相关信息。

第四十五条　银行保险机构董事会应至少每年一次，就大股东资质情况、财务状况、所持股权情况、上一年度关联交易情况、行使股东权利情况、履行责任义务和承诺情况、落实公司章程和协议条款情况、遵守法律法规和监管规定情况进行评估，并在股东（大）会上或通过书面文件进行通报，同时抄报银保监会或其派出机构。

银行保险机构对大股东进行评估时，可按照相关监管规定，对其他需要评估的股东进行同步评估，相关评估报告可合并报送银保监会或其派出机构。

第四十六条　银行保险机构在不涉及商业秘密的前提下，可以定期通报机构的治理情况、经营情况和相关风险情况，更好地保障中小股东、独立董事、外部监事、普通员工和金融消费者等利益相关方的知情权、质询权等相关权利，鼓励上述各利益相关方对大股东不当干预行为开展监督。

第四十七条　银行保险机构大股东滥用股东权利，给银行保险机构造成损失的，银行保险机构应当按照《中华人民共和国公司法》第二十条规定，要求大股东承担赔偿责任。大股东拒不配合承担赔偿责任的，银行保险机构应当积极采取有关措施，维护自身权益，并将相关情况报送银保监会或其派出机构。

第七章　监督管理

第四十八条　银保监会及其派出机构按照实质重于形式的原则，加强对银行保险机构大股东的穿透监管和审查，对涉及银行保险机构的违法违规行为依法采取监管措施。

第四十九条　银行保险机构大股东违反本办法规定的，银保监会及其派出机构可责令限期改正，并视情况采取约谈大股东及相关人员、公开质询、公开谴责、向其上级主管单位通报等措施。

第五十条　银行保险机构大股东或其控股股东、实际控制人违反本办法第七条、第八条、第十四条规定的，银保监会及其派出机构可依法限制其股东（大）会召开请求权、表决权、提名权、提案权、处分权等相关股东权利。

第五十一条　银行保险机构大股东及其关联方利用关联交易严重损害银行保险机构利益，危及资本充足率或偿付能力的，银保监会或其派出机构应当立即采取措施，限制或禁止银行保险机构与违规股东及其关联方开展关联交易，防止进一步损害银行保险机构利益。

第五十二条　银行保险机构违反本办法规定的，银保监会及其派出机构可责令限期改正，并根据违规情形调整银行保险机构公司治理评估结果、监管评级或采取其他监管措施。

第五十三条　对银行保险机构或其大股东违规行为负有直接责任或未履职尽责的银行保险机构工作人员，银保监会及其派出机构可采取以下措施，并依法追究相关人员责任：

（一）监管谈话或责令整改；

（二）行业警示通报或公开谴责；

（三）责令银行保险机构按照公司规定给予纪律处分、警告、罚款或调整职务；

（四）按管理权限通报其组织部门及纪检监察部门。

第五十四条　银行保险机构大股东及其控股股东、实际控制人违反本办法规定的，银保监会及其派出机构应当依据相关法律法规及时采取措施，并在商业银行和保险公司股权管理不良记录中及时、准确、完整记录。对违法违规情节严重且社会影响特别恶劣的大股东，银保监会依法予以处罚并视情形向社会公开通报。

第八章　附　则

第五十五条　银保监会批准设立的其他金融机构，参照适用本办法。法律法规及监管制度另有规定的，从其规定。

法律法规、监管制度及国有金融企业股权管理对国家财政部门、国务院授权投资机构、受财政部门委托管理国有金融资本的其他部门和机构、商业银行、保险集团（控股）公司、保险公司、外资法人机构以及经监管部门批准设立的金融控股公司作为银行保险机构股东另有规定的，从其规定。

第五十六条　本办法所称"以上"包括本数，"超过""低于"不包括本数。

第五十七条　本办法由银保监会负责解释。

第五十八条　本办法自公布之日起施行。

保险公司董事、监事和高级管理人员任职资格管理规定

- 2021 年 6 月 3 日中国银行保险监督管理委员会令 2021 年第 6 号公布
- 自 2021 年 7 月 3 日起施行

第一章 总 则

第一条 为了加强和完善对保险公司董事、监事和高级管理人员的管理,保障保险公司稳健经营,促进保险业健康发展,根据《中华人民共和国保险法》《中华人民共和国行政许可法》和有关法律、行政法规,制定本规定。

第二条 中国银行保险监督管理委员会(以下简称银保监会)根据法律法规授权,对保险公司董事、监事和高级管理人员任职资格实行统一监督管理。

银保监会派出机构依法独立负责辖区内保险公司分支机构高级管理人员任职资格的监督管理,但中资再保险公司分公司和境外保险公司分公司除外。银保监会派出机构根据授权依法独立负责辖区内保险公司董事、监事和高级管理人员任职资格的监督管理。

第三条 本规定所称保险公司,是指经银保监会批准设立,并依法登记注册的商业保险公司。

本规定所称同类保险公司,是指同属财产保险公司、同属人身保险公司或者同属再保险公司。

专属机构高级管理人员任职资格管理,由银保监会另行规定。

第四条 本规定所称高级管理人员,是指对保险公司经营管理活动和风险控制具有决策权或者重大影响的下列人员:

(一)总公司总经理、副总经理和总经理助理;

(二)总公司董事会秘书、总精算师、合规负责人、财务负责人和审计责任人;

(三)省级分公司总经理、副总经理和总经理助理;

(四)其他分公司、中心支公司总经理;

(五)与上述高级管理人员具有相同职权的管理人员。

第五条 保险公司董事、监事和高级管理人员,应当在任职前取得银保监会或其派出机构核准的任职资格。

第二章 任职资格条件

第六条 保险公司董事、监事和高级管理人员应当遵守法律、行政法规和银保监会的有关规定,遵守保险公司章程。

第七条 保险公司董事、监事和高级管理人员应当符合以下基本条件:

(一)具有完全民事行为能力;

(二)具有诚实信用的品行、良好的守法合规记录;

(三)具有履行职务必需的知识、经验与能力,并具备在中国境内正常履行职务必需的时间和条件;

(四)具有担任董事、监事和高级管理人员职务所需的独立性。

第八条 保险公司董事、监事和高级管理人员应当具有大学本科以上学历或者学士以上学位。

第九条 保险公司董事长应当具有金融工作经历 5 年以上或者经济工作经历 10 年以上(其中金融工作经历不得少于 3 年)。

第十条 保险公司董事和监事应当具有 5 年以上与其履行职责相适应的工作经历。

第十一条 保险公司总经理应当具有金融工作经历 8 年以上或者经济工作经历 10 年以上(其中金融工作经历不得少于 5 年),并且具有下列任职经历之一:

(一)担任保险公司省级分公司总经理以上职务高级管理人员 5 年以上;

(二)担任保险公司部门主要负责人 5 年以上;

(三)担任金融监管机构相当管理职务 5 年以上。

具有 10 年以上金融工作经历且其中保险业工作经历不少于 2 年,并担任国家机关、大中型企业相当管理职务 5 年以上的,可以不受前款关于任职经历的限制。

第十二条 保险公司副总经理、总经理助理应当从事金融工作 8 年以上或者经济工作 10 年以上。

第十三条 保险公司董事会秘书应当从事金

融工作5年以上或者经济工作8年以上。

第十四条 保险公司总精算师应当具备下列条件：

（一）取得中国精算师、北美精算师、英国精算师、法国精算师或者银保监会认可的其他国家（地区）精算领域专业资格3年以上，熟悉中国保险精算监管制度，具有从事保险精算工作必需的专业技能；

（二）从事保险精算、保险财务或者保险投资工作8年以上，其中包括5年以上在保险行业内担任保险精算、保险财务或者保险投资管理职务的任职经历；

（三）银保监会规定的其他条件。

其中，银保监会认可的其他国家（地区）精算领域专业资格，由银保监会不定期公布。

第十五条 保险公司合规负责人应当具备下列条件：

（一）具有在企事业单位或者国家机关担任领导或者管理职务的任职经历；

（二）熟悉合规工作，具有一定年限的合规从业经历，从事法律、合规、稽核、财会或者审计等相关工作5年以上，或者在金融机构的业务部门、内控部门或者风险管理部门等相关部门工作5年以上；

（三）熟悉保险法律、行政法规和基本民事法律，熟悉保险监管规定和行业自律规范；

（四）银保监会规定的其他条件。

第十六条 保险公司财务负责人应当从事金融工作5年以上或者经济工作8年以上，并且具备下列条件：

（一）具有在企事业单位或者国家机关担任领导或者管理职务的任职经历；

（二）具有国内外会计、财务、投资或者精算等相关领域的合法专业资格，或者具有国内会计或者审计系列高级职称；

（三）熟悉履行职责所需的法律法规和监管规定，在会计、精算、投资或者风险管理等方面具有良好的专业基础；

（四）对保险业的经营规律有比较深入的认识，有较强的专业判断能力、组织管理能力和沟通能力；

（五）银保监会规定的其他条件。

具有财会等相关专业博士学位的，或从事金融工作10年以上并且在金融机构担任5年以上管理职务的，可以豁免本条第一款第（二）项规定的条件。

第十七条 保险公司审计责任人应当具备下列条件：

（一）具有在企事业单位或者国家机关担任领导或者管理职务的任职经历；

（二）从事审计、会计或财务工作5年以上，或者从事金融工作8年以上，熟悉金融保险业务；

（三）银保监会规定的其他条件。

第十八条 保险公司省级分公司总经理、副总经理和总经理助理应当从事金融工作5年以上或者经济工作8年以上。

省级分公司总经理除具备前款规定条件外，还应当具有下列任职经历之一：

（一）担任保险公司中心支公司总经理以上职务高级管理人员3年以上；

（二）担任保险公司省级分公司部门主要负责人以上职务3年以上；

（三）担任其他金融机构高级管理人员3年以上；

（四）担任国家机关、大中型企业相当管理职务5年以上。

第十九条 保险公司在计划单列市设立的行使省级分公司管理职责的分公司，其高级管理人员的任职条件参照适用第十八条规定。

第二十条 除省级分公司以外的其他分公司、中心支公司总经理应当从事金融工作3年以上或者经济工作5年以上，还应当具有下列任职经历之一：

（一）担任保险公司高级管理人员2年以上；

（二）担任保险公司分公司、中心支公司部门主要负责人以上职务2年以上；

（三）担任其他金融机构高级管理人员2年以上；

（四）担任国家机关、大中型企业相当管理职务3年以上；

（五）其他足以证明其具有拟任职务所需知识、能力、经验的职业资历。

第二十一条 保险公司主持工作的副总经理或者其他高级管理人员任职资格核准，适用本规定同级机构总经理的有关规定。

第二十二条 境外保险公司分公司高级管理

人员任职资格核准,适用保险公司总公司高级管理人员的有关规定。

第二十三条 保险公司应当与高级管理人员建立劳动关系,订立书面劳动合同。

第二十四条 保险公司高级管理人员兼任其他经营管理职务不得违反《中华人民共和国公司法》等国家有关规定,不得兼任存在利益冲突的职务。

第二十五条 保险公司拟任董事、监事或者高级管理人员有下列情形之一的,银保监会及其派出机构对其任职资格不予核准:

(一)无民事行为能力或者限制民事行为能力;

(二)因贪污、贿赂、侵占财产、挪用财产或者破坏社会主义市场经济秩序,被判处刑罚,执行期满未逾5年,或者因犯罪被剥夺政治权利,执行期满未逾5年;

(三)被判处其他刑罚,执行期满未逾3年;

(四)被金融监管部门取消、撤销任职资格,自被取消或者撤销任职资格年限期满之日起未逾5年;

(五)被金融监管部门禁止进入市场,期满未逾5年;

(六)被国家机关开除公职,自作出处分决定之日起未逾5年,或受国家机关警告、记过、记大过、降级、撤职等其他处分,在受处分期间内的;

(七)因违法行为或者违纪行为被吊销执业资格的律师、注册会计师或者资产评估机构、验证机构等机构的专业人员,自被吊销执业资格之日起未逾5年;

(八)担任破产清算的公司、企业的董事或者厂长、经理,对该公司、企业的破产负有个人责任的,自该公司、企业破产清算完结之日起未逾3年;

(九)担任因违法被吊销营业执照、责令关闭的公司、企业的法定代表人,并负有个人责任的,自该公司、企业被吊销营业执照之日起未逾3年;

(十)个人所负数额较大的债务到期未清偿;

(十一)申请前1年内受到银保监会或其派出机构警告或者罚款的行政处罚;

(十二)因涉嫌严重违法违规行为,正接受有关部门立案调查,尚未作出处理结论;

(十三)受到境内其他行政机关重大行政处罚,执行期满未逾2年;

(十四)因严重失信行为被国家有关单位确定为失信联合惩戒对象且应当在保险领域受到相应惩戒,或者最近5年内具有其他严重失信不良记录的;

(十五)银保监会规定的其他情形。

第二十六条 保险公司被整顿、接管期间,或者出现重大风险时,负有直接责任的董事、监事或者高级管理人员,在被整顿、接管或者重大风险处置期间,不得到其他保险公司担任董事、监事或者高级管理人员。

第三章 任职资格核准

第二十七条 保险公司董事、监事和高级管理人员需要进行任职资格核准的,保险公司应当在内部选用程序完成后,及时按要求向银保监会或其派出机构提交任职资格申请材料。保险公司及其拟任董事、监事和高级管理人员应当对材料的真实性、完整性负责,不得有虚假记载、误导性陈述和重大遗漏。

保险公司在决定聘任董事、监事和高级管理人员前,应对拟任人员进行必要的履职调查,确保拟任人员符合相关规定。

第二十八条 保险公司董事、监事和高级管理人员需要进行任职资格核准的,保险公司应当向银保监会或其派出机构提交下列申请材料:

(一)任职资格核准申请文件;

(二)银保监会统一制作的任职资格申请表;

(三)拟任董事、监事或者高级管理人员身份证、学历证书等有关证书的复印件;

(四)接受反洗钱培训情况报告及本人签字的履行反洗钱、反恐怖融资义务承诺书;

(五)拟任人最近三年曾任金融机构董事长或高级管理人员的,应当提交其最近一次离任审计报告或经济责任审计报告;

(六)银保监会规定的其他材料。

第二十九条 保险公司拟任高级管理人员频繁更换保险公司任职的,应当由本人提交两年内工作情况的书面说明,并解释更换任职的原因。

第三十条 银保监会或其派出机构在核准保险公司拟任董事、监事或者高级管理人员的任职资格前,可以向原任职机构核实其工作的基本情况。

第三十一条　银保监会或其派出机构可以对保险公司拟任董事、监事和高级管理人员进行任职考察，包括下列内容：

（一）进行保险法规及相关知识测试；

（二）通过谈话方式，了解拟任人员的基本情况和业务素质，如对公司治理、业务发展、法律合规、风险管控等问题的理解把握，对拟任人员需要重点关注的问题进行提示；

（三）银保监会或其派出机构认为应当考察的其他内容。

任职考察谈话应当制作书面记录，由考察人和拟任人员签字。

第三十二条　银保监会及其派出机构应当自受理任职资格申请之日起20日内，作出核准或者不予核准的决定。20日内不能作出决定的，经本机关负责人批准，可以延长10日，并应当将延长期限的理由告知申请人。

决定核准任职资格的，应当颁发核准文件；决定不予核准的，应当作出书面决定并说明理由。

第三十三条　已核准任职资格的保险公司董事、监事和高级管理人员，任职符合下列情形的，无须重新核准其任职资格，但任职中断时间超过一年的除外：

（一）在同一保险公司内调任、兼任同级或者下级机构高级管理人员职务；

（二）保险公司董事、监事转任同类保险公司董事长以外的董事、监事；

（三）在同类保险公司间转任同级或者下级机构高级管理人员职务。

调任、兼任或转任的同级机构职务为董事长或总经理的，应当重新报经银保监会或其派出机构核准任职资格。

调任、兼任或转任同级或下级机构职务后，拟任职务对经济工作经历及金融工作经历年限的要求，对任职经历的要求或者对专业资格的要求高于原职务的，应当重新报经银保监会或其派出机构核准任职资格。

任职中断时间，自拟任职人员从原职务离职次日起算，至拟任职务任命决定作出之日止。

保险公司董事、监事和高级管理人员任职过程中或任职中断期间存在本规定第二十五条所列情形的，不适用本条第一款规定。

第三十四条　已核准任职资格的高级管理人员，依照本规定第三十三条第一款规定任职的，其任职保险公司应当自任命决定作出之日起10日内向银保监会或其派出机构提交下列报告材料：

（一）任职报告文件；

（二）银保监会统一制作的任职报告表；

（三）任命文件复印件；

（四）最近三年曾任金融机构董事长或高级管理人员的，应当提交其最近一次离任审计报告或经济责任审计报告；

（五）银保监会规定的其他材料。

银保监会或其派出机构审查发现存在不符合任职资格条件的情形，可以责令保险公司限期改正。

第三十五条　保险公司董事、监事或者高级管理人员有下列情形之一的，其任职资格自动失效：

（一）获得核准任职资格后，超过2个月未实际到任履职，且未提供正当理由；

（二）从核准任职资格的岗位离职；

（三）受到银保监会或其派出机构禁止进入保险业的行政处罚；

（四）出现《中华人民共和国公司法》第一百四十六条或者《中华人民共和国保险法》第八十二条规定的情形；

（五）被判处刑罚；

（六）银保监会认定的其他情形。

出现前款第（三）至（五）项规定情形的，保险公司应当立即解除相关人员的职务。

第四章　监督管理

第三十六条　保险公司董事、监事和高级管理人员需要进行任职资格核准的，未经银保监会或其派出机构核准任职资格，保险公司不得以任何形式任命董事、监事或者高级管理人员。

第三十七条　保险公司总公司总经理、总精算师、合规负责人、财务负责人和审计责任人，省级分公司、其他分公司和中心支公司总经理不能履行职务或缺位时，可以指定临时负责人，但临时负责时间累计不得超过6个月。保险公司应当在6个月内选聘具有任职资格的人员正式任职。

保险公司确有需要的，在本条第一款规定的累计临时负责期限内，可以更换1次临时负责人。更换临时负责人的，保险公司应当说明理由。

临时负责人应当具有与履行职责相当的能力,并不得有本规定禁止担任高级管理人员的情形。

第三十八条 保险公司应当自下列决定作出之日起10日内,向银保监会或其派出机构报告：

（一）董事、监事或者高级管理人员的任职、免职或者批准其辞职的决定；

（二）依照保险监管规定对高级管理人员作出的撤职或者开除的处分决定；

（三）因任职资格失效,解除董事、监事或者高级管理人员职务的决定；

（四）根据撤销任职资格的行政处罚,解除董事、监事或者高级管理人员职务的决定；

（五）根据禁止进入保险业的行政处罚,解除董事、监事或者高级管理人员职务、终止劳动关系的决定；

（六）指定、更换或者撤销临时负责人的决定；

（七）根据本规定第四十五条、第四十六条规定,暂停职务的决定。

保险公司依照本规定第三十四条规定已经报告的,不再重复报告。

第三十九条 保险公司董事、监事和高级管理人员应当按照银保监会的规定参加培训。

第四十条 保险公司应当对董事长和高级管理人员实施审计。

第四十一条 保险公司董事、监事或者高级管理人员在任职期间犯罪、受到监察机关重大处分或者受到其他行政机关重大行政处罚的,保险公司应当自知道或者应当知道判决或者行政处罚决定之日起10日内,向银保监会或其派出机构报告。

第四十二条 保险公司出现下列情形之一的,银保监会或其派出机构可以对直接负责的董事、监事或者高级管理人员出具重大风险提示函,进行监管谈话,要求其就相关事项作出说明,并可以视情形责令限期整改：

（一）在业务经营、资金运用、公司治理、关联交易、反洗钱或者内控制度等方面出现重大隐患的；

（二）董事、监事或者高级管理人员违背《中华人民共和国公司法》规定的忠实和勤勉义务,严重危害保险公司业务经营的；

（三）银保监会规定的其他情形。

第四十三条 保险公司出现下列情形之一的,银保监会及其派出机构可以视情形责令其限期整改,要求保险公司或者直接负责的董事、监事、高级管理人员作出书面说明,对其进行监管谈话、出具监管意见,或对其作出监管措施决定：

（一）频繁变更高级管理人员,对经营造成不利影响；

（二）未按照本规定履行对高级管理人员的任职管理责任；

（三）银保监会规定的其他情形。

第四十四条 银保监会及其派出机构记录并管理保险公司董事、监事和高级管理人员的以下信息：

（一）任职资格申请材料的基本内容；

（二）保险公司根据本规定第三十四条、第三十八条规定报告的情况；

（三）与该人员相关的风险提示函、监管谈话记录、监管意见、监管措施决定；

（四）离任审计报告；

（五）受到刑罚和行政处罚情况；

（六）银保监会规定的其他内容。

第四十五条 保险公司董事、监事或者高级管理人员涉嫌重大违纪或重大违法犯罪,被监察机关、行政机关立案调查或者司法机关立案侦查的,保险公司应当暂停相关人员的职务。

第四十六条 保险公司出现下列情形之一的,银保监会或其派出机构认为与被调查事件相关的董事、监事或者高级管理人员不宜继续履行职责时,可以在调查期间责令保险公司暂停相关董事、监事或者高级管理人员职务：

（一）偿付能力严重不足；

（二）涉嫌严重损害被保险人的合法权益；

（三）未按照规定提取或者结转各项责任准备金；

（四）未按照规定办理再保险；

（五）未按照规定运用保险资金。

第四十七条 保险公司在整顿、接管、撤销清算期间,或者出现重大风险时,银保监会及其派出机构可以对该机构直接负责的董事、监事或者高级管理人员采取以下措施：

（一）通知出境管理机关依法阻止其出境；

（二）申请司法机关禁止其转移、转让或者以其他方式处分财产,或者在财产上设定其他权利。

第五章 法律责任

第四十八条 隐瞒有关情况或者提供虚假材料申请任职资格的机构或者个人，银保监会及其派出机构不予受理或者不予核准任职资格申请，并在1年内不再受理对该拟任董事、监事或者高级管理人员的任职资格申请。

第四十九条 以欺骗、贿赂等不正当手段取得任职资格的，由银保监会或其派出机构撤销核准该董事、监事或者高级管理人员任职资格的行政许可决定，并在3年内不再受理其任职资格的申请。

第五十条 保险公司或者其从业人员违反本规定，由银保监会及其派出机构依照法律、行政法规进行处罚；法律、行政法规没有规定的，由银保监会及其派出机构责令改正，予以警告，对有违法所得的处以违法所得1倍以上3倍以下罚款，但最高不超过3万元，对没有违法所得的处以1万元以下罚款；涉嫌犯罪的，依法移交司法机关追究刑事责任。

第六章 附则

第五十一条 保险集团公司、保险控股公司、再保险公司、政策性保险公司、一般相互保险组织和保险资产管理公司董事、监事和高级管理人员任职资格管理适用本规定，法律、行政法规和银保监会另有规定的，适用其规定。

第五十二条 外资独资保险公司、中外合资保险公司董事、监事和高级管理人员任职资格管理适用本规定，法律、行政法规和银保监会另有规定的，适用其规定。

第五十三条 保险公司依照本规定报送的任职资格申请、报告材料和其他文件资料，应当用中文书写。原件是外文的，应当附中文译本。

第五十四条 本规定所称"日"指工作日。
本规定所称"以上""以下"，除有专门解释外，均包括本数。

第五十五条 本规定由银保监会负责解释。本规定施行前发布的规章、规范性文件内容与本规定不一致的，以本规定为准。

第五十六条 本规定自2021年7月3日起施行。《保险公司董事、监事和高级管理人员任职资格管理规定》(保监会令〔2010〕2号，根据保监会令〔2014〕1号第1次修改，根据保监会令〔2018〕4号第2次修改)和《保险机构董事、监事和高级管理人员任职资格考试管理暂行办法》(保监发〔2016〕6号)同时废止。

银行保险机构董事监事履职评价办法(试行)

- 2021年5月20日中国银行保险监督管理委员会令2021年第5号公布
- 自2021年7月1日起施行

第一章 总则

第一条 为健全银行保险机构公司治理，规范董事监事履职行为，促进银行业保险业稳健可持续发展，根据《中华人民共和国公司法》《中华人民共和国商业银行法》《中华人民共和国银行业监督管理法》《中华人民共和国保险法》等法律法规，制定本办法。

第二条 本办法所称银行保险机构，是指在中华人民共和国境内依法设立的商业银行、保险公司。

第三条 本办法所称董事监事履职评价是指银行保险机构依照法律法规和监管规定，对本机构董事和监事的履职情况开展评价的行为。

第四条 银行保险机构监事会对本机构董事监事履职评价工作承担最终责任。

董事会、高级管理层应当支持和配合董事监事履职评价相关工作，对自身提供材料的真实性、准确性、完整性和及时性负责。

第五条 中国银行保险监督管理委员会(以下简称中国银保监会)及其派出机构依法对银行保险机构董事监事履职评价工作进行监督管理，并将董事监事履职评价情况纳入公司治理监管评估。

第六条 董事监事履职评价应当遵循依法合规、客观公正、标准统一、科学有效、问责严格的原则。

第二章 评价内容

第一节 基本职责

第七条 董事监事应当充分了解自身的权

利、义务和责任,严格按照法律法规、监管规定及公司章程要求,忠实、勤勉地履行其诚信受托义务及作出的承诺,服务于银行保险机构和全体股东的最佳利益,维护利益相关者的合法权益。

第八条 董事监事应当具备良好的品行、声誉和守法合规记录,遵守高标准的职业道德准则,具备与所任职务匹配的知识、经验、能力和精力,保持履职所需要的独立性、个人及家庭财务的稳健性。

董事监事不得在履职过程中接受不正当利益,不得利用职务、地位谋取私利或侵占银行保险机构财产,不得为股东利益损害银行保险机构利益,不得损害利益相关者合法权益。

第九条 董事监事任职前应当书面签署尽职承诺,保证严格保守银行保险机构秘密、有足够的时间和精力履行职责。董事监事应当恪守承诺。

第十条 董事监事应当如实告知银行保险机构自身本职、兼职情况,确保任职情况符合监管要求,并且与银行保险机构不存在利益冲突。

第十一条 董事监事应当按照相关规定,及时向董事会、监事会报告关联关系、一致行动关系及变动情况。董事监事应当严格遵守关联交易和履职回避相关规定。

第十二条 董事监事在履行职责时,特别是在决策可能对不同股东造成不同影响的事项时,应当坚持公平原则。董事监事发现股东、其他单位、个人对银行保险机构进行不当干预或限制的,应当主动向董事会、监事会报告或向监管部门反映。

第十三条 董事监事应当持续了解银行保险机构公司治理、战略管理、经营投资、风险管理、内控合规、财务会计等情况,依法合规参会议事、提出意见建议和行使表决权,对职责范围内的事项做出独立、专业、客观的判断,提升董事会决策和监事会监督质效,推动和监督股东(大)会、董事会、监事会决议落实到位。

董事监事应当主动关注监管部门、市场中介机构、媒体和社会公众对银行保险机构的评价,持续跟进监管部门发现问题的整改问责情况。

第十四条 独立董事、外部监事每年在银行保险机构工作的时间不得少于15个工作日。

董事会风险管理委员会、审计委员会、关联交易控制委员会主任委员每年在银行保险机构工作的时间不得少于20个工作日。

第十五条 董事监事每年应当亲自出席三分之二以上的董事会、监事会现场会议。因故不能出席的,应当书面委托其他董事监事代为出席,委托书中应当载明董事监事本人对议案的个人意见和表决意向;独立董事不得委托非独立董事代为出席。

前款所称现场会议,是指通过现场、视频、电话等能够保证参会人员即时交流讨论的方式召开的会议。

第十六条 董事监事任期届满未及时改选、董事在任期内辞职导致董事会成员低于法定人数或者公司章程规定人数的三分之二、监事在任期内辞职导致监事会成员低于法定人数的,在改选出的董事监事就任前,原董事监事仍应当依照法律法规、监管规定及公司章程的规定,履行董事监事职责。独立董事在任期内辞职导致董事会中独立董事人数占比少于三分之一的,在新的独立董事就任前,该独立董事应当继续履职,因丧失独立性而辞职和被罢免的除外。

第十七条 董事监事应当不断提升履职所必需的专业知识和基本素质,了解掌握与银行保险机构经营管理相关的法律法规和监管规定,积极参加监管部门、行业协会和银行保险机构等组织的培训,不断提升履职能力和水平。

第十八条 董事会、监事会专门委员会成员应当持续关注专门委员会职责范围内的相关事项,及时提出专业意见,提请专门委员会关注或审议。担任专门委员会主任委员的董事监事,应当及时组织召开专门委员会会议并形成集体意见提交董事会、监事会。

第十九条 国有银行保险机构应当积极推动党的领导与公司治理有机融合。担任党委成员的董事监事,应当在决策和监督过程中严格落实党组织决定,促进党委会与董事会、监事会之间的信息沟通,确保党组织的领导核心作用得到发挥。

第二十条 董事长、监事会主席应当领导银行保险机构加强董事会、监事会建设,切实提升董事会、监事会运行质效。

董事长、监事会主席除履行董事监事一般职责外,还应当按照法律法规、监管规定及公司章程履行其职务所要求的其他职责。

第二十一条 执行董事应当充分发挥自身特

点和优势，维护董事会在战略决策中的核心地位，支持配合监事会的监督工作，确保董事会职责范围内的事项及时提交董事会审议，落实高级管理层向董事会报告制度，支持董事会其他成员充分了解银行保险机构经营管理和风险信息，推动董事会决议的有效执行和及时反馈。

第二十二条 独立董事、外部监事在决策和监督过程中，应不受主要股东、高级管理人员以及其他与银行保险机构存在利害关系的单位和个人的影响，注重维护中小股东与其他利益相关者合法权益。独立董事对股东(大)会、董事会讨论事项，尤其是重大关联交易、利润分配、董事的提名任免、高级管理人员的聘任和解聘以及薪酬等可能存在利益冲突的事项，发表客观、公正的独立意见。

第二十三条 职工董事、职工监事应当积极发挥自身对经营管理较为熟悉的优势，从银行保险机构的长远利益出发，推动董事会、监事会更好地开展工作。职工董事、职工监事应当就涉及职工切身利益的规章制度或者重大事项，听取职工的意见和建议，在董事会、监事会上真实、准确、全面地反映，切实维护职工合法权益。

职工董事、职工监事应当定期向职工(代表)大会述职和报告工作，主动接受广大职工的监督，在董事会、监事会会议上，对职工(代表)大会作出决议的事项，应当按照职工(代表)大会的相关决议发表意见，并行使表决权。

第二节 评价维度和重点

第二十四条 董事监事履职评价应当至少包括履行忠实义务、履行勤勉义务、履职专业性、履职独立性与道德水准、履职合规性五个维度。

履行忠实义务包括但不限于董事监事能够以银行保险机构的最佳利益行事，严格保守银行保险机构秘密，高度关注可能损害银行保险机构利益的事项，及时向董事会、监事会报告并推动问题纠正等。

履行勤勉义务包括但不限于董事监事能够投入足够的时间和精力参与银行保险机构事务，及时了解经营管理和风险状况，按要求出席董事会及其专门委员会、监事会及其专门委员会会议，对提交董事会、监事会审议的事项认真研究并作出审慎判断等。

履职专业性包括但不限于董事监事能够持续提升自身专业水平，立足董事会、监事会职责定位，结合自身的专业知识、从业经历和工作经验，研究提出科学合理的意见建议，推动董事会科学决策、监事会有效监督等。

履职独立性与道德水准包括但不限于董事监事能够坚持高标准的职业道德准则，不受主要股东和内部人控制或干预，独立自主地履行职责，推动银行保险机构公平对待全体股东、维护利益相关者的合法权益、积极履行社会责任等。

履职合规性包括但不限于董事监事能够遵守法律法规、监管规定及公司章程，持续规范自身履职行为，依法合规履行相应的职责，推动和监督银行保险机构守法合规经营等。

第二十五条 银行保险机构应结合董事类型特点及其在董事会专门委员会中的任职情况，从不同维度重点关注董事在下列事项中的工作表现：

(一)制定并推动实施战略规划、年度经营计划；

(二)制定和推动执行风险管理策略、风险偏好、风险限额和风险管理制度；

(三)审查重大投融资和资产处置项目，特别是非计划内的投资、租赁、资产买卖、担保等重大事项；

(四)推动加强资本管理和资本补充；

(五)制订和推动执行利润分配方案；

(六)推动股东(大)会决议和董事会决议的落实；

(七)推动银行保险机构完善股权结构和内部治理架构，加强股权管理，提升公司治理的有效性；

(八)提升内部控制、合规管理和内部审计的有效性，落实反洗钱、反恐怖融资相关要求；

(九)提升董事提名和选举流程的规范性和透明度；

(十)选任、监督和更换高级管理人员，加强与高级管理层的沟通；

(十一)评估和完善董事会对高级管理层的授权原则、授权范围和管理机制；

(十二)推动董事、高级管理人员薪酬与银行保险机构和股东长期利益保持一致，且符合监管要求；

（十三）推动协调各治理主体运作，加强与股东及其他利益相关者的沟通，平衡各方利益；

（十四）促进关联交易的合法合规性和关联交易管理的规范性；

（十五）提升财务会计信息的真实性、准确性和完整性；

（十六）提升信息披露的真实性、准确性、完整性和及时性；

（十七）确保监管报送数据的及时性、真实性和完整性；

（十八）推动完善消费者权益保护决策机制，规划和指导消费者权益保护工作；

（十九）推动监管意见落实以及相关问题整改问责；

（二十）关注和依责处理可能或已经造成重大风险和损失的事项，特别是对存款人、投保人、被保险人和受益人、中小股东合法权益产生重大影响的事项；

（二十一）履行法律法规、监管规定及公司章程规定董事应当承担的其他重要职责。

银行保险机构应当结合监管制度关于独立董事职责的特别规定，围绕独立董事应当重点关注和发表独立意见的事项，考察和评价其履职表现。

第二十六条 银行保险机构应当结合监事类型特点及其在监事会专门委员会中的任职情况，从不同维度重点关注监事在下列事项中的工作表现：

（一）对董事会及其成员的履职监督，包括但不限于董事会及其成员遵守法律法规、监管规定及银行保险机构内部制度，完善银行保险机构股权结构、组织架构，制定并推动实施发展战略，完善风险管理、消费者权益保护、内控合规、薪酬考核、内外部审计、信息披露等相关机制的情况，董事会各专门委员会有效运作情况，董事参加会议、发表意见、提出建议情况等。

（二）对高级管理层及其成员的履职监督，包括但不限于高级管理层及其成员遵守法律法规、监管规定及银行保险机构内部制度，执行股东（大）会、董事会和监事会决议，落实发展战略和经营计划，加强风险管理、内控合规管理、消费者权益保护、案件防控、绩效考评管理等情况。

（三）对发展战略和经营理念的科学性、有效性、合理性以及实施情况的监督与评估。

（四）对财务状况的监督，包括但不限于重要财务决策和执行情况；利润分配方案的合规性、合理性；机构定期报告的真实性、准确性和完整性；外部审计工作管理情况。

（五）对内控合规的监督，尤其是新业务、新产品的管理制度、操作流程、关键风险环节和相关信息系统等情况。

（六）对全面风险管理架构及主要风险管控情况的监督。

（七）对激励约束机制科学性、稳健性以及具体实施效果的监督。

（八）对监管报送数据及时性、真实性和完整性的监督。

（九）对落实监管意见以及问题整改问责情况的监督。

（十）对落实股东（大）会决议、董事会决议、监事会决议情况的监督。

（十一）关注和监督其他影响银行保险机构合法稳健经营和可持续发展的重点事项。

（十二）履行法律法规、监管规定及公司章程规定监事应当承担的其他重要职责。

第三章 评价制度、程序和方法

第二十七条 银行保险机构应当建立健全董事监事履职评价制度，并向中国银保监会或其派出机构报告。银行保险机构在建立健全董事监事履职评价制度时，应根据自身具体情况对董事监事的评价内容、评价原则、实施主体、资源保障、评价方式、评价流程、评价等级、结果应用、工作责任等重要内容作出明确规定。履职评价制度应当考虑到不同类型董事监事的特点，作出差异化的规定。

第二十八条 银行保险机构应当建立健全董事监事履职档案，真实、准确、完整地记录董事监事日常履职情况以及履职评价工作开展情况。董事会负责建立和完善董事履职档案，监事会负责建立和完善监事履职档案以及董事监事履职评价档案。

第二十九条 银行保险机构应当每年对董事监事的履职情况进行评价。对于评价年度内职位发生变动但任职时间超过半年的董事监事，应当根据其在任期间的履职表现开展评价。

第三十条 银行保险机构应当优化董事监事

特别是独立董事和外部监事的履职环境，保障董监事履职所必需的信息和其他必要条件。

董事监事认为履职所必需的信息无法得到基本保障，或独立履职受到威胁、阻挠和不当干预的，应当及时向监事会提交书面意见，监事会应当将相关意见作为确定董事监事履职评价结果的重要考虑因素，并将其纳入履职评价档案。

第三十一条 董事履职评价可以包括董事自评、董事互评、董事会评价、外部评价、监事会最终评价等环节。监事履职评价可以包括监事自评、监事互评、外部评价、监事会最终评价等环节。

银行保险机构应当为董事监事履职评价工作提供充分保障，畅通监事会办公室、董事会办公室等办事机构间的沟通交流机制。

鼓励银行保险机构结合自身情况，聘请外部专家或市场中介机构等独立第三方协助本机构开展董事监事履职评价。连续两年公司治理监管评估等级为D级以下的银行保险机构，应当聘请独立第三方协助开展董事监事履职评价工作。

第三十二条 评价方法可以包括资料分析、行为观察、问卷调查、履职测评、座谈访谈等。资料分析指对董事监事履职记录、履职档案等进行分析，静态评判董事监事履职情况。行为观察指根据相关评判人对董事监事日常履职行为的观察进行评价。调查问卷和履职测评表根据各银行保险机构实际情况设计，问卷调查对象可相对广泛，董事监事可通过履职测评表对自身或其他董事监事履职表现评价打分。座谈访谈指通过与董事监事及相关人员直接交谈，对董事监事履职细节进行较为具体深入地了解。

第三十三条 银行保险机构应当依据履职评价情况将董事监事年度履职表现划分为称职、基本称职和不称职三个级别。

银行保险机构应当结合公司治理监管评估、商业银行监管评级、保险公司法人机构风险综合评级等情况，审慎确定相关董事监事的履职评价级别。

第三十四条 董事监事出现下列情形之一的，当年不得评为称职：

（一）该年度内未能亲自出席三分之二以上的董事会、监事会现场会议的。

（二）董事会审议通过违反法律法规或严重违反监管规定、公司章程的事项，董事投赞成票的；

董事会、高级管理层决策事项违反法律法规，或严重违反监管规定、公司章程，监事知悉或应当知悉，但未进行质询或及时提请监事会关注并予以纠正的。

（三）董事会违反公司章程、议事规则和决策程序审议重大事项，董事未提出反对意见的；董事会、高级管理层违反公司章程、议事规则和决策程序决定重大事项，或对股东（大）会、董事会、监事会决议落实不到位，监事知悉或应当知悉，但未进行质询或及时提请监事会关注并予以纠正的。

（四）董事会运作低效，出现长期未换届、长期无法正常召开会议等公司治理问题，董事未能及时反映情况并推动纠正的；监事会运作低效，对董事会、高级管理层及其成员的履职监督严重弱化，监事未及时提出意见并推动有效整改的。

（五）股权和关联交易管理严重违规，经营战略出现重大偏差，风险管理政策出现重大失误，内部控制体系存在明显漏洞，董事未及时提出意见或修正要求的；监事会未能按照要求有效履行在经营战略、风险管理、内部控制、财务会计、激励约束机制等方面的监督职责，监事未及时提出意见并推动有效整改的。

（六）资本充足率、资产质量、偿付能力等主要监管指标未达到监管要求，董事监事未及时提出意见建议并依责推动有效整改的。

（七）知悉或应当知悉符合履职回避情形，而未按规定执行的。

（八）对监管发现并指出的重大违法违规问题，董事监事未依责推动有效整改的。

（九）董事监事个人被监管部门行政处罚或受到纪律处分的。

（十）中国银保监会认定的其他不当履职情形。

第三十五条 董事监事出现下列情形之一的，当年应当评为不称职：

（一）泄露秘密，损害银行保险机构合法权益的；

（二）在履职过程中接受不正当利益，或者利用董事监事地位谋取私利的；

（三）参与或协助股东对银行保险机构进行不当干预，导致银行保险机构出现重大风险和损失的；

（四）隐瞒重要事实、提供虚假材料或参与银行保险机构编造虚假材料的；

（五）对银行保险机构及相关人员重大违法违规违纪问题隐匿不报的；

（六）董事会、监事会决议违反法律法规、监管规定及公司章程，导致银行保险机构重大风险和严重损失，董事监事没有提出异议的；

（七）对履职评价发现的严重问题拒不改正的；

（八）中国银保监会认定的其他严重失职行为。

第三十六条　董事监事发现银行保险机构履职评价工作违反监管规定的，应当向监管部门反映情况。两名以上董事、监事对履职评价程序或结果存在异议并向银行保险机构提出书面意见的，银行保险机构应当在收到书面意见后5个工作日以内向监管部门报告并作出详细解释。

第四章　评价应用

第三十七条　银行保险机构应当把履职评价作为加强董事会、监事会建设的重要抓手，通过对评价结果的有效应用，引导董事监事改进履职行为，推动董事会、监事会规范自身运作。

第三十八条　银行保险机构监事会应当根据评价结果提出工作建议或处理意见，及时将董事监事评价结果和相关意见建议报告股东（大）会，及时将董事评价结果和相关意见建议反馈董事会，并以书面形式正式通知董事监事本人。

对履职评价结果为"基本称职"的董事监事，董事会和监事会应当组织会谈，向董事监事本人提出限期改进要求。董事会和监事会应当为相关董事监事改进履职提供必要的帮助和支持。

对被评为"不称职"的董事监事，银行保险机构董事会、监事会应向其问责。依据本办法相关条款被评为"不称职"的董事监事，可由其主动辞去职务，或由银行保险机构按照有关程序罢免并报告监管部门，同时相应扣减其作为董事监事的部分或全部薪酬。董事监事违法违规履职给银行保险机构造成损失的，银行保险机构应当追偿。董事监事涉嫌犯罪的，银行保险机构应当及时移送司法机关。

第三十九条　银行保险机构应当在每年4月30日前，将董事监事履职情况及评价结果报告中国银保监会或其派出机构。

第四十条　鼓励银行保险机构公开披露董事监事履职评价结果，发挥外部约束作用，探索建立董事监事特别是独立董事和外部监事的声誉机制。

第五章　监督管理

第四十一条　中国银保监会及其派出机构应当对银行保险机构董事监事履职评价工作进行监督，并将其作为监事会履职情况的重要依据。

银行保险机构董事监事履职评价制度、程序、方式、结果不符合监管规定的，中国银保监会及其派出机构应当责令其限期改正，并视情况追究银行保险机构及相关人员的责任。对在评价过程中弄虚作假、徇私舞弊，导致评价结果严重失真的，或利用履职评价打击报复的，监管部门应严肃查处。

对在履职过程中违反法律法规和监管规定的董事监事，监管部门可依法采取监管谈话、责令限期改正、责令银行保险机构调整相关人员等监督管理措施，并视情况采取责令纪律处分、行政处罚等方式追究其相应责任。存在本办法第三十五条情形的，监管部门应从严处理。

监管部门可以根据需要对银行保险机构董事监事履职情况开展监管评价。

第四十二条　中国银保监会及其派出机构可以根据董事监事履职评价结果组织开展专项检查，督促银行保险机构完善公司治理。中国银保监会及其派出机构应当建立银行保险机构董事监事年度履职评价监管档案，在公司治理全面评估、市场准入、非现场监管和现场检查等工作中强化履职评价信息运用。

第六章　附　则

第四十三条　本办法所称"商业银行、保险公司""银行保险机构"，是指国有大型商业银行、全国性股份制商业银行、城市商业银行、民营银行、农村商业银行、外资银行、保险集团（控股）公司、财产保险公司、再保险公司、人身保险公司。

未设立监事会的银行保险机构，以及中国银保监会负责监管的其他金融机构参照适用本办法。

法律、行政法规或规章对外资银行、外资保险公司另有规定的，从其规定。

第四十四条　本办法所称"执行董事"指在银

行保险机构除担任董事外，还承担高级管理人员职责的董事；"独立董事""外部监事"指在银行保险机构不担任除董事监事以外的其他职务，并且与银行保险机构及其股东、实际控制人不存在可能影响其独立客观判断关系的董事监事；"职工董事""职工监事"指按照相关规定由职工（代表）大会民主选举产生的董事监事。

第四十五条　本办法所称"以上""以下""以内"均含本数，"少于""超过""低于"均不含本数。

第四十六条　本办法由中国银保监会负责解释。

第四十七条　本办法自2021年7月1日起施行。《商业银行董事履职评价办法（试行）》（中国银行业监督管理委员会令2010年第7号）同时废止。此前有关银行保险机构董事监事履职评价的规定与本办法不一致的，按照本办法执行。

保险公司总精算师管理办法

· 2007年9月28日中国保险监督管理委员会令第3号公布
· 根据2010年12月3日中国保险监督管理委员会令2010年第10号修订

第一章　总　则

第一条　为了完善保险精算监管制度，规范保险公司内部治理，防范经营风险，促进保险业健康发展，根据《中华人民共和国保险法》、《中华人民共和国外资保险公司管理条例》等法律、行政法规，制定本办法。

第二条　本办法所称总精算师，是指保险公司总公司负责精算以及相关事务的高级管理人员。

第三条　保险公司应当设立总精算师职位。

第四条　总精算师应当遵守法律、行政法规和中国保险监督管理委员会（以下简称中国保监会）的规定，遵守保险公司章程和职业准则，公正、客观地履行精算职责。

第五条　中国保监会依法审查总精算师任职资格，并对总精算师履职行为进行监督管理。

第二章　任职资格管理

第六条　总精算师应当具备诚实信用的良好品行和履行职务必需的专业知识、从业经历和管理能力。

第七条　担任总精算师应当具备下列条件：
（一）取得中国精算师资格3年以上；
（二）从事保险精算、保险财务或者保险投资工作8年以上，其中包括5年以上在保险行业内担任保险精算、保险财务或者保险投资管理职务的任职经历；
（三）在中华人民共和国境内有住所；
（四）中国保监会规定的其他条件。
取得国外精算师资格3年以上的，可以豁免前款第（一）项规定的条件，但应当经中国保监会考核，确认其熟悉中国的保险精算监管制度，具有相当于中国精算师资格必需的专业知识和能力。

第八条　有下列情形之一的，不得担任总精算师：
（一）有《保险公司董事、监事和高级管理人员任职资格管理规定》中禁止担任高级管理人员情形之一的；
（二）中国保监会规定不适宜担任总精算师的其他情形。

第九条　未经中国保监会核准任职资格，保险公司不得以任何形式任命总精算师。

第十条　保险公司任命总精算师，应当在任命前向中国保监会申请核准任职资格，提交下列书面材料一式三份，并同时提交有关电子文档：
（一）拟任总精算师任职资格核准申请书；
（二）《保险公司董事、监事和高级管理人员任职资格申请表》；
（三）符合本办法规定的《职务声明书》；
（四）拟任总精算师的身份证、学历证书、精算师资格认证证书等有关文件的复印件，有护照的应当同时提供护照复印件；
（五）中国保监会规定提交的其他材料。

第十一条　中国保监会应当自受理任职资格核准申请之日起20日以内，作出核准或者不予核准的决定。20日以内不能作出决定的，经中国保监会主席批准，可以延长10日，并应当将延长期限的理由告知申请人。

决定核准的，颁发任职资格核准文件；决定不予核准的，应当作出书面决定并说明理由。

第十二条　总精算师有下列情形之一的，其任职资格自动失效，拟再担任总精算师的，应当重新经过任职资格核准；

（一）因辞职、被免职、被撤职等原因，不再为该保险公司及其分支机构工作的；

（二）受到撤销任职资格的行政处罚的；

（三）出现《公司法》第一百四十七条第一款规定情形的。

第三章 总精算师职责

第十三条 总精算师对保险公司董事会和总经理负责，并应当向中国保监会及时报告保险公司的重大风险隐患。

第十四条 总精算师有权获得履行职责所需的数据、文件、资料等相关信息，保险公司有关部门和人员不得非法干预，不得隐瞒或者提供虚假信息。

第十五条 总精算师有权参加涉及其职责范围内相关事务的保险公司董事会会议，并发表专业意见。

第十六条 总精算师具体履行下列职责：

（一）分析、研究经验数据，参与制定保险产品开发策略，拟定保险产品费率，审核保险产品材料；

（二）负责或者参与偿付能力管理；

（三）制定或者参与制定再保险制度、审核或者参与审核再保险安排计划；

（四）评估各项准备金以及相关负债，参与预算管理；

（五）参与制定股东红利分配制度，制定分红保险等有关保险产品的红利分配方案；

（六）参与资产负债配置管理，参与决定投资方案或者参与拟定资产配置指引；

（七）参与制定业务营运规则和手续费、佣金等中介服务费用给付制度；

（八）根据中国保监会和国家有关部门规定，审核、签署公开披露的有关数据和报告；

（九）根据中国保监会规定，审核、签署精算报告、内含价值报告等有关文件；

（十）按照本办法规定，向保险公司和中国保监会报告重大风险隐患；

（十一）中国保监会或者保险公司章程规定的其他职责。

第十七条 保险公司有下列情形之一的，总精算师应当根据职责要求，向保险公司总经理提交重大风险提示报告，并提出改进措施：

（一）出现可能严重危害保险公司偿付能力状况的重大隐患的；

（二）在拟定分红保险红利分配方案等经营活动中，出现严重损害投保人、被保险人或者受益人合法权益的情形的。

总精算师应当将重大风险提示报告同时抄报保险公司董事会。

第十八条 总精算师提交重大风险提示报告的，保险公司应当及时采取措施防范或者化解风险，保险公司未及时采取有关措施的，总精算师应当向中国保监会报告。

第四章 监督管理

第十九条 保险公司应当按照本办法的规定，在保险公司章程中明确规定总精算师的职责。

第二十条 总精算师由保险公司董事会任命。

第二十一条 保险公司任命总精算师，应当在任命前与拟任总精算师签署《职务声明书》。

《职务声明书》应当载明下列内容：

（一）总精算师工作职责；

（二）由拟任总精算师作出的，将按照本办法规定提交离职报告的承诺；

（三）拟任总精算师在审读前任总精算师离职报告后作出的有关声明；

（四）中国保监会要求载明的其他内容。

第二十二条 在同一保险公司内，董事长、总经理不得兼任总精算师。

第二十三条 除下列情形以外，总精算师不得在所任职保险公司以外的其他机构中兼职：

（一）兼职机构与总精算师所任职保险公司之间具有控股关系；

（二）总精算师在精算师专业组织中兼职从事不获取报酬的活动；

（三）中国保监会规定的其他情形。

第二十四条 总精算师因辞职、被免职或者被撤职等原因离职的，应当在辞职时或者在收到免职、撤职决定之日起20日以内独立完成离职报告，并向保险公司董事会和总经理提交。

离职报告应当对离职原因、任职期间的履职情况和精算工作移交进行说明。

离职报告应当一式两份，并由总精算师签字。

第二十五条 保险公司任命总精算师,应当在申请核准拟任总精算师任职资格以前,根据其要求,将前任总精算师离职报告送交其审读。

第二十六条 总精算师因辞职、被免职或者被撤职等原因离职的,保险公司应当自作出批准辞职或者免职、撤职等决定之日起30日以内,向中国保监会报告,并提交下列书面材料:

(一)总精算师被免职或者被撤职的原因说明;

(二)免职、撤职或者批准辞职等有关决定的复印件;

(三)总精算师作出的离职报告。

第五章 法律责任

第二十七条 总精算师违背精算职责,致使根据中国保监会规定应当由其签署的各项文件不符合中国保监会规定的,由中国保监会责令改正,对总精算师予以警告;情节严重的,并处1万元以下罚款。

第二十八条 保险公司未经核准擅自任命总精算师的,由中国保监会予以警告,并处1万元以下罚款。

第二十九条 总精算师未按照本办法规定及时向中国保监会报告有关事项的,由中国保监会责令改正,予以警告。

第六章 附 则

第三十条 对总精算师的任职管理,本办法没有规定的,适用《保险公司董事和高级管理人员任职资格管理规定》的有关规定。

第三十一条 本办法所称日,是指工作日,不包括法定节假日。

第三十二条 本办法由中国保监会负责解释。

第三十三条 本办法自2008年1月1日起施行。人寿保险公司、养老保险公司和健康保险公司自施行之日起适用本办法;财产保险公司适用本办法的时间和具体适用办法由中国保监会另行规定。

自本办法施行之日起,中国保监会之前规定的人寿保险公司、养老保险公司和健康保险公司精算责任人的职责由总精算师履行,中国保监会2004年6月30日发布的《人身保险产品审批和备案管理办法》(保监会令〔2004〕6号)中关于上述保险公司应当指定精算责任人的规定不再执行。中国保监会2004年11月11日发布的《关于精算责任人任职资格有关要求的通知》(保监发〔2004〕133号)自本办法施行之日起同时废止。

银行保险机构公司治理准则

· 2021年6月2日
· 银保监发〔2021〕14号

第一章 总 则

第一条 为推动银行保险机构提高公司治理质效,促进银行保险机构科学健康发展,根据《中华人民共和国公司法》《中华人民共和国商业银行法》《中华人民共和国银行业监督管理法》《中华人民共和国保险法》和其他相关法律法规,制定本准则。

第二条 本准则所称银行保险机构,是指在中华人民共和国境内依法设立的股份有限公司形式的商业银行、保险公司。

第三条 银行保险机构应当按照公司法、本准则等法律法规及监管规定,建立包括股东大会、董事会、监事会、高级管理层等治理主体在内的公司治理架构,明确各治理主体的职责边界、履职要求,完善风险管控、制衡监督及激励约束机制,不断提升公司治理水平。

第四条 银行保险机构应当持续提升公司治理水平,逐步达到良好公司治理标准。

良好公司治理包括但不限于以下内容:

(一)清晰的股权结构;

(二)健全的组织架构;

(三)明确的职责边界;

(四)科学的发展战略;

(五)高标准的职业道德准则;

(六)有效的风险管理与内部控制;

(七)健全的信息披露机制;

(八)合理的激励约束机制;

(九)良好的利益相关者保护机制;

(十)较强的社会责任意识。

第五条 银行保险机构股东、董事、监事、高级管理人员等应当遵守法律法规、监管规定和公司章程,按照各司其职、各负其责、协调运转、有效制衡的原则行使权利、履行义务，维护银行保险机构合法权益。

股东、董事、监事、高级管理人员等治理主体或相关人员不得以干扰股东大会、董事会、监事会会议正常召开等方式妨碍公司治理机制的正常运行，不得损害公司利益。

第六条 银行保险机构应当按照法律法规及监管规定，制定并及时修改完善公司章程。银行保险机构章程对公司、股东、董事、监事、高级管理人员具有约束力。

银行保险机构应当在公司章程中对股东大会、董事会、监事会、高级管理层的组成和职责等作出安排，明确公司及其股东、董事、监事、高级管理人员等各方权利、义务。

银行保险机构应当在公司章程中规定，主要股东应当以书面形式向银行保险机构作出在必要时向其补充资本的长期承诺，作为银行保险机构资本规划的一部分，并在公司章程中规定公司制定审慎利润分配方案时需要考虑的主要因素。

商业银行应当在公司章程中规定股东在本行授信逾期时的权利限制。主要股东在本行授信逾期的，应当限制其在股东大会的表决权，并限制其提名或派出的董事在董事会的表决权。其他股东在本行授信逾期的，商业银行应当结合本行实际情况，对其相关权利予以限制。

第七条 中国银行保险监督管理委员会（以下简称中国银保监会）及其派出机构通过实施行政许可、现场检查、非现场监管、评估等方式，对银行保险机构公司治理实施持续监管。

监管机构可以根据银行保险机构的不同类型及特点，对其公司治理开展差异化监管。

监管机构可以派员列席银行保险机构股东大会、董事会、监事会等会议。银行保险机构召开上述会议，应当至少提前三个工作日通知监管机构。因特殊情况无法满足上述时间要求的，应当及时通知监管机构并说明理由。

银行保险机构应当将股东大会、董事会和监事会的会议记录和决议等文件及时报送监管机构。

第八条 监管机构定期对银行保险机构公司治理情况开展现场或非现场评估。

监管机构反馈公司治理监管评估结果后，银行保险机构应当及时将有关情况通报给董事会、监事会、高级管理层，并按监管要求及时进行整改。

第二章 党的领导

第九条 国有银行保险机构应当按照有关规定，将党的领导融入公司治理各个环节，持续探索和完善中国特色现代金融企业制度。

第十条 国有银行保险机构应当将党建工作要求写入公司章程，列明党组织的职责权限、机构设置、运行机制、基础保障等重要事项，落实党组织在公司治理结构中的法定地位。

第十一条 国有银行保险机构应当坚持和完善"双向进入、交叉任职"领导体制，符合条件的党委班子成员可以通过法定程序进入董事会、监事会、高级管理层，董事会、监事会、高级管理层中符合条件的党员可以依照有关规定和程序进入党委。党委书记、董事长一般由一人担任，党员行长（总经理）一般担任副书记。

第十二条 国有银行保险机构党委要切实发挥把方向、管大局、保落实的领导作用，重点管政治方向、领导班子、基本制度、重大决策和党的建设，切实承担好从严管党治党责任。重大经营管理事项必须经党委研究讨论后，再由董事会或高级管理层作出决定。

第十三条 国有银行保险机构要持续健全党委领导下以职工代表大会为基本形式的民主管理制度，重大决策应当听取职工意见，涉及职工切身利益的重大问题必须经过职工代表大会或者职工大会审议，保证职工代表依法有序参与公司治理。

第十四条 民营银行保险机构要按照党组织设置有关规定，建立党的组织机构，积极发挥党组织的政治核心作用，加强政治引领，宣传贯彻党的路线方针政策，团结凝聚职工群众，维护各方合法权益，建设先进企业文化，促进银行保险机构持续健康发展。

第三章 股东与股东大会

第一节 股 东

第十五条 银行保险机构股东按照公司法等法律法规、监管规定和公司章程行使股东权利。

第十六条 银行保险机构股东除按照公司法

等法律法规及监管规定履行股东义务外，还应当承担如下义务：

（一）使用来源合法的自有资金入股银行保险机构，不得以委托资金、债务资金等非自有资金入股，法律法规或者监管制度另有规定的除外；

（二）持股比例和持股机构数量符合监管规定，不得委托他人或者接受他人委托持有银行保险机构股份；

（三）按照法律法规及监管规定，如实向银行保险机构告知财务信息、股权结构、入股资金来源、控股股东、实际控制人、关联方、一致行动人、最终受益人、投资其他金融机构情况等信息；

（四）股东的控股股东、实际控制人、关联方、一致行动人、最终受益人发生变化的，相关股东应当按照法律法规及监管规定，及时将变更情况书面告知银行保险机构；

（五）股东发生合并、分立，被采取责令停业整顿、指定托管、接管、撤销等措施，或者进入解散、清算、破产程序，或者其法定代表人、公司名称、经营场所、经营范围及其他重大事项发生变化的，应当按照法律法规及监管规定，及时将相关情况书面告知银行保险机构；

（六）股东所持银行保险机构股份涉及诉讼、仲裁、被司法机关等采取法律强制措施、被质押或者解质押的，应当按照法律法规及监管规定，及时将相关情况书面告知银行保险机构；

（七）股东转让、质押其持有的银行保险机构股份，或者与银行保险机构开展关联交易的，应当遵守法律法规及监管规定，不得损害其他股东和银行保险机构利益；

（八）股东及其控股股东、实际控制人不得滥用股东权利或者利用关联关系，损害银行保险机构、其他股东及利益相关者的合法权益，不得干预董事会、高级管理层根据公司章程享有的决策权和管理权，不得越过董事会、高级管理层直接干预银行保险机构经营管理；

（九）银行保险机构发生风险事件或者重大违规行为的，股东应当配合监管机构开展调查和风险处置；

（十）法律法规、监管规定及公司章程规定股东应当承担的其他义务。

银行保险机构应当在公司章程中列明上述股东义务，并明确发生重大风险时相应的损失吸收与风险抵御机制。

第十七条　银行保险机构应当支持股东之间建立沟通协商机制，推动股东相互之间就行使权利开展正当沟通协商。

银行保险机构应当在公司与股东之间建立畅通有效的沟通机制，公平对待所有股东，保障股东特别是中小股东对公司重大事项的知情、参与决策和监督等权利。

股东有权依照法律法规的规定，通过民事诉讼或其他法律手段维护其合法权益，并可以向监管机构反映有关情况。

第二节　股东大会

第十八条　银行保险机构股东大会应当在法律法规和公司章程规定的范围内行使职权。

除公司法规定的职权外，银行保险机构股东大会职权至少应当包括：

（一）对公司上市作出决议；

（二）审议批准股东大会、董事会和监事会议事规则；

（三）审议批准股权激励计划方案；

（四）依照法律规定对收购本公司股份作出决议；

（五）对聘用或解聘为公司财务报告进行定期法定审计的会计师事务所作出决议；

（六）审议批准法律法规、监管规定或者公司章程规定的应当由股东大会决定的其他事项。

公司法及本条规定的股东大会职权不得授予董事会、其他机构或者个人行使。

第十九条　银行保险机构应当按照法律法规及监管规定，在公司章程中列明股东大会职权，股东大会召集、提案、会议通知、表决和决议、会议记录及其签署等内容。

第二十条　股东大会会议分为年度股东大会和临时股东大会。

银行保险机构应当于每一会计年度结束后六个月内召开年度股东大会。银行保险机构应当按照公司法有关规定，召开临时股东大会。二分之一以上且不少于两名独立董事提议召开临时股东大会的，银行保险机构应当在两个月内召开临时股东大会。

年度股东大会或临时股东大会未能在公司法及本准则规定期限内召开的，银行保险机构应当向监管机构书面报告并说明原因。

银行保险机构应当制定股东大会议事规则。股东大会议事规则由董事会负责制订,经股东大会审议通过后执行。

第二十一条　股东大会会议应当以现场会议方式召开。

银行保险机构应当建立安全、经济、便捷的网络或采用其他方式,为中小股东参加股东大会提供便利条件。

第二十二条　股东大会作出决议,必须经出席会议的股东所持表决权过半数通过。

但下列事项必须经出席会议股东所持表决权三分之二以上通过:

(一)公司增加或者减少注册资本;

(二)发行公司债券或者公司上市;

(三)公司合并、分立、解散、清算或者变更公司形式;

(四)修改公司章程;

(五)罢免独立董事;

(六)审议批准股权激励计划方案;

(七)法律法规、监管规定或者公司章程规定的,需要经出席会议股东所持表决权三分之二以上通过的其他事项。

第二十三条　鼓励银行保险机构股东大会就选举董事、监事进行表决时,实行累积投票制。

第二十四条　股东大会应当将所议事项的决定作成会议记录,会议记录保存期限为永久。

第四章　董事与董事会

第一节　董　事

第二十五条　银行保险机构董事为自然人,由股东大会选举产生、罢免。

鼓励银行保险机构设立职工董事,职工董事由职工民主选举产生、罢免。

第二十六条　银行保险机构应当在公司章程中规定董事的提名及选举制度,明确提名主体资格、提名及审核程序、选举办法等内容。

第二十七条　单独或者合计持有银行保险机构有表决权股份总数百分之三以上的股东、董事会提名委员会有权提出非独立董事候选人。

同一股东及其关联方提名的董事原则上不得超过董事会成员总数的三分之一。国家另有规定的除外。

董事会提名委员会应当避免受股东影响,独立、审慎地行使董事提名权。

第二十八条　董事每届任期不得超过三年,任期届满,可以连选连任。

第二十九条　董事在任期届满前提出辞职的,应当向董事会提交书面辞职报告。

因董事辞职导致董事会人数低于公司法规定的最低人数或公司章程规定人数的三分之二时,在新的董事就任前,提出辞职的董事应当继续履行职责。正在进行重大风险处置的银行保险机构董事,未经监管机构批准不得辞职。

除前款所列情形外,董事辞职自辞职报告送达董事会时生效。

因董事被股东大会罢免、死亡、独立董事丧失独立性辞职,或者存在其他不能履行董事职责的情况,导致董事会人数低于公司法规定的最低人数或董事会表决所需最低人数时,董事会职权应当由股东大会行使,直至董事会人数符合要求。

第三十条　董事任期届满,或董事会人数低于公司法规定的最低人数或公司章程规定人数的三分之二时,银行保险机构应当及时启动董事选举程序,召开股东大会选举董事。

第三十一条　银行保险机构董事履行如下职责或义务:

(一)持续关注公司经营管理状况,有权要求高级管理层全面、及时、准确地提供反映公司经营管理情况的相关资料或就有关问题作出说明;

(二)按时参加董事会会议,对董事会审议事项进行充分审查,独立、专业、客观地发表意见,在审慎判断的基础上独立作出表决;

(三)对董事会决议承担责任;

(四)对高级管理层执行股东大会、董事会决议情况进行监督;

(五)积极参加公司和监管机构等组织的培训,了解董事的权利和义务,熟悉有关法律法规及监管规定,持续具备履行职责所需的专业知识和能力;

(六)在履行职责时,对公司和全体股东负责,公平对待所有股东;

(七)执行高标准的职业道德准则,并考虑利益相关者的合法权益;

（八）对公司负有忠实、勤勉义务，尽职、审慎履行职责，并保证有足够的时间和精力履职；

（九）遵守法律法规、监管规定和公司章程。

第三十二条　董事应当每年至少亲自出席三分之二以上的董事会现场会议；因故不能亲自出席的，可以书面委托其他董事代为出席，但独立董事不得委托非独立董事代为出席。

一名董事原则上最多接受两名未亲自出席会议董事的委托。在审议关联交易事项时，非关联董事不得委托关联董事代为出席。

第二节　独立董事

第三十三条　独立董事是指在所任职的银行保险机构不担任除董事以外的其他职务，并与银行保险机构及其股东、实际控制人不存在可能影响其对公司事务进行独立、客观判断关系的董事。

第三十四条　银行保险机构应当建立独立董事制度，独立董事人数原则上不低于董事会成员总数三分之一。

第三十五条　单独或者合计持有银行保险机构有表决权股份总数百分之一以上股东、董事会提名委员会、监事会可以提出独立董事候选人。已经提名非独立董事的股东及其关联方不得再提名独立董事。

第三十六条　独立董事在一家银行保险机构累计任职不得超过六年。

第三十七条　独立董事应当保证有足够的时间和精力有效履行职责，一名自然人最多同时在五家境内外企业担任独立董事。同时在银行保险机构担任独立董事的，相关机构应当不具有关联关系，不存在利益冲突。

一名自然人不得在超过两家商业银行同时担任独立董事，不得同时在经营同类业务的保险机构担任独立董事。

第三十八条　独立董事辞职导致董事会中独立董事人数占比少于三分之一的，在新的独立董事就任前，该独立董事应当继续履职，因丧失独立性而辞职和被罢免的除外。

第三十九条　独立董事应当对股东大会或者董事会审议事项发表客观、公正的独立意见，尤其应当就以下事项向股东大会或者董事会发表意见：

（一）重大关联交易；

（二）董事的提名、任免以及高级管理人员的聘任和解聘；

（三）董事和高级管理人员的薪酬；

（四）利润分配方案；

（五）聘用或解聘为公司财务报告进行定期法定审计的会计师事务所；

（六）其他可能对银行保险机构、中小股东、金融消费者合法权益产生重大影响的事项；

（七）法律法规、监管规定或者公司章程规定的其他事项。

第四十条　独立董事享有与其他董事同等的知情权，银行保险机构应当保障独立董事的知情权，及时完整地向独立董事提供参与决策的必要信息，并为独立董事履职提供必需的工作条件。

第四十一条　独立董事应当诚信、独立、勤勉履行职责，切实维护银行保险机构、中小股东和金融消费者的合法权益，不受股东、实际控制人、高级管理层或者其他与银行保险机构存在重大利害关系的单位或者个人的影响。

银行保险机构出现公司治理机制重大缺陷或公司治理机制失灵的，独立董事应当及时将有关情况向监管机构报告。独立董事除按照规定向监管机构报告有关情况外，应当保守银行保险机构秘密。

第四十二条　独立董事连续三次未亲自出席董事会会议的，视为不履行职责，银行保险机构应当在三个月内召开股东大会罢免其职务并选举新的独立董事。

第四十三条　银行保险机构独立董事可以推选一名独立董事，负责召集由独立董事参加的专门会议，研究履职相关问题。

第三节　董事会

第四十四条　董事会对股东大会负责，董事会职权由公司章程根据法律法规、监管规定和公司情况明确规定。

除公司法规定的职权外，银行保险机构董事会职权至少应当包括：

（一）制订公司增加或者减少注册资本、发行债券或者其他证券及上市的方案；

（二）制订公司重大收购、收购本公司股份或者合并、分立、解散及变更公司形式的方案；

（三）按照监管规定，聘任或者解聘高级管理人员，并决定其报酬、奖惩事项，监督高级管理层履行职责；

（四）依照法律法规、监管规定及公司章程，审议批准公司对外投资、资产购置、资产处置与核销、资产抵押、关联交易、数据治理等事项；

（五）制定公司发展战略并监督战略实施；

（六）制定公司资本规划，承担资本或偿付能力管理最终责任；

（七）制定公司风险容忍度、风险管理和内部控制政策，承担全面风险管理的最终责任；

（八）负责公司信息披露，并对会计和财务报告的真实性、准确性、完整性和及时性承担最终责任；

（九）定期评估并完善银行保险机构公司治理；

（十）制订章程修改方案，制订股东大会议事规则、董事会议事规则，审议批准董事会专门委员会工作规则；

（十一）提请股东大会聘用或者解聘为公司财务报告进行定期法定审计的会计师事务所；

（十二）维护金融消费者和其他利益相关者合法权益；

（十三）建立银行保险机构与股东特别是主要股东之间利益冲突的识别、审查和管理机制；

（十四）承担股东事务的管理责任；

（十五）公司章程规定的其他职权。

董事会职权由董事会集体行使。公司法规定的董事会职权原则上不得授予董事长、董事、其他机构或个人行使。某些具体决策事项确有必要授权的，应当通过董事会决议的方式依法进行。授权应当一事一授，不得将董事会职权笼统或永久授予其他机构或个人行使。

第四十五条　银行保险机构董事会应当建立并践行高标准的职业道德准则。职业道德准则应当符合公司长远利益，有助于提升公司的可信度与社会声誉，能够为各治理主体间存在利益冲突时提供判断标准。

第四十六条　银行保险机构董事会由执行董事、非执行董事（含独立董事）组成。

执行董事是指在银行保险机构除担任董事外，还承担高级管理人员职责的董事。

非执行董事是指在银行保险机构不担任除董事外的其他职务，且不承担高级管理人员职责的董事。

第四十七条　银行保险机构董事会人数至少为五人。

银行保险机构应当在公司章程中明确规定董事会构成，包括执行董事、非执行董事（含独立董事）的人数。董事会人数应当具体、确定。

第四十八条　董事会设董事长一人，可以设副董事长。董事长和副董事长由全体董事过半数选举产生。

第四十九条　董事会会议分为定期会议和临时会议。定期会议每年度至少召开四次，每次会议应当至少于会议召开十日前通知全体董事和监事。

有下列情形之一的，银行保险机构应当召开董事会临时会议：

（一）代表十分之一以上表决权的股东提议时；

（二）三分之一以上董事提议时；

（三）两名以上独立董事提议时；

（四）监事会提议时；

（五）董事长认为有必要的。

银行保险机构应当制定董事会议事规则。董事会议事规则应当由董事会制订，股东大会批准。

第五十条　董事会会议应有过半数的董事出席方可举行。

董事会决议可以采用现场会议表决和书面传签表决两种方式作出。

董事会表决实行一人一票。董事会作出决议，必须经全体董事过半数通过。

利润分配方案、薪酬方案、重大投资、重大资产处置方案、聘任或解聘高级管理人员、资本补充方案等重大事项不得采取书面传签方式表决，并且应当由三分之二以上董事表决通过。

第五十一条　董事会应当将现场会议所议事项的决定作成会议记录，出席会议的董事应当在会议记录上签名。董事对会议记录有不同意见的，可以在签字时附加说明。会议记录保存期限为永久。

银行保险机构应当采取录音、录像等方式记录董事会现场会议情况。

第五十二条　银行保险机构应当及时将监管机构对公司的监管意见及公司整改情况向董事、

董事会、监事、监事会通报。

第五十三条 银行保险机构应当设立董事会秘书。董事会秘书由董事长提名,董事会聘任和解聘,对董事会负责。

第五十四条 银行保险机构董事会负责制定发展战略。

发展战略应当具备科学性、合理性和稳健性,明确市场定位和发展目标,体现差异化和特色化。

第四节 董事会专门委员会

第五十五条 银行保险机构董事会应当根据法律法规、监管规定和公司情况,单独或合并设立专门委员会,如战略、审计、提名、薪酬、关联交易控制、风险管理、消费者权益保护等专门委员会。

保险公司董事会应当根据监管规定设立资产负债管理委员会。

第五十六条 专门委员会成员由董事组成,应当具备与专门委员会职责相适应的专业知识或工作经验。

审计、提名、薪酬、风险管理、关联交易控制委员会中独立董事占比原则上不低于三分之一,审计、提名、薪酬、关联交易控制委员会应由独立董事担任主任委员或负责人。

审计委员会成员应当具备财务、审计、会计或法律等某一方面的专业知识和工作经验。

第五十七条 董事会专门委员会议事规则和工作程序由董事会制定。各专门委员会可以制定年度工作计划并定期召开会议。

第五章 监事与监事会

第一节 监事

第五十八条 银行保险机构监事为自然人,由股东大会或职工民主选举产生、罢免。

董事、高级管理人员不得兼任监事。

第五十九条 监事每届任期不得超过三年,任期届满,可以连选连任。外部监事在一家银行保险机构累计任职不得超过六年。

第六十条 银行保险机构应当在公司章程中规定监事的提名及选举制度,明确提名主体资格、提名及审核程序、选举办法等内容。

第六十一条 非职工监事由股东或监事会提名,职工监事由监事会、银行保险机构工会提名。

已经提名董事的股东及其关联方不得再提名监事,国家另有规定的从其规定。

第六十二条 监事任期届满未及时改选,或者监事在任期内辞职导致监事会成员低于法定人数的,在改选出的监事就任前,原监事仍应当依照法律法规和公司章程的规定,继续履行监事职责。

第六十三条 银行保险机构监事履行如下职责或义务:

(一)可以列席董事会会议,并对董事会决议事项提出质询或者建议;

(二)按时参加监事会会议,对监事会决议事项进行充分审查,独立、专业、客观发表意见,在审慎判断的基础上独立作出表决;

(三)对监事会决议承担责任;

(四)积极参加公司和监管机构等组织的培训,了解监事的权利和义务,熟悉有关法律法规,持续具备履行职责所需的专业知识和能力;

(五)对公司负有忠实、勤勉义务,尽职、审慎履行职责,并保证有足够的时间和精力履职;

(六)监事应当积极参加监事会组织的监督检查活动,有权依法进行独立调查、取证,实事求是提出问题和监督意见;

(七)遵守法律法规、监管规定和公司章程。

第六十四条 监事应当每年至少亲自出席三分之二以上的监事会现场会议,因故不能亲自出席的,可以书面委托其他监事代为出席。

第二节 监事会

第六十五条 监事会对股东大会负责,监事会职权由公司章程根据法律法规、监管规定和公司情况明确规定。

监事会除依据公司法等法律法规和公司章程履行职责外,还应当重点关注以下事项:

(一)监督董事会确立稳健的经营理念、价值准则和制定符合公司情况的发展战略;

(二)对公司发展战略的科学性、合理性和稳健性进行评估,形成评估报告;

(三)对公司经营决策、风险管理和内部控制等进行监督检查并督促整改;

(四)对董事的选聘程序进行监督;

(五)对公司薪酬管理制度实施情况及高级管

理人员薪酬方案的科学性、合理性进行监督；

（六）法律法规、监管规定和公司章程规定的其他事项。

第六十六条 银行保险机构监事会由股东监事、外部监事和职工监事组成。

外部监事是指在银行保险机构不担任除监事以外的其他职务，并且与银行保险机构及其股东、实际控制人不存在可能影响其独立客观判断关系的监事。

第六十七条 银行保险机构监事会成员不得少于三人，其中职工监事的比例不得低于三分之一，外部监事的比例不得低于三分之一。

银行保险机构应当在公司章程中明确规定监事会构成，包括股权监事、外部监事、职工监事的人数。监事会人数应当具体、确定。

第六十八条 监事会设主席一人，可以设副主席。监事会主席和副主席由全体监事过半数选举产生。

第六十九条 银行保险机构可以根据本公司情况，在监事会设立提名委员会、监督委员会等专门委员会。

第七十条 监事会会议每年度至少召开4次，监事可以提议召开监事会临时会议。

监事会决议可以采用现场会议表决和书面传签表决两种方式作出。

监事会作出决议，必须经全体监事过半数通过。

银行保险机构应当制定监事会议事规则。监事会议事规则应当由监事会制订，股东大会批准。

第七十一条 监事会应当将现场会议所议事项的决定作成会议记录，出席会议的监事应当在会议记录上签名。会议记录保存期限为永久。

第六章 高级管理层

第七十二条 银行保险机构应当根据法律法规、监管规定和公司情况，在公司章程中明确高级管理人员范围、高级管理层职责，清晰界定董事会与高级管理层之间的关系。

第七十三条 高级管理层对董事会负责，同时接受监事会监督，应当按照董事会、监事会要求，及时、准确、完整地报告公司经营管理情况，提供有关资料。

高级管理层根据公司章程及董事会授权开展经营管理活动，应当积极执行股东大会决议及董事会决议。

高级管理层依法在其职权范围内的经营管理活动不受股东和董事会不当干预。

第七十四条 银行保险机构应当严格依照有关法律法规、监管规定和公司章程，选聘高级管理人员。

鼓励银行保险机构采用市场化选聘机制，以公开、透明的方式选聘高级管理人员，持续提升高级管理人员的专业素养和业务水平。

银行保险机构的控股股东、实际控制人及其关联方不得干预高级管理人员的正常选聘程序，不得越过董事会直接任免高级管理人员。

第七十五条 银行保险机构高级管理人员应当遵守法律法规、监管规定和公司章程，具备良好的职业操守，遵守高标准的职业道德准则，对公司负有忠实、勤勉义务，善意、尽职、审慎履行职责，并保证有足够的时间和精力履职，不得怠于履行职责或越权履职。

第七十六条 银行保险机构应当设立行长（总经理）。行长（总经理）对董事会负责，由董事会决定聘任或解聘。银行保险机构董事长不得兼任行长（总经理）。

银行保险机构应当根据法律法规、监管规定和公司情况，在公司章程中明确行长（总经理）职权。

第七十七条 银行保险机构董事会应当建立并执行高级管理层履职问责制度，明确对失职和不当履职行为追究责任的具体方式。

第七章 利益相关者与社会责任

第七十八条 银行保险机构应当尊重金融消费者、员工、供应商、债权人、社区等利益相关者的合法权益，与利益相关者建立沟通交流机制，保障利益相关者能够定期、及时、充分地获得与其权益相关的可靠信息。

银行保险机构应当为维护利益相关者合法权益提供必要的条件，当权益受到损害时，利益相关者有机会和途径依法获得救济。

第七十九条 银行保险机构应当加强员工权益保护，保障员工享有平等的晋升发展环境，为职工代表大会、工会依法履行职责提供必要条件。

银行保险机构应当积极鼓励、支持员工参与

公司治理，鼓励员工通过合法渠道对有关违法、违规和违反职业道德准则的行为向董事会、监事会或监管机构报告。

第八十条　银行保险机构应当强化金融消费者权益保护，建立并完善消费者权益保护工作机制、决策机制和监督机制。

第八十一条　银行保险机构应当树立高质量发展的愿景，推行诚实守信、开拓创新的企业文化，树立稳健合规的经营理念，遵守公平、安全、有序的行业竞争秩序。

第八十二条　银行保险机构应当贯彻创新、协调、绿色、开放、共享的发展理念，注重环境保护，积极履行社会责任，维护良好的社会声誉，营造和谐的社会关系。

银行保险机构应当定期向公众披露社会责任报告。

第八章　激励约束机制

第八十三条　银行保险机构应当建立与发展战略、风险管理、整体效益、岗位职责、社会责任、企业文化相适应的科学合理的薪酬管理机制。

第八十四条　银行保险机构应当按照收益与风险兼顾、长期与短期激励并重的原则，建立指标科学完备、流程清晰规范的绩效考核机制。

银行保险机构绩效考核指标应当包括合规经营指标、风险管理指标、经济效益指标和社会责任指标等，且合规经营指标和风险管理指标权重应当高于其他指标。

第八十五条　银行保险机构应当建立绩效薪酬延期支付和追索扣回制度。

银行保险机构执行董事、高级管理人员和关键岗位人员绩效薪酬应当实行延期支付。

前款所称"关键岗位人员"，是指对银行保险机构经营风险有直接或重要影响的人员。

银行保险机构应当在薪酬管理制度中明确关键岗位人员范围。

银行保险机构发生风险损失超常暴露的，应当按照绩效薪酬追索扣回制度的相关规定，停止支付有关责任人员绩效薪酬未支付部分，并将相应期限内已发放的绩效薪酬追回。关于追索、扣回的规定同样适用于离职人员和退休人员。

第八十六条　银行保险机构绩效薪酬支付期限应当充分考虑相应业务的风险持续时间，且不得少于三年，并定期根据业绩实现和风险变化情况对延期支付制度进行调整。

第八十七条　银行保险机构可以根据国家有关规定，建立市场化的中长期激励机制，不断优化薪酬结构。

鼓励银行保险机构依法合规探索多种非物质激励方式。

第八十八条　银行保险机构薪酬管理及中长期激励约束机制应当兼顾业务人员与党务、风险管理、合规管理、内部审计等管理、监督人员。

银行保险机构内部审计、内控合规和风险管理部门员工的薪酬应独立于业务条线，且薪酬水平应得到适当保证，以确保能够吸引与其职责相匹配的专业人员。

第八十九条　银行保险机构应当制定董事、监事薪酬制度，明确董事、监事的薪酬或津贴标准，经股东大会审议通过后实施。

第九十条　银行保险机构应当建立健全董事、监事及高级管理人员履职评价制度，对董事、监事、高级管理人员开展履职评价。

第九章　信息披露

第九十一条　银行保险机构应当按照法律法规和监管规定，披露公司重要信息，包括财务状况、重大风险信息和公司治理信息等。

前款所称"重要信息"，是指如果发生遗漏或虚假陈述，将对信息使用者决策产生重大影响的信息。

银行保险机构披露的信息应当真实、准确、完整、及时，简明清晰，通俗易懂，不得有虚假记载、误导性陈述或重大遗漏。

第九十二条　银行保险机构应当按照法律法规和监管规定，在年度信息披露报告中披露公司基本信息、财务会计报告、风险管理信息、公司治理信息、重大事项信息等。银行保险机构半年度、季度信息披露应当参照年度信息披露要求披露。

公司治理信息主要包括：

（一）实际控制人及其控制本公司情况的简要说明；

（二）持股比例在百分之五以上的股东及其持股变化情况；

（三）股东大会职责、主要决议，至少包括会议召开时间、地点、出席情况、主要议题以及表决情况等；

（四）董事会职责、人员构成及其工作情况，董事简历，包括董事兼职情况；

（五）独立董事工作情况；

（六）监事会职责、人员构成及其工作情况，监事简历，包括监事兼职情况；

（七）外部监事工作情况；

（八）高级管理层构成、职责、人员简历；

（九）薪酬制度及当年董事、监事和高级管理人员薪酬；

（十）公司部门设置情况和分支机构设置情况；

（十一）银行保险机构对本公司治理情况的整体评价；

（十二）外部审计机构出具的审计报告全文；

（十三）监管机构规定的其他信息。

第九十三条 银行保险机构公司治理方面发生下列重大事项的，应当编制临时信息披露报告，披露相关信息并作出简要说明：

（一）控股股东或者实际控制人发生变更；

（二）更换董事长或者行长（总经理）；

（三）当年董事会累计变更人数超过董事会成员总数的三分之一；

（四）公司名称、注册资本、公司住所或者主要营业场所发生变更；

（五）经营范围发生变化；

（六）公司合并、分立、解散或者申请破产；

（七）撤销一级分行（省级分公司）；

（八）对被投资企业实施控制的重大股权投资；

（九）公司或者董事长、行长（总经理）受到刑事处罚；

（十）公司或者一级分行（省级分公司）受到监管机构行政处罚；

（十一）更换或者提前解聘为公司财务报告进行定期法定审计的会计师事务所；

（十二）监管机构要求披露的其他信息。

第九十四条 银行保险机构应当建立公司网站，按照监管规定披露相关信息。

银行保险机构年度信息披露报告应当于每年四月三十日前在公司网站发布。临时信息披露报告应当自事项发生之日起十个工作日内在公司网站发布。

银行保险机构网站应当保留最近五年的年度信息披露报告和临时信息披露报告。

第九十五条 银行保险机构应当建立信息披露管理制度。信息披露管理制度应当包括下列内容：

（一）信息披露的内容和基本格式；

（二）信息的审核和发布流程；

（三）信息披露的豁免及其审核流程；

（四）信息披露事务的职责分工、承办部门和评价制度；

（五）责任追究制度。

第九十六条 银行保险机构董事会负责本机构信息披露，董事会秘书负责组织和协调公司信息披露事务。

第十章 风险管理与内部控制

第一节 风险管理

第九十七条 银行保险机构应当按照监管规定，建立覆盖所有业务流程和操作环节，并与本公司风险状况相匹配的全面风险管理体系。

第九十八条 银行保险机构董事会承担全面风险管理的最终责任。

第九十九条 银行保险机构应当设立首席风险官或指定一名高级管理人员担任风险责任人。

首席风险官或风险责任人应当保持充分的独立性，不得同时负责与风险管理有利益冲突的工作。

第一百条 银行保险机构应当设立独立的风险管理部门负责全面风险管理。

银行保险机构应当在人员数量和资质、薪酬和其他激励政策、信息系统访问权限、专门的信息系统建设以及内部信息渠道等方面给予风险管理部门足够的支持。

第一百零一条 银行保险机构应当及时向监管机构报告本公司发生的重大风险事件。

第二节 内部控制

第一百零二条 银行保险机构应当建立健全内部控制体系，明确内部控制职责，完善内部控制措施，强化内部控制保障，持续开展内部控制评价和监督。

第一百零三条　银行保险机构董事会应当持续关注本公司内部控制状况，建立良好的内部控制文化，对公司内部控制的健全性、合理性和有效性进行定期研究和评价。

第一百零四条　银行保险机构应当建立健全内部控制制度体系，对各项业务活动和管理活动制定全面、系统、规范的制度，并定期进行评估。

第一百零五条　银行保险机构应当建立健全贯穿各级机构、覆盖所有业务和全部流程的信息系统，及时、准确记录经营管理信息，确保信息的完整、连续、准确和可追溯。

第三节　内外部审计

第一百零六条　银行保险机构应当按照法律法规和监管规定，建立健全内部审计体系，开展内部审计工作，及时发现问题，有效防范经营风险，促进公司稳健发展。

第一百零七条　银行保险机构应当建立与公司目标、治理结构、管控模式、业务性质和规模相适应的内部审计体系，实行内部审计集中化管理或垂直管理，内部审计工作应独立于业务经营、风险管理和内控合规。

第一百零八条　银行保险机构董事会对内部审计体系的建立、运行与维护，以及内部审计的独立性和有效性承担最终责任。

银行保险机构监事会对内部审计工作进行指导和监督，有权要求董事会和高级管理层提供审计方面的相关信息。

第一百零九条　银行保险机构应当按照有关监管规定，设立首席审计官或审计责任人。首席审计官或审计责任人对董事会负责，由董事会聘任和解聘，定期向董事会及其审计委员会报告工作。

第一百一十条　银行保险机构应当设立独立的内部审计部门，负责开展内部审计相关工作。内部审计部门向首席审计官或审计责任人负责并报告工作。

银行保险机构应当按照有关监管规定，配备充足的内部审计人员。内部审计人员应当具备履行内部审计职责所需的专业知识、职业技能和实践经验。

第一百一十一条　银行保险机构应当聘请独立、专业、具备相应资质的外部审计机构进行财务审计，并对公司内部控制情况进行定期评估。

第一百一十二条　外部审计机构应当独立、客观、公正、审慎地履行审计职责。

外部审计机构对财务会计报告出具非标准审计报告的，银行保险机构董事会应当对该审计意见及涉及事项作出专项说明并公开披露。

第一百一十三条　银行保险机构应当将外部审计报告及审计机构对公司内部控制有效性的审计意见及时报送监管机构。

第十一章　附　则

第一百一十四条　本准则所称"商业银行、保险公司""银行保险机构"，是指股份有限公司形式的国有大型商业银行、全国性股份制商业银行、城市商业银行、民营银行、农村商业银行、外资银行、保险集团（控股）公司、财产保险公司、再保险公司、人身保险公司。

本准则所称"主要股东"，是指持有或控制银行保险机构百分之五以上股份或表决权，或持有资本总额或股份总额不足百分之五但对银行保险机构经营管理有重大影响的股东。

前款所称"重大影响"，包括但不限于向银行保险机构提名或派出董事、监事或高级管理人员，通过协议或其他方式影响银行保险机构的财务和经营管理决策以及监管机构认定的其他情形。

本准则所称"控股股东"，是指其持有的股份占公司股本总额百分之五十以上的股东，或持股虽然不足百分之五十，但依其股份所享有的表决权足以对股东大会的决议产生重大影响的股东。

本准则所称"实际控制人"，是指虽不是公司的股东，但通过投资关系、协议或者其他安排，能够实际支配公司行为的人。

本准则所称"关联方"，是指根据监管机构关于关联交易的监管规定，被认定为具有关联关系的法人或自然人。国家控股的企业之间不因为同受国家控股而具有关联关系。

本准则所称"一致行动人"，是指通过协议、其他安排，与该投资者共同扩大其所能够支配的一个公司股份表决权数量的行为或者事实，达成一致行动的相关投资者。

本准则所称"最终受益人"，是指实际享有银行保险机构股权收益的人。

本准则所称"高级管理人员",是指在银行保险机构高级管理人员任职资格监管制度范围内的,在总行(总公司)任职的人员。

本准则所称"监管机构",是指中国银保监会及其派出机构。

本准则所称"公司治理机制失灵"的情形,包括但不限于:董事会连续一年以上无法产生;公司董事之间长期冲突,董事会无法作出有效决议,且无法通过股东大会解决;公司连续一年以上无法召开股东大会;股东大会表决时无法达到法定或者公司章程规定的比例,连续一年以上不能作出有效的股东大会决议;因资本充足率或偿付能力不足进行增资的提案无法通过;公司现有治理机制无法正常运转导致公司经营管理发生严重困难;监管机构认定的其他情形。

本准则所称"现场会议",是指通过现场、视频、电话等能够保证参会人员即时交流讨论方式召开的会议。

本准则所称"书面传签",是指通过分别送达审议或传阅送达审议方式对议案作出决议的会议方式。

本准则所称"以上"均含本数,"低于""少于""超过"不含本数。

第一百一十五条 公司组织形式为有限责任公司的银行保险机构,参照适用本准则,公司法等法律法规及监管制度另有规定的从其规定。

除银行保险机构外,中国银保监会负责监管的其他金融机构参照适用本准则,法律法规及监管制度另有规定的从其规定。

相互保险社、自保公司可以结合机构自身的特殊性,参照适用本准则,法律法规及监管制度另有规定的从其规定。

独资银行保险机构可以不适用本准则关于董事长、副董事长、董事(包括独立董事)提名和选举、监事提名选举、监事会人数及构成、监事会主席等相关规定。

法律法规及监管制度对外资银行保险机构另有规定的从其规定。

第一百一十六条 本准则由中国银保监会负责解释。

第一百一十七条 本准则自发布之日起施行。《商业银行公司治理指引》(银监发〔2013〕34号)、《关于规范保险公司治理结构的指导意见(试行)》(保监发〔2006〕2号)同时废止。

本准则施行前中国银保监会、原中国银行业监督管理委员会、原中国保险监督管理委员会发布的其他监管规定与本准则相冲突的,以本准则为准。

保险公司合规管理办法

· 2016 年 12 月 30 日
· 保监发〔2016〕116 号

第一章 总 则

第一条 为了加强保险公司合规管理,发挥公司治理机制作用,根据《中华人民共和国公司法》《中华人民共和国保险法》和《保险公司管理规定》等法律、行政法规和规章,制定本办法。

第二条 本办法所称的合规是指保险公司及其保险从业人员的保险经营管理行为应当符合法律法规、监管规定、公司内部管理制度以及诚实守信的道德准则。

本办法所称的合规风险是指保险公司及其保险从业人员因不合规的保险经营管理行为引发法律责任、财务损失或者声誉损失的风险。

第三条 合规管理是保险公司通过建立合规管理机制,制定和执行合规政策,开展合规审核、合规检查、合规风险监测、合规考核以及合规培训等,预防、识别、评估、报告和应对合规风险的行为。合规管理是保险公司全面风险管理的一项重要内容,也是实施有效内部控制的一项基础性工作。

保险公司应当按照本办法的规定,建立健全合规管理制度,完善合规管理组织架构,明确合规管理责任,构建合规管理体系,推动合规文化建设,有效识别并积极主动防范、化解合规风险,确保公司稳健运营。

第四条 保险公司应当倡导和培育良好的合规文化,努力培育公司全体保险从业人员的合规意识,并将合规文化建设作为公司文化建设的一个重要组成部分。

保险公司董事会和高级管理人员应当在公司倡导诚实守信的道德准则和价值观念,推行主动合规、合规创造价值等合规理念，促进保险公司内部合规管理与外部监管的有效互动。

第五条 保险集团（控股）公司应当建立集团整体的合规管理体系，加强对全集团合规管理的规划、领导和监督，提高集团整体合规管理水平。各成员公司应当贯彻落实集团整体合规管理要求，对自身合规管理负责。

第六条 中国保监会及其派出机构依法对保险公司合规管理实施监督检查。

第二章 董事会、监事会和总经理的合规职责

第七条 保险公司董事会对公司的合规管理承担最终责任，履行以下合规职责：

（一）审议批准合规政策，监督合规政策的实施，并对实施情况进行年度评估；

（二）审议批准并向中国保监会提交公司年度合规报告，对年度合规报告中反映出的问题，提出解决方案；

（三）决定合规负责人的聘任、解聘及报酬事项；

（四）决定公司合规管理部门的设置及其职能；

（五）保证合规负责人独立与董事会、董事会专业委员会沟通；

（六）公司章程规定的其他合规职责。

第八条 保险公司董事会可以授权专业委员会履行以下合规职责：

（一）审核公司年度合规报告；

（二）听取合规负责人和合规管理部门有关合规事项的报告；

（三）监督公司合规管理，了解合规政策的实施情况和存在的问题，并向董事会提出意见和建议；

（四）公司章程规定或者董事会确定的其他合规职责。

第九条 保险公司监事或者监事会履行以下合规职责：

（一）监督董事和高级管理人员履行合规职责的情况；

（二）监督董事会的决策及决策流程是否合规；

（三）对引发重大合规风险的董事、高级管理人员提出罢免的建议；

（四）向董事会提出撤换公司合规负责人的建议；

（五）依法调查公司经营中引发合规风险的相关情况，并可要求公司相关高级管理人员和部门协助；

（六）公司章程规定的其他合规职责。

第十条 保险公司总经理履行以下合规职责：

（一）根据董事会的决定建立健全公司合规管理组织架构，设立合规管理部门，并为合规负责人和合规管理部门履行职责提供充分条件；

（二）审核公司合规政策，报经董事会审议后执行；

（三）每年至少组织一次对公司合规风险的识别和评估，并审核公司年度合规管理计划；

（四）审核并向董事会或者其授权的专业委员会提交公司年度合规报告；

（五）发现公司有不合规的经营管理行为的，应当及时制止并纠正，追究违规责任人的相应责任，并按规定进行报告；

（六）公司章程规定、董事会确定的其他合规职责。

保险公司分公司和中心支公司总经理应当履行前款第三项和第五项规定的合规职责，以及保险公司确定的其他合规职责。

第三章 合规负责人和合规管理部门

第十一条 保险公司应当设立合规负责人。合规负责人是保险公司的高级管理人员。合规负责人不得兼管公司的业务、财务、资金运用和内部审计部门等可能与合规管理存在职责冲突的部门，保险公司总经理兼任合规负责人的除外。

本条所称的业务部门指保险公司设立的负责销售、承保和理赔等保险业务的部门。

第十二条 保险公司任命合规负责人，应当依据《保险公司董事、监事和高级管理人员任职资格管理规定》及中国保监会的有关规定申请核准其任职资格。

保险公司解聘合规负责人的，应当在解聘后10个工作日内向中国保监会报告并说明正当理由。

第十三条 保险公司合规负责人对董事会负

责,接受董事会和总经理的领导,并履行以下职责:

(一)全面负责公司的合规管理工作,领导合规管理部门;

(二)制定和修订公司合规政策,制订公司年度合规管理计划,并报总经理审核;

(三)将董事会审议批准后的合规政策传达给保险从业人员,并组织执行;

(四)向总经理、董事会或者其授权的专业委员会定期提出合规改进建议,及时报告公司和高级管理人员的重大违规行为;

(五)审核合规管理部门出具的合规报告等合规文件;

(六)公司章程规定或者董事会确定的其他合规职责。

第十四条 保险公司总公司及省级分公司应当设置合规管理部门。保险公司应当根据业务规模、组织架构和风险管理工作的需要,在其他分支机构设置合规管理部门或者合规岗位。

保险公司分支机构的合规管理部门、合规岗位对上级合规管理部门或者合规岗位负责,同时对其所在分支机构的负责人负责。

保险公司应当以合规政策或者其他正式文件的形式,确立合规管理部门和合规岗位的组织结构、职责和权利,并规定确保其独立性的措施。

第十五条 保险公司应当确保合规管理部门和合规岗位的独立性,并对其实行独立预算和考评。合规管理部门和合规岗位应当独立于业务、财务、资金运用和内部审计部门等可能与合规管理存在职责冲突的部门。

第十六条 合规管理部门履行以下职责:

(一)协助合规负责人制订、修订公司的合规政策和年度合规管理计划,并推动其贯彻落实,协助高级管理人员培育公司的合规文化;

(二)组织协调公司各部门和分支机构制订、修订公司合规管理规章制度;

(三)组织实施合规审核、合规检查;

(四)组织实施合规风险监测、识别、评估和报告合规风险;

(五)撰写年度合规报告;

(六)为公司新产品和新业务的开发提供合规支持,识别、评估合规风险;

(七)组织公司反洗钱等制度的制订和实施;

(八)开展合规培训,推动保险从业人员遵守行为准则,并向保险从业人员提供合规咨询;

(九)审查公司重要的内部规章制度和业务规程,并依据法律法规、监管规定和行业自律规则的变动和发展,提出制订或者修订公司内部规章制度和业务规程的建议;

(十)保持与监管机构的日常工作联系,反馈相关意见和建议;

(十一)组织或者参与实施合规考核和问责;

(十二)董事会确定的其他合规管理职责。

合规岗位的具体职责,由公司参照前款规定确定。

第十七条 保险公司应当保障合规负责人、合规管理部门和合规岗位享有以下权利:

(一)为了履行合规管理职责,通过参加会议、查阅文件、调取数据、与有关人员交谈、接受合规情况反映等方式获取信息;

(二)对违规或者可能违规的人员和事件进行独立调查,可外聘专业人员或者机构协助工作;

(三)享有通畅的报告渠道,根据董事会确定的报告路线向总经理、董事会授权的专业委员会、董事会报告;

(四)董事会确定的其他权利。

董事会和高级管理人员应当支持合规管理部门、合规岗位和合规人员履行工作职责,并采取措施切实保障合规管理部门、合规岗位和合规人员不因履行职责遭受不公正的对待。

第十八条 保险公司应当根据业务规模、人员数量、风险水平等因素为合规管理部门或者合规岗位配备足够的专职合规人员。

保险公司总公司和省级分公司应当为合规管理部门以外的其他各部门配备兼职合规人员。有条件的保险公司应当为省级分公司以外的其他分支机构配备兼职合规人员。保险公司应当建立兼职合规人员激励机制,促进兼职合规人员履职尽责。

第十九条 合规人员应当具有与其履行职责相适应的资质和经验,具有法律、保险、财会、金融等方面的专业知识,并熟练掌握法律法规、监管规定、行业自律规则和公司内部管理制度。

保险公司应当定期开展系统的教育培训,提高合规人员的专业技能。

第四章　合规管理

第二十条　保险公司应当建立三道防线的合规管理框架，确保三道防线各司其职、协调配合，有效参与合规管理，形成合规管理的合力。

第二十一条　保险公司各部门和分支机构履行合规管理的第一道防线职责，对其职责范围内的合规管理负有直接和第一位的责任。

保险公司各部门和分支机构应当主动进行日常的合规管控，定期进行合规自查，并向合规管理部门或者合规岗位提供合规风险信息或者风险点，支持并配合合规管理部门或者合规岗位的合规风险监测和评估。

第二十二条　保险公司合规管理部门和合规岗位履行合规管理的第二道防线职责。合规管理部门和合规岗位应当按照本办法第十六条规定的职责，向公司各部门和分支机构的业务活动提供合规支持，组织、协调、监督各部门和分支机构开展合规管理各项工作。

第二十三条　保险公司内部审计部门履行合规管理的第三道防线职责，定期对公司的合规管理情况进行独立审计。

第二十四条　保险公司应当在合规管理部门与内部审计部门之间建立明确的合作和信息交流机制。内部审计部门在审计结束后，应当将审计情况和结论通报合规管理部门；合规管理部门也可以根据合规风险的监测情况主动向内部审计部门提出开展审计工作的建议。

第二十五条　保险公司应当制订合规政策，经董事会审议通过后报中国保监会备案。

合规政策是保险公司进行合规管理的纲领性文件，应当包括以下内容：

（一）公司进行合规管理的目标和基本原则；

（二）公司倡导的合规文化；

（三）董事会、高级管理人员的合规责任；

（四）公司合规管理框架和报告路线；

（五）合规管理部门的地位和职责；

（六）公司识别和管理合规风险的主要程序。

保险公司应当定期对合规政策进行评估，并视合规工作需要进行修订。

第二十六条　保险公司应当通过制定相关规章制度，明确保险从业人员行为规范，落实公司的合规政策，并为保险从业人员执行合规政策提供指引。

保险公司应当制定工作岗位的业务操作程序和规范。

第二十七条　保险公司应当定期组织识别、评估和监测以下事项的合规风险：

（一）业务行为；

（二）财务行为；

（三）资金运用行为；

（四）机构管理行为；

（五）其他可能引发合规风险的行为。

第二十八条　保险公司应当明确合规风险报告的路线，规定报告路线涉及的每个人员和机构的职责，明确报告人的报告内容、方式和频率以及接受报告人直接处理或者向上报告的规范要求。

第二十九条　保险公司合规管理部门应当对下列事项进行合规审核：

（一）重要的内部规章制度和业务规程；

（二）重要的业务行为、财务行为、资金运用行为和机构管理行为。

第三十条　保险公司合规管理部门应当按照合规负责人、总经理、董事会或者其授权的专业委员会的要求，在公司内进行合规调查。

合规调查结束后，合规管理部门应当就调查情况和结论制作报告，并报送提出调查要求的机构。

第三十一条　保险公司应当建立有效的合规考核和问责制度，将合规管理作为公司年度考核的重要指标，对各部门、分支机构及其人员的合规职责履行情况进行考核和评价，并追究违法违规事件责任人员的责任。

第三十二条　保险公司合规管理部门应当与公司相关培训部门建立协作机制，制订合规培训计划，定期组织开展合规培训工作。

保险公司董事、监事和高级管理人员应当参加与其职责相关的合规培训。保险从业人员应当定期接受合规培训。

第三十三条　保险公司应当建立有效的信息系统，确保在合规管理工作中能够及时、准确获取有关公司业务、财务、资金运用、机构管理等合规管理工作所需的信息。

第三十四条　保险公司各分支机构主要负责人应当根据本办法和公司合规管理制度，落实上级机构的要求，加强合规管理。

第五章　合规的外部监督

第三十五条　中国保监会根据保险公司发展实际,采取分类指导的原则,加强督导,推动保险公司建立和完善合规管理体系。

第三十六条　中国保监会通过合规报告或者现场检查等方式对保险公司合规管理工作进行监督和评价,评价结果将作为实施风险综合评级的重要依据。

第三十七条　保险公司应当于每年4月30日前向中国保监会提交公司上一年度的年度合规报告。保险公司董事会对合规报告的真实性、准确性、完整性负责。

公司年度合规报告应当包括以下内容:

(一)合规管理状况概述;
(二)合规政策的制订、评估和修订;
(三)合规负责人和合规管理部门的情况;
(四)重要业务活动的合规情况;
(五)合规评估和监测机制的运行;
(六)存在的主要合规风险及应对措施;
(七)重大违规事件及其处理;
(八)合规培训情况;
(九)合规管理存在的问题和改进措施;
(十)其他。

中国保监会可以根据监管需要,要求保险公司报送综合或者专项的合规报告。

中国保监会派出机构可以根据辖区内监管需要,要求保险公司省级分公司书面报告合规工作情况。

第三十八条　保险公司及其相关责任人违反本办法规定的,中国保监会可以根据具体情况采取以下监管措施:

(一)责令限期改正;
(二)调整风险综合评级;
(三)调整公司治理评级;
(四)监管谈话;
(五)行业通报;
(六)其他监管措施。

对拒不改正的,依法予以处罚。

第六章　附　　则

第三十九条　本办法适用于在中华人民共和国境内成立的保险公司、保险集团(控股)公司、外国保险公司分公司、保险资产管理公司以及经中国保监会批准成立的其他保险组织参照适用。

保险公司计划单列市分公司参照适用本办法有关保险公司省级分公司的规定。

第四十条　本办法所称保险公司分支机构,是指经中国保监会及其派出机构批准,保险公司依法在境内设立的分公司、中心支公司、支公司、营业部、营销服务部以及各类专属机构。

本办法所称保险从业人员,是指保险公司工作人员以及其他为保险公司销售保险产品的保险销售从业人员。

第四十一条　本办法由中国保监会负责解释。

第四十二条　本办法自2017年7月1日起施行。中国保监会2007年9月7日发布的《保险公司合规管理指引》(保监发〔2007〕91号)同时废止。

银行保险机构公司治理监管评估办法

· 2022年11月28日
· 银保监规〔2022〕19号

第一章　总　　则

第一条　为推动银行保险机构提升公司治理有效性,促进银行业和保险业长期稳健发展,根据《中华人民共和国公司法》《中华人民共和国商业银行法》《中华人民共和国银行业监督管理法》《中华人民共和国保险法》等法律法规及监管规定,制定本办法。

第二条　本办法所称公司治理监管评估,是指中国银保监会及其派出机构依法对银行保险机构公司治理水平和风险状况进行判断、评价和分类,并根据评估结果依法实施分类监管。

第三条　本办法适用于中华人民共和国境内依法设立的商业银行、商业保险机构和其他非银行金融机构(法人机构),包括:国有大型商业银行、股份制商业银行、城市商业银行、民营银行、农村商业银行、农村合作银行、外资银行、保险集团(控股)公司、财产保险公司、再保险公司、人身保险公司、相互保险社、自保公司、金融资产管理公司、金融租赁公司、企业集团财务公司、汽车金融公司、消费金融公司及货币经纪公司。

第四条 银行保险机构公司治理监管评估应当遵循依法合规、客观公正、标准统一、突出重点的原则。

第二章 评估内容和方法

第五条 银行保险机构公司治理监管评估内容主要包括：党的领导、股东治理、关联交易治理、董事会治理、监事会和高管层治理、风险内控、市场约束、利益相关者治理等方面。

第六条 公司治理监管评估包括合规性评价、有效性评价、重大事项调降评级三个步骤。

（一）合规性评价。满分100分，主要考查银行保险机构公司治理是否符合法律法规及监管规定，监管机构对相关指标逐项评价打分。

（二）有效性评价。重点考查银行保险机构公司治理机制的实际效果，主要关注存在的突出问题和风险。监管机构在合规性评价得分基础上，对照有效性评价指标进行扣分；对银行保险机构改善公司治理有效性的优秀实践，可予以加分。

（三）重大事项调降评级。当机构存在公司治理重大缺陷甚至失灵情况时，监管机构对前两项综合评分及其对应评估等级进行调降，形成评估结果。

合规性指标或有效性指标存在问题持续得不到整改的，可以视情况加大扣分力度。第二年未整改的，可按该指标分值两倍扣分；第三年未整改的，可按该指标分值四倍扣分；第四年未整改的，可按该指标分值八倍扣分；以此类推。

第七条 公司治理监管评估总分为100分，评估等级分为五级：90分以上为A级，90分以下至80分以上为B级，80分以下至70分以上为C级，70分以下至60分以上为D级，60分以下为E级。

第八条 存在下列情形的，可以直接评定为E级：

（一）拒绝或者阻碍公司治理监管评估；

（二）通过提供虚假材料等方式隐瞒公司治理重要事实、资产质量等方面的重大风险；

（三）股东虚假出资、出资不实、循环注资、抽逃出资或变相抽逃出资，或与银行保险机构开展违规关联交易，严重影响银行保险机构资本充足率、偿付能力充足率真实性；

（四）股东通过隐藏实际控制人、隐瞒关联关系、隐形股东、股权代持、表决权委托、一致行动约定等行为规避监管审查，控制或操纵银行保险机构经营管理；

（五）公司治理机制失灵，股东（大）会、董事会长期（一年以上）无法正常召开或做出决策；

（六）出现兑付危机、偿付能力严重不足的情形；

（七）监管机构认定的其他公司治理机制失灵的情形。

第九条 银保监会可以根据公司治理监管工作需要，修订完善银行保险机构公司治理监管评估内容、评价指标及评分规则，并及时告知银行保险机构。

第三章 评估程序和分工

第十条 公司治理监管评估原则上每年开展一次。对评估结果为B级及以上的机构可适当降低评估频率，但至少每2年开展一次。

公司治理监管评估主要评估上一年度公司治理状况。在公司治理监管评估过程中，监管机构可结合实际，适当向前追溯或向后延伸。

第十一条 公司治理监管评估工作办公室设在银保监会公司治理监管部，负责统筹指导银行保险机构公司治理监管评估工作；各机构监管部门、各银保监局具体实施公司治理监管评估工作。

第十二条 公司治理监管评估程序主要包括年度评估方案制定、机构自评、监管评估、监管复核、结果分析与反馈、督促整改等环节。

第十三条 银保监会每年根据宏观经济金融形势、行业公司治理风险特征、监管规则和关注重点等因素的变化情况，制定年度公司治理监管评估方案，明确当年评估对象、评估要点、评分标准和具体安排。

第十四条 银行保险机构按照规定开展公司治理自评估，形成本机构公司治理自评估报告，每年2月底前将自评估报告及相关证明材料报送监管机构。

第十五条 银保监会直接监管的银行保险机构，由相关机构监管部门组织实施监管评估；银保监局监管的银行保险机构，由银保监局组织实施监管评估。监管评估应于每年5月底前完成。

第十六条 监管评估采取非现场评估和现场

评估相结合的方式。机构监管部门、银保监局根据工作需要，确定当年的评估对象和评估方式。现场评估应每3年对所监管机构实现全覆盖。

现场评估采取现场调阅材料、查询系统，以及与董事、监事和高管人员谈话等方式，结合日常非现场监管、前期现场检查等掌握的情况开展。非现场评估重点结合银行保险机构自评估报告、机构提交的相关证明材料，以及日常非现场监管、前期现场检查等掌握的情况开展。

监管机构应当坚持"实质重于形式"原则，对相关机构按照公司治理评分要素逐项评分，审慎核实评分依据的事实和材料，对发现的重大问题予以确认，形成监管评估报告。

第十七条　机构监管部门结合日常监管信息、机构风险状况等情况，对银保监局监管的银行保险机构的评估结果进行监管复核。监管复核应当于每年6月底前完成，机构监管部门应当将复核结果反馈相关银保监局。

第十八条　机构监管部门、银保监局对年度评估开展情况和评估结果进行分析，总结评估发现的风险问题，提出相关政策建议，并将相关情况报公司治理监管评估工作办公室。

公司治理监管评估工作办公室可以联合相关机构监管部门和银保监局，在评估过程中或评估结束后，选取一定比例的被评估机构，进行监管评估抽查，进一步提高监管评估标准的一致性。

第十九条　评估结果的反馈由负责监管评估的机构监管部门或银保监局实施，反馈采取"一对一"的形式，内容包括公司治理监管评估结果、公司治理存在的主要问题及整改要求。评估结果反馈原则上应当于每年7月底前完成。相关机构监管部门和银保监局应当持续督促银行保险机构完成问题的整改。

第二十条　相关机构在收到监管机构的反馈结果后，应当及时将有关情况通报给董事会、监事会和高级管理层，通报内容包括但不限于：评估结果、监管机构反馈的主要问题、整改要求等，并按监管要求及时进行整改。

第二十一条　负责监管评估的机构监管部门和银保监局应当根据评估结果对相关机构采取相应的监管措施。在公司治理监管评估过程中发现银行保险机构存在违法违规行为，符合行政处罚情形的，应当及时启动立案调查程序。

第二十二条　银保监会结合监管评估工作实际，适时对监管评估工作及效果进行后评价，持续改进完善银行保险机构公司治理监管评估体系。

第二十三条　银保监会建立银行保险机构公司治理监管评估信息系统，加强评估全过程的信息化管理。

第四章　评估结果和运用

第二十四条　公司治理监管评估结果是衡量银行保险机构公司治理水平的重要标准。

评估等级为A级（优秀），表示相关机构公司治理各方面健全，未发现明显的合规性及有效性问题，公司治理机制运转有效。

评估等级为B级（较好），表示相关机构公司治理基本健全，同时存在一些弱点，相关机构能够积极采取措施整改完善。

评估等级为C级（合格），表示相关机构公司治理存在一定缺陷，公司治理合规性或有效性需加以改善。

评估等级为D级（较弱），表示相关机构公司治理存在较多突出问题，合规性较差，有效性不足，公司治理基础薄弱。

评估等级为E级（差），表示相关机构公司治理存在严重问题，合规性差，有效性严重不足，公司治理整体失效。

第二十五条　银保监会将公司治理监管评估结果作为配置监管资源、采取监管措施和行动的重要依据，并在市场准入、现场检查立项、监管评级、监管通报等环节加强对评估结果的运用。

第二十六条　银保监会根据公司治理监管评估结果，对银行保险机构依法采取不同监管措施：

（一）对A级机构，开展常规监管，督促其保持良好公司治理水平。

（二）对B级机构，关注公司治理风险变化，并通过窗口指导、监管谈话等方式指导机构逐步完善公司治理。

（三）对C级机构，除可以采取对B级机构的监管措施外，还可以视情形依法采取下发风险提示函、监管意见书、监管通报，要求机构限期整改等措施。

（四）对D级机构，除可以采取对C级机构的监管措施外，还可以在市场准入中认定其公司治理未达到良好标准。同时，可以根据《中华人民共和国银行业监督管理法》《中华人民共和国保险法》等法律法规，依法采取责令调整相关责任人、责令暂停部分业务、停止批准开办新业务、停止批准增设分支机构、限制分配红利和其他收入等监管措施。

（五）对 E 级机构，除可以采取对 D 级机构的监管措施外，应当按照《银行保险机构关联交易管理办法》（中国银行保险监督管理委员会令 2022 年第 1 号）有关规定，限制其开展授信类、资金运用类、以资金为基础的关联交易，还可以结合评估发现的问题和线索，对相关机构进行现场检查，并根据《中华人民共和国银行业监督管理法》《中华人民共和国保险法》等法律法规，对机构及责任人进行处罚。

第二十七条 监管机构应当将公司治理监管评估等级为 D 级及以下的银行保险机构列为重点监管对象，根据其存在的公司治理问题，提出明确的监管措施和整改要求，对其存在的重大公司治理风险隐患要及时纠正，坚决防止机构"带病运行"，防止风险发酵放大。

监管机构应当将前款规定情况向相关国有银行保险机构的上级党组织、有关纪检监察部门进行通报。

第五章 附 则

第二十八条 公司治理监管评估的具体信息仅供监管机构内部使用。必要时，监管机构可以采取适当方式与有关政府部门共享公司治理监管评估结果和具体信息。公司治理监管评估的具体信息是指评估过程中使用的监管信息等材料。

第二十九条 机构监管部门和银保监局可以参照本办法，对未纳入公司治理监管评估的银行保险机构开展试评估，推动机构提高公司治理有效性。

第三十条 监管机构工作人员开展公司治理监管评估工作时，应当恪尽职守，秉持公平、公正的原则，不得滥用职权、玩忽职守，不得对评估工作及结果施加不当影响。

第三十一条 本办法所称监管机构，是指中国银保监会及其派出机构。

本办法所称"以上"含本数，"以下"不含本数。

第三十二条 本办法由银保监会负责解释和修订。

第三十三条 本办法自发布之日起施行。《银行保险机构公司治理监管评估办法（试行）》（银保监发〔2019〕43 号）同时废止。

银行保险机构声誉风险管理办法（试行）

- 2021 年 2 月 8 日
- 银保监发〔2021〕4 号

第一章 总 则

第一条 为提高银行保险机构声誉风险管理水平，有效防范化解声誉风险，维护金融稳定和市场信心，根据《中华人民共和国银行业监督管理法》《中华人民共和国商业银行法》《中华人民共和国保险法》《中华人民共和国信托法》等法律法规，制定本办法。

本办法所称银行保险机构，是指在中华人民共和国境内依法设立的中资商业银行、中外合资银行、外商独资银行、信托公司、保险集团（控股）公司、保险公司。

第二条 本办法所称声誉风险，是指由银行保险机构行为、从业人员行为或外部事件等，导致利益相关方、社会公众、媒体等对银行保险机构形成负面评价，从而损害其品牌价值，不利其正常经营，甚至影响到市场稳定和社会稳定的风险。

声誉事件是指引发银行保险机构声誉明显受损的相关行为或活动。

第三条 银行保险机构声誉风险管理应遵循以下基本原则：

（一）前瞻性原则。银行保险机构应坚持预防为主的声誉风险管理理念，加强研究，防控源头，定期对声誉风险管理情况及潜在风险进行审视，提升声誉风险管理预见性。

（二）匹配性原则。银行保险机构应进行多层次、差异化的声誉风险管理，与自身规模、经营状况、风险状况及系统重要性相匹配，并结合外部环境和内部管理变化适时调整。

（三）全覆盖原则。银行保险机构应以公司治理为着力点，将声誉风险管理纳入全面风险管理体系，覆盖各业务条线、所有分支机构和子公司，覆盖各部门、岗位、人员和产品，覆盖决策、执行和监督全部管理环节,同时应防范第三方合作机构可能引发的对本机构不利的声誉风险,充分考量其他内外部风险的相关性和传染性。

(四)有效性原则。银行保险机构应以防控风险、有效处置、修复形象为声誉风险管理最终标准,建立科学合理、及时高效的风险防范及应对处置机制,确保能够快速响应、协同应对、高效处置声誉事件,及时修复机构受损声誉和社会形象。

第四条 银行保险机构承担声誉风险管理的主体责任,中国银行保险监督管理委员会(以下简称银保监会)及其派出机构依法对银行保险机构声誉风险管理实施监管。

第二章 治理架构

第五条 国有、国有控股的银行保险机构,要坚持以党的政治建设为统领,充分发挥党组织把方向、管大局、保落实的领导作用,把党的领导融入声誉风险管理各个环节。已建立党组织的民营资本或社会资本占主体的银行保险机构,要积极发挥党组织政治核心作用,把党的领导与声誉风险管理紧密结合起来,实现目标同向、互促共进。

第六条 银行保险机构应强化公司治理在声誉风险管理中的作用,明确董事会、监事会、高级管理层、声誉风险管理部门、其他职能部门、分支机构和子公司的职责分工,构建组织健全、职责清晰的声誉风险治理架构和相互衔接、有效联动的运行机制。

第七条 银行保险机构董事会、监事会和高级管理层分别承担声誉风险管理的最终责任、监督责任和管理责任,董事长或主要负责人为第一责任人。

董事会负责确定声誉风险管理策略和总体目标,掌握声誉风险状况,监督高级管理层开展声誉风险管理。对于声誉事件造成机构和行业重大损失、市场大幅波动、引发系统性风险或影响社会经济秩序稳定的,董事会应听取专门报告,并在下一年听取声誉风险管理的专项报告。

监事会负责监督董事会和高级管理层在声誉风险管理方面的履职尽责情况,并将相关情况纳入监事会工作报告。

高级管理层负责建立健全声誉风险管理制度,完善工作机制,制定重大事项的声誉风险应对预案和处置方案,安排并推进声誉事件处置。每年至少进行一次声誉风险管理评估。

第八条 银行保险机构应设立或指定部门作为本机构声誉风险管理部门,并配备相应管理资源。声誉风险管理部门负责牵头落实高级管理层工作部署,指导协调其他职能部门、分支机构和子公司贯彻声誉风险管理制度要求,协调组织开展声誉风险的监测报告、排查评估、应对处置等工作,制定并实施员工教育和培训计划。

其他职能部门及分支机构负责执行声誉风险防范和声誉事件处置中与本部门(机构)有关的各项决策,同时应设置专职或兼职的声誉风险管理岗位,加强与声誉风险管理部门的沟通协调,筑牢声誉风险管理第一道防线。

银行保险机构应指导子公司参照母公司声誉风险管理基本原则,建立与自身情况及外部环境相适应的声誉风险治理架构、制度和流程,落实母公司声誉风险管理有关要求,做好本机构声誉风险的监测、防范和处置工作。

第三章 全流程管理

第九条 银行保险机构应建立声誉风险事前评估机制,在进行重大战略调整、参与重大项目、实施重大金融创新及展业、重大营销活动及媒体推广、披露重要信息、涉及重大法律诉讼或行政处罚、面临群体性事件、遇到行业规则或外部环境发生重大变化等容易产生声誉风险的情形时,应进行声誉风险评估,根据评估结果制定应对预案。

第十条 银行保险机构应建立声誉风险监测机制,充分考虑与信用风险、保险风险、市场风险、流动性风险、操作风险、国别风险、利率风险、战略风险、信息科技风险以及其他风险的关联性,及时发现和识别声誉风险。

第十一条 银行保险机构应建立声誉事件分级机制,结合本机构实际,对声誉事件的性质、严重程度、传播速度、影响范围和发展趋势等进行研判评估,科学分类,分级应对。

第十二条 银行保险机构应加强声誉风险应对处置,按照声誉事件的不同级别,灵活采取相应措施,可包括:

(一)核查引发声誉事件的基本事实、主客观原因,分析机构的责任范围;

(二)检视其他经营区域及业务、宣传策略等与声誉事件的关联性,防止声誉事件升级或出现次生风险；

（三）对可能的补救措施进行评估，根据实际情况采取合理的补救措施控制利益相关方损失程度和范围；

（四）积极主动统一准备新闻口径，通过新闻发布、媒体通气、声明、公告等适当形式，适时披露相关信息，澄清事实情况，回应社会关切；

（五）对引发声誉事件的产品设计缺陷、服务质量弊病、违法违规经营等问题进行整改，根据情节轻重进行追责，并视情公开，展现真诚担当的社会形象；

（六）及时开展声誉恢复工作，加大正面宣传，介绍针对声誉事件的改进措施以及其他改善经营服务水平的举措，综合施策消除或降低声誉事件的负面影响；

（七）对恶意损害本机构声誉的行为，依法采取措施维护自身合法权益；

（八）声誉事件处置中其他必要的措施。

第十三条 银行保险机构应建立声誉事件报告机制，明确报告要求、路径和时限。对于符合突发事件信息报告有关规定的，按要求向监管部门报告。

第十四条 银行保险机构应强化考核问责，将声誉事件的防范处置情况纳入考核范围，对引发声誉事件或预防及处置不当造成重大损失或严重不良影响的相关人员和声誉风险管理部门、其他职能部门、分支机构等应依法依规进行问责追究。

第十五条 银行保险机构应开展全流程评估工作，对相关问题的整改情况进行跟踪评价，对整个声誉事件进行复盘总结，及时查缺补漏，进一步完善制度、规范流程，避免同类声誉事件再次发生。

第四章 常态化建设

第十六条 银行保险机构应定期开展声誉风险隐患排查，覆盖内部管理、产品设计、业务流程、外部关系等方面，从源头减少声誉风险触发因素，持续完善声誉风险应对预案和相关内部制度。

第十七条 银行保险机构应定期开展声誉风险情景模拟和应急演练，检视机构应对各种不利事件特别是极端事件的反应能力和适当程度，并将声誉风险情景纳入本机构压力测试体系，在开展各类压力测试过程中充分考虑声誉风险影响。

第十八条 银行保险机构应建立与投诉、举报、调解、诉讼等联动的声誉风险防范机制，及时回应和解决有关合理诉求，防止处理不当引发声誉风险。

第十九条 银行保险机构应主动接受社会舆论监督，建立统一管理的采访接待和信息发布机制，及时准确公开信息，避免误读误解引发声誉风险。

第二十条 银行保险机构应做好声誉资本积累，加强品牌建设，承担社会责任，诚实守信经营，提供优质高效服务。

第二十一条 银行保险机构应将声誉风险管理纳入内部审计范畴，定期审查和评价声誉风险管理的规范性和有效性，包括但不限于：

（一）治理架构、策略、制度和程序能否确保有效识别、监测和防范声誉风险；

（二）声誉风险管理政策和程序是否得到有效执行；

（三）风险排查和应急演练是否开展到位。

第二十二条 银行保险机构应加强同业沟通联系，相互吸收借鉴经验教训，不恶意诋毁，不借机炒作，共同维护银行业保险业整体声誉。

第五章 监督管理

第二十三条 银保监会及其派出机构应将银行保险机构声誉风险管理纳入法人监管体系，加强银行业保险业声誉风险监管。

第二十四条 银保监会机构监管部门和各级派出机构承担银行保险机构声誉风险的监管责任，办公厅承担归口和协调责任。

第二十五条 银保监会及其派出机构通过非现场监管和现场检查实施对银行保险机构声誉风险的持续监管，具体方式包括但不限于风险提示、监督管理谈话、现场检查等，并将其声誉风险管理状况作为监管评级及市场准入的考虑因素。

第二十六条 银保监会及其派出机构发现银行保险机构存在以下声誉风险问题，依法采取相应措施：

（一）声誉风险管理制度缺失或极度不完善，忽视声誉风险管理；

（二）未落实各项工作制度及工作流程，声誉风险管理机制运行不畅；

（三）声誉事件造成机构和行业重大损失、市场大幅波动；

（四）声誉事件引发系统性风险、影响社会经济秩序稳定或造成其他重大后果。

对于上述情形，可采取监督管理谈话、责令限期改正、责令机构纪律处分等监管措施，并可依据《中华人民共和国银行业监督管理法》《中华人民共和国商业银行法》《中华人民共和国保险法》等法律法规实施行政处罚。

第二十七条 中国银行业协会、中国信托业协会、中国保险行业协会等行业社团组织应通过行业自律、维权、协调及宣传等方式，指导会员单位提高声誉风险管理水平，妥善应对处置行业性声誉事件，维护行业良好声誉。

第六章 附 则

第二十八条 银行保险机构应当依照本办法制定本机构（系统）声誉风险管理制度。

第二十九条 银保监会及其派出机构批准设立的其他金融机构参照本办法执行，省级农村信用社联合社可参照本办法制定本省（区）农合机构声誉风险管理制度。

第三十条 本办法由银保监会负责解释修订，自印发之日起执行。《商业银行声誉风险管理指引》（银监发〔2009〕82号）和《保险公司声誉风险管理指引》（保监发〔2014〕15号）同时废止。

保险公司设立境外保险类机构管理办法

- 2006年7月31日中国保险监督管理委员会令2006年第7号发布
- 根据2015年10月19日中国保险监督管理委员会令2015年第3号《关于修改〈保险公司设立境外保险类机构管理办法〉等八部规章的决定》修订

第一章 总 则

第一条 为了加强管理保险公司设立境外保险类机构的活动，防范风险，保障被保险人的利益，根据《中华人民共和国保险法》（以下简称《保险法》）等法律、行政法规，制定本办法。

第二条 本办法所称保险公司，是指经中国保险监督管理委员会（以下简称中国保监会）批准设立，并依法登记注册的商业保险公司。

第三条 本办法所称境外保险类机构，是指保险公司的境外分支机构、境外保险公司和保险中介机构。

本办法所称保险中介机构，是指保险代理机构、保险经纪机构和保险公估机构。

第四条 本办法所称设立境外保险类机构，是指保险公司的下列行为：

（一）设立境外分支机构、境外保险公司和保险中介机构；

（二）收购境外保险公司和保险中介机构。

第五条 本办法所称收购，是指保险公司受让境外保险公司、保险中介机构的股权、且其持有的股权达到该机构有表决权资本总额20%及以上或者虽不足20%但对该机构拥有实际控制权、共同控制权或者重大影响的行为。

保险公司收购上市的境外保险公司、保险中介机构的，适用本办法。中国保监会另有规定的从其规定。

第六条 保险公司设立境外保险类机构应当遵守中国有关保险和外汇管理的法律、行政法规以及中国保监会相关规定，遵守境外的相关法律及规定。

保险公司收购境外保险公司和保险中介机构，应当执行现行保险外汇资金的有关规定。

第七条 中国保监会依法对保险公司设立境外保险类机构的活动实施监督管理。

第八条 保险公司在境外设立代表机构、联络机构或者办事处等非营业性机构的，适用本办法。

第二章 设立审批

第九条 保险公司设立境外保险类机构的，应当具备下列条件：

（一）开业2年以上；

（二）上年末总资产不低于50亿元人民币；

（三）上年末外汇资金不低于1500万美元或者其等值的自由兑换货币；

（四）偿付能力额度符合中国保监会有关规定；

（五）内部控制制度和风险管理制度符合中国

保监会有关规定；

（六）最近2年内无受重大处罚的记录；

（七）拟设立境外保险类机构所在的国家或者地区金融监管制度完善，并与中国保险监管机构保持有效的监管合作关系；

（八）中国保监会规定的其他条件。

第十条 保险公司申请设立境外分支机构、境外保险公司和保险中介机构的，应当向中国保监会提交下列材料：

（一）申请书；

（二）国家外汇管理局外汇资金来源核准决定的复印件；

（三）上一年度经会计师事务所审计的公司财务报表及外币资产负债表；

（四）上一年度经会计师事务所审计的偿付能力状况报告；

（五）内部控制制度和风险管理制度；

（六）拟设境外保险类机构的基本情况说明，包括名称、住所、章程、注册资本或者营运资金、股权结构及出资额、业务范围、筹建负责人简历及身份证明材料复印件；

（七）拟设境外保险类机构的可行性研究报告、市场分析报告和筹建方案；

（八）拟设境外保险类机构所在地法律要求保险公司为其设立的境外保险类机构承担连带责任的，提交相关说明材料；

（九）中国保监会规定的其他材料。

保险公司在境外设立的保险公司、保险中介机构有其他发起人的，还应当提交其他发起人的名称、股份认购协议书复印件、营业执照以及上一年度经会计师事务所审计的资产负债表。

第十一条 保险公司申请收购境外保险公司和保险中介机构的，应当向中国保监会提交下列材料：

（一）申请书；

（二）国家外汇管理局外汇资金来源核准决定的复印件；

（三）上一年度经会计师事务所审计的公司财务报表及外币资产负债表；

（四）上一年度和最近季度经会计师事务所审计的偿付能力状况报告及其说明；

（五）内部管理制度和风险控制制度；

（六）拟被收购的境外保险类机构的基本情况说明，包括名称、住所、章程、注册资本或者营运资金、业务范围、负责人情况说明；

（七）拟被收购的境外保险类机构上一年度经会计师事务所审计的公司财务报表；

（八）收购境外保险类机构的可行性研究报告、市场分析报告、收购方案；

（九）中国保监会规定的其他材料。

拟被收购境外保险类机构为保险公司的，还应当提交其上一年度和最近季度经会计师事务所审计的偿付能力状况报告及说明。

第十二条 中国保监会应当依法对设立境外保险类机构的申请进行审查，并自受理申请之日起20日内作出批准或者不予批准的决定。决定不予批准的，应当书面通知申请人并说明理由。

第十三条 保险公司应当在境外保险类机构获得许可证或者收购交易完成后20日内，将境外保险类机构的下列情况书面报告中国保监会：

（一）许可证复印件；

（二）机构名称和住所；

（三）机构章程；

（四）机构的组织形式、业务范围、注册资本或者营运资金、其他股东或者合伙人的出资金额及出资比例；

（五）机构负责人姓名及联系方式；

（六）中国保监会规定的其他材料。

第十四条 保险公司应当在境外代表机构、联络机构或者办事处等非营业性机构设立后20日内，将境外代表机构、联络机构或者办事处等非营业性机构的下列情况书面报告中国保监会：

（一）登记证明的复印件；

（二）名称和住所；

（三）负责人姓名及联系方式；

（四）中国保监会规定的其他材料。

第三章 境外保险类机构管理

第十五条 保险公司应当对其设立的境外保险类机构进行有效的风险管理，并督促该类机构按照所在国法律和监管部门的相关规定，建立健全风险管理制度。

第十六条 保险公司应当严格控制其设立的境外保险类机构对外提供担保。

保险公司在境外设立的分支机构确需对外提供担保的，应当取得被担保人的资信证明，并签署具有法律效力的反担保协议书。以财产抵押、质押等方式提供反担保协议的,提供担保的金额不得超过抵押、质押财产重估价值的60%。

第十七条 保险公司在境外设立的分支机构,除保单质押贷款外,不得对外贷款。

第十八条 保险公司应当对派往其设立的境外保险类机构的董事长和高级管理人员建立绩效考核制度、期中审计制度和离任审计制度。

第十九条 保险公司设立的境外保险类机构清算完毕后,应当将清算机构出具的经当地注册会计师验证的清算报告,报送中国保监会。

第四章 监督检查

第二十条 保险公司应当按照中国会计制度及中国保监会的规定,在财务报告和偿付能力报告中单独披露其设立的境外保险类机构的经营成果、财务状况和偿付能力状况。

第二十一条 保险公司设立的境外保险类机构按照所在地保险监管机构要求编制偿付能力报告的,保险公司应当抄送中国保监会。

第二十二条 保险公司应当在其设立的境外保险类机构每一会计年度结束后5个月内,将该境外保险类机构上一年度的财务报表报送中国保监会。

第二十三条 保险公司应当在每年1月底之前,将其境外代表机构、联络机构或者办事处等非营业性机构的年度工作报告,报送中国保监会。

境外代表机构、联络机构或者办事处等非营业性机构的年度工作报告应当包括该机构的主要工作和机构变更情况。

第二十四条 保险公司设立的境外保险类机构发生下列事项的,保险公司应当在事项发生之日起20日内书面报告中国保监会:

(一)投资、设立公司的;
(二)分立、合并、解散、撤销或者破产的;
(三)机构名称或者注册地变更的;
(四)董事长和高级管理人员变动的;
(五)注册资本和股东结构发生重大变化的;
(六)调整业务范围的;
(七)出现重大经营或者财务问题的;
(八)涉及重大诉讼、受到重大处罚的;
(九)所在地保险监管部门出具监管报告或者检查报告的;
(十)中国保监会认为有必要报告的其他事项。

第二十五条 保险公司转让其境外保险类机构股权的,应当经中国保监会批准。

第二十六条 保险公司对其境外保险类机构实施下列行为之一的,应当经中国保监会批准,并按照本办法第十一条的规定提交材料:

(一)增持境外保险类机构股份的;
(二)增加境外保险类机构的资本金或者营运资金的。

第二十七条 保险公司应当建立控制和管理关联交易的相关制度。保险公司与其境外设立的保险公司和保险中介机构之间发生重大关联交易的,应当在交易完成后15日内向中国保监会报告。

前款规定的重大关联交易是指保险公司与其境外设立的保险公司和保险中介机构之间的下列交易活动:

(一)再保险分出或者分入业务;
(二)资产管理、担保和代理业务;
(三)固定资产买卖或者债权债务转移;
(四)大额借款;
(五)其他重大交易活动。

第二十八条 保险公司向中国保监会报送的境外保险类机构的各项材料,应当完整、真实、准确。

第五章 法律责任

第二十九条 未经中国保监会批准,擅自设立境外保险类机构的,由中国保监会责令改正,并处5万元以上30万元以下的罚款;情节严重的,可以限制业务范围、责令停止接受新业务或者吊销经营保险业务许可证。

第三十条 未按照本办法规定报送有关报告、报表、文件和资料的,由中国保监会责令改正,逾期不改正的,处以1万元以上10万元以下的罚款。

第三十一条 提供虚假的报告、报表、文件和资料的,由中国保监会责令改正,处以10万元以上50万元以下的罚款;情节严重的,可以限制业务范围、责令停止接受新业务或者吊销经营保险业务许可证。

第六章 附则

第三十二条 保险集团公司、保险控股公司设立境外保险类机构和境外代表机构、联络机构、办事处等非营业性机构的,适用本办法。中国保监会另有规定的,从其规定。

第三十三条 保险公司在香港、澳门和台湾地区设立保险类机构和境外代表机构、联络机构、办事处等非营业性机构的,适用本办法。

第三十四条 保险公司按照本办法向中国保监会报送的各项报告、报表、文件和材料,应当使用中文。原件为外文的,应当附中文译本。中文与外文表述不一致的,以中文表述为准。

第三十五条 本办法所称的"日"是指工作日,不含节假日。

第三十六条 本办法由中国保监会负责解释。

第三十七条 本办法自2006年9月1日起施行。

最高人民法院关于审理涉及保险公司不正当竞争行为的行政处罚案件时如何确定行政主体问题的复函

· 2003年12月8日
· 法函〔2003〕65号

湖南省高级人民法院:

你院湘高法〔2003〕124号《关于审理涉及保险公司不正当竞争行为的行政处罚案件如何确定监督检查主体的请示》收悉。经研究,答复如下:

经国务院批准、由国务院办公厅2003年7月7日印发的《中国保险监督管理委员会主要职责内设机构和人员编制规定》明确规定,中国保险监督管理委员会"依法对保险机构和保险从业人员的不正当竞争等违法、违规行为以及对非保险机构经营或变相经营保险业务进行调查、处罚"。这一规定与《中华人民共和国反不正当竞争法》第三条第二款有关"县级以上人民政府工商行政管理部门对不正当竞争行为进行监督检查"的规定并不矛盾。人民法院在审理涉及保险机构不正当竞争行为的行政处罚案件时,应当以中国保险监督管理委员会作为有权进行调查、处罚的主体。

我院以前的规定与本答复不一致的,以本答复为准。

（二）保险业务

保险公司业务范围分级管理办法

· 2013年5月2日
· 保监发〔2013〕41号

第一章 总 则

第一条 为规范保险公司业务范围管理,建立健全保险市场准入和退出机制,促进保险行业专业化、差异化发展,引导保险公司集约化、精细化经营,根据《保险法》、《外资保险公司管理条例》、《保险公司管理规定》等有关法律、行政法规和规章,制定本办法。

第二条 本办法所称保险公司,是指经中国保险监督管理委员会(以下简称"中国保监会")批准设立,并依法登记注册的保险公司。

第三条 本办法所称业务范围,是指保险公司的原保险业务,不包括再保险业务、保险资金运用业务和代理销售其他保险公司的产品。

中国保监会根据有关法律、行政法规和规章,对保险公司业务范围实施监督管理。

第二章 分类方式

第四条 根据保险业务属性和风险特征,保险公司业务范围分为基础类业务和扩展类业务两级。

第五条 财产保险公司基础类业务包括以下五项:

（一）机动车保险,包括机动车交通事故责任强制保险和机动车商业保险;

（二）企业/家庭财产保险及工程保险（特殊风险保险除外）;

（三）责任保险;

（四）船舶/货运保险;

（五）短期健康/意外伤害保险。

第六条 财产保险公司扩展类业务包括以下四项:

（一）农业保险;

（二）特殊风险保险,包括航空航天保险、海洋开发保险、石油天然气保险、核保险；

（三）信用保证保险；

（四）投资型保险。

第七条 人身保险公司基础类业务包括以下五项：

（一）普通型保险，包括人寿保险和年金保险；

（二）健康保险；

（三）意外伤害保险；

（四）分红型保险；

（五）万能型保险。

第八条 人身保险公司扩展类业务包括以下两项：

（一）投资连结型保险；

（二）变额年金。

第三章 准 入

第九条 新设保险公司，只能申请基础类业务。

第十条 新设财产保险公司申请基础类业务时，应当符合以下条件：

（一）以人民币两亿元的最低注册资本设立的，只能申请一项基础类业务；

（二）每增加一项基础类业务，应当增加不少于人民币两亿元的注册资本；

（三）法律、行政法规及中国保监会规定的其他条件。

第十一条 新设人身保险公司申请基础类业务时，应当符合以下条件：

（一）以人民币两亿元的最低注册资本设立的，只能申请第一项至第三项中的一项；

（二）每增加前三项中的一项，应当增加不少于人民币两亿元的注册资本；

（三）申请前三项以及第四项、第五项之一的，注册资本不低于人民币十亿元；

（四）申请全部基础类业务的，注册资本不低于人民币十五亿元；

（五）申请第四项、第五项的，必须同时申请前三项；

（六）申请第二项、第四项、第五项的，应当具有专项内控制度、专业人员、服务能力、信息系统和再保险方案；

（七）法律、行政法规及中国保监会规定的其他条件。

第四章 变 更

第十二条 保险公司变更业务范围，应当经中国保监会批准。

第十三条 保险公司获得基础类前三项业务经营资质后，方可申请增加扩展类业务，且每次不得超过一项，两次申请的间隔不少于六个月。

第十四条 财产保险公司申请农业保险业务的，应当符合以下条件：

（一）持续经营三个以上完整的会计年度；

（二）最近三年年末平均净资产不低于人民币十亿元；

（三）上一年度末及最近四个季度偿付能力充足率不低于150%；

（四）最近三年内无重大违法违规记录；

（五）法律、行政法规及中国保监会规定的其他条件。

保险公司申请开办农业保险业务，须在完成业务范围变更后，再依法向中国保监会提交开办申请。

第十五条 财产保险公司申请特殊风险保险业务的，应当符合以下条件：

（一）持续经营三个以上完整的会计年度；

（二）最近三年年末平均净资产不低于人民币十亿元；

（三）上一年度末及最近四个季度偿付能力充足率不低于150%；

（四）公司治理结构健全，内部管理有效，各项风险控制指标符合规定，上一季度分类监管评价结果为A类或B类；

（五）有专项内控制度、专业人员、服务能力、信息系统和再保险方案；

（六）最近三年内无重大违法违规记录；

（七）法律、行政法规及中国保监会规定的其他条件。

第十六条 财产保险公司申请信用保证保险业务的，应当符合以下条件：

（一）持续经营三个以上完整的会计年度；

（二）最近三年年末平均净资产不低于人民币二十亿元；

（三）上一年度末及最近四个季度偿付能力充足率不低于150%；

（四）公司治理结构健全，内部管理有效，各项风险控制指标符合规定，上一季度分类监管评价结果为 A 类或 B 类；
（五）有专项内控制度、专业人员、服务能力、信息系统和再保险方案；
（六）最近三年内无重大违法违规记录；
（七）法律、行政法规及中国保监会规定的其他条件。

第十七条　财产保险公司申请投资型保险业务的，应当符合以下条件：
（一）持续经营三个以上完整的会计年度；
（二）最近三年年末平均净资产不低于人民币三十亿元，最近三个会计年度总体净盈利；
（三）上一年度末及最近四个季度偿付能力充足率不低于 150%；
（四）公司治理结构健全，内部管理有效，各项风险控制指标符合规定，上一季度分类监管评价结果为 A 类或 B 类；
（五）有专项内控制度、专业人员、服务能力、信息系统和再保险方案；
（六）有独立的资金运用管理部门，建立了完善的资金运用管理制度、风险控制管理制度；
（七）最近三年内无重大违法违规记录；
（八）法律、行政法规及中国保监会规定的其他条件。

第十八条　人身保险公司申请投资连结型保险业务的，应当符合以下条件：
（一）持续经营三个以上完整的会计年度；
（二）最近三年年末平均净资产不低于人民币二十亿元；
（三）上一年度末及最近四个季度偿付能力充足率不低于 150%；
（四）公司治理结构健全，内部管理有效，各项风险控制指标符合规定，上一季度分类监管评价结果为 A 类或 B 类；
（五）有专项内控制度、专业人员、服务能力、信息系统和再保险方案；
（六）最近三年内无重大违法违规记录；
（七）法律、行政法规及中国保监会规定的其他条件。

第十九条　人身保险公司申请变额年金业务的，应当符合以下条件：
（一）持续经营六个以上完整的会计年度；
（二）获准经营投资连结型保险业务满三年；
（三）最近三年年末平均净资产不低于人民币三十亿元；
（四）上一年度末及最近四个季度偿付能力充足率不低于 150%；
（五）公司治理结构健全，内部管理有效，各项风险控制指标符合规定，上一季度分类监管评价结果为 A 类或 B 类；
（六）有专项内控制度、专业人员、服务能力、信息系统和再保险方案；
（七）有稳定的投资管理团队和稳定的过往投资业绩；
（八）最近三年内无重大违法违规记录；
（九）法律、行政法规及中国保监会规定的其他条件。

第二十条　保险公司偿付能力不足或发生重大违法违规行为，中国保监会可以依法责令其停止接受新业务或限制其业务范围。

第二十一条　中国保监会责令保险公司停止接受新业务、限制业务范围以及保险公司主动申请减少业务范围的，保险公司应当妥善处理存续业务，继续履行承保责任，或依照《保险公司保险业务转让管理暂行办法》将该项业务转让给符合资质的保险公司。

第五章　材料申报

第二十二条　申请人提交申请材料必须真实、准确、完整。

第二十三条　新设保险公司申请健康保险业务、分红型保险业务、万能型保险业务的，应当提供关于专项内控制度、专业人员、服务能力、信息系统和再保险方案的证明材料。

第二十四条　保险公司变更业务范围，应当向中国保监会提出书面申请，并提交以下材料：
（一）股东大会决议或股东会决议；
（二）变更业务范围的可行性报告；
（三）关于专项内控制度、专业人员、服务能力、信息系统和再保险方案的证明材料；
（四）财产保险公司申请投资型保险业务的，还应当提供关于独立的资金运用管理部门、资金运用管理制度、风险控制管理制度的证明材料；
（五）人身保险公司申请投资连结型保险业务、变额年金业务的，还应当提供关于投资管理团队和过往投资业绩的证明材料；
（六）中国保监会规定的其他材料。

第六章 附 则

第二十五条 保险集团(控股)公司、保险资产管理公司、专属财产保险公司、相互保险公司、保险互助社以及专业性保险公司不适用本办法,中国保监会另有规定的除外。

第二十六条 专业性保险公司经营主营业务以外的其他业务,适用本办法。

第二十七条 保险公司违反本办法,违规经营业务的,由中国保监会依法予以处罚。

第二十八条 本办法由中国保监会负责解释。

第二十九条 本办法自发布之日起施行。

保险公司保险业务转让管理暂行办法

· 2011年8月26日中国保险监督管理委员会令2011年第1号公布
· 自2011年10月1日起施行

第一条 为了规范保险公司保险业务转让行为,保护投保人、被保险人和受益人的合法权益,维护保险市场秩序,根据《中华人民共和国保险法》(以下简称《保险法》),制定本办法。

第二条 中国保险监督管理委员会(以下简称中国保监会)根据法律和国务院授权,对保险公司保险业务转让行为实施监督管理。

第三条 保险公司转让全部或者部分保险业务,应当经中国保监会批准。

前款所称的"部分保险业务"的标准,由中国保监会另行规定。

第四条 保险公司转让保险业务,应当遵循自愿、公开、公平、公正的原则。

第五条 保险公司转让保险业务,不得泄露在此过程中获悉的商业秘密和个人隐私,不得损害投保人、被保险人和受益人的合法权益。

第六条 保险业务转让双方应当在平等协商基础上订立保险业务转让协议。

第七条 保险业务受让方保险公司应当承担转让方保险公司依照原保险合同对投保人、被保险人和受益人负有的义务。

第八条 保险业务受让方保险公司应当符合下列条件:

(一)受让的保险业务在其业务范围之内;
(二)公司治理结构完善,内控制度健全;
(三)偿付能力充足,且受让保险业务后,其偿付能力符合中国保监会的相关规定;
(四)最近2年内无受金融监管机构重大行政处罚的记录;
(五)在受让业务的保单最初签发地设有分支机构;
(六)已进行经营管理受让业务的可行性研究;
(七)中国保监会规定的其他条件。

第九条 保险业务转让双方应当聘请律师事务所、会计师事务所等专业中介机构,对转让的保险业务的价值、合规性等方面进行评估。

第十条 保险业务转让双方应当按照中国保监会的有关规定,对转让业务的责任准备金进行评估,确保充分、合理。

第十一条 保险公司转让或者受让保险业务,应当经董事会或者股东会、股东大会批准;转让全部保险业务的,应当经股东会、股东大会批准。

第十二条 保险业务转让双方应当向中国保监会提交下列材料一式三份:

(一)保险业务转让双方的基本情况;
(二)保险业务转让协议;
(三)保险业务转让程序安排;
(四)经营管理受让保险业务的可行性方案;
(五)专业中介机构的评估报告;
(六)转让业务的责任准备金评估报告;
(七)受让方保险公司上一年度偿付能力报告和受让业务对受让方保险公司偿付能力影响的分析报告;
(八)保险业务转让双方的董事会或者股东会、股东大会作出的批准保险业务转让协议的文件;
(九)中国保监会规定提交的其他材料。

其中,第(三)项、第(五)项和第(六)项须双方共同签字确认。

第十三条 中国保监会批准保险业务转让后,转让方保险公司应当及时将受让方保险公司基本信息、转让方案概要及责任承担等相关事宜书面告知相关投保人、被保险人,并征得相关投保人、被保险人的同意;人身保险合同的被保险人死亡的,转让方保险公司应当书面告知受益人并征得其同意。

保险业务转让双方应当合理实施业务转让方案,妥善处置业务转让相关事宜。

第十四条 中国保监会批准保险业务转让后,保险业务转让双方应当在中国保监会指定的报纸上联合公告,公告次数不得少于三次,同时在各自的互联网网站进行公告,公告期不得少于一个月。

第十五条 保险公司转让全部保险业务,依法终止其业务活动的,应当在转让协议履行完毕之日起十五个工作日内向中国保监会办理保险许可证注销手续,并向工商行政管理部门办理相关手续。

保险公司转让部分保险业务,涉及保险许可证事项变更的,应当在转让协议履行完毕之日起十五个工作日内,按照中国保监会的有关规定办理变更手续。

第十六条 保险公司违反本办法进行保险业务转让的,由中国保监会责令其限期改正,并依法进行处罚。

第十七条 《保险法》第二十八条规定的再保险、第九十二条、第一百三十九条规定的保险业务转让,不适用本办法。

保险公司转让保险业务,不得违反《保险法》第八十九条第二款的规定。

第十八条 中国保监会对保险公司保险业务转让另有规定的,从其规定。

第十九条 本办法由中国保监会负责解释。

第二十条 本办法自 2011 年 10 月 1 日起施行。

再保险业务管理规定

- 2021 年 7 月 21 日中国银行保险监督管理委员会令 2021 年第 8 号公布
- 自 2021 年 12 月 1 日起施行

第一章 总 则

第一条 为规范和发展再保险市场,加强对再保险业务的管理,实现保险业健康协调可持续发展,依据《中华人民共和国保险法》(以下简称《保险法》)、《中华人民共和国外资保险公司管理条例》以及有关法律、行政法规,制定本规定。

第二条 本规定所称再保险,是指保险人将其承担的保险业务,部分转移给其他保险人的经营行为。

本规定所称直接保险,也称原保险,是相对再保险而言的保险,由投保人与保险人直接订立保险合同的保险业务。

本规定所称转分保,是指再保险接受人将其分入的保险业务,转移给其他保险人的经营行为。

本规定所称合约分保,是指保险人与其他保险人预先订立合同,约定将一定时期内其承担的保险业务,部分向其他保险人办理再保险,再保险接受人需按照约定分保条件承担再保险责任的经营行为。

本规定所称临时分保,是指保险人临时与其他保险人约定,将其承担的保险业务,部分向其他保险人逐保单办理再保险,再保险接受人需逐保单约定分保条件并承担再保险责任的经营行为。

本规定所称比例再保险,是指以保险金额为基础确定再保险分出人自留额和再保险接受人分保额的再保险方式。

本规定所称非比例再保险,是指以赔款金额为基础确定再保险分出人自负责任和再保险接受人分保责任的再保险方式。

第三条 本规定所称再保险分出人,是指将其承担的保险业务,部分转移给其他保险人的保险人;本规定所称再保险接受人,是指承接其他保险人转移的保险业务的保险人。

本规定所称分出业务,是指再保险分出人转移出的保险业务;本规定所称分入业务,是指再保险接受人接受分入的保险业务。

本规定所称直接保险公司,也称原保险公司,是相对再保险人而言,是指直接与投保人订立保险合同的保险人。

本规定所称保险联合体,是指为了处理单个保险人无法承担的特殊风险或者巨额保险业务,或者按照国际惯例,由两个或两个以上保险人联合组成、按照其章程约定共同经营保险业务的组织。

本规定所称保险经纪人,是指接受再保险分出人委托,基于再保险分出人利益,为再保险分出人与再保险接受人办理再保险业务提供中介服务,并按约定收取佣金的保险经纪机构。

第四条 在中华人民共和国境内(不含港澳台)设立的保险人、保险联合体以及保险经纪人或其他保险机构办理再保险业务,应当遵守本规定。

第五条 保险人、保险联合体和保险经纪人办理再保险业务,应当遵循审慎和最大诚信原则。

第六条 再保险分出人、再保险接受人和保险经纪人,对在办理再保险业务中知悉的商业秘密或其他应当保密的信息,负有保密义务。

第七条 中国银行保险监督管理委员会(以下简称银保监会)鼓励保险人、保险联合体和保险经纪人积极为农业保险,地震、台风、洪水、突发公共卫生事件等巨灾保险和国家重点项目提供保险及再保险服务。

第八条 银保监会依法对再保险业务实施监督和管理。

第二章 业务经营

第九条 保险人应当制定再保险战略,明确再保险在公司风险和资本管理战略中的作用。再保险战略应包括再保险安排的目的、自留政策、分保政策、风险管控机制等内容。

再保险战略的制定、实施、评估和调整由公司高级管理层负责,董事会或其授权的专业委员会应对再保险战略的制定和调整进行审批,并对实施情况进行监督。

外国再保险公司分公司,其再保险战略的制定、实施、评估和调整应经其分公司高级管理层同意。

第十条 保险集团应当统筹制定集团的再保险战略,明确再保险战略与集团风险管理和资本管理战略的关系。集团再保险战略应包括集团的风险累积和净自留管理、信用风险管控、集团内保险公司的再保险授权管理、集团内分保战略等内容。

保险集团再保险战略的制定、实施、评估和调整由集团高级管理层负责,董事会或其授权的专业委员会应对再保险战略的制定和调整进行审批,并对实施情况进行监督。

第十一条 再保险业务分为寿险再保险和非寿险再保险。保险人对寿险再保险和非寿险再保险应当单独列账、分别核算。

第十二条 保险人应当依照《保险法》规定,确定当年总自留保险费和每一危险单位自留责任;超过的部分,应当办理再保险。

保险人对危险单位的划分应当符合银保监会的相关规定。

第十三条 保险人应当根据实际情况,科学、合理安排巨灾再保险。

第十四条 保险人应当按照银保监会的规定办理再保险,并审慎选择再保险接受人和保险经纪人,选择再保险接受人和保险经纪人应当符合银保监会的有关规定。

第十五条 再保险分出人应当及时将影响再保定定价和分保条件的重要信息向再保险接受人书面告知;再保险合同成立后,再保险分出人应当及时向再保险接受人提供重大赔案信息、赔款准备金等对再保险接受人的偿付能力计算、准备金计提及预期赔付有重大影响的信息。

第十六条 再保险分出人和再保险接受人应加强再保险合同管理,及时完成再保险合同文本或再保险合同简要文本的签订。

第十七条 再保险分出人应按约定及时支付再保险保费,再保险接受人应按约定及时支付赔款。

第十八条 保险人应当建立再保险业务档案管理制度,妥善保管再保险业务合同文本、账单、赔案资料及相关往来文件资料,及时进行电子化处理并存储到相关电子档案管理系统。

第十九条 保险人应建立再保险业务集中度管理制度,对分出业务集中于同一家再保险接受人和与其关联的再保险接受人的情况进行监测和管控,防范信用风险。

除航空航天保险、核保险、石油保险、信用保险外,直接保险公司以比例再保险方式分出财产险直接保险业务时,每一危险单位分给同一家再保险接受人的总比例,不得超过再保险分出人承保直接保险合同保险金额或者责任限额的80%。

第二十条 保险人应当正确识别自身临时分保需求,建立科学合理的临时分保管理制度。保险人承保的业务超过其承保能力和风险承担能力的,应当在承保前完成临时分保安排。

第二十一条 保险人开展境外分出业务的,应当建立境外分出业务监测制度,每半年对分保至境外的再保险业务的信用风险和流动性风险进行分析，及时提出应对措施，保证再保险交易安全。分析报告应当经公司总经理审核确认，妥善保管。

第二十二条　保险人应当建立再保险业务流动性风险管理制度，加强对再保险应收款项的管理，制定重大赔付案件流动性风险处置预案，确保发生重大赔付时及早识别和应对潜在的流动性风险。

第二十三条　保险人在与关联企业进行再保险交易时，应当遵循市场化原则确定再保险价格与条件，不得利用再保险转移利润，逃避税收。保险人应当按有关规定披露再保险关联交易信息。

第二十四条　保险人和保险经纪人可以利用金融工具开发设计新型风险转移产品。保险人应当按照有关规定向银保监会报告。

第二十五条　中国境内的专业再保险接受人，应当配备在中国境内有住所的专职再保险核保人和再保险核赔人。

第二十六条　直接保险公司开展再保险分入业务的，应当满足以下条件：

（一）由总公司统一办理，除银保监会另有规定外，分支机构不得办理再保险分入业务；

（二）设立独立的再保险部门，配备必要的专业人员，上一年分保费收入超过1亿元的，应配置不少于3名独立于直接保险业务的专职人员，上一年分保费收入超过3亿元的，前述专职人员不得少于5名；

（三）建立完整的分入业务管理制度和独立的分入业务信息系统模块，并与财务系统自动对接，实现分入业务与直接业务的独立管理；

（四）制定合理、详细的年度分入业务发展计划。

第三章　再保险经纪业务

第二十七条　保险经纪人从事再保险经纪业务，应恪尽职责，不得损害保险人的信誉和合法权益。

第二十八条　保险经纪人可以根据业务需要引进或者设计再保险合同。

第二十九条　保险经纪人应当按照再保险合同的约定，及时送达账单、结算再保险款项以及履行其他义务，不得挪用或者截留再保险费、摊回赔款、摊回手续费以及摊回费用。

第三十条　保险经纪人应当将再保险接受人的有关信息及时、准确地书面告知再保险分出人。

应再保险接受人的要求，保险经纪人应当按照与再保险分出人的约定，将其知道的再保险分出人的自留责任以及直接保险的有关情况，及时、准确地书面告知再保险接受人。

第三十一条　应再保险分出人或者再保险接受人的要求，保险经纪人应当按照合同约定配合进行赔案的理赔工作。

第四章　监督管理

第三十二条　保险人办理再保险业务，应当按照精算的原理、方法，评估各项准备金，并按照银保监会有关规定准确、足额提取和结转各项准备金。

对于同一笔寿险业务，在有关精算规定责任准备金下，再保险接受人与再保险分出人在评估准备金时，应采用一致的评估方法与假设。

第三十三条　保险人偿付能力报告中涉及再保险业务的内容，应当符合银保监会发布的保险公司偿付能力监管规则的要求。

第三十四条　外国再保险公司分公司的偿付能力应当符合银保监会发布的保险公司偿付能力监管规则等有关制度的要求。外国再保险公司分公司自留保费以其总公司直接授权的额度为限。

第三十五条　保险人应当严格按照本规定对合约分保和临时分保业务进行分类和经营，不得以临时分保名义变相经营合约分保业务。

预约分保等非逐保单约定分保条件的再保险业务属于合约分保业务，应当按合约分保的要求进行管理。

第三十六条　保险公司应按规定向银保监会或其派出机构提交下列材料：

（一）于每年4月30日前，提交上一会计年度再保险经营管理情况：

1.再保险业务经营情况。

包括分保费收入、分出保费、手续费以及摊回、赔款以及摊回等情况。

直接保险公司还应报送重大保险赔案及其再保险安排、摊回赔款等情况。重大保险赔案是指在一次保险事故中，财产损失赔偿在5000万元以上，或者人身伤亡赔付在3000万元以上的理赔案件。

2. 经总精算师签署的、有关再保险业务的各类准备金提取办法和金额。

3. 除航空航天保险、核保险、石油保险、信用保险外,财产保险公司以比例再保险方式将每一危险单位分给同一家再保险接受人的业务,超过再保险分出人承保直接保险合同部分的保险金额或者责任限额 50% 的交易情况,以及管理该业务信用风险的相关措施。

4. 巨灾风险安排情况,包括巨灾风险累积、巨灾风险自留额及其确定方式、巨灾风险的再保险分出安排等情况。

5. 再保险保费、赔款的应收、应付情况,包括余额、账龄结构、原因分析等,特别是应收应付账龄超过 180 天的情况。

(二)于每年 6 月 30 日前,提交本会计年度再保险安排有关情况:

1. 财产保险公司的危险单位划分方法及每一危险单位的最大净自留额。

2. 直接保险公司的再保险安排情况,主要包括再保合约的增减、合约分保首席接受人或最大份额接受人的变化等情况。

3. 外国再保险公司分公司的总公司注册地保险监管机构根据当地法律出具的有关其总公司偿付能力状况的意见书或者经营状况意见书,以及总公司对其授权的承保权限和自留保费额度。

第三十七条　保险联合体应当在每年 4 月 30 日以前,向银保监会报告上一年度的财务报告、业务分析报告以及与境外再保险交易情况。

第五章　法律责任

第三十八条　保险公司、保险经纪人违反本规定办理再保险业务的,由银保监会及其派出机构责令改正,处以五万元以上三十万元以下罚款;情节严重的,可以限制业务范围、责令停止接受新业务或者吊销业务许可证。

对违反本规定办理再保险业务的行为负有直接责任的主管人员和其他直接责任人员给予警告,并处一万元以上十万元以下罚款;情节严重的,撤销任职资格。

第三十九条　办理再保险业务违反法律、行政法规的规定,情节严重的,银保监会可以禁止有关责任人员一定期限直至终身进入保险业。

第六章　附　则

第四十条　政策性保险公司办理再保险业务参照适用本规定。不能适用本规定的,政策性保险公司应当在 3 个月内向银保监会报告有关情况。

第四十一条　鼓励保险公司利用金融基础设施提供的数字化服务,推动再保险业务向线上化、智能化转型发展,提高经营水平和服务质效。

第四十二条　本规定由银保监会负责解释。

第四十三条　本规定自 2021 年 12 月 1 日起施行。《再保险业务管理规定》(中国保险监督管理委员会令 2010 年第 8 号)同时废止。

中国保险监督管理委员会办公厅关于《再保险业务管理规定》第十一条适用范围的复函

- 2017 年 4 月 26 日
- 保监厅函〔2017〕97 号

中银保险有限公司:

你公司《关于再保险业务管理规定适用范围界定的请示》(中银保险报〔2017〕34 号)收悉。经研究,现函复如下:

一、《再保险业务管理规定》(2015 年修订)第十一条仅适用于对直接保险业务办理再保险分出的情形。

二、《再保险业务管理规定》(2015 年修订)第十一条第一款中的"财产险",是指以财产及其有关利益为保险标的的保险。

责任保险业务监管办法

- 2020 年 12 月 22 日
- 银保监办发〔2020〕117 号

第一章　总　则

第一条　为规范责任保险经营行为,保护责任保险活动当事人合法权益,更好服务经济社会全局,促进责任保险业务持续健康发展,根据《中华人民共和国保险法》等法律、行政法规，制定本办法。

第二条 本办法所称责任保险，是指以被保险人对第三者依法应负的赔偿责任为保险标的的保险。

本办法所称保险公司，是指依法设立的财产保险公司。

本办法所称保险服务，是指保险公司为被保险人提供的与保险标的有关的风险防范、应急处置、纠纷调处等相关服务。

第三条 保险公司开展责任保险业务，应当严格遵守法律、行政法规及各项监管规定，遵循保险原理，准确把握回归本源、防范风险的总体要求，不得损害社会公共利益和保险消费者的合法权益。

第四条 保险公司应当不断丰富责任保险产品，改进保险服务，提升保障水平，聚焦重大战略，服务实体经济，积极发挥责任保险在参与社会治理、化解矛盾纠纷、保障和改善民生中的积极作用。

第二章 经营规则

第五条 保险公司经营责任保险业务，应当遵守偿付能力监管要求，科学评估自身风险管控能力、客户服务能力，合理确定经营险种及区域。

第六条 责任保险应当承保被保险人给第三者造成损害依法应负的赔偿责任。保险公司应当准确把握责任保险定义，厘清相关概念及权利义务关系，严格界定保险责任，不得通过责任保险承保以下风险或损失：

（一）被保险人故意制造事故导致的赔偿责任；

（二）刑事罚金、行政罚款；

（三）履约信用风险；

（四）确定的损失；

（五）投机风险；

（六）银保监会规定的其他风险或损失。

第七条 保险公司开展责任保险业务时，应当自觉维护市场竞争秩序，不得存在以下经营行为：

（一）未按照规定使用经批准或者备案的保险条款、保险费率，包括但不限于通过保单特别约定、签订补充协议等形式改变经审批或者备案的保险产品；

（二）夸大保险保障范围、隐瞒责任免除、虚假宣传等误导投保人和被保险人的行为；

（三）以承保担保机构责任等形式实质承保融资性信用风险；

（四）以利益输送、商业贿赂等手段开展不正当竞争；

（五）作出不符合保险原理的承诺；

（六）借助中介机构、行业协会或其他组织排除、限制竞争；

（七）银保监会规定的其他行为。

第八条 保险公司应当厘清责任保险与财产损失保险、信用保险、保证保险、意外伤害保险等险种的关系，合理确定承保险种。

保险公司开展机动车第三者责任保险等归属机动车辆保险的保险业务，应当遵守机动车辆保险相关监管规定。不得以机动车辆保险以外的责任保险主险或附加险承保机动车第三者责任。

第九条 保险公司提供保险服务，应当遵循合理性、必要性原则，明确对应的被保险人、保险标的和服务内容，以降低赔付风险为主要目的，不得随意扩大服务范围、服务内容。

第十条 保险公司应当严格按照会计准则对保险服务进行账务处理，确保数据真实准确，不得通过保险服务套取费用或从事其他违法违规行为。

第十一条 保险公司可以自行或委托监测机构、评估机构、培训机构等第三方机构开展保险服务。保险公司与第三方机构的合作，不得损害被保险人的合法权益。

第十二条 保险公司参加各级政府部门组织开展的责任保险项目时，应当加强与政府部门、投保人、被保险人沟通，不得盲目扩大保障范围。对不属于责任保险承保范围的，不得以责任保险名义承保。

第十三条 保险公司通过保险中介展业，支付的保险佣金应与实际中介服务相匹配，不得通过保险中介为其他机构或者个人谋取不正当利益。

第十四条 保险公司应当严格按照保险合同约定履行赔偿义务，及时支付赔款，主动提升理赔服务水平，优化客户体验。

第十五条 保险公司对同一承保主体的同一

保险责任,除法律、行政法规、司法解释另有规定外,不得出具与保险合同的法律效力类似且具有担保性质的函件。

第十六条 保险公司应根据保险标的风险,综合考虑风险管理水平、违法行为、事故记录、诚信记录等因素,科学合理厘定费率,促进被保险人主动提高风险管理能力。

中国保险行业协会发布的行业纯风险损失率表或费率表,保险公司可以参考使用。

第三章 内控管理

第十七条 保险公司应当加强责任保险业务管理,根据公司业务及风险情况确定高风险业务标准和内部授权机制。高风险业务应由总公司集中管理或在总公司授权范围内开展。

第十八条 保险公司应当根据各级机构的经营能力、管理水平、风险状况和业务发展需要,建立授权体系,明确各级机构、部门、岗位、人员权限,实行动态调整,加强授权管控,强化监督落实。

第十九条 保险公司应当配备具有责任保险专业知识的产品开发人员、核保人员、核赔人员、精算人员,不断加强业务培训和人才培养,满足责任保险的承保、理赔、风险防范等需求。专业责任保险公司的总公司及分公司,应当单独设立责任保险业务部门,并配备相应人员。

第二十条 保险公司应当建立责任保险承保、理赔、精算、风险管理、保险服务等制度,并可以根据险种特点制定具体管理办法。

第二十一条 保险公司应当建立责任保险业务单独核算制度,严格执行费用分摊标准,据实列支经营费用,不得将其他险种费用纳入责任保险核算。

第二十二条 保险公司应当建立功能完整、能够满足业务财务核算和管理需求的责任保险信息管理系统,提高信息化管理水平。

第二十三条 保险公司应当建立健全责任保险数据统计制度,按照监管要求,及时准确完整地报送统计数据。

保险公司应当建立内部数据治理机制,定期开展数据核查分析,避免出现数据错报、漏报、迟报、报送口径不一致等问题。

第二十四条 保险公司应当强化责任保险数据安全管理,不得泄露投保人、被保险人信息,不得利用投保人、被保险人提供的信息从事与保险业务无关或损害投保人、被保险人及其他第三人利益的活动。

第二十五条 保险公司应当规范案件注销、注销恢复、重开赔案、零结案件、拒赔案件、特殊案件、追偿赔案等案件的审核流程,明确审批权限,强化案件管理。

第二十六条 保险公司通过互联网开展责任保险业务,应当严格遵守互联网保险业务监管规定,加强自身风险管理能力和客户服务能力建设。

第二十七条 保险公司经营责任保险时,应当严格按照会计准则和监管规定,遵循非寿险精算的原理和方法,审慎评估业务风险,合理提取和结转相关准备金。

第二十八条 保险公司经营责任保险业务,应当充分评估自身风险承受能力,确定风控标准,制定风险预案。保险公司应当审慎承保高风险业务,并通过再保险、共同保险等方式分散和分担风险。

第四章 监督管理

第二十九条 保险公司应当建立责任保险突发事件报告机制,按照银保监会关于突发事件信息报告要求,及时报送突发事件信息。

第三十条 保险公司应于每年2月底前报送责任保险上年度经营报告,直接监管公司向银保监会报送,属地监管公司向属地监管局报送。报告内容包括但不限于以下内容:

(一)业务整体经营情况,包括但不限于经营成果、赔付情况、保险服务开展情况、创新亮点、典型赔案、存在的问题及建议等;

(二)由总公司集中管理的高风险业务经营情况;

(三)责任保险统计制度未单独列明的险种中,年保费收入占比超过本公司责任保险保费收入5%的单一险种有关情况;

(四)下一年度责任保险业务发展规划;

(五)银保监会要求报告的其他情况。

第三十一条 保险公司在经营责任保险业务中,违反本办法相关规定的,银保监会及其派出机构可以依法采取监管谈话、限期整改、通报批评等监管措施,违反《中华人民共和国保险法》有关规定的,依法予以行政处罚。

第五章 附 则

第三十二条 本办法相关内容,法律、行政法规另有规定的,从其规定。

第三十三条 其他相关险种另有规定的,从其规定。

第三十四条 本办法由银保监会负责解释。

第三十五条 本办法自 2021 年 1 月 1 日起施行。

旅行社责任保险管理办法

- 2010 年 11 月 25 日国家旅游局、中国保险监督管理委员会令第 35 号公布
- 自 2011 年 2 月 1 日起施行

第一章 总 则

第一条 为保障旅游者的合法权益,根据《中华人民共和国保险法》和《旅行社条例》,制定本办法。

第二条 在中华人民共和国境内依法设立的旅行社,应当依照《旅行社条例》和本办法的规定,投保旅行社责任保险。

本办法所称旅行社责任保险,是指以旅行社因其组织的旅游活动对旅游者和受其委派并为旅游者提供服务的导游或者领队人员依法应当承担的赔偿责任为保险标的的保险。

第三条 投保旅行社责任保险的旅行社和承保旅行社责任保险的保险公司,应当遵守本办法。

第二章 投 保

第四条 旅行社责任保险的保险责任,应当包括旅行社在组织旅游活动中依法对旅游者的人身伤亡、财产损失承担的赔偿责任和依法对受旅行社委派并为旅游者提供服务的导游或者领队人员的人身伤亡承担的赔偿责任。

具体包括下列情形:

(一)因旅行社疏忽或过失应当承担赔偿责任的;

(二)因发生意外事故旅行社应当承担赔偿责任的;

(三)国家旅游局会同中国保险监督管理委员会(以下简称中国保监会)规定的其他情形。

第五条 中国保监会及其派出机构依法对旅行社责任保险的保险条款和保险费率进行管理。

第六条 旅行社责任保险的保险费率应当遵循市场化原则,并与旅行社经营风险相匹配。

第七条 旅行社投保旅行社责任保险的,应当与保险公司依法订立书面旅行社责任保险合同(以下简称保险合同)。

第八条 旅行社与保险公司订立保险合同时,双方应当依照《中华人民共和国保险法》的有关规定履行告知和说明义务。

第九条 订立保险合同时,保险公司不得强制旅行社投保其他商业保险。

第十条 保险合同成立后,旅行社按照约定交付保险费。保险公司应当及时向旅行社签发保险单或者其他保险凭证,并在保险单或者其他保险凭证中载明当事人双方约定的合同内容,同时按照约定的时间开始承担保险责任。

第十一条 保险合同成立后,除符合《中华人民共和国保险法》规定的情形外,保险公司不得解除保险合同。

第十二条 保险合同成立后,旅行社要解除保险合同的,应当同时订立新的保险合同,并书面通知所在地县级以上旅游行政管理部门,但因旅行社业务经营许可证被依法吊销或注销而解除合同的除外。

第十三条 保险合同解除的,保险公司应当收回保险单,并书面通知旅行社所在地县级以上旅游行政管理部门。

第十四条 旅行社的名称、法定代表人或者业务经营范围等重要事项变更时,应当及时通知保险公司。必要时应当依法办理保险合同变更手续。

第十五条 旅行社责任保险的保险期间为 1 年。

第十六条 旅行社应当在保险合同期满前及时续保。

第十七条 旅行社投保旅行社责任保险,可以依法自主投保,也可以有组织统一投保。

第三章 赔 偿

第十八条 旅行社在组织旅游活动中发生本办法第四条所列情形的,保险公司依法根据保险合同约定,在旅行社责任保险责任限额内予以赔偿。

责任限额可以根据旅行社业务经营范围、经营规模、风险管控能力、当地经济社会发展水平和旅行社自身需要，由旅行社与保险公司协商确定，但每人人身伤亡责任限额不得低于20万元人民币。

第十九条 旅行社组织的旅游活动中发生保险事故，旅行社或者受害的旅游者、导游、领队人员通知保险公司的，保险公司应当及时告知具体的赔偿程序等有关事项。

第二十条 保险事故发生后，旅行社按照保险合同请求保险公司赔偿保险金时，应当向保险公司提供其所能提供的与确认保险事故的性质、原因、损失程度等有关的证明和资料。

保险公司按照保险合同的约定，认为有关的证明和资料不完整的，应当及时一次性通知旅行社补充提供。

旅行社对旅游者、导游或者领队人员应负的赔偿责任确定的，根据旅行社的请求，保险公司应当直接向受害的旅游者、导游或者领队人员赔偿保险金。旅行社怠于请求的，受害的旅游者、导游或者领队人员有权就其应获赔偿部分直接向保险公司请求赔偿保险金。

第二十一条 保险公司收到赔偿保险金的请求和相关证明、资料后，应当及时做出核定；情形复杂的，应当在30日内作出核定，但合同另有约定的除外。保险公司应当将核定结果通知旅行社以及受害的旅游者、导游、领队人员；对属于保险责任的，在与旅行社达成赔偿保险金的协议后10日内，履行赔偿保险金义务。

第二十二条 因抢救受伤人员需要保险公司先行赔偿保险金用于支付抢救费用的，保险公司在接到旅行社或者受害的旅游者、导游、领队人员通知后，经核对属于保险责任的，可以在责任限额内先向医疗机构支付必要的费用。

第二十三条 因第三者损害而造成保险事故的，保险公司自直接赔偿保险金或者先行支付抢救费用之日起，在赔偿、支付金额范围内代位行使对第三者请求赔偿的权利。旅行社以及受害的旅游者、导游或者领队人员应当向保险公司提供必要的文件和所知道的有关情况。

第二十四条 旅行社与保险公司对赔偿有争议的，可以按照双方的约定申请仲裁，或者依法向人民法院提起诉讼。

第二十五条 保险公司的工作人员对当事人的个人隐私应当保密。

第四章 监督检查

第二十六条 县级以上旅游行政管理部门依法对旅行社投保旅行社责任保险情况实施监督检查。

第二十七条 中国保监会及其派出机构依法对保险公司开展旅行社责任保险业务实施监督管理。

第五章 罚 则

第二十八条 违反本办法第十二条、第十六条、第十八条的规定，旅行社解除保险合同但未同时订立新的保险合同，保险合同期满前未及时续保，或者人身伤亡责任限额低于20万元人民币的，由县级以上旅游行政管理部门依照《旅行社条例》第四十九条的规定处罚。

第二十九条 保险公司经营旅行社责任保险，违反有关保险条款和保险费率管理规定的，由中国保监会或者其派出机构依照《中华人民共和国保险法》和中国保监会的有关规定予以处罚。

第三十条 保险公司拒绝或者妨碍依法检查监督的，由中国保监会或者其派出机构依照《中华人民共和国保险法》的有关规定予以处罚。

第六章 附 则

第三十一条 本办法由国家旅游局和中国保监会负责解释。

第三十二条 本办法自2011年2月1日起施行。国家旅游局2001年5月15日发布的《旅行社投保旅行社责任保险规定》同时废止。

互联网保险业务监管办法

·2020年12月7日中国银行保险监督管理委员会令2020年第13号公布
·自2021年2月1日起施行

第一章 总 则

第一条 为规范互联网保险业务，有效防范风险，保护消费者合法权益，提升保险业服务实体经济和社会民生的水平，根据《中华人民共和国保险法》等法律、行政法规，制定本办法。

第二条　本办法所称互联网保险业务，是指保险机构依托互联网订立保险合同、提供保险服务的保险经营活动。

本办法所称保险机构包括保险公司（含相互保险组织和互联网保险公司）和保险中介机构；保险中介机构包括保险代理人（不含个人保险代理人）、保险经纪人、保险公估人；保险代理人（不含个人保险代理人）包括保险专业代理机构、银行类保险兼业代理机构和依法获得保险代理业务许可的互联网企业；保险专业中介机构包括保险专业代理机构、保险经纪人和保险公估人。

本办法所称自营网络平台，是指保险机构为经营互联网保险业务，依法设立的独立运营、享有完整数据权限的网络平台。保险机构分支机构以及与保险机构具有股权、人员等关联关系的非保险机构设立的网络平台，不属于自营网络平台。

本办法所称互联网保险产品，是指保险机构通过互联网销售的保险产品。

第三条　互联网保险业务应由依法设立的保险机构开展，其他机构和个人不得开展互联网保险业务。保险机构开展互联网保险业务，不得超出该机构许可证（备案表）上载明的业务范围。

第四条　保险机构开展互联网保险业务，应符合新发展理念，依法合规，防范风险，以人为本，满足人民群众多层次风险保障需求，不得损害消费者合法权益和社会公共利益。

保险机构开展互联网保险业务，应由总公司集中运营、统一管理，建立统一集中的业务平台、业务流程和管理制度。保险机构应科学评估自身风险管控能力、客户服务能力，合理确定适合互联网经营的保险产品及其销售范围，不能有效管控风险、保障售后服务质量的，不得开展互联网保险销售或保险经纪活动。

保险机构应持续提高互联网保险业务风险防控水平，健全风险监测预警和早期干预机制，保证自营网络平台运营的独立性，在财务、业务、信息系统、客户信息保护等方面与公司股东、实际控制人、公司高级管理人员等关联方实现有效隔离。

第五条　保险机构通过互联网和自助终端设备销售保险产品或提供保险经纪服务，消费者能够通过保险机构自营网络平台的销售页面独立了解产品信息，并能够自主完成投保行为的，适用本办法。

投保人通过保险机构及其从业人员提供的保险产品投保链接自行完成投保的，应同时满足本办法及所属渠道相关监管规定。涉及线上线下融合开展保险销售或保险经纪业务的，其线上和线下经营活动分别适用线上和线下监管规则；无法分开适用监管规则的，同时适用线上和线下监管规则，规则不一致的，坚持合规经营和有利于消费者的原则。

第六条　中国银行保险监督管理委员会（以下简称银保监会）及其派出机构依法对互联网保险业务实施监督管理。

第二章　基本业务规则

第一节　业务条件

第七条　开展互联网保险业务的保险机构及其自营网络平台应具备以下条件：

（一）服务接入地在中华人民共和国境内。自营网络平台是网站或移动应用程序（APP）的，应依法向互联网行业管理部门履行互联网信息服务备案手续、取得备案编号。自营网络平台不是网站或移动应用程序（APP）的，应符合相关法律法规的规定和相关行业主管部门的资质要求。

（二）具有支持互联网保险业务运营的信息管理系统和核心业务系统，并与保险机构其他无关的信息系统有效隔离。

（三）具有完善的网络安全监测、信息通报、应急处置工作机制，以及完善的边界防护、入侵检测、数据保护、灾难恢复等网络安全防护手段。

（四）贯彻落实国家网络安全等级保护制度，开展网络安全定级备案，定期开展等级保护测评，落实相应等级的安全保护措施。对于具有保险销售或投保功能的自营网络平台，以及支持该自营网络平台运营的信息管理系统和核心业务系统，相关自营网络平台和信息系统的安全保护等级应不低于三级；对于不具有保险销售和投保功能的自营网络平台，以及支持该自营网络平台运营的信息管理系统和核心业务系统，相关自营网络平台和信息系统的安全保护等级应不低于二级。

（五）具有合法合规的营销模式，建立满足互联网保险经营需求、符合互联网保险用户特点、支持业务覆盖区域的运营和服务体系。

（六）建立或明确互联网保险业务管理部门，并配备相应的专业人员，指定一名高级管理人员担任互联网保险业务负责人，明确各自营网络平台负责人。

（七）具有健全的互联网保险业务管理制度和操作规程。

（八）保险公司开展互联网保险销售，应符合银保监会关于偿付能力、消费者权益保护监管评价等相关规定。

（九）保险专业中介机构应是全国性机构，经营区域不限于总公司营业执照登记注册地所在省（自治区、直辖市、计划单列市），并符合银保监会关于保险专业中介机构分类监管的相关规定。

（十）银保监会规定的其他条件。

第八条 保险机构不满足本办法第七条规定的，应立即停止通过互联网销售保险产品或提供保险经纪服务，并在官方网站和自营网络平台发布公告。保险机构经整改后满足本办法第七条规定的，可恢复开展相关互联网保险业务。保险机构拟自行停止自营网络平台业务经营的，应至少提前20个工作日在官方网站和自营网络平台发布公告。涉及债权债务处置的，应一并进行公告。

第九条 保险公司开展互联网保险销售，应在满足本办法规定的前提下，优先选择形态简单、条款简洁、责任清晰、可有效保障售后服务的保险产品，并充分考虑投保的便利性、风控的有效性、理赔的及时性。

保险公司开发互联网保险产品应符合风险保障本质、遵循保险基本原理、符合互联网经济特点，并满足银保监会关于保险产品开发的相关监管规定，做到产品定价合理、公平和充足。不得违背公序良俗，不得进行噱头炒作，不得损害消费者合法权益和社会公共利益，不得危及公司偿付能力和财务稳健。

第十条 银保监会可根据互联网保险业务发展阶段、不同保险产品的服务保障需要，规定保险机构通过互联网销售或提供保险经纪服务的险种范围和相关条件。

第二节 销售管理

第十一条 保险机构开展互联网保险业务，应加强销售管理，充分进行信息披露，规范营销宣传行为，优化销售流程，保护消费者合法权益。

第十二条 开展互联网保险业务的保险机构应建立官方网站，参照《保险公司信息披露管理办法》相关规定，设置互联网保险栏目进行信息披露，披露内容包括但不限于：

（一）营业执照、经营保险业务相关许可证（备案表）。

（二）自营网络平台的名称、网址，以及在中国保险行业协会官方网站上的信息披露访问链接。

（三）一年来综合偿付能力充足率、风险综合评级、消费者权益保护监管评价等相关监管评价信息，银保监会另有规定的从其规定。

（四）保险机构之间开展合作的，各保险机构应分别披露合作机构名称、业务合作范围及合作起止时间。

（五）互联网保险产品名称、产品信息（或链接），产品信息包括条款、审批类产品的批复文号、备案类产品的备案编号或产品注册号、报备文件编号或条款编码。

（六）互联网保险产品及保单的查询和验真途径。

（七）省级分支机构和落地服务机构的名称、办公地址、电话号码等。

（八）理赔、保全等客户服务及投诉渠道，相关联系方式。

（九）本办法第八条规定的经营变化情况。

（十）银保监会规定的其他内容。

第十三条 保险机构应在开展互联网保险业务的自营网络平台显著位置，列明以下信息：

（一）保险产品承保公司设有省级分支机构和落地服务机构的省（自治区、直辖市、计划单列市）清单。

（二）保险产品承保公司全国统一的客户服务及投诉方式，包括客服电话、在线服务访问方式、理赔争议处理机制和工作流程等。

（三）投保咨询方式、保单查询方式。

（四）针对消费者个人信息、投保交易信息和交易安全的保障措施。

（五）自营网络平台在中国保险行业协会官方网站上的信息披露访问链接。

（六）本办法第八条规定的经营变化情况。

（七）银保监会规定的其他内容。

第十四条 互联网保险产品的销售或详情展

示页面上应包括以下内容：

（一）保险产品名称（条款名称和宣传名称），审批类产品的批复文号，备案类产品的备案编号或产品注册号，以及报备文件编号或条款编码。

（二）保险条款和保费（或链接），应突出提示和说明免除保险公司责任的条款，并以适当的方式突出提示理赔条件和流程，以及保险合同中的犹豫期、等待期、费用扣除、退保损失、保单现金价值等重点内容。

（三）保险产品为投连险、万能险等人身保险新型产品的，应按照银保监会关于新型产品信息披露的相关规定，清晰标明相关信息，用不小于产品名称字号的黑体字标注保单利益具有不确定性。

（四）投保人的如实告知义务，以及违反义务的后果。

（五）能否实现全流程线上服务的情况说明，以及因保险机构在消费者或保险标的所在地无分支机构而可能存在的服务不到位等问题的提示。

（六）保费的支付方式，以及保险单证、保费发票等凭证的送达方式。

（七）其他直接影响消费者权益和购买决策的事项。

第十五条 本办法所称互联网保险营销宣传，是指保险机构通过网站、网页、互联网应用程序等互联网媒介，以文字、图片、音频、视频或其他形式，就保险产品或保险服务进行商业宣传推广的活动。保险机构开展互联网保险营销宣传活动应符合《中华人民共和国广告法》、金融营销宣传以及银保监会相关规定。

保险机构应加强互联网保险营销宣传管理：

（一）保险机构应建立从业人员互联网保险营销宣传的资质、培训、内容审核和行为管理制度。

（二）保险机构应从严、精细管控所属从业人员互联网保险营销宣传活动，提高从业人员的诚信和专业水平。保险机构应对从业人员发布的互联网保险营销宣传内容进行监测检查，发现问题及时处置。

（三）保险机构从业人员应在保险机构授权范围内开展互联网保险营销宣传。从业人员发布的互联网保险营销宣传内容，应由所属保险机构统一制作，并在显著位置标明所属保险机构全称及个人姓名、执业证编号等信息。

（四）开展互联网保险营销宣传活动应遵循清晰准确、通俗易懂、符合社会公序良俗的原则，不得进行不实陈述或误导性描述，不得片面比较保险产品价格和简单排名，不得与其他非保险产品和服务混淆，不得片面或夸大宣传，不得违规承诺收益或承诺承担损失。

（五）互联网保险营销宣传内容应与保险合同条款保持一致，不得误导性解读监管政策，不得使用或变相使用监管机构及其工作人员的名义或形象进行商业宣传。

（六）互联网保险营销宣传页面应明确标识产品为保险产品，标明保险产品全称、承保保险公司全称以及提供销售或经纪服务的保险中介机构全称；应用准确的语言描述产品的主要功能和特点，突出说明容易引发歧义或消费者容易忽视的内容。

（七）保险机构及其从业人员应慎重向消费者发送互联网保险产品信息。消费者明确表示拒绝接收的，不得向其发送互联网保险产品信息。

（八）保险机构应对本机构及所属从业人员互联网保险营销宣传承担合规管理的主体责任。

第十六条 保险机构应通过其自营网络平台或其他保险机构的自营网络平台销售互联网保险产品或提供保险经纪、保险公估服务，投保页面须属于保险机构自营网络平台。政府部门为了公共利益需要，要求投保人在政府规定的网络平台完成投保信息录入的除外。

第十七条 保险机构应提高互联网保险产品销售的针对性，采取必要手段识别消费者的保险保障需求和消费能力，把合适的保险产品提供给消费者，并通过以下方式保障消费者的知情权和自主选择权：

（一）充分告知消费者售后服务能否全流程线上实现，以及保险机构因在消费者或保险标的所在地无分支机构而可能存在的服务不到位等问题。

（二）通过互联网销售投连险、万能险等人身保险新型产品或提供相关保险经纪服务的，应建立健全投保人风险承受能力评估及业务管理制度，向消费者做好风险提示。

（三）提供有效的售前在线咨询服务，帮助消费者客观、及时了解保险产品和服务信息。

（四）通过问卷、问询等方式有效提示消费者履行如实告知义务，提示消费者告知不准确可能带来的法律责任，不得诱导消费者隐瞒真实健康状况等实际情况。

（五）在销售流程的各个环节以清晰、简洁的方式保障消费者实现真实的购买意愿，不得采取默认勾选、限制取消自动扣费功能等方式剥夺消费者自主选择的权利。

第十八条　保险机构核保使用的数据信息应做到来源及使用方式合法。保险机构应丰富数据信息来源，深化技术应用，加强保险细分领域风险因素分析，不断完善核保模型，提高识别筛查能力，加强承保风险控制。

第十九条　保险公司通过自营网络平台开展互联网保险业务的，应通过自有保费收入专用账户直接收取投保人交付的保费；与保险中介机构合作开展互联网保险业务的，可通过该保险中介机构的保费收入专用账户代收保费。保费收入专用账户包括保险机构依法在商业银行及第三方支付平台开设的专用账户。

第二十条　保险机构开展互联网保险业务，可通过互联网、电话等多种方式开展回访工作，回访时应验证客户身份，保障客户投保后及时完整知悉合同主要内容。保险机构开展电子化回访应遵循银保监会相关规定。

第二十一条　保险机构通过互联网销售可以续保的保险产品或提供相关保险经纪服务的，应保障客户的续保权益，为其提供线上的续保或终止续保的途径，未经客户同意不得自动续保。

第二十二条　保险机构开展互联网保险业务，应向客户提供保单和发票，可优先提供电子保单和电子发票。采用纸质保单的，保险公司或合作的保险中介机构应以适当方式将保单送达客户。采用电子保单的，保险公司或合作的保险中介机构应向客户说明，并向客户提供可查询、下载电子保单的自营网络平台或行业统一查验平台的访问方式。

第二十三条　非保险机构不得开展互联网保险业务，包括但不限于以下商业行为：

（一）提供保险产品咨询服务。

（二）比较保险产品、保费试算、报价比价。

（三）为投保人设计投保方案。

（四）代办投保手续。

（五）代收保费。

第三节　服务管理

第二十四条　保险公司应建立健全在线核保、批改、保全、退保、理赔和投诉处理等全流程服务体系，加强互联网保险业务的服务过程管理和服务质量管理，并根据客户评价、投诉等情况，审视经营中存在的问题，及时改进产品管理，优化服务流程。服务水平无法达到本办法要求的，保险公司应主动限制互联网保险业务的险种和区域。

保险中介机构与保险公司合作，或接受保险公司委托，开展互联网保险相关业务活动的，应参照本办法关于保险公司的业务规则执行。

第二十五条　保险公司应在自营网络平台设立统一集中的客户服务业务办理入口，提升线上服务能力，与线下服务有机融合，并提供必要的人工辅助，保障客户获得及时有效的服务。

第二十六条　对于部分无法在线完成核保、保全、理赔等保险业务活动的，保险公司应通过本公司分支机构或线下合作机构做好落地服务，销售时应明确告知投保人相关情况。线下合作机构应是其他保险机构及其分支机构，包括区域性保险专业中介机构。对于完全无法在线完成批改、保全、退保、理赔等保险业务活动的，保险公司不得经营相关互联网保险产品。

保险公司委托其他合作机构提供技术支持和客户服务的，应建立委托合作全流程管理制度，审慎选择合作机构，进行有效的监测监督。

第二十七条　保险公司应不断加强互联网保险售后服务的标准化、规范化、透明化建设：

（一）在自营网络平台明示业务办理流程和客户权利义务，一次性告知业务办理所需材料清单，明确承诺服务时限。

（二）提供包含电话服务、在线服务在内的两种以上服务方式。

（三）提供客户自助查询服务，及时向客户展示告知处理进程、处理依据、预估进展、处理结果。涉及保费、保险金、退保金等资金收付的，应说明资金的支付方式，以及资金额度基于保费、保险金额或现金价值的计算方法。

（四）提升销售和服务的透明化水平，可在自营网络平台提供消费者在线评价功能，为消费者提供消费参考信息。

第二十八条　保险公司为互联网保险客户提

供保单批改和保全服务的,应识别、确认客户身份的真实性和合法性。对于线上变更受益人的请求,保险公司应确认该项业务已取得被保险人的同意。

第二十九条 保险公司应保障客户退保权益,不得隐藏相关业务的办理入口,不得阻碍或限制客户退保。

第三十条 保险公司为互联网保险客户提供查勘理赔服务的,应建立包括客户报案、查勘理赔、争议处理等环节在内的系统化工作流程,实现查勘理赔服务闭环完整。参与查勘理赔的各类机构和人员应做好工作衔接,做到响应及时准确、流程简捷流畅。

第三十一条 保险公司应建立健全理赔争议处理机制和工作流程,及时向客户说明理赔决定、原因依据和争议处理办法,探索多元纠纷解决机制,跟踪做好争议处理工作。

第三十二条 保险公司应建立完整的客户投诉处理流程,建设独立于销售、理赔等业务的专职处理互联网保险客户投诉的人员队伍。对于银保监会及其派出机构、相关行业组织、消费者权益保护组织、新闻媒体等转送的互联网保险业务投诉,保险公司应建立有效的转接管理制度,纳入互联网保险客户投诉处理流程。

第四节 运营管理

第三十三条 保险机构应采用有效技术手段对投保人身份信息的真实性进行验证,应完整记录和保存互联网保险主要业务过程,包括:产品销售页面的内容信息、投保人操作轨迹、保全理赔及投诉服务记录等,做到销售和服务等主要行为信息不可篡改并全流程可回溯。互联网保险业务可回溯管理的具体规则,由银保监会另行制定。

第三十四条 保险公司与保险中介机构合作开展互联网保险业务的,应审慎选择符合本办法规定、具有相应经营能力的保险中介机构,做好服务衔接、数据同步和信息共享。保险公司应与保险中介机构签订合作或委托协议,确定合作和委托范围,明确双方权利义务,约定不得限制对方获取客户信息等保险合同订立的必要信息。

第三十五条 保险机构授权在本机构执业的保险销售、保险经纪从业人员为互联网保险业务开展营销宣传、产品咨询的,应在其劳动合同或委托协议中约定双方的权利义务,并按照相关监管规定对其进行执业登记和管理,标识其从事互联网保险业务的资质以供公众查询。保险机构对所属从业人员的互联网保险业务行为依法承担责任。保险机构在互联网保险销售或经纪活动中,不得向未在本机构进行执业登记的人员支付或变相支付佣金及劳动报酬。

第三十六条 保险公司向保险中介机构支付相关费用,或保险机构向提供技术支持、客户服务等服务的合作机构支付相关费用,应按照合作协议约定的费用种类和标准,由总公司或其授权的省级分支机构通过银行或合法第三方支付平台转账支付,不得以现金形式进行结算。保险机构不得直接或间接给予合作协议约定以外的其他利益。

第三十七条 保险机构应严格按照网络安全相关法律法规,建立完善与互联网保险业务发展相适应的信息技术基础设施和安全保障体系,提升信息化和网络安全保障能力:

(一)按照国家相关标准要求,采取边界防护、入侵检测、数据保护以及灾难恢复等技术手段,加强信息系统和业务数据的安全管理。

(二)制定网络安全应急预案,定期开展应急演练,建立快速应急响应机制,开展网络安全实时监测,发现问题后立即采取防范和处置措施,并按照银行业保险业突发事件报告、应对相关规定及时向负责日常监管的银保监会或其派出机构、当地公安网安部门报告。

(三)对提供技术支持和客户服务的合作机构加强合规管理,督促其保障服务质量和网络安全,其相关信息系统至少应获得网络安全等级保护二级认证。

(四)防范假冒网站、假冒互联网应用程序等与互联网保险业务相关的违法犯罪活动,开辟专门渠道接受公众举报。

第三十八条 保险机构应承担客户信息保护的主体责任,收集、处理及使用个人信息应遵循合法、正当、必要的原则,保证信息收集、处理及使用的安全性和合法性:

(一)建立客户信息保护制度,明确数据安全责任人,构建覆盖全生命周期的客户信息保护体系,防范信息泄露。

(二)督促提供技术支持、客户服务等服务的合作机构建立有效的客户信息保护制度,在合作协议中明确约定客户信息保护责任,保障客户信息安全,明确约定合作机构不得限制保险机构获取客户投保信息,不得限制保险机构获取能够验证客户真实身份的相关信息。

(三)保险机构收集、处理及使用个人信息,应征得客户同意,获得客户授权。未经客户同意或授权,保险机构不得将客户信息用于所提供保险服务之外的用途,法律法规另有规定的除外。

第三十九条 保险机构应制定互联网保险业务经营中断应急处置预案。因突发事件、政策变化等原因导致互联网保险业务经营中断的,保险机构应在官方网站和自营网络平台及时发布公告,说明原因及后续处理方式,并按照银行业保险业突发事件报告、应对相关规定及时向负责日常监管的银保监会或其派出机构报告。

第四十条 保险机构应建立健全反洗钱内部控制制度、客户尽职调查制度、客户身份资料和交易记录保存制度、大额交易和可疑交易报告制度,履行《中华人民共和国反洗钱法》规定的反洗钱义务。

保险机构原则上应要求投保人使用本人账户支付保费。退保时保费应退还至原交费账户或投保人本人其他账户。保险金应支付到被保险人账户、受益人账户或保险合同约定的其他账户。保险机构应核对投保人账户信息的真实性。

第四十一条 保险机构应建立健全互联网保险业务反欺诈制度,加强对互联网保险欺诈的监控和报告,及时有效处置欺诈案件。保险机构应积极参与风险信息共享的行业协同机制,提高风险识别和反欺诈能力。

第四十二条 保险机构停止经营互联网保险相关业务的,应采取妥善措施做好存续业务的售后服务,有效保护客户合法权益。

第四十三条 保险机构应开展互联网保险业务舆情监测,积极做好舆情沟通,回应消费者和公众关切,及时有效处理因消费争议和纠纷产生的网络舆情。

第三章 特别业务规则

第一节 互联网保险公司

第四十四条 本办法所称互联网保险公司是指银保监会为促进保险业务与互联网、大数据等新技术融合创新,专门批准设立并依法登记注册,不设分支机构,在全国范围内专门开展互联网保险业务的保险公司。

第四十五条 互联网保险公司应提高线上全流程服务能力,提升线上服务体验和效率;应在自营网络平台设立统一集中的互联网保险销售和客户服务业务办理入口,提供销售、批改、保全、退保、报案、理赔和投诉等线上服务,与线下服务有机融合,向消费者提供及时有效的服务。

第四十六条 互联网保险公司应积极开发符合互联网经济特点、服务多元化保障需求的保险产品。产品开发应具备定价基础,符合精算原理,满足场景所需,让保险与场景、技术合理融合,充分考虑投保的便利性、风控的有效性、理赔的及时性。互联网保险公司应加强对产品开发、销售渠道和运营成本的管控,做到产品定价合理、公平和充足,保障稳健可持续经营。

第四十七条 互联网保险公司不得线下销售保险产品,不得通过其他保险机构线下销售保险产品。

第四十八条 互联网保险公司应不断提高互联网保险业务风险防控水平,健全风险监测预警和早期干预机制,运用数据挖掘、机器学习等技术提高风险识别和处置能力。

互联网保险公司应建立完善与互联网保险业务发展相适应的信息技术基础设施和安全保障体系,提升信息化能力,保障信息系统和相关基础设施安全稳定运行,有效防范、控制和化解信息技术风险。

第四十九条 互联网保险公司应指定高级管理人员分管投诉处理工作,设立专门的投诉管理部门和岗位,对投诉情况进行分析研究,协同公司产品开发、业务管理、运营管理等部门进行改进,完善消费者权益保护工作。

互联网保险公司应根据业务特点建立售后服务快速反应工作机制,对于投诉率异常增长的业务,应集中力量应对,及时妥善处理。

第二节 保险公司

第五十条 本节所称保险公司,是指互联网保险公司之外的保险公司。

保险公司应优化业务模式和服务体系,推动

互联网、大数据等新技术向保险业务领域渗透，提升运营效率，改善消费体验；应为互联网保险业务配置充足的服务资源，保障与产品特点、业务规模相适应的后续服务能力。

第五十一条 保险公司总公司应对互联网保险业务实行统一、垂直管理。

保险公司总公司可将合作机构拓展、营销宣传、客户服务、投诉处理等相关业务授权省级分支机构开展。经总公司同意，省级分支机构可将营销宣传、客户服务和投诉处理相关工作授权下级分支机构开展。总公司、分支机构依法承担相应的法律责任。

第五十二条 经营财产保险业务的保险公司在具有相应内控管理能力且能满足客户落地服务需求的情况下，可将相关财产保险产品的经营区域拓展至未设立分公司的省（自治区、直辖市、计划单列市），具体由银保监会另行规定。

经营人身保险业务的保险公司在满足相关条件的基础上，可在全国范围内通过互联网经营相关人身保险产品，具体由银保监会另行规定。不满足相关条件的，不得通过互联网经营相关人身保险产品。

第五十三条 保险公司分支机构可在上级机构授权范围内为互联网保险业务提供查勘理赔、批改保全、医疗协助、退保及投诉处理等属地化服务。保险公司应为分支机构开展属地化服务建立明确的工作流程和制度，在保证服务时效和服务质量的前提下，提供该类服务可不受经营区域的限制。

第五十四条 保险公司开展互联网保险业务，应结合公司发展战略，做好互联网与其他渠道融合和联动，充分发挥不同销售渠道优势，提升业务可获得性和服务便利性，做好经营环节、人员职责和业务数据等方面的有效衔接，提高消费者享有的服务水平。

第五十五条 保险公司开展互联网保险业务核算统计，应将通过直销、专业代理、经纪、兼业代理等销售渠道开展的互联网保险业务，计入该销售渠道的线上业务部分，并将各销售渠道线上业务部分进行汇总，反映本公司的互联网保险业务经营成果。

第三节 保险中介机构

第五十六条 保险中介机构应从消费者实际保险需求出发，立足角色独立、贴近市场的优势，积极运用新技术，提升保险销售和服务能力，帮助消费者选择合适的保险产品和保险服务。保险中介机构应配合保险公司开展互联网保险业务合规管理工作。

保险中介机构应对互联网保险业务实行统一、垂直管理，具体要求参照本办法第五十一条、第五十三条规定。

第五十七条 保险中介机构应立足经济社会发展和民生需要，选择经营稳健、能保障服务质量的保险公司进行合作，并建立互联网保险产品筛选机制，选择符合消费者需求和互联网特点的保险产品进行销售或提供保险经纪服务。

第五十八条 保险中介机构开展互联网保险业务，经营险种不得突破承保公司的险种范围和经营区域，业务范围不得超出合作或委托协议约定的范围。

第五十九条 保险中介机构及其自营网络平台在使用简称时应清晰标识所属行业细分类别，不得使用"XX保险"或"XX保险平台"等容易混淆行业类别的字样或宣传用语。为保险机构提供技术支持、客户服务的合作机构参照执行。

第六十条 保险中介机构应在自营网络平台设立统一集中的客户服务专栏，提供服务入口或披露承保公司服务渠道，保障客户获得及时有效的服务。保险中介机构销售互联网保险产品、提供保险经纪服务和保险公估服务的，应在自营网络平台展示客户告知书。

第六十一条 保险专业中介机构将互联网保险业务转委托给其他保险中介机构开展的，应征得委托人同意，并充分向消费者进行披露。受托保险中介机构应符合本办法规定的条件。

保险经纪人、保险公估人接受消费者委托，为消费者提供互联网保险相关服务的，应签订委托合同，明确约定权利义务和服务项目，履行受托职责，提升受托服务意识和专业服务能力。

第六十二条 保险中介机构可积极运用互联网、大数据等技术手段，提高风险识别和业务运营能力，完善管理制度，与保险公司的运营服务相互补充，共同服务消费者。保险中介机构可发挥自身优势，建立完善相关保险领域数据库，创新数据应用，积极开展风险管理、健康管理、案件调查、防灾减损等服务。

第六十三条 保险中介机构开展互联网保险业务,应在有效隔离、风险可控的前提下,与保险公司系统互通、业务互联、数据对接。保险中介机构之间可依托互联网等技术手段加强协同合作,促进资源共享和优势互补,降低运营成本,提高服务效率和服务质量。

第六十四条 银行类保险兼业代理机构销售互联网保险产品应满足以下要求:

(一)通过电子银行业务平台销售。

(二)符合银保监会关于电子银行业务经营区域的监管规定。地方法人银行开展互联网保险业务,应主要服务于在实体经营网点开户的客户,原则上不得在未开设分支机构的省(自治区、直辖市、计划单列市)开展业务。无实体经营网点、业务主要在线上开展,且符合银保监会规定的其他条件的银行除外。

(三)银行类保险兼业代理机构及其销售从业人员不得将互联网保险业务转委托给其他机构或个人。

第四节 互联网企业代理保险业务

第六十五条 互联网企业代理保险业务是指互联网企业利用符合本办法规定的自营网络平台代理销售互联网保险产品、提供保险服务的经营活动。

互联网企业代理保险业务应获得经营保险代理业务许可。

第六十六条 互联网企业代理保险业务应满足以下要求:

(一)具有较强的合规管理能力,能够有效防范化解风险,保障互联网保险业务持续稳健运营。

(二)具有突出的场景、流量和广泛触达消费者的优势,能够将场景流量与保险需求有机结合,有效满足消费者风险保障需求。

(三)具有系统的消费者权益保护制度和工作机制,能够不断改善消费体验,提高服务质量。

(四)具有敏捷完善的应急响应制度和工作机制,能够快速应对各类突发事件。

(五)具有熟悉保险业务的专业人员队伍。

(六)具有较强的信息技术实力,能够有效保护数据信息安全,保障信息系统高效、持续、稳定运行。

(七)银保监会规定的其他要求。

第六十七条 互联网企业代理保险业务,应明确高级管理人员负责管理,建立科学有效的管理制度和工作流程,实现互联网保险业务独立运营。

第六十八条 互联网企业可根据保险公司或保险专业中介机构委托代理保险业务,不得将互联网保险业务转委托给其他机构或个人。

互联网企业根据保险公司和保险专业中介机构委托代理保险业务的,应审慎选择符合本办法规定、具有相应经营能力的保险机构,签订委托协议,确定委托范围,明确双方权利义务。

第六十九条 互联网企业代理保险业务,应参照本办法第四十九条规定,建立互联网保险售后服务快速反应工作机制,增强服务能力。

第七十条 互联网企业代理保险业务,应进行有效的业务隔离:

(一)规范开展营销宣传,清晰提示保险产品与其他产品和服务的区别。

(二)建立支持互联网保险业务运营的信息管理系统和核心业务系统,并与其他无关的信息系统有效隔离。

(三)具有完善的边界防护、入侵检测、数据保护以及灾难恢复等网络安全防护手段和管理体系。

(四)符合银保监会规定的其他要求。

第四章 监督管理

第七十一条 银保监会在有效防范市场风险的基础上,创新监管理念和方式,落实审慎监管要求,推动建立健全适应互联网保险业务发展特点的新型监管机制,对同类业务、同类主体一视同仁,严厉打击非法经营活动,着力营造公平有序的市场环境,促进互联网保险业务规范健康发展。

第七十二条 银保监会统筹负责互联网保险业务监管制度制定,银保监会及其派出机构按照关于保险机构的监管分工实施互联网保险业务日常监测与监管。

对互联网保险业务的投诉或举报,由投诉人或举报人经常居住地的银保监局依据相关规定进行处理。投诉举报事项涉及多地的,其他相关银保监局配合,有争议的由银保监会指定银保监局承办。

银保监局可授权下级派出机构开展互联网保

险业务相关监管工作。

第七十三条　银保监会建设互联网保险监管相关信息系统，开展平台管理、数据信息报送、业务统计、监测分析、监管信息共享等工作，提高监管的及时性、有效性和针对性。

第七十四条　保险机构开展互联网保险业务，应将自营网络平台、互联网保险产品、合作销售渠道等信息以及相关变更情况报送至互联网保险监管相关信息系统。

保险机构应于每年4月30日前向互联网保险监管相关信息系统报送上一年度互联网保险业务经营情况报告。报告内容包括但不限于：业务基本情况、营销模式、相关机构（含技术支持、客户服务机构）合作情况、网络安全建设、消费者权益保护和投诉处理、信息系统运行和故障情况、合规经营和外部合规审计情况等。保险机构总经理和互联网保险业务负责人应在报告上签字，并对报告内容的真实性和完整性负责。

保险机构应按照银保监会相关规定定期报送互联网保险业务监管数据和监管报表。

第七十五条　中国保险行业协会对互联网保险业务进行自律管理，开展保险机构互联网保险业务信息披露相关管理工作。

保险机构应通过中国保险行业协会官方网站的互联网保险信息披露专栏，对自营网络平台、互联网保险产品、合作销售渠道等信息及时进行披露，便于社会公众查询和监督。

第七十六条　银保监会及其派出机构发现保险机构不满足本办法第七条规定的经营条件的，或存在经营异常、经营风险的，或因售后服务保障不到位等问题而引发投诉率较高的，可责令保险机构限期改正；逾期未改正，或经营严重危害保险机构稳健运行，损害投保人、被保险人或受益人合法权益的，可依法采取相应监管措施。保险机构整改后，应向银保监会或其派出机构提交整改报告。

第七十七条　保险机构及其从业人员违反本办法相关规定，银保监会及其派出机构应依法采取监管措施或实施行政处罚。

第五章　附　则

第七十八条　保险机构对于通过非互联网渠道订立的保险合同开展线上营销宣传和线上售后服务的，以及通过互联网优化业务模式和业务形态的，参照本办法执行。

再保险业务及再保险经纪业务不适用本办法。

第七十九条　保险机构通过自营网络平台销售其他非保险产品或提供相关服务的，应符合银保监会相关规定，并与互联网保险业务有效隔离。保险机构不得在自营网络平台销售未经金融监管部门批准的非保险金融产品。

第八十条　银保监会根据互联网保险业务发展情况和风险状况，适时出台配套文件，细化、调整监管规定，推进互联网保险监管长效化、系统化、制度化。

第八十一条　保险机构应依据本办法规定对照整改，在本办法施行之日起3个月内完成制度建设、营销宣传、销售管理、信息披露等问题整改，6个月内完成业务和经营等其他问题整改，12个月内完成自营网络平台网络安全等级保护认证。

第八十二条　本办法自2021年2月1日起施行，《互联网保险业务监管暂行办法》（保监发〔2015〕69号）同时废止。

第八十三条　本办法由银保监会负责解释和修订。

商业银行代理保险业务管理办法

· 2019年8月23日
· 银保监办发〔2019〕179号

第一章　总　则

第一条　为加强对商业银行代理保险业务监督管理，保护消费者合法权益，促进商业银行代理保险业务规范健康发展，根据《中华人民共和国保险法》《中华人民共和国商业银行法》《中华人民共和国银行业监督管理法》等有关法律、行政法规，制定本办法。

第二条　本办法所称商业银行代理保险业务是指商业银行接受保险公司委托，在保险公司授权的范围内，代理保险公司销售保险产品及提供相关服务，并依法向保险公司收取佣金的经营活动。

本办法所称保险销售从业人员，是指为商业

银行销售保险产品的人员。

第三条 商业银行经营保险代理业务，应当符合中国银保监会规定的条件，取得《保险兼业代理业务许可证》（以下简称许可证）。

第四条 商业银行和保险公司开展保险代理业务合作，应当本着互利共赢、共同发展、保护消费者利益的原则，共同促进商业银行代理保险业务的持续健康发展。

第五条 商业银行应当充分发挥销售渠道优势，保险公司应当充分发挥长期资产负债匹配管理和风险保障的核心技术优势，在商业银行代理保险业务中大力发展长期储蓄型和风险保障型保险产品，持续调整和优化商业银行代理保险业务结构，为消费者提供全面的金融服务。

第六条 商业银行经营保险代理业务应当遵守法律、行政法规和中国银保监会有关规定，遵循平等、自愿、公平和诚实信用的原则。

第七条 中国银保监会根据《中华人民共和国保险法》《中华人民共和国商业银行法》《中华人民共和国银行业监督管理法》和国务院授权，对商业银行代理保险业务履行监管职责。

中国银保监会派出机构在授权范围内履行监管职责。

第二章 业务准入

第八条 商业银行经营保险代理业务，应当具备下列条件：

（一）具有中国银保监会或其派出机构颁发的金融许可证；

（二）主业经营情况良好，最近2年无重大违法违规记录（已采取有效整改措施并经中国银保监会及其派出机构认可的除外）；

（三）已建立符合中国银保监会规定的保险代理业务信息系统；

（四）已建立保险代理业务管理制度和机制，并具备相应的专业管理能力；

（五）法人机构和一级分支机构已指定保险代理业务管理责任部门和责任人员；

（六）中国银保监会规定的其他条件。

第九条 商业银行代理保险业务信息系统应具备以下条件：

（一）具备与管控保险产品销售风险相适应的技术支持系统和后台保障能力；

（二）与保险公司业务系统对接；

（三）实现对其保险销售从业人员的管理；

（四）能够提供电子版合同材料，包括投保提示书、投保单、保险单、保险条款、产品说明书、现金价值表等文件；

（五）记录各项承保所需信息，并对各项信息的逻辑关系及真实性进行校对；

（六）中国银保监会规定的其他条件。

第十条 中国银保监会直接监管的商业银行经营保险代理业务，应当由其法人机构向中国银保监会申请许可证。

其他商业银行经营保险代理业务，应当由法人机构向注册所在地中国银保监会派出机构申请许可证。

商业银行网点凭法人机构的授权经营保险代理业务。

第十一条 商业银行申请经营保险代理业务，应当提交以下申请材料：

（一）营业执照副本复印件；

（二）近两年违法违规行为情况的说明（机构成立不满两年的，提供自成立之日起的情况说明）；

（三）合作保险公司情况说明；

（四）保险代理业务信息系统情况说明；

（五）保险代理业务管理相关制度，如承保出单、佣金结算、客户服务等；

（六）保险代理业务责任部门和责任人指定情况的说明；

（七）中国银保监会规定的其他材料。

第十二条 中国银保监会及其派出机构收到商业银行经营保险代理业务申请后，可采取谈话、函询、现场验收等方式了解、审查申请人的市场发展战略、业务发展计划、内控制度建设、人员结构、信息系统配置及运行等有关事项，并进行风险提示。

第十三条 中国银保监会及其派出机构依法作出批准商业银行经营保险代理业务的决定的，应当向申请人颁发许可证。许可证不设有效期。申请人取得许可证后，方可开展保险代理业务。

申请人应当在取得许可证5日内按照中国银保监会规定的监管信息系统登记相关信息，登记信息至少应当包括以下内容：

（一）法人机构名称、住所或者营业场所；

（二）保险代理业务管理部门及责任人；
（三）许可证名称；
（四）业务范围；
（五）经营区域；
（六）中国银保监会规定的其他事项。

中国银保监会及其派出机构决定不予批准的，应当作出书面决定并说明理由。

第十四条 商业银行有下列情形之一的，应当自该情形发生之日起5日内，由法人机构或其授权的分支机构通过中国银保监会规定的监管信息系统报告：

（一）变更名称、住所或者营业场所；
（二）授权网点经营保险代理业务；
（三）变更网点经营保险代理业务授权；
（四）变更保险代理业务责任部门和责任人；
（五）中国银保监会规定的其他报告事项。

第十五条 商业银行应当由法人机构或其授权的分支机构在中国银保监会规定的监管信息系统中为其保险销售从业人员办理执业登记。

执业登记应当包括下列内容：

（一）姓名、性别、身份证号码、学历、照片；
（二）所在商业银行网点名称；
（三）所在商业银行投诉电话；
（四）执业登记编号；
（五）执业登记日期。

执业登记事项发生变更的，商业银行法人机构或其授权的分支机构应当自该情形发生之日起5日内，在中国银保监会规定的监管信息系统中变更执业登记。

商业银行保险销售从业人员只限于通过1家商业银行进行执业登记。

商业银行保险销售从业人员通过保险公司执业登记的，具体办法由中国银保监会另行制定。

第三章 经营规则

第十六条 商业银行选择合作保险公司时，应当充分考虑其偿付能力状况、风险管控能力、业务和财务管理信息系统、近两年违法违规情况等。

保险公司选择合作商业银行时，应当充分考虑其资本充足率、风险管控能力、营业场所、保险代理业务和财务管理制度健全性、近两年违法违规情况等。

第十七条 商业银行与保险公司开展保险代理业务合作，原则上应当由双方法人机构签订书面委托代理协议，确需由一级分支机构签订委托代理协议的，该一级分支机构应当事先获得其法人机构的书面授权，并在签订协议后，及时向其法人机构备案。

商业银行与保险公司签订的委托代理协议应当包括但不限于以下主要条款：代理保险产品种类，佣金标准及支付方式，单证及宣传材料管理，客户账户及身份信息核对，反洗钱，客户信息保密，双方权利责任划分，争议的解决，危机应对及客户投诉处理机制，合作期限，协议生效、变更和终止，违约责任等。

第十八条 商业银行代理销售的保险产品应当符合中国银保监会保险产品审批备案管理的有关要求。

保险公司应当针对商业银行客户的保险需求以及商业银行销售渠道的特点，细分市场，开发多样化的、互补的保险产品。

第十九条 商业银行对保险代理业务应当进行单独核算，对不同保险公司的代收保费、佣金进行独立核算，不得以保费收入抵扣佣金。

保险公司委托商业银行代理销售保险产品，应当建立商业银行代理保险业务的财务独立核算及评价机制，做到新业务价值、利润及费用独立核算，应当根据审慎原则科学制定商业银行代理保险业务财务预算、业务推动政策，防止出现为了业务规模不计成本的经营行为，防范费差损风险。

第二十条 商业银行与保险公司结算佣金，应当由保险公司一级分支机构向商业银行一级分支机构或者至少二级分支机构统一转账支付；具备条件的商业银行与保险公司，应实现法人机构间佣金集中统一结算；委托地方法人银行业金融机构代理保险业务的，应当由保险公司一级分支机构向地方法人银行业金融机构统一转账支付。

第二十一条 商业银行对取得的佣金应当如实全额入账，加强佣金集中管理，合理列支其保险销售从业人员佣金，严禁账外核算和经营。

保险公司应当按照财务制度据实列支向商业银行支付的佣金。保险公司及其人员不得以任何名义、任何形式向商业银行及其保险销售从业人员支付协议规定之外的任何利益。

第二十二条 商业银行和保险公司应当建立保险代理业务台账，逐笔记录有关内容，台账至少应当包括保险公司名称、代理险种、保险单号、保险期间、缴费方式、保险销售从业人员姓名及其执业登记编号、所属网点、投保人及被保险人名称、保险金额、保险费、佣金等。

第二十三条　商业银行应当建立保险代理业务的管理制度和相关档案,包括但不限于以下内容：

（一）与保险公司签订、解除代理协议关系和持续性合

作制度；

（二）保险产品宣传材料审查制度及相关档案；

（三）客户风险评估标准及相关档案；

（四）定期合规检查制度及相关档案；

（五）保险销售从业人员教育培训制度及相关档案；

（六）保险单证管理制度及相关档案；

（七）绩效考核标准；

（八）投诉处理机制和风险处理应急预案；

（九）违规行为内部追责和处罚制度。

保险公司应当制定合法、有效、稳健的商业银行代理保险业务管理制度,至少包括业务管理制度、财务管理制度、信息系统管理制度、投保单信息审查制度,并应当成立或指定专门的部门负责管理商业银行代理保险业务。

第二十四条　商业银行应当加强对其保险销售从业人员的岗前培训和后续教育,组织其定期接受法律法规、业务知识、职业道德、消费者权益保护等相关培训。其中,商业银行保险销售从业人员销售投资连结型保险产品还应至少有1年以上的保险销售经验,每年接受不少于40小时的专项培训,并无不良记录。

保险公司应当按照中国银保监会有关规定加强对其银保专管员的管理,有关规定由中国银保监会另行制定。

第二十五条　商业银行网点经营保险代理业务应当将所属法人机构许可证复印件置于营业场所显著位置。

保险公司应当切实承担对其分支机构的管理责任,不得委托没有取得许可证的商业银行或者没有取得法人机构授权的商业银行网点开展保险代理业务。

第二十六条　商业银行网点应当将其保险销售从业人员执业登记情况置于营业场所显著位置,执业登记情况应包括从业人员姓名、身份证号、照片、执业登记编号、所属网点名称等。

商业银行保险销售从业人员只能在其执业登记的商业银行网点开展保险代理业务。

第二十七条　商业银行网点应当在营业场所显著位置张贴统一制式的投保提示,并公示代销保险产品清单,包括保险产品名称和保险公司等信息。

第二十八条　商业银行及其保险销售从业人员应当向客户全面客观介绍保险产品,应当按保险条款将保险责任、责任免除、退保费用、保单现金价值、缴费期限、犹豫期、观察期等重要事项明确告知客户,并将保险代理业务中商业银行和保险公司的法律责任界定明确告知客户。

第二十九条　商业银行及其保险销售从业人员应当使用保险公司法人机构或经其授权的保险公司一级分支机构统一印制的保险产品宣传材料,不得设计、印刷、编写或者变更相关保险产品的宣传册、宣传彩页、宣传展板或其他销售辅助品。

第三十条　各类宣传材料应当按照保险条款全面、准确描述保险产品,要在醒目位置对经营主体、保险责任、退保费用、现金价值和费用扣除情况进行提示,不得夸大或变相夸大保险合同利益,不得承诺不确定收益或进行误导性演示,不得有虚报、欺瞒或不正当竞争的表述。

各类保险单证和宣传材料在颜色、样式、材料等方面应与银行单证和宣传材料有明显区别,不得使用带有商业银行名称的中英文字样或商业银行的形象标识,不得出现"存款""储蓄""与银行共同推出"等字样。

第三十一条　保险单册样式应当合理设计,封套及内页装订后为A4大小,封面用不小于72号字体标明"保险合同"字样,用不小于二号字体标明保险公司名称,用不小于三号字体标明规定的风险提示语及犹豫期提示语,保险合同中应当包含保险条款及其他合同要件。

第三十二条　商业银行及其保险销售从业人员应当对投保人进行需求分析与风险承受能力测评,根据评估结果推荐保险产品,把合适的保险产品销售给有需求和承受能力的客户。

（一）投保人存在以下情况的,向其销售的保

险产品原则上应当为保单利益确定的保险产品，且保险合同不得通过系统自动核保现场出单，应当将保单材料转至保险公司，经核保人员核保后，由保险公司出单：

1. 投保人填写的年收入低于当地省级统计部门公布的最近1年城镇居民人均可支配收入或农村居民人均纯收入；

2. 投保人年龄超过65周岁或期缴产品投保人年龄超过60周岁。

保险公司核保时应当对投保产品的适合性、投保信息、签名等情况进行复核，发现产品不适合、信息不真实、客户无继续投保意愿等问题的不得承保。

（二）销售保单利益不确定的保险产品，包括分红型、万能型、投资连结型、变额型等人身保险产品和财产保险公司非预定收益型投资保险产品等，存在以下情况的，应当在取得投保人签名确认的投保声明后方可承保：

1. 趸缴保费超过投保人家庭年收入的4倍；

2. 年期缴保费超过投保人家庭年收入的20%，或月期缴保费超过投保人家庭月收入的20%；

3. 保费缴费年限与投保人年龄数字之和达到或超过60；

4. 保费额度大于或等于投保人保费预算的150%。

在投保声明中，投保人应当表明投保时了解保险产品情况，并自愿承担保单利益不确定的风险。

第三十三条 商业银行及其保险销售从业人员应当向投保人提供完整合同材料，包括投保提示书、投保单、保险单、保险条款、产品说明书、现金价值表等，指导投保人在投保单上如实、正确、完整地填写客户信息，并在人身保险新型产品投保书上抄录有关声明，不得代抄录有关语句或签字。投保提示书应当至少包括以下内容：

（一）客户购买的是保险产品；

（二）提示客户详细阅读保险条款和产品说明书，尤其是保险责任、犹豫期和退保事项、利益演示、费用扣除等内容；

（三）提示客户应当由投保人亲自抄录、签名；

（四）客户向商业银行及保险公司咨询及投诉渠道；

（五）中国银保监会规定的其他内容。

第三十四条 商业银行保险销售从业人员应当请投保人本人填写投保单。有下列情形的，可由保险销售从业人员代填：

（一）投保人填写有困难，并进行了书面授权；

（二）投保人填写有困难，且无法书面授权，在录音录像的情况下进行了口头授权。

在代填过程中，保险销售从业人员应当与投保人逐项核对填写内容，按投保人描述填写投保单。填写后，投保人确认投保单填写内容为自己真实意思表示后签字或盖章。

商业银行应当将书面授权文件、录音、录像等资料交由保险公司进行归档管理。

第三十五条 商业银行通过自动转账扣划收取保费的，应当就扣划的账户、金额、时间等内容与投保人达成协议，并有独立于投保单等其他单证和资料的银行自动转账授权书，授权书应当包括转出账户、每期转账金额、转账期限、转账频率等信息，并向投保人出具保费发票或保费划扣收据。

保险公司应当在划扣首期保费24小时内，或未划扣首期保费的在承保24小时内，以保险公司名义，通过手机短信、微信、电子邮件等方式，提示投保人，提示内容应当至少包括：保险公司名称、保险产品名称、保险期间、犹豫期起止时间、期缴保费及频次、保险公司统一客服电话。分期缴费的保险产品，鼓励采取按月缴费等符合消费者消费习惯的保费缴纳方式。在续期缴费、保险合同到期时应当采取手机短信、微信、电子邮件等方式提示投保人。投保人无手机联系方式的，应当通过电子邮件、纸质信件等方式提示。

第三十六条 商业银行代理销售的保险产品保险期间超过一年的，应当在保险合同中约定15日的犹豫期，并在保险合同中载明投保人在犹豫期内的权利。犹豫期自投保人收到保险单并书面签收之日起计算。

第三十七条 商业银行及其保险销售从业人员代理销售投资连结型保险产品和财产保险公司非预定收益型投资保险产品等，应在设有销售专区以上层级的网点进行，并严格限制在销售专区内。

对于保单期限和缴费期限较长、保障程度较高、产品设计相对复杂以及需要较长时间解释说明的保险产品,商业银行应当积极开拓销售专区,通过对销售区域和销售从业人员的控制,将合适的保险产品销售给合适的客户。

第三十八条　商业银行代理销售意外伤害保险、健康保险、定期寿险、终身寿险、保险期间不短于10年的年金保险、保险期间不短于10年的两全保险、财产保险(不包括财产保险公司投资型保险)的保费收入之和不得低于保险代理业务总保费收入的20%。

第三十九条　商业银行开展互联网保险业务和电话销售保险业务应当由其法人机构建立统一集中的业务平台和处理流程,实行集中运营、统一管理,并符合中国银保监会有关规定。

除以上业务外,商业银行每个网点在同一会计年度内只能与不超过3家保险公司开展保险代理业务合作。

第四十条　商业银行每个网点与每家保险公司的连续合作期限不得少于1年。

商业银行和保险公司应当保持合作关系和客户服务的稳定性。合作期间内,其中一方出现对合作关系有实质影响的不利情形,另一方可以提前中止合作。对商业银行与保险公司中止合作的情况,商业银行应当配合保险公司做好满期给付、退保、投诉处理等后续服务。

第四十一条　商业银行保险销售从业人员应当按照商业银行的授权销售保险产品,不得销售未经授权的保险产品或私自销售保险产品。

第四十二条　商业银行不得允许保险公司人员等非商业银行从业人员在商业银行营业场所从事保险销售相关活动。

第四十三条　商业银行及其保险销售从业人员不得将保险代理业务转委托给其他机构或个人。

第四十四条　商业银行不得通过第三方网络平台开展保险代理业务。

商业银行保险销售从业人员不得以个人名义从事互联网保险业务。

第四十五条　商业银行应当将全面、完整、真实的客户投保信息提供给保险公司并告知客户,不得截留客户投保信息,确保保险公司承保业务和客户回访工作顺利开展。

保险公司应当将客户退保、续期、满期等信息完整、真实地提供给商业银行,协助商业银行做好保险产品销售后的满期给付、续期缴费等相关客户服务。

对于到商业银行申请退保、满期给付、续期缴费业务的,商业银行和保险公司应当相互配合,及时做好相应工作。

第四十六条　商业银行不得通过篡改客户信息,以商业银行网点电话、销售从业人员及相关人员电话冒充客户联系电话等方式编制虚假客户信息。

保险公司发现客户信息不真实或由其他人员代签名的,尚未承保的,不得承保;已承保的,应当及时联系客户说明保单情况、办理相关手续,并要求商业银行予以更正。

第四十七条　商业银行和保险公司应当加强客户信息保护,防止客户信息被不当使用。

第四十八条　商业银行开展保险代理业务,应当根据中国银保监会的相关规定实施保险销售行为可回溯管理,完整客观地记录销售关键环节。

第四十九条　商业银行代理保险业务应当严格遵守审慎经营规则,不得有下列行为:

(一)将保险产品与储蓄存款、基金、银行理财产品等产品混淆销售;

(二)将保险产品收益与储蓄存款、基金、银行理财产品简单类比,夸大保险责任或者保险产品收益;

(三)将不确定利益的保险产品的收益承诺为保证收益;

(四)将保险产品宣传为其他金融机构开发的产品进行销售;

(五)通过宣传误导、降低合同约定的退保费用等手段诱导消费者提前解除保险合同;

(六)隐瞒免除保险人责任的条款、提前解除保险合同可能产生的损失等与保险合同有关的重要情况;

(七)以任何方式向保险公司及其人员收取、索要协议约定以外的任何利益;

(八)其他违反审慎经营规则的行为。

第五十条　商业银行及其保险销售从业人员在开展保险代理业务中不得有下列行为:

(一)欺骗保险公司、投保人、被保险人或者受益人;

(二)隐瞒与保险合同有关的重要情况;

(三)阻碍投保人履行如实告知义务,或者诱导其不履行如实告知义务；

（四）给予或者承诺给予投保人、被保险人或者受益人保险合同约定以外的利益；

（五）利用行政权力、职务或者职业便利以及其他不正当手段强迫、引诱或者限制投保人订立保险合同；

（六）伪造、擅自变更保险合同，或者为保险合同当事人提供虚假证明材料；

（七）挪用、截留、侵占保险费或者保险金；

（八）利用业务便利为其他机构或者个人牟取不正当利益；

（九）串通投保人、被保险人或者受益人，骗取保险金；

（十）泄露在业务活动中知悉的保险人、投保人、被保险人的商业秘密。

第五十一条 商业银行和保险公司应当在客户投诉、退保等事件发生的第一时间积极处理，实行首问负责制度，不得相互推诿，避免产生负面影响使事态扩大，并按照双方共同制定的处理办法，及时采取措施，妥善解决。

第五十二条 商业银行和保险公司应当将商业银行代理保险业务中出现的群访群诉、群体性退保等事件作为重大事件，建立重大事件联合应急处理机制，共同制定重大事件处理办法，指定专门人员、成立应急小组、建立共同信息披露机制，在出现重大事件时及时妥善做好应对工作。

第五十三条 商业银行应当在每月结束后的15日内通过中国银保监会规定的监管信息系统报告业务数据。

中国银保监会直接监管的商业银行和其他商业银行及其一级分支机构，应当在每个年度结束后的30日内分别向中国银保监会和中国银保监会派出机构报送保险代理业务情况，至少包括以下内容：

（一）保险代理业务开展情况；

（二）各险种保费收入占比情况；

（三）发生投诉及处理的相关情况；

（四）与保险公司合作情况；

（五）内控及风险管理的变化情况；

（六）其他需要报送的情况。

第四章　业务退出

第五十四条 商业银行有下列情形之一的，中国银保监会及其派出机构依法注销许可证，并予以公告：

（一）许可证依法被撤销、撤回或吊销的；

（二）因解散或者被依法宣告破产等原因依法终止的；

（三）法律、行政法规和中国银保监会规定的其他情形。

第五十五条 商业银行网点有下列情形之一的，法人机构不得授权该网点开展代理保险业务。已经授权的，须在5日内撤销授权：

（一）内部管理混乱，无法正常经营；

（二）存在重大违法行为，未得到有效整改；

（三）拒不执行限期整改违法违规问题、按时报送监管数据等监管要求；

（四）最近1年内因保险代理业务引发过30人以上群访群诉事件或100人以上非正常集中退保事件；

（五）法律、行政法规和中国银保监会规定的其他情形。

第五十六条 有下列情形之一的，商业银行法人机构或其授权的分支机构应当在5日内注销其保险销售从业人员执业登记：

（一）保险销售从业人员离职；

（二）保险销售从业人员受到禁止进入保险业的行政处罚；

（三）保险销售从业人员因其他原因终止执业；

（四）法律、行政法规和中国银保监会规定的其他情形。

第五十七条 商业银行终止保险代理业务活动，应当维护投保人、被保险人、受益人的合法权益。

第五章　监督管理

第五十八条 中国银保监会及其派出机构依法对商业银行代理保险业务制定相关的规章和审慎经营规则，进行现场检查和非现场监管。

第五十九条 银行业协会和保险业协会要通过加强行业自律，在维护市场秩序、促进公平竞争方面发挥积极作用。

中国银保监会及其派出机构应当督促银行业协会和保险业协会采取行业自律措施，建立行业内部沟通协调机制，加强自我约束和相互监督，共同维护市场秩序、促进公平竞争。

第六十条 中国银保监会及其派出机构可以对商业银行保险代理业务责任人进行谈话，并进行教育培训。

第六十一条 对于业务占比达不到第三十八条要求的商业银行法人机构及其一级分支机构，中国银保监会或者其省一级派出机构有权采取责令限期改正等监管措施。

第六十二条 商业银行开展保险代理业务过程中违反审慎经营规则、违反第四十八条、第四十九条行为的，中国银保监会或者其省一级派出机构应当责令限期改正；逾期未改正的，或者其行为严重危及该商业银行稳健运行、损害客户合法权益，经中国银保监会或者其省一级派出机构负责人批准，可以采取责令暂停部分业务、停止批准开办新业务的措施。

商业银行整改后，应当向中国银保监会或者其省一级派出机构提交报告。经中国银保监会或其派出机构验收后，符合有关审慎经营规则的，应当自验收之日起3日内解除对其采取的前款规定的措施。

第六十三条 商业银行开展保险代理业务过程中，存在第五十条行为的，中国银保监会及其派出机构根据《中华人民共和国保险法》第一百六十五条，依法采取监管措施或实施行政处罚。

第六十四条 商业银行作为保险产品的销售主体，依法对其保险销售从业人员的代理销售行为承担主体责任。

中国银保监会及其派出机构在依法对商业银行实施行政处罚和采取其他监管措施时，保险公司负有责任的，应当同时依法对该行为涉及的保险公司实施行政处罚和采取其他监管措施。

中国银保监会及其派出机构将依法严厉查处商业银行代理保险业务不正当竞争等行为，加大对商业银行、保险公司及其高级管理人员管理责任的追究力度。

第六十五条 商业银行和保险公司违反本办法相关要求，中国银保监会及其派出机构应当根据《中华人民共和国保险法》《中华人民共和国商业银行法》《中华人民共和国银行业监督管理法》等法律、行政法规及有关规定，依法采取监管措施或实施行政处罚，并追究相关人员责任。

第六章 附 则

第六十六条 在中华人民共和国境内经国务院银行保险监督管理机构批准设立的吸收公众存款的金融机构、其他金融机构、政策性银行参照本办法执行。

第六十七条 本办法规定的风险提示语及犹豫期提示语内容如下：

分红保险风险提示语："您投保的是分红保险，红利分配是不确定的。"

万能保险风险提示语："您投保的是万能保险，最低保证利率之上的投资收益是不确定的。"有初始费用的产品还应包括："您缴纳的保险费将在扣除初始费用后计入保单账户。"

投资连结保险风险提示语："您投保的是投资连结保险，投资回报具有不确定性。"有初始费用的产品还应包括："您缴纳的保险费将在扣除初始费用后计入投资账户。"

其他产品类型的风险提示语，由公司自行确定。

犹豫期提示语："您在收到保险合同后15日内有全额退保（扣除不超过10元的工本费）的权利。超过15日退保有损失。"

第六十八条 本办法中，除犹豫期期限"15日"的规定指自然日外，其余有关"3日""5日""15日""30日"的规定指工作日。

本办法所称"以上""以下"均含本数。

第六十九条 本办法由中国银保监会负责解释、修订。

第七十条 本办法自2019年10月1日起施行，《关于规范银行代理保险业务的通知》（保监发〔2006〕70号）、《中国银监会办公厅关于进一步规范银行代理保险业务管理的通知》（银监办发〔2009〕47号）、《中国银监会关于进一步加强商业银行代理保险业务合规销售与风险管理的通知》（银监发〔2010〕90号）、《关于印发〈商业银行代理保险业务监管指引〉的通知》（保监发〔2011〕10号）、《中国保监会 中国银监会关于进一步规范商业银行代理保险业务销售行为的通知》（保监发〔2014〕3号）、《关于银行类保险兼业代理机构行政许可有关事项的通知》（保监中介〔2016〕44号）和《关于进一步明确保险兼业代理行政许可有关事项的通知》（保监中介〔2016〕58号）同时废止。

银行业保险业绿色金融指引

- 2022 年 6 月 1 日
- 银保监发〔2022〕15 号

第一章　总　则

第一条　为促进银行业保险业发展绿色金融，积极服务兼具环境和社会效益的各类经济活动，更好助力污染防治攻坚，有序推进碳达峰、碳中和工作，根据《中华人民共和国银行业监督管理法》《中华人民共和国商业银行法》《中华人民共和国保险法》等法律法规，制定本指引。

第二条　本指引所称银行保险机构包括在中华人民共和国境内依法设立的开发银行、政策性银行、商业银行、农村合作银行、农村信用社、保险集团（控股）公司、保险公司、再保险公司、保险资产管理公司。

其他银行业金融机构和保险机构绿色金融管理参照本指引执行。

第三条　银行保险机构应当完整、准确、全面贯彻新发展理念，从战略高度推进绿色金融，加大对绿色、低碳、循环经济的支持，防范环境、社会和治理风险，提升自身的环境、社会和治理表现，促进经济社会发展全面绿色转型。

第四条　银行保险机构应当有效识别、监测、防控业务活动中的环境、社会和治理风险，重点关注客户（融资方）及其主要承包商、供应商因公司治理缺陷和管理不到位而在建设、生产、经营活动中可能给环境、社会带来的危害及引发的风险，将环境、社会、治理要求纳入管理流程和全面风险管理体系，强化信息披露和与利益相关者的交流互动，完善相关政策制度和流程管理。重点关注的客户主要包括以下四类：

（一）银行信贷客户；

（二）投保环境、社会和治理风险等相关保险的客户；

（三）保险资金实体投资项目的融资方；

（四）其他根据法律法规或合同约定应开展环境、社会和治理风险管理的客户。

第五条　中国银行保险监督管理委员会（以下简称银保监会）及其派出机构依法负责对银行保险机构绿色金融业务活动实施监督管理。

第二章　组织管理

第六条　银行保险机构董事会或理事会应当承担绿色金融主体责任，树立并推行节约、低碳、环保、可持续发展等绿色发展理念，重视发挥银行保险机构在推进生态文明体系建设和促进经济社会发展全面绿色转型中的作用，建立与社会共赢的可持续发展模式。

第七条　银行保险机构董事会或理事会负责确定绿色金融发展战略，审批高级管理层制定的绿色金融目标和提交的绿色金融报告，指定专门委员会负责绿色金融工作，监督、评估本机构绿色金融发展战略执行情况。

第八条　银行保险机构高级管理层应当根据董事会或理事会的决定，制定绿色金融目标，建立机制和流程，明确职责和权限，开展内部监督检查和考核评价，每年度向董事会或理事会报告绿色金融发展情况，并按规定向银保监会或其派出机构报送和对外披露绿色金融相关情况。

第九条　银行保险机构总部和省级、地市级分支机构应当指定一名高级管理人员牵头负责绿色金融工作，根据需要建立跨部门的绿色金融工作领导和协调机制，统筹推进相关工作。

银行保险机构应当给予绿色金融工作负责人和相关部门充分授权，配备相应资源，并在绩效考核中充分体现绿色金融实施情况。

第十条　鼓励银行保险机构在依法合规、风险可控的前提下开展绿色金融体制机制创新，通过组建绿色金融专业部门、建设特色分支机构、设置专岗专职等方式，提升绿色金融服务质效和风险管理水平。

第三章　政策制度及能力建设

第十一条　银行保险机构应当根据国家绿色低碳发展目标和规划以及相关环保法律法规、产业政策、行业准入政策等规定，建立并不断完善环境、社会和治理风险管理的政策、制度和流程，明确绿色金融的支持方向和重点领域，对国家重点调控的限制类以及有重大风险的行业制定授信指引，实行有差别、动态的授信或投资政策，实施风险敞口管理制度。

第十二条　银行保险机构应当以助力污染防治攻坚为导向，有序推进碳达峰、碳中和工作。坚持稳中求进，调整完善信贷政策和投资政策，积极支持清洁低碳能源体系建设，支持重点行业和领域节能、减污、降碳、增绿、防灾，实施清洁生产，促进绿色低碳技术推广应用，落实碳排放、碳强度政策要求，先立后破、通盘谋划，有保有压、分类施策，防止"一刀切"和运动式减碳。坚决遏制高耗能、高排放、低水平项目盲目发展，加强对高碳资产的风险识别、评估和管理，在保障能源安全、产业链供应链安全的同时，渐进有序降低资产组合的碳强度，最终实现资产组合的碳中和。

第十三条　保险机构应当根据有关法律法规，结合自身经营范围积极开展环境保护、气候变化、绿色产业和技术等领域的保险保障业务以及服务创新，开发相关风险管理方法、技术和工具，为相关领域的生产经营者提供风险管理和服务，推动保险客户提高环境、社会和治理风险管理意识，根据合同约定开展事故预防和风险隐患排查。

第十四条　银行保险机构应当制定针对客户的环境、社会和治理风险评估标准，对客户风险进行分类管理与动态评估。银行机构应将风险评估结果作为客户评级、信贷准入、管理和退出的重要依据，并在贷款"三查"、贷款定价和经济资本分配等方面采取差别化的风险管理措施。保险机构应将风险评估结果作为承保管理和投资决策的重要依据，根据客户风险情况，实行差别费率。

银行保险机构应当对存在重大环境、社会和治理风险的客户实行名单制管理，积极行使作为债权人或股东的合法权利，要求其采取风险缓释措施，包括制定并落实重大风险应对预案，畅通利益相关方申诉渠道，建立充分、及时、有效的沟通机制，寻求第三方核查或分担风险等。

第十五条　银行保险机构应当建立有利于绿色金融创新的工作机制，在依法合规、有效控制风险和商业可持续的前提下，推动绿色金融流程、产品和服务创新。

第十六条　银行保险机构应当重视自身的环境、社会和治理表现，建立相关制度，加强绿色金融理念宣传教育，规范经营行为，实行绿色办公、绿色运营、绿色采购、绿色出行、"光盘"行动等，积极发展金融科技，提高信息化、集约化管理和服务水平，渐进有序减少碳足迹，最终实现运营的碳中和。

第十七条　银行保险机构应当加强绿色金融能力建设，建立健全相关业务标准和统计制度，强化对绿色金融数据的治理，完善相关管理系统，加强绿色金融培训，培养和引进相关专业人才。必要时可以借助合格、独立的第三方对环境、社会和治理风险进行评审或通过其他有效方式，获得相关专业服务。

第四章　投融资流程管理

第十八条　银行保险机构应当加强授信和投资尽职调查，根据客户及其项目所处行业、区域特点，明确环境、社会和治理风险尽职调查的内容要点，确保调查全面、深入、细致。必要时可以寻求合格、独立的第三方和相关主管部门的支持。

第十九条　银行保险机构应当对拟授信客户和拟投资项目进行严格的合规审查，针对不同行业的客户特点，制定环境、社会和治理方面的合规文件清单和合规风险审查清单，审查客户提交的文件和相关手续的合规性、有效性和完整性，确信客户对相关风险点有足够的重视和有效的动态控制，符合实质合规要求。

第二十条　银行保险机构应当加强授信和投资审批管理，根据客户面临的环境、社会和治理风险的性质和严重程度，确定合理的授信、投资权限和审批流程。对在环境、社会和治理方面存在严重违法违规和重大风险的客户，应当严格限制对其授信和投资。

第二十一条　银行保险机构应当通过完善合同条款督促客户加强环境、社会和治理风险管理。对涉及重大环境、社会和治理风险的信贷客户和投资项目，应当在合同正文或附件中要求客户提交环境、社会和治理风险报告，订立客户加强环境、社会和治理风险管理的声明和承诺条款，以及客户在管理环境、社会和治理风险方面违约时的救济条款。

第二十二条　银行保险机构应当加强信贷和投资资金拨付管理，将客户对环境、社会和治理风险的管理状况作为信贷和投资资金拨付的重要依据。在已授信和投资项目的设计、准备、施工、竣工、运营、关停等相关环节，合理设置环境、社会和治理风险评估关卡，对出现重大风险隐患的，可以按照合同约定中止直至终止资金拨付。

第二十三条　银行保险机构应当加强贷后和投后管理，对有潜在重大环境、社会和治理风险的客户，制定并实行有针对性的管理措施。密切关注国内外法律、政策、技术、市场变化对客户经营状况和行业发展的影响，加强动态分析，开展情景分析和压力测试，并在资产风险分类、准备计提等方面及时做出调整。建立健全客户重大环境、社会和治理风险的内部报告制度和责任追究制度，在客户发生重大环境、社会和治理风险事件时，应当督促客户及时采取相关的风险处置措施，并就该事件可能造成的影响及时进行报告。

第二十四条　银行保险机构应当根据自身实际积极运用大数据、区块链、人工智能等科技手段提升绿色金融管理水平，不断完善产品开发、经营销售、投融资管理等业务流程，优化对小微企业融资、线上融资等业务的环境、社会和治理风险管理，结合业务特点在风险评估、尽职调查、合规审查、信贷管理、投后管理等方面采取差异化、便捷化的管理措施，提高风险管理的覆盖面和有效性。

第二十五条　银行保险机构应当积极支持"一带一路"绿色低碳建设，加强对拟授信和投资的境外项目的环境、社会和治理风险管理，要求项目发起人及其主要承包商、供应商遵守项目所在国家或地区有关生态、环境、土地、健康、安全等相关法律法规，遵循相关国际惯例或准则，确保对项目的管理与国际良好做法在实质上保持一致。

第五章　内控管理与信息披露

第二十六条　银行保险机构应当将绿色金融政策执行情况纳入内控合规检查范围，定期组织实施内部审计。检查发现违规问题的，应当依据规定进行问责。

第二十七条　银行保险机构应当建立有效的绿色金融考核评价体系和奖惩机制，落实激励约束措施，完善尽职免责机制，确保绿色金融持续有效开展。

第二十八条　银行保险机构应当公开绿色金融战略和政策，充分披露绿色金融发展情况。借鉴国际惯例、准则或良好实践，提升信息披露水平。对涉及重大环境、社会和治理风险影响的授信或投资情况，应当建立申诉回应机制，依据法律法规、自律管理规则等主动、及时、准确、完整披露相关信息，接受市场和利益相关方的监督。必要时可以聘请合格、独立的第三方，对银行保险机构履行环境、社会和治理责任的活动进行鉴证、评估或审计。

第六章　监督管理

第二十九条　银保监会及其派出机构应当加强与相关主管部门的协调配合，推动建立健全信息共享机制，为银行保险机构获得绿色产业项目信息、企业环境、社会和治理风险相关信息提供便利，向银行保险机构提示相关风险。

第三十条　银保监会及其派出机构应当加强非现场监管，完善非现场监管指标，强化对银行保险机构管理环境、社会和治理风险的监测分析，及时引导其调整完善信贷和投资政策，加强风险管理。

第三十一条　银保监会及其派出机构组织开展日常监管和监督检查，应当充分考虑银行保险机构管理环境、社会和治理风险的情况，明确相关监管内容和要求。

第三十二条　银行保险机构在开展绿色金融业务过程中违反相关监管规定的，银保监会及其派出机构可依法采取监管措施，督促银行保险机构整改。

第三十三条　银保监会及其派出机构应当加强对银行保险机构绿色金融业务的指导，在银行保险机构自评估的基础上，采取适当方式评估银行保险机构绿色金融成效，按照相关法律法规将评估结果作为银行保险机构监管评级、机构准入、业务准入、高管人员履职评价的重要参考。

第三十四条　银保监会及其派出机构应当指导银行保险行业自律组织积极发挥作用，通过组织会员单位定期进行绿色金融实施情况评价，开展绿色金融教育培训、交流研讨、调查研究、推荐专业人才等方式，促进绿色金融发展。

第七章　附　则

第三十五条　本指引自公布之日起实施。

银行保险机构应当自本指引实施之日起1年内建立和完善相关内部管理制度和流程，确保绿色金融管理工作符合监管规定。

第三十六条　本指引由银保监会负责解释。

银行保险机构关联交易管理办法

- 2022年1月10日中国银行保险监督管理委员会令〔2022〕第1号公布
- 自2022年3月1日起施行

第一章 总　则

第一条　为加强审慎监管,规范银行保险机构关联交易行为,防范关联交易风险,促进银行保险机构安全、独立、稳健运行,根据《中华人民共和国公司法》《中华人民共和国银行业监督管理法》《中华人民共和国商业银行法》《中华人民共和国保险法》《中华人民共和国信托法》等法律法规,制定本办法。

第二条　本办法所称银行保险机构包括银行机构、保险机构和在中华人民共和国境内依法设立的信托公司、金融资产管理公司、金融租赁公司、汽车金融公司、消费金融公司。

银行机构是指中华人民共和国境内依法设立的商业银行、政策性银行、村镇银行、农村信用合作社、农村合作银行。

保险机构是指中华人民共和国境内依法设立的保险集团(控股)公司、保险公司、保险资产管理公司。

第三条　银行保险机构开展关联交易应当遵守法律法规和有关监管规定,健全公司治理架构,完善内部控制和风险管理,遵循诚实信用、公开公允、穿透识别、结构清晰的原则。

银行保险机构不得通过关联交易进行利益输送或监管套利,应当采取有效措施,防止关联方利用其特殊地位,通过关联交易侵害银行保险机构利益。

银行保险机构应当维护经营独立性,提高市场竞争力,控制关联交易的数量和规模,避免多层嵌套等复杂安排,重点防范向股东及其关联方进行利益输送的风险。

第四条　银保监会及其派出机构依法对银行保险机构的关联交易实施监督管理。

第二章 关联方

第五条　银行保险机构的关联方,是指与银行保险机构存在一方控制另一方,或对另一方施加重大影响,以及与银行保险机构同受一方控制或重大影响的自然人、法人或非法人组织。

第六条　银行保险机构的关联自然人包括:

(一)银行保险机构的自然人控股股东、实际控制人,及其一致行动人、最终受益人;

(二)持有或控制银行保险机构5%以上股权的,或持股不足5%但对银行保险机构经营管理有重大影响的自然人;

(三)银行保险机构的董事、监事、总行(总公司)和重要分行(分公司)的高级管理人员,以及具有大额授信、资产转移、保险资金运用等核心业务审批或决策权的人员;

(四)本条第(一)至(三)项所列关联方的配偶、父母、成年子女及兄弟姐妹;

(五)本办法第七条第(一)(二)项所列关联方的董事、监事、高级管理人员。

第七条　银行保险机构的关联法人或非法人组织包括:

(一)银行保险机构的法人控股股东、实际控制人,及其一致行动人、最终受益人;

(二)持有或控制银行保险机构5%以上股权的,或者持股不足5%但对银行保险机构经营管理有重大影响的法人或非法人组织,及其控股股东、实际控制人、一致行动人、最终受益人;

(三)本条第(一)项所列关联方控制或施加重大影响的法人或非法人组织,本条第(二)项所列关联方控制的法人或非法人组织;

(四)银行保险机构控制或施加重大影响的法人或非法人组织;

(五)本办法第六条第(一)项所列关联方控制或施加重大影响的法人或非法人组织,第六条第(二)至(四)项所列关联方控制的法人或非法人组织。

第八条　银行保险机构按照实质重于形式和穿透的原则,可以认定以下自然人、法人或非法人组织为关联方:

(一)在过去十二个月内或者根据相关协议安排在未来十二个月内存在本办法第六条、第七条规定情形之一的;

(二)本办法第六条第(一)至(三)项所列关联方的其他关系密切的家庭成员;

(三)银行保险机构内部工作人员及其控制的

法人或其他组织；

（四）本办法第六条第（二）（三）项，以及第七条第（二）项所列关联方可施加重大影响的法人或非法人组织；

（五）对银行保险机构有影响，与银行保险机构发生或可能发生未遵守商业原则、有失公允的交易行为，并可据以从交易中获取利益的自然人、法人或非法人组织。

第九条 银保监会或其派出机构可以根据实质重于形式和穿透的原则，认定可能导致银行保险机构利益转移的自然人、法人或非法人组织为关联方。

第三章 关联交易

第十条 银行保险机构关联交易是指银行保险机构与关联方之间发生的利益转移事项。

第十一条 银行保险机构应当按照实质重于形式和穿透原则，识别、认定、管理关联交易及计算关联交易金额。

计算关联自然人与银行保险机构的关联交易余额时，其配偶、父母、成年子女、兄弟姐妹等与该银行保险机构的关联交易应当合并计算；计算关联法人或非法人组织与银行保险机构的关联交易余额时，与其存在控制关系的法人或非法人组织与该银行保险机构的关联交易应当合并计算。

第十二条 银保监会或其派出机构可以根据实质重于形式和穿透监管原则认定关联交易。

银保监会可以根据银行保险机构的公司治理状况、关联交易风险状况、机构类型特点等对银行保险机构适用的关联交易监管比例进行设定或调整。

第一节 银行机构关联交易

第十三条 银行机构的关联交易包括以下类型：

（一）授信类关联交易：指银行机构向关联方提供资金支持，或者对关联方在有关经济活动中可能产生的赔偿、支付责任作出保证，包括贷款（含贸易融资）、票据承兑和贴现、透支、债券投资、特定目的载体投资、开立信用证、保理、担保、贷款承诺、证券回购、拆借以及其他实质上由银行机构承担信用风险的表内外业务等；

（二）资产转移类关联交易：包括银行机构与关联方之间发生的自用动产与不动产买卖、信贷资产及其收（受）益权买卖、抵债资产的接收和处置等；

（三）服务类关联交易：包括信用评估、资产评估、法律服务、咨询服务、信息服务、审计服务、技术和基础设施服务、财产租赁以及委托或受托销售等；

（四）存款和其他类型关联交易，以及根据实质重于形式原则认定的可能引致银行机构利益转移的事项。

第十四条 银行机构关联交易分为重大关联交易和一般关联交易。

银行机构重大关联交易是指银行机构与单个关联方之间单笔交易金额达到银行机构上季末资本净额1%以上，或累计达到银行机构上季末资本净额5%以上的交易。

银行机构与单个关联方的交易金额累计达到前款标准后，其后发生的关联交易，每累计达到上季末资本净额1%以上，则应当重新认定为重大关联交易。

一般关联交易是指除重大关联交易以外的其他关联交易。

第十五条 银行机构关联交易金额计算方式如下：

（一）授信类关联交易原则上以签订协议的金额计算交易金额；

（二）资产转移类关联交易以交易价格或公允价值计算交易金额；

（三）服务类关联交易以业务收入或支出金额计算交易金额；

（四）银保监会确定的其他计算口径。

第十六条 银行机构对单个关联方的授信余额不得超过银行机构上季末资本净额的10%。银行机构对单个关联法人或非法人组织所在集团客户的合计授信余额不得超过银行机构上季末资本净额的15%。银行机构对全部关联方的授信余额不得超过银行机构上季末资本净额的50%。

计算授信余额时，可以扣除授信时关联方提供的保证金存款以及质押的银行存单和国债金额。

银行机构与关联方开展同业业务应当同时遵守关于同业业务的相关规定。银行机构与境内外关联方银行之间开展的同业业务、外资银行与母行集团内银行之间开展的业务可不适用本条第一款所列比例规定和本办法第十四条重大关联交易标准。

被银保监会或其派出机构采取风险处置或接管等措施的银行机构,经银保监会批准可不适用本条所列比例规定。

第二节 保险机构关联交易

第十七条 保险机构的关联交易包括以下类型:

(一)资金运用类关联交易:包括在关联方办理银行存款;直接或间接买卖债券、股票等有价证券,投资关联方的股权、不动产及其他资产;直接或间接投资关联方发行的金融产品,或投资基础资产包含关联方资产的金融产品等。

(二)服务类关联交易:包括审计服务、精算服务、法律服务、咨询顾问服务、资产评估、技术和基础设施服务、委托或受托管理资产、租赁资产等。

(三)利益转移类关联交易:包括赠与、给予或接受财务资助,权利转让,担保,债权债务转移,放弃优先受让权、同比例增资权或其他权利等。

(四)保险业务和其他类型关联交易,以及根据实质重于形式原则认定的可能引致保险机构利益转移的事项。

第十八条 保险机构关联交易金额以交易对价或转移的利益计算。具体计算方式如下:

(一)资金运用类关联交易以保险资金投资金额计算交易金额。其中,投资于关联方发行的金融产品且基础资产涉及其他关联方的,以投资金额计算交易金额;投资于关联方发行的金融产品且基础资产不涉及其他关联方的,以发行费或投资管理费计算交易金额;买入资产的,以交易价格计算交易金额。

(二)服务类关联交易以业务收入或支出金额计算交易金额。

(三)利益转移类关联交易以资助金额、交易价格、担保金额、标的市场价值等计算交易金额。

(四)银保监会确定的其他计算口径。

第十九条 保险机构关联交易分为重大关联交易和一般关联交易。

保险机构重大关联交易是指保险机构与单一关联方之间单笔或年度累计交易金额达到3000万元以上,且占保险机构上一年度末经审计的净资产的1%以上的交易。

一个年度内保险机构与单个关联方的累计交易金额达到前款标准后,其后发生的关联交易再次累计达到前款标准,应当重新认定为重大关联交易。

保险机构一般关联交易是指除重大关联交易以外的其他关联交易。

第二十条 保险机构资金运用关联交易应符合以下比例要求:

(一)保险机构投资全部关联方的账面余额,合计不得超过保险机构上一年度末总资产的25%与上一年度末净资产二者中的金额较低者;

(二)保险机构投资权益类资产、不动产类资产、其他金融资产和境外投资的账面余额中,对关联方的投资金额不得超过上述各类资产投资限额的30%;

(三)保险机构投资单一关联方的账面余额,合计不得超过保险机构上一年度末净资产的30%;

(四)保险机构投资金融产品,若底层基础资产涉及控股股东、实际控制人或控股股东、实际控制人的关联方,保险机构购买该金融产品的份额不得超过该产品发行总额的50%。

保险机构与其控股的非金融子公司投资关联方的账面余额及购买份额应当合并计算并符合前述比例要求。

保险机构与其控股子公司之间,以及控股子公司之间发生的关联交易,不适用前述规定。

第三节 信托公司及其他非银行
金融机构关联交易

第二十一条 信托公司应当按照穿透原则和实质重于形式原则,加强关联交易认定和关联交易资金来源与运用的双向核查。

信托公司关联交易分为重大关联交易和一般关联交易。重大关联交易是指信托公司固有财产与单个关联方之间、信托公司信托财产与单个关联方之间单笔交易金额占信托公司注册资本5%以上,或信托公司与单个关联方发生交易后,信托公司与该关联方的交易余额占信托公司注册资本20%以上的交易。一般关联交易是指除重大关联交易以外的其他关联交易。

第二十二条 金融资产管理公司、金融租赁公司、汽车金融公司、消费金融公司(下称其他非银行金融机构)的关联交易包括以下类型：

（一）以资产为基础的关联交易：包括资产买卖与委托（代理）处置、资产重组（置换）、资产租赁等；

（二）以资金为基础的关联交易：包括投资、贷款、融资租赁、借款、拆借、存款、担保等；

（三）以中间服务为基础的关联交易：包括评级服务、评估服务、审计服务、法律服务、拍卖服务、咨询服务、业务代理、中介服务等；

（四）其他类型关联交易以及根据实质重于形式原则认定的可能引致其他非银行金融机构利益转移的事项。

第二十三条　其他非银行金融机构的关联交易分为重大关联交易和一般关联交易。

其他非银行金融机构重大关联交易是指其他非银行金融机构与单个关联方之间单笔交易金额达到其他非银行金融机构上季末资本净额1%以上，或累计达到其他非银行金融机构上季末资本净额5%以上的交易。金融租赁公司除外。

金融租赁公司重大关联交易是指金融租赁公司与单个关联方之间单笔交易金额达到金融租赁公司上季末资本净额5%以上，或累计达到金融租赁公司上季末资本净额10%以上的交易。

其他非银行金融机构与单个关联方的交易金额累计达到前款标准后，其后发生的关联交易，每累计达到上季末资本净额1%以上，应当重新认定为重大关联交易。金融租赁公司除外。

金融租赁公司与单个关联方的交易金额累计达到前款标准后，其后发生的关联交易，每累计达到上季末资本净额5%以上，应当重新认定为重大关联交易。

一般关联交易是指除重大关联交易以外的其他关联交易。

第二十四条　其他非银行金融机构的关联交易金额以交易对价或转移的利益计算，具体计算方式如下：

（一）以资产为基础的关联交易以交易价格计算交易金额；

（二）以资金为基础的关联交易以签订协议的金额计算交易金额；

（三）以中间服务为基础的关联交易以业务收入或支出金额计算交易金额；

（四）银保监会确定的其他计算口径。

第二十五条　金融资产管理公司及其非金融控股子公司与关联方之间发生的以资金、资产为基础的交易余额应当合并计算，参照适用本办法第十六条相关监管要求。金融资产管理公司与其控股子公司之间、以及控股子公司之间发生的关联交易除外。

金融资产管理公司应当参照本办法第二章规定，将控股子公司的关联方纳入集团关联方范围。

第二十六条　金融租赁公司对单个关联方的融资余额不得超过上季末资本净额的30%。

金融租赁公司对全部关联方的全部融资余额不得超过上季末资本净额的50%。

金融租赁公司对单个股东及其全部关联方的融资余额不得超过该股东在金融租赁公司的出资额，且应同时满足本条第一款的规定。

金融租赁公司及其设立的控股子公司、项目公司之间的关联交易不适用本条规定。

汽车金融公司对单个股东及其关联方的授信余额不得超过该股东在汽车金融公司的出资额。

第四节　禁止性规定

第二十七条　银行保险机构不得通过掩盖关联关系、拆分交易等各种隐蔽方式规避重大关联交易审批或监管要求。

银行保险机构不得利用各种嵌套交易拉长融资链条、模糊业务实质、规避监管规定，不得为股东及其关联方违规融资、腾挪资产、空转套利、隐匿风险等。

第二十八条　银行机构不得直接通过或借道同业、理财、表外等业务，突破比例限制或违反规定向关联方提供资金。

银行机构不得接受本行的股权作为质押提供授信。银行机构不得为关联方的融资行为提供担保（含等同于担保的或有事项），但关联方以银行存单、国债提供足额反担保的除外。

银行机构向关联方提供授信发生损失的，自发现损失之日起二年内不得再向该关联方提供授信，但为减少该授信的损失，经银行机构董事会批准的除外。

第二十九条　保险机构不得借道不动产项目、非保险子公司、信托计划、资管产品投资，或其他通道、嵌套方式等变相突破监管限制，为关联方违规提供融资。

第三十条　金融资产管理公司参照执行本办法第二十八条规定，且不得与关联方开展无担保的以资金为基础的关联交易，同业拆借、股东流动性支持以及金融监管机构另有规定的除外。非金融子公司负债依存度不得超过30%，确有必要救助的，原则上不得超过70%，并于作出救助决定后3个工作日内向董事会、监事会和银保监会报告。

金融资产管理公司及其子公司将自身形成的不良资产在集团内部转让的，应当由集团母公司董事会审批，金融子公司按规定批量转让的除外。

第三十一条　金融租赁公司与关联方开展以资产、资金为基础的关联交易发生损失的，自发现损失之日起二年内不得与该关联方新增以资产、资金为基础的关联交易。但为减少损失，经金融租赁公司董事会批准的除外。

第三十二条　信托公司开展固有业务，不得向关联方融出资金或转移财产，不得为关联方提供担保。

信托公司开展结构化信托业务不得以利益相关人作为劣后受益人，利益相关人包括但不限于信托公司及其全体员工、信托公司股东等。

信托公司管理集合资金信托计划，不得将信托资金直接或间接运用于信托公司的股东及其关联方，但信托资金全部来源于股东或其关联方的除外。

第三十三条　公司治理监管评估结果为E级的银行保险机构，不得开展授信类、资金运用类、以资金为基础的关联交易。经银保监会或其派出机构认可的除外。

第三十四条　银行保险机构违反本办法规定的，银保监会或其派出机构予以责令改正，包括以下措施：

（一）责令禁止与特定关联方开展交易；

（二）要求对特定的交易出具审计报告；

（三）根据银行保险机构关联交易风险状况，要求银行保险机构缩减对单个或全部关联方交易金额的比例要求，直至停止关联交易；

（四）责令更换会计师事务所、专业评估机构、律师事务所等服务机构；

（五）银保监会或其派出机构可依法采取的其他措施。

第三十五条　银行保险机构董事、监事、高级管理人员或其他有关从业人员违反本办法规定的，银保监会或其派出机构可以对相关责任人员采取以下措施：

（一）责令改正；

（二）记入履职记录并进行行业通报；

（三）责令银行保险机构予以问责；

（四）银保监会或其派出机构可依法采取的其他措施。

银行保险机构的关联方违反本办法规定的，银保监会或其派出机构可以采取公开谴责等措施。

第三十六条　持有银行保险机构5%以上股权的股东质押股权数量超过其持有该银行保险机构股权总量50%的，银保监会或其派出机构可以限制其与银行保险机构开展关联交易。

第四章　关联交易的内部管理

第三十七条　银行保险机构应当制定关联交易管理制度。

关联交易管理制度包括关联交易的管理架构和相应职责分工，关联方的识别、报告、信息收集与管理，关联交易的定价、审查、回避、报告、披露、审计和责任追究等内容。

第三十八条　银行保险机构应对其控股子公司与银行保险机构关联方发生的关联交易事项进行管理，明确管理机制，加强风险管控。

第三十九条　银行保险机构董事会应当设立关联交易控制委员会，负责关联交易管理、审查和风险控制。银保监会对设立董事会下设专业委员会另有规定的，从其规定。

董事会对关联交易管理承担最终责任，关联交易控制委员会、涉及业务部门、风险审批及合规审查的部门负责人对关联交易的合规性承担相应责任。

关联交易控制委员会由三名以上董事组成，由独立董事担任负责人。关联交易控制委员会应重点关注关联交易的合规性、公允性和必要性。

银行保险机构应当在管理层面设立跨部门的关联交易管理办公室，成员应当包括合规、业务、风控、财务等相关部门人员，并明确牵头部门、设置专岗，负责关联方识别维护、关联交易管理等日常事务。

第四十条　银行保险机构应当建立关联方信息档案，确定重要分行、分公司标准或名单，明确具有大额授信、资产转移、保险资金运用等核心业务审批或决策权的人员范围。

银行保险机构应当通过关联交易监管相关信息系统及时向银保监会或其派出机构报送关联方、重大关联交易、季度关联交易情况等信息，保证数据的真实性、准确性，不得瞒报、漏报。

银行保险机构应当提高关联方和关联交易管理的信息化和智能化水平，强化大数据管理能力。

第四十一条　银行保险机构董事、监事、高级管理人员及具有大额授信、资产转移、保险资金运用等核心业务审批或决策权的人员，应当自任职之日起15个工作日内，按本办法有关规定向银行保险机构报告其关联方情况。

持有银行保险机构5%以上股权，或持股不足5%但是对银行保险机构经营管理有重大影响的自然人、法人或非法人组织，应当在持股达到5%之日或能够施加重大影响之日起15个工作日内，按本办法有关规定向银行保险机构报告其关联方情况。

前款报告事项如发生变动，应当在变动后的15个工作日内向银行保险机构报告并更新关联方情况。

第四十二条　银行保险机构关联方不得通过隐瞒关联关系等不当手段规避关联交易的内部审查、外部监管以及报告披露义务。

第四十三条　银行保险机构应当主动穿透识别关联交易，动态监测交易资金来源和流向，及时掌握基础资产状况，动态评估对风险暴露和资本占用的影响程度，建立有效的关联交易风险控制机制，及时调整经营行为以符合本办法的有关规定。

第四十四条　关联交易应当订立书面协议，按照商业原则，以不优于对非关联方同类交易的条件进行。必要时关联交易控制委员会可以聘请财务顾问等独立第三方出具报告，作为判断的依据。

第四十五条　银行保险机构应当完善关联交易内控机制，优化关联交易管理流程，关键环节的审查意见以及关联交易控制委员会等会议决议、记录应当清晰可查。

一般关联交易按照公司内部管理制度和授权程序审查，报关联交易控制委员会备案。重大关联交易经由关联交易控制委员会审查后，提交董事会批准。董事会会议所作决议须经非关联董事2/3以上通过。出席董事会会议的非关联董事人数不足三人的，应当提交股东（大）会审议。

第四十六条　银行保险机构关联交易控制委员会、董事会及股东（大）会对关联交易进行表决或决策时，与该关联交易有利害关系的人员应当回避。

如银行保险机构未设立股东（大）会，或者因回避原则而无法召开股东（大）会的，仍由董事会审议且不适用本条第一款关于回避的规定，但关联董事应出具不存在利益输送的声明。

第四十七条　银行保险机构与同一关联方之间长期持续发生的，需要反复签订交易协议的提供服务类、保险业务类及其他经银保监会认可的关联交易，可以签订统一交易协议，协议期限一般不超过三年。

第四十八条　统一交易协议的签订、续签、实质性变更，应按照重大关联交易进行内部审查、报告和信息披露。统一交易协议下发生的关联交易无需逐笔进行审查、报告和披露，但应当在季度报告中说明执行情况。统一交易协议应当明确或预估关联交易金额。

第四十九条　独立董事应当逐笔对重大关联交易的公允性、合规性以及内部审批程序履行情况发表书面意见。独立董事认为有必要的，可以聘请中介机构等独立第三方提供意见，费用由银行保险机构承担。

第五十条　对于未按照规定报告关联方、违规开展关联交易等情形，银行保险机构应当按照内部问责制度对相关人员进行问责，并将问责情况报关联交易控制委员会。

第五十一条　银行保险机构应当每年至少对关联交易进行一次专项审计，并将审计结果报董事会和监事会。

银行保险机构不得聘用关联方控制的会计师事务所、专业评估机构、律师事务所为其提供审计、评估等服务。

第五章　关联交易的报告和披露

第五十二条　银行保险机构及其关联方应当按照本办法有关规定，真实、准确、完整、及时地报告、披露关联交易信息，不得存在任何虚假记载、误导性陈述或重大遗漏。

第五十三条 银行保险机构应当在签订以下交易协议后15个工作日内逐笔向银保监会或其派出机构报告：

（一）重大关联交易；

（二）统一交易协议的签订、续签或实质性变更；

（三）银保监会要求报告的其他交易。

信托公司关联交易逐笔报告另有规定的，从其规定。

第五十四条 银行保险机构应当按照本办法有关规定统计季度全部关联交易金额及比例，并于每季度结束后30日内通过关联交易监管相关信息系统向银保监会或其派出机构报送关联交易有关情况。

第五十五条 银行保险机构董事会应当每年向股东（大）会就关联交易整体情况做出专项报告，并向银保监会或其派出机构报送。

第五十六条 银行保险机构应当在公司网站中披露关联交易信息，在公司年报中披露当年关联交易的总体情况。按照本办法第五十三条规定需逐笔报告的关联交易应当在签订交易协议后15个工作日内逐笔披露，一般关联交易应在每季度结束后30日内按交易类型合并披露。

逐笔披露内容包括：

（一）关联交易概述及交易标的情况。

（二）交易对手情况。包括关联自然人基本情况，关联法人或非法人组织的名称、经济性质或类型、主营业务或经营范围、法定代表人、注册地、注册资本及其变化，与银行保险机构存在的关联关系。

（三）定价政策。

（四）关联交易金额及相应比例。

（五）股东（大）会、董事会决议，关联交易控制委员会的意见或决议情况。

（六）独立董事发表意见情况。

（七）银保监会认为需要披露的其他事项。

合并披露内容应当包括关联交易类型、交易金额及相应监管比例执行情况。

第五十七条 银行保险机构进行的下列关联交易，可以免予按关联交易的方式进行审议和披露：

（一）与关联自然人单笔交易额在50万元以下或与关联法人单笔交易额在500万元以下的关联交易，且交易后累计未达到重大关联交易标准的；

（二）一方以现金认购另一方公开发行的股票、公司债券或企业债券、可转换债券或其他衍生品种；

（三）活期存款业务；

（四）同一自然人同时担任银行保险机构和其他法人的独立董事且不存在其他构成关联方情形的，该法人与银行保险机构进行的交易；

（五）交易的定价为国家规定的；

（六）银保监会认可的其他情形。

第五十八条 银行保险机构关联交易信息涉及国家秘密、商业秘密或者银保监会认可的其他情形，银行保险机构可以向银保监会申请豁免按照本办法披露或履行相关义务。

第六章　关联交易的监督管理

第五十九条 银行机构、信托公司、其他非银行金融机构的股东或其控股股东、实际控制人，通过向机构施加影响，迫使机构从事下列行为的，银保监会或其派出机构应当责令限期改正；逾期未改正的，可以限制该股东的权利；对情节严重的控股股东，可以责令其转让股权。

（一）违反本办法第二十七条规定进行关联交易的；

（二）未按本办法第四十四条规定的商业原则进行关联交易的；

（三）未按本办法第四十五条规定审查关联交易的；

（四）违反本办法规定为关联方融资行为提供担保的；

（五）接受本公司的股权作为质押提供授信的；

（六）聘用关联方控制的会计师事务所等为其提供服务的；

（七）对关联方授信余额或融资余额等超过本办法规定比例的；

（八）未按照本办法规定披露信息的。

第六十条 银行机构、信托公司、其他非银行金融机构董事、高级管理人员有下列情形之一的，银保监会或其派出机构可以责令其限期改正；逾期未改正或者情节严重的，银保监会或其派出机构可以责令机构调整董事、高级管理人员或者限制其权利。

（一）未按本办法第四十一条规定报告的；

（二）做出虚假或有重大遗漏报告的；

（三）未按本办法第四十六条规定回避的；

（四）独立董事未按本办法第四十九条规定发表书面意见的。

第六十一条 银行机构、信托公司、其他非银行金融机构有下列情形之一的，银保监会或其派出机构可依照法律法规采取相关监管措施或进行处罚：

（一）违反本办法第二十七条规定进行关联交易的；

（二）未按本办法第四十四条规定的商业原则进行关联交易的；

（三）未按本办法第四十五条规定审查关联交易的；

（四）违反本办法规定为关联方融资行为提供担保的；

（五）接受本行的股权作为质押提供授信的；

（六）聘用关联方控制的会计师事务所等为其提供服务的；

（七）对关联方授信余额或融资余额等超过本办法规定比例的；

（八）未按照本办法规定披露信息的；

（九）未按要求执行本办法第五十九条和第六十条规定的监督管理措施的；

（十）其他违反本办法规定的情形。

第六十二条 银行机构、信托公司、其他非银行金融机构未按照本办法规定向银保监会或其派出机构报告重大关联交易或报送关联交易情况报告的，银保监会或其派出机构可依照法律法规采取相关监管措施或进行处罚。

第六十三条 银行机构、信托公司、其他非银行金融机构有本办法第六十一条所列情形之一的，银保监会或其派出机构可以区别不同情形，依据《中华人民共和国银行业监督管理法》等法律法规对董事、高级管理人员和其他直接责任人员采取相应处罚措施。

第六十四条 保险机构及其股东、控股股东，保险机构的董事、监事或高级管理人员违反本办法相关规定的，银保监会或其派出机构可依照法律法规采取相关监管措施或进行处罚。涉嫌犯罪的，依法移送司法机关追究刑事责任。

第七章 附 则

第六十五条 本办法中下列用语的含义：

本办法所称"以上"含本数，"以下"不含本数。年度为会计年度。

控制，包括直接控制、间接控制，是指有权决定一个企业的财务和经营决策，并能据以从该企业的经营活动中获取利益。

持有，包括直接持有与间接持有。

重大影响，是指对法人或组织的财务和经营政策有参与决策的权力，但不能够控制或者与其他方共同控制这些政策的制定。包括但不限于派驻董事、监事或高级管理人员，通过协议或其他方式影响法人或组织的财务和经营管理决策，以及银保监会或其派出机构认定的其他情形。

共同控制，指按照合同约定对某项经济活动所共有的控制，仅在与该项经济活动相关的重要财务和经营决策需要分享控制权的投资方一致同意时存在。

控股股东，是指持股比例达到50%以上的股东；或持股比例虽不足50%，但依享有的表决权已足以对股东（大）会的决议产生控制性影响的股东。

控股子公司，是指对该子公司的持股比例达到50%以上；或者持股比例虽不足50%，但通过表决权、协议等安排能够对其施加控制性影响。控股子公司包括直接、间接或共同控制的子公司或非法人组织。

实际控制人，是指虽不是公司的股东，但通过投资关系、协议或者其他安排，能够实际支配公司行为的自然人或其他最终控制人。

集团客户，是指存在控制关系的一组企事业法人客户或同业单一客户。

一致行动人，是指通过协议、合作或其他途径，在行使表决权或参与其他经济活动时采取相同意思表示的自然人、法人或非法人组织。

最终受益人，是指实际享有银行保险机构股权收益、金融产品收益的人。

其他关系密切的家庭成员，是指除配偶、父母、成年子女及兄弟姐妹以外的包括配偶的父母、子女的配偶、兄弟姐妹的配偶、配偶的兄弟姐妹以及其他可能产生利益转移的家庭成员。

内部工作人员，是指与银行保险机构签订劳

动合同的人员。

关联关系，是指银行保险机构控股股东、实际控制人、董事、监事、高级管理人员等与其直接或者间接控制的企业之间的关系，以及可能导致利益转移的其他关系。

关联董事、关联股东，是指交易的一方，或者在审议关联交易时可能影响该交易公允性的董事、股东。

书面协议的书面形式包括合同书、信件和数据电文（包括电报、电传、传真、电子数据交换和电子邮件）等法律认可的有形的表现所载内容的形式。

本办法所称关联法人或非法人组织不包括国家行政机关、政府部门，中央汇金投资有限责任公司，全国社保基金理事会，梧桐树投资平台有限责任公司，存款保险基金管理有限责任公司，以及经银保监会批准豁免认定的关联方。上述机构派出同一自然人同时担任两家以上银行保险机构董事或监事，且不存在其他关联关系的，所任职机构之间不构成关联方。

国家控股的企业之间不仅因为同受国家控股而构成关联方。

第六十六条 银保监会批准设立的外国银行分行、其他金融机构参照适用本办法，法律、行政法规及银保监会另有规定的从其规定。

自保公司的自保业务、企业集团财务公司的成员单位业务不适用本办法。

银行保险机构为上市公司的，应同时遵守上市公司有关规定。

第六十七条 本办法由银保监会负责解释。

第六十八条 本办法自 2022 年 3 月 1 日起施行。《商业银行与内部人和股东关联交易管理办法》（中国银行业监督管理委员会令 2004 年第 3 号）、《保险公司关联交易管理办法》（银保监发〔2019〕35 号）同时废止。本办法施行前，银保监会有关银行保险机构关联交易管理的规定与本办法不一致的，按照本办法执行。

（三）保险监管

保险公司非现场监管暂行办法

· 2022 年 1 月 18 日中国银行保险监督管理委员会令第 3 号公布
· 自 2022 年 3 月 1 日起施行

第一章 总 则

第一条 为建立健全保险公司非现场监管体系，明确非现场监管职责分工，规范非现场监管工作流程，提高非现场监管工作效率，依据《中华人民共和国保险法》《保险公司管理规定》等有关法律法规，制定本办法。

第二条 保险公司非现场监管是指监管机构通过收集保险公司和保险行业的公司治理、偿付能力、经营管理以及业务、财务数据等各类信息，持续监测分析保险公司业务运营、提供风险保障和服务实体经济情况，对保险公司和保险行业的整体风险状况进行评估，并采取针对性监管措施的持续性监管过程。

非现场监管是保险监管的重要手段，监管机构要充分发挥其在提升监管效能方面的核心作用。

第三条 本办法所称监管机构是指银保监会及其派出机构。

本办法所称保险公司包括保险公司法人机构及其分支机构。其中保险公司法人机构是指经国务院保险监督管理机构批准设立，并依法登记注册的商业保险公司。保险公司分支机构是指保险公司法人机构依法设立的省级（含直辖市、计划单列市）分公司和地市级中心支公司，不包括支公司、营业部、营销服务部和各类专属机构。

第四条 监管机构对保险公司开展非现场监管，应遵循以下原则：

（一）全面风险监管原则。开展非现场监管应以风险为核心，全面识别、监测和评估保险公司的风险状况，及时进行风险预警，并采取相应的监管措施，推动保险公司持续健康发展。

（二）协调监管原则。机构监管部门和其他相关监管部门应当建立非现场监管联动工作机制，加强信息共享和工作协调，充分整合监管力量。

（三）分类监管原则。开展非现场监管应根据保险公司的业务类型、经营模式、风险状况、系统重要性程度等因素，合理配置监管资源，分类施策，及时审慎采取监管措施。

（四）监管标准统一原则。开展非现场监管应设定统一的非现场监管目标，建立统一的工作流程和工作标准，指导监管人员有序高效地履行非现场监管职责。

第二章 职责分工和工作要求

第五条 机构监管部门负责研究制定非现场监管的制度规定、工作流程和工作标准；对直接监管的保险公司法人机构和保险行业的系统性风险开展非现场监管，并指导派出机构开展非现场监管。

第六条 其他相关监管部门要加强与机构监管部门的协调配合，为构建完善非现场监管制度体系，开展非现场监管提供数据资料、政策解读等相关支持。

第七条 派出机构负责对属地保险公司法人机构、辖内保险公司分支机构以及保险行业的区域性风险开展非现场监管。

第八条 机构监管部门和其他相关监管部门与派出机构之间应当建立非现场监管联动工作机制，加强横向和纵向的监管联动，积极推动实现监管信息的有效共享。

第九条 非现场监管应当与行政审批、现场检查等监管手段形成有效衔接，与公司治理、偿付能力、资金运用和消费者权益保护等重点监管领域实现合作互补，共同构建高效、稳健的保险监管体系，为监管政策的制定实施提供有力支持。

第十条 非现场监管的工作流程分为信息收集和整理、日常监测和监管评估、评估结果运用、信息归档等四个阶段。

第十一条 监管机构应当根据监管人员配置情况和履职回避要求，明确专人负责单家保险公司的非现场监管工作，确保非现场监管分工到位、职责到人，定期对非现场监管人员进行培训、轮岗。

第三章 信息收集和整理

第十二条 监管机构应根据非现场监管的需要，从监管机构、保险公司、行业组织、行业信息基础设施等方面收集反映保险公司经营管理情况和风险状况的各类信息。

第十三条 监管机构应充分利用各类保险监管信息系统采集的报表和报告，整理形成可用于非现场监管的信息。

监管机构应定期收集日常监管工作中形成的现场检查、行政处罚、调研、信访举报投诉、行政审批、涉刑案件等方面信息，整理后用于非现场监管。

第十四条 监管机构应充分利用保险公司已报送的各类信息；对于非现场监管需要保险公司补充报送的信息，可以通过致函询问、约见访谈、走访等方式从保险公司补充收集。

监管机构认为必要时可要求保险公司提供经会计师事务所、律师事务所、税务师事务所、精算咨询机构、信用评级机构和资产评估机构等中介服务机构审计或鉴证的相关资料。

第十五条 监管机构应加强与保险业协会、保险学会、保险资管业协会等行业组织，以及保险保障基金公司、银保信公司、中保投资公司和上海保交所等行业机构的沟通协作，充分利用其工作成果，整理形成可用于非现场监管的信息。

监管机构应充分利用保单登记平台等行业信息基础设施，为非现场监管提供大数据分析支持。

第十六条 监管机构应当不断完善非现场监管信息收集和整理流程，加强各保险监管信息系统整合，提高信息收集、整理和分析效率。

第十七条 监管机构应督促保险公司贯彻落实监管要求，切实加强信息报送管理，确保报送信息的真实、准确、及时和完整；对于未按照非现场监管工作要求报送信息的，可视情节严重程度，依法对保险公司及责任人实施行政处罚。

第四章 日常监测和监管评估

第十八条 监管机构应当根据保险公司的业务类型、经营模式识别各业务领域和经营环节的风险点，编制建立风险监测指标体系，用于对保险公司经营发展情况进行日常动态监测和风险预警。

第十九条 监管机构应坚持定性分析与定量分析相结合的方法，通过综合分析收集的各类信息，结合风险监测指标预警情况，对保险公司的潜在风险进行有效识别，并确定特定业务领域、经营环节以及整体风险的非现场监管评估结果。

第二十条 监管机构原则上每年至少对保险公司法人机构和分支机构的整体风险状况进行一次非现场监管评估。

监管机构应综合考虑监管资源的配置情况、保险行业发展情况、保险公司经营特点和系统重要性程度等因素,确定合适的风险监测频次,对特定业务领域和经营环节进行专项非现场监管评估。

第二十一条 监管机构开展非现场监管评估,其内容包括但不限于:

(一)保险公司基本情况、评估期内业务发展情况及重大事项;

(二)本次非现场监管评估发现的主要问题、风险和评估结果,以及变化趋势;

(三)关于监管措施和监管意见的建议;

(四)非现场监管人员认为应当提示或讨论的问题和事项;

(五)针对上次非现场监管评估发现的问题和风险,公司贯彻落实监管要求、实施整改和处置风险的情况。

第二十二条 监管机构应在单体保险公司非现场监管的基础上,关注宏观经济和金融体系对保险行业的影响,以及保险行业内部同质风险的产生和传递,开展系统性区域性非现场监管。

第二十三条 机构监管部门应建立非现场监管评估结果的共享机制。机构监管部门和派出机构应根据各自的监管职责,及时在监管机构内部通报非现场监管评估结果、拟采取的监管措施等信息。

第二十四条 机构监管部门根据保险公司的业务范围和机构层级,制定适用于财产保险公司、人身保险公司和再保险公司的风险监测和非现场监管评估指引,明确风险监测指标的定义和非现场监管评估的方法,并根据保险行业和金融市场的变化发展等情况及时进行修订。

第五章 评估结果运用

第二十五条 监管机构应依据有关法律法规,针对风险监测和非现场监管评估发现的问题和风险,及时采取相应的监管措施;并根据风险监管的需要,要求保险公司开展压力测试、制定应急处置预案,指导和督促保险公司及其股东有效防范化解风险隐患。

第二十六条 监管机构发现保险公司违反法律法规或有关监管规定的,应当责令限期改正,并依法采取监管措施和实施行政处罚。

第二十七条 监管机构可以通过监管谈话、监管通报,以及下发风险提示函、监管意见书等形式向保险公司反馈非现场监管评估结果,并提出监管要求。

监管机构可以视情况选择非现场监管评估结果和监管要求的部分或全部内容向社会公布,发挥公众和舆论的监督约束作用,推动保险公司及时认真整改。

第二十八条 监管机构根据非现场监管评估结果,对需要开展现场检查的重点机构、重点业务、重点风险领域和主要风险点向现场检查部门提出立项建议;在项目立项后提供非现场监管的相关数据资料,及时跟踪检查进展和结果,并与非现场监管评估结果进行比对。

第二十九条 监管机构在开展市场准入、产品审批等行政审批工作时,应将非现场监管评估结果作为重要考虑因素。

第三十条 监管机构在开展非现场监管过程中,分析认为监管法规、监管政策等方面存在需要关注的事项的,应当及时在监管机构内部通报相关情况。

第六章 信息归档

第三十一条 监管机构应将非现场监管过程中收集的信息资料、形成的工作材料以及风险监测和非现场监管评估报告等及时归档管理。

第三十二条 监管机构应加强非现场监管的信息档案管理,明确档案保管、查询和保密的相关权限。

第三十三条 从事非现场监管的工作人员对非现场监管信息负有保密义务,未经必要决策程序,不得擅自对外披露。非现场监管信息主要包括:

(一)保险公司根据非现场监管要求报送的数据和信息资料;

(二)开展非现场监管所使用的各类监管工作信息;

(三)开展非现场监管形成的风险监测指标数值、监管评估结果和相关报告等;

(四)其他不宜对外披露的信息。

第七章　附　则

第三十四条　监管机构应开展非现场监管后评价，对非现场监管组织开展情况和监管效果进行客观评价，发现问题，分析原因，不断完善非现场监管制度规定和工作流程。监管后评价的具体规则另行制定。

第三十五条　财产保险公司、人身保险公司和再保险公司的风险监测和非现场监管评估指引由相应的机构监管部门另行制定下发。

第三十六条　本办法所称机构监管部门是指银保监会负责各类保险公司监管工作的内设部门。其他相关监管部门是指银保监会负责保险公司现场检查、偿付能力监管、公司治理监管、保险资金运用监管、消费者权益保护、重大风险事件与案件处置、法规、统计信息与风险监测等的内设部门。

第三十七条　相互保险组织、政策性保险公司、保险集团(控股)公司和保险资产管理公司的非现场监管参照适用本办法。

第三十八条　本办法由银保监会负责解释和修订。

第三十九条　本办法自 2022 年 3 月 1 日起施行。

保险资产负债管理监管暂行办法

- 2019 年 7 月 24 日
- 银保监发〔2019〕32 号

第一章　总　则

第一条　为进一步防范保险业资产负债错配风险，提升保险公司资产负债管理能力，加强资产负债管理监管硬约束，根据《中华人民共和国保险法》及有关规定，制定本办法。

第二条　本办法所称保险公司是指于中国境内依法设立的人身保险公司和财产保险公司(以下简称"保险公司")。

第三条　本办法所称保险资产负债管理，是指保险公司在风险偏好和其他约束条件下，持续对资产和负债相关策略进行制订、执行、监控和完善的过程。

第四条　中国银行保险监督管理委员会(以下简称"中国银保监会")依法建立保险公司资产负债管理监管配套制度，包括资产负债管理能力评估规则和资产负债管理量化评估规则等。

第五条　中国银保监会建立资产负债管理监管定期分析机制，加强监管协同，审定资产负债管理评估结果，制定实施差别化的监管政策和措施。

第六条　中国银保监会及其派出机构依法对保险公司资产负债管理能力和资产负债匹配状况进行评估和监督检查。

第七条　中国银保监会派出机构履行以下资产负债管理监管职责：

(一) 参与保险公司资产负债管理能力的监管评估；

(二) 参与对保险公司资产负债管理数据真实性、合规性和完整性等情况的非现场核查和现场检查；

(三) 中国银保监会授予的其他资产负债管理监管职责。

第二章　保险公司资产负债管理

第八条　保险公司应当承担资产负债管理的主体责任，建立健全资产负债管理体系，持续提升资产负债管理水平。部分资产负债管理职责可以由保险集团履行，资产配置、账户管理等相关职能可以委托给保险资产管理公司等第三方机构。保险公司应当及时监测资产负债匹配状况，防范资产负债错配风险。

第九条　保险公司应当建立资产负债管理数据管理制度和机制，确保各项资产负债管理数据真实、准确、完整。

第十条　保险公司应当根据保险业务和资金特点，划分"普通账户"和"独立账户"，实行分账户的资产负债管理和资产配置管理。

普通账户，是指由保险公司部分或全部承担投资风险的资金账户。保险公司资本金参照普通账户管理。

独立账户，是指独立于普通账户，由投保人或受益人直接享有全部投资收益并承担全部投资风险的资金账户。

第十一条　保险公司应当建立健全资产负债管理组织体系，在董事会下设立资产负债管理委员会(或具有相应职能的委员会)，在高级管理层下设立资产负债管理执行委员会,明确董事会、资产负债管理委员会(或具有相应职能的委员会)和资产负债管理执行委员会的职责,成立或指定资产负债管理工作的牵头部门,作为资产负债管理执行委员会秘书处。

总资产低于一千亿元的财产保险公司可以不设立资产负债管理委员会,由资产负债管理执行委员会履行相应职责并承担相应责任。

第十二条 保险公司董事会对资产负债管理承担最终责任,应当履行以下职责:

(一)审定资产负债管理的总体目标和战略;

(二)审定或授权审定资产负债管理和资产配置的相关制度;

(三)审定资产配置政策,包括资产战略配置规划和年度资产配置计划,审定或授权审定资产配置政策的调整方案;

(四)其他相关职责。

未设置董事会的外国保险公司分公司,由高级管理层履行董事会的相应职责并承担责任。

第十三条 保险公司资产负债管理委员会(或具有相应职能的委员会)应当审议或根据授权审定资产负债管理和资产配置的相关制度,审议资产配置政策,审议或根据授权审定资产配置政策的调整方案,评估相关经营活动对资产负债匹配状况的影响。

第十四条 保险公司资产负债管理执行委员会应当履行以下职责:

(一)负责资产负债管理的日常管理工作,建立相关职能部门之间的沟通协商机制,定期评估沟通协商机制的执行情况;

(二)审议或根据授权审定资产负债管理和资产配置的相关制度;

(三)审议资产配置政策及相关调整方案;

(四)组织实施董事会审定的资产配置政策;

(五)控制和管理资产负债管理和资产配置的相关风险;

(六)其他相关职责。

第十五条 保险公司资产负债管理执行委员会秘书处应当组织协调相关职能部门开展资产负债管理的日常工作,为资产负债管理执行委员会提供决策支持。

第十六条 保险公司应当制定资产负债管理和资产配置管理的内部控制流程,建立资产端与负债端的沟通协商机制,明确相关职能部门的管理责任。

第十七条 保险公司应当根据自身的业务性质、规模和复杂程度,建立资产负债管理和资产配置所需的模型,选择适当的管理工具。

第十八条 保险公司应当加强压力测试在资产负债管理决策中的应用,评估分析潜在风险因素对资产负债匹配状况的影响,并采取相应的预防措施。

第十九条 保险公司应当加强期限结构匹配管理。期限结构匹配是指保险公司能够维持资产端现金流和负债端现金流在期限结构上的相对匹配,控制和管理期限错配带来的不利影响,实现公司长期价值目标。

第二十条 保险公司应当加强成本收益匹配管理。成本收益匹配是指保险公司持有资产的收益能够覆盖负债成本,具备一定的持续盈利能力,防范利差损风险。

第二十一条 保险公司应当加强现金流匹配管理。现金流匹配是指保险公司在中短期内能够获得充足资金以支付到期债务或履行其他支付义务,维持公司流动性充足,防范流动性风险。

第二十二条 保险公司应当建立资产负债管理绩效评估体系,明确资产负债管理考核评价方法和标准,对高级管理人员及相关部门的绩效考核中应体现资产负债管理的要求。

第二十三条 保险公司应当制定和实施有效的资产负债管理监控和报告程序,定期编制和审议资产负债管理报告,并按照规定向监管部门报送资产负债管理报告。

第三章 监管评估

第二十四条 中国银保监会对保险资产负债管理的监管评估,采取现场评估与非现场评估相结合的方式。

第二十五条 中国银保监会自行或授权派出机构定期对保险公司资产负债管理能力进行监管评估,必要时可以委托独立第三方机构进行评估。

第二十六条 中国银保监会根据需要,可以采用材料调阅、现场查验、问卷调查、质询谈话、穿行测试等方式,对保险公司资产负债管理能力进行评估。保险公司部分资产负债管理职能由保险集团履行,或将资产配置、账户管理等相关职能委托给保险资产管理公司等第三方的,可延伸评估。

第二十七条　中国银保监会根据资产负债管理能力评估规则对保险公司资产负债管理能力进行评分。能力评估采用百分制,包括基础与环境、控制与流程、模型与工具、绩效考核和管理报告。

第二十八条　中国银保监会根据资产负债管理量化评估规则对保险公司资产负债匹配状况进行评分。量化评估采用百分制,包括期限结构匹配、成本收益匹配和现金流匹配。

第四章　监管措施

第二十九条　中国银保监会依据资产负债管理能力评估和量化评估评分,对保险公司实施差别化监管。

第三十条　对于资产负债管理能力高和匹配状况好的保险公司,根据市场需求和公司实际经营情况,适当给予资金运用范围、模式、比例以及保险产品等方面的政策支持,鼓励经营审慎稳健的保险公司先行先试。

第三十一条　对于资产负债管理能力较低或匹配状况较差的保险公司,综合考虑公司发展阶段、负债特征、资产结构和存在的风险,可采取以下一项或多项针对性的监管措施,包括但不限于：

(一)风险提示；

(二)监管谈话；

(三)下发监管函；

(四)监管通报；

(五)进行专项现场检查或现场调查；

(六)要求进行专项压力测试；

(七)要求限期整改存在的问题,提交和实施预防资产负债匹配状况恶化或完善资产负债管理的计划。

第三十二条　对于资产负债管理能力低或匹配状况差的保险公司,除本办法第三十一条规定的监管措施外,可依据法律法规采取进一步的监管措施。

第三十三条　中国银保监会将资产负债管理能力评估结果作为评估保险公司股权投资能力、不动产投资能力和衍生品运用能力的审慎性条件。

第三十四条　保险公司未按规定报送资产负债管理报告的,由中国银保监会责令限期改正；逾期不改正的,依据有关法律法规予以处罚。

第五章　附　则

第三十五条　外国保险公司在华分公司适用本办法。保险集团、再保险公司和不经营保险业务的养老保险公司的监管办法由中国银保监会另行制定。

第三十六条　本办法由中国银保监会负责解释和修订。

第三十七条　本办法自发布之日起施行。原有的有关政策和规定与本办法不一致的,以本办法为准。

保险公司信息披露管理办法

· 2018年4月28日中国银行保险监督管理委员会令2018年第2号公布
· 自2018年7月1日起施行

第一章　总　则

第一条　为了规范保险公司的信息披露行为,保障投保人、被保险人、受益人以及相关当事人的合法权益,促进保险业健康发展,根据《中华人民共和国保险法》等法律、行政法规,制定本办法。

第二条　本办法所称保险公司,是指经中国银行保险监督管理委员会批准设立,并依法登记注册的商业保险公司。

本办法所称信息披露,是指保险公司向社会公众公开其经营管理相关信息的行为。

第三条　保险公司信息披露应当遵循真实、准确、完整、及时、有效的原则,不得有虚假记载、误导性陈述和重大遗漏。

保险公司信息披露应当尽可能使用通俗易懂的语言。

第四条　保险公司应当按照法律、行政法规和中国银行保险监督管理委员会的规定进行信息披露。

保险公司可以在法律、行政法规和中国银行保险监督管理委员会规定的基础上披露更多信息。

第五条　保险公司按照本办法拟披露的信息属于国家秘密、商业秘密,以及存在其他因披露将导致违反国家有关保密的法律、行政法规等情形的,可以豁免披露相关内容。

第六条 中国银行保险监督管理委员会根据法律、行政法规和国务院授权,对保险公司的信息披露行为进行监督管理。

第二章 信息披露的内容

第七条 保险公司应当披露下列信息:

(一)基本信息;

(二)财务会计信息;

(三)保险责任准备金信息;

(四)风险管理状况信息;

(五)保险产品经营信息;

(六)偿付能力信息;

(七)重大关联交易信息;

(八)重大事项信息;

(九)中国银行保险监督管理委员会规定的其他信息。

第八条 保险公司披露的基本信息应当包括公司概况、公司治理概要和产品基本信息。

第九条 保险公司披露的公司概况应当包括下列内容:

(一)公司名称;

(二)注册资本;

(三)公司住所和营业场所;

(四)成立时间;

(五)经营范围和经营区域;

(六)法定代表人;

(七)客服电话、投诉渠道和投诉处理程序;

(八)各分支机构营业场所和联系电话。

第十条 保险公司披露的公司治理概要应当包括下列内容:

(一)实际控制人及其控制本公司情况的简要说明;

(二)持股比例在5%以上的股东及其持股情况;

(三)近3年股东大会(股东会)主要决议,至少包括会议召开的时间、地点、出席情况、主要议题以及表决情况等;

(四)董事和监事简历;

(五)高级管理人员简历、职责及其履职情况;

(六)公司部门设置情况。

第十一条 保险公司披露的产品基本信息应当包括下列内容:

(一)审批或者备案的保险产品目录、条款;

(二)人身保险新型产品说明书;

(三)中国银行保险监督管理委员会规定的其他产品基本信息。

第十二条 保险公司披露的上一年度财务会计信息应当与经审计的年度财务会计报告保持一致,并包括下列内容:

(一)财务报表,包括资产负债表、利润表、现金流量表、所有者权益变动表和附注;

财务报表附注,包括财务报表的编制基础,重要会计政策和会计估计的说明,重要会计政策和会计估计变更的说明,或有事项、资产负债表日后事项和表外业务的说明,对公司财务状况有重大影响的再保险安排说明,企业合并、分立的说明,以及财务报表中重要项目的明细。

(二)审计报告的主要审计意见,审计意见中存在带强调事项段的无保留意见、保留意见、否定意见或者无法表示意见的,保险公司还应当就此作出说明。

实际经营期未超过3个月的保险公司年度财务会计报告可以不经审计。

第十三条 保险公司披露的上一年度保险责任准备金信息包括准备金评估方面的定性信息和定量信息。

保险公司应当按照准备金的类别提供以下说明:未来现金流假设、主要精算假设方法及其结果等。

保险公司应当按照准备金的类别列示准备金评估结果以及与前一年度评估结果的对比分析。

保险公司披露的保险责任准备金信息应当与财务会计报告相关信息保持一致。

第十四条 保险公司披露的风险管理状况信息应当与经董事会审议的年度风险评估报告保持一致,并包括下列内容:

(一)风险评估,包括保险风险、市场风险和信用风险等风险的敞口及其简要说明,以及操作风险、战略风险、声誉风险、流动性风险等的简要说明;

(二)风险控制,包括风险管理组织体系简要介绍、风险管理总体策略及其执行情况。

第十五条 人身保险公司披露的产品经营信息应当包括下列内容:

（一）上一年度原保险保费收入居前5位的保险产品的名称、主要销售渠道、原保险保费收入和退保金；

（二）上一年度保户投资款新增交费居前3位的保险产品的名称、主要销售渠道、保户投资款新增交费和保户投资款本年退保；

（三）上一年度投连险独立账户新增交费居前3位的投连险产品的名称、主要销售渠道、投连险独立账户新增交费和投连险独立账户本年退保。

第十六条　财产保险公司披露的产品经营信息是指上一年度原保险保费收入居前5位的商业保险险种经营情况，包括险种名称、保险金额、原保险保费收入、赔款支出、准备金、承保利润。

第十七条　保险公司披露的上一年度偿付能力信息是指经审计的第四季度偿付能力信息，至少包括核心偿付能力充足率、综合偿付能力充足率、实际资本和最低资本等内容。

第十八条　保险公司披露的重大关联交易信息应当包括下列内容：

（一）交易概述以及交易标的的基本情况；

（二）交易对手情况；

（三）交易的主要内容和定价政策；

（四）独立董事的意见；

（五）中国银行保险监督管理委员会规定的其他事项。

重大关联交易的认定和计算，应当符合中国银行保险监督管理委员会的有关规定。

第十九条　保险公司有下列重大事项之一的，应当披露相关信息并作出简要说明：

（一）控股股东或者实际控制人发生变更；

（二）更换董事长或者总经理；

（三）当年董事会累计变更人数超过董事会成员人数的三分之一；

（四）公司名称、注册资本、公司住所或者营业场所发生变更；

（五）经营范围发生变化；

（六）合并、分立、解散或者申请破产；

（七）撤销省级分公司；

（八）对被投资企业实施控制的重大股权投资；

（九）发生单项投资实际投资损失金额超过公司上季度末净资产总额5%的重大投资损失，如果净资产为负值则按公司注册资本5%计算；

（十）发生单笔赔案或者同一保险事故涉及的所有赔案实际赔付支出金额超过公司上季度末净资产总额5%的重大赔付，如果净资产为负值则按照公司注册资本5%计算；

（十一）发生对公司净资产和实际营运造成重要影响或者判决公司赔偿金额超过5000万元人民币的重大诉讼案件；

（十二）发生对公司净资产和实际营运造成重要影响或者裁决公司赔偿金额超过5000万元人民币的重大仲裁事项；

（十三）保险公司或者其董事长、总经理受到刑事处罚；

（十四）保险公司或者其省级分公司受到中国银行保险监督管理委员会或者其派出机构的行政处罚；

（十五）更换或者提前解聘会计师事务所；

（十六）中国银行保险监督管理委员会规定的其他事项。

第三章　信息披露的方式和时间

第二十条　保险公司应当建立公司网站，按照本办法的规定披露相关信息。

第二十一条　保险公司应当在公司网站披露公司的基本信息。

公司基本信息发生变更的，保险公司应当自变更之日起10个工作日内更新。

第二十二条　保险公司应当制作年度信息披露报告，年度信息披露报告应当至少包括本办法第七条第（二）项至第（六）项规定的内容。

保险公司应当在每年4月30日前在公司网站和中国银行保险监督管理委员会指定的媒介上发布年度信息披露报告。

第二十三条　保险公司发生本办法第七条第（七）项、第（八）项规定事项之一的，应当自事项发生之日起10个工作日内编制临时信息披露报告，并在公司网站上发布。

临时信息披露报告应当按照事项发生的顺序进行编号并且标注披露时间，报告应当包含事项发生的时间、事项的起因、目前的状态和可能产生的影响。

第二十四条　保险公司不能按时进行信息披露的，应当在规定披露的期限届满前向中国银行保险监督管理委员会报告相关情况，并且在公司网站公布不能按时披露的原因以及预计披露时间。

第二十五条 保险公司网站应当保留最近 5 年的公司年度信息披露报告和临时信息披露报告。

第二十六条 保险公司在公司网站和中国银行保险监督管理委员会指定媒介以外披露信息的,其内容不得与公司网站和中国银行保险监督管理委员会指定媒介披露的内容相冲突,且不得早于公司网站和中国银行保险监督管理委员会指定媒介的披露时间。

第四章 信息披露的管理

第二十七条 保险公司应当建立信息披露管理制度并报中国银行保险监督管理委员会。信息披露管理制度应当包括下列内容:

(一)信息披露的内容和基本格式;

(二)信息的审核和发布流程;

(三)信息披露的豁免及其审核流程;

(四)信息披露事务的职责分工、承办部门和评价制度;

(五)责任追究制度。

保险公司修订信息披露管理制度后,应当在修订完成之日起 10 个工作日内向中国银行保险监督管理委员会报告。

第二十八条 保险公司拟披露信息属于豁免披露事项的,应当在豁免披露事项通过公司审核后 10 个工作日内向中国银行保险监督管理委员会报告。

豁免披露的原因已经消除的,保险公司应当在原因消除之日起 10 个工作日内编制临时信息披露报告,披露相关信息、此前豁免披露的原因和公司审核情况等。

第二十九条 保险公司董事会秘书负责管理公司信息披露事务。未设董事会的保险公司,应当指定公司高级管理人员负责管理信息披露事务。

第三十条 保险公司应当将董事会秘书或者指定的高级管理人员、承办信息披露事务的部门的联系方式报中国银行保险监督管理委员会。

上述情况发生变更的,保险公司应当在变更之日起 10 个工作日内向中国银行保险监督管理委员会报告。

第三十一条 保险公司应当在公司网站主页置顶的显著位置设置信息披露专栏,名称为"公开信息披露"。

保险公司所有公开披露的信息都应当在该专栏下分类设置子栏目列示,一级子栏目名称分别为"基本信息""年度信息""重大事项"和"专项信息"等。其中,"专项信息"栏目下设"关联交易""股东股权""偿付能力""互联网保险""资金运用""新型产品""交强险"等二级子栏目。

上市保险公司可以在"投资者关系"栏目下披露本办法要求披露的相关内容。

第三十二条 保险公司应当加强公司网站建设,维护公司网站安全,方便社会公众查阅信息。

第三十三条 保险公司应当使用中文进行信息披露。同时披露外文文本的,中、外文文本内容应当保持一致;两种文本不一致的,以中文文本为准。

第五章 法律责任

第三十四条 保险公司有下列行为之一的,由中国银行保险监督管理委员会依据法律、行政法规进行处罚:

(一)未按照本办法的规定披露信息的;

(二)未按照本办法的规定报送或者保管报告、报表、文件、资料的,或未按照规定提供有关信息、资料的;

(三)编制或者提供虚假的报告、报表、文件、资料的;

(四)拒绝或者妨碍依法监督检查的。

第三十五条 保险公司违反本办法规定的,中国银行保险监督管理委员会除按照本办法第三十四条的规定对该公司给予处罚外,对其直接负责信息披露的主管人员和其他直接责任人员依法律、行政法规进行处罚。

第六章 附 则

第三十六条 中国银行保险监督管理委员会对保险产品经营信息和其他信息的披露另有规定的,从其规定。

第三十七条 下列保险机构参照适用本办法,法律、行政法规和中国银行保险监督管理委员会另有规定的除外:

(一)保险集团(控股)公司;

(二)再保险公司；

(三)保险资产管理公司；

(四)相互保险组织；

(五)外国保险公司分公司；

(六)中国银行保险监督管理委员会规定的其他保险机构。

第三十八条 上市保险公司按照上市公司信息披露要求已经披露本办法规定的相关信息的，可免于重复披露。

保险集团(控股)公司下属的保险公司已经按照本办法规定披露保险责任准备金信息、保险产品经营信息等信息的，保险集团(控股)公司可免于重复披露。

对于上述免于重复披露的内容，上市保险公司或者保险集团(控股)公司应当在公司网站和中国银行保险监督管理委员会指定的媒介上披露链接网址及其简要说明。

第三十九条 本办法由中国银行保险监督管理委员会负责解释。

第四十条 本办法自 2018 年 7 月 1 日起施行。原中国保险监督管理委员会 2010 年 5 月 12 日发布的《保险公司信息披露管理办法》(保监会令 2010 年第 7 号)、2010 年 6 月 2 日发布的《关于实施〈保险公司信息披露管理办法〉有关问题的通知》(保监统信〔2010〕604 号)同时废止。

保险机构洗钱和恐怖融资风险评估及客户分类管理指引

· 2014 年 12 月 30 日
· 保监发〔2014〕110 号

第一章 总 则

第一条 为深入实践风险为本的反洗钱方法，指导保险机构评估洗钱和恐怖融资(以下统称洗钱)风险，合理确定客户洗钱风险等级，提升反洗钱和反恐怖融资(以下统称反洗钱)工作有效性，根据《中华人民共和国反洗钱法》、《金融机构洗钱和恐怖融资风险评估及客户分类管理指引》等规定，制定本指引。

第二条 保险机构洗钱风险是指保险机构提供的产品或服务被用于洗钱进而导致保险机构遭受损失的不确定性。

第三条 保险机构开展洗钱风险管理和客户分类管理工作应当遵循以下原则：

(一)风险为本原则。保险机构应制定洗钱风险控制政策或洗钱风险控制目标，根据控制政策或控制目标，制定相应流程来应对洗钱风险，包括识别风险、开展风险评估、制定相关策略处置或降低已识别的风险。保险机构在洗钱风险较高的领域应采取强化的反洗钱措施，在洗钱风险较低的领域采取简化的反洗钱措施，从而实现反洗钱资源的有效配置。

(二)动态管理原则。保险机构应根据产品或服务、内部操作流程的洗钱风险水平变化和客户风险状况的变化，及时调整风险管理政策和风险控制措施。

(三)保密原则。保险机构不得向客户或其他与反洗钱工作无关的第三方泄露客户风险等级信息。

第四条 本指引适用于人身保险公司和财产保险公司开展洗钱风险评估和客户风险等级划分工作。保险资产管理公司、再保险公司可参照本指引开展相关工作。

本指引所确定的风险评估方法及指标体系同样可用于保险中介机构开展客户尽职调查工作。

第二章 风险评估指标体系及方法

第一节 概 述

第五条 按照风险来源，保险机构洗钱风险可分为内部风险和外部风险。内部风险是指保险机构产品或服务固有的风险，以及业务、财务、人员管理等方面的制度漏洞所形成的操作风险。外部风险是指客户自身属性所形成的风险。保险机构应全面识别和评估风险。

第二节 内部风险评估指标体系

第六条 洗钱内部风险评估重点考察产品风险以及与保险业务直接相关的操作风险，包括产品属性、业务流程、系统控制等要素。保险机构可结合自身情况，合理设定各风险要素的子项。

保险机构还可就本机构反洗钱内控机制的健全性、产品风险识别有效性、合规风险管理架构完整性以及损害自我修复能力做出整体评价。

第七条　产品属性要素主要考察产品本身被用于洗钱的可能性，保险机构应综合考察各子项的影响，考察范围包括但不限于：

（一）与投资的关联程度。保险产品特别是投资性理财产品，与投资的关联程度越高，越容易受到洗钱分子的关注，其相应的洗钱风险越高。

（二）每单平均保费金额。一般来说，保险产品每单平均保费金额越高，洗钱风险相对越大。

（三）现金价值大小。在相同保险期间内，保单现金价值比率越高，其洗钱风险相对越大，如高现金价值产品。

（四）保单质押变现能力。保单质押变现能力越强，其洗钱风险相对越大。

（五）保险责任满足难易程度。理赔或给付条件较难满足，或者退保损失较大的产品，洗钱风险相对较小；反之，被用于洗钱的风险相对较大。

（六）能否任意追加保费。在保险期间内，可任意超额追加保费、资金可在风险保障账户和投资账户间自由调配的产品，洗钱风险相对较大；相反，不可任意追加保费和跨账户调配资金的产品，洗钱风险相对较小。

（七）历史退保比例和退保金额。退保量较大、退保比例较高的保险产品，洗钱的风险相对较大。

（八）是否存在涉外交易。存在涉外交易的产品，跨境开展客户尽职调查难度大，不同国家（地区）的监管差异也可能导致反洗钱监控漏洞产生，易于被洗钱分子利用，存在较大的洗钱风险。

人身保险产品应考察上述全部风险因子，财产保险产品可选择部分风险因子进行考察。

第八条　业务流程要素主要考察承保、保全、理赔等环节设计是否合理，能否有效防范洗钱风险，考察范围包括但不限于：

（一）客户身份核实是否有效，尽职调查措施是否合理。

（二）财产保险承保前是否核验保险标的，人身保险是否有生存调查。

（三）人身保险是否有最高保额限制。

（四）保险费收取方式是否包括现金，是否有限额。

（五）是否限制第三方账户支付保费。

（六）是否核实投保人申请退保或是变更投保人、受益人、证件号码、银行账号的原因。

（七）是否限定保单质押贷款申请人为投保人本人，贷款账户为原投保账户。

（八）是否限制退保至第三方账户。

（九）是否限制现金支付退保金、保险金、保单贷款。

（十）赔偿或给付保险金前是否开展调查或查勘定损。

（十一）快速理赔或给付政策是否存在漏洞。

（十二）资金支付至境外是否有特别规定。

第九条　系统控制要素主要考察核心业务系统能否实现设定的反洗钱功能，考察范围包括但不限于：

（一）业务系统关于客户和保单的要素设置是否完善，客户身份信息留存是否符合监管要求。

（二）业务系统对资金来源与流向的管控措施是否完善，是否留存反映资金收付的银行账户信息。

（三）业务系统对资金支付人与接收人的管控措施是否完善。

（四）业务系统中的保单、批单信息是否可以全面展示交易过程。

（五）高风险客户或高风险国家或地区的风险预警提示是否健全。

（六）业务系统黑名单种类和管控措施是否完善。

（七）风险信息是否能够在业务部门和反洗钱部门之间有效传递、集中和共享。

第三节　外部风险评估指标体系

第十条　洗钱外部风险要素包括客户风险、地域风险、业务风险、行业（含职业）风险等项目，保险机构可结合自身情况，合理设定各风险要素的子项。

第十一条　保险机构应综合考虑客户背景、社会经济活动特点等各方面情况，衡量本机构对其开展客户尽职调查工作的难度，评估客户风险。客户风险子项包括但不限于：

（一）客户信息的公开程度。

（二）客户所持身份证件或身份证明文件的种类。

（三）自然人客户财务状况、资金来源、年龄。

（四）非自然人客户的股权或控制权结构、存续时间。

(五)反洗钱交易监测记录。

(六)涉及客户的风险提示信息或权威媒体报道信息。

第十二条 保险机构应当衡量客户的国籍、注册地、住所、经常居住地、经营所在地与洗钱、恐怖活动及其他犯罪活动的关联度，评估其地域风险。地域风险子项包括但不限于涉及中国人民银行和国家其他有权部门的反洗钱监控要求或风险提示，或是其他国家(地区)和国际组织推行且得到我国承认的反洗钱监控和制裁要求的国家或地区的风险状况：

(一)某国(地区)受反洗钱监控或制裁的情况。

(二)对某国(地区)进行洗钱风险提示的情况。

(三)某国(地区)的上游犯罪状况。

(四)国内特殊地域的金融监管风险。

第十三条 保险机构应当考虑业务方式所固有的洗钱风险并关注客户的异常交易行为，结合当前市场的具体运行状况，综合分析业务风险。业务风险子项包括但不限于：

(一)代理交易。代理交易是保险行业的突出特点。在人身险领域，保险机构获得的客户信息高度依赖代理人，某些情形下保险机构难以直接与客户接触，尽职调查有效性受到限制。在财产险领域，条款费率的确定依赖于保险标的的特性和风险状况，保险机构一般还会对保险标的做进一步核实，故渠道因素导致的洗钱风险相对较小。为追求收入，部分中介机构在明知客户可能洗钱的情况下并不报告甚至帮助掩饰，部分中介机构与客户还可能存在隐性关系。另外，客户还会委托他人代办保险业务。保险机构应根据自身代理渠道的特点，区分不同类型代理渠道的风险大小，重点关注风险较高的情形，例如：

1. 同一家代理机构代理多家保险公司产品，对客户投保情况披露不充分。

2. 代理机构拒绝在代理协议中写入反洗钱条款，或者代为履行客户身份识别义务不主动，提供的客户信息不真实、不完整。

3. 多个不相关的个险客户预留电话为同一号码或紧急联系人同为一人，电话回访发现预留电话非客户本人且无法联系到客户本人等异常情况。

4. 代刷卡行为。代理人为促使保险合同的早日达成，某些情况下会采用先行代投保人刷卡垫付保费，合同成立后由投保人支付保费至代理人的方式。这种行为使得保险机构无法掌握保费的真正来源及交易方式，蕴含一定的洗钱风险。

5. 对客户委托他人代办保险业务的，重点关注该代理人是否经常代理他人办理保险业务、代办的业务是否多次涉及可疑交易报告等情形。

(二)非面对面交易。非面对面交易方式(如电销、网销)使客户无需与工作人员直接接触即可办理业务，增加了保险机构开展客户尽职调查的难度，洗钱风险相应上升。保险机构在设计该类保险产品时，可对保险金额进行累积限制，销售时重点关注投保人投保频率、退保频率过高，多个电销客户使用同一联系方式等情况，并对超过一定金额或存在可疑情形的客户采取强化的尽职调查方式。

(三)异常交易或行为。当客户出现某些异常交易或行为时，保险机构应当仔细核实客户身份，必要时提高其风险等级。例如：

1. 短期内在一家或多家保险机构频繁投保、退保、拆单投保且不能合理解释。

2. 趸缴大额保费或保费明显超过投保人的收入或资产状况。

3. 购买的保险产品与其表述的需求明显不符，经金融机构及其工作人员解释后，仍坚持购买的。

4. 异常关注保险公司的审计、核保、理赔、给付、退保规定，而不关注保险产品的保障功能和投资收益。

5. 拒绝提供或者提供的有关投保人、被保险人和受益人的姓名(名称)、职业(行业)、住所、联系方式或者财务状况等信息不真实。

6. 财产保险投保人虚构保险标的投保。

7. 无合理原因，坚持要求以现金方式缴付较大金额的保费。

8. 通过第三人支付保费，不能合理解释第三人与投保人、被保险人和受益人关系。

9. 多交保费并随即要求返还超额部分。保险机构在下述情况下应特别提高警觉：(1)多交的保费金额较大；(2)多交的保费来源于第三方或要求把多交的保费退还给第三方；(3)客户身处或来自洗钱高风险国家或地区；(4)多交保费所涉及的金额或频密程度很可疑；(5)法人业务刚刚投保不久就办理减人或减额退保，且退保金转入非缴费账户；(6)客户多交保费的行为与其恶化的资产状况或经营状况不符。

10. 投保后短期内申请退保，特别是要求将退保资金转入第三方账户或非缴费账户。

11. 财产重复投保后申请全额退保。

12. 投保后频繁办理保单质押贷款，或以保险单为抵押品向其他机构借款。

13. 没有合理原因，投保人坚持要求用现金赔偿、给付保险金、退还保险费和保单现金价值以及支付其他资金数额较大的保险业务。

14. 客户要求将赔偿金、保险金和保单现金价值支付至被保险人、受益人以外的第三方。

15. 客户要求将赔偿金、保险金、退还的保险费和保单现金价值支付到洗钱高风险国家和地区。

保险机构自建异常交易监测指标的，可按照自建指标执行。

第十四条 保险机构应评估行业、身份与洗钱、职务犯罪、税务犯罪等的关联性，合理预测某些行业客户的经济状况、金融交易需求，酌情考虑某些职业技能被不法分子用于洗钱的可能性。行业(含职业)风险要素可从以下角度进行评估：

(一)公认具有较高风险的行业(职业)。

(二)与特定洗钱风险的关联度，如客户属于政治公众人物及其亲属、身边工作人员。

(三)行业现金密集程度。

第四节　风险评估及客户等级划分流程

第十五条 保险机构应定期开展洗钱内部风险评估工作，间隔一般不超过三年。

当保险机构发布新产品、采用新营销手段，或者治理结构、产品服务、技术手段等发生重大变化，可能影响内部洗钱风险状况时，应及时开展内部风险评估，并调整洗钱风险管理政策。

第十六条 内部风险评估的方法为：由反洗钱专门机构或其他负责反洗钱工作的指定内设机构制定评估方案和相关指标评估体系，设计风险分析调查表，提取相关业务数据，组织与业务、财务等部门进行沟通和访谈，审慎确定洗钱内部风险水平。

确定某类或某项产品的风险等级时，除考虑每项风险要素的单独影响外，还应综合考虑各项风险要素的结合情况、内外部反洗钱检查情况、反洗钱案例、大额和可疑交易报告等事项，对分数予以合理调整，并确定最终的风险水平和等级。

第十七条 保险机构反洗钱工作领导小组负责审议、发布内部洗钱风险评估报告。

保险机构的分支机构，可以结合内部洗钱风险评估报告和区域业务特点开展分支机构的风险评估。

区域性保险产品，可由销售该产品的分支机构自行组织评估。

保险机构可以开展专门的洗钱风险评估，也可将洗钱风险评估纳入整体的风险评估和风险管理框架。

第十八条 保险机构应对与其建立业务关系的客户开展洗钱外部风险评估工作。方法为：设定外部风险要素及其子项，运用权重法，对每一基本要素及其子项进行权重赋值并计算总分。可根据风险要素或子项的结合情况对风险等级予以合理调整。

第十九条 评估人员应在内部风险评估基础上，将客户投保的保险产品的内部风险等级作为外部风险评分的参考因素，初步确定客户风险等级。

保险机构可利用计算机系统等技术手段辅助完成初评工作。

第二十条 对于初评结果为中等以上风险等级(含中等)的客户，应由初评人以外的其他人员进行复评确认。初评结果与复评结果不一致的，可由反洗钱管理部门决定最终评级结果。

第二十一条 对新建立业务关系的客户，保险机构应根据风险评估结果，在保险合同成立后的 10 个工作日内划分其风险等级。

对已确立过风险等级的客户，保险机构应根据其风险程度设置相应的重新审核期限，实现对风险的动态追踪。原则上，风险等级最高的客户的审核期限不得超过半年，低一等级客户的审核期限不得超出上一级客户审核期限时长的两倍。对于首次建立业务关系的客户，无论其风险等级高低，金融机构在初次确定其风险等级后的三年内至少应进行一次复核。

当客户变更重要身份信息、司法机关调查本保险机构客户、客户涉及权威媒体的案件报道、客户进行异常交易等可能导致风险状况发生实质性变化的事件发生时，保险机构应考虑重新评定客户风险等级。

第二十二条 同一客户因不同交易行为而被评定为不同风险等级的，应将该客户的最高风险等级确定为该客户的最终风险等级。

第二十三条 在开展内部风险和外部风险评估过程中，保险机构应根据风险评估需要，确定各类信息的来源及其采集方法。对部分难以直接取得或取得成本过高的风险要素信息，保险机构可进行合理评估。为统一风险评估尺度，保险机构应当事先确定本机构可预估信息列表及其预估原则，并定期审查和调整。

保险机构可将上述工作流程嵌入相应业务流程中，以减少执行成本。

第五节 例外情形

第二十四条 投保政策性或强制性保险产品，如政策性农业保险、政策性大病补充医疗保险、机动车交通事故责任强制保险、道路客运承运人责任保险，这些产品具有财政补贴和强制性特点，平均保费金额较低，一般情况下不允许退保、变更受益人等操作，洗钱风险极低，可不开展洗钱风险评估和客户风险等级划分工作，但仍应开展客户资料和交易记录保存等其他反洗钱工作。

第二十五条 对于投保内部风险程度较低且预估能够有效控制洗钱风险的保险产品的客户，保险机构可自行决定不进行外部风险评估程序，直接定级为低风险。但对于投保以下产品的，必须开展外部风险评估程序：

（一）投资型保险产品，如分红险、万能险、投资连结险、投资型家庭财产险等。

（二）具有储蓄功能的保险产品，如终身寿险、生存保险、两全保险、年金保险等。

（三）保险机构经评估后认为洗钱风险较大的其他产品。

存在以下情形的客户，不能未经外部风险评估程序直接定级为低风险：

（一）在本保险机构的已缴纳保费金额超过一定限额（由保险公司自主设定，可根据内部风险评估结果对不同产品设定不同限额，原则上不能高于人民币20万元或等值外币，同一客户应累计计算其所购买的所有有效保单，同一保单涉及多人时，以累积额最高的人为评估标准）。

（二）客户为非居民，或者使用了境外发放的身份证件或身份证明文件。

（三）客户涉及可疑交易报告。

（四）客户委托非职业性中介机构或无亲属关系的自然人代理本人与保险机构建立业务关系。

对于按照上述规定不能直接定级为低风险的客户，保险机构逐一对照各项风险要素及其子项进行风险评估后，仍可将其定级为低风险。

第二十六条 对具有下列情形（包括但不限于）之一的客户，保险机构可直接将其定级为最高风险：

（一）客户被列入我国发布或承认的反洗钱监控名单及类似监控名单。

（二）客户利用虚假证件办理业务，或在代理他人办理业务时使用虚假证件。

（三）客户为政治公众人物或其亲属及关系密切人员。

（四）发现客户存在犯罪、金融违规、金融欺诈等方面的历史记录，或者曾被监管机构、执法机关或金融交易所提示予以关注，或者涉及权威媒体与洗钱相关的重要负面新闻报道或评论的。

（五）投保人、被保险人以及受益人，或者法定代表人、股东的国籍、注册地、住所、经常居住地、经营所在地涉及中国人民银行和国家相关部门的反洗钱监控要求或风险提示，或是其他国家（地区）和国际组织推行且得到我国承认的反洗钱监控要求。

（六）客户实际控制人或实际受益人属前五项所述人员。

（七）客户多次涉及可疑交易报告。

（八）客户拒绝保险机构或保险中介机构开展尽职调查工作。

（九）其他直接或经调查后认定的高风险客户。

第二十七条 保险机构应当遵守我国及得到我国承认的国际组织和国家发布的有关金融制裁要求，拒绝或限制与制裁名单上的国家、组织或人员交易。具有涉外机构、经营国际业务的保险机构还应特别关注相关国家和组织发布的制裁要求。

第三章　风险分类控制措施

第二十八条　保险机构应在洗钱风险评估和客户风险等级划分的基础上，酌情采取相应的风险控制措施。对风险水平较高的产品和风险较高的客户应采取强化的风险控制措施，包括但不限于：

（一）强化的和持续性的客户尽职调查。

1. 进一步调查客户及其实际控制人、实际受益人情况。

2. 进一步了解客户投保目的、收入状况及保险费资金来源。

3. 进一步分析客户的交易行为，审核投保人保险费支付能力是否与其经济状况相符合，要求客户提供财务证明文件。

4. 适度提高客户及其实际控制人、实际受益人信息的收集或更新频率。

（二）异常资金流向监测。保险机构应当在业务、财务系统中设定和完善资金流向异常预警指标，对于大额交易、支票给付、资金流向异常交易，保险机构应当留存完整的资金收付信息，包括但不限于账户名称、账号、开户行、支票背书等，对于系统无法自动留存的收付信息，保险机构应采取人工录入措施，以实现对资金收付异常行为的过程监控。

（三）关键流程节点管控。保险机构应当根据高风险客户特征，酌情在承保、保全、理赔等环节采取强化的控制措施。

1. 承保环节可采取的控制措施有：经相关负责人授权后，再为客户办理业务；对客户的投保金额、投保方式等实施合理限制。

2. 保全环节可采取的控制措施有：完善保全管控制度，严格退保和给付资金支付对象管控；定期开展退保风险数据排查工作。

3. 理赔环节可采取的控制措施有：强化调查与洗钱相混同的保险欺诈行为，如利用犯罪资金购买标的投保后实施的欺诈行为。

（四）可疑交易报告。保险机构应当设立可疑交易指标体系，明确人工识别可疑交易对象和流程，并通过持续性、强化的客户尽职调查手段予以识别分析。对客户采取尽职调查后，保险机构有合理理由怀疑资金为犯罪收益或与恐怖融资有关的，应按照法律规定，向中国反洗钱监测分析中心报送可疑交易报告。

（五）恐怖活动资产冻结。保险机构一旦发现客户为被公安部列入恐怖活动组织、恐怖活动人员名单或者保险资金为恐怖活动资产的，应按照法律规定立即对相关资产采取冻结措施，并报告当地公安机关、国家安全机关、人民银行和保险监管部门。

第二十九条　保险机构可对低风险产品和低风险客户采取简化的客户尽职调查及其他风险控制措施，包括但不限于：

（一）在退保、理赔或给付环节再核实被保险人、受益人与投保人的关系。

（二）适当延长客户身份资料的更新周期。

（三）在合理的交易规模内，适当降低客户身份识别措施的频率或强度。

第四章　管理与保障措施

第三十条　保险机构应在总部或集团层面制定统一的洗钱风险管理政策、制度和流程，开发统一的反洗钱信息系统，并在各分支机构、各部门执行和使用。

洗钱风险管理政策应经保险机构董事会或其授权的组织审核通过，并由高级管理层中的指定专人负责实施。

保险机构可针对分支机构所在地区的反洗钱状况，设定局部地区的风险系数，或授权分支机构根据所在地区情况，合理调整风险子项或评级标准。

第三十一条　保险机构应指定适当的部门及人员整体负责风险评估工作流程的设置及监控工作，组织各相关部门充分参与风险评估工作。

第三十二条　保险机构应确保客户风险评估工作流程具有可稽核性或可追溯性。

第三十三条　保险机构应确保洗钱风险管理工作所需的必要技术条件，积极运用信息系统提升工作有效性。系统设计应着眼于运用客户风险等级管理工作成果，为各级分支机构查询使用信息提供方便。

第三十四条　保险机构委托其他机构开展客户风险等级划分等洗钱风险管理工作时，应与受托机构签订书面协议，并由高级管理层批准。委托机构对受托机构进行的洗钱风险管理工作承担最终法律责任。

第五章 附 则

第三十五条 本指引中"客户"是指投保人，鼓励保险机构将本指引的要求运用于被保险人、受益人、实际控制人、实际受益人等其他人员。

第三十六条 本指引由中国保监会负责解释和修订。

第三十七条 本指引未尽事项适用《金融机构洗钱和恐怖融资风险评估及客户分类管理指引》的有关规定。

第三十八条 本指引自发布之日起施行。

银行保险机构恢复和处置计划实施暂行办法

- 2021年6月3日
- 银保监发〔2021〕16号

第一章 总 则

第一条 为建立银行保险机构恢复和处置计划机制，防范化解重大风险，保障关键业务和服务不中断，实现有序恢复与处置，保护金融消费者合法权益和社会公共利益，维护金融稳定，根据《中华人民共和国银行业监督管理法》《中华人民共和国商业银行法》《中华人民共和国保险法》《中华人民共和国公司法》等相关法律法规，制定本办法。

第二条 本办法所称恢复计划是指银行保险机构预先制定，并经银保监会及其派出机构认可的应对方案，在重大风险情形发生时，该方案主要通过自身与股东救助等市场化渠道解决资本和流动性短缺，恢复持续经营能力。

本办法所称处置计划是指银行保险机构预先建议，并经银保监会及其派出机构审定的应对方案，在恢复计划无法有效化解银行保险机构重大风险，或者可能出现引发区域性与系统性风险情形时，通过实施该方案实现有序处置，维护金融稳定。

恢复和处置计划是银行保险机构与银保监会及其派出机构在危机情景中的行动指引，但不排除在危机情景下实施其他恢复和处置措施。

第三条 银行保险机构建立恢复和处置计划机制应遵循以下基本原则：

（一）依法有序原则。恢复和处置计划应按照法定权限及程序制定与实施，充分维护各方合法权益和社会公共利益，实现有序恢复与处置，维护金融稳定。

（二）自救为本原则。恢复和处置计划应坚持使用银行保险机构自有资产、股东救助等市场化渠道筹集资金开展自救，自救资源应符合合格性和充足性要求。仅在自救无效且可能引发区域性与系统性风险、危及金融稳定时，方可由有关部门以成本最小化方式依法处置。

（三）审慎有效原则。恢复和处置计划应充分考虑所在行业特征与不同压力情景，并符合银行保险机构实际和本地金融市场特点，流程清晰，内容具体，具备可靠性和可操作性。

（四）分工合作原则。恢复和处置计划的制定与实施应有明确的职责分工，银行保险机构及其股东应严格落实主体及股东责任，各有关部门应加强统筹协调，严格落实法定职责，形成合力。

第四条 符合以下条件的银行保险机构，应按本办法要求制定恢复和处置计划：

（一）按照并表口径上一年末（境内外）调整后表内外资产（杠杆率分母）达到3000亿元人民币（含等值外币）及以上的商业银行、农村信用合作社等吸收公众存款的金融机构以及金融资产管理公司、金融租赁公司；

（二）按照并表口径上一年末（境内外）表内总资产达到2000亿元人民币（含等值外币）及以上的保险集团（控股）公司和保险公司；

（三）虽不符合上述条件，但基于业务特性、风险状况、外溢影响等因素，经银保监会及其派出机构指定应制定恢复和处置计划的其他银行保险机构。

银行保险机构与其控股集团均符合上述条件的，一般应在其控股集团统筹下分别制定恢复和处置计划。但是，保险集团（控股）公司及其附属保险公司均符合上述条件的，原则上由保险集团（控股）公司统一制定恢复和处置计划。

第五条 恢复和处置计划应考虑银行保险机构经营的特定环境，全面体现机构的性质、规模以及业务的复杂性、关联性和可替代性等，通过梳理本机构风险领域和薄弱环节，有效提高透明度，降低复杂性，提升自救能力，防范系统性风险。

恢复和处置计划应分别考虑单个银行保险机

构或其控股集团和整个金融体系的压力情景,并考虑危机情形中风险跨市场、跨行业、跨境传递的潜在影响。如有需要,银行保险机构应调整压力测试情景假设或增加额外压力情景。

第六条 银行保险机构应建立与恢复和处置计划相适应的信息管理系统,确保能够及时收集、报送恢复和处置计划制定、认可、演练以及可处置性评估等所需的相关信息。

第七条 银行保险机构应当构建与本机构相适应的恢复和处置计划治理架构,明确制定、审批与更新流程。

银行保险机构制定或更新的恢复计划和处置计划建议应由董事会审批,银保监会另有规定的除外。董事会对恢复计划和处置计划建议的制定及更新承担最终责任,高级管理层承担管理责任,股东按照法律法规或公司章程规定承担股东责任。

银行保险机构应当指定专门委员会或具体部门负责恢复和处置计划管理工作,并建立内部考核和问责机制。

第八条 银保监会及其派出机构应对银行保险机构恢复和处置计划的制定及实施承担监管责任。

银保监会及其派出机构应当依法与人民银行、存款保险基金管理机构、证券监督管理部门、财政部门以及地方政府等共享银行保险机构的恢复和处置计划。

银保监会及其派出机构应协调各有关部门按照法定职责对银行保险机构恢复和处置计划的制定及实施提供支持。

第二章 恢复计划

第九条 恢复计划的目标是,使得银行保险机构能够在重大风险情形下通过采取相关措施恢复正常经营。

第十条 恢复计划主要内容应包括但不限于:经营情况、组织架构等基本概况,实施恢复计划的治理架构,关键功能、核心业务、重要实体识别,压力测试,触发机制,恢复措施,沟通策略,恢复计划执行障碍和改进建议等。

恢复计划具体要素可根据机构类型与自身特点,参考本办法附件1《恢复计划示例(商业银行版)》、附件2《恢复计划示例(保险公司版)》作适当调整。

第十一条 首次制定恢复计划的银行保险机构应于下一年度8月底前,将恢复计划根据监管职责分工报送银保监会及其派出机构。

恢复计划未获认可的,银保监会及其派出机构应自收到恢复计划之日起2个月内提出书面意见。银行保险机构应按照要求在银保监会及其派出机构规定的时限内完成修改并重新报送。

第十二条 银行保险机构上一年度恢复计划已经获得银保监会及其派出机构认可的,应于每年8月底前完成年度更新,并根据监管职责分工报送银保监会及其派出机构。

恢复计划的更新未获认可的,银保监会及其派出机构应自收到恢复计划之日起2个月内提出书面意见。在银保监会及其派出机构规定的时限内,银行保险机构应按照要求完成修改并重新报送。

在管理架构、经营模式、外部环境等发生重大变化,或者银保监会及其派出机构认为有必要时,银行保险机构应及时更新恢复计划并按照前述要求报送,以使恢复计划与银行保险机构经营风险情况相适应。

银行保险机构应在银保监会及其派出机构的指导下,加强对恢复计划的实施演练,以提升恢复计划的可执行性与有效性。

第十三条 银行保险机构发生重大风险,符合恢复计划启动标准的,经董事会或董事会授权的有权人批准,可启动实施恢复计划,并按照相关规定自批准启动实施的24小时内向银保监会及其派出机构报告。

银保监会及其派出机构认为有必要的,可依职权要求银行保险机构启动实施恢复计划,银行保险机构应予以执行。

第三章 处置计划

第十四条 处置计划的目标是,通过预先制定的处置方案,使得银行保险机构在无法持续经营或执行恢复计划后仍无法化解重大风险时,能够得到快速有序处置,并在处置过程中维持关键业务和服务不中断,以维护金融稳定。

第十五条 处置计划建议的主要内容应包括但不限于:经营情况、组织架构等基本概况,实施处置计划的治理架构,关键功能、核心业务、重要实体识别，处置资金来源及资金安排，处置计划实施所需的信息和数据，处置计划的实施方案、沟通策略，处置对本地和宏观经济金融的影响，处置实施障碍和改进建议等。

处置计划建议具体要素可根据机构类型与自身特点，参考本办法附件3《处置计划建议示例（商业银行版）》、附件4《处置计划建议示例（保险公司版）》作适当调整。

第十六条　首次制定处置计划建议的银行保险机构应于下一年度8月底前，将处置计划建议根据监管职责分工提交银保监会及其派出机构。

处置计划建议未获认可的，银保监会及其派出机构应自收到处置计划建议之日起2个月内提出书面意见。银行保险机构应按照相关要求在银保监会及其派出机构规定的时限内完成修改并重新报送。

银保监会及其派出机构应根据处置计划建议，按照处置的法定权限和分工，综合考虑处置资源配置等因素，商各有关部门，形成银行保险机构的处置计划。

第十七条　银行保险机构上一期处置计划建议已经获得银保监会及其派出机构认可的，应每两年更新一次，并于该年度8月底前根据监管职责分工报送银保监会及其派出机构。

处置计划建议的更新未获认可的，银保监会及其派出机构应自收到处置计划建议之日起2个月内提出书面意见。在银保监会及其派出机构规定的时限内，银行保险机构应按照要求完成修改并重新报送。

在管理架构、经营模式、外部环境等发生重大变化，或者银保监会及其派出机构认为有必要时，银行保险机构应及时更新处置计划建议并按照前述要求报送。

银保监会及其派出机构应至少每两年更新一次处置计划，充分考虑银行保险机构以及整个金融体系面临的经济环境、法律环境等变化因素，提升处置计划的可行性与有效性。

第十八条　银行保险机构恢复计划的实施无法有效化解重大风险或者可能引发区域性与系统性风险，需启动实施处置计划的，应按照法定权限与风险处置职责，由银保监会及其派出机构会同有关部门应对处置。

处置过程中应当明晰处置责任，既要守住底线，防范区域性与系统性风险，又要依法合规，防范道德风险，实现有效与有序处置。

第四章　监督管理

第十九条　银保监会及其派出机构应会同有关部门定期开展可处置性评估。

可处置性评估是指对银行保险机构的组织架构、经营模式等是否适应实施处置计划所开展的持续性评价活动。

第二十条　可处置性评估应关注处置计划实施的可行性与可靠性，以及银行保险机构提高可处置性需改进的方面。

可处置性评估包括但不限于以下内容：处置机制和处置工具是否合法可行、处置资金来源及资金安排是否明确、银行保险机构的关键功能识别方法是否合理、关键功能在处置中能否持续运行、组织架构及管理信息系统能否支持处置、处置的协调合作和信息共享安排是否可行、处置措施是否与实际情景较好匹配、某阶段采取的处置措施是否影响其他处置措施生效、处置对本地和宏观经济金融的影响等。

银保监会及其派出机构可以根据可处置性评估情况，调整处置计划更新频率，实行差异化管理。

第二十一条　银行保险机构发生兼并、收购、重组等重大变化的，银保监会及其派出机构应及时评估其可处置性的变化情况。

第二十二条　为提高银行保险机构的可处置性，在必要时，银保监会及其派出机构可依法采取监管措施，要求银行保险机构改变经营方式、调整组织架构等，以排除处置实施的障碍，降低处置难度和成本费用，提升处置有效性。

第二十三条　银保监会及其派出机构应按照监管职责分工，加强对银行保险机构的指导和监督，通过制定和更新恢复和处置计划，强化银行保险机构及其股东自救为本的理念，持续提升机构风险管理水平与防范化解风险能力。

第二十四条　银行保险机构未按照本办法要求制定和更新恢复和处置计划的，银保监会及其派出机构应依法责令限期予以改正，逾期不改正的，或者其行为严重危及机构稳健运行、损害金融消费者合法权益的，可依法采取相应监管措施或实施行政处罚。

第二十五条　对于银行保险机构可能引发区域性与系统性风险的,可成立各相关部门和地方政府参加的危机管理小组,共同研究决定处置事宜。

第二十六条　因实施恢复和处置计划以应对重大风险、维护金融稳定的需要,银保监会可以依法豁免银行保险机构适用部分监管规定。

第五章　附　则

第二十七条　本办法所称银行保险机构,是指在中华人民共和国境内设立的商业银行、农村信用合作社等吸收公众存款的金融机构以及金融资产管理公司、金融租赁公司和保险公司。

保险公司,是指在中华人民共和国境内设立的人身保险公司、财产保险公司、再保险公司等从事商业保险经营活动的公司。

第二十八条　对于全球系统重要性金融机构、国内系统重要性金融机构等,关于恢复和处置计划的监管要求另有规定的,从其规定。

在中华人民共和国境内设立的信托公司、财务公司、汽车金融公司、消费金融公司、金融资产投资公司、银行理财子公司、保险资产管理公司等由银保监会及其派出机构监管的其他金融机构参照适用本办法的规定。

第二十九条　银行保险机构设有境外分支机构的,境外分支机构应根据东道国或地区监管部门要求,在符合母公司处置策略的前提下,制定与实施恢复和处置计划。母公司恢复和处置计划的制定与实施应当在银保监会及其派出机构或危机管理小组的指导下,通过建立监管联席会议等方式做好与东道国或地区监管部门的协调,以使恢复和处置计划在境内外得以合法有效实施。

在华外资银行、外资保险公司应在符合境内法律法规和监管要求的前提下,根据母公司或集团的恢复和处置计划制定本地恢复计划和处置计划建议,并在银保监会及其派出机构或危机管理小组等跨境监管合作机制指导下,做好与母公司或集团的协同工作,以使恢复和处置计划在境外得以合法有效实施。

第三十条　本办法自发布之日起施行。以前发布的相关办法中与本办法不一致的,按照本办法规定执行。

相互保险组织监管试行办法

- 2015年1月23日
- 保监发〔2015〕11号

第一章　总　则

第一条　为加强对相互保险组织的监督管理,规范相互保险组织的经营行为,根据《中华人民共和国保险法》、《农业保险条例》等相关法律、法规,制定本办法。

第二条　本办法所称相互保险是指,具有同质风险保障需求的单位或个人,通过订立合同成为会员,并缴纳保费形成互助基金,由该基金对合同约定的事故发生所造成的损失承担赔偿责任,或者当被保险人死亡、伤残、疾病或者达到合同约定的年龄、期限等条件时承担给付保险金责任的保险活动。

本办法所称相互保险组织是指,在平等自愿、民主管理的基础上,由全体会员持有并以互助合作方式为会员提供保险服务的组织,包括一般相互保险组织,专业性、区域性相互保险组织等组织形式。

第三条　中国保险监督管理委员会(以下简称"中国保监会")根据法律、法规和国务院授权,对相互保险组织和相互保险活动进行统一监管。

中国保监会的派出机构在中国保监会授权范围内行使对相互保险组织的监督管理职能。

第四条　相互保险组织从事保险活动,必须遵守法律、法规,遵守社会公德,不得从事与章程规定无关的经营活动。

第二章　设　立

第五条　相互保险组织应当经中国保监会批准设立,并在工商行政管理部门依法登记注册。

第六条　相互保险组织名称中必须有"相互"或"互助"字样。

第七条　设立一般相互保险组织,应当具备以下条件:

(一)具有符合本办法规定的主要发起会员和一般发起会员。其中,主要发起会员负责筹集初始运营资金,一般发起会员承诺在组织成立后参保成为会员,一般发起会员数不低于500个。

(二)有不低于1亿元人民币的初始运营资金;

(三)有符合法律、法规及本办法规定的章程;

(四)有具备任职所需专业知识和业务工作经验的董(理)事、监事和高级管理人员;

(五)有健全的组织机构和管理制度;

(六)有符合要求的营业场所和与经营业务有关的其他设施;

(七)中国保监会规定的其他条件。

第八条　设立专业性、区域性相互保险组织,应当具备下列条件:

(一)具有符合本办法规定的主要发起会员和一般发起会员,一般发起会员数不低于100个;

(二)有不低于1000万元的初始运营资金;

(三)在坚持会员制和封闭性原则基础上,针对特定风险开展专门业务或经营区域限定在地市级以下行政区划;

(四)其他设立条件参照一般相互保险组织。

第九条　以农民或农村专业组织为主要服务对象的涉农相互保险组织,或其他经保险监督管理机构认可的专业性、区域性相互保险组织,可以在前款规定的基础上适当降低设立标准,但初始运营资金不得低于100万元。

第十条　初始运营资金由主要发起会员负责筹集,可以来自他人捐赠或借款,必须以实缴货币资金形式注入。

在弥补开办费之前,相互保险组织不得偿还初始运营资金。初始运营资金为债权的,在盈余公积与未分配利润之和达到初始运营资金数额后,经会员(代表)大会表决通过,并报保险监督管理机构批准,可以分期偿还初始运营资金本金和利息。当偿付能力不足时,应停止偿还初始运营资金本息。其他形式的初始运营资金偿付和回报方式由相互保险组织章程另行规定。

第十一条　相互保险组织的主要发起会员应当信誉良好,具有持续出资能力,其资质要求参照《中华人民共和国保险法》《保险公司股权管理办法》中主要股东条件,主要发起会员为个人的除外。

第十二条　相互保险组织的设立程序,适用中国保监会关于保险公司设立的一般规定。

第十三条　一般相互保险组织董(理)事、监事和高级管理人员任职资格管理按照《中华人民共和国保险法》和中国保监会有关规定执行;专业性、区域性相互保险组织董(理)事、监事和高级管理人员任职资格标准可根据实际情况适度予以降低,但不得违反法律、法规、规章的禁止性要求。

第三章　会　员

第十四条　相互保险组织会员是指承认并遵守相互保险组织章程并向其投保的单位或个人。

第十五条　相互保险组织会员享有下列权利:

(一)参加会员(代表)大会,并享有表决权、选举权、被选举权和参与该组织民主管理的权利;

(二)按照章程规定和会员(代表)大会决议分享盈余的权利;

(三)按照合同约定享受该组织提供的保险及相关服务的权利;

(四)对该组织工作的批评建议权及监督权;

(五)查阅组织章程、会员(代表)大会记录、董(理)事会决议、监事会决议、财务会计报告和会计账簿的权利;

(六)章程规定的其他权利。

第十六条　相互保险组织会员应履行以下义务:

(一)遵守组织章程;

(二)执行会员(代表)大会和董(理)事会的决议;

(三)按照保险合同约定缴纳保费,并以所缴纳保费为限对该组织承担责任,章程另有规定的除外;

(四)不得滥用会员权利损害相互保险组织或者其他会员的利益;

(五)章程规定的其他义务。

第十七条　主要发起会员的权利、义务可由相互保险组织章程规定。

第十八条　有下列情形之一的,会员资格自动终止:

(一)保险合同终止;

(二)章程规定事由发生。

第四章　组织机构

第十九条　相互保险组织应当设立会员(代表)大会,决定该组织重大事项。会员(代表)大会由全体会员(代表)组成,是相互保险组织的最高权力机构,原则上采取一人一票的表决方式。

除章程另有规定外,会员(代表)大会的权力和组织程序参照《中华人民共和国公司法》有关股东大会的规定。

第二十条 会员(代表)大会选举或者作出决议,应当由出席会议的会员或会员代表表决权总数过半数通过;作出修改章程或者合并、分立、解散的决议以及制定支付初始运营资金本息、分配盈余、保额调整等方案应当由出席会议的会员或会员代表表决权总数的四分之三以上通过。

第二十一条 相互保险组织章程应当包括下列事项:

(一)名称和住所;

(二)宗旨、业务范围和经营地域;

(三)发起会员与一般会员资格及其权利、义务;

(四)组织机构及其产生办法、职权、任期和议事规则;

(五)初始运营资金的筹集方式、使用条件以及偿付办法;

(六)财务管理制度和盈余分配办法;

(七)发生重大保险事故导致偿付困难时的风险控制机制;

(八)章程的修改程序;

(九)解散事由和清算办法;

(十)应当由章程规定的其他事项。

第二十二条 相互保险组织应当设立董(理)事会、监事会。一般相互保险组织董(理)事会应建立独立董(理)事制度。

除章程另有规定外,相互保险组织的董(理)事会、监事会适用《中华人民共和国公司法》关于股份有限公司董事会、监事会的规定。

第二十三条 相互保险组织召开会员(代表)大会、董(理)事会,应提前7个工作日通知保险监督管理机构,保险监督管理机构有权列席会议。

会员(代表)大会、董(理)事会决议应在会后7个工作日内报保险监督管理机构备案。

第二十四条 相互保险组织可以申请设立分支机构。根据业务发展需要,相互保险组织也可以通过提供初始运营资金和再保险支持等方式,申请设立经营同类业务的相互保险子组织,并实施统一管理。具体设立条件和方式由中国保监会另行规定。

第五章 业务规则

第二十五条 相互保险组织的业务范围由保险监督管理机构依法核定。

第二十六条 相互保险组织应当按照章程规定,加强内部管理,建立完善的内部控制制度。

第二十七条 相互保险组织应根据保障会员利益原则,按照企业会计准则和中国保监会有关规定评估保险责任准备金。

第二十八条 相互保险组织的保险条款和保险费率,适用中国保监会有关保险条款、保险费率的规定。

第二十九条 相互保险组织的资金应实行全托管制度。相互保险组织应在保证资金安全性的前提下,按照中国保监会有关规定进行资金运用。其中,专业性、区域性相互保险组织实行自行投资的,其资金运用限于下列形式:

(一)银行存款;

(二)国债及其他中国保监会认可的低风险固定收益类产品;

(三)经中国保监会批准的其他形式。

专业性、区域性相互保险组织委托经中国保监会认可的专业投资机构进行投资的不受上述形式限制。

第三十条 相互保险组织应审慎经营,严格进行风险管理,依据实际情况进行再保险分保业务,并建立重大风险事故的应对预案。

第三十一条 相互保险组织参照保险公司缴纳保险保障基金,具体缴纳方式和标准由中国保监会另行规定。

第三十二条 相互保险组织应当按照企业会计准则进行会计核算,并建立符合相互制经营特色的财务管理制度。

第三十三条 相互保险组织应当建立适合相互保险组织经营特点的信息披露制度,保障会员作为保险消费者和相互保险组织所有者的合法权益,使用通俗易懂的语言定期向会员披露产品信息、财务信息、治理信息、风险管理状况信息、偿付能力信息、重大关联交易信息及重大事项信息。

第三十四条 相互保险组织应当建立健全监督审计制度。监督审计情况应当向会员(代表)大会报告。一般相互保险组织应当聘请外部审计机构进行年度审计。高管人员离任的，应当进行离任审计。

第六章 监督管理

第三十五条 保险监督管理机构按照审慎监管要求对相互保险组织进行持续、动态监管。

第三十六条 保险监督管理机构对相互保险组织的监督管理，采取现场监管与非现场监管相结合的方式。

第三十七条 保险监督管理机构对相互保险组织的监管包括但不限于下列事项：

（一）组织设立、变更是否依法经批准或者向保险监督管理机构报告；

（二）董(理)事、监事、高级管理人员任职资格是否依法经核准；

（三）初始运营资金、各项准备金是否真实、充足；

（四）内控制度和内部治理是否符合保险监督管理机构的规定；

（五）偿付能力是否充足；

（六）资金运用是否合法；

（七）信息披露是否充分；

（八）业务经营和财务情况是否合法，报表、文件、资料是否及时、完整、真实；

（九）保险条款和费率是否按规定报经审批或者备案；

（十）需要事后报告的其他事项是否按照规定报告；

（十一）保险监督管理机构依法规定的其他事项。

第三十八条 相互保险组织偿付能力管理参照保险公司偿付能力管理规定执行，中国保监会另有规定的从其规定。当偿付能力不足时，相互保险组织应当向会员及时进行风险警示，并在两个月内召开会员(代表)大会确定改善偿付能力措施。

第三十九条 相互保险组织应当按照有关规定报送统计报表，做好保险统计工作。一般相互保险组织应当按照规定及时向保险监督管理机构报送偿付能力报告、财务会计报告、精算报告、合规报告及其他有关报告、报表、文件和资料；专业性、区域性相互保险组织应当及时向保险监督管理机构报送偿付能力报告、财务会计报告、营业报告及其他有关报告、报表、文件和资料。

第七章 附 则

第四十条 相互保险公司、合作保险组织经营保险业务，参照本办法执行。

第四十一条 本办法由中国保监会负责解释。

第四十二条 本办法自发布之日起施行。

（四）保险统计

银行保险监管统计管理办法

· 2022 年 12 月 25 日中国银行保险监督管理委员会令 2022 年第 10 号公布
· 自 2023 年 2 月 1 日起施行

第一章 总 则

第一条 为加强银行业保险业监管统计管理，规范监管统计行为，提升监管统计质效，落实统计监督职能，促进科学监管和行业平稳健康发展，根据《中华人民共和国银行业监督管理法》《中华人民共和国保险法》《中华人民共和国商业银行法》《中华人民共和国统计法》《中华人民共和国数据安全法》等法律法规，制定本办法。

第二条 本办法所称银行保险机构，是指在中华人民共和国境内依法设立的商业银行、农村信用合作社等吸收公众存款的金融机构以及政策性银行、金融资产管理公司、金融租赁公司、理财公司、保险集团(控股)公司、保险公司和保险资产管理公司等。

第三条 本办法所称监管统计，是指银保监会及其派出机构组织实施的以银行保险机构为对象的统计调查、统计分析、统计信息服务、统计管理和统计监督检查等活动，以及银行保险机构为落实相关监管要求开展的各类统计活动。

本办法所称监管统计资料，是指依据银保监会及其派出机构监管统计要求采集的、反映银行保险机构经营情况和风险状况的数据、报表、报告等。

第四条 监管统计工作遵循统一规范、准确及时、科学严谨、实事求是的原则。

第五条 银保监会对银行保险监管统计工作实行统一领导、分级管理的管理体制。银保监会派出机构负责辖内银行保险机构监管统计工作。

第六条 银保监会及其派出机构、银行保险机构应不断提高监管统计信息化水平，充分合理利用先进信息技术，满足监管统计工作需要。

第七条 监管统计工作及资料管理应严格遵循保密、网络安全、数据安全、个人信息保护等有关法律法规、监管规章和标准规范。相关单位和个人应依法依规严格予以保密，保障监管统计数据安全。

第二章 监管统计管理机构

第八条 银保监会统计部门对监管统计工作实行归口管理，履行下列职责：

（一）组织制定监管统计管理制度、监管统计业务制度、监管数据标准和数据安全制度等有关工作制度；

（二）组织开展监管统计调查和统计分析；

（三）收集、编制和管理监管统计数据；

（四）按照有关规定定期公布监管统计资料；

（五）组织开展监管统计监督检查和业务培训；

（六）推动监管统计信息系统建设；

（七）组织开展监管统计数据安全保护相关工作；

（八）为满足监管统计需要开展的其他工作。

第九条 银保监会相关部门配合统计部门做好监管统计工作，履行下列职责：

（一）参与制定监管统计管理制度、监管统计业务制度和监管数据标准；

（二）指导督促银行保险机构执行监管统计制度、加强监管统计管理和提高监管统计质量；

（三）依据监管责任划分和有关规定，审核所辖银行保险机构监管统计数据；

（四）落实监管统计数据安全保护相关工作；

（五）为满足监管统计需要开展的其他工作。

第十条 银保监会派出机构贯彻银保监会监管统计制度、标准和有关工作要求。派出机构统计部门在辖区内履行本办法第八条（二）至（八）款之规定职责，以及制定辖区监管统计制度；相关部门履行本办法第九条之规定职责。

第三章 监管统计调查管理

第十一条 银保监会及其派出机构开展监管统计调查应充分评估其必要性、可行性和科学性，合理控制数量，不必要的应及时清理。

第十二条 监管统计调查按照统计方式和期限，分为常规统计调查和临时统计调查。

常规统计调查以固定的制式、内容、频次定期收集监管统计资料，由银保监会归口管理部门统一管理。开展监管统计常规调查，应同时配套制定监管统计业务制度。

临时统计调查以灵活的制式、内容、频次收集监管统计资料，有效期限原则上不超过一年，到期后仍需继续采集的，应重新制定下发或转为常规统计调查。

第十三条 派出机构开展辖内银行保险机构临时统计调查，相关统计报表和统计要求等情况应报上一级统计部门备案。

第十四条 银保监会及其派出机构应建立健全监管统计资料管理机制和流程，规范资料的审核、整理、保存、查询、使用、共享和信息服务等事项，采取必要的管理手段和技术措施，强化监管统计资料安全管理。

第十五条 银保监会建立统计信息公布机制，依法依规定期向公众公布银行保险监管统计资料。派出机构根据银保监会规定和授权，建立辖内统计信息公布机制。

第四章 银行保险机构监管统计管理

第十六条 银行保险机构应按照银保监会及其派出机构要求，完善监管统计数据填报审核工作机制和流程，确保数据的真实性、准确性、及时性、完整性。

银行保险机构应保证同一指标在监管报送与对外披露的一致性。如有重大差异，应及时向银保监会或其派出机构解释说明。

第十七条 银行保险法人机构应将监管统计数据纳入数据治理，建立满足监管统计工作需要的组织架构、工作机制和流程，明确职权和责任，实施问责和激励，评估监管统计管理的有效性和执行情况，推动监管统计工作有效开展和数据质量持续提升，并加强对分支机构监管统计数据质量的监督和管理。

第十八条 银行保险机构法定代表人或主要负责人对监管统计数据质量承担最终责任。

银行保险法人机构及其县级及以上分支机构应分别指定一名高级管理人员（或主要负责人）为监管统计负责人，负责组织部署本机构监管统计工作，保障岗位、人员、薪酬、科技支持等资源配置。

第十九条 银行保险法人机构应明确并授权归口管理部门负责组织、协调和管理本机构监管统计工作，履行下列职责：

（一）组织落实监管统计法规、监管统计标准及有关工作要求；

（二）组织制定满足监管统计要求的内部管理制度和统计业务制度；

（三）组织收集、编制、报送和管理监管统计数据；

（四）组织开展对内部各部门、各分支机构的监管统计管理、考评、检查和培训工作，对不按规定提供或提供虚假监管统计数据的进行责任认定追溯；

（五）推动建设满足监管统计报送工作需要的信息系统；

（六）落实监管统计数据安全保护相关工作；

（七）为满足监管统计需要开展的其他工作。

银行保险法人机构各相关部门应承担与监管统计报送有关的业务规则确认、数据填报和审核、源头数据质量治理等工作职责。

银行保险机构省级、地市级分支机构应明确统计工作部门，地市级以下分支机构应至少指定统计工作团队，负责组织开展本级机构的监管统计工作。

第二十条 银行保险法人机构归口管理部门及其省级分支机构统计工作部门应设置监管统计专职岗位。地市级及以下分支机构可视实际情况设置监管统计专职或兼职岗位。相关岗位均应设立A、B角，人员数量、专业能力和激励机制应满足监管统计工作需要。

银行保险法人机构或其县级及以上分支机构应在指定或者变更监管统计负责人、归口管理部门（或统计工作部门、团队）负责人后10个工作日内，向银保监会或其派出机构备案。

第二十一条 银行保险机构应及时制定并更新满足监管要求的监管统计内部管理制度和业务制度，在制度制定或发生重大修订后10个工作日内向银保监会或其派出机构备案。

管理制度应包括组织领导、部门职责、岗位人员、信息系统保障、数据编制报送、数据质量管控、检查评估、考核评价、问责与激励、资料管理、数据安全保护等方面。

业务制度应全面覆盖常规监管统计数据要求，对统计内容、口径、方法、分工和流程等方面做出统一规定。

第二十二条 银行保险机构应建立包括数据源管理、统计口径管理、日常监控、监督检查、问题整改、考核评价在内的监管统计数据质量全流程管理机制，明确各部门数据质量责任。

第二十三条 银行保险机构应建立满足监管统计工作需要的信息系统，提高数字化水平。

银行保险机构内部业务及管理基础系统等各类信息系统应覆盖监管统计所需各项业务和管理数据。

第二十四条 银行保险机构应加强监管统计资料的存储管理，建立全面、严密的管理流程和归档机制，保证监管统计资料的完整性、连续性、安全性和可追溯性。

银行保险机构向境外机构、组织或个人提供境内采集、存储的监管统计资料，应遵守国家有关法律法规及行业相关规定。

第二十五条 银行保险机构应当充分运用数据分析手段，对本机构监管统计指标变化情况开展统计分析和数据挖掘应用，充分发挥监管统计资料价值。

第五章 监管统计监督管理

第二十六条 银保监会及其派出机构依据有关规定和程序对银行保险机构监管统计工作情况进行监督检查，内容包括：

（一）监管统计法律法规及相关制度的执行；

（二）统计相关组织架构及其管理；

（三）相关岗位人员配置及培训；

（四）内部统计管理制度和统计业务制度建设及其执行情况；

（五）相关统计信息系统建设，以及统计信息系统完备性和安全性情况；

（六）监管统计数据质量及其管理；

（七）监管统计资料管理；

（八）监管统计数据安全保护情况；

（九）与监管统计工作相关的其他情况。

第二十七条 银保监会及其派出机构采取非现场或现场方式实施监管统计监督管理。对违反本办法规定的银行保险机构，银保监会及其派出机构可依法依规采取监督管理措施或者给予行政处罚。

第二十八条 银行保险机构未按规定提供监管统计资料的，分别依据《中华人民共和国银行业监督管理法》《中华人民共和国保险法》《中华人民共和国商业银行法》等法律法规，视情况依法予以处罚。

第二十九条 银行保险机构违反本办法规定，有下列行为之一的，分别依据《中华人民共和国银行业监督管理法》《中华人民共和国保险法》《中华人民共和国商业银行法》等法律法规予以处罚；构成犯罪的，依法追究刑事责任：

（一）编造或提供虚假的监管统计资料；

（二）拒绝接受依法进行的监管统计监督检查；

（三）阻碍依法进行的监管统计监督检查。

第三十条 银行保险机构违反本办法第二十八、二十九条规定的，银保监会及其派出机构分别依据《中华人民共和国银行业监督管理法》《中华人民共和国保险法》《中华人民共和国商业银行法》等法律法规对有关责任人员采取监管措施或予以处罚。

第六章 附 则

第三十一条 银保监会及其派出机构依法监管的其他机构参照本办法执行。

第三十二条 本办法由银保监会负责解释。

第三十三条 本办法自2023年2月1日起施行。《银行业监管统计管理暂行办法》（中国银行业监督管理委员会令2004年第6号）、《保险统计管理规定》（中国保险监督管理委员会令2013年第1号）同时废止。

保险公司分支机构开业统计与信息化建设验收指引

· 2005年5月12日
· 保监发〔2005〕44号

为指导并规范保险公司分支机构筹建以及开业验收过程中有关统计与信息化建设方面的工作，根据《中华人民共和国保险法》、《中华人民共和国行政许可法》、《保险公司管理规定》、《外资保险公司管理条例》、《保险统计管理暂行规定》等有关规定，制定本指引。

一、总体要求

保险公司分支机构开业时的统计与信息化建设应实现本公司各项主要业务、财务流程的信息化和管理流程的信息化，确保保险信息的及时、正确与安全，保障保险公司分支机构持续、稳定、高效的运营，并满足保险监管部门数据采集的要求。

二、适用范围

各保险公司分公司（不含外国及港、澳、台地区保险公司在华分公司）、中心支公司。支公司、营业部以及营销服务部设立时统计与信息化建设验收由验收单位参照本指引执行。

三、审核和验收标准

（一）保险公司分支机构应设立或指定部门负责统计和信息化工作，明确统计、信息化工作的负责人和联系人。保险公司分公司应配备专职的统计和信息技术人员，中心支公司应设立统计和信息技术岗位。

（二）保险公司分支机构应建立保险统计与信息化工作方面的规章制度，并建立计算机系统故障应急处理机制。

（三）保险公司分支机构应建立较为完备的网络体系，软、硬件系统具有较为完整的安全防护措施，其主要设备和重要通信线路应具有冗余备份，本地存储的重要数据具有安全保密、存储、异地备份措施。

（四）保险公司分支机构经营的所有保险业务应实现信息化管理，核心业务系统、财务系统应采用总公司授权使用的系统平台，业务、财务系统数据实现无缝对接。

（五）保险公司分支机构的信息系统应满足监管部门数据采集、查询的要求。

（六）保险公司分支机构具有独立业务系统的，其计算机机房可以采用自建或托管的形式，但应符合国家关于机房建设的有关标准，并经过消防部门验收。

四、开业验收申请材料

保险公司分支机构开业验收申请中统计和信息化建设的内容应包括以下材料：

（一）负责统计工作的保险公司分支机构负

责人、主管统计工作的部门组织结构和人员情况；负责信息化工作的分支机构负责人、主管信息化工作的部门组织结构和人员情况。

（二）保险统计与信息化工作方面的规章制度及计算机系统故障应急处理机制等。

（三）业务、财务系统建设的具体方案，包括业务、财务系统的处理模式，数据集中情况，基本处理流程框架，系统间数据交换关系，各类数据的管理权限等。

（四）总公司出具的关于在分支机构核准开业后的第三个月起，按照有关规定向保险监管机构报送该分支机构数据的承诺书。

（五）向保险监管部门报送各类监管数据的详细流程。若数据由总公司统一生成并报送，应说明数据传递、核对的具体流程。

（六）公司的网络架构和软硬件情况，以及公司在网络、软硬件、数据等方面的安全保障策略。

（七）计算机机房建设情况说明，具有独立业务系统的公司要提供地方消防部门出具的机房消防验收合格证明。

五、验收工作流程

保险公司分支机构开业验收中，统计和信息化建设部分验收的具体内容如下：

（一）材料审核

审核保险公司分支机构开业申请材料中有关统计与信息化建设部分内容。材料不符合要求的，应补齐相关材料。材料审核通过后，方可进行现场验收。

（二）现场验收

1. 听取保险公司分支机构负责人关于分支机构筹建过程中保险统计与信息化建设工作的汇报；

2. 检查保险公司分支机构对保险统计法规的掌握情况及其他统计工作的准备情况；

3. 核查保险公司分支机构业务、财务系统的应用流程和对接情况；

4. 核查保险公司分支机构监管数据的提取、整合和报送工作的具体情况；

5. 核查统计标准是否符合保险监管部门的规定；

6. 核查保险公司分支机构网络架构，以及在网络、软硬件、数据等方面的安全措施。对建有机房的保险公司分支机构，要核查计算机机房建设状况。

（三）验收意见

验收单位作出的保险公司分支机构开业验收意见应包括对该分支机构统计与信息化建设的验收情况和评价。对于未达到验收标准的分支机构应根据中国保监会有关规定要求其整改。

绿色保险业务统计制度

·2022 年 11 月 10 日

一、引言

本制度根据《中华人民共和国保险法》等法律法规，以及《关于构建绿色金融体系的指导意见》《绿色产业指导目录》《银行业保险业绿色金融指引》等文件制定，旨在收集保险公司绿色保险业务数据，反映各保险公司绿色保险业务发展情况。

二、一般说明

（一）报表名称：绿色保险业务统计表

（二）统计内容：主要统计各保险公司绿色保险业务情况，包括三方面内容：一是为环境、社会、治理风险（ESG）提供保障的保险业务；二是为绿色产业提供保障的保险业务；三是为绿色生活提供保障的保险业务。

（三）填报机构：各保险公司总公司

（四）报送口径：

1. 本统计表按照产品维度和客户维度相结合的方式进行统计。按照产品维度进行统计是指相关保险产品发生的所有业务均纳入统计。按照客户维度进行统计，是指所有与客户（即投保人或被保险人）自身绿色产业经营相关的保险业务原则上均纳入统计；鼓励有条件的保险公司，结合保险标的具体情况，进一步判断保险业务是否属于绿色保险，并纳入相关绿色产业统计科目项下。

第一部分（环境、社会、治理风险保险业务）和第三部分（绿色生活保险业务）按照保险产品维度进行统计。第二部分（绿色产业保险业务）以客户维度为主进行统计。对于组合类保险产品，按具体产品拆分填列；对于保障责任较为综合的保险产品，产品责任可拆分的按具体产品责任拆分填列，产品责任不可拆分的按主要产品责任归属填列。针对同一客户属于多个产业、无法准确拆分的，按照其主要经营产业进行归类统计。

2. 第二部分中,绿色产业分类标准参照《绿色产业指导目录(2019年版)》《节能环保清洁产业统计分类(2021)》《国民经济行业分类(GB/T4754-2017)》等国家标准执行。

3. 本统计表绿色保险业务承保和理赔情况包括"保单数量""原保险保费收入""保险金额""赔付件数""赔款支出"等统计指标,其统计口径与保险统计信息系统报送要求保持一致。

4. 本统计表仅统计非寿险业务,即财产保险业务(包括财产损失保险、责任保险、信用保险和保证保险等业务)以及意外伤害保险业务、健康保险业务。

5. 未开展相关绿色保险业务的公司,在表格相应单元格填写"0"。

(五)报送层级。各保险公司需同时报送全国数据和省级区域(包括省、自治区、直辖市、计划单列市)数据。

(六)报送频度和报送时间:各保险公司按月进行统计报送,每月结束后10个工作日内报送截至上个月末的绿色保险业务当年累计数据。

(七)报送路径:通过"创新业务统计信息系统"绿色保险业务模块报送。

(八)数据单位:万元、件

(九)填报币种:人民币

三、具体说明

1. 环境、社会、治理(ESG)风险保险业务。

[1.1气候变化风险类保险]:指为气候变化、低碳转型提供风险保障的保险产品。

[1.1.1巨灾保险]:指为预防和分散自然灾害等事故可能造成的重大人员伤亡、财产损失和社会风险,促进灾后应急管理和社会秩序恢复的保险产品。

[1.1.2碳保险]:指为减少碳排放所产生的特定交易、技术、行为和设备提供保障、降低损失风险的保险产品。

[1.1.A涉及绿色产业的保险业务]:统计气候变化风险类保险业务中为绿色产业(参见2.绿色产业保险业务)提供风险保障的情况。

[1.2环境风险类保险]:指以环境保护为目的,为各类环境损害事件提供风险保障的保险产品。

[1.2.1环境污染责任保险]:指为企业环境污染事故责任提供风险保障的保险产品。

[1.2.2船舶污染责任保险]:指为船舶环境污染事故责任提供风险保障的保险产品。

[1.2.A涉及绿色产业的保险业务]:统计环境风险类保险业务中为绿色产业(参见2.绿色产业保险业务)提供风险保障的情况。

[1.3社会治理风险类保险]:指服务于社会治理,为矛盾纠纷高发领域提供风险保障且与可持续发展密切相关的保险产品。

[1.3.1安全生产责任保险]:指为安全生产事故责任提供风险保障的保险产品。

[1.3.A涉及绿色产业的保险业务]:统计社会治理风险类保险业务中为绿色产业(参见2.绿色产业保险业务)提供风险保障的情况。

[1.4其他]:指其他为环境、社会、治理(ESG)领域风险提供风险保障的保险产品。

[1.4.A涉及绿色产业的保险业务]:统计其他保险业务中为绿色产业(参见2.绿色产业保险业务)提供风险保障的情况。

2. 绿色产业保险业务。

[2.1生态环境产业]:指服务于生态系统的保护修复,优化生态安全屏障,提升生态系统质量和稳定性的产业,主要包括生态农业、生态保护和生态修复等。

[2.1.1生态农业]:指以合理利用农业自然资源和保护良好生态环境为前提,能够实现较好经济效益、生态效益和社会效益的现代农业。

[2.1.1.1生态种植业]:主要包括现代农业种业、绿色有机农业、林下种植、农作物种植保护地和保护区建设运营等产业。

[2.1.1.2生态林业]:主要包括森林资源培育、碳汇林、植树种草及林木种苗花卉、林业基因资源保护、森林游憩和康养等产业。

[2.1.1.3绿色畜牧业]:主要包括林下养殖、病死畜禽无害化处理体系、畜禽养殖废弃物贮存处理利用设施建设等。

[2.1.1.4绿色渔业]:主要包括碳汇渔业及净水渔业、稻渔及盐碱水鱼农综合利用、循环水养殖、深水抗风浪及不投饵网箱养殖等。

[2.1.2生态保护和生态修复]:指从事生态保护和生态修复活动的产业,主要包括天然林资源保护,动植物资源保护,自然保护区建设和运营,国家公园、世界遗产和国家级风景名胜区保护性运营,农村土地综合整治等。

[2.2清洁能源]:指为全社会提供清洁能源产

品或服务的产业,主要包括太阳能产业、风能产业、水力发电产业、核能产业、生物质能产业、智能电网产业、天然气产业、传统能源清洁高效利用产业等。

[2.2.1 太阳能产业]:指太阳能资源开发和应用的产业,主要包括太阳能发电装备制造、太阳能利用设施建设和运营等。

[2.2.2 风能产业]:指风能资源开发和应用的产业,主要包括风力发电装备制造、风力发电设施建设和运营等。

[2.2.3 水力发电产业]:指水力发电资源开发和应用的产业,主要包括水力发电和抽水蓄能装备制造、大型水力发电设施建设和运营等。

[2.2.4 核能产业]:指核能资源开发和应用的产业,主要包括核电装备制造、核电站建设和运营等。

[2.2.5 其他]:指其他清洁能源产业,包括生物质能、智能电网、地热能、海洋能、氢能、天然气、清洁燃油、煤炭清洁生产和清洁利用等产业。

[2.3 基础设施绿色升级]:指提升重大基础设施建设的绿色化程度,提高人民群众的绿色生活水平的相关产业,主要包括建筑节能与绿色建筑、绿色交通、环境基础设施、城镇能源基础设施、海绵城市、园林绿化等。

[2.3.1 建筑节能与绿色建筑]:主要包括绿色建筑的设计和建造、装配式建筑的设计和建造、对既有建筑实施节能及绿色化改造等。

[2.3.2 绿色交通]:主要包括城乡公共交通系统建设和运营,共享交通设施建设和运营,货物运输铁路建设和运营,环境友好型铁路建设和运营,充电、换电、加氢和加气设施建设和运营,智能交通体系建设和运营等。

[2.3.3 园林绿化]:主要包括公园绿地建设、养护和运营,道路绿化建设和养护管理,绿道系统建设、养护管理和运营等。

[2.3.4 环境能源基础设施]:主要包括污水处理设施建设和改造、生活垃圾处理设施建设和运营、城镇污水收集系统排查改造建设修复、城镇集中供热系统清洁化运营和改造、海绵城市建设等。

[2.4 节能环保产业]:指从事资源能源节约和循环利用、生态环境保护装备制造和产业活动的相关产业,主要包括高效节能设备制造、先进环保设备制造、资源循环利用设备制造、新能源汽车和绿色船舶制造、节能改造、污染治理和资源循环利

用服务等。

[2.5 清洁生产产业]:指从事生产全过程的废物减量化、资源化和无害化的相关产业,主要包括产业园区绿色升级、无毒无害原料替代使用与危险废物治理、生产过程废气处理处置及资源化综合利用、生产过程节水和废水处理处置及资源化综合利用、生产过程废渣处理处置及资源化综合利用等。

[2.6 绿色服务]:指与绿色产业相关的咨询服务、项目运营管理、项目评估审计核查、监测检测、技术产品认证和推广等。

[2.7 其他]:指以企业为投保人或被保险人,为其他绿色产业、绿色项目、绿色产品提供风险保障的保险产品。

3. 绿色生活保险业务。

[3.1 新能源汽车保险]:指为新能源汽车提供风险保障的保险产品,包括机动车商业保险和机动车交通事故责任强制保险。

[3.1.A 涉及绿色产业的保险业务]:统计新能源汽车保险业务中为绿色产业(参见 2. 绿色产业保险业务)提供风险保障的情况。

[3.2 非机动车保险]:指为非机动车提供风险保障的保险产品。

[3.2.A 涉及绿色产业的保险业务]:统计非机动车保险业务中为绿色产业(参见 2. 绿色产业保险业务)提供风险保障的情况。

[3.3 其他]:指为其他绿色出行、绿色居住、绿色消费等活动提供风险保障的保险产品。

[3.3.A 涉及绿色产业的保险业务]:统计其他保险业务中为绿色产业(参见 2. 绿色产业保险业务)提供风险保障的情况。

四、统计报表勾稽关系

[4] = [1] + [2] + [3] − [1.1.A] − [1.2.A] − [1.3.A] − [1.4.A] − [3.1.A] − [3.2.A] − [3.3.A]

[1] = [1.1] + [1.2] + [1.3] + [1.4]

[2] = [2.1] + [2.2] + [2.3] + [2.4] + [2.5] + [2.6] + [2.7]

[3] = [3.1] + [3.2] + [3.3]

[1.1] = [1.1.1] + [1.1.2] + [1.1.3]

[1.2] = [1.2.1] + [1.2.2] + [1.2.3]

[1.3] = [1.3.1] + [1.3.2]

[2.1] = [2.1.1] + [2.1.2]

[2.2] = [2.2.1] + [2.2.2] + [2.2.3] + [2.2.4] + [2.2.5]

[2.3] = [2.3.1] + [2.3.2] + [2.3.3] + [2.3.4]

[2.1.1] = [2.1.1.1] + [2.1.1.2] + [2.1.1.3] + [2.1.1.4]

附件：绿色保险业务统计表（略）

保险外币统计币种及折算汇率管理办法

- 2006年12月22日
- 保监发〔2006〕126号

第一章 总 则

第一条 为了加强保险机构外币业务的统计管理，提高外币业务统计信息的质量和可比性，根据《保险统计管理暂行规定》等相关规章制度，制定本办法。

第二条 中国保险监督管理委员会（以下简称中国保监会）及其派出机构依法对保险机构的外币业务实行分币种统计制度。

第三条 本办法适用的保险机构包括：保险公司、保险资产管理公司等。

第四条 本办法仅适用于保险机构向中国保监会及其派出机构报送保险统计信息。

第二章 外币统计币种

第五条 中国保监会及其派出机构对保险机构外币业务进行统计所使用的币种包括：美元、欧元、日元、港币和英镑。

第六条 保险机构向中国保监会及其派出机构报送的外币统计信息包括：

（一）美元、欧元、日元、港币和英镑原币的统计信息；

（二）所有外币折美元的统计信息；

（三）所有外币折人民币的统计信息。

第三章 外币统计折算汇率

第七条 保险机构在报送所有外币折美元的业务类统计信息时，折美元的汇率采用国家外汇管理局每月公布的各种货币对美元的折算率。

保险机构在对国家外汇管理局未公布美元折算率的外币进行统计时，折美元的汇率应采用报告期末最后一天境外公认的金融市场公布的该币种对美元的汇率。

第八条 保险机构在报送所有外币折人民币的业务类统计信息时，折人民币的汇率采用报告期末最后一天中国人民银行公布的人民币外汇牌价中间价。

保险机构在对中国人民银行未公布人民币汇率的外币进行统计时，应通过美元进行折算。即先按第七条规定的方法将该种外币折算成美元，然后再按报告期末最后一天中国人民银行公布的人民币对美元的中间价折算成人民币。

第九条 保险机构在报送所有外币折人民币的财务类统计信息时，应按照《企业会计准则第19号——外币折算》及其《应用指南》的规定进行汇率折算，并确保报送的数据与公司会计报表的数据一致。

第十条 折算汇率至少取四位小数（四舍五入）。

第四章 附 则

第十一条 本办法由中国保监会负责解释。

第十二条 本办法自2007年1月1日起施行。

（五）外资保险公司

中华人民共和国外资保险公司管理条例

- 2001年12月12日中华人民共和国国务院令第336号公布
- 根据2013年5月30日《国务院关于修改〈中华人民共和国外资保险公司管理条例〉的决定》第一次修订
- 根据2016年2月6日《国务院关于修改部分行政法规的决定》第二次修订
- 根据2019年9月30日《国务院关于修改〈中华人民共和国外资保险公司管理条例〉和〈中华人民共和国外资银行管理条例〉的决定》第三次修订

第一章 总 则

第一条 为了适应对外开放和经济发展的需

要,加强和完善对外资保险公司的监督管理,促进保险业的健康发展,制定本条例。

第二条 本条例所称外资保险公司,是指依照中华人民共和国有关法律、行政法规的规定,经批准在中国境内设立和营业的下列保险公司:

(一)外国保险公司同中国的公司、企业在中国境内合资经营的保险公司(以下简称合资保险公司);

(二)外国保险公司在中国境内投资经营的外国资本保险公司(以下简称独资保险公司);

(三)外国保险公司在中国境内的分公司(以下简称外国保险公司分公司)。

第三条 外资保险公司必须遵守中国法律、法规,不得损害中国的社会公共利益。

外资保险公司的正当业务活动和合法权益受中国法律保护。

第四条 国务院保险监督管理机构负责对外资保险公司实施监督管理。国务院保险监督管理机构的派出机构根据国务院保险监督管理机构的授权,对本辖区的外资保险公司进行日常监督管理。

第二章 设立与登记

第五条 设立外资保险公司,应当经国务院保险监督管理机构批准。

设立外资保险公司的地区,由国务院保险监督管理机构按照有关规定确定。

第六条 设立经营人身保险业务的外资保险公司和经营财产保险业务的外资保险公司,其设立形式、外资比例由国务院保险监督管理机构按照有关规定确定。

第七条 合资保险公司、独资保险公司的注册资本最低限额为 2 亿元人民币或者等值的自由兑换货币;其注册资本最低限额必须为实缴货币资本。

外国保险公司分公司应当由其总公司无偿拨给不少于 2 亿元人民币或者等值的自由兑换货币的营运资金。

国务院保险监督管理机构根据外资保险公司业务范围、经营规模,可以提高前两款规定的外资保险公司注册资本或者营运资金的最低限额。

第八条 申请设立外资保险公司的外国保险公司,应当具备下列条件:

(一)提出设立申请前 1 年年末总资产不少于 50 亿美元;

(二)所在国家或者地区有完善的保险监管制度,并且该外国保险公司已经受到所在国家或者地区有关主管当局的有效监管;

(三)符合所在国家或者地区偿付能力标准;

(四)所在国家或者地区有关主管当局同意其申请;

(五)国务院保险监督管理机构规定的其他审慎性条件。

第九条 设立外资保险公司,申请人应当向国务院保险监督管理机构提出书面申请,并提交下列资料:

(一)申请人法定代表人签署的申请书,其中设立合资保险公司的,申请书由合资各方法定代表人共同签署;

(二)外国申请人所在国家或者地区有关主管当局核发的营业执照(副本)、对其符合偿付能力标准的证明及对其申请的意见书;

(三)外国申请人的公司章程、最近 3 年的年报;

(四)设立合资保险公司的,中国申请人的有关资料;

(五)拟设公司的可行性研究报告及筹建方案;

(六)拟设公司的筹建负责人员名单、简历和任职资格证明;

(七)国务院保险监督管理机构规定提供的其他资料。

第十条 国务院保险监督管理机构应当对设立外资保险公司的申请进行初步审查,自收到完整的申请文件之日起 6 个月内作出受理或者不受理的决定。决定受理的,发给正式申请表;决定不受理的,应当书面通知申请人并说明理由。

第十一条 申请人应当自接到正式申请表之日起 1 年内完成筹建工作;在规定的期限内未完成筹建工作,有正当理由的,经国务院保险监督管理机构批准,可以延长 3 个月。在延长期内仍未完成筹建工作的,国务院保险监督管理机构作出的受理决定自动失效。筹建工作完成后,申请人应当将填写好的申请表连同下列文件报国务院保险监督管理机构审批:

(一)筹建报告;

(二)拟设公司的章程;

（三）拟设公司的出资人及其出资额；
（四）法定验资机构出具的验资证明；
（五）对拟任该公司主要负责人的授权书；
（六）拟设公司的高级管理人员名单、简历和任职资格证明；
（七）拟设公司未来3年的经营规划和分保方案；
（八）拟在中国境内开办保险险种的保险条款、保险费率及责任准备金的计算说明书；
（九）拟设公司的营业场所和与业务有关的其他设施的资料；
（十）设立外国保险公司分公司的，其总公司对该分公司承担税务、债务的责任担保书；
（十一）设立合资保险公司的，其合资经营合同；
（十二）国务院保险监督管理机构规定提供的其他文件。

第十二条 国务院保险监督管理机构应当自收到设立外资保险公司完整的正式申请文件之日起60日内，作出批准或者不批准的决定。决定批准的，颁发经营保险业务许可证；决定不批准的，应当书面通知申请人并说明理由。

经批准设立外资保险公司的，申请人凭经营保险业务许可证向市场监督管理部门办理登记，领取营业执照。

第十三条 外资保险公司成立后，应当按照其注册资本或者营运资金总额的20%提取保证金，存入国务院保险监督管理机构指定的银行；保证金除外资保险公司清算时用于清偿债务外，不得动用。

第十四条 外资保险公司在中国境内设立分支机构，由国务院保险监督管理机构按照有关规定审核批准。

第三章　业务范围

第十五条 外资保险公司按照国务院保险监督管理机构核定的业务范围，可以全部或者部分依法经营下列种类的保险业务：
（一）财产保险业务，包括财产损失保险、责任保险、信用保险等保险业务；
（二）人身保险业务，包括人寿保险、健康保险、意外伤害保险等保险业务。

外资保险公司经国务院保险监督管理机构按照有关规定核定，可以在核定的范围内经营大型商业风险保险业务、统括保单保险业务。

第十六条 同一外资保险公司不得同时兼营财产保险业务和人身保险业务。

第十七条 外资保险公司可以依法经营本条例第十五条规定的保险业务的下列再保险业务：
（一）分出保险；
（二）分入保险。

第十八条 外资保险公司的具体业务范围、业务地域范围和服务对象范围，由国务院保险监督管理机构按照有关规定核定。外资保险公司只能在核定的范围内从事保险业务活动。

第四章　监督管理

第十九条 国务院保险监督管理机构有权检查外资保险公司的业务状况、财务状况及资金运用状况，有权要求外资保险公司在规定的期限内提供有关文件、资料和书面报告，有权对违法违规行为依法进行处罚、处理。

外资保险公司应当接受国务院保险监督管理机构依法进行的监督检查，如实提供有关文件、资料和书面报告，不得拒绝、阻碍、隐瞒。

第二十条 除经国务院保险监督管理机构批准外，外资保险公司不得与其关联企业进行资产买卖或者其他交易。

前款所称关联企业，是指与外资保险公司有下列关系之一的企业：
（一）在股份、出资方面存在控制关系；
（二）在股份、出资方面同为第三人所控制；
（三）在利益上具有其他相关联的关系。

第二十一条 外国保险公司分公司应当于每一会计年度终了后3个月内，将该分公司及其总公司上一年度的财务会计报告报送国务院保险监督管理机构，并予公布。

第二十二条 外国保险公司分公司的总公司有下列情形之一的，该分公司应当自各该情形发生之日起10日内，将有关情况向国务院保险监督管理机构提交书面报告：
（一）变更名称、主要负责人或者注册地；
（二）变更资本金；
（三）变更持有资本总额或者股份总额10%以上的股东；
（四）调整业务范围；

（五）受到所在国家或者地区有关主管当局处罚；

（六）发生重大亏损；

（七）分立、合并、解散、依法被撤销或者被宣告破产；

（八）国务院保险监督管理机构规定的其他情形。

第二十三条　外国保险公司分公司的总公司解散、依法被撤销或者被宣告破产的，国务院保险监督管理机构应当停止该分公司开展新业务。

第二十四条　外资保险公司经营外汇保险业务的，应当遵守国家有关外汇管理的规定。

除经国家外汇管理机关批准外，外资保险公司在中国境内经营保险业务的，应当以人民币计价结算。

第二十五条　本条例规定向国务院保险监督管理机构提交、报送文件、资料和书面报告的，应当提供中文本。

第五章　终止与清算

第二十六条　外资保险公司因分立、合并或者公司章程规定的解散事由出现，经国务院保险监督管理机构批准后解散。外资保险公司解散的，应当依法成立清算组，进行清算。

经营人寿保险业务的外资保险公司，除分立、合并外，不得解散。

第二十七条　外资保险公司违反法律、行政法规，被国务院保险监督管理机构吊销经营保险业务许可证的，依法撤销，由国务院保险监督管理机构依法及时组织成立清算组进行清算。

第二十八条　外资保险公司因解散、依法被撤销而清算的，应当自清算组成立之日起60日内在报纸上至少公告3次。公告内容应当经国务院保险监督管理机构核准。

第二十九条　外资保险公司不能支付到期债务，经国务院保险监督管理机构同意，由人民法院依法宣告破产。外资保险公司被宣告破产的，由人民法院组织国务院保险监督管理机构等有关部门和有关人员成立清算组，进行清算。

第三十条　外资保险公司解散、依法被撤销或者被宣告破产的，未清偿债务前，不得将其财产转移至中国境外。

第六章　法律责任

第三十一条　违反本条例规定，擅自设立外资保险公司或者非法从事保险业务活动的，由国务院保险监督管理机构予以取缔；依照刑法关于擅自设立金融机构罪、非法经营罪或者其他罪的规定，依法追究刑事责任；尚不够刑事处罚的，由国务院保险监督管理机构没收违法所得，并处违法所得1倍以上5倍以下的罚款，没有违法所得或者违法所得不足20万元的，处20万元以上100万元以下的罚款。

第三十二条　外资保险公司违反本条例规定，超出核定的业务范围、业务地域范围或者服务对象范围从事保险业务活动的，依照刑法关于非法经营罪或者其他罪的规定，依法追究刑事责任；尚不够刑事处罚的，由国务院保险监督管理机构责令改正，责令退还收取的保险费，没收违法所得，并处违法所得1倍以上5倍以下的罚款，没有违法所得或者违法所得不足10万元的，处10万元以上50万元以下的罚款；逾期不改正或者造成严重后果的，责令限期停业或者吊销经营保险业务许可证。

第三十三条　外资保险公司违反本条例规定，有下列行为之一的，由国务院保险监督管理机构责令改正，处5万元以上30万元以下的罚款；情节严重的，可以责令停止接受新业务或者吊销经营保险业务许可证：

（一）未按照规定提存保证金或者违反规定动用保证金的；

（二）违反规定与其关联企业从事交易活动的；

（三）未按照规定补足注册资本或者营运资金的。

第三十四条　外资保险公司违反本条例规定，有下列行为之一的，由国务院保险监督管理机构责令限期改正；逾期不改正，处1万元以上10万元以下的罚款：

（一）未按照规定提交、报送有关文件、资料和书面报告的；

（二）未按照规定公告的。

第三十五条　外资保险公司违反本条例规定，有下列行为之一的，由国务院保险监督管理机构处10万元以上50万元以下的罚款：

(一)提供虚假的文件、资料和书面报告的；
(二)拒绝或者阻碍依法监督检查的。

第三十六条 外资保险公司违反本条例规定,将其财产转移至中国境外的,由国务院保险监督管理机构责令转回转移的财产,处转移财产金额20%以上等值以下的罚款。

第三十七条 外资保险公司违反中国有关法律、行政法规和本条例规定的,国务院保险监督管理机构可以取消该外资保险公司高级管理人员一定期限直至终身在中国的任职资格。

第七章 附 则

第三十八条 对外资保险公司的管理,本条例未作规定的,适用《中华人民共和国保险法》和其他有关法律、行政法规和国家其他有关规定。

第三十九条 香港特别行政区、澳门特别行政区和台湾地区的保险公司在内地(大陆)设立和营业的保险公司,比照适用本条例。

第四十条 外国保险集团公司可以在中国境内设立外资保险公司,具体管理办法由国务院保险监督管理机构依照本条例的原则制定。

第四十一条 境外金融机构可以入股外资保险公司,具体管理办法由国务院保险监督管理机构制定。

第四十二条 本条例自2002年2月1日起施行。

中华人民共和国外资保险公司管理条例实施细则

· 2004年3月15日中国保险监督管理委员会令2004年第4号公布
· 根据2021年3月10日《中国银保监会关于修改〈中华人民共和国外资保险公司管理条例实施细则〉的决定》修正

第一条 根据《中华人民共和国保险法》和《中华人民共和国外资保险公司管理条例》(以下简称《条例》),制定本细则。

第二条 《条例》所称外国保险公司,是指在中国境外注册、经营保险业务的保险公司。

第三条 外资保险公司至少有1家经营正常的保险公司或者保险集团公司作为主要股东,进行股权变更的,变更后至少有一家经营正常的保险公司或者保险集团公司作为主要股东。

外资保险公司的外方唯一或者外方主要股东应当为外国保险公司或者外国保险集团公司。

主要股东是指持股比例最大的股东,以及法律、行政法规、中国银行保险监督管理委员会(以下简称银保监会)规定的其他对公司经营管理有重大影响的股东。股东与其关联方、一致行动人的持股比例合并计算。

第四条 外资保险公司主要股东应当承诺自取得股权之日起5年内不转让所持有的股权,并在外资保险公司章程中载明。

经银保监会批准进行风险处置的,银保监会责令依法转让的,涉及司法强制执行的,或者在同一控制人控制的不同主体之间转让股权等特殊情形除外。

第五条 外资保险公司主要股东拟减持股权或者退出中国市场的,应当履行股东义务,保证保险公司偿付能力符合监管要求。

第六条 外资保险公司的注册资本或者营运资金应当为实缴货币。

第七条 外国保险公司分公司成立后,外国保险公司不得以任何形式抽回营运资金。

第八条 《条例》第八条第一项所称设立申请前1年年末,是指申请日的上一个会计年度末。

第九条 《条例》第八条第五项所称其他审慎性条件,至少包括下列条件：
(一)法人治理结构合理；
(二)风险管理体系稳健；
(三)内部控制制度健全；
(四)管理信息系统有效；
(五)经营状况良好,无重大违法违规记录。

第十条 申请人不能提供《条例》第九条第二项要求的营业执照(副本)的,可以提供营业执照的有效复印件或者有关主管当局出具的该申请人有权经营保险业务的书面证明。

第十一条 《条例》第九条第二项所称外国申请人所在国家或者地区有关主管当局对其符合偿付能力标准的证明,应当包括下列内容之一：
(一)在有关主管当局出具证明之日的上一个会计年度,该申请人的偿付能力符合该国家或者地区的监管要求；

(二)在有关主管当局出具证明之日的上一个会计年度中,该申请人没有不符合该国家或者地区偿付能力标准的记录。

第十二条 《条例》第九条第二项所称外国申请人所在国家或者地区有关主管当局对其申请的意见书,应当包括下列内容:

(一)该申请人申请在中国境内设立保险机构是否符合该国家或者地区的法律规定;

(二)是否同意该申请人的申请;

(三)在有关主管当局出具意见之日的前3年,该申请人受处罚的记录。

第十三条 《条例》第九条第三项所称年报,应当包括申请人在申请日的前3个会计年度的资产负债表、利润表和现金流量表。

前款所列报表应当附由申请人所在国家或者地区认可的会计师事务所或者审计师事务所出具的审计意见书。

第十四条 除法律、行政法规另有规定或者经国务院批准外,《条例》第九条第四项所称中国申请人应当符合《保险公司股权管理办法》等相关规定要求。

第十五条 拟设外资保险公司的筹建负责人应当具备下列条件:

(一)大专以上学历;

(二)从事保险或者相关工作2年以上;

(三)无违法犯罪记录。

第十六条 申请人根据《条例》第十一条规定申请延长筹建期的,应当在筹建期届满之日的前1个月以内向银保监会提交书面申请,并说明理由。

第十七条 《条例》第十一条第一项所称筹建报告,应当对该条其他各项的内容作出综述。

第十八条 《条例》第十一条第四项所称法定验资机构,是指符合银保监会要求的会计师事务所。

第十九条 《条例》第十一条第四项所称验资证明,应当包括下列内容:

(一)法定验资机构出具的验资报告;

(二)注册资本或者营运资金的银行原始入账凭证的复印件。

第二十条 《条例》第十一条第五项所称主要负责人,是指拟设外国保险公司分公司的总经理。

对拟任外国保险公司分公司主要负责人的授权书,是指由外国保险公司董事长或者总经理签署的、对拟任外国保险公司分公司总经理的授权书。

授权书应当明确记载被授权人的权限范围。

第二十一条 《条例》第十一条第六项所称拟设公司的高级管理人员,应当符合银保监会规定的任职资格条件。

外国保险公司分公司的高级管理人员,应当具备保险公司总公司高级管理人员的任职资格条件。

第二十二条 《条例》第十一条第九项所称拟设公司的营业场所的资料,是指营业场所所有权或者使用权的证明文件。

《条例》第十一条第九项所称与业务有关的其他设施的资料,至少包括计算机设备配置、网络建设情况以及信息管理系统情况。

第二十三条 外资保险公司可以根据业务发展需要申请设立分支机构。

外国保险公司分公司只能在其所在省、自治区或者直辖市的行政辖区内开展业务,银保监会另有规定的除外。

合资保险公司、独资保险公司在其住所地以外的各省、自治区、直辖市开展业务的,应当设立分支机构。分支机构的设立和管理适用银保监会的有关规定。

第二十四条 外资保险公司及其分支机构的高级管理人员,其任职资格审核与管理,按照银保监会的有关规定执行,本细则另有规定的除外。

第二十五条 合资、独资财产保险公司因分立、合并或者公司章程规定的解散事由出现,申请解散的,应当报银保监会批准,并提交下列资料:

(一)公司董事长签署的申请书;

(二)公司股东会的决议;

(三)拟成立的清算组人员构成及清算方案;

(四)未了责任的处理方案。

第二十六条 经银保监会批准解散的合资、独资财产保险公司,应当自收到银保监会批准文件之日起,停止新的业务经营活动,向银保监会缴回经营保险业务许可证,并在15日内成立清算组。

第二十七条 清算组应当自成立后5日内将公司开始清算程序的情况书面通知市场监督管理、税务、人力资源社会保障等有关部门。

第二十八条 清算组应当自成立之日起1个月内聘请符合银保监会要求的会计师事务所进行

审计;自聘请之日起3个月内向银保监会提交审计报告。

第二十九条 清算组应当在每月10号前向银保监会报送有关债务清偿、资产处置等最新情况报告。

第三十条 《条例》第二十八条所称报纸,是指具有一定影响的全国性报纸。

第三十一条 外国财产保险公司申请撤销其在中国境内分公司的,应当报银保监会批准,并提交下列资料:

(一)外国财产保险公司董事长或者总经理签署的申请书;

(二)拟成立的清算组人员构成及清算方案;

(三)未了责任的处理方案。

外国财产保险公司撤销其在中国境内分公司的具体程序,适用《条例》及本细则有关合资、外资财产保险公司申请解散的程序。

外国财产保险公司分公司的总公司解散、依法被撤销或者宣告破产的,外国财产保险公司分公司的清算及债务处理适用《条例》第三十条及本细则有关合资、独资财产保险公司解散的相应规定。

第三十二条 《条例》第四十条所称外国保险集团公司,是指经所在国家依法登记注册,对集团内一家或者多家保险公司实施控制、共同控制和重大影响的公司。

保险集团是指保险集团公司及受其控制、共同控制和重大影响的公司组成的企业集合,且保险业务为企业集合的主要业务。

第三十三条 申请设立外资保险公司的外国保险集团公司,应当具备下列条件:

(一)符合《条例》第八条第一、四、五项的规定;

(二)所在国家或者地区有完善的保险监管制度,并且该外国保险集团公司或者其主要保险子公司已经受到所在国家或者地区有关主管当局的有效监管;

(三)其所属外国保险集团或者其主要保险子公司符合所在国家或者地区偿付能力标准。

前款所称主要保险子公司是指受保险集团公司控制、共同控制,申请设立前一年度总资产规模排名靠前的一家或者多家保险公司,且该一家或者多家保险公司合计总资产占该保险集团合并报表保险总资产比重不低于60%。

第三十四条 申请设立外资保险公司的外国保险集团公司,应当提交下列资料:

(一)该外国保险集团公司所在国家或者地区有关主管当局核发的营业执照(副本);

(二)该外国保险集团公司或者其主要保险子公司所在国家或者地区有关主管当局出具的符合偿付能力标准的证明及对其申请的意见书;

(三)《条例》第九条规定的除第二项之外的资料。

前款第一、二项所要求的资料,应当符合本细则第十条至第十二条的规定。

第三十五条 外资保险公司变更股东,拟受让方或者承继方为外国保险公司或者外国保险集团公司的,应当符合《条例》及本细则关于申请设立外资保险公司的股东条件。

第三十六条 《条例》第四十一条所称境外金融机构,是指在中华人民共和国境外注册并经所在国家或者地区金融监管当局批准或者许可的金融机构。

第三十七条 保险公司、保险集团公司以外的境外金融机构成为外资保险公司股东的,适用《保险公司股权管理办法》相关规定。

第三十八条 外资保险公司违反本细则有关规定的,由银保监会依据《中华人民共和国保险法》《条例》等法律、行政法规进行处罚。

第三十九条 《条例》及本细则要求提交、报送的文件、资料和书面报告,应当提供中文本,中外文本表述不一致的,以中文本的表述为准。

第四十条 《条例》及本细则规定的期限,从有关资料送达银保监会之日起计算。申请人申请文件不全,需要补交资料的,期限应当从申请人的补交资料送达银保监会之日起重新计算。

本细则有关批准、报告期间的规定是指工作日。

第四十一条 对外资保险公司的管理,《条例》和本细则未作规定的,适用其他法律、行政法规与银保监会的有关规定。

外资再保险公司的设立适用《再保险公司设立规定》,《再保险公司设立规定》未作规定的,适用本细则。

第四十二条 投资外资保险公司,影响或者可能影响国家安全的,应当依法进行外商投资安全审查。

第四十三条 香港特别行政区、澳门特别行政区和台湾地区的保险公司和保险集团公司在内地（大陆）设立和营业的保险公司，参照适用《条例》和本细则；法律、行政法规或者行政协议另有规定的，适用其规定。

第四十四条 外国保险公司和外国保险集团公司作为中国境内保险公司股东，设立保险集团公司的，适用保险集团公司管理的相关规定，未作规定的，参照适用《条例》和本细则。

第四十五条 本细则自公布之日起施行。原中国保险监督管理委员会 2004 年 5 月 13 日发布的《中华人民共和国外资保险公司管理条例实施细则》（保监会令 2004 年第 4 号）同时废止。

外国保险机构驻华代表机构管理办法

· 2006 年 7 月 12 日中国保监监督管理委员会令 2006 年第 5 号公布
· 根据 2018 年 2 月 13 日《中国保险监督管理委员会关于修改〈中华人民共和国外资保险公司管理条例实施细则〉等四部规章的决定》修订

第一章 总 则

第一条 为了加强对外国保险机构驻华代表机构（以下简称"代表机构"）的管理，适应中国保险市场对外开放的需要，根据《中华人民共和国保险法》，制定本办法。

第二条 本办法所称外国保险机构，是指在中国境外注册的保险公司、再保险公司、保险中介机构、保险协会及其他保险组织。

本办法所称代表机构，是指外国保险机构在中国境内获准设立并从事联络、市场调查等非经营性活动的代表处、总代表处。

本办法所称首席代表，是指代表处的主要负责人；本办法所称总代表，是指总代表处的主要负责人。

第三条 代表机构必须遵守中国法律、法规和中国保险监督管理委员会（以下简称"中国保监会"）的有关规定。

代表机构的合法权益受中国法律保护。

第四条 中国保监会根据法律和国务院授权，对代表机构履行监管职责。

中国保监会派出机构，在中国保监会授权范围内，代表中国保监会对本辖区的代表机构实施日常监管。

第二章 申请与设立

第五条 申请设立代表处的外国保险机构（以下简称"申请者"）应当具备下列条件：

（一）经营状况良好；

（二）外国保险机构经营有保险业务的，应当经营保险业务 20 年以上，没有经营保险业务的，应当成立 20 年以上；

（三）申请之日前 3 年内无重大违法违规记录；

（四）中国保监会规定的其他审慎性条件。

本条所称经营保险业务 20 年以上，是指外国保险机构持续经营保险业务 20 年以上，外国保险机构吸收合并其他机构或者与其他机构合并设立新保险机构的，不影响其经营保险业务年限的计算。

外国保险机构子公司经营保险业务的年限，自该子公司设立时开始计算。

外国保险集团公司经营保险业务的年限，以下列两项时间中较早的一项时间开始计算：

（一）该集团开始经营保险业务的时间；

（二）该集团中经营保险业务的子公司开始经营保险业务的时间。

第六条 申请者应当提交下列材料：

（一）正式申请表；

（二）由董事长或者总经理签署的致中国保监会主席的申请书；

（三）所在国家或者地区有关主管当局核发的营业执照或者合法开业证明或者注册登记证明的复印件；

（四）机构章程、董事会成员名单、管理层人员名单或者主要合伙人名单；

（五）申请之日前 3 年的年报；

（六）所在国家或者地区有关主管当局出具的对申请者在中国境内设立代表处的意见书，或者由所在行业协会出具的推荐信，意见书或者推荐信应当陈述申请者在出具意见书或者推荐信之日前 3 年受处罚的记录；

(七)代表机构设立的可行性和必要性研究报告;

(八)由董事长或者总经理签署的首席代表授权书;

(九)申请者就拟任首席代表在申请日前3年没有因重大违法违规行为受到所在国家或者地区处罚的声明;

(十)拟任首席代表的简历;

(十一)中国保监会规定提交的其他资料。

申请者提交的材料应当真实有效。

第七条　申请者应当向中国保监会提交申请材料。对拟设代表处的申请,中国保监会应当根据下列情况分别处理:

(一)申请材料存在可以当场更正的错误的,应当允许申请人当场更正;

(二)申请材料不齐全或者不符合法定形式的,应当当场或者在5日内一次告知申请人需要补正的全部内容,逾期不告知的,自收到申请材料之日起即为受理;

(三)申请材料齐全、符合法定形式,或者申请人按照要求提交全部补正申请材料的,应当受理申请。

中国保监会受理或者不予受理申请,应当出具加盖专用印章和注明日期的书面凭证。

第八条　中国保监会根据审慎性原则对设立代表处的申请进行审查,并应当自受理申请之日起20日内,作出批准或者不予批准的决定。20日内不能作出决定的,经中国保监会主席批准,可以延长10日,并应当将延长期限的理由告知申请人。

决定批准的,颁发批准书;决定不予批准的,应当书面说明理由。

第九条　代表处领取批准书后,应当按有关规定办理工商登记。

代表处应当自领取批准书之日3个月内迁入固定的办公场所,并向中国保监会书面报告下列事项:

(一)工商登记注册证明;

(二)办公场所的合法使用权证明;

(三)办公场所电话、传真、邮政通讯地址;

(四)首席代表移动电话、电子邮箱。

代表处自领取批准书之日起3个月内未向中国保监会提交书面报告的,视为未迁入固定办公场所,原批准书自动失效。

第三章　监督管理

第十条　代表处的名称应当依次由下列内容组成:"外国保险机构所属国家或者地区名称"、"外国保险机构名称"、"所在城市名称"和"代表处";总代表处的名称应当依次由下列内容组成:"外国保险机构所属国家或者地区名称"、"外国保险机构名称"和"驻中国总代表处"。

第十一条　代表机构除主要负责人外,其他主要工作人员应当称"代表"、"副代表"。

第十二条　代表机构工作人员应当遵守中国的法律法规,品行良好,无重大违法违规记录。

第十三条　总代表和首席代表应当具备履行职责所需的学历、从业经历和工作能力。

总代表应当具备8年以上工作经历、大学专科以上学历;首席代表应当具备5年以上工作经历、大学专科以上学历。

总代表和首席代表不具备大学专科以上学历的,应当具备10年以上保险从业经历。

第十四条　每个代表机构的外籍工作人员最多不得超过3人。

第十五条　代表机构及其工作人员不得以任何方式从事或者参与经营性活动。

第十六条　代表机构应当有独立、固定的办公场所和专职的工作人员。

第十七条　总代表或首席代表不得在2个以上代表机构中任职;也不得在中国境内任何经营性机构中任职。

第十八条　总代表或首席代表应当常驻代表机构主持日常工作,并且常驻时间每年累计不得少于240日。

总代表或者首席代表离开代表机构的时间每次不得连续超过30日;离开代表机构连续超过14日的,应当指定专人代行其职,并向当地中国保监会派出机构书面报告。

第十九条　代表机构应当在每年2月底前向当地中国保监会派出机构报送上一年度的工作报告一式两份,由中国保监会派出机构转报中国保监会。

工作报告应当按中国保监会规定的格式填写。

第二十条　代表机构每年在其代表的外国保险机构会计年度结束后的6个月内,应当分别向中国保监会和当地中国保监会派出机构报送其所代表的外国保险机构上一年度的年报。

第二十一条 代表机构代表的外国保险机构有下列情形之一的,代表机构应当自事件发生之日起10日内,向中国保监会提交书面报告,同时抄报当地中国保监会派出机构:

(一)公司章程、注册资本或者注册地址变更;
(二)分立、合并或者主要负责人变动;
(三)经营严重亏损;
(四)因违法、违规行为受到处罚;
(五)外国保险机构所在国家或者地区的有关主管当局对其实施重大监管措施;
(六)对经营有重大影响的其他事项。

第二十二条 代表机构更换总代表或者首席代表的,应当向中国保监会申请,并提交下列材料:

(一)由其代表的外国保险机构董事长或者总经理签署的致中国保监会主席的申请书;
(二)由其代表的外国保险机构董事长或者总经理签署的拟任总代表或者首席代表的授权书;
(三)拟任总代表或者首席代表的身份证明、学历证明和简历;
(四)中国保监会规定的其他材料。

第二十三条 代表机构变更名称,应当向中国保监会申请,并提交下列材料:

(一)名称变更申请表;
(二)由其所代表的外国保险机构董事长或者总经理签署的致中国保监会主席的申请书;
(三)中国保监会规定的其他材料。

第二十四条 在中国境内已设立2个以上代表处的外国保险机构,可以指定其中一个代表处为总代表处,但应当按照本办法第二十三条的规定,向中国保监会申请将代表处名称变更为总代表处。

代表处经批准变更为总代表处的,总代表处应当自中国保监会批准变更之日起1个月内依法办理代表处的工商变更登记。

第二十五条 代表机构变更总代表、首席代表或者变更名称,按照本办法规定向中国保监会提出申请的,中国保监会应当自受理申请之日起20日内,作出批准或者不予批准的决定。

决定批准的,颁发批准书;决定不予批准的,应当作出书面决定并说明理由。

第二十六条 代表机构只能在所在城市的行政辖区内变更办公场所,并应当自变更之日起5日内向中国保监会和当地中国保监会派出机构书面报告下列事项:

(一)新办公场所合法使用权证明;
(二)新办公场所电话、传真、邮政通讯地址。

本条所称变更办公场所包括原有办公场所的搬迁、扩大、缩小或者新增办公场所等情形。

第二十七条 代表机构撤销的,应当自撤销之日起20日内,向中国保监会书面报告下列事项:

(一)撤销代表机构的情况说明;
(二)外国保险机构撤销代表机构文件的复印件。

第二十八条 代表机构更换或者增减代表、副代表、外籍工作人员,应当自更换或者增减人员之日起5日内向当地中国保监会派出机构报告,并提交被任命人员的身份证明、学历证明和简历。

第二十九条 外国保险机构的代表处撤销后,总代表处是其惟一驻华代表机构的,总代表处应当按照本办法第二十三条的规定,向中国保监会申请将总代表处名称变更为代表处。

总代表处经批准变更为代表处的,代表处应当自中国保监会批准变更之日起1个月内依法办理工商变更登记。

第三十条 代表处撤销后,其代表的外国保险机构设有总代表处的,由总代表处负责未了事宜;没有设立总代表处的,由其代表的外国保险机构的其他代表处负责未了事宜;其代表的外国保险机构的所有代表机构均已撤销的,由其代表的外国保险机构负责未了事宜。

第三十一条 中国保监会或者当地中国保监会派出机构根据监管需要,可以对代表机构的总代表或者首席代表进行监管谈话,提示风险,并要求其就有关问题作出说明。

第三十二条 中国保监会及其派出机构依法对代表机构进行日常和年度检查。

日常和年度检查的内容包括:

(一)代表机构变更事项的手续是否完备;
(二)各项申报材料的内容与实际情况是否相符;
(三)代表机构工作人员的任用或者变更手续是否完备;
(四)代表机构是否从事经营性活动;

(五)中国保监会及其派出机构认为需要检查的其他事项。

第四章 法律责任

第三十三条 违反本办法,未经批准擅自设立代表机构的,中国保监会依法予以取缔。

第三十四条 违反本办法规定从事保险经营活动的,由中国保监会按照有关法律、法规的规定予以处罚。

第三十五条 未按照本办法规定提交有关报告或者材料的,由中国保监会或者当地中国保监会派出机构责令限期改正,予以警告,情节严重的,处以 1000 元罚款。

第三十六条 对代表机构违反本办法从事保险经营活动的行为负有直接责任的代表机构工作人员,由中国保监会予以警告,情节严重的,处以 5000 元以下罚款;对违反本办法的其他非经营行为负有直接责任的代表机构工作人员,由中国保监会予以警告,情节严重的,处以 1000 元以下罚款。

第三十七条 代表机构提供虚假信息或者隐瞒重要事实的,予以警告。

第三十八条 违反本办法其他规定的,责令改正;逾期未改正的,予以警告。

第三十九条 当地中国保监会派出机构应当及时将对代表机构处罚的情况向中国保监会报告。

代表机构受到中国保监会或者当地中国保监会派出机构 3 次以上行政处罚,或者从事、参与经营性活动违法所得数额巨大,危害严重的,中国保监会可以将其受处罚的情况作为其所代表的外国保险机构申请在中国设立外资保险公司的审慎性条件予以考虑。

第五章 附 则

第四十条 香港、澳门和台湾地区的保险机构在内地设立的代表机构,比照适用本办法。

第四十一条 经中国保监会批准设立的外国保险机构驻华办事处,比照适用本办法。

第四十二条 外国保险机构设立代表处的正式申请表和代表机构名称变更申请表由中国保监会提供。

第四十三条 本办法所称"以上"、"以下"、"以内",包括本数。

第四十四条 本办法规定提交的材料应当使用中文。外国保险机构所在国家或者地区提供的材料为外文的,应当附中文译本;中文译本与外文有歧义的,以中文译本为准。

第四十五条 本办法有关批准、报告期间的规定是指工作日,不含节假日。

第四十六条 本办法由中国保监会负责解释。

第四十七条 本办法自 2006 年 9 月 1 日起施行。中国保监会 2004 年 1 月 15 日发布的《外国保险机构驻华代表机构管理办法》同时废止。

中国保险监督管理委员会关于适用《外国保险机构驻华代表机构管理办法》若干问题的解释

·2008 年 11 月 14 日
·保监发〔2008〕101 号

为正确适用《外国保险机构驻华代表机构管理办法》(以下简称:"《办法》"),加强对外国保险机构驻华代表机构的管理工作,根据有关监管实践,制定本解释。

第一条 《办法》第二条第一款"其他保险组织"是指:在其他国家和地区注册登记的从事保险学术、研究、培训及合作等非营利性活动的机构。

第二条 《办法》第五条第一款第四项"其他审慎性条件"包括但不限于:

(一)提出申请的前一年年末总资产应超过 20 亿美元;

(二)设立代表机构必要性充分,并具备可行性;

(三)拟任首席代表对保险知识及代表机构运行的相关法规掌握情况良好;

(四)所在国政治经济形势稳定、相关金融监管制度完备有效;

(五)申请者自身及其关联公司治理结构完善、内控制度有效、经营合规、发展稳健。

前款第(一)项、第(五)项规定的条件不适用于外国非营利性保险机构。

第三条 申请设立驻华代表机构的外国保险

机构在申请材料中可提供所在国家或者地区有关主管当局出具的对申请者在中国境内设立代表处的意见书，或者由所在行业协会出具的推荐信；但所在国家或地区有主管当局的，应当提供所在国家或者地区有关主管当局出具的对申请者在中国境内设立代表机构的意见书。

前款意见书或推荐信必须经其所在国家或者地区依法设立的公证机构公证或者经中国驻该国使、领馆认证。

第四条　外国保险机构名称的中文译名须与该机构外文名称具有关联性，且不致引起市场混淆。

外国保险机构名称的中文译名应当在汉语发音或者含义方面与该机构外文名称保持一致，并如实反映其业务性质。

第五条　《办法》第十五条中"从事或参与经营性活动"包括以任何方式直接或间接地介入任何种类的经营性活动，包括但不限于代表机构自身从事或参与经营性活动及为他人从事或参与经营性活动提供各种形式的帮助等。

代表机构或有关个人是否获得利益不影响对有关行为性质的认定。

第六条　代表机构的工作人员应为专职。

第七条　《办法》第十七条中"代表机构"包括但不限于下列机构：外国保险机构驻华代表机构、以及除外国保险机构以外其他机构在中国境内设立的代表机构。

第八条　代表机构提交的工作报告应真实、详尽。

工作报告应准确反映代表机构年度工作情况并提供相应证明材料备查。

中国保监会可约谈首席代表及代表机构其他人员，要求其就工作报告中的相关内容进行解释。

第九条　代表机构首席代表每年度应到所在地中国保监会派出机构汇报工作至少一次。

第十条　中国保监会可对代表机构拟任和现任首席代表进行以相关法律法规为内容的考核。考核结果作为判断其工作能力的因素之一。

前款所称"代表机构"包括已设立的代表机构和申请设立过程中的代表机构。

第十一条　中国保监会根据《办法》第三十一条对代表机构的有关人员进行监管谈话结束后，代表机构应就监管谈话的相关情况向其外国保险机构报告。

监管谈话由中国保监会派出机构进行的，报告文件应抄报中国保监会和代表机构所在地中国保监会派出机构。

外国保险机构应在监管谈话之日起一个月内，就监管谈话涉及的有关问题书面反馈中国保监会及代表机构所在地中国保监会派出机构，并在中国保监会规定的时间内将监管谈话涉及有关问题的整改情况书面报告中国保监会及代表机构所在地中国保监会派出机构。

第十二条　中国保监会可就首席代表及代表机构其他工作人员的有关工作情况通知外国保险机构，并就有关人员的任免提出监管建议。

第十三条　中国保监会可约谈设立代表机构的外国保险机构有关管理人员，向其通报代表机构的工作情况或要求其就代表机构的工作中出现的问题进行说明。

第十四条　中国保监会可就代表机构的工作情况通报设立代表机构的外国保险机构及其所在国家或者地区有关主管当局，并提出有关监管意见。

第十五条　中国保监会可就《办法》的三十二条规定的有关检查之结果，结合代表机构及其工作人员的工作情况出具监管评价意见，并可将有关监管评价意见通知设立代表机构的外国保险机构及其所在国家或者地区有关主管当局。

第十六条　中国保监会可将针对代表机构的有关监管措施及处罚等有关情况通过官方网站予以公布。

第十七条　外国保险机构所在国家或者地区提供的材料为外文的，应当附经中国境内依法设立的公证机构公证的中文译本。

第十八条　本解释自 2008 年 12 月 1 日起施行。

三、财产保险

（一）综合

农业保险条例

- 2012年11月12日中华人民共和国国务院令第629号公布
- 根据2016年2月6日《国务院关于修改部分行政法规的决定》修订

第一章 总 则

第一条 为了规范农业保险活动，保护农业保险活动当事人的合法权益，提高农业生产抗风险能力，促进农业保险事业健康发展，根据《中华人民共和国保险法》、《中华人民共和国农业法》等法律，制定本条例。

第二条 本条例所称农业保险，是指保险机构根据农业保险合同，对被保险人在种植业、林业、畜牧业和渔业生产中因保险标的遭受约定的自然灾害、意外事故、疫病、疾病等保险事故所造成的财产损失，承担赔偿保险金责任的保险活动。

本条例所称保险机构，是指保险公司以及依法设立的农业互助保险等保险组织。

第三条 国家支持发展多种形式的农业保险，健全政策性农业保险制度。

农业保险实行政府引导、市场运作、自主自愿和协同推进的原则。

省、自治区、直辖市人民政府可以确定适合本地区实际的农业保险经营模式。

任何单位和个人不得利用行政权力、职务或者职业便利以及其他方式强迫、限制农民或者农业生产经营组织参加农业保险。

第四条 国务院保险监督管理机构对农业保险业务实施监督管理。国务院财政、农业、林业、发展改革、税务、民政等有关部门按照各自的职责，负责农业保险推进、管理的相关工作。

财政、保险监督管理、国土资源、农业、林业、气象等有关部门、机构应当建立农业保险相关信息的共享机制。

第五条 县级以上地方人民政府统一领导、组织、协调本行政区域的农业保险工作，建立健全推进农业保险发展的工作机制。县级以上地方人民政府有关部门按照本级人民政府规定的职责，负责本行政区域农业保险推进、管理的相关工作。

第六条 国务院有关部门、机构和地方各级人民政府及其有关部门应当采取多种形式，加强对农业保险的宣传，提高农民和农业生产经营组织的保险意识，组织引导农民和农业生产经营组织积极参加农业保险。

第七条 农民或者农业生产经营组织投保的农业保险标的属于财政给予保险费补贴范围的，由财政部门按照规定给予保险费补贴，具体办法由国务院财政部门商国务院农业、林业主管部门和保险监督管理机构制定。

国家鼓励地方人民政府采取由地方财政给予保险费补贴等措施，支持发展农业保险。

第八条 国家建立财政支持的农业保险大灾风险分散机制，具体办法由国务院财政部门会同国务院有关部门制定。

国家鼓励地方人民政府建立地方财政支持的农业保险大灾风险分散机制。

第九条 保险机构经营农业保险业务依法享受税收优惠。

国家支持保险机构建立适应农业保险业务发展需要的基层服务体系。

国家鼓励金融机构对投保农业保险的农民和农业生产经营组织加大信贷支持力度。

第二章 农业保险合同

第十条 农业保险可以由农民、农业生产经营组织自行投保，也可以由农业生产经营组织、村民委员会等单位组织农民投保。

由农业生产经营组织、村民委员会等单位组织农民投保的，保险机构应当在订立农业保险合同时，制定投保清单，详细列明被保险人的投保信息，并由被保险人签字确认。保险机构应当将承保情况予以公示。

第十一条 在农业保险合同有效期内，合同当事人不得因保险标的的危险程度发生变化增加保险费或者解除农业保险合同。

第十二条 保险机构接到发生保险事故的通知后，应当及时进行现场查勘，会同被保险人核定保险标的的受损情况。由农业生产经营组织、村民委员会等单位组织农民投保的，保险机构应当将查勘定损结果予以公示。

保险机构按照农业保险合同约定，可以采取抽样方式或者其他方式核定保险标的的损失程度。采用抽样方式核定损失程度的，应当符合有关部门规定的抽样技术规范。

第十三条 法律、行政法规对受损的农业保险标的的处理有规定的，理赔时应当取得受损保险标的已依法处理的证据或者证明材料。

保险机构不得主张对受损的保险标的的残余价值的权利，农业保险合同另有约定的除外。

第十四条 保险机构应当在与被保险人达成赔偿协议后10日内，将应赔偿的保险金支付给被保险人。农业保险合同对赔偿保险金的期限有约定的，保险机构应当按照约定履行赔偿保险金义务。

第十五条 保险机构应当按照农业保险合同约定，根据核定的保险标的的损失程度足额支付应赔偿的保险金。

任何单位和个人不得非法干预保险机构履行赔偿保险金的义务，不得限制被保险人取得保险金的权利。

农业生产经营组织、村民委员会等单位组织农民投保的，理赔清单应当由被保险人签字确认，保险机构应当将理赔结果予以公示。

第十六条 本条例对农业保险合同未作规定的，参照适用《中华人民共和国保险法》中保险合同的有关规定。

第三章 经营规则

第十七条 保险机构经营农业保险业务，应当符合下列条件：

（一）有完善的基层服务网络；

（二）有专门的农业保险经营部门并配备相应的专业人员；

（三）有完善的农业保险内控制度；

（四）有稳健的农业再保险和大灾风险安排以及风险应对预案；

（五）偿付能力符合国务院保险监督管理机构的规定；

（六）国务院保险监督管理机构规定的其他条件。

除保险机构外，任何单位和个人不得经营农业保险业务。

第十八条 保险机构经营农业保险业务，实行自主经营、自负盈亏。

保险机构经营农业保险业务，应当与其他保险业务分开管理，单独核算损益。

第十九条 保险机构应当公平、合理地拟订农业保险条款和保险费率。属于财政给予保险费补贴的险种的保险条款和保险费率，保险机构应当在充分听取省、自治区、直辖市人民政府财政、农业、林业部门和农民代表意见的基础上拟订。

农业保险条款和保险费率应当依法报保险监督管理机构审批或者备案。

第二十条 保险机构经营农业保险业务的准备金评估和偿付能力报告的编制，应当符合国务院保险监督管理机构的规定。

农业保险业务的财务管理和会计核算需要采取特殊原则和方法的，由国务院财政部门制定具体办法。

第二十一条 保险机构可以委托基层农业技术推广等机构协助办理农业保险业务。保险机构应当与被委托协助办理农业保险业务的机构签订书面合同，明确双方权利义务，约定费用支付，并对协助办理农业保险业务的机构进行业务指导。

第二十二条 保险机构应当按照国务院保险监督管理机构的规定妥善保存农业保险查勘定损的原始资料。

禁止任何单位和个人涂改、伪造、隐匿或者违反规定销毁查勘定损的原始资料。

第二十三条 保险费补贴的取得和使用，应当遵守依照本条例第七条制定的具体办法的规定。

禁止以下列方式或者其他任何方式骗取农业保险的保险费补贴：

（一）虚构或者虚增保险标的或者以同一保险

标的进行多次投保；

（二）以虚假理赔、虚列费用、虚假退保或者截留、挪用保险金、挪用经营费用等方式冲销投保人应缴的保险费或者财政给予的保险费补贴。

第二十四条 禁止任何单位和个人挪用、截留、侵占保险机构应当赔偿被保险人的保险金。

第二十五条 本条例对农业保险经营规则未作规定的，适用《中华人民共和国保险法》中保险经营规则及监督管理的有关规定。

第四章 法律责任

第二十六条 保险机构不符合本条例第十七条第一款规定条件经营农业保险业务的，由保险监督管理机构责令限期改正，停止接受新业务；逾期不改正或者造成严重后果的，处10万元以上50万元以下的罚款，可以责令停业整顿或者吊销经营保险业务许可证。

保险机构以外的其他组织或者个人非法经营农业保险业务的，由保险监督管理机构予以取缔，没收违法所得，并处违法所得1倍以上5倍以下的罚款；没有违法所得或者违法所得不足20万元的，处20万元以上100万元以下的罚款。

第二十七条 保险机构经营农业保险业务，有下列行为之一的，由保险监督管理机构责令改正，处10万元以上50万元以下的罚款；情节严重的，可以限制其业务范围、责令停止接受新业务：

（一）编制或者提供虚假的报告、报表、文件、资料；

（二）拒绝或者妨碍依法监督检查；

（三）未按照规定使用经批准或者备案的农业保险条款、保险费率。

第二十八条 保险机构经营农业保险业务，违反本条例规定，有下列行为之一的，由保险监督管理机构责令改正，处5万元以上30万元以下的罚款；情节严重的，可以限制其业务范围、责令停止接受新业务：

（一）未按照规定将农业保险业务与其他保险业务分开管理，单独核算损益；

（二）利用开展农业保险业务为其他机构或者个人牟取不正当利益；

（三）未按照规定申请批准农业保险条款、保险费率；

保险机构经营农业保险业务，未按照规定报送农业保险条款、保险费率备案的，由保险监督管理机构责令限期改正；逾期不改正的，处1万元以上10万元以下的罚款。

第二十九条 保险机构违反本条例规定，保险监督管理机构除依照本条例的规定给予处罚外，对其直接负责的主管人员和其他直接责任人员给予警告，并处1万元以上10万元以下的罚款；情节严重的，对取得任职资格或者从业资格的人员撤销其相应资格。

第三十条 违反本条例第二十三条规定，骗取保险费补贴的，由财政部门依照《财政违法行为处罚处分条例》的有关规定予以处理；构成犯罪的，依法追究刑事责任。

违反本条例第二十四条规定，挪用、截留、侵占保险金的，由有关部门依法处理；构成犯罪的，依法追究刑事责任。

第三十一条 保险机构违反本条例规定的法律责任，本条例未作规定的，适用《中华人民共和国保险法》的有关规定。

第五章 附 则

第三十二条 保险机构经营有政策支持的涉农保险，参照适用本条例有关规定。

涉农保险是指农业保险以外、为农民在农业生产生活中提供保险保障的保险，包括农房、农机具、渔船等财产保险，涉及农民的生命和身体等方面的短期意外伤害保险。

第三十三条 本条例自2013年3月1日起施行。

农业保险承保理赔管理办法

· 2022年2月17日
· 银保监规〔2022〕4号

第一章 总 则

第一条 为加强农业保险监管，进一步规范农业保险承保理赔管理，加快推动农业保险高质量发展，依据《中华人民共和国保险法》（以下简称《保险法》）、《农业保险条例》等有关法律法规，制定本办法。

第二条 本办法适用于种植业保险、养殖业保险和森林保险业务。

第三条 本办法所称保险机构，是指符合银保监会关于农业保险业务经营条件规定的财产保险公司及其分支机构。本办法所称协办机构，是指受保险机构委托，协助办理农业保险业务的财政、农业农村、林草、村民委员会、农村集体经济组织等基层机构。

第四条 保险机构开展农业保险承保理赔服务时，应当尊重农业生产规律，遵循依法合规、诚实信用、优质高效、创新发展原则，保护农业保险活动当事人合法权益。

第二章 承保管理

第五条 农业保险可以由农民、农业生产经营组织自行投保，也可以由农业生产经营组织、村民委员会等单位组织农民投保。

第六条 保险机构在承保前应当以现场、线上等形式宣讲相关惠农政策、服务标准和监管要求等内容。由农业生产经营组织或村民委员会等单位组织农民投保的，可以组织投保人、被保险人召开宣传说明会，现场发放投保险种保险条款，重点讲解保险责任、责任免除、赔款处理等内容。

第七条 保险机构应当严格履行说明义务，在投保单、保险单上作出足以引起投保人注意的提示，并向投保人重点说明投保险种的保险责任、责任免除、合同双方权利义务、特别约定、理赔标准和方式等条款内容。

第八条 保险机构和组织投保的单位应当保障投保人、被保险人的知情权和自主权，不得欺骗、误导投保，不得以不正当手段强迫投保或限制投保。

保险机构及其工作人员不得向投保人、被保险人给予或承诺给予保险合同约定以外的保费回扣、赔付返还或者其他利益。

第九条 保险机构应当准确完整记录投保信息。业务系统中投保信息必录项应当至少包括：

（一）客户信息。投保人、被保险人姓名或者组织名称、身份证号码或统一社会信用代码、联系方式、联系地址等。存在特殊情形的，可由投保人、被保险人授权直系亲属代为办理，但需留存直系亲属的身份证号码、联系方式等，同时注明其与投保人、被保险人的关系。

（二）保险标的信息。种植业保险标的数量、品种、地块或村组位置，养殖业保险标的数量、品种、地点位置、标识或有关信息，森林保险标的数量、属性、地点位置等。

（三）其他信息。投保险种、保费金额、保险费率、自缴保费、保险金额、保险期间等。

保险机构应当加强科技应用，可以采用生物识别等技术手段，对标的进行标识并记录，确保投保信息真实、准确、完整。

第十条 保险机构开展承保工作，应当真实、准确、完整记录投保信息，严禁虚假记录或编制投保信息。相关承保业务单证（包括分户投保清单）应当由投保人、被保险人签名或盖章确认。存在特殊情形的，可由投保人、被保险人授权直系亲属代为办理，保险机构应当留存同等法律效力的证明资料。

对于农业生产经营组织或村民委员会等单位组织投保的业务，还应由投保组织者核对并盖章确认。

保险机构可以采取投保人、被保险人电子签名等可验证方式确认投保清单。保险机构工作人员、协办人员不得篡改承保信息。

第十一条 保险机构应当对保险标的真实性、准确性、权属和风险等情况进行查验，并妥善保存相关证明资料。对保险标的不具有保险利益的个人或单位，保险机构不得将其确定为被保险人。

第十二条 保险机构应当根据保险标的特征和分布等情况，采用全检或比例抽查方式查验标的，核查保险标的位置、数量、权属和风险等情况。保险机构可以从当地财政、农业农村、林草等部门或相关机构取得保险标的有关信息，辅助核查投保信息的真实性。

承保种植业保险，还应当查验被保险人土地承包经营权证书或土地承包经营租赁合同；被保险人确实无法提供的，应由管理部门或组织出具证明资料。

承保养殖业保险，还应当查验保险标的存栏数量、防灾防疫、标识标志等情况；被保险人为规模养殖场的，还应当查验经营许可证明等资料。

承保森林保险，还应当查验被保险人山林权属证明或山林承包经营租赁合同；被保险人确实无法提供的，应当由管理部门或组织出具证明资料。

第十三条 保险机构应当对标的查验情况进行拍摄,并确保影像资料清晰、完整、未经任何修改。查验影像应能反映查验人员、查验日期、承保标的特征和规模等。养殖业如有特殊情形,经被保险人与保险人双方同意,可由被保险人提供相关影像和证明资料。

保险机构应当将影像资料上传至业务系统作为核保的必要档案。保险机构可以采用无人机、遥感等远程科技手段查验标的。

第十四条 对于组织投保的业务,在订立农业保险合同时,保险机构应当制作分户投保清单,列明被保险人的相关投保信息。

在依法保护个人信息的前提下,保险机构应当对分户投保清单进行不少于3天的承保公示。承保公示方式包括:在村级或农业生产经营组织公共区域张贴公告;通过政府公共网站、行业信息平台发布;经被保险人同意的其他线上公示方式。

公示期间,投保人、被保险人对公示信息提出异议的,保险机构应当及时核查、据实调整,并将核查情况及时反馈相关投保人、被保险人。

第十五条 保险机构应当集中核保,原则上由总公司或省级分公司集中核保,特殊情形可临时授权中心支公司进行核保。保险机构应当合理设置核保权限,明确核保人员职责与权限,实行核保授权分级管理制度。

保险机构应当对投保单、分户投保清单、验标影像、承保公示资料等承保要件以及保险金额、保险费率、保险期间等承保条件进行认真审核,重点审核承保信息的真实性、准确性、完整性。不符合规定要求或缺少相关内容的,不得审核通过。

第十六条 保险机构应当在确认收到农民或农业生产经营组织应缴保费后,出具保险单。保险单或保险凭证应当及时发放到户。

第十七条 保险机构应当加强批改管理,合理设置保单批改权限,由总公司或省级分公司集中审批。保险机构应当在业务信息系统中真实、准确、完整记录批改说明及证明资料。

涉及投保人、被保险人个人信息和承保重要信息变动的,应当由投保人、被保险人签名或盖章确认。

第三章 理赔管理

第十八条 保险机构应当以保障被保险人合法权益为出发点,遵循"主动、迅速、科学、合理"原则,做好理赔工作。保险机构应当重合同、守信用,不得平均赔付、协议赔付。

第十九条 保险机构应当加强接报案管理,保持报案渠道畅通,24小时接受报案。

接报案应当由总公司或省级分公司集中受理,报案信息应当及时准确录入业务系统。对于省级以下分支机构或经办人员直接收到的报案,应当引导或协助报案人报案。对于未能及时报案的案件,应当在业务系统中记录延迟报案的具体原因和情况说明。

第二十条 保险机构应当建立农业保险查勘制度,查勘应当真实客观反映标的损失情况,查勘过程应当完整、规范。

第二十一条 接到报案后,保险机构应当在24小时内进行查勘,因客观原因难以及时查勘的,应当与报案人联系并说明原因。

发生种植业、森林灾害,保险机构可以依照相关农业、林业技术规范,抽取样本测定保险标的损失程度。对于情况复杂、难度较高的,可以委托农业、林业等领域有资质的第三方专业机构协助开展查勘定损。保险机构可以采用无人机、遥感等远程科技手段开展查勘定损工作。

发生养殖业灾害,保险机构应当及时查勘。有标识信息的,应当将标识信息录入业务系统,保险机构业务系统应当具备标识唯一性的审核、校验和出险注销等功能。政府对承保标的有无害化处理要求的,保险机构应当将无害化处理作为理赔的前提条件;对于不能确认无害化处理的,不予赔偿。

第二十二条 保险机构应当对损失情况进行拍摄,并确保影像资料清晰、完整、未经任何修改。查勘影像应当体现查勘人员、拍摄位置、拍摄日期、受损标的特征和规模、损失原因和程度、标识或有关信息等。养殖业如有特殊情形,经被保险人与保险人双方同意,可由被保险人提供相关影像及证明资料。

保险机构应当将影像资料上传业务系统作为核赔的必要档案。

第二十三条 保险机构应当如实撰写查勘报告,并保存查勘原始记录等单证资料,严禁编纂虚假查勘资料和报告。查勘单证应当对标的受损情况、事故原因以及是否属于保险责任等提出意见,并由查勘人员和被保险人签名确认。存在特殊情形的，可由被保险人授权直系亲属代为办理，保险机构应当留存具有同等法律效力的证明资料。

第二十四条　保险机构应当加强立案管理。对属于保险责任的案件，保险机构应当及时立案。对报案后超过10日未立案的，业务系统应当强制自动立案。

第二十五条　保险机构应当及时核定损失。

种植业保险、森林保险发生全部损失的，应当在接到报案后10日内完成损失核定；发生部分损失的，应当在接到报案后20日内完成损失核定。养殖业保险应当在接到报案后3日内完成损失核定。

发生重大灾害、大范围疫情以及存在其他特殊情形的，保险机构可以按照合同约定，适当延长损失核定时间，并向被保险人做好解释说明工作。

第二十六条　保险机构应当加强定损管理，依据定损标准和规范科学定损，定损结果应当确定到户。保险机构应当对定损结果进行抽查，并在公司相关内控制度中明确抽查比例。

第二十七条　保险机构应当加强案件拒赔管理。对于不属于保险责任的，应当在核定之日起3日内向被保险人发出拒赔通知书，并说明理由。拒赔材料应当上传业务系统进行管理。

第二十八条　查勘定损过程中，应当由被保险人提供的有关证明资料不齐全或不符合要求的，保险机构应当一次性告知被保险人提供；保险机构能够直接取得的气象灾害证明等有关证明资料，不得要求被保险人提供。

法律法规对受损保险标的处理有规定的，保险机构理赔时应当取得受损保险标的已依法处理的证据或证明资料。

除保险合同另有约定外，保险机构不得主张对受损保险标的残余价值的权利。

第二十九条　对于组织投保的业务，在依法保护个人信息的前提下，保险机构应当对分户定损结果进行不少于3天的理赔公示。理赔公示方式包括：在村级或农业生产经营组织公共区域张贴公告；通过政府公共网站、行业信息平台发布；经被保险人同意的其他线上公示方式。

公示期间，投保人、被保险人对公示信息提出异议的，保险机构应当及时核查，据实调整，并将核查情况及时反馈相关投保人、被保险人。

第三十条　保险机构应当根据公示反馈结果制作分户理赔清单，列明被保险人姓名、身份证号、银行账号、赔付品种和赔款金额，由被保险人签名或盖章确认。存在特殊情形的，可由被保险人授权直系亲属代为办理，保险机构应当留存具有同等法律效力的证明资料。

保险机构可以制作电子理赔清单，并采取被保险人电子签名等可验证方式确认理赔清单。保险机构工作人员、协办人员不得篡改理赔信息。

第三十一条　保险机构应当集中核赔，原则上由总公司或省级分公司集中核赔，特殊情形可临时授权中心支公司进行核赔。保险机构应当合理设置核赔权限，明确核赔人员职责与权限，实行核赔授权分级管理制度，明确小额案件标准，建立快速核赔机制。

保险机构应当对查勘报告、损失清单、查勘影像、公示资料等理赔要件进行严格审核，重点核实赔案的真实性和定损结果的科学性、合理性。

第三十二条　保险机构应当在与被保险人达成赔偿协议后10日内，将赔款支付给被保险人。农业保险合同对赔款支付的期限有约定的，保险机构应当按照约定履行赔付义务。

农业保险赔款原则上应当通过转账方式支付被保险人。保险机构应当留存支付证明，并将理赔信息及时告知被保险人。财务支付的收款人名称应当与被保险人一致。

第三十三条　保险机构自收到被保险人赔偿请求和有关证明资料之日起60日内，如不能确定赔款金额，应当依据已有证明和资料，对可以确定的金额先予支付。最终确定赔偿金额并达成赔偿协议后，应当支付相应的差额。

第三十四条　任何单位和个人不得非法干预保险机构履行赔偿保险金的义务，不得限制被保险人取得保险金的权利。

第四章　协办管理

第三十五条　保险机构应当加强服务能力建设，建立符合农业保险高质量发展需要的基层服务网络体系。保险机构可以委托财政、农业农村、林草、村民委员会、农村集体经济组织等基层机构，协助办理农业保险业务。

第三十六条　保险机构委托协助办理农业保险业务的，应当按照公平、自主自愿的原则，与协办机构签订书面合同，明确双方权利义务，并由协办机构指派协办人员协助办理农业保险业务。省级保险机构应当在每年一季度末将确定的协办机构及协办人员名单报所在地银保监局备案。

第三十七条　协办业务双方应当按照公平公正原则，合理确定协办费用，并建立协办费用激励约束机制。保险机构应当加强协办费用管理，确保协办费用仅用于协助办理农业保险业务，不得挪作他用。协办费用应当通过转账方式支付，并以取得的合法票据为依据入账。

除协办费用外，保险机构不得给予或承诺给予协办机构、协办人员合同约定以外的回扣或其他利益。

第三十八条　保险机构应当明确自身职责，加强协办业务管理，确保运作规范；应当制定协办业务内部管理制度，将协办业务合规性列为公司内控管理重点，发现问题及时处理。

第三十九条　保险机构应当定期对协办人员开展培训，培训内容包括国家政策、监管制度、承保理赔流程、职责义务等。

第五章　内控管理

第四十条　保险机构应当根据法律法规和监管规定，建立完善农业保险业务管理、客户回访、投诉管理、内部稽核、信息管理、档案管理等内控管理制度。

第四十一条　保险机构应当如实记录农业保险业务和财务情况，保证业务和财务数据真实、准确、完整。对外部数据信息应当进行必要的查验审核，对存在问题的数据信息应当及时向有关部门报告。禁止通过虚假承保、虚假理赔、虚列费用等方式骗取农业保险保费补贴。

第四十二条　保险机构应当将农业保险纳入公司稽核制度中，并依据《农业保险条例》、监管规定以及公司内控制度，每年对农业保险业务进行审计核查。

第四十三条　保险机构应当加强防灾减损管理，据实列支防灾减损费用，依法合规做好防灾减损工作。保险机构应当强化与农业防灾减损体系的协同，提高农业抵御风险的能力。

第四十四条　保险机构应当建立完善承保理赔客户回访管理制度，包括但不限于回访方式、回访频次、回访比例、回访记录格式、回访档案管理等内容。

第四十五条　保险机构应当建立投诉处理制度。对于农业保险相关投诉事项，保险机构应当及时受理、认真调查，在规定时限内作出答复。

第四十六条　保险机构应当按照法律法规和监管规定建立农业保险档案管理制度。承保档案应当至少包括投保单、保险单、查验影像、公示证明、保费缴纳证明等资料。理赔档案应当至少包括出险通知书或索赔申请书、查勘报告、查勘影像、公示证明、赔款支付证明等资料。公示证明应当能够反映公示日期、方式和内容。上述资料应当及时归档、集中管理、妥善保管。保险机构按照有关规定可以采取信息化方式保存档案。

第四十七条　保险机构应当加强信息管理系统建设，实现农业保险全流程系统管理，承保、理赔、再保险和财务系统应当无缝对接，信息管理系统应当能够实时监控承保理赔情况，具备数据管理、统计分析、稽核等功能。

第四十八条　保险机构应当严格按照法律法规和监管规定做好农业保险信息数据安全保护工作，确保信息系统安全和数据安全。对于开展业务中知悉的个人隐私、个人信息等数据，保险机构应当依法予以保密，不得泄露或者非法提供。

第四十九条　保险机构应当加强服务能力建设，建立分支机构服务能力标准，完善基层服务网络，提高业务人员素质，确保服务能力和业务规模相匹配。

第五十条　保险机构应当加大科技投入，采取线上化、信息化手段提升承保理赔服务能力和效率，推动科技赋能，更好满足被保险人农业风险保障需求。

第五十一条　保险机构应当按照有关规定，建立和完善农业保险大灾风险分散机制。

第六章　监督管理

第五十二条　保险机构在经营农业保险业务过程中，违反《保险法》《农业保险条例》等有关规定的，银保监会及其派出机构可以依法实施行政处罚。

第五十三条　保险机构在经营农业保险业务过程中，违反本办法相关规定的，银保监会及其派出机构可依法采取监管措施。

第五十四条　银保监会及其派出机构应当将

保险机构执行本办法规定的有关情况，纳入农业保险业务经营条件考评管理。违反本办法相关规定的，银保监会及其派出机构应当按照有关规定对其是否符合农业保险业务经营条件进行认定。

第七章 附 则

第五十五条 经银保监会批准依法设立的农业相互保险组织，参照本办法执行。

第五十六条 农业指数保险、涉农保险及创新型农业保险业务参照适用本办法有关规定。

第五十七条 本办法由银保监会负责解释。

第五十八条 本办法自 2022 年 4 月 1 日起施行。

财产保险公司保险条款和保险费率管理办法

- 2021 年 8 月 16 日中国银行保险监督管理委员会令 2021 年第 10 号公布
- 自 2021 年 10 月 1 日起施行

第一章 总 则

第一条 为了加强和改进对财产保险公司保险条款和保险费率的监督管理，保护投保人、被保险人和受益人的合法权益，维护保险市场秩序，鼓励财产保险公司创新，根据《中华人民共和国保险法》，制定本办法。

第二条 中国银行保险监督管理委员会（以下简称银保监会）及其派出机构依法对财产保险公司及其分支机构的保险条款和保险费率实施监督管理，遵循保护社会公众利益、防止不正当竞争、与市场行为监管协调配合原则。

第三条 财产保险公司保险条款和保险费率实施分类监管、属地监管，具体由银保监会另行规定。

第四条 财产保险公司应当依据法律、行政法规和银保监会的有关规定制订保险条款和保险费率，并对保险条款和保险费率承担相应的责任。

第五条 财产保险公司应当依据本办法的规定向银保监会或其省一级派出机构申报保险条款和保险费率审批或者备案。财产保险公司分支机构不得申报保险条款和保险费率审批或者备案。

第六条 中国保险行业协会应当切实履行保险条款和保险费率行业自律管理职责，推进保险条款和保险费率的通俗化、标准化、规范化工作，研究制订修订主要险种的行业示范条款，建立保险条款费率评估和创新保护机制。中国精算师协会应当研究制订修订主要险种的行业基准纯风险损失率。

第二章 条款开发和费率厘定

第七条 财产保险公司的保险条款和保险费率，应当依法合规，公平合理，不侵害投保人、被保险人和受益人的合法权益，不危及财产保险公司财务稳健和偿付能力；应当符合保险原理，尊重社会公德，不违背公序良俗，不损害社会公共利益，符合《中华人民共和国保险法》等法律、行政法规和银保监会的有关规定。

第八条 财产保险公司的保险条款应当要素完整、结构清晰、文字准确、表述严谨、通俗易懂，名称符合命名规则。

第九条 财产保险公司的保险费率应当按照合理、公平、充足原则科学厘定，不得妨碍市场公平竞争；保险费率可以上下浮动的，应当明确保险费率调整的条件和范围。

第十条 财产保险公司的合规负责人和总精算师分别负责保险条款审查和保险费率审查，并承担相应的责任。

第十一条 财产保险公司应当向合规负责人和总精算师提供其履行工作职责所必需的信息，并充分尊重其专业意见。

财产保险公司应当加强对合规负责人和总精算师的管理，按照银保监会的相关规定，建立健全相应的内部管控及问责机制。

第十二条 财产保险公司应当按照本办法规定提交由合规负责人出具的法律审查声明书。合规负责人应对以下内容进行审查：

（一）保险条款符合《中华人民共和国保险法》等法律、行政法规和银保监会的有关规定；

（二）保险条款公平合理，符合保险原理，不损害社会公共利益，不侵害投保人、被保险人和受益人的合法权益，并已通过消费者权益保护审查；

（三）命名符合规定，要素完备、文字准确、语言通俗、表述严谨。

第十三条 财产保险公司应当按照本办法规

定提交由总精算师签署的精算报告和出具的精算审查声明书。总精算师应对以下内容进行审查：

（一）精算报告内容完备；

（二）精算假设和精算方法符合通用精算原理；

（三）保险费率厘定科学准确，满足合理性、公平性和充足性原则，并已通过消费者权益保护审查；

（四）保险费率符合《中华人民共和国保险法》等法律、行政法规和银保监会的有关规定。

第三章　审批和备案

第十四条　财产保险公司应当将关系社会公众利益的保险险种、依法实行强制保险的险种的保险条款和保险费率报银保监会审批。

其他险种的保险条款和保险费率，财产保险公司应当报银保监会或其省一级派出机构备案。

具体应当报送审批或者备案的险种，由银保监会另行规定。

第十五条　对于应当审批的保险条款和保险费率，在银保监会批准前，财产保险公司不得经营使用。

对于应当备案的保险条款和保险费率，财产保险公司应当在经营使用后十个工作日内报银保监会或其省一级派出机构备案。

第十六条　财产保险公司报送审批或者备案保险条款和保险费率，应当提交下列材料：

（一）申请文件；

（二）保险条款和保险费率文本；

（三）可行性报告，包括可行性分析、保险条款和保险费率的主要特点、经营模式、风险分析以及风险控制措施等；

（四）总精算师签署的保险费率精算报告，包括费率结果、基础数据及数据来源、厘定方法和模型，以及费率厘定的主要假设、参数和精算职业判断等；

（五）法律审查声明书，精算审查声明书；

（六）银保监会规定的其他材料。

第十七条　财产保险公司使用中国保险行业协会示范条款的，无需提交可行性报告。

财产保险公司使用行业基准纯风险损失率的，应当在精算报告中予以说明，无需提供纯风险损失率数据来源。

附加险无需提供可行性报告及精算报告，另有规定的除外。

第十八条　财产保险公司修改经批准或备案的保险条款或者保险费率的，应当依照本办法重新报送审批或备案。财产保险公司报送修改保险条款或者保险费率的，除应当提交本办法第十六条规定的材料外，还应当提交保险条款或保险费率的修改前后对比表和修订说明。

修改后的保险条款和保险费率经批准或者备案后，原保险条款和保险费率自动废止，财产保险公司不得在新订立的保险合同中使用原保险条款和保险费率。

第十九条　财产保险公司因名称发生变更，仅申请变更其保险条款和保险费率中涉及的公司名称的，无需提交本办法第十六条中（三）、（四）项规定的材料。

第二十条　银保监会或其省一级派出机构收到备案材料后，应根据下列情况分别作出处理：

（一）备案材料不完整齐备的，要求财产保险公司补正材料；

（二）备案材料完整齐备的，编号后反馈财产保险公司。

第二十一条　财产保险公司及其分支机构可以对已经审批或者备案的保险条款和保险费率进行组合式经营使用，但应当分别列明各保险条款对应的保险费和保险金额。

财产保险公司及其分支机构经营使用组合式保险条款和保险费率，不得修改已经审批或者备案的保险条款和保险费率。如需修改，应当按照本办法的规定重新报送审批或者备案。

第二十二条　在共保业务中，其他财产保险公司可直接使用首席承保人经审批或者备案的保险条款和保险费率，无需另行申报。

第四章　监督管理

第二十三条　财产保险公司及其分支机构应当严格执行经批准或者备案的保险条款和保险费率，不得违反本办法规定以任何方式改变保险条款或者保险费率。

第二十四条　财产保险公司及其分支机构使用的保险条款或者保险费率被发现违反法律、行政法规或者本办法第七条、第八条、第九条规定的，由银保监会或其省一级派出机构责令停止使用、限期修改；情节严重的，可以在一定期限内禁止申报新的保险条款和保险费率。

第二十五条　财产保险公司应当制定保险条款和保险费率开发管理制度，建立审议机制，对保险条款和保险费率开发和管理的重大事项进行审议。

第二十六条　财产保险公司应当指定专门部门履行保险条款和保险费率开发管理职能，负责研究开发、报送审批备案、验证修订、清理注销等全流程归口管理。

第二十七条　财产保险公司应当加强对使用中保险条款和保险费率的管理，指定专门部门进行跟踪评估、完善修订，对不再使用的及时清理。

第二十八条　财产保险公司应当于每年3月底前，统计分析前一年保险条款和保险费率的开发情况、修订情况和清理情况，并形成财产保险公司保险条款和保险费率年度分析报告和汇总明细表，经公司产品管理委员会审议通过后同时报银保监会和其省一级派出机构。

第二十九条　财产保险公司履行保险条款和保险费率开发管理职能的部门负责人对本公司保险条款和保险费率开发管理工作负直接责任。合规负责人对保险条款审查负直接责任，总精算师对保险费率审查负直接责任。

第三十条　财产保险公司履行保险条款和保险费率开发管理职能的部门负责人、合规负责人、总精算师违反本办法规定的，由银保监会或其省一级派出机构责令改正、提交书面检查，并可责令公司作出问责处理。

第五章　法律责任

第三十一条　财产保险公司未按照规定申请批准保险条款、保险费率的，由银保监会依法采取监督管理措施或予以行政处罚。

第三十二条　财产保险公司有下列行为之一的，由银保监会或其省一级派出机构依法采取监督管理措施或予以行政处罚：

（一）未按照规定报送保险条款、保险费率备案的；

（二）未按照规定报送或者保管保险条款、保险费率相关的报告、报表、文件、资料的，或者未按照规定提供有关信息、资料的。

第三十三条　财产保险公司报送审批、备案保险条款和保险费率时，编制或者提供虚假的报告、报表、文件、资料的，由银保监会或其省一级派出机构依法采取监督管理措施或予以行政处罚。

第三十四条　财产保险公司及其分支机构有违反本办法第二十三条规定的，由银保监会或其派出机构依法采取监督管理措施或予以行政处罚。

第三十五条　银保监会或其省一级派出机构依照本办法第二十四条的规定，责令财产保险公司及其分支机构停止使用或限期修改保险条款和保险费率，财产保险公司未停止使用或逾期不改正的，依法采取监督管理措施或予以行政处罚。

第三十六条　财产保险公司及其分支机构违反相关规定的，银保监会或其派出机构除依法对该单位给予处罚外，对其直接负责的主管人员和其他直接责任人员依法采取监督管理措施或予以行政处罚。

第六章　附则

第三十七条　银保监会对财产保险公司保险条款和保险费率的审批程序，适用《中华人民共和国行政许可法》和银保监会的有关规定。

第三十八条　法律、行政法规和国务院对机动车辆保险、农业保险、出口信用保险另有规定的，适用其规定。

第三十九条　本办法由银保监会负责解释。

第四十条　本办法自2021年10月1日起施行。原中国保险监督管理委员会2010年2月5日发布的《财产保险公司保险条款和保险费率管理办法》(中国保险监督管理委员会令2010年第3号)同时废止。

中国保险监督管理委员会关于实施《财产保险公司保险条款和保险费率管理办法》有关问题的通知

· 2010年5月11日
· 保监发〔2010〕43号

各财产保险公司、各保监局、中国保险行业协会：

为明确《财产保险公司保险条款和保险费率

管理办法》（保监会令 2010 年第 3 号，以下简称《管理办法》）的有关问题，加强和规范财产保险公司保险条款和保险费率的管理，现就有关事项通知如下：

一、关于须经审批的保险险种范围

中国保监会依法认定下列保险险种的保险条款和保险费率，应当报中国保监会审批：

（一）机动车辆保险；

（二）非寿险投资型保险；

（三）保险期间超过 1 年期的保证保险和信用保险；

（四）中国保监会认定的其他关系社会公众利益的保险险种和依照法律和行政法规实行强制保险的险种。

其他保险险种的保险条款和保险费率，应当报中国保监会备案。

二、关于修改保险条款和保险费率

财产保险公司修改经备案的保险条款中的保险责任或者调整保险费率超过报经备案范围的，应当重新报中国保监会备案。其中，修改保险责任是指增加、减少或免除保险人责任，增加、减少或免除投保人、被保险人责任或受益人权利，包括但不限于通过保险条款和保险单证对保险责任和责任免除进行修改。

对于承担保险责任的保险条款，对应的保险费率原则上不得为零。

三、关于修改保险条款和保险费率须报送的材料

财产保险公司修改本公司已经备案的保险条款中的保险责任的，除应当提交《管理办法》第十四条规定的材料外，还应当提交《财产保险公司保险条款修改前后对比表》（附件1）。

财产保险公司修改本公司已经备案的保险费率的，除应当提交《管理办法》第十四条规定的材料外，还应当提交费率调整说明书，包括调整原因、对原费率的调整幅度、费率精算说明。

四、关于地方性条款费率清理

财产保险公司应当于 2010 年 8 月 31 日前，对《管理办法》实施前由保险公司分公司向所在地保监局申请审批和备案的地方性条款费率进行全面清理，对需要继续经营使用的地方性条款费率，由总公司统一报中国保监会审批或备案。中国保监会对条款费率重新编号并进行审批或备案。

五、关于产品经营汇总分析报告

财产保险公司应当于每年 1 月底前，填报《财产保险公司保险条款费率经营汇总表》（附件2），将公司上一年度内所有经营使用的保险条款和保险费率，以及上一年度内废止的保险条款和保险费率，连同保险条款费率开发和经营情况的总结分析报告，报送中国保监会。

六、关于加强产品开发流程及法律责任人、精算责任人管理

财产保险公司应当加强对产品开发流程的管控制度，建立对产品开发人员、法律责任人、精算责任人的内部管控制度，并于 2010 年 10 月 1 日前将上述制度报中国保监会。

财产保险公司应当按照《管理办法》的规定，加强对法律责任人和精算责任人的管理，并及时调整不符合条件规定的法律责任人和精算责任人。财产保险公司申请核准法律责任人的，除应当提交《管理办法》第二十二条规定的材料外，还应当提交报送材料的电子文本。

七、关于推进保险条款和保险费率通俗化、标准化，建立行业基础数据平台及标准产品数据库

中国保险行业协会应当按照《管理办法》要求，积极推进保险条款和保险费率的通俗化、标准化工作，建立行业基础数据平台及标准产品数据库工作，制订明确的工作目标和工作安排，于 2010 年 10 月 1 日前将工作安排报中国保监会。

八、关于报送格式与要求

（一）各财产保险公司应按《管理办法》和本通知所列的《财产保险公司保险条款修改前后对比表》（附件1）、《财产保险公司保险条款费率经营汇总表》（附件2）、《财产保险公司保险条款和保险费率审批表》（附件3）、《财产保险公司保险条款和保险费率备案表》（附件4）、《财产保险公司法律责任人资格审核申请表》（附件5）、《财产保险公司名称简称表、经营险种分类简称表和地区简称表》（附件6）表格、文本式样及填报要求进行填制、报送。需要特殊说明的事项，可以增加附页作出补充说明。

（二）报送材料上应当注明联系人及其联系方式。

（三）报送材料的电子文本可以采用邮寄磁盘、光盘或发送电子邮件的方式。直接发送电子邮件的，应在报送材料上注明。中国保监会财产保险监管部接收报送材料的电子邮箱是 chanpin@

circ.gov.cn。

机动车交通事故责任强制保险条款费率的管理适用本通知,法律、行政法规或者中国保监会另有规定的,适用其规定。

本通知自 2010 年 5 月 1 日起施行。中国保监会 2005 年 11 月 25 日发布的《关于实施〈财产保险公司保险条款和保险费率管理办法〉有关问题的通知》(保监发〔2005〕109 号)同时废止。

附件 1:

财产保险公司保险条款修改前后对比表

填报单位:

条款名称	险别	险种	修改前内容	修改后内容	修改原因

制表人:　　　联系电话:　　　制表日期:

填表说明:
1. "险别"栏目填写主险或附加险。
2. "险种"栏目的填写参照《财产保险公司名称简称表、经营险种分类简称表和地区简称表》。

附件 2:

财产保险公司保险条款费率经营汇总表

填报单位:　　　　　　　　　　　　　　　　　　统计期间:××××年

序号	条款名称	审批/备案类型	审批/备案编号	险别	险种	经营区域	审批/备案时间	废止时间	备注

主管领导签字:　　　制表人:　　　联系电话:　　　制表日期:

1. 本表统计范围为填报单位在统计期间所有经营使用的和统计期间内废止的保险条款和费率。
2. 本表按年报告。由财产保险公司于每年 1 月底前,将上一年度情况汇总向中国保监会报告。报表的电子文本应当制作为 Excel 格式。
3. "审批/备案类型"栏目中填写审批或备案。"审批/备案编号"栏目填写监管机关对保险条款和费率的批复文号、审批表或备案表编号。"险别"栏目填写主险或附加险。"险种"栏目的填写参照《财产保险公司名称简称表、经营险种分类简称表和地区简称表》。"经营区域"栏目按照监管机关批复文件、审批表或备案表上载明的经营区域填写。"审批/备案时间"栏目以监管机关批复文件日期、审批表或备案表监管机关填制日期为准。
4. 本统计期间内废止的保险条款和费率,应在"废止时间"栏目内注明废止时间。
5. 本表仅作为备查依据,监管机关不作汇总统计。

附件3：

财产保险公司保险条款和保险费率审批表

申请单位				
条款名称				
编　　号		经营区域		
受理日期	年　月　日	批准日期	年　月　日	
保险责任				
责任免除				
保险费率		免赔(率)额		
保险期间		无赔款优待		
法律责任人声明书	本人已恪尽本条款的法律审查职责，现确认如下事项： (一)符合《保险法》等法律、行政法规和中国保监会有关规定； (二)不损害社会公共利益、不侵害投保人、被保险人和受益人的合法权益； (三)合同要素完备、文字准确、语言通俗、表述严谨。 本人承诺对上述声明内容的真实性、准确性和合法合规性负责并承担相应的法律责任。 　　　　　　　　　　　　　　　　　　　　法律责任人： 　　　　　　　　　　　　　　　　　　　　　年　月　日			
精算责任人声明书	本人已恪尽对费率的精算审查的职责，现确认如下事项： (一)精算报告内容完备； (二)精算假设和精算方法符合通用精算原理和中国保监会的有关规定； (三)对有利益演示的产品，利益测算方法符合通用精算原理和中国保监会有关规定； (四)保险费率厘定合理，结果满足科学性、公平性和充足性原则； (五)计算结果准确。 本人承诺对以上内容的真实性和准确性负责并承担相应的责任。 　　　　　　　　　　　　　　　　　　　　精算责任人： 　　　　　　　　　　　　　　　　　　　　　年　月　日			
备注				
公司意见		监管机关意见	是否同意批准：　是　　否 不同意批准的理由：	
	(印　章) 年　月　日		(印　章) 年　月　日	

填表说明：

1. 本表一式两份，统一采用A4纸，且填写时保持完整性，不得分拆页面。

2. 深色底纹的栏目由监管机关填写。其他栏目均由保险机构填写，不得为空。如无则填写"无"；如填写不下，可以缩小字体、在表背面填写或者增加附页，不得出现"详见保单条款、费率"等类似字样。

3. "编号"栏：全国性产品应填"(保险公司简称)(审–险种简称)[年份](主或附)×号"；地区性产品应填

"(地区简称)地(保险公司简称)(审-险种简称)[年份](主或附)×号"。"保险机构简称"、"险种简称"和"地区简称"参见《财产保险公司名称简称表、经营险种分类简称表和地区简称表》填写。

4."备注"栏:填写该产品的相关附带信息。如:附加险方面:附加于某主险(名称、审批号);修改类方面:原产品的名称、审批号同时废止等等。

5. 采用制作批复文件的方式送达审批决定的,监管机关不再填制本表。

附件4：

财产保险公司保险条款和保险费率备案表

申请单位				
条款名称				
编　号		经营区域		
受理日期	年　月　日	批准日期	年　月　日	
保险责任				
责任免除				
保险费率		免赔(率)额		
保险期间		无赔款优待		
法律责任人声明书	本人已恪尽本条款的法律审查职责,现确认如下事项: (一)符合《保险法》等法律、行政法规和中国保监会有关规定; (二)不损害社会公共利益、不侵害投保人、被保险人和受益人的合法权益; (三)合同要素完备、文字准确、语言通俗、表述严谨。 本人承诺对上述声明内容的真实性、准确性和合法合规性负责并承担相应的法律责任。 法律责任人: 年　月　日			
精算责任人声明书	本人已恪尽对费率的精算审查的职责,现确认如下事项: (一)精算报告内容完备; (二)精算假设和精算方法符合通用精算原理和中国保监会的有关规定; (三)对有利益演示的产品,利益测算方法符合通用精算原理和中国保监会有关规定; (四)保险费率厘定合理,结果满足科学性、公平性和充足性原则; (五)计算结果准确。 本人承诺对以上内容的真实性和准确性负责并承担相应的责任。 精算责任人: 年　月　日			
备注				
公司意见	本公司确认已按照监管机关要求报送备案材料,材料完整齐备,请予备案。 　 （印章） 年　月　日		监管机关意见	全部备案材料已收到,特此回执。 　 （印章） 年　月　日

填表说明：

1. 本表一式两份，统一采用 A4 纸，且填写时保持完整性，不得分拆页面。

2. 深色底纹的栏目由监管机关填写。其他栏目均由保险机构填写，不得为空。如无则填写"无"；如填写不下，可以缩小字体、在表背面填写或者增加附页，不得出现"详见保单条款、费率"等类似字样。

3. "编号"栏：全国性产品应填"(保险公司简称)(备-险种简称)[年份](主或附)×号"；地区性产品应填"(地区简称)地(保险公司简称)(备-险种简称)[年份](主或附)×号"。"保险机构简称"、"险种简称"、和"地区简称"参照《财产保险公司名称简称表、经营险种分类简称表和地区简称表》填写。

4. "开办日期"：填写该产品初次开办日期；如未开办则填写"未开办"。

5. "备注"栏：填写该产品的相关附带信息。如：附加险方面：附加于某主险(名称、备案号)；修改类方面：原产品的名称、备案号同时废止等等。

附件5：

财产保险公司法律责任人资格审核申请表

姓　　名		性　别		民　族		贴照片处
出生年月		政治面貌		国　籍		
身份证号码/护照号码						
学　历		专　业				
专业资格		专业资格授予单位		专业资格授予时间		
现任职务						
办公电话		移动电话		传　真		
通讯地址及邮编						
家　庭　住　址						

教育经历	起止年月	院　校	专　业	学　历

续表

	起止年月	工作单位、部门	职务
工作经历			

其他材料	1. 拟任人的身份证明和住所证明的复印件。 2. 拟任人的学历证明和专业资格证明的复印件。 3. 中国保监会规定的其他材料。
拟任法律责任人声明	1. 本人过去2年内未因执业行为违法受到行政处罚； 2. 本人未受过刑事处罚； 3. 以上内容准确、真实。 签字： 年　月　日
保险公司意见	同意××担任我公司法律责任人。 （单位公章） 年　月　日

注：填写时若无对应内容则填写"无"。本表正反两面打印。

附件6：

财产保险公司名称简称表、经营险种分类简称表和地区简称表

以下内容仅供填制与财产保险公司保险条款和保险费率管理相关的表格和报表时参照使用。

一、财产保险公司名称简称表

序号	保险公司名称	保险公司简称
1	中国人民财产保险股份有限公司	人保财险
2	中国人寿保险财产保险股份有限公司	国寿产险
3	中国大地财产保险股份有限公司	大地财险
4	中华联合财产保险公司	中华联合
5	中国太平洋财产保险股份有限公司	太保财险
6	中国平安财产保险股份有限公司	平安财险
7	华泰财产保险股份有限公司	华泰财险
8	天安保险股份有限公司	天安
9	大众保险股份有限公司	大众
10	华安财产保险股份有限公司	华安财险
11	永安财产保险公司有限公司	永安财险
12	太平保险有限公司	太平财险
13	中国出口信用保险公司	中国信保
14	民安保险(中国)有限公司	民安
15	永诚财产保险股份有限公司	永诚财险
16	安邦财产保险股份有限公司	安邦财险
17	天平汽车保险股份有限公司	天平
18	阳光财产保险股份有限公司	阳光财险
19	上海安信农业保险股份有限公司	安信农险
20	安华农业保险股份有限公司	安华农险
21	阳光农业相互保险公司	阳光农险
22	都邦财产保险股份有限公司	都邦
23	中银保险有限公司	中银
24	渤海财产保险股份有限公司	渤海财险
25	华农财产保险股份有限公司	华农财险
26	安诚财产保险股份有限公司	安诚财险
27	鼎和财产保险股份有限公司	鼎和财险
28	中煤财产保险股份有限公司	中煤财险
29	英大泰和财险股份有限公司	英大财产

续表

序号	保险公司名称	保险公司简称
30	国元农业保险股份有限公司	国元农业
31	长安责任保险股份有限公司	长安责任
32	浙商财产保险股份有限公司	浙商财险
33	信达财产保险股份有限公司	信达财险
34	紫金财产保险股份有限公司	紫金财险
35	美亚财产保险有限公司	美亚财险
36	日本东京海上日动火灾保险公司	东京海上
37	丰泰保险(亚洲)有限公司	丰泰
38	太阳联合保险(中国)有限公司	太阳联合
39	丘博保险(中国)有限公司	丘博
40	三井住友海上火灾保险公司	三井住友
41	三星火灾海上保险(中国)有限公司	三星火灾
42	安联保险财产保险(中国)有限公司	安联
43	日本财产保险(中国)有限公司	日本财产
44	利宝保险有限公司	利宝
45	法国安盟保险公司	安盟
46	苏黎世保险公司	苏黎世
47	现代财产保险(中国)有限公司	现代财产
48	中意财产保险股份有限公司	中意产险
49	爱和谊财产保险(中国)有限公司	爱和谊
50	国泰财产保险股份有限公司	国泰财产
51	日本兴亚财产保险(中国)有限责任公司	日本兴亚
52	乐爱金财产保险(中国)有限公司	乐爱金财险

二、财产保险公司经营险种分类简称表

序号	险种名称		险种简称
1	机动车辆保险	非强制保险	商车险
2		法定强制保险	交强险
3	企业财产保险		企财
4	家庭财产保险	普通家财险	家财
5		投资型家财险	投家财
6	工程保险		工程
7	责任保险		责任
8	信用保险		信用

续表

序号	险种名称		险种简称
9	保证保险		保证
10	船舶保险		船舶
11	货物运输保险		货运
12	特殊风险保险		特风
13	农业保险		农业
14	短期健康保险	普通健康险	健康
15		投资型健康险	投健康
16	意外伤害保险	普通意外险	意外
17		投资型意外险	投意外
18	其他		其他

三、地区简称表

保险监管辖区	地区简称	保险监管辖区	地区简称
北京市	京	广东省	粤
天津市	津	海南省	琼
上海市	沪	四川省	川
重庆市	渝	贵州省	贵
河北省	冀	云南省	云
山西省	晋	陕西省	陕
辽宁省	辽	甘肃省	甘
吉林省	吉	青海省	青
黑龙江省	黑	西藏自治区	藏
江苏省	苏	内蒙古自治区	蒙
浙江省	浙	广西壮族自治区	桂
安徽省	皖	宁夏回族自治区	宁
福建省	闽	新疆维吾尔自治区	新
江西省	赣	大连	连
山东省	鲁	青岛	青
河南省	豫	深圳	深
湖南省	湘	厦门	厦
湖北省	鄂	宁波	甬

财产保险公司再保险管理规范

- 2012年1月12日
- 保监发〔2012〕7号

第一章 总　则

一、为规范财产再保险市场，促进财产保险公司提高再保险业务管理水平，加强风险管理和内部控制，实现财产再保险业的健康协调可持续发展，依据《中华人民共和国保险法》、《再保险业务管理规定》（中国保险监督管理委员会令2010年第8号）以及有关法律、行政法规，制定本规范。

二、本规范适用主体为经中国保险监督管理委员会（以下简称"中国保监会"）批准设立，并依法登记注册的财产保险公司。对于本规范有明确规定适用再保险交易双方和再保险经纪人的内容，也适用于再保险公司和再保险经纪人。

三、本规范所称直接保险、再保险、合约分保、临时分保、比例再保险、非比例再保险、再保险分出人、再保险接受人、分出业务、分入业务、再保险经纪人等概念与《中华人民共和国保险法》及《再保险业务管理规定》的有关规定相一致。

第二章 再保险战略管理

一、再保险是财产保险公司风险管控的重要手段，是公司经营战略中的重要组成部分，在转移风险、稳定经营、提升技术和扩大承保能力等方面发挥着不可替代的作用。财产保险公司应从公司发展战略层面确定再保险在公司经营中的地位，正确发挥再保险在风险管理、资本融通和技术传导方面的作用，本着"最大诚信原则"开展再保险业务，合理分散风险，优化业务结构，实现公司的稳健经营和可持续发展。

二、财产保险公司应根据自身业务发展规划和风险管控的需要，科学合理地设定再保险管理的总体目标，包括确定再保险安排的总体架构和制定公司再保险计划。

三、财产保险公司原则上应设立独立的再保险业务管理部门，遵循再保险业务的运行规律和管理模式，确保其风险管控作用的有效发挥。

四、财产保险公司应确定再保险安排和再保险管控的重点环节，合理安排公司内部再保险管理的分工，明确设定再保险管理流程和权限，定岗定责。

五、财产保险公司当年自留保费，不得超过其实有资本金加公积金总和的四倍。

财产保险公司对每一危险单位，即对一次保险事故可能造成的最大损失范围所承担的责任，不得超过其实有资本金加公积金总和的百分之十；超过的部分，应当办理再保险。

六、财产保险公司应在综合考虑重大损失承受意愿、财务实力、业务组合平衡性的基础上，确定各产品线的每一危险单位自留额和针对巨灾事故的每次事故责任累积限额。

七、财产保险公司应重视并加强风险累积责任与巨灾风险的管理，建立风险累积责任和巨灾风险的识别管理原则和方法，重点考虑地区、行业、险种等因素，制定完备的管理制度。

八、财产保险公司应按照中国保监会的要求，建立再保险接受人的选择原则，包括对资信的审核以及资信风险分散度的评估原则。特别应加强对跨境再保险交易中存在的风险点进行分析和研究，采取有效措施，防止金融风险通过再保险业务进行跨境传递。

财产保险公司在与关联企业进行再保险交易时，应遵循市场化原则确定再保险价格与条件，不得利用再保险转移利润，逃避税收。

九、财产保险公司应建立再保险信息的内部报告或通报以及外部披露机制。财产保险公司应建立重大保险赔案及时报送机制。

十、财产保险公司应加强IT系统建设，保持再保险业务IT系统的独立性，将再保险监管政策和公司管理要求内化到IT系统设置，杜绝人为干预。再保险IT系统应与业务和财务的IT系统实现无缝对接。

第三章 再保险运营管理

第一节 运营管理中的基本事项

一、人员设置

财产保险公司应配备专职管理人员和业务人员管理再保险业务。

二、安全机制

财产保险公司应建立包括再保险接受人选择

原则、分保额度管理和应急预案在内的业务安全机制。

财产保险公司应在满足监管要求的基础上选择合格的再保险接受人，并从再保险接受人的信用评级、偿付能力、资本金、历史履约情况以及再保险接受人所在国家或地区的政治、法律风险等方面，审慎选择再保险接受人。同时，财产保险公司还应对再保险人接受份额进行额度管理，控制再保险信用风险集中度，提高再保险业务安全性。在符合监管规定的基础上，财产保险公司可采用差异化原则对不同类型业务进行额度管理。

财产保险公司应建立再保险接受人信用风险突发应急预案，以应对再保险接受人资信出现问题或偿付能力突然恶化等紧急情况下的风险保障缺口问题，最大限度保证再保险业务的安全。在合约分保中，可引入合约终止/中止条款，对再保险接受人出现信用风险时合约再保险责任的处事事项做出明确的规定。

三、日常事务管理

财产保险公司应建立再保险业务日常事务管理制度，确保日常事务的有序、有效和及时开展。

再保险业务日常事务主要包括正式合同文本、批单或附约的编制、签发和签回确认；分保账单的编制、签发和签回确认；分保余额结算；应收应付款管理；赔案管理；报表报送；业务统计分析；档案管理等。

四、IT 系统的开发与完善

IT 系统是开展再保险业务的重要保障，财产保险公司应开发适合自身业务特点的再保险业务IT 系统，包括合约和临时分保系统、分出和分入系统等，并根据实际运行情况进行动态完善。

再保险业务 IT 系统应实现对公司自留额的实时管理，应将不同险种的最大自留额嵌入到核保系统中并及时维护更新。对超过自留额的标的，核保系统应能够自动转到再保险系统。分保安排确认后，方可完成核保出单。

再保险业务 IT 系统应具有数据的分析管理功能，自动形成周期性的数据报表和上报监管机关数据，实现对历史数据的分析管理。保险公司应利用 IT 系统功能对公司再保险安排情况和再保险合约进行事前测算和事后评估，定期形成再保险安排评估报告，指导下一年的再保险安排。

再保险业务 IT 系统应具有权限管理功能，明确将经办和复核、核保和再保岗位分开，确保再保险职能和操作权限在 IT 系统中体现。

再保险业务 IT 系统应能够将核保、理赔、批改等环节的变化及时反映在再保险系统中，应具有数据修订痕迹记录功能，对已确定数据的修改进行全面记录跟踪。

五、应收账款管理

财产保险公司应建立应收账款管理机制加强对应收账款的管理，定期与再保险接受人和分出人核实再保险业务的应收款项，严控应收账款的规模和期限，避免应收账款形成坏账损失，导致公司资金成本和管理成本的增加，甚至引起公司偿付能力的下降。

财产保险公司应建立规范、有效的催收制度解决长期应收账款问题。

六、赔案管理

再保险双方应严格按照分保条件约定进行赔案管理，任何一方均不能以任何理由拒绝履行或拖延履行发送出险通知、提供赔案资料和摊回赔款等责任。赔款摊回适用"共命运"原则，即在分出公司根据保险条款尽职厘定损失的前提下，分出公司的理赔决定自动适用于再保险接受人。再保险接受人的赔偿责任限于原保单以及再保险合同约定的保险责任范围，分出公司自身的坏账、倒闭等财务风险，以及未经再保险公司同意的通融赔付（分出公司明知无实际赔偿责任的自愿赔付）等除外。

在比例再保险中，分出公司应严格按照再保险双方确认的分保比例计算再保险摊回赔款金额，除为纠正分保时的错误和遗漏外，不应在摊回赔款时再次调整包括分保比例在内的分保方案；在非比例再保险中，若事故或巨灾持续时间超过合约中对一次事故或巨灾的约定时间，分出公司在计算摊回赔款金额时，应根据合约条款选择合适的事故或巨灾时间段，对选定时间段外发生的保险损失，不应进入再保险合约进行摊回。

在临时分保业务中，如果合同中有特别约定（例如，理赔控制条款（Claims Control Clause）、理赔合作条款（Claims Cooperation Clause）等），则无论赔案损失大小，分出公司均应在知道赔案发生后根据再保险合同的约定立即通知再保险接受人，及时告知理赔工作进展情况、提供赔案相关资料，并按照再保险合同的约定配合再保险接受人开展现场查勘等工作。分出公司应在理赔进程中就理赔方案与再保险接受人进行积极沟通并达成一致，避免再保险双方因理赔意见不一致导致结案后赔款摊回困难。

对存在追偿可能性的保险事故，分出公司应积极向责任方进行追偿，及时把追偿情况告知再保险接受人。追偿成功后，分出公司应把属于再保险接受人的追偿款及时返还再保险接受人。

七、档案管理

财产保险公司应按照全面性和规范性原则建立档案管理制度，对合约文本、账单、赔案资料、往来传真、邮件等资料进行记录和管理。

全面性是指应保存与业务相关的全部资料，业务各环节中涉及的资料均应保留清晰完整的记录，资料尽量以纸质或电子文档形式保存。电子邮件往来、电子介质文件应实行集中管理，安全保存，并有备份。

规范性是指档案管理制度应科学合理，做到归档规范、查询快捷。

八、数据管理

财产保险公司应重视和加强再保险业务的数据管理，特别是保费、已决赔款、未决赔款、巨灾损失、修改或变动等数据。

数据管理遵循"准确性、真实性和完整性"的原则。按照"准确性"原则，财产保险公司应建立多级复核制度和对应的责任制度，保证每一数据的准确性；按照"真实性"原则，财产保险公司应确保再保险数据的真实有效，不能擅自篡改再保险的业务和财务数据；按照"完整性"原则，财产保险公司应对每一个数据形成的原始信息进行详细记录。对于具有复杂计算过程或公式的数据，对计算过程或公式也应记录。

财产保险公司应重视和加强再保险业务数据的挖掘和分析工作，利用分析结果对业务中存在问题进行管理优化。

财产保险公司应按照有关规定及时向监管机关报送有关业务的数据；按照再保险合同的约定，向再保险接受人提供完整、真实、有效的业务和财务数据或业务和财务报表。

九、内部信息沟通机制

财产保险公司应建立顺畅高效的内部信息沟通机制。承保部门根据合约或临时分保安排或运行的需要，向再保险部门提供原保险的风险信息及分保需求；再保险部门进行信息分析后，制订恰当可行的再保险方案，确保风险的顺利转移。

十、保密

再保险双方及再保险经纪人对业务中获取的非公共信息负有保密义务，未经对方允许，不得向其他方披露。

十一、精算应用

财产保险公司应重视精算在再保险风险管控中的重要作用，明确精算职责，向精算人员提供必要的再保险相关信息及资料，充分发挥精算技术在准备金评估、产品定价、风险累积管控、重大保险风险测试和再保险方案评估中的作用。

第二节 合约分保业务的运营管理

一、再保险合约的组建

财产保险公司应在综合考虑公司业务构成、风险状况、累积责任、资本金、净资产、市场战略等因素的基础上，组建再保险合约。

财产保险公司应高度重视再保险合约中合约条款的制定，应在再保险合约正式生效前与再保险接受人就主要合约条款进行协商并达成协议。财产保险公司应将再保险合约业务信息录入公司业务和财务系统，录入时间不应迟于合约业务确认后的十个工作日。除非财产保险公司与再保险接受人书面同意延期，双方应在再保险合约正式生效后的三个月内完成正式再保险合约的书面签署。

合约的最终条件应本着自愿原则由再保险双方洽商确定，但合约条件不得违背再保险双方所在国家或地区的法律法规和监管规定。

在比例合约的组建过程中，应重点考虑：分保范围、合约类型、合约期限、承保能力、事故限额（再保险双方根据实际情况决定是否引入该条款）、再保险手续费、账务条款、除外责任、错误与遗漏、合约报表、合约的修改与终止、未满期保费和未到期责任的处理、区域范围、司法管辖和仲裁等内容。

在非比例合约的组建过程中，应重点考虑：分保范围、合约期限、起赔点、以保额或责任限额为基础的最大自留额、最高保障责任限额、责任限额分层情况、费率、责任恢复次数、合约的类型（例如，险位超赔、事故超赔、赔付率超赔）、事故超赔中每次事故的定义、除外责任、区域范围、司法管辖和仲裁等内容。

二、合约分保安排

财产保险公司在自身的再保险合约条件确定后,应选择合格的再保险接受人积极安排分保。在安排比例再保险合约时,财产保险公司应有效避免分保不完全导致应分保合约责任被动自留情况的发生。分保不完全指再保险接受人确认接受份额之和小于合约最大应分保份额。

分保不完全时,财产保险公司的合约自动承保能力应为合约最大承保能力乘以分保完成比例,合约中未分出部分的承保能力不应视为财产保险公司有效的合约承保能力。

三、账单及结算管理

财产保险公司应按照再保险合约的约定进行账单编制(包括日常账单、保费调整账单、重置保费账单、浮动手续费调整账单和纯益手续费账单等)、签发、确认归档、余额结算等,账单中的会计科目应符合会计和财务制度的规定。操作过程中,再保险双方均应按照再保险合约的约定做到及时、准确,严格履行再保险合约对余额结算的相关规定,避免发生无正当理由的长账龄应收、应付款项。

经纪人应及时、准确履行结算和支付义务,不得无故拖延支付。

账单及结算管理涉及公司间的资金流动,财产保险公司应建立严格、规范的授权体系。

四、未决赔款管理

财产保险公司应及时、准确地统计再保险合约业务的未决赔款数据,并把有关数据按照再保险合约约定的方式提供给再保险接受人。

财产保险公司应提高未决赔款数据的准确性和真实性,不应人为操控未决赔款数据来改变或暂时掩盖合约业绩的真实情况。

五、合约使用指引

财产保险公司根据再保险合约的确定条件,制定与合约相匹配的《合约使用指引》或《承保指引》,指导承保等相关部门合理、有效地使用再保险合约。

比例再保险合约《承保指引》主要内容应包括:合约保障的险种、除外责任、自留额、险种的自动承保能力、特殊申报、出险通知规定和风险等级划分原则等。对续转的再保险合约,需对当年合约条件发生变化的地方作出说明,避免承保部门出现经验性错误。

非比例再保险合约《承保指引》的主要内容包括:保障险种范围、起赔点和责任限额、最大自留额、除外责任、出险后摊回赔款注意事项和流程等。

财产保险公司应结合《承保指引》对承保人员进行再保险业务知识和合约应用的培训,引导承保人员正确理解再保险功能和再保险在公司风险管控中的重要作用,避免在业务管理中出现承保和再保脱节的现象,强化承保人员诚信意识,确保最大诚信原则在保险公司再保险经营中的充分体现,促进公司再保险业务的健康发展。

六、合约使用监督

财产保险公司应把再保险纳入公司合规经营范畴,建立再保险合约使用情况监督检查机制,避免违规使用或错误使用再保险合约。

监督检查应重点考虑:拟安排分保的业务是否属于合约除外、自留额使用是否正确、合约承保能力选用是否正确、分保比例是否正确、危险单位划分是否正确和风险等级划分是否正确、是否按合约约定及时向再保险接受人报送报表、报表信息是否真实准确、赔案资料是否真实完备、摊回赔款金额是否正确等。

七、调整保费和重置保费

采用调整保费的非比例再保险合约,财产保险公司应按照合约的约定和公司业务的实际情况,及时调整合约保费,向再保险接受人编送调整保费账单并安排余额结算。

设有责任恢复的非比例再保险合约,发生赔付后,财产保险公司应按照合约约定及时恢复合约责任限额;若存在重置保费条款,还应及时编送重置保费账单并安排余额结算。

八、合约结清

财产保险公司应在合约中明确结清方式并根据合约约定及时结清合约。

在自然结清方式下,财产保险公司应在所有未到期责任结束后及时结清合约,或与再保接受人协商一致提前结清合约。

在协议结清方式下,再保险双方应制定公平、合理的结清方案,特别是保费、未决赔款的结清比例应符合业务的实际情况。

九、危险单位划分

财产保险公司以危险单位为基础使用再保险

合约时,对中国保监会已颁布《财产保险危险单位划分方法指引》的保险标的和险种,应按照有关《财产保险危险单位划分方法指引》划分危险单位;对未颁布《财产保险危险单位划分方法指引》的保险标的和险种,财产保险公司应结合标的风险状况和行业通行做法,科学、合理地划分危险单位,不得因人因事随意变更划分危险单位的原则和方法。同时,划分结果应与公司每年向中国保监会备案的划分方案保持一致。

财产保险公司不应出于再保险安排或赔款摊回的需要,不顾保险标的的风险状况和划分原则随意划分危险单位或改动原有危险单位划分方案。

十、风险等级划分

财产保险公司应建立保险业务风险等级划分标准,根据保险业务风险状况,确定风险等级。对于使用差异化自留额的比例再保险合约,财产保险公司应严格按照公司确定的风险等级划分方法或再保险双方共同商定的方法来划分标的风险等级。财产保险公司不应随意划分、变动标的的风险等级。

十一、风险累积责任

财产保险公司应重视、加强对累积责任、保额与限额、标的地址的识别,特别是巨灾风险的暴露情况。可以采用包括再保险在内的适合自身业务特点的工具来管理和转移风险累积责任,把自留累积责任控制在公司可承担的范围内。

十二、合约责任履行

合约分保业务中,再保险双方和经纪人应严格按照合约的约定履行各自的权利和义务,如保费支付、赔款摊回、账单签发确认、报表报送、技术支持等。任何一方不应以任何原因为由,拒绝履行或拖延履行自身的责任和义务,除非此种行为得到相关各方认可。

十三、错误与遗漏

对于合约分保业务中发生的非故意的错误与遗漏,再保险合约双方在任何情况下都不应作为推卸履行合约责任的理由,合约责任如同这些错误与遗漏未曾发生。但是,这些错误与遗漏一经发现,应立即予以更正。

同时,为确保错误与遗漏条款的合理运用,再保险双方可考虑对运用错误和遗漏条款的情况、允许纠正的时限进行约定。

十四、重大保险风险

财产保险公司安排的再保险业务应符合中国保监会关于重大保险风险转移的相关规定,对再保险业务进行重大保险风险测试。

第三节 临时分保业务的运营管理

一、临时分保需求识别

财产保险公司应正确识别自身临时分保需求,合理正确安排临时分保。

财产保险公司需办理临时分保的情况主要有六种:(一)比例再保险合约提供的自动承保能力不足,需要额外承保能力的业务,主要为高保额大型商业风险业务;(二)在比例再保险合约保障范围内,但由于保险标的的保额过低未能进入溢额合约,成为财产保险公司全部自留的业务,主要为高风险的小保额业务;(三)比例再保险合约不提供自动承保能力的业务,主要为高风险类业务或新产品类业务或规模较小的业务;(四)保险公司只购买了非比例再保险合约,且此非比例再保险合约对某些险种未提供合约再保险支持;(五)以限制分出公司风险暴露和转移风险为目的的业务,主要是保险公司整体风险控制要求下的临时分保安排;(六)为引进保险技术和协助制定承保方案而安排的临时分保。

二、分保安排

财产保险公司可直接安排临时分保,也可通过再保险经纪人安排。

安排临时分保业务时,应当遵照"合约优先"的原则,即凡存在分保需求且符合合约保障条件(通常指比例合约)的业务,均应优先办理合约分保,亦即超过分出公司自留额与合约提供的最大承保限额之间的部分应全部进入合约,但再保险合约中约定分出公司可优先安排临时分保的情况除外。

临时分保业务的安排应在保单或暂保单生效前完成。如因特殊情况,临时分保安排过程无法在保单或暂保单生效前完成,财产保险公司应确保在该项目保单或暂保单生效之时,净自留保额不超过公司确定的、能承担的该类别风险最大自留额或公司对该类风险能够承担的最大法定自留额。

临时分保安排是否完成,以再保险接受人对分保业务的书面或电子邮件确认为准;通过经纪人安排的临时分保业务,财产保险公司应要求经纪人提供再保险接受人对于该笔业务的书面或电子邮件确认。财产保险公司应确保通过经纪人安排的分保条件与公司自身确定的分保条件一致,一经发现经纪人有擅自改动分保费率或分保费等分保条件的不合理行为,应及时制止,必要时中止或终止与有上述行为的再保险经纪人的业务往来。如临时分保业务发生批单修改,财产保险公司应在原再保险接受人确认同意批单修改后方可进行。否则,财产保险公司应自留批改部分的保险责任或进行新的再保险安排。

三、正式分保合同和账单编送

临时分保完成或原始保单生效后,临时分保业务人员应根据最终的保险条件和分保条件,在20个工作日内或按照分保条件约定的时间(以再保险接受人份额确认日期或保单生效日期晚者开始计算),向再保险接受人签发正式分保合同(内容应包括再保险合同简要文本(slip)、规范再保险双方权利义务的条款等)和账单,并要求再保险接受人收到后签回一份副本。也可经再保险双方约定,由再保险接受人提供正式签署并符合约定内容的临时分保再保险单证。

对于通过经纪人安排的分保,若再保险接受人的正式分保合同和账单由经纪人编送,财产保险公司应对分保合同和账单中的有关条款及数据进行核实,以确保经纪人安排的分保条件与财产保险公司确定的分保条件保持一致。

应临时分保再保险接受人的要求,分出公司或再保险经纪人应当向再保险接受人提供原始保单副本或复印件。

账单中会计科目的编制应符合会计和财务制度的规定。

四、结算管理

财产保险公司应及时、准确地做好临时分保业务的结算管理,按照分保合同的约定及时逐笔结算。在再保险双方及经纪人(如有)协商一致的情况下,可进行多笔业务间的轧差结算,但任何一方不应以轧差为由拖延临时分保业务余额的结算工作。

五、业务取消

对于确需取消的临时分保业务,分出公司应及时通知再保险接受人,并根据再保险合同约定完成取消业务操作的相关事宜。应再保险接受人要求,分出公司应向再保险接受人提供取消业务的有关资料。对于业务取消前,再保险接受人已经承担风险责任的业务,再保险双方应就这部分业务切实履行保费支付、赔款摊回等分保责任。

对保险期限已经结束的有效保单的临时分保业务,分出公司不得取消分保。

第四节 分入业务的运营管理

一、开展原则

分入业务是财产保险公司了解市场、获取业务的渠道之一,财产保险公司应在风险可控的基础上审慎开展分入业务。

二、确定承保能力

财产保险公司应在综合考虑自身的资本金、财务状况、风险偏好、业务发展规划和市场环境等因素后制定各产品线每一危险单位最大净自留额或最大承保比例。分入业务应在考虑转分保因素后确定的最大净自留额或最大承保比例范围内开展。

三、风险评估

财产保险公司应本着审慎的原则,对分入业务的风险进行识别、评估和控制,建立包括核保核赔、分级授权制度在内的业务风险管控体系。在评估临时分保分入业务风险时,应重点考虑直接保险标的的风险状况、承保条件、历史赔付记录和分出公司的分保原因等。

在评估合约分入业务风险时,财产保险公司应根据合约分入业务的特点建立合约分入业务风险评估体系和核保、授权体系。风险评估的重点包括:分出公司的基本情况、业务发展战略、偿付能力及结算情况等;合约条件的重点是合约预估保费、平衡性、业务范围、分保手续费、合约承保能力、自留额、共保业务及分入业务的合约使用情况、除外责任、特别约定、历史业绩等。

对于来自中国境外的分入业务,还应关注分入业务所在国的政治、法律等风险因素。

四、风险分散

财产保险公司应重视分入业务的风险分散,参照直接保险业务风险分散的方法和手段,制定分入业务风险分散的方法和手段。例如,采用比例转分或购买超赔等方式把分入业务的自留责任控制在公司可承受的范围内。

五、责任累积管理

保险公司应高度重视分入业务导致的责任累积，建立有效的责任累积识别和管控的机制和方法。责任累积类型有分入业务与直接保险业务间的责任累积和分入业务间的责任累积两种。造成责任累积的主要原因有：（一）分入业务与保险公司参与共保的直接业务形成责任累积；（二）临时分保分入业务与合约分入业务间形成责任累积；（三）多渠道临时分保分入业务间形成责任累积；（四）作为再保险接受人与多家保险公司建立分保合约，多个分出公司均参与的共保业务形成责任累积。其中，分入合约中分出人共保业务和分入业务的合约使用情况是导致合约责任累积的主要原因。财产保险公司应特别关注分入合约中共保业务及分入业务使用再保险合约的情况，谨慎评估由此可能形成的单一危险单位、单一区域、巨灾风险等责任累积。

六、业务数据分析

业务数据分析是分入业务管控的重要手段和内容之一。保险公司应建立合约分入业务数据分析处理方法，准确评估合约的风险、价格，掌握合约发展趋势。数据内容主要包括保额分段数据、损失分段数据、最大自留额数据、最大损失数据、责任累积数据、巨灾累积和损失数据、合约T型发展（倒三角流量发展）数据等。

七、预估管理

分入业务预估数据具有事先性、不完全确定性、变动性的特点，财产保险公司应采用精算技术，结合业务发展实际，建立科学、合理、有效的业务数据预估和管理方法，提高预估数据准确性并确保预估工作的有效开展。

八、赔案管理

财产保险公司应参照直接保险业务赔案管理的原则，结合再保险分入业务赔案的特点，建立分入业务赔案管理制度和方法，重点是分入业务中的出险通知、现金赔款、合约业务赔款非逐笔性、"共命运"原则等与直接保险业务存在差异的地方，对赔款摊回比例、摊回金额、事故时间段的选择等关键指标进行审慎核对，确保摊回赔款的正确性。分入公司应在收到赔案相关材料的三个工作日内，将赔案信息录入业务和财务系统。

九、未决赔款管理

财产保险公司应建立分入业务特别是合约分入业务未决赔款的管理方法，加强与分出公司的沟通，确保未决赔款的准确性和真实性，对未决赔款突然增大或减小、已决赔款与未决赔款同时大幅增加等异常情况应给予特别关注，及时向分出公司了解异常变化的原因。

十、浮动手续费调整、纯益手续费和调整保费

对采用浮动手续费或有纯益手续费或需要调整合约保费的分入合约，财产保险公司应根据合约约定及时与分出公司沟通，完成调整、确认和结算等有关操作。

十一、正式分保合同

分入业务确认后，财产保险公司应与分出公司共同及时完成正式分保合同（内容包括再保险合同简要文本、合约文本、明确再保险当事双方权利义务的再保险条款等）的签署工作。除非财产保险公司与分出公司书面同意延期，财产保险公司应在分入业务正式生效后的三个月内签署正式分保合同。

财产保险公司应将分入业务信息录入公司业务和财务系统，录入时间应不迟于分入业务确认后的十个工作日。

十二、账单及结算管理

财产保险公司应按照分入业务合同的约定及时、准确地进行账单催收、确认、签回、归档和余额结算工作。

十三、合约结清

参照本章第二节《合约分保业务的运营管理》中合约结清的相关内容进行。

第四章 再保险资信管理

财产保险公司应从再保险接受人客观上的偿付能力和主观上的偿付意愿两个方面建立再保险资信管理体系。

财产保险公司再保险资信管理对象包括再保险接受人和再保险经纪人。财产保险公司应对再保险接受人和再保险经纪人的资信进行专业化管理与监控，有效控制因再保险人的信用风险而可能给分出公司造成的损失。

财产保险公司应建立再保险接受人和经纪人信息库，进行动态更新、跟踪和管理。

财产保险公司应加强再保险接受人的风险偏好管理，建立再保险接受人风险偏好数据库，对不同类型业务寻求有效的再保险接受人，提高分保效率。

第一节 再保险接受人资信管理

再保险资信管理的核心是对再保险接受人进行信用分析和信用等级评估。通过对再保险接受人相关财务及非财务信息进行收集、整理、分析，评估再保险接受人的履约能力。

再保险接受人资信管理的主要内容包括：再保险接受人信息的收集和资信调查，确保信息的全面、准确和及时；资信档案的建立和管理；资信评估，通过第三方评级机构评级和财产保险公司自身独立评估结果来考量；建立再保险接受人分级名单，在符合监管部门对选择再保险接受人基本要求的基础上，财产保险公司可根据资信评估的结果建立自己的再保险接受人名单，并根据实际监控的情况不定期更新。

财产保险公司通过自身积累的信息或第三方获取的信息对再保险接受人主观偿付意愿进行评估，通常是采用对结算记录进行分析的方法。对于客观上具有偿付能力而主观上不具有偿付意愿的再保险接受人，应适时终止业务往来。

根据有关规定，财产保险公司的再保险业务中，应收分保准备金和应收分保账款的资产认可与再保险接受人的偿付能力密切相关。财产保险公司应充分考虑再保险安排的有效性（包括对再保险合约条款的审核），对再保险接受人的资信状况进行细致评估，避免因再保险接受人的资信问题对自己的偿付能力产生负面影响。

第二节 再保险经纪人资信管理

再保险经纪人资信管理的重点是防范其对再保险资金的非法挪用和逾期占用。财产保险公司可考虑采用第三方信托账户等方式防范上述风险，同时应对相关结算记录进行密切的跟踪和分析，及时中止或终止与存在资信问题的再保险经纪人的业务往来。

为降低再保险经纪人的资信风险，可以考虑在再保险合约中引入"再保险中介条款"，将再保险经纪人的资信风险转移给再保险接受人承担。该条款最终采用与否，由再保险双方协商确定。

第五章 再保险业务评估

财产保险公司应建立再保险业务评估指标体系，定期对再保险业务进行全面评估，提高再保险安排的科学性、合理性和再保险管理的规范性，切实发挥再保险在公司风险管理和内部控制中的作用。

财产保险公司可参考附件一《财产保险公司再保险业务基本评估指标》，建立适合自身业务特点的评估指标体系，同时每年至少进行一次评估。

财产保险公司应将当年的再保险业务评估指标体系和上一年度的再保险业务评估结果于每年4月30日前报告中国保监会。

第六章 再保险业务经营与管理的合规审计

财产保险公司应定期对再保险业务的经营情况和管理情况进行审计，及时发现问题，并提出解决方案和步骤。

审计形式包括内部审计和外部审计，每个业务年度至少各审计一次。

基本审计内容可参考附件《再保险业务审计》。

第七章 附 则

本《规范》由中国保监会负责解释。
本《规范》自2012年7月1日起实施。
附件：1. 财产保险公司再保险业务基本评估指标
2. 再保险业务审计

附件1：

财产保险公司再保险业务基本评估指标

一、合约条件与业务需求的匹配度

1. 险种的净自留额是否符合公司需求；
2. 险种的合约自动承保能力是否满足公司业务发展的需要；
3. 有合约分保需求的险种是否都已得到合约保障；
4. 非比例合约起赔点和责任限额是否满足风险分散的需要；
5. 非比例合约的保障风险和险种范围是否满足公司的需要。

二、临时分保的及时性

1. 单笔业务分保周期＝分保结束的时间－提出临时分保需求并提供相关风险信息的时间

2. 平均业务分保周期＝单笔业务分保周期之和／临时分保业务数量

3. 原保险保单生效前分保完成率＝原保险保单生效前完成分保的临时分保数量／原保险保单生效前提出临时分保需求的业务数量×100%

三、分保的充分性

1. 单一合约分保完成率＝实际分保份额/应分保份额×100%

2. 合约分保完成率＝完成应分保份额的合约业务数量/应分保的合约业务数量×100%

3. 单一临时分保完成率＝实际分保份额/应分保份额×100%

4. 临时分保完成率＝完成应分保份额的临时分保业务数量/应分保的临时分保业务数量×100%

四、财务指标的合理性

1. 比例合约分保费用是否与分出业务的业绩和风险水平相匹配；

2. 非比例合约的费率是否与合约业绩和风险水平相匹配；

3. 合约业务账单周期(通常为季度)、账单提供时间、结算时间是否合理；

4. 临时分保费用是否与分出业务的赔付业绩和风险水平相匹配，对分保费用大幅高于或低于业务获取成本的情况给予特别重视并及时评估；

5. 临时分保业务的账单提供时间、结算时间是否合理。

五、结算的及时性

结算及时性包括应付款项结算及时性和应收款项结算及时性，可用下述指标评估：

1. 应付款项及时结算笔数比重＝及时完成结算的应付款项笔数/应付款项总笔数×100%；

2. 应付款项及时结算金额比重＝及时完成结算的应付款项金额/应付款项总金额×100%；

3. 结算周期超过60天的应付款项笔数比重＝结算周期超过60天的应付款项笔数/应付款项总笔数×100%；

4. 结算周期超过60天的应付款项金额比重＝结算周期超过60天的应付款项金额/应付款项总金额×100%；

5. 应收款项及时结算笔数比重＝及时完成结算的应收款项笔数/应收款项总笔数×100%；

6. 应收款项及时结算金额比重＝及时完成结算的应收款项金额/应收款项总金额×100%；

7. 结算周期超过60天的应收款项笔数比重＝结算周期超过60天的应收款项笔数/应收款项总笔数×100%；

8. 结算周期超过60天的应收款项金额比重＝结算周期超过60天的应收款项金额/应收款项总金额×100%；

及时完成结算是指账单余额在再保险合同约定结算时间内完成的结算。

六、渠道的合理性及可靠性

渠道的合理性是指财产保险公司在再保险安排渠道上应保持合理的多样性，包括直接分保和通过经纪人分保等各类渠道。

渠道的可靠性是指在有分保需求时，特别是在合约条件发生重大变化、合约出现亏损或需要安排临时分保的情况下，财产保险公司通过直接渠道或经纪人渠道获得再保险接受人支持的可靠性。

七、再保险接受人的合理性

1. 再保险接受人的资质：包括信用评级、资本金、偿付能力、合规经营等情况，应当满足监管规定和财产保险公司的自身要求；

2. 再保险接受人接受成分的分布：单一再保险接受人的接受成分不宜过高，以降低风险的集中度，特别要防范金融风险的跨境传递，提高再保险的安全性。

八、业务处理的准确性

再保险业务的准确性包括数据准确性和执行准确性两方面，可采用准确率进行评估。

数据准确性指保费、分保比例、赔款(含未决赔款)、分保费用、重大赔案、业务报表等业务及财务数据的准确性。

执行准确性是指比例合约的使用过程中是否存在错误使用的情况，如合约使用错误、账单寄送错误，归档错误，正式分保合同编送错误等。在再保险业务管理层级较多、分支机构具有再保险权限的公司中尤其要给予高度重视。

九、合规性

财产保险公司应按照法律法规、监管要求和公司内部管理制度建立业务合规性指标，及时评估业务开展情况的合规性。由于再保险业务经营管理方面的问题而受到的各种行政处罚情况，应作为合规性评估中的重要内容。

附件 2:

再保险业务审计

再保险业务审计涉及外部审计和内部审计,具体内容主要包括以下六个方面:

一、制度建设及职责分工审计

1. 管理规定审计

(1)是否在再保险管理部门的管理职权范围内制订了专门的业务管理规范、操作指南、业务流程图等;

(2)各项业务管理规定是否健全、明确、合理、有效;

(3)对分公司落实总公司规定及执行情况有无监督检查措施;

(4)公司制定的再保险业务指引等是否得到有效执行。

2. 职责分工审计

(1)人员职责分工是否明确、合理,有无内部组织结构图等;

(2)人员分工有无复核等监督制约措施;

(3)未有明文规定的事项,有无沟通请示等临时处理措施。

二、业务经营与管理审计

1. 时效性审计

(1)是否严格要求分公司按照业务规定期限上报保单、批单等承保业务数据及资料;

(2)是否严格要求分公司按照业务规定期限上报相关业务赔案资料及数据;

(3)是否严格要求分公司按照业务规定期限更新上报相关未决赔款数据;

(4)是否严格按照业务管理规定期限及时安排分保,包括对外申报或通知、催促提醒对方确认以及对分公司的信息反馈时间等;

(5)是否及时通知再保险接受人有关承保、赔案等信息并定期更新相关数据;

(6)对再保险接受人的问询(来函来电)是否及时处理并予以答复。

2. 业务管理审计

(1)有无采取措施核查分公司上报数据信息与原始信息数据是否一致,包括承保条件、批改情况以及赔款等信息资料;

(2)分保安排时采集的基础数据与承保条件是否与分公司上报情况一致;

(3)有无未经批准的超自留额业务未办理分保,检查超自留业务是否符合有关业务规定及是否按照程序进行审批。

3. 单证审计

(1)是否按照业务要求审查分公司上报的业务资料齐备与否,业务数据与书面单证是否对应一致;

(2)分保安排过程中,有无相关再保险接受人确认分保比例、条件等书面材料;

(3)是否按照业务管理规定及时编制处理相关账单及数据;

(4)是否按照再保险合同约定向再保险接受人提供相关业务单证资料,以便资金账务顺利结算;

(5)再保险管理部门内部审批、流转文档是否合规、齐备。

4. 再保险关联交易审计

(1)需要报批的关联交易是否得到了监管机构的批准;

(2)与非关联业务相比较,是否存在非常规化操作的地方;

(3)财务结算是否及时准确;

(4)业务风险是否得到了有效的外部转移;

(5)规模是否在公司可接受的范围内。

5. 再保险经纪业务审计

(1)经纪人的选用是否符合公司规定的选用标准;

(2)经纪人提供的分保渠道是否有效、可靠,是否符合监管要求;

(3)经纪人结算是否及时,是否存在资金占用或挪用行为;

(4)经纪人提供的服务是否存在重大错误或遗漏;

(5)经纪人是否存在擅自修改分保条件的行为;

(6)除业务本身外,经纪人是否提供更多增值服务。

6. 再保险系统安全性审计

(1)再保险 IT 系统是否建立了完善的授权管理体系;

(2)再保险信息的导入导出是否建立了完善

的跟踪制度和痕迹保留功能;

(3)是否建立了再保险信息的披露机制;

(4)再保险业务中是否以合同条款的形式明确了再保险双方的保密义务。

7. 再保险资信审计

(1)是否建立了资信管理制度;

(2)再保险接受人和经纪人的选用是否符合公司的管理规定;

(3)资信管理制度是否得到有效执行、效果如何。

三、业务授权及其监督管理审计

1. 业务授权审计

(1)对下级公司有无特定业务授权、转授权以及有无授权业务操作规范;

(2)对下级公司有无临时性业务授权及操作规范。

2. 授权监管审计

(1)对下级公司授权是否适度、明确,有无定期评估制度及相关处理措施;

(2)是否掌握授权业务相关信息,以及是否实现对下级公司授权业务进行即时或定期监控。

四、IT 技术应用及数据管理审计

1. IT 系统建设审计

(1)是否全部业务均已通过再保险业务系统进行处理;

(2)再保险业务系统功能可否满足工作基本需求。

2. 数据管理审计

(1)对于未实现自动处理的业务,如何实现对手工数据、手工账单的汇总统计等,有无制度规范予以明确;

(2)有无业务数据统计制度以及统计数据是否准确、及时。

五、账务处理及结算审计

1. 内部往来审计

(1)内部账单及数据签收与结转是否规范、及时;

(2)内部账单流转中是否进行了账单审核及复核。

2. 外部往来审计

(1)外部资金结算是否准确、及时;

(2)对长期应收款是否建立催收管理制度;

(3)对可能出现的呆坏账以及业务提前结清等有无相应处理制度及措施;

(4)与外部结算联系是否畅通以及是否定期与外部核实对账;

(5)外部账单及数据签收与结转是否规范及时。

六、档案管理审计

1. 业务档案审计

(1)再保险合同、有关单证有无签章、各项文书资料(包括双方往来的函件、传真、电子邮件等)是否齐备;

(2)业务卷宗是否按照要求归档并按期保存。

2. 数据保管审计

(1)业务数据有无备份;

(2)业务数据是否按照规定长期保存。

财产保险公司产品费率厘定指引

· 2017 年 1 月 5 日
· 保监发〔2017〕2 号

第一章 总　则

第一条　为加强对财产保险公司产品费率厘定的监督管理,保护被保险人利益,促进保险公司稳健经营,根据《中华人民共和国保险法》《保险公司内部控制基本准则》和《财产保险公司保险条款和保险费率管理办法》,特制定本指引。

第二条　本办法所称保险公司,是指在中华人民共和国境内依法设立的财产保险公司,包括中资保险公司、中外合资保险公司、外资独资保险公司以及外国保险公司分公司。

第三条　本办法所称保险费率,是保险公司承担保险责任收取的保险费的计算原则和方法。本办法所称费率厘定适用于审批型保险产品费率厘定和备案型保险产品费率厘定。

第四条　费率是保险产品的重要组成部分。保险公司应遵循非寿险精算的原理和方法,按照合理、公平、充足的原则,科学厘定费率。

第五条　保险公司应针对费率厘定过程,建立事前准备、事中测算和事后监控调整的内部循环控制流程。

第六条　保险公司应建立有效的费率管理机制,管理层、精算、财务、承保、理赔、信息技术及其

他相关职能部门在费率厘定过程中应分级授权、权责分明、分工合作、相互制约。

保险公司总经理负责费率厘定基础数据的真实性及费率厘定内部控制制度的设计、实施、维护与监控,并对费率厘定结果承担最终责任。

保险公司总精算师或精算责任人应确保费率厘定过程中使用的基础数据、精算方法、精算假设和精算模型符合通用精算原理和本办法的有关规定,确保费率厘定结果合理、公平、充足。

第二章 费率构成

第七条 产品保费包括风险保费和附加保费。

(一)风险保费又称纯保费,是指保险公司为支付预期的保险赔偿金收取的保费。

(二)附加保费是指保险公司为满足风险管理要求、支付经营管理费用、获取正常利润等目的而收取的保费。附加保费包括费用附加、风险附加和利润附加等。

1. 费用附加是指保险公司因获取保单、维持保单和履行保险责任等经营管理行为所产生的费用成本。

2. 风险附加是指保险公司因实际赔偿金额可能高于风险保费的不确定性而承担的成本。

3. 利润附加是指保险公司销售保险产品的预期利润。

第八条 保险费率由基准费率和费率调整系数组成。厘定基准费率包括纯风险损失率和附加费率,纯风险损失率是指风险保费与风险暴露的比率,附加费率是指附加保费与总体保费的比率。

第三章 费率厘定原则

第九条 保险公司进行费率厘定时应遵循合理性原则。不得因费率过高而获得与其承保风险不相称的超额利润,不得在费率结构中设置与其所提供服务不相符的高额费用水平,从而损害投保人、被保险人的合法权益。费率设定应与保险条款相匹配,并有利于激励保单持有人主动进行风险控制。

第十条 保险公司进行费率厘定时应遵循公平性原则。费率水平应与被保险人和保险标的的风险特征相匹配,且不得根据风险特征以外的因素作出歧视性的费率安排。

第十一条 保险公司进行费率厘定时应遵循充足性原则。费率水平不得危及保险公司财务稳健和偿付能力或妨碍市场公平竞争,计入投资收益后的费率水平原则上不得低于其所对应的各项成本之和,费率结构中所设置的费率调整系数不得影响费率充足性。

第四章 费率厘定前期准备

第十二条 保险公司在费率厘定前应全面了解产品风险特性,结合公司财务状况、偿付能力状况、历史费率水平及公司战略等,按照合理、公平、充足的原则,确定费率厘定的目标与定位。

第十三条 保险公司应根据费率厘定的目标与定位,选择合适的费率厘定基础数据。

第十四条 保险公司费率厘定基础数据来源包括公司内部历史数据和外部数据。

第十五条 保险公司内部历史数据包括承保数据、理赔数据、费用数据和再保数据等。

(一)承保数据包括保险合同相关信息、保险标的相关信息和被保险人相关信息等。

(二)理赔数据包括出险相关信息、赔付相关信息、直接理赔费用相关信息和间接理赔费用相关信息。

(三)费用数据包括保单获取成本和保单维持成本。保单获取成本包括手续费支出、保险保障基金、保险监管费、交强险救助基金等,保单维持成本包括相关的职工工资及福利费、业务宣传费、租赁费、折旧费等。

(四)再保数据包括再保合同条件、再保分保比例、再保摊回赔款和再保摊回费用等相关信息。

第十六条 保险公司应建立费率厘定基础数据的提取和管理机制。对于公司内部历史数据,应将提取数据的脚本或系统文件记入底稿留存;对于外部数据,应建立数据来源和数据清单的档案。

第十七条 保险公司应对费率厘定基础数据进行校验,对基础数据的完整性、合理性和可靠性进行职业判断。

(一)数据校验应至少包含以下方式:

1. 将费率厘定基础数据进行汇总,对汇总结果进行校验;

2. 将费率厘定基础数据进行抽样,对抽样结果进行校验。

(二)数据校验应至少包含以下内容：

1. 使用公司内部历史数据的，应将基础数据与公司财务报表数据、业务统计系统数据进行比对校验；

2. 使用外部数据的，应将基础数据与行业数据或社会公开数据进行比对校验；

3. 对不同来源数据进行比对校验，确保不同来源的数据之间口径一致；

4. 缺乏参考校验标准的，应依据职业经验，对基础数据的合理性做出判断。

第十八条 保险公司在基础数据校验过程中如发现异常数据，应分析异常原因，及时采取剔除、修正等措施。若异常数据对公司风险管理有重大影响，总精算师或精算责任人应及时向公司管理层汇报，并在保险费率精算报告中进行披露。

第五章 费率厘定过程

第一节 费率厘定考虑因素

第十九条 保险公司应综合考虑影响费率厘定过程的各种因素。考虑因素应包括但不限于：

(一)风险因素

应考虑与费率厘定过程有关的各种风险及风险之间的相关性，明确费率厘定的约束条件。

(二)产品特点

应考虑保险产品责任范围、免赔、退保等保单条款的相关约定。

(三)基础数据

应考虑数据质量、可获得性和可操作性等。

(四)数据组织形式

应结合产品特点和数据质量，合理选取事故年度、保单年度、日历年度等数据组织形式。

(五)风险单位

应选择合适的风险单位作为风险驱动因子。风险单位应能合理反映风险，且可以准确度量。

(六)风险细分

应将风险单位细分成具有相似风险特征的风险类别，并合理平衡风险同质性和数据可信度之间的关系。

(七)准备金充足性状况与赔损进展

应充分考虑准备金充足性状况，采取适当的精算方法，合理估计现有已报告赔款对应的最终赔款。

(八)趋势

应考虑风险单位、赔付成本和费用成本在未来的变化趋势。

(九)巨灾

应根据保单条款责任，考虑巨灾的影响及成本。

(十)再保险

应考虑再保险安排对费率厘定的影响。

(十一)资本成本

应结合产品特性，综合考虑投资收益和股东对资本回报的要求。

(十二)公司经营行为变化

应考虑公司在承保、理赔、准备金评估和市场营销等方面的变化。

(十三)外部因素

应考虑司法环境、监管政策、税收政策、通货膨胀、市场竞争和资本市场等保险公司外部环境的变化。

第二节 费率测算

第二十条 保险公司测算费率时应尽量以经充分校验的数据为基础，根据风险特征确定合理的精算假设，选择不同的测算方法，搭建合适的精算模型，确定合理的费率结构。

第二十一条 费率厘定所需数据积累不充分的，保险公司可参考行业纯风险损失率、行业平均费用水平等行业费率基准，或同业、再保公司以及国外类似产品的费率。

第二十二条 费率厘定基础数据质量较差的，保险公司应在费率测算假设、方法和模型的选择上保持更大的谨慎性。

第二十三条 费率测算方法主要包括纯保费法和损失率法等。

纯保费法是指通过分析历史赔付数据及其变化趋势，直接计算每一单位风险的保险赔偿金，并在此基础上计算附加费率。

损失率法即赔付率调整法，是指以现行费率为基础，通过比较目标损失率和经验损失率，估计未来费率相对现行费率的调整幅度，从而计算得到新费率。损失率法以现行费率和赔付历史记录为基础，不适用于新产品的费率厘定。

第二十四条 保险公司应根据费率厘定的目的、可用的基础数据构建合适的纯风险损失率模型。纯风险损失率模型包括分类纯风险损失率模型、个体纯风险损失率模型、特定保单条款费率模型等。

第二十五条 保险公司应以数据分析为基础,设置合理的费用附加、风险附加和利润附加。

费用附加应根据公司产品定位和销售策略,结合历史费用水平和费用变动趋势等综合确定。

风险附加应根据公司对费率不足风险的容忍程度,结合基础数据质量、产品风险特征和资本成本要求等综合确定。

利润附加应根据公司资本成本、市场竞争和战略决策,结合投资策略、税收调整等综合确定。

第二十六条 保险公司应以数据分析为基础,设置合理的费率调整系数。费率调整系数应是风险差异的合理反映,不得影响整体费率水平的合理性、公平性和充足性。

第二十七条 保险公司在费率测算过程中可以使用合理的精算职业判断,主要精算职业判断的结论、依据与影响应在保险费率报告或精算工作底稿中予以恰当反映。

第三节 费率检验

第二十八条 保险公司应基于费率测算结果,对费率测算过程的合理性进行检验。

(一)对重要假设开展敏感性测试,掌握重要假设关于费率测算结果的敏感度,重点关注敏感度高或敏感度变化异常的假设。

(二)将不同方法和模型对应的费率测算结果进行比较,差异程度应处于可接受的范围内。

(三)在对假设、模型、方法的检验过程中,如发现费率测算结果不合理,应及时对基础数据质量进行追踪分析。

第二十九条 对于行业组织已颁布行业费率基准的产品类别,保险公司应将费率测算结果与行业纯风险损失率、行业平均费用水平等行业费率基准进行对比检验,分析差异产生的原因与合理性。费率测算结果与行业费率基准偏差较大的,应重点对费率厘定基础数据和测算过程进行审视,必要时进行调整。

第三十条 对于重要产品,保险公司应就费率测算结果是否满足费率厘定预设目标与定位,是否满足合理性、公平性和充足性要求,是否满足风险管理要求等进行综合测试。综合测试内容应包括财务测试和风险测试。

财务测试是指基于产品特征、分保水平和消费者价格敏感度等情景假设,根据费率测算结果预测未来保费、保险赔偿金和利润等财务结果。

风险测试是指在财务测试的基础上,综合考虑赔付成本和投资收益的波动情况,预测未来现金流的概率分布,从而评估费率测算结果对偿付能力风险、准备金风险和流动性风险等风险的影响程度。

对于另有专项监管要求的产品,根据其要求进行综合测试。

第三十一条 保险公司精算部门在费率检验过程中,应及时就所发现的问题向财务、承保、理赔或信息技术等相关职能部门进行沟通反馈。相关职能部门应相互配合,及时查明原因,提出改进方案。

第四节 费率确定

第三十二条 保险公司应将通过费率检验的费率测算结果作为正式报批或报备的费率结果,并根据产品的费率结构和风险特征,形成合适的费率表。

第三十三条 费率表包括基准费率、费率调整系数、费率计算公式等。

第六章 费率监控与调整

第三十四条 对于保费收入占比超过5%的产品或有专项监管要求的产品,保险公司在产品投入使用后应建立费率实施的动态监控机制,定期对现行费率水平与实际经营成本水平的偏差进行回顾分析。费率回顾分析的过程和结果应作为费率调整工作的重要依据,在保险费率精算报告中进行披露。

第三十五条 保险公司应针对保费收入占比超过5%的产品或有专项监管要求报批或报备的保险产品,在其使用周期内每年至少开展一次费率回顾分析工作。

对于参考行业费率基准或同业、再保公司以及国外类似产品费率的,保险公司应密切监控相关风险状况,适当提高费率回顾分析的频率,并在相应的核保政策、销售范围和利润分配等方面予以谨慎考虑。

保险公司应重点关注上述产品费率厘定所需

数据的积累情况，在充分积累经营数据后重新厘定费率。

第三十六条 保险公司应将费率回顾分析工作与准备金回溯分析工作相结合。如准备金回溯分析发现准备金提取不充足的，应及时对费率回顾分析的相关数据和假设进行调整，费率回顾分析所得出的结论必须以准备金提取充足为前提。

第三十七条 保险公司在回顾分析中若发现实际经营成本指标与费率厘定中预期的经营成本指标存在较大偏差，应重点对费率厘定的目标与定位、基础数据质量、费率测算的假设、方法、模型和参数等进行重新检视，分析现行费率在合理性、公平性和充足性等方面可能存在的问题。

第三十八条 保险公司应视费率回顾分析的结果，综合考虑消费者保费负担水平和公司风险状况，决定是否需要进行费率调整，对于需要调整的产品设计合理的费率调整方案，并将回顾结果作为费率修订工作的重要参考依据。

第三十九条 保险公司一旦发现现行费率水平可能会严重损害公司偿付能力、准备金或财务稳健性，应立即停止相关产品的使用。

第七章 监督管理

第四十条 保险公司报批或报备保险产品时，对于使用示范条款及参考纯风险损失率的产品，需提供精算说明，包括附加费率、费率调整系数等；对于仅使用示范条款的产品、有示范条款未使用的产品、自主开发产品，需提交由总精算师或精算责任人签署的保险费率精算报告。

保险公司应做好保险费率精算报告（说明）的编制、复核、签转和报送等流程管控。

第四十一条 保险费率精算报告应至少包括以下内容：

（一）产品名称和条款主要责任范围；

（二）费率结果，包括纯风险损失率、附加费率及费率调整系数；

（三）费率厘定基础数据、数据来源；

（四）费率厘定方法和模型；

（五）费率厘定的主要假设、参数和精算职业判断；

（六）对于需要进行费率检验的，提供费率检验情况说明；

（七）对于行业组织已经颁布行业费率基准的，应说明费率结果与行业费率基准的对比情况，必要时还应具体说明差异原因；

（八）在历史同类产品费率基础上进行费率厘定的，应说明费率回顾分析的主要方法和结果，以及费率调整的原因、幅度和影响；

（九）对费率报告中容易引起歧义的概念及特定术语的明确解释；

（十）中国保监会要求的其他内容。

第四十二条 保险公司应做好费率厘定精算工作底稿的编制和保存工作，工作底稿应保存5年以上，其中审批类产品工作底稿应保存10年以上。工作底稿应至少包括以下内容：

（一）基础数据、数据来源及提取程序；

（二）基础数据校验资料；

（三）费率厘定方法、模型；

（四）费率厘定假设、参数及精算职业判断的选取和依据；

（五）费率结果及检验资料；

（六）对于行业组织已经颁布行业费率基准的，应留存费率结果与行业费率基准对比检验的相关资料，包括对差异原因的详细分析；

（七）在历史同类产品费率基础上进行费率厘定的，应留存费率回顾分析和费率调整的相关资料；

（八）对保险费率精算报告编制、复核、签转和报送等进行流程管控的记录。

第四十三条 若保险公司在费率厘定过程中未遵守本指引的有关规定，违反《保险法》或中国保监会有关规定的，中国保监会将按照《保险法》和《财产保险公司保险条款和保险费率管理办法》的有关规定进行处理。

第八章 附 则

第四十四条 保险产品费率厘定未尽事宜以中国保监会相关规定为准。交强险、意外险、健康险及其他另有规定的险种，从其规定。

第四十五条 本指引由中国保监会负责解释。本指引自2017年2月1日起实施。

财产保险公司保险产品开发指引

- 2016 年 12 月 30 日
- 保监发〔2016〕115 号

第一章 总 则

第一条 为保护投保人、被保险人合法权益，规范财产保险公司保险产品开发行为，鼓励保险产品创新，根据《中华人民共和国保险法》《财产保险公司保险条款和保险费率管理办法》，制定本指引。

第二条 本指引所称保险公司，是指经中国保监会批准设立，依法登记注册的财产保险公司。

第三条 本指引所称保险产品，是指由一个及以上主险条款费率组成，可以附加若干附加险条款费率，保险公司可独立销售的单元。

本指引所称保险条款，是指保险公司拟订的约定保险公司、投保人和被保险人权利义务的文本，是保险合同的重要组成部分。

本指引所称保险费率，是保险公司承担保险责任收取的保险费的计算原则和方法。

第四条 保险公司是保险产品开发主体，并对保险条款费率承担相应法律责任。

第二章 产品开发基本要求

第五条 保险公司开发保险产品应当遵守《中华人民共和国保险法》及相关法律法规规定，不得违反保险原理，不得违背社会公序良俗，不得损害社会公共利益和保险消费者合法权益。保险公司开发保险产品应当综合考虑公司承保能力、风险单位划分、再保险支持等因素，不得危及公司偿付能力和财务稳健。

第六条 保险公司开发保险产品应当坚持以下原则：

（一）保险利益原则。财产保险的被保险人在保险事故发生时，对保险标的应当具有保险利益。人身保险的投保人在保险合同订立时，对被保险人应当具有保险利益。

（二）损失补偿原则。财产保险产品应当坚持损失补偿原则，严禁被保险人通过保险产品获得不当利益。

（三）诚实信用原则。保险条款中应明确列明投保人、被保险人权利义务，不得损害投保人、被保险人合法权益。

（四）射幸合同原则。保险产品承保的风险是否发生、损失大小等应存在不确定性。

（五）风险定价原则。费率厘定应当基于对实际风险水平和保险责任的测算，确保保费与风险相匹配。

第七条 保险公司不得开发下列保险产品：

（一）对保险标的不具有法律上承认的合法利益。

（二）约定的保险事故不会造成被保险人实际损失的保险产品。

（三）承保的风险是确定的，如风险损失不会实际发生或风险损失确定的保险产品。

（四）承保既有损失可能又有获利机会的投机风险的保险产品。

（五）无实质内容意义、炒作概念的噱头性产品。

（六）没有实际保障内容，单纯以降价（费）、涨价（费）为目的的保险产品。

（七）"零保费""未出险返还保费"或返还其他不当利益的保险产品。

（八）其他违法违规、违反保险原理和社会公序良俗的保险产品。

第八条 保险公司开发保险产品特别是个人保险产品时，要坚持通俗化、标准化，语言应当通俗易懂、明确清楚，切实保护投保人和被保险人的合法权益。

保险产品可以分为个人产品和非个人产品。其中，个人产品是指被保险人为自然人的保险产品，非个人产品是指被保险人为非自然人的保险产品。

第三章 命名规则

第九条 保险条款和保险费率名称应当清晰明了，能客观全面反映保险责任的主要内容，名称不得使用易引起歧义的词汇，不得曲解保险责任，不得误导消费者。

第十条 主险保险条款和保险费率名称应当符合以下格式：

保险公司名称+（地方性产品地域名称）+主要保险责任描述（险种）+（版本）。

附加险保险条款和保险费率名称应当符合以下格式：

（保险公司名称）+（主险名称）+附加+（地方性产品地域名称）+主要保险责任描述（险种）+（版本）。

其中，括号中内容为可选要素。"保险公司名称"可用公司全称或者简称。"地方性产品地域名称"是指地方性产品经营使用的行政区划全称或者简称。"主要保险责任描述"由公司自定，应当涵盖条款的主要保险责任。保险责任可明确归类为某险种的，可使用险种名称。"版本"可以包括适用特定区域、特定销售对象、特定业务性质、版本序号等内容。附加险保险条款和保险费率名称未包含主险名称的，应包含保险公司名称。

原则上保险条款和保险费率名称不使用个性化称号。中国保监会对具体险种命名另有规定的，从其规定。

第十一条　保险公司险种分为机动车辆保险、农业保险、企业财产保险、家庭财产保险、工程保险、责任保险、信用保险、保证保险、船舶保险、货物运输保险、特殊风险保险、意外伤害保险、短期健康保险及其他。不能界定具体险种和明确近因归属的保险产品，其险种归属为其他。

第十二条　保险产品名称参照保险条款和保险费率命名规则，原则上应当与主要保险条款和保险费率名称保持一致。保险产品名称可以在保险公司名称后增加个性化称号。个性化称号字数不得超过10个字，不得使用低俗、不雅、具有炒作性质的词汇。

第四章　保险条款要求

第十三条　保险公司开发保险条款可以参考以下框架要素：总则、保险责任、责任免除、保险金额/责任限额与免赔额（率）、保险期间、保险人义务、投保人/被保险人义务、赔偿处理、争议处理和法律适用、其他事项、释义等。

保险条款具体内容可以根据各险种特点进行增减。保险条款的表述应当严谨，避免过于宽泛。

第十四条　保险条款总则可以约定投保人、被保险人、保险标的等内容。

第十五条　保险条款的保险责任可以约定以下内容：

（一）损失原因。列明在保险期间内，由于何种原因造成的损失，保险人按照本保险合同的约定负责赔偿。

（二）损失内容。列明在保险期间内的何种损失，保险人按照本保险合同的约定负责赔偿。

（三）其他费用损失。被保险人支付的其它何种必要的、合理的费用，保险人按照保险合同的约定负责赔偿。

第十六条　保险条款责任免除可以约定以下内容：

（一）情形除外。列明出现何种情形时，保险人不负责赔偿。

（二）原因除外。列明因何种原因造成的损失、费用，保险人不负责赔偿。

（三）损失除外。列明何种损失、费用，保险人不负责赔偿。

（四）其他除外。其他不属于本保险责任范围内的损失、费用和责任，保险人不负责赔偿。

所有涉及保险人不承担、免除、减少保险责任的条款，应在责任免除部分列明。

第十七条　保险条款的保险金额/责任限额与免赔额（率）可以约定以下内容：

（一）保险金额/责任限额由投保人与保险人自行确定，并在保险单中载明。保险条款约定的保险金额不得超过投保时的保险价值。

（二）免赔额（率）由投保人与保险人在订立保险合同时协商确定，并在保险单中载明。

第十八条　海上保险的保险条款应当按照《海商法》的相关规定约定保险价值。

第十九条　保险条款的保险期间可以约定明确的期间，也可以约定以保险单载明的起讫时间为准。

第二十条　保险条款的保险人义务可以包括签发保单、及时一次性通知补充索赔证明和资料、及时核定赔付等义务。保险人义务具体内容可以根据不同险种情况进行增减。

第二十一条　保险条款的投保人、被保险人义务可以约定包括告知义务、交付保险费义务、防灾义务、危险程度显著增加通知义务、损害事故通知义务、损害赔偿请求协助义务、追偿协助义务、单证提供义务等。投保人、被保险人义务具体内容可以根据不同险种情况进行增减。

第二十二条　保险条款赔偿处理可以约定包括赔偿责任确定基础、保险标的损失计算方式、免赔额(率)计算方式、赔偿方式、残值处理、代位求偿等内容。

第二十三条 保险条款争议处理可以约定以下内容：因履行保险合同发生的争议，由当事人协商解决。协商不成的，可以提交保险单载明的仲裁机构仲裁；保险单未载明仲裁机构且争议发生后未达成仲裁协议的，依法向中华人民共和国人民法院起诉。

保险条款法律适用应当约定保险合同争议处理适用法律。

第二十四条 保险条款的其他事项可以约定以下内容：

保险责任开始前，投保人要求解除合同的，应当按照合同约定向保险人支付手续费，保险人应当退还保险费。

保险责任开始后，投保人要求解除合同的，保险人应当将已收取的保险费，按照合同约定扣除自保险责任开始之日起至合同解除之日止应收的部分后，退还投保人。

货物运输保险合同和运输工具航程保险合同，保险责任开始后，合同当事人不得解除合同。

第二十五条 保险条款的释义可以约定保险条款涉及的专业术语释义。

第五章　保险费率要求

第二十六条 保险费率厘定应当满足合理性、公平性、充足性原则。

第二十七条 保险公司应当在经验分析和合理预期的基础上，科学设定精算假设，综合考虑市场竞争的因素，对产品进行合理定价。

保险公司应当充分发挥保险费率杠杆的激励约束作用，强化事前风险防范，减少灾害事故发生，促进安全生产和突发事件应急管理。保险公司应当对严重失信主体上浮保险费率，或者限制向其提供保险服务。

第二十八条 保险费率由基准费率和费率调整系数组成。厘定基准费率包括纯风险损失率和附加费率。

第二十九条 保险公司应当根据实际风险水平测算纯风险损失率，或参考使用行业纯风险损失率。

第三十条 保险公司应当合理确定附加费率。附加费率由佣金及手续费、经营管理费用、利润及风险附加等组成。保险公司附加费率不得过高而损害投保人、被保险人利益。

第三十一条 保险公司应当合理厘定费率调整系数，费率调整系数是风险差异和费用差异的合理反映，不得影响整体费率水平的合理性、公平性和充足性。

第六章　产品开发组织制度

第三十二条 保险公司应当制定本公司产品开发管理制度，明确规定保险公司产品开发工作的组织机构、职能分工、工作流程、考核奖惩等内容。

第三十三条 保险公司应当成立产品管理委员会或建立类似机制，由公司主要负责人牵头，各相关部门负责人参加，负责审议公司产品开发和管理重大事项。

第三十四条 保险公司应当指定专门部门履行产品开发管理职能，负责产品全流程归口管理。保险公司产品开发部门应当配备专职的产品开发人员负责保险产品开发、定价、研究和管理等工作。

保险公司相关业务部门可以配置相关人员负责本业务条线产品研究论证和开发管理工作。保险公司各省级分公司可以配置相关人员负责地方性产品研究论证等工作。

第三十五条 保险公司主要负责人对本公司的产品开发管理工作负领导责任，保险公司履行产品开发管理职能的部门负责人对公司产品开发管理工作负直接责任。销售职能部门和分支机构对产品销售工作负直接责任。

精算审查人和法律审查人由保险公司内部认定，分别负责产品精算定价审核和条款依法合规性审查，并承担相应法律责任。

第三十六条 保险公司可以研究建立产品开发激励机制，鼓励业务部门和分公司加大产品研究开发力度，鼓励产品创新。鼓励保险公司采取设立保险产品创新试验室等形式，实行专业化研发和管理，强化保险产品创新能力。

第七章　产品开发流程

第三十七条 保险公司应当根据公司实际情况，制定本公司产品开发流程，并不断优化调整。

保险公司在产品开发过程中应当充分听取保

险消费者的意见建议，应当尊重法律审查人和精算审查人的专业意见。保险公司开发保险产品可以参考使用行业示范条款和行业纯风险损失率。鼓励保险公司加强国际保险产品的研究借鉴，不断提高产品质量水平。

第三十八条　保险公司产品开发流程应当包括计划准备、研究论证、条款开发、费率定价、内部论证审核、报送审批备案（注册）、发布宣传。

第三十九条　保险公司应当根据市场需求和公司发展规划等合理确定公司产品开发计划，并采取科学的调研方法对市场需求信息、同类产品信息等资料数据进行收集、整理和分析，做好各项准备工作。

第四十条　保险公司应当加强条款费率开发的研究论证，做好产品开发的可行性分析，准确分析潜在风险，科学制定风险控制措施，明确产品销售推广、承保、理赔等后续各环节经营管理计划和方案。

第四十一条　保险公司应当根据法律法规和监管规定要求，完成条款费率开发和其他开发要件的编写工作。

保险公司开发保证保险产品，应当制定相应的风险管控措施，并在向中国保监会报送审批备案时提交相关材料。

第四十二条　保险公司应当制定明晰的产品开发内部审核论证机制。保险公司法律审查人对保险条款的依法合规性进行审核并签字；精算审查人对费率定价和精算报告进行审核并签字。政策性较强的产品，应当报送审批的产品、行业首创的产品，预计保费收入或保险金额较高的产品、风险较高的产品，风险或保险标的特殊的产品、经营模式独特的产品等重点产品开发还应当提交公司产品管理委员会会议，并在报送文件中说明。

第四十三条　保险公司应当根据法律法规和监管规定，将开发的保险条款和保险费率报中国保监会审批备案。根据《中国保监会关于开展财产保险公司备案产品自主注册改革的通知》和《中国保监会办公厅关于启动财产保险公司备案产品自主注册平台的通知》规定实行自主注册的产品应当在自主注册平台注册。

第四十四条　保险公司应当按照要求做好产品信息披露工作。

第四十五条　保险公司提供的格式合同文本中的责任免除条款、免赔额、免赔率、比例赔付或给付等免除或者减轻保险人责任的条款，应当以足以引起投保人注意的文字、字体、符号或者其他明显标志作出提示，并对保险合同中有关免除保险人责任条款的概念、内容及其法律后果以书面或者口头形式向投保人作出常人能够理解的解释说明。

第四十六条　保险公司保险产品宣传应当客观准确，不得误导保险消费者。未经审批或注册的保险条款和保险费率不得宣传销售。

保险产品名称同保险条款和保险费率名称不一致的，应当在保险合同和保险宣传材料上列明适用的保险条款和保险费率名称。

第四十七条　保险公司应当加强保证保险产品管理，应对保证保险条款投保人、被保险人的类型予以明晰，进一步加强对保险责任和责任免除的提示说明，有效强化投保人、被保险人的权益保护。

保险公司开展保证保险业务，不得以一年期以内产品通过逐年续保、出具多张保单等方式变相替代一年期以上产品。

第八章　评估修订与清理注销

第四十八条　保险公司应当按照保险公司偿付能力监管规则的要求，对当期签单保费占比在5%以上的在售产品的销售情况、现金流、资本占用、利润等进行评估。对上市两年以内的产品至少每半年评估一次，对上市超过两年的产品至少每年评估一次。对当期签单保费占比在5%以上的在售产品，应当对其保费充足性至少每年评估一次。

第四十九条　保险公司应当根据市场情况、保险消费者反映和新闻媒体报道等，密切跟踪、及时评估公司条款特别是新开发条款的合法合规性和适应性，对存在问题的保险条款及时修订，对不适宜继续销售的产品及时停止销售。

保险公司应当根据历史经验数据、经营情况和准备金提取等实际情况，按规定对保险费率进行合理性评估验证和调整。

第五十条　保险公司应当每年清理保险产品，对不再销售的保险产品应当及时注销。

第五十一条　保险公司应当编写产品年度评估报告，统计分析产品开发情况、产品经营使用情况、产品修订情况、产品注销情况等，提交公司产品管理委员会审议通过后，于每年三月底前报送中国保监会。

第九章 附 则

第五十二条 保险产品开发未尽事宜以中国保监会相关规定为准。农业保险（涉农保险）、机动车辆保险、意外险、健康险及其他险种另有规定的，从其规定。

第五十三条 本指引由中国保监会负责解释。本指引自2017年1月1日起施行。

财产保险灾害事故分级处置办法

- 2022年10月28日
- 银保监规〔2022〕15号

第一章 总 则

第一条 为进一步提升财产保险灾害事故处置能力，切实发挥保险防灾减损和经济补偿功能。根据《中华人民共和国突发事件应对法》、《中国银保监会关于印发银行业保险业突发事件信息报告办法的通知》（银保监发〔2019〕29号）以及行业突发事件应急预案等法律及规范性文件，制定本办法。

第二条 本办法所称财产保险灾害事故，是指与财产保险公司（以下简称财险公司）承保风险相关的自然灾害、事故灾难以及中国银行保险监督管理委员会（以下简称银保监会）认为应当按照本办法处置的其他事件。

第三条 银保监会及其派出机构、财险公司、中国银行保险信息技术管理有限公司（以下简称银保信公司）、上海保险交易所股份有限公司（以下简称上海保交所）、中国保险行业协会（以下简称保险业协会）应当按照本办法开展财产保险灾害事故处置工作。

第四条 财产保险灾害事故处置应当遵循以下工作原则：

（一）坚持统筹指挥协调。银保监会及其派出机构在各自职责范围内统筹指导保险业集中资源开展灾害事故处置，切实提升灾害事故处置能力。

（二）坚持以人民为中心。坚持"特事特办、急事急办"原则处置灾害事故，积极配合地方党委政府及法定授权部门救灾救援，多措并举畅通保险服务渠道，做到应赔尽赔快赔，维护人民群众切身利益。

（三）坚持服务标准统一。银保监会及其派出机构应当指导保险业结合灾害事故特点，优化工作流程、统一服务标准、快速高效理赔，防范理赔欺诈，有效发挥保险经济补偿和社会治理功能。

（四）坚持属地处置管理。灾害事故具体处置工作坚持属地管理责任，根据事故等级分别由属地银保监局或银保监分局统筹开展事故处置应对、损失摸排、保险理赔以及信息报送等工作。

（五）坚持分级响应联动。财产保险灾害事故处置实行分级管理，由银保监会及其派出机构根据事故等级启动相应级别的组织领导和应对处置措施。

第二章 组织领导

第五条 银保监会成立财产保险灾害事故处置工作领导小组，主要职责包括：认真落实党中央、国务院以及银保监会党委关于灾害事故处置重要决策部署；统筹指导派出机构、财险公司、保险业协会、银保信公司、上海保交所等开展灾害事故处置工作；建立健全财产保险灾害事故分级处置机制；研究财产保险灾害事故处置重大事项；指导派出机构加强与地方党委政府以及应急管理、气象、地震等部门的沟通协调配合。

第六条 各银保监局、银保监分局应当落实属地管理责任，明确处置职责分工，成立相应的财产保险灾害事故处置工作领导小组，统筹做好辖内财产保险灾害事故处置工作。

第三章 财产保险灾害事故等级划分及处置措施

第七条 财产保险灾害事故按照事件性质、损失程度和影响范围等因素，分为特别重大、重大、较大3个等级，分别启动Ⅰ级、Ⅱ级、Ⅲ级响应，银保监会及其派出机构可视灾害事故演变调整响应级别。

（一）特别重大财产保险灾害事故。1.启动国家层面灾害事故处置；2.因发生洪水、台风、地震、泥石流等自然灾害或者火灾、爆炸、交通运输事故等事故灾难，造成或可能造成财产保险损失赔付

10 亿元以上或人身伤亡赔付 2000 万元以上或被保险人死亡 30 人以上或对财险公司业务产生特别重大影响；3. 银保监会视灾害事故损失情况、社会影响力等认定的其他事件。

（二）重大财产保险灾害事故。1. 因发生洪水、台风、地震、泥石流等自然灾害或者火灾、爆炸、交通运输事故等事故灾难，造成或可能造成财产保险损失赔付 5000 万元以上、10 亿元以下或人身伤亡赔付 1000 万元以上、2000 万元以下或被保险人死亡 10 人以上、30 人以下或对财险公司业务产生重大影响；2. 各银保监局视灾害事故损失情况、社会影响力以及地方党委政府处置要求等认定的其他事件。

（三）较大财产保险灾害事故。1. 因发生洪水、台风、地震、泥石流等自然灾害或者火灾、爆炸、交通运输事故等事故灾难，造成或可能造成财产保险损失赔付 1000 万元以上、5000 万元以下或人身伤亡赔付 500 万元以上、1000 万元以下或被保险人死亡 5 人以上、10 人以下或对财险公司业务产生较大影响；2. 各银保监分局视灾害事故损失情况、社会影响力以及地方党委政府处置要求等认定的其他事件。

第八条　针对上述不同级别灾害事故，分别由银保监会及其派出机构统筹启动响应，开展应对处置，并在处置工作结束或事态得到有效控制后适时终止响应。发生特别重大财产保险灾害事故时，银保监会统筹实施Ⅰ级响应；发生重大财产保险灾害事故时，属地银保监局统筹实施Ⅱ级响应；发生较大财产保险灾害事故时，银保监分局在上级银保监局指导下统筹实施Ⅲ级响应。

第九条　在Ⅰ级响应中，银保监会统筹采取以下处置措施：

（一）强化统筹指导。统筹指导属地银保监局、财险公司、保险业协会、银保信公司、上海保交所等启动预案，做好灾害事故处置工作。视情况召开专题会议研究应对方案，必要时牵头会内相关部门组建工作组，赴现场指导处置。研究制定财产保险灾害事故处置相关支持政策。

（二）加强上下联动。建立灾害事故处置日报告制度，联动相关银保监局、财险公司等加强值班值守，相关人员 24 小时保持通讯畅通，跟进处置灾害事故。

（三）落实报告制度。按有关工作要求，向国务院及有关部门及时报告。发生重大及较大财产保险灾害事故时，银保监会可视灾害事故损失情况及社会影响力上报处置工作情况。

第十条　在Ⅰ、Ⅱ、Ⅲ级响应中，相关银保监局及分局应当落实属地管理责任，采取以下处置措施：

（一）立即启动响应。相应级别灾害事故发生后，统筹辖内监管机构、财险公司、当地保险行业协会等立即按程序启动预案。主动对接地方党委政府及法定授权部门，及时了解情况，配合开展工作。

（二）积极应对处置。加强统筹协调，明确职责分工，必要时下发文件明确灾害事故处置工作要求。督促财险公司成立灾害事故处置工作小组，统筹调配理赔资源，体现保险服务的快捷性、有效性、人文性。鼓励财险公司结合实际为抢险救援提供人力、物资等方面的支持。

（三）迅速开展摸排。指导财险公司快速高效开展承保情况摸排，保证自身安全前提下迅速到达灾区事故现场，有序开展查勘定损。加强统计分析研判，并视情况采取进一步处置措施。

（四）优化理赔服务。督促财险公司开通理赔绿色通道，减免理赔材料、简化理赔流程，积极运用卫星遥感、无人机航拍、远程查勘等科技手段，不断提升理赔质效。指导财险公司对可能出现的大额赔付做好资金准备，结合实际采取预付赔款等措施，切实做到应赔尽赔快赔。

（五）落实报告制度。按照《中国银保监会关于印发银行业保险业突发事件信息报告办法的通知》中相关规定，向上级监管机构报送处置工作情况，并及时报送新情况、新进展。同时，加强处置工作经验总结，及时上报。

第十一条　财险公司应当切实承担财产保险灾害事故处置主体责任，服从银保监会及其派出机构的统一指挥，采取有力处置举措积极应对，及时报送损失情况和工作动态。

财险公司应当建立健全灾害事故处置机制，明确组织框架，细化事前防范预警、事中应对处置、事后服务保障等各项要求，加强值班值守和队伍建设，确保应对高效有力。财险总公司应当加强对下级机构的统筹指导，视情况派出工作组进行现场指导支援。

第四章 预防及宣传

第十二条 银保监会及其派出机构、财险公司要密切关注各级政府部门发布的预警信息,加强与应急管理、气象、地震等部门的信息互通、协作配合,推动灾害事故信息共享、协同处置。财险公司应当强化灾害事故事前分析预判,加大灾害事故风险规律研究,统筹做好应对处置资源储备。

第十三条 财险公司应当强化风险提示,及时向投保单位和被保险人发布防灾提醒,必要时对重点区域、重点标的开展灾前风险隐患排查,最大限度减少损失。应当适时开展灾害事故处置应对演练,加强对防灾减灾知识和技能的教育培训,提升防灾减灾能力。

第十四条 银保监会及其派出机构应当加强与各级党委政府新闻宣传部门的沟通协作,视情况组织新闻发布会,或通过官方网站及相关媒体宣传保险理赔进展情况及功能作用,展现保险业良好形象。财险公司应当根据银保监会新闻宣传工作要求,稳妥审慎做好信息发布和宣传工作,明确宣传信息披露责任人,把握宣传尺度,不得对灾害事故处置造成不良影响。

第五章 支持及保障

第十五条 银保信公司、上海保交所应当为银保监会及其派出机构在全国范围开展保单信息排查提供支持,必要时简化查询流程,全面、及时做好灾害事故保险损失排查工作。

第十六条 保险业协会应当在灾害事故处置中发挥自律协调作用,制定行业灾害事故处置规范,整合行业力量、协调内外部资源,推动防灾减损、抢险救援、理赔服务等工作有序开展。

第十七条 银保监会及其派出机构、各财险公司、保险业协会、银保信公司、上海保交所等应当建立财产保险灾害事故处置联络工作机制,明确各级责任人员及联系方式,重要岗位设置 AB 角,确保紧急状态下不空岗。相关岗位人员如有调整,应当及时报告。

第十八条 当遭遇极端灾害事故导致财险公司分支机构停止营业,财险公司应当使用电子化、线上化等方式开展保险服务,确保服务不中断,并在保障安全前提下积极推进分支机构尽快恢复营业。

第六章 附则

第十九条 未设银保监分局的直辖市、计划单列市,由所在地银保监局启动并实施Ⅲ级响应。

第二十条 本办法有关数量的表述中,"以上"含本数,"以下"不含本数。

第二十一条 本办法自发布之日起实施,此前关于财产保险灾害事故处置的要求与本办法不一致的,以本办法为准。

第二十二条 本办法由银保监会负责解释。

第二十三条 各银保监局、银保监分局、各财险公司可根据本办法要求,结合实际情况,制定实施细则。

(二)机动车辆保险

机动车交通事故责任强制保险条例

- 2006 年 3 月 21 日中华人民共和国国务院令第 462 号公布
- 根据 2012 年 3 月 30 日《国务院关于修改〈机动车交通事故责任强制保险条例〉的决定》第一次修订
- 根据 2012 年 12 月 17 日《国务院关于修改〈机动车交通事故责任强制保险条例〉的决定》第二次修订
- 根据 2016 年 2 月 6 日《国务院关于修改部分行政法规的决定》第三次修订
- 根据 2019 年 3 月 2 日《国务院关于修改部分行政法规的决定》第四次修订

第一章 总则

第一条 为了保障机动车道路交通事故受害人依法得到赔偿,促进道路交通安全,根据《中华人民共和国道路交通安全法》、《中华人民共和国保险法》,制定本条例。

第二条 在中华人民共和国境内道路上行驶的机动车的所有人或者管理人,应当依照《中华人民共和国道路交通安全法》的规定投保机动车交通事故责任强制保险。

机动车交通事故责任强制保险的投保、赔偿

和监督管理,适用本条例。

第三条 本条例所称机动车交通事故责任强制保险,是指由保险公司对被保险机动车发生道路交通事故造成本车人员、被保险人以外的受害人的人身伤亡、财产损失,在责任限额内予以赔偿的强制性责任保险。

第四条 国务院保险监督管理机构依法对保险公司的机动车交通事故责任强制保险业务实施监督管理。

公安机关交通管理部门、农业(农业机械)主管部门(以下统称机动车管理部门)应当依法对机动车参加机动车交通事故责任强制保险的情况实施监督检查。对未参加机动车交通事故责任强制保险的机动车,机动车管理部门不得予以登记,机动车安全技术检验机构不得予以检验。

公安机关交通管理部门及其交通警察在调查处理道路交通安全违法行为和道路交通事故时,应当依法检查机动车交通事故责任强制保险的保险标志。

第二章 投 保

第五条 保险公司可以从事机动车交通事故责任强制保险业务。

为了保证机动车交通事故责任强制保险制度的实行,国务院保险监督管理机构有权要求保险公司从事机动车交通事故责任强制保险业务。

除保险公司外,任何单位或者个人不得从事机动车交通事故责任强制保险业务。

第六条 机动车交通事故责任强制保险实行统一的保险条款和基础保险费率。国务院保险监督管理机构按照机动车交通事故责任强制保险业务总体上不盈利不亏损的原则审批保险费率。

国务院保险监督管理机构在审批保险费率时,可以聘请有关专业机构进行评估,可以举行听证会以听取公众意见。

第七条 保险公司的机动车交通事故责任强制保险业务,应当与其他保险业务分开管理,单独核算。

国务院保险监督管理机构应当每年对保险公司的机动车交通事故责任强制保险业务情况进行核查,并向社会公布;根据保险公司机动车交通事故责任强制保险业务的总体盈利或者亏损情况,可以要求或者允许保险公司相应调整保险费率。

调整保险费率的幅度较大的,国务院保险监督管理机构应当进行听证。

第八条 被保险机动车没有发生道路交通安全违法行为和道路交通事故的,保险公司应当在下一年度降低其保险费率。在此后的年度内,被保险机动车仍然没有发生道路交通安全违法行为和道路交通事故的,保险公司应当继续降低其保险费率,直至最低标准。被保险机动车发生道路交通安全违法行为或者道路交通事故的,保险公司应当在下一年度提高其保险费率。多次发生道路交通安全违法行为、道路交通事故,或者发生重大道路交通事故的,保险公司应当加大提高其保险费率的幅度。在道路交通事故中被保险人没有过错的,不提高其保险费率。降低或者提高保险费率的标准,由国务院保险监督管理机构会同国务院公安部门制定。

第九条 国务院保险监督管理机构、国务院公安部门、国务院农业主管部门以及其他有关部门应当逐步建立有关机动车交通事故责任强制保险、道路交通安全违法行为和道路交通事故的信息共享机制。

第十条 投保人在投保时应当选择从事机动车交通事故责任强制保险业务的保险公司,被选择的保险公司不得拒绝或者拖延承保。

国务院保险监督管理机构应当将从事机动车交通事故责任强制保险业务的保险公司向社会公示。

第十一条 投保人投保时,应当向保险公司如实告知重要事项。

重要事项包括机动车的种类、厂牌型号、识别代码、牌照号码、使用性质和机动车所有人或者管理人的姓名(名称)、性别、年龄、住所、身份证或者驾驶证号码(组织机构代码)、续保前该机动车发生事故的情况以及国务院保险监督管理机构规定的其他事项。

第十二条 签订机动车交通事故责任强制保险合同时,投保人应当一次支付全部保险费;保险公司应当向投保人签发保险单、保险标志。保险单、保险标志应当注明保险单号码、车牌号码、保险期限、保险公司的名称、地址和理赔电话号码。

被保险人应当在被保险机动车上放置保险标志。

保险标志式样全国统一。保险单、保险标志

由国务院保险监督管理机构监制。任何单位或者个人不得伪造、变造或者使用伪造、变造的保险单、保险标志。

第十三条 签订机动车交通事故责任强制保险合同时,投保人不得在保险条款和保险费率之外,向保险公司提出附加其他条件的要求。

签订机动车交通事故责任强制保险合同时,保险公司不得强制投保人订立商业保险合同以及提出附加其他条件的要求。

第十四条 保险公司不得解除机动车交通事故责任强制保险合同;但是,投保人对重要事项未履行如实告知义务的除外。

投保人对重要事项未履行如实告知义务,保险公司解除合同前,应当书面通知投保人,投保人应当自收到通知之日起5日内履行如实告知义务;投保人在上述期限内履行如实告知义务的,保险公司不得解除合同。

第十五条 保险公司解除机动车交通事故责任强制保险合同的,应当收回保险单和保险标志,并书面通知机动车管理部门。

第十六条 投保人不得解除机动车交通事故责任强制保险合同,但有下列情形之一的除外:

(一)被保险机动车被依法注销登记的;

(二)被保险机动车办理停驶的;

(三)被保险机动车经公安机关证实丢失的。

第十七条 机动车交通事故责任强制保险合同解除前,保险公司应当按照合同承担保险责任。

合同解除时,保险公司可以收取自保险责任开始之日起至合同解除之日止的保险费,剩余部分的保险费退还投保人。

第十八条 被保险机动车所有权转移的,应当办理机动车交通事故责任强制保险合同变更手续。

第十九条 机动车交通事故责任强制保险合同期满,投保人应当及时续保,并提供上一年度的保险单。

第二十条 机动车交通事故责任强制保险的保险期间为1年,但有下列情形之一的,投保人可以投保短期机动车交通事故责任强制保险:

(一)境外机动车临时入境的;

(二)机动车临时上道路行驶的;

(三)机动车距规定的报废期限不足1年的;

(四)国务院保险监督管理机构规定的其他情形。

第三章 赔 偿

第二十一条 被保险机动车发生道路交通事故造成本车人员、被保险人以外的受害人人身伤亡、财产损失的,由保险公司依法在机动车交通事故责任强制保险责任限额范围内予以赔偿。

道路交通事故的损失是由受害人故意造成的,保险公司不予赔偿。

第二十二条 有下列情形之一的,保险公司在机动车交通事故责任强制保险责任限额范围内垫付抢救费用,并有权向致害人追偿:

(一)驾驶人未取得驾驶资格或者醉酒的;

(二)被保险机动车被盗抢期间肇事的;

(三)被保险人故意制造道路交通事故的。

有前款所列情形之一,发生道路交通事故的,造成受害人的财产损失,保险公司不承担赔偿责任。

第二十三条 机动车交通事故责任强制保险在全国范围内实行统一的责任限额。责任限额分为死亡伤残赔偿限额、医疗费用赔偿限额、财产损失赔偿限额以及被保险人在道路交通事故中无责任的赔偿限额。

机动车交通事故责任强制保险责任限额由国务院保险监督管理机构会同国务院公安部门、国务院卫生主管部门、国务院农业主管部门规定。

第二十四条 国家设立道路交通事故社会救助基金(以下简称救助基金)。有下列情形之一时,道路交通事故中受害人人身伤亡的丧葬费用、部分或者全部抢救费用,由救助基金先行垫付,救助基金管理机构有权向道路交通事故责任人追偿:

(一)抢救费用超过机动车交通事故责任强制保险责任限额的;

(二)肇事机动车未参加机动车交通事故责任强制保险的;

(三)机动车肇事后逃逸的。

第二十五条 救助基金的来源包括:

(一)按照机动车交通事故责任强制保险的保险费的一定比例提取的资金;

(二)对未按照规定投保机动车交通事故责任强制保险的机动车的所有人、管理人的罚款;

(三)救助基金管理机构依法向道路交通事故责任人追偿的资金;

（四）救助基金孳息；

（五）其他资金。

第二十六条 救助基金的具体管理办法，由国务院财政部门会同国务院保险监督管理机构、国务院公安部门、国务院卫生主管部门、国务院农业主管部门制定试行。

第二十七条 被保险机动车发生道路交通事故的，被保险人或者受害人通知保险公司的，保险公司应当立即给予答复，告知被保险人或者受害人具体的赔偿程序等有关事项。

第二十八条 被保险机动车发生道路交通事故的，由被保险人向保险公司申请赔偿保险金。保险公司应当自收到赔偿申请之日起1日内，书面告知被保险人需要向保险公司提供的与赔偿有关的证明和资料。

第二十九条 保险公司应当自收到被保险人提供的证明和资料之日起5日内，对是否属于保险责任作出核定，并将结果通知被保险人；对不属于保险责任的，应当书面说明理由；对属于保险责任的，在与被保险人达成赔偿保险金的协议后10日内，赔偿保险金。

第三十条 被保险人与保险公司对赔偿有争议的，可以依法申请仲裁或者向人民法院提起诉讼。

第三十一条 保险公司可以向被保险人赔偿保险金，也可以直接向受害人赔偿保险金。但是，因抢救受伤人员需要保险公司支付或者垫付抢救费用的，保险公司在接到公安机关交通管理部门通知后，经核对应当及时向医疗机构支付或者垫付抢救费用。

因抢救受伤人员需要救助基金管理机构垫付抢救费用的，救助基金管理机构在接到公安机关交通管理部门通知后，经核对应当及时向医疗机构垫付抢救费用。

第三十二条 医疗机构应当参照国务院卫生主管部门组织制定的有关临床诊疗指南，抢救、治疗道路交通事故中的受伤人员。

第三十三条 保险公司赔偿保险金或者垫付抢救费用，救助基金管理机构垫付抢救费用，需要向有关部门、医疗机构核实有关情况的，有关部门、医疗机构应当予以配合。

第三十四条 保险公司、救助基金管理机构的工作人员对当事人的个人隐私应当保密。

第三十五条 道路交通事故损害赔偿项目和标准依照有关法律的规定执行。

第四章 罚 则

第三十六条 保险公司以外的单位或者个人，非法从事机动车交通事故责任强制保险业务的，由国务院保险监督管理机构予以取缔；构成犯罪的，依法追究刑事责任；尚不构成犯罪的，由国务院保险监督管理机构没收违法所得，违法所得20万元以上的，并处违法所得1倍以上5倍以下罚款；没有违法所得或者违法所得不足20万元的，处20万元以上100万元以下罚款。

第三十七条 保险公司违反本条例规定，有下列行为之一的，由国务院保险监督管理机构责令改正，处5万元以上30万元以下罚款；情节严重的，可以限制业务范围、责令停止接受新业务或者吊销经营保险业务许可证：

（一）拒绝或者拖延承保机动车交通事故责任强制保险的；

（二）未按照统一的保险条款和基础保险费率从事机动车交通事故责任强制保险业务的；

（三）未将机动车交通事故责任强制保险业务和其他保险业务分开管理、单独核算的；

（四）强制投保人订立商业保险合同的；

（五）违反规定解除机动车交通事故责任强制保险合同的；

（六）拒不履行约定的赔偿保险金义务的；

（七）未按照规定及时支付或者垫付抢救费用的。

第三十八条 机动车所有人、管理人未按照规定投保机动车交通事故责任强制保险的，由公安机关交通管理部门扣留机动车，通知机动车所有人、管理人依照规定投保，处依照规定投保最低责任限额应缴纳的保险费的2倍罚款。

机动车所有人、管理人依照规定补办机动车交通事故责任强制保险的，应当及时退还机动车。

第三十九条 上道路行驶的机动车未放置保险标志的，公安机关交通管理部门应当扣留机动车，通知当事人提供保险标志或者补办相应手续，可以处警告或者20元以上200元以下罚款。

当事人提供保险标志或者补办相应手续的，应当及时退还机动车。

第四十条 伪造、变造或者使用伪造、变造的保险标志,或者使用其他机动车的保险标志,由公安机关交通管理部门予以收缴,扣留该机动车,处200元以上2000元以下罚款;构成犯罪的,依法追究刑事责任。

当事人提供相应的合法证明或者补办相应手续的,应当及时退还机动车。

第五章 附 则

第四十一条 本条例下列用语的含义:

(一)投保人,是指与保险公司订立机动车交通事故责任强制保险合同,并按照合同负有支付保险费义务的机动车的所有人、管理人。

(二)被保险人,是指投保人及其允许的合法驾驶人。

(三)抢救费用,是指机动车发生道路交通事故导致人员受伤时,医疗机构参照国务院卫生主管部门组织制定的有关临床诊疗指南,对生命体征不平稳和虽然生命体征平稳但如果不采取处理措施会产生生命危险,或者导致残疾、器官功能障碍,或者导致病程明显延长的受伤人员,采取必要的处理措施所发生的医疗费用。

第四十二条 挂车不投保机动车交通事故责任强制保险。发生道路交通事故造成人身伤亡、财产损失的,由牵引车投保的保险公司在机动车交通事故责任强制保险责任限额范围内予以赔偿;不足的部分,由牵引车方和挂车方依照法律规定承担赔偿责任。

第四十三条 机动车在道路以外的地方通行时发生事故,造成人身伤亡、财产损失的赔偿,比照适用本条例。

第四十四条 中国人民解放军和中国人民武装警察部队在编机动车参加机动车交通事故责任强制保险的办法,由中国人民解放军和中国人民武装警察部队另行规定。

第四十五条 机动车所有人、管理人自本条例施行之日起3个月内投保机动车交通事故责任强制保险;本条例施行前已经投保商业性机动车第三者责任保险的,保险期满,应当投保机动车交通事故责任强制保险。

第四十六条 本条例自2006年7月1日起施行。

机动车交通事故责任强制保险条款

·2020年9月11日

总 则

第一条 根据《中华人民共和国道路交通安全法》、《中华人民共和国保险法》、《机动车交通事故责任强制保险条例》等法律、行政法规,制定本条款。

第二条 机动车交通事故责任强制保险(以下简称交强险)合同由本条款与投保单、保险单、批单和特别约定共同组成。凡与交强险合同有关的约定,都应当采用书面形式。

第三条 交强险费率实行与被保险机动车道路交通安全违法行为、交通事故记录相联系的浮动机制。

签订交强险合同时,投保人应当一次支付全部保险费。保险费按照中国银行保险监督管理委员会(以下简称银保监会)批准的交强险费率计算。

定 义

第四条 交强险合同中的被保险人是指投保人及其允许的合法驾驶人。

投保人是指与保险人订立交强险合同,并按照合同负有支付保险费义务的机动车的所有人、管理人。

第五条 交强险合同中的受害人是指因被保险机动车发生交通事故遭受人身伤亡或者财产损失的人,但不包括被保险机动车本车车上人员、被保险人。

第六条 交强险合同中的责任限额是指被保险机动车发生交通事故,保险人对每次保险事故所有受害人的人身伤亡和财产损失所承担的最高赔偿金额。责任限额分为死亡伤残赔偿限额、医疗费用赔偿限额、财产损失赔偿限额以及被保险人在道路交通事故中无责任的赔偿限额。其中无责任的赔偿限额分为无责任死亡伤残赔偿限额、无责任医疗费用赔偿限额以及无责任财产损失赔偿限额。

第七条 交强险合同中的抢救费用是指被保

险机动车发生交通事故导致受害人受伤时，医疗机构对生命体征不平稳和虽然生命体征平稳但如果不采取处理措施会产生生命危险，或者导致残疾、器官功能障碍，或者导致病程明显延长的受害人，参照国务院卫生主管部门组织制定的交通事故人员创伤临床诊疗指南和国家基本医疗保险标准，采取必要的处理措施所发生的医疗费用。

保险责任

第八条 在中华人民共和国境内(不含港、澳、台地区)，被保险人在使用被保险机动车过程中发生交通事故，致使受害人遭受人身伤亡或者财产损失，依法应当由被保险人承担的损害赔偿责任，保险人按照交强险合同的约定对每次事故在下列赔偿限额内负责赔偿：

（一）死亡伤残赔偿限额为180000元；
（二）医疗费用赔偿限额为18000元；
（三）财产损失赔偿限额为2000元；
（四）被保险人无责任时，无责任死亡伤残赔偿限额为18000元；无责任医疗费用赔偿限额为1800元；无责任财产损失赔偿限额为100元。

死亡伤残赔偿限额和无责任死亡伤残赔偿限额项下负责赔偿丧葬费、死亡补偿费、受害人亲属办理丧葬事宜支出的交通费用、残疾赔偿金、残疾辅助器具费、护理费、康复费、交通费、被扶养人生活费、住宿费、误工费，被保险人依照法院判决或者调解承担的精神损害抚慰金。

医疗费用赔偿限额和无责任医疗费用赔偿限额项下负责赔偿医药费、诊疗费、住院费、住院伙食补助费，必要的、合理的后续治疗费、整容费、营养费。

垫付与追偿

第九条 被保险机动车在本条(一)至(四)之一的情形下发生交通事故，造成受害人受伤需要抢救的，保险人在接到公安机关交通管理部门的书面通知和医疗机构出具的抢救费用清单后，按照国务院卫生主管部门组织制定的交通事故人员创伤临床诊疗指南和国家基本医疗保险标准进行核实。对于符合规定的抢救费用，保险人在医疗费用赔偿限额内垫付。被保险人在交通事故中无责任的，保险人在无责任医疗费用赔偿限额内垫付。对于其他损失和费用，保险人不负责垫付和赔偿。

（一）驾驶人未取得驾驶资格的；
（二）驾驶人醉酒的；
（三）被保险机动车被盗抢期间肇事的；
（四）被保险人故意制造交通事故的。

对于垫付的抢救费用，保险人有权向致害人追偿。

责任免除

第十条 下列损失和费用，交强险不负责赔偿和垫付：

（一）因受害人故意造成的交通事故的损失；
（二）被保险人所有的财产及被保险机动车上的财产遭受的损失；
（三）被保险机动车发生交通事故，致使受害人停业、停驶、停电、停水、停气、停产、通讯或者网络中断、数据丢失、电压变化等造成的损失以及受害人财产因市场价格变动造成的贬值、修理后因价值降低造成的损失等其他各种间接损失；
（四）因交通事故产生的仲裁或者诉讼费用以及其他相关费用。

保险期间

第十一条 除国家法律、行政法规另有规定外，交强险合同的保险期间为一年，以保险单载明的起止时间为准。

投保人、被保险人义务

第十二条 投保人投保时，应当如实填写投保单，向保险人如实告知重要事项，并提供被保险机动车的行驶证和驾驶证复印件。重要事项包括机动车的种类、厂牌型号、识别代码、号牌号码、使用性质和机动车所有人或者管理人的姓名(名称)、性别、年龄、住所、身份证或者驾驶证号码(统一社会信用代码)、续保前该机动车发生事故的情况以及银保监会规定的其他事项。

投保人未如实告知重要事项，对保险费计算有影响的，保险人按照保单年度重新核定保险费计收。

第十三条 签订交强险合同时，投保人不得在保险条款和保险费率之外，向保险人提出附加其他条件的要求。

第十四条 投保人续保的，应当提供被保险机动车上一年度交强险的保险单。

第十五条　在保险合同有效期内，被保险机动车因改装、加装、使用性质改变等导致危险程度增加的，被保险人应当及时通知保险人，并办理批改手续。否则，保险人按照保单年度重新核定保险费计收。

第十六条　被保险机动车发生交通事故，被保险人应当及时采取合理、必要的施救和保护措施，并在事故发生后及时通知保险人。

第十七条　发生保险事故后，被保险人应当积极协助保险人进行现场查勘和事故调查。

发生与保险赔偿有关的仲裁或者诉讼时，被保险人应当及时书面通知保险人。

赔偿处理

第十八条　被保险机动车发生交通事故的，由被保险人向保险人申请赔偿保险金。被保险人索赔时，应当向保险人提供以下材料：

（一）交强险的保险单；

（二）被保险人出具的索赔申请书；

（三）被保险人和受害人的有效身份证明、被保险机动车行驶证和驾驶人的驾驶证；

（四）公安机关交通管理部门出具的事故证明，或者人民法院等机构出具的有关法律文书及其他证明；

（五）被保险人根据有关法律法规规定选择自行协商方式处理交通事故的，应当提供依照《交通事故处理程序规定》规定的记录交通事故情况的协议书；

（六）受害人财产损失程度证明、人身伤残程度证明、相关医疗证明以及有关损失清单和费用单据；

（七）其他与确认保险事故的性质、原因、损失程度等有关的证明和资料。

第十九条　保险事故发生后，保险人按照国家有关法律法规规定的赔偿范围、项目和标准以及交强险合同的约定，并根据国务院卫生主管部门组织制定的交通事故人员创伤临床诊疗指南和国家基本医疗保险标准，在交强险的责任限额内核定人身伤亡的赔偿金额。

第二十条　因保险事故造成受害人人身伤亡的，未经保险人书面同意，被保险人自行承诺或支付的赔偿金额，保险人在交强险责任限额内有权重新核定。

因保险事故损坏的受害人财产需要修理的，被保险人应当在修理前会同保险人检验，协商确定修理或者更换项目、方式和费用。否则，保险人在交强险责任限额内有权重新核定。

第二十一条　被保险机动车发生涉及受害人受伤的交通事故，因抢救受害人需要保险人支付抢救费用的，保险人在接到公安机关交通管理部门的书面通知和医疗机构出具的抢救费用清单后，按照国务院卫生主管部门组织制定的交通事故人员创伤临床诊疗指南和国家基本医疗保险标准进行核实。对于符合规定的抢救费用，保险人在医疗费用赔偿限额内支付。被保险人在交通事故中无责任的，保险人在无责任医疗费用赔偿限额内支付。

合同变更与终止

第二十二条　在交强险合同有效期内，被保险机动车所有权发生转移的，投保人应当及时通知保险人，并办理交强险合同变更手续。

第二十三条　在下列三种情况下，投保人可以要求解除交强险合同：

（一）被保险机动车被依法注销登记的；

（二）被保险机动车办理停驶的；

（三）被保险机动车经公安机关证实丢失的。

交强险合同解除后，投保人应当及时将保险单、保险标志交还保险人；无法交回保险标志的，应当向保险人说明情况，征得保险人同意。

第二十四条　发生《机动车交通事故责任强制保险条例》所列明的投保人、保险人解除交强险合同的情况时，保险人按照日费率收取自保险责任开始之日起至合同解除之日止期间的保险费。

附　则

第二十五条　因履行交强险合同发生争议的，由合同当事人协商解决。

协商不成的，提交保险单载明的仲裁委员会仲裁。保险单未载明仲裁机构或者争议发生后未达成仲裁协议的，可以向人民法院起诉。

第二十六条　交强险合同争议处理适用中华人民共和国法律。

第二十七条　本条款未尽事宜，按照《机动车交通事故责任强制保险条例》执行。

机动车辆保险理赔管理指引

- 2012 年 2 月 21 日
- 保监发〔2012〕15 号

第一章 总 则

第一条 为维护被保险人合法权益，规范财产保险公司（以下简称"公司"）机动车辆保险（以下简称"车险"）经营行为，控制经营风险，提升行业理赔管理服务水平，促进行业诚信建设，根据《中华人民共和国保险法》及相关法律法规制订《机动车辆保险理赔管理指引》（以下简称《指引》）。

第二条 本《指引》所称公司，是指在中华人民共和国境内依法经营车险的财产保险公司，包括中资保险公司、中外合资保险公司、外商独资保险公司以及外资保险公司在华设立的分公司。

第三条 本《指引》中的车险理赔是指公司收到被保险人出险通知后，依据法律法规和保险合同，对有关事故损失事实调查核实，核定保险责任并赔偿保险金的行为，是保险人履行保险合同义务的体现。

第四条 车险理赔一般应包括报案受理、调度、查勘、立案、定损（估损）、人身伤亡跟踪（调查）、报核价、核损、医疗审核、资料收集、理算、核赔、结销案、赔款支付、追偿及损余物资处理、客户回访、投诉处理以及特殊案件处理等环节。

第五条 公司应制定完整统一的车险理赔组织管理、赔案管理、数据管理、运行保障管理等制度，搭建与业务规模、风险控制、客户服务相适应的理赔管理、流程控制、运行管理及服务体系。

第六条 公司车险理赔管理及服务应遵循以下原则：

（一）强化总公司集中统一的管理、控制和监督；

（二）逐步实现全过程流程化、信息化、规范化、标准化、一致性的理赔管理服务模式；

（三）建立健全符合合规管理及风险防范控制措施的理赔管理、风险控制、客户服务信息管理系统；

（四）确保各级理赔机构人员合理分工、职责明确、责任清晰、监督到位、考核落实；

（五）理赔资源配置要兼顾成本控制、风险防范、服务质量和效率。

第七条 本《指引》明确了公司在车险理赔管理中应达到的管理与服务的基本要求。公司与客户之间的权利义务关系应以《保险法》及相关法律法规和保险合同条款为准。

第八条 中国保险监督管理委员会及其派出机构依法对公司车险理赔实施监督检查，并可向社会公开《指引》的有关执行情况。

第二章 理赔管理

第一节 组织管理和资源配置

第九条 公司应建立健全车险理赔组织管理制度。明确理赔管理架构、管理机制、工作流程及各环节操作规范，明确各类理赔机构和人员的工作职责及权限、考核指标、标准及办法。明确理赔关键环节管理机制、关键岗位人员管理方式。明确理赔岗位各相关人员资格条件，建立理赔人员培训考试及考核评级制度，制订与业务规模、理赔管理和客户服务需要相适应的理赔资源配置办法等。

第十条 公司应按照车险理赔集中统一管理原则，建立完整合理的车险理赔组织架构，有效满足业务发展、理赔管理及客户服务需要。

（一）集中统一管理原则是指总公司统一制定理赔管理制度、规范理赔服务流程及标准、完善监督考核机制，应实现全国或区域接报案集中，以及对核损、核价、医疗审核、核赔等理赔流程关键环节和关键数据修改的总公司集中管控。

（二）完整合理的理赔组织架构，应将理赔管理职能、理赔操作职能以及客户服务职能分开设置，形成相互协作、相互监督的有效管理机制。

鼓励总公司对理赔线实行人、财、物全部垂直化管理。

第十一条 公司应制定严格管控措施和 IT 系统管控手段，强化关键岗位和关键环节的集中统一管理、监督和控制。

对核损、核价、医疗审核、核赔等关键岗位人员，应逐步实行总公司自上而下垂直管理，统一负责聘用、下派、任命、考核、薪酬发放、职务变动以及理赔审核管理权限授予等。

第十二条 对分支机构实行分类授权理赔管理,应充分考虑公司业务规模、经营效益、管理水平、区域条件等,可以选择"从人授权"和"从机构授权"方式。从机构授权只限于总公司对省级分公司的授权。

"从人授权"应根据理赔人员专业技能、考试评级结果授予不同金额、不同类型案件的审核权限;"从机构授权"应根据分支机构的经营管理水平、风险控制能力、经营效益以及服务需求授予不同理赔环节和内容的管理权限。

鼓励公司采取"从人授权"方式,加强专业化管理。

第十三条 公司应针对不同理赔岗位风险特性,制订严格岗位互掣制度。

核保岗位不得与核损、核价、核赔岗位兼任。同一赔案中,查勘、定损与核赔岗位,核损与核赔岗位之间不得兼任。在一定授权金额内,查勘、定损与核损岗位,理算与核赔岗位可兼任,但应制定严格有效的事中、事后抽查监督机制。

第十四条 公司应根据理赔管理、客户服务和业务发展需要,充分考虑业务规模、发展速度及地域特点,拟定理赔资源配置方案,明确理赔资源和业务资源配比。保证理赔服务场所、理赔服务工具、理赔信息系统、理赔人员等资源配备充足。

(一)在设有营销服务部以上经营机构地区

1. 应设立固定理赔服务场所或在营业场所内设立相对独立理赔服务区域,接受客户上门查勘定损、提交索赔材料。理赔服务场所数量应根据业务规模、案件数量以及服务半径合理设置,科学布局。理赔服务场所应保证交通便利、标识醒目。公司应对外公布理赔服务场所地址、电话。

2. 各地保险行业协会应根据本地区地域、自然环境、道路交通情况等因素确定各理赔环节的基本服务效率标准,各公司应保证各岗位理赔人员、理赔服务工具的配备满足上述标准要求。

(二)在未设分支机构地区

公司应制定切实可行的理赔服务方案,保证报案电话畅通,采取委托第三方等便捷方式为客户提供及时查勘、定损和救援等服务。在承保时,应向客户明确说明上述情况,并告知理赔服务流程。

不能满足上述要求的,公司应暂缓业务发展速度,控制业务规模。

第十五条 公司应建立各理赔岗位职责、上岗条件、培训、考核、评级、监督等管理制度和机制,建立理赔人员技术培训档案及服务投诉档案,如实记录理赔人员技能等级、培训考核情况和服务标准执行情况。

鼓励保险行业协会逐步探索实施行业统一的理赔人员从业资格、培训考试、考核评级等制度,建立理赔人员信息库。

第十六条 公司应对理赔人员进行岗前、岗中、晋级培训并考试。制定详实可行的培训计划和考核方案,保证基本培训时间、质量和效果。

(一)岗前培训:各岗位人员上岗前应参加岗前培训和考核,培训时间不应少于60小时,考试合格后可上岗工作;

(二)岗中培训:公司应通过集中面对面授课、视频授课等形式,对各岗位人员进行培训。核损、核价、医疗审核、核赔岗位人员每年参加培训时间不应少于100小时,其他岗位人员每年参加培训时间不应少于50小时;

(三)晋级培训:各岗位人员晋级或非核损、核价、医疗审核、核赔岗位人员拟从事核损、核价、医疗审核、核赔岗位的,应经过统一培训和考试,合格后可晋级。

第二节 赔案管理

第十七条 公司应制定覆盖车险理赔全过程的管理制度和操作规范。按照精简高效原则,对接报案、调度、查勘、立案、定损(估损)、人身伤亡跟踪(调查)、报核价、核损、医疗审核、资料收集、理算、核赔、结销案、赔款支付、追偿及赔余物资处理、客户回访、投诉处理以及特殊案件处理等各环节的工作流程和操作办法进行统一规范,逐步实现标准化、一致性的理赔管理和客户服务。

为防范风险,提高工作质量和效率,理赔处理各环节衔接点要严格规范,前后各环节间应形成必要的相互监督控制机制。

第十八条 公司应建立严格的未决赔案管理制度。规范未决赔案管理流程,准确掌握未决赔案数量及处理进度;监督促进提升理赔处理时效。根据未决赔案估损及估损调整管理规则确定估损金额,确保未决赔款准备金准确计提,真实反映负债和经营结果。

第十九条 公司应制订报核价管理制度。建立或采用科学合理的汽车零配件价格标准，做好零配件价格信息维护和本地化工作。

行业协会应积极推动保险行业与汽车产业链相关行业共同研究建立科学、合理的维修配件和工时系数标准化体系。

第二十条 公司应建立特殊案件管理制度。对案件注销、注销恢复、重开赔案、通融赔案、拒赔案件、预付赔款、规定范围内的诉讼案件、追偿赔案及其他特殊案件的审核和流程进行规范，并将审批权限上收到总公司。

第二十一条 公司应建立反欺诈管理制度。总公司及分支机构应建立自上而下、内外部合作、信息共享的反欺诈专职团队。对重点领域和环节通过在理赔信息系统中设立欺诈案件和可疑赔案筛查功能加大反欺诈预防查处力度。建立投诉、举报、信访处理机制和反欺诈奖励制度，向社会公布理赔投诉电话。

有条件的地区应建立本地区保险行业内联合反欺诈处理（或信息共享）机制或保险行业与当地公安机关联合反欺诈处理（或信息共享）机制。

第二十二条 公司应建立异地理赔管理制度和考核奖惩办法。按照"异地出险，就地理赔"原则，建立信息管理系统和网络，搭建省间代查勘、代定损、代赔付操作平台，规范实务流程和操作规则，做好跨省间客户投诉管理工作，确保全国理赔服务标准规范统一。

第三节 数据管理

第二十三条 公司应建立支撑车险理赔管理、风险控制及客户服务全流程化业务处理及信息管理系统。系统间实现无缝连接，无人工干预，实时数据传送处理，避免数据漏失、人工调整及时滞差异。

第二十四条 公司应制定数据质量管理制度。加强理赔与承保、财务间数据规范性、准确性和及时性的管理监督，使业务、财务数据归集、统计口径保持一致。公司应对数据质量定期监控与考评，对疑问数据及时通报。

第二十五条 公司应规范理赔各环节间数据管理。明确数据间勾稽关系，做到历史数据可追溯，对日常数据日清日结。应确定数据维护流程、使用性质和查询范围。应制定数据标准化推行制度。对异常（风险）数据设立基础考察观测项目，根据管理控制的重点适时调整考察观测项目。

疑问数据修改应依法合规，严格修改规范。疑问数据应及时整改，整改时应充分考虑整改方案是否合理以及是否会引发其他数据质量问题，严禁随意修改。

第二十六条 公司应建立内部各部门、各地区间必要的信息交流沟通机制。根据理赔数据管理情况，实现理赔部门与产品、承保、财务、精算、法律和客户服务等相关部门间沟通及信息反馈。

建立信息平台地区，公司应及时向信息平台上传理赔信息，确保上传信息与核心业务系统信息完整一致。

第四节 运行保障

第二十七条 公司应建立理赔费用管理制度，严格按照会计制度规定，规范直接理赔费用和间接理赔费用管理。理赔费用分摊应科学、合理并符合相关规定。

直接理赔费用要严格按照列支项目和原始凭证、材料，如实列支，审批权应集中到省级或以上机构，并按照直接理赔费用占赔款的一定比例监控；间接理赔费用要制定严格的间接理赔费用预算管理、计提标准、列支项目、列支审核以及执行监督制度，间接理赔费用的列支项目和单笔大额支出应规定严格的审批流程等。

公司应将理赔费用纳入考核政策，对各级机构形成约束。

第二十八条 公司应制定未决赔款准备金管理制度。根据未决赔款数据准确估算未决赔款准备金，建立理赔与精算的联合估算规则，要真实、准确、及时反映车险经营状况，有效预警经营风险，保证经营稳定。

第二十九条 公司应加强对合作单位管理，包括合作修理厂、合作医疗机构、医疗评残机构、公估机构以及其他保险中介机构的管理。

（一）公司在选择合作单位时，应保证公正、公平、公开原则，维护被保险人、受害人以及保险人的合法权益，依法选择，严格管理，建立准入、考核、监督和退出机制。

（二）公司应保证客户自由选择维修单位的权利，不得强制指定或变相强制指定车辆维修单位。

公司选择合作修理厂，应与经过规定程序产生的车辆维修单位签订维修合作协议。承修方要保证维修质量、维修时间达到客户满意,保险公司应协助客户跟踪维修质量与进度。

保险行业协会应积极协调组织公司就保险理赔服务有关工作与汽车修理厂、医疗机构、医疗评残机构、公估机构等相关单位沟通协调,加强行业间协作。

(三)严格理赔权限管理

1. 公司严禁将核损、核价、医疗审核、核赔等关键岗位理赔权限授予合作单位等非本公司系统内的各类机构或人员。

2. 原则上不允许合作单位代客户报案,代保险公司查勘、定损(专业公估机构除外),代客户领取赔款。

第三十条 公司应制定防灾防损制度,包括控制保险标的风险,抗御灾害及应对突发事件办法,降低保险事故发生频率和减少事故损失程度技能,增强为客户服务能力。

第三十一条 公司应建立客户投诉管理制度。对客户投诉渠道、投诉信息、投诉受理人、建议解决措施、投诉结果反馈、投诉结果归档、投诉处理的监督考核等规范管理。

第三十二条 公司应建立客户回访制度,对出险客户回访量、回访类型、回访内容、问题处置流程、解决问题比率、回访统计分析与反馈、回访结果归档、回访质量监督考核办法等进行规范管理。

第三十三条 公司应建立绩效考核机制。科学设计理赔质量指标体系,制定绩效考核管理办法。

理赔质量指标体系应包括客户服务满意度、投诉率、投诉处理满意度等客户服务类指标,案均结案时长、结案率等理赔效率类指标,估损偏差率、限时立案率、未决发展偏差率、服务质量、数据质量等理赔管理类指标以及赔付率、案均赔款、理赔费用等理赔成本类指标。公司应加强对理赔质量整体考核监管,不得单纯考核赔付率,不合理压低赔偿金额,损害消费者权益,影响理赔服务质量。

第三十四条 公司应定期或不定期开展理赔质量现场或非现场专项检查,包括对理赔服务、理赔关键举措、赔案质量、特殊案件处理、理赔费用列支等问题专项检查或评估。在日常赔案管理中,总公司应加强对分支机构理赔质量的常规检查和远程非现场检查监督,必要时可进行理赔效能专项检查。

第三十五条 公司应严格遵守各项法律法规,忠实履行保险合同义务。诚实守信、合法经营,禁止下列行为:

(一)理赔人员"吃、拿、卡、要"、故意刁难客户,或利用权力谋取个人私利;

(二)利用赔案强制被保险人提前续保;

(三)冒用被保险人名义编制虚假赔案;

(四)无正当理由注销赔案;

(五)错赔、惜赔、拖赔、滥赔;

(六)理赔人员与客户内外勾结采取人为扩大损失等非法手段骗取赔款,损害公司利益的行为;

(七)其他侵犯客户合法权益的失信或违法违规行为。

第三章 流程控制

第一节 理赔信息系统

第三十六条 公司应以支持公司理赔全过程、流程化、规范化、标准化运行管控为目标,统一规划、开发、管理和维护理赔信息系统。

第三十七条 理赔流程中关键风险点的合规管控要求,应内嵌入理赔信息系统,并通过信息系统控制得以实现。

理赔信息系统操作应与理赔实务相一致,并严格规范指导实际操作。

第三十八条 公司应保证所有理赔案件处理通过理赔信息系统,实现全流程运行管控。严禁系统外处理赔案。

第三十九条 理赔信息系统数据库应建立在总公司。总公司不得授权省级分公司程序修改权和数据修改权。所有程序、数据的修改应保存审批及操作记录。

严禁将理赔信息系统数据库建立在省级及省级以下分支机构。

第四十条 公司理赔信息系统的功能设置应满足内控制度各项要求,至少应包括以下内容:

(一)理赔信息系统应与接报案系统、承保系统、再保险系统、财务系统数据实现集成管理,无缝对接。通过公司行政审批系统审批的案件信息应该自动对接到理赔系统,如果不能自动对接,应将行政审批意见扫描并上传至理赔系统中。

（二）理赔信息系统应实现理赔全流程管控，至少包括接报案、调度、查勘、立案、定损（估损）、人身伤亡跟踪（调查）、报核价、核价、医疗审核、资料收集、理算、核赔、结销案、赔款支付、追偿及损余物资处理、客户回访、投诉处理以及特殊案件处理等必要环节及完整的业务处理信息。理赔信息系统应实时准确反映各理赔环节、岗位的工作时效。

（三）理赔信息系统应能对核损、报核价、医疗审核、核赔等重要环节实现分级授权设置，系统按照授权规则自动提交上级审核；未经最终核损人审核同意，理赔系统不能打印损失确认书。未经最终核赔人审核同意，理赔系统不得核赔通过，财务系统不得支付赔款。

（四）理赔信息系统应按法律法规及条款约定设定理算标准及公式。

（五）理赔信息系统中不得单方面强制设置保险条款以外的责任免除、赔款扣除等内容。

（六）理赔信息系统数据应保证完整、真实并不能篡改。

（七）理赔信息系统应设置反欺诈识别提醒功能，对出险时间与起保或终止时间接近、保险年度内索赔次数异常等情况进行提示。

（八）理赔信息系统可在各环节对采集到的客户信息进行补充修正，确保客户信息真实、准确、详实。

（九）理赔信息系统应具备影像存储传输功能，逐步实现全程电子化单证，推行无纸化操作，鼓励公司使用远程视频传输系统功能。

（十）理赔信息系统可对符合快速处理条件的赔案适当简化流程。

（十一）理赔信息系统应加强对一人多岗的监控，严禁使用他人工号。

第四十一条　公司应制订应急处理机制，保证系统故障时接报案等理赔服务工作及时有序进行。

第二节　接报案

第四十二条　公司应实行接报案全国或区域统一管理模式，不得将接报案统一集中到省级或以下机构管理。所有车险理赔案件必须通过系统接报案环节录入并生成编号后方可继续下一流程。

第四十三条　公司应建立有效报案甄别机制，通过接报案人员采用标准话术详细询问、接报案受理后及时回访等方法，逐步减少无效报案。

第四十四条　报案时间超过出险时间48小时的，公司应在理赔信息系统中设定警示标志，并应录入具体原因。公司应对报案时间超过出险时间15天的案件建立监督审核机制。

第四十五条　接报案时，理赔信息系统应自动查询并提示同一保单项下或同一车辆的以往报案记录，包括标的车辆作为第三者车辆的案件记录。对30天内多次报案的应设警示标志，防止重复报案并降低道德风险。

第四十六条　公司应积极引导被保险人或肇事司机直接向保险公司报案。对由修理单位等机构或个人代被保险人报案的，公司应要求其提供被保险人真实联系方式，并向被保险人核实。同时，公司应在后续理赔环节中通过查验被保险人有效身份证件或与被保险人见面方式对案件进行核实。

第四十七条　公司接报案受理人员应仔细询问并记录报案信息，报案记录应尽可能详尽，至少应包括以下内容：保单信息、出险车辆信息、被保险人信息、报案人信息、驾驶员信息、出险情况、损失情况、事故处理及施救等情况。

完成报案记录后，接报案人员或查勘人员要及时向报案人或被保险人详细明确说明理赔处理流程和所需证明材料等有关事项。

为方便客户了解赔偿程序和索赔要领，公司应向客户提供多渠道、多方式解释说明。

第三节　调　度

第四十八条　公司应建立完善、科学的调度体系，利用信息化手段准确调度，提高效率。

第四十九条　公司应通过调度系统实时掌握理赔人员、理赔车辆、理赔任务的工作状态。

第四节　查　勘

第五十条　公司应通过移动终端、远程控制或双人查勘等方式确保现场查勘信息真实。对重大、可疑赔案，应双人、多人查勘。

公司应加大对疑难重大案件复勘力度，并对第一现场、复勘现场、无现场查勘方式进行统计。

公司应建立查勘应急处理机制，防范并妥善

处理突发大案或案件高峰期可能出现的查勘资源配置不到位。

第五十一条 理赔案件查勘报告应真实客观反映查勘情况，查勘报告重要项目应填写完整规范。重要项目至少应包括：出险车辆信息、驾驶员信息、事故成因、经过和性质、查勘时间、地点、内容、人员伤亡情况、事故车辆损失部位、程度等情况、查勘人员签名等。

现场照片应清楚反映事故全貌和损失情况。公司应采取技术手段防止或识别数码相片的修改。

查勘信息应及时录入理赔系统，超过规定时限的，应提交上级管理人员，对查勘人员进行考核处罚。

第五十二条 查勘人员应详细记录客户信息，了解事故情况，进行调查取证。

查勘人员应向客户递交书面"索赔须知"，并进行必要讲解，提示客户及时提出索赔申请。"索赔须知"至少应包括：索赔程序指引、索赔需提供的资料、理赔时效承诺、理赔投诉电话、理赔人员信息、理赔信息客户自主查询方式方法以及其他注意事项等。

第五十三条 公司查勘人员应在查勘环节收集真实完整的客户信息，并在后续环节中不断完善补充。

第五十四条 公司应对委托外部机构查勘严格管理。公司应制定外部合作机构资质标准，并与委托查勘机构签订合作协议。分支机构委托外部机构查勘的，应经总公司审批授权。

第五十五条 鼓励公司印制防伪易碎贴或防伪易碎封签(标签)，加贴于特定部位，防止损坏配件被恶意替换，并加强配件残值管理处置。主要用于以下方面：

（一）第一现场估损符合自动核价条件的，对需要回收残值的配件加贴。

（二）第一现场不能估损的案件，对外表损坏配件加贴，对易产生替换和可能损坏的配件加贴；对需监督拆解车辆，在拆解关键点加贴。

（三）水损事故中对损失与否不能确认的配件，如电脑板等加贴。

第五十六条 公司应严格按照《保险法》及相关法律法规和保险合同的约定，在法律规定时限内，核定事故是否属于保险责任。情形复杂的，应在30日内作出核定，但合同另有约定的除外。不属于保险责任的，应自作出核定之日起3日内向被保险人发出拒绝赔偿通知书并说明理由，将索赔单证扫描存入系统后，退还相关索赔单证，并办理签收手续。

第五节 立 案

第五十七条 公司应加强立案过程管理，确保立案时估损金额尽量准确。公司原则上应实行报案即立案。接到报案后应及时在理赔信息系统中进行立案处理。系统应设置超过3日尚未立案则强制自动立案功能。

第五十八条 公司应及时充足准确录入估损金额，对自动立案并通过理赔系统对案件进行自动估损赋值的，应本着充分原则，赋值金额参考历史同类案件的案均赔款或其他合理统计量确定。公司应根据险别、有无人伤等不同情况明确赋值规则。

第六节 定损(估损)

第五十九条 公司定损人员应准确记录损失部位和项目，提出修理、更换建议，及时录入理赔信息系统。并请客户签字确认损失部位和项目。

第六十条 定损人员应及时向客户说明损失情况，并就定损项目、修复方式、配件类型、维修金额等向客户耐心细致解释。核损通过后的损失确认书，应由客户签字确认。对客户自行承担的损失，应明确告知客户并做好解释说明。

定损项目和金额需要调整的，定损人员应征得客户同意并签字确认。

第六十一条 公司应对委托外部机构定损严格管控。

第七节 报核价

第六十二条 公司应建立专业报核价队伍，在理赔信息系统中设置报核价模块，逐步实现常用配件自动报价。

第六十三条 公司应维护更新零部件价格信息，推行价格信息本地化，保证价格信息与区域市场匹配。

公司应采用经国家有关部门批准和认证的正规配件企业生产、符合原厂技术规范和配件性能标准、有合法商标、质量检验合格的配件。

第八节 核 损

第六十四条 公司应高度重视核损环节管理，加强核损队伍建设，提高核损人员专业技能。

第六十五条 核损人员应认真核对查勘、定损人员提交的事故现场查勘情况，与客户填报的事故经过是否一致，确定事故真伪及是否属于保险责任。

鼓励公司核损人员对拟提供给客户的"索赔须知"内容进行审核，确保对需提供的索赔材料说明准确。

第六十六条 核损人员应对定损人员提交的标的损失项目、修复方式、估损金额，根据报核环节提供的配件价格信息进行远程在线审核或现场审核，并提出审核意见。

第六十七条 理赔信息系统应自动按照核损通过数值调整未决赔款金额。对于未决赔款金额波动较大的，应在系统中设置提醒标志。

第九节 人伤跟踪和医疗审核

第六十八条 总公司应建立人身伤亡案件（以下简称为"人伤"）审核专业管理团队，省级及以下理赔部门设置专职人伤跟踪（调查）和医疗审核团队或岗位，参与人伤损失的事故查勘、损伤调查、处理跟踪、协助合解、参与诉讼、资料收集、单证审核和费用核定等工作。公司应制订人伤跟踪、审核实务，应实现提前介入、过程跟踪、全程协助、加强管控的目标。

公司原则上应设置专线电话，安排人伤专业人员，为被保险人或受害人提供人伤处理全程咨询服务。

公司应加大人伤调查力度，制订人伤调查要求、具体内容和调查时效。

人伤审核人员应主动参与被保险人与事故受害人之间的损害赔偿合解工作，促成双方达成满意的合解结果。

在被保险人与受害人之间发生诉讼纠纷时，公司应积极主动协助被保险人做好诉讼案件处理工作。

第六十九条 公司在人伤跟踪过程中，应及时就诊疗方案、用药标准、后续治疗费用、残疾器具使用等问题向医疗单位、被保险人或受害人进行了解，并及时修正未决赔案估损金额。

第七十条 公司应根据相关法律法规和保险合同，按照以人为本和有利及时救治原则，进行人伤费用审核和支付。

第七十一条 公司对需进行伤残鉴定的人伤案件，应优先推荐和引导伤者到当地公信力较高的伤残鉴定机构进行评定，确保评残公正、客观。公司应跟踪评残过程及鉴定结果，发现疑义的应及时向鉴定机构反馈或要求复评。

公司应将"低残高评"、"疑义伤残"等记录在案，向有关主管部门反馈。

第十节 资料收集

第七十二条 公司接收、记录客户送达的索赔资料时，应按照"索赔须知"当场查验索赔资料是否齐全，及时出具接收回执。回执上应注明公司接收人、接收时间和公司咨询电话。

第七十三条 公司认为有关证明和资料不完整的，应当及时一次性书面通知投保人、被保险人或者受益人补充提供。

第十一节 理 算

第七十四条 公司对索赔资料齐全、无异议的案件，应及时完成理算工作。

第十二节 核 赔

第七十五条 公司理赔时效标准不得低于法律法规以及行业关于理赔时效的规定。

公司自收到索赔请求和有关证明、资料之日起60日内，对其赔偿数额不能确定的，应根据已有证明和资料可以确定的数额先予支付。最终确定赔偿数额后，支付相应差额。

第七十六条 公司应对疑难案件会商，在充分尊重事实，准确适用法律，综合评定各方利益，并与客户有效沟通后，做出最终结论，并将结果及时反馈。

第十三节 结销案

第七十七条 公司应当在全部损失标的核赔通过后自动或人工结案。结案后的重开赔案权限应通过理赔信息系统上收至总公司。

第七十八条 公司应明确规定赔案注销、零结案和拒赔条件，严格注销案件、零结案和拒赔管理。

注销恢复案件处理权限应通过理赔信息系统上收至总公司。

第十四节 赔款支付

第七十九条 公司应在与客户达成赔偿协议后10日内赔付。公司应及时通知客户领取保险赔款,定期清理已决未支付赔案。不得通过预付赔款方式支付已达成协议的赔款。

鼓励公司建立快速理赔机制。

第八十条 公司应在理赔信息系统中设定赔款收款人姓名、账号和开户银行名称,赔款支付时应遵守反洗钱的相关规定。

在赔款成功支付后,公司应通过电话、短信或书面等方式告知客户。

鼓励公司在客户投保时,积极引导客户约定赔款支付方式、明确赔款支付对象、开户行、账号等信息。

第八十一条 被保险人为个人的,公司应积极引导被保险人通过银行转账方式领取保险赔款。保险赔款金额超过一定金额,要通过非现金方式支付,且支付到与被保险人、道路交通事故受害人等符合法律法规规定的人员名称相一致的银行账户。

各地区、各公司可根据实际情况,制订现金支付的最高限额。

第八十二条 被保险人为单位的,公司应严格按照有关支付结算规定,对1000元以上的保险赔款要通过非现金方式支付,且支付到与被保险人、道路交通事故受害人等符合法律法规规定的人员名称相一致的银行账户。

各地区、各公司可根据实际情况,进一步限定采取汇款、网上银行等无背书功能的转账支付方式。

鼓励公司采取无现金支付方式支付赔款。

第八十三条 公司应严格管控代领保险赔款风险。

(一)严格"直赔"修理厂管理

公司对签订"直赔"协议的修理单位(以下简称"直赔厂"),必须严格管理监督。

1. 不得将代报案、代查勘权限授予直赔厂。
2. 直赔厂在代客户索赔时,应提供维修发票、维修清单以及被保险人出具的授权书原件、身份证明等材料。
3. 公司应通过银行采用无背书功能的转账支付方式将保险赔款划入以承修事故车辆的修理单位为户名的银行账户,并通过电话回访或书面方式告知被保险人。
4. 对于不能提供被保险人真实联系方式、授权书的修理单位,公司不应与其签订或续签"直赔"协议。

(二)严格管控其他单位或个人代领保险赔款

对于直赔厂之外的其他单位或个人代被保险人或道路交通事故受害人领取保险赔款的,必须提供被保险人或道路交通事故受害人有效身份证明原件、授权书原件以及代领赔款人身份证明原件。

赔款支付方式按照第八十一条和第八十二条的规定执行。

第八十四条 被保险人给第三者造成损害,被保险人对第三者应负的赔偿责任确定的,根据被保险人的请求,公司应直接向该第三者赔偿保险金。被保险人怠于请求的,第三者有权就其应获赔偿部分直接向公司请求赔偿,公司应受理。

第十五节 追偿及损余物资处理

第八十五条 公司应加强代位追偿案件管理,制订制度规范以及追偿案件的业务、财务处理方式及流程。

第八十六条 公司应制订损余物资管理办法。损余物资折归被保险人的,应与被保险人协商同意,确保公平合理。

公司回收损余物资的,应在理赔信息系统中准确录入损余物资管理信息和处置情况,统计损余物资处置金额。处理款项应及时冲减赔款。

对于盗抢险追回车辆、推定全损车辆的损余处理,应上收到省级或以上机构统一处理。

第四章 理赔服务

第一节 服务标准

第八十七条 理赔服务应贯彻于理赔全过程,包括风险管理、客户回访、投诉处理等内容。

第八十八条 公司应制订理赔服务规范,确保流程控制中各环节理赔手续简便、服务时效明确、服务标准一致。

第八十九条 公司应建立"首问负责制",保证流程顺畅，不互相推诿。

最先受理客户咨询、投诉的人员作为首问责任人，负责处理或督促相关部门解决客户提出的各类问题，并跟踪至问题解决。

第九十条 公司应设立全国统一的服务电话号码，并向社会公示，24小时×365天接受报案和咨询。公司应保证报案电话畅通，接通率不低于85%。

公司应提供24小时×365天查勘定损服务。

各地保险行业协会应根据本地实际情况，规定理赔人员到达事故现场时限，并向社会公布。

第九十一条 公司应建立理赔服务指标体系。理赔服务指标至少应包括：报案电话接通率、到达现场时长、平均结案周期、小额赔案结案周期、赔付时效、客户有效投诉率等。

各地保险行业协会应根据本地实际情况，制定理赔服务指标参考标准，并向社会公布。

第九十二条 公司应统一查勘定损员服装样式，统一制作并悬挂胸牌，按照公司视觉识别标识统一进行查勘车辆的外观喷涂和编号，便于各级理赔服务工作管理监督，提升理赔服务形象。

第九十三条 公司应制订理赔标准用语规范，涵盖理赔全流程。理赔人员在服务过程中应体现出良好的保险职业道德和精神风貌，主动迅速准确为客户提供优质服务。

第九十四条 异地理赔服务、委托外部机构理赔服务不得低于规定的理赔服务时效、理赔标准。

第二节 服务内容

第九十五条 公司应高度重视车险理赔服务工作，进一步强化理赔服务意识、增强理赔服务能力、提高理赔服务质量。

公司应积极协助被保险人向责任对方(责任对方是指在事故中对被保险人负有赔偿责任的当事人)进行索赔；当被保险人选择直接向投保保险公司索赔，并将向责任对方请求赔偿的权利转让给保险公司时，保险公司应该认真履行赔付义务。

各公司之间应进一步加强沟通协调。对于涉及多家保险公司的赔案，各公司均应积极参与处理，不得推诿。

为提高运行效率，各省级行业协会应逐步依托行业车险信息平台尽快实现数据及时传递和共享，应组织保险公司逐步建立行业间定损标准、赔付标准和追偿实务标准，积极解决保险理赔服务问题，提高客户满意度。

第九十六条 公司应根据赔案类型、客户分类和赔付数据建立差异化理赔服务机制。

公司应建立小额赔案理赔快速处理机制，不断提高小额案件理赔时效和服务质量。小额赔案的标准和赔付时限由各省级行业协会根据情况确定。

第九十七条 公司可在合理成本范围内为客户提供车辆救援、风险管理等增值服务。

第九十八条 公司应提供多渠道的理赔信息反馈服务。公司应按照相关规定，提供理赔信息自助查询服务。公司应在与理赔相关的营业场所或服务场所，张贴统一印制的索赔指引或索赔流程图，在保险凭证和保险宣传资料上明示服务电话，制订并对外公布理赔服务承诺。

公司应逐步实施电话、短信通知提醒、网络平台上传资料等服务内容。

第三节 服务保证

第九十九条 公司应建立客户回访制度，应设专职人员在赔款支付15个工作日内进行客户回访，各公司应根据案件量确保一定回访比例。

建立客户回访台账或留存回访电话录音，内容至少应包括：案件情况真实性、理赔服务质量、赔款领取情况等。回访记录应妥善保存，自保险合同终止之日起计算，保管期限不得少于5年。

第一百条 公司应建立投诉信访处理机制，设立客户服务部门或者咨询投诉岗位，向社会公布理赔投诉电话，接受社会监督。

(一)公司应设专职人员负责受理客户理赔投诉工作。建立客户投诉登记台账，台账内容至少应包括：投诉编号、投诉日期、投诉人及联系方式、被投诉人、涉及保单或赔案号、投诉原因、投诉具体内容、处理结果、答复客户日期等。

(二)对保险监管部门按照规定转办的涉及理赔服务方面的信访事项，不得推诿、敷衍、拖延、弄虚作假；由公司分管领导负责并按照监管部门要求报告受理情况和办理结果。

(三)上门投诉的客户，有专人负责接待，尽最大努力即时解决。无法即时解决的，明确答复时限。其他形式(如电话、传真、信访和电子邮件等)

的一般性投诉，承办部门应在3个工作日内答复；重大、疑难类投诉，应在5个工作日内答复。

对信访投诉情况定期分析，并采取改进措施。

第一百零一条 公司应建立并不断完善重大突发性事件、群体性投诉和媒体曝光事件的应急机制。

第一百零二条 公司应建立对理赔服务的内部稽核检查机制。

公司应通过客户服务暗访、客户满意度调查制度等多种方式对理赔服务质量监督检查，确保理赔服务水平。

第一百零三条 公司在加强理赔管理的同时，应不断提升理赔服务水平，落实理赔服务承诺，不得以打击车险骗赔等各种理由为名，降低车险理赔服务质量。

第五章 附 则

第一百零四条 车险电销专用产品业务的理赔及后续管理等原则上在保险标的所在地进行，并实行属地管理。

第一百零五条 交强险案件的理赔，应严格遵照监管部门及行业协会的有关规定执行。

第一百零六条 公司在与保险公估机构建立业务合作关系时，双方签订的合作协议中应明确规定保险公估机构提供的相关服务不低于本《指引》要求的管理与服务质量水平。

第一百零七条 本《指引》自下发之日起实施。

机动车交通事故责任强制保险费率浮动暂行办法

· 2007年6月27日保监发〔2007〕52号发布
· 根据2020年9月9日《中国银保监会关于调整交强险责任限额和费率浮动系数的公告》修改

一、根据国务院《机动车交通事故责任强制保险条例》第八条的有关规定，制定本办法。

二、从2007年7月1日起签发的机动车交通事故责任强制保险（以下简称交强险）保单，按照本办法，实行交强险费率与道路交通事故相联系浮动。

三、交强险费率浮动因素及比率如下：

1. 内蒙古、海南、青海、西藏4个地区实行以下费率调整方案A：

	浮动因素	浮动比率
与道路交通事故相联系的浮动方案A	A1. 上一个年度未发生有责任道路交通事故	-30%
	A2. 上两个年度未发生有责任道路交通事故	-40%
	A3. 上三个及以上年度未发生有责任道路交通事故	-50%
	A4. 上一个年度发生一次有责任不涉及死亡的道路交通事故	0%
	A5. 上一个年度发生两次及两次以上有责任道路交通事故	10%
	A6. 上一个年度发生有责任道路交通死亡事故	30%

2. 陕西、云南、广西3个地区实行以下费率调整方案B：

	浮动因素	浮动比率
与道路交通事故相联系的浮动方案A	B1. 上一个年度未发生有责任道路交通事故	-25%
	B2. 上两个年度未发生有责任道路交通事故	-35%
	B3. 上三个及以上年度未发生有责任道路交通事故	-45%
	B4. 上一个年度发生一次有责任不涉及死亡的道路交通事故	0%
	B5. 上一个年度发生两次及两次以上有责任道路交通事故	10%
	B6. 上一个年度发生有责任道路交通死亡事故	30%

3. 甘肃、吉林、山西、黑龙江、新疆 5 个地区实行以下费率调整方案 C：

	浮动因素	浮动比率
与道路交通事故相联系的浮动方案 C	C1. 上一个年度未发生有责任道路交通事故	−20%
	C2. 上两个年度未发生有责任道路交通事故	−30%
	C3. 上三个及以上年度未发生有责任道路交通事故	−40%
	C4. 上一个年度发生一次有责任不涉及死亡的道路交通事故	0%
	C5. 上一个年度发生两次及两次以上有责任道路交通事故	10%
	C6. 上一个年度发生有责任道路交通死亡事故	30%

4. 北京、天津、河北、宁夏 4 个地区实行以下费率调整方案 D：

	浮动因素	浮动比率
与道路交通事故相联系的浮动方案 D	D1. 上一个年度未发生有责任道路交通事故	−15%
	D2. 上两个年度未发生有责任道路交通事故	−25%
	D3. 上三个及以上年度未发生有责任道路交通事故	−35%
	D4. 上一个年度发生一次有责任不涉及死亡的道路交通事故	0%
	D5. 上一个年度发生两次及两次以上有责任道路交通事故	10%
	D6. 上一个年度发生有责任道路交通死亡事故	30%

5. 江苏、浙江、安徽、上海、湖南、湖北、江西、辽宁、河南、福建、重庆、山东、广东、深圳、厦门、四川、贵州、大连、青岛、宁波 20 个地区实行以下费率调整方案 E：

	浮动因素	浮动比率
与道路交通事故相联系的浮动方案 E	E1. 上一个年度未发生有责任道路交通事故	−10%
	E2. 上两个年度未发生有责任道路交通事故	−20%
	E3. 上三个及以上年度未发生有责任道路交通事故	−30%
	E4. 上一个年度发生一次有责任不涉及死亡的道路交通事故	0%
	E5. 上一个年度发生两次及两次以上有责任道路交通事故	10%
	E6. 上一个年度发生有责任道路交通死亡事故	30%

四、交强险最终保险费计算方法是：交强险最终保险费＝交强险基础保险费×(1+与道路交通事故相联系的浮动比率 X，X 取 ABCDE 方案其中之一对应的值)。

五、交强险基础保险费根据中国保监会批复《中国保险行业协会〈关于中国保险行业协会制定机动交通事故责任强制保险行业协会条款费率的批复〉》(保监产险〔2006〕638 号)执行。

六、交强险费率浮动标准根据被保险机动车所发生的道路交通事故计算。摩托车和拖拉机暂不浮动。

七、与道路交通事故相联系的浮动比率 X 为 X1 至 X6 其中之一，不累加。同时满足多个浮动因素的，按照向上浮动或者向下浮动比率的高者计算。

八、仅发生无责任道路交通事故的，交强险费率仍可享受向下浮动。

九、浮动因素计算区间为上期保单出单日至本期保单出单日之间。

十、与道路交通事故相联系浮动时，应根据上年度交强险已赔付的赔案浮动。上年度发生赔案但还未赔付的，本期交强险费率不浮动，直至赔付后的下一年度交强险费率向上浮动。

十一、几种特殊情况的交强险费率浮动方法

（一）首次投保交强险的机动车费率不浮动。

（二）在保险期限内，被保险机动车所有权转移，应当办理交强险合同变更手续，且交强险费率不浮动。

（三）机动车临时上道路行驶或境外机动车临时入境投保短期交强险的，交强险费率不浮动。其他投保短期交强险的情况下，根据交强险短期基准保险费并按照上述标准浮动。

（四）被保险机动车经公安机关证实丢失后追回的，根据投保人提供的公安机关证明，在丢失期间发生道路交通事故的，交强险费率不向上浮动。

（五）机动车上一期交强险保单满期后未及时续保的，浮动因素计算区间仍为上期保单出单日至本期保单出单日之间。

（六）在全国车险信息平台联网或全国信息交换前，机动车跨省变更投保地时，如投保人能提供相关证明文件的，可享受交强险费率向下浮动。不能提供的，交强险费率不浮动。

十二、交强险保单出单日距离保单起期最长不能超过三个月。

十三、除投保人明确表示不需要的，保险公司应当在完成保险费计算后、出具保险单以前，向投保人出具《机动车交通事故责任强制保险费率浮动告知书》（附件），经投保人签章确认后，再出具交强险保单、保险标志。投保人有异议的，应告知其有关道路交通事故的查询方式。

十四、已经建立车险联合信息平台的地区，通过车险联合信息平台实现交强险费率浮动。除当地保险监管部门认可的特殊情形以外，《机动车交通事故责任强制保险费率浮动告知书》和交强险保单必须通过车险信息平台出具。

未建立车险信息平台的地区，通过保险公司之间相互报盘、简易理赔共享查询系统或者手工方式等，实现交强险费率浮动。

十五、本办法适用于从 2007 年 7 月 1 日起签发的交强险保单。2007 年 7 月 1 日前已签发的交强险保单不适用本办法。

附件：

机动车交通事故责任
强制保险费率浮动告知单

尊敬的投保人：

您的机动车投保基本信息如下：

车牌号码：　　　号牌种类：

发动机号：　　　识别代码（车架号）：

浮动因素计算区间：＿＿＿年＿＿＿月＿＿＿日零时至＿＿＿年＿＿＿月＿＿＿日二十四时

根据中国保险监督管理委员会批准的机动车交通事故责任强制保险（以下简称交强险）费率，您的机动车交强险基础保险费是：人民币＿＿＿＿＿＿元。

您的机动车从上年度投保以来至今，发生的有责任道路交通事故记录如下：

序号	赔付时间	是否造成受害人死亡

或者：您的机动车在上＿＿个年度内未发生道路交通事故。

根据中国保险监督管理委员会公布的《机动车交通事故责任强制保险费率浮动暂行办法》，与道路交通事故相联系的费率浮动比率为：＿＿＿％。

交强险最终保险费＝交强险基础保险费×（1＋与道路交通事故相联系的浮动比率）

本次投保的应交保险费：人民币＿＿＿＿元（大写：＿＿＿＿＿＿）

以上告知，如无异议，请您签字（签章）确认。

投保人签字（盖章）：＿＿＿＿＿

日期：＿＿＿＿＿年＿＿＿月＿＿＿日

机动车辆保险监制单证管理办法

- 2002 年 2 月 1 日
- 保监发〔2002〕6 号

第一条 为防范机动车辆保险经营风险，保护保险合同当事人的合法权益，加强对机动车辆保险单证的管理，促进机动车辆保险业务的健康发展，根据《中华人民共和国保险法》、《中华人民共和国合同法》及与保险有关的法律法规，制定本办法。

第二条 凡在中华人民共和国境内经营机动车辆保险业务的保险公司（以下简称"各保险公司"）应使用中国保险监督管理委员会（以下简称"中国保监会"）监制的机动车辆保险单证。

机动车辆保险监制单证（以下简称"监制证"）包括机动车辆保险单和机动车辆保险批单。

各保险公司可根据需要对小额分散型业务使用定额的机动车辆保险单。

第三条 本办法所称机动车辆保险单是指投保人与保险人签订的证明保险合同关系存在的法定证明文件。

机动车辆保险批单是指合同当事人依照有关法律法规或保险条款规定变更保险合同内容时使用的法定证明文件。

第四条 监制单证由正本和副本组成。

监制单证正本由被保险人留存。机动车辆保险单正本必须印有经中国保险监督管理委员会备案的保险条款。

监制单证副本由保险公司保存，副本应包括业务留存联和财务留存联。

第五条 监制单证一律为 280 毫米×210 毫米竖式幅面，正本左上角必须印有"中国保险监督管理委员会监制"字样，并加印中国保监会指定的防伪标识。

第六条 监制单证除印制本办法第四、五条规定的内容和格式外，各保险公司可根据需要自行确定监制单证的其他内容和格式，但不得含有以下内容：

（一）违反有关法律、法规或保监会规章；
（二）侵害被保险人利益。

第七条 监制单证格式和内容需要变更的，应将监制单证样本向中国保监会备案。变更内容和格式的监制单证使用前，应将监制单证样本向中国保监会分支机构备案，并向社会公布。

第八条 各保险公司应在中国保监会认定资格的印刷企业中自行选择印刷企业印制监制单证。

各保险公司应将选定的印刷企业报中国保监会备案，严格管理单证印制。

第九条 监制单证由各保险公司统一编制印制计划。

第十条 监制单证的印刷流水号以及使用编号办法由各保险公司统一编制，并将编制办法报保监会备案。

第十一条 各保险公司应专人负责监制单证的管理，建立相应的监制单证管理制度。

监制单证管理制度应包括监制单证的印制、发送、存放、登记领用、使用、核销、盘点以及规档等规定。

第十二条 空白监制单证遗失后，各保险公司必须自发现之日起五个工作日内在省（自治区、直辖市）级报刊上登报声明。

第十三条 监制单证签发后，内容如需变更，应使用机动车辆保险批单，严禁采取其他任何形式。

第十四条 各保险公司签发、变更监制单证，应经过公司规定的核保程序，并纳入计算机系统管理。非定额监制单证必须由计算机系统直接打印出具。

第十五条 各保险公司违反本办法的，中国保监会将依据有关法律法规进行处罚。

第十六条 本办法由中国保监会解释。

第十七条 本办法自 2002 年 4 月 1 日开始执行。

保险小额理赔服务指引（试行）

- 2015 年 10 月 24 日
- 保监消保〔2015〕201 号

第一条 为贯彻落实《中国保监会关于加强保险消费者权益保护工作的意见》，提高保险理赔服务水平,促进保险理赔工作标准化、透明化和信息化,提升保险业社会信誉和保险消费者满意度,特制定本指引。

第二条 本指引所称保险小额理赔是指消费者索赔金额较小、事实清晰、责任明确的机动车辆保险(以下简称车险)和个人医疗保险理赔。

车险小额理赔是指发生事故仅涉及车辆损失(不涉及人伤、物损)、事实清晰、责任明确,且索赔金额在5000元以下的车险理赔。

个人医疗保险小额理赔是指索赔金额在3000元以下、事实清晰、责任明确,且无需调查的费用补偿型、定额给付型个人医疗保险理赔。

第三条 保险公司应建立全天候接报案服务制度,确保"365天×24小时"报案渠道畅通,并在营业网点和互联网向社会公示统一报案电话,提示和引导消费者出险后及时报案。

第四条 对车险理赔,保险公司接到报案时应准确记录报案信息,提醒报案人需注意的事项,告知报案受理结果,及时进行查勘调度,并将报案号、理赔人员联系方式通过电话、短信、即时通讯工具等方式告知报案人。已建立交通事故快赔处理机制的地区,应引导报案人按照当地快赔处理模式处理。保险公司理赔查勘人员接到调度指令后,应及时联系报案人,告知理赔查勘人员的姓名和联系方式、核对报案信息、确认查勘地点,并向报案人告知索赔事项。

第五条 对于个人医疗理赔,保险公司接到报案后应在1个工作日内以电话、短信、即时通讯工具等方式告知消费者索赔事项。

第六条 对于身患残疾、卧病在床等有特殊困难不便到理赔服务窗口提交索赔申请材料的消费者,保险公司应推行上门受理等便捷服务。

第七条 保险公司应在符合风险管控及监管要求的前提下,最大限度简化保险小额理赔索赔资料,除索赔申请类、身份证明类、责任认定及金额确定证明类和支付信息类材料外,一般不应再要求消费者提供其他资料。

第八条 在风险可控的前提下,保险公司应逐步推行索赔单证电子化,减少纸质单证使用。

第九条 对于车险小额理赔,按以下要求简化索赔单证:

(一)合并索赔单证。保险公司应将索赔申请、委托授权、转账授权、查勘记录、损失确认和索赔告知等内容整合到机动车辆保险小额理赔申请书中,推行"多合一"单证。

(二)简化证件证明。对于单方事故,消费者仅需出示"三证一卡"(行驶证、驾驶证、被保险人有效身份证明、收款人银行卡或账户),由保险公司进行原件验真后拍照留存;对于非单方事故,消费者还需提供责任认定及金额确定证明类材料。鼓励保险公司创新证件、证明信息采集途径和方式。

(三)减免维修发票。车辆损失金额2000元以下的,保险公司根据与消费者确认的损失结果,可减免汽车维修发票直接赔付给消费者(代领赔款的除外)。超出2000元的,保险公司可要求消费者提交发票或发票原件照片。消费者如到保险公司合作的维修企业维修车辆的,可由保险公司与维修企业直接交接发票,消费者不再提供。

(四)减免气象证明。发生大面积气象灾害,保险公司理赔时应以气象部门公布的气象报告为准,不应要求消费者提供气象证明。

第十条 个人医疗保险小额理赔,按以下要求简化索赔单证:

(一)合并索赔单证。保险公司应将索赔申请、委托授权、转账授权等内容整合到理赔申请书中,推行"多合一"单证。

(二)减免索赔单证。保险公司不应要求消费者在索赔时重复提供已留存并可查询验证的资料,包括保单正本、保费收据等。

(三)减免意外事故证明。个人医疗保险小额理赔中,除有公安机关等第三方介入的情况外,保险公司一般不应要求消费者提供意外事故证明。

第十一条 保险公司应多措并举加快理赔时效。保险小额理赔自消费者提交索赔申请、交齐索赔资料之日起5个自然日内结案率不低于80%;保险公司的平均索赔支付周期不应超过5个自然日。

第十二条 保险公司应准确记录和保存与消费者信息交互服务触点的时间和内容,并将接报案、立案、索赔资料接收齐全、结案支付等理赔节点信息和结果通过适当方式主动告知消费者。

第十三条 保险公司应做到理赔全流程透明管理,建立健全理赔信息便捷查询通道,确保消费者通过营业网点、电话、互联网等渠道查询包括理赔进度、节点时间、理算过程、理赔结果等关键信息。

第十四条 保险公司应依据不同险种类型的理算特点,将赔款金额、免赔额、赔付比例等理赔结果信息告知消费者。

第十五条 保险公司应加快推进理赔系统智能化建设，根据理赔风险级别，逐步提高保险小额理赔自动化处理比例，减少人工处理环节，提升理赔处理效率。

第十六条 保险公司应当建立健全营业网点、电话、互联网等多样化服务渠道，主动前伸服务触点，以满足不同类型消费者服务需求。

第十七条 保险公司应加大资源投入，加强服务创新，加快新技术应用，大力推进O2O服务模式，完善线上报案、受理、单证提交、审核反馈等功能，加强线上线下协同，实现快速服务响应，提升消费者服务体验。

第十八条 保险公司应建立保险小额理赔服务监测指标体系，主要指标为保险小额理赔五日结案率、保险小额理赔平均索赔支付周期、保险小额理赔获赔率等。保险公司应加强对上述服务指标的动态监测，促进保险小额理赔服务水平提升。

第十九条 中国保监会负责制定相关数据报送规则，适时披露保险小额理赔服务监测指标。保险公司应按规定报送保险小额理赔服务相关数据。

第二十条 保险公司委托外部机构实施的保险小额理赔服务标准参照本指引。

第二十一条 本指引由中国保监会负责解释和修订。

第二十二条 本指引自发布之日起施行。

附件1

个人医疗保险小额理赔索赔单证参照标准

索赔资料类型	索赔资料	备注
索赔申请类	理赔申请书	
身份证明类	被保险人身份证明资料	①委托办理的，需提供受委托人身份证明 ②若被保险人未成年，需提供监护人身份证明及关系证明
责任认定及金额确定证明类	①出院小结（门/急诊病历） ②医疗费用收据（发票）原件、费用清单	①门/急诊发生的医疗费用索赔，需提供门/急诊病历 ②住院津贴索赔可提供医疗费用收据（发票）和费用清单的复印件 ③有公安机关等第三方介入的意外事故，需提供意外事故证明 ④手术津贴索赔需提供手术记录
支付信息类	银行账户（银行卡）照片或复印件	

车险小额理赔索赔单证参照标准

索赔资料类型	索赔资料	备注
索赔申请类	机动车辆保险小额理赔申请书	代位求偿案件需提供《机动车辆索赔权转让书》
身份证明类	①驾驶证 ②行驶证 ③被保险人有效身份证明	①消费者只需出具原件 ②委托办理的，需提供受委托人身份证明

续表

索赔资料类型	索赔资料	备注
责任认定及金额确定证明类	①汽车维修发票 ②事故证明(交通事故认定书/简易事故处理书/交通事故自行协商处理协议书、调解书) ③已向受害者支付赔款的凭证	①车辆损失金额2000元以下可免提供汽车维修发票(代领赔款除外) ②非单方事故,经保险公司现场查勘,责任明确的可免提供事故证明(代位求偿案件除外)
支付信息类	银行账户(银行卡)照片或复印件	委托领取赔款需提供转账授权书及被委托人身份证明

附件2

保险小额理赔服务监测指标说明

一、保险小额理赔案件统计口径

为便于实际统计操作,正常结案案件以保险公司结案时的赔付金额作为"索赔金额"进行统计;拒赔案件以保险公司立案时的预估赔付金额作为"索赔金额"进行统计。

注:正常结案指在一个赔案中,保险公司财务系统发出最后一笔赔款(不含理赔费用)支付指令成功,且理赔系统标记为结案状态的案件。

正常结案数量指在统计期内,已决赔案中扣除拒赔、零结案、注销赔案后的赔案件数。

已决赔案指已发生已立案,并作正常结案、拒赔、零结案、注销处理的赔案。

二、保险小额理赔5日结案率

保险小额理赔5日结案率=统计期内保险小额理赔5日正常结案数量/统计期内保险小额理赔正常结案总数量×100%

注:"统计期内保险小额理赔5日结案数量"指统计期内保险小额理赔支付结案案件中,最后一笔支付时间与索赔资料接收齐全时间的差小于等于5个自然日的案件数量。

三、保险小额理赔获赔率

保险小额理赔获赔率=统计期内保险小额理赔正常结案数量/(统计期内保险小额理赔正常结案数量+统计期内保险小额理赔拒赔案件数量)×100%

四、保险小额理赔平均索赔支付周期

保险小额理赔平均索赔支付周期=Σ[统计期内保险小额理赔支付时点-统计期内保险小额理赔索赔资料接收齐全时点]/统计期内小额理赔正常结案数量

注:支付时点指正常结案的赔案中,保险公司财务系统发出最后一笔赔款(不含理赔费用)支付指令成功的系统时间。

最高人民法院关于审理道路交通事故损害赔偿案件适用法律若干问题的解释

- 2012年9月17日由最高人民法院审判委员会第1556次会议通过
- 根据2020年12月23日最高人民法院审判委员会第1823次会议通过的《最高人民法院关于修改〈最高人民法院关于在民事审判工作中适用《中华人民共和国工会法》若干问题的解释〉等二十七件民事类司法解释的决定》修正
- 2020年12月29日最高人民法院公告公布
- 自2021年1月1日起施行
- 法释〔2020〕17号

为正确审理道路交通事故损害赔偿案件,根据《中华人民共和国民法典》《中华人民共和国道路交通安全法》《中华人民共和国保险法》《中华人民共和国民事诉讼法》等法律的规定,结合审判实践,制定本解释。

一、关于主体责任的认定

第一条 机动车发生交通事故造成损害,机动车所有人或者管理人有下列情形之一,人民法院应当认定其对损害的发生有过错,并适用民法典第一千二百零九条的规定确定其相应的赔偿责任:

（一）知道或者应当知道机动车存在缺陷，且该缺陷是交通事故发生原因之一的；

（二）知道或者应当知道驾驶人无驾驶资格或者未取得相应驾驶资格的；

（三）知道或者应当知道驾驶人因饮酒、服用国家管制的精神药品或者麻醉药品，或者患有妨碍安全驾驶机动车的疾病等依法不能驾驶机动车的；

（四）其它应当认定机动车所有人或者管理人有过错的。

第二条 被多次转让但是未办理登记的机动车发生交通事故造成损害，属于该机动车一方责任，当事人请求由最后一次转让并交付的受让人承担赔偿责任的，人民法院应予支持。

第三条 套牌机动车发生交通事故造成损害，属于该机动车一方责任，当事人请求由套牌机动车的所有人或者管理人承担赔偿责任的，人民法院应予支持；被套牌机动车所有人或者管理人同意套牌的，应当与套牌机动车的所有人或者管理人承担连带责任。

第四条 拼装车、已达到报废标准的机动车或者依法禁止行驶的其他机动车被多次转让，并发生交通事故造成损害，当事人请求由所有的转让人和受让人承担连带责任的，人民法院应予支持。

第五条 接受机动车驾驶培训的人员，在培训活动中驾驶机动车发生交通事故造成损害，属于该机动车一方责任，当事人请求驾驶培训单位承担赔偿责任的，人民法院应予支持。

第六条 机动车试乘过程中发生交通事故造成试乘人损害，当事人请求提供试乘服务者承担赔偿责任的，人民法院应予支持。试乘人有过错的，应当减轻提供试乘服务者的赔偿责任。

第七条 因道路管理维护缺陷导致机动车发生交通事故造成损害，当事人请求道路管理者承担相应赔偿责任的，人民法院应予支持。但道路管理者能够证明已经依照法律、法规、规章的规定，或者按照国家标准、行业标准、地方标准的要求尽到安全防护、警示等管理维护义务的除外。

依法不得进入高速公路的车辆、行人，进入高速公路发生交通事故造成自身损害，当事人请求高速公路管理者承担赔偿责任的，适用民法典第一千二百四十三条的规定。

第八条 未按照法律、法规、规章或者国家标准、行业标准、地方标准的强制性规定设计、施工，致使道路存在缺陷并造成交通事故，当事人请求建设单位与施工单位承担相应赔偿责任的，人民法院应予支持。

第九条 机动车存在产品缺陷导致交通事故造成损害，当事人请求生产者或者销售者依照民法典第七编第四章的规定承担赔偿责任的，人民法院应予支持。

第十条 多辆机动车发生交通事故造成第三人损害，当事人请求多个侵权人承担赔偿责任的，人民法院应当区分不同情况，依照民法典第一千一百七十条、第一千一百七十一条、第一千一百七十二条的规定，确定侵权人承担连带责任或者按份责任。

二、关于赔偿范围的认定

第十一条 道路交通安全法第七十六条规定的"人身伤亡"，是指机动车发生交通事故侵害被侵权人的生命权、身体权、健康权等人身权益所造成的损害，包括民法典第一千一百七十九条和第一千一百八十三条规定的各项损害。

道路交通安全法第七十六条规定的"财产损失"，是指因机动车发生交通事故侵害被侵权人的财产权益所造成的损失。

第十二条 因道路交通事故造成下列财产损失，当事人请求侵权人赔偿的，人民法院应予支持：

（一）维修被损坏车辆所支出的费用、车辆所载物品的损失、车辆施救费用；

（二）因车辆灭失或者无法修复，为购买交通事故发生时与被损坏车辆价值相当的车辆重置费用；

（三）依法从事货物运输、旅客运输等经营性活动的车辆，因无法从事相应经营活动所产生的合理停运损失；

（四）非经营性车辆因无法继续使用，所产生的通常替代性交通工具的合理费用。

三、关于责任承担的认定

第十三条 同时投保机动车第三者责任强制保险（以下简称"交强险"）和第三者责任商业保险（以下简称"商业三者险"）的机动车发生交通事故

造成损害,当事人同时起诉侵权人和保险公司的,人民法院应当依照民法典第一千二百一十三条的规定,确定赔偿责任。

被侵权人或者其近亲属请求承保交强险的保险公司优先赔偿精神损害的,人民法院应予支持。

第十四条 投保人允许的驾驶人驾驶机动车致使投保人遭受损害,当事人请求承保交强险的保险公司在责任限额范围内予以赔偿的,人民法院应予支持,但投保人为本车上人员的除外。

第十五条 有下列情形之一导致第三人人身损害,当事人请求保险公司在交强险责任限额范围内予以赔偿,人民法院应予支持:

(一)驾驶人未取得驾驶资格或者未取得相应驾驶资格的;

(二)醉酒、服用国家管制的精神药品或者麻醉药品后驾驶机动车发生交通事故的;

(三)驾驶人故意制造交通事故的。

保险公司在赔偿范围内向侵权人主张追偿权的,人民法院应予支持。追偿权的诉讼时效期间自保险公司实际赔偿之日起计算。

第十六条 未依法投保交强险的机动车发生交通事故造成损害,当事人请求投保义务人在交强险责任限额范围内予以赔偿的,人民法院应予支持。

投保义务人和侵权人不是同一人,当事人请求投保义务人和侵权人在交强险责任限额范围内承担相应责任的,人民法院应予支持。

第十七条 具有从事交强险业务资格的保险公司违法拒绝承保、拖延承保或者违法解除交强险合同,投保义务人在向第三人承担赔偿责任后,请求该保险公司在交强险责任限额范围内承担相应赔偿责任的,人民法院应予支持。

第十八条 多辆机动车发生交通事故造成第三人损害,损失超出各机动车交强险责任限额之和的,由各保险公司在各自责任限额范围内承担赔偿责任;损失未超出各机动车交强险责任限额之和,当事人请求由各保险公司按照其责任限额与责任限额之和的比例承担赔偿责任的,人民法院应予支持。

依法分别投保交强险的牵引车和挂车连接使用时发生交通事故造成第三人损害,当事人请求由各保险公司在各自的责任限额范围内平均赔偿的,人民法院应予支持。

多辆机动车发生交通事故造成第三人损害,其中部分机动车未投保交强险,当事人请求先由已承保交强险的保险公司在责任限额范围内予以赔偿的,人民法院应予支持。保险公司就超出其应承担的部分向未投保交强险的投保义务人或者侵权人行使追偿权的,人民法院应予支持。

第十九条 同一交通事故的多个被侵权人同时起诉的,人民法院应当按照各被侵权人的损失比例确定交强险的赔偿数额。

第二十条 机动车所有权在交强险合同有效期内发生变动,保险公司在交通事故发生后,以该机动车未办理交强险合同变更手续为由主张免除赔偿责任的,人民法院不予支持。

机动车在交强险合同有效期内发生改装、使用性质改变等导致危险程度增加的情形,发生交通事故后,当事人请求保险公司在责任限额范围内予以赔偿的,人民法院应予支持。

前款情形下,保险公司另行起诉请求投保义务人按照重新核定后的保险费标准补足当期保险费的,人民法院应予支持。

第二十一条 当事人主张交强险人身伤亡保险金请求权转让或者设定担保的行为无效的,人民法院应予支持。

四、关于诉讼程序的规定

第二十二条 人民法院审理道路交通事故损害赔偿案件,应当将承保交强险的保险公司列为共同被告。但该保险公司已经在交强险责任限额范围内予以赔偿且当事人无异议的除外。

人民法院审理道路交通事故损害赔偿案件,当事人请求将承保商业三者险的保险公司列为共同被告的,人民法院应予准许。

第二十三条 被侵权人因道路交通事故死亡,无近亲属或者近亲属不明,未经法律授权的机关或者有关组织向人民法院起诉主张死亡赔偿金的,人民法院不予受理。

侵权人以已向未经法律授权的机关或者有关组织支付死亡赔偿金为理由,请求保险公司在交强险责任限额范围内予以赔偿的,人民法院不予支持。

被侵权人因道路交通事故死亡,无近亲属或近亲属不明,支付被侵权人医疗费、丧葬费等合理费用的单位或者个人,请求保险公司在交强险责任限额范围内予以赔偿的,人民法院应予支持。

第二十四条 公安机关交通管理部门制作的交通事故认定书,人民法院应依法审查并确认其相应的证明力,但有相反证据推翻的除外。

五、关于适用范围的规定

第二十五条 机动车在道路以外的地方通行时引发的损害赔偿案件,可以参照适用本解释的规定。

第二十六条 本解释施行后尚未终审的案件,适用本解释;本解释施行前已经终审,当事人申请再审或者按照审判监督程序决定再审的案件,不适用本解释。

四、人身保险

(一) 综 合

人身保险业务基本服务规定

- 2010年2月11日中国保险监督管理委员会令2010年第4号公布
- 自2010年5月1日起施行

第一条 为了规范人身保险服务活动，保护投保人、被保险人和受益人的合法权益，依据《中华人民共和国保险法》等法律、行政法规，制定本规定。

第二条 保险公司、保险代理人及其从业人员从事人身保险产品的销售、承保、回访、保全、理赔、信息披露等业务活动，应当符合本规定的要求。

本规定所称保全，是指人身保险合同生效后，为了维持合同持续有效，保险公司根据合同约定或者投保人、被保险人、受益人的要求而提供的一系列服务，包括但不限于保险合同效力中止与恢复、保险合同内容变更等。

第三条 保险公司的营业场所应当设置醒目的服务标识牌，对服务的内容、流程及监督电话等进行公示，并设置投诉意见箱或者客户意见簿。

保险公司的柜台服务人员应当佩戴或者在柜台前放置标明身份的标识卡，行为举止应当符合基本的职业规范。

第四条 保险公司应当公布服务电话号码，电话服务至少应当包括咨询、接报案、投诉等内容。

保险代理人及其从业人员应当将相关保险公司的服务电话号码告知投保人。

第五条 保险公司应当提供每日24小时电话服务，并且工作日的人工接听服务不得少于8小时。

保险公司应当对服务电话建立来电事项的记录及处理制度。

第六条 保险销售人员通过面对面的方式销售保险产品的，应当出示工作证或者展业证等证件。保险销售人员通过电话销售保险产品的，应当将姓名及工号告知投保人。

保险销售人员是指从事保险销售的下列人员：

（一）保险公司的工作人员；
（二）保险代理机构的从业人员；
（三）保险营销员。

第七条 保险公司应当按照中国保监会的规定建立投保提示制度。保险销售人员在销售过程中应当向投保人提示保险产品的特点和风险，以便客户选择适合自身风险偏好和经济承受能力的保险产品。

第八条 通过电话渠道销售保险产品的，保险销售人员应当告知投保人查询保险合同条款的有效途径。

第九条 保险销售人员向投保人提供投保单时应当附保险合同条款。

保险销售人员应当提醒投保人在投保单上填写准确的通讯地址、联系电话等信息。

第十条 投保人提交的投保单填写错误或者所附资料不完整的，保险公司应当自收到投保资料之日起5个工作日内一次性告知投保人需要补正或者补充的内容。

第十一条 保险公司认为需要进行体检、生存调查等程序的，应当自收到符合要求的投保资料之日起5个工作日内通知投保人。

保险公司认为不需要进行体检、生存调查等程序并同意承保的，应当自收到符合要求的投保资料之日起15个工作日内完成保险合同制作并送达投保人。

第十二条 保险公司应当自收到被保险人体

检报告或者生存调查报告之日起15个工作日内，告知投保人核保结果，同意承保的，还应当完成合同制作并送达投保人。

第十三条 保险公司通过银行扣划方式收取保险费的，应当就扣划的账户、金额、时间等内容与投保人达成协议。

第十四条 保险公司应当建立回访制度，指定专门部门负责回访工作，并配备必要的人员和设备。

第十五条 保险公司应当在犹豫期内对合同期限超过一年的人身保险新单业务进行回访，并及时记录回访情况。回访应当包括以下内容：

（一）确认受访人是否为投保人本人；

（二）确认投保人是否购买了该保险产品以及投保人和被保险人是否按照要求亲笔签名；

（三）确认投保人是否已经阅读并理解产品说明书和投保提示的内容；

（四）确认投保人是否知悉保险责任、责任免除和保险期间；

（五）确认投保人是否知悉退保可能受到的损失；

（六）确认投保人是否知悉犹豫期的起算时间、期间以及享有的权利；

（七）采用期缴方式的，确认投保人是否了解缴费期间和缴费频率。

人身保险新型产品的回访，中国保监会另有规定的，从其规定。

第十六条 保险公司与保险销售人员解除劳动合同或者委托合同，通过该保险销售人员签订的一年期以上的人身保险合同尚未履行完毕的，保险公司应当告知投保人保单状况以及获得后续服务的途径。

第十七条 投保人、被保险人或者受益人委托他人向保险公司领取金额超过人民币1000元的，保险公司应当将办理结果通知投保人、被保险人或者受益人。

第十八条 保险公司在回访中发现存在销售误导等问题的，应当自发现问题之日起15个工作日内由销售人员以外的人员予以解决。

第十九条 保险公司应当自收到资料齐全、符合合同约定条件的保全申请之日起2个工作日内完成受理。

保全申请资料不完整、填写不规范或者不符合合同约定条件的，应当自收到保全申请之日起5个工作日内一次性通知保全申请人，并协助其补正。

第二十条 保全不涉及保险费缴纳的，保险公司应当自同意保全之日起5个工作日内处理完毕；保全涉及保险费缴纳的，保险公司应当自投保人缴纳足额保险费之日起5个工作日内处理完毕。

保全涉及体检的，体检所需时间不计算在前款规定的期限内。

保险公司由于特殊情况无法在规定期限内完成的，应当及时向保全申请人说明原因并告知处理进度。

第二十一条 对于约定分期支付保险费的保险合同，保险公司应当向投保人确认是否需要缴费提示。投保人需要缴费提示的，保险公司应当在当期保费缴费日前向投保人发出缴费提示。

保险合同效力中止的，保险公司应当自中止之日起10个工作日内向投保人发出效力中止通知，并告知合同效力中止的后果以及合同效力恢复的方式。

第二十二条 保险公司在接到投保人、被保险人或者受益人的保险事故通知后，应当及时告知相关当事人索赔注意事项，指导相关当事人提供与确认保险事故的性质、原因、损失程度等有关的证明和资料。

第二十三条 保险公司在收到被保险人或者受益人的赔偿或者给付保险金的请求后，应当在5个工作日内作出核定；情形复杂的，应当在30日内作出核定，但合同另有约定的除外。

第二十四条 保险公司作出不属于保险责任的核定后，应当自作出核定之日起3日内向被保险人或者受益人发出拒绝赔偿或者拒绝给付保险金通知书，并说明理由。

第二十五条 对需要进行伤残鉴定的索赔或者给付请求，保险公司应当提醒投保人、被保险人或者受益人按照合同约定及时办理相关委托和鉴定手续。

第二十六条 保险公司应当在与被保险人或者受益人达成赔偿或者给付保险金的协议后10日内，履行赔偿或者给付保险金义务。保险合同对赔偿或者给付保险金的期限有约定的，保险公司应当按照约定履行赔偿或者给付保险金义务。

第二十七条　保险公司应当建立完善的应急预案，在发生特大交通事故、重大自然灾害等事故时，及时启动应急预案，通过建立快速理赔通道、预付赔款、上门服务等方式，提高理赔效率和质量。

第二十八条　保险公司应当建立保护投保人、被保险人和受益人个人隐私和商业秘密的制度。未经投保人、被保险人和受益人同意，保险公司不得泄露其个人隐私和商业秘密。

第二十九条　保险公司应当建立完善的投诉处理机制。

保险公司应当自受理投诉之日起10个工作日内向投诉人做出明确答复。由于特殊原因无法按时答复的，保险公司应当向投诉人反馈进展情况。

第三十条　保险公司应当根据本规定的要求制定服务标准与服务质量监督机制，每年定期进行服务质量检查评估。

第三十一条　保险公司、保险代理人及其从业人员违反本规定的，由中国保监会及其派出机构责令其限期改正，逾期不改正的，给予警告，对有违法所得的处违法所得1倍以上3倍以下的罚款，但最高不得超过3万元，对没有违法所得的处1万元以下的罚款。对直接责任人员和直接负责的主管人员可以给予警告，并处1万元以下的罚款。

第三十二条　团体人身保险业务不适用本规定。

第三十三条　本规定自2010年5月1日起施行。

人身保险客户信息真实性管理暂行办法

- 2013年11月4日
- 保监发〔2013〕82号

第一条　为加强人身保险公司客户信息真实性管理，提高客户服务质量，保护保险消费者合法权益，根据《保险法》、《反洗钱法》等法律法规，制定本办法。

第二条　本办法所称客户信息是指投保人、被保险人和指定受益人的姓名、性别、出生日期、身份证件或身份证明文件的类型、号码，以及投保人的联系电话和联系地址等客户个人信息。

第三条　本办法适用于人身保险公司承保的保险期间超过一年的个人人身保险业务。

第四条　人身保险公司、保险专业中介机构和银行邮政等保险兼业代理机构及其从业人员从事人身保险产品的销售、承保和保全等业务活动和提供客户服务时，应按照本办法的要求收集、记录、管理和使用客户信息。

前款所称保险专业中介机构包括保险专业代理机构和保险经纪机构。

第五条　保险专业中介机构、银行邮政等保险兼业代理机构，以及人身保险公司的保险销售人员应按照准确、完整、安全、保密的原则，收集、记录客户信息，并将客户信息真实、完整地提交给人身保险公司，保证人身保险业务经营和客户服务的需要。

人身保险公司应按照合法、合理、安全、保密的原则，管理、使用客户信息，妥善保管记载客户信息的人身保险业务文件，采取有效措施确保客户信息的安全性，防止客户信息泄露。

第六条　人身保险公司、保险专业中介机构和银行邮政等保险兼业代理机构及其从业人员在办理承保、保全等业务时，应按照下列要求，认真审核客户信息，保证客户信息的真实、完整：

（一）向客户解释说明采集客户信息的必要性和用途，以及不提供真实、完整客户信息可能带来的后果。

（二）采取有效措施核实客户身份，准确、完整地记录客户信息。

（三）对于下列客户信息存在缺失的，应要求客户补充更正，补充更正完成前不能核保或保全通过：投保人的姓名、性别、出生日期、证件类型、证件号码、联系电话和联系地址；被保险人的姓名、性别、出生日期、证件类型和证件号码；被保险人与投保人的关系。

（四）提示客户如果联系电话和联系地址等客户信息发生变更，应及时办理更正手续。

（五）鼓励和引导客户提供其本人的手机号码。

（六）中国保监会的其他有关要求。

第七条　人身保险公司应在投保单上告知客

户以下内容：

（一）客户必须提供的客户信息项目和有关要求。

（二）人身保险公司采集客户信息特别是联系电话和联系地址的用途，包括但不限于计算保费、核保、寄送保单和客户回访等。

（三）客户不提供真实、完整客户信息可能带来的后果。

（四）人身保险公司承诺未经客户同意，不会将客户信息用于人身保险公司和第三方机构的销售活动。

第八条　人身保险公司应加强客户信息真实性管理，建立健全客户信息真实性管理制度和相关内部操作规程，对客户信息的收集、记录、管理和使用等方面提出明确要求，指定专门部门牵头负责客户信息真实性管理工作。

人身保险公司应在遵守有关法律法规的前提下，明确要求保险专业中介机构、银行邮政等保险兼业代理机构，以及人身保险公司的保险销售人员按照人身保险业务经营和客户服务的需要提供真实、完整的客户信息，并对其所提供客户信息的真实性、完整性进行认真有效的审核。

第九条　人身保险公司应在遵守有关法律法规的前提下，根据承保、保全等业务和客户服务的需要，与保险专业中介机构、银行邮政等保险兼业代理机构协商确定双方以及第三方机构接触、使用客户信息的机构、部门、岗位和人员的权限，严格限定接触、使用客户信息的机构、部门、岗位和人员范围，维护双方的合法商业利益。

第十条　人身保险公司应按照本办法的有关要求，在与保险专业中介机构、银行邮政等保险兼业代理机构的合作协议中明确双方在客户信息的收集、记录、管理和使用等方面应履行的义务和应承担的责任。

人身保险公司审核发现保险专业中介机构、银行邮政等保险兼业代理机构提供的客户信息存在真实性、完整性问题的，应要求保险专业中介机构、银行邮政等保险兼业代理机构限期进行补充更正，在客户信息补充更正前不予支付手续费；如果手续费已经支付，应在下一次支付时予以扣除。对于保险专业中介机构、银行邮政等保险兼业代理机构所属分支机构或网点拒不补充更正或逾期未补充更正的，应终止与其的委托代理或合作关系，并向保险监管部门报告。

第十一条　保险专业中介机构、银行邮政等保险兼业代理机构应按照本办法的有关要求，建立健全相关内控制度，与人身保险公司协商修订完善合作协议，配合人身保险公司升级改造业务系统。

保险专业中介机构、银行邮政等保险兼业代理机构要严格遵守与人身保险公司的合作协议中的相关规定，根据人身保险业务经营和客户服务的需要，向人身保险公司提供真实、完整的客户信息；严禁伪造、篡改或拒不提供客户信息。

第十二条　人身保险公司、保险专业中介机构、银行邮政等保险兼业代理机构应加强对从业人员特别是保险销售从业人员的管理，在劳动合同和代理合同中明确从业人员在客户信息的收集、记录、管理和使用等方面应履行的义务和应承担的责任；应对从业人员提出明确的管理要求，严禁诱导客户提供不真实的客户信息，严禁伪造、篡改客户信息，严禁违反限定范围接触、使用客户信息，严禁泄露和倒卖客户信息。

第十三条　人身保险公司、保险专业中介机构、银行邮政等保险兼业代理机构应当以公司规章制度或者代理合同条款的形式，将客户信息真实性纳入对保险销售从业人员和公司其他从业人员的考核体系中，综合运用佣金和薪酬发放、降级、解除合同等多种手段建立惩戒机制。对于诱导客户提供不真实的客户信息，伪造、篡改客户信息，违反限定范围接触、使用客户信息，以及泄露和倒卖客户信息的保险销售从业人员和公司其他从业人员，应与其解除劳动合同或代理合同，同时其他人身保险公司、保险专业中介机构、银行邮政等保险兼业代理机构一般不得聘用或委托上述从业人员从事保险销售等保险业务活动；涉嫌构成犯罪的，应当依法移送司法机关，并追究相关管理人员的责任。

第十四条　人身保险公司应建立销售行为实名制，在保险单和核心业务系统中真实、完整的记录保险销售从业人员的姓名、工号，通过网络销售的除外。通过保险专业中介机构、银行邮政等保险兼业代理机构销售的，还应记录其分支机构或网点的名称。保险专业中介机构、银行邮政等保险兼业代理机构应向人身保险公司提供其保险销售从业人员的姓名、工号。

第十五条 人身保险公司应采取以下措施对客户信息的真实性进行审核：

（一）人身保险公司的核心业务系统、银（邮）保通系统及其他与核心业务系统对接的保险专业中介机构的业务系统应具备客户信息字段完整性和逻辑准确性的控制功能。

（二）定期抽取一定比例的保单，人工核对投保单与业务系统记录的客户信息是否一致。

（三）在犹豫期内对保险期间超过一年的人身保险新单业务进行回访，并在回访时对投保人进行身份验证，确认受访人是否为投保人本人；如果受访人非投保人本人，应在投保人联系电话更正后再次回访。

（四）定期抽取一定比例的保单，采取有效措施核实客户信息是否真实或发生变更，审核保单上记录的保险销售从业人员的姓名、工号是否真实、完整；保险专业中介机构、银行邮政等保险兼业代理机构及其从业人员，以及人身保险公司的保险销售从业人员不得单独直接负责客户信息核实的有关工作。

第十六条 人身保险公司每年应对分支机构的客户信息真实性管理工作进行检查，督促分支机构严格落实监管要求，并依据公司规章制度对相关机构和责任人进行责任追究。

第十七条 人身保险公司违反本办法，有下列内控不健全情形之一的，不予许可其设立分支机构的申请：

（一）未建立健全客户信息真实性管理制度。

（二）核心业务系统、银（邮）保通系统等有关业务系统不具备客户信息字段完整性和逻辑准确性的控制功能。

（三）未将客户信息真实性纳入对保险销售从业人员和公司其他从业人员的考核体系，并建立相应的惩戒机制。

第十八条 人身保险公司、保险专业中介机构和银行邮政等保险兼业代理机构编制或者提供虚假文件、资料，情节严重的，由中国保监会及其派出机构依照《保险法》第一百七十二条限制其业务范围、责令停止接受新业务或吊销业务许可证，同时依照《保险法》第一百七十三条对直接负责的主管人员和其他直接责任人员进行处罚。

第十九条 人身保险公司、保险专业中介机构和银行邮政等保险兼业代理机构及其从业人员违反本办法，中国保监会及其派出机构可以依照有关规定予以处罚，涉嫌构成犯罪的，应当依法移送司法机关。

第二十条 本办法自下发之日起施行。

人身保险公司风险排查管理规定

- 2013年6月19日
- 保监发〔2013〕48号

第一条 为建立风险排查长效工作机制，防范人身保险业经营风险，促进行业持续健康发展，根据《中华人民共和国保险法》等有关法律法规，制定本规定。

第二条 本规定所称人身保险公司，是指经中国保监会批准设立的人寿保险公司、健康保险公司、养老保险公司及其分支机构。

第三条 本规定所称风险排查，是指对人身保险公司经营过程中可能导致公司发生司法案件、群体性事件以及其他损害保险消费者合法权益等系统性风险的业务环节、操作流程、内控管理等进行排查的活动。

第四条 人身保险公司风险排查应当遵循以下基本原则：

（一）系统性原则。制定全面系统的风险排查制度，有组织、有计划地开展风险排查工作。

（二）全面性原则。风险排查应覆盖公司各项业务环节、各个业务领域、各层级分支机构，并对每一类风险及可能引发风险的可疑业务、可疑人员、重点内控风险点进行严格细致排查，确保排查工作全面有效。

（三）及时处置原则。对于排查发现的各类重大风险，应当立即采取预防和处置措施，防止风险扩散蔓延。

（四）持续优化原则。风险排查内容和排查方法应结合公司经营情况和外部经营管理环境的变化不断调整优化，确保及时发现各类潜在风险隐患，促进公司稳健经营。

第五条 人身保险公司的风险排查工作由总公司牵头组织实施。人身保险公司应当按照本规定，在总、分两级成立风险排查工作小组，明确风险排查的组织机构、参与部门、责任人员及各层级机构的相关责任。各公司应制定符合本公司实际、切实有效的风险排查制度，明确排查内容、排查标准，排查方法以及具体工作流程。风险排查过程中要留存工作底稿和有关数据资料，确保排查工作过程可重现、可复查。

第六条　人身保险公司的风险排查应包括但不限于以下内容：

（一）保险资金案件风险。梳理各类案件线索并对较明确的案件线索组织排查，特别是要排查保险机构内部工作人员或保险销售从业人员挪用、侵占客户资金及诈骗保险金的案件线索。

1. 挪用客户保费；

2. 利用伪造、变造保险单证或私刻印章等手段进行保险诈骗；

3. 利用虚假或重要空白单证进行保险资金"体外循环"；

4. 私自将客户保单退保获取退保金；

5. 伪造客户签名、印鉴将客户保单质押贷款套取资金；

6. 侵占、挪用或非法占有客户理赔、退保、给付资金，冒领生存金；

7. 挪用、非法占有公司营运资金；

8. 以保险公司名义或办理保险业务名义进行非法集资、民间借贷等活动；

9. 投保人利用保险进行洗钱，或保险机构员工、保险销售从业人员协助他人利用保险进行洗钱。

（二）财务管理风险。重点排查人身保险公司因财务管理问题可能导致发生司法案件、引致群体性事件或其他损害保险消费者权益的风险隐患。

1. 未严格执行收付费管理制度，现金收费、大额转账未采取有效手段对客户身份及交费账户进行识别；

2. 保险销售从业人员或公司员工代客户开立、保管收付费存折或银行卡；

3. 基层机构和业务人员私设"小金库"；

4. 直销业务虚挂中介业务套取佣金及手续费；

5. 管理人员侵占佣金及手续费；

6. 编造假赔案、假业务套取公司资金、费用；

7. 虚列业务及管理费套取费用；

8. 虚列销售人员人数或绩效、奖金等套取费用。

（三）业务管理风险。重点排查人身保险公司销售活动中因销售行为不规范可能导致发生司法案件、引致群体性事件或其他损害保险消费者权益的风险隐患，特别要排查因销售误导、满期收益显著低于客户预期等原因，可能引发公司及代理机构营业场所内突发出现投保人集中退保或要求给予满期给付金之外的额外补偿的群体性突发事件的风险。

1. 私自将客户保单转保为其他险种；

2. 保险销售从业人员及保险代理机构不具备销售资格；

3. 销售过程中存在夸大保险责任或保险产品收益，对保险产品的不确定利益承诺保证收益，将保险产品当做储蓄存款、理财产品销售，隐瞒除外责任、犹豫期客户权利、退保损失以及万能保险、投资连结保险费用扣除情况等保险条款重要事项等销售误导行为；

4. 培训课件以及对外宣传资料存在不实、夸大等误导性表述，对销售从业人员的岗前培训不符合监管要求；

5. 保险销售从业人员或代理机构擅自设计、修改、印制宣传资料，擅自使用含有误导内容的宣传资料及产品信息；

6. 未对合同期限超过一年的个人新单业务进行100%回访；

7. 回访品质控制不到位，回访过程未对投保人进行身份识别，或因回访语速过快、对多个问题合并提问及回避客户提问等导致回访失真；

8. 客户投诉及回访问题件未及时妥善处理完毕。

（四）内控管理缺陷。重点排查人身保险公司在内控管理方面存在的制度缺陷及风险隐患。

1. 不相容岗位未实施人员分离；

2. 业务财务系统未实现全封闭运行，未对补录、修改等特殊性操作建立有效的内部管控制度；

3. 重要单证未进入单证系统管理，或者未实现系统实时管理，对重要单证未定期盘点、定期核销；

4. 保单未全部实现系统联网出单，或者单证系统未与业务系统、财务系统实现对接；

5. 保险机构及工作人员私刻、伪造公司印章，省级以下分支机构行政用章、合同专用章未上收一级管理，印章使用未实行严格审批登记制度；

6. 客户信息管理使用制度不健全或执行不到位，存在客户信息泄露风险。

第七条 各人身保险公司应定期对单证印鉴、可疑人员、可疑业务线索以及相关内控制度开展排查。各公司应当根据具体业务及公司内部管控情况，明确风险排查的具体标准及抽查比例，细化排查业务流程及各项指标。排查方法可以采取但不限于以下方面：

（一）对单证印鉴进行排查。各人身保险公司应定期对重要单证进行清理核销。存在以下情况的，应对单证、印鉴及相关接触人员的经办业务进行排查：

1. 存在长期未核销单证或单证去向不明的情况，应对未核销及去向不明单证进行排查；对单证遗失较多的团队、个人和代理机构进行重点排查；

2. 存在遗失印鉴情况的，应对相关部门、机构及有关人员经办业务资金去向进行调查；

3. 分支机构未经批准擅自刻制印章或者伪造、变造印章的，应对印章管理和使用情况进行排查；

4. 有线索表明保险公司工作人员、销售从业人员私刻印章，变造、伪造保险公司单证的，对其经办业务进行排查。

（二）对可疑人员线索进行排查。存在以下情况的，应对有关人员领用的单证进行排查，对其接触的业务进行复查，对有关客户进行回访或采取其他有效方式进行排查：

1. 销售从业人员展业活动较为频繁，但业绩靠少量保单长期维持相对均衡水平，或业绩较高但保单继续率指标较差；

2. 保险机构工作人员、销售从业人员及续期收费人员涉及地下赌博、传销组织、非法集资、民间借贷、洗钱等活动；

3. 销售从业人员与客户存在经济债务纠纷；

4. 基层保险机构的工作人员仅有1-2人且长期无调整；

5. 保险机构销售从业人员被客户或其他销售人员、公司内勤投诉次数较多；

6. 保险机构工作人员、销售从业人员及续期收费人员经常代替客户办理变更交费账户等客户重要信息，代办金额较大的退保、理赔、给付业务，或者使用银行卡为客户刷卡交费的。

（三）对可疑业务线索进行排查。存在以下情况的，应通过客户回访或其他有效方式对有关人员经办业务进行排查：

1. 不同投保人保费来源于同一交费账户；

2. 多批次不同投保人的保单退保、理赔等资金支付对象为同一账户；

3. 退保、理赔、给付、分红等资金支付给投保人、被保险人、受益人之外的人；

4. 存在大面积犹豫期内撤单情况；

5. 同一客户投保单、投保提示书、保险合同送达回执等业务档案上签名笔迹明显不同；

6. 投诉、咨询及失效保单回访中发现客户称已交费且能够提供交费记录，但业务系统无记录；

7. 对大额退保、赔款、给付业务抽取一定比例客户进行回访；

8. 对未实现收付费全额转账的保单抽取一定比例客户进行回访；

9. 对投保人年龄较大且交费期限较长的保单抽取一定比例客户进行回访；

10. 客户信息不真实的，对该销售从业人员或代理机构经办的业务进行抽查回访。

11. 发生大额保单质押贷款的，抽取一定比例客户进行回访。

（四）对满期给付及退保风险进行排查。排查要求、排查方法及排查结果报送另行规定。

（五）对重点内控风险点进行排查。对内控管理流程进行梳理，对可能引发公司发生重大风险的业务环节及操作流程进行排查整改：

1. 保险公司内部工作人员兼任多个不相容岗位；

2. 保险公司外勤人员兼任收付费、单证管理、外勤人力资源管理等岗位；

3. 系统操作权限的设置和岗位牵制存在问题，如：一人持有多个不相容岗位的系统用户名，不同岗位系统密码未妥善保存，对具有较高系统操作权限的人员缺少监督，存在越权或未经授权使用他人权限处理业务情形；

4. 销售人员或者工作人员私自留存客户身份证、保险合同复印件等资料；

5. 可在业务系统外打印收付费环节凭证并可在系统中事后补录；

6. 业务财务系统约定的保费收入来源及理赔给付去向账户名称可以为非客户本人；

7. 对内或对外使用的产品宣传资料、各类培训资料存在违规、失实或易造成重大误解内容；

8. 未建立产品宣传资料、各类培训资料的审核及管理机制，或已建立但与监管规定不相符或未严格执行；

9. 未建立产品说明会的审批、管理及巡查/暗访制度，或已建立但与监管规定不相符或未严格执行；

10. 公司业务系统不具备客户信息真实性自动提示、校验功能；

11. 未建立一年期以上个人新单业务100%回访的有效机制，或虽已建立但并未严格实施。

第八条 人身保险公司开展风险排查工作后，应针对具体的风险项目提出相应整改措施、整改时限，并落实到具体的职能部门和责任人。其中，对于排查发现的重大风险隐患应在排查发现之时立即采取措施进行整改，防止风险的扩散和蔓延；对于因内控缺陷导致的风险问题，应当通过强化制度建设、加强风险管理指标考核、优化管控流程、完善信息系统等措施加以解决。

第九条 各人身保险公司应指定专门的部门负责跟踪检查整改落实情况，评估整改效果。对实际效果不佳的整改措施应及时调整修正，确保风险消除或可控。

第十条 对于排查发现重大案件及存在重大风险隐患的，各人身保险公司应按照《保险机构案件责任追究指导意见》《人身保险公司销售误导责任追究指导意见》以及公司内部责任追究制度，对有关机构和人员进行责任追究。

第十一条 各人身保险公司风险排查应当采取常规排查与应急排查方式结合进行。每年7月1日至次年6月30日为一个常规排查周期，各人身保险公司应于7月31日以前向中国保监会报送上一排查周期的常规风险排查报告。对满期给付及退保风险排查另有规定的，从其规定。发生重大案件或发现重大风险线索时应及时向监管部门报告并开展应急风险排查工作，并于排查结束后5个工作日内向监管部门报送应急风险排查报告。各人身保险总公司向保监会报告，各人身保险公司分公司向当地保监局报告。

年度常规风险排查报告至少应当包括以下内容：公司全面风险排查的组织实施、排查范围、排查内容、排查出的主要风险点、采取的处置措施、整改后续情况、责任追究等，并附排查工作表（见附表）。

第十二条 各人身保险公司未按照本规定进行排查、未及时上报排查报告、后续整改不力、责任追究不到位，以及排查工作存在重大疏漏或过失，风险排查之后仍然发生重大案件的，中国保监会将依法进行行政处罚或采取必要的监管措施。

第十三条 本规定自颁发之日起实施。

全面推广小额人身保险方案

· 2012年6月12日
· 保监发〔2012〕53号

一、小额人身保险推广的原则和服务对象

（一）小额人身保险是一类面向低收入人群提供的人身保险产品的总称，具有保费低廉、保障适度、保单通俗、核保理赔简单等特点。小额人身保险推广过程中应坚持控制风险、鼓励创新、适度竞争、审慎监管、适当保护、持续发展、普惠服务的原则，使低收入群体买得起、买得到和愿意买小额人身保险，不断扩大保险覆盖面，让保险保障惠及最广大人民群众。

（二）小额人身保险应服务于全国范围内的以下低收入群体：

1. 县以下乡（镇）和行政村的农村户籍居民；
2. 城镇享受最低生活保障的低收入群体、优抚对象，以及无城镇户籍的进城务工人员。

二、小额人身保险的产品要求

（一）小额人身保险产品类型限于普通型定期寿险、意外伤害保险、以及疾病保险和医疗保险。

（二）小额人身保险产品的保险金额应不低于10000元，不高于100000元。其中，定期寿险，以及除与新型农村合作医疗结合的补充医疗保险以外的健康保险的保险金额不得高于50000元。小额人身保险产品的保险期间不得低于1年，不得高于5年。其中，团体保险的保险期间应为1年。

（三）小额人身保险产品的设计应结合低收入群体的实际情况，确保价格低廉、条款简单明了，除外责任尽量少，核保理赔手续简便。

（四）小额人身保险产品的所有相关单证和宣传资料中应突出显示"小额人身保险"或"小额"图（字）样。

三、小额人身保险的推广和服务

（一）保险公司应高度重视小额人身保险产品和经营模式创新在实现小额人身保险服务低收入群体目标中的统一性，在推广小额人身保险过程中应结合当地经济文化特点和民俗风情，积极探索创新销售和服务模式，使更多低收入群体买得起、买得到适合自身需求的保险保障。

（二）保险公司应使用简单明了的语言，向小额人身保险个人投保人签发保单。保单应载明服务热线和保单签发人名称及地址。

对于居住地集中，或同属某个组织的客户，可采用团体保险方式承保，但保险公司应向每个被保险人签发团体保险的保险凭证。

团体保险的保险凭证上应包含投保人、被保险人、受益人、保险名称、保险金额、保险期间、保险责任及责任免除、承保人地址和客户服务热线等必要信息。

（三）小额人身保险开办过程中不得强制或变相强制投保，协助办理小额人身保险的机构不得将投保小额人身保险作为客户获取本机构相关服务的前提条件。

（四）保险公司应不断改进业务流程，在风险可控的前提下建立小额人身保险绿色理赔通道，简化索赔程序，提高赔付速度。

（五）在有条件的地区，鼓励各种公益组织、个人，或者低收入群体所属团体机构，为低收入群体购买小额人身保险提供部分保费资助，调动低收入群体的投保积极性，让低收入群体通过实际的保险体验培育和增强保险意识，扩大小额人身保险覆盖面。

（六）保险公司应高度重视宣传工作，充分利用电视、报刊、公司官网等宣传媒体，通过图文并茂、深入浅出的方式，宣传小额人身保险"互助共济、团结友爱"的精神，突出小额人身保险的风险保障功能。不得宣传产品的收益率，不得与银行、证券等金融产品比较收益。在推广过程中要及时发掘、总结和宣传推广过程中取得的成功经验，涌现的感人事迹、优秀集体和个人，促进经验交流，弘扬服务新农村建设的奉献精神和创新精神。

四、小额人身保险的支持政策

（一）保险公司在开发小额人身保险产品时，可根据市场状况自行设定产品预定利率，但准备金评估利率不得高于3.5%。

（二）对于符合小额人身保险产品设计要求并经审核备案的产品，在农村销售的免予征收监管费，在城镇销售的监管部门将协调免予征收监管费。

（三）开展小额人身保险成绩突出的保险公司设立保险分支机构的申请优先审批。

（四）开展小额人身保险成绩突出的保险公司在保监会开展的各类创新和试点中同等条件下优先给予支持。

（五）支持保险公司与银行、电信运营商合作，借助银行自动柜员机和移动通讯设备，开展新型便捷的小额人身保险投保和保全服务；鼓励和支持保险公司借助移动终端开展小额人身保险销售，提供随时随地移动出单、打印交费凭证等服务，严格控制出单和收费过程中的道德风险。

五、小额人身保险的监管要求

（一）申请开展小额人身保险的保险公司应具备下述条件：一是具有强烈的社会责任意识，公司总部对发展小额人身保险高度重视，并有明确的战略部署和组织财务保障；二是业务模式合理、服务能力充足、风险控制有效，能为低收入群体提供便捷的小额人身保险服务。

符合上述条件的保险公司，应事先向中国保监会提出开办小额人身保险的方案。方案内容主要包括：(1)公司推广小额人身保险的组织领导体系；(2)拟开展的区域；(3)拟推广的保险产品；(4)拟采取的业务模式，宣传、承保、客服和理赔服务举措，以及切实可行的风险控制措施等；(5)小额人身保险的三年业务发展规划。

保险公司在提交小额人身保险开办方案后自动取得小额人身保险开办资格，但保监会有权就开办方案要求保险公司进行解释和修改。

（二）保险公司应就具体开办地区与当地保监局进行沟通，由各保监局根据辖区保险业发展和开办公司实际情况，与开办公司共同商定具体开办地点。

（三）保险公司开发的小额人身保险应在获得保监会产品备案回执或者批复后方可销售。不符合小额人身保险产品设计要求，未经保监会备案或批复的其他保险产品均不得使用"小额人身保险"或"小额"图(字)样。

（四）各保监局应加强小额人身保险推广工作的指导和监管。保险公司开办小额人身保险过程中损害消费者利益的，保监局应及时对相关机构负责人进行监管谈话，并责令改正。情节恶劣或拒不改正的，由监管机构依据《中华人民共和国保险法》第一百六十二条和第一百七十二条规定进行处罚。

（五）经营小额人身保险的保险公司应在每个季度结束后15日内向保监会提交小额人身保险统计表（附表1）；每年三月底前向保监会提交上年度小额人身保险发展报告，反映上年度小额人身保险发展情况，经营的特色，存在的问题及下年度业务发展规划等，发展报告应附精算师签字确认的小额人身保险经营情况表（附表2）。

（六）各保监局要及时主动向当地党委、政府汇报相关政策，协调财政、税务、工商等部门给予适当政策支持。协调开办县（市）、乡（镇）和行政村采取召开动员大会、编发简报或开辟专栏、制作黑板报等多种方式面向社会广泛宣传，形成有利于小额人身保险推广的舆论氛围。

附表：1. 小额人身保险统计表（略）
2. 一年期小额人身保险产品经营情况表（略）

人身保险电话销售业务管理办法

· 2013年4月25日
· 保监发〔2013〕40号

第一章 总 则

第一条 为规范人身保险电话销售业务，保护消费者合法权益，维护良好的市场秩序，鼓励新兴渠道专业化发展，依据《中华人民共和国保险法》、《保险公司管理规定》、《人身保险业务基本服务规定》等法律、法规，制定本办法。

第二条 人身保险公司（以下简称"保险公司"）直接或委托具有保险代理资格的机构（以下简称"保险代理机构"）在中华人民共和国境内开展电话销售业务，适用本办法。

第三条 本办法所指的电话销售业务，是指保险公司主动呼出或接受客户呼入，通过电话销售中心或委托保险代理机构销售保险产品的业务。

第二章 市场准入

第四条 保险公司应设立电话销售中心或委托保险代理机构开展电话销售业务，其他单位和个人不得经营或变相经营电话销售业务。

保险销售从业人员个人不得随机拨打电话约访陌生客户，或者假借公司电话销售中心名义约访客户。

第五条 保险公司开展电话销售业务，应符合以下条件：

（一）上一年度及提交申请前连续两个季度偿付能力均达到充足；

（二）最近2年内无受金融监管机构重大行政处罚的记录，不存在因涉嫌重大违法违规行为正在受到中国保监会立案调查的情形；

（三）对拟设立电话销售中心的可行性已进行充分论证，包括业务发展规划、电话销售系统建设规划等，并具备电话销售业务管理制度；

（四）有符合任职资格条件的筹建负责人；

（五）中国保监会规定的其他条件。

第六条 保险公司总公司和省级分公司可以向拟设地保监会派出机构（以下简称"保监局"）申请设立电话销售中心。电话销售中心是保险公司直接经营电话销售业务的专属机构。

总公司申请设立的电话销售中心，可以在总公司经营区域内开展电话销售业务；省级分公司申请设立的电话销售中心，可以在省级分公司经营区域内开展电话销售业务。

第七条 设立电话销售中心，应当提交下列材料：

（一）设立申请书，应包括机构名称、拟设立地、销售区域等；

（二）偿付能力符合条件的说明；

（三）电话销售中心设立的可行性论证报告，包括拟设机构3年业务发展规划、电话销售系统建设规划、电话销售业务管控体系及主要制度等；

（四）受到行政处罚或者立案调查情况的说明；

（五）拟设机构筹建负责人的简历及相关证明材料；

（六）中国保监会规定提交的其他材料。

第八条 保险公司申请设立的电话销售中心，名称至少应当包含"申请人名称"和"电话销售中心"两个要素。

第九条 保险公司电话销售中心负责人属于保险公司高级管理人员，应当在任职前取得中国保监会核准的任职资格。

保险公司电话销售中心负责人应当具有下列条件：

（一）大学本科以上学历或者学士以上学位；

（二）从事金融工作3年以上或者从事经济工作5年以上；

（三）具有1年以上电话销售业务管理经验或2年以上金融业务管理经验；

（四）《保险公司董事、监事和高级管理人员任职资格管理规定》规定的其他条件。

第十条 电话销售中心所在地保监局应当自收到完整申请材料之日起30日内对设立申请进行审查。对符合本规定第五条的，向申请人发出筹建通知；对不符合本规定第五条的，作出不予批准决定，并书面说明理由。

申请人应当自收到筹建通知之日起6个月内完成电话销售中心的筹建工作，筹建期间不计算在行政许可的期限内。筹建期间届满未完成筹建工作的，应当根据本办法重新提出设立申请。筹建机构在筹建期间不得从事任何保险经营活动。

第十一条 保险公司电话销售中心开业应当符合以下标准：

（一）营业场所权属清晰，安全、消防等设施符合要求，使用面积、使用期限、功能布局等满足经营需要。营业场所连续使用时间原则上不短于两年；

（二）具备专业、完备的电话销售系统，通过该系统实现电话呼出、电话呼入、录音质检、实时监听、客户信息管理、销售活动管理、号码禁拨管理等功能；

（三）拟任高级管理人员或者主要负责人符合任职条件；

（四）筹建期间未开办保险业务；

（五）中国保监会规定的其他条件。

第十二条 保险公司电话销售中心筹建工作完成后，申请人应向拟设地保监局提交开业验收报告，并提交以下材料：

（一）筹建工作完成情况报告，其中说明筹建电话销售中心是否符合本办法第十一条所规定的开业标准；

（二）拟任电话销售中心负责人的简历及有关证明；

（三）电话销售系统建设报告，包括计算机配置、应用系统、网络建设情况等；

（四）拟设机构营业场所所有权或者使用权证明；

（五）消防证明或者已采取必要措施确保消防安全的书面承诺；

（六）中国保监会规定提交的其他材料。

第十三条 电话销售中心所在地保监局应当自收到完整的开业验收报告之日起30日内，进行开业验收，并作出批准或者不予批准的决定。验收合格批准设立的，颁发专属机构经营保险业务许可证；验收不合格不予批准设立的，应当书面通知申请人并说明理由。

第十四条 经批准设立的电话销售中心，应向受话地保监局报告，并持批准文件以及经营保险业务许可证，向工商行政管理部门办理登记注册手续，领取营业执照后方可营业。

第十五条 保险公司委托保险代理机构开展电话销售业务，应对保险代理机构资质进行审核。拟合作的保险代理机构应符合下列条件：

（一）配备专业、完备的电话销售系统，通过该系统实现自动拨号、电话呼出、录音质检、实时监听、客户信息管理、销售活动管理、号码禁拨管理等功能；

（二）建立必要的组织机构和完善的电销业务管理制度；

（三）具有合法的运营场所，安全、消防设施符合要求；

（四）中国保监会规定的其他条件。

第十六条 保险公司委托保险代理机构开展电话销售业务，应提前向保险代理机构呼出地保监局备案，并告知受话地保监局。保险代理机构呼出地保监局视情况对备案项目进行检查，对不符合有关条件的及时提出整改意见。

第十七条 保险公司就开展电话销售代理业务申请备案，应当提交下列材料：

（一）保险公司委托保险代理机构开展电话销售业务的项目书，包括拟委托的保险代理机构名称、合作方式、管理模式、销售区域、3年业务发展规划和市场分析等；

（二）偿付能力符合条件的说明；

（三）受到行政处罚或者立案调查情况的说明；

（四）委托代理合同复印件；

（五）保险代理机构资质证明，包括经营保

代理业务许可证、营业场所合法性报告、电话销售系统建设报告、电话销售业务运营管理制度等；

（六）中国保监会规定提交的其他材料。

第十八条　保险公司开展电话销售业务，销售区域应当符合保险公司的经营区域。保险公司委托保险代理机构开展电话销售业务，销售区域应同时符合保险公司和保险代理机构的经营区域。

第十九条　保险公司开展电话销售的产品范围限于普通型人身保险产品，但连续经营电话销售业务两年以上，期间未受到金融监管机构重大行政处罚的，可以通过电话销售分红型人身保险产品。产品选择应充分考虑电话销售的特殊性，简明易懂，便于投保。

第二十条　保险公司设立电话销售中心开展电话销售业务，应设置全国统一的专用号码。保险公司委托保险代理机构开展电话销售业务的，应对保险代理机构进行号码审查，确保其使用统一的专用号码。

保险公司和保险代理机构开展电话销售业务，应保持电话销售号码的稳定性，专用号码使用年限不得少于1年。

第二十一条　保险公司开展电话销售业务，应在保险公司及保险代理机构官方网站显著位置开辟信息披露专栏。披露内容应至少包括：

（一）保险公司及保险代理机构用于开展电话销售业务的统一专用号码；

（二）通过电话销售的产品信息，包括产品名称(宣传名称)、条款、产品说明书(如有)等；

（三）委托开展电话销售业务的保险代理机构名称、合作期限、销售区域等；

（四）消费者投诉维权途径。

第二十二条　保险公司电话销售中心负责人和营业场所变更，应报电话销售中心所在地保监局批准；电话销售中心名称和电话销售号码变更，应向机构所在地保监局备案。

保险公司委托保险代理机构开展电话销售业务，保险代理机构营业场所、电话号码发生变更，应向合作项目所在地保监局备案。

第二十三条　保险公司撤销电话销售中心，应参照保险公司撤销分支机构办理。

保险公司终止委托保险代理机构电话销售的，应在终止合作前15个工作日向电话销售中心所在地保监局备案，并提交妥善的后续业务处理方案。

第三章　销售行为

第二十四条　保险公司开展电话销售业务，应建立严格的客户信息管理制度，遵守个人信息保护相关法律法规，通过合法途径获取客户信息，有序开发、规范使用现有客户资源，确保客户资料和信息采集、处理、使用的安全性和合法性。

第二十五条　保险公司及保险代理机构应建立健全电话销售禁拨管理制度。

（一）应通过电话销售系统对销售时间进行管理，根据不同地区、不同人群的生活习惯设置禁止拨打时间。除客户主动要求外，每日21时至次日9时不得呼出销售。

（二）应通过电话销售系统建立禁止拨打名单。对于明确拒绝再次接受电话销售的客户，应录入禁止拨打名单，并设定不少于6个月的禁止拨打时限。

（三）应建立因禁拨管理不当对客户造成骚扰的责任追究机制。

第二十六条　保险公司应加强对电话销售人员的培训：

（一）应对电话销售人员统一进行岗前和岗中的培训教育，培训内容应至少包括业务知识、法律知识及职业道德等；

（二）应按照有关规定，对销售分红型人身保险产品的电话销售人员进行专门培训；

（三）应由保险公司总公司统一设计制作电话销售人员培训材料，保险代理机构、电话销售中心不得擅自修改培训材料内容；

（四）应建立健全电话销售人员销售资质认证体系、销售品质考核制度和培训档案管理制度。

第二十七条　保险公司应加强对电话销售人员的销售行为管理，不得允许电话销售人员规避电话销售系统向客户销售保险产品。

第二十八条　保险公司应针对不同电话销售模式和保险产品制定规范的销售用语。电话销售人员销售保险产品须正确使用电话销售用语，禁止不当阐述。

电话销售用语由保险公司总公司统一制定并存档备查，保险代理机构、电话销售中心未经总公司同意不得更改。

第二十九条 保险公司制定电话销售用语,应至少包括以下内容:

(一)电话销售人员工号、所属保险公司或代理机构名称;

(二)产品名称、承保公司名称、产品信息披露方式、保险责任、责任免除、保险金额、保险期间、缴费期间、退保损失、新型产品保单利益不确定性等;

(三)缴费方式、保单生效时间、投保意愿确认方式、保单形式、保单送达方式等;

(四)犹豫期、客户服务电话、保单查询方式等。

保险公司委托代理机构开展电话销售业务,电话销售用语除包括以上内容外,还应明确告知保险代理性质。

第三十条 保险公司可以通过签署投保单和电话录音两种方式确认投保人的投保意愿。

保险公司通过电话录音确认投保人投保意愿的,须同时满足以下条件:

(一)投保人与被保险人为同一人,年届18周岁至60周岁间;

(二)所售产品应为普通型人身保险产品,且免于体检;

(三)销售用语应包含"您是否同意通过电话录音确认投保"的内容,并取得投保人肯定答复。

第三十一条 保险公司可以在风险可控的前提下使用移动支付设备、网上银行、支付平台等新技术提升收付费效率。保险公司通过银行转账方式或其他电子支付方式收取保险费的,应通过书面或电话录音的方式取得客户授权。

保险公司以电话录音方式确认客户转账授权的,应符合以下条件:

(一)客户明确表示同意通过其名下账户支付保险费用;

(二)销售用语明确告知首期保费支付时间及续期保费支付时间、频率等内容;

(三)保费扣划成功后,通过电话或短信等方式通知投保人。

第三十二条 保险公司通过电话销售保险产品,可以向投保人提供纸质保单或电子保单。

保险公司向投保人提供电子保单的,应符合以下条件:

(一)通过有效途径确认投保人收到保单;

(二)在官方网站上设置保单查询功能;

(三)在保险期间内根据投保人要求及时提供纸质保单。

第三十三条 保险公司应建立健全电话销售质量检测体系,符合以下基本要求:

(一)具备完善的质检制度,应包括质检流程、质检标准、对质检发现问题件的整改处理以及人员责任追究等内容;

(二)配备专职质检人员,质检人员应与销售人员岗位分离;

(三)应通过信息系统进行质检,并通过权限划分、模块划分、系统分离等方式实现质检系统与销售系统分离;

(四)质检记录应通过质监系统生成,保存期限不少于保险期间。

鼓励保险公司通过技术手段实现系统信息化质检,如语音识别、关键字、音调时长等新技术进行系统化质检。

第三十四条 保险公司通过不同销售模式开展电话销售业务的,应按照统一标准进行质检,质检比例不得低于以下标准:

(一)对保险期间在1年以上的成交件录音按不低于30%的比例在犹豫期内全程质检;

(二)对保险期间在1年期以内的成交件录音按不低于20%的比例在保单期限内全程质检。

第三十五条 保险公司开展电话销售业务,应将电话通话过程全程录音,并对成交件录音备份存档。电话录音及其他投保文件的保存时限自保险合同终止之日起计算,保险期间在一年以下的不得少于五年,保险期间超过一年的不得少于十年。

保险公司对客户信息和电话录音内容负有保密义务,不得用于其他商业用途。

第三十六条 保险公司应加强电话销售信息数据管理工作,确保信息数据的安全性、完整性、准确性和时效性,并做好数据备份。

保险公司设立电话销售中心开展电话销售业务的,应实现电话销售系统与保险公司核心业务系统无缝对接。保险公司委托保险代理机构开展电话销售业务的,应强化数据传输管理,确保主要业务数据、销售录音、客户信息等数据传送的及时性和安全性。

第三十七条 保险公司直接或委托保险代理

机构通过电话赠送保险的，参照电话销售业务进行规范和管理。

电话赠险人员属于电话销售人员，电话赠险号码应与电话销售号码一致。保险公司不得委托没有取得经营保险代理业务许可证的机构开展电话赠险业务。保险公司应对电话赠险业务进行抽样质检，抽检比例不低于1%。

第三十八条 保险公司电话销售业务涉及投保单、保险合同、转账授权书等纸质文件递送的，应在投保人同意投保之日起7个工作日内送达。如遇客观原因无法按时送达的，应通过电话、短信等方式通知投保人。

第三十九条 保险公司电话销售业务，犹豫期起算日期应以确认投保人收悉保单之日或保单生效之日中较晚者为准。

第四十条 保险公司至少应为客户提供电话和柜面两个渠道受理保全及理赔申请，鼓励保险公司探索高效便捷的服务渠道。保险公司通过电话接受客户保全及理赔申请的，应全程录音并在保单期限内存档备查。

第四十一条 保险公司应建立健全投诉受理和处理制度，至少为客户提供电话和柜面两个投诉渠道，并配备必要的人员和设备。

保险公司委托代理机构开展电话销售业务，应制定统一规范的投诉处理程序，明确职责、分工合作，确保妥善处理投诉纠纷事件。

第四十二条 保险公司接到客户投诉后，应于2个工作日内向投诉人说明办理流程，于10个工作日内向投诉人反馈处理结果。投诉处理过程应通过书面记录、录音等方式详细记录并存档备查。

投诉事项涉及电话销售行为的，保险公司应在投诉处理过程中调听电话销售录音。因自身原因不能提供有效电话销售录音的，保险公司应按照有利于投保人的原则处理客户诉求。

第四十三条 保险公司应根据电话销售业务流程和特点，改造和完善现有服务支持体系，确保投保人享有不低于其他渠道的服务水平。

第四章 监督管理

第四十四条 中国保监会委托各保监局对电话销售业务进行监管。

呼出地保监局依法对保险公司在辖内设立电话销售中心进行审批，对保险公司委托代理机构开展电销业务的项目进行备案，并履行日常监管职责。

受话地保监局对电话销售业务实行属地监管，依法查处电话销售业务中出现的违法违规行为。

第四十五条 保监局应根据《保险公司管理规定》和《保险公司董事、监事和高级管理人员任职资格管理规定》有关规定对保险公司电话销售中心及其负责人进行监督管理。

第四十六条 保险公司应加强对保险代理机构及其电话销售人员的销售行为管理，并对该机构在授权范围内的代理行为依法承担责任。

第四十七条 保险公司及保险代理机构存在违反本办法第二十五条相关规定，对客户构成滋扰的，中国保监会有权依据监管需要采取通报、监管谈话、下发监管函或其他必要的监管措施。

第五章 附则

第四十八条 本办法自印发之日起实施，《关于促进寿险公司电话销售业务规范发展的通知》（保监发〔2008〕38号）和《关于进一步规范人身保险电话销售和电话约访行为的通知》（保监发〔2010〕99号）同时废止。

人身保险业综合治理销售误导评价办法（试行）

· 2012年11月7日
· 保监发〔2012〕105号

第一章 总则

第一条 为规范人身保险销售行为，防范和治理人身保险销售误导问题，切实保护保险消费者合法权益，科学、合理、客观地评价并披露综合治理销售误导工作的效果，促进人身保险业持续稳定健康发展，根据《中华人民共和国保险法》、《保险公司管理规定》等法律法规制定本办法。

第二条 本办法所称销售误导，是指人身保险公司、保险代理机构以及办理保险销售业务的人员，在人身保险业务活动中，违反《保险法》等法律、行政法规和中国保监会的有关规定，通过欺骗、隐瞒或者诱导等方式,对有关保险产品的情况作引人误解的宣传或者说明的行为。

第三条　本办法采用两种方法对综合治理销售误导工作效果进行评价:

(一)根据综合治理销售误导效果评价指标得分对各人身保险公司治理销售误导工作效果进行评价。

(二)利用保监会、保险行业协会等网站面向社会公众开展问卷调查,了解社会公众对人身保险业综合治理销售误导工作的评价和意见。

第四条　本办法适用的业务范围是各人身保险公司经营的个人保险业务,不包括团体保险。只开展团体保险业务的养老保险公司暂不纳入本办法规定的评价范围。

第五条　中国保监会负责综合治理销售误导效果评价指标的设计、计算、评分和有关信息的对外披露,以及网络问卷调查的问卷设计、调查开展和有关信息的对外披露;各保监局、各人身保险公司根据中国保监会的要求报送数据,并协助保监会开展问卷调查工作。

第二章　目标和原则

第六条　综合治理销售误导效果评价的目标是:

(一)通过对综合治理销售误导效果进行评价,充分发挥社会监督机制,进一步规范销售行为,推动建立防治销售误导的内部控制体系和责任追究机制。

(二)通过对综合治理销售误导效果进行评价,解决一些关系保险消费者切身利益的热点难点问题,引导保险消费者购买满足其实际需求的产品,提升保险消费者满意度。

(三)通过对综合治理销售误导效果进行评价,提高保险行业诚信合规意识和管理服务水平,提升行业形象和社会认可度。

第七条　综合治理销售误导效果评价应当遵循以下原则:

(一)评价方法客观公正。评价方法要科学、公开、公正,要与各人身保险公司综合治理销售误导的成效和社会公众主观感受相匹配。

(二)指标体系简单易懂。选择最能反映业务品质、服务水平和风险控制能力的核心指标反映治理效果,并要易于社会公众理解,符合量化统计要求。

(三)数据来源真实可靠。指标数据要易于采集和统计,统计口径要规范化、标准化,统计方法要科学合理。

第三章　指标体系

第八条　中国保监会制定《人身保险业综合治理销售误导效果评价指标体系》,就各人身保险公司业务品质、客户回访、客户投诉、群体性事件和违规情况等进行统计分析。

第九条　《人身保险业综合治理销售误导效果评价指标体系》包括业务品质、客户回访、客户投诉和销售误导扣分事项等4类共7个指标,综合反映人身保险业综合治理销售误导的效果、保险消费者对保险产品、保险公司服务的满意度情况。

业务品质、客户回访和客户投诉三类指标根据公司的实际业务运作情况进行赋分,销售误导扣分事项类指标则根据销售误导引发的群体性事件和查处的销售误导违法违规情况进行扣分。

第十条　业务品质类指标包括保单件数继续率和趸交保单退保率。业务品质类指标主要体现客户维持保单生效的意愿,反映产品与客户实际需求的匹配度,匹配度越高,在销售时发生误导的可能性越低。

第十一条　客户回访类指标包括犹豫期内电话回访成功率和新契约回访完成率。客户回访类指标主要反映保险公司的回访质量和效率,体现了保险公司风险管控的能力。

第十二条　客户投诉类指标包括投诉率。客户投诉类指标反映保险公司存在销售误导问题的情况严重程度。

第十三条　扣分事项包括销售误导类群体性事件和违规情况。反映保险公司发生的重大销售误导类群体性事件和违规情况,并作出扣分以敦促公司提高风险防范能力和合规经营意识。

第四章　网络调查

第十四条　中国保监会统一组织开展治理销售误导效果网络问卷调查,以问卷形式向社会公众对人身保险行业产品、服务、销售误导综合治理等情况开展广泛调查。

第十五条　网络调查以中国保监会官方网站为平台,保险行业协会、各人身保险公司应与中国保监会网站建立链接，并将链接置于本单位官方网站显著位置，并提示访问者参与网络调查。

第十六条　各人身保险公司应积极配合保监会，充分利用公司客户资源，采取有效手段鼓励客户登录保监会网站参与问卷调查。

第五章　指标报送

第十七条　各人身保险公司应根据《人身保险业综合治理销售误导效果评价指标体系》的要求，统计并报送业务品质和客户回访2类统计指标；各保监局应根据《人身保险业综合治理销售误导效果评价指标体系》的要求，统计并报送销售误导扣分项统计指标。

指标体系评价的时间区间为滚动12个月，报送的时间为每年9月10日前报送年中指标统计数据，次年3月10日前报送上一年度指标统计数据。报送形式为电子版和书面签章文件同时报送。开业未满1年的人身保险公司，不需进行指标报送。

第十八条　各人身保险公司应根据本办法的有关要求，制定出台相关的配套制度和文件，进一步改进和完善业务管理流程、统计管理制度和信息系统，并严格按照要求报送统计数据和分析报告，确保统计数据准确和完整。

第十九条　各人身保险公司要高度重视人身保险业综合治理销售误导统计报告工作，要设置专人专岗负责指标统计和报送工作，并指定1名公司高管作为报送责任人，负责指标数据报送的及时、准确和完整性。

第六章　频度和披露

第二十条　综合治理销售误导评价指标体系每半年进行1次评价，半年度评价时间为9月15日，年度评价时间为3月15日。网络调查视情况不定期进行。

第二十一条　中国保监会负责对外公布综合治理销售误导效果评价指标体系得分结果和网络调查结果。

中国保监会公布指标体系总体评价结果并进行排名，同时选择与保险消费者满意度直接相关的分项指标进行公布，以便保险消费者监督改进。

第二十二条　各人身保险公司应根据评价指标披露结果，主动查找不足，落实整改，进一步提高销售品质、客户服务水平和应对重大风险的能力。

第七章　附　则

第二十三条　各保监局可根据本办法，对辖区内各人身保险公司综合治理销售误导的效果开展评价，并将评价结果进行披露，披露的结果应以正式文件形式抄报中国保监会。

第二十四条　本办法自发文之日起施行。

附件：人身保险业综合治理销售误导效果评价指标体系（试行）（略）

人身保险公司销售误导责任追究指导意见

- 2012年10月23日
- 保监发〔2012〕99号

第一条　为进一步强化各人身保险公司对销售误导问题的责任追究力度，有效遏制销售误导行为，保护保险消费者合法权益，根据《中华人民共和国保险法》等法律、法规，制定本指导意见。

第二条　本指导意见所称销售误导，是指人身保险公司、保险代理机构以及办理保险销售业务的人员，在人身保险业务活动中，违反《保险法》等法律、行政法规和中国保监会的有关规定，通过欺骗、隐瞒或者诱导等方式，对有关保险产品的情况作引人误解的宣传或者说明的行为。

第三条　人身保险公司发生销售误导问题，应当进行责任追究的情形包括以下方面：

（一）因销售误导问题受到监管部门行政处罚；

（二）因销售误导问题受到监管部门下发监管函或者监管谈话等监管措施；

（三）因销售误导问题引发重大群体性事件；

（四）其他因销售误导给公司造成重大损失，或者造成系统性风险的情形。

第四条　本指导意见所称重大群体性事件，是指因销售误导问题引发50名以上投保人集体上访、静坐或其他过激行为，或者因销售误导问题引发人身保险公司或其代理机构一个营业场所内同时出现30名以上投保人集中退保，以及其他中国保监会认为应当采取应急处置措施的突发事件。

重大群体性事件分为三个响应层级。其中，

三级响应是指因销售误导问题引发 50 名以上 100 名以下投保人集体上访、静坐或其他过激行为，或者人身保险公司或其代理机构一个营业场所突发出现 30 名以上 100 名以下投保人集中退保，或非正常退保金额超过 3000 万元；

二级响应是指因销售误导问题引发 100 名以上 500 名以下投保人集体上访、静坐或其他过激行为，或者人身保险公司或其代理机构一个营业场所突发出现 100 名以上 500 名以下投保人集中退保，或非正常退保金额超过 1 亿元；

一级响应是指因销售误导问题引发 500 名以上投保人集体上访、静坐或其他过激行为，或者人身保险公司或其代理机构一个营业场所突发出现 500 名以上投保人集中退保，或非正常退保金额超过 5 亿元，或因集中退保金额巨大导致保险公司出现支付困难，以及其他影响较为恶劣，中国保监会认为应当采取应急处置措施的突发事件。

第五条 依据本指导意见应当进行责任追究的人员，是指销售误导行为发生之时，对销售误导行为的发生负有责任的保险公司从业人员，包括直接责任人和间接责任人。

直接责任人，是指指挥、决策、组织、实施或者参与实施销售误导行为，或者指使、教唆、帮助、直接或者间接授意他人实施销售误导行为，以及有直接管理职责，但未采取必要措施制止或纠正，对销售误导行为的发生起直接作用的有关人员，包括保险公司从业人员及营销员。

间接责任人，是指在职责范围内，不履行或不正确履行职责，未能有效制约或防范销售误导行为的发生，对销售误导行为的发生起间接作用的有关人员，包括经营管理人员和其他间接责任人。

其中，经营管理人员是指对应当进行责任追究的销售误导行为及直接责任人负有管理责任的高级管理人员及部门负责人。其他间接责任人是指对应当进行责任追究的销售误导行为负有业务管理、流程制约、审计监督等间接管理责任的其他高级管理人员及部门负责人。

第六条 保险公司进行销售误导责任追究，应当按照"责任明确、程序合法、权责对等、逐级追究"的原则，根据销售误导问题性质、情节及损失程度，综合考虑社会影响，在摸清事实的基础上，根据相关人员承担的责任予以追究。

第七条 保险公司进行销售误导责任追究，可以根据公司实际，综合采取纪律处分、组织处理和经济处分等多种方式。

其中，纪律处分由轻到重依次包括：警告、记过、记大过、降级（职）、撤职、留用察看、开除。

第八条 对销售误导行为的直接责任人，属于公司员工的，按规定程序和标准追究其责任；属于非员工的营销员，按照合同约定追究其责任。

对直接责任人的责任追究标准不应低于对同一行为的间接责任人的追究标准。

第九条 对人身保险公司总公司经营管理人员的间接责任，参照以下标准进行追究：

（一）因销售误导问题受到监管部门限制在全国或者某省、直辖市、计划单列市业务范围、责令停止接收新业务或者吊销业务许可证行政处罚的，或者系统内一年内发生 1 起及以上因销售误导原因引发的重大群体性事件且响应等级为一级响应的；或者发生 3 起及以上因销售误导原因引发的重大群体性事件且响应等级为二级响应的，应当对总公司相关部门负责人降级（职）以上处分，分管负责人记过以上处分，主要负责人警告以上处分。

（二）总公司本级一年内因销售误导问题受到监管部门 3 次及以上监管谈话、监管函或者其他监管措施，或受到监管部门 1 次及以上警告或罚款行政处罚的，应当对总公司相关部门负责人降级（职）以上处分，分管负责人记过以上处分。

（三）系统内一年内因销售误导问题受到监管部门行政处罚或监管谈话、监管函或者其他监管措施达到一定数量时，应当对总公司相关部门负责人、分管负责人进行责任追究。责任追究的具体标准由各人身保险公司总公司规定。

第十条 对人身保险公司分公司经营管理人员的间接责任，参照以下标准进行追究：

（一）分公司辖内各机构一年内因销售误导问题受到监管部门限制业务范围、责令停止接收新业务或者吊销业务许可证行政处罚，或者一年内发生 1 起及以上因销售误导原因引发的重大群体性事件且响应等级为二级及以上响应等级，或者一年内发生 3 起及以上因销售误导原因引发的重大群体性事件且响应等级为三级响应的，应当对分公司相关部门负责人降级（职）以上处分，分管负责人记过以上处分，主要负责人警告以上处分。

（二）分公司本级一年内因销售误导问题受到

监管部门 3 次及以上监管谈话、监管函或者其他监管措施，或受到监管部门 1 次及以上警告或罚款行政处罚的，应当对分公司相关部门负责人降级（职）以上处分，分管负责人记过以上处分。

（三）分公司辖内各机构一年内因销售误导问题受到监管部门行政处罚或监管谈话、监管函或者其他监管措施达到一定数量时，应当对分公司相关部门负责人、分管负责人进行责任追究。责任追究的具体标准由各人身保险公司总公司规定。

第十一条 对人身保险公司中心支公司及以下层级机构经营管理人员的间接责任，参照以下标准进行追究：

（一）中心支公司辖内各机构一年内发生 1 起及以上因销售误导原因引发的重大群体性事件且响应等级为三级及以上响应等级的，应当对中心支公司相关部门负责人降级（职）以上处分，分管负责人记过以上处分，主要负责人警告以上处分。

（二）中心支公司本级一年内因销售误导问题受到监管部门 2 次及以上监管谈话、监管函或者其他监管措施，或受到监管部门 1 次及以上警告或罚款行政处罚的，应当对中心支公司相关部门负责人降级（职）以上处分，分管负责人记过以上处分。

（三）中心支公司辖内各机构一年内因销售误导问题受到监管部门行政处罚或监管谈话、监管函或者其他监管措施达到一定数量时，应当对中心支公司相关部门负责人、分管负责人进行责任追究。责任追究的具体标准由各人身保险公司总公司规定。

第十二条 其他因销售误导给公司造成重大损失，或者造成系统性风险的情形，结合公司实际情况，根据损失和危害程度比照上述标准进行责任追究。

第十三条 实行事业部制管理、集中化管理或者业务条线管理的保险机构，根据权责对等的原则，按照上述标准，追究负有经营管理责任的相关经营管理责任人的间接责任。

第十四条 对负有业务管理、流程制约、审计监督等间接管理责任的其他间接责任人的追究，由各保险公司根据实际情况，参照上述标准进行追究。

第十五条 出现下列情形，应当从重追究有关人员责任：

（一）因销售误导问题受到监管部门监管谈话、监管函、其他监管措施或者行政处罚，未及时整改或者整改不力，导致销售误导问题反复发生的；

（二）因销售误导问题引发系统性风险或重大群体性事件，造成的社会影响特别恶劣，后果特别严重的。

第十六条 有下列情形之一的，可以从轻、减轻或者免于追究有关人员责任：

（一）负有间接管理责任的经营管理人员和其他间接责任人事前发现了销售误导行为并履行了相应职责，如采取措施纠正和制止违规行为、提出反对意见，或者主动向上级机关、监管部门反映、举报违规问题等。

（二）发生因销售误导问题引发的重大群体性事件后采取措施主动平息事件，积极化解纠纷，有效控制事态恶化，降低或消除负面影响的。

（三）有其他可从轻、减轻或免于责任追究事项的。

从轻、减轻或者免于追究有关人员责任的，应当由上级机构研究决定。各人身保险公司总公司应当明确规定从轻、减轻或者免于追究有关人员责任的具体标准和程序。

第十七条 各人身保险公司总公司应在本指导意见的基础上，结合公司实际，制定销售误导内部责任追究办法，指定销售误导责任追究的承办部门，明确对各类销售误导问题进行责任追究的标准、范围、对象和程序。

各人身保险公司总公司应于 2013 年 2 月 1 日前向中国保监会报送销售误导内部责任追究办法。

第十八条 人身保险公司发生销售误导问题应当进行责任追究的，应当于问责情形发生之日起 6 个月内完成责任追究。

第十九条 各人身保险公司总公司应于每年 4 月 1 日前向中国保监会上报销售误导年度责任追究报告，汇总报送系统内上年度销售误导责任追究情况。各人身保险公司分公司应于每年 4 月 1 日前向当地保监局报送分公司销售误导年度责任追究报告。

报告内容应当包括上年度发生的应当进行责任追究的事项及责任追究的具体情况。对从轻、减轻或者免于追究有关人员责任的，应当在报告中特别说明从轻、减轻或者免于追究责任的原因、处理流程，并附相关审批文件。

第二十条 本指导意见由中国保监会负责解释和修订。

第二十一条 本指导意见自 2013 年 1 月 1 日起施行。

人身保险公司保险条款和保险费率管理办法

- 2011 年 12 月 30 日中国保险监督管理委员会令 2011 年第 3 号发布
- 根据 2015 年 10 月 19 日中国保险监督管理委员会令 2015 年第 3 号《关于修改〈保险公司设立境外保险类机构管理办法〉等八部规章的决定》修订

第一章 总 则

第一条 为了加强人身保险公司（以下简称保险公司）保险条款和保险费率的监督管理，保护投保人、被保险人和受益人的合法权益，维护保险市场竞争秩序，鼓励保险公司创新，根据《中华人民共和国保险法》（以下简称《保险法》）等有关法律、行政法规，制定本办法。

第二条 中国保险监督管理委员会（以下简称中国保监会）依法对保险公司的保险条款和保险费率实施监督管理。中国保监会派出机构在中国保监会授权范围内行使职权。

第三条 保险公司应当按照《保险法》和中国保监会有关规定，公平、合理拟订保险条款和保险费率，不得损害投保人、被保险人和受益人的合法权益。保险公司对其拟订的保险条款和保险费率承担相应责任。

第四条 保险公司应当按照本办法规定将保险条款和保险费率报送中国保监会审批或者备案。

第五条 保险公司应当建立科学、高效、符合市场需求的人身保险开发管理机制，定期跟踪和分析经营情况，及时发现保险条款、保险费率经营管理中存在的问题并采取相应解决措施。

第六条 保险公司应当充分发挥核心竞争优势，合理配置公司资源，围绕宏观经济政策、市场需求、公司战略目标开发保险险种。

第二章 设计与分类

第七条 人身保险分为人寿保险、年金保险、健康保险、意外伤害保险。

第八条 人寿保险是指以人的寿命为保险标的的人身保险。人寿保险分为定期寿险、终身寿险、两全保险等。

定期寿险是指以被保险人死亡为给付保险金条件，且保险期间为固定年限的人寿保险。

终身寿险是指以被保险人死亡为给付保险金条件，且保险期间为终身的人寿保险。

两全保险是指既包含以被保险人死亡为给付保险金条件，又包含以被保险人生存为给付保险金条件的人寿保险。

第九条 年金保险是指以被保险人生存为给付保险金条件，并按约定的时间间隔分期给付生存保险金的人身保险。

第十条 养老年金保险是指以养老保障为目的的年金保险。养老年金保险应当符合下列条件：

（一）保险合同约定给付被保险人生存保险金的年龄不得小于国家规定的退休年龄；

（二）相邻两次给付的时间间隔不得超过一年。

第十一条 健康保险是指以因健康原因导致损失为给付保险金条件的人身保险。健康保险分为疾病保险、医疗保险、失能收入损失保险、护理保险等。

疾病保险是指以保险合同约定的疾病发生为给付保险金条件的健康保险。

医疗保险是指以保险合同约定的医疗行为发生为给付保险金条件，按约定对被保险人接受诊疗期间的医疗费用支出提供保障的健康保险。

失能收入损失保险是指以因保险合同约定的疾病或者意外伤害导致工作能力丧失为给付保险金条件，按约定对被保险人在一定时期内收入减少或者中断提供保障的健康保险。

护理保险是指以因保险合同约定的日常生活能力障碍引发护理需要为给付保险金条件，按约定对被保险人的护理支出提供保障的健康保险。

第十二条 意外伤害保险是指以被保险人因

意外事故而导致身故、残疾或者发生保险合同约定的其他事故为给付保险金条件的人身保险。

第十三条 人寿保险和健康保险可以包含全残责任。

健康保险包含两种以上健康保障责任的，应当按照一般精算原理判断主要责任，并根据主要责任确定险种类别。长期健康保险中的疾病保险，可以包含死亡保险责任，但死亡给付金额不得高于疾病最高给付金额。其他健康保险不得包含死亡保险责任，但因疾病引发的死亡保险责任除外。

医疗保险和疾病保险不得包含生存保险责任。

意外伤害保险可以包含由意外伤害导致的医疗保险责任。仅包含由意外伤害导致的医疗保险责任的保险应当确定为医疗保险。

第十四条 保险公司应当严格遵循本办法所规定的人寿保险、年金保险、健康保险、意外伤害保险的分类标准，中国保监会另有规定的除外。

第十五条 人身保险的定名应当符合下列格式：

"保险公司名称"+"吉庆、说明性文字"+"险种类别"+"（设计类型）"

前款规定的保险公司名称可用全称或者简称；吉庆、说明性文字的字数不得超过10个。

附加保险的定名应当在"保险公司名称"后标注"附加"字样。

团体保险应当在名称中标明"团体"字样。

第十六条 年金保险中的养老年金保险险种类别为"养老年金保险"，其他年金保险险种类别为"年金保险"；意外伤害保险险种类别为"意外伤害保险"。

第十七条 人身保险的设计类型分为普通型、分红型、投资连结型、万能型等。

第十八条 分红型、投资连结型和万能型人身保险应当在名称中注明设计类型，普通型人身保险无须在名称中注明设计类型。

第三章 审批与备案

第十九条 保险公司总公司负责将保险条款和保险费率报送中国保监会审批或者备案。

第二十条 保险公司下列险种的保险条款和保险费率，应当在使用前报送中国保监会审批：

（一）关系社会公众利益的保险险种；

（二）依法实行强制保险的险种；

（三）中国保监会规定的新开发人寿保险险种；

（四）中国保监会规定的其他险种。

前款规定以外的其他险种，应当报送中国保监会备案。

第二十一条 保险公司报送保险条款和保险费率备案的，应当提交下列材料：

（一）《人身保险公司保险条款和保险费率备案报送材料清单表》；

（二）保险条款；

（三）保险费率表；

（四）总精算师签署的相关精算报告；

（五）总精算师声明书；

（六）法律责任人声明书；

（七）中国保监会规定的其他材料。

第二十二条 保险公司报送分红保险、投资连结保险、万能保险保险条款和保险费率备案的，除提交第二十一条规定的材料以外，还应当提交下列材料：

（一）财务管理办法；

（二）业务管理办法；

（三）信息披露管理制度；

（四）业务规划及对偿付能力的影响；

（五）产品说明书。

分红保险，还应当提交红利计算和分配办法、收入分配和费用分摊原则；投资连结保险和万能保险，还应当提交包括销售渠道、销售区域等内容的销售管理办法。

保险公司提交的上述材料与本公司已经中国保监会审批或者备案的同类险种对应材料完全一致的，可以免于提交该材料，但应当在材料清单表中予以注明。

第二十三条 保险公司报送保险条款和保险费率审批的，除提交第二十一条第（二）项至第（七）项以及第二十二条规定的材料外，还应当提交下列材料：

（一）《人身保险公司保险条款和保险费率审批申请表》；

（二）《人身保险公司保险条款和保险费率审批报送材料清单表》；

（三）保险条款和保险费率的说明材料，包括保险条款和保险费率的主要特点、市场风险和经营风险分析、相应的管控措施等。

第二十四条 保险公司报送下列保险条款和保险费率审批或者备案的,除分别按照第二十一条、第二十二条、第二十三条规定报送材料以外,还应当按照下列规定提交材料:

(一)具有现金价值的,提交包含现金价值表示例的书面材料以及包含各年龄现金价值全表的电子文档;

(二)具有减额交清条款的,提交包含减额交清保额表示例的书面材料以及包含各年龄减额交清保额全表的电子文档;

(三)中国保监会允许费率浮动或者参数调整的,提交由总精算师签署的费率浮动管理办法或者产品参数调整办法;

(四)保险期间超过一年的,提交利润测试模型的电子文档。

第二十五条 保险公司报送保险条款和保险费率审批或者备案的,提交的精算报告至少应当包括下列内容:

(一)数据来源和定价基础;

(二)定价方法和定价假设,保险期间超过一年的,还应当包括利润测试参数、利润测试结果以及主要参数变化的敏感性分析;

(三)法定准备金计算方法;

(四)主要风险及相应管理意见;

(五)总精算师需要特别说明的内容;

(六)中国保监会规定的其他内容。

第二十六条 保险公司报送下列保险条款和保险费率审批或者备案的,提交的精算报告除符合第二十五条规定外,还应当符合下列规定:

(一)具有现金价值的,列明现金价值计算方法;

(二)具有减额交清条款的,列明减额交清保额的计算方法;

(三)具有利益演示的,列明利益演示的计算方法。

第二十七条 中国保监会收到保险公司报送的保险条款和保险费率审批申请后,应当根据下列情况分别作出处理:

(一)申请材料不齐全的,自收到材料之日起5日内一次告知保险公司需要补正的全部内容;

(二)申请材料齐全或者保险公司按照规定提交全部补正申请材料的,受理该申请,并向保险公司出具加盖受理专用印章的书面凭证。

第二十八条 中国保监会应当自受理保险条款和保险费率审批申请之日起20日内作出批准或者不予批准的决定。20日内不能作出决定的,经中国保监会负责人批准,审批期限可以延长10日。中国保监会应当将延长期限的理由告知保险公司。

决定批准的,中国保监会应当将批准决定在保监会文告或者网站上向社会公布;决定不予批准的,中国保监会应当书面通知保险公司,说明理由并告知其享有依法申请行政复议或者提起行政诉讼的权利。

第二十九条 中国保监会可以对审批的保险条款和保险费率进行专家评审,并将专家评审所需时间书面告知保险公司。

中国保监会对涉及社会公共利益的保险条款和保险费率可以组织听证,并根据《中华人民共和国行政许可法》有关规定予以实施。

专家评审时间和听证时间不在本办法第二十八条规定的审批期限内计算。

第三十条 保险公司在保险条款和保险费率审批申请受理后、审批决定作出前,撤回审批申请的,应当向中国保监会提交书面申请,中国保监会应当及时终止对保险条款和保险费率审批申请的审查,并将审批申请材料退回保险公司。

第三十一条 保险公司在保险条款和保险费率审批申请受理后、审批决定作出前,对申报的保险条款和保险费率进行修改的,应当向中国保监会申请撤回审批。

保险公司有前款规定情形的,审批期限自中国保监会收到修改后的完整申请材料之日起重新计算。

第三十二条 保险公司对于未获批准的保险条款和保险费率,可以在修改后重新报送中国保监会审批。

第三十三条 保险公司报送保险条款和保险费率备案,不得迟于使用后10日。

第三十四条 中国保监会收到备案材料后,应当根据下列情况分别作出处理:

(一)备案材料不齐全的,一次告知保险公司在10日内补正全部备案材料;

(二)备案材料齐全或者保险公司按照规定提

交全部补正材料的,将备案材料存档,并向保险公司出具备案回执;

(三)发现备案的保险条款和保险费率有《保险法》第一百三十六条规定情形的,责令保险公司立即停止使用。

第四章 变更与停止使用

第三十五条 保险公司变更已经审批或者备案的保险条款和保险费率,改变其保险责任、险种类别或者定价方法的,应当将保险条款和保险费率重新报送审批或者备案。

第三十六条 保险公司变更已经审批或者备案的保险条款和保险费率,且不改变保险责任、险种类别和定价方法的,应当在发生变更之日起10日内向中国保监会备案,并提交下列材料:

(一)《变更备案报送材料清单表》;
(二)变更原因、主要变更内容的对比说明;
(三)已经审批或者备案的保险条款;
(四)变更后的相关材料;
(五)总精算师声明书;
(六)法律责任人声明书;
(七)中国保监会规定的其他材料。

保险公司名称变更导致人身保险定名发生变更,但其他内容未变更的,可以不提交前款第(三)、(四)、(五)项规定的材料。

第三十七条 保险公司决定在全国范围内停止使用保险条款和保险费率的,应当在停止使用后10日内向中国保监会提交报告,说明停止使用的原因、后续服务的相关措施等情况,并将报告抄送原使用区域的中国保监会派出机构。

保险公司决定在部分区域停止使用保险条款和保险费率的,不得以停止使用保险条款和保险费率进行宣传和销售误导。

保险公司省级分公司及以下分支机构,不得决定停止使用保险条款和保险费率。

第三十八条 保险公司决定重新销售已经停止使用的保险条款和保险费率的,应当在重新销售后10日内向中国保监会提交报告,说明重新使用的原因、管理计划等情况,并将报告抄送拟使用区域的中国保监会派出机构。

第五章 总精算师和法律责任人

第三十九条 保险公司总精算师应当对报送审批或者备案的保险条款和保险费率出具总精算师声明书,并签署相关的精算报告、费率浮动管理办法或者产品参数调整办法。

保险公司总精算师对报送审批或者备案的保险条款和保险费率承担下列责任:

(一)分类准确,定名符合本办法规定;
(二)精算报告内容完备;
(三)精算假设和精算方法符合一般精算原理和中国保监会的精算规定;
(四)具有利益演示的险种,利益演示方法符合一般精算原理和中国保监会的有关规定;
(五)保险费率厘定合理,满足充足性、适当性和公平性原则;
(六)中国保监会规定的其他责任。

第四十条 保险公司应当指定法律责任人,并向中国保监会备案。

第四十一条 保险公司指定的法律责任人应当符合下列条件:

(一)在中华人民共和国境内有住所;
(二)具有本科以上学历;
(三)具有中国律师资格证书或者法律职业资格证书;
(四)属于公司正式员工,且在公司内担任部门负责人及以上职务;
(五)具有5年以上国内保险或者法律从业经验,其中包括三年以上在保险行业内的法律从业经验;
(六)过去3年内未因违法执业行为受到行政处罚;
(七)未受过刑事处罚;
(八)中国保监会规定的其他条件。

第四十二条 保险公司法律责任人履行下列职责:

(一)参与制定人身保险开发策略;
(二)审核保险条款的相关材料;
(三)定期分析由保险条款引发的诉讼案件;
(四)及时向中国保监会报告保险条款的重大风险隐患;
(五)中国保监会或者保险公司章程规定的其他职责。

第四十三条 保险公司法律责任人应当对报送审批或者备案的保险条款出具法律责任人声明书,并承担下列责任:

（一）保险条款公平合理，不损害社会公共利益，不侵害投保人、被保险人和受益人的合法权益；

（二）保险条款文字准确，表述严谨；

（三）具有产品说明书的，产品说明书符合条款表述，内容全面、真实，符合中国保监会的有关规定；

（四）保险条款符合《保险法》等法律、行政法规和中国保监会有关规定；

（五）中国保监会规定的其他责任。

第四十四条 保险公司报送法律责任人备案的，应当向中国保监会提交下列材料一式两份：

（一）《法律责任人备案情况表》；

（二）拟任人身份证明和住所证明复印件；

（三）学历证明和专业资格证明复印件；

（四）从业经历证明；

（五）中国保监会规定的其他材料。

第四十五条 保险公司应当加强对法律责任人管理，建立法律责任人相关制度，向法律责任人提供其承担工作职责所必需的信息，并保证法律责任人能够独立地履行职责。

第四十六条 法律责任人因辞职、被免职或者被撤职等原因离职，保险公司应当自作出批准辞职或者免职、撤职等决定之日起30日内，向中国保监会报告，并提交下列材料：

（一）法律责任人被免职或者被撤职的原因说明；

（二）免职、撤职或者批准辞职等有关决定的复印件；

（三）法律责任人作出的离职报告或者保险公司对未作离职报告的法律责任人作出的离职说明报告。

第六章 法律责任

第四十七条 保险公司未按照规定申请批准保险条款、保险费率的，由中国保监会依据《保险法》第一百六十四条进行处罚。

第四十八条 保险公司使用的保险条款和保险费率有下列情形之一的，由中国保监会责令停止使用，限期修改；情节严重的，可以在一定期限内禁止申报新的保险条款和保险费率：

（一）损害社会公共利益；

（二）内容显失公平或者形成价格垄断，侵害投保人、被保险人或者受益人的合法权益；

（三）条款设计或者费率厘定不当，可能危及保险公司偿付能力；

（四）违反法律、行政法规或者中国保监会的其他规定。

第四十九条 保险公司有下列行为之一的，由中国保监会依据《保险法》第一百六十九条进行处罚：

（一）未按照规定报送保险条款、保险费率备案的；

（二）未按照规定报送停止使用保险条款和保险费率相关报告的；

（三）未按照规定报送或者保管与保险条款、保险费率相关的其他报告、报表、文件、资料，或者未按照规定提供有关信息、资料的。

第五十条 保险公司有下列行为之一的，由中国保监会依据《保险法》第一百七十条进行处罚：

（一）报送审批、备案保险条款和保险费率时，编制或者提供虚假的报告、报表、文件、资料的；

（二）报送法律责任人备案时，编制或者提供虚假的报告、报表、文件、资料的；

（三）未按照规定使用经批准或者备案的保险条款、保险费率的。

第五十一条 保险公司违反本办法第三十七条第三款的由中国保监会给予警告，处3万元以下罚款。

第五十二条 保险公司以停止使用保险条款和保险费率进行销售误导的，由中国保监会依据《保险法》第一百六十一条进行处罚。

第五十三条 保险公司违反本办法规定，聘任不符合规定条件的法律责任人的，由中国保监会责令限期改正；逾期不改正的，给予警告，处1万元以下罚款。

第七章 附则

第五十四条 中国保监会对保险公司总精算师、法律责任人另有规定的，适用其规定。

团体保险的保险条款和保险费率的管理，中国保监会另有规定的，适用其规定。

第五十五条 本办法规定的期限以工作日计算。

第五十六条 本办法由中国保监会负责解释。

第五十七条 本办法自颁布之日起施行。中国保监会2000年3月23日发布的《人身保险产品定名暂行办法》(保监发〔2000〕42号)、2000年5月16日发布的《关于放开短期意外险费率及简化短期意外险备案手续的通知》(保监发〔2000〕78号)、2004年6月30日发布的《人身保险产品审批和备案管理办法》(保监会令〔2004〕6号)以及2004年7月1日发布的《关于〈人身保险产品审批和备案管理办法〉若干问题的通知》(保监发〔2004〕76号)同时废止。

附件：1. 人身保险公司保险条款和保险费率审批申请表(略)

2. 人身保险公司保险条款和保险费率审批报送材料清单表(略)

3. 人身保险公司保险条款和保险费率备案报送材料清单表(略)

4. 变更备案报送材料清单表(略)

5. 法律责任人备案情况表(略)

6. 总精算师声明书(略)

7. 法律责任人声明书(略)

中国保险监督管理委员会关于《人身保险公司保险条款和保险费率管理办法》若干问题的通知

· 2012年1月4日
· 保监发〔2012〕2号

各人身保险公司、各保监局：

为了规范人身保险公司保险条款和保险费率管理，配合《人身保险公司保险条款和保险费率管理办法》(保监会令〔2011〕3号，以下简称《办法》)的施行，现就有关事项通知如下：

一、下列人身保险险种的保险条款和保险费率，应当报中国保监会审批，包括：

(一)普通型、分红型、万能型、投资连结型以外的其他类型人寿保险；

(二)普通型、分红型、万能型、投资连结型以外的其他类型年金保险；

(三)未能比照《关于印发人身保险新型产品精算规定的通知》(保监发〔2003〕67号)之《个人分红保险精算规定》开发的团体分红型人寿保险和团体分红型年金保险；

(四)中国保监会规定须经审批的其他保险险种。

前款规定以外的保险条款和保险费率，应当报中国保监会备案。

二、保险公司开发的两全保险应符合以下条件：

(一)首次给付生存保险金应当在保单生效满3年之后；

(二)保险期间不得少于5年；

(三)投资连结型两全保险和万能型两全保险被保险人为成年人的，在保单签发时的死亡保险金额不得低于已交保险费的105%或保单账户价值的105%。其他类型两全保险被保险人为成年人的，在保单签发时的死亡保险金额不得低于已交保险费的105%。

(四)死亡保险至少应当提供疾病身故保障责任和意外身故保障责任。

三、保险公司不得开发团体两全保险。

四、保险公司开发的年金保险可以包含死亡给付保险金责任或全残给付保险金责任，但死亡给付保险金不得超过已交保险费和保单现金价值的较大者。

变额年金保险适用《关于印发〈变额年金保险管理暂行办法〉的通知》(保监发〔2011〕25号)的有关规定。

五、万能保险、投资连结保险可以提供持续奖金，应当符合下列条件：

(一)按照账户价值、累计已交保险费或趸交保险费的一定比例给付的持续奖金，其首次给付时间应当在保单生效满5年之后；

(二)按照当期期交保险费的一定比例给付的持续奖金，可在投保人交纳第2期保险费时开始给付，给付比例应不得高于当期期交保险费的2%，未交纳期交保险费的保单年度不应给付持续奖金。

六、保险公司报送保险条款和保险费率审批或备案的，应当提交书面材料一式两份以及包含所有报送材料电子文档的光盘一份。保险公司应以EXCEL格式报送利润测试模型的电子文档，以PDF格式报送审批或备案有关材料的电子文档，其中利润测试模型的电子文档、精算报告的电子文档和其他材料的电子文档应当分开。保险公司应将电子文档通过客户端程序打包成电子压缩文件，填写人身保险产品压缩包文件清单，并将电子压缩文件和人身保险产品压缩包文件清单通过光盘形式报送中国保监会。客户端程序下载地址为：http://www.circ.gov.cn/portals/0/attachments/cpkhd.zip

七、保险公司可以对已报送中国保监会备案的短期意外伤害保险实行费率浮动，但费率的浮动范围或浮动办法应由总公司统一制定。短期个人健康保险的费率浮动应当符合中国保监会的有关规定。

八、保险公司可以对已报送中国保监会备案的保险条款和保险费率进行组合销售，但组合销售时不得改变保险责任、除外责任、保险期间和现金价值，并不得违反本通知第七条规定。

九、保险公司应当加强对正在使用的保险条款和保险费率的管理，定期跟踪和分析经营情况，保险条款和保险费率出现重大问题时，应当及时采取有效措施，并向中国保监会及当地派出机构报告。

十、中国保监会各派出机构可以根据当地情况要求保险公司分支机构报告保险条款和保险费率的相关信息。

十一、《办法》施行前已经中国保监会审批或者备案的保险条款和保险费率可以继续使用；《办法》施行后报送中国保监会审批或者备案的保险条款和保险费率，应当符合《办法》以及本通知规定。

十二、美国友邦保险有限公司分公司保险条款和保险费率的管理适用《办法》以及本通知对人身保险公司总公司的规定。

十三、本通知自《办法》施行之日起执行。

人身保险产品信息披露管理办法

· 2022年11月11日中国银行保险监督管理委员会令2022年第8号公布
· 自2023年6月30日起施行

第一章 总 则

第一条 为规范人身保险产品信息披露行为，促进行业健康可持续发展，保护投保人、被保险人和受益人的合法权益，根据《中华人民共和国保险法》等法律、行政法规，制定本办法。

第二条 本办法所称人身保险，按险种类别划分，包括人寿保险、年金保险、健康保险、意外伤害保险等；按设计类型划分，包括普通型、分红型、万能型、投资连结型等。按保险期间划分，包括一年期以上的人身保险和一年期及以下的人身保险。

第三条 本办法所称产品信息披露，指保险公司及其保险销售人员、保险中介机构及其从业人员根据法律、行政法规等要求，通过线上或线下等形式，向投保人、被保险人、受益人及社会公众公开保险产品信息的行为。

第四条 产品信息披露应当遵循真实性、准确性、完整性、及时性原则。保险公司及其保险销售人员、保险中介机构及其从业人员应当准确说明并充分披露与产品相关的信息，无重大遗漏，不得对投保人、被保险人、受益人及社会公众进行隐瞒和欺骗。

第五条 中国银行保险监督管理委员会（以下简称银保监会）根据法律、行政法规和国务院授权，对保险公司及其保险销售人员、保险中介机构及其从业人员人身保险产品信息披露行为进行监督管理。

第二章 信息披露主体和披露方式

第六条 产品信息披露主体为保险公司。

保险公司保险销售人员、保险中介机构及其从业人员应当按照保险公司提供的产品信息披露材料，向社会公众介绍或提供产品相关信息。

第七条 产品信息披露对象包括投保人、被保险人、受益人及社会公众。保险公司应当向社会公众披露其产品信息，接受保险监管部门及社会公众的监督。保险公司及其保险销售人员、保险中介机构及其从业人员应当在售前、售中、售后及时向投保人、被保险人、受益人披露应知的产品信息，维护保险消费者的合法权益。

第八条 保险公司可以通过以下渠道披露产品信息材料：

（一）保险公司官方网站、官方公众服务号等自营平台；

（二）中国保险行业协会等行业公共信息披露渠道；

（三）保险公司授权或委托的合作机构和第三方媒体；

（四）保险公司产品说明会等业务经营活动；

（五）保险公司根据有关要求及公司经营管理需要，向保险消费者披露产品信息的其他渠道。

第九条 中国保险行业协会、中国银行保险信息技术管理有限公司等机构应当积极发挥行业保险产品信息披露的平台作用，为社会公众及保险消费者提供行业保险产品信息查询渠道。

保险公司在公司官方网站以外披露产品信息的，其内容不得与公司官方网站披露的内容相冲突。

第十条 保险公司的产品信息材料因涉及国家秘密、商业秘密和个人隐私不予披露的，应当有充分的认定依据和完善的保密措施。

第三章 信息披露内容和披露时间

第十一条 保险公司应当根据保险产品审批或备案材料报送内容，披露下列保险产品信息：

（一）保险产品目录；

（二）保险产品条款；

（三）保险产品费率表；

（四）一年期以上的人身保险产品现金价值全表；

（五）一年期以上的人身保险产品说明书；

（六）银保监会规定的其他应当披露的产品材料信息。

第十二条 保险公司销售一年期以上的人身保险产品，应当在销售过程中以纸质或电子形式向投保人提供产品说明书。产品说明书应当结合产品特点，按照监管要求制定。

保险公司通过产品组合形式销售人身保险产品的，应当分别提供每个一年期以上的人身保险产品对应的产品说明书。

第十三条 订立保险合同，采用保险公司提供的格式条款的，保险公司向投保人提供的投保单应当附格式条款及条款查询方式，保险公司应当通过适当方式向投保人说明保险合同的内容，并重点提示格式条款中与投保人有重大利害关系的条款。

第十四条 保险公司在保单承保后，应当为投保人、被保险人、受益人提供电话、互联网等方式的保单查询服务，建立可以有效使用的保单查询通道。

保单查询内容包括但不限于：产品名称，产品条款，保单号，投保人、被保险人及受益人信息，保险销售人员、保险服务人员信息，保险费，交费方式，保险金额，保险期间，保险责任，责任免除，等待期，保单生效日，销售渠道，查询服务电话等。

第十五条 对购买一年期以上的人身保险产品且有转保需求的客户，经双方协商一致，保险公司同意进行转保的，保险公司应当向投保人披露相关转保信息，充分提示客户了解转保的潜在风险，禁止发生诱导转保等不利于客户利益的行为。披露信息包括但不限于以下内容：

（一）确认客户知悉对现有产品转保需承担因退保或保单失效而产生的相关利益损失；

（二）确认客户知悉因转保后年龄、健康状况等变化可能导致新产品保障范围的调整；

（三）确认客户知悉因转保后的年龄、健康状况、职业等变化导致相关费用的调整；

（四）确认客户对转保后产品的保险责任、责任免除、保单利益等产品信息充分知情；

（五）确认客户知悉转保后新产品中的时间期限或需重新计算，例如医疗保险、重大疾病保险产品的等待期、自杀或不可抗辩条款的起算时间等。

第十六条 保险公司决定停止销售保险产品的，应当自决定停止之日起10个工作日内，披露停止销售产品的名称、停止销售的时间、停止销售的原因，以及后续服务措施等相关信息。

第十七条 保险公司应当通过公司官方网站、官方APP、官方公众服务号、客户服务电话等方便客户查询的平台向客户提供理赔流程、理赔时效、理赔文件要求等相关信息。理赔披露内容包括但不限于：

（一）理赔服务的咨询电话等信息；

（二）理赔报案、申请办理渠道，办理理赔业务所需材料清单以及服务时效承诺；

（三）理赔进度、处理依据、处理结果以及理赔金额计算方法等信息。

保险公司应当在产品或服务合约中，提供投诉电话或其他投诉渠道信息。

第十八条 保险公司应当对60周岁以上人员以及残障人士等特殊人群，提供符合该人群特点的披露方式，积极提供便捷投保通道等客户服务，确保消费者充分知悉其所购买保险产品的内容和主要特点。

　　第十九条　保险公司应当在公司官方网站披露本办法第十一条、第十六条规定的产品信息。产品信息发生变更的，保险公司应当自变更之日起10个工作日内更新。上述变更包括产品上市销售、产品变更或修订，以及银保监会规定的其他情形。

第四章　信息披露管理

　　第二十条　保险公司应当加强产品信息披露管理，建立产品信息披露内部管理办法，完善内部管理机制，加强公司网站披露页面建设，强化产品销售过程与售后信息披露监督管理。

　　第二十一条　保险产品信息披露材料应当由保险公司总公司统一负责管理。保险公司总公司可以授权省级分公司设计或修改保险产品信息披露材料，但应当报经总公司批准。除保险公司省级分公司以外，保险公司的其他各级分支机构不得设计和修改保险产品信息披露材料。

　　第二十二条　保险公司不得授权或委托保险销售人员、保险中介机构及其从业人员自行修改保险产品信息披露材料。保险销售人员、保险中介机构及其从业人员不得自行修改代理销售的保险产品信息披露材料。

　　保险公司保险销售人员、保险中介机构及其从业人员使用的产品信息披露材料应当与保险公司产品信息披露材料保持一致。保险中介机构及其从业人员所使用产品宣传材料中的产品信息应当与保险公司产品信息披露材料内容保持一致。

　　第二十三条　保险公司应当加强数据和信息的安全管理，防范假冒网站、假冒APP等的违法活动，并检查网页上外部链接的可靠性。

　　第二十四条　保险公司及其保险销售人员、保险中介机构及其从业人员不得违规收集、使用、加工、泄露客户信息。保险公司应当加强客户信息保护管理，建立客户信息保护机制。

第五章　监督管理

　　第二十五条　保险公司应当对产品信息披露的真实性、准确性、完整性、及时性承担主体责任。

　　保险公司应当指定公司高级管理人员负责管理产品信息披露事务。保险公司负责产品信息披露的高级管理人员、承办产品信息披露的部门负责人员对产品信息披露承担管理责任。保险公司保险销售人员、保险中介机构及其从业人员对产品信息披露材料的使用承担责任。

　　第二十六条　银保监会及其派出机构依法履行消费者权益保护监管职责，通过非现场监管、现场检查、举报调查等手段和采取监管谈话、责令限期整改、下发风险提示函等监管措施，督促保险公司、保险中介机构落实产品信息披露的各项要求，严厉打击侵害消费者权益行为，营造公平有序的市场环境。

　　第二十七条　保险公司、保险中介机构有下列行为之一的，由银保监会及其派出机构依据《中华人民共和国保险法》等法律、行政法规予以处罚：

　　（一）未按照本办法规定披露产品信息且限期未改正；

　　（二）编制或提供虚假信息；

　　（三）拒绝或妨碍依法监督检查；

　　（四）银保监会规定的其他情形。

　　第二十八条　保险公司、保险中介机构未按照本办法规定设计、修改、使用产品信息披露材料的，由银保监会及其派出机构责令限期改正；逾期不改正的，对保险机构处以一万元以上十万元以下的罚款，对其直接负责的主管人员和其他直接责任人员给予警告，并处一万元以上十万元以下的罚款。

第六章　附　　则

　　第二十九条　本办法适用于个人人身保险产品信息披露要求。团体人身保险产品信息披露不适用本办法，另行规定。

　　第三十条　本办法由银保监会负责解释。

　　第三十一条　本办法自2023年6月30日起施行。《人身保险新型产品信息披露管理办法》（中国保险监督管理委员会令2009年第3号）、《关于执行〈人身保险新型产品信息披露管理办法〉有关事项的通知》（保监发〔2009〕104号）和《关于〈人身保险新型产品信息披露管理办法〉有关条文解释的通知》（保监寿险〔2009〕1161号）同时废止。

一年期以上人身保险产品信息披露规则

- 2022 年 12 月 30 日
- 银保监规〔2022〕24 号

第一章　总　　则

第一条　为进一步规范一年期以上人身保险产品信息披露行为，保护投保人、被保险人和受益人的合法权益，根据《人身保险产品信息披露管理办法》（中国银行保险监督管理委员会令 2022 年第 8 号），制定本规则。

第二条　保险公司一年期以上人身保险产品应当按照设计类型，对产品保障水平、利益演示等内容进行详细披露，充分揭示产品的长期属性和各类风险特征，并明示交费方式、退保损失等产品关键内容。

第三条　保险公司销售一年期以上人身保险产品应当向消费者提供产品说明书。其中，分红型、万能型、投资连结型保险产品说明书和其他宣传材料中演示保单利益时，应当根据要求演示产品未来的利益给付。

第四条　保险公司向个人销售分红型、万能型、投资连结型保险产品的，所提供的投保单应当包含投保人确认栏，由投保人通过线上或者线下形式，全文抄录或者其他方式录入语句"本人已阅读保险条款、产品说明书和投保提示书，了解本产品的特点和保单利益的不确定性"，并签字确认。

第五条　保险公司销售分红型、万能型、投资连结型保险的，应当在公司官方网站、公司官方公众服务号等自营平台为投保人提供保单状态报告、红利通知等信息查询路径，并按投保人要求，通过邮寄、电子邮件等形式，及时将相关利益信息材料送达投保人。

第六条　保险公司销售普通型、分红型、万能型、投资连结型保险产品，不得与银行储蓄、银行理财、基金、国债等进行收益简单比较，也不得对投保人、被保险人、受益人及社会公众进行误导宣传。

保险公司应当在保险合同中，向投保人提供投诉电话或者其他投诉渠道信息。

第二章　普通型保险产品信息披露

第七条　普通型保险产品的产品说明书应当包括但不限于以下内容：

（一）产品基本特征

产品的保险责任、责任免除、投保范围、保险期间、交费方式、保单利益、等待期、犹豫期等。

（二）利益演示

1. 以表格形式演示普通型保险各保单年度末的保单利益，表格中至少应当包括以下要素：

（1）各年度保险费及累计保险费；

（2）满期给付、身故给付、疾病给付、医疗补偿、退保金等保证利益。

2. 保险期间 10 年或者少于 10 年的，应当逐年演示各保单年度末的保单利益；保险期间大于 10 年的，应当逐年演示前 10 年各保单年度末的保单利益。

（三）犹豫期及退保

1. 犹豫期的起算时间、天数及投保人在犹豫期内享有的权利；

2. 犹豫期后退保需扣除的费用以及退保金的计算方法。

第三章　分红型保险产品信息披露

第八条　分红型保险产品的产品说明书应当包括但不限于以下内容：

（一）风险提示

在产品说明书显著位置用比正文至少大一号的黑体字突出提示该产品为分红型保险产品。保单持有人可以保单红利的形式享有保险公司分红型保险产品的盈余分配权，提示未来的保单红利为非保证利益，其红利分配是不确定的。其中，采用增额方式分红的，应当特别提示终了红利的领取条件。

（二）产品基本特征

产品的保险责任、责任免除、投保范围、保险期间、交费方式、保单利益，以及分红型保险产品的主要投资策略等。

（三）红利及红利分配

1. 说明产品的红利来源，包括死差、费差、利差等，并作出简要解释；

2. 说明产品红利分配的方式，属于现金红利还是增额红利，是否具有终了红利，并作出简要解释；

3. 说明红利实现方式，包括直接领取、抵交保险费、累积生息或者其他方式；

4. 说明红利分配政策以及确定保单红利水平的影响因素。

（四）利益演示

1. 以表格形式演示分红型保险产品各保单年度末的保单利益，表格中至少应当包括以下要素：

（1）各年度保险费及累计保险费；

（2）满期给付、身故给付、退保金等保证利益；

（3）当年度红利、累积红利等非保证利益。

采用增额方式分红的，可以在表格中演示终了红利，但应当特别说明终了红利的领取条件。红利累积生息利率不得高于产品评估利率。

2. 保险公司对分红型保险产品演示保单利益时，应当采用保证利益演示和红利利益演示两档演示产品未来的利益给付，用于利益演示的利差水平分别不得高于0、4.5%减去产品预定利率。

3. 保险期间10年或者少于10年的，应当逐年演示各保单年度末的保单利益；保险期间大于10年的，应当逐年演示前10年各保单年度末的保单利益。

4. 利益演示应当用醒目字体标明该利益演示是基于公司的精算及其他假设，不代表公司历史经营业绩，也不代表对公司未来经营业绩的预期，保单的红利分配是不确定的。

5. 利益演示时，不得披露用于演示的分红型保险产品的投资回报率。

（五）犹豫期及退保

1. 犹豫期的起算时间、天数及投保人在犹豫期内享有的权利；

2. 犹豫期后退保需扣除的费用以及退保金的计算方法。

第九条 保险公司应当在保险合同条款中约定每年至少向投保人提供一份红利通知。红利通知应当包含以下内容：

（一）保险单信息，包括保险产品名称、保险单编号、保险单生效日、投保人姓名、被保险人姓名、报告期间等；

（二）保单各年度保险费以及至上一保单年度末该投保人已分配的红利总额；

（三）红利分配政策；

（四）本年度公司红利分配额度以及分配给投保人的红利总额；

（五）本年度分配给该投保人的红利。

第十条 保险公司应当于每年分红方案宣告后15个工作日内，在公司官方网站上披露该分红期间下各分红型保险产品的红利实现率。采用现金红利分配方式的，披露现金红利实现率。采用增额红利分配方式的，披露增额红利实现率和终了红利实现率。各产品红利实现率计算方法：

（一）现金红利实现率＝实际派发的现金红利金额/红利利益演示的现金红利金额；

（二）增额红利实现率＝实际派发的红利保额/红利利益演示的红利保额；

（三）终了红利实现率＝实际派发的终了红利金额/红利利益演示的终了红利金额。

保险公司在计算各产品红利实现率时，以4.5%减去产品预定利率为利益演示基础。

若同一产品对应不同账户，应当分别披露该产品不同账户下的红利实现率。除向投保人提供红利通知书和在公司官方网站披露红利实现率外，保险公司不得向公众披露或者宣传分红型保险产品的经营成果或者分红水平。

第十一条 分红型保险产品的回访应当包括以下内容：确认投保人是否知悉宣传材料上的利益演示是基于公司精算假设，保单的红利分配是不确定的。

第四章 万能型保险产品信息披露

第十二条 产品说明书应当包括但不限于以下内容：

（一）风险提示

1. 在产品说明书显著位置用比正文至少大一号的黑体字提示该产品为万能型产品，结算利率超过最低保证利率的部分是不确定的。

2. 提供灵活交费方式的，还应当特别提示投保人停止交费可能产生的风险和不利后果。

（二）产品基本特征

万能型保险产品的运作原理，产品的保险责任、责任免除、投保范围、保险期间、交费方式、保单利益，以及万能险的主要投资策略等。

（三）保单账户

1. 保单账户价值的计算说明；

2. 逐项列明收取的各项费用、费用扣除比例（或者金额）及扣费时间；

3. 提供持续奖金的，说明持续奖金发放的条件和金额。

（四）利益演示

1. 以表格形式演示万能型产品各保单年度末的保单利益，表格中至少应当包括以下要素：

（1）期交或者趸交保险费、追加保险费以及累计保险费；

（2）收取的各项费用，其中初始费用、保单管理费、风险保费等主要费用需逐项列明；

（3）进入万能保单账户的价值；

（4）不同假设结算利率下，各保单年度末保单账户价值、身故给付金额和现金价值。

2. 保险公司对万能型保险产品演示保单利益时，应当采用最低保证利益演示和万能结息利益演示两档演示产品未来的利益给付，用于利益演示的假设结算利率分别不得高于最低保证利率和4%。

3. 保险期间10年或者少于10年的，应当逐年演示各保单年度末的保单利益；保险期间大于10年的，应当逐年演示前10年各保单年度末的保单利益。

4. 利益演示时，应当注明用于演示的万能型保险产品的假设结算利率，并用醒目字体注明该利益演示是基于公司的精算及其他假设，不代表公司历史经营业绩，也不代表对公司未来经营业绩的预期，最低保证利率之上的投资收益是不确定的，实际保单账户利益可能低于利益演示水平。

（五）犹豫期及退保

1. 犹豫期的起算时间、天数，及投保人在犹豫期内享有的权利。

2. 犹豫期后退保需扣除的费用以及退保金的计算方法。

第十三条　保险公司应当以不低于万能产品的结息频率在公司官方网站上公布当次的日结算利率和年化结算利率。

保险公司应当在公司官方网站上保留至少最近10年万能型保险产品各次结算利率的历史信息，供社会公众查询。运作时间不足10年的，应当保留万能型保险产品开办以来各次结算利率的全部历史信息。

第十四条　保单期满前，保单账户余额不足以支付当前的风险保费及其他费用的，保险公司应当通过电话、短信等形式催告投保人，并且告知不按时支付相关费用的法律后果。

第十五条　保险公司应当在保险合同条款中约定每年至少向投保人提供一份保单状态报告。保单状态报告应当包含以下内容：

（一）保险单信息，包括保险产品名称、保险单编号、保险单生效日、投保人姓名、被保险人姓名、报告期间等。

（二）报告期内本保单账户价值变动情况：

1. 期初保单账户价值；

2. 本期保单账户价值增加情况，包括基本保险费、额外保险费、趸交保险费、追加保险费、累计保险费、初始费用（扣除项）、保单账户结算收益、持续奖金等；

3. 本期保单账户价值减少情况，包括风险保费、保单管理费、部分领取等；

4. 期末保单账户价值。

（三）报告期内各月的年化结算利率。

保单状态报告不得用于销售宣传等其他目的。

第十六条　万能型保险产品回访应当包括以下内容：

（一）确认投保人是否知悉超过最低保证利率的收益是不确定的，收益多少取决于公司实际经营情况；

（二）确认投保人是否知悉费用扣除项目及扣除的比例或者金额。

第十七条　保险公司在向个人客户销售万能型产品时，应当通过问卷等形式对投保人进行风险告知并由投保人签字确认。风险告知中包括但不限于费用扣除项目及扣除比例或者金额、账户价值计算方法，以及投资收益不确定和退保损失等情况。

保险公司不得在风险告知过程中误导投保人或者代为操作，确保风险告知结果的真实性和有效性。

第五章　投资连结型保险产品信息披露

第十八条　保险公司开发的投资连结型保险产品赋予投保人在犹豫期内将保险费转入投资账户选择权的，应当在保险条款和投保单中载明。保险公司应当提示投保人在投保单上注明是否在犹豫期内将合同约定的保险费转入投资账户。

选择在犹豫期内将保险费转入投资账户的投保人，在犹豫期内解除合同的，除保单工本费和资产管理费以外，保险公司应当退还账户余额以及其他收取的各项费用；选择犹豫期满后将保险费转入投资账户的投保人,在犹豫期内解除合同的,保险公司应当退还除保单工本费以外的其他全部保险费。

第十九条 投资连结型产品的产品说明书应当包括但不限于以下内容:

(一)风险提示

1. 在产品说明书显著位置用比正文至少大一号的黑体字提示该产品为投资连结型保险产品,产品投资风险由投保人承担。

2. 提供灵活交费方式的,还应当特别提示投保人停止交费可能产生的风险和不利后果。

(二)产品基本特征

投资连结型保险产品的运作原理,产品的保险责任、责任免除、投保范围、保险期间、交费方式等。

(三)投资账户情况说明

1. 产品所连结的各投资账户的资产配置目标、原则、投资策略、投资工具及比例等。

2. 产品所连结的各投资账户过去10年每月末账户卖出单位价格变化图;投资账户运作时间不足10年的,则为其存续时间内每月末账户的卖出单位价格变化图。

3. 各投资账户提取的各项费用及提取时间。

4. 投资单位价值评估方法。

5. 各投资账户面临的主要投资风险。

6. 在投资账户设定投资业绩比较基准的情况下,说明投资业绩比较基准及计算方法。

委托商业银行进行资产托管的投连产品,还应当披露资产托管银行名称。

7. 投资账户相互转换情况。

(四)利益演示

1. 利益演示应当以表格形式预测投资部分的未来利益给付情况,且至少应当包括以下项目:

(1)期交或者趸交保险费、追加保险费以及累计保险费;

(2)收取的各项费用,其中初始费用、保单管理费、风险保费等主要费用需逐项列明;

(3)进入投资账户的价值;

(4)不同假设投资回报率下的投资账户价值、身故给付金额和现金价值。

2. 保险公司对投资连结型保险产品演示保单利益时,应当采用乐观、中性、不利三档情景演示产品未来的利益给付,用于利益演示的假设投资回报率分别不得高于6%、3.5%和1%。

3. 保险期间10年或者少于10年的,应当逐年演示各保单年度末的保单利益;保险期间大于10年的,应当逐年演示前10年各保单年度末的保单利益。

4. 利益演示应当注明投资连结型保险产品对应资产的假设投资回报率,并用醒目字体标明该利益演示基于公司的投资收益假设,不代表公司历史经营业绩,也不代表对公司未来经营业绩的预期,实际投资收益可能出现负值。

(五)犹豫期及退保

1. 犹豫期的起算时间及天数。

2. 投保人在犹豫期内的选择权以及不同选择权下犹豫期内解除保险合同应当退还的金额。

3. 犹豫期后退保需扣除的费用以及退保金的计算方法。

第二十条 保单期满前,保单账户余额不足以支付当前的风险保费及其他费用的,保险公司应当及时催告投保人,并且告知不按时支付相关费用的法律后果。

第二十一条 开办投资连结型保险产品的保险公司每周应当至少在公司官方网站或者具有较大影响力的全国性媒体上公告一次投资账户单位价格。

保险公司应当在公司官方网站上保留至少最近10年的投资账户单位价格历史信息;运作时间不足10年的,应当保留投资连结型保险产品开办以来投资账户单位价格的全部历史信息。

保险公司在公司官方网站上公布的投资账户单位价格的历史信息应当方便公众查询。

第二十二条 开办投资连结型保险产品的保险公司每半年应当至少在公司官方网站及具有较大影响力的全国性媒体上发布一次信息公告。信息公告应当包括以下内容:

(一)各投资账户简介,包括投资策略、主要投资工具及各类资产比例;

(二)各投资账户财务状况的简要说明;

(三)列表比较各投资账户自设立以来各年度的投资回报率;

(四)投资连结型保险产品账户资产估值原则,包括上市交易和未上市交易的各类证券品种的估值原则和处理方法;

(五)投资连结型保险产品账户投资回报率,及其他涉及业绩表现的财务指标计算公式;

(六)报告期末股票资产中各行业股票市值及

占比；

（七）报告期末债券资产中各类债券账面余额及占比，不同信用等级的债券账面余额及占比；

（八）报告期末基金资产中各类基金净值及占比；

（九）报告期内资产托管银行变更情况；

（十）其他根据银保监会要求应当公开披露的信息。

第二十三条 保险公司经营投连产品，发生银保监会规定的应当发布临时报告的事项，应当按照相关规定披露信息。

第二十四条 保险公司应当在保险合同条款中约定每年向投保人提供一份保单状态报告，保单状态报告应当包含以下内容：

（一）保险单信息，包括保险产品名称、保险单编号、保险单生效日、投保人姓名、被保险人姓名、报告期间等；

（二）保单周年日（若保单周年日为资产评估日）或者保单周年日后第一个资产评估日（若保单周年日为非资产评估日）各投资账户余额，包括持有的单位数、单位价值、账户价值总额；

（三）报告期间保单项下各投资单位数变动情况及报告期初和期末各投资账户余额；

（四）逐笔列示报告期间内发生的期交或者趸交保险费、部分领取、账户转换、保单管理费、死亡风险保险费、追加保险费等事项；

（五）报告期间发生的其他需要告知投保人的重要信息。

保单状态报告不得用于销售宣传等其他目的。

第二十五条 投资连结型保险产品回访应当包括以下内容：

（一）确认投保人是否知悉投资连结型保险产品的投资回报是不确定的，实际投资收益可能会出现亏损；利益演示仅基于假定的投资收益，不代表未来的实际收益；

（二）确认投保人是否知悉费用扣除项目及扣除比例或者金额。

第六章 其他一年期以上人身保险产品信息披露

第二十六条 个人税收递延型商业养老保险、个人税收优惠型健康保险、费率可调的长期医疗保险、专属商业养老保险的产品信息披露按照银保监会的相关规定执行。

第二十七条 银行代理渠道、互联网渠道、电话销售渠道的产品信息披露，如有特殊要求的，按照银保监会的相关规定执行。

第七章 监督管理

第二十八条 保险公司违反本规则有关规定的，银保监会及其派出机构将依法依规追究保险公司和相关责任人责任。

第八章 附 则

第二十九条 本规则适用于人身保险公司经营的一年期以上人身保险产品信息披露要求。

第三十条 本规则自 2023 年 6 月 30 日起施行。自本规则施行之日起，保险公司报送银保监会审批或者备案的一年期以上人身保险产品应当符合本规则要求。

第三十一条 一年期以上普通型人身保险产品说明书应当作为保险产品审批或者备案材料向银保监会报送。

第三十二条 本规则由银保监会负责解释。

普通型人身保险精算规定

· 2020 年 1 月 21 日
· 银保监办发〔2020〕7 号

第一部分 适用范围

一、本规定适用于普通型人身保险，包括人寿保险、年金保险、健康保险和意外伤害保险。

第二部分 保险金额

二、个人普通型人寿保险和个人护理保险产品，死亡保险金额或护理责任保险金额与累计已交保费的比例应符合以下要求：

到达年龄	比例下限
18-40 周岁	160%
41-60 周岁	140%
61 周岁以上	120%

其中，到达年龄是指被保险人原始投保年龄加上当时保单年度数，再减去 1 后所得到的年龄。

个人普通型人寿保险的死亡保险责任至少应当包括疾病身故保障责任和意外身故保障责任。

三、对于保额递减的个人定期寿险,上述比例使用保险期间内的平均死亡保险金额计算,平均死亡保险金额按照保险期间内各保单年度死亡保险金额的算术平均计算。

第三部分 保险费

四、保险公司厘定保险费,应当符合一般精算原理,采用公平、合理的定价假设。

五、保险公司厘定保险费的计算基础:

(一)预定利率

保险期间一年以上的产品,保险公司在厘定保险费时,应根据公司历史投资回报率经验和对未来的合理预期及产品特性按照审慎原则确定预定利率。

(二)预定发生率

保险公司在厘定保险费时,应以公司实际经验数据和行业公开发布的经验发生率表等数据为基础,同时考虑未来的趋势和风险变化,按照审慎原则确定预定发生率。

(三)预定附加费用率

保险公司在厘定保险费时,各保单年度的预定附加费用率由保险公司自主设定,但平均附加费用率不得超过下表规定的上限。平均附加费用率是指保单各期预定附加费用精算现值之和占保单毛保费精算现值之和的比例。

保险期间一年以上普通型人身保险平均附加费用率上限					
业务类型	交费方式	年金保险	两全保险	定期寿险、终身寿险、健康保险、意外伤害保险	
个人	期交	16%	18%	35%	
	趸交	8%	10%	18%	
团体	期交	10%	/	15%	
	趸交	5%	/	8%	

保险期间一年及以内普通型人身保险平均附加费用率上限	
个人	35%
团体	25%

六、保险公司应当对定价假设相关参数进行定期回顾与分析,并根据公司实际经验及时调整相关参数。

七、保险期间超过一年或者保险期间虽不超过一年但含有保证续保条款且保证费率的期间超过一年的产品,保险公司在产品定价时应进行利润测试。

含有保证续保条款且保证费率是指,在保证续保期间内,在前一保险期间届满前,投保人提出续保申请,保险公司必须按照原条款和保证费率继续承保的合同约定。

第四部分 现金价值

八、保险期间一年以上的产品应按照第九条至第十二条计算保单现金价值。保险期间一年及以内的产品应按照第十三条计算保单现金价值。

九、保险期间一年以上的产品保单年度末保单价值准备金

保单年度末保单价值准备金是指为计算保单年度末保单最低现金价值,按照本条所述计算基础和计算方法算得的准备金数值。

(一)计算基础

1. 发生率采用险种报备时厘定保险费所使用的预定发生率;

2. 个人普通型人身保险的附加费用率采用下表规定的数值进行计算:

保单年度类别			第一年	第二年	第三年	以后各年
趸交		定期寿险、终身寿险、健康保险、意外伤害保险	18%	/	/	/
		两全保险	10%	/	/	/
		年金保险	8%	/	/	/
期交	交费期为10年以下	定期寿险、终身寿险、健康保险、意外伤害保险	65%	50%	35%	10%
		两全保险	35%	20%	20%	10%
		年金保险	30%	20%	15%	10%
	交费期为10年至19年	定期寿险、终身寿险、健康保险、意外伤害保险	80%	75%	60%	10%
		两全保险	45%	25%	25%	10%
		年金保险	40%	25%	15%	10%

续表

年度类别		保单第一年	第二年	第三年	以后各年
期交交费期为20年及以上	定期寿险、终身寿险、健康保险、意外伤害保险	85%	80%	75%	10%
	两全保险	50%	25%	25%	10%
	年金保险	45%	25%	15%	10%

团体普通型人身保险的附加费用率由公司自主审慎确定。

3. 利率采用险种报备时厘定保险费所使用的预定利率加上2%。

（二）计算方法

1. 根据该保单的保险责任和各保单年度净保费，按上述计算基础采用"未来法"计算。对确实不能用"未来法"计算的，可以采用"过去法"计算。

2. 保单各保单年度净保费为该保单年度的毛保费扣除附加费用。其中，毛保费是指按保单年度末保单价值准备金的计算基础重新计算的保险费，附加费用为毛保费乘以上表中规定的附加费用率。

（三）保单年度末保单价值准备金不包括该保单在保单年度末的生存给付金额。

十、保险期间一年以上的产品保单年度末保单最低现金价值

保单年度末保单最低现金价值是保险公司确定保单现金价值最低标准，其计算公式为：

$MCV = R \times \max(PVR, 0)$

系数 r 按下列公式计算：

$r = k + \dfrac{t \times (1-k)}{\min(20, n)}, t < \min(20, n)$

$r = 1, t \geq \min(20, n)$

其中：

MCV 为保单年度末保单最低现金价值；

PVR 为保单年度末保单价值准备金；

n 为保单交费期间（趸交保费时，n=1）；

t 为已经过保单年度，t=1,2,…；

参数 k 的取值按如下标准：

k 值			
业务类型	年金保险	两全保险	定期寿险、终身寿险、健康保险、意外伤害保险
期交个人业务	0.9	0.85	0.8
期交团体业务	0.95	/	0.85
趸交个人业务	1	1	1
趸交团体业务	1	/	1

十一、保险期间一年以上的产品保单年度末保单现金价值

保险公司可以将按本规定所确定的保单年度末保单最低现金价值作为保单年度末保单现金价值，也可以按其他合理的计算基础和方法确定保单现金价值，但要保证其数值不低于按本规定所确定的保单年度末保单最低现金价值。

养老年金保险自领取生存保险金之日起，剩余保单年度的保单现金价值可以由保险合同约定。

十二、保险期间一年以上的产品，保单年度中保单现金价值根据保单年度末保单现金价值按合理的方法确定。

十三、保险期间一年及以内的产品，保单年度中保单最低现金价值按照未经过保费方法确定。

第五部分　责任准备金

十四、责任准备金的计算基础

（一）评估利率

保险期间一年以上的产品评估利率不得高于下面两项的较低值：

1. 中国银保监会公布的未到期责任准备金评估利率；

2. 该险种厘定保险费所使用的预定利率。

（二）评估死亡率

人身保险评估死亡率采用《中国人身保险业经验生命表（2010—2013）》所提供的数据。

保险公司应根据产品特征，按照审慎性原则整体考虑同一产品或产品组合的全部保单，按照《关于使用〈中国人身保险业经验生命表（2010—2013）〉有关事项的通知》（保监发〔2016〕108号）

的具体规定选择生命表。

(三)健康保险评估赔付假设

1. 健康保险责任准备金计算使用的发生率、赔付金额等赔付假设,应严格执行相关监管规定。没有监管规定的,应按如下执行:

(1)公司可以参考自身经验和外部数据确定赔付假设,后续也可根据实际经验情况进行变更。

(2)公司确定的赔付假设应当充足审慎,并根据实际经验每年检视。

(3)当公司赔付假设与实际经验相比出现不足,且非正常波动或偶然性原因,应及时调整评估假设,并按调整后假设增提责任准备金。

(4)赔付假设充足性应当在产品类别或更细层面进行评估。产品如果有多项健康保险责任的赔付假设,可以合并评估。

2. 对健康保险中包含的费用型医疗责任,与医疗费用相关的评估假设应当考虑医疗费用通胀因素。每年通胀比例假设应不低于3%。如果费用型医疗责任有给付限额,则考虑通胀后的医疗费用可以设置给付限额为上限。

十五、保险期间一年以上产品未到期责任准备金的计算方法

保险期间一年以上产品会计年度末保单未到期责任准备金应当用"未来法"逐单计算。对确实不能用"未来法"逐单计算的,可以采用"过去法"逐单计算。

(一)平准保费(缴费期内的各期保费相同)

终身年金以外的人身保险采用一年期完全修正方法,终身年金保险采用修正均衡净保费方法。

1. 一年期完全修正方法

(1)首年评估净保费 α 取评估基础下首年责任精算现值

(2)修正后续年净保费 β

按下列公式和未到期责任准备金计算基础计算:

α+β 在交费期初的精算现值 = P^{NL} 在交费期初的精算现值

其中 P^{NL} 为根据法定未到期责任准备金计算基础确定的交费期间均衡净保费。

2. 修正均衡净保费方法

(1)修正后首年净保费 α

α = {1-min(首年预定费用率,r)} * 首年毛保费

其中,个人业务 r = 0.35

团体业务 r = 0.15

(2)修正后续年均衡净保费 β

按下面公式和法定未到期责任准备金计算基础计算:

α+β 在交费期初的精算现值 = P^{NL} 在交费期初的精算现值

其中 P^{NL} 为根据法定未到期责任准备金计算基础确定的交费期间均衡净保费。

3. 根据上述未到期责任准备金计算基础(即评估基础)和修正方法计算修正准备金。

4. 如果按修正方法计算的续年净保费高于毛保费,还应计提保费不足准备金。保费不足准备金为未来各保单年度评估净保费与毛保费之差的精算现值。

5. 保单年度末保单未到期责任准备金为上述修正准备金及保费不足准备金之和,且未到期责任准备金不得低于保单年度末保单现金价值与保单年度末生存给付之和。

6. 会计年度末未到期责任准备金的计算,应当根据所对应的上一保单年度末的保单未到期责任准备金,扣除保单在上一保单年度末的生存给付金额后和该保单年度末保单未到期责任准备金进行插值计算,并加上未到期评估净保费(如果评估净保费大于毛保费,则为未到期毛保费)。

(二)非平准保费(缴费期内的各期保费不同)

1. 保单年度末未到期责任准备金为未来各年责任成本高于该年毛保费部分的精算现值。计算公式如下:

$\sum APV(Max(B_i - P_i, 0))$

其中:

APV 指精算现值,其计算基础从第十四条规定;

B_i 指未来第 i 年的赔付责任成本;

P_i 指未来第 i 年的毛保费。

2. 保单年度末未到期责任准备金不得低于保单年度末保单现金价值与保单年度末生存给付之和。

3. 会计年度末未到期责任准备金的计算,应根据所对应的上一保单年度末的保单未到期责任准备金,扣除保单在上一保单年度末的生存给付金额后和该保单年度末保单未到期责任准备金进行插值计算,并加上未到期毛保费。

4. 附加在投资连结保险或万能保险主险上的普通型附加险不适用本规定。

十六、保险期间一年及以内产品未到期责任

准备金的计算方法

保险期间一年及以内产品提取未到期责任准备金,应当采用下列方法之一:

(一)二十四分之一毛保费法(以月为基础计提);

(二)三百六十五分之一毛保费法(以天为基础计提);

(三)根据风险分布状况可以采用其他更为谨慎、合理的方法,提取的未到期责任准备金不得低于方法(一)和(二)所得结果的较小者。

未到期责任准备金的提取方法一经确定,不得随意更改。

保险期间为一年及以内产品未到期责任准备金的提取金额应当不低于下列两者中较大者:

(一)预期未来发生的赔款与费用扣除相关投资收入之后的余额;

(二)在责任准备金评估日假设所有保单退保时的退保金额。

未到期责任准备金不足的,应当提取保费不足准备金,用于弥补未到期责任准备金和前款两项中较大者之间的差额。

十七、保证责任的额外责任准备金

1. 含有保证续保条款及保证费率的产品,应在当前保险期间结束后提供保证续保及保证费率的期间内计提额外责任准备金。保单年度末额外责任准备金等于,上述期间内各保单年度的预期赔款与费用之和高于保证费率部分的精算现值之和。贴现率不得高于中国银保监会公布的未到期责任准备金评估利率。

2. 提供到期转换选择权的产品,即前一保险期间届满,按照保险合同约定,投保人可以转换成另一个责任和费率均确定的产品,应在当前保险期间内计提额外责任准备金。保单年度末额外责任准备金等于,执行选择权时新承保产品未来各年责任成本现值高于毛保费现值部分的精算现值。贴现率等于责任准备金评估利率。

如果存在多个选择权,只能选择其中一个时,应按额外责任准备金最高的选择权计提;可同时选择多个时,应按所有选择权的额外责任准备金之和计提。

十八、未决赔款准备金

保险公司应在会计年度末计提未决赔款准备金。

(一)对已经发生保险事故并已提出索赔、保险公司尚未结案的赔案,保险公司应当提取已发生已报案未决赔款准备金。保险公司应当采取逐案估计法、案均赔款法等合理的方法谨慎提取已发生已报案未决赔款准备金。

(二)对已经发生保险事故但尚未提出的赔偿或给付,保险公司应当提取已发生未报案未决赔款准备金。对已发生未报案未决赔款准备金,应当根据险种的风险性质和经验数据等因素,至少采用链梯法、案均赔款法、准备金进展法、B-F法、赔付率法中的两种方法评估已发生未报案未决赔款准备金,并选取评估结果的最大值确定最佳估计值。

保险公司总精算师判断数据基础不能确保计算结果的可靠性,或者相关业务的经验数据不足3年的,应当按照不低于该会计年度实际赔款支出的10%提取已发生未报案未决赔款准备金。

十九、责任准备金分组计算

计提前述各项责任准备金时,保险公司应将单个产品或更细维度的分组作为计量单元。如果将具有相似特征的保单分组计算的结果与逐单计算的结果没有实质性差异或无法进行逐单计算,经保险公司总精算师判断后,也可以采用分组方法计算。

二十、会计年度末保单责任准备金

上述各项准备金数额之和是会计年度末保单责任准备金计提的最低标准。保险公司可以采用其他合理的计算基础和评估方法计算会计年度末保单责任准备金,但要保证其数值不低于按本规定所确定的各项准备金数额之和。

(二)人寿险

保险公司养老保险业务管理办法

· 2007年11月2日中国保险监督管理委员会令第4号公布

· 根据2010年12月3日中国保险监督管理委员会令2010年第10号修订

第一章 总 则

第一条 为了规范保险公司养老保险业务,保护养老保险业务活动当事人的合法权益,促进保险业健康发展，推动社会多层次养老保障体系的完善，根据《中华人民共和国保险法》（以下简称《保险法》）等法律、行政法规和国家有关规定，制定本办法。

第二条 中国保险监督管理委员会（以下简称"中国保监会"）鼓励保险公司发挥专业优势，通过个人养老年金保险业务、团体养老年金保险业务、企业年金管理业务等多种养老保险业务，为个人、家庭、企事业单位等提供养老保障服务。

第三条 中国保监会依法对保险公司养老保险业务进行监督管理。

第四条 本办法所称保险公司，是指经保险监督管理机构批准设立并依法登记注册的人寿保险公司、养老保险公司。

第五条 本办法所称养老保险业务，包括个人养老年金保险业务、团体养老年金保险业务和企业年金管理业务。

个人养老年金保险业务和团体养老年金保险业务简称养老年金保险业务。

第六条 本办法所称个人养老年金保险，是指同时符合下列条件的人寿保险产品：

（一）以提供养老保障为目的；

（二）由个人向保险公司交纳保险费；

（三）保险合同约定被保险人生存至特定年龄时，可以选择由保险公司分期给付生存保险金；

（四）分期给付生存保险金的，相邻两次给付的时间间隔为一年或者不超过一年。

个人养老年金保险产品的具体范围由中国保监会另行规定。

第七条 本办法所称团体养老年金保险，是指同时符合下列条件的人寿保险产品：

（一）以提供养老保障为目的，并由保险公司以一份保险合同承保；

（二）不以购买保险为目的组织起来的团体投保，并以投保团体5人以上的特定成员为被保险人；

（三）保险合同约定被保险人生存至国家规定的退休年龄时，可以选择由保险公司分期给付生存保险金；

（四）分期给付生存保险金的，相邻两次给付的时间间隔为一年或者不超过一年。

第八条 本办法所称企业年金管理业务，是指保险公司根据国家有关规定从事的企业年金基金受托管理、账户管理、投资管理等有关业务。

第九条 保险公司经营养老保险业务，适用本办法。

第二章 经营主体

第十条 人寿保险公司、养老保险公司经中国保监会核定，可以经营养老保险业务。

经营企业年金管理业务依法需经有关部门认定经办资格的，还应当经过相应的资格认定。

第十一条 养老保险公司经营企业年金管理业务，可以在全国展业。

第十二条 养老保险公司应当具备完善的公司治理结构和内部控制制度，建立有效的风险管理体系。

第十三条 养老保险公司应当按照中国保监会的规定设置独立董事，对养老保险公司的经营活动进行独立客观的监督。

第十四条 对养老保险公司的管理，本办法没有规定的，适用中国保监会对保险公司管理的有关规定。

第三章 养老年金保险业务

第一节 产品管理

第十五条 保险公司应当积极进行养老保险产品创新，根据市场情况开发适合不同团体和个人需要的养老保险产品。

鼓励保险公司开发含有终身年金领取方式的个人养老年金保险产品。

第十六条 保险公司拟定养老年金保险条款和保险费率，应当按照中国保监会的有关规定报送审批或者备案。

第十七条 除投资连结型、万能型个人养老年金保险产品外，个人养老年金保险产品应当在保险合同中提供保单现金价值表。

第十八条 团体养老年金保险的被保险人分担缴费的，保险合同中应当明确投保人和被保险人各自缴费部分的权益归属，被保险人缴费部分的权益应当完全归属其本人。

第十九条 团体养老年金保险合同应当约定被保险人在离职时，有权通过投保人向保险公司申请提取该被保险人全部或者部分已归属权益。

第二十条 团体养老年金保险合同设置公共

账户的,被保险人缴费部分的权益不得计入公共账户。

保险公司不得利用公共账户谋取非法利益。

第二节 经营管理

第二十一条 养老年金保险产品的说明书、建议书和宣传单等信息披露材料应当与保险合同相关内容保持一致,不得通过夸大或者变相夸大保险合同利益、承诺高于保险条款规定的保底利率等方式误导投保人。

第二十二条 保险公司销售投保人具有投资选择权的养老年金保险产品,应当在投保人选择投资方式前,以书面形式向投保人明确提示投资风险,并由投保人签字确认。

第二十三条 对投保人具有投资选择权的养老年金保险产品,在保险合同约定的开始领取养老金年龄的前5年以内,保险公司不得向投保人推荐高风险投资组合。

个人养老年金保险的投保人自愿选择高风险投资组合的,保险公司应当制作独立的《高风险投资组合提示书》,明确提示投资风险;投保人坚持选择的,应当在《高风险投资组合提示书》上签字确认。

第二十四条 对投保大额个人养老年金保险的投保人,保险公司应当对其财务状况、缴费能力等方面进行必要的财务核保。

第二十五条 保险公司销售个人养老年金保险产品,应当对其所包含的各种养老年金领取方式,向投保人提供领取金额示例。

第二十六条 对同一投保团体在不同省、自治区、直辖市的成员,保险公司可以统一承保团体养老年金保险。

投保人为法人的,由该法人住所地的保险公司签发保单;投保人不是法人的,由多数被保险人所在地的保险公司签发保单。

第二十七条 保险公司销售团体养老年金保险产品,应当对团体养老年金保险投保、退保事宜进行谨慎审查。

第二十八条 保险公司销售团体养老年金保险产品,应当要求投保人提供下列材料:

(一)所有被保险人名单和身份证复印件;

(二)证明被保险人已同意投保团体养老年金保险事宜的有关书面文件。

第二十九条 保险公司销售团体养老年金保险合同,应当向每个被保险人签发保险凭证。

保险凭证应当记载团体养老年金保险合同约定的保险责任,以及被保险人享有的合同权益。

第三十条 团体养老年金保险的投保人退保的,保险公司应当要求其提供已通知被保险人退保事宜的有效证明,并以银行转账方式将退保金退至投保人单位账户。

第三十一条 保险公司经营团体养老年金保险,应当在合同到期给付时,要求投保人提供被保险人达到国家规定退休年龄的有效证明。因特殊情况提前退休的,可以在办理退休手续后重新计算领取金额。

第三十二条 保险公司销售分红型、万能型、投资连结型养老年金保险产品,应当按照中国保监会的要求向投保人、被保险人或者受益人寄送保单状态报告、业绩报告等有关材料。

第三十三条 保险公司应当加强对养老保险业务销售人员和管理人员的培训与管理,提高其职业道德和业务素质,不得唆使、误导销售人员和管理人员进行违背诚信义务的活动。

第三十四条 保险公司经营养老年金保险业务,应当遵守中国保监会对保险资金运用的有关规定。

第三十五条 保险公司经营养老保险业务按照中央和地方政府的有关政策享受税收优惠。

第四章 企业年金管理业务

第三十六条 担任企业年金基金受托人的保险公司,应当与委托人签订受托管理企业年金基金的书面合同,并应当根据该书面合同,依法审慎选择合格的账户管理人、托管人和投资管理人。

担任企业年金基金账户管理人、投资管理人的保险公司,应当与企业年金基金受托人签订受托管理企业年金基金账户或者受托投资管理企业年金基金的书面协议。

本条所称委托人,是指设立企业年金的企业及其职工。

第三十七条 保险公司委托保险代理机构代办有关企业年金管理业务的,应当遵守国家有关规定,并同时符合下列要求:

(一)与保险代理机构签订书面的《委托代理协议》;

(二)自上述《委托代理协议》签订之日起 5 日以内,向中国保监会的当地派出机构提交《委托代理协议》复印件、《委托代理服务可行性分析报告》和《委托代理服务管理办法》;

(三)中国保监会规定的其他要求。

第三十八条　保险公司对企业年金基金的投资管理,应当遵循审慎的投资原则,并不得违反国家对企业年金基金投资管理的有关规定。

第三十九条　企业年金受益人有投资选择权的,保险公司应当在其选择投资方式前,以书面形式向其明确提示投资风险。

第四十条　企业年金受益人有投资选择权的,在其达到国家规定退休年龄的前 5 年以内,保险公司不得向其推荐高风险投资组合。

受益人自愿选择高风险投资组合的,保险公司应当制作独立的《高风险投资组合提示书》,明确提示投资风险;受益人坚持选择的,应当在《高风险投资组合提示书》上签字确认。

第四十一条　保险公司经营企业年金管理业务,应当按照国家有关规定,定期提交有关企业年金基金管理报告、企业年金基金账户管理报告、投资管理报告。

第四十二条　保险公司应当按照中国保监会的规定,向中国保监会提交企业年金基金管理情况报告。

第四十三条　保险公司经营企业年金管理业务的统计和财务会计活动,应当符合国家统计和财务会计管理的法律、行政法规以及其他有关规定。

第五章　法律责任

第四十四条　保险公司违反本办法规定经营养老年金保险业务,由中国保监会及其派出机构依法进行处罚。

第四十五条　对违反本办法经营养老保险业务的行为负有直接责任的保险公司董事、高级管理人员,中国保监会或者当地派出机构可以视情形进行监管谈话。

第四十六条　对违反《保险法》规定经营养老年金保险业务、尚未构成犯罪的行为负有直接责任的保险公司董事、监事和高级管理人员和其他直接责任人员,由中国保监会或者当地派出机构区别不同情况给予警告,并处以 1 万元以上 10 万元以下的罚款;情节严重的,撤销任职资格或者从业资格。

第六章　附　则

第四十七条　本办法由中国保监会负责解释。

第四十八条　保险公司经营具有养老保障功能的个人两全保险业务,适用本办法对个人养老年金保险业务的有关规定。

前款所称个人两全保险产品的具体范围,由中国保监会另行规定。

第四十九条　本办法自 2008 年 1 月 1 日起施行。

养老保障管理业务管理办法

- 2015 年 7 月 30 日
- 保监发〔2015〕73 号

第一章　总　则

第一条　为规范养老保险公司养老保障管理业务经营行为,保护养老保障管理业务活动当事人的合法权益,促进保险业积极参与多层次养老保障体系建设,根据《中华人民共和国保险法》等法律法规,制定本办法。

第二条　本办法所称养老保险公司,是指经中国保险监督管理委员会(以下简称中国保监会)批准设立并依法登记注册的商业养老保险公司。

第三条　本办法所称养老保障管理业务,是指养老保险公司作为管理人,接受政府机关、企事业单位及其他社会组织等团体委托人和个人委托人的委托,为其提供养老保障以及与养老保障相关的资金管理服务,包括方案设计、受托管理、账户管理、投资管理、待遇支付、薪酬递延、福利计划、留才激励等服务事项。

第四条　养老保险公司开展养老保障管理业务,应当遵守法律、行政法规和中国保监会等监管机构的规定,遵循自愿、公平、诚实信用原则,不得损害客户的合法权益和社会公共利益。

第五条　养老保险公司开展养老保障管理业务,应当充分了解委托人的需求,遵循风险匹配原则,充分发挥养老保险公司在受托管理、账户管理、投资管理、风险管理和年金给付等方面的综合优势,向委托人提供合适的产品和服务。

第六条 中国保监会依据法律、行政法规和本办法的规定,对养老保险公司开展养老保障管理业务进行监督管理。中国保监会派出机构在中国保监会授权范围内履行监管职责。

第二章 业务规范

第七条 养老保险公司开展养老保障管理业务,应当具备完善的公司治理结构、健全的内部控制制度、科学的投资决策体系以及规范的业务操作流程。

第八条 养老保险公司开展养老保障管理业务,可以在全国范围内展业,但应当具备与展业活动相适应的客户服务能力。

第九条 养老保险公司开展个人养老保障管理业务,应当具备企业年金业务或者保险业务两年以上经营经验。

第十条 养老保险公司开展养老保障管理业务,应当要求委托人以真实身份参与养老保障管理业务并承诺委托资金的来源、用途符合法律法规规定。承诺方式包括书面承诺或网络实名确认等。委托人未做承诺,或者养老保险公司明知委托人身份不真实、委托资金来源或者用途不合法,养老保险公司不得为其办理养老保障管理业务。

第十一条 养老保险公司开展养老保障管理业务,可以采取下列形式:

(一)为单一团体委托人办理单一型养老保障管理业务;

(二)为多个团体委托人办理集合型养老保障管理业务;

(三)为多个个人委托人办理集合型养老保障管理业务。

养老保险公司采取形式(一)开展养老保障管理业务的,受托管理的委托人资金初始金额不得低于5000万元人民币;采取形式(三)开展养老保障管理业务的,封闭式投资组合受托管理的个人委托人资金初始金额不得低于1万元人民币。

第十二条 养老保险公司开展团体养老保障管理业务,应当要求团体委托人提供下列材料:

(一)经董事会决议、职工代表大会或其他决策程序通过的养老保障管理方案,或有关政府部门对养老保障方案的批复、核准文件;

(二)所有受益人名单和身份信息。

如团体养老保障管理业务只有个人缴费,无团体缴费的,上述材料(一)可免于提供。

养老保险公司开展个人养老保障管理业务,应当要求个人委托人提供下列材料:

(一)个人身份信息;

(二)个人资金账户信息。

第十三条 养老保险公司开展养老保障管理业务,应当依照法律、行政法规和本办法的规定,与委托人签订受托管理合同,就双方的权利、义务和相关事宜做出明确约定。受托管理合同应当包括下列基本事项:

(一)委托人资金的缴费规则;

(二)投资范围、投资限制和投资比例;

(三)投资策略和管理期限;

(四)委托人资金的管理方式和管理权限;

(五)各类风险揭示;

(六)委托人账户信息的提供及查询方式;

(七)当事人的权利与义务;

(八)管理费用的计算方法和支付方式;

(九)其他服务内容及其费用的提取、支付方式;

(十)合同解除和终止的条件、程序及客户资产的清算返还事宜;

(十一)违约责任和纠纷的解决方式;

(十二)中国保监会规定的其他事项。

第十四条 养老保险公司开展养老保障管理业务,应当履行下列职责:

(一)建立、维护委托人和受益人账户信息,并向委托人和受益人提供账户查询服务;

(二)制定基金投资策略并进行投资管理;

(三)定期估值并与资产托管人核对;

(四)监督基金管理情况;

(五)计算并办理待遇支付;

(六)定期编制并向委托人提供养老保障管理报告;

(七)妥善保存养老保障管理业务有关记录;

(八)国家规定和合同约定的其他职责。

第十五条 养老保险公司可以自行开展养老保障管理业务的各项工作,也可以委托其他合格金融机构承担部分管理人职责,但应当对其承接的养老保障管理业务承担最终责任。

养老保险公司委托其他合格金融机构承担部

分管理人职责的,应当与选聘的金融机构签订委托管理合同,明确约定各方的权利、义务和相关事宜。

第十六条 养老保险公司开展的养老保障管理业务,不需计提保险责任准备金。

第十七条 养老保险公司开发的养老保障管理产品,应当在销售前向中国保监会备案。

产品备案材料包括以下文件:

(一)《养老保障管理产品备案报送材料清单表》,加盖公司公章;

(二)养老保障管理产品合同文本;

(三)投资组合说明书;

(四)总精算师声明书;

(五)法律责任人声明书;

(六)产品可行性报告;

(七)财务管理办法;

(八)业务管理办法;

(九)投资风险提示函;

(十)中国保监会规定的其他材料。

第十八条 养老保障管理产品主要内容发生变更的,养老保险公司应当在销售前向中国保监会备案。

发生下列情形之一的,属于产品主要内容变更:

(一)产品名称变更;

(二)管理人变更;

(三)管理费费率上调;

(四)主要投资政策变更;

(五)中国保监会规定的其他情形。

产品变更备案材料包括以下文件:

(一)变更备案报送材料清单表,加盖公司公章;

(二)变更原因、主要变更内容的对比说明;

(三)产品变更涉及的文本(包括合同文本、投资组合说明书等);

(四)总精算师声明书;

(五)法律责任人声明书;

(六)中国保监会规定的其他材料。

第十九条 团体养老保障管理产品名称应符合以下格式:养老保险公司名称+说明性文字+单一型或集合型+团体养老保障管理产品,个人养老保障管理产品名称应符合以下格式:养老保险公司名称+说明性文字+个人养老保障管理产品。其中,养老保险公司名称可以用全称或简称;说明性文字由各养老保险公司自定,字数不得超过10个。

第二十条 养老保险公司开展养老保障管理业务,应当以养老保障管理产品名义开设产品层银行资金账户和组合层银行资金账户、资产类账户。其中,为单一委托人办理养老保障管理业务,开设的产品层银行资金账户名称应包含养老保障管理产品名称,组合层银行资金账户、资产类账户名称应包含养老保障管理产品名称、投资组合名称;为多个委托人办理集合养老保障管理业务,开设的产品层银行资金账户名称应包含养老保障管理产品名称,组合层银行资金账户、资产类账户名称应包含养老保障管理产品名称和投资组合名称。

第二十一条 养老保险公司开展养老保障管理业务,应当对每个养老保障管理产品建立独立的养老保障管理基金。对养老保障管理基金的管理应当遵循专户管理、账户隔离和独立核算的原则,确保养老保障管理基金独立于任何为基金管理提供服务的自然人、法人或其他组织的固有财产及其管理的其他财产。

专户管理是指对每个养老保障管理基金开设专门的银行资金账户和资产类账户进行管理。

账户隔离是指养老保障管理基金的银行资金账户和资产类账户应当与养老保险公司自身的及其管理的任何银行资金账户和资产类账户实现完全的独立分离,不得存在债权债务关系,也不得承担连带责任;不得发生买卖、交易、财产转移和利益输送行为,仅在投资账户建立初期,为建立该账户而发生的现金转移,可不受此限制。

独立核算是指对每个养老保障管理基金单独进行会计账务处理,并提供资产负债表和利润表等财务报表。

第二十二条 养老保障管理基金应当实行第三方托管制度。养老保险公司应当委托独立的资产托管人并签订资产托管合同,明确约定各方的权利、义务和相关事宜。

资产托管人的资格、职责、选择等有关事项比照中国保监会资产托管的有关规定执行。

第二十三条 养老保障管理基金托管人应当根据本办法和资产托管合同向相关机构申请开立资产类账户,依据基金管理人的委托授权书以及资产托管合同开立资金账户,并通知基金管理人。

第二十四条 养老保障管理基金采用完全积

累账户制管理。养老保障管理基金投资运营所得收益,全额计入养老保障管理基金的各类账户。

第二十五条 养老保险公司可以为团体委托人设置公共账户,用以记录委托人缴费及其投资收益等账户信息。如存在个人受益人的,可以分别为受益人设立个人账户;个人账户下可以分设团体缴费账户和个人缴费账户,分别记录团体缴费和个人缴费的缴费明细及其投资收益等账务信息。

第二十六条 养老保险公司为个人受益人设立个人账户的,应当与委托人明确约定权益归属原则和领取支付条件,其中对于个人受益人本人缴费部分的权益,应当全额计入个人缴费账户。

委托人为团体客户的,个人受益人离职后,其个人账户可以在原养老保障管理基金管理人设置的保留账户继续管理。

第二十七条 养老保险公司开展养老保障管理业务,应当根据管理合同约定收取管理费用。管理费用可以包括以下项目:

(一)初始费。初始费是养老保险公司受托管理资金进入基金管理专户时一次性扣除的管理成本。初始费按照当期缴费总额的一定比例收取。

(二)管理费。管理费是养老保险公司为养老保障管理基金提供受托管理、账户管理、投资管理、待遇支付等服务的运营成本。管理费每年按照当年养老保障管理基金净值的一定比例收取,或根据管理形式及服务类型采取定额收费的形式收取。

(三)托管费。托管费是资产托管人为养老保障管理基金提供基金托管服务的运营成本。托管费每年按照当年养老保障管理基金净值的一定比例收取,或根据管理形式及服务类型采取定额收费的形式收取。

(四)解约费。委托人提前解除养老保障委托管理合同的,养老保险公司可以按照解除合同时养老保障管理基金净值的一定比例一次性收取解约费。养老保险公司应根据合同存续期限设置递减的解约费比例。

养老保险公司为个人受益人设立个人账户的,个人受益人提前退出的,应当通过委托人提出退出申请,养老保险公司可以按照受益人个人账户净值的比例一次性收取解约费。养老保险公司应根据个人账户的存续期设置递减的解约费比例。

(五)投资转换费。投资转换费是养老保险公司为养老保障管理基金提供投资转换服务的运营成本。投资转换费按照投资转换基金净值的一定比例收取,或采取定额收费的形式收取。

第二十八条 养老保障管理业务团体委托人提前解除合同时,养老保险公司应当要求其提供已通知受益人解约事宜的有效证明,并按照委托人要求与权益归属原则处理养老保障管理基金。

养老保障管理业务个人委托人提前解除合同时,养老保险公司应当在扣除解约费后,以银行转账方式将个人委托人资金余额划拨至个人委托人本人的银行资金账户。

第二十九条 养老保险公司和资产托管人应当按照有关法律、行政法规的规定保存资产管理业务的会计账册,并妥善保存有关的合同、协议、交易记录等文件、资料。

第三十条 养老保险公司应当通过公司网站或指定网站向个人委托人披露个人养老保障管理产品信息,并保证所披露信息的真实性、准确性和完整性。应向个人委托人披露的个人养老保障管理产品信息包括:

(一)募集公告、养老保障管理合同;

(二)组合募集情况;

(三)组合资产净值、份额净值;

(四)投资方向;

(五)应予披露的其他信息。

封闭式投资组合上述披露事项(三)可免于提供。

第三十一条 养老保险公司应当于每年度结束后60日内,向团体委托人提供上一年度的养老保障管理报告,并向受益人提供年度对账单以及个人权益信息查询等服务。

第三十二条 养老保险公司应当于每年度结束后60日内,在公司网站上披露养老保障管理业务的基本信息,包括基金规模、基金数目、基金收益率等,但需要保密的客户信息除外。

第三十三条 养老保险公司应当加强养老保障管理业务销售人员管理,销售人员应满足以下要求:

(一)充分了解并自觉遵守养老保障管理业务相关法律法规;

(二)熟悉养老保障管理产品特性以及向委托人提供咨询意见所涉及的其他金融产品的特性,

并对有关产品市场有所认识和理解；

（三）具备相关监管部门要求的行业资格。

第三十四条　养老保险公司通过互联网渠道销售养老保障管理产品，应当参照中国保监会互联网保险监管规定中关于网络平台建设、信息披露、第三方合作协议签署、交易信息管理、客户服务管理、业务数据安全管理、客户信息安全管理、应急处置等方面的相关规定执行。

第三章　投资管理

第三十五条　养老保障管理基金投资范围比照中国保监会保险资金运用相关监管规定执行。

第三十六条　养老保障管理基金投资账户的资产配置范围包括流动性资产、固定收益类资产、上市权益类资产、基础设施投资计划、不动产相关金融产品、其他金融资产。流动性资产、固定收益类资产、上市权益类资产、基础设施投资计划、不动产相关金融产品、其他金融资产的分类和定义遵照中国保监会资金运用相关监管规定。

第三十七条　养老保障管理基金可由养老保险公司自行投资管理，也可委托给符合条件的投资管理人进行投资管理。

投资管理人是指在中国境内依法设立的，符合中国保监会规定的保险资产管理公司、证券公司、证券资产管理公司、证券投资基金管理公司及其子公司等专业投资管理机构。

第三十八条　养老保障管理产品设立的投资组合类型，包括开放式投资组合和封闭式投资组合。

开放式投资组合是指基金份额总额不固定，基金份额可以在养老保障管理合同约定的时间和场所缴费或者领取；封闭式投资组合是指基金份额总额在养老保障管理合同约定的封闭期限内固定不变，基金份额不得提前申请领取。

第三十九条　养老保险公司应当加强养老保障管理产品投资账户的流动性管理，确保投资账户能够满足流动性需要。其中，对于开放式投资组合的流动性管理应当符合以下要求：

（一）流动性资产的投资余额不得低于投资组合价值的5%；

（二）基础设施投资计划、不动产相关金融产品、其他金融资产的投资余额不得超过投资组合价值的75%，其中单一项目的投资余额不得超过投资组合价值的50%；

（三）针对投资组合特点建立相应的流动性管理方案。

投资组合建立初期、10个工作日内赎回比例超过投资组合价值10%时、投资组合清算期间，投资组合可以突破上述有关流动性管理的比例限制，但应在30个工作日内调整至规定范围内。

第四十条　养老保险公司设立封闭式投资组合，应当在投资组合说明书中明示"封闭式"，并在产品或募集公告中明示封闭期限及投资方向。

第四十一条　养老保险公司设立的封闭式投资组合应当满足产品与投资资产配置独立性、期限结构匹配性要求。

第四十二条　封闭式投资组合投资另类金融产品的，养老保险公司在销售时，应当向购买客户主动披露拟投资的另类金融产品的投资品种、基础资产、投资比例、估值方法、流动性管理策略、主要投资风险等。

另类金融产品是指传统的存款、股票、债券、证券投资基金等之外的金融产品。

第四章　风险控制

第四十三条　养老保险公司开展养老保障管理业务，应当建立相应的风险管理体系，并将养老保障管理业务的风险管理纳入养老保险公司全面风险管理体系之中。养老保障管理业务风险管理体系应覆盖市场风险、信用风险、流动性风险、操作风险、战略风险、声誉风险等各类风险，并就相关风险制定有效的管控措施。

第四十四条　在向委托人推介养老保障管理产品时，养老保险公司应当充分了解委托人的风险偏好、风险认知能力和风险承受能力，合理评估委托人的财务状况，并根据所了解的委托人的情况推荐合适的产品供委托人自主选择。

第四十五条　在与委托人签订受托管理合同时，养老保险公司应当向委托人提供投资风险提示函，充分揭示投资风险，包括市场风险、信用风险、流动性风险、操作风险及其他风险，以及上述风险的含义、特征、可能引起的后果，并要求委托人对投资风险提示函内容进行确认。确认方式包括书面确认或网络实名验证确认等。

第四十六条　养老保险公司应当向客户如实披露其投资管理能力和历史业绩等情况。养老保险公司向客户做出投资收益预测，必须恪守诚信原则,提供充分合理的依据;并以书面方式或在销售网站该产品销售界面显著位置特别声明,所述预测结果仅供客户参考,不构成养老保险公司对客户的承诺。

第四十七条 养老保险公司应当合理控制短期个人养老保障管理产品业务规模,年度新增业务规模应与公司的资本实力相匹配。

短期个人养老保障管理产品是指产品期限在三年以内(含三年),销售给个人客户的养老保障管理产品。

经营商业保险业务的养老保险公司,受托管理的封闭式短期个人养老保障管理业务的年度新增规模不得超过公司上一年度末偿付能力溢额的10倍;不经营商业保险业务的养老保险公司,受托管理的封闭式短期个人养老保障管理业务的年度新增规模不得超过公司上一年度末公司净资产的10倍。

第四十八条 养老保险公司开展个人养老保障管理业务,应对发行的每一期产品按管理费收入10%的比例计提风险准备金,计提总额达到养老保险公司上年度管理个人养老保障管理业务总规模的1%时,不再计提。计提的风险准备金专门用于赔偿因投资管理机构违法违规、违反受托管理合同、未尽责履职等原因给养老保障基金财产或受益人造成的损失。

风险准备金应当存放在养老保险公司或其委托的投资管理人在资产托管人处开立的专用存款账户。

养老保险公司可以对已提取的风险准备金进行自主投资管理或委托投资管理人投资,风险准备金可投资于银行存款、国债、中央银行票据、中央企业债券、中央级金融机构发行的金融债券等高流动性、低风险的金融产品。投资管理产生的投资收益,应当纳入风险准备金管理。

第四十九条 养老保险公司及其从业人员开展养老保障管理业务,不得有以下行为:

(一)以虚假、片面、误导、夸大的方式宣传推介养老保障管理产品;

(二)向客户做出保证其资金本金不受损失或者承担损失的承诺;

(三)以欺骗、隐瞒或诱导等方式销售养老保障管理产品;

(四)挪用、侵占客户资金;

(五)将养老保障管理业务与其他业务混合操作;

(六)以转移养老保障管理基金投资收益或者亏损为目的,在不同的投资组合之间进行买卖,损害客户的利益;

(七)利用所管理的养老保障管理基金谋取不正当利益;

(八)不公平地对待养老保障管理基金,损害客户的利益;

(九)从事内幕交易及其他不正当交易行为;

(十)法律、行政法规和中国保监会等监管机构规定禁止的其他行为。

第五十条 养老保险公司自身不得对养老保障管理基金的投资收益承担任何形式的保证责任,不得在管理合同和产品设计中列入投资收益保证条款。

第五十一条 养老保险公司可以为养老保障管理基金的保值增值向第三方合格机构购买风险买断合同,相应的费用可以列入基金的运营成本。养老保险公司不得对担保机构提供任何形式的反担保。

第三方合格机构应当满足以下条件:

(一)注册资本不低于5亿元人民币;

(二)上一年度经审计的净资产不低于20亿元人民币;

(三)为养老保障管理基金承担风险买断合同的总金额不超过上一年度经审计的净资产的10倍;

(四)最近三年未受过重大处罚;

(五)中国保监会规定的其他条件。

养老保险公司为养老保障管理基金购买风险买断合同的,应当在受托管理合同或投资风险提示函中向委托人充分揭示购买风险买断合同后养老保障管理基金仍然存在投资损失的风险。

第五十二条 养老保险公司应当依法采取预防、监控措施,建立健全客户身份识别制度、大额交易和可疑交易报告制度,全面履行反洗钱义务。

第五十三条 发生以下情形之一的,养老保险公司应当选择会计师事务所对养老保障管理业务进行外部审计,相应的审计费用可以列入基金的运营成本。

(一)养老保障管理基金投资运作满三个会计年度时;

（二）养老保障管理基金管理人职责终止时；

（三）国家规定的其他情形。

养老保险公司应当自收到外部审计机构出具的审计报告之日起的30日内向委托人提交审计报告。

同一家会计师事务所连续审计三次的，应当予以更换。

第五章 监督管理

第五十四条 开展养老保障管理业务的养老保险公司，应当在每年3月31日之前向中国保监会提交养老保障管理业务专题报告。专题报告包括以下内容：

（一）管理合同签订及履行情况；

（二）基金运作及投资收益情况；

（三）资产托管及投资监督情况；

（四）管理费用收取情况；

（五）风险准备金的提取、投资管理、使用、年末结余等情况；

（六）中国保监会要求的其他事项。

第五十五条 养老保险公司按照本办法有关规定和合同约定发生外部审计的，应当自收到外部审计机构出具的审计报告之日起的30日内向中国保监会报送审计报告。

第五十六条 中国保监会及其派出机构对养老保险公司、资产托管人、投资管理人开展养老保障管理业务的情况，进行定期或者不定期的检查，养老保险公司、资产托管人、投资管理人应当予以配合。

第五十七条 养老保险公司及其从业人员违反本办法的，由中国保监会依照法律、行政法规进行处罚；法律、行政法规没有规定的，由中国保监会责令改正；涉嫌犯罪的，依法移交司法机关追究刑事责任。

第六章 附 则

第五十八条 本办法由中国保监会负责解释。

第五十九条 养老金管理公司开展养老保障管理业务，应遵守本办法规定。

第六十条 本办法自下发之日起施行。《养老保障管理业务管理暂行办法》(保监发〔2013〕43号)同时废止。

国家金融监督管理总局关于促进专属商业养老保险发展有关事项的通知

· 2023年10月20日
· 金规〔2023〕7号

各监管局、各人身保险公司：

为推动第三支柱养老保险持续规范发展，更好满足广大人民群众多样化养老需求，根据《中华人民共和国保险法》以及相关法律法规规定，经国家金融监督管理总局（以下简称金融监管总局）研究决定，符合条件的人身保险公司可以经营专属商业养老保险，现就有关事项通知如下：

一、专属商业养老保险是指资金长期锁定用于养老保障目的，被保险人领取养老金年龄应当达到法定退休年龄或年满60周岁的个人养老年金保险产品。

二、符合以下条件的保险公司可以经营专属商业养老保险：

（一）上年度末所有者权益不低于50亿元且不低于公司股本（实收资本）的75%；

（二）上年度末综合偿付能力充足率不低于150%、核心偿付能力充足率不低于75%；

（三）上年度末责任准备金覆盖率不低于100%；

（四）金融监管总局规定的其他条件。

养老主业突出、业务发展规范、内部管理机制健全的养老保险公司，可以豁免第一款关于上年度末所有者权益不低于50亿元的规定。

三、保险公司应当于每个年度结束后15个工作日内确认相关指标是否符合本通知第二条规定。如不符合，保险公司应当自年度结束后第16个工作日起停止销售专属商业养老保险产品，并向金融监管总局及其派出机构报告，妥善保存相关决策文件备查。相关指标重新符合本通知要求的，保险公司应当向金融监管总局报告。金融监管总局自收到报告后10个工作日内未提出不同意见的，保险公司可恢复销售。

四、专属商业养老保险产品命名格式为：保险公司名称+说明性文字+专属商业养老保险。

五、专属商业养老保险产品采取账户式管理，可以采取包括趸交、期交、灵活交费在内的多种保费交纳方式。产品设计分为积累期和领取期。保险公司可以依法合规建立持续奖励机制，引导消费者长期积累和领取养老金。

六、专属商业养老保险产品积累期采取保证加浮动的收益模式。保险公司应当为消费者提供一个以上的投资组合，不同投资组合保证利率可以不同。投资组合保证利率一经确定，不得调整。

在有效管控账户流动性的前提下，保险公司可以在积累期向消费者提供投资组合转换服务，并在保险合同中明确约定一定期限内可转换次数、转换金额，以及转换费用收取标准等。

七、保险公司应当提供定期、终身等多种养老金领取方式，除另有规定外，专属商业养老保险领取期限不得短于10年。养老金领取安排可衔接养老、护理等服务，但应当另行签订相关服务合同。

八、保险公司应当制定专属商业养老保险养老年金领取转换表（以下简称转换表），可以根据生命表、预定利率等变化适时调整，并在公司官方线上平台显著位置公布调整后的转换表。保险公司应当与消费者在保险合同中约定其适用的转换表。

九、专属商业养老保险的保险责任包括身故责任、年金领取责任，保险公司可以适当方式提供重大疾病、护理、意外等其他保险责任。

消费者在保险合同期内身故，赔付金额在积累期内不得低于账户价值，在领取期内不得低于保证领取剩余部分与养老年金转换时账户价值扣除已领取金额的较大者，累计给付金额与赔付金额之和不得低于养老年金转换时账户价值。对于其他养老金领取方式，累计给付金额与赔付金额之和不得低于消费者尚未领取部分。

十、消费者在积累期前5个保单年度内退保，保单现金价值不得高于累计已交保费。

消费者在积累期第6—10个保单年度内退保，保单现金价值不得高于以下两项之和：

（一）累计已交保费；

（二）账户累计收益的75%。

消费者在积累期第10个保单年度后退保，保单现金价值不得高于以下两项之和：

（一）累计已交保费；

（二）账户累计收益的90%。

十一、消费者罹患中国保险行业协会颁布《重大疾病保险的疾病定义使用规范（2020年修订版）》

定义的重大疾病，或遭遇意外且伤残程度达到人身伤残保险评定标准1—3级的，可以申请特殊退保。

消费者在积累期申请特殊退保的，现金价值为申请时的账户价值。消费者在领取期申请特殊退保的，现金价值为申请时保证领取剩余部分与年金转换时账户价值扣除已领取金额的较大者。对于其他养老金领取方式，退保金额为消费者尚未领取部分。

在保险合同有效期内，如相关单位修订或颁布重大疾病保险疾病定义、人身伤残保险评定标准等，按修订后或颁布的内容执行。

十二、自2023年11月1日起，金融监管总局对专属商业养老保险产品保险条款和费率统一实行备案管理。保险公司除提交规定的备案材料外，还应当同时提交上年度末所有者权益、偿付能力充足率、责任准备金覆盖率等情况说明。

十三、保险公司经营专属商业养老保险业务，应当建立与业务发展相适应的风险管控机制和较长期限的销售激励考核机制、投资考核机制，健全内部控制体系和相关信息系统，制定账户管理、业务管理、财务管理和信息披露等制度。

十四、保险公司应当为专属商业养老保险业务建立单独的投资账户，加强账户管理，依法合规开展账户的建立注销、资金划转、投资管理、估值核算等工作，明确相关操作规范、审批权限等。

十五、保险公司可以在专属商业养老保险投资账户建立后的6个月内，使用自有资金向账户划拨启动资金，用于支持账户运作初期的资产配置，并向金融监管总局报告启动资金退出计划。

保险公司应当按照计划，一次性或分次将相关资金划转至自有资金归集账户，相关操作不得对账户资产配置和稳定运营产生重大不利影响，不得损害消费者合法权益。保险公司累计划转金额以启动资金及其相应收益为限。

十六、保险公司应当按年度结算投资组合收益，以每年12月31日24时作为当年投资组合收益结算时点，在次年1月前6个工作日内审慎确定并公布上一年度投资组合结算收益率。两个年度收益结算日之间特定日期的投资组合收益，为上一个年度收益结算日到该日期按投资组合最低保证利率计算的收益。

十七、保险公司应当加强负债管理，投资组合收益水平应当体现保险公司长期投资管理能力和养老资金安全、稳健管理要求。

十八、保险公司可以委托大型银行、股份制银行，以及开办个人养老金业务的城市商业银行在其经营区域内宣传和销售专属商业养老保险。

为有效履行对消费者的长期养老风险保障责任，保险公司应当在代理销售服务合同中要求接受其委托的商业银行提供真实、完整、有效的消费者信息。

十九、保险公司及接受其委托的商业银行通过官方线上平台宣传和销售专属商业养老保险的，应当符合《中国银保监会办公厅关于进一步规范保险机构互联网人身保险业务有关事项的通知》（银保监办发〔2021〕108号）关于经营互联网人身保险业务的在线运营能力和在线服务体系要求，并采取有效措施和技术手段，完整、客观记录在销售页面上呈现的营销推介、关键信息提示和投保人确认等重点环节，满足互联网保险销售行为可回溯管理要求。

二十、保险公司通过本通知第十九条规定方式宣传和销售专属商业养老保险，如在销售区域内未设立省级分支机构，应当与具备相应线下服务能力的其他已开设分支机构的保险公司等机构合作，以有效履行保险责任并提供相关服务。

二十一、保险公司应当履行销售管理主体责任，加强机构管理、人员管理和销售行为全流程管控。保险公司应当强化专属商业养老保险消费者权益保护，将其纳入公司消费者权益保护工作管理体系，完善消费投诉处理机制，依法合规、积极妥善处理投诉。

保险公司通过本通知第十九条规定方式宣传和销售专属商业养老保险的，应当在总公司专门建立或指定部门统一负责专属商业养老保险消费者权益保护工作。

二十二、保险公司总公司负责制作销售宣传材料并统一管理使用，不得授权分支机构、接受其委托的商业银行或个人自行制作或修改。

二十三、保险公司或接受其委托的商业银行通过本通知第十九条规定方式宣传和销售专属商业养老保险的，应当使用简易懂的文字向投保人提示以下信息：

（一）投资组合保证利率；

（二）收益结算时间和频率；

（三）投资组合转换安排；

（四）适用的转换表，以及开始领取养老金的时点、领取方式、领取期；

（五）初始费用收取标准；

（六）保险责任；

（七）现金价值规则以及特殊退保安排；

（八）对利益演示不确定性的说明；

（九）其他对消费者有较大影响的合同事项。

保险公司或接受其委托的商业银行应当采取有效措施和技术手段获得投保人对上述提示信息的确认。

二十四、保险公司应当对账户价值变动和养老金领取金额进行演示，可以按照高、低两档收益率假设演示投资组合账户价值变动情况：

（一）最高保证利率投资组合高档收益率假设不得高于4%，最低保证利率投资组合高档收益率假设不得高于5%；

（二）低档收益率假设不得高于投资组合保证利率。

保险公司应当在演示过程中向消费者说明利益演示、转换表的不确定性。

二十五、保险公司或接受其委托的商业银行在宣传和销售专属商业养老保险时，不得有以下行为：

（一）将专属商业养老保险投资组合结算收益率与存款、理财产品等其他金融产品收益率进行简单比较；

（二）隐瞒合同限制条件或重要内容；

（三）作出虚假或者夸大表述；

（四）按照投资组合历史结算收益率对投资组合账户价值变动进行演示；

（五）金融监管总局规定的其他禁止性行为。

二十六、保险公司可以收取保单初始费用，消费者交纳保费在扣除初始费用后全部进入个人账户。保险公司可以根据交费金额、账户累积金额、销售渠道等设定差异化的公平合理的费用标准，并在保险合同中列明。

二十七、保险公司应当在销售过程中提供产品说明书，详细说明产品特点、保险责任、费用收取、各投资组合历史结算收益率查询方式等。

二十八、保险公司应当在其官方线上平台显著位置真实、准确、完整披露专属商业养老保险业务信息，包括但不限于各投资组合当期和历史结算收益率、转换表及其变化情况等。

保险公司应当以消费者易于获取的形式，明示其专属商业养老保险每笔交费、相应扣费，以及扣费后进入账户金额等信息。保险公司应当在保险合同中明确账户结算周期，提供账户价值查询服务，每年至少一次主动向消费者提供账户价值变动信息。

二十九、对于投保人以个人养老金资金账户资金购买专属商业养老保险产品且未开始领取养老金的，如其提出申请，保险公司可以通过在保险单或者其他保险凭证上批注或附贴批单等方式，将养老金领取条件变更为国家规定的个人养老金领取条件，或在合同中增加一次性领取养老金的领取方式，领取金额为领取时产品账户价值。

三十、保险公司可以接受企事业单位以适当方式，依法合规为专属商业养老保险消费者提供交费支持。企事业单位相关交费在扣除初始费用后全部进入个人账户，权益全部归属个人。

三十一、金融监管总局及其派出机构加强对专属商业养老保险业务监管，对于产品管理、销售管理、投资管理、信息披露等问题，将采取风险提示、监管约谈、责令限期整改等监管措施，依法予以行政处罚。

三十二、保险公司应当于每年度结束后1个月内，向金融监管总局及其派出机构报送上一年度专属商业养老保险业务经营报告，包括但不限于业务规模、投资管理等情况。

三十三、自本通知印发之日起，《中国银保监会办公厅关于开展专属商业养老保险试点的通知》（银保监办发〔2021〕57号）、《中国银保监会办公厅关于扩大专属商业养老保险试点范围的通知》（银保监办发〔2022〕13号）废止。

（三）健康险

健康保险管理办法

- 2019年10月31日中国银行保险监督管理委员会令2019年第3号公布
- 自2019年12月1日起施行

第一章 总 则

第一条 为了促进健康保险的发展，规范健康保险的经营行为，保护健康保险活动当事人的合法权益，提升人民群众健康保障水平，根据《中华人民共和国保险法》（以下简称《保险法》）等法律、行政法规，制定本办法。

第二条 本办法所称健康保险，是指由保险公司对被保险人因健康原因或者医疗行为的发生给付保险金的保险，主要包括医疗保险、疾病保险、失能收入损失保险、护理保险以及医疗意外保险等。

本办法所称医疗保险，是指按照保险合同约定为被保险人的医疗、康复等提供保障的保险。

本办法所称疾病保险，是指发生保险合同约定的疾病时，为被保险人提供保障的保险。

本办法所称失能收入损失保险，是指以保险合同约定的疾病或者意外伤害导致工作能力丧失为给付保险金条件，为被保险人在一定时期内收入减少或者中断提供保障的保险。

本办法所称护理保险，是指按照保险合同约定为被保险人日常生活能力障碍引发护理需要提供保障的保险。

本办法所称医疗意外保险，是指按照保险合同约定发生不能归责于医疗机构、医护人员责任的医疗损害，为被保险人提供保障的保险。

第三条 健康保险是国家多层次医疗保障体系的重要组成部分，坚持健康保险的保障属性，鼓励保险公司遵循审慎、稳健原则，不断丰富健康保险产品，改进健康保险服务，扩大健康保险覆盖面，并通过有效管理和市场竞争降低健康保险价格和经营成本，提升保障水平。

第四条 健康保险按照保险期限分为长期健康保险和短期健康保险。

长期健康保险，是指保险期间超过一年或者保险期间虽不超过一年但含有保证续保条款的健康保险。

长期护理保险保险期间不得低于5年。

短期健康保险，是指保险期间为一年以及一年以下且不含有保证续保条款的健康保险。

保证续保条款，是指在前一保险期间届满前，投保人提出续保申请，保险公司必须按照原条款和约定费率继续承保的合同约定。

第五条 医疗保险按照保险金的给付性质分为费用补偿型医疗保险和定额给付型医疗保险。

费用补偿型医疗保险，是指根据被保险人实

际发生的医疗、康复费用支出,按照约定的标准确定保险金数额的医疗保险。

定额给付型医疗保险,是指按照约定的数额给付保险金的医疗保险。

费用补偿型医疗保险的给付金额不得超过被保险人实际发生的医疗、康复费用金额。

第六条 中国银行保险监督管理委员会(以下简称银保监会)根据法律、行政法规和国务院授权,对保险公司经营健康保险的活动进行监督管理。

第七条 保险公司开展的与健康保险相关的政策性保险业务,除国家政策另有规定外,参照本办法执行。

保险公司开展不承担保险风险的委托管理服务不适用本办法。

第二章 经营管理

第八条 依法成立的健康保险公司、人寿保险公司、养老保险公司,经银保监会批准,可以经营健康保险业务。

前款规定以外的保险公司,经银保监会批准,可以经营短期健康保险业务。

第九条 除健康保险公司外,保险公司经营健康保险业务应当成立专门健康保险事业部。健康保险事业部应当持续具备下列条件:

(一)建立健康保险业务单独核算制度;

(二)建立健康保险精算制度和风险管理制度;

(三)建立健康保险核保制度和理赔制度;

(四)建立健康保险数据管理与信息披露制度;

(五)建立功能完整、相对独立的健康保险信息管理系统;

(六)配备具有健康保险专业知识的精算人员、核保人员、核赔人员和医学教育背景的管理人员;

(七)银保监会规定的其他条件。

第十条 保险公司应当对从事健康保险的核保、理赔以及销售等工作的从业人员进行健康保险专业培训。

第十一条 保险公司应当加强投保人、被保险人和受益人的隐私保护,建立健康保险客户信息管理和保密制度。

第三章 产品管理

第十二条 保险公司拟定健康保险的保险条款和保险费率,应当按照银保监会的有关规定报送审批或者备案。

享受税收优惠政策的健康保险产品在产品设计、赔付率等方面应当遵循相关政策和监管要求。

第十三条 保险公司拟定的健康保险产品包含两种以上健康保障责任的,应当由总精算师按照一般精算原理判断主要责任,并根据主要责任确定产品类型。

第十四条 医疗意外保险和长期疾病保险产品可以包含死亡保险责任。长期疾病保险的死亡给付金额不得高于疾病最高给付金额。其他健康保险产品不得包含死亡保险责任,但因疾病引发的死亡保险责任除外。

医疗保险、疾病保险和医疗意外保险产品不得包含生存保险责任。

第十五条 长期健康保险产品应当设置合同犹豫期,并在保险条款中列明投保人在犹豫期内的权利。长期健康保险产品的犹豫期不得少于15天。

第十六条 保险公司应当严格按照审批或者备案的产品费率销售短期个人健康保险产品。

第十七条 除家族遗传病史之外,保险公司不得基于被保险人其他遗传信息、基因检测资料进行区别定价。

第十八条 短期团体健康保险产品可以对产品参数进行调整。

产品参数,是指保险产品条款中根据投保团体的具体情况进行合理调整的保险金额、起付金额、给付比例、除外责任、责任等待期等事项。

第十九条 保险公司将产品参数可调的短期团体健康保险产品报送审批或者备案时,提交的申请材料应当包含产品参数调整办法,并由总精算师遵循审慎原则签字确认。

保险公司销售产品参数可调的短期团体健康保险产品,应当根据产品参数调整办法、自身风险管理水平和投保团体的风险情况计算相应的保险费率,且产品参数的调整不得改变费率计算方法以及费率计算需要的基础数据。

保险公司销售产品参数可调的短期团体健康保险产品,如需改变费率计算方法或者费率计算需要的基础数据的,应当将该产品重新报送审批或者备案。

第二十条 保险公司可以在保险产品中约定对长期医疗保险产品进行费率调整,并明确注明费率调整的触发条件。

长期医疗保险产品费率调整应当遵循公平、合理原则，触发条件应当客观且能普遍适用，并符合有关监管规定。

第二十一条 含有保证续保条款的健康保险产品，应当明确约定保证续保条款的生效时间。

含有保证续保条款的健康保险产品不得约定在续保时保险公司有减少保险责任和增加责任免除范围的权利。

保险公司将含有保证续保条款的健康保险产品报送审批或者备案的，应当在产品精算报告中说明保证续保的定价处理方法和责任准备金计算办法。

第二十二条 保险公司拟定医疗保险产品条款，应当尊重被保险人接受合理医疗服务的权利，不得在条款中设置不合理的或者违背一般医学标准的要求作为给付保险金的条件。

第二十三条 保险公司在健康保险产品条款中约定的疾病诊断标准应当符合通行的医学诊断标准，并考虑到医疗技术条件发展的趋势。

健康保险合同生效后，被保险人根据通行的医学诊断标准被确诊疾病的，保险公司不得以该诊断标准与保险合同约定不符为理由拒绝给付保险金。

第二十四条 保险公司设计费用补偿型医疗保险产品，必须区分被保险人是否拥有公费医疗、基本医疗保险、其他费用补偿型医疗保险等不同情况，在保险条款、费率或者赔付金额等方面予以区别对待。

第二十五条 被保险人同时拥有多份有效的费用补偿型医疗保险保险单的，可以自主决定理赔申请顺序。

第二十六条 保险公司可以同投保人约定，以被保险人在指定医疗机构中进行医疗为给付保险金的条件。

保险公司指定医疗机构应当遵循方便被保险人、合理管理医疗成本的原则，引导被保险人合理使用医疗资源、节省医疗费用支出，并对投保人和被保险人做好说明、解释工作。

第二十七条 疾病保险、医疗保险、护理保险产品的等待期不得超过180天。

第二十八条 医疗保险产品可以在定价、赔付条件、保障范围等方面对贫困人口适当倾斜，并以书面形式予以明确。

第二十九条 护理保险产品在保险期间届满前给付的生存保险金，应当以被保险人因保险合同约定的日常生活能力障碍引发护理需要为给付条件。

第三十条 鼓励保险公司开发医疗保险产品，对新药品、新医疗器械和新诊疗方法在医疗服务中的应用支出进行保障。

第三十一条 鼓励保险公司采用大数据等新技术提升风险管理水平。对于事实清楚、责任明确的健康保险理赔申请，保险公司可以借助互联网等信息技术手段，对被保险人的数字化理赔材料进行审核，简化理赔流程，提升服务效率。

第三十二条 保险公司应当根据健康保险产品实际赔付经验，对产品定价进行回溯、分析，及时修订新销售的健康保险产品费率，并按照银保监会有关规定进行审批或者备案。

第三十三条 鼓励保险公司提供创新型健康保险产品，满足人民群众多层次多样化的健康保障需求。

第三十四条 保险公司开发的创新型健康保险产品应当符合《保险法》和保险基本原理，并按照有关规定报银保监会审批或者备案。

第四章 销售管理

第三十五条 保险公司销售健康保险产品，应当严格执行经审批或者备案的保险条款和保险费率。

第三十六条 经过审批或者备案的健康保险产品，除法定理由和条款另有约定外，保险公司不得拒绝提供。

保险公司销售健康保险产品，不得强制搭配其他产品销售。

第三十七条 保险公司不得委托医疗机构或者医护人员销售健康保险产品。

第三十八条 保险公司销售健康保险产品，不得非法搜集、获取被保险人除家族遗传病史之外的遗传信息、基因检测资料；也不得要求投保人、被保险人或者受益人提供上述信息。

保险公司不得以被保险人家族遗传病史之外的遗传信息、基因检测资料作为核保条件。

第三十九条 保险公司销售健康保险产品，应当以书面或者口头等形式向投保人说明保险合

同的内容,对下列事项作出明确告知,并由投保人确认:

(一)保险责任;
(二)保险责任的减轻或者免除;
(三)保险责任等待期;
(四)保险合同犹豫期以及投保人相关权利义务;
(五)是否提供保证续保以及续保有效时间;
(六)理赔程序以及理赔文件要求;
(七)组合式健康保险产品中各产品的保险期间;
(八)银保监会规定的其他告知事项。

第四十条 保险公司销售健康保险产品,不得夸大保险保障范围,不得隐瞒责任免除,不得误导投保人和被保险人。

投保人和被保险人就保险条款中的保险、医疗和疾病等专业术语提出询问的,保险公司应当用清晰易懂的语言进行解释。

第四十一条 保险公司销售费用补偿型医疗保险,应当向投保人询问被保险人是否拥有公费医疗、基本医疗保险或者其他费用补偿型医疗保险的情况,投保人应当如实告知。

保险公司应当向投保人说明未如实告知的法律后果,并做好相关记录。

保险公司不得诱导投保人为同一被保险人重复购买保障功能相同或者类似的费用补偿型医疗保险产品。

第四十二条 保险公司销售医疗保险,应当向投保人告知约定医疗机构的名单或者资质要求,并提供查询服务。

保险公司调整约定医疗机构的,应当及时通知投保人或者被保险人。

第四十三条 保险公司以附加险形式销售无保证续保条款的健康保险产品的,附加险的保险期限不得小于主险保险期限。

第四十四条 保险公司销售长期个人健康保险产品的,应当在犹豫期内对投保人进行回访。

保险公司在回访中发现投保人被误导的,应当做好解释工作,并明确告知投保人有依法解除保险合同的权利。

第四十五条 保险公司承保团体健康保险,应当以书面或者口头等形式告知每个被保险人其参保情况以及相关权益。

第四十六条 投保人解除团体健康保险合同的,保险公司应当要求投保人提供已通知被保险人退保的有效证明,并按照银保监会有关团体保险退保的规定将退保金通过银行转账或者原投保资金汇入路径退至投保人缴费账户或者其他账户。

第五章 准备金评估

第四十七条 经营健康保险业务的保险公司应当按照本办法有关规定提交上一年度的精算报告或者准备金评估报告。

第四十八条 对已经发生保险事故并已提出索赔、保险公司尚未结案的赔案,保险公司应当提取已发生已报案未决赔款准备金。

保险公司应当采取逐案估计法、案均赔款法等合理的方法谨慎提取已发生已报案未决赔款准备金。

保险公司如果采取逐案估计法之外的精算方法计提已发生已报案未决赔款准备金,应当详细报告该方法的基础数据、参数设定和估计方法,并说明基础数据来源、数据质量以及准备金计算结果的可靠性。

保险公司总精算师不能确认估计方法的可靠性或者相关业务的经验数据不足3年的,应当按照已经提出的索赔金额提取已发生已报案未决赔款准备金。

第四十九条 对已经发生保险事故但尚未提出的赔偿或者给付,保险公司应当提取已发生未报案未决赔款准备金。

保险公司应当根据险种的风险性质和经验数据等因素,至少采用链梯法、案均赔款法、准备金进展法、B-F法、赔付率法中的两种方法评估已发生未报案未决赔款准备金,并选取评估结果的最大值确定最佳估计值。

保险公司应当详细报告已发生未报案未决赔款准备金的基础数据、计算方法和参数设定,并说明基础数据来源、数据质量以及准备金计算结果的可靠性。

保险公司总精算师判断数据基础不能确保计算结果的可靠性,或者相关业务的经验数据不足3年的,应当按照不低于该会计年度实际赔款支出的10%提取已发生未报案未决赔款准备金。

第五十条 对于短期健康保险业务,保险公司应当提取未到期责任准备金。

短期健康保险提取未到期责任准备金，可以采用下列方法之一：

（一）二十四分之一毛保费法（以月为基础计提）；

（二）三百六十五分之一毛保费法（以天为基础计提）；

（三）根据风险分布状况可以采用其他更为谨慎、合理的方法，提取的未到期责任准备金不得低于方法（一）和（二）所得结果的较小者。

第五十一条　短期健康保险未到期责任准备金的提取金额应当不低于下列两者中较大者：

（一）预期未来发生的赔款与费用扣除相关投资收入之后的余额；

（二）在责任准备金评估日假设所有保单退保时的退保金额。

未到期责任准备金不足的，应当提取保费不足准备金，用于弥补未到期责任准备金和前款两项中较大者之间的差额。

第五十二条　本办法所称责任准备金为业务相关报告责任准备金，财务报告责任准备金、偿付能力报告责任准备金的计提按照财政部和银保监会的相关规定执行。

第五十三条　长期健康保险未到期责任准备金的计提办法应当按照银保监会的有关规定执行。

第五十四条　保险公司应当按照再保前、再保后分别向银保监会报告准备金提取结果。

第六章　健康管理服务与合作

第五十五条　保险公司可以将健康保险产品与健康管理服务相结合，提供健康风险评估和干预、疾病预防、健康体检、健康咨询、健康维护、慢性病管理、养生保健等服务，降低健康风险，减少疾病损失。

第五十六条　保险公司开展健康管理服务的，有关健康管理服务内容可以在保险合同条款中列明，也可以另行签订健康管理服务合同。

第五十七条　健康保险产品提供健康管理服务，其分摊的成本不得超过净保险费的20%。

超出以上限额的服务，应当单独定价，不计入保险费，并在合同中明示健康管理服务价格。

第五十八条　保险公司经营医疗保险，应当加强与医疗机构、健康管理机构、康复服务机构等合作，为被保险人提供优质、方便的医疗服务。

保险公司经营医疗保险，应当按照有关政策文件规定，监督被保险人医疗行为的真实性和合法性，加强医疗费用支出合理性和必要性管理。

第五十九条　保险公司应当积极发挥健康保险费率调节机制对医疗费用和风险管控的作用，降低不合理的医疗费用支出。

第六十条　保险公司应当积极发挥作为医患关系第三方的作用，帮助缓解医患信息不对称，促进解决医患矛盾纠纷。

第六十一条　保险公司与医疗机构、健康管理机构之间的合作，不得损害被保险人的合法权益。

第六十二条　保险公司应当按照法律、行政法规的规定，充分保障客户隐私和数据安全，依据服务范围和服务对象与医疗机构、基本医保部门等进行必要的信息互联和数据共享。

第七章　再保险管理

第六十三条　保险公司办理健康保险再保险业务，应当遵守《保险法》和银保监会有关再保险业务管理的规定。

第六十四条　保险公司分支机构不得办理健康保险再保险分入业务，再保险公司分支机构除外。

第八章　法律责任

第六十五条　保险公司及其分支机构违反本办法，由银保监会及其派出机构依照法律、行政法规进行处罚；法律、行政法规没有规定的，由银保监会及其派出机构责令改正，给予警告，对有违法所得的处以违法所得1倍以上3倍以下罚款，但最高不得超过3万元，对没有违法所得的处以1万元以下罚款；涉嫌犯罪的，依法移交司法机关追究其刑事责任。

第六十六条　保险公司从业人员、保险公司分支机构从业人员违反本办法，由银保监会及其派出机构依照法律、行政法规进行处罚；法律、行政法规没有规定的，由银保监会及其派出机构责令改正，给予警告，对有违法所得的处以违法所得1倍以上3倍以下罚款，但最高不得超过3万元，对没有违法所得的处以1万元以下罚款；涉嫌犯罪的，依法移交司法机关追究其刑事责任。

第九章 附 则

第六十七条 相互保险组织经营健康保险适用本办法。

第六十八条 保险中介机构及其从业人员销售健康保险产品适用本办法。

第六十九条 通过银行、邮政等渠道销售健康保险产品的，应当遵守相关监管部门的规定。

第七十条 本办法施行前原中国保险监督管理委员会颁布的规定与本办法不符的，以本办法为准。

第七十一条 本办法由银保监会负责解释。

第七十二条 本办法自2019年12月1日起施行。原中国保险监督管理委员会2006年8月7日发布的《健康保险管理办法》（保监会令2006年第8号）同时废止。

国家金融监督管理总局关于适用商业健康保险个人所得税优惠政策产品有关事项的通知

· 2023年7月4日
· 金规〔2023〕2号

各银保监局，各人身保险公司，中国银行保险信息技术管理有限公司，中国保险行业协会、中国精算师协会：

为推动适用个人所得税优惠政策的商业健康保险惠及更多人民群众，促进多层次医疗保障有序衔接，有效降低医疗费用负担，丰富既往症和老年人等人群的保险保障，根据《财政部 税务总局 银保监会关于进一步明确商业健康保险个人所得税优惠政策适用保险产品范围的通知》（财税〔2022〕21号），现就适用个人所得税优惠政策的商业健康保险产品有关事项通知如下：

一、人身保险公司开发的适用个人所得税优惠政策的商业健康保险产品，应当覆盖面广、保障性强、满足人民群众多样化保障需求，加强与健康管理的融合，按要求报送审批或者备案。适用个人所得税优惠政策的商业健康保险产品范围包括符合下列要求的医疗保险、长期护理保险和疾病保险：

（一）保险期间

医疗保险的保险期间或保证续保期间不低于3年，长期护理保险和疾病保险的保险期间不低于5年。

（二）被保险人

适用个人所得税优惠政策的商业健康保险的被保险人可以是投保人本人，也可以是其配偶、子女或父母。

（三）设计原则

1. 医疗保险保障范围应当与基本医疗保险做好衔接，加大对合理医疗费用的保障力度。对于适用商业健康保险税收优惠政策的投保人为本人投保的，不得因既往病史拒保或者进行责任除外。可针对既往症人群设置不同的保障方案，进行公平合理定价。治疗特定疾病的医疗费用保险，或者治疗特定疾病的特定药品费用保险和特定医疗器械费用保险，不受此要求限制。

2. 长期护理保险应当为不同年龄人群提供针对性的护理保障。鼓励开发针对既往症和老年人等人群的产品。鼓励开发满足在职人群终身保障需求的产品。鼓励探索适合居家护理、社区护理和机构护理的支付方式。

3. 疾病保险应当设置合理的保障责任范围和期限，有效提升产品保障能力。鼓励开发针对既往症和老年人等人群的产品。

二、商业健康保险信息平台为适用个人所得税优惠政策的商业健康保险的投保人建立信息账户，生成唯一的识别码，用于归集和记录投保人投保的所有适用个人所得税优惠政策的商业健康保险相关信息，支持投保人按照有关规定进行个人所得税前扣除。识别码与保险合同相互独立。

中国银行保险信息技术管理有限公司根据监管要求，负责建设、运营、维护行业统一的商业健康保险信息平台。

三、符合以下条件的人身保险公司可开展适用个人所得税优惠政策的商业健康保险业务：

（一）上年度末所有者权益不低于30亿元；

（二）上年度末综合偿付能力充足率不低于120%、核心偿付能力充足率不低于60%；

（三）上年度末责任准备金覆盖率不低于100%；

（四）具备符合要求的业务管理系统，并与商业健康保险信息平台完成系统对接。

主业突出、业务发展规范、内部管理机制健全的健康保险公司，可以不受本条第一款限制。

四、人身保险公司应当做好适用个人所得税优惠政策的商业健康保险产品宣传推广，加强宣传材料和销售行为管控，畅通销售渠道，提供便捷服务，让人民群众愿意买、买得到、买得对，有效提升人民群众健康保障水平。适用个人所得税优惠政策的长期护理保险可参照互联网人身保险产品管理。

五、经营适用个人所得税优惠政策的商业健康保险业务的人身保险公司应当做好信息披露工作，在保单中明确告知投保人商业健康保险个人所得税优惠政策等内容；在公司官网"适用个人所得税优惠政策的商业健康保险"子栏目中公示适用个人所得税优惠政策的商业健康保险的产品名单，并于每年3月31日（含）前披露上一年度适用个人所得税优惠政策的商业健康保险业务整体和分产品的原保险保费收入，以及医疗保险业务整体和分产品的综合赔付率指标。

六、人身保险公司应当于每年3月31日（含）前，向金融监管总局及其派出机构报送上一年度适用个人所得税优惠政策的商业健康保险业务经营报告，经营报告作为年度产品总结报告的单独附件，内容应当包括：分险种和分产品的承保、理赔、回溯分析情况，存在的风险和问题，以及相关改进措施等。回溯分析应当重点关注实际赔付率、发生率和费用率等指标与精算假设的偏差。在日常经营中遇到重大风险和问题时，应当及时处理并向金融监管总局及其派出机构报告。

医疗保险产品连续三年综合赔付率指标低于精算假设80%的，人身保险公司应当及时采取调整改进措施，切实降低后续经营实际与精算假设的偏差，设计为费率可调的长期医疗保险应当建立双向费率调整机制。医疗保险业务三年累计综合赔付率指标低于65%的，除采取上述措施外，人身保险公司报送该类产品时，应当提交费率合理性说明材料，说明材料须由总经理、总精算师、财务负责人签字确认并经公司董事会审议。

七、金融监管总局及其派出机构应当加强适用个人所得税优惠政策的商业健康保险的日常监管，维护正常市场秩序，切实保护消费者合法权益。重点查处以下违法违规行为：

1. 不实说明或夸大商业健康保险产品及相关个人所得税优惠政策；
2. 以适用个人所得税优惠政策名义销售不适用的商业健康保险产品；
3. 医疗保险未按要求承保既往症人群；
4. 未按要求设计商业健康保险产品；
5. 未按要求开展业务回溯分析；
6. 金融监管总局及其派出机构认定的其他行为。

对于产品管理、销售管理、信息披露等方面发现的问题，依法采取风险提示、监管约谈、责令限期整改等监管措施或实施行政处罚；对涉嫌犯罪的，移送司法机关处理。

八、中国保险行业协会应当发挥自律组织作用，积极开展销售人员教育，加大对适用个人所得税优惠政策的商业健康保险的跟踪研究和宣传力度，营造良好的社会舆论环境，不断提高人民群众对适用个人所得税优惠政策的商业健康保险的理解和认识。

中国精算师协会应当发挥专业优势，加大对行业适用个人所得税优惠政策的商业健康保险产品设计、经验分析等方面的研究力度，加强动态跟踪，为适用个人所得税优惠政策的商业健康保险发展提供专业支持。

九、金融监管总局将根据国家医疗卫生政策变化、适用个人所得税优惠政策的商业健康保险经营实践和人民群众健康保障需求等情况，商有关部门后及时评估调整产品范围和有关要求。

十、本通知自2023年8月1日起实施。《中国保监会关于印发〈个人税收优惠型健康保险业务管理暂行办法〉的通知》（保监发〔2015〕82号）、《中国保监会关于印发个人税收优惠型健康保险产品指引框架和示范条款的通知》（保监发〔2015〕118号）、《中国保监会办公厅关于开展个人税收优惠型健康保险业务有关事项的通知》（保监厅发〔2016〕1号）同时废止。不符合本通知要求的适用个人所得税优惠政策的商业健康保险产品应于本通知实施之日起停止新业务销售，人身保险公司应当做好有效保单的后续缴费、理赔等客户服务工作，保障投保人、被保险人和受益人的合法权益。

（四）意外险

中国保险监督管理委员会关于界定责任保险和人身意外伤害保险的通知

- 1999年12月15日
- 保监发〔1999〕245号

各保险公司：

为进一步规范保险经营行为，维护保险市场的正常秩序，现就责任保险与人身意外伤害保险界限的有关问题通知如下：

一、根据《中华人民共和国保险法》第九十一条的规定，责任保险属于财产保险业务，由财产保险公司经营；人身意外伤害保险属于人身保险业务，由人寿保险公司经营。以由于被保险人的侵权行为造成他人人身伤害依法应承担的民事赔偿责任为保险标的的保险，属于责任保险。

二、责任保险与人身意外伤害保险界定的原则：

（一）责任保险的保险标的是被保险人对他人依法应承担的民事赔偿责任；人身意外伤害保险的保险标的是被保险人的身体和生命。

（二）责任保险的被保险人可以是自然人，也可以是法人，是可能承担民事赔偿责任的人；人身意外伤害保险的被保险人只能是自然人，是可能遭受意外伤害的人。

（三）责任保险只有当被保险人依据法律对第三者负有法律赔偿责任时，保险人才履行赔偿责任；人身意外伤害保险则不论事故的起因，凡属于保险责任范围内的事故造成被保险人死亡、伤残，保险人均负责赔偿。

（四）责任保险适用补偿原则，责任保险的保险金额是赔偿限额，保险事故发生后，保险人按被保险人对第三者实际承担的民事赔偿责任核定保险赔款，并且保险赔款金额以不超过保险金额为限，保险人赔款后依法享有代位求偿权；人身意外伤害保险适用定额给付原则，赔偿金额是根据保险合同中规定的死亡或伤残程度给付标准来给付保险金，保险人给付保险金后，不产生代位求偿权。

（五）责任保险的投保人与被保险人一般为同一人，同时也是缴费义务人；人身意外伤害保险的投保人既可以为自己投保，也可以为与其有保险利益的其他自然人投保，投保人与被保险人可以为同一人（此时被保险人为缴费义务人），也可不为同一人（此时被保险人不是缴费义务人）。

三、各保险公司要严格按照《中华人民共和国保险法》第九十一条关于保险公司业务范围的规定经营业务，不得任意混淆责任保险和人身意外伤害保险的界限，严禁各保险公司超业务范围经营。

四、各保险公司在接到此通知后，要立即对本公司系统的有关保险条款进行清理，坚决停办超范围经营的责任保险或人身意外伤害保险业务。

五、本通知下发后，凡发现保险公司超范围经营保险业务的，我会将依法进行严肃处理。

特此通知

意外伤害保险业务监管办法

- 2021年10月13日
- 银保监办发〔2021〕106号

第一章 总 则

第一条 为推动意外伤害保险高质量发展，规范意外伤害保险经营行为，保护意外伤害保险活动当事人合法权益，根据《中华人民共和国保险法》等法律、行政法规，制定本办法。

第二条 本办法所称意外伤害保险（以下简称意外险），是以被保险人因遭受意外伤害造成死亡、伤残或者发生保险合同约定的其他事故为给付保险金条件的人身保险。本办法所称保险公司，是指依法设立的人身保险公司和财产保险公司。

第三条 保险公司开展意外险业务，应严格遵守法律、行政法规以及各项监管规定，遵循保险原理，准确把握回归本源、防范风险的总体要求，不得损害社会公共利益和保险消费者的合法权益。

第二章 产品管理

第四条 保险公司在厘定保险费时，应符合一般精算原理，采用公平、合理的定价假设。

（一）保险公司在厘定保险期限一年以上的意外险保险费时，应根据公司历史投资回报率经验和对未来的合理预期及产品特性按照审慎原则确定预定利率。

（二）保险公司应以公司实际经验数据和行业公开发布的意外伤害经验发生率表等数据为基础，按照审慎原则确定预定发生率。

（三）各保单年度的预定附加费用率由保险公司自主设定，但平均附加费用率不得超过下表规定的上限。平均附加费用率是指保单各期预定附加费用精算现值之和占保单毛保费精算现值之和的比例。

业务类型	保险期限一年及以下的意外险	保险期限一年以上的意外险	
		期交	趸交
个人	35%	35%	18%
团体	25%	15%	8%

第五条 保险期限一年及以下的意外险保单最低现金价值按照未满期净保费方法确定，最低现金价值＝净保费×（1－保险合同已生效的天数/保险合同保险期限的天数），经过日期不足一日的按一日计算。

保险期限一年以上的意外险保单最低现金价值按照《普通型人身保险精算规定》相关要求计算。

第六条 保险公司应根据《普通型人身保险精算规定》要求计提业务相关报告责任准备金。航空意外险应额外按自留毛保费收入的5%计提特别准备金，并逐年滚存。

对保险期限为24小时以内（含24小时）的航空意外险，业务相关报告责任准备金不得低于按如下方法计算所得数值：保单责任准备金＝过去滚动12个月航空意外险自留毛保费×2/365。

第七条 保险公司报送保险条款和保险费率审批或备案的，应根据保险条款和保险费率管理相关监管规定，提交精算报告。精算报告至少应包含：

（一）数据来源和定价基础。

（二）定价方法和定价假设。对保险期限一年以上的意外险，还应包括利润测试参数、利润测试结果以及主要参数变化的敏感性分析；对可以进行费率浮动的意外险，还应包括费率浮动情况的详细说明，至少包含费率调整因子（系数）、计算方法、费率上下限等，并由总精算师遵循审慎原则签字确认。其中，费率调整因子（系数）应符合风险定价原则。

（三）业务相关报告责任准备金计算方法。

（四）总精算师需要特别说明的内容。

（五）银保监会规定的其他内容。

第八条 保险公司将意外险产品报送备案的，提交的申请材料除保险条款、保险费率表、精算报告外，还应另外提供佣金费用支付相关材料，说明该产品预计向保险代理人、保险经纪人支付的年度佣金费用率上限，佣金费用率上限应根据产品实际情况科学合理确定。产品任一渠道的年度佣金费用率超出上表规定的平均附加费用率上限10个百分点以上的，应提供总经理签署的书面说明材料，材料应当包含佣金费用水平的合理性分析、业务经营依法合规的承诺、公平竞争的声明等。其中，佣金费用应据实列支，不得通过信息技术支持和服务类费用、账外激励费用等方式变相突破佣金费用率上限。

第九条 保险公司应于每年末开展意外险业务回溯工作，根据实际经营情况与精算假设之间的偏差程度，采取费率调整等整改措施，并于次年3月31日前完成整改。保险期限一年及以下的意外险产品，应回溯综合赔付率、费用率等指标；保险期限一年以上的意外险产品应回溯发生率、费用率、投资收益率和退保率等指标。

第十条 对年度累计原保险保费收入连续三年超过500万元的保险期限一年及以下的意外险产品，如过往三年再保后综合赔付率的平均值低于50%，保险公司应及时将费率调整至合理水平，并按相关要求重新报送审批或备案。

其中，再保后综合赔付率的计算公式为：（再保后赔款支出+再保后未决赔款准备金提转差）÷（再保后已赚保费）。

第三章 销售管理

第十一条 保险公司应建立严格的意外险业务销售管理制度，严格执行经审批或备案的保险条款和保险费率。

第十二条 保险公司通过保险中介机构销售意外险的，应在代理或合作协议中明确保险中介机构责任，确保保险中介机构在单证管理、出单管理、销售行为、收付费管理、客户信息管理、反洗钱等方面符合相关要求。

保险公司通过保险中介机构展业，支付的中

介费用应与实际中介服务相匹配，不得通过保险中介机构套取资金，为其他机构或者个人谋取不正当利益。

第十三条　保险公司通过互联网开展意外险业务，应严格遵守互联网保险业务相关监管规定，加强自身风险管理能力和客户服务能力建设。

第十四条　保险公司以激活注册方式销售意外险，产品保险期限应不少于 7 天，保险责任开始时间应在激活注册之后。同时，应在产品相关资料上标明激活注册方式，并以显著字体或其他足以引起消费者注意的方式明示保单生效的条件。

第十五条　保险公司应对航空意外险业务做好再保险安排，并在每年向银保监会及其派出机构上报的意外险业务经营情况报告中单独列明航空意外险的再保计划。

第十六条　保险公司赠送意外险，应遵守赠送保险相关监管规定，不得以赠险为由，变相开展违法违规业务或进行不正当竞争。

第十七条　保险公司开展业务活动应自觉维护市场竞争秩序，不得存在以下行为：

（一）直接或通过保险中介机构、其他机构强迫消费者订立保险合同；

（二）在非保险类商品或服务上向不特定公众捆绑销售意外险；

（三）通过无合法资质的机构、未进行执业登记的个人销售意外险；

（四）委托保险公司经营区域外的保险中介机构或个人销售意外险，根据相关规定开展的互联网人身保险业务除外；

（五）夸大保险保障范围、隐瞒责任免除、虚假宣传等误导投保人和被保险人的行为；

（六）混淆意外险与责任险，扰乱市场秩序，如通过特别约定改变保障范围，或未经被保险人或受益人授权将意外险赔款直接支付给事故责任方等；

（七）通过保险中介机构为其他机构或者个人谋取不正当利益，或虚构中介业务套取资金；

（八）对保险期限一年及以下的意外险，距单到期日前间隔 60 天以上预收下一保单年度保费；

（九）向特定团体成员以外的个人销售团体意外险；

（十）银保监会规定的其他违规行为。

第四章　信息管理与披露

第十八条　保险公司应加强意外险业务的客户信息真实性管理，在遵守有关法律法规的前提下，明确要求保险销售人员以及保险中介机构按照意外险业务经营和客户服务的需要提供真实、完整的客户信息，并对其所提供客户信息的真实性、完整性进行审核。

保险公司的核心业务系统、保险中介机构业务系统等有关业务系统应具备客户信息字段完整性和逻辑准确性的控制功能。

第十九条　保险公司应为客户提供电话、互联网、微信或其他方式的意外险保单信息实时查询服务，并在保险合同生效后，通过短信、电子邮件或即时通讯工具等方式告知投保人查询保单信息的途径和方法。保单信息查询服务应至少保留至保险责任结束后三个月。

第二十条　保险公司经营意外险业务，应按照法律、行政法规和监管的相关规定进行信息披露，不得有虚假记载、误导性陈述和重大遗漏。

第二十一条　保险公司对保险期限一年及以下的意外险产品采取费率调整措施，应至少在费率调整前 30 日，通过合理方式将具体时间、具体原因以及对存量投保人的后续服务措施等信息通知每一张有效保单的投保人，并为已购买产品的保险消费者在保险期限内继续提供保障服务。

第二十二条　自 2023 年起，保险公司应于每年 4 月 30 日前在其官方网站信息披露专栏对上一年度个人意外险业务经营情况进行公开披露。披露的内容包括：

（一）上一年度个人意外险业务经营总体情况（披露格式参见附件 1）。

（二）上一年度航空意外险、借款人意外险、旅行意外险、交通工具意外险等四类险种每一款产品的经营数据（披露格式参见附件 2）。

（三）综合保险服务水平、社会责任担当等多个因素确定的典型理赔案例。

第二十三条　自 2024 年起，在前期个人意外险经营情况信息披露的基础上，全面实施意外险信息披露。

（一）全面实施个人意外险分产品信息披露，即将分险种信息披露范围从航空意外险、借款人意外险、旅行意外险、交通工具意外险等四个险种扩展到全险种,披露每一款个人意外险产品的经营数据(披露格式参见附件3)。

(二)实施团体意外险信息披露,即增加披露团体意外险业务经营情况,披露的内容包括:

1. 上一年度团体意外险业务经营总体情况(披露格式参见附件4)。

2. 上一年度每一款团体意外险产品经营数据(披露格式参见附件5)。

3. 综合保险服务水平、社会责任担当等多个因素确定的典型理赔案例。

第五章 监督管理

第二十四条 保险公司应于每年3月31日前,将上一年度的意外险业务经营情况报告报送至银保监会及其派出机构。意外险业务经营情况报告应至少包括以下内容:

(一)上一年度意外险业务经营总体情况。

(二)每款产品上一年度的经营情况。

(三)航空意外险等再保险安排。

(四)上一年度产品回溯情况,具体包含以下内容:

1. 产品总体情况,涵盖上一年度累计原保险保费收入超过500万元的意外险产品;

2. 产品定价精算假设与实际经营情况之间的偏差;

3. 回溯指标出现较大偏差的原因,以及保险公司根据偏差程度采取的整改措施。

(五)意外险业务经营情况附表(填报格式参见附件6、附件7)。

第二十五条 保险公司经营意外险业务存在下列情形之一的,银保监会及其派出机构可以根据《中华人民共和国保险法》及有关规定,采取有关监管措施或实施行政处罚。

(一)产品开发设计不公平不合理,侵害消费者合法权益;

(二)产品定价方法、参数假设、精算评估等不符合一般精算原理;

(三)费率浮动超出产品审批或备案材料中的费率区间,或明显偏离被保险人风险水平;

(四)通过特别约定、签订补充协议等形式实质改变审批或备案的保险条款、保险费率;

(五)向保险代理人、保险经纪人支付的佣金费用率超过产品备案材料中佣金费用率上限,或支付的佣金费用水平违反公平竞争原则;

(六)未按规定调整产品费率,或调整后产品费率仍不合理;

(七)未按规定进行信息披露,或披露的信息不真实、不完整;

(八)存在本办法规定的禁止性行为;

(九)银保监会认定的其他行为。

第二十六条 保险公司委托保险中介机构开展意外险业务违反本办法有关规定的,对保险公司和保险中介机构同查同处,同类业务保持统一的裁量标准。

第六章 附 则

第二十七条 相互保险公司经营意外险业务,参照本办法执行。

第二十八条 银保监会对扶贫意外险、小额意外险等特殊业务另有规定的,从其规定。

第二十九条 保险公司经营保险期限一年及以下的意外险业务,可以不受《中国保监会关于强化人身保险产品监管工作的通知》(保监寿险〔2016〕199号)第四条第一款产品停售有关规定限制。

第三十条 本办法由银保监会负责解释。

第三十一条 本办法自2022年1月1日起施行。《关于短期意外伤害保险产品管理有关问题的复函》(保监函〔2003〕1076号)、《关于加强航空意外保险管理有关事项的通知》(保监发〔2007〕94号)、《关于印发〈人身意外伤害保险业务经营标准〉的通知》(保监发〔2009〕91号)、《关于银行为信用卡客户赠送意外伤害保险有关问题的复函》(保监厅函〔2010〕34号)、《关于规范激活注册式意外险业务经营行为的通知》(保监寿险〔2010〕921号)及《关于意外险出单管理有关问题的复函》(保监寿险〔2010〕1066号)自本办法施行之日起废止。

《关于人身保险伤残程度与保险金给付比例有关事项的通知》(保监发〔2013〕46号)第四条规定自本办法施行之日起停止执行。

第三十二条 本办法发布之日起至2021年12月31日,新报送审批或备案的意外险产品须严格遵照本办法要求执行。本办法发布前已经审批或备案的意外险产品,第十条、第二十一条及第二十五条第六款规定从2023年1月1日起执行,不符合其他规定的,保险公司应于2022年6月30日前完成整改。

五、保险资金运用

（一）资金运用

保险资产配置管理暂行办法

- 2012年7月16日
- 保监发〔2012〕61号

第一章 总 则

第一条 为加强保险公司资产配置管理，防范保险资产错配风险，保护保险当事人合法权益，根据《保险资金运用管理暂行办法》及有关规定，制定本办法。

第二条 本办法适用于中国境内依法设立的保险公司和保险集团（控股）公司（以下简称"保险公司"）。

第三条 本办法所称保险资产配置管理，是指保险公司以独立法人为单位，根据经济环境变化和公司发展战略，统筹考虑偿付能力状况、资本配置情况、整体风险承受能力和相关约束因素，以保险产品为基础，制定、实施、监控和调整资产配置政策的机制和行为。

第四条 保险公司资产配置必须稳健，按照安全性、流动性和收益性要求，遵循偿付能力约束、资产负债管理、全面风险管理和分账户管理原则。

第五条 保险公司应当自主决策、自主配置并自担风险。中国保险监督管理委员会（以下简称"中国保监会"）依法对保险资产配置实施监督管理。

第二章 资产配置管理能力

第六条 保险公司应当建立涉及资产配置决策、执行、监督等管理制度，主要内容包括资产配置组织制度、决策和授权制度、资产配置管理程序、资产配置风险管理制度、资产配置信息管理和报告制度、资产配置绩效评估和考核制度等。

第七条 保险公司应当根据《保险资金运用管理暂行办法》及有关规定，明确董事会、经营管理层及有关职能部门的保险资产配置管理职责。

第八条 保险公司董事会负责审定保险资产配置管理制度及政策，并对资产配置政策、程序和风险管理承担最终责任。

董事会设立的资产负债管理委员会或具有相应职能的专业委员会（以下简称"专业委员会"），应当根据董事会授权，协助董事会审议资产配置政策，评估公司整体风险状况和各类风险敞口累计水平。

专业委员会成员应当具备履行资产配置管理职责所需要的相关专业知识、经验和能力。

第九条 保险公司经营管理层应当根据董事会授权，负责拟订资产战略配置规划和年度资产配置计划，组织实施董事会审定的资产配置政策，并视执行情况向专业委员会提出调整资产配置建议。

经营管理层应当加强资产配置协调管理，建立资产管理部门与精算、财务、产品开发、市场销售和风险管理等部门的沟通协商机制，规范整体运作流程，明确各自管理责任，提高资产配置管理效率，防范保险产品定价和资产错配风险。

第十条 保险公司资产管理部门应当设立专职岗位，根据授权提出资产配置政策和调整建议，协调并执行经审定的资产配置政策。

总资产规模超过1000亿元的保险公司，其资产管理部门应当至少拥有5名具有资产配置相关经验的专业人员，其中具有3年以上相关经验的不少于3名。

第十一条 保险公司应当积累资产和负债业务数据，构建数据库和信息平台，实现资产管理、精算和财务等数据信息共享，为资产配置分析和评估，提供数据支持和技术保证。

第三章 账户和资产分类

第十二条 保险公司应当根据保险业务和资

金特点,划分"普通账户"和"独立账户",实行资产配置分账户管理。

普通账户,是指由保险公司部分或全部承担投资风险的资金账户。保险公司资本金参照普通账户管理;

独立账户,是指独立于普通账户,由投保人或者受益人直接享有全部投资收益的资金账户。

第十三条 保险公司从事普通账户资产配置,应当严格执行中国保监会有关投资比例规定。

计算普通账户各资产的投资比例,其计算基数应当扣除债券回购融入资金余额和独立账户资产金额。

第十四条 保险公司应当根据自身投资管理能力和风险管理能力,遵循独立、透明和规范原则,为投保人或者受益人利益,管理独立账户资产。

独立账户资产的投资范围,执行本办法第十八条规定。各资产的投资比例,由保险公司通过书面合同与投保人或者受益人约定。

第十五条 保险公司应当严格区分普通账户资产和独立账户资产。除中国保监会另有规定外,普通账户资产与独立账户资产之间、独立账户之间不得相互出售、交换或者移转。

第十六条 保险公司应当选择具有托管资格的银行托管各类账户。托管银行应当确保普通账户资产和独立账户资产在账户设置、资金清算、会计核算、账户记录等方面的独立、清晰与完整。

第十七条 保险公司应当分析各类账户资产的风险收益特征,并根据资产配置政策规定或者相关合同约定,合理安排各类资产配置比例。

第十八条 根据《保险法》及有关规定,保险公司各类账户配置的资产,主要分为流动性资产、固定收益类资产、权益类资产、另类及其他投资资产。

第四章 普通账户配置管理

第十九条 保险公司应当根据保险业务负债特征,细分普通账户,综合分析各普通账户之间的关系、普通账户资产负债关系,确定各类账户预期收益目标和风险指标,制定和实施资产配置政策。主要程序包括:

(一)资产和负债分析;
(二)拟订资产配置政策;
(三)资产配置决策;
(四)实施资产配置政策;
(五)定期检测;
(六)评估及调整资产配置等。

第二十条 保险公司应当根据资产负债管理要求,采用现金流、期限、成本率、有效久期、凸性等指标,量化评估各类普通账户负债特征、存量资产和资产负债缺口状况。

保险公司职能部门和相关机构,应当提供各普通账户负债信息、财务数据、资产数据、新产品信息及相关分析材料。

第二十一条 保险公司资产管理部门应当以资产负债分析为基础,结合宏观分析、市场分析和情景假设,充分采纳各职能部门意见,拟订资产配置政策。

资产配置政策主要包括资产战略配置规划和年度资产配置计划。

第二十二条 资产战略配置规划是指中长期资产配置的战略安排。期限至少为三年,每年至少滚动评估一次。主要内容包括:

(一)宏观经济趋势、保险业务和负债特征、各类资产风险收益特征、公司长期发展规划和整体风险承受能力等决策依据;
(二)长期收益目标和长期业绩比较基准;
(三)各币种、地区和市场资产配置比例;
(四)允许、限制及禁止配置资产标准;
(五)流动性、期限结构和再投资计划;
(六)会计分类原则和绩效考核机制等。

第二十三条 年度资产配置计划是指根据资产战略配置规划,结合保险市场和资本市场状况分析,制定的一年期资产配置策略。主要内容包括:

(一)年度经济形势分析、各市场分析、负债特征变化及各类资产风险收益预期等决策依据;
(二)资产负债情况;
(三)目标资产配置比例及浮动区间;
(四)年度收益目标和业绩比较基准;
(五)资产风险状况和压力测试结果分析等。

第二十四条 保险公司制定资产战略配置规划和年度资产配置计划,应当根据资产负债管理原则,采用绝对收益率或者相对收益率指标,设定业绩比较基准,明确业绩归因,评估资产配置结果,并建立相应考核机制,实现资产配置绩效目标。

第二十五条 保险公司资产管理部门应当根据宏观经济形势及市场情况变化等因素，及时会同相关职能部门，提出资产配置政策调整建议，报送经营管理层和专业委员会审议，并由专业委员会提交董事会审定。

第五章 独立账户配置管理

第二十六条 保险公司开发寿险投资连结保险产品、变额年金产品、养老保障委托管理产品和非寿险非预定收益投资型保险产品等，应当根据中国保监会有关规定，设立独立账户。

保险公司应当按照合同约定的资产配置范围和比例，明确独立账户风格，及时优化风险调整收益，独立进行投资决策和管理。

第二十七条 保险公司申请设立独立账户，应当根据中国保监会有关规定，编制投资账户说明书，涉及投资管理的内容应当包括：

（一）投资目标、投资方式和投资策略。说明决策依据和决策程序、采取自主投资或者委托第三方投资、投资组合管理方法和业绩比较基准、资产配置范围和比例等；

（二）投资账户估值和收益率计算方法；

（三）托管情况说明；

（四）投资账户资产隔离、公平交易情况和防范利益输送说明；

（五）投资经理基本情况及管理其他账户情况；

投资账户的具体估值方法，根据中国保监会有关规定执行。

第二十八条 设立独立账户的保险公司，应当根据中国保监会有关规定，定期披露投资账户信息，确保信息披露真实、准确和完整。其中涉及投资管理的信息披露，应当包括：

（一）报告期末投资账户单位价格；

（二）报告期末投资账户的投资组合；

（三）报告期的投资账户收益率。

保险公司变更托管银行或者独立账户投资经理，应当及时向投保人或者受益人披露。

第六章 风险管理

第二十九条 保险公司应当按照全面风险管理要求，制定资产配置合规和风险管理制度，及时识别、衡量、报告和控制资产配置相关风险。

第三十条 保险公司应当确定资产配置风险管理部门，使之独立于资产配置政策的执行部门。其职能应当包括：

（一）监督资产配置政策执行情况、记录和报告资产配置违规事项；

（二）评估资产负债头寸和资产配置各项限额的合理性；

（三）定期向经营管理层和专业委员会报告资产配置相关风险敞口；

（四）提出风险控制处理意见和方案；

（五）其他内容。

第三十一条 保险公司应当根据自身偿付能力状况，加强风险预算管理，结合定性和定量分析，确定公司整体风险限额，识别各类风险来源，衡量和分解风险，并根据风险变化情况，动态监控和调整资产配置。

第三十二条 保险公司应当制定资产配置相关风险评估标准，建立技术指标体系，定期量化评估风险指标，并编制风险评估报告，向经营管理层和专业委员会报告。

第三十三条 保险公司应当结合公司实际情况，建立资产配置压力测试模型，实施敏感性测试和情景测试，测试特定情景和各种不利情景下，资产和收益变化和偿付能力变化，评估潜在风险因素和整体风险承受能力。

保险公司相关部门应当根据测试结果，提出资产配置管理意见，反馈相关部门并向经营管理层和专业委员会报告。

第七章 监督管理

第三十四条 中国保监会依据有关规定和本办法，通过非现场和现场检查方式，监督保险公司资产配置管理的有效性。

第三十五条 中国保监会可以根据保险公司资产配置管理情况，调整资产配置管理能力标准，实施动态评估和分类监管。

第三十六条 保险公司应当于每年3月30日前，向中国保监会报送上年度资产配置执行情况报告。主要内容包括：

（一）相关市场运行分析；

（二）资金流入流出情况及对各账户影响；

（三）资产配置比例与变动情况；

（四）实际资产配置比例与目标比例的差异及

原因；

（五）整体收益率与预期收益率的差异及原因；

（六）资产风险状况及对公司盈利能力和偿付能力的潜在影响；

（七）中国保监会规定的其他内容。

第三十七条 保险公司应当及时向中国保监会报送资产配置管理制度、上年度资产配置执行情况，并妥善保存相关材料原件。

第三十八条 保险公司违反本办法规定的，中国保监会将根据《保险法》和《保险资金运用管理暂行办法》有关规定，采取相应监管措施。

第三十九条 本办法由中国保监会负责解释、修订，自发布之日起施行。

保险资产管理公司管理规定

- 2022年7月28日中国银行保险监督管理委员会令2022年第2号公布
- 自2022年9月1日起施行

第一章 总 则

第一条 为加强对保险资产管理公司的监督管理，规范保险资产管理公司行为，保护投资者合法权益，防范经营风险，根据《中华人民共和国保险法》（以下简称《保险法》）、《中华人民共和国公司法》（以下简称《公司法》）等法律法规及《中国人民银行 中国银行保险监督管理委员会 中国证券监督管理委员会 国家外汇管理局关于规范金融机构资产管理业务的指导意见》（银发〔2018〕106号），制定本规定。

第二条 保险资产管理公司是指经中国银行保险监督管理委员会（以下简称银保监会）批准，在中华人民共和国境内设立，通过接受保险集团（控股）公司和保险公司等合格投资者委托、发行保险资产管理产品等方式，以实现资产长期保值增值为目的，开展资产管理业务及国务院金融管理部门允许的其他业务的金融机构。

第三条 保险资产管理公司应当诚实守信、勤勉尽责，严格遵守投资者适当性管理要求，稳健审慎开展业务经营，维护投资者合法权益，不得损害国家利益和社会公共利益。

第四条 银保监会依法对保险资产管理公司及其业务活动实施监督管理。

第二章 设立、变更和终止

第五条 保险资产管理公司应当采取下列组织形式：

（一）有限责任公司；

（二）股份有限公司。

第六条 保险资产管理公司名称一般为"字号+保险资产管理+组织形式"。未经银保监会批准，任何单位不得在其名称中使用"保险资产管理"字样。

第七条 保险资产管理公司应当具备下列条件：

（一）具有符合《公司法》和银保监会规定的公司章程；

（二）具有符合规定条件的股东；

（三）境内外保险集团（控股）公司、保险公司合计持股比例超过50%；

（四）具有符合本规定要求的最低注册资本；

（五）具有符合规定条件的董事、监事和高级管理人员，配备从事研究、投资、运营、风险管理等资产管理相关业务的专业人员；

（六）建立有效的公司治理、内部控制和风险管理体系，具备从事资产管理业务需要的信息系统，具备保障信息系统有效安全运行的技术与措施；

（七）具有与业务经营相适应的营业场所、安全防范措施和其他设施；

（八）银保监会规定的其他审慎性条件。

第八条 保险资产管理公司股东应当为境内保险集团（控股）公司、保险公司、其他金融机构、非金融企业，境外保险集团（控股）公司、保险公司、资产管理机构等。

保险资产管理公司开展股权激励或员工持股计划的，相关持股主体另有规定的从其规定。

第九条 保险资产管理公司股东应当具备下列条件：

（一）具有良好的公司治理结构和内部控制机制；

（二）具有良好的社会声誉、诚信记录和纳税记录；

（三）经营管理状况良好，最近2年内无重大违法违规经营记录；

（四）入股资金为自有资金，不得以债务资金、委托资金等非自有资金入股；

（五）非金融企业作为股东的，应当符合国家有关部门关于非金融企业投资金融机构的相关要求；

（六）境外机构作为股东的，应当符合所在国家或地区有关法律法规和监管规定，其所在国家或地区金融监管当局已经与国务院金融监督管理部门建立良好的监督管理合作机制；

（七）银保监会规定的其他审慎性条件。

第十条　保险资产管理公司的主要发起人应当为保险集团（控股）公司或保险公司。主要发起人除满足本规定第九条规定的条件外，还应当具备下列条件：

（一）持续经营5年以上；

（二）最近3年内无重大违法违规经营记录；

（三）财务状况良好，最近3个会计年度连续盈利；

（四）主要发起人与保险资产管理公司的其他保险公司股东最近1年末总资产合计不低于500亿元人民币或等值可自由兑换货币；

（五）最近四个季度综合偿付能力充足率均不低于150%；

（六）银保监会规定的其他审慎性条件。

第十一条　任何单位和个人不得委托他人或接受他人委托持有保险资产管理公司股权，银保监会另有规定的除外。

第十二条　保险资产管理公司主要发起人、控股股东及实际控制人应当秉持长期投资理念，书面承诺持有保险资产管理公司股权不少于5年，持股期间不得将所持有的股权进行质押或设立信托，银保监会另有规定的除外。

第十三条　存在以下情形之一的企业，不得作为保险资产管理公司的股东：

（一）股权结构不清晰，不能逐层穿透至最终权益持有人；

（二）公司治理存在明显缺陷；

（三）关联企业众多，关联交易频繁且异常；

（四）核心主业不突出或经营范围涉及行业过多；

（五）现金流量波动受经济景气影响较大；

（六）资产负债率、财务杠杆率明显高于行业平均水平；

（七）其他可能对保险资产管理公司产生重大不利影响的情况。

第十四条　保险资产管理公司的注册资本应当为实缴货币资本，最低限额为1亿元人民币或者等值可自由兑换货币。

银保监会根据审慎监管的需要，可以调整保险资产管理公司注册资本的最低限额，但不得低于前款规定的限额。

第十五条　同一投资人及其关联方、一致行动人投资入股保险资产管理公司的数量不得超过2家，其中，直接、间接、共同控制的保险资产管理公司的数量不得超过1家，经银保监会批准的除外。

第十六条　设立保险资产管理公司，主要发起人应当向银保监会提出书面申请，并提交下列材料：

（一）设立申请书；

（二）拟设公司的可行性研究报告、发展规划、筹建方案以及出资资金来源说明；

（三）股东的基本资料，包括股东名称、法定代表人、组织形式、注册资本、经营范围、资格证明文件以及经会计师事务所审计的最近3年资产负债表和损益表等；

（四）拟设公司的筹备负责人名单和简历；

（五）出资人出资意向书或者股份认购协议；

（六）股东为金融机构的，应当提交所在行业监管机构出具的监管意见；

（七）银保监会规定的其他材料。

第十七条　对设立保险资产管理公司的申请，银保监会应当自收到完整的申请材料之日起3个月内作出批准或者不批准筹建的决定。决定不予批准的，应当书面通知申请人并说明理由。

第十八条　申请人应当自收到银保监会批准筹建文件之日起6个月内完成筹建工作。在规定的期限内未完成筹建工作的，经申请人申请、银保监会批准，筹建期可延长3个月。筹建期满仍未完成筹建工作的，原批准筹建文件自动失效。

筹建机构在筹建期间不得从事任何经营业务活动。

第十九条　筹建工作完成后，主要发起人应当向银保监会提出开业申请，并提交下列材料：

（一）开业申请报告；

（二）法定验资机构出具的验资证明，资本金入账凭证复印件；

（三）拟任董事、监事、高级管理人员的任职资格申请材料；

（四）营业场所的所有权或者使用权证明文件；

（五）公司章程和内部管理制度；

（六）信息管理系统、资金运用交易设备和安全防范设施的资料；

（七）受托管理资金及相关投资管理能力证明材料；

（八）银保监会规定的其他材料。

第二十条　银保监会应当自收到完整的保险资产管理公司开业申请材料之日起60个工作日内，作出核准或者不予核准的决定。决定核准的，颁发业务许可证；决定不予核准的，应当书面通知申请人并说明理由。

第二十一条　保险资产管理公司设立分支机构，应当向银保监会提出申请，并提交下列材料：

（一）设立申请书；

（二）拟设机构的业务范围和可行性研究报告；

（三）拟设机构筹建负责人的简历及相关证明材料；

（四）银保监会规定的其他材料。

保险资产管理公司申请设立分支机构，由银保监会按有关规定受理、审查并作出决定。

第二十二条　保险资产管理公司可以投资设立理财、公募基金、私募基金、不动产、基础设施等从事资产管理业务或与资产管理业务相关的子公司。

保险资产管理公司投资设立子公司的，应当向银保监会提出申请，并具备以下条件：

（一）开业3年以上；

（二）最近3年内无重大违法违规经营记录；

（三）最近1年末经审计的净资产不低于1亿元，已建立风险准备金制度；

（四）最近2年监管评级均达到B类以上；

（五）使用自有资金出资，投资金额累计不超过经审计的上一年度净资产的50%；

（六）银保监会规定的其他条件。

保险资产管理公司投资设立子公司，由银保监会按照保险资金重大股权投资有关规定受理、审查并作出决定。

第二十三条　保险资产管理公司应当严格控制、合理规划分支机构和子公司的设立，避免同业竞争及重复投入。

第二十四条　保险资产管理公司有下列情形之一的，应当报银保监会批准：

（一）变更公司名称；

（二）变更注册资本；

（三）变更组织形式；

（四）变更出资额占有限责任公司资本总额5%以上的股东，或者变更持股占股份有限公司总股本5%以上的股东；

（五）调整业务范围；

（六）变更公司住所或营业场所；

（七）修改公司章程；

（八）合并或分立；

（九）撤销分支机构；

（十）银保监会规定的其他事项。

第二十五条　保险资产管理公司董事、监事、高级管理人员应当在任职前取得银保监会核准的任职资格。

银保监会可以对保险资产管理公司拟任董事、监事和高级管理人员进行任职谈话。

第二十六条　保险资产管理公司董事、监事应当具有大学本科以上学历以及履行职务必需的知识、经验与能力，具备5年以上与履行职责相适应的工作经历。其中，董事长应当具有10年以上金融从业经验。

第二十七条　本规定所称保险资产管理公司高级管理人员，是指对保险资产管理公司的经营管理活动和风险管理具有决策权或者重大影响的下列人员：总经理、副总经理、首席风险管理执行官以及实际履行上述职务的其他人员。

保险资产管理公司高级管理人员应当具备下列条件：

（一）大学本科以上学历；

（二）10年以上金融从业经历；

（三）品行良好，熟悉与保险资产管理业务相关的法律法规及监管规定，具有履行职责所需要的经营管理能力；

（四）银保监会规定的其他条件。

第二十八条　保险资产管理公司申请核准董事、监事和高级管理人员任职资格的，应当向银保监会提交下列申请材料：

（一）任职资格核准申请文件及任职资格申请表；

（二）拟任董事、监事或者高级管理人员的身份证件、学历学位证书、劳动合同、接受反洗钱培训和履行反洗钱义务相关材料、关联关系说明、个人征信报告等复印件或证明文件；

（三）最近三年曾任金融机构董事长、高级管理人员或其他重要管理职务的，应当提交其最近一次离任审计报告或经济责任审计报告；

（四）公司相关会议决策文件；

（五）银保监会规定的其他材料。

第二十九条 保险资产管理公司拟任董事、监事、高级管理人员有下列情形之一的，银保监会不予核准其任职资格：

（一）依据《公司法》等法律法规、监管规定，不得担任董事、监事、高级管理人员的情形；

（二）最近3年内因重大违法违规行为受到行政处罚，或涉嫌重大违法违规正在接受有关部门立案调查，尚未作出结论；

（三）被国务院金融监督管理部门取消、撤销任职资格或采取市场禁入措施的，自被取消、撤销任职资格或禁入期满未逾5年；

（四）因违法违规或违纪行为被吊销执业资格的律师、注册会计师或者资产评估机构、验证机构等机构的专业人员，自被吊销执业资格之日起未逾5年；

（五）因严重失信行为被国家有关单位确定为失信联合惩戒对象且应当受到相应惩戒，或者最近5年内具有其他严重失信不良记录；

（六）因违法违规或违纪行为被国家机关开除公职；

（七）因犯破坏金融管理秩序罪被判处刑事处罚，或因其他罪名被判处刑事处罚执行期满未逾5年；

（八）银保监会规定的其他情形。

第三十条 保险资产管理公司应当自高级管理人员任职任命决定作出之日起10个工作日内向银保监会提交任职报告文件、任命文件复印件等材料。

第三十一条 保险资产管理公司高级管理人员不能履职或缺位时，公司可以指定临时负责人，并及时向银保监会报告。临时负责人履职时间原则上不得超过6个月。

第三十二条 保险资产管理公司董事、监事或者高级管理人员有下列情形之一的，其任职资格自动失效：

（一）获得任职资格核准后，超过2个月未实际到任履职，且未提供正当理由；

（二）从核准任职资格的岗位离职；

（三）受到禁止进入保险业的行政处罚；

（四）被判处刑罚；

（五）有关法律法规规定及银保监会认定的其他情形。

第三十三条 保险资产管理公司有下列情形之一的，经银保监会批准后可以解散：

（一）公司章程规定的营业期限届满或者公司章程规定的其他解散事由出现；

（二）股东会或股东大会决议解散；

（三）因公司合并或者分立需要解散；

（四）依法被吊销业务许可证、营业执照、责令关闭或者被撤销；

（五）其他法定事由。

第三十四条 保险资产管理公司不得将受托管理资产和所管理的保险资产管理产品资产归入其自有财产。因解散、依法被撤销或者被宣告破产等原因进行清算的，其受托管理资产和所管理的保险资产管理产品资产不属于清算财产。

第三十五条 保险资产管理公司因解散、依法被撤销或被宣告破产而终止的，其清算事宜按照国家有关法律法规办理。

第三章 公司治理

第三十六条 保险资产管理公司应当建立组织机构健全、职责分工清晰、制衡监督有效、激励约束合理的公司治理结构，保持公司独立规范运作，维护投资者的合法权益。

第三十七条 保险资产管理公司的股东应当履行法定义务，依法行使对保险资产管理公司的股东权利。保险资产管理公司的股东及其实际控制人不得有以下行为：

（一）虚假出资、抽逃或者变相抽逃出资；

（二）以任何形式占有或者转移保险资产管理公司资产；

（三）在资产管理等业务活动中要求保险资产管理公司为其提供配合，损害投资者和其他当事人的合法权益；

（四）通过任何方式隐瞒关联关系，隐瞒提供或虚假提供关联方信息；

（五）与保险资产管理公司管理的资产进行不当交易，要求保险资产管理公司利用管理的资产为自己或他人牟取利益；

（六）其他利用股东地位损害投资者、保险资产管理公司及其他利益相关方合法权益的行为；

（七）国家有关法律法规及监管机构禁止的其他行为。

第三十八条 保险资产管理公司股东（大）会职权范围和议事规则应当清晰明确。保险资产管理公司的股东及其实际控制人应当通过股东（大）会依法行使权利，不得越过股东（大）会、董事会任免保险资产管理公司的董事、监事、高级管理人员，或者直接干预保险资产管理公司的经营管理和投资运作。

第三十九条 保险资产管理公司应当建立与股东之间有效的风险隔离机制以及业务和客户关键信息隔离制度，通过隔离资金、业务、管理、人员、系统、营业场所和信息等措施，防范风险传染、内幕交易、利益冲突和利益输送，防范利用未公开信息交易等违法违规行为。

第四十条 保险资产管理公司的公司章程应当明确董事会职权范围和议事规则。董事会应当按照法律法规、监管规定和公司章程等要求，制定公司总体战略和基本管理制度并监督实施，决策公司重大事项，监督评价经营管理人员的履职情况。董事会对公司的合规管理和风险管控有效性承担最终责任。

董事会对经营管理人员的考核，应当包括长期业绩、合规和风险管理等内容，不得以短期业务规模和盈利增长为主要考核标准。

董事会和董事长不得越权干预经营管理人员的具体经营活动。

第四十一条 保险资产管理公司应当根据监管规定和实际需要，在董事会下设置从事合规风控、审计、关联交易管理、提名薪酬和考核等事务的专门委员会，并在公司章程中明确规定各专门委员会的成员构成及职权。

董事会应当制定各专门委员会的工作程序等制度。各专门委员会应当定期向董事会报告工作，形成书面工作报告，以备查阅。

第四十二条 保险资产管理公司应当按规定建立健全独立董事制度，独立董事人数原则上不得少于董事会人数的1/3。

独立董事应当独立于保险资产管理公司及其股东，以维护投资者和公司合法权益为出发点，勤勉尽责，依法对受托资产管理和公司运作的重大事项独立作出客观、公正的专业判断。

独立董事发现公司存在合规问题或重大风险隐患，应当及时告知董事会，并按规定向银保监会报告。

第四十三条 保险资产管理公司监事会或监事应当加强对公司财务状况和董事会、高级管理人员履职尽责情况的监督，但不得越权干预经营管理人员的具体经营活动。

保险资产管理公司设立监事会的，监事会成员应当包括股东代表和公司职工代表，其中职工代表的比例不得少于监事会人数的1/3。

第四十四条 保险资产管理公司的总经理负责公司的经营管理。

保险资产管理公司的高级管理人员及其他工作人员应当坚持稳健经营理念，忠实、勤勉地履行职责，不得为股东、本人或者他人谋取不正当利益。

第四十五条 保险资产管理公司应当设立首席风险管理执行官。首席风险管理执行官不得主管投资管理。

首席风险管理执行官负责组织和领导保险资产管理公司风险管理工作，履职范围包括所有公司运作和业务环节的风险管理，独立向董事会、银保监会报告有关情况，提出防范和化解公司重大风险建议。

保险资产管理公司更换首席风险管理执行官，应当于更换前至少5个工作日，向银保监会书面报告更换理由，以及首席风险管理执行官的履职情况。

第四十六条 保险资产管理公司应当加强对董事、监事和高级管理人员的兼职管理，确保相关人员履职时间与履职责任相匹配，防止不履职、不当履职和利益冲突。

保险资产管理公司的高级管理人员不得在其他营利性经营机构兼任高级管理人员。因经营管理需要在母公司、子公司任职，或因项目投资需要在被投资项目公司任职，原则上只能兼任1家

第四十七条　保险资产管理公司应当建立健全与公司发展相适应的长效激励约束机制和薪酬递延机制。

第四章　业务规则

第四十八条　保险资产管理公司经营范围包括以下业务：

（一）受托管理保险资金及其形成的各种资产；

（二）受托管理其他资金及其形成的各种资产；

（三）管理运用自有人民币、外币资金；

（四）开展保险资产管理产品业务、资产证券化业务、保险私募基金业务等；

（五）开展投资咨询、投资顾问，以及提供与资产管理业务相关的运营、会计、风险管理等专业服务；

（六）银保监会批准的其他业务；

（七）国务院其他部门批准的业务。

前款第（二）项所述"其他资金"包括基本养老保险基金、社会保障基金、企业年金基金、职业年金基金等资金及其他具备相应风险识别和风险承受能力的境内外合格投资者的资金。

第四十九条　保险资产管理公司开展保险资产管理产品业务和投资管理活动，应当满足银保监会有关保险资产管理产品管理和投资管理能力的要求。

保险资产管理公司开展外汇资金运用业务和其他外汇业务，应当符合银保监会、中国人民银行和国家外汇管理局的相关规定。

第五十条　保险资产管理公司应当依据监管规定和合同约定，对受托管理的资产和保险资产管理产品资产进行投资管理和运作。

保险资产管理公司受托管理保险资金，可以列席保险公司资产负债匹配管理部门的有关会议。

第五十一条　保险资产管理公司自有资金运用应当遵循审慎稳健、风险分散、合法公平的原则，维护自有资金的安全性、流动性。

保险资产管理公司自有资金可以开展金融资产投资以及与资产管理业务相关的股权投资，可以购置自用性不动产。其中，持有现金、银行存款、政府债券、准政府债券、中央银行票据、政策性金融债券、公募基金、组合类保险资产管理产品等具有较高流动性资产的比例不得低于50%；投资于本公司发行的保险资产管理产品原则上不得超过单只产品净资产的50%；不得直接投资上市交易的股票、期货及其他衍生品。

保险资产管理公司运用自有资金，应当避免与公司及子公司管理的资产之间发生利益冲突，严禁任何形式的利益输送行为。

第五十二条　保险资产管理公司开展资产管理业务应当建立资产托管机制，并由委托人或保险资产管理公司聘任符合银保监会监管规定的商业银行或者其他专业机构作为托管人。

第五十三条　保险资产管理公司应当公平对待所管理的不同委托人和不同保险资产管理产品的资产，分别记账并建立防范利益输送的隔离机制，防止可能出现的风险传递和利益冲突。

保险资产管理公司应当指定专门的投资管理人员单独管理公司的自有资金。

第五十四条　保险资产管理公司作为受托人管理运用、处分不同委托人和保险资产管理产品资产所产生的债权，不得与保险资产管理公司自有财产所产生的债务相互抵销。

保险资产管理公司作为受托人管理运用、处分不同委托人和保险资产管理产品资产所产生的债权债务，不得相互抵销。

保险资产管理公司与其他组织或者个人发生民事纠纷，其受托管理的资产和保险资产管理产品资产不得用于抵押、冻结、抵偿等。

第五十五条　保险资产管理公司开展资产管理业务应当与投资者及其他当事人签署书面合同。

第五十六条　保险资产管理公司依照合同约定取得资产管理费，资产管理费率应当依照公平、合理和市场化的原则确定。

第五十七条　保险资产管理公司不得有下列行为：

（一）提供担保；

（二）承诺受托管理资产或保险资产管理产品资产不受损失，或者保证最低收益；

（三）违规将受托管理的资产转委托；

（四）提供规避投资范围、杠杆约束等监管要求的通道服务；

（五）利用受托管理资产或保险资产管理产品资产等为他人牟取利益，或者为自己谋取合同约定报酬以外的其他利益；

（六）以获取非法利益或进行利益输送为目的，操纵自有财产、不同来源的受托管理资产、保险资产管理产品资产等互相交易或与股东进行资金运用交易；

（七）以资产管理费的名义或者其他方式与投资者合谋获取非法利益；

（八）国家有关法律法规及监管机构禁止的其他行为。

第五十八条　保险资产管理公司应当妥善保管受托管理资产、保险资产管理产品资产管理运用的完整记录及合同文本，保管期限自合同终止之日起不少于15年。

第五十九条　保险资产管理公司应当定期或者根据合同约定，向委托人报告受托管理资产的管理运用情况。

保险资产管理公司应当按照法律法规、银保监会相关规定及保险资产管理产品合同等约定，及时履行信息披露义务。

第六十条　保险资产管理公司应当建立和完善客户服务标准，加强销售管理，规范保险资产管理产品及业务宣传推介行为，不得有不正当销售或者不正当竞争的行为。

第六十一条　保险资产管理公司应当审慎经营，保持良好的财务状况，满足公司运营、业务发展和风险管理的需要。

保险资产管理公司年度财务报告应当经会计师事务所审计。

第六十二条　保险资产管理公司和托管人对受托管理资产及保险资产管理产品资产的管理运用情况和投资者信息等资料负有依法保密义务。

第五章　风险管理

第六十三条　保险资产管理公司应当建立全面风险管理体系。保险资产管理公司应当明确股东（大）会、董事会、监事会或监事、高级管理层、业务部门、风险管理部门和内部审计部门的风险管理职责分工，建立相互衔接、相互制衡、协调运转的风险管理组织架构。

第六十四条　保险资产管理公司应当设立独立的风险管理部门，并配备满足业务需要的风险管理人员、方法和系统。建立完善全面风险管理制度和机制，有效进行风险识别、评估、计量、监测、报告和风险处置，防范各类业务风险。

第六十五条　保险资产管理公司应当建立健全内部控制制度和内、外部审计制度，完善内部控制措施，提高内、外部审计有效性，持续提升业务经营、风险管理、内控合规水平。

保险资产管理公司应当按规定，每年至少开展一次对资产管理业务的内部审计，并将审计报告报送董事会。董事会应当针对内部审计发现的问题，督促经营管理层及时采取整改措施。内部审计部门应当跟踪检查整改措施的实施情况，并及时向董事会提交有关报告。

保险资产管理公司应当委托外部审计机构每年至少开展一次资产管理业务内部控制审计，针对外部审计发现的问题及时采取整改措施，并按规定向银保监会报告。

第六十六条　保险资产管理公司设立子公司的，应当依法依规对子公司的经营策略、风险管理、内控合规和审计工作进行指导、监督。

保险资产管理公司与其子公司之间，以及保险资产管理公司各子公司之间，应当建立隔离墙制度，防止可能出现的风险传递和利益冲突。

第六十七条　保险资产管理公司开展关联交易，应当遵守法律法规和银保监会相关规定，不得与关联方进行不正当交易和利益输送。

保险资产管理公司应当全面准确识别关联方，并定期对关联方清单进行检查更新。建立健全关联交易内部评估和决策审批机制，严格履行关联交易相关内部管理、信息披露和报告程序。

第六十八条　保险资产管理公司员工应当遵守法律法规及监管规定，恪守职业道德和行为规范。在公司任职期间，不得从事损害投资者和公司利益的证券交易及其他活动，不得利用职务之便为自己或他人谋取不当利益，不得进行利益输送。

保险资产管理公司应当建立证券投资相关从业人员证券交易行为管理制度，明确证券投资相关从业人员本人、配偶、利害关系人进行证券投资的申报、登记、审查、处置以及禁止性规定要求。

第六十九条　保险资产管理公司在开展受托管理资金业务和保险资产管理产品业务时，应当建立风险准备金制度。风险准备金主要用于弥补因保险资产管理公司违法违规、违反合同约定、操作失误或技术故障等给受托管理资产、保险资产管理产品资产等造成的损失。

保险资产管理公司应当将风险准备金计提情况纳入公司年度财务报告，按规定报送银保监会。

银保监会可以根据审慎监管的要求，提高保险资产管理公司风险准备金计提比例要求。

第七十条 保险资产管理公司应当加强信息化建设，具备从事资产管理业务所需要的投资决策、资金运用、风险管理、财务核算以及支持保险资产管理产品或账户单独管理、单独建账和单独核算等业务管理的信息系统；具备保障信息系统有效安全运行的技术与措施，具有与业务操作相关的安全保障措施。

第七十一条 保险资产管理公司应当建立重大突发事件应急处理机制，并指定相关部门具体负责突发事件的应急管理、信息报告等工作。

第六章 监督管理

第七十二条 银保监会根据有关规定对保险资产管理公司进行监管评级，并根据评级结果对保险资产管理公司在市场准入、监管措施等方面实施分类监管。

第七十三条 保险资产管理公司应当建立健全信息报送机制，按照法律法规和银保监会规定，向银保监会报送有关信息、资料。银保监会有权要求保险资产管理公司及其股东、实际控制人在指定的期限内提供有关信息、资料。

保险资产管理公司及其股东、实际控制人向银保监会报送或提供的信息、资料，必须及时、真实、准确、完整。

第七十四条 保险资产管理公司应当按照银保监会及所涉业务领域相关监管机构的要求，及时、真实、准确、完整地履行各项信息披露义务。

第七十五条 保险资产管理公司应当在以下事项发生之日起5个工作日内，按规定向银保监会报告：

（一）变更持股5%以下的股东或变更股东的持股比例不超过5%；

（二）公司股权被质押或解质押；

（三）股东及股东的实际控制人变更、名称变更、合并、分立、破产等可能导致所持保险资产管理公司股权发生变化的情况；

（四）在保险资产管理公司自有资金投资中，发生单项投资实际投资损失金额超过其上季度末净资产总额5%的投资损失；

（五）发生对保险资产管理公司净资产和实际经营造成重要影响或者判决其赔偿金额超过5000万元人民币的重大诉讼案件或仲裁案件；

（六）发生其他可能影响保险资产管理公司经营管理、财务状况、风险控制或者投资者资产安全的重大事件；

（七）银保监会要求报告的其他重大事项。

第七十六条 银保监会对保险资产管理公司的监督检查采取现场检查、现场调查与非现场监管相结合的方式。银保监会可以委托专业机构进行专项审计、评估或者出具法律意见，保险资产管理公司应当配合专业机构工作。

银保监会对保险资产管理公司进行现场检查、现场调查时，可以依法采取询问、查阅、复制等方式，保险资产管理公司应当予以配合。

银保监会认为保险资产管理公司可能存在下列情形之一的，可以要求其聘请专业机构进行专项审计、评估或者出具法律意见：

（一）公司信息披露和监管报告内容存在虚假记载、误导性陈述或者重大遗漏；

（二）违反法律法规及监管规定，造成受托管理资产或保险资产管理产品资产严重损失；

（三）银保监会认定的其他情形。

第七十七条 保险资产管理公司违反本规定要求，有下列情形之一的，银保监会可以对其采取监管谈话、出具警示函、责令限期整改等监管措施；逾期不改正或情节严重的，银保监会可以对其采取暂停新增相关业务，责令调整负有直接责任的董事、监事、高级管理人员等监管措施：

（一）公司治理不健全，部门或者岗位设置存在较大缺陷，董事、监事、高级管理人员及其他关键业务岗位人员缺位、未履行职责或存在未经批准实际履职情形的；

（二）业务规则不健全或者未有效执行，风险管理或者内部控制机制不完善；

（三）未按规定开展资金运用行为；

（四）其他不符合持续性经营规则要求或者出现其他经营风险的情形。

第七十八条 保险资产管理公司及其股东、实际控制人、董事、监事、高级管理人员等违反本规定及有关法律法规的,银保监会依据《保险法》及有关行政法规给予保险资产管理公司及相关责任人员行政处罚;涉嫌犯罪的,依法移送司法机关,追究其刑事责任。

第七十九条 银保监会建立保险资产管理行业市场准入违规档案,记录保险资产管理公司股东或实际控制人、董事、监事、高级管理人员等违法违规情况,依法对相关主体采取措施,并将相关情况向社会公布。

第八十条 会计师事务所、律师事务所、资产评估机构、信用评级机构等为保险资产管理公司提供中介服务的机构及其直接负责的主管人员和其他直接责任人员违反相关规定开展业务,银保监会应当记录其不良行为,并将有关情况通报行业主管部门。相关机构出具不具有公信力的报告或者有其他不诚信行为的,自行为发生之日起五年内,银保监会对其再次出具的报告不予认可,并将相关情况向社会公布。情节严重的,银保监会可向相关部门移送线索材料,由主管部门依法给予行政处罚。

第八十一条 保险资产管理公司的净资产低于4000万元人民币,或者现金、银行存款、政府债券、准政府债券等可运用的流动资产低于2000万元人民币且低于公司上一会计年度营业支出的,银保监会可以要求其限期整改。整改完成前,保险资产管理公司不得新增受托管理保险资金和其他资金,不得新增保险资产管理产品业务。

第八十二条 中国保险资产管理业协会依据法律法规、银保监会规定和自律规则,对保险资产管理公司及其业务活动进行自律管理。

中国保险资产管理业协会开展活动,应当接受银保监会的指导和监督。

第七章 附 则

第八十三条 本规定所称"以上"均含本数。

第八十四条 本规定由银保监会负责解释。

第八十五条 本规定自2022年9月1日起施行,《保险资产管理公司管理暂行规定》(保监会令〔2004〕2号)、《关于调整〈保险资产管理公司管理暂行规定〉有关规定的通知》(保监发〔2011〕19号)、《关于保险资产管理公司有关事项的通知》(保监发〔2012〕90号)同时废止。

保险资产管理产品管理暂行办法

· 2020年3月18日中国银行保险监督管理委员会令2020年第5号公布
· 自2020年5月1日起施行

第一章 总 则

第一条 为了规范保险资产管理机构开展保险资产管理产品(以下简称保险资管产品或者产品)业务,保护投资者和相关当事人合法权益,根据《中华人民共和国保险法》《中华人民共和国银行业监督管理法》《关于规范金融机构资产管理业务的指导意见》(以下简称《指导意见》)及相关法律法规,制定本办法。

第二条 在中华人民共和国境内设立的保险资产管理机构开展保险资管产品业务,适用本办法。法律、行政法规以及中国银行保险监督管理委员会(以下简称银保监会)另有规定的除外。

第三条 本办法所称保险资管产品业务,是指保险资产管理机构接受投资者委托,设立保险资管产品并担任管理人,依照法律法规和有关合同约定,对受托的投资者财产进行投资和管理的金融服务。

保险资管产品包括债权投资计划、股权投资计划、组合类产品和银保监会规定的其他产品。

第四条 保险资管产品应当面向合格投资者通过非公开方式发行。

第五条 保险资产管理机构开展保险资管产品业务,应当发挥保险资金长期、稳定的优势,服务保险保障,服务经济社会发展。

第六条 保险资产管理机构开展保险资管产品业务,应当遵守法律、行政法规以及银保监会的规定,遵循公平、公正原则,维护投资者合法权益,诚实守信、勤勉尽责,防范利益冲突。

第七条 保险资产管理机构开展保险资管产品业务,应当加强投资者适当性管理,向投资者充分披露信息和揭示风险,不得承诺保本保收益。

投资者投资保险资管产品,应当根据自身能力审慎决策,独立承担投资风险。

第八条 保险资管产品财产独立于保险资产管理机构、托管人和其他为产品管理提供服务的自然人、法人或者组织的固有财产和其管理的其他财产。因产品财产的管理、运用、处分或者其他情形取得的财产和收益,应当归入产品财产。保险资产管理机构、托管人等机构因依法解散、被依法撤销或者被依法宣告破产等原因进行清算的,产品财产不属于其清算财产。

第九条 中国保险资产管理业协会、上海保险交易所股份有限公司、中保保险资产登记交易系统有限公司依照法律、行政法规以及银保监会的规定,对保险资产管理机构开展保险资管产品业务实施自律管理。

第十条 保险资产管理机构开展保险资管产品业务,应当在上海保险交易所股份有限公司、中保保险资产登记交易系统有限公司等银保监会认可的资产登记交易平台(以下简称登记交易平台)进行发行、登记、托管、交易、结算、信息披露等。

第十一条 银保监会依法对保险资管产品业务进行监督管理。

银保监会对保险资管产品业务实行穿透式监管,向上识别产品的最终投资者,向下识别产品的底层资产,并对产品运作管理实行全面动态监管。

第二章 产品当事人

第十二条 本办法所称合格投资者是指具备相应风险识别能力和风险承担能力,投资于单只产品不低于一定金额且符合下列条件的自然人、法人或其他组织:

(一)具有两年以上投资经历,且满足以下条件之一的自然人:家庭金融净资产不低于300万元人民币,家庭金融资产不低于500万元人民币,或者近三年本人年均收入不低于40万元人民币;

(二)最近一年末净资产不低于1000万元人民币的法人单位;

(三)接受金融监督管理部门监管的机构及其发行的资产管理产品;

(四)基本养老金、社会保障基金、企业年金等养老基金;

(五)银保监会视为合格投资者的其他情形。

第十三条 保险资产管理机构开展保险资管产品业务,应当符合下列条件:

(一)公司治理完善,市场信誉良好,符合银保监会有关投资管理能力要求;

(二)具有健全的操作流程、内控机制、风险管理和稽核制度,建立公平交易和风险隔离机制;

(三)设置产品开发、投资研究、投资管理、风险控制、绩效评估等专业岗位;

(四)具有稳定的投资管理团队,拥有不低于规定数量的相关专业人员;

(五)最近三年无重大违法违规行为,设立未满三年的,自其成立之日起无重大违法违规行为;

(六)银保监会规定的其他审慎性条件。

第十四条 保险资产管理机构开展保险资管产品业务,应当履行下列职责:

(一)依法办理产品的注册或者登记手续以及份额销售、托管等事宜;

(二)对所管理的不同产品受托财产分别管理、分别记账,按照合同约定管理产品财产;

(三)按照产品合同约定确定收益分配方案,及时向投资者分配收益;

(四)进行产品会计核算并编制产品财务会计报告;

(五)依法计算并披露产品净值或者投资收益情况;

(六)办理与受托财产管理业务活动有关的信息披露事项;

(七)保存受托财产管理业务活动的记录、账册、报表和其他相关资料;

(八)以管理人名义,代表投资者利益行使诉讼权利或者实施其他法律行为;

(九)银保监会规定的其他职责。

第十五条 保险资产管理机构开展保险资管产品业务,应当聘请符合银保监会规定且已具备保险资产托管业务条件的商业银行或者其他金融机构担任托管人。

第十六条 托管人应当履行下列职责:

(一)忠实履行托管职责,妥善保管产品财产;

(二)根据不同产品,分别设置专门账户,保证产品财产独立和安全完整;

(三)根据保险资产管理机构指令,及时办理资金划转和清算交割;

(四)复核、审查保险资产管理机构计算的产品财产价值;

(五)了解并获取产品管理运营的有关信息,办理出具托管报告等与托管业务活动有关的信息披露事项;

(六)监督保险资产管理机构的投资运作,对托管产品财产的投资范围、投资品种等进行监督，发现保险资产管理机构的投资或者清算指令违反法律、行政法规、银保监会规定或者产品合同约定的，应当拒绝执行，并及时向银保监会报告；

（七）保存产品托管业务活动的记录、账册、报表和其他相关资料；

（八）主动接受投资者和银保监会的监督，对产品投资信息和相关资料承担保密责任，除法律、行政法规、规章规定或者审计要求、合同约定外，不得向任何机构或者个人提供相关信息和资料；

（九）法律、行政法规、银保监会规定以及产品合同约定的其他职责。

第十七条 保险资产管理机构开展保险资管产品业务，可以依照有关法律、行政法规以及银保监会规定，聘请专业服务机构，为产品提供独立监督、信用评估、投资顾问、法律服务、财务审计或者资产评估等专业服务。

保险资产管理机构应当向投资者披露专业服务机构的资质、收费等情况，以及更换、解聘的条件和程序，充分揭示聘请专业服务机构可能产生的风险。

第十八条 专业服务机构应当诚实守信、勤勉尽责，并符合下列条件：

（一）具有经国家有关部门认可的业务资质；

（二）具有完善的管理制度、业务流程和内控机制；

（三）熟悉产品相关法律法规、政策规定、业务流程和交易结构，具有相关服务经验和能力，商业信誉良好；

（四）银保监会规定的其他审慎性条件。

保险资产管理机构聘请的投资顾问，除满足上述条件外，还应当符合下列条件：

（一）具有专业资质并受金融监督管理部门监管；

（二）主要人员具备专业知识和技能，从事相关业务三年以上；

（三）最近三年无涉及投资顾问业务的违法违规行为；

（四）银保监会规定的其他条件。

保险资产管理机构与任一投资顾问进行首次合作的，应当提前十个工作日将合作情况报告银保监会。投资顾问不得承担投资决策职责，不得直接执行投资指令，不得以任何方式承诺保本保收益。保险资产管理机构不得向未提供实质服务的投资顾问支付费用或者支付与其提供的服务不相匹配的费用。

第三章 产品发行、存续与终止

第十九条 保险资管产品按照投资性质的不同，分为固定收益类产品、权益类产品、商品及金融衍生品类产品和混合类产品。

固定收益类产品投资于债权类资产的比例不低于80%，权益类产品投资于权益类资产的比例不低于80%，商品及金融衍生品类产品投资于商品及金融衍生品的比例不低于80%，混合类产品投资于债权类资产、权益类资产、商品及金融衍生品类资产且任一资产的投资比例未达到前三类产品标准。

非因保险资产管理机构主观因素导致突破前述比例限制的，保险资产管理机构应当在流动性受限资产可出售、可转让或者恢复交易的十五个交易日内调整至符合要求。

第二十条 合格投资者投资于单只固定收益类产品的金额不低于30万元人民币，投资于单只混合类产品的金额不低于40万元人民币，投资于单只权益类产品、单只商品及金融衍生品类产品的金额不低于100万元人民币。保险资管产品投资于非标准化债权类资产的，接受单个合格投资者委托资金的金额不低于100万元人民币。

第二十一条 保险资产管理机构发行的保险资管产品，应当在银保监会认可的机构履行注册或者登记等规定程序。

保险资产管理机构应当按照规定报送产品材料。产品材料应当真实、完备、规范。银保监会认可的机构仅对产品材料的完备性和合规性进行审查，不对产品的投资价值和风险作实质性判断。

第二十二条 在保险资管产品存续期，保险资产管理机构应当按照有关规定以及登记交易平台的业务规则，持续登记产品基本要素、募集情况、收益分配、投资者所持份额等信息。

第二十三条 投资者持有保险资管产品的份额信息以登记交易平台的登记结果为准。相关产品的受益凭证由登记交易平台出具并集中托管。

投资者对登记结果有异议的，登记交易平台应当及时复查并予以答复；因登记交易平台工作失误造成数据差错并给投资者造成损失的，登记交易平台应当承担相应责任。

第二十四条 登记交易平台和注册机构应当建立产品信息共享机制，实现系统互联互通，推进行业基础设施系统与监管信息系统的有效衔接，及时有效履行信息报送责任。

第二十五条 保险资产管理机构、托管人、投资者和有关专业服务机构应当按照登记交易平台和注册机构发布的数据标准和技术接口规范，报送产品材料和数据信息。

第二十六条 保险资产管理机构可以自行销售保险资管产品，也可以委托符合条件的金融机构以及银保监会认可的其他机构代理销售保险资管产品。

保险资产管理机构和代理销售机构应当诚实守信、勤勉尽责，防范利益冲突，履行说明义务、反洗钱义务等相关义务，承担投资者适当性审查、产品推介和合格投资者确认等相关责任。

保险资产管理机构和代理销售机构应当对自然人投资者的风险承受能力进行评估，确定投资者风险承受能力等级，向投资者销售与其风险识别能力和风险承担能力相适应的产品。产品销售的具体规则由银保监会依法另行制定。

第二十七条 保险资产管理机构应当按照产品的性质、规模，制定专项制度，建立健全机制，设置与产品发行相独立的岗位和专业人员，开展产品存续期管理工作。存续期管理应当涵盖风险预警、风险事件处置、数据报送、信息披露和报告等。

在产品存续期，注册机构和登记交易平台依法开展信息统计和风险监测等工作。

第二十八条 有下列情形之一的，保险资管产品终止：

（一）保险资管产品期限届满；

（二）保险资管产品目的已经实现或者不能实现；

（三）保险资管产品相关当事人协商同意；

（四）出现保险资管产品合同约定的应当终止的情形；

（五）法律、行政法规以及银保监会规定的其他情形。

第二十九条 保险资管产品终止的，保险资产管理机构应当按照银保监会要求和产品合同约定，组织开展清算工作，并及时履行报告义务。

第四章 产品投资与管理

第三十条 保险资管产品可以投资于国债、地方政府债券、中央银行票据、政府机构债券、金融债券、银行存款、大额存单、同业存单、公司信用类债券，在银行间债券市场或者证券交易所市场等经国务院同意设立的交易市场发行的证券化产品，公募证券投资基金、其他债权类资产、权益类资产和银保监会认可的其他资产。

保险资金投资的保险资管产品，其投资范围应当符合保险资金运用的有关监管规定。

第三十一条 保险资管产品的分级安排、负债比例上限、非标准化债权类资产投资限额管理和期限匹配要求应当符合金融管理部门的有关规定。

同一保险资产管理机构管理的全部组合类产品投资于非标准化债权类资产的余额，在任何时点不得超过其管理的全部组合类产品净资产的35%。

保险资管产品不得直接投资于商业银行信贷资产，依据金融管理部门颁布规则开展的资产证券化业务除外。

保险资管产品不得直接或者间接投资法律法规和国家政策禁止进行债权或者股权投资的行业和领域。

鼓励保险资产管理机构在依法合规、商业可持续的前提下，通过发行保险资管产品募集资金投向符合国家战略和产业政策要求、符合国家供给侧结构性改革政策要求的领域。鼓励保险资产管理机构通过发行保险资管产品募集资金支持经济结构转型，支持市场化、法治化债转股，降低企业杠杆率。

第三十二条 单只保险资管产品的投资者人数应当符合法律、行政法规以及银保监会的规定。保险资管产品接受其他资产管理产品投资的，不合并计算其他资产管理产品的投资者人数，但应当有效识别保险资管产品的实际投资者与最终资金来源。

保险资产管理机构不得违反相关规定，通过为单一融资项目设立多只产品的方式，变相突破投资者人数限制或者其他监管要求。

第三十三条 保险资产管理机构应当切实履行主动管理责任，不得让渡管理职责，不得为其他金融机构的资产管理产品提供规避投资范围、杠杆约束等监管要求的通道服务。

第三十四条 保险资管产品投资其他资产管理产品的,应当明确约定所投资的资产管理产品不得再投资公募证券投资基金以外的资产管理产品,法律、行政法规以及金融管理部门另有规定的除外。

保险资产管理机构在履行产品注册或者登记等程序时,应当充分披露资金投向、投资范围和交易结构等信息。

第三十五条 保险资产管理机构不得以受托管理的保险资管产品份额进行质押融资。保险集团(控股)公司、保险公司作为投资者,以其持有的保险资管产品份额进行质押融资的,应当在登记交易平台依法开展。

第三十六条 保险资管产品应当按照《企业会计准则》和《指导意见》等关于金融工具核算与估值的相关规定,确认和计量产品净值。

第三十七条 保险资产管理机构应当根据产品规模、投资范围、风险特征等因素,按照市场化原则,在产品合同中约定管理费的计提标准。

第三十八条 保险资产管理机构应当合理确定保险资管产品所投资资产的期限,加强对期限错配的流动性风险管理。

第三十九条 保险资产管理机构应当做到每只产品所投资资产构成清晰,风险可识别。

保险资产管理机构应当做到每只产品的资金单独管理、单独建账、单独核算,不得开展或者参与具有滚动发行、集合运作、分离定价特征的资金池业务。

第五章 信息披露与报告

第四十条 保险资产管理机构应当按照银保监会有关规定,向投资者主动、真实、准确、完整、及时披露产品募集情况、资金投向、收益分配、托管安排、投资账户信息和主要投资风险等内容。

保险资产管理机构应当至少每季度向投资者披露产品净值和其他重要信息。

第四十一条 投资者可以按照合同约定向保险资产管理机构或者登记交易平台查询与产品财产相关的信息。保险资产管理机构和登记交易平台应当在不损害其他投资者合法权益的前提下,真实、准确、完整、及时地提供相关信息,不得拒绝、推诿。

第四十二条 托管人和其他专业服务机构应当按照相关合同约定,向保险资产管理机构和银保监会履行信息披露和报告义务。

第四十三条 保险资产管理机构应当按照中国人民银行和银保监会要求,及时向中国人民银行和银保监会及其指定机构报送产品基本信息和起始募集信息、存续期募集信息等,并于产品终止后报送终止信息。

第四十四条 除本办法规定外,发生可能对投资者决策或者利益产生实质性影响的重大事项,保险资产管理机构应当及时向投资者披露,并向银保监会及其指定机构报告。

第四十五条 注册机构和登记交易平台应当按照银保监会的要求,定期或者不定期向银保监会报告产品专项统计、分析等信息。遇有重大突发事件的,双方应当加强信息和资源共享,及时向银保监会报告。

第六章 风险管理

第四十六条 保险资产管理机构应当建立全面覆盖、全程监控、全员参与的风险管理组织体系和运行机制,通过管理系统和稽核审计等手段,分类、识别、量化和评估保险资管产品的流动性风险、市场风险和信用风险等,有效管控和应对风险。保险资产管理机构董事会负责定期审查和评价业务管理情况。

第四十七条 保险资产管理机构开展保险资管产品业务,应当建立风险责任人制度,明确相应的风险责任人。

第四十八条 保险资产管理机构应当将保险资管产品业务纳入公司内部稽核和资金运用内部控制年度审计工作,并依法向银保监会报告。

第四十九条 保险资产管理机构应当建立产品风险处置机制,制定应急预案,有效控制和化解风险隐患,并及时向银保监会报告。

第五十条 保险资产管理机构应当确保风险管控相关岗位和人员具有履行职责所需知情权和查询权,有权查阅、询问与保险资管产品相关的数据、资料和细节,并列席相关会议。

第五十一条 保险资产管理机构应当建立相应的风险准备金机制,确保满足抵御业务不可预期损失的需要。风险准备金计提比例为产品管理费收入的 10%，主要用于赔偿因保险资产管理机构违法违规、违反产品协议、操作错误或者技术故障等给产品财产或者投资者造成的损失。风险准备金余额达到产品余额的 1% 时可以不再提取。

第五十二条 保险资产管理机构应当建立健全保险资管产品业务人员的准入、培训、考核评价和问责制度，确保业务人员具备必要的专业知识、行业经验和业务能力，充分了解相关法律法规、监管规定以及产品的法律关系、交易结构、主要风险及风险管控方法，遵守行为准则和职业道德标准。

保险资产管理机构应当完善长效激励约束机制，不得以人员挂靠、业务包干等方式开展保险资管产品业务。

第五十三条 保险资产管理机构的董事、监事、高级管理人员和相关业务人员不得有下列行为：

（一）不公平地对待所管理的不同产品财产；

（二）利用产品财产或者职务便利为投资者以外的第三方谋取不正当利益；

（三）侵占、挪用产品财产；

（四）泄露因职务便利获取的未公开信息，利用该信息从事或者明示、暗示他人从事相关的交易活动；

（五）玩忽职守，不按照规定履行职责；

（六）法律、行政法规以及银保监会规定禁止的其他行为。

第五十四条 保险资产管理机构应当建立健全关联交易规则，对关联交易认定标准、定价方法和决策程序等进行规范，不得以保险资管产品的资金与关联方进行不正当交易、利益输送、内幕交易和操纵市场等违法违规行为。

第七章　监督管理

第五十五条 银保监会依法对保险资管产品业务有关当事人的经营活动进行监督管理。各方当事人应当积极配合，不得发生以下行为：

（一）拒绝、阻挠监管人员的监督检查；

（二）拒绝、拖延提供与检查事项有关的资料；

（三）隐匿、伪造、变造、毁弃会计账簿、会计报表以及其他有关资料；

（四）银保监会规定禁止的其他行为。

第五十六条 银保监会依法对保险资产管理机构董事、监事、高级管理人员和相关业务人员进行检查。对违反有关法律、行政法规以及本办法规定的相关责任人员进行质询和监管谈话，并依法予以警告、罚款、撤销任职资格、禁止进入保险业等行政处罚。

保险资产管理机构相关责任人员离任后，发现其在该机构工作期间违反有关法律、行政法规以及本办法规定的，应当依法追究责任。

第五十七条 保险资产管理机构、托管人、投资顾问等银行保险机构违反有关法律、行政法规以及本办法规定的，由银保监会依法予以行政处罚。

第五十八条 保险资管产品业务的其他当事人违反有关法律、行政法规以及本办法规定的，银保监会应当记录其不良行为，并将有关情况通报其主管部门；情节严重的，银保监会可以要求保险资产管理机构、保险集团（控股）公司和保险公司三年内不得与其从事相关业务，并建议有关监管部门依法予以行政处罚。

第五十九条 为保险资管产品业务提供服务的专业服务机构及其有关人员，应当遵守执业规范和职业道德，客观公正、勤勉尽责，独立发表专业意见。相关专业服务机构或者人员未尽责履职，或者其出具的报告存在虚假记载、误导性陈述或者重大遗漏的，应当承担相应法律责任。

第六十条 注册机构应当按照银保监会有关规定，建立健全机制，制定专项制度，完善注册业务系统，设置专门岗位，配备必要的专职人员，审慎、透明、高效开展注册业务。

第六十一条 登记交易平台应当按照银保监会有关规定，建立健全机制，制定专项制度，设置专门岗位，配备必要的专职人员，切实维护登记交易平台相关系统的稳定运行，为保险资管产品业务发展提供良好服务。

第八章　附　则

第六十二条 符合条件的养老保险公司开展保险资管产品业务，参照本办法执行。

第六十三条 保险资产管理机构开展跨境保险资管产品业务参照本办法执行，并应当符合跨境人民币和外汇管理有关规定。

第六十四条 按照"新老划断"原则设置过渡期，确保平稳过渡。过渡期自本办法施行之日起至 2020 年 12 月 31 日止。

过渡期内，保险资产管理机构新发行的产品应当符合本办法规定；保险资产管理机构可以发行老产品对接存量产品所投资的未到期资产，但应当严格控制在存量产品整体规模内，并有序压缩递减。保险资产管理机构应当制定过渡期内产品业务整改计划，明确时间进度安排，报送银保监会认可后实施，同时报备中国人民银行。

过渡期结束后，保险资产管理机构应当按照本办法对产品进行全面规范，不得再发行或者存续违反本办法规定的保险资管产品。

第六十五条 本办法由银保监会负责解释和修订。

第六十六条 本办法自2020年5月1日起施行。

保险资金委托投资管理办法

· 2022年5月9日
· 银保监规〔2022〕9号

第一章 总 则

第一条 为规范保险资金委托投资行为，防范投资管理风险，切实保障资产安全，维护保险当事人合法权益，根据《中华人民共和国保险法》《保险资金运用管理办法》（中国保险监督管理委员会令2018年第1号）等法律法规，制定本办法。

第二条 中国境内依法设立的保险集团（控股）公司和保险公司（以下统称保险公司）将保险资金委托给符合条件的保险资产管理机构，由保险资产管理机构作为受托人并以委托人的名义在境内开展主动投资管理业务，适用本办法。

第三条 保险公司应当建立委托投资资产托管机制，并按照本办法规定选择受托人。保险公司委托投资资金及其运用形成的资产，应当独立于受托人、托管人的固有财产及其管理的其他资产。受托人因投资、管理或者处分保险资金取得的资产和收益，应当归入委托投资资产。相关机构不得对受托投资的保险资金采取强制措施。

第四条 中国银行保险监督管理委员会（以下简称银保监会）负责制定保险资金委托投资的监管制度，依法对委托投资、受托投资和资产托管等行为实施监督管理。

第二章 资质条件

第五条 开展委托投资的保险公司应当符合下列条件：

（一）具有完善的公司治理、决策流程和内控机制；

（二）具有健全的资产管理体制和明确的资产配置计划；

（三）财务状况良好，委托投资相关人员管理职责明确，资产配置能力符合银保监会有关规定；

（四）建立委托投资管理制度，包括受托人选聘、监督、评价、考核等制度，并覆盖委托投资全部过程；

（五）建立委托资产托管机制，资金运作透明规范；

（六）银保监会规定的其他条件。

第六条 受托管理保险资金的保险资产管理机构应当符合下列条件：

（一）公司治理完善，操作流程、内控机制、风险管理及审计体系、公平交易和风险隔离机制健全。

（二）具有稳定的投资管理团队，设置资产配置、投资研究、投资管理、风险管理、绩效评估等专业岗位。

（三）具有一年以上受托投资经验，受托管理关联方保险资金除外。

（四）具备相应的投资管理能力并持续符合监管要求，其中，受托开展间接股权投资的，应当具备股权投资计划产品管理能力；受托开展不动产金融产品投资的，应当具备债权投资计划产品管理能力。

第七条 保险公司应当聘请符合银保监会规定的商业银行等专业机构担任委托投资资产的托管人。托管人应当按规定忠实履行托管职责，妥善保管托管财产，有效监督投资行为，及时沟通托管资产信息，保障委托人合法权益。

第三章 投资规范

第八条 保险资金委托投资资产限于银保监会规定的保险资金运用范围，直接股权投资、以物权和股权形式持有的投资性不动产除外。

第九条 保险公司应当建立委托投资决策程序和授权机制，并经董事会审议通过。

第十条　保险公司应当根据资金运用目标和投资管理能力审慎选择受托人，并严格履行委托人职责。受托人未按照约定的投资范围、风险偏好等开展投资的，保险公司应当要求其限期纠正。

第十一条　保险公司应当与受托人签订委托投资管理协议，载明当事人权利义务、关键人员变动、利益冲突处理、风险管理、信息披露、异常情况处置、责任追究等事项。

第十二条　保险公司应当加强资产负债管理，根据保险资金负债特点、偿付能力和资产配置需要，审慎制定委托投资指引，合理确定委托投资的资产范围、投资目标、投资期限和投资限制等，定期或不定期审核委托投资指引，及时调整相关条款。

第十三条　保险公司与受托人应当按照市场化原则，根据资产规模、投资目标、投资策略、投资绩效等因素，协商确定管理费率及定价机制，并在委托投资管理协议或委托投资指引中载明管理费率及定价机制。

第十四条　保险公司开展委托投资，不得有下列行为：

（一）妨碍、干预受托人正常履行职责，包括违反委托投资管理协议或委托投资指引对投资标的下达交易指令等；

（二）要求受托人提供其他委托人信息；

（三）要求受托人提供最低投资收益保证；

（四）非法转移利润或者进行其他利益输送；

（五）利用受托人违规开展关联交易；

（六）国家有关法律法规和监管规定禁止的其他行为。

第十五条　受托人受托管理保险资金，应当履行以下职责：

（一）严格遵守委托投资管理协议、委托投资指引和本办法规定，恪尽职守，忠实履行诚信、谨慎、有效的管理义务；

（二）根据保险资金特性、委托投资指引等构建投资组合，独立进行风险评估并履行完整的投资决策流程，对投资标的和投资时机选择以及投后管理等实施主动管理，对投资运作承担合规管理责任；

（三）持续评估、分析、监控和核查保险资金的划拨、投资、交易等行为，确保保险资金在投资研究、投资决策和交易执行等环节得到公平对待；

（四）依法保守保险资金投资的商业秘密；

（五）定期或不定期向保险公司披露公司治理、受托资金配置、价格波动、交易记录、绩效归因、风险合规、关键人员变动、重大突发事件等信息，并为保险公司查询上述信息提供便利和支持，保证披露信息的及时、真实、准确和完整。

第十六条　受托人受托管理保险资金，不得有下列行为：

（一）违反委托投资管理协议或委托投资指引；

（二）承诺受托管理资产不受损失，或者保证最低收益；

（三）不公平对待不同资金，包括直接或间接在受托投资账户、保险资产管理产品账户、自有资金账户之间进行利益输送等；

（四）混合管理自有资金与受托资金；

（五）挪用受托资金；

（六）以保险资金及其投资形成的资产为他人提供担保；

（七）违规将受托管理的资产转委托；

（八）将受托资金投资于面向单一投资者发行的私募理财产品、证券期货经营机构发行的单一资产管理计划；

（九）为委托人提供规避投资范围、杠杆约束等监管要求的通道服务；

（十）利用受托资金为委托人以外的第三人谋取利益，或者为自己谋取合同约定报酬以外的其他利益；

（十一）以资产管理费的名义或者其他方式与委托人合谋获取非法利益；

（十二）国家有关法律法规和监管规定禁止的其他行为。

第十七条　受托人可以聘请专业服务机构为受托业务提供独立监督、信用评估、投资顾问、法律服务、财务审计或者资产评估等专业服务。专业服务机构的资质要求等参照保险资产管理产品相关监管规定执行。

第十八条　受托人存在下列情形之一的，保险公司应当及时予以解聘或者更换：

（一）违反委托投资管理协议约定，致使委托人利益遭受重大损失；

（二）利用受托管理的保险资金为自己或第三人谋取不正当利益；

（三）与受托管理保险资金发生重大利益冲突；

（四）受托人解散、依法被撤销、破产或者由接管人接管其资产；

（五）不符合本办法第六条规定的条件；

（六）银保监会规定的其他情形。

第四章 风险管理

第十九条 保险公司应当定期评估受托人的公司治理情况、投资管理能力、投资业绩、服务质量等，跟踪监测各类委托投资账户风险及合规状况，定期出具分析报告。

第二十条 保险公司应当与受托人及托管人建立信息共享、关联交易识别、重大突发事件等沟通协调机制，及时解决委托投资管理中的相关问题。

第二十一条 保险公司应当建立完善的风险管理和内部控制机制，配备满足业务发展需要的风险监测和信息管理系统。

第二十二条 保险公司委托投资相关人员应当遵守法律法规及监管规定，恪守职业道德和行为规范，不得利用受托人提供的资产配置、交易记录等信息开展内幕交易，不得利用职务之便为自己或他人谋取不正当利益。

第二十三条 保险公司和受托人应当建立委受托投资责任追究制度，相关高级管理人员和主要业务人员违反有关规定，未履行职责并造成损失的，应当依法追究责任。

第五章 监督管理

第二十四条 受托人应当按照监管规定定期向银保监会报告受托投资管理情况。银保监会组织相关机构对报告进行收集、整理和分析。

发生与委托投资有关的重大诉讼、重大风险事件及其他影响委托投资资产安全的重大事件的，委托人应当立即采取有效措施，防范相关风险，并及时向银保监会报告。

第二十五条 保险公司和保险资产管理机构开展委受托投资违反本办法规定的，银保监会将依法采取相应监管措施或实施行政处罚。

第六章 附 则

第二十六条 保险资金委托投资关联交易管理另有规定的，从其规定。

本办法自发布之日起施行。《保险资金委托投资管理暂行办法》（保监发〔2012〕60号）同时废止。

保险保障基金管理办法

· 2022年10月26日中国银行保险监督管理委员会、中华人民共和国财政部、中国人民银行令2022年第7号公布

· 自2022年12月12日起施行

第一章 总 则

第一条 为了规范保险保障基金的筹集、管理和使用，保障保单持有人合法权益，促进保险业健康发展，防范和化解金融风险，维护金融稳定，根据《中华人民共和国保险法》等有关法律、行政法规，制定本办法。

第二条 本办法所称保险公司，是指经国务院保险监督管理机构批准设立，并在境内依法登记注册的中资保险公司和外资保险公司。

法律、行政法规规定的经营商业保险业务的其他保险组织参照适用本办法。

第三条 本办法所称保险保障基金，是指依照《中华人民共和国保险法》和本办法规定缴纳形成，在本办法第十六条规定的情形下，用于救助保单持有人、保单受让公司或者处置保险业风险的非政府性行业风险救助基金。

本办法所称保单持有人，是指对保单利益依法享有请求权的主体，包括投保人、被保险人或者受益人。

本办法所称保单受让公司，是指经营有人寿保险等长期人身保险业务的保险公司被依法撤销或者依法实施破产的，接受该保险公司依法转让长期人身保险合同的有相应资质的公司。

第四条 保险保障基金分为财产保险保障基金和人身保险保障基金。

财产保险保障基金由财产保险公司缴纳形成。

人身保险保障基金由人身保险公司缴纳形成。

第五条 保险保障基金以保障保单持有人利

益、维护保险业稳健经营为使用原则,依法集中管理,统筹使用。

第二章 保险保障基金公司

第六条 设立国有独资的中国保险保障基金有限责任公司(以下简称保险保障基金公司),依法负责保险保障基金的筹集、管理和使用。

保险保障基金公司依法独立运作,其董事会对保险保障基金的合法使用以及安全负责。

第七条 保险保障基金公司依法建立健全公司治理结构、内部控制制度和风险管理制度,依法运营,独立核算。

保险保障基金公司和保险保障基金应当各自作为独立会计主体进行核算,严格分离。

第八条 保险保障基金公司依法从事下列业务:

(一)筹集、管理、运作保险保障基金;

(二)监测保险业风险,发现保险公司经营管理中出现可能危及保单持有人和保险行业的重大风险时,向国务院保险监督管理机构提出监管处置建议;

(三)对保单持有人、保单受让公司等个人和机构提供救助或者参与对保险业的风险处置工作;

(四)在保险公司被依法撤销或者依法实施破产等情形下,参与保险公司的清算工作;

(五)管理和处分受偿资产;

(六)国务院批准的其他业务。

保险保障基金公司按照前款第二项规定向国务院保险监督管理机构提出监管处置建议的,应当及时将有关情况同时抄报财政部、中国人民银行。

第九条 保险保障基金公司设立董事会,董事会成员由国务院保险监督管理机构、财政部、中国人民银行、国家税务总局、司法部推荐。董事长为公司法定代表人,由国务院保险监督管理机构推荐,报国务院批准。

保险保障基金公司应当依照《中华人民共和国公司法》的规定设立有关组织机构,完善公司治理。

第十条 为依法救助保单持有人和保单受让公司、处置保险业风险的需要,经国务院保险监督管理机构商有关部门制定融资方案并报国务院批准后,保险保障基金公司可以以多种形式融资。

第十一条 保险保障基金公司应当与国务院保险监督管理机构建立保险公司信息共享机制。

国务院保险监督管理机构定期向保险保障基金公司提供保险公司财务、业务等经营管理信息。国务院保险监督管理机构认定存在风险隐患的保险公司,由国务院保险监督管理机构向保险保障基金公司提供该保险公司财务、业务等专项数据和资料。

保险保障基金公司对所获悉的保险公司各项数据和资料负有保密义务。

第十二条 保险保障基金公司解散须经国务院批准。

第三章 保险保障基金的筹集

第十三条 保险保障基金的来源:

(一)境内保险公司依法缴纳的保险保障基金;

(二)保险保障基金公司依法从被撤销或者破产的保险公司清算财产中获得的受偿收入;

(三)捐赠;

(四)上述资金的投资收益;

(五)其他合法收入。

第十四条 保险保障基金费率由基准费率和风险差别费率构成。缴纳保险保障基金的保险业务纳入保险保障基金救助范围。

基准费率和风险差别费率的确定和调整,由国务院保险监督管理机构提出方案,商有关部门,报经国务院批准后执行。

第十五条 保险公司应当及时、足额将保险保障基金缴纳到保险保障基金公司的专门账户。有下列情形之一的,可以暂停缴纳:

(一)财产保险保障基金余额达到行业总资产6%的;

(二)人身保险保障基金余额达到行业总资产1%的。

保险保障基金余额,是指行业累计缴纳的保险保障基金金额加上投资收益,扣除各项费用支出和使用额以后的金额。

第四章 保险保障基金的使用

第十六条 有下列情形之一的,可以动用保险保障基金:

（一）保险公司被依法撤销或者依法实施破产，其清算财产不足以偿付保单利益的；

（二）国务院保险监督管理机构经商有关部门认定，保险公司存在重大风险，可能严重危害社会公共利益和金融稳定的；

（三）国务院批准的其他情形。

第十七条　动用保险保障基金，由国务院保险监督管理机构拟定风险处置方案和使用办法，商有关部门后，报经国务院批准。

保险保障基金公司参与风险处置方案和使用办法的拟定，并负责办理登记、发放、资金划拨等具体事宜。

第十八条　保险公司在获得保险保障基金支持期限内，国务院保险监督管理机构视情依法对其采取限制高级管理人员薪酬、限制向股东分红等必要监管措施。

第十九条　保险保障基金公司应当对财产保险保障基金和人身保险保障基金分账管理、分别使用。

财产保险保障基金用于向财产保险公司的保单持有人提供救助，以及在根据本办法第十六条第二项认定存在重大风险的情形下，对财产保险公司进行风险处置。

人身保险保障基金用于向人身保险公司的保单持有人和接受人身保险合同的保单受让公司提供救助，以及在根据本办法第十六条第二项认定存在重大风险的情形下，对人身保险公司进行风险处置。

财产保险保障基金和人身保险保障基金之间可以相互拆借。具体拆借期限、利率及适用原则报经国务院保险监督管理机构批准后施行。国务院保险监督管理机构对拆借资金使用情况进行监督检查。

第二十条　保险公司被依法撤销或者依法实施破产，其清算财产不足以偿付保单利益的，保险保障基金按照下列规则对财产保险、短期健康保险、短期意外伤害保险的保单持有人提供救助：

（一）保单持有人的保单利益在人民币5万元以内的部分，保险保障基金予以全额救助；

（二）保单持有人为个人的，对其保单利益超过人民币5万元的部分，保险保障基金的救助金额为超过部分金额的90%；保单持有人为机构的，对其保单利益超过人民币5万元的部分，保险保障基金的救助金额为超过部分金额的80%。

本办法所称保单利益，是指解除保险合同时，保单持有人有权请求保险人退还的保险费、现金价值；保险事故发生或者达到保险合同约定的条件时，被保险人、受益人有权请求保险人赔偿或者给付的保险金。

第二十一条　经营有长期人身保险业务的保险公司被依法撤销或者依法实施破产的，其持有的人寿保险合同，必须依法转让给其他经营有相应保险业务的保险公司；不能同其他保险公司达成转让协议的，由国务院保险监督管理机构指定经营有相应保险业务的保险公司接收。

除人寿保险合同外的其他长期人身保险合同，其救助方式依照法律、行政法规和国务院有关规定办理。

第二十二条　被依法撤销或者依法实施破产的保险公司的清算资产不足以偿付人寿保险合同保单利益的，保险保障基金可以按照下列规则向保单受让公司提供救助：

（一）保单持有人为个人的，救助金额以转让后保单利益不超过转让前保单利益的90%为限；

（二）保单持有人为机构的，救助金额以转让后保单利益不超过转让前保单利益的80%为限；

（三）对保险合同中投资成分等的具体救助办法，另行制定。

除人寿保险合同外的其他长期人身保险合同，其救助标准按照人寿保险合同执行。

保险保障基金依照前款规定向保单受让公司提供救助的，救助金额应当以保护中小保单持有人权益以维护保险市场稳定，并根据保险保障基金资金状况为原则确定。

第二十三条　为保障保单持有人的合法权益，根据社会经济发展的实际情况，经国务院批准，国务院保险监督管理机构可会同有关部门适时调整保险保障基金的救助金额和比例。

第二十四条　保险公司被依法撤销或者依法实施破产，保险保障基金对保单持有人或者保单受让公司予以救助的，按照下列顺序从保险保障基金中扣减：

（一）被依法撤销或者依法实施破产的保险公司保险保障基金余额；

（二）其他保险公司保险保障基金余额。

其他保险公司保险保障基金余额的扣减金

额,按照各保险公司上一年度市场份额计算。

第二十五条 保险保障基金公司救助保单持有人保单利益后,即在偿付金范围内取得该保单持有人对保险公司等同于赔偿或者给付保险金清偿顺序的债权。

第二十六条 保险公司被依法撤销或者依法实施破产的,在撤销决定作出后或者在破产申请依法向人民法院提出前,保单持有人可以与保险保障基金公司签订债权转让协议,保险保障基金公司以保险保障基金向其支付救助款,并获得保单持有人对保险公司的债权。

清算结束后,保险保障基金获得的清偿金额多于支付的救助款的,保险保障基金应当将差额部分返还给保单持有人。

第二十七条 下列业务不属于保险保障基金的救助范围,不缴纳保险保障基金:

(一)保险公司承保的境外直接保险业务;

(二)保险公司的再保险分入业务;

(三)由国务院确定的国家财政承担最终风险的政策性保险业务;

(四)保险公司从事的企业年金受托人、账户管理人等企业年金管理业务;

(五)自保公司经营的保险业务;

(六)国务院保险监督管理机构会同有关部门认定的其他不属于保险保障基金救助范围的业务。

保险公司被依法撤销或者依法实施破产,其股东、实际控制人、董事、监事、高级管理人员及相关管理人员因违反法律、行政法规或者国家有关规定,对公司被依法撤销或者依法实施破产负有直接责任的,对该股东、实际控制人、董事、监事、高级管理人员及相关管理人员在该保险公司持有的保单利益,该股东、实际控制人在该保险公司持有的财产损失保险的保单利益,保险保障基金不予救助。

第五章 监督和管理

第二十八条 国务院保险监督管理机构依法对保险保障基金公司的业务和保险保障基金的筹集、管理、运作进行监管。

第二十九条 财政部负责保险保障基金公司的国有资产管理和财务监督。

保险保障基金公司预算、决算方案由保险保障基金公司董事会制定,报财政部审批。

第三十条 保险保障基金公司应当建立科学的业绩考评制度,并将考核结果定期报送国务院保险监督管理机构、财政部等有关部门。

第三十一条 保险保障基金的资金运用应当遵循安全性、流动性和收益性原则,在确保资产安全的前提下实现保值增值。

保险保障基金的资金运用限于银行存款,买卖政府债券、中央银行票据、中央企业债券、中央级金融机构发行的金融债券,以及国务院批准的其他资金运用形式。

第三十二条 保险保障基金公司可以委托专业的投资管理机构对保险保障基金进行投资管理,并对委托投资管理的保险保障基金实行第三方托管。

第三十三条 保险保障基金公司应当按照下列规定提交有关报告:

(一)按月向国务院保险监督管理机构、财政部、中国人民银行等有关部门报送保险保障基金筹集、运用、使用情况;

(二)按照有关规定,向国务院保险监督管理机构、财政部、中国人民银行等有关部门报送经审计的公司年度财务报告;

(三)应当依法提交的其他报告。

保险保障基金公司未按照本办法规定及时向国家有关部门提交有关报告的,由国家有关部门责令改正。

第三十四条 当保险公司被处置并使用保险保障基金时,保险公司股东、实际控制人、董事、监事、高级管理人员及相关管理人员对保险保障基金公司负有报告、说明、配合有关工作以及按照要求妥善保管和移交有关材料的义务,如上述人员未按照前述规定履行义务的,保险保障基金公司应当报告国务院保险监督管理机构,由国务院保险监督管理机构依法采取监管措施。

第三十五条 保险保障基金公司应当定期向保险公司披露保险保障基金的相关财务信息。

保险保障基金公司可以对未按照本办法规定及时缴纳保险保障基金的保险公司及人员进行公示。

第六章 法律责任

第三十六条 保险公司违反《中华人民共和

国保险法》规定,未按照本办法规定及时缴纳保险保障基金的,由国务院保险监督管理机构对保险公司和负有直接责任的高级管理人员、直接责任人员依法进行处罚。

第三十七条 保险保障基金公司董事、高级管理人员以及其他工作人员,违反法律、行政法规和本办法规定运用保险保障基金,或者以侵吞、窃取、骗取等手段非法占有保险保障基金,构成犯罪的,依法追究刑事责任。

第七章 附 则

第三十八条 本办法由国务院保险监督管理机构会同财政部、中国人民银行解释。

第三十九条 本办法自2022年12月12日起施行,原中国保险监督管理委员会、财政部、中国人民银行2008年9月11日发布的《保险保障基金管理办法》(中国保险监督管理委员会令2008年第2号)同时废止。

保险机构投资者股票投资管理暂行办法

· 2004年10月24日中国保险监督管理委员会令第12号公布
· 自公布之日起施行

第一章 总 则

第一条 为了加强保险机构投资者股票投资业务的管理,规范投资行为,防范投资风险,保障被保险人利益,根据《中华人民共和国保险法》和《中华人民共和国证券法》等法律、行政法规,制定本办法。

第二条 本办法所称保险机构投资者是指符合中国保险监督管理委员会(以下简称中国保监会)规定的条件,从事股票投资的保险公司和保险资产管理公司。保险集团公司、保险控股公司从事股票投资,适用本办法。

本办法所称股票投资是指保险机构投资者从事或者委托符合规定的机构从事股票、可转换公司债券等股票市场产品交易的行为。

本办法所称股票资产托管是指保险公司根据中国保监会的有关规定,与商业银行或者其他专业金融机构签订托管协议,委托其保管股票和投资股票的资金,负责清算交割、资产估值、投资监督等事务的行为。

第三条 保险机构投资者投资股票,应当建立独立的托管机制,遵循审慎、安全、增值的原则,自主经营、自担风险、自负盈亏。

第四条 中国保监会、中国证券监督管理委员会(以下简称中国证监会)依据各自职责对保险机构投资者从事股票投资的活动实施监督管理。

第二章 资格条件

第五条 保险资产管理公司接受委托从事股票投资,应当符合下列条件:

(一)内部管理制度和风险控制制度符合《保险资金运用风险控制指引》的规定;

(二)设有独立的交易部门;

(三)相关的高级管理人员和主要业务人员符合本办法规定条件;

(四)具有专业的投资分析系统和风险控制系统;

(五)中国保监会规定的其他条件。

第六条 符合下列条件的保险公司,经中国保监会批准,可以委托符合本办法第五条规定条件的相关保险资产管理公司从事股票投资:

(一)偿付能力额度符合中国保监会的有关规定;

(二)内部管理制度和风险控制制度符合《保险资金运用风险控制指引》的规定;

(三)设有专门负责保险资金委托事务的部门;

(四)相关的高级管理人员和主要业务人员符合本办法规定条件;

(五)建立了股票资产托管机制;

(六)最近3年无重大违法、违规投资记录;

(七)中国保监会规定的其他条件。

第七条 符合下列条件的保险公司,经中国保监会批准,可以直接从事股票投资:

(一)偿付能力额度符合中国保监会的有关规定;

(二)内部管理制度和风险控制制度符合《保险资金运用风险控制指引》的规定;

(三)设有专业的资金运用部门;

(四)设有独立的交易部门;

（五）建立了股票资产托管机制；

（六）相关的高级管理人员和主要业务人员符合本办法规定的条件；

（七）具有专业的投资分析系统和风险控制系统；

（八）最近3年无重大违法、违规投资记录；

（九）中国保监会规定的其他条件。

第八条 保险公司申请直接或者委托保险资产管理公司从事股票投资，应当向中国保监会提交下列文件和材料一式三份：

（一）申请书；

（二）关于股票投资的董事会决议；

（三）内部管理制度、风险控制制度和内部机构设置情况；

（四）股票资产托管人的有关材料和托管协议草案；

（五）相关的高级管理人员和主要业务人员名单及简历；

（六）最近3年经会计师事务所审计的公司财务报表；

（七）现有的交易席位、证券账户及资金账户；

（八）股票投资策略，至少应当说明股票投资的理念、投资目标以及投资组合方向；

（九）中国保监会规定提供的其他文件和材料。

保险公司申请直接从事股票投资的，还应当提交有关投资分析系统和风险控制系统的说明。

第九条 中国保监会对保险公司直接或者委托保险资产管理公司从事股票投资的申请进行审查，应当自收到完整的申请文件和材料之日起20日内，作出批准或者不予批准的决定。决定不予批准的，应当书面通知申请人并说明理由。

中国保监会认为必要时，可以对保险公司的申请事项进行专家评审，并将专家评审所需时间书面告知保险公司。

第十条 保险公司直接从事股票投资的，应当在办理股票投资相关手续后10日内，将正式托管协议、投资业绩衡量基准以及有关交易席位、证券账户和资金账户的材料报送中国保监会。

保险公司委托相关保险资产管理公司从事股票投资的，应当在办理股票投资相关手续后10日内，将委托协议、正式托管协议、投资指引、投资业绩衡量基准以及有关交易席位、证券账户和资金账户的材料报送中国保监会。

前两款规定的内容发生变更的，保险公司应当在办理变更手续后5日内报告中国保监会。

保险公司应当将有关交易席位、证券账户和资金账户的材料，同时抄报中国证监会。

第三章 投资范围和比例

第十一条 保险机构投资者的股票投资限于下列品种：

（一）人民币普通股票；

（二）可转换公司债券；

（三）中国保监会规定的其他投资品种。

前款第（一）项所称人民币普通股票是指在我国境内公开发行并上市流通，以人民币认购和交易的股票。

第十二条 保险机构投资者的股票投资可以采用下列方式：

（一）一级市场申购，包括市值配售、网上网下申购、以战略投资者身份参与配售等；

（二）二级市场交易。

第十三条 保险机构投资者持有一家上市公司的股票不得达到该上市公司人民币普通股票的30%。

保险机构投资者投资股票的具体比例，由中国保监会另行规定。

保险资产管理公司不得运用自有资金进行股票投资。

第十四条 保险机构投资者不得投资下列类型的人民币普通股票：

（一）被交易所实行"特别处理"、"警示存在终止上市风险的特别处理"或者已终止上市的；

（二）其价格在过去12个月中涨幅超过100%的；

（三）存在被人为操纵嫌疑的；

（四）其上市公司最近一年度内财务报表被会计师事务所出具拒绝表示意见或者保留意见的；

（五）其上市公司已披露业绩大幅下滑、严重亏损或者未来将出现严重亏损的；

（六）其上市公司已披露正在接受监管部门调查或者最近1年内受到监管部门严重处罚的；

（七）中国保监会规定的其他类型股票。

第十五条 保险机构投资者投资可转换公司债券的余额计入企业债券的投资余额，并应当符合《保险公司投资企业债券管理暂行办法》的相关规定。

保险公司持有的可转换公司债券转股的，应当按成本价格计入人民币普通股票的投资余额，并应当符合中国保监会有关股票投资比例的规定。

第十六条　保险机构投资者为投资连结保险设立的投资账户，投资股票的比例可以为100%。

保险机构投资者为万能寿险设立的投资账户，投资股票的比例不得超过80%。

保险机构投资者为其他保险产品设立的独立核算账户，投资股票的比例，不得超过中国保监会的有关规定。

保险机构投资者为上述保险产品设立的独立核算账户，投资股票的比例，不得超过保险条款具体约定的比例。

第四章　资产托管

第十七条　保险公司选择股票资产托管人，应当选择符合《保险公司股票资产托管指引》规定条件的商业银行或者其他专业金融机构。

第十八条　保险公司的股票资产托管人，应当履行下列义务：

（一）安全保管保险公司的资金和股票资产；

（二）根据保险公司、保险资产管理公司的指令，及时办理清算、交割事宜；

（三）监督保险公司、保险资产管理公司的投资运作；

（四）对保险公司托管的股票资产进行估值；

（五）定期向保险公司、保险资产管理公司提供股票资产托管报告；

（六）根据中国保监会的监管要求，向中国保监会报送股票资产的相关数据，定期和不定期地提供股票资产的风险评估、绩效评估等报告；

（七）完整保存股票资产托管业务活动的记录、账册、报表和其他相关资料；有关托管股票资产的凭证、交易记录、合同等重要资料应当保存15年以上；

（八）中国保监会规定的其他义务。

第十九条　保险公司的股票资产托管人必须将其自有资产和受托管理的股票资产严格分开，必须为不同的保险公司分别设置相关账户、分别管理。

第二十条　保险公司的股票资产托管人不得有下列行为：

（一）将保险公司托管的股票资产与其自有资产混合管理；

（二）将保险公司托管的股票资产与其他托管资产混合管理；

（三）将不同保险公司托管的股票资产混合管理；

（四）挪用保险公司托管的股票资产；

（五）利用保险公司托管的股票资产及相关信息为自己或者第三人谋利；

（六）违反法律、行政法规、国家相关规定或者托管协议；

（七）中国保监会规定的其他禁止行为。

第二十一条　保险公司应当与股票资产托管人签订托管协议。托管协议必须载明下列内容：

（一）本办法第十八条、第十九条和第二十条规定的股票资产托管人的义务；

（二）股票资产托管人违反本条第（一）项规定的义务、中国保监会要求保险公司更换股票资产托管人的，保险公司有权提前终止托管协议。

第二十二条　股票资产托管人依法解散、撤销或者破产的，其托管保险公司的股票资产不得列入清算资产范围。

第五章　保险机构投资者的禁止行为

第二十三条　保险机构投资者股票投资的范围和比例不得超出中国保监会的有关规定。

第二十四条　保险机构投资者的股票投资决策、研究、交易、清算管理人员及其他相关人员不得从事内幕交易。

前款所称内幕交易行为，依据《中华人民共和国证券法》及《禁止证券欺诈行为暂行办法》的规定认定。

第二十五条　保险机构投资者从事股票投资，不得有下列行为：

（一）在不同性质的保险资金证券账户之间转移利润；

（二）采用非法手段融资购买股票；

（三）中国保监会规定的其他行为。

第二十六条　保险机构投资者不得以下列手段获取不正当利益或者转嫁风险：

（一）通过单独或者合谋，集中资金优势、持股

优势或者利用信息优势联合或者连续买卖,操纵证券交易价格;

(二)与他人串通,以事先约定的时间、价格和方式相互进行证券交易或者相互买卖并不持有的证券,影响证券交易价格或者证券交易量;

(三)以自己为交易对象,进行不转移所有权的自买自卖,影响证券交易价格或者证券交易量;

(四)以其他方法操纵证券交易价格。

第二十七条 上市公司直接或者间接持有保险机构投资者10%以上股份的,保险机构投资者不得投资该上市公司或者其关联公司的股票。

第二十八条 保险机构投资者、股票资产托管人、证券经营机构及其他证券中介机构,不得编造虚假交易记录、财务信息及其他资料。

第二十九条 保险公司投资股票,不得委托保险资产管理公司以外的其他机构,中国保监会另有规定的除外。

第六章 风险控制

第三十条 保险机构投资者应当具备长期投资和价值投资的理念,优化资产配置,分散投资风险。

第三十一条 保险机构投资者应当依据《保险资金运用风险控制指引》,建立完善的股票投资风险控制制度。

第三十二条 保险机构投资者的股票投资风险控制制度至少应当包括下列内容:

(一)投资决策流程;

(二)投资授权制度;

(三)研究报告制度;

(四)股票范围选择制度;

(五)风险评估和绩效考核指标体系;

(六)职业道德操守准则;

(七)重大突发事件的处理机制。

保险公司委托保险资产管理公司从事股票投资的,其股票投资风险控制制度还至少应当包括股票托管制度。

保险公司直接从事股票投资的,其股票投资风险控制制度还至少应当包括股票托管制度、股票交易管理制度和信息管理制度。

保险资产管理公司的股票投资风险控制制度还至少应当包括股票交易管理制度和信息管理制度。

第三十三条 保险机构投资者投资股票,作出下列重大决策前,必须制作书面研究报告:

(一)单项投资资金超过保险机构投资者确定的金额以上的;

(二)涉及可投资股票资产5%以上的;

(三)投资组合或者投资方向需要重大调整的;

(四)股票选择范围标准需要重大调整的;

(五)股票投资风险容忍度需要重大调整的。

第三十四条 保险机构投资者确定可投资的股票范围,应当考虑上市公司的治理结构、收益能力、信息透明度、股票流动性等各项指标。

保险机构投资者必须在可投资的股票范围之内投资股票。

第三十五条 保险机构投资者应当在投资前确定股票投资业绩衡量基准,并以绩优、蓝筹及流动性强的股票所确定的指数为该基准的参考。

保险业的股票投资业绩衡量基准,由中国保监会另行规定。

第三十六条 保险机构投资者运用下列资金,应当分别开立证券账户和资金账户,分别核算:

(一)传统保险产品的资金;

(二)分红保险产品的资金;

(三)万能保险产品的资金;

(四)投资连结保险产品的资金;

(五)中国保监会规定需要独立核算的保险产品资金。

第三十七条 保险资产管理公司和直接从事股票投资的保险公司应当通过独立席位进行股票交易。有关股票交易独立席位的管理办法另行规定。

第三十八条 保险资产管理公司和直接从事股票投资的保险公司的股票投资交易指令应当由独立的交易部门和专职交易人员负责执行。

第三十九条 保险资产管理公司和直接从事股票投资的保险公司应当制定防火墙、岗位责任、门禁、安全防护等信息管理制度。

第四十条 保险资产管理公司和直接从事股票投资的保险公司应当规范机房设施、通讯设备、计算机设备、操作系统软件、数据库软件等股票交易系统的操作程序。

第四十一条 保险机构投资者选择证券经营

机构的席位进行股票交易的,该证券经营机构应当符合下列条件:

(一)财务状况良好,经营稳健,净资本在10亿元人民币以上;

(二)内部控制制度健全;

(三)客户交易结算资金全额存入具有从事证券交易结算资金存管业务资格的商业银行;

(四)在中国证券登记结算有限公司分别设立自营结算备付金账户和客户结算备付金账户;

(五)其上海、深圳两个交易所的自营业务席位和非自营业务席位分别设立;

(六)通讯条件和交易设施高效、安全,符合股票交易的要求,信息服务全面;

(七)具备证券市场研究实力,能及时提供咨询服务;

(八)最近3年无重大违法、违规记录,未受中国证监会处罚,且未处于立案调查过程中;

(九)诚信方面无不良记录,最近1年无占用或者挪用客户保证金和证券的行为;

(十)书面承诺接受中国保监会对保险机构投资者股票交易情况的检查,并向中国保监会如实提供保险机构投资者股票交易的各种资料;

(十一)当地的营业部管理规范、经营良好、服务功能齐全;

(十二)中国保监会规定的其他条件。

第四十二条 保险机构投资者选择证券经营机构营业部的席位进行股票投资交易的,应当与其总部签订相关协议。协议应当载明本办法第四十一条第(十)项规定的证券经营机构的义务,证券经营机构违反上述义务、中国保监会要求保险机构投资者更换的,保险机构投资者有权提前终止协议。

保险机构投资者应当在签定前款规定协议之日起5日内,将协议副本报送中国保监会。

第四十三条 保险资产管理公司和直接从事股票投资的保险公司应当在每日开市前,与股票资产的托管人核实证券余额和资金余额,保证证券余额和资金余额足以交收。

第四十四条 保险机构投资者持有的股票出现本办法第十四条规定情形之一的,保险机构投资者应当制定具体的解决方案。

第四十五条 保险公司的经营情况发生变化,不符合本办法规定条件的,不得增持股票,并应当按照中国保监会的规定的期限、方式等其他要求,降低股票投资比例。

第四十六条 保险机构投资者应当采用风险价值和其他风险计量指标,揭示股票投资风险状况。

第四十七条 保险公司与保险资产管理公司、股票资产托管人、证券经营机构之间资金的划拨、费用的支付必须采用转账方式。

第四十八条 保险机构投资者负责股票投资业务的高级管理人员,应当具备下列条件:

(一)大学本科以上学历;

(二)5年以上证券或者金融工作经历;

(三)熟悉证券投资运作,具备必要的金融和法律知识;

(四)中国保监会规定的其他条件。

第四十九条 保险机构投资者的高级管理人员进行股票投资决策,必须严格按照公司内部管理制度和风险控制制度规定的权限,严禁超越权限范围投资决策。

第五十条 保险机构投资者从事股票投资的主要业务人员应当具备下列条件:

(一)大学本科以上学历;

(二)3年以上证券或者金融工作经历;

(三)熟悉证券业务规则及操作程序;

(四)中国保监会规定的其他条件。

前款所称主要业务人员是指从事股票投资业务的主管及主要操作人员。

第五十一条 保险资产管理公司、直接从事股票投资的保险公司,其从事股票投资的主要业务人员数量应当与股票投资规模相适应,并应当具备相应数量的宏观经济、行业分析、金融工程等方面的研究人员。

保险资产管理公司、直接从事股票投资的保险公司运用的股票资产在1亿元人民币以上的,从事股票投资的主要业务人员不得少于5人。

第五十二条 有下列情形之一的人员,不得担任保险机构投资者负责股票投资业务的高级管理人员和主要业务人员:

(一)曾经因犯有贪污、贿赂、侵占财产、挪用财产或者破坏社会经济秩序等罪行被判处刑罚的;

(二)曾经因赌博、吸毒、嫖娼、欺诈等违法行为,受到行政处罚或者被判处刑罚的;

（三）因经营不善破产清算公司、企业的高级管理人员，并对破产负有个人责任或者直接领导责任，自该公司、企业清算完结之日起未逾5年的；

（四）正在接受司法机关、纪检监察部门或者中国保监会调查的；

（五）个人负有数额较大的债务到期未清偿的；

（六）曾被金融监管机构决定在一定期限内不得在金融机构任职，期限未届满的。

第七章　监督管理

第五十三条　中国保监会、中国证监会依据各自职责对保险机构投资者的股票投资业务实施检查。

中国保监会可以聘请会计师事务所等中介机构，对保险机构投资者的股票投资情况进行检查。

第五十四条　保险机构投资者应当按规定向中国保监会报送下列报表、报告或者其他文件：

（一）股票投资业绩衡量基准；

（二）风险指标的计算方法和使用情况说明；

（三）股票投资的相关报表。

前款规定的报表、报告的内容和报送方式，由中国保监会另行规定。

第五十五条　保险机构投资者应当按中国保监会规定的方式披露股票投资的有关信息。

第五十六条　保险机构投资者投资股票，应当遵守法律、行政法规以及国家相关规定，接受中国证监会对其市场交易行为的监管。

第五十七条　保险机构投资者违反法律、行政法规及中国保监会相关规定的，中国保监会可以对其相关高级管理人员和主要业务人员进行监管谈话或者质询；情节严重的，可以依法给予警告、罚款或者责令予以撤换。

第五十八条　保险机构投资者违反法律、行政法规和相关规定的，中国保监会、中国证监会可以依法给予行政处罚。

第五十九条　本办法规定的股票资产托管人、证券经营机构违反法律、行政法规及国家相关规定的，由有关监管部门按照各自的权限和监管职责给予行政处罚。

前款所称的股票资产托管人和证券经营机构，违反本办法情节严重的，中国保监会可以责令保险机构投资者更换保险资产托管人和证券经营机构。

第八章　附　则

第六十条　本办法所称的"日"是指工作日，不含法定节假日。

第六十一条　本办法自公布之日起施行。

保险资金参与金融衍生产品交易办法

・2020年6月23日
・银保监办发〔2020〕59号

第一章　总　则

第一条　为规范保险资金参与金融衍生产品交易，防范资金运用风险，维护保险当事人合法权益，依据《中华人民共和国保险法》及《保险资金运用管理办法》等法律法规，制定本办法。

第二条　在中国境内依法设立的保险集团（控股）公司、保险公司、保险资产管理机构（以下统称保险机构）参与金融衍生产品交易，适用本办法。

第三条　本办法所称金融衍生产品（以下简称衍生品），是指其价值取决于一种或多种基础资产、指数或特定事件的金融合约，包括远期、期货、期权及掉期（互换）。

本办法所称金融衍生产品交易（以下简称衍生品交易），是指境内衍生品交易，不包括境外衍生品交易。

第四条　保险集团（控股）公司、保险公司可以自行参与衍生品交易，也可以根据本办法及相关规定，委托保险资产管理机构及符合中国银行保险监督管理委员会（以下简称银保监会）规定的其他专业管理机构，在授权范围内参与衍生品交易。

第五条　保险资金参与衍生品交易，应当以对冲或规避风险为目的，不得用于投机目的。包括：

（一）对冲或规避现有资产风险、负债风险或资产负债错配风险；

（二）对冲未来拟买入资产风险，或锁定其未来交易价格，具体期限视不同品种另行规定。

本条第(二)项所称拟买入资产,应当是机构按其投资决策程序,已经决定将要买入的资产。未在决定之日起的规定期限内买入该资产,或在规定期限内放弃买入该资产,应当在规定期限结束后或决定之日起的一定期限内,终止、清算或平仓相关衍生品。

第六条　银保监会将根据市场发展和实际需要,适时发布衍生品具体品种交易规定。

第二章　资质条件

第七条　保险集团(控股)公司、保险公司自行参与衍生品交易,应当符合以下要求:

(一)董事会知晓相关风险,并承担参与衍生品交易的最终责任;

(二)保险公司上季度末综合偿付能力充足率不低于150%,上一年资产负债管理能力评估结果不低于85分;

(三)具有良好的公司治理结构,以及健全的衍生品交易业务操作、内部控制和风险管理制度;

(四)建立投资交易、会计核算和风险管理等信息系统;

(五)配备衍生品交易专业管理人员,包括但不限于分析研究、投资交易、财务处理、风险控制和审计稽核等;

(六)近两年未受到监管机构重大行政处罚;

(七)其他规定要求。

第八条　保险集团(控股)公司、保险公司委托保险资产管理机构及其他专业管理机构参与衍生品交易,应当符合以下要求:

(一)董事会知晓相关风险,并承担参与衍生品交易的最终责任;

(二)保险公司上季度末综合偿付能力充足率不低于120%,上一年资产负债管理能力评估结果不低于60分;

(三)配备与衍生品交易相适应的监督和评价等专业管理人员;

(四)其他规定要求。

保险资产管理机构及其他专业管理机构受托参与衍生品交易,应当符合本办法第七条第(三)项至第(七)项规定的要求。

第九条　保险资金参与衍生品交易,选择的交易结算等专业机构,应当符合银保监会有关衍生品交易的规定。

第三章　管理规范

第十条　保险集团(控股)公司、保险公司参与衍生品交易,应当根据公司自身的发展战略和总体规划,综合衡量现阶段的风险管理水平、技术系统和专业人员准备情况,审慎评估参与衍生品交易的能力,科学决策参与衍生品交易的广度和深度。董事会应当根据公司管理情况,制定授权制度,建立决策机制,明确管理人员职责及报告要求。

第十一条　保险机构自行或受托参与衍生品交易,业务操作制度应当涵盖研究、决策、交易、清算与结算等全过程,明确责任分工,确保业务流程清晰,环节紧密衔接。

第十二条　保险机构自行或受托参与衍生品交易,内部控制制度应当明确岗位职责,确保业务操作和风险管理流程可执行,关键岗位相互制衡,重点环节双人复核。

第十三条　保险机构自行或受托参与衍生品交易,风险管理制度应当纳入公司总体风险管理架构,能够覆盖衍生品交易前、中、后台,并符合本办法第四章规定要求。

第十四条　保险机构自行或受托参与衍生品交易,信息系统应当包括业务处理设备、交易软件和操作系统等,并通过可靠性测试。包括但不限于:

(一)应当配置投资分析系统,计算对冲资产组合风险所需的衍生品数量,并根据市场变化,调整衍生品规模,逐步实现担保品动态调整。

(二)应当配备相应的衍生品估值与清算模块,会计确认、计量、账务处理及财务报告应当符合规定。保险机构委托托管银行进行财务核算的,应当确认托管银行的信息系统合规可靠。

第十五条　保险集团(控股)公司、保险公司参与衍生品交易,应当制定业务指引。该指引可以单独制定,也可以作为公司年度投资计划和投资指引的组成部分,包括但不限于以下内容:

(一)拟运用衍生品种类;

(二)使用衍生品的限制;

(三)风险管理要求。

第十六条　保险机构自行或受托参与衍生品交易,应当制定风险对冲方案,并经公司风险管理部门及有关决策人员审批。

第十七条 保险机构参与衍生品交易,应当根据有关法律法规要求,规范业务运作,不得从事内幕交易、操纵证券及衍生品价格、进行利益输送及其他不正当的交易活动。

第四章 风险管理

第十八条 保险机构参与衍生品交易,应当建立动态风险管理机制,制定衍生品交易的全面风险管理制度与操作流程,建立监测、评估与处置风险的信息系统,完善应急机制和管理预案。

第十九条 保险机构参与衍生品交易,应当制定量化的风险指标,采用适当的计量模型与测评分析技术,及时评估衍生品交易风险。

第二十条 保险机构参与衍生品交易,同一资产组合持有的衍生品多头合约价值之和不得高于资产组合净值的100%,应当根据公司风险承受能力,确定衍生品及其资产组合的风险限额,按照一定的评估频率定期复查更新。

保险机构应将风险限额分解为不同层级,由风险管理部门控制执行。对违反风险限额等交易情况,风险管理部门应当及时报告;确有风险对冲需求并需要灵活处理的,应严格履行内部审批程序。

第二十一条 保险机构参与衍生品交易,应当密切关注外部市场变化,审慎评估市场变化趋势,及时调整衍生品交易方案,防范市场风险。

第二十二条 保险机构自行或受托参与衍生品交易涉及交易对手的,应当建立交易对手评估与选择机制,充分调查交易对手的资信情况,评估信用风险,并跟踪评估交易过程和行为。

保险机构应当综合内外部信用评级情况,为交易对手设定交易限额,并根据需要采用适当的信用风险缓释措施。

第二十三条 保险机构自行或受托参与衍生品交易,应当维持一定比例的流动资产,通过现金管理方法监控与防范流动性风险。

第二十四条 保险机构自行或受托参与衍生品交易,应当及时评估避险有效性。评估工作应当独立于决策和交易部门。评估衍生品价值时,应当采用市场公认或合理的估值方法。

第二十五条 保险机构自行或受托参与衍生品交易,应当制定有效的激励制度和机制,不得简单将衍生品交易盈亏与业务人员收入挂钩。后台及风险管理部门的人员报酬应当独立于交易盈亏情况。

第二十六条 保险机构自行或受托参与衍生品交易,应当在不同部门之间设立防火墙体系,实行严格的业务分离制度,确保投资交易、风险管理、清算核算、内审稽核等部门独立运作。

保险机构应当制定衍生品交易主管人员和专业人员的工作守则,建立问责制度。

第二十七条 保险机构参与衍生品交易,内部审计与稽核部门应当定期对衍生品交易的风险管理情况进行监督检查,独立提案半年和年度稽核报告。检查内容包括但不限于以下方面:

(一)衍生品交易活动合规情况;

(二)业务操作、内部控制及风险管理制度执行情况;

(三)专业人员资质情况;

(四)避险政策及其有效性评估等。

第二十八条 保险机构自行或受托参与衍生品交易,应当确保交易记录的及时、真实、准确与完整。记录内容包括衍生品交易决策流程、执行情况及风险事项等。

第五章 监督管理

第二十九条 保险资金参与衍生品交易,应当按照衍生品类别分别向银保监会报告,并提交以下书面材料:

(一)保险集团(控股)公司、保险公司自行参与衍生品交易的,应当报送董事会批准参与衍生品交易的决议、董事会的风险知晓函及本办法第七条第(二)项至第(六)项要求的书面证明文件。

(二)保险集团(控股)公司、保险公司委托保险资产管理机构及其他专业管理机构参与衍生品交易的,委托人应当报送董事会批准参与衍生品交易的决议、风险知晓函、相关委托协议及符合规定的专业人员资料,受托人应当报送符合本办法第七条第(三)项至第(六)项要求的书面证明文件,受托的其他专业管理机构还应当报送书面承诺函,承诺以对冲或规避风险为目的参与衍生品交易,选择符合银保监会规定的交易结算等专业机构,遵守保险资金参与衍生品交易的头寸比例和流动性比例,并承诺接受银保监会的质询,如实提供衍生品交易的各种资料。

第三十条 保险机构参与衍生品交易,应当持续符合相应的资质条件,在业务系统、设备要求、专业人员配备等不再满足银保监会规定要求时,应当及时向银保监会报告,并暂停开展衍生品业务,妥善处置衍生品头寸,直至满足有关规定要求后,才可恢复相关业务。

第三十一条 保险集团(控股)公司、保险公司应当按照规定向银保监会报送以下报告:

(一)每个季度结束后的10个工作日内,报送衍生品交易的期末风险敞口总额、各类衍生品风险敞口金额,以及该季度的风险对冲情况和合规情况;

(二)每半年度和年度结束后的30个工作日内,报送衍生品交易的稽核审计报告;

(三)发生的衍生品交易违规行为、重大风险或异常情况,及采取的应对措施,应在10个工作日内上报银保监会;

(四)银保监会规定要求报送的其他材料。

本条所指的各项报告应当包括保险集团(控股)公司、保险公司以自己名义开展衍生品交易和委托保险资产管理机构及其他专业管理机构开展衍生品交易的情况。

第三十二条 银保监会依法对保险机构参与衍生品交易情况开展现场和非现场检查。

第三十三条 保险机构违反规定参与衍生品交易的,由银保监会责令限期改正,并依法对相关机构和人员给予行政处罚。

其他专业管理机构违反有关法规和本办法规定的,银保监会将予记录其不良行为,并将有关情况通报其行业主管部门;情节严重的,银保监会可通报保险集团(控股)公司、保险公司3年内不得与其从事相关业务,并商有关监管部门依法给予行政处罚。

涉嫌犯罪的相关机构和人员,银保监会将依法移送司法机关查处。

第三十四条 保险集团(控股)公司、保险公司参与境外衍生品交易,应当遵守保险资金境外投资规定,委托境外投资管理人,按照授权开展相关业务,并将衍生品交易纳入其业务管理体系。

第三十五条 保险机构受托管理非保险资金参与衍生品交易的,应依照相关法律法规及合同约定进行管理,并严格执行风险管控措施,履行勤勉尽责义务,维护投资者权益。

第六章 附 则

第三十六条 本办法由银保监会负责解释。

第三十七条 《保险资金参与金融衍生产品交易暂行办法》(保监发〔2012〕94号)同时废止。

保险资金参与国债期货交易规定

· 2020年6月23日
· 银保监办发〔2020〕59号

为规范保险资金参与国债期货交易,有效防范风险,依据《保险资金运用管理办法》《保险资金参与金融衍生产品交易办法》(以下简称衍生品办法)等规章办法,制定以下规定:

一、本规定所称国债期货,是指经中国证券监督管理机构批准,在中国金融期货交易所上市交易的以国债为标的的金融期货合约。

二、在中国境内依法设立的保险集团(控股)公司、保险公司、保险资产管理机构(以下统称保险机构)参与国债期货交易,应当根据衍生品办法的规定,做好制度、岗位、人员及信息系统安排,遵守管理规范,强化风险管理。

三、保险资金参与国债期货交易,不得用于投机目的,应当以对冲或规避风险为目的,包括:

(一)对冲或规避现有资产风险;

(二)对冲未来半年内拟买入资产风险,或锁定其未来交易价格;

(三)对冲或规避资产负债错配导致的利率风险。

本条第(二)项所称拟买入资产,应当是机构按其投资决策程序,已经决定将要买入的资产。未在决定之日起的半年内买入该资产,或在规定期限内放弃买入该资产,应当在规定期限结束后或做出放弃买入该资产决定之日起的15个交易日内,终止、清算或平仓相关衍生品。

本条第(三)项是指人身保险公司按其资产负债管理委员会或资产负债管理执行委员会决策程序,决定缩短资产负债久期缺口,从而对冲由此带来的利率风险。风险对冲方案一经确定须严格执行,未经资产负债管理委员会或资产负债管理执行委员会决策,不得更改。

四、保险资金参与国债期货交易,应当以确定的资产组合(以下简称资产组合)为基础,分别开立期货交易账户,实行账户、资产、交易、核算等的独立管理。

五、保险机构参与国债期货交易,应当根据资产配置和风险管理要求,制定合理的交易策略,并履行内部决策程序。

六、保险机构自行或受托参与国债期货交易,应当根据衍生品办法规定,制定风险对冲方案,明确对冲目标、工具、对象、规模、期限、风险对冲比例、保证金管理、风险敞口限额,对冲有效性的相关指标、标准和评估频度,相关部门权限和责任分工,以及可能导致无法对冲的情景等内容,并履行内部审批程序,包括征求风险管理部门的意见。对于对冲资产负债错配导致的利率风险的策略,保险公司还应当进行风险对冲策略对公司偿付能力和资产负债匹配状况可能产生不利影响的情景测试,并与风险对冲方案一并提交公司资产负债管理委员会或资产负债管理执行委员会审批。

七、保险资金参与国债期货交易,任一资产组合在任何交易日日终,所持有的卖出国债期货合约价值,不得超过其对冲标的债券、债券型基金及其他净值型固定收益类资产管理产品资产的账面价值,所持有的买入国债期货合约价值不得超过该资产组合净值的50%。其中,卖出国债期货合约价值与买入国债期货合约价值,不得合并轧差计算。

保险集团(控股)公司、保险公司在任何交易日日终,持有的合并轧差计算后的国债期货合约价值不得超过本公司上季末总资产的20%。

八、保险资金参与国债期货交易,任一资产组合在任何交易日结算后,扣除国债期货合约需缴纳的交易保证金,应当保持不低于交易保证金一倍的符合银保监会规定的流动性资产,有效防范强制平仓风险。

九、保险机构参与国债期货交易,应当根据公司及资产组合实际情况,动态监测相关风险控制指标,制定风险对冲有效性预警机制,及时根据市场变化对交易作出风险预警。

十、保险机构参与国债期货交易,应当建立国债期货有关交割规则;对实物交割的品种,应当充分评估交割风险,做好应急预案。

十一、保险集团(控股)公司、保险公司委托保险资产管理机构及其他专业管理机构参与国债期货交易的,应在保险资金委托合同或投资指引中明确约定参与国债期货交易的目的、比例限制、估值方法、信息披露、风险控制、责任承担等事项。

十二、保险机构自行或受托参与国债期货交易,除符合衍生品办法规定外,信息系统还应当符合下列要求:

(一)国债期货交易管理系统和估值系统稳定高效,且能够满足交易和估值需求;

(二)风险管理系统能够实现对国债期货交易的实时监控,各项风险管理指标固化在系统中,并能够及时预警;

(三)能够与合作的交易结算机构信息系统对接,并建立相应的备份通道。

十三、保险资金参与国债期货交易,专业管理人员应当符合下列条件:

(一)保险集团(控股)公司、保险公司自行参与国债期货交易的,资产配置和投资交易专业人员不少于5名;风险控制专业人员不少于3名;清算和核算专业人员不少于2名。投资交易、风险控制和清算岗位人员不得相互兼任。

(二)保险集团(控股)公司、保险公司委托保险资产管理机构或者其他专业管理机构参与国债期货交易的,专业人员不少于2名,其中包括风险控制人员。

受托管理的保险资产管理机构及其他专业管理机构,专业人员应当符合本条第(一)项规定的要求。其他专业管理机构应当同时满足银保监会规定的其他条件。

保险机构及其他专业管理机构同时参与股指期货等其他衍生品交易的,资产配置和投资交易专业人员人数不得重复计算,风险控制、清算和核算专业人员人数可重复计算。

上述专业人员均应通过期货从业人员资格考试,负责人员应当具有5年以上期货或证券业务经验;业务经理应当具有3年以上期货或证券业务经验。

十四、保险机构参与国债期货交易,应当根据相关规定,与交易结算机构确定国债期货业务交易、保证金管理结算、风险控制及数据传输等事项,通过协议明确双方的权利和义务。

保险机构与资产托管机构应当根据相关规定,确定国债期货业务的资金划拨、清算、估值等事项,并在托管协议中明确双方的权利和义务。

保险机构可以根据业务需要,与期货交易结算机构、资产托管机构签订多方合作协议。

十五、保险资金参与国债期货交易,所选期货公司应当符合下列条件:

(一)成立5年以上,上季末净资本达到人民币三亿元(含)以上,且净资本与公司风险资本准备的比例不低于150%;

(二)期货公司分类监管评价为A类;

(三)书面承诺接受银保监会的质询,并向银保监会如实提供保险机构参与国债期货交易涉及的各种资料;

(四)其他规定条件。

十六、保险机构参与国债期货交易,应当向银保监会报送以下文件:

(一)衍生品办法规定的材料,其中专业人员证明材料应当符合本规定的要求;

(二)与期货交易结算、资产托管等机构签署的协议文件;

(三)银保监会要求的其他文件。

十七、保险机构参与国债期货交易,持仓比例因市场波动等外部原因不再符合本规定要求的,应当在15个交易日内调整完毕,并在季度报告中向银保监会报告,列明事件发生的原因及处理过程。保险机构应每半年回溯国债期货买入计划与实际执行的偏差,纳入每半年及年度稽核审计报告,并按规定向银保监会报告。

保险资金参与股指期货交易规定

- 2020年6月23日
- 银保监办发〔2020〕59号

为规范保险资金参与股指期货交易,有效防范风险,依据《保险资金运用管理办法》《保险资金参与金融衍生产品交易办法》(以下简称衍生品办法)等规章办法,制定以下规定:

一、本规定所称股指期货,是指经中国证券监督管理机构批准,在中国金融期货交易所上市的以股票价格指数为标的的金融期货合约。

二、在中国境内依法设立的保险集团(控股)公司、保险公司、保险资产管理机构(以下统称保险机构)参与股指期货交易,应当根据衍生品办法的规定,做好制度、岗位、人员及信息系统安排,遵守管理规范,强化风险管理。

三、保险资金参与股指期货交易,不得用于投机目的,应当以对冲或规避风险为目的,包括:

(一)对冲或规避现有资产风险;

(二)对冲未来三个月内拟买入资产风险,或锁定其未来交易价格。

本条第(二)项所称拟买入资产,应当是机构按其投资决策程序,已经决定将要买入的资产。未在决定之日起的三个月内买入该资产,或在规定期限内放弃买入该资产,应当在规定期限结束后或做出放弃买入该资产决定之日起的10个交易日内,终止、清算或平仓相关衍生品。

四、保险资金参与股指期货交易,应当以确定的资产组合(以下简称资产组合)为基础,分别开立期货交易账户,实行账户、资产、交易、核算等的独立管理。

五、保险机构参与股指期货交易,应当根据资产配置和风险管理要求,制定合理的交易策略,并履行内部决策程序。

六、保险机构自行或受托参与股指期货交易,应当根据衍生品办法规定,制定风险对冲方案,明确对冲目标、工具、对象、规模、期限、风险对冲比例、保证金管理、风险敞口额度、对冲有效性的相关指标、标准和评估频度,相关部门权限和责任分工,以及可能导致无法对冲的情景等内容,并履行内部审批程序。内部审批应当包括风险管理部门意见。

七、保险资金参与股指期货交易,任一资产组合在任何交易日日终,所持有的卖出股指期货合约价值,不得超过其对冲标的股票、股票型基金及其他净值型权益类资产管理产品资产账面价值的102%,所持有的买入股指期货合约价值与股票、股票型基金及其他净值型权益类资产管理产品市值之和,不得超过资产组合净值的100%。

保险机构在任何交易日日终,持有的买入股指期货合约价值与权益类资产的账面价值,合计不得超过规定的投资比例上限。

本条所指卖出股指期货合约价值与买入股指期货合约价值,不得合并轧差计算。

八、保险资金参与股指期货交易,任一资产组合在任何交易日结算后,扣除股指期货合约需缴纳的交易保证金，应当保持不低于轧差后的股指期货合约价值10%的符合银保监会规定的流动性资产，有效防范强制平仓风险。

九、保险机构参与股指期货交易，应当根据公司及资产组合实际情况，动态监测相关风险控制指标，制定风险对冲有效性预警机制，及时根据市场变化对交易作出风险预警。

十、保险集团（控股）公司、保险公司委托保险资产管理机构及其他专业管理机构参与股指期货交易的，应在保险资金委托合同或投资指引中明确约定参与股指期货交易的目的、比例限制、估值方法、信息披露、风险控制、责任承担等事项。

十一、保险机构自行或受托参与股指期货交易，除符合衍生品办法规定外，信息系统还应当符合下列要求：

（一）股指期货交易管理系统和估值系统稳定高效，且能够满足交易和估值需求；

（二）风险管理系统能够实现对股指期货交易的实时监控，各项风险管理指标固化在系统中，并能够及时预警；

（三）能够与合作的交易结算机构信息系统对接，并建立相应的备份通道。

十二、保险资金参与股指期货交易，专业管理人员应当符合下列条件：

（一）保险集团（控股）公司、保险公司自行参与股指期货交易的，资产配置和投资交易专业人员不少于5名；风险控制专业人员不少于3名；清算和核算专业人员不少于2名。投资交易、风险控制和清算岗位人员不得相互兼任。

（二）保险集团（控股）公司、保险公司委托保险资产管理机构或者其他专业管理机构参与股指期货交易的，专业人员不少于2名，其中包括风险控制人员。

受托管理的保险资产管理机构及其他专业管理机构，专业人员应当符合本条第（一）项规定的要求。其他专业管理机构应当同时满足银保监会规定的其他条件。

保险机构及其他专业管理机构同时参与国债期货等其他衍生品交易的，资产配置和投资交易专业人员人数不得重复计算，风险控制、清算和核算专业人员人数可重复计算。

上述专业人员均应通过期货从业人员资格考试，负责人员应当具有5年以上期货或证券业务经验；业务经理应当具有3年以上期货或证券业务经验。

十三、保险机构参与股指期货交易，应当根据相关规定，与交易结算机构确定股指期货业务交易、保证金管理结算、风险控制及数据传输等事项，通过协议明确双方的权利和义务。

保险机构与资产托管机构应当根据相关规定，确定股指期货业务的资金划拨、清算、估值等事项，并在托管协议中明确双方的权利和义务。

保险机构可以根据业务需要，与期货交易结算机构、资产托管机构签订多方合作协议。

十四、保险资金参与股指期货交易，所选期货公司应当符合下列条件：

（一）成立5年以上，上季末净资本达到人民币三亿元（含）以上，且净资本与公司风险资本准备的比例不低于150%；

（二）期货公司分类监管评价为A类；

（三）书面承诺接受银保监会的质询，并向银保监会如实提供保险机构参与股指期货交易涉及的各种资料；

（四）其他规定条件。

十五、保险机构参与股指期货交易，应当向银保监会报送以下文件：

（一）衍生品办法规定的材料，其中专业人员证明材料应当符合本规定的要求；

（二）与期货交易结算、资产托管等机构签署的协议文件；

（三）银保监会要求的其他文件。

十六、保险机构参与股指期货交易，持仓比例因市场波动等外部原因不再符合本规定要求的，应当在10个交易日内调整完毕，并在季度报告中向银保监会报告，列明事件发生的原因及处理过程。保险机构应每半年回溯股指期货买入计划与实际执行的偏差，纳入每半年及年度稽核审计报告，并按规定向银保监会报告。

十七、《保险资金参与股指期货交易规定》（保监发〔2012〕95号）同时废止。

保险资金投资债券暂行办法[①]

- 2012年7月16日
- 保监发〔2012〕58号

第一章 总 则

第一条 为规范保险资金投资债券行为,改善资产配置,维护保险当事人合法权益,根据《中华人民共和国保险法》《保险资金运用管理暂行办法》及有关规定,制定本办法。

第二条 中国境内依法设立的保险集团(控股)公司和保险公司(以下统称保险公司)投资债券,符合中国保监会规定的专业投资管理机构受托保险资金投资债券,适用本办法。

本办法所称债券,是指依法在中国境内发行的人民币债券和外币债券,包括政府债券、准政府债券、企业(公司)债券及符合规定的其他债券。

第三条 中国保险监督管理委员会(以下简称中国保监会)负责制定保险资金投资债券政策,依法对债券投资活动实施监督管理。

第二章 资质条件

第四条 保险公司投资债券,应当符合下列条件:

(一)具有完善的公司治理、决策流程和内控机制,健全的债券投资管理制度、风险控制制度和信用评级体系;

(二)已经建立资产托管、集中交易和防火墙机制,资金管理规范透明;

(三)合理设置债券研究、投资、交易、清算、核算、信用评估和风险管理等岗位;投资和交易实行专人专岗;

(四)具有债券投资经验的专业人员不少于2人,其中具有3年以上债券投资经验的专业人员不少于1人;信用评估专业人员不少于2人,其中具有2年以上信用分析经验的专业人员不少于1人;

(五)建立与债券投资业务相应的管理信息系统。

第五条 保险资金投资无担保非金融企业(公司)债券,其信用风险管理能力应当达到中国保监会规定的标准。

第三章 政府债券和准政府债券

第六条 保险资金投资的政府债券,是指中华人民共和国省(自治区、直辖市、计划单列市)以上政府财政部门或其代理机构,依法在境内发行的,以政府信用为基础并由财政支持的债券,包括中央政府债券和省级政府债券。

中央银行票据、财政部代理省级政府发行并代办兑付的债券,比照中央政府债券的投资规定执行。

保险资金投资省级政府债券的规定,由中国保监会另行制定。

第七条 保险资金投资的准政府债券,是指经国务院或国务院有关部门批准,由特定机构发行的,信用水平与中央政府债券相当的债券。

以国家预算管理的中央政府性基金,作为还款来源或提供信用支持的债券,纳入准政府债券管理。政策性银行发行的金融债券和次级债券、国务院批准特定机构发行的特别机构债券,比照准政府债券的投资规定执行。

第四章 企业(公司)债券

第八条 保险资金投资的企业(公司)债券,是指由企业(公司)依法合规发行,且不具备政府信用的债券,包括金融企业(公司)债券和非金融企业(公司)债券。

第九条 金融企业(公司)债券包括商业银行可转换债券、混合资本债券、次级债券以及金融债券,证券公司债券,保险公司可转换债券、混合资本债券、次级定期债券和公司债券,国际开发机构人民币债券以及中国保监会规定的投资品种。

保险资金投资的金融企业(公司)债券,应当符合下列条件:

(一)商业银行发行的金融企业(公司)债券,应当具有国内信用评级机构评定的A级或者相当于A级以上的长期信用级别;其发行人除符合中

[①] "第九条、第十条第(一)(二)(三)款"已被中国银保监会办公厅关于调整保险资金投资债券信用评级要求等有关事项的通知(2021年11月2日,银保监办发〔2021〕118号)废止。

国人民银行、中国银行业监督管理委员会的有关规定外,还应当符合下列条件:

1. 最新经审计的净资产,不低于100亿元人民币;

2. 核心资本充足率不低于6%;

3. 国内信用评级机构评定的A级或者相当于A级以上的长期信用级别;

4. 境外上市并免于国内信用评级的,国际信用评级机构评定的BB级或者相当于BB级以上的长期信用级别。

保险资金投资的商业银行混合资本债券,除符合上述规定外,应当具有国内信用评级机构评定的AA级或者相当于AA级以上的长期信用级别,其发行人总资产不低于2000亿元人民币。商业银行混合资本债券纳入无担保非金融企业(公司)债券管理。

(二)证券公司债券,应当公开发行,且具有国内信用评级机构评定的AA级或者相当于AA级以上的长期信用级别;其发行人除符合中国证券监督管理委员会的有关规定外,还应当符合下列条件:

1. 最新经审计的净资本,不低于20亿元人民币;

2. 国内信用评级评定的AA级或者相当于AA级以上的长期信用级别;

3. 境外上市并免于国内信用评级的,国际信用评级机构评定的BBB级或者相当于BBB级以上的长期信用级别。

(三)保险公司可转换债券、混合资本债券、次级定期债券和公司债券,应当是保险公司按照相关规定,经中国保监会和有关部门批准发行的债券。

(四)国际开发机构人民币债券,其发行人除符合国家有关规定外,还应当符合下列条件:

1. 最新经审计的净资产,不低于50亿美元;

2. 国内信用评级机构评定的AA级或者相当于AA级以上的长期信用级别;免于国内信用评级的,国际信用评级机构评定的BBB级或者相当于BBB级以上的长期信用级别。

第十条 非金融企业(公司)债券包括非金融机构发行的企业债券、公司债券、中期票据、短期融资券、超短期融资券等非金融企业债务融资工具,可转换公司债券,以及中国保监会规定的其他投资品种。

保险资金投资的非金融企业(公司)债券,应当符合下列条件:

(一)其发行人除符合有关部门的规定外,还应当符合下列条件:

1. 最新经审计的净资产,不低于20亿元人民币;

2. 国内信用评级机构评定的A级或者相当于A级以上的长期信用级别;

3. 境外上市并免于国内信用评级的,国际信用评级机构评定的BB级或者相当于BB级以上的长期信用级别。

(二)有担保非金融企业(公司)债券,具有国内信用评级机构评定的AA级或者相当于AA级以上的长期信用级别,其担保符合下列条件:

1. 以保证方式提供担保的,应当为本息全额无条件不可撤销连带责任保证担保,且担保人资信不低于发行人的信用级别;

2. 以抵押或质押方式提供担保的,担保财产应当权属清晰。未被设定其他担保或者采取保全措施的,经有资格的资产评估机构评估的担保财产,其价值不低于担保金额,且担保行为已经履行必要的法律程序;

3. 担保金额应当持续不低于债券待偿还本息总额。

(三)无担保非金融企业(公司)债券,具有国内信用评级机构评定的AA级或者相当于AA级以上的长期信用级别。其中,短期融资券具有国内信用评级机构评定的A-1级。

有担保非金融企业(公司)债券的担保,不完全符合本条规定的,纳入无担保非金融企业(公司)债券管理。

(四)保险资金投资的无担保非金融企业(公司)债券,应当采用公开招标发行方式或者簿记建档发行方式。其中,簿记建档发行方式应当满足下列条件:

1. 发行前,发行人应当详细披露建档规则;

2. 簿记建档应当具有符合安全保密要求的簿记场所;

3. 簿记建档期间,簿记管理人应当指派专门人员值守并维持秩序;现场人员不得对外泄露相关信息;

4. 簿记管理人应当妥善保管有关资料,不得泄露或者对外披露。

（五）保险资金投资的企业（公司）债券，按照规定免于信用评级要求的，其发行人应当具有不低于该债券评级规定的信用级别。

本办法所称净资产，不包括少数股东权益。

第十一条　保险资金投资的企业（公司）债券，其发行人应当及时、准确、完整披露相关信息。披露频率每年不少于一次，披露内容至少应当包括经审计的财务报表和跟踪评级报告。经审计的财务报告，披露时间应当不晚于每年5月31日，跟踪评级报告披露时间应当不晚于每年6月30日。

第五章　投资规范

第十二条　保险公司投资中央政府债券、准政府债券，可以按照资产配置要求，自主确定投资总额。

第十三条　保险公司投资有担保的企业（公司）债券，可以按照资产配置要求，自主确定投资总额；投资无担保非金融企业（公司）债券的余额，不超过该保险公司上季末总资产的50%。

第十四条　保险公司投资同一期单品种中央政府债券和准政府债券，可以自主确定投资比例。

保险公司投资同一期单品种金融企业（公司）债券和有担保非金融企业（公司）债券的份额，不超过该期单品种发行额的40%；投资同一期单品种无担保非金融企业（公司）债券的份额，不超过该期单品种发行额的20%。

同一保险集团的保险公司，投资同一期单品种企业（公司）债券的份额，合计不超过该期单品种发行额的60%，保险公司及其投资控股的保险机构比照执行。

债券发行采取一次核准（备案或注册）、分期募集方式的，其同一期是指该债券分期发行中的每一期。

第十五条　保险公司投资同一发行人发行的企业（公司）债券的余额，不超过该发行人上一会计年度净资产的20%；投资关联方发行的企业（公司）债券的余额，不超过该保险公司上季末净资产的20%。

第十六条　保险公司委托多个专业投资管理机构投资的债券，其投资余额应当合并计算，且不超过中国保监会规定的投资比例。

第十七条　保险公司的投资连结保险产品、非寿险非预定收益型保险产品等独立账户或产品，其投资债券的余额，不超过相关合同约定的比例。

第六章　风险控制

第十八条　保险公司和专业投资管理机构应当建立明确的决策与授权机制，严谨高效的业务操作流程，完善的风险控制制度、风险处置预案和责任追究制度。

第十九条　保险公司应当根据资产配置要求，专业投资管理机构应当按照委托人的投资指引，审慎判断债券投资的效益与风险，合理确定债券投资组合的品种配置、期限结构、信用分布和流动性安排，跟踪评估债券投资的资产质量、收益水平和风险状况。

第二十条　保险公司投资或者专业投资管理机构受托投资债券，应当综合运用外部信用评级与内部信用评级结果，不得投资内部信用评级低于公司确定的可投资信用级别的企业（公司）债券。

同一债券同时具有境内两家以上外部信用评级机构信用评级的，应当采用孰低原则确认外部信用评级；同时具有国内信用评级和国际信用评级的，应当以国内信用评级为准。本条所称信用评级是指最近一个会计年度的信用评级，同时是指同一发行人在同一会计核算期间获得的信用评级。

第二十一条　保险公司投资或者专业投资管理机构受托投资债券，应当充分关注发行人还款来源的及时性和充分性；投资有担保企业（公司）债券，应当关注担保效力的真实性和有效性。

第二十二条　保险公司上季度末偿付能力充足率低于120%的，不得投资无担保非金融企业（公司）债券；已经持有上述债券的，不得继续增持并适时减持。上季度末偿付能力处于120%和150%之间的，应当及时调整投资策略，严格控制投资无担保非金融企业（公司）债券的品种和比例。

第二十三条　保险公司投资或者专业投资管理机构受托投资债券，应当加强债券投资的市场风险和流动性风险管理，定期开展压力测试与情景分析，并根据测试结果适度调整投资策略。

第二十四条　保险公司投资或者专业投资管理机构受托投资债券，参与债券发行认购的，应当书面约定手续费及其他相关费用,且采用透明方式,通过银行转账实现。

保险公司投资或者专业投资管理机构受托投资企业(公司)债券,以非竞价交易方式投资债券的,应当建立询价制度和交易对手风险管理机制。

第二十五条 保险公司投资或者专业投资管理机构受托投资债券,与托管银行签订债券托管协议,应当明确托管事项、托管职责与义务以及监督服务等内容,并按中国保监会的有关规定执行。

保险公司投资或者专业投资管理机构受托投资企业(公司)债券,与托管银行的资金划拨和费用支付,与证券经营机构的费用支付,均应采用透明方式,通过银行转账实现。

第二十六条 保险公司与证券经营机构或其他非保险公司不得发生下列行为:

(一)出租、出借各类债券,中国保监会另有规定的除外;

(二)非法转移利润或者利用其他手段进行利益输送,谋取不当利益;

(三)法律、行政法规和中国保监会禁止的其他行为。

第二十七条 保险公司投资或者专业投资管理机构受托投资债券,参与债券衍生金融工具交易,仅限于管理和对冲投资风险,且应当遵守中国保监会的有关规定。

第二十八条 保险资金已投资债券不再符合本办法规定的,不得增加投资,保险公司或专业投资管理机构应当认真评估相关风险,及时妥善处理。

第七章 监督管理

第二十九条 保险资金可投资债券信用评级机构的规定,由中国保监会另行制定。

第三十条 为保险资金投资债券提供服务的投资管理、资产托管、证券经营等机构,应当接受中国保监会有关保险资金投资债券的质询,并报告相关情况。

第三十一条 保险公司应当按照有关规定,通过保险资产管理监管信息系统及中国保监会规定的其他方式,及时向中国保监会报送下列信息:

(一)债券投资报表;

(二)风险指标的计算方法及说明;

(三)与托管银行签订的托管协议、与证券经营机构签订的经纪业务协议副本;

(四)中国保监会要求的其他报告事项。

专业投资管理机构应当按照有关规定,向中国保监会报送受托保险资金投资债券的相关信息。

第三十二条 保险资金投资债券发生违约等风险,应当立即启动风险管理预案,并及时向中国保监会报告。

保险公司投资债券和专业投资管理机构受托投资债券,应当关注所投资债券的价格及价值波动。债券发行时,保险资金报价偏离公开市场可比债券合理估值1%以上的,或者所投资债券交易价格偏离市场合理估值1%以上的,应当于下一个季度前10个工作日内,向中国保监会报告并说明影响因素及应对方案。

第三十三条 中国保监会定期或不定期对保险公司投资债券、专业投资管理机构受托投资债券的决策与授权机制、投资管理制度、业务操作流程和信用风险管理系统等进行检查,也可聘请会计师事务所等专业中介机构对保险资金投资债券情况进行检查。

保险公司和专业投资管理机构,应当向中国保监会报告债券估值的规则。

第三十四条 保险公司投资债券、专业投资管理机构受托投资债券,违反法律、行政法规及本办法规定的,中国保监会将依据有关法规,对相关机构和人员予以处罚。

第八章 附 则

第三十五条 外国保险公司在中国境内设立的分公司投资债券,比照本办法规定执行。

第三十六条 保险资产管理公司运用自有资金投资债券,比照本办法规定执行。

第三十七条 中国保监会根据有关规定和市场情况,可适时调整保险资金投资债券的范围、品种和比例,规范禁止行为等。

第三十八条 本办法由中国保监会负责解释和修订,自发布之日起施行。废止《关于保险机构投资公司债有关问题的通知》(保监发〔2007〕95号)、《关于保险机构投资认股权和债券分离交易可转换公司债券的通知》(保监资金〔2007〕338号)、《关于增加保险机构债券投资品种的通知》(保监发〔2009〕42号)、《关于债券投资有关事项的通知》(保监发〔2009〕105 号)、《关于保险机构投资无担保企业债券有关事宜的通知》(保监发〔2009〕132 号)的规定。其他规定与本办法不一致的,以本办法为准。

保险资金间接投资基础设施项目管理办法

- 2016 年 6 月 14 日中国保险监督管理委员会令 2016 年第 2 号公布
- 自 2016 年 8 月 1 日起施行

第一章 总 则

第一条 为了加强对保险资金间接投资基础设施项目的管理,防范和控制管理运营风险,确保保险资金安全,维护保险人、被保险人和各方当事人的合法权益,促进保险业稳定健康发展,根据《中华人民共和国保险法》、《中华人民共和国信托法》、《中华人民共和国合同法》等法律、行政法规,制定本办法。

第二条 本办法所称保险资金间接投资基础设施项目,是指委托人将其保险资金委托给受托人,由受托人按委托人意愿以自己的名义设立投资计划,投资基础设施项目,为受益人利益或者特定目的,进行管理或者处分的行为。

第三条 委托人投资受托人设立的投资计划,应当聘请托管人托管投资计划的财产。受益人应当聘请独立监督人监督投资计划管理运营的情况。

第四条 委托人、受托人、受益人、托管人、独立监督人以及参与投资计划的其他当事人应当依法从事相关业务活动,并按照本办法规定,签订书面合同,载明各方的权利、义务。

第五条 投资计划财产独立于受托人、托管人、独立监督人及其他为投资计划管理提供服务的自然人、法人或者组织的固有财产及其管理的其他财产。受托人因投资计划财产的管理、运用、处分或者其他情形取得的财产和收益,应当归入投资计划财产。

第六条 受托人、托管人、独立监督人及其他为投资计划管理提供服务的自然人、法人或者组织,因依法解散、被依法撤销或者依法宣告破产

等原因进行终止清算的,投资计划财产不属于其清算财产。

投资计划财产的债权,不得与受托人、托管人、独立监督人及其他为投资计划管理提供服务的自然人、法人或者组织的固有财产产生的债务相抵销。不同投资计划财产的债权债务,不得相互抵销。

非因执行投资计划产生债务,不得对投资计划财产强制执行。

第七条 保险资金间接投资基础设施项目,应当遵循安全性、收益性、流动性和资产负债匹配原则。委托人应当审慎投资,防范风险。受托人、托管人、独立监督人及其他为投资计划管理提供服务的自然人、法人或者组织,应当恪尽职守,履行诚实、信用、谨慎、勤勉的义务。

第八条 中国保险监督管理委员会(以下简称中国保监会)负责制定保险资金间接投资基础设施项目的有关政策。

中国保监会与有关监管部门依法对保险资金间接投资基础设施项目的各方当事人和相关业务活动进行监督管理。

第二章 投资计划

第九条 本办法所称投资计划,是指各方当事人以合同形式约定各自权利义务关系,确定投资份额、金额、币种、期限或者投资退出方式、资金用途、收益支付和受益凭证转让等内容的金融工具。

第十条 投资计划可以采取债权、股权、物权及其他可行方式投资基础设施项目。

投资计划采取债权方式投资基础设施项目的,应当具有明确的还款安排。采取股权、政府和社会资本合作模式投资基础设施项目的,应当选择收费定价机制透明、具有预期稳定现金流或者具有明确退出安排的项目。

第十一条 投资计划投资的基础设施项目应当符合下列条件:

(一)符合国家产业政策和有关政策;

(二)项目立项、开发、建设、运营等履行法定程序;

(三)融资主体最近 2 年无不良信用记录;

(四)中国保监会规定的其他条件。

第十二条 投资计划不得投资有下列情形之

一的基础设施项目：

（一）国家明令禁止或者限制投资的；

（二）国家规定应当取得但尚未取得合法有效许可的；

（三）主体不确定或者权属不明确等存在法律风险的；

（四）融资主体不符合融资的法定条件的；

（五）中国保监会规定的其他情形。

第十三条 投资计划至少应当包括下列法律文书：

（一）投资计划募集说明书；

（二）委托人与受托人签订的受托合同，合同至少应当包括投资计划名称、管理方式、各方当事人权利和义务、期限或者投资退出方式、金额、投资计划财产的收益分配和支付、管理费用和报酬、投资计划财产损失后的承担主体和承担方式、违约赔偿责任和纠纷解决方式等内容；

（三）委托人与托管人签订的托管合同，合同至少应当包括托管财产范围、投资计划财产的收益划拨、资金清算、会计核算及估值、费用计提、违约赔偿责任等内容；

（四）受托人与融资主体签订的投资合同或者相关协议，至少应当包括投资金额、期限或者投资退出方式、资金用途及划拨方式、项目管理方式、运营管理、违约赔偿责任等内容；

（五）受益人与独立监督人签订的监督合同，合同至少应当包括独立监督人的监督范围、超过限额的资金划拨确认以及资金划拨方式、项目管理运营、建设质量监督、违约赔偿责任等内容；

（六）受益人大会章程；

（七）投资计划具有信用增级安排的，应当包括信用增级的法律文件；

（八）中国保监会规定的其他法律文书。

前款第（二）、（三）、（四）、（五）、（六）项规定的法律文书应当载明其他当事人参与的有关受托、托管、项目投资、监督等事项。

第十四条 投资计划募集说明书至少应当载明下列事项：

（一）投资和管理风险；

（二）投资计划目的和基础设施项目基本情况，包括项目资金用途、金额、期限或者投资退出方式、还款方式、保证条款及违约责任、信息披露等；

（三）各方当事人基本情况，包括名称、住所、联系方式及其关联关系；

（四）投资可行性分析；

（五）投资计划业务流程，包括登记及托管事项、投后管理、风险及控制措施、流动性安排、收益分配及账户管理；

（六）投资计划的设立和终止；

（七）投资计划的纳税情况；

（八）投资计划约定或者法律、行政法规以及中国保监会规定的其他内容。

投资和管理风险应当在投资计划募集说明书的显著位置加以提示。

第十五条 投资计划各方当事人应当在投资计划中书面约定受托管理费、托管费、监督费和其他报酬的计提标准、计算方法、支付方式、保证履约条款以及违约责任等内容。

各方当事人应当按照市场公允原则，综合考虑运营成本、履职需要等因素合理确定相关费率水平。有关当事人经协商同意，可以增减约定报酬的数额，修改有关报酬的约定。

第十六条 投资计划的受益权应当分为金额相等的份额。

受益人通过受益凭证表明受益权。受益人可以转让受益凭证。受益凭证的受让方应当是具有风险识别和承受能力的合格投资者。受益凭证转让的，受让人承继原受益人的权利义务，投资计划其他各方当事人的权利义务不因转让发生变化。

投资计划受益凭证转让规则，由中国保监会另行制定。

第十七条 有下列情形之一的，投资计划终止：

（一）发生投资计划约定的终止事由；

（二）投资计划的存续违反投资计划目的；

（三）投资计划目的已经实现或者不能实现；

（四）投资计划被撤销或者解除；

（五）投资计划当事人协商同意；

（六）投资计划约定或者法律、行政法规以及中国保监会规定的其他情形。

第十八条 投资计划终止后，受托人应当在终止之日起90日内，完成投资计划清算工作，并向有关当事人和监管部门出具经审计的清算报告。

受益人、投资计划财产的其他权利归属人以及投资计划的相关当事人应当在收到清算报告之日起30日内提出意见。未提书面异议的，视为其认可清算报告，受托人就清算报告所列事项解除责任，但受托人有不当行为的除外。

第十九条 投资计划的各方当事人应当严格按照投资计划约定的时间和程序，分配投资计划收益和有关财产。

第二十条 受托人、托管人、独立监督人违反本办法规定或者投资计划约定，造成投资计划财产损失的，应当依法承担相应赔偿责任。

第三章 委托人

第二十一条 本办法所称委托人，是指在中华人民共和国境内，经中国保监会批准设立的保险公司、保险集团公司和保险控股公司（以下简称保险机构）以及其他具有风险识别和承受能力的合格投资者。

一个或者多个委托人可以投资一个投资计划，一个委托人可以投资多个投资计划。

第二十二条 保险机构作为投资计划委托人，应当符合下列条件：

（一）具有公司董事会或者董事会授权机构批准投资的决议；

（二）建立了完善的投资决策和授权机制、风险控制机制、业务操作流程、内部管理制度和责任追究制度；

（三）引入了投资计划财产托管机制；

（四）拥有一定数量的相关专业投资人员；

（五）最近3年无重大投资违法违规记录；

（六）偿付能力符合中国保监会有关规定；

（七）中国保监会规定的其他条件。

保险机构委托保险资产管理公司等专业管理机构，代其履行委托人相关权利义务的，不受前款第（四）项限制。

第二十三条 委托人应当履行下列职责：

（一）评估投资计划的投资可行性；

（二）测试投资计划风险及承受能力，制定风险防范措施和预案；

（三）选择受托人和托管人，约定受益人权利；

（四）与受托人签订受托合同，确定投资计划管理方式，约定受托人管理、运用及处分权限，监督受托人履行职责的情况；

（五）监督托管人履行职责的情况；

（六）约定有关当事人报酬的计提方法和支付方式；

（七）定期向有关当事人了解投资计划财产的管理、运用、收支和处分情况及项目建设和管理运营信息，并要求其作出具体说明；

（八）根据有关法律、行政法规规定以及投资计划的约定或者因未能预见的特别事由致使投资计划不符合受益人利益的，要求受托人调整投资计划财产的管理方法；

（九）受托人违反有关法律规定和投资计划约定，造成投资计划财产损失的，要求受托人恢复投资计划财产原状、给予赔偿；

（十）受托人、托管人违反投资计划目的处分投资计划财产或者管理、运用、处分投资计划财产有重大过失的，根据投资计划的约定和本办法的规定解任受托人、托管人；

（十一）保存投资计划投资会计账册、报表等；

（十二）接受中国保监会的监督管理，及时报送相关文件及材料；

（十三）投资计划约定或者法律、行政法规以及中国保监会规定的其他职责。

第二十四条 委托人不得有下列行为：

（一）投资未依照有关规定注册的投资计划；

（二）利用投资计划违法转移保险资金、向关联方输送不正当利益；

（三）妨碍相关当事人履行投资计划约定的职责；

（四）投资计划约定或者法律、行政法规以及中国保监会禁止的行为。

第四章 受托人

第二十五条 本办法所称受托人，是指根据投资计划约定，按照委托人意愿，为受益人利益，以自己的名义投资基础设施项目的信托公司、保险资产管理公司、产业投资基金管理公司或者其他专业管理机构。

受托人与托管人、独立监督人、融资主体不得为同一人，且受托人与独立监督人、融资主体不得具有关联关系。

受托人与托管人具有关联关系的，应当及时向投资计划各方当事人披露，并向中国保监会报告。

第二十六条 受托人设立投资计划，应当具备相应的投资管理能力。具体规则由中国保监会另行制定。

第二十七条 受托人设立投资计划,应当向中国保监会指定的注册机构注册。

受托人应当按照注册机构的要求报送注册材料。受托人报送的注册材料应当真实、完备、规范。

注册机构对注册材料的完备性和合规性进行程序性审核,不对投资计划的投资价值及风险作实质性判断。

第二十八条 受托人应当履行下列职责:

(一)调查投资项目情况,出具尽职调查报告;

(二)选择基础设施项目,评估项目投资价值及管理运营风险;

(三)设立投资计划,与委托人签订受托合同;

(四)与融资主体签订投资合同或者相关协议,约定融资主体书面承诺接受独立监督人的监督并为独立监督人实施监督提供便利;

(五)代表委托人与托管人签订托管合同,为每个投资计划开立一个独立的投资计划财产银行账户;

(六)代表受益人与独立监督人签订独立监督合同,为受益人最大利益,谨慎处理投资计划事务,保障投资计划财产安全;

(七)在投资计划授权额度内,及时向托管人下达项目资金划拨指令;

(八)及时向受益人分配并支付投资计划收益,将到期投资计划财产归还受益人;

(九)协助受益人办理受益凭证转让事宜;

(十)及时披露投资计划信息,接受有关当事人查询,如实提供相关材料,报告项目管理运营情况;

(十一)持续管理和跟踪监测基础设施项目建设或者运营情况,要求融资主体履行相关信息披露义务;

(十二)编制投资计划管理及财务会计报告;

(十三)聘请会计师事务所等中介机构审计投资计划管理和投资项目运营情况;

(十四)保存处理投资计划事务的完整记录及投资项目的会计账册、报表等;

(十五)依法保守投资计划的商业机密;

(十六)受益人大会实质性变更投资计划的,及时将有关投资计划变更的文件资料报送中国保监会;

(十七)遇有突发紧急事件,及时向有关当事人、中国保监会和有关监管部门报告;

(十八)主动接受有关当事人、中国保监会和有关监管部门的监督,报送相关文件及资料;

(十九)投资计划约定或者法律、行政法规以及中国保监会规定的其他职责。

第二十九条 受托人按照投资计划约定取得报酬。

受托人违反投资计划约定处分投资计划财产,或者因违背管理职责、处理投资计划不当致使投资计划财产损失的,在未恢复投资计划财产原状或者未予赔偿前,不得请求给付报酬。

第三十条 受托人违反投资计划约定,致使对第三方所负债务或者自己受到的损失,以其固有财产承担。

受托人违背受托合同约定,管理、运用、处分投资计划财产取得的不正当利益,应当归入投资计划财产;导致投资计划财产受到损失的,应当承担赔偿责任。

受托人提供虚假或者模糊信息,误导独立监督人,造成投资计划财产损失的,应当承担赔偿责任。

第三十一条 有下列情形之一的,受托人职责终止:

(一)受托人被依法暂停或者终止从事受托业务;

(二)受托人被委托人或者受益人大会解任;

(三)受托人依法解散、被依法撤销、被依法接管或者被依法宣告破产;

(四)投资计划约定的其他情形。

第三十二条 受托人职责终止的,委托人或者受益人大会应当在30日内委任新的受托人。

受托人职责终止的,新受托人继任前,原受托人应当继续履行有关职责,妥善保管有关资料,及时办理受托管理业务移交手续。新受托人应当承继原受托人处理投资计划事务的职责。

受托人出现第三十一条第(三)项情形时,委托人或者受益人大会应当指定临时受托人负责投资计划的相关事宜。

投资计划终止时,受托人应当继续履行有关职责,直至清算结束。

第三十三条 受托人职责终止的,应当聘请会计师事务所对其受托管理投资计划的行为进行审计,将审计结果书面通报投资计划的其他当事人,并报送中国保监会和有关监管部门。

第三十四条 受托人不得有下列行为:

(一)挪用投资计划财产;

(二)将投资计划财产用于信用交易;

(三)以投资计划财产为他人提供担保或者向融资主体之外的人提供贷款;

(四)将投资计划财产与其固有财产、他人财产混合管理;

(五)将不同投资计划财产混合管理;

(六)利用投资计划财产牟取约定报酬以外的利益,或者为他人牟取不正当利益;

(七)以任何方式提供保本或者最低投资收益承诺;

(八)不公平管理不同投资计划财产;

(九)将受托人固有财产与投资计划财产进行交易或者将不同投资计划财产进行相互交易;

(十)从事导致投资计划财产承担无限责任的投资;

(十一)投资计划约定或者法律、行政法规以及中国保监会禁止的行为。

第五章 受益人

第三十五条 本办法所称受益人,是指持有投资计划受益凭证,享有投资计划受益权的人。

投资计划受益人可以为委托人。受益人可以兼任独立监督人。

委托人是唯一受益人的,委托人可以要求解除投资计划。投资计划另有约定的,从其约定。

第三十六条 保险机构受让投资计划的受益凭证,应当符合本办法第二十二条规定的条件。

第三十七条 投资计划生效后,受益人依法享有下列权利:

(一)分享投资计划财产收益;

(二)参与分配清算后的剩余投资计划财产;

(三)依法转让其持有的投资计划受益凭证;

(四)按规定要求召开或者召集受益人大会,按其持有投资计划受益凭证份额或者投资计划约定行使表决权;

(五)向投资计划有关当事人了解投资计划管理及项目建设和运营信息,监督有关当事人履职情况;

(六)投资计划约定或者法律、行政法规以及中国保监会规定的其他权利。

第三十八条 受益人为两人以上的,应当设立受益人大会。受益人大会依法行使下列职权:

(一)审议受益人大会章程和独立监督合同;

(二)决定提前终止受托合同或者延长投资计划期限;

(三)决定改变投资计划财产投资方式;

(四)决定更换受托人、托管人、独立监督人;

(五)决定调整受托人、托管人以及投资计划的其他当事人报酬标准;

(六)投资计划约定的其他职权。

第三十九条 受益人大会由持有投资计划1/3以上受益凭证份额的受益人或者受托人提议召开。除突发紧急事件外,召集人应当至少提前10日通知受益人大会的召开时间、会议形式、审议事项、议事程序和表决方式等事项,同时报告中国保监会。中国保监会可以委派监管人员作为会议观察员列席会议。

受益人大会召开、提交议题和审议表决等事项按照受益人大会章程和有关规定执行。

第四十条 投资计划终止或者受益人将其投资计划受益凭证全部转让后,其受益人权利义务自行终止。

第四十一条 受益人不得有下列行为:

(一)授意受托人违法违规投资;

(二)损害其他受益人利益;

(三)妨碍其他当事人依法履行职责;

(四)投资计划约定或者法律、行政法规以及中国保监会禁止的行为。

第六章 托管人

第四十二条 本办法所称托管人,是指根据投资计划约定,由委托人聘请,负责投资计划财产托管的商业银行或者其他专业金融机构。

一个投资计划选择一个托管人。托管人不得与受托人、融资主体为同一人,且不得与融资主体具有关联关系。

托管人与受益人为同一人、托管人与受益人或者受托人具有关联关系的,应当及时向投资计划各方当事人披露,并向中国保监会报告。

第四十三条 托管人应当符合中国保监会规定的有关条件,并已取得相关托管业务资格。

第四十四条 托管人应当履行下列职责:

（一）忠实履行托管职责；

（二）根据不同投资计划，分别设置专门账户，保证投资计划财产独立和安全完整；

（三）根据委托人指令，及时托管投资计划财产，办理委托人的资金划拨；

（四）根据投资计划约定，审核受托人指令，及时办理投资计划的资金划拨，将投资收益及到期投资计划财产划入受益人指定账户；

（五）确保融资主体支付投资收益和清算财产分配进入投资计划专门账户；

（六）负责投资计划的会计核算，复核、审查受托人计算的投资计划财产价值；

（七）了解并获取投资计划管理运营的有关信息，要求受托人、融资主体作出说明；

（八）监督投资计划资金使用及回收、投资计划收益计算及分配情况，发现受托人违规操作的，应当及时向其他当事人及中国保监会和有关监管部门报告；

（九）定期编制托管报告；

（十）及时披露投资计划信息，如实提供相关材料，报告投资计划执行情况，接受委托人、受益人及独立监督人的查询；

（十一）保存投资计划资金划拨指令、收益计算、支付及分配的会计账册、报表等；

（十二）主动接受委托人、受益人以及中国保监会和有关监管部门的监督，向其报送相关文件及资料；

（十三）投资计划约定或者法律、行政法规以及中国保监会规定的其他职责。

第四十五条 托管人按照投资计划约定取得报酬。

托管人因未履行托管义务造成投资计划财产损失的，应当承担赔偿责任。

第四十六条 有下列情形之一的，托管人职责终止：

（一）托管人被依法暂停或者终止从事托管业务；

（二）托管人被委托人或者受益人大会解任；

（三）托管人依法解散、被依法撤销、被依法接管或者被依法宣告破产；

（四）投资计划约定的其他情形。

第四十七条 托管人职责终止的，委托人或者受益人大会应当在30日内委任新托管人。

托管人职责终止的，新托管人继任前，原托管人应当继续履行有关职责，妥善保管托管管理资料，及时办理托管业务移交手续。新托管人应当承继原托管人处理投资计划事务的职责。

托管人出现本办法第四十六条第（三）项情形时，委托人或者受益人大会可以指定临时托管人负责相关托管事宜。

第四十八条 托管人职责终止的，应当聘请会计师事务所对其托管投资计划财产进行审计，将审计结果通报其他投资计划当事人，并报送中国保监会和有关监管部门。

第四十九条 托管人不得有下列行为：

（一）挪用其托管的投资计划财产；

（二）将其托管的投资计划财产与其固有财产混合管理；

（三）将其托管的不同投资计划财产混合管理；

（四）将其托管的投资计划财产转交他人托管；

（五）与受托人、融资主体、独立监督人合谋，损害受益人利益；

（六）投资计划约定或者法律、行政法规以及中国保监会禁止的行为。

第七章 独立监督人

第五十条 本办法所称独立监督人，是指根据投资计划约定，由受益人聘请，为维护受益人利益，对受托人管理投资计划和融资主体具体运营情况进行监督的专业管理机构。

一个投资计划选择一个独立监督人，项目建设期和运营期可以分别聘请独立监督人，投资计划另有约定的除外。独立监督人与受托人、融资主体不得为同一人，不得具有关联关系。

第五十一条 独立监督人可由下列机构担任：

（一）投资计划受益人；

（二）最近一年国内评级在 AA 级以上的金融机构；

（三）国家有关部门已经颁发相关业务许可证的专业机构；

（四）中国保监会认可的其他机构。

第五十二条 独立监督人应当符合下列条件：

（一）具有良好的诚信和市场形象；

（二）具有完善的内部管理、项目监控和操作制度，并且执行规范；

（三）具备承担独立监督职责的专业知识及技能；

（四）从事相关业务3年以上并有相关经验；

（五）近3年未被主管部门或者监管部门处罚；

（六）中国保监会规定的其他条件。

第五十三条　独立监督人应当履行下列职责：

（一）遵守职业准则，忠实履行监督职责；

（二）必要时聘请法人、自然人及其他组织，协助完成独立监督职责；

（三）监督受托人管理投资计划以及履行法定、投资计划约定职责的情况；

（四）跟踪监测融资主体管理的基础设施项目情况，包括但不限于投资计划资金投向、项目期限、质量、成本、运营以及履行合同情况。发现融资主体财务状况严重恶化、担保方不能继续提供有效担保等重大情况，应当及时向有关当事人以及中国保监会和有关监管部门报告；

（五）分析项目建设及运营风险，及时提出防范和化解建议；

（六）了解、获取投资计划管理及项目运营的有关信息，并要求受托人、融资主体作出说明；

（七）列席受益人大会；

（八）向受益人和中国保监会提交监督报告，主动接受受益人以及中国保监会和有关监管部门的监督检查，报送相关文件及资料；

（九）投资计划约定或者法律、行政法规以及中国保监会规定的其他职责。

第五十四条　独立监督人按照投资计划约定取得报酬。

独立监督人因监督不力造成投资计划财产损失的，应当承担赔偿责任。

第五十五条　有下列情形之一的，独立监督人职责终止：

（一）独立监督人被依法暂停或者终止从事独立监督业务；

（二）独立监督人被受益人大会解任；

（三）独立监督人依法解散、被依法撤销或被依法接管或者被依法宣告破产；

（四）投资计划约定的其他情形。

第五十六条　独立监督人职责终止的，受益人大会应当在30日内委任新独立监督人。

独立监督人职责终止的，新独立监督人继任前，原独立监督人应当继续履行有关职责，妥善保管监督资料，及时办理监督业务移交手续。新独立监督人应当承继原独立监督人处理投资计划事务的职责。

独立监督人出现本办法第五十五条第（三）项情形时，受益人大会可以指定临时独立监督人负责相关独立监督事宜。

第五十七条　独立监督人职责终止的，应当通报其他当事人，并报告中国保监会。

第五十八条　独立监督人不得有下列行为：

（一）与受托人、托管人和融资主体合谋，损害受益人利益；

（二）投资计划约定或者法律、行政法规以及中国保监会禁止的行为。

第八章　信息披露

第五十九条　各方当事人应当根据投资计划约定或者法律、行政法规、中国保监会以及有关部门的规定，完整保存投资计划相关资料，履行信息披露义务，保证有关当事人可以查阅或者复制。

各方当事人应当按照投资计划约定的时间和方式，准确、及时、规范报送有关投资计划管理运营、监督情况的文件资料，并对其真实性和完整性负责。

第六十条　受托人应当按照本办法第十三条的规定，向委托人提供投资计划法律文书和法律意见书等书面文件，充分披露相关信息，明示投资计划要素，揭示并以醒目方式提示各类风险以及风险承担原则。

第六十一条　受托人应当按照投资计划约定向委托人、受益人、托管人和独立监督人披露下列信息：

（一）投资计划设立情况，包括委托人和受益人范围和数量、资金总额等；

（二）投资计划运作管理情况，包括受托人、项目融资主体、信用增级最新情况、收益和本金支付情况、投资管理情况、投资计划终止以及财产的归属和分配情况、投资计划协助关联方与投资计划相关当事人发生他项交易的情况等；

（三）重大事项、突发紧急事件和拟采取的措施；

（四）投资计划季度、半年、年度管理报告，其中年度管理报告应当附经会计师事务所审计的财务会计报告；

（五）投资计划约定或者法律、行政法规以及中国保监会和有关监管部门规定披露的信息。

第六十二条 受托人应当向中国保监会报告本办法第六十一条规定的各项信息。

向中国保监会提交的年度管理报告还应当包括下列信息：

（一）相关子公司或者事业部运营状况；

（二）相关管理人员履职情况。

第六十三条 保险机构作为委托人或者受益人，应当按照中国保监会的规定提交投资情况的报告。

受益人召开受益人大会的，应当及时向所有受益人披露受益人大会的决议和有关情况。

第六十四条 托管人、独立监督人应当向委托人、受益人以及中国保监会和有关监管部门披露、报告下列信息和事项：

（一）受托人履行职责情况；

（二）投资计划收益及财产现状；

（三）托管报告及监督报告；

（四）其他需要披露及报告的事项。

第六十五条 受托人、独立监督人应当采取必要措施，促使融资主体详尽充分披露有关信息。

第六十六条 各方当事人提供报告和披露信息时，应当保证所提供报告和信息真实、有效、完整，不得虚假陈述、诋毁其他当事人，不得做出违反法律、行政法规和本办法规定的承诺。

第六十七条 除本办法规定的内容外，凡有可能对委托人、受益人决策或者利益产生实质性影响的信息，各方当事人均有义务履行披露职责。

第九章 风险管理

第六十八条 委托人、受益人应当对投资计划风险进行实质性评估，根据资金性质、投资管理能力和风险管理能力，合理制定投资方案，履行相应的内部审核程序，自主投资、自担风险。

第六十九条 受托人应当建立有效的风险控制体系，覆盖项目开发、项目评审、审批决策、风险监控等关键环节。受托人董事会负责定期审查和评价业务开展情况，并承担风险管理的最终责任。

第七十条 受托人应当健全投资问责制度，建立风险责任人机制，切实发挥风险责任人对业务运作的监督作用。受托人向委托人、受益人和中国保监会提交相关报告，须由风险责任人签字确认。

第七十一条 受托人应当建立相应的净资本管理机制和风险准备金机制，确保满足抵御业务不可预期损失的需要。风险准备金从投资计划管理费收入中计提，计提比例不低于10%，主要用于赔偿受托人因违法违规、违反受托合同、未尽责履职等给投资计划财产造成的损失。不足以赔偿上述损失的，受托人应当使用其固有财产进行赔偿。

第七十二条 受托人应当恪尽职守，勤勉尽职，加强对融资主体、信用增级、投资项目等的跟踪管理和持续监测，及时掌握资金使用及投资项目运营情况，根据投资计划投资方式制定相应的风险控制措施，切实履行受托职责。

第七十三条 委托人、受益人应当充分发挥投资者监督作用，及时与受托人、托管人、独立监督人通报相关信息，跟踪监测投资计划执行和具体管理情况。

第七十四条 委托人、受益人应当每年对受托人、托管人和独立监督人进行尽职评估，必要时按照投资计划约定予以更换。

第七十五条 投资计划存续期间发生异常、重大或者突发等风险事件，各方当事人应当采取积极措施，尽可能降低投资计划财产损失。

受托人应在知悉或者应当知悉风险事件发生之日起5日内向委托人、受益人等相关当事人履行信息披露义务，并向中国保监会报告。

第七十六条 各方当事人不得违反投资计划约定或者法律、行政法规以及中国保监会规定，泄露与投资计划相关的商业秘密。

第十章 监督管理

第七十七条 中国保监会依法对投资计划当事人的经营活动进行监督，必要时可以责令各方当事人聘请具有相应资格的会计师事务所审计投资计划业务和财务状况。各方当事人应当积极配合，不得发生以下行为：

（一）拒绝、阻挠监管人员的监督检查；

（二）拒绝、拖延提供与检查事项有关的资料；

（三）隐匿、伪造、变造、毁弃会计凭证、会计账簿、会计报表以及其他有关资料；

（四）中国保监会规定的其他禁止行为。

有关监管部门按照各自职责，依法对受托人、托管人和独立监督人等有关当事人的业务情况进行监督检查。

第七十八条 中国保监会建立责任追究制度，负责对委托人、受益人及其高级管理人员和主要业务人员进行检查和问责。对违反有关法律、行政法规和本办法规定的行为进行质询和监管谈话，并依法给予行政处罚。

委托人、受益人的高级管理人员和主要业务人员离任后，发现其在该机构工作期间违反有关法律、行政法规和本办法规定的，应当依法追究责任。

第七十九条 受托人、托管人、独立监督人违反有关法律、行政法规和本办法规定的，中国保监会将记录其不良行为。情节严重的，中国保监会可以依法暂停其从事保险资金间接投资基础设施项目的业务，并会同有关监管部门依法给予行政处罚。

中国保监会可以限制、禁止委托人、受益人投资有不良记录的受托人、托管人和独立监督人参与的投资计划。受益人已经投资该类投资计划的，中国保监会可以要求其转让受益凭证。

第八十条 为投资计划提供服务的专业中介服务机构及其有关人员，应当遵守执业规范和职业道德，客观公正、勤勉尽责，独立发表专业意见。相关中介服务机构或人员未尽责履职，或其出具的报告含有虚假记载、误导性陈述或者重大遗漏的，应当承担相应法律责任。

第八十一条 中国保监会可以根据市场变化和投资运作情况，适时调整本办法规定有关当事人的资格条件、投资基础设施项目的投资范围。

第十一章 附 则

第八十二条 本办法所称关联关系是指有关当事人在股份、出资方面存在控制关系或者在股份、出资方面同为第三人所控制。

第八十三条 保险机构担任投资计划委托人或者受益人，投资于投资计划的具体比例，应当符合保险资金比例监管的有关规定。

第八十四条 非保险机构担任投资计划委托人或者受益人，还应当遵守其他相关法律、行政法规和有关监管部门的规定。

第八十五条 保险资金以投资计划形式间接投资非基础设施类不动产等项目，参照本办法执行。

第八十六条 本办法中的以上包括本数。

第八十七条 本办法由中国保监会负责解释、修订。

第八十八条 本办法自2016年8月1日起施行。中国保监会2006年3月14日发布的《保险资金间接投资基础设施项目试点管理办法》（保监会令2006年第1号）同时废止。

保险资金境外投资管理暂行办法

· 2007年7月26日中国保险监督管理委员会、中国人民银行、国家外汇管理局令第2号公布
· 自公布之日起施行

第一章 总 则

第一条 为了加强保险资金境外投资管理，防范风险，保障被保险人以及保险资金境外投资当事人合法权益，根据《中华人民共和国保险法》、《中华人民共和国外汇管理条例》等法律、行政法规，制定本办法。

第二条 本办法所称保险资金境外投资当事人，是指委托人、受托人和托管人。

本办法所称委托人，是指在中华人民共和国境内依法设立的保险公司、保险集团公司、保险控股公司等保险机构。

本办法所称受托人，包括境内受托人和境外受托人。境内受托人是指在中华人民共和国境内依法设立的保险资产管理公司，以及符合中国保险监督管理委员会（以下简称中国保监会）规定条件的境内其他专业投资管理机构。境外受托人是指在中华人民共和国境外依法设立，符合中国保监会规定条件的专业投资管理机构。

本办法所称托管人，是指在中华人民共和国境内依法设立，符合中国保监会规定条件的商业银行和其他金融机构。担任托管人的商业银行包括中资银行、中外合资银行、外商独资银行和外国银行分行。

第三条 本办法所称保险资金,是指委托人自有外汇资金、用人民币购买的外汇资金及上述资金境外投资形成的资产。

第四条 除中国保监会和国家外汇管理局(以下简称国家外汇局)另有规定以外,委托人从事保险资金境外投资,应当依照本办法规定委托受托人和托管人,由委托人、托管人根据协议约定,分别负责保险资金的境外投资运作和托管监督。

第五条 受托投资、托管的保险资金与属于受托人、托管人所有的财产相区别,不得归入受托人、托管人固有财产及其管理的其他财产。

除因保险资金境外投资活动产生债务等法定情形以外,不得对受托投资、托管的保险资金强制执行。

第六条 委托人应当遵循安全性、流动性、收益性和资产负债匹配原则,审慎做出投资决策,承担投资风险。

受托人、托管人以及为保险资金境外投资提供服务的其他自然人、法人或者组织,应当按照协议约定,恪尽职守,严格履行诚实、信用、谨慎、勤勉的义务。

第七条 保险资金境外投资当事人应当遵守境内有关法律、行政法规以及本办法规定,遵守境外的相关法律和规定。

第八条 中国保监会负责制定保险资金境外投资管理政策,并依法对保险资金境外投资活动进行监督管理。

国家外汇局依法对与保险资金境外投资有关的付汇额度、汇兑等外汇事项实施管理。

第二章 资格条件

第九条 委托人从事保险资金境外投资,应当具备下列条件:

(一)建立健全的法人治理结构和完善的资产管理体制,内部管理制度和风险控制制度符合《保险资金运用风险控制指引(试行)》的规定;

(二)具有较强的投资管理能力、风险评估能力和投资绩效考核能力;

(三)有明确的资产配置政策和策略,实行严格的资产负债匹配管理;

(四)投资管理团队运作行为规范,主管投资的公司高级管理人员从事金融或者其他经济工作10年以上;

(五)财务稳健,资信良好,偿付能力充足率和风险监控指标符合中国保监会有关规定,近3年没有重大违法、违规记录;

(六)具有经营外汇业务许可证;

(七)中国保监会规定的其他条件。

第十条 境内受托人从事保险资金境外投资受托管理业务,应当具备下列条件:

(一)具有从事保险资产管理业务的相关资格;

(二)建立健全的法人治理结构和有效的内部管理制度;

(三)建立严密的风险控制机制,具有良好的境外投资风险管理能力、安全高效的交易管理系统和财务管理系统;

(四)具有经验丰富的管理团队,擅长境外投资和保险资产管理业务,配备一定数量的投资专业人员,主管投资的公司高级管理人员从事金融或者其他经济工作10年以上;

(五)实收资本和净资产均不低于1亿元人民币或者等值的自由兑换货币,资本规模和受托管理的资产规模符合中国保监会规定;

(六)财务稳健,资信良好,风险监控指标符合中国保监会的有关规定,近3年没有重大违法、违规记录;

(七)中国保监会规定的其他条件。

第十一条 境外受托人从事保险资金境外投资受托管理业务,应当具备下列条件:

(一)具有独立法人资格,依照所在国家或者地区的法律,具有从事资产管理业务的相关资格;

(二)建立健全的法人治理结构,实行有效的内部管理制度;

(三)建立严密的风险控制机制、安全高效的交易管理系统和财务管理系统,具备全面的风险管理能力;

(四)具有经验丰富的管理团队,擅长保险资产管理业务,配备一定数量的投资专业人员且平均专业投资经验在10年以上;

(五)财务稳健,资信良好,风险监控指标符合所在国家或者地区法律和监管机构的有关规定,近3年没有重大违法、违规记录;

(六)有符合中国保监会规定的资本规模和资产管理规模;

(七)购买与资产管理规模相适应的有关责任保险;

(八)所在国家或者地区的金融监管制度完善,金融监管机构与中国金融监管机构已经签订监管合作文件,并保持有效的监管合作关系;

(九)中国保监会规定的其他条件。

第十二条 托管人从事保险资金境外投资托管业务,应当具备下列条件:

(一)建立健全的法人治理结构,实行有效的内部管理制度;

(二)建立严密的风险控制机制、严格的托管资产隔离制度、安全高效的托管系统和灾难处置系统;

(三)具有经验丰富的管理团队,设立熟悉全球托管业务的专业托管部门,配备一定数量的托管业务人员;

(四)上年末资本充足率达到10%、核心资本充足率达到8%,财务稳健,资信良好,风险监控指标符合有关规定,近3年没有重大违法、违规记录;

(五)有符合中国保监会规定的资本规模和托管资产规模;

(六)具有结售汇业务资格;

(七)中国保监会和国家外汇局规定的其他条件。

第十三条 经委托人同意,托管人可以选择符合下列条件的商业银行或者专业托管机构作为其托管代理人:

(一)依照所在国家或者地区法律,可以从事托管业务,并与托管人保持良好合作关系;

(二)建立健全的法人治理结构,实行有效的内部管理制度;

(三)建立严密的风险控制机制、有效的托管资产隔离制度、安全高效的托管系统和灾难处置系统;

(四)具有经验丰富的管理团队,配备一定数量的熟悉所在国家或者地区托管业务的专业托管人员;

(五)财务稳健,资信良好,风险监控指标符合所在国家或者地区法律和监管机构的规定,近3年没有重大违法、违规记录;

(六)有符合中国保监会规定的资本规模和托管资产规模;

(七)所在国家或者地区金融管理制度完善,金融监管机构与中国金融监管机构已经签订监管合作文件,并保持有效的监管合作关系;

(八)托管协议规定的条件;

(九)中国保监会和国家外汇局规定的其他条件。

第十四条 委托人与托管人、委托人与托管代理人之间不得存在下列情形:

(一)持有的对方股份超过中国保监会规定的比例;

(二)中国保监会认定的足以影响托管人、托管代理人依法履行托管义务的其他情形。

委托人应当保证受托人、托管人以及托管代理人之间,不存在前款规定的情形。

第三章 申报管理

第十五条 委托人从事保险资金境外投资,应当向中国保监会提出申请,提交下列书面材料一式三份:

(一)从事保险资金境外投资业务申请书和符合中国保监会规定的承诺书;

(二)股东大会、股东会或者董事会同意保险资金境外投资的决议;

(三)保险资金境外投资战略配置方案、投资管理制度和风险管理制度;

(四)保险资金境外投资管理能力、风险评估能力和绩效考核能力说明;

(五)内设资产管理部门和主要管理人员介绍;

(六)符合中国保监会规定的财务报表、偿付能力报告及其说明;

(七)经营外汇业务许可证复印件;

(八)银行外汇账户对账单;

(九)选聘受托人、托管人情况说明和拟签订的协议草案;

(十)中国保监会规定的其他材料。

中国保监会自受理申请之日起20日以内,做出批准或者不予批准的决定。决定批准的,颁发书面决定;决定不予批准的,书面通知申请人并说明理由。批准或者不予批准的书面决定同时抄送国家外汇局。

第十六条 经中国保监会批准从事保险资金境外投资的委托人,在批准的投资比例内,向国家外汇局提出境外投资付汇额度申请，提交下列书面材料一式三份：

（一）投资付汇额度申请书，包括申请人基本情况、拟申请投资付汇额度以及资金来源说明；

（二）中国保监会批准从事保险资金境外投资的书面决定；

（三）上一年度的公司财务报表；

（四）中国保监会出具的受托人、托管人可以从事保险资金境外投资受托管理业务或者托管业务的证明文件；

（五）经营外汇业务许可证复印件；

（六）银行外汇账户对账单；

（七）国家外汇局规定的其他材料。

国家外汇局自受理申请之日起20日以内，做出核准或者不予核准的决定。决定核准的，书面通知申请人核准的投资付汇额度；决定不予核准的，书面通知申请人并说明理由。核准或者不予核准的书面决定同时抄送中国保监会。

第十七条　境内受托人从事保险资金境外投资受托管理业务，应当向中国保监会提交下列书面材料一式三份：

（一）受托管理业务申请书；

（二）从事受托管理业务的意向书；

（三）符合中国保监会规定的承诺书；

（四）从事保险资产管理业务的相关资格证明；

（五）保险资金境外投资管理制度、风险控制制度；

（六）保险资金境外投资管理能力、风险管理能力和管理系统说明；

（七）部门设置和专业投资管理人员情况；

（八）符合中国保监会规定的公司财务报表和内部控制审计报告；

（九）中国保监会规定的其他材料。

境内受托人为保险资产管理公司的，可以豁免提交本条第一款第（二）、（四）项材料。中国保监会自受理其申请之日起20日以内，做出批准或者不予批准的决定。决定批准的，颁发书面决定；决定不予批准的，书面通知申请人并说明理由。

境内受托人为其他专业投资管理机构的，可以豁免提交本条第一款第（一）项材料。中国保监会根据本办法规定对其进行审慎评估，并自收到全部材料之日起20日以内，出具意见函。

第十八条　境外受托人从事保险资金境外投资受托管理业务，应当向中国保监会提交下列书面材料一式三份：

（一）从事受托管理业务意向书和符合中国保监会规定的承诺书；

（二）合法开业证明文件的复印件；

（三）保险资金境外投资管理制度、风险控制制度；

（四）保险资金境外投资管理能力、风险管理能力和管理系统说明；

（五）部门设置和专业投资管理人员情况；

（六）符合中国保监会规定的公司财务报表和内部控制审计报告；

（七）责任保险保单复印件；

（八）所在地监管机构出具的境外受托人近3年无重大违法违规行为的意见书，所在地监管机构无法出具意见书的，由境外受托人作出相应的书面声明；

（九）中国保监会规定的其他材料。

中国保监会根据本办法规定，对境外受托人进行审慎评估，并自收到全部材料之日起20日以内，出具意见函。

第十九条　托管人开展保险资金境外投资托管业务，应当向中国保监会提交下列材料一式三份：

（一）保险资金境外投资托管意向书和符合中国保监会规定的承诺书；

（二）独立托管制度、风险控制制度和具体操作流程；

（三）全球托管能力、风险管理能力和全球托管网络说明；

（四）内设托管部门和托管业务人员情况；

（五）符合中国保监会规定的公司财务报表和内部控制审计报告；

（六）所在地监管机构出具的托管人近3年无重大违法违规行为的意见书，或者托管人股东会或者董事会作出的相应书面声明；

（七）中国保监会规定的其他材料。

中国保监会根据本办法规定，对托管人进行审慎评估，并自收到全部材料之日起20日以内，出具意见函。

第四章　账户管理

第二十条　委托人在获得监管机构批准后，

应当与托管人签订托管协议,在托管人处开设境外投资境内托管账户(以下简称境内托管账户)。

托管人应当对不同受托人、不同保险产品和不同性质的保险资金分别记账、分类管理。

第二十一条 托管人应当根据与委托人签订的托管协议,为委托人开设境外投资结算账户和证券托管账户,用于境外投资的资金结算和证券托管。

托管人、托管代理人应当为不同委托人开设不同的账户,实施分类管理。

第二十二条 委托人在境外发行上市的,应当按照有关规定,在规定期限内将境外上市募集的保险资金调回境内。

委托人在境外发行上市后,经批准从事保险资金境外投资的,应当自中国保监会批准境外投资之日起30日以内,将境外上市募集的保险资金调回境内托管账户。

第二十三条 下列收入属于委托人境内托管账户收入范围:

(一)划入的保险资金;

(二)汇入的投资本金和收益、股息、分红收入、利息收入;

(三)依法可以划入的其他收入。

第二十四条 下列支出属于委托人境内托管账户支出范围:

(一)划入委托人境外投资结算账户的资金;

(二)汇出的投资本金;

(三)划回委托人外汇账户的资金;

(四)支付的有关税费;

(五)依法可以划出的其他支出。

第二十五条 下列收入属于委托人境外投资结算账户收入范围:

(一)从委托人的境内托管账户划入的资金;

(二)出售境外证券资产所得的资金;

(三)境外投资分红派息和利息所得;

(四)依法可以划入的其他收入。

第二十六条 下列支出属于委托人境外投资结算账户支出范围:

(一)划入委托人境内托管账户的资金;

(二)购买境外证券资产的资金;

(三)支付的有关税费;

(四)依法可以划出的其他支出。

第二十七条 委托人购汇从事保险资金境外投资,汇回的本金及其收益,可以结汇也可以外汇形式保留。结汇的,应当持购汇证明办理有关手续。

委托人以自有外汇资金境外投资汇回的本金及其收益,除监管机构另有规定外,应当以外汇形式保留。

第二十八条 委托人、受托人应当根据国家外汇局投资付汇额度核准文件,办理相关的购汇、付汇和结汇等手续。

托管人应当根据国家外汇局投资付汇额度核准文件、委托人或者受托人的指令,办理相关的资金划转手续。

第五章 投资管理

第二十九条 委托人从事保险资金境外投资,应当按照资产负债匹配管理要求,审慎制定资产战略配置计划和境外投资指引,妥善安排投资期限和投资币种,并定期进行审验。

第三十条 保险资金应当投资全球发展成熟的资本市场,配置主要国家或者地区货币。

第三十一条 保险资金境外投资限于下列投资形式或者投资品种:

(一)商业票据、大额可转让存单、回购与逆回购协议、货币市场基金等货币市场产品;

(二)银行存款、结构性存款、债券、可转债、债券型基金、证券化产品、信托型产品等固定收益产品;

(三)股票、股票型基金、股权、股权型产品等权益类产品;

(四)《中华人民共和国保险法》和国务院规定的其他投资形式或者投资品种。

投资形式或者投资品种的具体管理办法由中国保监会另行制定。

第三十二条 委托人可以根据资产配置和风险管理需要,在中国保监会批准的具体投资比例内,自主确定境外投资比例,并应当符合下列要求:

(一)投资总额不得超过委托人上年末总资产的15%;

(二)实际投资总额不得超过国家外汇局核准的投资付汇额度;

(三)投资单一主体的比例符合中国保监会的规定;

（四）变更经批准的具体投资比例、投资形式或者品种的，应当向中国保监会提出变更申请，并经中国保监会批准；

（五）进行重大股权投资的，应当报经中国保监会批准。

第六章　风险管理

第三十三条　保险资金境外投资当事人，应当依法从事相关业务，实行全面风险管理，加强信息沟通，确保保险资金境外投资安全。

第三十四条　委托人应当与受托人、托管人签订书面协议，明确约定双方权利义务，并按照本办法的规定载明受托人、托管人对监管机构的各项报告义务。书面协议应当保证文本规范，要素齐全。

第三十五条　保险资金境外投资应当由委托人法人机构统一进行资产战略配置，内设的资产管理部门负责具体的委托管理事务。

委托人分支机构不得从事保险资金境外投资业务。

第三十六条　委托人应当充分论证保险资金境外投资的可行性，从市场状况、技术条件、风险控制、人员配备、成本收益等方面，认真评估市场风险、国家风险、汇率风险、信用风险、流动性风险、操作风险、道德风险和法律风险。

第三十七条　委托人应当依据《保险资金运用风险控制指引（试行）》，建立集中决策制度，确定岗位职责，规范投资运作流程。

第三十八条　委托人应当制定选聘受托人和托管人的标准和程序，公开、公平、公正选择受托人和托管人，并进行有效监督。

委托人可以选择多个受托人，但应当根据实际需要合理确定受托人数量；委托人只能选择一个托管人，托管人托管委托人境外投资的全部保险资金。

第三十九条　委托人应当对委托保险资金的风险状况、受托人管理能力和投资业绩、托管人履职状况和服务水平进行定期评估。

第四十条　委托人应当根据保险资金境外投资的风险特性以及交易对手信用等级、市场声誉、管理资产规模、投资管理业绩、行业管理经验等指标，实行业务授信管理或者比例管理。

第四十一条　受托人从事保险资金境外投资受托管理业务，应当符合下列规定：

（一）公平公正管理不同的受托资金，建立资产隔离制度，严格防范关联交易风险；

（二）严格遵守受托管理协议、委托人投资指引和本办法的规定，根据信用状况、风险属性、收益能力、信息透明度和流动性等指标，谨慎选择交易对手，控制投资范围和比例；

（三）建立交易监测系统、预警系统和信息反馈系统；

（四）采用风险计量指标，识别、测量不同投资品种和受托管理资产的风险，跟踪或者校正风险敞口，采取各种措施保证投资安全；

（五）加强内部风险管理，定期检查操作流程，建立信息沟通机制，确保资金运用的合法合规。

第四十二条　境内保险机构经中国保监会同意在境外设立的资产管理公司担任境外受托人的，应当接受境内控股保险机构的监督管理，及时报告境外投资管理情况。

第四十三条　托管人从事保险资金境外投资托管业务，应当符合下列规定：

（一）公平公正托管保险资金，对不同委托人的托管资产实施有效隔离；

（二）与托管代理人共同监督委托人和受托人境外投资行为，发现违法违规的，及时告知委托人、受托人，并向中国保监会报告；

（三）与托管代理人共同负责所托管保险资金的清算、交收，及时准确核对资产，监督托管代理人，确保保险资金托管安全。

第四十四条　保险资金境外投资当事人，应当规范决策和操作流程，实行专业岗位分离制度，建立内部控制和稽核监督机制，防范操作及其他风险，保障保险资金境外投资有序运行。

第四十五条　保险资金境外投资当事人，应当建立重大突发事件应急机制，防范化解重大突发风险。

第四十六条　保险资金境外投资当事人，应当采用先进的风险管理技术，严格控制各类投资风险。

委托人可以授权受托人运用远期、掉期、期权、期货等金融衍生产品，进行风险对冲管理。金融衍生产品仅用于规避投资风险，不得用于投机或者放大交易。

运用金融衍生产品的管理办法由中国保监会另行制定。

第七章 信息披露与报告

第四十七条 保险资金境外投资当事人应当按照中国保监会的规定，真实、准确、完整地向相关当事人披露下列信息，不得有重大遗漏和虚假、误导、诋毁性陈述：

（一）境外投资战略配置和投资决策；

（二）境外投资交易执行、资金清算和资产托管情况；

（三）境外投资风险状况、合规监控、重大危机等有关重要事项。

第四十八条 对在保险资金境外投资活动中知悉的对方商业秘密，当事人依法负有保密义务。

第四十九条 保险资金境外投资当事人，应当保证其他当事人可以根据合同约定，查阅或者复制有关资料。

第五十条 委托人应当自下列情形发生之日起5日以内，向中国保监会和国家外汇局报告：

（一）变更受托人、托管人或者托管代理人；

（二）变更注册资本；

（三）股东结构发生重大变更；

（四）受到重大行政处罚、发生重大诉讼或者其他重大事件；

（五）中国保监会和国家外汇局规定的其他情形。

第五十一条 受托人发生重大诉讼、受到重大行政处罚或者发生其他重大事件的，应当自起诉或者被起诉、收到处罚决定、发生重大事件之日起5日以内，向中国保监会报告。

除前款规定以外，受托人还应当按照中国保监会规定，提交财务报表、内部审计报告、受托资产管理业绩报告、风险评估报告等有关材料。

第五十二条 托管人应当按照下列要求提交有关报告：

（一）自开设委托人境内托管账户、境外投资结算账户和证券托管账户之日起5日以内，向中国保监会和国家外汇局报告账户开设情况；

（二）托管人变更注册资本和股东的，自变更之日起5日以内，向中国保监会和国家外汇局报告；

（三）托管人发生重大诉讼、受到重大行政处罚或者其他重大事件的，自起诉或者被起诉、收到处罚决定、发生重大事件之日起5日以内，向中国保监会和国家外汇局报告；

（四）按照中国保监会和国家外汇局规定，报告委托人购汇、结汇、汇出或者汇回本金、收益情况以及境内托管账户收支事项；

（五）按照中国保监会规定，提交保险资金境外投资情况报表、托管人财务报表和内部审计报告；

（六）向国家外汇局申报符合规定的国际收支统计和结售汇统计；

（七）中国保监会和国家外汇局规定提交的其他报告。

第八章 监督管理

第五十三条 委托人从事保险资金境外投资，不得有下列行为：

（一）以境外投资的保险资金为其他组织或者个人提供担保；

（二）从事投机性外汇买卖；

（三）洗钱；

（四）利用保险资金境外投资活动，与其他组织或者个人串通获取非法利益；

（五）境内外有关法律以及规定禁止的行为。

第五十四条 保险资金境外投资当事人，应当聘请符合中国保监会规定条件的中介机构，对保险资金境外投资情况进行评估和审计。

第五十五条 中国保监会有权调整保险资金境外投资管理政策和制度。

第五十六条 根据监管需要，中国保监会有权对委托人和境内受托人保险资金境外投资的情况进行检查和年度审核。

国家外汇局可以对委托人境外投资付汇额度、汇兑等外汇管理事项进行检查。

中国保监会、国家外汇局可以聘请中介机构协助检查。

第五十七条 委托人违反本办法的，中国保监会可以对其高级管理人员进行监管谈话，要求其就有关情况进行说明，并视情形责令委托人限期整改；依照法律、行政法规和中国保监会规定应受处罚的，由中国保监会依法给予行政处罚。

第五十八条 受托人、托管人违反本办法或者国家外汇管理规定的，由中国保监会或者有关监管机构按照各自权限和监管职责给予行政处罚。

第五十九条　受托人、托管人违反本办法和其他保险资金运用规定的,中国保监会将记录其不良行为,并视情形要求其提交书面说明;情节严重的,中国保监会可以责令保险公司予以更换。

第九章　附　则

第六十条　中国保监会对保险资金设立境外保险类机构另有规定的,适用该规定。

第六十一条　保险资金投资于香港特别行政区、澳门特别行政区,适用本办法,中国保监会另有规定的除外。

第六十二条　保险资金购买境内以人民币或者外币计价发行,以境外金融工具或者其他资产为投资对象的金融产品,适用本办法,中国保监会另有规定的除外。

第六十三条　根据本办法向中国保监会和国家外汇局提交的各类报告、材料以中文为准。

第六十四条　本办法所称"日"是指工作日,不含法定节假日。

第六十五条　本办法由中国保监会、中国人民银行和国家外汇局负责解释。

第六十六条　本办法自发布之日起施行。中国保监会、中国人民银行2004年8月9日发布的《保险外汇资金境外运用管理暂行办法》(保监会、人民银行令〔2004〕9号)同时废止。

保险资金境外投资管理暂行办法实施细则[①]

· 2012年10月12日
· 保监发〔2012〕93号

第一章　总　则

第一条　为规范保险资金境外投资运作行为,防范投资管理风险,实现保险资产保值增值,根据《保险资金境外投资管理暂行办法》(以下简称《办法》),制定本细则。

第二条　保险资金境外投资当事人,应当根据《办法》和本细则规定,充分研判拟投资国家或者地区的政治、经济和法律等风险,审慎开展境外投资。

第三条　中国保监会依法对保险资金境外投资当事人的管理能力进行持续评估和监管。

第二章　资质条件

第四条　委托人除符合《办法》第九条规定外,还应当满足下列条件:

(一)设置境外投资相关岗位,境外投资专业人员不少于3人,其中具有3年以上境外证券市场投资管理经验人员不少于2人;

(二)投资时上季度末偿付能力充足率不低于120%;

(三)投资境外未上市企业股权、不动产及相关金融产品,投资管理能力应当符合有关规定。

第五条　境内受托人除符合《办法》第十条规定外,还应当满足下列条件:

(一)具有3年以上保险资产管理经验;

(二)最近一个会计年度受托管理资产规模不低于100亿元人民币;

(三)境外投资专业人员不少于5人,其中具有5年以上境外证券市场投资管理经验人员不少于3人,3年以上境外证券市场投资管理经验人员不少于2人。

境内受托人受托管理保险资金,限于投资香港市场。

第六条　境外受托人除符合《办法》第十一条规定外,还应当满足下列条件:

(一)具有5年以上国际资产管理经验,以及3年以上养老金或者保险资产管理经验;

(二)最近一个会计年度实收资本或者净资产不低于3000万美元或者等值可自由兑换货币;

(三)最近一年平均管理资产规模不低于300亿美元或者等值可自由兑换货币;管理非关联方资产不低于管理资产总规模的50%,或者不低于300亿美元或者等值可自由兑换货币;

(四)投资团队符合所在国家或地区从业资格要求,且平均从业经验5年以上,其中主要投资管理人员从业经验8年以上;

(五)具有良好的过往投资业绩。

[①] "保险资金直接股权投资行业范围的条款"已被中国银保监会关于保险资金财务性股权投资有关事项的通知(2020年11月12日,银保监发〔2020〕54号)停止执行。

受托人母公司或者其集团内所属资产管理机构管理的资产规模可以合并计算，但不包括投资顾问、投资银行等管理或者涉及的资产。

受托人从事专项资产管理，符合下列条件的，可以不受第一款第（三）项管理资产规模的限制：

（一）管理资产规模在 50 亿美元或者等值可自由兑换货币以上；

（二）管理专项资产不低于管理资产总规模的 70%；

（三）拥有市场公认的专业声誉和评价，管理团队在专项资产管理领域表现卓越。

境内保险机构在香港设立资产管理机构未达到本条规定的，受托管理境内保险资金限于投资香港市场。

第七条 保险资金投资股权投资基金，发起并管理该基金的股权投资机构，应当符合下列条件：

（一）实收（缴）资本或者净资产不低于 1500 万美元或者等值可自由兑换货币；

（二）累计管理资产规模不低于 10 亿美元或者等值可自由兑换货币，且过往业绩优秀，商业信誉良好。

第八条 托管人除符合《办法》第十二条规定条件外，还应当满足下列条件：

（一）最近一个会计年度末实收资本或者净资产不低于 300 亿元人民币，托管资产规模不低于 2000 亿元人民币；

（二）托管人为外商独资银行或者外国银行分行，其母（总）公司满足第（一）项规定条件，且能够为托管人履行托管协议承担连带责任的，实收资本或者净资产和托管规模可以按其母（总）公司计算；

（三）长期信用评级在 A 级或者相当于 A 级以上；外国银行分行的资本充足率、核心资本充足率、信用级别按其母（总）公司计算；

（四）从事保险资产托管业务的专业人员不少于 6 人。

第九条 商业银行与委托人有下列关系之一的，不得担任该委托人的托管人或托管代理人：

（一）一方直接或者间接持有另一方股份超过 10% 的；

（二）两方被同一方直接或者间接持有股份超过 10% 的；

（三）中国保监会认定的其他关联关系。

托管人（或者托管代理人）与受托人有前款关系之一的，应当建立有效的风险隔离机制，不得从事内幕交易和利益输送。

第十条 保险资金境外投资当事人申请开展业务，应当向中国保监会报告，并承诺接受中国保监会有关保险资金境外投资的质询。委托人变更受托人和托管人，应当重新提交材料。

第三章 投资规范

第十一条 保险资金境外投资应当选择附件 1 所列国家或者地区的金融市场，且投资下列品种：

（一）货币市场类

包括期限不超过 1 年的商业票据、银行票据、大额可转让存单、逆回购协议、短期政府债券和隔夜拆出等货币市场工具或者产品。

货币市场类工具（包括逆回购协议用于抵押的证券）的发行主体应当获得 A 级或者相当于 A 级以上的信用评级。

（二）固定收益类

包括银行存款、政府债券、政府支持性债券、国际金融组织债券、公司债券、可转换债券等固定收益产品。

债券应当以国际主要流通货币计价，且发行人和债项均获得国际公认评级机构 BBB 级或者相当于 BBB 级以上的评级。按照规定免于信用评级要求的，其发行人应当具有不低于该债券评级要求的信用级别。中国政府在境外发行的债券可不受信用级别限制。可转换债券应当在附件 1 所列国家或者地区证券交易所主板市场挂牌交易。

（三）权益类

包括普通股、优先股、全球存托凭证、美国存托凭证、未上市企业股权等权益类工具或者产品。

股票以及存托凭证应当在附件 1 所列国家或者地区证券交易所主板市场挂牌交易。

直接投资的未上市企业股权，限于金融、养老、医疗、能源、资源、汽车服务和现代农业等企业股权。

（四）不动产

直接投资的不动产，限于位于附件 1 所列发达市场主要城市的核心地段，且具有稳定收益的成熟商业不动产和办公不动产。

第十二条　保险资金投资的境外基金,应当满足下列条件:

(一)证券投资基金

经附件1所列国家或者地区证券监督管理机构认可,或者登记注册;基金管理人符合第六条规定;可供追溯的过往业绩不少于3年;结构简单明确,基础资产清晰且符合第十一条第(一)、(二)、(三)项规定;货币市场基金还应当获得AAA级或者相当于AAA级的评级;

(二)股权投资基金

投资标的处于成长期、成熟期或者具有较高并购价值,不受附件1所列国家和地区的限制;认缴资金规模不低于3亿美元或者等值可自由兑换货币,且实缴资金按认缴规模配比到位;

拥有10名以上具有股权投资和相关经验的专业人员;高级管理人员中,具有8年以上相关经验的不少于2名,且具有完整的基金募集、管理和退出经验,主导并退出的项目不少于5个(母基金除外);至少有3名主要专业人员共同工作满3年;具有完善的治理结构、有效的激励约束机制和利益保护机制;设定关键人条款,能够确保管理团队的专属性。

保险资金可以投资以符合前款规定的股权投资基金为标的的母基金。母基金的交易结构应当简单明晰,不得包括其他母基金。

保险资金投资的股权投资基金,金融机构及其子公司不得实际控制该基金的管理运营,不得持有该基金的普通合伙权益。

(三)房地产信托投资基金(REITs)

在附件1所列国家或者地区交易所挂牌交易。

第十三条　同一投资标的在同一会计核算期间,具有两家以上信用评级机构信用评级的,应当采用孰低原则确认信用级别。

第十四条　保险机构境外投资余额不超过上年末总资产的15%,投资附件1所列新兴市场余额不超过上年末总资产的10%。

保险机构应当合并计算境内和境外各类投资品种比例,单项投资比例参照境内同类品种执行。

第十五条　保险资金境外投资应当控制短期资金融出或者融入,并遵守下列规定:

(一)逆回购交易及隔夜拆出融出的资金,不超过上年末总资产的1%;

(二)因交易清算目的拆入资金,不超过上年末总资产的1%,且拆入资金期限不得超过5个工作日。

第十六条　保险资金境外投资不得有下列行为:

(一)投资实物商品、贵重金属或者代表贵重金属的凭证和商品类衍生工具;

(二)利用证券经营机构融资,购买证券及参与未持有基础资产的卖空交易;

(三)除为交易清算目的拆入资金外,以其他任何形式借入资金。

第四章　风险控制

第十七条　委托人应当建立覆盖境内外市场的信息管理系统,实时监控投资市场、投资品种、投资比例、交易对手集中度和衍生品风险敞口等指标,确保依规合法运作。

第十八条　委托人上季度末偿付能力充足率低于监管规定的,应当及时调整境外投资策略,不得继续投资或者增持无担保债券、权益类工具、不动产或者相关金融产品。

第十九条　委托人应当自行或者聘请投资咨询顾问,对受托人和托管人进行尽职调查,充分了解托管人选择的托管代理人,关注相关风险。

第二十条　委托人应当根据《办法》、本细则规定及投资管理协议约定,定期评估受托人和托管人,审核投资指引每年不少于一次。

第二十一条　受托人将保险资金交由母公司控制的其他专业机构投资管理的,应当经委托人同意,并承担转委托的最终责任。

除上述方式外,受托人不得以任何名义或者方式,将受托资产转委托。

第二十二条　受托人因市场波动、信用评级调整等因素,致使投资行为不符合《办法》和本细则规定的,应当在3个月内进行调整。

第二十三条　受托人应当制定并执行交易对手选择标准,并经委托人认可。除券款兑付交易外,受托人应当选择信用评级在A级或者相当于A级以上的机构。

受托人应当按照委托人最佳利益原则,选择经营规范、声誉良好的境外证券服务机构代理证券买卖,合理分配保险资金证券交易,确保交易质量,控制交易成本,并向委托人披露证券经营机构、证券经纪业务代理人的业务费用收取情况或者返还名称及收付方式。

第二十四条 托管人应当根据托管资产类别、规模及提供服务内容,合理收取托管费用。

托管代理人履职过程中,因自身过错、疏忽等原因,导致保险资金境外投资损失的,托管人应当承担相应责任。

第二十五条 托管人或者托管代理人应当妥善保管托管资产所有权文件正本或者证明全部所有权的文件正本,投资所在地法律法规另有规定的,从其规定。

第二十六条 委托人与受托人、托管人签订协议,应当符合监管要求及一般惯例,适用中华人民共和国或者中国香港特别行政区法律,并由中国境内或者香港特别行政区的仲裁机构裁决。

前款所称协议,应当由律师事务所具有 3 年以上相关执业经验的专业律师出具法律意见。

第二十七条 保险资金境外投资当事人,不得发生合法佣金、税费之外的任何利益输送行为,不得利用保险资金获取不正当利益。

第二十八条 保险资金境外投资不动产和未上市企业股权,应当参照境内同类品种相关监管规定,规范投资行为,加强后续管理,防范投资风险、经营风险和市场风险。

第二十九条 保险资金境外投资,可以运用利率远期、利率掉期、利率期货、外汇远期、外汇掉期、股指期货、买入股指期权等衍生产品规避投资风险,并遵守下列规定:

(一)不得进行投机,衍生产品合约标的物价值总额,不得超过需对冲风险基础资产的 102%;

(二)运用金融衍生产品支付的各项费用、期权费和保证金等的总额,不超过各项需对冲风险基础资产的 10%;

(三)每个工作日应当对场外交易合约进行估值,与任一场外交易对手的市值计价敞口,不超过上年末总资产的 1%;

(四)场外交易对手已与受托人签订《国际掉期与衍生品主合同》(ISDA Master Agreement),并经委托人认可和授权。利率期货、股指期货和买入股指期权限于附件 2 所列交易所上市交易。

投资指引应当明确衍生品交易的范围、种类、风险限额要求、交易对手选择、特别事项审批、信息提供与报告制度等事项。

第五章 监督管理

第三十条 委托人应当按照规定,向中国保监会报告下列事项:

(一)重大报告。签订资产委托管理协议和托管协议,签订和调整投资指引,应当在 5 个工作日内报告;受托人和托管人发生重大突发事件,或者投资市场发生影响保险资产安全和投资业绩的重大突发事件,应当在 3 个工作日内报告,报告事项应当至少包括资产保全和风险防范措施;

(二)季度报告。每季度结束后 30 个工作日内,报告境外投资情况、风险评估报告、境外投资结算账户余额和收支情况及关联交易;

(三)年度报告。每年 4 月 30 日前,报告上一年度受托人和托管人管理保险资金的评估报告;

(四)中国保监会规定的其他事项。

第三十一条 保险机构开展境外股权和不动产投资,应当参照境内相关规定,履行核准或者报告义务。

第三十二条 托管人应当按照规定,向中国保监会报告下列事项:

(一)重大报告。变更境外托管代理人,应当在 5 个工作日内报告;

(二)月度报告。每月结束后 10 个工作日内,报告保险资金境外投资月度托管情况;

(三)年度报告。每年 4 月 30 日前,报送会计师事务所出具的上一年度公司财务报告和内部控制审计报告。

受托人、托管人应当按照有关协议规定,向委托人充分披露相关信息,披露内容应当不少于本细则相关规定,且不得有虚假记载、误导性陈述或者重大遗漏。

本细则所称会计师事务所,是指具有境内外相关行业审计经验、信誉良好并被广泛认可的会计师事务所。

第三十三条 保险资金境外投资当事人,违反法律、行政法规及本细则规定的,中国保监会将依法对该机构和相关人员予以处罚。

第六章 附则

第三十四条 保险资金投资境外以人民币计价发行的金融产品,境内以人民币或者外币计价发行,以境外金融工具或者其他资产为投资对象的金融工具,适用本细则。

第三十五条 本细则由中国保监会负责解释,自发布之日起施行。本细则施行前已经开展保险资金境外投资的当事人,应当在6个月内符合本细则的规定。

附件:1. 可投资国家或者地区
2. 期货期权交易所

附件1:

可投资国家或者地区

一、发达市场

澳大利亚　香港　葡萄牙
奥地利　爱尔兰　新加坡
比利时　以色列　西班牙
加拿大　意大利　瑞典
丹麦　日本　瑞士
芬兰　荷兰　英国
法国　卢森堡　美国
德国　新西兰
希腊　挪威

二、新兴市场

巴西　印度尼西亚　波兰
智利　韩国　俄罗斯
哥伦比亚　马来西亚　南非
捷克共和国　墨西哥　台湾
埃及　摩洛哥　泰国
匈牙利　秘鲁　土耳其
印度　菲律宾

附件2:

期货期权交易所

国家(地区)	交易所名称
美国	芝加哥商业交易所集团 CME Group
澳大利亚	悉尼期货交易所 Syndey Futures Exchange
比利时	纽约泛欧交易所 NYSE Euronext Brussels
加拿大	蒙特利尔交易所 The Montreal Exchange
英国	纽约泛欧交易所 NYSE Euronext LIFFE
法国	纽约泛欧交易所 NYSE Euronext Paris
德国	欧洲期货期权交易所 EUREX
荷兰	纽约泛欧交易所 NYSE Euronext Amsterdam
香港	香港期货交易所 HongKong Futures Exchange(HKFE)
日本	东京证券交易所 Tokyo Stock Exchange(TSE)
大阪交易所	Osaka Securities Exchange
韩国	韩国证券交易所 Korea Exchange(KRX)
新加坡	新加坡交易所 Singapore Exchange(SGX)
瑞士	欧洲期货期权交易所 EUREX

备注:由上述两家交易所吸收合并,或者新设合并成立的交易所,将被视同为核准。

(二)运用监管

保险资金运用管理办法

- 2018年1月24日
- 保监会令[2018]1号

第一章　总　则

第一条 为了规范保险资金运用行为,防范保险资金运用风险,保护保险当事人合法权益,维护保险市场秩序,根据《中华人民共和国保险法》等法律、行政法规,制定本办法。

第二条 在中国境内依法设立的保险集团(控股)公司、保险公司从事保险资金运用活动适用本办法规定。

第三条 本办法所称保险资金,是指保险集团(控股)公司、保险公司以本外币计价的资本金、公积金、未分配利润、各项准备金以及其他资金。

第四条 保险资金运用必须以服务保险业为主要目标,坚持稳健审慎和安全性原则,符合偿付能力监管要求,根据保险资金性质实行资产负债管理和全面风险管理,实现集约化、专业化、规范化和市场化。

保险资金运用应当坚持独立运作。保险集团(控股)公司、保险公司的股东不得违法违规干预保险资金运用工作。

第五条 中国保险监督管理委员会(以下简称中国保监会)依法对保险资金运用活动进行监督管理。

第二章 资金运用形式

第一节 资金运用范围

第六条 保险资金运用限于下列形式：

(一)银行存款；

(二)买卖债券、股票、证券投资基金份额等有价证券；

(三)投资不动产；

(四)投资股权；

(五)国务院规定的其他资金运用形式。

保险资金从事境外投资的，应当符合中国保监会、中国人民银行和国家外汇管理局的相关规定。

第七条 保险资金办理银行存款的，应当选择符合下列条件的商业银行作为存款银行：

(一)资本充足率、净资产和拨备覆盖率等符合监管要求；

(二)治理结构规范、内控体系健全、经营业绩良好；

(三)最近三年未发现重大违法违规行为；

(四)信用等级达到中国保监会规定的标准。

第八条 保险资金投资的债券，应当达到中国保监会认可的信用评级机构评定的、且符合规定要求的信用级别，主要包括政府债券、金融债券、企业(公司)债券、非金融企业债务融资工具以及符合规定的其他债券。

第九条 保险资金投资的股票，主要包括公开发行并上市交易的股票和上市公司向特定对象非公开发行的股票。

保险资金开展股票投资，分为一般股票投资、重大股票投资和上市公司收购等，中国保监会根据不同情形实施差别监管。

保险资金投资全国中小企业股份转让系统挂牌的公司股票，以及以外币认购及交易的股票，由中国保监会另行规定。

第十条 保险资金投资证券投资基金的，其基金管理人应当符合下列条件：

(一)公司治理良好、风险控制机制健全；

(二)依法履行合同，维护投资者合法权益；

(三)设立时间一年(含)以上；

(四)最近三年没有重大违法违规行为；设立未满三年的，自其成立之日起没有重大违法违规行为；

(五)建立有效的证券投资基金和特定客户资产管理业务之间的防火墙机制；

(六)投资团队稳定，历史投资业绩良好，管理资产规模或者基金份额相对稳定。

第十一条 保险资金投资的不动产，是指土地、建筑物以及其他附着于土地上的定着物，具体办法由中国保监会制定。

第十二条 保险资金投资的股权，应当为境内依法设立和注册登记，且未在证券交易所公开上市的股份有限公司和有限责任公司的股权。

第十三条 保险集团(控股)公司、保险公司购置自用不动产、开展上市公司收购或者从事对其他企业实现控股的股权投资，应当使用自有资金。

第十四条 保险集团(控股)公司、保险公司对其他企业实现控股的股权投资，应当满足有关偿付能力监管规定。保险集团(控股)公司的保险子公司不符合中国保监会偿付能力监管要求的，该保险集团(控股)公司不得向非保险类金融企业投资。

实现控股的股权投资应当限于下列企业：

(一)保险类企业，包括保险公司、保险资产管理机构以及保险专业代理机构、保险经纪机构、保险公估机构；

(二)非保险类金融企业；

(三)与保险业务相关的企业。

本办法所称保险资产管理机构，是指经中国保监会同意，依法登记注册，受托管理保险资金等资金的金融机构，包括保险资产管理公司及其子公司、其他专业保险资产管理机构。

第十五条 保险资金可以投资资产证券化产品。

前款所称资产证券化产品，是指金融机构以可特定化的基础资产所产生的现金流为偿付支持，通过结构化等方式进行信用增级，在此基础上发行的金融产品。

第十六条 保险资金可以投资创业投资基金等私募基金。

前款所称创业投资基金是指依法设立并由符合条件的基金管理机构管理，主要投资创业企业普通股或者依法可转换为普通股的优先股、可转换债券等权益的股权投资基金。

第十七条 保险资金可以投资设立不动产、基础设施、养老等专业保险资产管理机构，专业保险资产管理机构可以设立符合条件的保险私募基金，具体办法由中国保监会制定。

第十八条 除中国保监会另有规定以外，保险集团(控股)公司、保险公司从事保险资金运用，不得有下列行为：

（一）存款于非银行金融机构；

（二）买入被交易所实行"特别处理""警示存在终止上市风险的特别处理"的股票；

（三）投资不符合国家产业政策的企业股权和不动产；

（四）直接从事房地产开发建设；

（五）将保险资金运用形成的投资资产用于向他人提供担保或者发放贷款，个人保单质押贷款除外；

（六）中国保监会禁止的其他投资行为。

第十九条 保险集团(控股)公司、保险公司从事保险资金运用应当符合中国保监会比例监管要求，具体规定由中国保监会另行制定。

中国保监会根据保险资金运用实际情况，可以对保险资产的分类、品种以及相关比例等进行调整。

第二十条 投资连结保险产品和非寿险非预定收益投资型保险产品的资金运用，应当在资产隔离、资产配置、投资管理等环节，独立于其他保险产品资金，具体办法由中国保监会制定。

第二节 资金运用模式

第二十一条 保险集团(控股)公司、保险公司应当按照"集中管理、统一配置、专业运作"的要求，实行保险资金的集约化、专业化管理。

保险资金应当由法人机构统一管理和运用，分支机构不得从事保险资金运用业务。

第二十二条 保险集团(控股)公司、保险公司应当选择符合条件的商业银行等专业机构，实施保险资金运用第三方托管和监督，具体办法由中国保监会制定。

托管的保险资产独立于托管机构固有资产，并独立于托管机构托管的其他资产。托管机构因依法解散、被依法撤销或者被依法宣告破产等原因进行清算的，托管资产不属于其清算财产。

第二十三条 托管机构从事保险资金托管的，主要职责包括：

（一）保险资金的保管、清算交割和资产估值；

（二）监督投资行为；

（三）向有关当事人披露信息；

（四）依法保守商业秘密；

（五）法律、行政法规、中国保监会规定和合同约定的其他职责。

第二十四条 托管机构从事保险资金托管，不得有下列行为：

（一）挪用托管资金；

（二）混合管理托管资金和自有资金或者混合管理不同托管账户资金；

（三）利用托管资金及其相关信息谋取非法利益；

（四）其他违法行为。

第二十五条 保险集团(控股)公司、保险公司、保险资产管理机构开展保险资金运用业务，应当具备相应的投资管理能力。

第二十六条 保险集团(控股)公司、保险公司根据投资管理能力和风险管理能力，可以按照相关监管规定自行投资或者委托符合条件的投资管理人作为受托人进行投资。

本办法所称投资管理人，是指依法设立的，符合中国保监会规定的保险资产管理机构、证券公司、证券资产管理公司、证券投资基金管理公司等专业投资管理机构。

第二十七条 保险集团(控股)公司、保险公司委托投资管理人投资的，应当订立书面合同，约定双方权利与义务，确保委托人、受托人、托管人三方职责各自独立。

保险集团(控股)公司、保险公司应当履行制定资产战略配置指引、选择受托人、监督受托人执行情况、评估受托人投资绩效等职责。

受托人应当执行委托人资产配置指引，根据保险资金特性构建投资组合，公平对待不同资金。

第二十八条 保险集团(控股)公司、保险公司委托投资管理人投资的，不得有下列行为：

（一）妨碍、干预受托人正常履行职责；

（二）要求受托人提供其他委托机构信息；

（三）要求受托人提供最低投资收益保证；

（四）非法转移保险利润或者进行其他不正当利益输送；

（五）其他违法行为。

第二十九条　投资管理人受托管理保险资金的，不得有下列行为：

（一）违反合同约定投资；

（二）不公平对待不同资金；

（三）混合管理自有、受托资金或者不同委托机构资金；

（四）挪用受托资金；

（五）向委托机构提供最低投资收益承诺；

（六）以保险资金及其投资形成的资产为他人设定担保；

（七）将受托资金转委托；

（八）为委托机构提供通道服务；

（九）其他违法行为。

第三十条　保险资产管理机构根据中国保监会相关规定，可以将保险资金运用范围内的投资品种作为基础资产，开展保险资产管理产品业务。

保险集团（控股）公司、保险公司委托投资或者购买保险资产管理产品，保险资产管理机构应当根据合同约定，及时向有关当事人披露资金投向、投资管理、资金托管、风险管理和重大突发事件等信息，并保证披露信息的真实、准确和完整。

保险资产管理机构应当根据受托资产规模、资产类别、产品风险特征、投资业绩等因素，按照市场化原则，以合同方式与委托或者投资机构，约定管理费收入计提标准和支付方式。

保险资产管理产品业务，是指由保险资产管理机构作为发行人和管理人，向保险集团（控股）公司、保险公司、保险资产管理机构以及其他合格投资者发售产品份额，募集资金，并选聘商业银行等专业机构为托管人，为投资人利益开展的投资管理活动。

第三十一条　保险资产管理机构开展保险资产管理产品业务，应当在中国保监会认可的资产登记交易平台进行发行、登记、托管、交易、结算、信息披露以及相关信用增进和抵质押融资等业务。

保险资金投资保险资产管理产品以外的其他金融产品，金融产品信息应当在中国保监会认可的资产登记交易平台进行登记和披露，具体操作参照保险资产管理产品的相关规定执行。

前款所称其他金融产品是指商业银行、信托公司、证券公司、证券投资基金管理公司等金融机构依照相关法律、行政法规发行，符合中国保监会规定的金融产品。

第三章　决策运行机制

第一节　组织结构与职责

第三十二条　保险集团（控股）公司、保险公司应当建立健全公司治理，在公司章程和相关制度中明确规定股东（大）会、董事会、监事会和经营管理层的保险资金运用职责，实现保险资金运用决策权、运营权、监督权相互分离，相互制衡。

第三十三条　保险资金运用实行董事会负责制。保险公司董事会应当对资产配置和投资政策、风险控制、合规管理承担最终责任，主要履行下列职责：

（一）审定保险资金运用管理制度；

（二）确定保险资金运用管理方式；

（三）审定投资决策程序和授权机制；

（四）审定资产战略配置规划、年度资产配置计划及相关调整方案；

（五）决定重大投资事项；

（六）审定新投资品种的投资策略和运作方案；

（七）建立资金运用绩效考核制度；

（八）其他相关职责。

董事会应当设立具有投资决策、资产负债管理和风险管理等相应职能的专业委员会。

第三十四条　保险集团（控股）公司、保险公司决定委托投资，以及投资无担保债券、股票、股权和不动产等重大保险资金运用事项，应当经董事会审议通过。

第三十五条　保险集团（控股）公司、保险公司经营管理层根据董事会授权，应当履行下列职责：

（一）负责保险资金运用的日常运营和管理工作；

（二）建立保险资金运用与财务、精算、产品和风险控制等部门之间的沟通协商机制；

（三）审议资产管理部门拟定的保险资产战略配置规划和年度资产配置计划及相关调整方案，并提交董事会审定；

（四）组织实施经董事会审定的资产战略配置规划和年度资产配置计划；

（五）控制和管理保险资金运用风险；

（六）其他相关职责。

第三十六条 保险集团（控股）公司、保险公司应当设置专门的保险资产管理部门，并独立于财务、精算、风险控制等其他业务部门，履行下列职责：

（一）拟定保险资金运用管理制度；

（二）拟定资产战略配置规划和年度资产配置计划及相关调整方案；

（三）执行资产战略配置规划和年度资产配置计划；

（四）实施保险资金运用风险管理措施；

（五）其他相关职责。

保险集团（控股）公司、保险公司自行投资的，保险资产管理部门应当负责日常投资和交易管理；委托投资的，保险资产管理部门应当履行监督投资行为和评估投资业绩等委托人职责。

第三十七条 保险集团（控股）公司、保险公司的保险资产管理部门应当在投资研究、资产清算、风险控制、业绩评估、相关保障等环节设置岗位，建立防火墙体系，实现专业化、规范化、程序化运作。

保险集团（控股）公司、保险公司自行投资的，保险资产管理部门应当设置投资、交易等与资金运用业务直接相关的岗位。

第三十八条 保险集团（控股）公司、保险公司风险管理部门以及具有相应管理职能的部门，应当履行下列职责：

（一）拟定保险资金运用风险管理制度；

（二）审核和监控保险资金运用合法合规性；

（三）识别、评估、跟踪、控制和管理保险资金运用风险；

（四）定期报告保险资金运用风险管理状况；

（五）其他相关职责。

第三十九条 保险资产管理机构应当设立首席风险管理执行官。

首席风险管理执行官为公司高级管理人员，负责组织和指导保险资产管理机构风险管理，履职范围应当包括保险资产管理机构运作的所有业务环节，独立向董事会、中国保监会报告有关情况，提出防范和化解重大风险建议。

首席风险管理执行官不得主管投资管理。如需更换，应当于更换前至少5个工作日向中国保监会书面说明理由和其履职情况。

第二节 资金运用流程

第四十条 保险集团（控股）公司、保险公司应当建立健全保险资金运用的管理制度和内部控制机制，明确各个环节、有关岗位的衔接方式及操作标准，严格分离前、中、后台岗位责任，定期检查和评估制度执行情况，做到权责分明、相对独立和相互制衡。相关制度包括但不限于：

（一）资产配置相关制度；

（二）投资研究、决策和授权制度；

（三）交易和结算管理制度；

（四）绩效评估和考核制度；

（五）信息系统管理制度；

（六）风险管理制度等。

第四十一条 保险集团（控股）公司、保险公司应当以独立法人为单位，统筹境内境外两个市场，综合偿付能力约束、外部环境、风险偏好和监管要求等因素，分析保险资金成本、现金流和期限等负债指标，选择配置具有相应风险收益特征、期限及流动性的资产。

第四十二条 保险集团（控股）公司、保险公司应当建立专业化分析平台，并利用外部研究成果，研究制定涵盖交易对手管理和投资品种选择的模型和制度，实时跟踪并分析市场变化，为保险资金运用决策提供依据。

第四十三条 保险集团（控股）公司、保险公司应当建立健全相对集中、分级管理、权责统一的投资决策和授权制度，明确授权方式、权限、标准、程序、时效和责任，并对授权情况进行检查和逐级问责。

第四十四条 保险集团（控股）公司、保险公司应当建立和完善公平交易机制，有效控制相关人员操作风险和道德风险，防范交易系统的技术安全疏漏，确保交易行为的合规性、公平性和有效性。公平交易机制至少应当包括以下内容：

（一）实行集中交易制度，严格隔离投资决策与交易执行；

(二)构建符合相关要求的集中交易监测系统、预警系统和反馈系统;

(三)建立完善的交易记录制度;

(四)在账户设置、研究支持、资源分配、人员管理等环节公平对待不同资金等。

保险集团(控股)公司、保险公司开展证券投资业务,应当遵守证券行业相关法律法规,建立健全风险隔离机制,实行相关从业人员本人及直系亲属投资信息申报制度,切实防范内幕交易、利用未公开信息交易、利益输送等违法违规行为。

第四十五条 保险集团(控股)公司、保险公司应当建立以资产负债管理为核心的绩效评估体系和评估标准,定期开展保险资金运用绩效评估和归因分析,推进长期投资、价值投资和分散化投资,实现保险资金运用总体目标。

第四十六条 保险集团(控股)公司、保险公司应当建立保险资金运用信息管理系统,减少或者消除人为操纵因素,自动识别、预警报告和管理控制资产管理风险,确保实时掌握风险状况。

信息管理系统应当设定合规性和风险指标阈值,将风险监控的各项要素固化到相关信息技术系统之中,降低操作风险、防止道德风险。

信息管理系统应当建立全面风险管理数据库,收集和整合市场基础资料,记录保险资金管理和投资交易的原始数据,保证信息平台共享。

第四章 风险管控

第四十七条 保险集团(控股)公司、保险公司应当建立全面覆盖、全程监控、全员参与的保险资金运用风险管理组织体系和运行机制,改进风险管理技术和信息技术系统,通过管理系统和稽核审计等手段,分类、识别、量化和评估各类风险,防范和化解风险。

第四十八条 保险集团(控股)公司、保险公司应当管理和控制资产负债错配风险,以偿付能力约束和保险产品负债特性为基础,加强成本收益管理、期限管理和风险预算,确定保险资金运用风险限额,采用缺口分析、敏感性和情景测试等方法,评估和管理资产错配风险。

第四十九条 保险集团(控股)公司、保险公司应当管理和控制流动性风险,根据保险业务特点和风险偏好,测试不同状况下可以承受的流动性风险水平和自身风险承受能力,制定流动性风险管理策略、政策和程序,防范流动性风险。

第五十条 保险集团(控股)公司、保险公司应当管理和控制市场风险,评估和管理利率风险、汇率风险以及金融市场波动风险,建立有效的市场风险评估和管理机制,实行市场风险限额管理。

第五十一条 保险集团(控股)公司、保险公司应当管理和控制信用风险,建立信用风险管理制度,及时跟踪评估信用风险,跟踪分析持仓信用品种和交易对手,定期组织回测检验。

第五十二条 保险集团(控股)公司、保险公司应当加强同业拆借、债券回购和融资融券业务管理,严格控制融资规模和使用杠杆,禁止投机或者用短期拆借资金投资高风险和流动性差的资产。保险资金参与衍生产品交易,仅限于对冲风险,不得用于投机,具体办法由中国保监会制定。

第五十三条 保险集团(控股)公司、保险公司、保险资产管理机构开展投资业务或者资产管理产品业务,应当建立风险责任人制度,明确相应的风险责任人,具体办法由中国保监会制定。

第五十四条 保险集团(控股)公司、保险公司应当建立内部稽核和外部审计制度。

保险集团(控股)公司、保险公司应当每年至少进行一次保险资金运用内部稽核。

保险集团(控股)公司、保险公司应当聘请符合条件的外部专业审计机构,对保险资金运用内部控制情况进行年度专项审计。

上述内部稽核和年度审计的结果应当向中国保监会报告。具体办法由中国保监会制定。

第五十五条 保险集团(控股)公司、保险公司主管投资的高级管理人员、保险资金运用部门负责人和重要岗位人员离任前应当进行离任审计,审计结果应当向中国保监会报告。

第五十六条 保险集团(控股)公司、保险公司应当建立保险资金运用风险处置机制,制定应急预案,及时控制和化解风险隐患。投资资产发生大幅贬值或者出现债权不能清偿的,应当制定处置方案,并及时报告中国保监会。

第五十七条 保险集团(控股)公司、保险公司应当确保风险管控相关岗位和人员具有履行职责所需知情权和查询权,有权查阅、询问所有与保险资金运用业务相关的数据、资料和细节,并列席与保险资金运用相关的会议。

第五十八条 保险集团(控股)公司、保险公司的保险资金运用行为涉及关联交易的,应当遵守法律、行政法规、国家会计制度,以及中国保监会的有关监管规定。

第五章 监督管理

第五十九条 中国保监会对保险资金运用的监督管理,采取现场监管与非现场监管相结合的方式。

中国保监会可以授权其派出机构行使保险资金运用监管职权。

第六十条 中国保监会应当根据公司治理结构、偿付能力、投资管理能力和风险管理能力,按照内控与合规计分等有关监管规则,对保险集团(控股)公司、保险公司保险资金运用实行分类监管、持续监管、风险监测和动态评估。

中国保监会应当强化对保险公司的资本约束,确定保险资金运用风险监管指标体系,并根据评估结果,采取相应监管措施,防范和化解风险。

第六十一条 保险集团(控股)公司、保险公司分管投资的高级管理人员,保险资产管理公司的董事、监事、高级管理人员,应当在任职前取得中国保监会核准的任职资格。

保险集团(控股)公司、保险公司的首席投资官由分管投资的高级管理人员担任。

保险集团(控股)公司、保险公司的首席投资官和资产管理部门主要负责人应当在任命后10个工作日内,由任职机构向中国保监会报告。

第六十二条 保险集团(控股)公司、保险公司的重大股权投资,应当报中国保监会核准。

重大股权投资的具体办法由中国保监会另行制定。

第六十三条 保险资产管理机构发行或者发起设立的保险资产管理产品,实行核准、备案或注册管理。

注册不对保险资产管理产品的投资价值以及风险作实质性判断。

第六十四条 中国保监会有权要求保险集团(控股)公司、保险公司提供报告、报表、文件和资料。

提交报告、报表、文件和资料,应当及时、真实、准确、完整。

第六十五条 保险集团(控股)公司、保险公司应当依法披露保险资金运用的相关信息。保险集团(控股)公司、保险公司的股东(大)会、董事会的重大投资决议,应当在决议作出后5个工作日内向中国保监会报告,中国保监会另有规定的除外。

第六十六条 中国保监会有权要求保险集团(控股)公司、保险公司将保险资金运用的有关数据与中国保监会的监管信息系统动态连接。

保险集团(控股)公司、保险公司应当按照中国保监会规定,及时、准确、完整地向中国保监会的监管信息系统报送相关数据。

第六十七条 保险集团(控股)公司和保险公司违反本办法规定,存在以下情形之一的,中国保监会可以限制其资金运用的形式和比例:

(一)偿付能力状况不符合中国保监会要求的;

(二)公司治理存在重大风险的;

(三)资金运用违反关联交易有关规定的。

第六十八条 保险集团(控股)公司、保险公司违反资金运用形式和比例有关规定的,由中国保监会责令限期改正。

第六十九条 中国保监会有权对保险集团(控股)公司、保险公司的董事、监事、高级管理人员和保险资产管理部门负责人进行监管谈话,要求其就保险资金运用情况、风险控制、内部管理等有关重大事项作出说明。

第七十条 保险集团(控股)公司、保险公司严重违反资金运用有关规定的,中国保监会可以责令调整负责人及有关管理人员。

第七十一条 保险集团(控股)公司、保险公司严重违反保险资金运用有关规定,被责令限期改正逾期未改正的,中国保监会可以决定选派有关人员组成整顿组,对公司进行整顿。

第七十二条 保险集团(控股)公司、保险公司违反本办法规定运用保险资金的,由中国保监会依法予以罚款、限制业务范围、责令停止接受新业务或者吊销业务许可证等行政处罚,对相关责任人员依法予以警告、罚款、撤销任职资格、禁止进入保险业等行政处罚。

受到行政处罚的,保险集团(控股)公司、保险公司应当对相关责任人员进行内部责任追究。

第七十三条 保险资金运用的其他当事人在参与保险资金运用活动中,违反有关法律、行政法规和本办法规定的,中国保监会应当记录其不良行为,并将有关情况通报其行业主管部门;情节严重的,中国保监会可以通报保险集团(控股)公司、保险公司3年内不得与其从事相关业务,并商有关监管部门依法给予行政处罚。

第七十四条 中国保监会工作人员滥用职权、玩忽职守,或者泄露所知悉的有关单位和人员的商业秘密的,依法追究法律责任。

第六章 附 则

第七十五条 保险资产管理机构以及其他投资管理人管理运用保险资金参照本办法执行。

第七十六条 中国保监会对保险集团(控股)公司、自保公司以及其他类型保险机构的资金运用另有规定的,从其规定。

第七十七条 本办法由中国保监会负责解释和修订。

第七十八条 本办法自2018年4月1日起施行。中国保监会2010年7月30日发布的《保险资金运用管理暂行办法》(保监会令2010年第9号)、2014年4月4日发布的《中国保险监督管理委员会关于修改〈保险资金运用管理暂行办法〉的决定》(保监会令2014年第3号)同时废止。

保险资金运用内控与合规计分监管规则

- 2014年6月22日
- 保监发〔2014〕54号

第一章 总 则

第一条 为提高保险资金运用监管工作的针对性和有效性,推动保险机构完善内控管理,加强合规运作,依据《中华人民共和国保险法》、《保险资金运用管理暂行办法》等有关规定,制定本规则。

第二条 保险资金运用内控与合规计分是指中国保监会在现场检查和非现场监管工作基础上,通过整理、汇总、分析保险机构的资金运用内控与合规运作的记录、信息和数据,按照计分标准对保险机构进行评分并开展持续监管的过程。

本规则所称保险机构,是指保险集团(控股)公司、保险公司和保险资产管理机构。

第三条 中国保监会根据市场发展情况和审慎监管原则,制定并适时调整计分标准。

第四条 中国保监会根据保险机构的内控与合规情况及计分结果,按照本规则的规定,对保险机构进行监督管理。

第二章 计分方法

第五条 保险资金运用内控与合规计分采取评分制,每一评价期的基准分为100分。

第六条 中国保监会在基准分基础上,根据保险机构的内控运作情况、持续合规情况和违规事项进行加分或者扣分,并汇总确定其最终得分。

第七条 中国保监会对保险机构资金运用内控与合规计分评价每年进行两次,评价期分别为每年的1月1日至6月30日和7月1日至12月31日。

第八条 保险机构在评价期内,因资金运用违法违规行为被中国保监会采取下列监管措施的,按照以下原则进行扣分:

(一)因未按照监管规定及时、准确、完整在保险资产管理监管信息系统和中国保监会指定信息登记平台提交电子数据、报表、资料,以及未按照监管规定及时、准确、完整向中国保监会提交相关报告,被责令提交或者补充提交的,每项每次分别扣1分和2分;

(二)因所披露信息不充分,或者因受托人不尽责未按照监管规定向投资计划受益人、资产管理产品投资人或者监管规定的相关当事人进行信息披露等原因,被责令及时、准确、完整进行披露的,每次扣3分;

(三)因按照监管规定进行的资金运用压力测试中度情形显示偿付能力充足率低于100%或者存在流动性不足等原因被出具风险提示函或者进行风险提示谈话的,每次扣4分;

(四)因董事、监事、高级管理人员、投资风险责任人对公司违法违规事项负有责任,但尚未造成投资损失或未达到处罚标准被监管谈话的,每次扣5分;因拟任董事、监事、高级管理人员未取得任职资格临时负责3个月以上被监管谈话的,每人次扣5分;

(五)因投资风险责任人资质不符合监管规定等原因被暂停投资能力备案的,每次扣5分;

(六)因违反资金运用政策规定但未造成损失

或者重大影响,被中止资产管理产品发行、停止股权或不动产等投资的,每次扣6分;

(七)因违反资金运用政策规定被行业通报的,每次扣7分;

(八)因违反资金运用政策规定被出具监管函,采取责令增加内部合规检查次数、责令改正或者限期改正、责令处分有关人员、暂停资产管理产品试点业务、限制资金运用形式或者比例等监管措施的,每次扣8分。

第九条 保险机构在评价期内,因资金运用违法违规行为被中国保监会采取以下行政处罚,或者被司法机关追究刑事责任的,按照以下原则进行扣分:

(一)被采取罚款处罚的,或者董事、监事、高级管理人员、投资风险责任人因对违法违规行为负有责任被警告或者采取罚款处罚的,每次扣10分;

(二)董事、监事、高级管理人员,以及投资风险责任人因对公司违法违规行为负有责任,被责令调整、被撤销任职资格或者从业资格的,每次扣12分;

(三)董事、监事、高级管理人员、投资风险责任人因对公司违法违规行为负有责任被采取一定期限内或永久市场禁入的,每人每次扣15分;

(四)被采取责令停止新业务或者限制业务范围、撤销部分资金运用业务许可处罚措施,或者董事、监事、高级管理人员、投资风险责任人因对公司违法违规行为负有刑事责任的,每次扣20分。

第十条 保险机构因同一违法违规行为被采取多项监管措施、行政处罚或者被追究刑事责任的,应按其最高值计算所扣分数,不重复扣分。保险机构因不同违法违规行为被采取同一监管措施、行政处罚或者被追究刑事责任的,应当合并计算所扣分数。

第十一条 保险机构因合理原因且经中国保监会认可,可以推迟提交相关数据、报表、信息、报告,或者推迟信息披露的,可不予扣分;因突发事件等客观原因造成投资比例超过监管比例,且保险机构履行报告义务并在中国保监会规定期限内调整投资比例的,可不予扣分。

保险机构上一评价期内违法违规行为在本评价期内再次发生的,应双倍扣分。

第十二条 保险集团(控股)公司或者保险公司委托保险资产管理机构投资,并通过合同、协议等正式文件明确由该保险资产管理机构承担合规管控职责的,以该保险资产管理机构作为扣分主体,但保险集团(控股)公司或者保险公司提供虚假数据导致委托投资出现违规的,以保险集团(控股)公司或者保险公司作为扣分主体;未通过合同、协议等正式文件约定保险资产管理机构承担合规管控职责的,保险集团(控股)公司或者保险公司作为扣分主体。

保险集团(控股)公司或者保险公司委托保险资产管理机构之外的其他投资管理机构进行投资运作的,以保险集团(控股)公司或者保险公司作为扣分主体。

第十三条 保险机构出现下列情形的,在基准分基础上给予相应加分:

(一)最近连续2个评价期内未出现第八条和第九条所列事项的加2分,最近连续3个评价期未出现第八条和第九条所列事项的加4分;

(二)在评价期内,成为中国保险资产管理业协会会员的,加2分;

(三)评价期内,聘请独立第三方中介机构就保险资金运用的内控情况、合规情况和风险状况完成全面专项稽核审计的,加2分;出具无保留意见的,再加2分;

(四)全部投资资产实施托管的,加6分;

(五)按照监管标准,建立投资资产风险五级分类等项目投资资产后评估与后跟踪制度,经独立第三方中介机构审计并出具无保留意见的,加6分。

第三章 操作流程

第十四条 中国保监会建立保险机构资金运用内控与合规情况监管档案,用于记录保险机构资金运用内控与合规加分、扣分情况和评价结果。

第十五条 评价期内,中国保监会应当及时记录和汇总保险机构的扣分事项、所采取的监管措施和所扣分数,以及加分事项和分数,并于每月结束后10个工作日内,向相关保险机构通报其扣分和加分事项,与保险机构进行核对确认。

第十六条 保险机构对每月扣分事项和本评价期的计分和评价结果有异议的,可在收到通知后10个工作日内向中国保监会提出书面申述。中国保监会收到保险机构申述后10个工作日内予以书面答复。

第十七条　评价期结束 30 个工作日内，中国保监会汇总、整理全部保险机构的计分结果，记入监管档案。

第十八条　评价期结束后 40 个工作日内，中国保监会应当以书面形式向保险机构通报其计分和评价结果。

第四章　计分结果运用

第十九条　中国保监会根据保险机构的内控与合规计分结果，对保险机构的资金运用内控与合规情况进行评价分类：

A 类：评分 95 分（含）以上。保险机构的资金运用内控与合规管理和风险控制能力强。

B 类：评分 80 分（含）以上 95 分以下。保险机构的资金运用内控与合规管理和风险控制能力较强。

C 类：评分 60 分（含）以上 80 分以下。保险机构的资金运用内控与合规管理和风险控制能力较弱。

D 类：评分 60 分以下。保险机构的资金运用内控与合规管理和风险控制能力弱。

第二十条　在评价期内，保险机构资金运用业务存在以下情形的，中国保监会可将其本评价期的级别直接确定为 C 类或者 D 类：

（一）提交的监管信息、数据、报表、报告和投资计划注册材料，以及对外信息披露存在虚假记载、误导性陈述或者重大遗漏，但是投资计划注册材料中由所投资企业或者独立第三方提供的文件存在虚假记载，保险资产管理机构能够证明自己没有过错的除外；

（二）违反监管规定，经监管提示或者超过监管要求的整改期限仍不改正；

（三）挪用保险资金；

（四）未按委托人投资指引、合同及书面约定运用保险资金；

（五）被依法采取责令整顿，或者被中国保险保障基金有限责任公司采取接管等风险处置措施；

（六）中国保监会认定的其他情形。

下一评价期内，保险机构本条所列情形未改正或者未被中国保监会撤销相应监管措施的，继续沿用本评价期的类别。

第二十一条　保险机构本评价期的资金运用内控与合规计分属于 A 类和 B 类的，应当在之后的一个评价期持续达到或者超过该类别的分数方能予以确认。确认前，保险机构类别为暂定类别。

保险机构在下一评价期结束后的评价类别降低的，中国保监会应将上一个评价期的类别下调一级予以确认。

第二十二条　中国保监会可以定期或者不定期向行业通报保险机构的资金运用内控与合规评价结果。

第五章　监督管理

第二十三条　中国保监会将保险资金运用内控与合规评价结果作为保险机构进行投资管理能力备案的审慎性条件。

保险机构资金运用内控与合规评价等级最近连续 4 个评价期评价为 A 类（含暂定 A 类）的，经申请可以优先纳入创新业务试点范围。

第二十四条　中国保监会将评价等级为 C 类、D 类的保险机构列为重点监管对象。

中国保监会对评价等级为 C 类和 D 类的保险机构，可以加大现场检查和非现场检查频率，采取限制资金运用渠道、范围或比例等监管措施。

第二十五条　保险机构应当针对引发扣分事项的问题，及时制定整改措施，中国保监会将对整改情况进行后续跟踪。

第二十六条　在评价期内，保险机构因限期整改不到位再次被采取行政纪律处分、监管措施、处罚措施及其他措施的，或者发生其他足以影响其评价结果的情形的，中国保监会应当及时对其评价结果进行动态调整。

第二十七条　保险资金运用内控与合规评价结果主要供监管机构使用，保险机构不得将计分和评价结果用于广告、宣传、营销等商业目的。保险机构的交易对手或者合作方要求了解其资金运用内控与合规评价结果，且用于非商业目的的情形除外。

第六章　附　则

第二十八条　中国保监会应结合保险机构过去两年的保险资金运用内控与合规情况，确定其首次计分结果。保险机构成立时间不足两年的，中国保监会应结合其成立以来的保险资金运用内控与合规情况,确定其首次计分结果。

第二十九条 具有保险资金运用业务的外资保险公司分公司和外资再保险分公司参照本规则执行。

第三十条 本规则作为实施分类监管的具体规则,由中国保监会负责解释与修订。

第三十一条 本规则自发布之日起实施。

中国保险监督管理委员会关于印发《保险资金运用内部控制指引》及应用指引的通知

- 2015年12月7日
- 保监发〔2015〕114号

各保险集团(控股)公司、保险公司、保险资产管理公司:

为进一步加强保险资金运用内部控制建设,提升保险机构资金运用内部控制管理水平,有效防范和化解风险,根据《中华人民共和国保险法》《保险资金运用管理暂行办法》及相关规定,我会制定了《保险资金运用内部控制指引》(Guidance for the Internal Control of Insurance Funds,简称GICIF)及《保险资金运用内部控制应用指引》(第1号-第3号)。现印发给你们,并将加强保险机构资金运用内部控制管理工作有关事项通知如下:

一、保险资金运用内部控制是保险机构开展合规经营,保障保险资金安全的重要基础。保险机构应当根据《保险资金运用内部控制指引》及应用指引要求,建立健全保险资金运用内部控制制度并组织实施。

二、保险机构聘请独立第三方审计机构开展年度外部审计工作时,应当对保险资金运用内部控制进行专项审计,并于每年4月30日前向中国保监会报送上一年度专项审计报告。

三、第三方审计机构应当按照《保险资金运用内部控制指引》及应用指引要求开展保险资金运用内部控制审计业务,并接受中国保监会对该审计业务的质询和检查。第三方审计机构应当恪守审计职业道德,诚实守信,勤勉尽责,遵守保险行业相关协会业务规范。

中国保监会将根据市场和监管需要,丰富和完善保险资金运用内部控制体系和标准,加强监管力度,充分发挥第三方审计作用,将审计结果作为保险机构投资管理能力要件、资金运用创新业务试点审慎性条件以及保险资金运用内控与合规计分评价事项。

附件:

保险资金运用内部控制指引(GICIF)

总　则

第一条 为促进保险资金运用规范发展,有效防范和化解风险,维护保险资金安全与稳定,依据《中华人民共和国保险法》《保险资金运用管理暂行办法》等有关法律、行政法规,特制定本指引。

第二条 本指引适用于中华人民共和国境内依法设立的保险集团(控股)公司、保险公司、保险资产管理公司,以下统称保险机构。

第三条 保险资金运用内部控制是指保险机构为防范和化解资金运用风险,保证保险资金运作符合保险机构的发展规划,在充分考虑内外部环境的基础上,通过建立组织机制、运用管理方法、实施操作程序与控制措施而形成的管理体系。

第四条 保险资金运用内部控制的目标包括:

(一)行为合规性。保证保险机构的经营管理行为遵守法律法规、监管规定、行业规范、公司内部管理制度和诚信准则;

(二)经营有效性。提高保险资金运用的效率和效果,保障保险资金和公司资产的安全可靠;

(三)信息真实性。保证保险资金运用的财务报告及业务、财务管理信息的真实性、准确性和完整性。

第五条 保险资金运用内部控制应当遵循以下原则:

(一)安全性原则。保险资金运用必须稳健,符合偿付能力监管要求,根据保险资金性质实行资产负债管理和全面风险管理,实现集约化、专业化、规范化和市场化;

(二)健全性原则。内部控制应当包括保险资金运用的各类业务、各个部门或机构和各级人员,并涵盖到决策、执行、监督、反馈等各个环节,避免管理漏洞的存在;

（三）有效性原则。通过科学的内部控制制度和方法，建立合理的内部控制程序，确保保险资金运用内部控制各项制度的有效执行；

（四）独立性原则。保险机构参与资金运用和管理的所有总分机构、部门和岗位职责应当保持相对独立，权责分明，相互制衡；

（五）成本效益原则。保险机构应当根据自身风险状况，采取合适的内部控制措施来应对资金运用过程中的风险，并在有效控制的前提下降低内部控制成本。

第六条 保险资金运用内部控制包括以下要素：

（一）控制环境。控制环境是保险资金运用内部控制的基础，一般包括治理结构、机构设置及权责分配、人力资源政策、企业文化等；

（二）风险评估。风险评估是指保险机构及时识别、系统分析保险资金运用活动中与实现内部控制目标相关的风险，合理确定风险应对策略；

（三）控制活动。控制活动是指保险机构根据风险评估结果，采用相应的控制措施，将资金运用相关的风险控制在可承受度之内；

（四）信息与沟通。信息与沟通是指保险机构及时、准确地收集、传递与保险资金运用相关内部控制的信息，确保信息在机构内部、外部之间进行有效沟通；

（五）内部监督。内部监督是指保险机构对内部控制建立与实施情况进行监督检查，评价内部控制的有效性，发现内部控制缺陷及时加以改进。

第七条 保险机构应当根据本指引及配套应用指引的要求，制定本公司的资金运用内部控制制度并组织实施。

第八条 保险机构应当建立资金运用内部控制实施的激励约束机制，将各责任单位和资金运用相关工作人员实施保险资金运用内部控制的情况纳入绩效考评体系，促进内部控制的有效实施。

第一章 控制环境

第九条 保险机构应当建立由董事会负最终责任、管理层直接领导、风险管理或内部控制职能部门统筹协调、内部审计部门检查监督、业务单位负首要责任的分工明确、路线清晰、相互协作、高效执行的内部控制组织体系。

第十条 保险机构应当建立健全公司治理结构，建立架构清晰、控制有效的内部控制机制，制定全面系统、切实可行的内部控制制度，明确规定股东大会、董事会及其专业委员会、监事会和经营管理层的保险资金运用职责，充分发挥独立董事和监事会的监督职能，禁止不正当关联交易、利益输送和内部人控制现象的发生，保护投资者利益和机构合法权益。

第十一条 保险机构应当结合保险资金运用的特点和内部控制要求设置内部机构及岗位，明确保险资金运用各个环节、有关岗位的衔接方式及操作标准，严格分离前、中、后台岗位责任，做到权责分明、相对独立和相互制衡。重要业务部门和岗位应当进行有效隔离。

第十二条 保险机构开展相关投资管理业务，应当加强投资管理能力建设，并按规定配备符合条件的风险责任人。

风险责任人包括行政责任人和专业责任人。行政责任人应对投资能力和具体投资业务的合法合规性承担主要责任；专业责任人对投资能力的有效性、具体投资业务风险揭示的及时性和充分性承担主要责任。

第十三条 保险机构应当依据自身资金运用特点设立顺序递进、权责统一、严密有效的三道监控防线：

（一）建立一线部门及岗位人员自我控制、自我管理、自我约束为基础的第一道监控防线。对操作风险较高的业务环节实施双人、双职、双责的复核制度。属于单人单岗处理的业务，必须有相应的后续监督机制。

（二）建立相关部门、相关岗位之间相互监督制衡的第二道监控防线，发挥法律、合规、风险管理、财务等部门对保险资金投资全流程的风险监控职能。保险机构必须在相关部门和岗位之间建立重要业务处理凭据顺畅传递的渠道，各部门和岗位分别在自己的授权范围内承担各自职责。

（三）建立以内部审计部门对各岗位、部门、机构和业务实施监督反馈的第三道监控防线。内部审计部门独立于其他部门和业务活动，并对内部控制制度的执行情况实行严格的检查和反馈。

第十四条 保险机构应当建立有效的人力资源管理制度，健全激励约束机制，对机构人员是否具备与岗位要求相适应的职业操守和专业胜任能力进行综合考量。

第十五条　保险机构管理层应当树立内控优先和风险管理的理念，培养保险资金运用相关人员的风险防范意识，营造内控文化氛围。保险机构应定期开展保险资金运用风险管理、内部控制及经营合规方面的培训，保证保险资金运用相关人员及时了解国家法律法规和机构规章制度，使风险意识贯穿到机构各部门、岗位和环节。

第十六条　保险机构应当建立健全保险资金运用管理制度，对保险资金运用各流程进行规范管理，包括资产配置、投资研究、决策和授权、交易和结算管理、投资后管理、风险控制、信息披露、绩效评估和考核、信息系统管理、行政管理等保险资金运用相关工作，并定期检查和评估制度执行情况。

第十七条　保险机构应当从业务、合规和风险等方面全面、科学设置具有保险资金运用职能的非保险子公司考核目标，加强对子公司及其高管人员的监督，严格执行机构问责制度，确保依法合规经营。

第二章　风险评估

第十八条　保险机构应当完善以风险管理委员会或相应职能专业委员会、风险管理部门、风险管理岗位为主体的垂直管理体系，建立与保险资金运用各方之间的风险管控架构，明确各方沟通机制及监督管理机制。风险管理部门履职应当保持独立性，不受投资管理及投资决策部门干预。

第十九条　保险机构应当建立全面风险管理政策，明确公司的风险偏好，在公司风险偏好范围内规范资金运用各个业务流程，有效防范资产负债管理风险、市场风险、信用风险、操作风险、战略风险、声誉风险及流动性风险等风险。

第二十条　保险机构应当根据资产的风险状况对保险资产进行分类，揭示保险资产的实际价值和风险程度，全面、真实、动态地反映资产质量，加强保险资金运用风险管理。

第二十一条　保险机构应当针对风险的特性，多层次、多角度识别、评估与量化投资运作过程中面临的各种风险，包括内部风险和外部风险、固有风险和剩余风险，对已识别风险进行分析和评价，评估各种风险发生的可能性以及对公司经营目标的影响程度，形成风险管理及应对的依据。

第二十二条　保险机构应当根据投资品种的不同类型，建立完善的风险预警体系，围绕风险容忍度，通过风险限额及关键风险指标体系监控风险变化和开展持续的风险管理。风险指标可以包括定性指标和定量指标。

保险机构应当建立资产配置压力测试模型，实施敏感性测试和情景测试，测试特定情景和各种不利情景下资产、收益和偿付能力变化，评估潜在风险因素和整体风险承受能力。保险机构相关部门应当根据测试结果提出资产配置管理意见，反馈相关部门并向经营管理层和专业委员会报告。

第二十三条　保险机构应当建立重大突发事件应急处理机制。应急处理机制包括但不限于风险情形、应急预案、工作目标、报告路线、操作流程、处理措施等。必要时应当及时启动应急处理机制，尽可能控制并减少损失。

第二十四条　保险机构应当根据自身业务性质、规模和复杂程度开发相适应的风险量化技术，完善风险量化模型及风险指标体系，应用先进成熟的风险管理经验，实现定量与定性方法的有机结合，将风险管理与偿付能力管理及资本管理有效连接。

第三章　控制活动

第二十五条　保险机构应当针对不同投资业务类型，准确识别各投资业务流程与资金运用目标相关的风险，通过手工控制与自动控制、预防性控制与发现性控制相结合的方法，运用相应的控制措施，将风险控制在可承受度之内。

第二十六条　保险机构开展各类投资业务，应当按照本指引及配套应用指引开展内部控制活动。

第一节　委托、受托关系管理及控制

第二十七条　保险机构根据投资管理能力和风险管理能力，可以自行投资或者委托给符合条件的保险资金投资管理人进行投资。

保险机构开展保险资金委托投资的情况下，保险机构为委托人，保险资金投资管理人为受托人，托管机构为托管人。

第二十八条　保险机构开展保险资金委托投资，应当建立资产托管机制和委托投资管理制度，形成健全的资产管理体制和明确的资产配置计

划,并综合考虑风险、成本和收益等因素,通过市场化方式合理确定投资管理人数量,开展审慎尽职调查。

第二十九条 保险资金委托投资范围和方式应当符合中国保监会相关规定。

第三十条 投资连结保险产品和非寿险非预定收益投资型保险产品的资金运用,应当在资产隔离、资产配置和投资管理等环节,独立于其他保险产品资金。

第三十一条 保险机构应当建立投资管理人选聘、监督、评价、考核等制度,并覆盖委托投资全部过程。受托的投资管理人应当具有国家有关部门认可的资产管理业务资质;具有健全的操作流程、内控机制、风险管理及稽核制度,建立公平交易和风险隔离机制;设置与受托管理业务相适应的专业部门或岗位。

第三十二条 作为委托人,保险资金运用实行董事会负责制。

(一)作为委托人的保险机构董事会或董事会授权的专业委员会应当主要履行下述职责:审定保险资金运用管理制度;确定保险资金运用的管理方式;审定资产战略配置规划、年度投资计划和投资指引及相关调整方案;决定重大投资事项;建立资金运用绩效考核制度等。

(二)保险机构决定委托投资,以及投资无担保债券、股票、股权、不动产、其他金融产品、金融衍生品及境外投资等重大保险资金运用事项,应当依照相关规定,经董事会或董事会授权的专业委员会审议通过,由董事会承担委托投资的最终责任。

(三)委托人应当设立资产负债管理委员会或有相应职能的委员会(如投资决策委员会),在董事会授权下,根据公司整体风险状况和各类风险敞口累计水平,协助董事会审议资产配置政策,并提出调整及指导意见。

第三十三条 保险机构委托投资资金及其运用形成的财产,应当独立于投资管理人、托管人的固有财产及其管理的其他财产。

保险机构应当建立完善的资产隔离制度,保险公司不同账户、保险资金受托管理机构的受托管理资产与自有资金、保险资金受托管理机构的不同委托人的资产要实行独立运作,分别核算。

第三十四条 作为委托方的保险机构应当设置专门的保险资产管理部门。

(一)保险资产管理部门应当独立于财务、精算、风险控制等其他业务部门。

(二)保险资产管理部门履行委托人职责,监督投资行为和评估投资业绩等职责,包括:拟定保险资金运用管理制度,拟定资产战略配置规划和年度资产配置策略,拟定资产战略配置调整方案,执行年度资产配置计划,实施保险资金运用风险管理措施及其他职责。

(三)保险资产管理部门应当在投资研究、资产清算、风险控制、业绩评估、相关保障等环节设置岗位,建立防火墙体系,实现专业化、规范化、程序化运作。

第三十五条 保险机构开展委托投资,应当与投资管理人签订委托投资管理协议,载明当事人权利义务、关键人员变动、利益冲突处理、风险防范、信息披露、异常情况处置、资产退出安排以及责任追究等事项。

保险机构应当按照市场化原则,根据资产规模、投资目标、投资策略、投资绩效等因素,协商确定管理费率定价机制,动态调整管理费率水平,并在委托投资管理协议中载明。

第三十六条 保险机构应当根据保险资金风险收益特征,审慎制定委托投资指引,合理确定投资范围、投资目标、投资期限和投资限制等要素,定期或者不定期审核委托投资指引,并做出适当调整。

投资管理人应当执行保险机构资产配置指引,根据保险资金特性构建投资组合,公平对待不同资金。

第三十七条 作为受托方的投资管理人的运作应当符合监管规定及合同约定。

(一)投资管理人在各受托账户之间、受托账户与自有账户之间设立防火墙,建立防范账户间利益输送的制度规范;

(二)投资管理人指定账户投资经理,确定账户管理方式与流程,拟订投资计划,开展具体投资业务;

(三)投资管理人存在利益冲突的不同性质账户投资经理不应存在交叉重叠;

(四)投资管理人存在违反合同约定投资,不公平对待不同资金,挪用受托资金,违规向委托机构提供最低投资收益承诺,以保险资金及其投形成的资产为他人设定担保及其他违法违规行为的,保险公司应当及时解聘或更换投资管理人。

第三十八条 保险机构应当定期评估投资管理人的管理能力、投资业绩、服务质量等要素,跟踪监测各类委托投资账户风险及合规状况,定期出具分析报告。发生重大突发事件,保险机构应当立即采取有效措施。

保险机构开展委托投资,应当建立投资资产退出机制,有效维护保险资产的安全与完整。

第三十九条 保险机构应当根据保险业务和资金特点,划分"普通账户"和"独立账户",实行资产配置分账户管理,并在资金清算、会计核算、账户记录等方面确保独立、清晰与完整。

第四十条 保险机构应当建立和完善保险资产托管机制,选择符合规定的商业银行等专业机构作为托管机构,对保险资金运用形成的各项投资资产实行第三方托管和监督。

托管机构应当严格按照保险机构或专业投资管理机构的有效指令办理资金收支,并确保托管保险资产的收支活动通过托管资金账户进行。

第四十一条 涉及银行账户资料和资产权属证明等移交的信息及文件交接,应当明确委托人、受托人和托管人三方的日常沟通方式、指令流转方式以及对接信息系统等,使各方具备履行职责的条件。

第四十二条 报告与沟通。

(一)保险机构应当及时向受托人及托管人提供委托资产相关信息和数据,更新投资指引等;

(二)投资管理人受托投资或者发行保险资产管理产品,应当根据合同约定,向有关当事人披露资金投向、投资管理、资金托管、风险管理和重大突发事件等信息,保证披露信息的真实、准确和完整,并为保险机构查询上述信息提供便利和技术支持;

(三)托管人应及时向委托人和受托人报告投资风险等情况;

(四)保险资金委托人、受托人与托管人三方之间应建立重大和紧急事项沟通协调机制,妥善解决委托资产管理与运用中的具体问题。

第二节 投资决策控制

第四十三条 保险机构应当建立健全相对集中、分级管理、权责统一的投资决策和授权制度,制定明晰的决策流程,明确授权方式、标准、程序、时效和责任。

(一)建立民主、透明的决策程序和管理议事规则,高效、严谨的业务执行系统以及健全、有效的内部监督和反馈系统;

(二)建立适应各种资金来源、各投资品种以及公司内部工作需要的决策体系,保证资金运用程序必须遵从相关法规要求和管理层的操作规程,经办人员的每一项工作必须在其业务授权范围内进行;

(三)建立明确及适当的决策层级,实现自上而下、次序分明、关键决策层级互相独立且存在回避机制的决策体系;

(四)建立健全投资授权制度,明确授权流程、授权调整流程、转授权流程以及授权标准,按照职责为各授权层级赋予相应投资类型的决策权限,包括但不限于权限类型、投资范围、投资金额、投资方向等;

(五)保险机构关于资金运用的重大业务授权应当采取书面形式,授权书应当明确授权内容和时效;

(六)决策体系应当按照公司业务发展、组织架构、部门职责的变化情况及时进行调整;

(七)制定明确的决策程序、议事规则及回避机制,明确决策中应关注的因素,如资产负债匹配,合规性审查,是否涉及关联交易等。

第四十四条 保险机构应当明确重要决策的充分依据。

(一)在充分研究的基础上建立投资品种的选择标准,如建立债券备选库、股票备选库、基金备选库等,并建立相应的入库标准;

(二)确定重要投资决策的决策层级,确保重要投资决策经过集体决策,确保决策人决策的独立性和客观性;

(三)对于不同的投资品种和决策事项,公司应当明确不同投资品种决策的必备要件;

(四)明确重要投资决策必须留下相关书面记录,如会议纪要、最终投资决议等,确保投资决策所依据的材料均经过审慎考虑,并由决策人在最终投资决议上确认;

(五)实现决策流程的信息化和自动化,通过信息系统手段实现投资决策流程、次序的自动控制;

(六)保证决策记录的完整性。

第四十五条 保险机构投资应当根据资产战略配置规划和年度配置策略,按照安全性、流动性和收益性要求,综合偿付能力约束、外部环境、风险偏好和监管要求等因素,分析保险资金成本、现金流和期限等负债指标,选择具有相应风险收益特征、期限及流动性的投资品种进行配置。

第四十六条 保险机构应当规范投资研究工作的流程,明确决策信息的采集范围,确保投研独立、客观、准确。

(一)建立专业化分析平台,聘用专业投资分析人员,研究制定涵盖交易对手管理和投资品种选择的模型和制度,为保险资金运用决策提供研究依据;

(二)充分利用外部研究成果,建立外部研究资源管理及评价体系。

第四十七条 保险机构应当建立完善的、独立的信用风险管控体系,对信用类投资产品的投资决策进行有效支持。

(一)建立内部信用评级体系,设立专门部门或岗位,配备专业管理人员,保证信用评级与投资交易在部门、岗位、人员方面独立;

(二)建立适应公司需求、满足投资需要的信用评估模型和评级系统;

(三)建立健全信用风险管理制度,定期评估并持续监控信用产品各品种及整体信用风险,为公司进一步投资决策提供支持与预警;

(四)明确信用评级流程,包括信息收集、调研访谈、初步评定、提交报告、跟踪评级等内容;

(五)建立适当的信息审查机制,确保获取信息的真实性与准确性;

(六)使用经审核的信用评级报告作为信用产品投资决策的依据。

第三节 交易行为控制

第四十八条 保险机构应当对投资指令进行审核,确认其合法、合规与完整后方可执行。应当建立全面的集中交易管理体系,包括但不限于实行集中交易制度、设立集中交易室、实行门禁管理、公平对待不同来源资金、及时归档整理交易过程中产生的各类交易单据等。

第四十九条 保险机构应当制定规范的资金管理制度,明确资金调拨流程,严格资金业务授权批准制度,建立重大突发事件应急预案,保证公司资金安全。

第五十条 保险机构应当建立公司行为管理制度,跟踪、收集、整理与持仓投资产品的到期日、付息日、除权日等公司行为相关的信息,及时向投资人员发送影响公司行为的重要提示信息。

第五十一条 保险机构应当按照监管机构对于各类投资交易的有关规定,及时、真实、准确、完整地向监管机构提交报告、报表、文件和资料。

第四节 财务核算控制

第五十二条 保险机构应当依据国家有关法律、法规制定相关财务制度和会计工作操作流程,并针对各个风险控制点建立严密的会计系统控制。

保险机构应建立严格的制度,规范保险资金运用核算行为。

(一)明确投资管理等各项费用报酬收取的协议约定及核算要求,并对收取的各项费用报酬开具相应的发票或支付确认;

(二)建立明确的资金划款账户开立以及变更审批程序;

(三)资金的收款指令应及时确认与资金到账情况一致;

(四)资金划款指令应经过恰当审批并与资金支付一致。

第五十三条 保险机构应将自有资产与委托资产以及自行管理的资产管理产品分别设账管理,建立完善的资产管理办法,明确规定其各自的用途和资金划拨的严格控制程序。

第五十四条 保险机构应实行前台交易、资金管理和清算核算人员的严格分离。

第五十五条 保险机构应当采取适当的会计控制措施,规范会计核算工作,及时准确完成核算与信息披露,确保财务信息真实、准确和完整。

(一)明确各类金融资产分类以及重分类的核算方法与核算规则;

(二)明确收益核算的口径、方法与核算规则;

(三)明确质押证券回购业务的核算方法和核算规则;

(四)明确应计利息和收益分配的计算口径、方法和核算规则;

(五)明确应收、应付的资金和利息的核算方法与核算规则；

（六）财务核算结果应该经过独立复核，会计核算、产品报告及财务会计报告上有关数据应核对一致。

第五十六条 保险机构应当建立适当的会计估值政策与制度规范。估值结果应当经过恰当的复核审查，按照有关规定和合同的约定及时处理估值错误，并进行信息披露。

第五十七条 保险机构每日完成交易后，应当进行清算和交易信息核对工作。

（一）投资部门的业务交易台账应该与后台清算记录和资金记录保持一致，并保留复核纪录；

（二）后台部门应定期与托管机构及证券注册登记机构进行交易信息与资金对账，并保留复核纪录；

（三）财务核算人员应当与清算人员对持仓数据、会计分类等内容进行定期核对，并保留书面记录；

（四）数据核对过程中发现的差异应当及时进行更正，并在信息系统中进行维护，保证会计核算以及翌日投资交易头寸的准确性。

第五十八条 保险机构应当在投资清算及收益分配完成后，及时在托管机构进行托管账户注销。账户销户应当出具清算报告，提交给投资人和其他相关方，并报送监管部门。

第五十九条 保险机构应当建立完善的交易记录制度，每日的交易记录应当及时核对并存档。会计核算人员收到上一环节交接的原始单证和交易汇总记录后，应妥善检查、保管相关单证和原始凭证。

第五节 信息系统控制

第六十条 保险机构应当建立保险资金运用信息管理系统及完善的信息管理体系，减少或者消除人为操纵因素，自动识别、预警报告和管理控制保险资金运用风险，确保实时掌握风险状况。

（一）保险机构应当根据职能建立具有投资交易、清算、估值核算、信用评级、风险控制及资讯等功能的系统，作为保险资金运用的基础设施；

（二）保险机构应当根据业务需要，明确各系统间数据自动传输的内容、方向、频率和操作方式等，合理保证数据传输的安全性、完整性、及时性及可靠性，并建立传输前后的数据校验机制，确保接口传输的准确性与稳定性。

第六十一条 保险机构应当根据公司业务发展战略，制订明确的信息化工作规划。规划应具有开放性和前瞻性，符合公司经营管理的需要，并确保信息化建设的稳定性和延续性。

第六十二条 保险机构应当根据国家法律法规的要求，遵循安全性、实用性、可操作性原则，严格制定保险资金运用相关电子信息系统的管理规章、操作流程、岗位手册和风险控制制度，通过严格的信息安全管理制度、授权制度、岗位责任制度、系统运行维护制度、门禁制度、内外网分离制度等管理措施，确保系统安全运行。

第六十三条 保险机构相关部门对保险资金运用相关信息系统管理岗位职责进行规范，确保系统运营维护过程中不相容岗位职责分离。

（一）信息技术开发、运营维护、业务操作等人员必须互相分离，信息技术开发、运营维护等技术人员不得介入实际的业务操作；

（二）建立各系统的岗位授权标准，严格控制不相容岗位职责的分离及账号权限的管理，规范权限分配、检查和清理流程。

第六十四条 保险机构应当对信息数据实行严格的管理，保证信息数据的安全、真实和完整，并能及时、准确地传递；严格计算机交易数据的授权修改程序，并坚持电子信息数据的定期查验制度。

第六十五条 保险机构的系统数据应逐日备份并异地妥善存放，系统运行数据中涉及交易对手信息和交易记录的备份应当在不可修改的介质上保存15年。

第六十六条 保险机构的信息管理系统应当设定合规性和风险指标阈值，将风险监控的各项要素固化到相关信息技术系统之中，降低操作风险、防止道德风险。

第六十七条 保险机构应当制定业务连续性计划和灾难恢复计划并定期组织演练。

第六十八条 保险机构应当建立完善的信息系统开发管理组织体系，制定完备的开发管理制度，确保系统开发过程中符合安全要求；系统开发、测试环境应与生产环境有效分离，确保生产系统的安全性和稳定性。

第六十九条 保险机构应当建立健全信息安全管理制度和报告机制，加强信息安全的监控和预警。

第七十条 保险机构应当建立网络访问控制措施,部署监控手段,加强防火墙、防病毒软件、网络访问权限管理,确保网络物理安全及逻辑安全,对于安全事件应及时响应并分析,确保业务系统安全稳定运行。

第四章 信息与沟通

第七十一条 保险机构应当建立保险资金运用信息与沟通制度,明确内部控制相关信息的收集、处理和传递程序,确保信息及时沟通,促进内部控制有效运行。

保险机构应当对收集的各种内部信息和外部信息进行合理筛选、核对、整合,提高信息的有效性。

内部信息收集包括财务会计资料、经营管理资料、调研报告、专项信息、内部刊物、办公网络等渠道。

外部信息收集包括行业协会组织、中介机构、往来单位、市场调查、来信来访、网络媒体以及有关监管部门等渠道。

第七十二条 保险机构应当将保险资金运用相关信息在内部各管理级次、责任单位、业务环节之间,以及与外部投资者、业务伙伴、客户、中介机构和监管部门等有关方面之间进行沟通和反馈,并确保各环节履行必要的信息保密义务。信息沟通过程中的重要信息应当及时传递给董事会、监事会和管理层,信息传递过程中发现的问题应当及时报告并解决。

第七十三条 保险机构应当利用信息技术促进信息的集成与共享,充分发挥信息技术在信息与沟通中的作用。保险机构应当加强对信息系统开发与维护、访问与变更、数据输入与输出、文件储存与保管、网络安全等方面的控制,保证信息系统安全稳定运行。

第五章 内部监督

第七十四条 保险机构应当建立投资问责制度。建立"失职问责、尽职免责、独立问责"的机制,所有参与人员在各自职责范围内,承担相应的管理责任。对于高级管理人员和主要业务人员违反监管规定及公司管理制度,未履行或者未正确履行职责,造成资产损失的,应当按照问责制度进行责任追究。涉及非保险机构高级管理人员和主要业务人员的,保险机构应当按照有关规定和合同约定追究其责任。

第七十五条 保险机构应当建立有效的内部监控及稽核检查体系,设立专门的内部稽核部门或岗位,严格内部稽核人员的专业任职条件,充分发挥内部稽核部门和人员的权威性,对保险资金运用内部控制情况独立地履行检查、评价、报告、建议职能。

第七十六条 保险机构应当建立健全内部监控及稽核检查制度,明确内部稽核部门各岗位的具体职责,严格内部稽核的操作程序和组织纪律,提高内部稽核工作的质量和效率。

第七十七条 内部稽核人员应当每年检查内部控制制度的执行情况,协助内部控制部门对保险资金运用内部控制体系的健全性、合理性和有效性进行综合评估,编制保险资金运用内部控制评估报告,确保保险资金运用活动的有效进行。

第七十八条 内部稽核人员发现违法违规行为、异常交易情况或者重大风险隐患,应当按程序规定向公司管理层、董事会及监事会报告,公司董事会、监事会和管理层应当重视和支持内部稽核工作,责令有关部门限期整改。

第七十九条 保险机构应当建立保险资金运用"惩防并举、重在预防"的反舞弊机制,明确反舞弊工作的重点领域、关键环节和有关机构在反舞弊工作中的职责权限,规范舞弊案件的举报、调查、处理、报告和补救程序。

保险机构应当建立保险资金运用的举报投诉制度和举报人保护制度,设置举报通道,明确举报投诉处理程序、办理时限和办结要求,确保举报、投诉成为公司有效掌握信息的重要途径。

第六章 附 则

第八十条 本指引的配套应用指引由中国保监会另行制定。

第八十一条 本指引由中国保监会负责解释和修订。

第八十二条 本指引自 2016 年 1 月 1 日起施行。中国保监会现行规定与本指引不一致的,依照本指引执行。中国保监会 2004 年 4 月 28 日发布的《保险资金运用风险控制指引(试行)》(保监发〔2004〕43 号)同时废止。

保险资金运用内部控制应用指引
第1号——银行存款

第一节 总 则

第一条 为促进保险资金运用规范发展，有效防范和化解风险，维护保险资金运用市场安全与稳定，依据国家有关法律法规和《保险资金运用内部控制指引》，特制定本指引。

第二条 本指引所指银行存款，是指保险机构除用于维持日常经营需要的活期存款外的所有其他银行存款。

第三条 保险机构应当至少关注涉及银行存款管理的信用风险和操作风险等风险。

第四条 保险机构应当将银行存款投资纳入投资账户管理之中，建立授信评估、投资决策和风险管理等制度，明确账户开立、资金划转、单证保管等操作环节管理要求，确保合规运作。

第二节 职责分工与授权批准

第五条 保险机构应当建立银行存款投资业务的岗位责任制，明确相关部门和岗位的职责权限，严格分离投资前、中、后台岗位责任，确保办理存款投资业务的不相容岗位相互分离、制约和监督。

银行存款投资业务不相容岗位至少应当包括：

（一）信用评估及授信与存款投资执行；

（二）信用评估及存款投资授信与审批；

（三）投资决策与存款投资执行。

第六条 保险机构应当配备合格的人员办理银行存款投资业务。办理银行存款投资业务的人员应当具备良好的职业道德，掌握金融、投资、财会、法律等方面的专业知识。

第七条 保险机构应当建立健全相对集中、分级管理、权责统一的银行存款投资决策和授权制度，以及覆盖投资研究、决策、询价、谈判、合同签署、交易执行、业务资料保管、投后管理等各个业务环节的操作流程及操作细则，明确各个环节、有关岗位的职责要求、衔接方式及操作标准。保险机构应定期检查和评估银行存款投资相关制度的执行情况。

第三节 投资研究与决策控制

第八条 保险机构应当建立专业化的分析平台，研究制定涵盖交易对手管理和存款产品选择的制度和模型，建立符合监管规定及公司制度的交易对手备选库，并收集交易对手的长期信用评级、资本充足率、注册资本、净资产、重大违规事项等基本信息，及时更新交易对手库。

第九条 保险机构投资银行存款，应建立内部信用评估机制，利用存款银行披露信息、外部独立机构信用评级和监管机构评价，评估存款银行的信用风险，根据信用风险程度制定授信额度。

第十条 保险机构的存款投资部门应当建立日常的询价机制，根据自身投资和管理的需要，及时跟踪掌握存款市场的信息。

第十一条 存款投资的计划应当符合监管机构相关规定、委托方的投资指引以及公司内部的投资政策和资产配置计划，并经过相关部门或职能机构的审议，确保各类风险得到有效评估。

第十二条 存款投资决议应按照公司投资决策和授权制度进行审议和审批，决策人员应充分了解存款投资研究结果及存款银行相关信息。

第四节 投资执行控制

第十三条 保险机构应当按照相关制度规定要求安排经办人员与存款银行进行交易谈判，并密切监控询价、谈判环节的执行过程。重大谈判应遵循双人谈判原则，保留谈判记录并由经办人员及监控人员复核确认。

第十四条 存款投资中存款合同需经保险机构相关部门的审核，确保投资业务信息与投资决议一致，合同条款合规合法。

第十五条 经办人员负责办理银行存款相关协议的签订和用印手续，法务人员负责合同的审查，并严格遵守公司合同管理相关规定。

第十六条 每日交易结束后，经办人员应当及时整理交易过程中产生的各类交易单据，并按公司制度规定及时进行归档，以便完整保存指令记录、银行存单及其他交易文档。

第五节 投资后管理

第十七条 保险机构信用风险管理部门应当持续跟踪有余额存款的存款银行信用状况，信用评级下调致使银行不再满足公司投资要求的，应及时告知银行存款投资部门。存款银行发生可能导致其信用恶化的重大事件的，信用风险管理部门应当及时进行风险提示和预警。

第十八条 保险机构应当明确银行存款投资后管理岗位职责，跟踪并收集利率变动信息，及时调整或要求托管行调整应收利息数据，并整理有余额存款的到期日、付息日，保证银行存款到期及时支取本息。

第十九条 银行存款提前支取应当遵循保险机构的相关制度和内部流程，确保提前支取经过适当审批。

第二十条 保险机构以银行存款质押为自身融资的，应当遵照监管要求和内部管理制度进行审批，保证融资用途为临时调剂头寸和应付大额保险赔付等现实需要。银行存款质押融资的额度纳入融资杠杆监测比例管理，并及时向监管机构报告。

第二十一条 保险机构应当针对存款银行未能按时全额支付存款本金或利息的情况制定应对机制，必要时应启动重大突发事件应急机制。

第二十二条 按照监管机构对于银行存款的有关规定，及时、真实、准确、完整地向监管机构提交报告、报表、文件和资料。

第六节 附 则

第二十三条 本指引自2016年1月1日起施行。中国保监会现行规定与本指引不一致的，依照本指引执行。

保险资金运用内部控制应用指引第2号——固定收益投资

第一节 总 则

第一条 为促进保险资金运用规范发展，有效防范和化解风险，维护保险资金运用市场安全与稳定，依据国家有关法律法规和《保险资金运用内部控制指引》，特制定本指引。

第二条 本指引所指固定收益投资，是指保险机构投资具有明确存续到期时间、按照预定的利率和形式偿付利息和本金等特征的资产，以及主要价值依赖于上述资产价值变动的资产，包括债券及其他符合《保险资金运用管理暂行办法》规

定的各类固定收益投资。

第三条 保险机构应当至少关注涉及固定收益投资的下列风险：

（一）投资范围和投资产品的合规风险；

（二）固定收益产品及交易对手信用风险；

（三）投资决策风险；

（四）交易执行及投后管理风险；

（五）财务报告及信息披露风险。

第四条 保险机构应当建立明确的决策与授权机制，严谨高效的业务操作流程、完善的风险控制制度、风险处置预案和责任追究制度，明确投资决策、交易执行、投资后管理、信息披露等环节的内部控制要求。

第二节 职责分工与授权批准

第五条 保险机构应当建立固定收益投资业务的岗位责任制，明确相关部门和岗位的职责权限，建立资产托管、集中交易和防火墙机制，严格分离投资前、中、后台岗位责任，确保固定收益投资业务不相容岗位相互分离、制约和监督。

固定收益投资业务不相容岗位至少应当包括：

（一）信用评估及授信研究与固定收益投资指令下达；

（二）固定收益投资指令下达与交易执行；

（三）投资前台与中台风控、组合管理以及后台清算、核算。

第六条 保险机构应当配备一定数量具有债券投资经验的人员办理固定收益投资业务，并配备具有债券分析、信用评估、信用分析的专业人员。

第七条 保险机构应当建立健全相对集中、分级管理、权责统一的固定收益投资决策和授权制度，以及覆盖投资研究、投资决策、投标报价、合同签署、场内外交易执行、业务资料保管、投后管理等各个业务环节的操作流程及操作细则，明确各个环节、有关岗位的职责要求、衔接方式及操作标准。保险机构应定期检查和评估固定收益投资相关制度的执行情况。

第三节 投资研究与决策控制

第八条 保险机构应当建立信用评估模型进行内部信用评级，构建交易对手资料库，收集交易

对手披露信息、外部独立机构信用评级和监管机构评价,评估交易对手及产品的信用风险,并逐步完善评级信息数据库,持续积累信用信息和数据,并根据信用风险程度制定授信额度。

第九条 保险机构应当对拟投资的固定收益证券进行充分研究,撰写研究报告,并建立不同层级的固定收益证券池,定期跟踪并分析交易对手信用风险变化,加强固定收益证券池的日常维护和管理,为固定收益投资决策提供依据。

第十条 保险机构应当加强债券投资及债券逆回购业务的信用风险、市场风险和流动性风险管理,定期开展压力测试与情景分析,并根据测试结果适度调整投资策略。

第十一条 保险机构应当在监管要求的范围内开展债券回购业务,需要考虑资产组合流动性、货币市场利率水平、金融工具风险收益等因素,合理确定融入资金利率,明确融资的利率区间。

第十二条 固定收益投资的计划应当符合监管机构相关规定、委托方的投资指引以及公司内部的投资政策和资产配置计划,投资过程需要有合理的审议和控制措施,确保各类风险得到有效评估。

第十三条 固定收益投资决议应按照公司投资决策和授权制度进行审议,决策人员应充分了解固定收益投资外部信用评级结果、内部信用评级结果、担保效力、发行人还款来源以及交易对手方的相关信息。重大投资应遵循集中决策的要求进行。

第四节 投资执行控制

第十四条 保险机构应当对投资指令进行审核,确认其合法、合规与完整后方可执行。固定收益投资交易的执行,应当建立全面的集中交易管理体系,包括但不限于:

(一)实行集中交易制度,严格隔离投资决策与交易执行;

(二)设立集中交易室,实行门禁管理,未经批准其他人不得随意进入。安装集中交易监测系统、预警系统和反馈系统,对交易室固定电话、网络通信等实施交易时间内监控,交易机设置交易密码并定期更换,以隔离投资决策与执行;

(三)建立有效的监督和制约机制,密切监控交易过程中的谈判、询价等关键环节,谈判、询价应与交易执行相分离,交易员不得将与投资相关资料带出交易室。

第十五条 投资交易指令的下达必须通过公司统一的投资交易管理系统,原则上禁止绕过系统仅以电话方式下达指令。对逐笔交割的场外交易,相关岗位人员应负责办理相关协议的签订和单证用印手续,遵守合同管理相关规定。

第十六条 受托机构应公平对待受托资金,包括账户设置、研究支持、资源分配、人员管理、系统设置等方面。交易系统应启用公平交易模块,获取公平交易模块参数设置情况。在交易层级,对不同投资账户的同类投资指令,以时间优先、价格优先、比例分配为公平交易执行原则。

第十七条 保险公司及保险资产管理公司应当明确签订债券买卖合同、分销协议等固定收益投资相关合同协议的审批流程,确保投资业务信息与投资决议一致,合同条款合规合法。

第十八条 保险机构进行固定收益产品投资,应当书面约定手续费及其他相关费用。保险机构与托管银行的资金划拨和费用支付、与证券经营机构的费用支付,均应采用透明方式,通过银行转账实现。

第十九条 每日交易结束后,交易员应当及时整理交易过程中产生的各类交易单据,并按公司制度规定及时进行归档,以便完整保存投资指令、银行划款指令及其他交易文档。

第五节 投资后管理

第二十条 保险机构信用风险管理部门应当持续跟踪交易对手信用状况,信用评级发生调整的,应及时告知固定收益投资部门。交易对手发生可能导致其信用恶化的重大事件的,信用风险管理部门应当及时进行风险提示和预警。

第二十一条 保险机构应当明确固定收益投资后管理岗位职责,跟踪并收集到期日、付息日及利率变动等信息,与前台投资经理密切沟通存量债券是否行权,与中台风控沟通组合久期的变动情况等信息,及时调整或要求托管调整应收利息数据,确保及时支取本息。

第二十二条 保险机构应当针对交易对手方未能按时全额支付本金或利息的情况制定应对机制,启动催收流程,并在必要时应启动重大突发事件应急机制。

第二十三条 保险机构应当明确固定收益投资业务相关文件资料的取得、归档、保管、调阅等各个环节的管理规定及相关人员的职责权限。

第二十四条 按照监管机构对于固定收益投资的有关规定，及时、真实、准确、完整地向监管机构提交报告、报表、文件和资料。

第六节 附 则

第二十五条 本指引自 2016 年 1 月 1 日起施行。中国保监会现行规定与本指引不一致的，依照本指引执行。

保险资金运用内部控制应用指引第 3 号——股票及股票型基金

第一节 总 则

第一条 为促进保险资金运用规范发展，有效防范和化解风险，维护保险资金运用市场安全与稳定，依据国家有关法律法规和《保险资金运用内部控制指引》，特制定本指引。

第二条 本指引所指股票，是指保险机构投资公开发行并上市交易的股票和上市公司向特定对象非公开发行的股票。

股票型基金是指 80% 以上的基金资产投资于股票的基金。

第三条 保险机构应当至少关注涉及股票及股票型基金投资的下列风险：

（一）投资范围和投资产品的合规风险；
（二）股票及股票型基金的市场风险；
（三）投资决策风险；
（四）交易执行及投后管理风险；
（五）财务报告及信息披露风险。

第四条 保险机构应当建立明确的决策与授权机制、严谨高效的业务操作流程、完善的风险控制制度、风险处置预案和责任追究制度，明确投资决策、交易执行、投资后管理、信息披露等环节的内部控制要求。

第五条 保险机构开展股票和股票型基金投资业务，应当遵守《中华人民共和国证券法》《中华人民共和国证券投资基金法》以及国务院证券监督管理部门有关规定，接受国务院证券监督管理部门对其市场交易行为的监管。

保险机构涉及股票和股票型基金投资决策、研究、交易、清算管理人员以及其他相关人员，不得从事内幕交易和利益输送。

第二节 职责分工与授权批准

第六条 保险机构应当建立权益投资业务的岗位责任制，明确相关部门和岗位的职责权限，建立资产托管、集中交易和防火墙机制，严格分离投资前、中、后台岗位责任，确保股票投资业务不相容岗位相互分离、制约和监督。

股票及股票型基金投资的不相容岗位至少应当包括：

（一）投资指令下达与交易执行；
（二）投资前台与中台风控、组合管理以及后台清算、核算。

第七条 保险机构应当配备一定数量具有权益投资经验的人员开展股票及股票型基金投资业务，并配备投资分析、权益投资研究方面人员。从事权益投资的人员应当具备良好的职业道德，掌握金融、投资、财会、法律等方面的专业知识。

第八条 保险机构应当建立健全相对集中、分级管理、权责统一的权益投资决策和授权制度，以及覆盖投资研究、投资决策、指令下达、合同签署、交易执行、业务资料保管、投后管理等各个业务环节的操作流程及操作细则，明确各个环节、有关岗位的职责要求、衔接方式及操作标准。保险机构应定期检查和评估权益投资相关制度的执行情况。

第三节 投资研究与决策控制

第九条 保险机构应当成立股票投资研究部门，及时、准确、全面地向股票投资部门提供宏观情势判断、行业配置策略、行业及上市公司最新信息，为投资决策提供依据。

第十条 保险机构应当建立专业的股票投资研究分析平台，充分利用外部研究成果，制定涵盖宏观研究和行业研究的制度和模型。建立禁选池、备选池和核心池等证券池，实时跟踪并分析市场变化，维护证券池的相关信息，确保证券池管理的及时性和有效性。

第十一条 保险机构应当执行委托人资产配置指引，根据保险资金特性构建投资组合，公平对待不同资金。保险机构应根据委托方的投资指引确定股票投资计划，并按照内部程序进行书面审批和授权。

第十二条 保险机构开展股票及股票型基金投资，包括新股战略配售、非公开增发、战略股票配售等投资前，应当对拟投资的权益资产的基本面情况、行业情况、公司情况、财务状况等方面开展投资研究，并形成正式的投资研究报告。

第十三条 保险机构应当加强权益投资的市场风险管理，运用在险价值（VAR）等量化分析手段，分析权益投资的价值波动及风险暴露，并定期开展压力测试与情景分析，根据测试结果对偿付能力、资产负债管理影响适度调整投资策略。

保险机构应当针对权益投资设置行业和个别证券的集中度指标，按照资产负债管理和资产配置要求，密切监控相关风险敞口，制定风险控制措施，确保其在自身风险承受能力和资本覆盖能力之内。保险机构应当规范参与股票申购、增发、配售等行为，防止出现集中风险及锁定期限带来的流动性风险。

第十四条 股票及股票型基金投资决议应按照公司投资决策和授权制度进行审议，决策人员应充分了解投资研究报告及上市公司相关信息。权益投资决议应符合监管机构规定及公司投资指引，有效评估及控制相关风险，确保投资决策过程的专业性及审慎性。

第四节　投资执行控制

第十五条 保险机构应当对投资指令进行审核，确认其合法、合规与完整后方可执行。股票及股票型基金投资的执行，应当建立全面的集中交易管理体系，包括但不限于：

（一）实行集中交易制度，严格隔离投资决策与交易执行；

（二）交易指令的接收人员必须具有相应权益投资的交易权限；

（三）设立集中交易室，实行门禁管理，未经批准其他人不得随意进入。安装集中交易监测系统、预警系统和反馈系统，对交易室固定电话、网络通信等实施交易时间内监控，交易机设置交易密码并定期更换，以隔离投资决策与执行；

（四）对交易员建立有效的监督和制约机制，密切监控交易过程中询价等关键环节，交易员不得将与投资相关资料带出交易室。

第十六条 投资指令应当通过公司内部统一的投资交易管理系统下达，且经过系统风险控制规则的检查和指令复核操作。对需要采用人工方面下达的指令，复核人应确保按照相关检查要求和公司内部的规则对指令进行复核，并保留书面的复核记录，超额度投资指令应获取相应额度授权人的审批和授权。

保险机构应明确放弃配售等交易的审批授权机制。

第十七条 保险机构应当公平对待受托资金，包括账户设置、研究支持、资源分配、人员管理、系统设置等方面，确保各类账户或者投资组合享有研究信息、投资建议和交易执行等公平机会。在交易系统中应启用公平交易模块，获取公平交易模块参数设置情况。在交易层级，对不同投资账户的同类投资指令，以时间优先、价格优先、比例分配为公平交易执行原则。保险机构应当根据账户或者组合性质，配备独立的权益投资经理，严防账户之间的高位托盘、反向操作等利益输送。

保险机构应当加强对各类通讯工具的管理，对交易期间投资管理人员和交易人员的移动通讯工具集中保管，MSN、QQ、微信等各类即时通讯工具和电子邮件应实施全程监控并留痕，上述通讯资料和数据应当保存五年以上。

保险机构应当建立股票及股票型基金投资管理人员进行股票投资的申报、登记、审查、处置等管理制度，并将上述制度和股票投资有关人员的信息和变动情况报告中国保监会。保险机构应当加强职业道德教育，建立股票投资相关人员及直系亲属的股票账户备案制度，防范操作风险和道德风险。

第十八条 保险机构在投资过程中使用的相应投资合同应当由投资部门制作并经过复核，确保投资业务信息与投资决议一致；需经过法律及风险部门复核，确保合同条款合法合规，并制度化合同范本的修改和审批流程。

股票及股票型基金的投资合同、新股配售承销合同等文件的制作需经相关部门复核，确保投资业务信息与投资决议一致，合同条款合法合规，并按照监管要求进行报告。

第十九条 相关岗位人员应负责办理股票及股票型基金投资相关合同及协议的签订和单证用印手续，严格遵守合同管理相关规定。

第二十条 每日交易结束后，交易员应当及时整理交易过程中产生的各类交易单据,并按公司制度规定及时进行归档,以便完整保存投资指令、新股申购资料、投资签报、询价单、银行划款指令及其他交易文档。对于申购数量与交易结果不一致的情况,相关岗位人员应及时采取措施与内外部沟通,避免对后续交易产生影响。

第五节　投资后管理

第二十一条　保险机构应当持续跟踪持仓股票行情及上市公司行为数据,上市公司发生可能导致股价变动的重大事件的,研究部门应当及时进行风险提示和预警。

第二十二条　保险机构应当针对股票及股票型基金投资建立包括交易限额、风险限额、止损限额等在内的限额管理体系,制定相关制度并严格执行,将交易风险限制在可控范围内。

第二十三条　保险机构应当建立监测和防控机制,对内幕交易、利益输送和操纵价格等违法违规行为进行重点监控,发现投资同一上市公司股票比例较高、交易价格异常、反向交易频繁或交易数量较大等情形,应当按规定及时披露和报告相关信息。

第二十四条　保险机构应当明确股票及股票型基金投资后管理岗位职责,跟踪并收集公司行为数据,及时调整交易系统中除权除息日、红利发放日、新股招股公告日等信息。

第二十五条　保险机构应当明确各种与股票及股票型基金投资业务相关文件资料的取得、归档、保管、调阅等各个环节的管理规定及相关人员的职责权限。

第二十六条　按照监管机构对于股票及股票型基金的有关规定,及时、真实、准确、完整地向监管机构提交报告、报表、文件和资料。

第六节　附　　则

第二十七条　本指引自 2016 年 1 月 1 日起施行。中国保监会现行规定与本指引不一致的,依照本指引执行。

中国银保监会关于加强保险机构资金运用关联交易监管工作的通知

· 2022 年 5 月 27 日
· 银保监规〔2022〕11 号

各银保监局,各保险集团(控股)公司、保险公司、保险资产管理公司,保险业协会、保险资管业协会:

为深入贯彻落实党中央、国务院关于金融工作的重大决策部署,持续防范化解金融风险,根据《中华人民共和国保险法》《保险资金运用管理办法》(保监会令 2018 年第 1 号)、《银行保险机构关联交易管理办法》(中国银行保险监督管理委员会令 2022 年第 1 号)等法律法规,现就加强保险机构资金运用关联交易监管工作有关事项通知如下:

一、总体要求

坚持以习近平新时代中国特色社会主义思想为指导,强力整治保险机构大股东或实际控制人、内部人等关联方通过关联交易挪用、侵占、套取保险资金,输送利益,转移财产,规避监管,隐匿风险等,坚持零容忍、重处罚、严监管,坚决遏制资金运用违法违规关联交易,推动保险行业高质量发展。

二、压实保险机构主体责任

(一)保险机构应当坚持党对金融工作的集中统一领导,发挥好党组织把方向、管大局、保落实作用,主动加强资金运用关联交易管理。

(二)保险机构开展资金运用关联交易应当遵守法律法规和监管规定,稳健审慎、独立运作,遵循诚实信用、公开公允、穿透识别、结构清晰的原则。保险机构关联方不得干预、操纵资金运用,严禁利用保险资金进行违法违规关联交易。

(三)保险机构应当在公司章程和制度中明确规定股东(大)会、董事会、监事会、经营管理层等在资金运用关联交易管理中的职责分工,确保权责清晰、职能明确、监督有效。

(四)保险机构应当按规定加强关联方的识别和管理,建立并及时更新关联方信息档案。同时应当建立关联方信息核验制度,借助公开渠道查询、书面问询、大数据识别等方式方法,及时核验、更新关联方信息档案。必要时可以聘请律师事务所等独立第三方机构进行关联方信息档案审核。

（五）保险机构应当加强对交易对手、受托人、中介服务机构等资金运用业务合作机构管理，建立健全合作机构管理制度，明确合作机构准入及退出标准，对合作机构实施名单制管理，明确双方在合规等方面的责任和义务。

（六）保险机构应当加强资金运用关联交易决策审批程序管理，严格执行决策审批流程、授权机制及回避机制，不得存在倒签、漏签、授权不符、未遵守回避原则等行为。

（七）保险机构应当按照银保监会有关监管规定，真实、准确、完整、规范、及时、逐笔在公司网站和中国保险行业协会网站发布资金运用关联交易信息披露公告，不得存在任何虚假记载、误导性陈述或重大遗漏。

法律法规和相关规定要求不得公开披露、无需披露、免于披露或豁免披露的资金运用关联交易信息，保险机构应当至少于信息披露规定期限前5个工作日，向银保监会书面说明情况。

（八）保险机构开展资金运用业务，不得存在以下行为：

1. 通过隐瞒或者掩盖关联关系、股权代持、资产代持、抽屉协议、阴阳合同、拆分交易、互投大股东等隐蔽方式规避关联交易审查或监管要求。

2. 借道不动产项目、非保险子公司、第三方桥公司、信托计划、资管产品投资、银行存款、同业拆借，或其他通道、嵌套方式变相突破监管限制，为关联方或关联方指定方违规融资。

3. 通过各种方式拉长融资链条、模糊业务实质、隐匿资金最终流向，为关联方或关联方指定方违规融资、腾挪资产、空转套利、隐匿风险等。

4. 其他违法违规关联交易情形。

（九）保险机构应当建立资金运用关联交易内部问责机制，明确问责标准、程序、要求。当事人存在受人胁迫、主动举报、配合查处有立功表现等情形的，可视情形予以从轻或者减轻责任追究。

（十）保险机构应当建立资金运用关联交易举报机制，明确举报奖励机制和举报人保护机制，鼓励客户、员工、合作机构、中小股东、债权人等利益相关方及社会公众人士向公司、行业自律组织、监管部门举报。

三、加强监督管理

（一）鼓励、指导和督促保险机构按照实质重于形式和穿透的原则开展资金运用关联交易合规管理的自查自纠。对自查自纠、主动整改到位的保险机构，可根据《中华人民共和国行政处罚法》视情形予以从轻、减轻行政处罚或者不予行政处罚。

（二）保险机构资金运用关联交易监管应当重点监测和检查以下机构和行为：

1. 以资本运作为主业的金控平台或隐形金控平台投资设立的保险机构；杠杆率高、资金流紧张，激进扩张的产业资本投资设立的保险机构；股权高度集中、运作不规范的保险机构；

2. 在高风险银行存款占比高、另类投资集中度高、关联交易金额大、资金运用关联交易比例高或关联交易信息披露异常的保险机构；

3. 关注银行存款、未上市企业股权、私募股权投资基金、信托计划等业务领域投资，穿透识别存在向关联方或关联方指定方违规提供融资、质押担保、输送利益、转移资产的行为；

4. 风险资产长期未计提减值、长期不处置不报告，通过续作等方式遮掩资产风险、延缓风险暴露的行为。

（三）鼓励保险机构股东、董事、监事、员工等利益相关方和社会公众向监管部门举报资金运用违法违规关联交易行为，对关联交易当事人主动举报、配合查处有立功表现等情形，可根据《中华人民共和国行政处罚法》视情形予以从轻或者减轻责任追究。研究建立资金运用违法违规关联交易监测平台、信访举报奖励机制和举报人保护机制。丰富和完善保险机构关联交易信息、数据搜集渠道，加大对关联交易信息、数据的审查分析力度。

（四）坚持双罚制原则，对涉及保险机构资金运用违法违规关联交易行为的机构和个人视情形依法采取以下措施：

1. 对违法违规股东及关联方，录入不良记录数据库、纳入不良股东名单、社会公开通报、限制或暂停关联交易、限制股东权利、责令转让股权、限制市场准入、督促或责令承担赔偿责任；

2. 对违法违规保险机构，逐次计算罚款金额、没收违法所得、限制业务范围、停止接受新业务、吊销业务许可证；

3. 对相关责任人特别是董事、监事、高级管理人员，警告、责令改正、记入履职记录并进行行业通报、罚款、撤销任职资格、禁止一定期限直至终身进入保险业，督促或责令承担赔偿责任。

4.对配合保险机构开展资金运用违法违规关联交易的机构或个人，记录其不良行为，通报其行业主管部门；情节严重的，禁止保险机构与其合作，并建议有关监管部门依法给予行政处罚。

对违法违规情节严重、性质恶劣、屡查屡犯的保险机构和个人，从重处罚并进行行业通报和公开披露。

（五）保险机构监管部门要切实担负监管责任，进一步强化保险机构资金运用关联交易监管工作，督促本条线机构切实承担主体责任。加强与派驻保险机构的纪检监察机构、属地纪检监察机关、保险机构内部纪检机构、关联方纪检监察机构以及人民银行、公安部（局）等相关部门的工作联动。对于日常监管发现的保险机构人员、股东等相关人员违纪违法问题线索，及时向有权管理的纪检监察机关移交，及时跟进问责处理情况。对于违法违规开展关联交易构成犯罪的保险机构及相关责任人，移送司法机关，依法追究刑事责任。

四、充分发挥行业自律组织作用

（一）保险行业自律组织应当将保险机构资金运用关联交易行为纳入自律管理，建立健全资金运用关联交易自律规则、自律公约。研究制定保险机构资金运用关联交易管理制度及信息披露标准。研究建立违法违规关联交易社会举报监督机制、关联交易不良记录档案及黑名单。加强资金运用关联交易信息披露公告的质量监测和统计分析，及时将异常情况报告监管部门。依法依规开展自律监督检查、自律调查，督促机构整改规范。加大对违规开展资金运用关联交易或关联交易管理不审慎的保险机构的公开通报力度，视情况采取自律管理措施。

（二）保险行业自律组织要加强资金运用关联交易监管政策宣讲，开展资金运用关联交易合规管理经验交流与培训，切实提升从业人员资金运用关联交易合规意识，营造关联交易管理的合规文化。

（三）保险行业自律组织要加强舆论监督、风险监测与预警提示，加强与行业机构、保险资产登记交易平台等沟通协调和信息共享，及时掌握市场新情况。充分发挥自律管理职能，协助监管部门及时发现风险隐患和问题苗头。要加强与监管部门的沟通协作，及时移交自律监督检查、自律调查中发现的违法违规线索，提出监管检查建议。

六、财务管理

保险公司资本保证金管理办法

- 2015年4月3日
- 保监发〔2015〕37号

第一章 总 则

第一条 为加强对保险公司资本保证金的管理,维护保险市场平稳、健康发展,根据《中华人民共和国保险法》(以下简称《保险法》),制定本办法。

第二条 本办法所称保险公司,是指经保险监督管理机构批准设立,并依法登记注册的商业保险公司。

第三条 本办法所称资本保证金,是指根据《保险法》的规定,保险公司成立后按照其注册资本总额的20%提取的,除保险公司清算时用于清偿债务外不得动用的资金。

第四条 中国保险监督管理委员会(以下简称"中国保监会")依法对保险公司资本保证金进行监督管理,保险公司提存、处置资本保证金等行为应符合本办法规定。

第五条 保险公司应遵循"足额、安全、稳定"的原则提存资本保证金。

第二章 存 放

第六条 保险公司应当选择两家(含)以上商业银行作为资本保证金的存放银行。存放银行应符合以下条件:

(一)国有商业银行、股份制商业银行、邮政储蓄银行和城市商业银行;

(二)上年末净资产不少于200亿元人民币;

(三)上年末资本充足率、不良资产率符合银行业监管部门有关规定;

(四)具有完善的公司治理结构、内部稽核监控制度和风险控制制度;

(五)与本公司不具有关联方关系;

(六)最近两年无重大违法违规记录。

第七条 保险公司应将资本保证金存放在保险公司法人机构住所地、直辖市、计划单列市或省会城市的指定银行。

第八条 保险公司应当开立独立银行账户存放资本保证金。

第九条 资本保证金存款存放期间,如存放银行不符合本办法规定,或者存在可能对资本保证金的安全存放具有重大不利影响的事项(如,因发生重大违法违规事件受到监管部门处罚、资本充足率不足等),保险公司应及时向中国保监会报告,并将资本保证金存款转存至符合规定的银行。

第十条 保险公司应在中国保监会批准开业后30个工作日或批准增加注册资本(营运资金)后30个工作日内,将资本保证金按时足额存入符合中国保监会规定的银行。

第十一条 保险公司可以下形式存放资本保证金:

(一)定期存款;

(二)大额协议存款;

(三)中国保监会批准的其他形式。

第十二条 资本保证金存款存期不得短于一年。

第十三条 每笔资本保证金存款的金额不得低于人民币1000万元(或等额外币)。保险公司增加注册资本(营运资金)低于人民币5000万元(或等额外币)的,按实际增资金额的20%一笔提存资本保证金。

第十四条 保险公司应密切关注外币资本保证金存款的汇率波动。因汇率波动造成资本保证金总额(折合人民币)连续20个工作日低于法定要求的保险公司,应自下一个工作日起5个工作日内,按实际差额一笔提存资本保证金并办理相关事后备案手续。

第十五条 保险公司提存资本保证金,应与拟存放银行的总行或一级分行签订《资本保证金存款协议》。合同有效期内,双方不得擅自撤销协议。

第十六条　保险公司应要求存放银行对资本保证金存单进行背书："本存款为资本保证金存款,不得用于质押融资。在存放期限内,存款银行不得同意存款人变更存款的性质、将存款本金转出本存款银行以及其他对本存款的处置要求。存款银行未尽审查义务的,应当在被动用的资本保证金额度内对保险公司的债务承担连带责任。"

第三章　备　　案

第十七条　保险公司对资本保证金的以下处置行为,应在资本保证金存妥后10个工作日内向中国保监会事后备案:

(一)开业或增资提存资本保证金；

(二)到期在原存放银行续存；

(三)到期转存其他银行,包括在同一银行所属分支机构之间转存；

(四)到期变更存款性质；

(五)提前支取,仅限于清算时动用资本保证金偿还债务,或注册资本(营运资金)减少时部分支取资本保证金；

(六)其他动用和处置资本保证金的行为。

第十八条　保险公司开业或增资提存保证金存款、到期在原存放银行续存的,应向中国保监会提交以下备案资料:

(一)资本保证金存款备案文件；

(二)保险公司资本保证金备案表(一式两份)；

(三)《资本保证金存款协议》原件一份；

(四)资本保证金存单复印件以及存单背书复印件；

(五)中国保监会要求报送的其他材料。

第十九条　保险公司资本保证金存款到期转存其他银行或到期变更存款性质的,除向中国保监会提交第十八条备案资料外,还需提供以下资料:

(一)保险公司资本保证金处置情况表；

(二)原《资本保证金存款协议》复印件；

(三)原资本保证金存款存单复印件及存单背书复印件；

(四)中国保监会要求报送的其他资料。

第二十条　保险公司提前支取资本保证金,仅限于清算时使用资本保证金偿还债务,或注册资本(营运资金)减少时部分支取资本保证金的,除向中国保监会提交第十九条相关备案资料外,还需提供中国保监会批准保险公司清算文件或减资文件。

第二十一条　备案资料不符合要求的,保险公司应在收到中国保监会通知之日起10个工作日内,重新提交备案资料。

第二十二条　未经中国保监会事后备案的,不认定为资本保证金存款。

第四章　监　　管

第二十三条　除清算时用于清偿债务或资本保证金存放银行不符合本办法规定外,保险公司不得动用资本保证金。

第二十四条　在存放期限内,保险公司不得变更资本保证金存款的性质。

第二十五条　资本保证金存款不得用于质押融资。

第二十六条　未按照本办法规定提存、处置资本保证金的,中国保监会将依法进行处罚。

第五章　附　　则

第二十七条　经营保险业务的保险控股公司和保险集团公司资本保证金的管理,适用本办法。

第二十八条　本办法由中国保监会负责解释。

第二十九条　本办法自发布之日起实施,《关于印发〈保险公司资本保证金管理办法〉的通知》(保监发〔2011〕39号)同时废止。

附件:1. 资本保证金存款协议(基本条款示例)(略)

2. 保险公司资本保证金备案表(略)

3. 保险公司资本保证金处置情况表(略)

保险公司非寿险业务准备金管理办法

· 2021年10月14日中国银行保险监督管理委员会令2021年第11号公布

· 自2021年12月1日起施行

第一章　总　　则

第一条　为了加强对保险公司非寿险业务准备金的监督管理,促进保险公司稳健经营,夯实偿付能力计量基础,保护被保险人利益,根据《中华人民共和国保险法》(以下简称《保险法》)等法律、行政法规,制定本办法。

第二条　本办法所称非寿险业务,是指除人寿保险业务以外的保险业务,包括财产损失保险、责任保险、信用保险、保证保险、短期健康保险和意外伤害保险业务以及上述业务的再保险业务。

第三条　本办法所称保险公司,是指在中华人民共和国境内依法设立的经营上述非寿险业务的保险公司,包括财产保险公司、人身保险公司及再保险公司。

第四条　保险公司应建立并完善准备金管理的内控制度,明确职责分工和工作流程。保险公司评估各项准备金,应按照银保监会的规定,遵循非寿险精算的原理和方法,保持客观、谨慎,并充足、合理地提取和结转各项准备金。

第五条　银保监会及其派出机构依法对保险公司非寿险业务准备金进行监管。

第二章　准备金的种类及评估方法

第六条　保险公司非寿险业务准备金包括未到期责任准备金及未决赔款准备金。

第七条　未到期责任准备金是指在准备金评估日为尚未终止的保险责任而提取的准备金,包括未赚保费准备金及保费不足准备金。

第八条　未赚保费准备金是指以未满期部分保费收入为基础所计提的准备金,并应减除与获取保费收入相关联的保单获取成本的未到期部分。

第九条　对未赚保费准备金,应当采用以下方法确定:
(一)三百六十五分之一法;
(二)风险分布法;
(三)银保监会认可的其他方法。

第十条　保险公司应在未到期责任准备金评估过程中进行保费充足性测试,并根据测试结果提取保费不足准备金,作为未到期责任准备金的一部分。

第十一条　未决赔款准备金是指保险公司为保险事故已经发生但尚未最终结案的损失提取的准备金,包括已发生已报案未决赔款准备金、已发生未报案未决赔款准备金和理赔费用准备金。

第十二条　已发生已报案未决赔款准备金是指为保险事故已经发生并已向保险公司提出索赔,保险公司尚未结案的损失而提取的准备金。

第十三条　对已发生已报案未决赔款准备金,应当采用以下方法确定:
(一)逐案估计法;
(二)案均赋值法;
(三)银保监会认可的其它方法。

第十四条　已发生未报案未决赔款准备金是为下列情况所提取的赔款准备金:
(一)保险事故已经发生但尚未向保险公司提出索赔的;
(二)已经提出索赔但保险公司尚未立案的;
(三)保险公司已立案但对事故损失估计不足,预计最终赔付将超过原估损值的;
(四)保险事故已经赔付但有可能再次提出索赔的。

第十五条　对已发生未报案未决赔款准备金,应当根据险种的风险性质、分布特征、经验数据等因素采用以下方法确定:
(一)链梯法;
(二)案均赔款法;
(三)准备金进展法;
(四)B-F法;
(五)赔付率法;
(六)银保监会认可的其他方法。

第十六条　理赔费用准备金是指为尚未结案的损失可能发生的费用而提取的准备金,包括为直接发生于具体赔案的专家费、律师费、损失检验费等提取的直接理赔费用准备金,以及为非直接发生于具体赔案的费用而提取的间接理赔费用准备金。

第十七条　对已发生已报案案件的直接理赔费用准备金,应采用第十三条中规定的方法确定;对已发生未报案案件的直接理赔费用准备金,应采用第十五条中规定的方法确定;对间接理赔费用准备金,应采用合理的比率分摊法提取。

第十八条　保险公司提取的各项非寿险业务准备金应包含风险边际并考虑货币时间价值。

第三章　内控管理

第十九条　保险公司的董事会、管理层、精算及相关职能部门、分支机构在准备金管理中应分级授权,权责分明,分工合作,相互制约。

第二十条　准备金评估方法、假设的调整对保险公司产生显著影响的，应经总精算师同意后，提交公司董事会决议，或由董事会正式授权公司经营管理层决策机构审议。

第二十一条　保险公司应加强准备金评估所需数据的质量管理，以保证所需数据真实、准确、完整、一致、有效。

第二十二条　保险公司应建立并完善准备金评估信息系统，以保证准备金的评估流程被完整地记录、保存。

第二十三条　保险公司应建立分支机构的准备金评估或分摊机制，不得违规调整分支机构的准备金。

第二十四条　保险公司总公司不直接经营业务的，不得在总公司本级留存准备金。

第二十五条　保险公司应建立准备金工作底稿制度。

第二十六条　保险公司应按照规定披露准备金信息。

第四章　监督管理

第二十七条　银保监会及其派出机构对保险公司准备金的监督管理，采取现场监管与非现场监管结合的方式。

第二十八条　保险公司总精算师负责准备金评估工作，公正、客观地履行精算职责，向银保监会或其派出机构提供精算意见，并应当向银保监会或其派出机构及时报告保险公司准备金的重大风险隐患。

第二十九条　保险公司应按规定向银保监会或其派出机构报送准备金评估报告、准备金回溯分析报告和银保监会或其派出机构要求的其他报告。银保监会或其派出机构依法对保险公司报送的上述报告进行抽查审核。

第三十条　银保监会或其派出机构可以根据审慎监管需要，调整所有公司或部分公司的准备金相关报告的报送内容、报送频率，要求保险公司聘请第三方对准备金评估报告进行独立审核。

第三十一条　保险公司应定期对准备金评估结果进行回溯分析，银保监会或其派出机构根据回溯分析结果对保险公司采取相应监管措施。

第三十二条　银保监会或其派出机构依法对保险公司准备金计提的违法违规行为进行查处。

第五章　法律责任

第三十三条　保险公司编制或者提供虚假的准备金评估报告、准备金回溯分析报告以及相关报表、文件、资料的，由银保监会或其派出机构依照《保险法》相关规定责令改正，并处十万元以上五十万元以下的罚款；情节严重的，可以限制其业务范围、责令停止接受新业务或者吊销业务许可证。对直接负责主管人员和其他直接责任人员，由银保监会或其派出机构依照《保险法》相关规定给予警告，并处一万元以上十万元以下的罚款；情节严重的，撤销任职资格。

第三十四条　保险公司未按照规定提取或者结转各项责任准备金，存在以下行为之一的，由银保监会或其派出机构依照《保险法》相关规定处五万元以上三十万元以下的罚款；情节严重的，可以限制其业务范围、责令停止接受新业务或者吊销业务许可证。对直接负责主管人员和其他直接责任人员，由银保监会或其派出机构依照《保险法》相关规定给予警告，并处一万元以上十万元以下的罚款；情节严重的，撤销任职资格：

（一）未按照本办法第九条、第十条的规定提取未到期责任准备金的；

（二）未按照本办法第十三条的规定提取已发生已报案未决赔款准备金的；

（三）未按照本办法第十五条的规定提取已发生未报案未决赔款准备金的；

（四）未按照本办法第十七条的规定提取理赔费用准备金的；

（五）未按照本办法第十八条的规定考虑风险边际及货币时间价值的；

（六）违反本办法第二十三条、第二十四条规定的。

第三十五条　保险公司有下列行为之一的，由银保监会或其派出机构依照《保险法》相关规定责令限期改正，逾期不改正的，处一万元以上十万元以下的罚款：

（一）未按照本办法第二十五条的规定保管准备金工作底稿的；

（二）未按照本办法第二十六条的规定披露准备金信息的；

（三）未按照本办法第二十九条的规定报送准备金评估报告、准备金回溯分析报告或未按照规定提供准备金有关信息、资料的。

第三十六条 保险公司违反本办法第十九条、第二十条、第二十一条、第二十二条规定的,由银保监会或其派出机构给予该保险公司警告,并处一万元以上三万元以下的罚款;对其直接负责的主管人员和其他直接责任人员给予警告,并处一万元以上三万元以下的罚款。

第六章 附 则

第三十七条 银保监会制定并发布实施《保险公司非寿险业务准备金管理办法实施细则》。

第三十八条 中国精算师协会制定并发布非寿险业务准备金评估实务指南和行业参考标准。

第三十九条 政策性保险公司、相互制保险公司、自保公司等适用本办法,法律法规另有规定的除外。

第四十条 本办法由银保监会负责解释。

第四十一条 本办法自 2021 年 12 月 1 日起施行。原中国保险监督管理委员会发布的《保险公司非寿险业务准备金管理办法(试行)》(中国保险监督管理委员会令 2004 年第 13 号)同时废止。

第四十二条 原中国保险监督管理委员会发布的关于非寿险业务准备金的相关规定与本办法及实施细则不一致的,以本办法及实施细则为准,实施细则另行发布。

保险公司次级定期债务管理办法

- 2011 年 10 月 6 日中国保险监督管理委员会令 2011 年第 2 号公布
- 根据 2013 年 3 月 15 日《中国保险监督管理委员会关于修改〈保险公司次级定期债务管理办法〉的决定》修订
- 根据 2018 年 2 月 13 日《中国保险监督管理委员会关于修改〈中华人民共和国外资保险公司管理条例实施细则〉等四部规章的决定》修正

第一章 总 则

第一条 为了规范保险公司次级定期债务(以下简称"次级债")的募集、管理、还本付息和信息披露行为,保证保险公司的偿付能力,根据《中华人民共和国公司法》、《中华人民共和国保险法》及有关法律、行政法规的规定,制定本办法。

第二条 本办法所称保险公司,是指依照中国法律在中国境内设立的中资保险公司、中外合资保险公司和外资独资保险公司。

第三条 本办法所称次级债,是指保险公司为了弥补临时性或者阶段性资本不足,经批准募集、期限在五年以上(含五年),且本金和利息的清偿顺序列于保单责任和其他负债之后、先于保险公司股权资本的保险公司债务。

第四条 保险公司募集次级债所获取的资金,可以计入附属资本,但不得用于弥补保险公司日常经营损失。保险公司计入附属资本的次级债金额不得超过净资产的 50%,具体认可标准由中国保险监督管理委员会(以下简称中国保监会)另行规定。

第五条 保险集团(或控股)公司募集次级债适用本办法。

第六条 中国保监会依法对保险公司次级债的募集、管理、还本付息和信息披露行为进行监督管理。

第七条 募集次级债的保险公司(以下简称"募集人")应当稳健经营,保护次级债债权人的合法权益。

第二章 申 请

第八条 保险公司募集次级债必须符合本办法规定的条件,并报中国保监会审批。

第九条 保险公司偿付能力充足率低于 150% 或者预计未来两年内偿付能力充足率将低于 150% 的,可以申请募集次级债。

第十条 保险公司申请募集次级债,应当符合下列条件:

(一)开业时间超过三年;

(二)经审计的上年度末净资产不低于人民币 5 亿元;

(三)募集后,累计未偿付的次级债本息额不超过上年度末经审计的净资产的 50%;

(四)具备偿债能力;

(五)具有良好的公司治理结构;

(六)内部控制制度健全且能得到严格遵循;

(七)资产未被具有实际控制权的自然人、法人或者其他组织及其关联方占用;

(八)最近两年内未受到重大行政处罚;

（九）中国保监会规定的其他条件。

第十一条 保险公司募集次级债应当由董事会制定方案，股东（大）会对下列事项作出专项决议：

（一）募集规模、期限、利率；

（二）募集方式和募集对象；

（三）募集资金用途；

（四）募集次级债决议的有效期；

（五）与本次次级债募集相关的其他重要事项。

第十二条 募集人可以聘请资信评级机构对本次次级债进行信用评级。

资信评级机构应当客观、公正地出具有关报告文件并承担相应责任。

第十三条 保险公司申请募集次级债，应当向中国保监会报送下列文件：

（一）次级债募集申请报告；

（二）股东（大）会有关本次次级债募集的专项决议；

（三）可行性研究报告；

可行性研究报告应当包括以下内容：

1. 募集次级债的必要性；

2. 次级债的成本效益分析（募集资金的规模、期限、债务定价及成本分析、募集资金的用途、收益预测、对偿付能力的影响等）；

3. 募集方式和募集对象。

（四）招募说明书；

（五）次级债的协议（合同）文本；

（六）已募集但尚未偿付的次级债总额及募集资金运用情况；

（七）募集人制定的次级债管理方案；

（八）与次级债募集相关的其他重要合同；

（九）中国保监会规定提供的其他材料。

保险公司对本次募集次级债进行了信用评级的，还应当报送次级债信用评级报告。

第十四条 募集人向中国保监会报送的材料应当真实、准确、完整。可行性报告中应当包含有关偿付能力预测的方法、参数和假设。

第十五条 保险公司及其股东和其他第三方不得为募集的次级债提供担保。

第三章 募 集

第十六条 募集人应当在中国保监会批准次级债募集之日起六个月内完成次级债募集工作，募集工作可以分期完成。

募集人未能在规定期限内完成募集的，原批准文件自动失效，募集人如需募集次级债，应当另行申请。

第十七条 保险公司募集的次级债金额不得超过中国保监会批准的额度。

第十八条 保险公司次级债应当向合格投资者募集。

合格投资者是指具备购买次级债的独立分析能力和风险承受能力的境内和境外法人，但不包括：

（一）募集人控制的公司；

（二）与募集人受同一第三方控制的公司。

第十九条 募集人的单个股东和股东的控制方持有的次级债不得超过单次或者累计募集额的10%，并且单次或者累计募集额的持有比例不得为最高。

募集人的全部股东和所有股东的控制方累计持有的次级债不得超过单次或者累计募集额的20%。

募集人分期发行次级债的，应当合并作为一次次级债适用前述两款的规定。

第二十条 募集人向保险公司或者保险资产管理公司募集次级债的条件和额度，应当符合中国保监会的有关规定。

第二十一条 募集人可以自行或者委托具有证券承销业务资格的机构募集次级债。

第二十二条 募集人应当在次级债募集结束后的十个工作日内向中国保监会报告募集情况，并将与次级债债权人签订的次级债合同的复印件报送中国保监会。

第四章 管理和偿还

第二十三条 募集人可以委托中央国债登记结算有限责任公司或者中国证券登记结算有限责任公司作为次级债的登记、托管机构，并可委托其代为兑付本息。

第二十四条 募集人应当对次级债募集的资金实施专户管理，严格按照可行性研究报告中募集资金的用途和次级债管理方案使用募集资金。

第二十五条 次级债募集资金的运用应当符合中国保监会的有关规定，不得用于投资股权、不动产和基础设施。

第二十六条　募集人只有在确保偿还次级债本息后偿付能力充足率不低于100%的前提下，才能偿付本息。

第二十七条　募集人在不能按时偿付次级债本息期间，不得向股东分配利润。

第二十八条　募集人可以对次级债设定赎回权，赎回时间应当设定在次级债募集五年后。

次级债合同中不得规定债权人具有次级债回售权。

次级债根据合同提前赎回的，必须确保赎回后保险公司偿付能力充足率不低于100%。

除依据前款设定的赎回权外，募集人不得提前赎回次级债。

第二十九条　募集人偿还次级债全部本息或者提前赎回次级债后，应当在十个工作日内向中国保监会报告偿还或者赎回情况。

第三十条　次级债需要延期的，募集人应当对延期期限、利率调整等事项提出议案，并经次级债债权人同意。

募集人应当在与次级债债权人签订延期协议后的五个工作日内，向中国保监会报告延期情况，并将相关合同文本的复印件报送中国保监会。

第三十一条　债权人可以向其他合格投资者转让次级债。

第五章　信息披露

第三十二条　次级债招募说明书、专题财务报告及重大事项通知等信息披露文件的内容及其制作、发布等，应当符合中国保监会的有关规定。

第三十三条　募集人应当按照中国保监会的有关规定制作次级债招募说明书和其他信息披露文件，保证真实、准确、完整、及时地披露一切对募集对象有实质性影响的信息。

募集人和有关当事人不得以任何方式误导投资者购买次级债。

第三十四条　募集人应当在招募说明书的显著位置提示投资者："投资者购买本期次级定期债务，应当认真阅读本招募说明书及有关的信息披露文件，进行独立的投资判断。中国保险监督管理委员会对本期次级定期债务募集的批准，并不表明其对本期债务的投资价值作出了任何评价，也不表明对本期债务的投资风险作出了任何判断"。

第三十五条　募集人应当在招募说明书的募集条款中明确约定：

（一）募集人只有在确保偿还次级债本息后偿付能力充足率不低于100%的前提下，才能偿付本息；

（二）募集人在无法按时支付利息或者偿还本金时，债权人无权向法院申请对募集人实施破产清偿；

（三）募集人依法进入破产偿债程序后，次级债本金和利息的清偿顺序列于所有非次级债务之后。

第三十六条　招募说明书中的募集条款应当具体明确，向投资者充分披露本办法关于次级债募集、赎回、延期和本息偿付的规定，详细约定次级债当事人双方的权利和义务，约定条款的内容不得违反法律、行政法规和中国保监会的强制性规定。

招募说明书至少应当包括下列内容：

（一）次级债募集的规模、期限（起止时间）、利率；

（二）募集方式和募集对象；

（三）募集资金的用途；

（四）本息偿付的法定条件、时间、程序、方式；

（五）次级债的转让和赎回；

（六）募集人和次级债债权人的违约责任；

（七）中介机构及其责任。

募集人对本次次级债募集进行了信用评级的，招募说明书中还应当包括信用评级报告及跟踪评级安排的内容。

第三十七条　在次级债存续期间，募集人应当在每个会计年度结束后四个月内，向次级债债权人披露上一年度的次级债专题财务报告。该报告至少应当包括下列内容：

（一）经审计的财务报表；

（二）经审计的偿付能力状况表、最低资本计算表、认可资产表和认可负债表；

（三）债务本息的支付情况；

（四）募集资金的运用情况；

（五）影响次级债本息偿付的重大投资、关联交易等事项；

（六）其他对次级债债权人有重大影响的信息。

募集人进行了跟踪评级的，还应当包括跟踪

评级情况。

第三十八条 募集人出现下列情形之一的，应当及时告知次级债权人，并同时报告中国保监会：

（一）偿付能力状况发生重大不利变动；

（二）预计到期难以偿付次级债利息或者本金；

（三）订立可能对次级债还本付息产生重大影响的担保合同及其他重要合同；

（四）发生重大亏损或者遭受超过净资产10%以上的重大损失；

（五）发生重大仲裁、诉讼；

（六）减资、合并、分立、解散及申请破产；

（七）拟进行重大债务重组；

（八）中国保监会规定的其他情形。

第六章 监督管理

第三十九条 募集人应当在每年4月30日之前向中国保监会提交次级债专题报告，内容包括已募集但尚未偿付的次级债的下列信息：

（一）金额、期限、利率；

（二）登记和托管情况；

（三）募集资金的运用情况；

（四）本息支付情况；

（五）影响本息偿付的重大投资、关联交易等事项；

（六）中国保监会要求报告的其他信息。

第四十条 募集人按照第二十三条的规定登记、托管次级债的，应当于每季度结束后十五个工作日内向中国保监会提交次级债专项报告，内容包括：

（一）次级债登记和托管情况；

（二）次级债转让情况；

（三）其他需要说明的重要事项。

第四十一条 中国保监会可以对保险公司次级债的管理、募集资金的运用等情况进行现场检查。

第四十二条 对违反本办法规定的保险公司，中国保监会可以责令其限期改正，并可以根据具体情况采取下列监管措施：

（一）三年内不再受理该保险公司的次级债募集申请；

（二）暂停认定可计入该保险公司附属资本的次级债金额。

第四十三条 募集人或者其从业人员违反本规定，由中国保监会依照法律、行政法规进行处罚；法律、行政法规没有规定的，由中国保监会责令改正，给予警告，对有违法所得的处以违法所得1倍以上3倍以下罚款，但最高不超过3万元，对没有违法所得的处以1万元以下罚款；涉嫌犯罪的，依法移交司法机构追究刑事责任。

第七章 附 则

第四十四条 本办法规定的重大行政处罚，是指保险公司受到下列行政处罚：

（一）单次罚款金额在150万元人民币以上（含150万元）的；

（二）限制业务范围的；

（三）责令停止接受新业务一年以上（含一年）的；

（四）责令停业整顿的；

（五）计划单列市分公司或者省级分公司被吊销业务许可证的；

（六）董事长、总经理被撤销任职资格或者行业禁入的；

（七）中国保监会规定的其他重大行政处罚。

第四十五条 本办法由中国保监会负责解释。

第四十六条 本办法自发布之日起施行。中国保监会2004年9月29日发布的《保险公司次级定期债务管理暂行办法》（保监会令〔2004〕10号）同时废止。

保险公司费用分摊指引

· 2006年8月29日
· 保监发〔2006〕90号

一、总则

1. 为了规范保险公司费用分摊，提高会计信息质量和公司财务管理水平，为公司产品定价、经营决策、分支机构业绩考核和监管工作提供科学、准确的财务信息，制定本指引。

2. 本指引所称费用，指保险公司在日常经营活动中发生的、会导致所有者权益减少的、与向所有者分配利润无关的经济利益的总流出,包括赔款支出、分保赔款支出、各类给付、退保金、准备金提转差、佣金、手续费、分保费用支出、营业税金及附加、营业费用、提取保险保障基金等。

3. 保险公司向中国保险监督管理委员会(以下简称中国保监会)报送的和对外公开披露的所有报告、数据涉及的费用分摊均应参照本指引的规定,包括偿付能力报告、财务会计报告、交强险专题财务报告、分红保险专题财务报告以及向中国保险统计信息系统报送的数据等。

4. 保险公司出于内部管理等其他目的进行的费用分摊,可以不适用本指引。

二、专属费用和共同费用的认定

5. 保险公司应当根据业务的经济实质,将每项费用准确认定为专属费用或共同费用。

专属费用是指专门为某一归属对象发生的,能够全部归属于该归属对象的费用。

共同费用是指不是专门为某一归属对象发生的,不能全部归属于该归属对象的费用。

6. 专属费用和共同费用的认定结果会因分摊目的和管理水平的不同而不同。

6.1 保险公司费用分摊的目的不同,确定的费用归属对象就不同,因而专属费用和共同费用的认定结果也会不同,即同一项费用在不同的分摊目的下会认定为不同的属性。如:当产险公司核算各险种大类的损益时,其费用归属对象是车险、企财险、家财险等险种大类,车险的赔款和车险承保管理人员的薪酬就是车险的专属费用;但当公司核算交强险损益时,费用归属对象就要细化到车险内部的交强险、车损险以及其他车险险种类别,车险承保管理人员的薪酬就成为共同费用,需要采用一定标准在交强险、车损险和其他车险险种之间进行分摊。

6.2 保险公司管理和核算水平不同,费用的细分程度就会不同,费用认定结果也会不同。公司的基础管理越细化,费用记录的相关信息越充分,该费用越有可能直接认定为专属费用,因而越有可能减少需要分摊的共同费用的项目,从而越有可能增加费用分摊的准确性。

7. 保险公司应当根据实际需要和不同的分摊目的,确定不同的费用归属对象,进而准确认定其专属费用和共同费用。以下是常见的三种情况。

7.1 在有些情况下,保险公司需要将费用分摊至险种。如:保险公司向中国保监会报送财务会计报告、交强险专题财务报告、分红保险专题财务报告以及向中国保险统计信息系统报送数据时,需要将费用分摊到险种。此时,就应当将险种确定为费用归属对象。

7.1.1 险种作为费用归属对象时,专门为某险种发生的费用应当认定为该险种的专属费用,如:在核算交强险损益时,交强险的手续费、赔款支出、保单印制费、广告宣传费均应当认定为交强险的专属费用。不是专门为某险种发生的、不能全部归属于该险种的费用则应当认定为共同费用,如:在核算交强险中家庭用车的损益时,交强险的广告宣传费就应当认定为共同费用。

7.2 在有些情况下,保险公司需要将费用分摊至业务类别。如:保险公司向中国保监会报送偿付能力报告时,应当根据《保险公司偿付能力报告编报规则第9号:综合收益》的规定将费用分摊至承保业务、投资业务、受托管理业务和其他业务四大业务类别。此时,就应当将业务类别确定为费用归属对象。

7.2.1 业务类别作为费用归属对象时,专门为某类业务发生的费用应当认定为该类业务的专属费用,如:车险承保人员的薪酬应当认定为承保业务的专属费用。不是专门为某类业务发生的、不能全部归属于该类业务的费用应当认定为共同费用,如:财务部门和人力资源部门人员的薪酬。

7.3 在有些情况下,保险公司需要将费用分摊至分支机构。如:保险公司向中国保监会报送交强险专题财务报告时,需要将费用分摊至按照省级(自治区/直辖市)行政区划确定的交强险地区分部(分支机构)。此时,就应当将分支机构确定为费用归属对象。

7.3.1 分支机构作为费用归属对象时,专门为某分支机构发生的费用应当认定为该分支机构的专属费用,如:某公司北京地区发生的交强险赔款支出、手续费、在北京地区投放的广告费应当认定为该公司北京地区分部的专属费用。不是专门为某分支机构发生的、不能全部归属于该分支机构的费用应当认定为共同费用,如:公司在中央电视台投放的交强险广告宣传费应当认定为共同费用。

7.4 投资业务费用应当根据不同的费用归

属对象,采用不同的认定、分摊方法。如:当业务类别作为费用归属对象时,投资业务发生的费用应当认定为投资业务的专属费用。当险种作为费用归属对象时,除独立账户资金等单独运用资金的投资业务发生的费用应当认定为相应险种的专属费用外,保险公司不必对其他资金的投资业务费用逐项进行分摊,只需按照资产负债匹配的要求,将扣除投资业务费用后的投资收益在险种之间进行分摊即可。当分支机构作为费用归属对象时,保险公司不必对投资业务费用逐项进行认定和分摊,只将扣除投资业务费用后的投资收益在分支机构之间进行分摊即可。

三、共同费用的分摊程序和标准

8. 保险公司在进行共同费用分摊时,应当将公司部门分为直接业务部门和后援管理部门两类。

直接业务部门是指直接从事保单销售、核保核赔、理赔服务、再保业务操作和管理的部门,如:销售、承保、理赔、再保、客户服务等部门。

后援管理部门是指为直接业务部门提供服务和进行公共管理的部门,如:财务、精算、信息技术、法律、投资管理、稽核、办公室、人力资源、总经理室等部门。

保险公司应当根据自身的组织架构确定直接业务部门、后援管理部门的范围和具体名称。

9. 保险公司在将部门分为直接业务部门和后援管理部门的同时,应当将需要分摊的共同费用分为人力成本、资产占用费和其他营业费用三类。

人力成本,是指职工薪酬及其相关的支出,如:职工工资、职工福利费、职工教育费、住房公积金、社会统筹保险费、补充养老保险费等。

资产占用费,是指由于资产占用而发生或应当承担的费用,如:固定资产折旧和租赁费、电子设备运转费、无形资产摊销、土地使用税、房产税、长期待摊费用等。

其他营业费用,是指除了人力成本和资产占用费之外的其他共同性营业费用,如:业务招待费、会议费、差旅费、水电费等。

10. 保险公司应当按照以下步骤(流程图见附件1),采用《共同费用向险种分摊标准表》(附件3)和《共同费用向业务类别分摊标准表》(附件4)中规定的分摊标准将共同费用分摊到险种或业务类别:

第一步,将资产占用费分摊到各部门;

第二步,将后援管理部门(投资管理部门除外)的费用(包括人力成本、分摊的资产占用费以及业务招待费、会议费、差旅费)分摊到直接业务部门,同时将投资管理部门的费用全部计入"投资收益";

第三步,将直接业务部门归集和分摊到的费用、其他营业费用、投资收益分摊到险种或业务类别。

11. 在遵照《保险公司非寿险业务准备金管理办法(试行)》(保监会令[2004]13号)规定的前提下,如果保险公司根据业务的风险特征,对几个险种合并评估其已发生未报案未决赔款准备金(IBNR),就需要将合并评估的已发生未报案未决赔款准备金(IBNR)认定为共同费用,按照下述公式分摊到各险种:

某险种的已发生未报案未决赔款准备金(IBNR)=各险种分摊比例×[该险种截至报告期末滚动(至少)12个月分保后已决赔款+该险种报告期末分保后已发生已报案未决赔款准备金]

其中:各险种分摊比例=报告期末几个险种合并评估的已发生未报案未决赔款准备金(IBNR)÷[合并评估险种截至报告期末滚动(至少)12个月分保后已决赔款+合并评估险种报告期末分保后已发生已报案未决赔款准备金]

【例】 甲公司2005年12月31日对A、B两个险种合并评估IBNR,结果见表1。

表1 单位:万元

险种	截至报告期末滚动36个月分保后已决赔款	报告期末分保后已发生已报案未决赔款准备金	合并评估的IBNR
A	200	100	130
B	700	300	

各险种IBNR分摊比例=130÷[(200+700)+(100+300)]=10%

A险种应分摊的IBNR=10%×(200+100)=30(万元)

B险种应分摊的IBNR=10%×(700+300)=100(万元)

12. 保险公司应当按照以下步骤(流程图见附

件 2），采用《共同费用向分支机构分摊标准表》（附件 5）中规定的分摊标准将总公司发生的共同费用分摊到各分支机构：

第一步，将总公司的资产占用费分摊到总公司各部门；

第二步，将总公司各部门归集和分摊到的费用、其他营业费用、投资收益分摊到各分支机构。

13. 分支机构作为费用归属对象时，原则上保险公司应当在整个公司层面上对各险种的已发生未报案未决赔款准备金（IBNR）进行总体评估，并将评估的已发生未报案未决赔款准备金（IBNR）作为共同费用按照下述公式分摊到各分支机构：

分摊到某分支机构的某险种已发生未报案未决赔款准备金（IBNR）＝各分支机构某险种分摊比例×［该分支机构某险种截至报告期末滚动（至少）12 个月分保后已决赔款+该分支机构某险种报告期末分保后已发生已报案未决赔款准备金］

其中：各分支机构某险种分摊比例=某险种总体评估的已发生未报案未决赔款准备金（IBNR）÷［各分支机构该险种截至报告期末滚动（至少）12 个月分保后已决赔款+各分支机构该险种报告期末分保后已发生已报案未决赔款准备金］

【例】 甲公司 2005 年 12 月 31 日对车损险 IBNR 进行总体评估，结果见表 2。

表 2　　　　　　　　　　　单位：万元

分支机构	截至报告期末车损险滚动 36 个月分保后已决赔款	报告期期末车损险分保后已发生已报案未决赔款准备金	总体评估的车损险 IBNR
A	2400	600	375
B	3000	1500	

各分支机构车损险 IBNR 分摊比例 = 375÷［(2400+3000)+(600+1500)］=5%

A 分支机构应分摊的车损险 IBNR = 5%×(2400+600)= 150（万元）

B 分支机构应分摊的车损险 IBNR = 5%×(3000+1500)= 225（万元）。

14. 以上分摊程序不要求考虑后援管理部门之间相互提供服务而产生的共同费用交互分配需求，但有条件的公司可以对以上分摊程序进行必要修正，引入共同费用交互分配程序。

15. 保险公司应当按照资产负债匹配的要求，将投资收益分摊到相应的归属对象。对于资产负债匹配要求相同的资金，应当按照实际可运用资金量的比例将其投资收益分摊到所确定的归属对象。

15.1　在将资产负债匹配要求相同的资金投资收益分摊到相应的险种时，保险公司应当以日、周或月为基础，按照收付实现制的原则确认、计量各险种实际可运用资金量。各险种实际可运用资金量＝期初该险种实际可运用资金量+报告期该险种实际收到的保费-报告期该险种实际支付的赔款、给付-报告期归属于该险种的实际支出的专属费用和共同费用。保险公司也可以用"期初该险种实际可运用资金量+报告期该险种实际收到的保费-报告期该险种实际支付的赔款、给付"来简化确定各险种的实际可运用资金量。

15.2　将投资收益分摊到分支机构时，保险公司应当以日、周或月为基础，按照收付实现制的原则确认、计量各分支机构实际可运用资金量。各分支机构的实际可运用资金量＝期初该分支机构实际可运用资金量+报告期该分支机构实际上划的保费-报告期实际下划给该分支机构的赔款、费用等。

四、监管要求

16. 保险公司应当不断改进基础管理，完善信息系统，细化费用认定程序，尽可能将更多的费用认定为专属费用，增加费用分摊的准确性。

17. 本指引是保险公司费用分摊程序和标准的最低要求。保险公司可以在遵循本指引基本原则的前提下，结合公司实际情况开发更为科学、准确、合理的费用分摊方法，也可以开发作业成本法等更为先进的成本核算和管理模式，但要向中国保监会申请验收合格后方可实施。

18. 保险公司应当根据本指引的规定，结合公司自身情况，制定具体的费用分摊实施办法，报中国保监会备案。

19. 总公司应当加强对各级分支机构的管理，确保各分支机构按照总公司统一制定的费用分摊办法准确认定、分摊费用。

20. 保险公司不得随意变更费用的认定程序和分摊标准。如确有需要变更，应当说明变更原因及其对相关报告、数据的影响，并于决定变更之日起 10 日内报中国保监会备案。

五、附则

21. 保险资产管理公司的费用分摊应当参照本指引执行。

22. 本指引由中国保监会负责解释和修订。

23. 本指引自发布之日起施行。

附件：1. 共同费用向险种或业务类别分摊流程图（略）

2. 共同费用向分支机构分摊流程图（略）

3. 共同费用向险种分摊标准表（略）

4. 共同费用向业务类别分摊标准表（略）

5. 共同费用向分支机构分摊标准表（略）

保险公司财会工作规范

- 2012年1月12日
- 保监发〔2012〕8号

第一章 总 则

第一条 为加强保险公司财会工作管理，规范保险公司财务行为，有效防范和化解风险，依据《中华人民共和国保险法》、《中华人民共和国会计法》等有关法律法规，制定本规范。

第二条 本规范所称保险公司和保险集团公司，是指根据《中华人民共和国保险法》及保监会有关规定分别设立的保险公司和保险集团公司。

第三条 保险公司应当加强财会工作管理，根据公司发展战略、业务规模、销售渠道和产品特征等情况，建立符合自身实际的财会工作管理机制和制度，有效降低管控风险，提高财务运行效率。

第四条 保险公司董事长、总经理对本公司财会工作合规性和会计资料的真实性、完整性负责。

第五条 保险集团公司对所属子公司财会工作的指导和管理应当遵循《公司法》和公司章程的规定。

第六条 中国保监会依据有关法律法规和本规范对保险公司财会工作及财务负责人的履职情况进行监管、评价。

第二章 机构和人员

第七条 保险公司应当设立单独的财会部门，履行下列职责：

（一）负责会计核算和编制财务报告；

（二）负责资金管理；

（三）负责预算管理；

（四）负责税务管理、外汇管理；

（五）负责或者参与资产管理、负债管理、资本管理、有价单证管理；

（六）中国保监会规定、公司内部管理规定以及依法应当履行的其他职责。

保险公司原则上应当设立一个财会部门集中履行上述职责。设立多个部门履行上述（一）、（二）、（三）、（四）项财会工作职责或者将上述（一）、（二）、（三）、（四）项职能在有关部门之间进行调整的，应当向中国保监会报告。

第八条 保险公司分支机构应当设立独立的财会部门。规模较小或实行集中化管理的保险公司省级以下分支机构，在满足财会管理需要和有效控制风险的前提下，可不再设置单独的财会部门。

第九条 保险公司应当配备与业务规模、管理模式、风险状况相适应的一定数量、具有专业资质的财会人员。

第十条 保险公司总公司财会部门应当配备熟悉保险责任准备金评估原理和实务的人员。

第十一条 保险公司总公司应当统一制定各级财会人员的管理制度，包括：岗位设置、岗位责任、任职条件、考核办法、轮岗制度、培训制度以及分支机构财会人员管理体制等。

第十二条 保险公司应当设置财务负责人职位。财务负责人行使《保险公司财务负责人任职资格管理规定》规定的职责、权限，直接对公司董事会和总经理负责。

第十三条 保险公司应当设置财会部门负责人职位。担任保险公司财会部门负责人应当具备下列条件：

（一）大学本科以上学历；

（二）从事会计工作5年以上或从事经济、金融工作10年以上；

（三）熟悉履行职责所需的法律法规和监管规定，在会计、财务、投资、精算或者风险管理等方面具有良好的专业基础；

（四）具有财会专业学士以上学位，或者国内外会计、财务、投资、精算等相关领域的合法专业资格，或者国内会计或者审计系列高级职称；

（五）具有在企事业单位或者国家机关担任领导或者管理职务的任职经历；

（六）能够熟练使用中文进行工作；

（七）中国保监会规定的其他条件。

第十四条 有下列情形之一的，不得担任保险公司财会部门负责人：

（一）被判处刑罚，执行期满未逾3年；

（二）被金融监管部门取消、撤销任职资格，自被取消或者撤销任职资格之日起未逾5年；

（三）受到中国保监会和其他行政管理部门重大行政处罚未逾2年；

（四）因违法行为或者违纪行为被吊销执业资格的律师、注册会计师或者资产评估机构、验证机构等机构的专业人员，自被吊销执业资格之日起未逾5年；

（五）中国保监会规定的其他情形。

第十五条 保险公司任命财会部门负责人，应当在做出任职决定之日起10个工作日内向中国保监会报告。需要指定临时财会部门负责人的，应当在做出任职决定之日起10个工作日内向中国保监会报告。临时财会部门负责人的任职时间不得超过3个月。

保险公司设立多个部门履行本规范第七条规定的财会工作职责的，应当就履行第（一）项职责的部门负责人任职资格向中国保监会报告。

第十六条 保险公司向中国保监会报告财会部门负责人任职资格，应当提交下列材料：

（一）保险公司财会部门负责人履历表（附件）；

（二）保险公司的任职决定；

（三）财会部门负责人的居民身份证（护照）、学历证书、学位证书、专业资格、专业技术职务任职资格证书等有关证书的复印件；

（四）离任审计报告；

（五）中国保监会要求提供的其他材料。

没有进行离任审计的，由原任职单位做出未进行离任审计的说明。不能提供离任审计报告或者原任职单位说明材料的，由财会部门负责人做出书面说明。

第十七条 保险公司任命的财会部门负责人不符合有关规定的，中国保监会将责令公司改正。

第十八条 财会人员调动或离职，应当按照国家法律法规和公司规定与接替人员办理交接手续，并按规定监交。按照国家法律法规和公司规定属于离任审计范围的，应当进行离任审计。

第十九条 财会部门负责人调动或离职，应当将有关任免文件同时抄送中国保监会。

第二十条 保险公司应当建立财会人员的培训制度，按照国家有关规定组织财会人员参加后续教育，包括中国保监会组织或认可的培训。

第二十一条 保险公司应当实施分支机构财务经理委派制，各级分支机构财务经理的聘任、考核和薪酬应当由上级机构或者总公司统一管理。

第二十二条 保险公司总公司应当加强对分支机构财会部门和人员的指导、监督，定期进行检查，防范分支机构的财务风险。

第三章 会计核算和财务报告

第二十三条 保险公司应当根据实际发生的经济业务事项进行会计核算，编制财务报告，保证会计信息真实、完整。

任何公司不得以虚假的经济业务事项或者资料进行会计核算。

第二十四条 保险公司应当根据企业会计准则和公司实际情况制定内部会计核算制度，对公司所有经济事项的会计处理进行规范。内部会计核算制度至少应当包括以下内容：

（一）会计政策；

（二）会计估计；

（三）会计科目；

（四）账务处理；

（五）财务报告。

第二十五条 保险公司内部会计核算制度应当明确下列事项：

（一）保险责任准备金的计量单元、计量方法、计量假设等具体规则；

（二）重大保险风险测试的方法、标准、保单分组、样本选取等具体规则；

（三）分拆核算的收入、费用确认标准等具体规则。

第二十六条 除本规范第九十三条规定的情形外，保险公司不得委托代理记账机构进行代理记账。

第二十七条 保险公司应当建立业务、财务、精算、投资等数据的定期对账制度，确保基础数据的一致性。

第二十八条　保险公司应当明确各类金融资产分类的标准和流程，准确核算各类金融资产。

第二十九条　保险公司精算部门应当按照企业会计准则计量财务报告准备金，对准备金的真实性、公允性负责。

保险公司财会部门编制财务报告时，应当对精算部门提供的责任准备金进行独立分析，重点关注各项责任准备金计量方法、计量假设的合规性以及责任准备金的偏差率、波动性，对发现的不符合准则要求和不合理的情况，应当与精算部门沟通或向公司管理层报告。

第三十条　保险公司委托保险资产管理公司投资或者将资金进行托管时，会计核算应当符合下列要求：

（一）保险公司、保险资产管理公司、托管方应当明确各方在委托资产会计核算、单证交接、数据传输以及数据核对等方面的职责分工；

（二）主核算人应当按照委托方的会计核算制度进行会计核算。

第三十一条　保险公司会计核算采用集中模式的，应完善内部流程，加强对会计核算所依据的原始凭证的管理。采用远程传送影像技术的，应当加强对原始凭证影像、扫描件的审核，确保与原件相符，保证财务数据的真实性。

第三十二条　保险公司应建立健全财务报告编制、审批、报送的内控流程，明确财务报告、偿付能力报告、各项专题财务报告编制的流程和职责分工，确保各项财务报告真实、完整和及时报送。

第三十三条　保险公司应当建立电子会计档案管理制度，明确会计凭证、会计账簿、财务报告等电子会计档案的保管、备份、查阅等管理要求，保证电子会计档案安全、完整。

第三十四条　保险公司应当完整保存责任准备金计量和重大保险风险测试的文档记录及相关支持材料，作为重要会计档案保存。

第四章　资金管理

第三十五条　保险公司应当建立财会部门牵头，其他部门密切配合的资金管理机制，健全资金筹措、归集、存放、划拨、支付等内部管理制度，确保资金安全。

第三十六条　保险公司总公司应当对银行账户进行统一管理，各级机构银行账户的开设、变更、撤销等相关事项应当报总公司审批或者备案。

保险公司总公司和分支机构应当严格按照国家对银行账户管理的有关规定以及公司规定的账户类型和用途进行资金收付。

第三十七条　保险公司应当建立专人专岗负责各类资金的划拨、清算，并不得与会计核算、投资交易、筹资交易等岗位兼职。

第三十八条　保险公司应当实行"收支两条线"，分支机构保费及其他收入上划总公司，费用及业务支出由总公司拨入。

保险公司应当建立健全保费及其他收入的定期或自动上划机制，加强对分支机构资金量的监控，提高资金归集速度和使用效率。

第三十九条　保险公司的佣金和手续费应当由总公司或省级分公司通过银行转账等非现金方式集中支付，保险公司不得以现金方式支付佣金和手续费，省级以下分支机构不得支付佣金和手续费。

第四十条　保险公司收取的保费、支付的赔付金和退保金原则上应当由总公司或省级分公司通过银行转账等非现金方式集中收付，下列情况除外：

（一）保险公司在营业场所内进行收付；

（二）保险公司委托保险代理机构在保险代理机构营业场所内进行收付；

（三）保险公司在营业场所外通过保险销售从业人员进行收付，依照保险合同单次金额不超过人民币1000元；

（四）中国保监会规定的其他收付费方式。

第四十一条　保险公司应当建立规范统一的收付费管理制度，明确规定收付费的管理流程、作业要求和岗位职责，防止侵占、挪用及违规支付等行为，确保资金安全。

第四十二条　保险公司应当建立投资资金的划拨、清算等内控制度，确保投资决策、交易、资金划拨、清算的相互隔离。保险公司可以根据管控需要，建立资金内部或外部托管制度。

第四十三条　保险公司投资资金管理应当符合下列要求：

（一）保险公司财会部门和保险资产管理公司应当设立专人专岗负责投资资金划拨、清算，并不得与投资交易等岗位兼职；

（二）保险公司应当通过签订协议、定期检查

等方式确保保险资产管理公司对其自有资金和受托资金、对受托管理的不同委托人的投资资金分设账户,单独管理;

(三)保险公司内部、保险公司与资产管理公司之间、保险公司与托管银行之间应当定期核对投资资金划拨金额;

(四)中国保监会规定的其他要求。

第四十四条　保险公司通过非金融支付机构划转、结算资金的,应当符合下列条件:

(一)非金融支付机构应当取得监管机构颁发的支付业务许可证;

(二)在非金融支付机构留存的备付金不得超过公司总资产的1%。

上述非金融支付机构不包括经人民银行特别许可办理银行业金融机构之间货币资金转移的非金融支付机构。

第四十五条　保险公司应当根据有关法律法规,建立大额和可疑交易鉴别、审批、报告的反洗钱内部控制制度。

第五章　资产管理

第四十六条　保险公司应当建立有效的资产管理制度和机制,确保公司各项金融资产、实物资产、无形资产等资产的安全、完整。

第四十七条　保险公司应当加强投资资产管理,识别投资资产的市场风险、信用风险、流动性风险、集中度风险,确保公司偿付能力充足,满足流动性需求。

第四十八条　保险公司应当以偿付能力充足和流动性充足为条件,制定投资策略,安排投资资产结构。

保险公司应当根据偿付能力状况、流动性需求等因素,及时调整投资策略和投资资产结构。

第四十九条　保险公司应当加强银行存款的管理。总资产在100亿元以上的寿险公司、总资产在20亿元以上的产险公司和再保险公司的银行存款应当符合下列要求:

(一)在一家非全国性商业银行的存款不得超过公司银行存款总额的20%;

(二)在非全国性商业银行的存款不得超过公司银行存款总额的60%;

(三)中国保监会的其他规定。

第五十条　保险公司应当加强长期股权投资管理,建立长期股权投资决策机制和程序,定期分析子公司、合营企业、联营企业的经营状况和财务状况。

第五十一条　保险公司应当建立信用风险管理制度和机制,加强对保单质押贷款、应收款项、应收分保准备金等债权资产的管理。

第五十二条　保险公司应当加强房地产资产的管理,严格区分自用房地产和投资性房地产,分别进行管理。

保险公司不得将为赚取租金或资本增值,或两者兼有而持有的房地产纳入自用房地产管理。保险公司不得将为提供劳务或者经营管理而持有的房地产纳入投资性房地产管理。

第五十三条　保险公司固定资产账面价值和在建工程账面价值之和占净资产的比重最高不得超过50%。

第五十四条　保险公司应当加强损余物资和理赔收回资产的管理,建立此类资产的收取、保管、处置、清查等内控流程。

第六章　负债管理

第五十五条　保险公司应建立健全责任准备金负债、金融负债、资本性负债等负债管理制度,并对制度运行情况定期进行检查评估,确保制度有效运行。

第五十六条　保险公司财务报告准备金负债计量由公司董事会负总责。准备金计量涉及的重大会计政策和会计估计应当经财务负责人和总精算师(或精算责任人)同意后,提交公司董事会或总经理办公会研究决定。

外资保险公司分公司由管理层对准备金计量工作负总责。

第五十七条　保险公司应制定财务报告准备金负债评估工作流程和内控体系,确保准备金提取真实、公允,有效防范准备金计量的随意性。准备金负债评估的工作流程和内控体系应当向中国保监会报告。

第五十八条　保险公司应当根据重大保险风险测试结果,识别保险风险和投资风险,对通过重大保险风险测试的保险合同负债和未通过重大保险风险测试的投资合同负债区别管理。

保险公司应当制定重大保险风险测试的内控制度和流程,并向中国保监会报告。

第五十九条　保险公司应当加强资产负债匹配管理,定期分析资产负债在利率、期限、币种等方面存在的匹配风险,合理安排资金支付赔款、保险金和退保金。

第六十条　保险公司应当加强对证券回购、拆入资金、银行借款等融资行为的管理,建立健全融资管理制度,监测防范融资风险。

第六十一条　保险公司证券回购融资余额不得超过公司债券资产余额的50%。

第六十二条　保险公司应当加强或有负债等表外负债的管理,定期监测和分析,及时防范、化解风险。

第六十三条　保险公司应当建立健全次级债等资本性负债的管理制度,专户管理资本性负债融入资金,按时归还到期债务,防范和化解财务风险。

第七章　预算管理

第六十四条　保险公司应当实行预算管理,根据发展战略、经营规划、偿付能力等编制预算,确定科学、合理、明确的预算目标,促进公司持续、稳健发展。

第六十五条　保险公司预算应当经过股东(大)会批准。

保险公司应当定期向董事会报告预算执行情况。

第六十六条　保险公司应当建立健全预算管理制度,明确预算编制、审批、执行、分析、调整、考核等职责分工和操作流程,合理分配财务、实物及人力等各项资源。

第六十七条　保险公司应当以偿付能力充足为前提条件,编制收入、费用、利润、融资、投资、机构设立等各项预算。

第六十八条　保险公司应当编制资本预算,预计公司资本需求,安排资本补充,确保偿付能力充足。

第六十九条　保险公司应当按照险种、产品、销售渠道、费用性质等因素,编制各项费用预算。

第七十条　保险公司应当将预算作为预算期内组织、协调各项经营活动的基本依据,严格预算执行,控制费用支出和预算偏差,确保年度预算目标的实现。

第七十一条　保险公司应当对预算的执行情况进行定期或不定期监控、分析预算执行情况及执行差异,及时纠正预算执行中的问题,确保预算有效执行。

第八章　会计监督

第七十二条　保险公司应当按照《会计法》等相关法规要求,建立董事长(或总经理)负责,财会部门、内部审计部门、监事会职责分工明确的内部会计监督机制。

第七十三条　保险公司董事长、总经理应当保证财会部门、财会人员依法履行职责,不得授意、指使、强令财会部门、财会人员违法办理会计事项。

第七十四条　保险公司内部审计部门应当建立有效的内部审计制度,对本单位各项经营管理活动和财务活动的真实性、合法性进行监督。

第七十五条　保险公司监事会应当履行《公司法》和公司章程规定的职责,依法监督公司财务活动。

第七十六条　保险公司各级财会部门和财会人员应当履行《会计法》赋予的职责和权力,对本单位经济业务事项是否符合财经法规以及各项收支的合规性进行监督。

第七十七条　保险公司财会人员发现公司存在下列行为的,应当予以制止和纠正。制止和纠正无效的,应及时向公司财务负责人、公司负责人直至上级机构和监管部门报告:

(一)保险责任准备金数据弄虚作假、不符合会计准则要求;

(二)私设"小金库";

(三)总公司或分支机构负责人强制要求财会人员违反有关规定办理会计事项的;

(四)虚假承保、虚假批退、虚列费用、虚假理赔、虚假挂单等账实不符行为;

(五)其他违反法律法规和本规范的行为。

保险公司财会人员履行了上述制止、纠正和报告义务的,可以免除或减轻其行政责任。

第七十八条　保险公司业务部门对职责范围内的业务活动的真实性负责。业务部门存在虚构经济业务事项、提供虚假票据、未及时提供相关经济业务事项资料等情形,导致会计信息不真实、不完整的,应当依法追究业务部门和直接责任人的法律责任。

第九章　财务信息系统

第七十九条　保险公司应当建立符合业务发展和管理需要的财务信息系统，制定财务信息系统的管理制度，规范财务信息系统的统筹规划、设计开发、运行维护、安全管理等事项，提高财务管理的信息化水平。

第八十条　保险公司财务信息系统应当符合下列要求：

（一）满足日常会计核算需要，可生成各类财务报表，包括分红保险财务报表、交强险财务报表等；

（二）满足偿付能力评估需要，可生成各类偿付能力报表；

（三）满足财务分析需要；

（四）与单证系统、业务系统、再保系统、精算系统等对接，实现系统间数据自动交换；

（五）将预算管理、资金管理、资产管理、单证管理等内控流程内嵌于信息系统；

（六）总公司可实时查询、管理各级分支机构的财务数据；

（七）中国保监会规定的其他要求。

第八十一条　保险公司财务信息系统的开发和改造应当由总公司统一负责，各级分支机构不得随意开发和修改。

第八十二条　保险公司财务信息系统中的业务、财务数据应当在中国境内存储，并进行异地备份。

第八十三条　保险公司应当加强财务信息系统的账户管理和权限管理，明确分支机构和相关人员的权限和职责。

第八十四条　保险公司应当定期对财务信息系统的内设公式、逻辑关系、权限设置等进行检查，确保系统运行安全、数据准确。

第十章　聘请会计师事务所进行年度审计

第八十五条　保险公司聘请或者解聘会计师事务所为其提供年度审计服务，应当向中国保监会报告。

第八十六条　保险公司应当对会计师事务所的独立性、专业胜任能力和声誉进行评估，选择具有与自身业务规模、经营模式等相匹配的资源和风险承受能力的会计师事务所提供年度审计服务。

第八十七条　保险公司新聘请会计师事务所的，应当于做出聘请决定的10个工作日内向中国保监会报告，并提交以下材料：

（一）公司聘请会计师事务所的决议；

（二）会计师事务所的基本情况，包括：业务开展情况、主要服务内容、主要客户等；

（三）公司项目主要负责人的简历；

（四）保监会规定提交的其他材料。

第八十八条　保险公司解聘会计师事务所的，应当于做出解聘决定的10个工作日内向保监会报告，并提交以下材料：

（一）公司解聘会计师事务所的决议；

（二）公司解聘会计师事务所的原因；

（三）保监会规定提交的其他材料。

第八十九条　保险公司应当建立审计轮换制度。

国有及国有控股保险公司聘请、轮换会计师事务所应当执行《财政部关于印发〈金融企业选聘会计师事务所招标管理办法（试行）〉的通知》（财金〔2010〕169号）的规定。

其他保险公司至少每5年轮换一次签字注册会计师或会计师事务所。截至2012年12月31日，如果连续聘用同一会计师事务所的年限或者同一注册会计师连续签字的年限已经达到或者超过5年的，最长可延缓2年更换，但最长不得超过10年。

第九十条　中国保监会有权对保险公司进行抽查，复核保险公司报送的经过会计师事务所审计的有关报告。如发现会计师事务所在审计过程中存在违规行为、重大工作疏漏或失误等，将移交有关部门进行处理，并可要求保险公司终止对该会计师事务所的委托。

第十一章　集团化经营模式下的财会管理

第九十一条　本规范第二章到第十章的规定适用于保险集团公司。

第九十二条　保险集团的财会工作，应当切实防范财务和资金集中风险、内部传染风险等风险。

第九十三条　实行财务集中化管理的保险集团，其所属保险子公司可以将部分核算职能委托集团公司或其他关联公司代理记账。受托代理记账的机构应当符合下列条件：

（一）具有代理记账许可证；

（二）注册地和住所地在中国境内；

（三）与委托方签有明确的委托代理记账协议。

受托代理记账机构的负责人应当符合本规范第十三条和第十四条的规定，并按照第十五条、第十六条的规定向中国保监会报告。

第九十四条 保险集团公司可以通过内设部门，集中处理所属保险子公司的账务。负责集中核算的部门负责人，应当符合本规范第十三条和第十四条的规定，并按照第十五条、第十六条的规定向中国保监会报告。

第九十五条 保险集团公司及其所属子公司应制定和执行统一的会计政策。如果采用不同的会计政策，应当制定转换方法及审批流程。

第九十六条 对同一审计事项，集团内各公司原则上应当委托同一家会计师事务所。

第九十七条 保险集团应当在各子公司间建立资金的防火墙制度，不得将子公司资金混用或变相混用。

第九十八条 保险集团内各子公司的保险资金委托集团公司统一管理、投资的，应当符合下列要求：

（一）对各子公司的资金分设账户，单独管理；

（二）以各子公司的名义持有和交易投资资产。

第九十九条 保险集团内各公司之间相互融资、担保、租赁、销售产品、资产转让等关联交易应当符合有关监管法规，不得以集团内不同行业子公司之间关联交易的方式，逃避或变相逃避保险、银行和证券业务的监管；关联交易的定价应当公允，禁止违规转移利益；应当按照监管部门的要求及时报告和充分披露有关信息。

第一百条 保险集团公司应当建立长期资本规划，定期对集团和各子公司的偿付能力状况进行预测分析，及时补充资本，确保集团和各子公司偿付能力充足。

第十二章　附　则

第一百零一条 保险资产管理公司参照本规范执行。

第一百零二条 经中国保监会批准筹建的保险公司申请开业时，应当设有独立的财会部门，财会人员、财会制度、内控管理、财务信息系统等应当符合本规范和中国保监会相关规定。

第一百零三条 本规范由中国保监会负责解释。

第一百零四条 本规范自2012年7月1日起施行。

第一百零五条 《关于保险公司委托会计师事务所开展审计业务有关问题的通知》（保监发〔1999〕235号）同时废止。

附件：保险公司财会部门负责人履历表（略）

保险公司偿付能力管理规定

· 2021年1月15日中国银行保险监督管理委员会令2021年第1号公布
· 自2021年3月1日起施行

第一章　总　则

第一条 为加强保险公司偿付能力监管，有效防控保险市场风险，维护保单持有人利益，根据《中华人民共和国保险法》，制定本规定。

第二条 本规定所称保险公司，是指依法在中国境内设立的经营商业保险业务的保险公司和外国保险公司分公司。

第三条 本规定所称偿付能力，是保险公司对保单持有人履行赔付义务的能力。

第四条 保险公司应当建立健全偿付能力管理体系，有效识别管理各类风险，不断提升偿付能力风险管理水平，及时监测偿付能力状况，编报偿付能力报告，披露偿付能力相关信息，做好资本规划，确保偿付能力达标。

第五条 中国银保监会以风险为导向，制定定量资本要求、定性监管要求、市场约束机制相结合的偿付能力监管具体规则，对保险公司偿付能力充足率状况、综合风险、风险管理能力进行全面评价和监督检查，并依法采取监管措施。

第六条 偿付能力监管指标包括：

（一）核心偿付能力充足率，即核心资本与最低资本的比值，衡量保险公司高质量资本的充足状况；

（二）综合偿付能力充足率，即实际资本与最低资本的比值，衡量保险公司资本的总体充足状况；

（三）风险综合评级，即对保险公司偿付能力综合风险的评价，衡量保险公司总体偿付能力风险的大小。

核心资本，是指保险公司在持续经营和破产清算状态下均可以吸收损失的资本。

实际资本，是指保险公司在持续经营或破产清算状态下可以吸收损失的财务资源。

最低资本，是指基于审慎监管目的，为使保险公司具有适当的财务资源应对各类可量化为资本要求的风险对偿付能力的不利影响，所要求保险公司应当具有的资本数额。

核心资本、实际资本、最低资本的计量标准等监管具体规则由中国银保监会另行规定。

第七条 保险公司逆周期附加资本、系统重要性保险机构附加资本的计提另行规定。

第八条 保险公司同时符合以下三项监管要求的，为偿付能力达标公司：

（一）核心偿付能力充足率不低于50%；

（二）综合偿付能力充足率不低于100%；

（三）风险综合评级在B类及以上。

不符合上述任意一项要求的，为偿付能力不达标公司。

第二章 保险公司偿付能力管理

第九条 保险公司董事会和高级管理层对本公司的偿付能力管理工作负责；总公司不在中国境内的外国保险公司分公司的高级管理层对本公司的偿付能力管理工作负责。

第十条 保险公司应当建立健全偿付能力风险管理的组织架构，明确董事会及其相关专业委员会、高级管理层和相关部门的职责与权限，并指定一名高级管理人员作为首席风险官负责偿付能力风险管理工作。

保险公司应当通过聘用协议、书面承诺等方式，明确对于造成公司偿付能力风险和损失的董事和高级管理人员，公司有权追回已发的薪酬。

未设置董事会及相关专业委员会的外国保险公司分公司，由高级管理层履行偿付能力风险管理的相关职责。

第十一条 保险公司应当建立完备的偿付能力风险管理制度和机制，加强对保险风险、市场风险、信用风险、操作风险、战略风险、声誉风险和流动性风险等固有风险的管理，以有效降低公司控制风险。

固有风险，是指在现有的正常的保险行业物质技术条件和生产组织方式下，保险公司在经营和管理活动中必然存在的客观的偿付能力相关风险。

控制风险，是指因保险公司内部管理和控制不完善或无效，导致固有风险未被及时识别和控制的偿付能力相关风险。

第十二条 保险公司应当按照保险公司偿付能力监管具体规则，定期评估公司的偿付能力充足状况，计算核心偿付能力充足率和综合偿付能力充足率，按规定要求报送偿付能力报告，并对其真实性、完整性和合规性负责。

第十三条 保险公司应当按照中国银保监会的规定开展偿付能力压力测试，对未来一定时间内不同情景下的偿付能力状况及趋势进行预测和预警，并采取相应的预防措施。

第十四条 保险公司应当建立偿付能力数据管理制度，明确职责分工，完善管理机制，强化数据管控，确保各项偿付能力数据真实、准确、完整。

第十五条 保险公司应当按年度滚动编制公司三年资本规划，经公司董事会批准后，报送中国银保监会及其派出机构。保险公司应建立发展战略、经营规划、机构设立、产品设计、资金运用与资本规划联动的管理决策机制，通过优化业务结构、资产结构，提升内生资本的能力，运用适当的外部资本工具补充资本，保持偿付能力充足。

第三章 市场约束与监督

第十六条 保险公司应当按照中国银保监会制定的保险公司偿付能力监管具体规则，每季度公开披露偿付能力季度报告摘要，并在日常经营的有关环节，向保险消费者、股东、潜在投资者、债权人等利益相关方披露和说明其偿付能力信息。

上市保险公司应当同时遵守证券监督管理机构相关信息披露规定。

第十七条 中国银保监会定期发布以下偿付能力信息：

（一）保险业偿付能力总体状况；

（二）偿付能力监管工作情况；

（三）中国银保监会认为需要发布的其他偿付能力信息。

第十八条 保险公司聘请的会计师事务所应

当按照法律法规的要求,独立、客观地对保险公司偿付能力报告发表审计意见。

精算咨询机构、信用评级机构、资产评估机构、律师事务所等中介机构在保险业开展业务,应当按照法律法规和执业准则要求,发表意见或出具报告。

第十九条 保险消费者、新闻媒体、行业分析师、研究机构等可以就发现的保险公司存在未遵守偿付能力监管规定的行为,向中国银保监会反映和报告。

第四章 监管评估与检查

第二十条 中国银保监会及其派出机构通过偿付能力风险管理能力评估、风险综合评级等监管工具,分析和评估保险公司的风险状况。

第二十一条 中国银保监会及其派出机构定期对保险公司偿付能力风险管理能力进行监管评估,识别保险公司的控制风险。

保险公司根据评估结果计量控制风险的资本要求,并将其计入公司的最低资本。

第二十二条 中国银保监会及其派出机构通过评估保险公司操作风险、战略风险、声誉风险和流动性风险,结合其核心偿付能力充足率和综合偿付能力充足率,对保险公司总体风险进行评价,确定其风险综合评级,分为A类、B类、C类和D类,并采取差别化监管措施。

风险综合评级具体评价标准和程序由中国银保监会另行规定。中国银保监会可以根据保险业发展情况和监管需要,细化风险综合评级的类别。

第二十三条 中国银保监会及其派出机构建立以下偿付能力数据核查机制,包括:

(一)每季度对保险公司报送的季度偿付能力报告的真实性、完整性和合规性进行核查;

(二)每季度对保险公司公开披露的偿付能力季度报告摘要的真实性、完整性和合规性进行核查;

(三)对保险公司报送的其他偿付能力信息和数据进行核查。

核心偿付能力充足率低于60%或综合偿付能力充足率低于120%的保险公司为重点核查对象。

第二十四条 中国银保监会及其派出机构对保险公司偿付能力管理实施现场检查,包括:

(一)偿付能力管理的合规性和有效性;

(二)偿付能力报告的真实性、完整性和合规性;

(三)风险综合评级数据的真实性、完整性和合规性;

(四)偿付能力信息公开披露的真实性、完整性和合规性;

(五)对中国银保监会及其派出机构监管措施的落实情况;

(六)中国银保监会及其派出机构认为需要检查的其他方面。

第五章 监管措施

第二十五条 中国银保监会及其派出机构将根据保险公司的风险成因和风险程度,依法采取针对性的监管措施,以督促保险公司恢复偿付能力或在难以持续经营的状态下维护保单持有人的利益。

第二十六条 对于核心偿付能力充足率低于50%或综合偿付能力充足率低于100%的保险公司,中国银保监会应当采取以下第(一)项至第(四)项的全部措施:

(一)监管谈话;

(二)要求保险公司提交预防偿付能力充足率恶化或完善风险管理的计划;

(三)限制董事、监事、高级管理人员的薪酬水平;

(四)限制向股东分红。

中国银保监会还可以根据其偿付能力充足率下降的具体原因,采取以下第(五)项至第(十二)项的措施:

(五)责令增加资本金;

(六)责令停止部分或全部新业务;

(七)责令调整业务结构,限制增设分支机构,限制商业性广告;

(八)限制业务范围、责令转让保险业务或责令办理分出业务;

(九)责令调整资产结构,限制投资形式或比例;

(十)对风险和损失负有责任的董事和高级管理人员,责令保险公司根据聘用协议、书面承诺等追回其薪酬;

(十一)依法责令调整公司负责人及有关管理人员;

(十二)中国银保监会依法根据保险公司的风险成因和风险程度认为必要的其它监管措施。

对于采取上述措施后偿付能力未明显改善或进一步恶化的,由中国银保监会依法采取接管、申请破产等监管措施。

中国银保监会可以视具体情况,依法授权其派出机构实施必要的监管措施。

第二十七条 对于核心偿付能力充足率和综合偿付能力充足率达标,但操作风险、战略风险、声誉风险、流动性风险中某一类或某几类风险较大或严重的C类和D类保险公司,中国银保监会及其派出机构应根据风险成因和风险程度,采取针对性的监管措施。

第二十八条 保险公司未按规定报送偿付能力报告或公开披露偿付能力信息的,以及报送和披露虚假偿付能力信息的,中国银保监会及其派出机构依据《中华人民共和国保险法》等进行处罚。

第二十九条 保险公司聘请的会计师事务所的审计质量存在问题的,中国银保监会及其派出机构视具体情况采取责令保险公司更换会计师事务所、行业通报、向社会公众公布、不接受审计报告等措施,并移交注册会计师行业行政主管部门处理。

第三十条 精算咨询机构、信用评级机构、资产评估机构、律师事务所等中介机构在保险业开展业务时,存在重大疏漏或出具的意见、报告存在严重质量问题的,中国银保监会及其派出机构视具体情况采取责令保险公司更换中介机构、不接受报告、移交相关部门处理等措施。

第六章 附 则

第三十一条 保险集团、自保公司、相互保险组织适用本规定。相关法律法规另有规定的,从其规定。

第三十二条 外国保险公司分公司,如在中国境内有多家分公司,应当指定其中一家分公司合并评估所有在华分公司的偿付能力,并履行本规定的偿付能力管理职责,承担偿付能力管理责任。

第三十三条 本规定由中国银保监会负责解释和修订。

第三十四条 本规定自2021年3月1日起施行。《保险公司偿付能力管理规定》(中国保险监督管理委员会令2008年第1号)同时废止。

关于保险资产管理公司管理的有关规定,与本规定不一致的,以本规定为准。

国家金融监督管理总局关于优化保险公司偿付能力监管标准的通知

·2023年9月10日
·金规〔2023〕5号

各监管局,各保险集团(控股)公司、保险公司:

为完善保险公司偿付能力监管标准,促进保险公司回归本源和稳健运行,更好服务实体经济和人民群众,现就有关事项通知如下:

一、实施差异化资本监管

(一)对于财产险公司和再保险公司,总资产100亿元以上、2000亿元以下公司的最低资本按照95%计算偿付能力充足率,即特征系数为-0.05;总资产100亿元以下公司的最低资本按照90%计算偿付能力充足率,即特征系数为-0.1。

(二)对于人身险公司,总资产500亿元以上、5000亿元以下公司的最低资本按照95%计算偿付能力充足率,即特征系数为-0.05;总资产500亿元以下公司的最低资本按照90%计算偿付能力充足率,即特征系数为-0.1。

上述最低资本为《保险公司偿付能力监管规则第2号:最低资本》第十五条中,考虑风险分散效应和特定类别保险合同损失吸收效应后的可资本化风险的最低资本。

二、优化资本计量标准,引导保险公司回归保障本源

(三)《保险公司偿付能力监管规则第1号:实际资本》第四十一条第二款中,剩余期限10年期以上保单未来盈余计入核心资本的比例,从不超过35%提高至不超过40%。

(四)财产险公司最近一个季度末计算的上两个会计年度末所有非寿险业务再保后未到期责任准备金回溯偏差率的算术平均数小于等于-5%的,根据《保险公司偿付能力监管规则第4号:保险风险最低资本(非寿险业务)》第十条至第二十条计量的保费风险最低资本总和按照95%计算,即特征系数为-0.05。

财产险公司最近一个季度末计算的上两个会计年度末所有非寿险业务再保后未决赔款准备金回溯偏差率的算术平均数小于等于-5%的,根据《保险公司偿付能力监管规则第4号:保险风险最低资本(非寿险业务)》第二十三条至第三十一条计量的准备金风险最低资本总和按照95%计算,即特征系数为-0.05。

(五)保险公司投资的非基础资产中,底层资产以收回本金和固定利息为目的,且交易结构在三层级以内(含表层)的,应纳入利率风险最低资本计量范围,以强化资产负债匹配管理。

三、优化风险因子,引导保险公司服务实体经济和科技创新

(六)对于保险公司投资沪深300指数成分股,风险因子从0.35调整为0.3;投资科创板上市普通股票,风险因子从0.45调整为0.4。

(七)对于保险公司投资公开募集基础设施证券投资基金(REITS)中未穿透的,风险因子从0.6调整为0.5。

(八)对于保险公司投资国家战略性新兴产业未上市公司股权,风险因子为0.4。国家战略性新兴产业参照国家统计局发布的《战略性新兴产业分类(2018)》。

(九)科技保险适用财产险风险因子计量最低资本,按照90%计算偿付能力充足率,即特征系数为-0.1,科技保险认定范围另行规定。《保险公司偿付能力监管规则第4号:保险风险最低资本(非寿险业务)》第五十五条中关于专业科技保险公司的调控性特征因子不再适用。

(十)保险公司应加强投资收益长期考核,在偿付能力季度报告摘要中公开披露近三年平均的投资收益率和综合投资收益率。

七、保险销售

保险销售行为管理办法

- 2023年9月20日国家金融监督管理总局令2023年第2号公布
- 自2024年3月1日起施行

第一章 总 则

第一条 为保护投保人、被保险人、受益人的合法权益,规范保险销售行为,统一保险销售行为监管要求,根据《中华人民共和国保险法》《国务院办公厅关于加强金融消费者权益保护工作的指导意见》等法律、行政法规和文件,制定本办法。

第二条 保险公司为订立保险合同所开展的销售行为,保险中介机构、保险销售人员受保险公司委托或者与保险公司合作为订立保险合同所开展的销售行为,应当遵守本办法的规定。

本办法所称保险公司不包括再保险公司。

本办法所称保险中介机构包括:保险代理机构和保险经纪人。保险代理机构包括专业代理机构和兼业代理机构。

本办法所称保险销售人员包括:保险公司中从事保险销售的员工、个人保险代理人及纳入销售人员管理的其他用工形式的人员,保险代理机构中从事保险代理的人员,保险经纪人中从事保险经纪业务的人员。

第三条 除下列机构和人员外,其他机构和个人不得从事保险销售行为:

(一)保险公司和保险中介机构;

(二)保险销售人员。

保险公司、保险中介机构应当为其所属的保险销售人员办理执业登记。

第四条 保险销售行为应当遵循依法合规、平等自愿、公平适当、诚实守信等原则,尊重和保障投保人、被保险人、受益人的合法权益。

第五条 本办法所称保险销售行为包括保险销售前行为、保险销售中行为和保险销售后行为。

保险销售前行为是指保险公司及受其委托或者与其合作的保险中介机构、保险销售人员为订立保险合同创造环境、准备条件、招揽保险合同相对人的行为。

保险销售中行为是指保险公司及受其委托或者与其合作的保险中介机构、保险销售人员与特定相对人为订立保险合同就合同内容进行沟通、商谈,作出要约或承诺的行为。

保险销售后行为是指保险公司及受其委托或者与其合作的保险中介机构、保险销售人员履行依照法律法规和监管制度规定的以及基于保险合同订立而产生的保单送达、回访、信息通知等附随义务的行为。

第六条 保险公司、保险中介机构应当以适当方式、通俗易懂的语言定期向公众介绍保险知识、发布保险消费风险提示,重点讲解保险条款中的专业性词语、集中性疑问、容易引发争议纠纷的行为以及保险消费中的各类风险等内容。

第七条 保险公司、保险中介机构应当按照合法、正当、必要、诚信的原则收集处理投保人、被保险人、受益人以及保险业务活动相关当事人的个人信息,并妥善保管,防止信息泄露;未经该个人同意,保险公司、保险中介机构、保险销售人员不得向他人提供该个人的信息,法律法规规章另有规定以及开展保险业务所必需的除外。

保险公司、保险中介机构应当加强对与其合作的其他机构收集处理投保人、被保险人、受益人以及保险业务活动相关当事人个人信息的行为管控,在双方合作协议中明确其他机构的信息收集处理行为要求,定期了解其他机构执行协议要求情况,发现其他机构存在违反协议要求情形时,应当及时采取措施予以制止和督促纠正,并依法追究该机构责任。

第八条 保险公司、保险中介机构应当履行销售管理主体责任,建立健全保险销售各项管理制度,加强对与其有委托代理关系的保险销售人员身份和保险销售业务真实性管理,定期自查、评估制度有效性和落实情况;应当明确各级机构及其高级管理人员销售管理责任，建立销售制度执行、销售管控和内部责任追究机制，不得违法违规开展保险销售业务，不得利用开展保险销售业务为其他机构或者个人牟取不正当利益。

第九条　具有保险销售业务合作关系的保险公司、保险中介机构应当在相关协议中确定合作范围，明确双方的权利义务。保险公司与保险中介机构的保险销售业务合作关系应当真实，不得通过虚假合作套取费用。

保险中介机构应当依照相关法律法规规定及双方业务合作约定，并以相关业务开展所必需为限，将所销售的保险业务相关信息以及投保人、被保险人、受益人信息如实完整及时地提供给与其具有保险销售业务合作关系的保险公司，以利于保险公司与投保人订立保险合同。

保险公司应当支持与其具有保险销售业务合作关系的保险中介机构为投保人提供专业服务，依照相关法律法规规定及双方业务合作约定，并以相关业务开展所必需为限，将该保险中介机构所销售的保险业务相关保单存续期管理信息如实完整及时地提供给该保险中介机构，以利于该保险中介机构为投保人提供后续服务。

保险公司应当加强对与其具有保险销售业务合作关系的保险中介机构保险销售行为合规性监督，定期了解该保险中介机构在合作范围内的保险销售行为合规情况，发现该保险中介机构在从事保险销售中存在违反法律法规及合作协议要求情形时，应当及时采取措施予以制止和督促纠正，并依法追究该保险中介机构责任。

具有保险销售业务合作关系的保险公司、保险中介机构应当通过技术手段，实现双方业务信息系统的互联互通、数据对接。

第十条　国家金融监督管理总局（以下简称金融监管总局）依据《中华人民共和国保险法》，对保险销售行为履行监督管理职责。

金融监管总局派出机构依据授权对保险销售行为履行监督管理职责。

第二章　保险销售前行为管理

第十一条　保险公司、保险中介机构不得超出法律法规和监管制度规定以及监管机构批准核准的业务范围和区域范围从事保险销售行为。保险销售人员不得超出所属机构的授权范围从事保险销售行为。

第十二条　保险公司、保险中介机构开展保险销售行为，应当具备相应的业务、财务、人员等信息管理系统和核心业务系统，确保系统数据准确、完整、更新及时，并与监管机构要求录入各类监管信息系统中的数据信息保持一致。

第十三条　保险公司应当依法依规制订保险合同条款，不得违反法律法规和监管制度规定，确保保险合同双方权利义务公平合理；按照要素完整、结构清晰、文字准确、表述严谨、通俗易懂等原则制订保险合同条款，推进合同文本标准化。

保险合同及相关文件中使用的专业名词术语，其含义应当符合国家标准、行业标准或者通用标准。

第十四条　保险公司应当按照真实、准确、完整的原则，在其官方网站、官方 APP 等官方线上平台公示本公司现有保险产品条款信息和该保险产品说明。保险产品说明应当重点突出该产品所使用条款的审批或者备案名称、保障范围、保险期间、免除或者减轻保险人责任条款以及保单预期利益等内容。

保险产品条款发生变更的，保险公司应当于变更条款正式实施前更新所对外公示的该保险产品条款信息和该保险产品说明。

保险公司决定停止使用保险产品条款的，除法律法规及监管制度另有规定的外，应当在官方线上平台显著位置和营业场所公告，并在公示的该保险产品条款信息和该保险产品说明的显著位置标明停止使用的起始日期，该起始日期不得早于公告日期。

第十五条　保险公司应当建立保险产品分级管理制度，根据产品的复杂程度、保险费负担水平以及保单利益的风险高低等标准，对本机构的保险产品进行分类分级。

第十六条　保险公司、保险中介机构应当支持行业自律组织发挥优势推动保险销售人员销售能力分级工作，在行业自律组织制定的销售能力分级框架下，结合自身实际情况建立本机构保险销售能力资质分级管理体系，以保险销售人员的专业知识、销售能力、诚信水平、品行状况等为主要标准，对所属保险销售人员进行分级，并与保险公司保险产品分级管理制度相衔接，区分销售能力资质实行差别授权，明确所属各等级保险销售人员可以销售的保险产品。

第十七条 保险公司、保险中介机构应当建立保险销售宣传管理制度，确保保险销售宣传符合下列要求：

（一）在形式上和实质上未超出保险公司、保险中介机构合法经营资质所载明的业务许可范围及区域；

（二）明示所销售宣传的是保险产品；

（三）不得引用不真实、不准确的数据和资料，不得隐瞒限制条件，不得进行虚假或者夸大表述，不得使用偷换概念、不当类比、隐去假设等不当宣传手段；

（四）不得以捏造、散布虚假事实等手段恶意诋毁竞争对手，不得通过不当评比、不当排序等方式进行宣传，不得冒用、擅自使用与他人相同或者近似等可能引起混淆的注册商标、字号、宣传册页；

（五）不得利用监管机构对保险产品的审核或者备案程序，不得使用监管机构为该保险产品提供保证等引人误解的不当表述；

（六）不得违反法律、行政法规和监管制度规定的其他行为。

第十八条 保险销售人员未经授权不得发布保险销售宣传信息。

保险公司、保险中介机构对所属保险销售人员发布保险销售宣传信息的行为负有管理主体责任，对保险销售人员发布的保险销售宣传信息，应当进行事前审核及授权发布；发现保险销售人员自行编发或者转载未经其审核授权发布的保险销售宣传信息的，应当及时予以制止并采取有效措施进行处置。

第十九条 保险公司决定停止销售某一保险产品或者调整某一保险产品价格的，应当在官方线上平台显著位置和营业场所公告，但保险公司在经审批或者备案的费率浮动区间或者费率参数调整区间内调整价格的除外。公告内容应当包括停止销售或者调整价格的保险产品名称、停止销售或者价格调整的起始日期等信息，其中起始日期不得早于公告日期。

前款公告的停止销售或者调整价格的起始日期经过后，保险公司应当按照公告内容停止销售相应保险产品或者调整相应保险产品价格。

在保险公司未就某一保险产品发出停止销售或者调整价格的公告前，保险销售人员不得在保险销售中向他人宣称某一保险产品即将停止销售或者调整价格。

第二十条 保险公司、保险中介机构应当加强保险销售渠道业务管理，落实对保险销售渠道业务合规性的管控责任，完善保险销售渠道合规监督，不得利用保险销售渠道开展违法违规活动。

第三章 保险销售中行为管理

第二十一条 保险公司应当通过合法方式，了解投保人的保险需求、风险特征、保险费承担能力、已购买同类保险的情况以及其他与销售保险产品相关的信息，根据前述信息确定该投保人可以购买本公司保险产品类型和等级范围，并委派合格保险销售人员销售该等级范围内的保险产品。

保险中介机构应当协助所合作的保险公司了解前款规定的投保人相关信息，并按照所合作保险公司确定的该投保人可以购买的保险产品类型和等级范围，委派合格保险销售人员销售该等级范围内的保险产品。

第二十二条 保险公司、保险中介机构销售人身保险新型产品的，应当向投保人提示保单利益的不确定性，并准确、全面地提示相关风险；法律、行政法规和监管制度规定要求对投保人进行风险承受能力测评的，应当进行测评，并根据测评结果销售相适应的保险产品。

第二十三条 保险公司、保险中介机构及其保险销售人员不得使用强制搭售、信息系统或者网页默认勾选等方式与投保人订立保险合同。

前款所称强制搭售是指因保险公司、保险中介机构的原因，致使投保人不能单独就某一个保险产品或者产品组合与保险公司订立保险合同的情形，以及自然人、法人、非法人组织在购买某一非保险类金融产品或者金融服务时，在未被告知保险产品或者保险服务的存在、未被提供自主选择权利行使条件的情况下，被要求必须同时与指定保险公司就指定保险产品订立保险合同的情形。

第二十四条 保险公司、保险中介机构以互联网方式销售保险产品的，应当向对方当事人提示本机构足以识别的名称。

保险销售人员以面对面方式销售保险产品

的,应当向对方当事人出示执业证件;以非面对面方式销售保险产品的,应当向对方当事人说明本人姓名、所属保险公司或者保险中介机构全称、本人执业证件编号。

第二十五条 订立保险合同,采用保险公司提供的格式条款的,保险公司或者受其委托及与其合作的保险中介机构、保险销售人员应当在投保人投保前以适当方式向投保人提供格式条款及该保险产品说明,并就以下内容向投保人作出明确提示:

(一)双方订立的是保险合同;

(二)保险合同的基本内容,包括保险产品名称、主要条款、保障范围、保险期间、保险费及交费方式、赔偿限额、免除或者减轻保险人责任的条款、索赔程序、退保及其他费用扣除、人身保险的现金价值、犹豫期、宽限期、等待期、保险合同效力中止与恢复等;

(三)提示投保人违反如实告知义务的后果;

(四)保险公司、保险中介机构服务电话,以及咨询、报案、投诉等的途径方式;

(五)金融监管总局规定的其他提示内容。

保险公司、保险中介机构在销售保险产品时,经投保人同意,对于权利义务简单且投保人在三个月内再次投保同一保险公司的同一保险产品的,可以合理简化相应的提示内容。

第二十六条 订立保险合同时,保险公司及受其委托及与其合作的保险中介机构、保险销售人员应当对免除或者减轻保险人责任的条款,以足以引起投保人注意的文字、字体、符号或者其他明显标志作出提示,并对有关免除保险人责任条款的概念、内容及其法律后果以书面或者口头形式向投保人作出明确的常人能够理解的解释说明。

免除或者减轻保险人责任的条款包括责任免除条款、免赔额、免赔率、比例赔付或者给付等。

第二十七条 订立保险合同,保险公司应当提示投保人履行如实告知义务。

保险公司及受其委托及与其合作的保险中介机构、保险销售人员应当就保险标的或者被保险人的有关情况提出具有具体内容的询问,以投保单询问表方式进行询问的,投保单询问表中不得有概括性条款,但该概括性条款有具体内容的除外。

投保人的如实告知义务限于保险公司及受其委托的保险中介机构、保险销售人员询问范围和内容,法律法规另有规定的除外。

第二十八条 保险公司、保险中介机构、保险销售人员在销售保险时,发现投保人具有下列情形之一的,应当建议投保人终止投保:

(一)投保人的保险需求与所销售的保险产品明显不符的;

(二)投保人持续承担保险费的能力明显不足的;

(三)投保人已购买以补偿损失为目的的同类型保险,继续投保属于重复保险或者超额保险的。

投保人不接受终止投保建议,仍然要求订立保险合同的,保险公司、保险中介机构应当向投保人说明有关风险,并确认销售行为的继续是出于投保人的自身意愿。

第二十九条 保险公司、保险中介机构应当按照有关法律法规和监管制度规定,要求投保人以书面或者其他可保存的形式,签署或者确认投保声明、投保提示书、免除或者减轻保险人责任条款的说明等文件,以及监管规定的相关文书材料。通过电话销售保险的,可以签署投保单或者电话录音等方式确认投保人投保意愿。通过互联网开展保险销售的,可以通过互联网保险销售行为可回溯方式确认投保人投保意愿,并符合监管制度规定。

投保文书材料应当由投保人或者其书面委托的人员以签字、盖章或者其他法律法规认可的方式进行确认。保险销售人员不得代替保险业务活动相关当事人在订立保险合同的有关文书材料中确认。

第三十条 保险公司、保险中介机构应当严格按照经金融监管总局及其派出机构审批或者备案的保险条款和保险费率销售保险产品。

第三十一条 保险公司、保险中介机构应当按照相关监管制度规定,根据不同销售方式,采取录音、录像、销售页面管理和操作轨迹记录等方法,对保险产品销售行为实施可回溯管理。对可回溯管理过程中产生的视听资料及电子资料,应当做好备份存档。

第三十二条 保险公司、保险中介机构应当加强资金管理,建立资金管理机制,严格按照相关规定进行资金收付管理。

保险销售人员不得接受投保人、被保险人、受益人委托代缴保险费、代领退保金、代领保险金，不得经手或者通过非投保人、被保险人、受益人本人账户支付保险费、领取退保金、领取保险金。

第三十三条 投保人投保后，保险销售人员应当将所销售的保险业务相关信息以及投保人、被保险人、受益人信息如实完整及时地提供给其所在的保险公司、保险中介机构，以利于保险公司与投保人订立保险合同。

第四章 保险销售后行为管理

第三十四条 保险公司在核保通过后应当及时向投保人提供纸质或者电子保单，并按照相关政策提供发票。电子保单应当符合国家电子签名相关法律规定。保险公司应当在官方线上平台设置保单查询功能。

第三十五条 保险合同订立后，保险公司应当按照有关监管制度规定，通过互联网、电话等方式对金融监管总局规定的相关保险产品业务进行回访。回访内容包括确认投保人身份和投保信息的真实性、是否完整知悉合同主要内容以及其他应当披露的信息等。在回访中，保险公司工作人员应当如实与投保人进行答问，不得有误导、欺骗、隐瞒等行为，并如实记录回访过程。

保险公司在回访中发现存在销售误导的，应当按照规定及时予以处理。

按照相关监管制度规定，对保险产品销售行为实施可回溯管理，且对有关信息已确认的，可以根据监管规定合理简化回访要求。

第三十六条 保险公司、保险中介机构与其所属的保险销售人员解除劳动合同及其他用工合同或者委托合同，通过该保险销售人员签订的一年期以上的人身保险合同尚未履行完毕的，保险公司、保险中介机构应当在该保险销售人员的离职手续办理完成后的30日内明确通知投保人或者被保险人有关该保险销售人员的离职信息、保险合同状况以及获得后续服务的途径，不因保险销售人员离职损害投保人、被保险人合法利益。

保险公司与保险中介机构终止合作，通过该保险中介机构签订的一年期以上的人身保险合同尚未履行完毕的，保险公司应当在与该保险中介机构终止合作后的30日内明确通知投保人或者被保险人有关该保险公司与该保险中介机构终止合作的信息、保险合同状况以及获得后续服务的途径，不因终止合作损害投保人、被保险人合法利益。

保险销售人员因工作岗位变动无法继续提供服务的，适用上述条款规定。

第三十七条 保险销售人员离职后，保险中介机构与保险公司终止合作后，不得通过怂恿退保等方式损害投保人合法利益。

保险公司、保险中介机构应当在与保险销售人员签订劳动、劳务等用工合同或者委托合同时，保险公司应当在与保险中介机构签订委托合同时，要求保险销售人员或者保险中介机构就不从事本条第一款规定的禁止性行为作出书面承诺。

第三十八条 行业自律组织应当针对本办法第三十六条、第三十七条的规定建立行业自律约束机制，并督促成员单位及相关人员切实执行。

第三十九条 任何机构、组织或者个人不得违法违规开展保险退保业务推介、咨询、代办等活动，诱导投保人退保，扰乱保险市场秩序。

第四十条 保险公司应当健全退保管理制度，细化各项保险产品的退保条件标准，优化退保流程，不得设置不合法不合理的退保阻却条件。

保险公司应当在官方线上平台披露各项保险产品的退保条件标准和退保流程时限，并在保险合同签订前明确提示投保人该保险产品的退保条件标准和退保流程时限。

保险公司应当设立便捷的退保渠道，在收到投保人的退保申请后，及时一次性告知投保人办理退保所需要的全部材料。

第四十一条 保险公司、保险中介机构应当建立档案管理制度，妥善保管业务档案、会计账簿、业务台账、人员档案、投保资料以及开展可回溯管理产生的视听资料、电子数据等档案资料，明确管理责任，规范归档资料和数据的保管、保密和调阅程序。档案保管期限应当符合相关法律法规及监管制度规定。

第五章 监督管理

第四十二条 保险公司、保险中介机构应当按照金融监管总局及其派出机构的规定，记录、保存、报送有关保险销售的报告、报表、文件和资料。

第四十三条 违反本办法第三条、第三十九条规定的，由金融监管总局及其派出机构依照《中华人民共和国保险法》等法律法规和监管制度的相关规定处理。

第四十四条 保险公司、保险中介机构、保险销售人员违反本办法规定和金融监管总局关于财产保险、人身保险、保险中介销售管理的其他相关规定，情节严重或者造成严重后果的，由金融监管总局及其派出机构依照法律、行政法规进行处罚；法律、行政法规没有规定的，金融监管总局及其派出机构可以视情况给予警告或者通报批评，处以一万元以上十万元以下罚款。

第四十五条 保险公司、保险中介机构违反本办法规定和金融监管总局关于财产保险、人身保险、保险中介销售管理的其他相关规定，情节严重或者造成严重后果的，金融监管总局及其派出机构除分别依照本办法有关规定对该单位给予处罚外，对其直接负责的主管人员和其他直接责任人员依照法律、行政法规进行处罚；法律、行政法规没有规定的，金融监管总局及其派出机构对其直接负责的主管人员和其他直接责任人员可以视情况给予警告或者通报批评，处以一万元以上十万元以下罚款。

第四十六条 违反本办法第三十六条、第三十七条规定的，金融监管总局及其派出机构可以视情况予以通报并督促行业自律组织对相关人员、保险公司、保险中介机构给予行业自律约束处理。

第六章 附 则

第四十七条 保险公司、保险中介机构开展保险销售行为，除遵守本办法相关规定外，应当符合法律法规和金融监管总局关于财产保险、人身保险、保险中介销售管理的其他相关规定。

第四十八条 相互保险组织、外国保险公司分公司、保险集团公司适用本办法。

第四十九条 本办法由金融监管总局负责解释。

第五十条 本办法自2024年3月1日起施行。

保险经纪人监管规定

· 2018年2月1日中国保险监督管理委员会令第3号公布
· 自2018年5月1日起施行

第一章 总 则

第一条 为了规范保险经纪人的经营行为，保护投保人、被保险人和受益人的合法权益，维护市场秩序，根据《中华人民共和国保险法》（以下简称《保险法》）等法律、行政法规，制定本规定。

第二条 本规定所称保险经纪人是指基于投保人的利益，为投保人与保险公司订立保险合同提供中介服务，并依法收取佣金的机构，包括保险经纪公司及其分支机构。

本规定所称保险经纪从业人员是指在保险经纪人中，为投保人或者被保险人拟订投保方案、办理投保手续、协助索赔的人员，或者为委托人提供防灾防损、风险评估、风险管理咨询服务、从事再保险经纪等业务的人员。

第三条 保险经纪公司在中华人民共和国境内经营保险经纪业务，应当符合中国保险监督管理委员会（以下简称中国保监会）规定的条件，取得经营保险经纪业务许可证（以下简称许可证）。

第四条 保险经纪人应当遵守法律、行政法规和中国保监会有关规定，遵循自愿、诚实信用和公平竞争的原则。

第五条 中国保监会根据《保险法》和国务院授权，对保险经纪人履行监管职责。

中国保监会派出机构在中国保监会授权范围内履行监管职责。

第二章 市场准入

第一节 业务许可

第六条 除中国保监会另有规定外，保险经纪人应当采取下列组织形式：

（一）有限责任公司；
（二）股份有限公司。

第七条 保险经纪公司经营保险经纪业务，应当具备下列条件：

（一）股东符合本规定要求，且出资资金自有、

真实、合法,不得用银行贷款及各种形式的非自有资金投资;

(二)注册资本符合本规定第十条要求,且按照中国保监会的有关规定托管;

(三)营业执照记载的经营范围符合中国保监会的有关规定;

(四)公司章程符合有关规定;

(五)公司名称符合本规定要求;

(六)高级管理人员符合本规定的任职资格条件;

(七)有符合中国保监会规定的治理结构和内控制度,商业模式科学合理可行;

(八)有与业务规模相适应的固定住所;

(九)有符合中国保监会规定的业务、财务信息管理系统;

(十)法律、行政法规和中国保监会规定的其他条件。

第八条 单位或者个人有下列情形之一的,不得成为保险经纪公司的股东:

(一)最近5年内受到刑罚或者重大行政处罚;

(二)因涉嫌重大违法犯罪正接受有关部门调查;

(三)因严重失信行为被国家有关单位确定为失信联合惩戒对象且应当在保险领域受到相应惩戒,或者最近5年内具有其他严重失信不良记录;

(四)依据法律、行政法规不能投资企业;

(五)中国保监会根据审慎监管原则认定的其他不适合成为保险经纪公司股东的情形。

第九条 保险公司的工作人员、保险专业中介机构的从业人员投资保险经纪公司的,应当提供其所在机构知晓投资的书面证明;保险公司、保险专业中介机构的董事、监事或者高级管理人员投资保险经纪公司的,应当根据有关规定取得股东会或者股东大会的同意。

第十条 经营区域不限于工商注册登记地所在省、自治区、直辖市、计划单列市的保险经纪公司的注册资本最低限额为5000万元。

经营区域为工商注册登记地所在省、自治区、直辖市、计划单列市的保险经纪公司的注册资本最低限额为1000万元。

保险经纪公司的注册资本必须为实缴货币资本。

第十一条 保险经纪人的名称中应当包含"保险经纪"字样。

保险经纪人的字号不得与现有的保险专业中介机构相同,与保险专业中介机构具有同一实际控制人的保险经纪人除外。

第十二条 保险经纪公司申请经营保险经纪业务,应当在领取营业执照后,及时按照中国保监会的要求提交申请材料,并进行相关信息披露。

中国保监会及其派出机构按照法定的职责和程序实施行政许可。

第十三条 中国保监会及其派出机构收到经营保险经纪业务申请后,应当采取谈话、函询、现场验收等方式了解、审查申请人股东的经营记录以及申请人的市场发展战略、业务发展计划、内控制度建设、人员结构、信息系统配置及运行等有关事项,并进行风险测试和提示。

第十四条 中国保监会及其派出机构依法作出批准保险经纪公司经营保险经纪业务的决定的,应当向申请人颁发许可证。申请人取得许可证后,方可开展保险经纪业务,并应当及时在中国保监会规定的监管信息系统中登记相关信息。

中国保监会及其派出机构决定不予批准的,应当作出书面决定并说明理由。申请人应当自收到中国保监会及其派出机构书面决定之日起15日内书面报告工商注册登记所在地的工商行政管理部门。公司继续存续的,不得从事保险经纪业务,并应依法办理名称、营业范围和公司章程等事项的工商变更登记,确保其名称中无"保险经纪"字样。

第十五条 经营区域不限于工商注册登记地所在省、自治区、直辖市、计划单列市的保险经纪公司可以在中华人民共和国境内从事保险经纪活动。

经营区域不限于工商注册登记地所在省、自治区、直辖市、计划单列市的保险经纪公司向工商注册登记地以外派出保险经纪从业人员,为投保人或者被保险人是自然人的保险业务提供服务的,应当在当地设立分支机构。设立分支机构时应当首先设立省级分公司,指定其负责办理行政许可申请、监管报告和报表提交等相关事宜,并负责管理其他分支机构。

保险经纪公司分支机构包括分公司、营业部。

第十六条 保险经纪公司新设分支机构经营

保险经纪业务,应当符合下列条件:

(一)保险经纪公司及其分支机构最近1年内没有受到刑罚或者重大行政处罚;

(二)保险经纪公司及其分支机构未因涉嫌违法犯罪正接受有关部门调查;

(三)保险经纪公司及其分支机构最近1年内未引发30人以上群访群诉事件或者100人以上非正常集中退保事件;

(四)最近2年内设立的分支机构不存在运营未满1年退出市场的情形;

(五)具备完善的分支机构管理制度;

(六)新设分支机构有符合要求的营业场所、业务财务信息系统,以及与经营业务相匹配的其他设施;

(七)新设分支机构主要负责人符合本规定的任职条件;

(八)中国保监会规定的其他条件。

保险经纪公司因严重失信行为被国家有关单位确定为失信联合惩戒对象且应当在保险领域受到相应惩戒的,或者最近5年内具有其他严重失信不良记录的,不得新设分支机构经营保险经纪业务。

第十七条 保险经纪公司分支机构应当在营业执照记载的登记之日起15日内,书面报告中国保监会派出机构,在中国保监会规定的监管信息系统中登记相关信息,按照规定进行公开披露,并提交主要负责人的任职资格核准申请材料或者报告材料。

第十八条 保险经纪人有下列情形之一的,应当自该情形发生之日起5日内,通过中国保监会规定的监管信息系统报告,并按照规定进行公开披露:

(一)变更名称、住所或者营业场所;

(二)变更股东、注册资本或者组织形式;

(三)股东变更姓名或者名称、出资额;

(四)修改公司章程;

(五)股权投资,设立境外保险类机构及非营业性机构;

(六)分立、合并、解散,分支机构终止保险经纪业务活动;

(七)变更省级分公司以外分支机构主要负责人;

(八)受到行政处罚、刑罚或者涉嫌违法犯罪正接受调查;

(九)中国保监会规定的其他报告事项。

保险经纪人发生前款规定的相关情形,应当符合中国保监会相关规定。

第十九条 保险经纪公司变更事项涉及许可证记载内容的,应当按照《保险许可证管理办法》等有关规定办理许可证变更登记,交回原许可证,领取新许可证,并进行公告。

第二节 任职资格

第二十条 本规定所称保险经纪人高级管理人员是指下列人员:

(一)保险经纪公司的总经理、副总经理;

(二)省级分公司主要负责人;

(三)对公司经营管理行使重要职权的其他人员。

保险经纪人高级管理人员应当在任职前取得中国保监会派出机构核准的任职资格。

第二十一条 保险经纪人高级管理人员应当具备下列条件:

(一)大学专科以上学历;

(二)从事金融工作3年以上或者从事经济工作5年以上;

(三)具有履行职责所需的经营管理能力,熟悉保险法律、行政法规及中国保监会的相关规定;

(四)诚实守信,品行良好。

从事金融工作10年以上的人员,学历要求可以不受第一款第(一)项的限制。

保险经纪人任用的省级分公司以外分支机构主要负责人应当具备前两款规定的条件。

第二十二条 有下列情形之一的人员,不得担任保险经纪人高级管理人员和省级分公司以外分支机构主要负责人:

(一)担任因违法被吊销许可证的保险公司或者保险中介机构的董事、监事或者高级管理人员,并对被吊销许可证负有个人责任或者直接领导责任的,自许可证被吊销之日起未逾3年;

(二)因违法行为或者违纪行为被金融监管机构取消任职资格的金融机构的董事、监事或者高级管理人员,自被取消任职资格之日起未逾5年;

(三)被金融监管机构决定在一定期限内禁止进入金融行业的,期限未满;

(四)受金融监管机构警告或者罚款未逾2年;

（五）正在接受司法机关、纪检监察部门或者金融监管机构调查；

（六）因严重失信行为被国家有关单位确定为失信联合惩戒对象且应当在保险领域受到相应惩戒，或者最近5年内具有其他严重失信不良记录；

（七）法律、行政法规和中国保监会规定的其他情形。

第二十三条　保险经纪人应当与其高级管理人员、省级分公司以外分支机构主要负责人建立劳动关系，订立书面劳动合同。

第二十四条　保险经纪人高级管理人员和省级分公司以外分支机构主要负责人不得兼任2家以上分支机构的主要负责人。

保险经纪人高级管理人员和省级分公司以外分支机构主要负责人兼任其他经营管理职务的，应当具有必要的时间履行职务。

第二十五条　非经股东会或者股东大会批准，保险经纪人的高级管理人员和省级分公司以外分支机构主要负责人不得在存在利益冲突的机构中兼任职务。

第二十六条　保险经纪人向中国保监会派出机构提出高级管理人员任职资格核准申请的，应当如实填写申请表、提交相关材料。

中国保监会派出机构可以对保险经纪人拟任高级管理人员进行考察或者谈话。

第二十七条　保险经纪人高级管理人员应当通过中国保监会认可的保险法规及相关知识测试。

第二十八条　保险经纪人的高级管理人员在同一保险经纪人内部调任、兼任其他职务，无须重新核准任职资格。

保险经纪人调整、免除高级管理人员和省级分公司以外分支机构主要负责人职务，应当自决定作出之日起5日内在中国保监会规定的监管信息系统中登记相关信息。

第二十九条　保险经纪人的高级管理人员和省级分公司以外分支机构主要负责人因涉嫌犯罪被起诉的，保险经纪人应当自其被起诉之日起5日内和结案之日起5日内在中国保监会规定的监管信息系统中登记相关信息。

第三十条　保险经纪人高级管理人员和省级分公司以外分支机构主要负责人有下列情形之一，保险经纪人已经任命的，应当免除其职务；经核准任职资格的，其任职资格自动失效：

（一）获得核准任职资格后，保险经纪人超过2个月未任命；

（二）从该保险经纪人离职；

（三）受到中国保监会禁止进入保险业的行政处罚；

（四）因贪污、受贿、侵占财产、挪用财产或者破坏社会主义市场秩序，被判处刑罚执行期满未逾5年，或者因犯罪被剥夺政治权利，执行期满未逾5年；

（五）担任破产清算的公司、企业的董事或者厂长、经理，对该公司、企业的破产负有个人责任的，自该公司、企业破产清算完结之日起未逾3年；

（六）担任因违法被吊销营业执照、责令关闭的公司、企业的法定代表人，并负有个人责任的，自该公司、企业被吊销营业执照之日起未逾3年；

（七）个人所负数额较大的债务到期未清偿。

第三十一条　保险经纪人出现下列情形之一，可以任命临时负责人，但临时负责人任职时间最长不得超过3个月，并且不得就同一职务连续任命临时负责人：

（一）原负责人辞职或者被撤职；

（二）原负责人因疾病、意外事故等原因无法正常履行工作职责；

（三）中国保监会认可的其他特殊情况。

临时负责人应当具有与履行职责相当的能力，并应当符合本规定第二十一条、第二十二条的相关要求。

保险经纪人任命临时负责人的，应当自决定作出之日起5日内在中国保监会规定的监管信息系统中登记相关信息。

第三节　从业人员

第三十二条　保险经纪人应当聘任品行良好的保险经纪从业人员。有下列情形之一的，保险经纪人不得聘任：

（一）因贪污、贿赂、侵占财产、挪用财产或者破坏社会主义市场经济秩序，被判处刑罚，执行期满未逾5年；

（二）被金融监管机构决定在一定期限内禁止进入金融行业，期限未满；

（三）因严重失信行为被国家有关单位确定为

失信联合惩戒对象且应当在保险领域受到相应惩戒，或者最近5年内具有其他严重失信不良记录；

（四）法律、行政法规和中国保监会规定的其他情形。

第三十三条　保险经纪从业人员应当具有从事保险经纪业务所需的专业能力。保险经纪人应当加强对保险经纪从业人员的岗前培训和后续教育，培训内容至少应当包括业务知识、法律知识及职业道德。

保险经纪人可以委托保险中介行业自律组织或者其他机构组织培训。

保险经纪人应当建立完整的保险经纪从业人员培训档案。

第三十四条　保险经纪人应当按照规定为其保险经纪从业人员进行执业登记。

保险经纪从业人员只限于通过一家保险经纪人进行执业登记。

保险经纪从业人员变更所属保险经纪人的，新所属保险经纪人应当为其进行执业登记，原所属保险经纪人应当及时注销执业登记。

第三章　经营规则

第三十五条　保险经纪公司应当将许可证、营业执照置于住所或者营业场所显著位置。

保险经纪公司分支机构应当将加盖所属法人公章的许可证复印件、营业执照置于营业场所显著位置。

保险经纪人不得伪造、变造、出租、出借、转让许可证。

第三十六条　保险经纪人可以经营下列全部或者部分业务：

（一）为投保人拟订投保方案、选择保险公司以及办理投保手续；

（二）协助被保险人或者受益人进行索赔；

（三）再保险经纪业务；

（四）为委托人提供防灾、防损或者风险评估、风险管理咨询服务；

（五）中国保监会规定的与保险经纪有关的其他业务。

第三十七条　保险经纪人从事保险经纪业务不得超出承保公司的业务范围和经营区域；从事保险经纪业务涉及异地共保、异地承保和统括保单，中国保监会另有规定的，从其规定。

第三十八条　保险经纪人及其从业人员不得销售非保险金融产品，经相关金融监管部门审批的非保险金融产品除外。

保险经纪人及其从业人员销售符合条件的非保险金融产品前，应当具备相应的资质要求。

第三十九条　保险经纪人应当根据法律、行政法规和中国保监会的有关规定，依照职责明晰、强化制衡、加强风险管理的原则，建立完善的公司治理结构和制度；明确管控责任，构建合规体系，注重自我约束，加强内部追责，确保稳健运营。

第四十条　保险经纪从业人员应当在所属保险经纪人的授权范围内从事业务活动。

第四十一条　保险经纪人通过互联网经营保险经纪业务，应当符合中国保监会的规定。

第四十二条　保险经纪人应当建立专门账簿，记载保险经纪业务收支情况。

第四十三条　保险经纪人应当开立独立的客户资金专用账户。下列款项只能存放于客户资金专用账户：

（一）投保人支付给保险公司的保险费；

（二）为投保人、被保险人和受益人代领的退保金、保险金。

保险经纪人应当开立独立的佣金收取账户。

保险经纪人开立、使用其他银行账户的，应当符合中国保监会的规定。

第四十四条　保险经纪人应当建立完整规范的业务档案，业务档案至少应当包括下列内容：

（一）通过本机构签订保单的主要情况，包括保险人、投保人、被保险人名称或者姓名，保单号，产品名称，保险金额，保险费，缴费方式，投保日期，保险期间等；

（二）保险合同对应的佣金金额和收取方式等；

（三）保险费交付保险公司的情况，保险金或者退保金的代领以及交付投保人、被保险人或者受益人的情况；

（四）为保险合同签订提供经纪服务的从业人员姓名、领取报酬金额、领取报酬账户等；

（五）中国保监会规定的其他业务信息。

保险经纪人的记录应当真实、完整。

第四十五条　保险经纪人应当按照中国保监会的规定开展再保险经纪业务。

保险经纪人从事再保险经纪业务，应当设立

专门部门，在业务流程、财务管理与风险管控等方面与其他保险经纪业务实行隔离。

第四十六条 保险经纪人从事再保险经纪业务，应当建立完整规范的再保险业务档案，业务档案至少应当包括下列内容：

（一）再保险安排确认书；

（二）再保险人接受分入比例。

保险经纪人应当对再保险经纪业务和其他保险经纪业务分别建立账簿记载业务收支情况。

第四十七条 保险经纪人应当向保险公司提供真实、完整的投保信息，并应当与保险公司依法约定对投保信息保密、合理使用等事项。

第四十八条 保险经纪人从事保险经纪业务，应当与委托人签订委托合同，依法约定双方的权利义务及其他事项。委托合同不得违反法律、行政法规及中国保监会有关规定。

第四十九条 保险经纪人从事保险经纪业务，涉及向保险公司解付保险费、收取佣金的，应当与保险公司依法约定解付保险费、支付佣金的时限和违约赔偿责任等事项。

第五十条 保险经纪人在开展业务过程中，应当制作并出示规范的客户告知书。客户告知书至少应当包括以下事项：

（一）保险经纪人的名称、营业场所、业务范围、联系方式；

（二）保险经纪人获取报酬的方式，包括是否向保险公司收取佣金等情况；

（三）保险经纪人及其高级管理人员与经纪业务相关的保险公司、其他保险中介机构是否存在关联关系；

（四）投诉渠道及纠纷解决方式。

第五十一条 保险经纪人应当妥善保管业务档案、会计账簿、业务台账、客户告知书以及佣金收入的原始凭证等有关资料，保管期限自保险合同终止之日起计算，保险期间在1年以下的不得少于5年，保险期间超过1年的不得少于10年。

第五十二条 保险经纪人为政策性保险业务、政府委托业务提供服务的，佣金收取不得违反中国保监会的规定。

第五十三条 保险经纪人向投保人提出保险建议的，应当根据客户的需求和风险承受能力等情况，在客观分析市场上同类保险产品的基础上，推荐符合其利益的保险产品。

保险经纪人应当按照中国保监会的要求向投保人披露保险产品相关信息。

第五十四条 保险经纪公司应当按规定将监管费交付到中国保监会指定账户。

第五十五条 保险经纪公司应当自取得许可证之日起20日内投保职业责任保险或者缴存保证金。

保险经纪公司应当自投保职业责任保险或者缴存保证金之日起10日内，将职业责任保险保单复印件或者保证金存款协议复印件、保证金入账原始凭证复印件报送中国保监会派出机构，并在中国保监会规定的监管信息系统中登记相关信息。

第五十六条 保险经纪公司投保职业责任保险的，该保险应当持续有效。

保险经纪公司投保的职业责任保险对一次事故的赔偿限额不得低于人民币100万元；一年期保单的累计赔偿限额不得低于人民币1000万元，且不得低于保险经纪人上年度的主营业务收入。

第五十七条 保险经纪公司缴存保证金的，应当按注册资本的5%缴存，保险经纪公司增加注册资本的，应当按比例增加保证金数额。

保险经纪公司应当足额缴存保证金。保证金应当以银行存款形式专户存储到商业银行，或者以中国保监会认可的其他形式缴存。

第五十八条 保险经纪公司有下列情形之一的，可以动用保证金：

（一）注册资本减少；

（二）许可证被注销；

（三）投保符合条件的职业责任保险；

（四）中国保监会规定的其他情形。

保险经纪公司应当自动用保证金之日起5日内书面报告中国保监会派出机构。

第五十九条 保险经纪公司应当在每一会计年度结束后聘请会计师事务所对本公司的资产、负债、利润等财务状况进行审计，并在每一会计年度结束后4个月内向中国保监会派出机构报送相关审计报告。

保险经纪公司应当根据规定向中国保监会派出机构提交专项外部审计报告。

第六十条 保险经纪人应当按照中国保监会的有关规定及时、准确、完整地报送报告、报表、文件和资料，并根据要求提交相关的电子文本。

保险经纪人报送的报告、报表、文件和资料应当由法定代表人、主要负责人或者其授权人签字，并加盖机构印章。

第六十一条 保险经纪人不得委托未通过本机构进行执业登记的个人从事保险经纪业务。

第六十二条 保险经纪人应当对保险经纪从业人员进行执业登记信息管理，及时登记个人信息及授权范围等事项以及接受处罚、聘任关系终止等情况，确保执业登记信息的真实、准确、完整。

第六十三条 保险经纪人及其从业人员在办理保险业务活动中不得有下列行为：

（一）欺骗保险人、投保人、被保险人或者受益人；

（二）隐瞒与保险合同有关的重要情况；

（三）阻碍投保人履行如实告知义务，或者诱导其不履行如实告知义务；

（四）给予或者承诺给予投保人、被保险人或者受益人保险合同约定以外的利益；

（五）利用行政权力、职务或者职业便利以及其他不正当手段强迫、引诱或者限制投保人订立保险合同；

（六）伪造、擅自变更保险合同，或者为保险合同当事人提供虚假证明材料；

（七）挪用、截留、侵占保险费或者保险金；

（八）利用业务便利为其他机构或者个人牟取不正当利益；

（九）串通投保人、被保险人或者受益人，骗取保险金；

（十）泄露在业务活动中知悉的保险人、投保人、被保险人的商业秘密。

第六十四条 保险经纪人及其从业人员在开展保险经纪业务过程中，不得索取、收受保险公司或者其工作人员给予的合同约定之外的酬金、其他财物，或者利用执行保险经纪业务之便牟取其他非法利益。

第六十五条 保险经纪人不得以捏造、散布虚假事实等方式损害竞争对手的商业信誉，不得以虚假广告、虚假宣传或者其他不正当竞争行为扰乱保险市场秩序。

第六十六条 保险经纪人不得与非法从事保险业务或者保险中介业务的机构或者个人发生保险经纪业务往来。

第六十七条 保险经纪人不得以缴纳费用或者购买保险产品作为招聘从业人员的条件，不得承诺不合理的高额回报，不得以直接或者间接发展人员的数量或者销售业绩作为从业人员计酬的主要依据。

第四章 市场退出

第六十八条 保险经纪公司经营保险经纪业务许可证的有效期为3年。

保险经纪公司应当在许可证有效期届满30日前，按照规定向中国保监会派出机构申请延续许可。

第六十九条 保险经纪公司申请延续许可证有效期的，中国保监会派出机构在许可证有效期届满前对保险经纪人前3年的经营情况进行全面审查和综合评价，并作出是否准予延续许可证有效期的决定。决定不予延续的，应当书面说明理由。

保险经纪公司不符合本规定第七条有关经营保险经纪业务的条件，或者不符合法律、行政法规、中国保监会规定的延续保险经纪业务许可应当具备的其他条件的，中国保监会派出机构不予延续许可证有效期。

第七十条 保险经纪公司应当自收到不予延续许可证有效期的决定之日起10日内向中国保监会派出机构缴回原证；准予延续有效期的，应当自收到决定之日起10日内领取新许可证。

第七十一条 保险经纪公司退出保险经纪市场，应当遵守法律、行政法规及其他相关规定。保险经纪公司有下列情形之一的，中国保监会派出机构依法注销许可证，并予以公告：

（一）许可证有效期届满未延续的；

（二）许可证依法被撤回、撤销或者吊销的；

（三）因解散或者被依法宣告破产等原因依法终止的；

（四）法律、行政法规规定的其他情形。

被注销许可证的保险经纪公司应当及时交回许可证原件；许可证无法交回的，中国保监会派出机构在公告中予以说明。

被注销许可证的保险经纪公司应当终止其保险经纪业务活动，并自许可证注销之日起15日内书面报告工商注册登记所在地的工商行政管理部门。公司继续存续的，不得从事保险经纪业务，并应当依法办理名称、营业范围和公司章程等事项的工商变更登记,确保其名称中无"保险经纪"字样。

第七十二条 有下列情形之一的,保险经纪人应当在5日内注销保险经纪从业人员执业登记:

(一)保险经纪从业人员受到禁止进入保险业的行政处罚的;

(二)保险经纪从业人员因其他原因终止执业的;

(三)保险经纪人停业、解散或者因其他原因不再继续经营保险经纪业务的;

(四)法律、行政法规和中国保监会规定的其他情形。

第七十三条 保险经纪人终止保险经纪业务活动,应当妥善处理债权债务关系,不得损害投保人、被保险人、受益人的合法权益。

第五章 行业自律

第七十四条 保险经纪人自愿加入保险中介行业自律组织。

保险中介行业自律组织依法制定保险经纪人自律规则,依据法律法规和自律规则,对保险经纪人实行自律管理。

保险中介行业自律组织依法制定章程,并按照规定报中国保监会或其派出机构备案。

第七十五条 保险中介行业自律组织应当根据法律法规、国家有关规定和自律组织章程,组织会员单位及其保险经纪从业人员进行教育培训。

第七十六条 保险中介行业自律组织应当通过互联网等渠道加强信息披露,并可以组织会员就保险经纪行业的发展、运作及有关内容进行研究,收集整理、发布保险经纪相关信息,提供会员服务,组织行业交流。

第六章 监督检查

第七十七条 中国保监会派出机构按照属地原则负责辖区内保险经纪人的监管。

中国保监会派出机构应当注重对辖区内保险经纪人的行为监管,依法进行现场检查和非现场监管,并实施行政处罚和其他监管措施。

第七十八条 中国保监会及其派出机构根据监管需要,可以对保险经纪人高级管理人员及相关人员进行监管谈话,要求其就经营活动中的重大事项作出说明。

第七十九条 中国保监会及其派出机构根据监管需要,可以委派监管人员列席保险经纪公司的股东会或者股东大会、董事会。

第八十条 保险经纪公司分支机构经营管理混乱,从事重大违法违规活动的,保险经纪公司应当根据中国保监会及其派出机构的监管要求,对分支机构采取限期整改、停业、撤销等措施。

第八十一条 中国保监会及其派出机构依法对保险经纪人进行现场检查,主要包括下列内容:

(一)业务许可及相关事项是否依法获得批准或者履行报告义务;

(二)资本金是否真实、足额;

(三)保证金是否符合规定;

(四)职业责任保险是否符合规定;

(五)业务经营是否合法;

(六)财务状况是否良好;

(七)向中国保监会及其派出机构提交的报告、报表及资料是否及时、完整和真实;

(八)内控制度是否符合中国保监会的有关规定;

(九)任用高级管理人员和省级分公司以外分支机构主要负责人是否符合规定;

(十)是否有效履行从业人员管理职责;

(十一)对外公告是否及时、真实;

(十二)业务、财务信息管理系统是否符合中国保监会的有关规定;

(十三)中国保监会规定的其他事项。

第八十二条 中国保监会及其派出机构依法履行职责,被检查、调查的单位和个人应当配合。

第八十三条 中国保监会及其派出机构可以在现场检查中,委托会计师事务所等社会中介机构提供相关服务;委托上述中介机构提供服务的,应当签订书面委托协议。

中国保监会及其派出机构应当将委托事项告知被检查的保险经纪人。

第七章 法律责任

第八十四条 未取得许可证,非法从事保险经纪业务的,由中国保监会及其派出机构予以取缔,没收违法所得,并处违法所得1倍以上5倍以下罚款;没有违法所得或者违法所得不足5万元的,处5万元以上30万元以下罚款。

第八十五条　行政许可申请人隐瞒有关情况或者提供虚假材料申请保险经纪业务许可或者申请其他行政许可的，中国保监会及其派出机构不予受理或者不予批准，并给予警告，申请人在1年内不得再次申请该行政许可。

第八十六条　被许可人通过欺骗、贿赂等不正当手段取得保险经纪业务许可或者其他行政许可的，由中国保监会及其派出机构予以撤销，并依法给予行政处罚；申请人在3年内不得再次申请该行政许可。

第八十七条　保险经纪人聘任不具有任职资格的人员的，由中国保监会及其派出机构责令改正，处2万元以上10万元以下罚款；对该机构直接负责的主管人员和其他直接责任人员，给予警告，并处1万元以上10万元以下罚款，情节严重的，撤销任职资格。

保险经纪人未按规定聘任省级分公司以外分支机构主要负责人或者未按规定任命临时负责人的，由中国保监会及其派出机构责令改正，给予警告，并处1万元以下罚款；对该机构直接负责的主管人员和其他直接责任人员，给予警告，并处1万元以下罚款。

第八十八条　保险经纪人未按规定聘任保险经纪从业人员，或者未按规定进行执业登记和管理的，由中国保监会及其派出机构责令改正，给予警告，并处1万元以下罚款；对该机构直接负责的主管人员和其他直接责任人员，给予警告，并处1万元以下罚款。

第八十九条　保险经纪人出租、出借或者转让许可证的，由中国保监会及其派出机构责令改正，处1万元以上10万元以下罚款；情节严重的，责令停业整顿或者吊销许可证；对该机构直接负责的主管人员和其他直接责任人员，给予警告，并处1万元以上10万元以下罚款，情节严重的，撤销任职资格。

第九十条　保险经纪人在许可证使用过程中，有下列情形之一的，由中国保监会及其派出机构责令改正，给予警告，没有违法所得的，处1万元以下罚款，有违法所得的，处违法所得3倍以下罚款，但最高不得超过3万元；对该机构直接负责的主管人员和其他直接责任人员，给予警告，并处1万元以下罚款：

（一）未按规定在住所或者营业场所放置许可证或者其复印件；

（二）未按规定办理许可证变更登记；

（三）未按规定交回许可证；

（四）未按规定进行公告。

第九十一条　保险经纪人有下列情形之一的，由中国保监会及其派出机构责令改正，处2万元以上10万元以下罚款；情节严重的，责令停业整顿或者吊销许可证；对该机构直接负责的主管人员和其他直接责任人员，给予警告，并处1万元以上10万元以下罚款，情节严重的，撤销任职资格：

（一）未按规定缴存保证金或者投保职业责任保险的；

（二）未按规定设立专门账簿记载业务收支情况的。

第九十二条　保险经纪人超出规定的业务范围、经营区域从事业务活动的，或者与非法从事保险业务或者保险中介业务的单位或者个人发生保险经纪业务往来的，由中国保监会及其派出机构责令改正，给予警告，没有违法所得的，处1万元以下罚款，有违法所得的，处违法所得3倍以下罚款，但最高不得超过3万元；对该机构直接负责的主管人员和其他直接责任人员，给予警告，并处1万元以下罚款。

第九十三条　保险经纪人违反本规定第三十七条，由中国保监会及其派出机构责令改正，给予警告，没有违法所得的，处1万元以下罚款，有违法所得的，处违法所得3倍以下罚款，但最高不得超过3万元；对该机构直接负责的主管人员和其他直接责任人员，给予警告，并处1万元以下罚款。

第九十四条　保险经纪人违反本规定第四十七条，由中国保监会及其派出机构责令改正，给予警告，并处1万元以下罚款；对该机构直接负责的主管人员和其他直接责任人员，给予警告，并处1万元以下罚款。

第九十五条　保险经纪人违反本规定第五十条，由中国保监会及其派出机构责令改正，给予警告，并处1万元以下罚款；对该机构直接负责的主管人员和其他直接责任人员，给予警告，并处1万元以下罚款。

第九十六条　保险经纪人有本规定第六十三条所列情形之一的，由中国保监会及其派出机构责令改正，处5万元以上30万元以下罚款；情节严重的，吊销许可证；对该机构直接负责的主管人员和其他直接责任人员,给予警告,并处1万元以上10万元以下罚款,情节严重的,撤销任职资格。

第九十七条 保险经纪人违反本规定第六十四条,由中国保监会及其派出机构责令改正,给予警告,并处1万元以下罚款;对该机构直接负责的主管人员和其他直接责任人员,给予警告,并处1万元以下罚款。

第九十八条 保险经纪人违反本规定第六十五条、第六十七条,由中国保监会及其派出机构责令改正,给予警告,没有违法所得的,处1万元以下罚款,有违法所得的,处违法所得3倍以下罚款,但最高不得超过3万元;对该机构直接负责的主管人员和其他直接责任人员,给予警告,并处1万元以下罚款。

第九十九条 保险经纪人未按本规定报送或者保管报告、报表、文件、资料的,或未按规定提供有关信息、资料的,由中国保监会及其派出机构责令限期改正;逾期不改正的,处1万元以上10万元以下罚款;对该机构直接负责的主管人员和其他直接责任人员,给予警告,并处1万元以上10万元以下罚款,情节严重的,撤销任职资格。

第一百条 保险经纪人有下列情形之一的,由中国保监会及其派出机构责令改正,处10万元以上50万元以下罚款;情节严重的,可以限制其业务范围、责令停止接受新业务或者吊销许可证;对该机构直接负责的主管人员和其他直接责任人员,给予警告,并处1万元以上10万元以下罚款,情节严重的,撤销任职资格:

(一)编制或者提供虚假的报告、报表、文件或者资料;

(二)拒绝、妨碍依法监督检查。

第一百零一条 保险经纪人有下列情形之一的,由中国保监会及其派出机构责令改正,给予警告,没有违法所得的,处1万元以下罚款,有违法所得的,处违法所得3倍以下罚款,但最高不得超过3万元;对该机构直接负责的主管人员和其他直接责任人员,给予警告,并处1万元以下罚款:

(一)未按规定托管注册资本;

(二)未按规定设立分支机构经营保险经纪业务;

(三)未按规定开展互联网保险经纪业务;

(四)未按规定开展再保险经纪业务;

(五)未按规定建立或者管理业务档案;

(六)未按规定使用银行账户;

(七)违反规定动用保证金;

(八)未按规定进行信息披露;

(九)未按规定缴纳监管费。

第一百零二条 违反法律和行政法规的规定,情节严重的,中国保监会及其派出机构可以禁止有关责任人员一定期限直至终身进入保险业。

第一百零三条 保险经纪人的高级管理人员、省级分公司以外分支机构主要负责人或者从业人员,离职后被发现在原工作期间违反中国保监会及其派出机构有关规定的,应当依法追究其责任。

第八章 附 则

第一百零四条 本规定所称保险专业中介机构是指保险专业代理机构、保险经纪人和保险公估人。

本规定所称保险中介机构是指保险专业中介机构和保险兼业代理机构。

第一百零五条 经中国保监会批准经营保险经纪业务的外资保险经纪人适用本规定,我国参加的有关国际条约和中国保监会另有规定的,适用其规定。

采取公司以外的组织形式的保险经纪人的设立和管理参照适用本规定,中国保监会另有规定的,适用其规定。

第一百零六条 本规定施行前依法设立的保险经纪公司继续保留,不完全具备本规定条件的,具体适用办法由中国保监会另行规定。

第一百零七条 本规定要求提交的各种表格格式由中国保监会制定。

第一百零八条 本规定有关"5日""10日""15日""20日"的规定是指工作日,不含法定节假日。

本规定所称"以上""以下"均含本数。

第一百零九条 本规定自2018年5月1日起施行,中国保监会2009年9月25日发布的《保险经纪机构监管规定》(保监会令2009年第6号)、2013年1月6日发布的《保险经纪从业人员、保险公估从业人员监管办法》(保监会令2013年第3号)、2013年4月27日发布的《中国保险监督管理委员会关于修改〈保险经纪机构监管规定〉的决定》(保监会令2013年第6号)同时废止。

保险代理人监管规定

- 2020年11月12日中国银行保险监督管理委员会令2020年第11号公布
- 自2021年1月1日起施行

第一章 总 则

第一条 为了规范保险代理人的经营行为，保护投保人、被保险人和受益人的合法权益，维护市场秩序，根据《中华人民共和国保险法》（以下简称《保险法》）等法律、行政法规，制定本规定。

第二条 本规定所称保险代理人是指根据保险公司的委托，向保险公司收取佣金，在保险公司授权的范围内代为办理保险业务的机构或者个人，包括保险专业代理机构、保险兼业代理机构及个人保险代理人。

本规定所称保险专业代理机构是指依法设立的专门从事保险代理业务的保险代理公司及其分支机构。

本规定所称保险兼业代理机构是指利用自身主业与保险的相关便利性，依法兼营保险代理业务的企业，包括保险兼业代理法人机构及其分支机构。

本规定所称个人保险代理人是指与保险公司签订委托代理合同，从事保险代理业务的人员。

本规定所称保险代理机构从业人员是指在保险专业代理机构、保险兼业代理机构中，从事销售保险产品或者进行相关损失勘查、理赔等业务的人员。

第三条 保险专业代理公司、保险兼业代理法人机构在中华人民共和国境内经营保险代理业务，应当符合国务院保险监督管理机构规定的条件，取得相关经营保险代理业务的许可证（以下简称许可证）。

第四条 保险代理人应当遵守法律、行政法规和国务院保险监督管理机构有关规定，遵循自愿、诚实信用和公平竞争的原则。

第五条 国务院保险监督管理机构根据《保险法》和国务院授权，对保险代理人履行监管职责。

国务院保险监督管理机构派出机构在国务院保险监督管理机构授权范围内履行监管职责。

第二章 市场准入

第一节 业务许可

第六条 除国务院保险监督管理机构另有规定外，保险专业代理公司应当采取下列组织形式：

（一）有限责任公司；

（二）股份有限公司。

第七条 保险专业代理公司经营保险代理业务，应当具备下列条件：

（一）股东符合本规定要求，且出资资金自有、真实、合法，不得用银行贷款及各种形式的非自有资金投资；

（二）注册资本符合本规定第十条要求，且按照国务院保险监督管理机构的有关规定托管；

（三）营业执照记载的经营范围符合有关规定；

（四）公司章程符合有关规定；

（五）公司名称符合本规定要求；

（六）高级管理人员符合本规定的任职资格条件；

（七）有符合国务院保险监督管理机构规定的治理结构和内控制度，商业模式科学合理可行；

（八）有与业务规模相适应的固定住所；

（九）有符合国务院保险监督管理机构规定的业务、财务信息管理系统；

（十）法律、行政法规和国务院保险监督管理机构规定的其他条件。

第八条 单位或者个人有下列情形之一的，不得成为保险专业代理公司的股东：

（一）最近5年内受到刑罚或者重大行政处罚的；

（二）因涉嫌重大违法犯罪正接受有关部门调查的；

（三）因严重失信行为被国家有关单位确定为失信联合惩戒对象且应当在保险领域受到相应惩戒，或者最近5年内具有其他严重失信不良记录的；

（四）依据法律、行政法规不能投资企业的；

（五）国务院保险监督管理机构根据审慎监管原则认定的其他不适合成为保险专业代理公司股东的情形。

第九条 保险公司的工作人员、个人保险代理人和保险专业中介机构从业人员不得另行投资保险专业代理公司;保险公司、保险专业中介机构的董事、监事或者高级管理人员的近亲属经营保险代理业务的,应当符合履职回避的有关规定。

第十条　经营区域不限于注册登记地所在省、自治区、直辖市、计划单列市的保险专业代理公司的注册资本最低限额为5000万元。

经营区域为注册登记地所在省、自治区、直辖市、计划单列市的保险专业代理公司的注册资本最低限额为2000万元。

保险专业代理公司的注册资本必须为实缴货币资本。

第十一条　保险专业代理公司名称中应当包含"保险代理"字样。

保险专业代理公司的字号不得与现有的保险专业中介机构相同,与其他保险专业中介机构具有同一实际控制人的保险专业代理公司除外。

保险专业代理公司应当规范使用机构简称,清晰标识所属行业细分类别,不得混淆保险代理公司与保险公司概念,在宣传工作中应当明确标识"保险代理"字样。

第十二条　保险兼业代理机构经营保险代理业务,应当符合下列条件:

(一)有市场监督管理部门核发的营业执照,其主营业务依法须经批准的,应取得相关部门的业务许可;

(二)主业经营情况良好,最近2年内无重大行政处罚记录;

(三)有同主业相关的保险代理业务来源;

(四)有便民服务的营业场所或者销售渠道;

(五)具备必要的软硬件设施,保险业务信息系统与保险公司对接,业务、财务数据可独立于主营业务单独查询统计;

(六)有完善的保险代理业务管理制度和机制;

(七)有符合本规定条件的保险代理业务责任人;

(八)法律、行政法规和国务院保险监督管理机构规定的其他条件。

保险兼业代理机构因严重失信行为被国家有关单位确定为失信联合惩戒对象且应当在保险领域受到相应惩戒的,或者最近5年内具有其他严重失信不良记录的,不得经营保险代理业务。

第十三条　保险兼业代理法人机构及其根据本规定第二十条指定的分支机构应当分别委派本机构分管保险业务的负责人担任保险代理业务责任人。

保险代理业务责任人应当品行良好,熟悉保险法律、行政法规,具有履行职责所需的经营管理能力。

第十四条　保险专业代理公司申请经营保险代理业务,应当在领取营业执照后,及时按照国务院保险监督管理机构的要求提交申请材料,并进行相关信息披露。

保险兼业代理法人机构申请经营保险代理业务,应当及时按照国务院保险监督管理机构的要求提交申请材料,并进行相关信息披露。

国务院保险监督管理机构及其派出机构(以下统称保险监督管理机构)按照法定的职责和程序实施行政许可。

第十五条　保险专业代理公司申请经营保险代理业务的,保险监督管理机构应当采取谈话、询问、现场验收等方式了解、审查申请人股东的经营、诚信记录,以及申请人的市场发展战略、业务发展计划、内控制度建设、人员结构、信息系统配置及运行等有关事项,并进行风险测试和提示。

保险兼业代理法人机构申请经营保险代理业务具体办法由国务院保险监督管理机构另行规定。

第十六条　保险监督管理机构依法作出批准保险专业代理公司、保险兼业代理法人机构经营保险代理业务的决定的,应当向申请人颁发许可证。申请人取得许可证后,方可开展保险代理业务,并应当及时在国务院保险监督管理机构规定的监管信息系统中登记相关信息。

保险监督管理机构决定不予批准的,应当作出书面决定并说明理由。保险专业代理公司继续存续的,应当依法办理名称、营业范围和公司章程等事项的变更登记,确保其名称中无"保险代理"字样。

第十七条　经营区域不限于注册登记地所在省、自治区、直辖市、计划单列市的保险专业代理公司可以在中华人民共和国国内开展保险代理业务。

经营区域不限于注册登记地所在省、自治区、直辖市、计划单列市的保险专业代理公司在注册登记地以外开展保险代理业务的,应当在当地设立分支机构。设立分支机构时应当首先设立省级分公司,指定其负责办理行政许可申请、监管报告和报表提交等相关事宜,并负责管理其他分支机构。

保险专业代理公司分支机构包括分公司、营业部。

第十八条　保险专业代理公司新设分支机构经营保险代理业务,应当符合以下条件:

（一）保险专业代理公司及分支机构最近1年内没有受到刑罚或者重大行政处罚;

（二）保险专业代理公司及分支机构未因涉嫌违法犯罪正接受有关部门调查;

（三）保险专业代理公司及分支机构最近1年内未发生30人以上群访群诉事件或者100人以上非正常集中退保事件;

（四）最近2年内设立的分支机构不存在运营未满1年退出市场的情形;

（五）具备完善的分支机构管理制度;

（六）新设分支机构有符合要求的营业场所、业务财务信息管理系统,以及与经营业务相匹配的其他设施;

（七）新设分支机构主要负责人符合本规定的任职条件;

（八）国务院保险监督管理机构规定的其他条件。

保险专业代理公司因严重失信行为被国家有关单位确定为失信联合惩戒对象且应当在保险领域受到相应惩戒的,或者最近5年内具有其他严重失信不良记录的,不得新设分支机构经营保险代理业务。

第十九条　保险专业代理公司分支机构应当在营业执照记载的登记之日起15日内,书面报告保险监督管理机构,在国务院保险监督管理机构规定的监管信息系统中登记相关信息,按照规定进行公开披露,并提交主要负责人的任职资格核准申请材料或者报告材料。

第二十条　保险兼业代理分支机构获得法人机构关于开展保险代理业务的授权后,可以开展保险代理业务,并应当及时通过国务院保险监督管理机构规定的监管信息系统报告相关情况。

保险兼业代理法人机构授权注册登记地以外的省、自治区、直辖市或者计划单列市的分支机构经营保险代理业务的,应当指定一家分支机构负责该区域全部保险代理业务管理事宜。

第二十一条　保险专业代理机构有下列情形之一的,应当自该情形发生之日起5日内,通过国务院保险监督管理机构规定的监管信息系统报告,并按照规定进行公开披露:

（一）变更名称、住所或者营业场所的;

（二）变更股东、注册资本或者组织形式的;

（三）变更股东姓名或者名称、出资额的;

（四）修改公司章程的;

（五）股权投资、设立境外保险类机构及非营业性机构的;

（六）分立、合并、解散,分支机构终止保险代理业务活动的;

（七）变更省级分公司以外分支机构主要负责人的;

（八）受到行政处罚、刑罚或者涉嫌违法犯罪正接受调查的;

（九）国务院保险监督管理机构规定的其他报告事项。

保险专业代理机构发生前款规定的相关情形,应当符合国务院保险监督管理机构相关规定。

第二十二条　保险兼业代理机构有下列情形之一的,应当自该情形发生之日起5日内,通过国务院保险监督管理机构规定的监管信息系统报告,并按照规定进行公开披露:

（一）变更名称、住所或者营业场所的;

（二）变更保险代理业务责任人的;

（三）变更对分支机构代理保险业务授权的;

（四）国务院保险监督管理机构规定的其他报告事项。

第二十三条　保险专业代理公司、保险兼业代理法人机构变更事项涉及许可证记载内容的,应当按照国务院保险监督管理机构有关规定办理许可证变更登记,交回原许可证,领取新许可证,并进行公告。

第二节　任职资格

第二十四条　本规定所称保险专业代理机构高级管理人员是指下列人员:

（一）保险专业代理公司的总经理、副总经理;

（二）省级分公司主要负责人;

（三）对公司经营管理行使重要职权的其他人员。

保险专业代理机构高级管理人员应当在任职前取得保险监督管理机构核准的任职资格。

第二十五条 保险专业代理机构高级管理人员应当具备下列条件：

（一）大学专科以上学历；

（二）从事金融工作3年以上或者从事经济工作5年以上；

（三）具有履行职责所需的经营管理能力，熟悉保险法律、行政法规及国务院保险监督管理机构的相关规定；

（四）诚实守信，品行良好。

从事金融工作10年以上的人员，学历要求可以不受第一款第（一）项的限制。

保险专业代理机构任用的省级分公司以外分支机构主要负责人应当具备前两款规定的条件。

第二十六条 有下列情形之一的人员，不得担任保险专业代理机构的高级管理人员和省级分公司以外分支机构主要负责人：

（一）无民事行为能力或者限制民事行为能力；

（二）因贪污、贿赂、侵占财产、挪用财产或者破坏社会主义市场秩序，被判处刑罚执行期满未逾5年，或者因犯罪被剥夺政治权利，执行期满未逾5年；

（三）担任破产清算的公司、企业的董事或者厂长、经理，对该公司、企业的破产负有个人责任的，自该公司、企业破产清算完结之日起未逾3年；

（四）担任因违法被吊销营业执照、责令关闭的公司、企业的法定代表人，并负有个人责任的，自该公司、企业被吊销营业执照之日起未逾3年；

（五）担任因违法被吊销许可证的保险公司或者保险中介机构的董事、监事或者高级管理人员，并对被吊销许可证负有个人责任或者直接领导责任的，自许可证被吊销之日起未逾3年；

（六）因违法行为或者违纪行为被金融监管机构取消任职资格的金融机构的董事、监事或者高级管理人员，自被取消任职资格之日起未逾5年；

（七）被金融监管机构决定在一定期限内禁止进入金融行业的，期限未满；

（八）受金融监管机构警告或者罚款未逾2年；

（九）正在接受司法机关、纪检监察部门或者金融监管机构调查；

（十）个人所负数额较大的债务到期未清偿；

（十一）因严重失信行为被国家有关单位确定为失信联合惩戒对象且应当在保险领域受到相应惩戒，或者最近5年内具有其他严重失信不良记录；

（十二）法律、行政法规和国务院保险监督管理机构规定的其他情形。

第二十七条 保险专业代理机构应当与高级管理人员、省级分公司以外分支机构主要负责人建立劳动关系，订立书面劳动合同。

第二十八条 保险专业代理机构高级管理人员、省级分公司以外分支机构主要负责人至多兼任2家分支机构的主要负责人。

保险专业代理机构高级管理人员和省级分公司以外分支机构主要负责人兼任其他经营管理职务的，应当具有必要的时间履行职务。

第二十九条 非经股东会或者股东大会批准，保险专业代理公司的高级管理人员和省级分公司以外分支机构主要负责人不得在存在利益冲突的机构中兼任职务。

第三十条 保险专业代理机构向保险监督管理机构提出高级管理人员任职资格核准申请的，应当如实填写申请表、提交相关材料。

保险监督管理机构可以对保险专业代理机构拟任高级管理人员进行考察或者谈话。

第三十一条 保险专业代理机构高级管理人员应当通过国务院保险监督管理机构认可的保险法规及相关知识测试。

第三十二条 保险专业代理机构高级管理人员在同一保险专业代理机构内部调任、兼任其他职务，无须重新核准任职资格。

保险专业代理机构调整、免除高级管理人员和省级分公司以外分支机构主要负责人职务，应当自决定作出之日起5日内在国务院保险监督管理机构规定的监管信息系统中登记相关信息，并按照规定进行公开披露。

第三十三条 保险专业代理机构的高级管理人员和省级分公司以外分支机构主要负责人因涉嫌犯罪被起诉的，保险专业代理机构应当自其被起诉之日起5日内和结案之日起5日内在国务院保险监督管理机构规定的监管信息系统中登记相关信息。

第三十四条　保险专业代理机构高级管理人员和省级分公司以外分支机构主要负责人有下列情形之一,保险专业代理机构已经任命的,应当免除其职务;经核准任职资格的,其任职资格自动失效:

(一)获得核准任职资格后,保险专业代理机构超过2个月未任命;

(二)从该保险专业代理机构离职;

(三)受到国务院保险监督管理机构禁止进入保险业的行政处罚;

(四)出现《中华人民共和国公司法》第一百四十六条规定的情形。

第三十五条　保险专业代理机构出现下列情形之一,可以指定临时负责人,但临时负责人任职时间最长不得超过3个月,并且不得就同一职务连续任命临时负责人:

(一)原负责人辞职或者被撤职;

(二)原负责人因疾病、意外事故等原因无法正常履行工作职责;

(三)国务院保险监督管理机构认可的其他特殊情况。

临时负责人应当具有与履行职责相当的能力,并应当符合本规定第二十五条、第二十六条的相关要求。

保险专业代理机构任命临时负责人的,应当自决定作出之日起5日内在国务院保险监督管理机构规定的监管信息系统中登记相关信息。

第三节　从业人员

第三十六条　保险公司应当委托品行良好的个人保险代理人。保险专业代理机构、保险兼业代理机构应当聘任品行良好的保险代理机构从业人员。

保险公司、保险专业代理机构、保险兼业代理机构应当加强对个人保险代理人、保险代理机构从业人员招录工作的管理,制定规范统一的招录政策、标准和流程。

有下列情形之一的,保险公司、保险专业代理机构、保险兼业代理机构不得聘任或者委托:

(一)因贪污、受贿、侵占财产、挪用财产或者破坏社会主义市场经济秩序,被判处刑罚,执行期满未逾5年的;

(二)被金融监管机构决定在一定期限内禁止进入金融行业,期限未满的;

(三)因严重失信行为被国家有关单位确定为失信联合惩戒对象且应当在保险领域受到相应惩戒,或者最近5年内具有其他严重失信不良记录的;

(四)法律、行政法规和国务院保险监督管理机构规定的其他情形。

第三十七条　个人保险代理人、保险代理机构从业人员应当具有从事保险代理业务所需的专业能力。保险公司、保险专业代理机构、保险兼业代理机构应当加强对个人保险代理人、保险代理机构从业人员的岗前培训和后续教育。培训内容至少应当包括业务知识、法律知识及职业道德。

保险公司、保险专业代理机构、保险兼业代理机构可以委托保险中介行业自律组织或者其他机构组织培训。

保险公司、保险专业代理机构、保险兼业代理机构应当建立完整的个人保险代理人、保险代理机构从业人员培训档案。

第三十八条　保险公司、保险专业代理机构、保险兼业代理机构应当按照规定为其个人保险代理人、保险代理机构从业人员进行执业登记。

个人保险代理人、保险代理机构从业人员只限于通过一家机构进行执业登记。

个人保险代理人、保险代理机构从业人员变更所属机构的,新所属机构应当为其进行执业登记,原所属机构应当在规定的时限内及时注销执业登记。

第三十九条　国务院保险监督管理机构对个人保险代理人实施分类管理,加快建立独立个人保险代理人制度。

第三章　经营规则

第四十条　保险专业代理公司应当将许可证、营业执照置于住所或者营业场所显著位置。

保险专业代理公司分支机构应当将加盖所属法人公章的许可证复印件、分支机构营业执照置于营业场所显著位置。

保险兼业代理机构应当按照国务院保险监督管理机构的有关规定放置许可证或者许可证复印件。

保险专业代理机构和兼业代理机构不得伪造、变造、出租、出借、转让许可证。

第四十一条 保险专业代理机构可以经营下列全部或者部分业务：

（一）代理销售保险产品；

（二）代理收取保险费；

（三）代理相关保险业务的损失勘查和理赔；

（四）国务院保险监督管理机构规定的其他相关业务。

第四十二条 保险兼业代理机构可以经营本规定第四十一条规定的第（一）、（二）项业务及国务院保险监督管理机构批准的其他业务。

保险公司兼营保险代理业务的，除同一保险集团内各保险子公司之间开展保险代理业务外，一家财产保险公司在一个会计年度内只能代理一家人身保险公司业务，一家人身保险公司在一个会计年度内只能代理一家财产保险公司业务。

第四十三条 保险代理人从事保险代理业务不得超出被代理保险公司的业务范围和经营区域；保险专业代理机构从事保险代理业务涉及异地共保、异地承保和统括保单，国务院保险监督管理机构另有规定的，从其规定。

除国务院保险监督管理机构另有规定外，保险兼业代理机构不得在主业营业场所外另设代理网点。

第四十四条 保险专业代理机构及其从业人员、个人保险代理人不得销售非保险金融产品，经相关金融监管部门审批的非保险金融产品除外。

保险专业代理机构及其从业人员、个人保险代理人销售符合条件的非保险金融产品前，应当具备相应的资质要求。

第四十五条 保险专业代理机构应当根据法律、行政法规和国务院保险监督管理机构的有关规定，依照职责明晰、强化制衡、加强风险管理的原则，建立完善的公司治理结构和制度；明确管控责任，构建合规体系，注重自我约束，加强内部追责，确保稳健运营。

第四十六条 个人保险代理人、保险代理机构从业人员应当在所属机构的授权范围内从事保险代理业务。

保险公司兼营保险代理业务的，其个人保险代理人可以根据授权，代为办理其他保险公司的保险业务。个人保险代理人所属保险公司应当及时变更执业登记，增加记载授权范围等事项。法律、行政法规和国务院保险监督管理机构另有规定的，适用其规定。

第四十七条 保险代理人通过互联网、电话经营保险代理业务，国务院保险监督管理机构另有规定的，适用其规定。

第四十八条 保险专业代理机构、保险兼业代理机构应当建立专门账簿，记载保险代理业务收支情况。

第四十九条 保险专业代理机构、保险兼业代理机构代收保险费的，应当开立独立的代收保险费账户进行结算。

保险专业代理机构、保险兼业代理机构应当开立独立的佣金收取账户。

保险专业代理机构、保险兼业代理机构开立、使用其他与经营保险代理业务有关银行账户的，应当符合国务院保险监督管理机构的规定。

第五十条 保险专业代理机构、保险兼业代理机构应当建立完整规范的业务档案。

保险专业代理机构业务档案至少应当包括下列内容：

（一）代理销售保单的基本情况，包括保险人、投保人、被保险人名称或者姓名，保单号，产品名称，保险金额，保险费，缴费方式，投保日期，保险期间等；

（二）保险费代收和交付被代理保险公司的情况；

（三）保险代理佣金金额和收取情况；

（四）为保险合同签订提供代理服务的保险代理机构从业人员姓名、领取报酬金额、领取报酬账户等；

（五）国务院保险监督管理机构规定的其他业务信息。

保险兼业代理机构的业务档案至少应当包括前款第（一）至（三）项内容，并应当列明为保险合同签订提供代理服务的保险兼业代理机构从业人员姓名及其执业登记编号。

保险专业代理机构、保险兼业代理机构的记录应当真实、完整。

第五十一条 保险代理人应当加强信息化建设，通过业务信息系统等途径及时向保险公司提供真实、完整的投保信息，并应当与保险公司依法约定对投保信息保密、合理使用等事项。

第五十二条 保险代理人应当妥善管理和使用被代理保险公司提供的各种单证、材料；代理关系终止后,应当在 30 日内将剩余的单证及材料交付被代理保险公司。

第五十三条　保险代理人从事保险代理业务,应当与被代理保险公司签订书面委托代理合同,依法约定双方的权利义务,并明确解付费用、支付佣金的时限和违约赔偿责任等事项。委托代理合同不得违反法律、行政法规及国务院保险监督管理机构有关规定。

保险代理人根据保险公司的授权代为办理保险业务的行为,由保险公司承担责任。保险代理人没有代理权、超越代理权或者代理权终止后以保险公司名义订立合同,使投保人有理由相信其有代理权的,该代理行为有效。

个人保险代理人、保险代理机构从业人员开展保险代理活动有违法违规行为的,其所属保险公司、保险专业代理机构、保险兼业代理机构依法承担法律责任。

第五十四条　除国务院保险监督管理机构另有规定外,保险专业代理机构、保险兼业代理机构在开展业务过程中,应当制作并出示客户告知书。客户告知书至少应当包括以下事项:

(一)保险专业代理机构或者保险兼业代理机构及被代理保险公司的名称、营业场所、业务范围、联系方式;

(二)保险专业代理机构的高级管理人员与被代理保险公司或者其他保险中介机构是否存在关联关系;

(三)投诉渠道及纠纷解决方式。

第五十五条　保险专业代理机构、保险兼业代理机构应当对被代理保险公司提供的宣传资料进行记录存档。

保险代理人不得擅自修改被代理保险公司提供的宣传资料。

第五十六条　保险专业代理机构、保险兼业代理机构应当妥善保管业务档案、会计账簿、业务台账、客户告知书以及佣金收入的原始凭证等有关资料,保管期限自保险合同终止之日起计算,保险期间在 1 年以下的不得少于 5 年,保险期间超过 1 年的不得少于 10 年。

第五十七条　保险代理人为政策性保险业务、政府委托业务提供服务的,佣金收取不得违反国务院保险监督管理机构的规定。

第五十八条　保险代理人应当向投保人全面披露保险产品相关信息,并明确说明保险合同中保险责任、责任减轻或者免除、退保及其他费用扣除、现金价值、犹豫期等条款。

第五十九条　保险专业代理公司应当按规定将监管费交付到国务院保险监督管理机构指定账户。国务院保险监督管理机构对监管费另有规定的,适用其规定。

第六十条　保险专业代理公司应当自取得许可证之日起 20 日内投保职业责任保险或者缴存保证金。

保险专业代理公司应当自投保职业责任保险或者缴存保证金之日起 10 日内,将职业责任保险保单复印件或者保证金存款协议复印件、保证金入账原始凭证复印件报送保险监督管理机构,并在国务院保险监督管理机构规定的监管信息系统中登记相关信息。

保险兼业代理机构应当按照国务院保险监督管理机构的规定投保职业责任保险或者缴存保证金。

第六十一条　保险专业代理公司投保职业责任保险,该保险应当持续有效。

保险专业代理公司投保的职业责任保险对一次事故的赔偿限额不得低于人民币 100 万元;一年期保单的累计赔偿限额不得低于人民币 1000 万元,且不得低于保险专业代理公司上年度的主营业务收入。

第六十二条　保险专业代理公司缴存保证金的,应当按照注册资本的 5% 缴存。保险专业代理公司增加注册资本的,应当按比例增加保证金数额。

保险专业代理公司应当足额缴存保证金。保证金应当以银行存款形式专户存储到商业银行,或者以国务院保险监督管理机构认可的其他形式缴存。

第六十三条　保险专业代理公司有下列情形之一的,可以动用保证金:

(一)注册资本减少;

(二)许可证被注销;

(三)投保符合条件的职业责任保险;

(四)国务院保险监督管理机构规定的其他情形。

保险专业代理公司应当自动用保证金之日起 5 日内书面报告保险监督管理机构。

第六十四条 保险专业代理公司应当在每一会计年度结束后聘请会计师事务所对本公司的资产、负债、利润等财务状况进行审计，并在每一会计年度结束后4个月内向保险监督管理机构报送相关审计报告。

保险专业代理公司应当根据规定向保险监督管理机构提交专项外部审计报告。

第六十五条 保险专业代理机构、保险兼业代理机构应当按照国务院保险监督管理机构的有关规定及时、准确、完整地报送报告、报表、文件和资料，并根据要求提交相关的电子文本。

保险专业代理机构、保险兼业代理机构报送的报告、报表、文件和资料应当由法定代表人、主要负责人或其授权人签字，并加盖机构印章。

第六十六条 保险公司、保险专业代理机构、保险兼业代理机构不得委托未通过该机构进行执业登记的个人从事保险代理业务。国务院保险监督管理机构另有规定的除外。

第六十七条 保险公司、保险专业代理机构、保险兼业代理机构应当对个人保险代理人、保险代理机构从业人员进行执业登记信息管理，及时登记个人信息及授权范围等事项以及接受处罚、聘任或者委托关系终止等情况，确保执业登记信息的真实、准确、完整。

第六十八条 保险公司、保险专业代理机构、保险兼业代理机构应当承担对个人保险代理人、保险代理机构从业人员行为的管理责任，维护人员规范有序流动，强化日常管理、监测、追责，防范其超越授权范围或者从事违法违规活动。

第六十九条 保险公司应当制定个人保险代理人管理制度。明确界定负责团队组织管理的人员（以下简称团队主管）的职责，将个人保险代理人销售行为合规性与团队主管的考核、奖惩挂钩。个人保险代理人发生违法违规行为的，保险公司应当按照有关规定对团队主管追责。

第七十条 保险代理人及其从业人员在办理保险业务活动中不得有下列行为：

（一）欺骗保险人、投保人、被保险人或者受益人；

（二）隐瞒与保险合同有关的重要情况；

（三）阻碍投保人履行如实告知义务，或者诱导其不履行如实告知义务；

（四）给予或者承诺给予投保人、被保险人或者受益人保险合同约定以外的利益；

（五）利用行政权力、职务或者职业便利以及其他不正当手段强迫、引诱或者限制投保人订立保险合同；

（六）伪造、擅自变更保险合同，或者为保险合同当事人提供虚假证明材料；

（七）挪用、截留、侵占保险费或者保险金；

（八）利用业务便利为其他机构或者个人牟取不正当利益；

（九）串通投保人、被保险人或者受益人，骗取保险金；

（十）泄露在业务活动中知悉的保险人、投保人、被保险人的商业秘密。

第七十一条 个人保险代理人、保险代理机构从业人员不得聘用或者委托其他人员从事保险代理业务。

第七十二条 保险代理人及保险代理机构从业人员在开展保险代理业务过程中，不得索取、收受保险公司或其工作人员给予的合同约定之外的酬金、其他财物，或者利用执行保险代理业务之便牟取其他非法利益。

第七十三条 保险代理人不得以捏造、散布虚假事实等方式损害竞争对手的商业信誉，不得以虚假广告、虚假宣传或者其他不正当竞争行为扰乱保险市场秩序。

第七十四条 保险代理人不得与非法从事保险业务或者保险中介业务的机构或者个人发生保险代理业务往来。

第七十五条 保险代理人不得将保险佣金从代收的保险费中直接扣除。

第七十六条 保险代理人及保险代理机构从业人员不得违反规定代替投保人签订保险合同。

第七十七条 保险公司、保险专业代理机构以及保险兼业代理机构不得以缴纳费用或者购买保险产品作为招聘从业人员的条件，不得承诺不合理的高额回报，不得以直接或者间接发展人员的数量作为从业人员计酬的主要依据。

第七十八条 保险代理人自愿加入保险中介行业自律组织。

保险中介行业自律组织依法制定保险代理人自律规则，依据法律法规和自律规则，对保险代理人实行自律管理。

保险中介行业自律组织依法制定章程，按照

规定向批准其成立的登记管理机关申请审核,并报保险监督管理机构备案。

第四章 市场退出

第七十九条 保险专业代理公司、保险兼业代理法人机构退出保险代理市场,应当遵守法律、行政法规及其他相关规定。保险专业代理公司、保险兼业代理法人机构有下列情形之一的,保险监督管理机构依法注销许可证,并予以公告:

(一)许可证依法被撤回、撤销或者吊销的;

(二)因解散或者被依法宣告破产等原因依法终止的;

(三)法律、行政法规规定的其他情形。

被注销许可证的保险专业代理公司、保险兼业代理法人机构应当及时交回许可证原件;许可证无法交回的,保险监督管理机构在公告中予以说明。

被注销许可证的保险专业代理公司、保险兼业代理法人机构应当终止其保险代理业务活动。

第八十条 保险专业代理公司许可证注销后,公司继续存续的,不得从事保险代理业务,并应当依法办理名称、营业范围和公司章程等事项的变更登记,确保其名称中无"保险代理"字样。

保险兼业代理法人机构被保险监督管理机构依法吊销许可证的,3年之内不得再次申请许可证;因其他原因被依法注销许可证的,1年之内不得再次申请许可证。

第八十一条 有下列情形之一的,保险公司、保险专业代理机构、保险兼业代理机构应当在规定的时限内及时注销个人保险代理人、保险代理机构从业人员执业登记:

(一)个人保险代理人、保险代理机构从业人员受到禁止进入保险业的行政处罚;

(二)个人保险代理人、保险代理机构从业人员因其他原因终止执业;

(三)保险公司、保险专业代理机构、保险兼业代理机构停业、解散或者因其他原因不再继续经营保险代理业务;

(四)法律、行政法规和国务院保险监督管理机构规定的其他情形。

第八十二条 保险代理人终止保险代理业务活动,应妥善处理债权债务关系,不得损害投保人、被保险人、受益人的合法权益。

第五章 监督检查

第八十三条 国务院保险监督管理机构派出机构按照属地原则负责辖区内保险代理人的监管。

国务院保险监督管理机构派出机构应当注重对辖区内保险代理人的行为监管,依法进行现场检查和非现场监管,并实施行政处罚和采取其他监管措施。

国务院保险监督管理机构派出机构在依法对辖区内保险代理人实施行政处罚和采取其他监管措施时,应当同时依法对该行为涉及的保险公司实施行政处罚和采取其他监管措施。

第八十四条 保险监督管理机构根据监管需要,可以对保险专业代理机构的高级管理人员、省级分公司以外分支机构主要负责人或者保险兼业代理机构的保险代理业务责任人进行监管谈话,要求其就经营活动中的重大事项作出说明。

第八十五条 保险监督管理机构根据监管需要,可以委派监管人员列席保险专业代理公司的股东会或者股东大会、董事会。

第八十六条 保险专业代理公司、保险兼业代理法人机构的分支机构保险代理业务经营管理混乱,从事重大违法违规活动的,保险专业代理公司、保险兼业代理法人机构应当根据保险监督管理机构的监管要求,对分支机构采取限期整改、停业、撤销或者解除保险代理业务授权等措施。

第八十七条 保险监督管理机构依法对保险专业代理机构进行现场检查,主要包括下列内容:

(一)业务许可及相关事项是否依法获得批准或者履行报告义务;

(二)资本金是否真实、足额;

(三)保证金是否符合规定;

(四)职业责任保险是否符合规定;

(五)业务经营是否合法;

(六)财务状况是否真实;

(七)向保险监督管理机构提交的报告、报表及资料是否及时、完整和真实;

(八)内控制度是否符合国务院保险监督管理机构的有关规定;

(九)任用高级管理人员和省级分公司以外分支机构主要负责人是否符合规定;

(十)是否有效履行从业人员管理职责;

（十一）对外公告是否及时、真实；

（十二）业务、财务信息管理系统是否符合国务院保险监督管理机构的有关规定；

（十三）国务院保险监督管理机构规定的其他事项。

保险监督管理机构依法对保险兼业代理机构进行现场检查，主要包括前款规定除第（二）项、第（九）项以外的内容。

保险监督管理机构依法对保险公司是否有效履行对其个人保险代理人的管控职责进行现场检查。

第八十八条 保险监督管理机构依法履行职责，被检查、调查的单位和个人应当配合。

保险监督管理机构依法进行监督检查或者调查，其监督检查、调查的人员不得少于二人，并应当出示合法证件和监督检查、调查通知书；监督检查、调查的人员少于二人或者未出示合法证件和监督检查、调查通知书的，被检查、调查的单位和个人有权拒绝。

第八十九条 保险监督管理机构可以在现场检查中，委托会计师事务所等社会中介机构提供相关服务；保险监督管理机构委托上述中介机构提供服务的，应当签订书面委托协议。

保险监督管理机构应当将委托事项告知被检查的保险专业代理机构、保险兼业代理机构。

第六章 法律责任

第九十条 未取得许可证，非法从事保险代理业务的，由保险监督管理机构予以取缔，没收违法所得，并处违法所得1倍以上5倍以下罚款；没有违法所得或者违法所得不足5万元的，处5万元以上30万元以下罚款。

第九十一条 行政许可申请人隐瞒有关情况或者提供虚假材料申请相关保险代理业务许可或者申请其他行政许可的，保险监督管理机构不予受理或者不予批准，并给予警告，申请人在1年内不得再次申请该行政许可。

第九十二条 被许可人通过欺骗、贿赂等不正当手段取得保险代理业务许可或者其他行政许可的，由保险监督管理机构予以撤销，并依法给予行政处罚；申请人在3年内不得再次申请该行政许可。

第九十三条 保险专业代理机构聘任不具有任职资格的人员的，由保险监督管理机构责令改正，处2万元以上10万元以下罚款；对该机构直接负责的主管人员和其他直接责任人员，给予警告，并处1万元以上10万元以下罚款，情节严重的，撤销任职资格。

保险专业代理机构未按规定聘任省级分公司以外分支机构主要负责人或者未按规定任命临时负责人的，由保险监督管理机构责令改正，给予警告，并处1万元以下罚款；对该机构直接负责的主管人员和其他直接责任人员，给予警告，并处1万元以下罚款。

保险兼业代理机构未按规定指定保险代理业务责任人的，由保险监督管理机构责令改正，给予警告，并处1万元以下罚款；对该机构直接负责的主管人员和其他直接责任人员，给予警告，并处1万元以下罚款。

第九十四条 保险公司、保险专业代理机构、保险兼业代理机构未按规定委托或者聘任个人保险代理人、保险代理机构从业人员，或者未按规定进行执业登记和管理的，由保险监督管理机构责令改正，给予警告，并处1万元以下罚款；对该机构直接负责的主管人员和其他直接责任人员，给予警告，并处1万元以下罚款。

第九十五条 保险专业代理机构、保险兼业代理机构出租、出借或者转让许可证的，由保险监督管理机构责令改正，处1万元以上10万元以下罚款；情节严重的，责令停业整顿或者吊销许可证；对保险专业代理机构直接负责的主管人员和其他直接责任人员，给予警告，并处1万元以上10万元以下罚款，情节严重的，撤销任职资格；对保险兼业代理机构直接负责的主管人员和其他直接责任人员，给予警告，并处1万元以下罚款。

第九十六条 保险专业代理机构、保险兼业代理机构在许可证使用过程中，有下列情形之一的，由保险监督管理机构责令改正，给予警告，没有违法所得的，处1万元以下罚款，有违法所得的，处违法所得3倍以下罚款，但最高不得超过3万元；对该机构直接负责的主管人员和其他直接责任人员，给予警告，并处1万元以下罚款：

（一）未按规定放置许可证的；

（二）未按规定办理许可证变更登记的；

（三）未按规定交回许可证的；

（四）未按规定进行公告的。

第九十七条　保险专业代理机构、保险兼业代理机构有下列情形之一的，由保险监督管理机构责令改正，处2万元以上10万元以下罚款；情节严重的，责令停业整顿或者吊销许可证；对保险专业代理机构直接负责的主管人员和其他直接责任人员，给予警告，并处1万元以上10万元以下罚款，情节严重的，撤销任职资格；对保险兼业代理机构直接负责的主管人员和其他直接责任人员，给予警告，并处1万元以下罚款：

（一）未按照规定缴存保证金或者投保职业责任保险的；

（二）未按规定设立专门账簿记载业务收支情况的。

第九十八条　保险专业代理机构未按本规定设立分支机构或者保险兼业代理分支机构未按本规定获得法人机构授权经营保险代理业务的，由保险监督管理机构责令改正，给予警告，没有违法所得的，处1万元以下罚款，有违法所得的，处违法所得3倍以下的罚款，但最高不得超过3万元；对该机构直接负责的主管人员和其他直接责任人员，给予警告，并处1万元以下罚款。

第九十九条　保险专业代理机构、保险兼业代理机构有下列情形之一的，由保险监督管理机构责令改正，给予警告，没有违法所得的，处1万元以下罚款，有违法所得的，处违法所得3倍以下的罚款，但最高不得超过3万元；对该机构直接负责的主管人员和其他直接责任人员，给予警告，并处1万元以下罚款：

（一）超出规定的业务范围、经营区域从事保险代理业务活动的；

（二）与非法从事保险业务或者保险中介业务的机构或者个人发生保险代理业务往来的。

第一百条　保险专业代理机构、保险兼业代理机构违反本规定第四十三条的，由保险监督管理机构责令改正，给予警告，没有违法所得的，处1万元以下罚款，有违法所得的，处违法所得3倍以下罚款，但最高不得超过3万元；对该机构直接负责的主管人员和其他直接责任人员，给予警告，并处1万元以下罚款。

第一百零一条　保险专业代理机构、保险兼业代理机构违反本规定第五十一条、第五十四条的，由保险监督管理机构责令改正，给予警告，并处1万元以下罚款；对该机构直接负责的主管人员和其他直接责任人员，给予警告，并处1万元以下罚款。

第一百零二条　保险专业代理机构、保险兼业代理机构有本规定第七十条所列情形之一的，由保险监督管理机构责令改正，处5万元以上30万元以下罚款；情节严重的，吊销许可证；对保险专业代理机构直接负责的主管人员和其他直接责任人员，给予警告，并处1万元以上10万元以下罚款，情节严重的，撤销任职资格；对保险兼业代理机构直接负责的主管人员和其他直接责任人员，给予警告，并处1万元以下罚款。

第一百零三条　个人保险代理人、保险代理机构从业人员聘用或者委托其他人员从事保险代理业务的，由保险监督管理机构给予警告，没有违法所得的，处1万元以下罚款，有违法所得的，处违法所得3倍以下罚款，但最高不得超过3万元。

第一百零四条　保险专业代理机构、保险兼业代理机构违反本规定第七十二条的，由保险监督管理机构给予警告，没有违法所得的，处1万元以下罚款，有违法所得的，处违法所得3倍以下罚款，但最高不得超过3万元；对该机构直接负责的主管人员和其他直接责任人员，给予警告，并处1万元以下罚款。

第一百零五条　保险专业代理机构、保险兼业代理机构违反本规定第七十三条、第七十七条的，由保险监督管理机构给予警告，没有违法所得的，处1万元以下罚款，有违法所得的，处违法所得3倍以下罚款，但最高不得超过3万元；对该机构直接负责的主管人员和其他直接责任人员，给予警告，并处1万元以下罚款。

第一百零六条　保险专业代理机构、保险兼业代理机构未按本规定报送或者保管报告、报表、文件、资料的，或者未按照本规定提供有关信息、资料的，由保险监督管理机构责令限期改正；逾期不改正的，处1万元以上10万元以下罚款；对保险专业代理机构直接负责的主管人员和其他直接责任人员，给予警告，并处1万元以上10万元以下罚款，情节严重的，撤销任职资格；对保险兼业代理机构直接负责的主管人员和其他直接责任人员，给予警告，并处1万元以下罚款。

第一百零七条　保险专业代理机构、保险兼业代理机构有下列情形之一的，由保险监督管理机构责令改正，处10万元以上50万元以下罚款；

情节严重的,可以限制其业务范围、责令停止接受新业务或者吊销许可证;对保险专业代理机构直接负责的主管人员和其他直接责任人员,给予警告,并处 1 万元以上 10 万元以下罚款,情节严重的,撤销任职资格;对保险兼业代理机构直接负责的主管人员和其他直接责任人员,给予警告,并处 1 万元以下罚款:

(一)编制或者提供虚假的报告、报表、文件或者资料的;

(二)拒绝或者妨碍依法监督检查的。

第一百零八条 保险专业代理机构、保险兼业代理机构有下列情形之一的,由保险监督管理机构责令改正,给予警告,没有违法所得的,处 1 万元以下罚款,有违法所得的,处违法所得 3 倍以下罚款,但最高不得超过 3 万元;对该机构直接负责的主管人员和其他直接责任人员,给予警告,并处 1 万元以下罚款:

(一)未按规定托管注册资本的;

(二)未按规定建立或者管理业务档案的;

(三)未按规定使用银行账户的;

(四)未按规定进行信息披露的;

(五)未按规定缴纳监管费的;

(六)违反规定代替投保人签订保险合同的;

(七)违反规定动用保证金的;

(八)违反规定开展互联网保险业务的;

(九)从代收保险费中直接扣除保险佣金的。

第一百零九条 个人保险代理人、保险代理机构从业人员违反本规定,依照《保险法》或者其他法律、行政法规应当予以处罚的,由保险监督管理机构依照相关法律、行政法规进行处罚;法律、行政法规未作规定的,由保险监督管理机构给予警告,没有违法所得的,处 1 万元以下罚款,有违法所得的,处违法所得 3 倍以下罚款,但最高不得超过 3 万元。

第一百一十条 保险公司违反本规定,由保险监督管理机构依照法律、行政法规进行处罚;法律、行政法规未作规定的,对保险公司给予警告,没有违法所得的,处 1 万元以下罚款,有违法所得的,处违法所得 3 倍以下罚款,但最高不得超过 3 万元;对其直接负责的主管人员和其他直接责任人员,给予警告,并处 1 万元以下罚款。

第一百一十一条 违反法律和行政法规的规定,情节严重的,国务院保险监督管理机构可以禁止有关责任人员一定期限直至终身进入保险业。

第一百一十二条 保险专业代理机构的高级管理人员或者从业人员,离职后被发现在原工作期间违反保险监督管理规定的,应当依法追究其责任。

第一百一十三条 保险监督管理机构从事监督管理工作的人员有下列情形之一的,依法给予行政处分;构成犯罪的,依法追究刑事责任:

(一)违反规定批准代理机构经营保险代理业务的;

(二)违反规定核准高级管理人员任职资格的;

(三)违反规定对保险代理人进行现场检查的;

(四)违反规定对保险代理人实施行政处罚的;

(五)违反规定干预保险代理市场佣金水平的;

(六)滥用职权、玩忽职守的其他行为。

第七章 附 则

第一百一十四条 本规定所称保险专业中介机构指保险专业代理机构、保险经纪人和保险公估人。

本规定所称保险中介机构是指保险专业中介机构和保险兼业代理机构。

第一百一十五条 经保险监督管理机构批准经营保险代理业务的外资保险专业代理机构适用本规定,法律、行政法规另有规定的,适用其规定。

采取公司以外的组织形式的保险专业代理机构的设立和管理参照本规定,国务院保险监督管理机构另有规定的,适用其规定。

第一百一十六条 本规定施行前依法设立的保险代理公司继续保留,不完全具备本规定条件的,具体适用办法由国务院保险监督管理机构另行规定。

第一百一十七条 本规定要求提交的各种表格格式由国务院保险监督管理机构制定。

第一百一十八条 本规定中有关"5 日""10 日""15 日""20 日"的规定是指工作日,不含法定节假日。

本规定所称"以上""以下"均含本数。

第一百一十九条 本规定自 2021 年 1 月 1 日

起施行，原中国保监会 2009 年 9 月 25 日发布的《保险专业代理机构监管规定》（中国保险监督管理委员会令 2009 年第 5 号）、2013 年 1 月 6 日发布的《保险销售从业人员监管办法》（中国保险监督管理委员会令 2013 年第 2 号）、2013 年 4 月 27 日发布的《中国保险监督管理委员会关于修改〈保险专业代理机构监管规定〉的决定》（中国保险监督管理委员会令 2013 年第 7 号）、2000 年 8 月 4 日发布的《保险兼业代理管理暂行办法》（保监发〔2000〕144 号）同时废止。

保险中介行政许可及备案实施办法

- 2021 年 10 月 28 日中国银行保险监督管理委员会令 2021 年第 12 号公布
- 自 2022 年 2 月 1 日起施行

第一章 总 则

第一条 为规范银保监会及其派出机构实施保险中介市场行政许可和备案行为，明确行政许可和备案事项的条件和程序，保护申请人合法权益，根据《中华人民共和国保险法》《中华人民共和国行政许可法》《中华人民共和国资产评估法》等法律法规及国务院的有关决定，制定本办法。

第二条 银保监会及其派出机构依照本办法规定对保险中介业务和高级管理人员实施行政许可和备案。

派出机构包括银保监局和银保监分局。银保监分局在银保监会、银保监局授权范围内，依照本办法规定实施行政许可和备案。

第三条 本办法所称行政许可事项包括经营保险代理业务许可、经营保险经纪业务许可、保险中介集团（控股）公司经营保险中介业务许可、保险代理机构、保险经纪机构高级管理人员任职资格核准。本办法所称备案事项包括经营保险公估业务备案。

第四条 本办法所称保险专业中介机构包括保险专业代理机构、保险经纪机构、保险公估机构。

本办法所称全国性保险专业代理机构、保险经纪机构、保险公估机构是指经营区域不限于工商注册登记所在地省、自治区、直辖市、计划单列市的相应机构。

本办法所称区域性保险专业代理机构、保险经纪机构、保险公估机构是指经营区域为工商注册登记所在地省、自治区、直辖市、计划单列市的相应机构。

第五条 银保监会及其派出机构应依照宏观审慎原则，结合辖区内保险业发展水平等实际情况，按照本办法规定实施保险中介行政许可及备案。

第二章 经营保险代理业务许可

第一节 保险专业代理机构经营保险代理业务许可

第六条 申请人申请经营保险代理业务资格，应当符合以下条件：

（一）依法取得工商营业执照，名称中应当包含"保险代理"字样，且字号不得与现有的保险专业中介机构相同，与其他保险专业中介机构具有同一实际控制人的保险专业代理机构除外；

（二）股东符合本规定要求；

（三）注册资本为实缴货币资本并按银保监会有关规定实施托管，全国性保险专业代理机构的注册资本最低限额为 5000 万元，区域性保险专业代理机构的注册资本最低限额为 2000 万元；

（四）营业执照记载的经营范围符合银保监会的有关规定；

（五）有符合《中华人民共和国公司法》和《中华人民共和国保险法》规定的章程；

（六）高级管理人员符合相应的任职资格条件；

（七）有符合银保监会规定的治理结构和内控制度，商业模式科学、合理、可行；

（八）有与业务规模相适应的固定住所；

（九）有符合银保监会规定的业务、财务等计算机软硬件设施；

（十）风险测试符合要求；

（十一）法律、行政法规和银保监会规定的其他条件。

第七条 申请人股东应当符合以下条件：

（一）财务状况良好，具有以自有资金对外投资的能力，出资资金自有、真实、合法，不得用银行贷款及各种形式的非自有资金投资，

（二）法人股东应当具有良好的公司治理结构或有效的组织管理方式，社会声誉、诚信记录、纳税记录以及经营管理良好，出资日上一年末（设立时间不满一年的，以出资日上一月末为准）净资产应不为负数，出资日上一月末净资产及货币资金均大于出资额；

（三）银保监会规定的其他审慎性条件。

第八条 申请人股东有下列情形之一的，申请人不得申请经营保险代理业务资格：

（一）最近5年内受到刑罚或重大行政处罚；

（二）因涉嫌重大违法犯罪正接受有关部门调查；

（三）因严重失信行为被国家有关单位确定为失信联合惩戒对象且应当在保险领域受到相应惩戒，或者最近5年内有其他严重失信不良记录；

（四）依据法律、行政法规不能投资企业；

（五）银保监会根据审慎监管原则认定的其他不适合成为保险专业代理机构股东的情形。

第九条 申请人应确定定位清晰、科学、合理、可行的商业模式。依托专门技术、领域、行业开展业务的，业务发展模式及配套管理制度流程应体现特色与专业性。

第十条 申请人应根据《中华人民共和国公司法》等法律、行政法规和银保监会相关政策要求，依照职责明晰、强化制衡、加强风险管理的原则，建立规范、有效的公司治理结构和内部管理制度。

第十一条 申请人应根据公司的性质、规模，设立股东（大）会、董事会或者执行董事、监事会或者监事等组织机构，并应在章程中明确其职责、议事制度和决策程序。

第十二条 申请人应具有符合银保监会规定要求的业务和财务管理系统及信息安全保障体系，实现对主要业务、财务流程的信息化管理，确保业务和财务信息的及时、准确掌握及信息安全。业务和财务管理软件应当具备保单信息管理、单证管理、客户管理、收付费结算、报表查询生成等基本功能。

第十三条 申请人申请前应选择一家符合银保监会规定要求的商业银行，签订托管协议，开立托管账户，将全部注册资本存入托管账户。托管协议应明确托管期限、托管金额、托管资金用途等内容。注册资本托管账户和基本户应分设。

第十四条 申请人应当向工商注册登记所在地银保监局提交下列申请材料：

（一）经营保险代理业务许可申请书，申请书应当载明保险专业代理机构的名称、注册资本等；

（二）《经营保险代理业务许可申请表》；

（三）《经营保险代理业务许可申请委托书》；

（四）公司章程；

（五）《保险专业代理机构投资人基本情况登记表（法人股东）》或《保险专业代理机构投资人基本情况登记表（自然人股东）》及相关材料；

（六）注册资本为实缴货币资本的证明文件，资本金入账原始凭证复印件；

（七）可行性报告，包括当地经济、社会和金融保险发展情况分析，机构组建的可行性和必要性说明，市场前景分析，业务和财务发展计划，风险管理计划等；

（八）内部管理制度，包括公司治理结构、组织机构设置、业务管理制度、财务制度、信息化管理制度、反洗钱内控制度、消费者权益保护制度以及业务服务标准等；

（九）《保险专业代理机构高级管理人员任职资格申请表》及有关证明材料，聘用人员花名册复印件；

（十）业务、财务等计算机软硬件配备及信息安全保障情况说明等；

（十一）注册资本托管协议复印件及托管户入账证明等；

（十二）投保职业责任保险的，应出具按规定投保职业责任保险的承诺函，缴存保证金的，应出具按规定缴存保证金的承诺函；

（十三）银保监会及其派出机构规定提交的其他材料。

第十五条 全国性保险专业代理机构申请经营保险代理业务资格的，由工商注册登记所在地银保监局受理并初审，银保监会决定。

区域性保险专业代理机构申请经营保险代理业务资格的，由工商注册登记所在地银保监局受理、审查并决定。

第十六条 银保监会及其派出机构应当采取谈话、询问、现场验收等方式了解和审查申请人股东的经营状况、诚信记录以及申请人的市场发展战略、业务发展计划、内控制度建设、人员结构、信息系统配置及运行等有关事项，并进行风险测试和提示。

第十七条 申请人应按规定接受风险测试。风险测试应综合考虑和全面了解机构、股东及存在关联关系的单位或者个人的历史经营状况，判断是否存在利用保险中介机构和业务从事非法经营活动的可能性，核查保险专业中介机构与控股股东、实际控制人在业务、人员、资产、财务等方面是否严格隔离并实现独立经营和核算，全面评估风险状况。

第十八条 银保监局受理、审查并决定的申请事项，应当自受理之日起20日内审查完毕，作出准予或者不予行政许可的书面决定。

银保监局受理并初审的申请事项，应当自受理之日起20日内审查完毕，并将审查意见及完整申请材料上报银保监会。银保监会应自收到银保监局的初步审查意见及申请人完整申请材料之日起，在20日内审查完毕，作出准予或者不予行政许可的书面决定。

第十九条 银保监会及其派出机构作出准予许可决定的，应当向申请人颁发许可证。

作出不予许可决定的，应当说明理由。公司继续存续的，应当依法办理名称、营业范围和公司章程等事项的变更登记，确保其名称中无"保险代理"字样。

第二节 保险兼业代理业务许可

第二十条 商业银行经营保险代理业务，应当具备下列条件：

（一）具有银保监会或其派出机构颁发的金融许可证；

（二）主业经营情况良好，最近2年无重大违法违规记录（已采取有效整改措施并经银保监会及其派出机构认可的除外）；

（三）已建立符合银保监会规定的保险代理业务信息系统；

（四）已建立保险代理业务管理制度和机制，并具备相应的专业管理能力；

（五）法人机构和一级分支机构已指定保险代理业务管理责任部门和责任人员；

（六）银保监会规定的其他条件。

第二十一条 银保监会直接监管的商业银行经营保险代理业务，应当由其法人机构向银保监会申请许可证。

其他商业银行经营保险代理业务，应当由法人机构向注册所在地银保监会派出机构申请许可证。

商业银行网点凭法人机构的授权经营保险代理业务。

第二十二条 银保监会及其派出机构收到商业银行经营保险代理业务申请后，可采取谈话、函询、现场验收等方式了解、审查申请人的市场发展战略、业务发展计划、内控制度建设、人员结构、信息系统配置及运行等有关事项，并进行风险提示。

第二十三条 商业银行申请经营保险代理业务，应当提交以下申请材料：

（一）近两年违法违规行为情况的说明（机构成立不满两年的，提供自成立之日起的情况说明）；

（二）合作保险公司情况说明；

（三）保险代理业务信息系统情况说明；

（四）保险代理业务管理相关制度，如承保出单、佣金结算、客户服务等；

（五）保险代理业务责任部门和责任人指定情况的说明；

（六）银保监会规定的其他材料。

第二十四条 银保监局受理、审查并决定的申请事项，应当自受理之日起20日内审查完毕，作出准予或者不予行政许可的书面决定。

银保监会受理、审查并决定的申请事项，应当自受理之日起20日内审查完毕，作出准予或者不予行政许可的书面决定。

第二十五条 银保监会及其派出机构作出准予许可决定的，应当向申请人颁发许可证；作出不予许可决定的，应当说明理由。

第二十六条 在中华人民共和国境内经国务院银行保险监督管理机构批准设立的吸收公众存款的金融机构、其他金融机构、政策性银行申请保险兼业代理资格的条件和办理流程参照本办法执行。

其他工商企业申请保险兼业代理资格的条件和办理流程，由银保监会另行规定。

第三节 保险代理集团（控股）公司经营保险代理业务许可

第二十七条 申请人应当符合以下条件：

（一）股东、发起人信誉良好，最近3年内无重

大违法记录,出资自有、真实、合法,不得用银行贷款及其他形式的非自有资金投资;

(二)注册资本达到法律、行政法规和银保监会相关规则规定的最低限额;

(三)公司章程或者合伙协议符合有关规定;

(四)高级管理人员符合规定的任职资格条件;

(五)商业模式科学、合理、可行,公司治理完善到位,具备健全的组织机构和管理制度;

(六)有与业务规模相适应的固定住所;

(七)有与开展业务相适应的业务、财务等计算机软硬件设施;

(八)拥有5家及以上子公司,其中至少有2家子公司为保险专业中介机构,至少有1家子公司为保险专业代理机构;

(九)保险中介业务收入占集团总业务收入的50%以上;

(十)风险测试符合要求;

(十一)依法取得工商营业执照,名称中应当包含"保险代理集团(控股)公司"等字样;

(十二)法律、行政法规和银保监会规定的其他条件。

第二十八条 申请人应当向银保监会提交下列申请材料:

(一)申请书,应当载明公司的名称、注册资本、业务范围等;

(二)《保险中介集团公司经营保险代理业务许可申请表》;

(三)《保险中介集团公司经营保险代理业务许可申请委托书》;

(四)集团公司、成员企业及企业集团章程复印件;

(五)可行性报告及内部管理制度,包括设立方式或者更名方案、公司治理和组织机构框架、发展战略、内部控制体系,以及公司章程、业务管理制度、资本管理制度、风险管理制度、关联交易管理制度等;

(六)筹建或更名方案,包括操作流程、集团内各公司的股权整合方案、股权结构、子公司的名称和业务类别、员工及债权处置方案等;

(七)创立大会决议,或者股东会、股东大会关于设立集团公司或者更名的决议;

(八)《投资人基本情况登记表》及相关材料、股份认购协议等,投资人是机构的,还应提供营业执照、其他背景资料以及加盖公章的上一年度财务报表复印件;

(九)加盖公章的集团重要成员公司上一年度的财务报表复印件;

(十)注册资本金实缴情况的说明及证明材料;

(十一)《保险中介服务集团公司高级管理人员任职资格申请表》,拟任高级管理人员简历及有关证明材料;

(十二)银保监会规定提交的其他材料。

第二十九条 银保监会应当采取谈话、询问、现场验收等方式了解、审查申请人股东的经营状况、诚信记录,以及申请人的市场发展战略、业务发展计划、内控制度建设、人员结构、信息系统配置及运行等有关事项,并进行风险测试和提示。

第三十条 保险代理集团(控股)公司申请经营保险代理业务,由银保监会受理、审查并决定。银保监会自受理之日起20日内审查完毕,作出准予或者不予行政许可的书面决定。

第三十一条 银保监会作出准予许可决定的,应当向申请人颁发许可证;作出不予许可决定的,应当说明理由。

第三章 经营保险经纪业务许可

第一节 保险经纪机构经营保险经纪业务许可

第三十二条 申请人申请经营保险经纪业务,应当符合以下条件:

(一)依法取得工商营业执照,名称中应当包含"保险经纪"字样,且字号不得与现有的保险专业中介机构相同,与其他保险专业中介机构具有同一实际控制人的保险专业经纪机构除外;

(二)股东符合本规定要求;

(三)注册资本为实缴货币资本并按银保监会有关规定实施托管,全国性保险经纪机构的注册资本最低限额为5000万元,区域性保险经纪机构的注册资本最低限额为2000万元;

(四)营业执照记载的经营范围符合银保监会的有关规定;

(五)有符合《中华人民共和国公司法》和《中华人民共和国保险法》规定的章程;

(六)高级管理人员符合规定的任职资格条件,

（七）有符合银保监会规定的治理结构和内控制度，商业模式科学、合理、可行；

（八）有与业务规模相适应的固定住所；

（九）有符合银保监会规定的业务、财务等计算机软硬件设施；

（十）风险测试符合要求；

（十一）法律、行政法规和银保监会规定的其他条件。

第三十三条　申请人股东应当符合以下条件：

（一）财务状况良好，具有以自有资金对外投资的能力，出资资金自有、真实、合法，不得用银行贷款及各种形式的非自有资金投资；

（二）法人股东应当具有良好的公司治理结构或有效的组织管理方式，社会声誉、诚信记录、纳税记录以及经营管理良好，出资日上一年末（设立时间不满一年的，以出资日上一月末为准）净资产应不为负数，出资日上一月末净资产及货币资金均大于出资额；

（三）银保监会规定的其他审慎性条件。

区域性保险经纪公司股东条件由银保监会另行规定。

第三十四条　申请人股东有下列情形之一的，申请人不得申请经营保险经纪业务：

（一）最近5年内受到刑罚或重大行政处罚；

（二）因涉嫌重大违法犯罪正接受有关部门调查；

（三）因严重失信行为被国家有关单位确定为失信联合惩戒对象且应当在保险领域受到相应惩戒，或者最近5年内具有其他严重失信不良记录；

（四）依据法律、行政法规不能投资企业；

（五）银保监会根据审慎监管原则认定的其他不适合成为保险经纪机构股东的情形。

第三十五条　申请人应确定定位清晰、科学、合理、可行的商业模式。依托专门技术、领域、行业开展业务的，业务发展模式及配套管理制度流程应体现特色与专业性。

第三十六条　申请人应根据《中华人民共和国公司法》等法律、行政法规和银保监会相关政策要求，依照职责明晰、强化制衡、加强风险管理的原则，建立规范、有效的公司治理结构和内部管理制度。

第三十七条　申请人应根据公司的性质、规模，设立股东（大）会、董事会或者执行董事、监事会或者监事等组织机构，并在章程中明确其职责、议事制度和决策程序。

第三十八条　申请人应具有符合银保监会规定要求的业务和财务管理系统及信息安全保障体系，实现对主要业务、财务流程的信息化管理，确保业务和财务信息的及时、准确掌握及信息安全，业务和财务管理软件应当具备保单信息管理、单证管理、客户管理、收付费结算、报表查询生成等基本功能。

第三十九条　申请人申请前应选择一家符合银保监会规定要求的商业银行，签订托管协议，开立托管账户，将全部注册资本存入托管账户。托管协议应明确托管期限、托管金额、托管资金用途等内容。注册资本托管账户和基本户应分设。

第四十条　申请人应当向工商注册登记所在地银保监局提交下列申请材料：

（一）经营保险经纪业务许可申请书，申请书应当载明保险经纪机构的名称、注册资本等；

（二）《经营保险经纪业务许可申请表》；

（三）《经营保险经纪业务许可申请委托书》；

（四）公司章程；

（五）《保险经纪机构投资人基本情况登记表（法人股东）》或《保险经纪机构投资人基本情况登记表（自然人股东）》及相关材料；

（六）注册资本为实缴货币资本的证明文件，资本金入账原始凭证复印件；

（七）可行性报告，包括当地经济、社会和金融保险发展情况分析，机构组建的可行性和必要性说明，市场前景分析，业务和财务发展计划，风险管理计划等；

（八）内部管理制度，包括公司治理结构、组织机构设置、业务管理制度、财务制度、信息化管理制度、反洗钱内控制度、消费者权益保护制度以及业务服务标准等；

（九）《保险经纪机构高级管理人员任职资格申请表》及有关证明材料，聘用人员花名册复印件；

（十）业务、财务等计算机软硬件配备及信息安全保障情况说明等；

（十一）注册资本托管协议复印件及托管户入账证明等；

（十二）投保职业责任保险的，应出具按规定

投保职业责任保险的承诺函,缴存保证金的,应出具按规定缴存保证金的承诺函;

(十三)银保监会及其派出机构规定提交的其他材料。

第四十一条 全国性保险经纪机构申请经营保险经纪业务的,由工商注册登记所在地银保监局受理并初审,银保监会决定。

区域性保险经纪机构申请经营保险经纪业务的,由工商注册登记所在地银保监局受理、审查并决定。

第四十二条 银保监会及其派出机构应当采取谈话、询问、现场验收等方式了解、审查申请人股东的经营状况、诚信记录以及申请人的市场发展战略、业务发展计划、内控制度建设、人员结构、信息系统配置及运行等有关事项,并进行风险测试和提示。

第四十三条 申请人应按规定接受风险测试。风险测试应综合考虑和全面了解机构、股东及存在关联关系的单位或者个人的历史经营状况,判断是否存在利用保险中介机构和业务从事非法经营活动的可能性,核查保险专业中介机构与控股股东、实际控制人在业务、人员、资产、财务等方面是否严格隔离和实现独立经营和核算,全面评估风险状况。

第四十四条 银保监局受理、审查并决定的申请事项,应当自受理之日起20日内审查完毕,作出准予或者不予行政许可的书面决定。

银保监局受理并初审的申请事项,应当自受理之日起20日内审查完毕,并将审查意见及完整申请材料上报银保监会。银保监会应自收到银保监局的初步审查意见及申请人完整申请材料之日起,在20日内审查完毕,作出准予或者不予行政许可的书面决定。

第四十五条 银保监会及其派出机构作出准予许可决定的,应当向申请人颁发许可证。

作出不予许可决定的,应当说明理由。公司继续存续的,应当依法办理名称、营业范围和公司章程等事项的变更登记,确保其名称中无"保险经纪"字样。

第二节 保险经纪集团(控股)公司经营保险经纪业务许可

第四十六条 申请人应当符合以下条件:

(一)股东、发起人信誉良好,最近3年内无重大违法记录,出资应自有、真实、合法,不得用银行贷款及其他形式的非自有资金投资;

(二)注册资本达到法律、行政法规和银保监会相关规定的最低限额;

(三)公司章程或者合伙协议符合有关规定;

(四)高级管理人员符合规定的任职资格条件;

(五)商业模式科学、合理、可行,公司治理完善到位,具备健全的组织机构和管理制度;

(六)有与业务规模相适应的固定住所;

(七)有与开展业务相适应的业务、财务等计算机软硬件设施;

(八)拥有5家及以上子公司,其中至少有2家子公司为保险专业中介机构,至少有1家子公司为保险经纪机构;

(九)保险中介业务收入占集团总业务收入的50%以上;

(十)风险测试符合要求;

(十一)依法取得工商营业执照,名称中应当包含"保险经纪集团(控股)公司"等字样;

(十二)法律、行政法规和银保监会规定的其他条件。

第四十七条 申请人应当向银保监会提交下列申请材料:

(一)申请书,应当载明公司的名称、注册资本、业务范围等;

(二)《保险中介集团公司经营保险经纪业务许可申请表》;

(三)《保险中介集团公司经营保险经纪业务许可申请委托书》;

(四)集团公司、成员企业及企业集团章程复印件;

(五)可行性报告及内部管理制度,包括设立方式或者更名方案、公司治理和组织机构框架、发展战略、内部控制体系,以及公司章程、业务管理制度、资本管理制度、风险管理制度、关联交易管理制度等;

(六)筹建或更名方案,包括操作流程、集团内各公司的股权整合方案、股权结构、子公司的名称和业务类别、员工及债权处置方案等;

(七)创立大会决议,或者股东会、股东大会关于设立集团公司或者更名的决议;

（八）《投资人基本情况登记表》及相关材料、股份认购协议等，投资人是机构的，还应提供营业执照、其他背景资料以及加盖公章的上一年度财务报表复印件；

（九）加盖公章的集团重要成员公司上一年度的财务报表复印件；

（十）注册资本金实缴情况的说明及证明材料；

（十一）《保险中介服务集团公司高级管理人员任职资格申请表》，拟任高级管理人员简历及有关证明材料；

（十二）银保监会规定提交的其他材料。

第四十八条 银保监会应当采取谈话、询问、现场验收等方式了解、审查申请人股东的经营状况、诚信记录，以及申请人的市场发展战略、业务发展计划、内控制度建设、人员结构、信息系统配置及运行等有关事项，并进行风险测试和提示。

第四十九条 保险经纪集团（控股）公司申请经营保险经纪业务，由银保监会受理、审查并决定。银保监会自受理之日起20日内审查完毕，作出准予或者不予行政许可的书面决定。

第五十条 银保监会作出准予许可决定的，应当向申请人颁发许可证；作出不予许可决定的，应当说明理由。

第四章 经营保险公估业务备案

第五十一条 保险公估机构及其分支机构经营保险公估业务，应依法备案。

第五十二条 保险公估机构经营保险公估业务应当符合以下条件：

（一）股东或者合伙人符合本规定要求，且出资资金自有、真实、合法，不得用银行贷款及各种形式的非自有资金投资；

（二）根据业务发展规划，具备日常经营和风险承担所必需的营运资金，全国性机构营运资金为200万元以上，区域性机构营运资金为100万元以上；

（三）营运资金的托管符合银保监会的有关规定；

（四）公司章程或者合伙协议符合有关规定；

（五）名称中应当包含"保险公估"字样，保险公估机构的字号不得与现有的保险专业中介机构相同，与其他保险专业中介机构具有同一实际控制人的保险公估机构除外；

（六）董事长、执行董事和高级管理人员应当符合本规定要求；

（七）有符合银保监会规定的治理结构和内控制度，商业模式科学、合理、可行；

（八）有与业务规模相适应的固定住所；

（九）有符合银保监会规定的业务、财务信息管理系统；

（十）具备一定数量的保险公估师；

（十一）法律、行政法规和银保监会规定的其他条件。

第五十三条 申请人应当依法采用合伙或者公司形式。

申请人采用合伙形式的，应当有2名以上公估师；其合伙人三分之二以上应当是具有3年以上从业经历且最近3年内未受停止从业处罚的公估师。

申请人采用公司形式的，应当有8名以上公估师和2名以上股东，其中三分之二以上股东应当是具有3年以上从业经历且最近3年内未受停止从业处罚的公估师。

申请人的合伙人或者股东仅为2名的，2名合伙人或者股东都应当是具有3年以上从业经历且最近3年内未受停止从业处罚的公估师。

公估师指通过公估师资格考试的保险公估从业人员。从业经历指保险公估从业经历。

第五十四条 申请人的合伙人或者股东出资资金应自有、真实、合法，不得用银行贷款及各种形式的非自有资金投资。保险公估机构的法人股东或合伙人应财务状况良好，上一年末（设立时间不满一年的，以出资日上一月末为准）净资产应不为负数，应具有以自有资金对外投资的能力，出资日上一月末净资产及货币资金均大于出资额。

第五十五条 申请人股东或合伙人有下列任一情形的，申请人不得申请经营保险公估业务：

（一）最近5年内受到刑罚或者重大行政处罚；

（二）因涉嫌重大违法犯罪正接受有关部门调查；

（三）因严重失信行为被国家有关单位确定为失信联合惩戒对象且应当在保险领域受到相应惩戒，或者最近5年内具有其他严重失信不良记录；

（四）依据法律、行政法规不能投资企业；

（五）银保监会根据审慎监管原则认定的其他不适合成为保险公估机构股东或者合伙人的情形。

第五十六条 申请人董事长、执行董事和高级管理人员应当符合以下条件：

（一）大学专科以上学历，从事金融或者资产评估工作10年以上的人员不受此项限制；

（二）从事金融工作3年以上，或者从事资产评估相关工作3年以上，或者从事经济工作5年以上；

（三）具有履行职责所需的经营管理能力，熟悉保险法律、行政法规及银保监会的相关规定；

（四）诚实守信，品行良好。

有下列情形之一的，不得担任保险公估机构董事长、执行董事和高级管理人员：

（一）担任因违法被吊销许可证的保险公司或者保险专业中介机构的董事、监事或者高级管理人员，并对被吊销许可证负有个人责任或者直接领导责任的，自许可证被吊销之日未逾3年；

（二）因违法行为或者违纪行为被金融监管机构取消任职资格的金融机构的董事、监事或者高级管理人员，自被取消任职资格之日起未逾5年；

（三）被金融监管机构决定在一定期限内禁止进入金融行业，期限未满；

（四）因违法行为或者违纪行为被吊销执业资格的资产评估机构、验证机构等机构的专业人员，自被吊销执业资格之日起未逾5年；

（五）受金融监管机构警告或者罚款未逾2年；

（六）正在接受司法机关、纪检监察部门或者金融监管机构调查；

（七）因严重失信行为被国家有关单位确定为失信联合惩戒对象且应当在保险领域受到相应惩戒，或者最近5年内具有其他严重失信不良记录的；

（八）合伙人有尚未清偿完的合伙企业债务；

（九）法律、行政法规和银保监会规定的其他情形。

保险公估人应当与其高级管理人员建立劳动关系，订立书面劳动合同。

保险公估人董事长、执行董事和高级管理人员不得兼任2家以上分支机构的主要负责人。

第五十七条 申请人申请前应选择一家符合银保监会规定要求的商业银行，签订托管协议，开立托管账户将全部营运资金由基本户存入托管账户。托管协议应明确托管期限、托管金额、托管资金用途及未完成备案不得动用等内容。

第五十八条 申请人应确定定位清晰、科学、合理、可行的商业模式。依托专门技术、领域、行业开展业务的，业务发展模式及配套管理制度流程应体现特色与专业性。

第五十九条 申请人应根据《中华人民共和国公司法》《中华人民共和国合伙企业法》《中华人民共和国资产评估法》等法律、行政法规和银保监会相关政策要求，依照职责明晰、强化制衡、加强风险管理的原则，建立规范有效的治理结构和内部管理制度。

第六十条 申请人应具有符合银保监会规定要求的业务和财务管理系统，实现对主要业务、财务流程的信息化管理，确保业务和财务信息的及时、准确掌握及信息安全。

第六十一条 申请人应当向工商注册登记所在地银保监局提交下列备案材料：

（一）经营保险公估业务备案申请书，申请书应当载明保险公估机构的名称、注册资本、经营区域（全国性或区域性）等；

（二）《经营保险公估业务备案申请表》；

（三）《经营保险公估业务备案委托书》；

（四）《保险公估机构公估师信息表》；

（五）公司章程或者合伙协议；

（六）《保险公估机构投资人基本情况登记表（法人股东）》《保险公估机构投资人基本情况登记表（自然人股东）》及相关材料；

（七）营运资金进入公司基本户的入账原始凭证复印件；

（八）可行性报告，包括当地经济、社会和金融保险发展情况分析，机构组建的可行性和必要性说明，市场前景分析，业务和财务发展计划，风险管理计划等；

（九）内部管理制度，包括公司治理结构、组织机构设置、业务管理制度、财务制度、信息化管理制度、反洗钱内控制度、消费者权益保护制度以及业务服务标准等；

（十）《保险公估机构董事长（执行董事）、高级管理人员任职报告表》及有关证明材料，公估师人员名册及相应证书复印件、聘用人员花名册；

（十一）业务、财务等计算机软硬件配备及信息安全保障情况说明等；

（十二）营运资金托管协议复印件及托管户入账证明等；

（十三）投保职业责任保险或者建立职业风险基金的，应出具按规定投保职业责任保险或建立职业风险基金保证书；

（十四）与业务规模相适应的固定场所及使用权属证明材料；

（十五）保险公司的工作人员、保险专业中介机构的从业人员投资保险公估机构的，应当提供其所在机构知晓其投资的书面证明，保险公司、保险专业中介机构的董事、监事或者高级管理人员投资保险公估机构的，应当根据有关规定提供任职公司股东会或者股东大会的同意文件；

（十六）银保监会及其派出机构规定提交的其他材料。

第六十二条 银保监会及其派出机构应当采取谈话、函询、现场查验等方式了解、审查股东或者合伙人的经营记录、经营动机，以及市场发展战略、业务发展规划、内控制度建设、人员结构、信息系统配置及运行等有关事项，并进行风险测试和提示。

第六十三条 保险公估机构新设分支机构经营保险公估业务，应当符合下列条件：

（一）保险公估机构及其分支机构最近1年内没有受到刑罚或者重大行政处罚；

（二）保险公估机构及其分支机构未因涉嫌违法犯罪正接受有关部门调查；

（三）最近2年内设立的分支机构不存在运营未满1年退出市场的情形；

（四）具备完善的分支机构管理制度；

（五）新设分支机构有符合要求的营业场所、业务财务信息系统，以及与经营业务相匹配的其他设施；

（六）银保监会规定的其他条件。

保险公估机构因严重失信行为被国家有关单位确定为失信联合惩戒对象且应当在保险领域受到相应惩戒的，或者最近5年内具有其他严重失信不良记录的，不得新设分支机构经营保险公估业务。

第六十四条 申请经营保险公估业务备案的保险公估分支机构应当向工商注册登记所在地银保监局提交下列备案材料：

（一）经营保险公估业务备案申请书，申请书应当载明保险公估分支机构的名称、主要负责人姓名等；

（二）《保险公估机构分支机构经营保险公估业务备案申请表》；

（三）保险公估机构备案表复印件；

（四）关于设立保险公估分支机构的内部决议；

（五）新设保险公估分支机构内部管理制度；

（六）保险公估机构及分支机构最近2年内接受银行保险监管、市场监管、税务等部门监督检查情况的说明及有关附件，如受过行政处罚，需提供有关行政处罚书复印件及缴纳罚款证明复印件；

（七）业务、财务等计算机软硬件配备及信息安全保障情况说明等；

（八）《保险公估机构董事长（执行董事）、高级管理人员任职报告表》及有关证明材料；

（九）最近2年内设立的分支机构是否存在运营未满1年退出市场的情况说明，应按照下列字段对最近2年内在全国设立分支机构情况进行梳理：机构名称、所在省份、成立时间、是否退出市场、退出市场时间；

（十）新设分支机构职场租赁合同复印件或权属文件复印件及职场照片；

（十一）银保监会及其派出机构规定提交的其他材料。

第六十五条 保险公估机构经营保险公估业务，应当自领取营业执照之日起30日内，通过银保监会指定的信息系统向银保监会及其派出机构备案，同时按规定提交纸质及电子备案材料。

保险公估机构分支机构经营保险公估业务，应当自领取分支机构营业执照之日起10日内，通过银保监会指定的信息系统向工商注册登记所在地银保监局备案，同时按规定提交纸质及电子备案材料。

区域性保险公估机构及分支机构申请经营保险公估业务的，由工商注册登记所在地银保监局依法备案。

全国性保险公估机构及合伙制保险公估机构申请经营保险公估业务的，由工商注册登记所在地银保监局接收备案材料并初审，由银保监会依法备案。

第六十六条 备案材料完备且符合要求的，

银保监会及其派出机构应当在银保监会网站上将备案情况向社会公告，完成备案。保险公估机构在备案公告之后可下载《经营保险公估业务备案表》。

第六十七条　合伙形式的保险公估机构转为公司形式的保险公估机构，或者公司形式的保险公估机构转为合伙形式的保险公估机构，备案流程及材料参照新设机构，变更期间按照转前形式开展业务。

区域性保险公估机构转为全国性保险公估机构，或者全国性保险公估机构转为区域性保险公估机构，备案流程及材料参照新设机构，变更期间按照转前范围开展业务。

第五章　保险专业代理机构及保险经纪机构高级管理人员任职资格许可

第一节　任职资格条件

第六十八条　保险专业代理机构及保险经纪机构高级管理人员需经任职资格许可，包括公司总经理、公司副总经理、省级分公司主要负责人以及对公司经营管理行使重要职权的其他人员。

第六十九条　保险专业代理机构、保险经纪机构高级管理人员拟任人应符合以下条件：

（一）大学专科以上学历，从事金融工作10年以上的人员不受此项限制；

（二）从事金融工作3年以上或者从事经济工作5年以上；

（三）具有履行职责所需的经营管理能力，熟悉保险法律、行政法规及银保监会的相关规定；

（四）诚实守信，品行良好。

第七十条　保险专业代理机构、保险经纪机构高级管理人员拟任人不得有下列任一情形：

（一）无民事行为能力或者限制民事行为能力；

（二）因贪污、贿赂、侵占财产、挪用财产或者破坏社会主义市场秩序，被判处刑罚执行期满未逾5年，或者因犯罪被剥夺政治权利，执行期满未逾5年；

（三）担任破产清算的公司、企业的董事或者厂长、经理，对该公司、企业的破产负有个人责任的，自该公司、企业破产清算完结之日起未逾3年；

（四）担任因违法被吊销营业执照、责令关闭的公司、企业的法定代表人，并负有个人责任的，自该公司、企业被吊销营业执照之日起未逾3年；

（五）担任因违法被吊销许可证的保险公司或者保险中介机构的董事、监事或者高级管理人员，并对被吊销许可证负有个人责任或者直接领导责任的，自许可证被吊销之日起未逾3年；

（六）因违法行为或者违规行为被金融监管机构取消任职资格的金融机构的董事、监事或者高级管理人员，自被取消任职资格之日起未逾5年；

（七）被金融监管机构决定在一定期限内禁止进入金融行业的，期限未满；

（八）受金融监管机构警告或者罚款未逾2年；

（九）正在接受司法机关、纪检监察部门或者金融监管机构调查；

（十）个人所负数额较大的债务到期未清偿；

（十一）因严重失信行为被国家有关单位确定为失信联合惩戒对象且应在保险领域受到相应惩戒，或者最近5年内具有其他严重失信不良记录；

（十二）法律、行政法规和银保监会规定的其他情形。

第七十一条　拟任人应通过银保监会认可的保险法规及相关知识测试。

第二节　任职资格许可申请材料

第七十二条　保险专业代理机构、保险经纪机构拟任命高级管理人员，应向拟任机构工商注册登记所在地银保监局提交下列材料：

（一）关于进行任职资格审核的申请；

（二）拟任用高级管理人员的决议；

（三）高级管理人员任职资格申请表；

（四）拟任人身份证复印件或护照复印件；

（五）拟任人学历证书复印件、学历证明文件；

（六）拟任人与保险专业代理机构或保险经纪机构签订的劳动合同复印件；

（七）拟任人3年金融工作经历或5年经济工作经历证明文件；

（八）拟任人最近3年个人信用报告；

（九）在存在潜在利益冲突的机构中任职的，应提交从原单位辞职的证明、辞职承诺书或者公司股东会、股东大会同意兼职的证明；

（十）拟任人合规声明和承诺；

（十二）银保监会及其派出机构规定提交的其他材料。

第七十三条 拟任高级管理人员的决议程序和形式应符合法律、行政法规和公司章程的规定。

第七十四条 拟任人的学历证明材料，需提供教育部学信网查询结果或相关教育主管部门出具的认证报告；党校学历，需提供毕业党校出具的学历证明材料；国（境）外学历，需提供教育部留学服务中心出具的国外学历认证书。

第七十五条 拟任人的工作经历证明材料，需提供曾任职的机构出具的加盖公司公章的证明文件或与曾任职的机构存在与其劳动形式相关的经济收入关系的证明文件。

第七十六条 拟任人合规声明和承诺的内容包括但不限于：最近2年内未受反洗钱重大行政处罚的声明；最近5年内未受过法律、行政法规处罚，有无严重失信不良记录的声明；坚持依法合规经营、切实履职尽责的承诺。有境外金融机构从业经历的，还应当提交最近2年内未受相应境外金融机构所在地涉及反洗钱的重大行政处罚的声明。

第三节 任职资格许可程序

第七十七条 银保监局可以对保险专业代理机构、保险经纪机构拟任高级管理人员进行考察或者谈话，综合考察其合规意识、风险偏好、业务能力等综合素质。

第七十八条 银保监局受理、审查并决定的申请事项，应当自受理之日起20日内审查完毕，作出准予或者不予行政许可的书面决定。

第七十九条 保险专业代理机构、保险经纪机构应在收到拟任高级管理人员任职资格批复后及时作出任命决定，超过2个月未任命的，其任职资格自动失效。

第八十条 保险专业代理机构、保险经纪机构任命临时负责人的，其临时负责人任职时间最长不得超过3个月，并且不得就同一职务连续任命临时负责人。

临时负责人应当具有与履行职责相当的能力，并应当符合本规定的相关要求。

第八十一条 具有高级管理人员任职资格的拟任人在同一保险专业代理机构、保险经纪机构内部调动职务或改任（兼任）职务的，无需重新核准任职资格，应当自作出调任、改任、兼任决定之日起5日内在银保监会规定的监管信息系统中登记相关信息。

第六章 附 则

第八十二条 外资保险专业中介机构申请办理本办法规定的经营保险代理业务许可、经营保险经纪业务许可、经营保险公估业务备案等事项的，应符合本办法规定的条件。

第八十三条 申请人应按照银保监会有关要求，如实、完整提交申请材料。本办法规定提交的各种表格格式由银保监会制定。

第八十四条 除特别说明外，本办法中各项财务指标要求均为合并会计报表口径。

第八十五条 本办法中的"日"均为工作日，"以上"均含本数及本级。

第八十六条 本办法由银保监会负责解释。

第八十七条 本办法自2022年2月1日起施行。

第八十八条 本办法实施前的有关规定与本办法不一致的，按照本办法执行。

保险专业中介机构分类监管暂行办法

·2008年12月30日
·保监发〔2008〕122号

第一条 为切实履行对保险专业中介机构的监管职能，形成保险中介市场风险预警机制，合理分配监管资源，提高保险中介监管效率和防范风险的能力，依据《保险法》等法律法规和相关规章制定本办法。

第二条 本办法所称分类监管是指中国保监会及其派出机构根据客观既有信息，综合分析评估保险专业中介机构风险，依据评估结果将其归入特定监管类属，并采取针对性监管措施的方法。

第三条 本办法所称保险专业中介机构是指依据《保险专业代理机构监管规定》《保险经纪机

构监管规定》《保险公估机构监管规定》依法设立的保险专业代理机构、保险经纪机构、保险公估机构及其分支机构。

第四条 本办法建立合规性和稳健性两大类十四个指标,评估保险专业中介机构的合规风险、稳健风险和综合风险。合规风险分值和稳健风险分值分别为其项下各评估指标分值之和。综合风险分值为合规风险分值与稳健风险分值之和。分值越大,代表风险越高。

第五条 原则上按照综合风险分值从高至低,将保险专业中介机构划分为现场检查类机构、关注性非现场检查类机构、一般非现场检查类机构。现场检查类机构、关注性非现场检查类机构的数量应分别不少于辖区内保险专业中介机构总数的5%、20%。

根据监管实际,合规风险分值和稳健风险分值可以作为辅助分类依据。

第六条 对一般非现场检查类机构原则上采取定期收集、分析、监测市场运行数据,关注市场反应等非现场检查方式。

第七条 对关注性非现场检查类机构在实行非现场检查的同时,应加强风险监测、重点关注,可进一步采取以下监管措施:

(一)进行风险提示或者监管谈话;
(二)提高报表报送频率;
(三)要求对存在风险的领域提交专项报告、报表;
(四)要求聘请合格会计师事务所对所提供信息进行专项外部审计,提交专项审计报告;
(五)组织现场检查;
(六)其他必要的监管措施。

第八条 对现场检查类机构除采取关注性非现场检查类机构的监管措施外,每年还应至少进行一次现场检查。

第九条 中国保监会及其派出机构应以分类监管为基础,积极关注市场、关注风险、关注舆情动态和举报投诉。对涉嫌违法违规的保险专业中介机构,应根据实际及时采取现场检查等有效监管措施,不受年度分类结果约束。

第十条 分类所依据信息和数据应客观准确,主要来源包括以下渠道:

(一)监管部门;
(二)保险行业组织;
(三)保险公司;
(四)保险专业中介机构;
(五)外部审计机构;
(六)举报投诉;
(七)舆情动态;
(八)其他真实有效信息渠道。

第十一条 派出机构原则上每年应对辖区内保险专业中介机构进行一次分类评估,并在每年第一季度末向中国保监会提交上一年度保险专业中介机构分类监管报告,应包括以下内容:

(一)分类监管实施情况;
(二)分类监管实施效果、存在的问题与原因分析;
(三)完善分类监管的意见和建议;
(四)下一年度的分类监管计划。

第十二条 中国保监会系统应加强横向信息沟通和监管协作,提高保险中介分类监管的统一性和协调性;派出机构对保险专业中介分支机构实施分类监管的情况应及时通报中国保监会及其他相关派出机构。

第十三条 依据本办法对保险专业中介机构进行分类的结果仅在中国保监会系统使用。

第十四条 附表构成本办法的组成部分。

第十五条 本办法由中国保监会负责解释。

第十六条 本办法自2009年1月1日起试行。

附表：

保险专业中介机构分类评估指标

一、合规性指标

附表一：业务合规指标

评价重点	考察保险专业中介机构在业务经营过程中的合规情况	
评价内容	1. 存在以下情形：欺骗保险人、投保人、被保险人或者受益人；隐瞒与保险合同有关的重要情况；阻碍投保人履行法律规定的如实告知义务，或者诱导投保人不履行法律规定的如实告知义务；给予或者承诺给予投保人、被保险人或者受益人保险合同约定以外的其他利益；利用行政权力、职务或者职业便利以及其他不正当手段强迫、引诱或者限制投保人订立保险合同；伪造、擅自变更保险合同，或者为保险合同当事人提供虚假证明材料；串通投保人、被保险人或者受益人，骗取保险赔款或者保险金；以保险代理、经纪、公估名义从事非法活动；挪用、侵占保险费、保险赔款或者保险金；泄露保险人、被保险人、投保人或者受益人的商业秘密或者个人隐私；利用业务便利为其他单位和个人谋取非法利益。 2. 在被监管查处过程中存在欺骗、贿赂、隐瞒等行为 3. 其他重大业务违规行为	
计分方法	涉嫌上述违规行为的	每次 5 分
	因上述违规行为被下发监管函、监管谈话的	每次 10 分
	因上述违规行为被行政罚款的	每次 15-20 分
	因上述违规行为被责令停业整顿，或者分支机构因上述违规行为被吊销业务许可证的	每次 25 分

附表二：行政许可事项合规指标

评价重点	考察保险专业中介机构落实行政许可监管要求的情况	
评价内容	未按规定向监管部门履行审批、报备手续等行为	
计分方法	涉嫌上述违规行为的	每次 2 分
	因上述违规行为被下发监管函、监管谈话的	每次 4 分
	因上述违规行为被行政罚款的	每次 6-8 分
	因上述违规行为被限制业务范围、责令停止接受新业务的	每次 10 分
	分支机构因上述违规行为被吊销业务许可证或因申请材料不真实而被撤销行政许可的	每次 12 分

附表三：保证金与职业责任保险合规指标

评价重点	考察保险专业中介机构落实保证金和职业责任保险监管要求的情况
评价内容	1. 未及时、足额缴存保证金或者投保职业责任保险 2. 违规动用保证金 3. 未保持职业责任保险的连续性和有效性

续表

评价重点	考察保险专业中介机构落实保证金和职业责任保险监管要求的情况	
计分方法	涉嫌上述违规行为的	每次2分
	因上述违规行为被下发监管函、监管谈话的	每次4分
	因上述违规行为被行政罚款的	每次6分
	因上述违规行为被限制业务范围、停业整顿的	每次8分

附表四：报告与报表提交合规指标

评价重点	考察保险专业中介机构遵守报告、报表、文件、资料和数据制作、报送与保管监管要求的情况	
评价内容	1. 未按照规定报送或者保管报告、报表、文件、资料和数据 2. 编制或者提供虚假的报告、报表、文件、资料和数据	
计分方法	涉嫌上述违规行为的	每次4分
	因上述违规行为被下发监管函、监管谈话的	每次6分
	因上述违规行为被行政罚款的	每次7-10分
	因上述违规行为被限制业务范围、责令其停止接受新业务的	每次12分
	分支机构因上述违规行为被吊销业务许可证的	每次15分

附表五：高管与从业人员合规指标

评价重点	考察保险专业中介机构高管与从业人员遵守监管法规的情况	
评价内容	高管与从业人员违反保险监管法规	
计分方法	涉嫌上述违规行为的	每次4分
	因上述违规行为被下发监管函、监管谈话的	每次6分
	因上述违规行为被警告，或者被责令予以撤换的	每次8分
	因上述违规行为被行政罚款的	每次10分
	因上述违规行为被取消任职资格或被行业禁入的	每次12分

附表六：其他合规指标

评价重点	考察保险专业中介机构遵守其他保险监管要求以及其他政府管理部门监督管理要求的情况	
评价内容	1. 保险专业中介机构违反其他保险监管要求 2. 保险专业中介机构违反其他政府管理部门监督管理要求	
计分方法	涉嫌上述违规行为的	每次2分
	因上述违规行为被下发监管函、监管谈话的	每次4分
	因上述违规行为被警告的	每次5分
	因上述违规行为被行政罚款的，或者单独被没收违法所得、没收非法财物的	每次7分
	因上述违规行为被限制业务范围、责令停止接受新业务或分支机构被吊销业务许可证的	每次10分
备注	没收违法所得、没收非法财物与其他处罚措施并处时不计入违规情况。	

二、稳健性指标

附表七：资产状况指标

评价重点	关注保险专业中介机构资产和净资产规模的非正常变化、偿债能力不足的风险	
评价内容	1. 资产增长率=(年末资产-年初资产)/年初资产×100%	
	2. 净资产率=(资产-负债)/资产×100%	
	3. 客户资金余额与净资产比率=客户账户资金年末余额/年末净资产	
计分方法	属于下列情形之一，且无正当原因的，计3-5分： 1. 30%≤资产增长率绝对值<50%； 2. 40%<净资产率≤50%； 3. 客户资金余额与净资产比率达到1。	
	属于下列情形之一，且无正当原因的，计6-8分： 1. 50%≤资产增长率绝对值<100%； 2. 20%<净资产率≤40%； 3. 客户资金余额与净资产比率达到2。	
	属于下列情形之一，且无正当原因的，计9-10分： 1. 资产增长率绝对值≥100%； 2. 净资产率≤20%； 3. 客户资金余额与净资产比率达到3。	
备注	客户资金是指保险专业中介机构管理的属于被保险人、保险公司等的资金，包括代收保费、保险赔款(保险金)等。	

附表八：分支机构状况指标

评价重点	关注保险专业中介机构设立分支机构过快或者管控不严的风险	
评价内容	1. 增设分支机构的速度是否正常	
	2. 对分支机构是否有完整管理权	
计分方法	评估期内设立分支机构超过5家的，每增加1家计2分	
	分支机构中采取加盟制、挂靠制或者承包制的，每家计4分	

附表九：业务异动指标(略)

附表十：高管状况指标

评价重点	关注保险专业中介机构高管人员的诚信记录、以及稳定性	
评价内容	1. 高管人员因经济犯罪受过刑事处罚(不受评估期限制)	
	2. 评估期前高管人员受过保险监管行政处罚	
	3. 高管人员频繁变动	
计分方法	评估期前高管人员受保险监管行政处罚的，每人次计3分	
	高管人员有经济犯罪记录的，每人次计5分	
	法人代表或者总经理在评估期间变动超过2次的，每人次计5分	
	其他高管人员在评估期间变动人次超过高管数量50%的，计10分	

附表十一：从业人员状况指标

评价重点	关注保险专业中介机构从业人员非正常变动所掩藏的风险
评价内容	1. 业务人员增长率=(年末数-年初数)/年初数×100% 2. 持证率情况
计分方法	属于下列情形之一的,计3分： 1. 业务人员数少于100的,增长率大于100%； 2. 业务人员数超过100的,增长率大于50%； 3. 持证率介于(60%,70%)。
	属于下列情形之一的,计5分： 1. 业务人员数少于100的,增长率大于200%； 2. 业务人员数超过100的,增长率大于100%； 3. 持证率介于(50%,60%)。
	属于下列情形之一的,计7分： 1. 业务人员数少于100的,增长率大于300%； 2. 业务人员数超过100的,增长率大于200%； 3. 持证率低于50%。

附表十二：自律状况指标

评价重点	关注保险专业中介机构遵守行业自律的情况。
评价内容	违反行业自律的次数
计分方法	被行业自律组织纪律处分,每次计2分

附表十三：舆情与投诉状况指标

评价重点	关注保险专业中介机构被媒体曝光、及被举报投诉的情况
评价内容	投诉指数=本机构投诉率/行业投诉率 投诉率=投诉件数/业务收入 2. 同一问题是否多次被投诉 3. 媒体曝光与投诉内容
计分方法	属于下列情形之一的,计3分： 1. 投诉指数超过2； 2. 同一问题被投诉达5人次(含联名信、集体访)。
	属于下列情形之一的,计5分： 1. 投诉指数超过4； 2. 同一问题被投诉达10人次(含联名信、集体访)。
	属于下列情形之一的,计8分： 1. 投诉指数超过5； 2. 同一问题被投诉达15人次(含联名信、集体访)； 3. 媒体曝光和投诉的内容涉嫌非法开展保险业务、销售误导、传销、非法集资、虚开发票、挪用客户资金等。

附表十四：外部审计情况

评价重点	关注外部审计报告对被考察中介机构的评价情况，判断风险程度
评价内容	会计师事务所在外部审计报告上出具的意见
计分方法	外部审计报告为保留意见的，计8分
	外部审计报告为否定意见或无法表示意见的，计15分

保险公司中介业务
违法行为处罚办法

- 2009年9月25日中国保险监督管理委员会令第4号公布
- 自2009年10月1日起施行

第一条 为了维护保险市场秩序，预防和惩处保险公司中介业务违法行为，促进保险业健康发展，根据《中华人民共和国保险法》等有关法律、行政法规，制定本办法。

第二条 保险公司通过保险代理人、保险经纪人、保险公估机构进行销售、理赔等活动的，应当遵守法律、行政法规和中国保险监督管理委员会（以下简称"中国保监会"）的规定。

中国保监会根据《中华人民共和国保险法》和国务院授权履行监管职责。中国保监会派出机构，在中国保监会授权范围内履行监管职责。

第三条 保险公司应当制定合法、科学、有效的中介业务管理制度，确保经营行为依法合规、业务财务数据真实客观。

第四条 保险公司的业务、财务管理信息系统应当真实、准确、完整记载中介业务的业务和财务信息。

保险公司应当逐单记载通过保险代理人、保险经纪人签订的保单的保险费和佣金数额。

第五条 保险公司应当加强对中介业务的稽核审计，建立中介业务违法行为责任追究机制。

保险公司发现中介业务活动涉嫌违法犯罪的，应当按照本办法的规定进行报告。

第六条 保险公司应当按照中国保监会的规定，对保险代理人进行法律法规和职业道德培训，并保留详细的培训档案。

第七条 保险公司应当设置专门岗位，负责对保险代理业务进行日常管理，并且建立代理业务合规经营档案。

保险公司应当建立代理业务定期核查制度，核查结果应当记入代理业务合规经营档案。

第八条 保险公司应当在委托合同中约定，保险公司有权要求保险代理人纠正保险违法行为，保险代理人拒不纠正的，保险公司有权终止其代理权。

保险公司应当及时要求保险代理人纠正保险违法行为，保险代理人拒不纠正的，保险公司应当终止其代理权。

第九条 保险公司发现保险代理人存在下列行为的，应当自发现之日起10个工作日内向中国保监会报告：

（一）严重侵害投保人、被保险人或者受益人的合法权益；

（二）利用保险业务进行非法集资、传销或者洗钱等非法活动；

（三）中国保监会规定的其他需要报告的行为。

第十条 保险公司及其工作人员不得在账外暗中直接或者间接给予保险中介机构及其工作人员委托合同约定以外的利益。

第十一条 保险公司及其工作人员不得唆使、诱导保险代理人、保险经纪人、保险公估机构欺骗投保人、被保险人或者受益人。

第十二条 保险公司及其工作人员不得利用保险代理人、保险经纪人或者保险公估机构，通过虚挂应收保险费、虚开税务发票、虚假批改或者注销保单、编造退保等方式套取费用。

第十三条 保险公司及其工作人员不得利用保险中介业务，为其他机构或者个人牟取不正当利益。

第十四条 保险公司及其工作人员不得通过保险代理人、保险经纪人给予或者承诺给予投保人、被保险人、受益人保险合同约定以外的保险费回扣或者其他利益。

第十五条　保险公司及其工作人员不得串通保险代理人、保险经纪人，挪用、截留和侵占保险费。

第十六条　保险公司及其工作人员不得串通保险代理人、保险经纪人、保险公估机构，虚构保险合同、故意编造未曾发生的保险事故或者故意夸大已经发生的保险事故的损失程度进行虚假理赔，骗取保险金或者牟取其他不正当利益。

第十七条　保险公司及其工作人员不得委托未取得合法资格的机构或者个人从事保险销售活动。

第十八条　保险公司及其工作人员在保险业务活动中不得编造虚假中介业务、虚构个人保险代理人资料、虚假列支中介业务费用，或者通过其他方式编制或者提供虚假的中介业务报告、报表、文件、资料。

第十九条　保险公司违反本办法第六条至第九条规定的，由中国保监会责令改正，给予警告，对有违法所得的处违法所得1倍以上3倍以下的罚款，但最高不得超过3万元，对没有违法所得的处1万元以下的罚款。对其直接负责的主管人员和其他直接责任人员，中国保监会可以给予警告，处1万元以下的罚款。

第二十条　保险公司有本办法第十条至第十七条规定行为之一的，由中国保监会责令改正，处5万元以上30万元以下的罚款；情节严重的，限制保险公司业务范围、责令停止接受新业务或者吊销业务许可证。对其直接负责的主管人员和其他直接责任人员，由中国保监会给予警告，并处1万元以上10万元以下的罚款；情节严重的，撤销任职资格或者从业资格，禁止有关责任人员一定期限直至终身进入保险业。

第二十一条　保险公司有本办法第十八条规定行为之一的，由中国保监会责令改正，处10万元以上50万元以下的罚款；情节严重的，可以限制其业务范围、责令停止接受新业务或者吊销业务许可证。对其直接负责的主管人员和其他直接责任人员，由中国保监会给予警告，并处1万元以上10万元以下的罚款；情节严重的，撤销任职资格或者从业资格，禁止有关责任人员一定期限直至终身进入保险业。

第二十二条　中国保监会在查处保险公司中介业务违法行为过程中，发现保险代理人、保险经纪人、保险公估机构违法行为的，应当并案查处。

第二十三条　中国保监会在查处保险公司中介业务违法行为过程中，发现存在涉嫌非法集资、传销、洗钱、违反国家税收管理规定等应当由其他部门查处的违法行为的，应当依法向有关部门移送。

第二十四条　中国保监会在查处保险公司中介业务违法行为过程中，发现国有保险公司工作人员贪污贿赂、挪用公款等违纪、犯罪线索的，应当根据案件的性质，依法及时向监察机关或者司法机关移送。

中国保监会在查处保险公司中介业务违法行为过程中，发现非国有保险公司及其工作人员的违法行为，涉嫌构成职务侵占罪、非国家工作人员受贿罪、对非国家工作人员行贿罪、偷税罪等，需要追究刑事责任的，应当依法及时向司法机关移送。

第二十五条　本办法自2009年10月1日起施行。

保险中介机构外部审计指引

·2005年1月6日
·保监发〔2005〕1号

第一章　总　则

第一条　为提高保险中介机构内部管理水平，保护保险当事人的合法权益，促进保险中介市场的健康发展，依据《中华人民共和国保险法》、《保险代理机构管理规定》、《保险经纪机构管理规定》和《保险公估机构管理规定》，制定本指引。

第二条　本指引所称保险中介机构是指经中国保险监督管理委员会（以下简称中国保监会）批准取得营业许可证，从事保险中介服务的保险代理机构、保险经纪机构和保险公估机构。

第三条　本指引适用于保险中介机构聘请会计师事务所进行外部审计，包括年度会计报表审计、中国保监会要求的特殊目的审计。

第四条　保险中介机构应当遵守法律、行政法规和中国保监会的有关规定进行外部审计，按时向中国保监会提交审计报告。

第五条 鼓励保险中介机构建立完善的外部审计制度,进行保险监管法规规定以外的外部审计。

第二章 审计事项

第一节 会计师事务所选择

第六条 保险中介机构选择会计师事务所应当充分考虑会计师事务所的资质,确保审计质量,并应当与会计师事务所保持形式上和实质上的独立。

第七条 保险中介机构聘请会计师事务所进行保险监管法规规定的外部审计,应当根据中国保监会的要求在实施审计外勤工作前向中国保监会提交以下材料:

(一)会计师事务所简介;

(二)执行审计的注册会计师资格年检记录和个人履历;

(三)审计业务约定书。

第八条 保险中介机构变更会计师事务所,应当向中国保监会提交变更原因说明。

第二节 审计业务约定书

第九条 在进行审计前,保险中介机构应当与会计师事务所签订审计业务约定书,明确双方权利和义务。

第十条 保险中介机构与会计事务所签订年度会计报表审计业务约定书时,应当在约定书上提请会计师事务所重点关注以下事项:

(一)保险中介机构是否按照国家统一的会计制度和《保险中介公司会计核算办法》的规定,设置会计科目,进行会计核算;

(二)保险中介机构确认收入和成本的方法是否恰当,年度利润的核算是否正确;

(三)保险中介机构是否按照有关规定,对客户资金和自有资金分设账户进行管理,以及是否未经委托人同意,占用挪用保费资金,未及时进行保费结算;

(四)保险中介机构是否及时、足额缴存营业保证金,以及是否违规动用营业保证金,未缴存营业保证金的,是否投保职业责任保险;

(五)保险监管费是否及时、足额上缴。

保险中介机构应在会计报表附注中对上述事项进行披露。

第十一条 保险中介机构聘请会计师事务所进行年度会计报表审计,还可以与会计师事务所约定出具管理建议书,重点关注以下事项:

(一)信息化系统能否满足各项业务发展的需要;

(二)法人治理结构是否健全;

(三)各项内控制度的设定能否保护本机构和业务委托人的利益,是否有效执行。

第十二条 根据中国保监会要求进行的特殊目的审计,审计业务约定书应当列明中国保监会要求审计的具体审计项目和内容。

第三节 审计协调

第十三条 保险中介机构应当积极配合会计师事务所的审计工作,及时、完整、真实地向注册会计师提供审计工作需要的资料。

第十四条 保险中介机构内审人员应当发挥自身的专业知识,促进本机构和会计师事务所的沟通。

第十五条 保险中介机构监事会等内部机构应当充分发挥监督职能,为外部审计人员不受干扰地完成审计工作,客观地发表审计意见创造条件。

第十六条 根据审计工作需要,会计师事务所可以向中国保监会取证和请求协助,使审计工作顺利进行。

第四节 审计报告

第十七条 年度会计报表审计报告应当包括以下内容:

(一)会计报表真实性和公允性的审计意见;

(二)注册会计师认为重要的其他信息。

第十八条 年度会计报表审计报告所附的管理建议书,内容应当包括第十一条列示事项的情况。

第十九条 根据中国保监会要求进行的特殊目的审计,审计报告应当按规定的审计项目和内容分别列示审计意见。

第三章 监督管理

第二十条 保险中介机构应当在会计年度结束后3个月内将年度会计报表审计报告及约定出

具的管理建议书报送中国保监会,同时以电子文件格式报送。

第二十一条　根据中国保监会要求进行的特殊目的审计,保险中介机构应当在中国保监会规定的时间内报送审计报告。

第二十二条　保险中介机构进行保险监管法规规定以外的外部审计,可以向中国保监会报送审计报告。

第二十三条　保险中介机构应当如实报送审计报告,不得修改和删节会计师事务所签发的审计报告和其他资料。

第二十四条　若会计师事务所出具了保留意见、否定意见和无法表示审计意见的审计报告,保险中介机构应当对导致会计师事务所出具上述审计意见的相关事项作详细说明。

第二十五条　中国保监会对外部审计事项进行事后抽查,如发现保险中介机构提供有遗漏、虚假内容的材料,或者以利诱、强迫等方式要求注册会计师和会计师事务所出具内容虚假的审计报告的,将按有关规定进行严肃处理。

第二十六条　会计师事务所在审计过程中存在违法违规行为,中国保监会可以要求保险中介机构解除审计业务约定,并转交有关外部审计业务监管部门处理。

第二十七条　保险中介机构不按规定进行外部审计,或者在审计过程中不予以配合导致注册会计师无法进行正常审计工作的,中国保监会将按有关规定进行严肃处理并直接实施业务检查。

第四章　附　则

第二十八条　本指引由中国保监会负责解释。

第二十九条　本指引自发布之日起施行。

保险销售行为可回溯管理暂行办法

· 2017年6月28日
· 保监发〔2017〕54号

第一条　为进一步规范保险销售行为,维护保险消费者合法权益,促进保险业持续健康发展,依据《保险法》和中国保监会有关规定,制定本办法。

第二条　本办法所称保险销售行为可回溯,是指保险公司、保险中介机构通过录音录像等技术手段采集视听资料、电子数据的方式,记录和保存保险销售过程关键环节,实现销售行为可回放、重要信息可查询、问题责任可确认。

第三条　本办法所称保险公司为经营人身保险业务和财产保险业务的保险公司,专业自保公司除外。

本办法所称保险中介机构是指保险专业中介机构和保险兼业代理机构,其中保险专业中介机构包括保险专业代理机构和保险经纪人,保险兼业代理机构包括银行类保险兼业代理机构和非银行类保险兼业代理机构。

第四条　保险公司、保险中介机构销售本办法规定的投保人为自然人的保险产品时,必须实施保险销售行为可回溯管理。团体保险产品除外。

第五条　保险公司、保险中介机构开展电话销售业务,应将电话通话过程全程录音并备份存档,不得规避电话销售系统向投保人销售保险产品。

保险公司、保险中介机构开展互联网保险业务,依照中国保监会互联网保险业务监管的有关规定开展可回溯管理。

第六条　除电话销售业务和互联网保险业务之外,人身保险公司销售保险产品符合下列情形之一的,应在取得投保人同意后,对销售过程关键环节以现场同步录音录像的方式予以记录:

(一)通过保险兼业代理机构销售保险期间超过一年的人身保险产品,包括利用保险兼业代理机构营业场所内自助终端等设备进行销售。国务院金融监督管理机构另有规定的,从其规定。

(二)通过保险兼业代理机构以外的其他销售渠道,销售投资连结保险产品,或向60周岁(含)以上年龄的投保人销售保险期间超过一年的人身保险产品。

第七条　在实施现场同步录音录像过程中,录制内容至少包含以下销售过程关键环节:

(一)保险销售从业人员出示有效身份证明;

(二)保险销售从业人员出示投保提示书、产品条款和免除保险人责任条款的书面说明;

(三)保险销售从业人员向投保人履行明确说明义务,告知投保人所购买产品为保险产品,以及承保保险机构名称、保险责任、缴费方式、缴费金额、缴费期间、保险期间和犹豫期后退保损失风险等。

保险销售从业人员销售人身保险新型产品的，应说明保单利益的不确定性；销售健康保险产品的，应说明保险合同观察期的起算时间及对投保人权益的影响、合同指定医疗机构、续保条件和医疗费用补偿原则等。

（四）投保人对保险销售从业人员的说明告知内容作出明确肯定答复。

（五）投保人签署投保单、投保提示书、免除保险人责任条款的书面说明等相关文件。

保险销售从业人员销售以死亡为给付条件保险产品的，录制内容应包括被保险人同意投保人为其订立保险合同并认可合同内容；销售人身保险新型产品的，还应包括保险销售从业人员出示产品说明书，投保人抄录投保单风险提示语句等。

第八条 保险销售行为现场同步录音录像应符合相关业务规范要求，视听资料应真实、完整、连续，能清晰辨识人员面部特征、交谈内容以及相关证件、文件和签名，录制后不得进行任何形式的剪辑。

第九条 保险专业中介机构、非银行类保险兼业代理机构应在录音录像完成后将录制的视听资料和其他业务档案一并反馈至承保保险公司。

银行类保险兼业代理机构应在录音录像完成后将新单业务录制成功的信息和其他业务档案一并反馈至承保保险公司。

第十条 保险公司应建立视听资料质检体系，制定质检制度，建立质检信息系统，配备与销售人员岗位分离的质检人员，对成交件视听资料按不低于30%的比例在犹豫期内全程质检。其中，对符合本办法第六条第二项规定的保险业务视听资料应实现100%质检。

保险公司在质检中发现视听资料不符合本办法要求的，应当自发现问题之日起15个工作日内整改。

银行类保险兼业代理机构自存视听资料、且未向保险公司提供视听资料的，应依照上述要求建立视听资料质检体系，自行开展质检，并将质检结果及时反馈至承保保险公司。

中国保监会对保险电话销售业务质检另有规定的，从其规定。

第十一条 保险公司对符合本办法第六条规定的保险业务开展回访时，回访用语应包括"投保时是否接受了录音录像、录音录像中陈述是否为其真实意思表示"等内容。

第十二条 保险公司省级以上机构、银行类保险兼业代理机构负责视听资料的保存，保险公司其他分支机构、保险专业中介机构、非银行类保险兼业代理机构以及保险销售从业人员不得擅自保存视听资料。

保险公司委托保险中介机构开展电话销售业务，保险中介机构可保存电话销售业务的录音资料，但应向保险公司提供成交保单的完整录音资料。

第十三条 保险公司、银行类保险兼业代理机构应制定视听资料管理办法，明确管理责任，规范调阅程序。视听资料保管期限自保险合同终止之日起计算，保险期间在一年以下的不得少于五年，保险期间超过一年的不得少于十年。如遇消费者投诉、法律诉讼等纠纷，还应至少保存至纠纷结束后二年。

第十四条 保险公司、保险中介机构应严格依照有关法律法规，加强对投保人、被保险人的个人信息保护工作，对录音录像等视听资料内容、电子数据严格保密，不得外泄和擅自复制，严禁将资料用作其他商业用途。

第十五条 保险公司、保险中介机构应建立完善内部控制制度，对未按本办法规定实施销售行为可回溯管理的，应追究直接负责的主管人员和其他直接责任人员的责任。

第十六条 对未按本办法规定实施销售行为可回溯管理的保险公司、保险中介机构，中国保监会及派出机构应依法采取监管措施。

第十七条 本办法由中国保监会负责解释。

第十八条 本办法自2017年11月1日起实施。

中国保险监督管理委员会关于落实《保险销售行为可回溯管理暂行办法》有关事项的通知

· 2017年10月23日
· 保监消保〔2017〕265号

各保监局，各保险公司、保险中介机构：

根据《保险销售行为可回溯管理暂行办法》（保监发〔2017〕54号，以下简称《办法》），人身保险公司销售《办法》第六条规定的保险产品，应对销售过程关键环节以现场同步录音录像的方式予以记录。现就有关录音录像业务规范通知如下：

一、录制时点

各保险公司、保险中介机构实施销售过程现场同步录音录像，应在投保人填写投保单（含电子化投保单）时统一集中录制《办法》第七条规定的全部内容，并由录制系统自动记录本次录音录像发生的时间。

二、明确提示

各保险公司、保险中介机构在征得消费者同意现场同步录音录像后，应明确提示投保人"此次录音录像过程对于今后您维护权益非常关键，请您认真阅读您签署文件的具体内容，如实回答相关问题。如果销售人员向您作出任何与书面文件内容不一致的承诺，建议您与销售人员通过书面形式予以确认，以便更好地维护您的合法权益"。若消费者不同意现场同步录音录像，则保险公司、保险中介机构不能在《办法》第六条规定的渠道销售保险产品。

三、明示身份

保险销售从业人员出示的有效身份证明，一般包括身份证件、工作证件或执业证件，同时保险销售从业人员应明确告知本人所属机构的规范简称。

四、录制要求

保险销售行为现场同步录音录像过程中，保险销售从业人员向投保人履行明确说明义务及投保人作出明确肯定答复时，保险销售从业人员与投保人应同框展示。保险销售从业人员的有效身份证明、投保相关文件资料名称、投保人的签名及抄录的风险提示语句等内容，应在录像中清晰可辨。

五、文件制作

保险销售行为现场同步录音录像应按保单逐份录制，每份保单的录音录像应一次性录制完成并生成独立的录音录像文件。对同一投保人同时销售多份保单的，可一次性录制完成并生成一份录音录像文件，相同用语可以只录制一次，但应确保每份保单的录音录像内容均符合规定。

六、自助终端

利用保险兼业代理机构营业场所内自助终端等设备进行销售时，应在自助终端等设备的初始页面明确提示消费者此次购买保险未经过销售人员营销推介，完全由消费者自主购买，并突出提示"如有销售人员营销推介，应停止自助终端购买操作"，由消费者点击确认。

七、整改要求

保险公司、银行类保险兼业代理机构在质检中发现视听资料不符合《办法》规定和上述要求的，应针对不符合《办法》规定和上述要求的部分进行补录，并在补录后再次进行质检。

本通知与《办法》同步实施，各保险公司、保险中介机构在严格执行的基础上，应根据实际进一步规范销售行为，完善服务措施，不断提升服务水平，切实维护保险消费者合法权益。

附件

保险销售行为现场同步录音录像用语示例

序号	记录项目	保险销售从业人员用语示例
1	征求投保人意见	销售人员：XX 先生/女士，您好！为规范保险销售从业人员的销售行为，也为了更好地保护您的合法权益，根据保监会有关规定，我们将以录音录像方式对我的销售过程关键环节予以记录。请问您是否同意？（若消费者不同意，则本次销售过程终止，销售人员可以建议消费者通过其他渠道投保。）
2	提醒投保人注意	销售人员：需要提醒您的是，此次录音录像过程对于今后您维护权益非常关键，请您认真阅读您签署文件的具体内容，如实回答相关问题。如果销售人员向您作出任何与书面文件内容不一致的承诺，建议您与销售人员通过书面形式予以确认，以便更好地维护您的合法权益。
3	出示有效身份证明、告知本人所属机构的名称	销售人员：我是 XX（机构名称）的 XX（姓名）。这是我的 XX 证件，请您核对。

续表

序号	记录项目		保险销售从业人员用语示例
4	与投保人对话（基本内容）	介绍保险产品信息	销售人员:您所购买的是XX(保险公司名称)的名为XX(产品全称)的保险产品。 【期缴产品】这份保险每XX(年/月)缴费一次,每期保费XX元,缴费期XX(年/月),保险期间XX(年/月)。 【趸缴产品】这份保险是一次性缴费的保险产品,保费XX元,保险期间XX(年/月)。 请问我说清楚了吗?
		告知如实填写投保信息及不如实填写后果	根据《保险法》第十六条,您需要如实告知、填写您的投保信息。投保人故意不履行如实告知义务的,或者投保人因重大过失未履行如实告知义务对保险事故的发生有严重影响的,保险人可能对发生的保险事故不承担赔偿或者给付保险金的责任。前面我在销售过程中已详细询问了您的投保信息,请问您对这些投保信息的真实性可以确认吗?
		说明保险责任	销售人员:我已向您介绍产品条款中规定的保险责任。请问我说清楚了吗?
		说明犹豫期及退保损失	销售人员:自签收保单之日起,您有XX天的犹豫期,如犹豫期内退保,保险公司将退还您所缴全部保费(只收取XX元保单工本费)。但超过犹豫期退保,可能会造成您的资金损失,请您重点关注。请问我说清楚了吗?
5	与投保人对话（特别情形）	销售人身保险新型产品	销售人员:【分红险】这是一份分红型保险产品,保单红利是不确定的,主要取决于保险公司的实际经营状况。请问我说清楚了吗? 【万能险】这是一份万能型保险产品,有最低保证利率(说明具体数字),超过这部分的利益是不确定的,主要取决于保险公司的实际经营情况。另外,我已向您介绍了这款产品的费用扣除项目及扣除比例/金额(逐条说明具体数字)。请问我说清楚了吗? 【投连险】这是一份投资连结型保险产品,投资收益是不确定的,可能会盈利或亏损。另外,我已向您介绍了这款产品条款中规定的费用扣除项目及扣除比例/金额(逐条说明具体数字)。请问我说清楚了吗?
		销售健康保险产品	销售人员:这是一份健康保险产品,我已向您介绍了保险合同观察期的起算时间和对您权益的影响,以及合同指定医疗机构、续保条件和医疗费用补偿原则(逐条说明具体情况)等。请问我说清楚了吗?
		销售以死亡为给付保险金条件的保险产品	销售人员询问被保险人:"您是否同意投保人为您订立本保险合同并认可合同内容?" (投保人与被保险人是同一人的情形,不需要询问)
6	出示投保提示书,并请投保人签字确认。		销售人员:这是投保提示书,为保障您的权益,请您认真阅读并签字确认。
7	出示产品说明书,并请投保人阅读(限人身保险新型产品)		销售人员:这是保险产品说明书,为保障您的权益,请您认真阅读。
8	出示并阅读免除保险人责任条款的书面说明,并请投保人签字确认。		销售人员:根据《保险法》第十七条,我现在向您阅读保险合同中免除保险人责任的条款(销售人员向投保人逐条说明免除保险人责任的条款)。这是免除保险人责任条款的书面说明,为保障您的权益,请您认真阅读并签字确认。
9	出示保险条款和投保单,并请投保人、被保险人签署投保单。		销售人员:这是保险条款和投保单,为保障您的权益,请您认真阅读并签字确认。 【人身保险新型产品】请您抄录投保单风险提示语句并签字确认。

保险中介机构信息化工作监管办法

- 2021年1月5日
- 银保监办发〔2021〕3号

第一章 总 则

第一条 为加强保险中介监管，提高保险中介机构信息化工作与经营管理水平，推动保险中介行业高质量发展，根据《中华人民共和国保险法》《中华人民共和国网络安全法》《保险代理人监管规定》《保险经纪人监管规定》《保险公估人监管规定》等法律、行政法规，制定本办法。

第二条 在中华人民共和国境内依法设立的保险中介机构适用本办法。

第三条 本办法所称保险中介机构，是指保险代理人(不含个人代理人)、保险经纪人和保险公估人，包括法人机构和分支机构。保险代理人(不含个人代理人)包括保险专业代理机构和保险兼业代理机构。

本办法所称保险中介机构信息化工作，是指保险中介机构将计算机、通信、网络等现代信息技术，应用于业务处理、经营管理和内部控制等方面，以持续提高运营效率、优化内部资源配置和提升风险防范水平为目的所开展的工作。其中保险兼业代理机构信息化工作，仅指该机构与保险兼业代理业务相关的信息化工作。

本办法所称信息化突发事件，是指信息系统或信息化基础设施出现故障、受到网络攻击，导致保险中介机构在同一省份的营业网点、电子渠道业务中断3小时以上，或在两个及以上省份的营业网点、电子渠道业务中断30分钟以上；或者因网络欺诈或其它信息安全事件，导致保险中介机构或客户资金损失1000万元以上，或造成重大社会影响；或者保险中介机构丢失或泄露大量重要数据或客户信息等，已经或可能造成重大损失、严重影响。

第四条 保险中介机构信息化工作应当符合中华人民共和国法律、行政法规和中国银行保险监督管理委员会(以下简称银保监会)监管制度要求。

保险中介机构信息化工作要遵循安全性、可靠性和有效性相统一、技术路线与业务发展方向相一致、信息系统与管理需求相匹配的原则。

第五条 保险中介机构是本机构信息化工作的责任主体，保险中介机构法定代表人或主要负责人对本机构信息化工作承担首要责任。

第六条 银保监会及其派出机构依法对保险中介机构信息化工作实施监督管理。

第二章 基本要求

第七条 保险中介机构应履行以下信息化工作职责：

(一)贯彻国家网络安全与信息化工作的法律、行政法规、技术标准和银保监会监管制度。

(二)制定本机构信息化工作规划，确保与总体业务规划相一致。

(三)制定信息化工作制度，建立分工合理、职责明确、报告关系清晰的信息化管理机制。

(四)编制信息化预算，保障信息化工作所需资金。

(五)开展本机构信息化建设，确保完整掌握本机构信息系统和数据的管理权。

(六)制定本机构信息化突发事件应急预案，组织开展应急演练，及时报告、快速响应和处置本机构发生的信息化突发事件。

(七)配合银保监会及其派出机构开展的信息化工作监督检查，如实提供相关文件资料，并按照监管意见进行整改。

(八)开展信息化培训，强化本机构人员的信息化意识、信息安全意识和软件正版化意识。

(九)银保监会规定的其他信息化工作职责。

第八条 保险中介机构应自主开展信息化工作。信息化工作与关联企业(含股东、参股企业、其他关联企业)有关联的，保险中介机构应厘清与关联企业之间的信息化工作职责，各自承担信息安全管理责任。保险中介机构的重要信息化机制、设施及其管理应保持独立完整，与关联企业相关设施有效隔离，严格规范信息系统和数据的访问、使用、转移、复制等行为，不得违规向关联企业泄露保单、个人信息等数据信息。重要信息化机制、设施包括但不限于信息化治理与规划，业务、财务、人员等重要信息系统及其中的数据信息。

信息化事项外包给关联企业的，应按照本办法外包要求实施有效管理。

第九条　保险中介法人机构应指定一名高级管理人员统筹负责法人机构及分支机构的信息化管理工作。

第十条　保险中介法人机构应设置信息化部门或信息化岗位，负责信息化工作的正式工作人员不少于一人。分支机构应有正式工作人员辅助法人机构开展信息化工作。

第十一条　申请开展保险中介业务的法人机构应按照本办法开展信息化建设，并向机构营业执照登记注册地银保监会派出机构报送信息化工作情况报告，报告内容应包括信息化管理机制和制度情况、信息系统满足本办法第十七条要求的情况、信息系统采购合同或知识产权证书等。

设立保险中介机构分支机构，保险中介法人机构或其省级分支机构应向分支机构营业执照登记注册地银保监会派出机构报送法人机构及该分支机构的信息化工作情况报告。

第十二条　保险中介法人机构应加强分支机构信息化管理，除法律、行政法规和银保监会监管制度另有规定外，法人机构与分支机构应使用同一套信息系统。法人机构应督促分支机构及时录入经营数据，通过信息系统对各分支机构的经营情况进行管理与监控。

第十三条　保险中介机构应按监管要求通过保险中介监管相关信息系统及时向银保监会及其派出机构报告监管事项、报送监管数据。

第十四条　保险中介机构发生信息化突发事件的，应按照银保监会信息化突发事件信息报告相关规定在24小时内向机构营业执照登记注册地银保监会派出机构报告信息。特别重大、可能造成严重社会影响的信息化突发事件发生后，保险中介机构应在30分钟内电话报告相关信息、1小时内书面报告信息。

第十五条　保险中介机构应使用正版软件，禁止复制、传播或使用非授权软件。对本机构拥有自主知识产权的信息系统采取有效措施加以保护，切实提高软件正版化意识和知识产权保护意识。

第十六条　保险中介机构应主动跟踪、研究、应用新兴信息技术，在防范风险的前提下积极推进业务创新与服务创新，提升核心竞争力。

第三章　信息系统

第十七条　保险中介法人机构应根据业务规模和发展需要，建立相匹配的业务管理、财务管理和人员管理等信息系统，并符合以下要求：

（一）业务管理系统能够记录并管理业务协议、保险业务详细情况、客户信息、相关凭证和其他业务情况等。

（二）财务管理系统能够记录并管理财务总账、科目明细账、应收应付、会计报表、发票等。

（三）人员管理系统能够记录并管理保险中介从业人员的基本信息、入职离职、用工合同、执业登记、人力薪酬、培训和奖惩等情况。

（四）业务管理、财务管理与人员管理系统的数据能够匹配一致、相互验证。

（五）通过技术手段实现与合作保险公司的系统互通、业务互联、数据对接。

（六）能够生成符合监管要求的数据文件，通过技术手段实现与保险中介监管相关信息系统的数据对接。

（七）能够按照合作机构、分支机构、业务类别、业务渠道、险种、收支口径、区域、时间等维度对机构经营情况进行汇总和分析。

（八）具备用户权限管理功能，能够按照不同角色为用户配置数据的增加、删除、修改和查看权限。

（九）具备日志管理功能，能够记录用户操作行为和操作时间。

（十）遵循国家标准化管理部门和银保监会发布的相关行业标准和技术规范。

第十八条　保险中介机构可采取自主开发、合作开发、定制开发、外包开发和购买云服务等形式建设信息系统。

保险中介机构应充分认识和有效控制信息化建设相关的风险，不论以何种方式建设信息系统，保险中介机构均应遵守本办法、承担信息安全管理责任。

第十九条　采用合作开发、定制开发、外包开发和购买云服务等外包模式建设信息系统的，保险中介机构应识别和分析信息科技外包风险，加强对外包服务商的资质审查，加强对外包服务的风险管理，规范外包合同条款，明确外包范围、责任边界、安全保密和个人信息保护责任，采取有效手段保障数据和信息系统安全且持续可控。保险中介机构应提高自主研发能力，逐步降低对外包服务商的依赖。

第二十条　保险中介机构应按照最少功能、最小权限原则合理确定信息系统访问权限并定期检查核对，确保用户权限与其工作职责相匹配。严格控制系统访问权限，禁止未经授权查看、下载数据。严格控制通过系统后台修改数据，确需修改的要做到事前批准、事中监控和事后留痕。

第二十一条　保险中介机构应通过信息系统全面、准确、完整地记录管理业务、财务和人员等情况，确保信息系统记录管理的数据与真实业务经营情况一致。

保险中介机构应在各保险业务环节发生之日起3个工作日内，将业务明细数据录入信息系统，如同时涉及财务、人员事项应同步完成财务和人员明细数据录入。

第二十二条　保险中介机构开展信息系统投产、变更或数据迁移等工作的，应组织风险评估，编制实施计划，制定系统回退和应急处置方案，开展演练测试和培训，审慎实施，并在实施完成后进行有效性验证。

第四章　信息安全

第二十三条　保险中介机构应建立健全信息安全管理制度，部署实施边界防护、病毒防护、入侵检测、数据备份、灾难恢复等信息安全措施，保障业务持续和数据安全。

第二十四条　保险中介机构应按照国家网络安全等级保护相关规定，合理确定信息系统的安全等级，并按照国家网络安全等级保护相关标准进行防护，获得相应的国家网络安全等级保护认证。

第二十五条　保险中介机构应对重要数据采取保护措施，保障数据在收集、存储、传输、使用、提供、备份、恢复和销毁等过程中的安全，合法使用数据，严防数据泄露、篡改和损毁，保障数据的完整性、保密性和可用性。

保险中介机构应采取可靠措施进行数据存储和备份，定期开展备份数据恢复验证。系统数据应至少保存五年，系统日志应至少保存六个月。

第二十六条　保险中介机构收集、处理和应用数据涉及到个人信息的，应遵循合法、正当、必要的原则，遵守国家相关法律、行政法规，符合与个人信息安全相关的国家标准。

未经允许或授权，保险中介机构不得收集与其提供的服务无关的个人信息；不得违反法律、行政法规和合同约定收集、使用、提供和处理个人信息；不得泄露、篡改个人信息。

第二十七条　保险中介机构应加强对台式计算机、便携式计算机、智能手机、平板电脑、移动存储介质等终端设备的管理，根据法律、行政法规要求和本机构网络安全实际情况对终端设备选择实施登记控制、病毒防护、软件安装与卸载管理、移动存储介质管理、固定资产管理、网络准入、违规监测等安全措施。

第二十八条　保险中介机构应经常开展信息化培训、信息安全培训和保密教育，与员工签订信息安全和保密协议，督促员工履行与其工作岗位相应的信息安全和保密职责。

第五章　监督管理

第二十九条　银保监会在有效防范保险中介市场风险、维护信息安全的基础上，建立健全符合保险中介行业发展特点的信息化监管机制，引导保险中介机构不断提高信息化工作水平，推动保险公司与中介机构系统对接，营造透明、规范、高效的市场环境，促进保险中介行业高质量发展。

第三十条　银保监会负责制定保险中介机构信息化工作监管制度，授权各派出机构开展保险中介机构信息化工作日常监管、指导与检查。

银保监会及其派出机构应加强风险识别、评估和预警，合理分配资源，统筹监管联动，有序开展监管工作。

第三十一条　银保监会及其派出机构应审查保险中介机构信息化工作。

保险中介机构信息化工作不符合本办法要求的，视为不符合《保险代理人监管规定》第七条、第十二条、第十八条，《保险经纪人监管规定》第七条、第十六条，《保险公估人监管规定》第十六条、第十八条等相关条件，不得经营保险中介业务。

第三十二条　银保监会及其派出机构重点对存在下列情形的保险中介机构进行信息化工作检查：

（一）信息化工作存在重大安全隐患或不符合本办法要求的。

（二）发生信息化突发事件的。

（三）违反银保监会信息化突发事件信息报告相关规定的。

（四）对严重信息安全隐患未采取整改措施或

整改不力的。

（五）恶意对信息系统或数据进行篡改、删除或关闭，逃避监督检查的。

（六）违规收集、使用、提供和处理个人信息或泄露、篡改个人信息的。

（七）向银保监会及其派出机构报送数据、报表、报告，存在误报、漏报、错报、迟报等行为的。

（八）银保监会及其派出机构认为有必要进行信息化工作检查的其他情形。

第三十三条 银保监会及其派出机构依据法律、行政法规和相关规定，对违反本办法的保险中介机构采取监管措施或实施行政处罚，并追究相关人员责任。

第六章 附 则

第三十四条 保险中介机构应按照本办法进行信息化工作自查，在本办法实施之日起一年内完成整改。完成整改后，保险中介机构法人机构将信息化工作情况报告报送至机构营业执照登记注册地银保监会派出机构。

第三十五条 本办法由银保监会负责解释和修订。

第三十六条 本办法自2021年2月1日起施行，《关于加强保险中介机构信息化建设的通知》（保监发〔2007〕28号）同时废止。

八、稽查

中国银保监会行政处罚办法

- 2020年6月15日中国银行保险监督管理委员会令2020年第8号公布
- 自2020年8月1日起施行

第一章 总 则

第一条 为规范中国银行保险监督管理委员会(以下简称银保监会)及其派出机构行政处罚行为,维护银行业保险业市场秩序,根据《中华人民共和国行政处罚法》《中华人民共和国银行业监督管理法》《中华人民共和国商业银行法》《中华人民共和国保险法》等相关法律,制定本办法。

第二条 银行保险机构、其他单位和个人(以下简称当事人)违反法律、行政法规和银行保险监管规定,银保监会及其派出机构依法给予行政处罚的,按照本办法实施。法律、行政法规另有规定的除外。

第三条 本办法所指的行政处罚包括:
(一)警告;
(二)罚款;
(三)没收违法所得;
(四)责令停业整顿;
(五)吊销金融、业务许可证;
(六)取消、撤销任职资格;
(七)限制保险业机构业务范围;
(八)责令保险业机构停止接受新业务;
(九)撤销外国银行代表处、撤销外国保险机构驻华代表机构;
(十)要求撤换外国银行首席代表、责令撤换外国保险机构驻华代表机构的首席代表;
(十一)禁止从事银行业工作或者禁止进入保险业;
(十二)法律、行政法规规定的其他行政处罚。

第四条 银保监会及其派出机构实施行政处罚,应当遵循以下原则:

(一)公平、公正、公开;
(二)程序合法;
(三)过罚相当;
(四)维护当事人的合法权益;
(五)处罚与教育相结合。

第五条 银保监会及其派出机构实行立案调查、审理和决定相分离的行政处罚制度,设立行政处罚委员会。

行政处罚委员会下设办公室,行政处罚委员会办公室设在银保监会及其派出机构的法律部门;暂未设立法律部门的,由相关部门履行其职责。

第六条 银保监会及其派出机构在处罚银行保险机构时,依法对相关责任人员采取责令纪律处分、行政处罚等方式追究法律责任。

第七条 当事人有下列情形之一的,应当依法从轻或者减轻行政处罚:
(一)主动消除或者减轻违法行为危害后果的;
(二)受他人胁迫有违法行为的;
(三)配合行政机关查处违法行为有立功表现的;
(四)其他依法从轻或者减轻行政处罚的。
违法行为轻微并及时纠正,没有造成危害后果的,不予行政处罚。

第八条 当事人有下列情形之一的,依法从重处罚:
(一)屡查屡犯的;
(二)不配合监管执法的;
(三)危害后果严重,造成较为恶劣社会影响的;
(四)其他依法从重行政处罚的情形。

第九条 银保监会及其派出机构参与行政处罚的工作人员有下列情形之一的,本人应当申请回避,当事人及其代理人也有权申请其回避:
(一)是案件当事人或其代理人的近亲属的;
(二)与案件有直接利害关系的;
(三)与案件当事人或其代理人有其他关系,

可能影响案件公正处理的；

（四）根据法律、行政法规或者其他规定应当回避的。

当事人及其代理人提出回避申请的，应当说明理由。回避决定作出前，有关工作人员应当暂停对案件的调查审理，有特殊情况的除外。

第十条 案件调查人员及审理人员的回避由相关人员所在部门负责人决定，行政处罚委员会委员的回避由主任委员决定；主任委员的回避由所在银行保险监督管理机构的主要负责人决定，主要负责人担任主任委员的，其是否回避由上一级机构决定。

第十一条 当事人对银保监会及其派出机构作出的行政处罚，享有陈述权和申辩权。对行政处罚决定不服的，有权依法申请行政复议或者提起行政诉讼。

当事人提出的事实、理由和证据成立的，银保监会及其派出机构应当予以采纳，不得因当事人申辩而加重处罚。

第十二条 银保监会及其派出机构参与行政处罚的工作人员应当保守案件查办中获悉的国家秘密、商业秘密和个人隐私。

第二章 管 辖

第十三条 银保监会对下列违法行为给予行政处罚：

（一）直接监管的银行业法人机构及其从业人员实施的；

（二）直接监管的保险业法人机构及其从业人员实施的；

（三）其他应由银保监会给予行政处罚的违法行为。

第十四条 派出机构负责对辖区内的下列违法行为给予行政处罚：

（一）直接监管的银行业法人机构及其从业人员实施的；

（二）银行业法人机构的分支机构及其从业人员实施的；

（三）保险公司分支机构及其从业人员实施的；

（四）保险中介机构及其从业人员实施的；

（五）非法设立保险业机构，非法经营保险业务的；

（六）其他应由派出机构给予行政处罚的违法行为。

第十五条 异地实施违法行为的，由违法行为发生地的派出机构管辖。行为发生地的派出机构应当及时通知行为主体所在地的派出机构，行为主体所在地的派出机构应当积极配合违法行为的查处。

违法行为发生地的派出机构认为不宜行使管辖权的，可以移交行为主体所在地的派出机构管辖。

违法行为发生地的派出机构或行为主体所在地的派出机构作出行政处罚决定前可以征求对方意见，并应当书面告知处罚结果。

第十六条 因交叉检查（调查）或者跨区域检查（调查）发现违法行为需要给予行政处罚的，应当提请有管辖权的监督管理机构立案查处，并及时移交相关证据材料。

第十七条 派出机构发现不属于自己管辖的违法行为的，应当移送有管辖权的派出机构。两个以上派出机构对同一违法行为都有管辖权的，由最先立案的派出机构管辖。

对管辖权不明确或者有争议的，应当报请共同的上一级机构指定管辖。

第十八条 上级机构可以直接查处应由下级机构负责查处的违法行为，可以授权下级机构查处应由其负责查处的违法行为，也可以授权下级机构查处应由其他下级机构负责查处的违法行为。

授权管辖的，应当出具书面授权文件。

第十九条 派出机构管辖的电话销售保险违法行为，原则上按照下列要求确定具体管辖地：

（一）在对电话销售业务日常监管中发现的违法行为，由呼出地派出机构查处；

（二）在投诉、举报等工作中发现的违法行为，由投保人住所地派出机构查处，经与呼出地派出机构协商一致，也可以由呼出地派出机构查处。

第二十条 吊销银行业机构金融许可证的行政处罚案件，由颁发该金融许可证的监督管理机构管辖，处罚决定抄送批准该机构筹建的监督管理机构及银保监会相关部门。

责令银行业机构停业整顿的行政处罚案件，由批准该银行业机构开业的监督管理机构管辖，处罚决定抄送批准该机构筹建的监督管理机构及银保监会相关部门。

第三章 立案调查

第二十一条 银保监会及其派出机构发现当事人涉嫌违反法律、行政法规和银行保险监管规定，依法应当给予行政处罚且有管辖权的，应当予以立案。

第二十二条 立案应当由立案调查部门填写行政处罚立案审批表，由分管立案调查部门的负责人批准。

立案调查部门应当在立案之日起九十日以内完成调查工作。有特殊情况的，可以适当延长。

第二十三条 调查人员应当对案件事实进行全面、客观、公正的调查，并依法充分收集证据。

行政处罚立案前通过现场检查、调查、信访核查等方式依法获取的证明材料符合行政处罚证据要求的，可以作为行政处罚案件的证据，但应当在调查报告中载明上述情况。

第二十四条 在证据可能灭失或者以后难以取得的情况下，可以采取先行登记保存措施。采取先行登记保存措施，应当填写先行登记保存证据审批表，并由银保监会负责人或者派出机构负责人批准。

第二十五条 先行登记保存证据的，应当签发先行登记保存证据通知书，填写先行登记保存证据清单，由当事人签字或者盖章确认，并加封银保监会或者派出机构先行登记保存封条，就地由当事人保存。

登记保存证据期间，当事人或者有关人员不得损毁、销毁或者转移证据。对于先行登记保存的证据，应当在七日以内作出处理决定。

第二十六条 调查人员进行案件调查时不得少于二人，并应当向当事人或者有关单位和个人出示合法证件和调查（现场检查）通知书。

第二十七条 需要银保监会派出机构协助调查的，调查机构应当出具协助调查函。协助机构应当在调查机构要求的期限内完成调查。需要延期的，协助机构应当及时告知调查机构。

第二十八条 当事人违法行为不属于银保监会及其派出机构管辖的，立案调查部门应当依法及时向有关部门移送处理。

当事人违法行为涉嫌犯罪的，立案调查部门应当依照有关规定及时移送司法机关或者纪检监察机关。

第二十九条 立案调查部门在调查银行保险机构违法行为时，应当对相关责任人员的违法行为及其责任一并进行调查认定。

第三十条 调查终结后，立案调查部门应当制作调查报告。调查报告应当载明以下事项：

（一）案件来源；

（二）当事人的基本情况；

（三）调查取证过程；

（四）机构违法事实和相关证据；

（五）相关责任人员的违法事实、相关证据以及责任认定情况；

（六）行政处罚时效情况；

（七）当事人的陈述意见、采纳情况及理由；

（八）违法行为造成的风险、损失以及违法所得情况；

（九）从重、从轻、减轻的情形及理由；

（十）行政处罚建议、理由及依据。

第四章 取 证

第三十一条 行政处罚证据包括：

（一）书证；

（二）物证；

（三）视听资料；

（四）电子数据；

（五）证人证言；

（六）当事人陈述；

（七）鉴定意见；

（八）勘验笔录、现场笔录；

（九）法律、行政法规规定的其他证据。

第三十二条 调查人员应当全面收集当事人违法行为及其情节轻重的有关证据，证据应当符合以下要求：

（一）与被证明事实具有关联性；

（二）能够真实、客观反映被证明事实；

（三）收集证据行为符合法定程序。

第三十三条 调查人员收集书证，应当符合下列要求：

（一）收集书证的原件，收集原件确有困难的，可以收集与原件核对无误的复印件、扫描件、翻拍件、节录本等复制件；

（二）复印件、扫描件、翻拍件、节录本等复制件应当注明提供日期、出处，由提供者载明"与原件核对一致"，加盖单位公章或由提供者签章，页数较多的可以加盖骑缝章；

（三）收集报表、会计账册、专业技术资料等书证，应当说明具体证明事项。

第三十四条 调查人员收集物证时，应当收集原物。收集原物确有困难的，可以收集与原物核对无误的复制件或证明该物证的照片、录像等其他证据，但是应当附有制作过程、时间、制作人等情况的相关说明。

第三十五条 调查人员提取视听资料应当符合下列要求：

（一）提取视听资料的原始载体，提取原始载体有困难的，可以提取复制件，但是应附有制作过程、时间、制作人等内容的说明，并由原始载体持有人签字或者盖章；

（二）视听资料应当附有声音内容的文字记录。提取视听资料应当注明提取人、提取出处、提取时间和证明对象等。

第三十六条 调查人员可以直接提取电子计算机管理业务数据库中的数据，也可以采用转换、计算、分解等方式形成新的电子数据。调查人员收集电子数据，应当提取电子数据原始载体，并附有数据内容、收集时间和地点、收集过程、收集方法、收集人、证明对象等情况的说明，由原始数据持有人签名或者盖章。

无法提取原始载体或者提取确有困难的，可以提供电子数据复制件，但是应当附有复制过程、复制人、原始载体存放地点等情况的说明。

第三十七条 调查人员可以询问当事人或有关人员，询问应当分别进行，询问前应当告知其有如实陈述事实、提供证据的义务。

询问应当制作调查笔录，调查笔录应当交被询问人核对，对没有阅读能力的，应当向其宣读；笔录如有差错、遗漏，应当允许其更正或者补充，更正或补充部分由被询问人签字或盖章确认；经核对无误后，调查人员应当在笔录上签名，被询问人逐页签名或者盖章；被询问人拒绝签名或者盖章的，调查人员应当在笔录上注明。

第三十八条 当事人或有关人员拒绝接受调查、拒绝提供有关证据材料或者拒绝在证据材料上签名、盖章的，调查人员应当在调查笔录上载明或以录音、录像等视听资料加以证明。必要时，调查人员可以邀请无利害关系的第三方作为见证人。

通过上述方式获取的材料可以作为认定相关事实的证据。

第三十九条 调查人员对涉嫌违法的物品进行现场勘验时，应当有当事人在场，并制作现场勘验笔录；当事人拒绝到场的，应当在现场勘验笔录中注明。

第四十条 抽样取证，应当开具物品清单，由调查人员和当事人签名或者盖章。

第四十一条 现场检查事实确认书记载的有关违法事实，当事人予以确认的，可以作为认定违法事实的证据。现场检查事实确认书应当有相关检查取证材料作为佐证。

第四十二条 对司法机关或者其他行政执法机关保存、公布、移送的证据材料，符合证据要求的，可以作为行政处罚的证据。

第四十三条 调查人员应当制作证据目录，包括证据材料的序号、名称、证明目的、证据来源、证据形式、页码等。

第四十四条 其他有关收集和审查证据的要求，本办法没有规定的，可以按照其他法律、行政法规、规章规定或者参照有关司法解释规定执行。

第五章 审 理

第四十五条 立案调查结束后，需要移送行政处罚委员会的，由立案调查部门提出处罚建议，将案件材料移交行政处罚委员会办公室。

其他案件由立案调查部门根据查审分离的原则，指派调查人员以外的工作人员进行审理，审理程序参照本章规定执行。行政处罚委员会办公室在立案调查部门认定的违法事实基础上，就处罚依据、处罚种类法律适用问题进行审核。

第四十六条 立案调查部门移交行政处罚委员会办公室的案件材料应当包括：

（一）立案审批表；

（二）调查（现场检查）通知等文书；

（三）案件调查报告书；

（四）证据、证据目录及相关说明；

（五）当事人的反馈材料；

（六）拟被处罚机构负责法律文书接收工作的联系人、联系方式；

（七）当事人送达地址确认书；

（八）移交审理表；

（九）其他必要材料。

第四十七条　立案调查部门移交审理的案件材料应当符合下列标准：

（一）材料齐全、内容完整、装订整齐、页码连续；

（二）证据目录格式规范、证据说明清晰、证据材料与违法事实内容一致；

（三）证据应当是原件，不能提供原件的，复制件应与原件一致。

立案调查部门对送审材料的真实性、准确性、完整性，以及执法的事实、证据、程序的合法性负责。

第四十八条　行政处罚委员会办公室收到立案调查部门移交的案件材料后，应当在三个工作日以内进行审查并作出是否接收的决定。

符合规定标准的，行政处罚委员会办公室应当办理接收手续，注明案件接收日期和案卷材料等有关情况。不符合接收标准的，应当退回立案调查部门并说明理由。

第四十九条　行政处罚委员会办公室接收案件材料后，应当基于调查报告载明的违法事实和责任人员，从调查程序、处罚时效、证据采信、事实认定、行为定性、处罚种类与幅度等方面进行审理，对案件审理意见负责。

第五十条　有下列情形之一的，行政处罚委员会办公室应当请立案调查部门书面说明或者退回补充调查：

（一）违法事实不清的；

（二）证据不足或不符合要求的；

（三）责任主体认定不清的；

（四）调查取证程序违法的；

（五）处罚建议不明确或明显不当的。

第五十一条　行政处罚委员会办公室应当自正式接收案件之日起九十日以内完成案件审理，形成审理报告提交行政处罚委员会审议。有特殊情况的，可以适当延长。

立案调查部门根据办公室意见需要补充材料的，自办公室收到完整补充材料之日起重新计算审理期限。

审理报告主要内容应当包括：

（一）当事人的基本情况；

（二）当事人违法事实与有关人员责任认定情况；

（三）拟处罚意见、理由和依据。

审理报告可以对调查报告载明的违法事实认定、行为定性、量罚依据、处罚幅度或种类等事项提出调整或者变更的意见或建议。

第六章　审　议

第五十二条　行政处罚委员会审议会议应当以审理报告为基础对案件进行审议，审议的主要内容包括：

（一）程序是否合法；

（二）事实是否清楚、证据是否确凿；

（三）行为定性是否准确；

（四）责任认定是否适当；

（五）量罚依据是否正确；

（六）处罚种类与幅度是否适当。

第五十三条　行政处罚委员会审议会议由主任委员主持，每次参加审议会议的委员不得少于全体委员的三分之二。

第五十四条　参会委员应当以事实为依据，以法律为准绳，坚持专业判断，发表独立、客观、公正的审议意见。

第五十五条　行政处罚委员会审议会议采取记名投票方式，各委员对审理意见进行投票表决，全体委员超过半数同意的，按照审理意见作出决议，会议主持人当场宣布投票结果。

参会委员应当积极履行职责，不得投弃权票。

第五十六条　行政处罚委员会审议案件，可以咨询与案件无利益冲突的有关法官、律师、学者或专家的专业意见。

第七章　权利告知与听证

第五十七条　银保监会及其派出机构拟作出行政处罚决定的，应当制作行政处罚事先告知书，告知当事人拟作出行政处罚决定的事实、理由及依据，并告知当事人有权进行陈述和申辩。

第五十八条　行政处罚事先告知书应当载明下列内容：

（一）拟被处罚当事人的基本情况；

（二）拟被处罚当事人违法事实和相关证据；

（三）拟作出处罚的理由、依据；

（四）拟作出处罚的种类和幅度；

（五）当事人享有的陈述、申辩或者听证权利；

（六）拟作出处罚决定的机构名称、印章和日期。

第五十九条　当事人需要陈述和申辩的,应当自收到行政处罚事先告知书之日起十个工作日以内将陈述和申辩的书面材料提交拟作出处罚的银保监会或其派出机构。当事人逾期未行使陈述权、申辩权的,视为放弃权利。

第六十条　银保监会及其派出机构拟作出以下行政处罚决定前,应当在行政处罚事先告知书中告知当事人有要求举行听证的权利:

(一)作出较大数额的罚款;

(二)没收较大数额的违法所得;

(三)限制保险业机构业务范围、责令停止接受新业务;

(四)责令停业整顿;

(五)吊销金融、业务许可证;

(六)取消、撤销任职资格;

(七)撤销外国银行代表处、撤销外国保险机构驻华代表机构或要求撤换外国银行首席代表、责令撤换外国保险机构驻华代表机构的首席代表;

(八)禁止从事银行业工作或者禁止进入保险业。

前款所称较大数额的罚款是指:

(一)银保监会对实施银行业违法行为的单位作出的五百万元以上(不含本数,下同)罚款、对实施银行业违法行为的个人作出的五十万元以上罚款,对实施保险业违法行为的单位作出的一百五十万元以上罚款,对实施保险业违法行为的个人作出的十万元以上罚款;

(二)银保监局对实施银行业违法行为的单位作出的三百万元以上罚款、对实施银行业违法行为的个人作出的三十万元以上罚款,对实施保险业违法行为的单位作出的五十万元以上罚款、对实施保险业违法行为的个人作出的七万元以上罚款;

(三)银保监分局对实施银行业违法行为的单位作出的一百万元以上罚款、对实施银行业违法行为的个人作出的十万元以上罚款,对实施保险业违法行为的单位作出的三十万元以上罚款、对实施保险业违法行为的个人作出的五万元以上罚款。

本条第一款所称没收较大数额的违法所得是指银保监会作出的没收五百万元以上违法所得,银保监局作出的没收一百万元以上违法所得,银保监分局作出的没收五十万元以上违法所得。

第六十一条　当事人申请听证的,应当自收到行政处罚事先告知书之日起五个工作日以内,向银保监会或其派出机构提交经本人签字或盖章的听证申请书。听证申请书中应当载明下列内容:

(一)申请人的基本情况;

(二)具体的听证请求;

(三)申请听证的主要事实、理由和证据;

(四)申请日期和申请人签章。

当事人逾期不提出申请的,视为放弃听证权利。

当事人对违法事实有异议的,应当在提起听证申请时提交相关证据材料。

第六十二条　银保监会或者派出机构收到听证申请后,应依法进行审查,符合听证条件的,应当组织举行听证,并在举行听证七个工作日前,书面通知当事人举行听证的时间、地点。

第六十三条　行政处罚委员会办公室可以成立至少由三人组成的听证组进行听证。其中,听证主持人由行政处罚委员会办公室主任或其指定的人员担任,听证组其他成员由行政处罚委员会办公室的工作人员或者其他相关人员担任。

听证组应当指定专人作为记录员。

第六十四条　听证主持人履行下列职责:

(一)主持听证会,维持听证秩序;

(二)询问听证参加人;

(三)决定听证的延期、中止或终止;

(四)法律、行政法规和规章赋予的其他职权。

第六十五条　当事人在听证中享有下列权利:

(一)使用本民族的语言文字参加听证;

(二)申请不公开听证;

(三)申请回避;

(四)参加听证或者委托代理人参加听证;

(五)就听证事项进行陈述、申辩和举证、质证;

(六)听证结束前进行最后陈述;

(七)核对听证笔录;

(八)依法享有的其他权利。

第六十六条　当事人和其他听证参加人应当承担下列义务:

(一)按时参加听证;

(二)依法举证和质证;
(三)如实陈述和回答询问;
(四)遵守听证纪律;
(五)在核对无误的听证笔录上签名或盖章。

第六十七条 当事人可以委托一至二名代理人参加听证。

第六十八条 代理人参加听证的,应当提交授权委托书、委托人及代理人身份证明等相关材料。授权委托书应当载明如下事项:
(一)委托人及其代理人的基本情况;
(二)代理人的代理权限;
(三)委托日期及委托人签章。

第六十九条 调查人员应当参加听证,提出当事人违法的事实、证据和行政处罚建议,并进行质证。

第七十条 需要证人、鉴定人、勘验人、翻译人员等参加听证的,调查人员、当事人应当提出申请,并提供相关人员的基本情况。经听证主持人同意,方可参加听证。

证人、鉴定人、勘验人不能亲自到场作证的,调查人员、当事人或其代理人可以提交相关书面材料,并当场宣读。

第七十一条 听证应当公开举行,但涉及国家秘密、商业秘密、个人隐私或影响金融稳定的除外。听证不公开举行的,应当由银保监会及其派出机构行政处罚委员会主任委员决定。

第七十二条 听证公开举行的,银保监会或者派出机构应当通过张贴纸质公告、网上公示等适当方式先期公告当事人姓名或者名称、案由、听证时间和地点。

公民、法人或者非法人组织可以申请参加旁听公开举行的听证;银保监会或其派出机构可以根据场地等条件,确定旁听人数。

第七十三条 听证开始前,记录员应当查明听证当事人和其他听证参加人是否到场,并宣布听证纪律。

对违反听证纪律的,听证主持人有权予以制止;情节严重的,责令其退场。

第七十四条 听证应当按照下列程序进行:
(一)听证主持人宣布听证开始,宣布案由;
(二)听证主持人核对听证参加人身份,宣布听证主持人、听证组成员、听证记录员名单,告知听证参加人在听证中的权利义务,询问当事人是否申请回避;
(三)案件调查人员陈述当事人违法的事实、证据、行政处罚的依据和建议等;
(四)当事人及其代理人就调查人员提出的违法事实、证据、行政处罚的依据和建议进行申辩,并可以出示无违法事实、违法事实较轻或者减轻、免除行政处罚的证据材料;
(五)经听证主持人允许,案件调查人员和当事人可以就有关证据相互质证,也可以向到场的证人、鉴定人、勘验人发问;
(六)当事人、案件调查人员作最后陈述;
(七)听证主持人宣布听证结束。

第七十五条 记录员应当制作听证笔录,听证笔录当场完成的,应当交由当事人核对;当事人核对无误后,应当逐页签名或盖章。

当事人认为听证笔录有差错、遗漏的,可以当场更正或补充;听证笔录不能当场完成的,听证主持人应指定日期和场所核对。

当事人拒绝在听证笔录上签名或盖章的,记录员应当在听证笔录中注明,并由听证主持人签名确认。

第七十六条 出现下列情形的,可以延期或者中止举行听证:
(一)当事人或其代理人因不可抗拒的事由无法参加听证的;
(二)当事人或其代理人在听证会上提出回避申请的;
(三)需要通知新的证人到场,调取新的证据,需要重新鉴定、调查,需要补充调查的;
(四)其他应当延期或者中止听证的情形。

第七十七条 延期、中止听证的情形消失后,应当恢复听证,并将听证的时间、地点通知听证参加人。

第七十八条 出现下列情形之一的,应当终止听证:
(一)当事人撤回听证要求的;
(二)当事人无正当理由不参加听证,或者未经听证主持人允许中途退场的;
(三)其他应当终止听证的情形。

当事人撤回听证要求的,听证记录员应当在听证笔录上记明,并由当事人签名或者盖章。

第七十九条 银保监会及其派出机构应当对当事人陈述、申辩或者听证意见进行研究。需要补充调查的，进行补充调查。

第八十条　采纳当事人陈述、申辩或者听证意见，对拟处罚决定作出重大调整的，应当重新对当事人进行行政处罚事先告知。

第八章　决定与执行

第八十一条　银保监会及其派出机构应当根据案件审理审议情况和当事人陈述、申辩情况，以及听证情况拟定行政处罚决定书。

第八十二条　行政处罚决定书应当载明下列内容：

（一）当事人的基本情况；

（二）违法事实和相关证据；

（三）处罚的依据、种类、幅度；

（四）处罚的履行方式和期限；

（五）申请行政复议或者提起行政诉讼的途径和期限；

（六）作出处罚决定的机构名称、印章和日期。

第八十三条　银保监会及其派出机构送达行政处罚决定书等行政处罚法律文书时，应当附送达回证，由受送达人在送达回证上记明收到日期，并签名或者盖章。

受送达人被羁押、留置的，可以通过采取相关措施的机关转交行政处罚法律文书，确保行政处罚程序正常进行。

送达的具体程序本办法没有规定的，参照民事诉讼法的有关规定执行。

第八十四条　行政处罚决定作出后，应当报送相应纪检监察部门，并按要求将相关责任人被处罚情况通报有关组织部门。涉及罚款或者没收违法所得的，同时将行政处罚决定抄送财会部门。

第八十五条　作出取消、撤销相关责任人员任职资格处罚的，应当将行政处罚决定书抄送核准其任职资格的监督管理机构和其所属的银行保险机构。

第八十六条　作出禁止从事银行业工作或者禁止进入保险业处罚的，应当将行政处罚决定书抄送被处罚责任人所属的银行保险机构。

第八十七条　银保监会及其派出机构作出的罚款、没收违法所得行政处罚决定，当事人应当自收到行政处罚决定书之日起十五日以内缴款。银保监会及其派出机构和执法人员不得自行收缴罚款。

第八十八条　银保监会及其派出机构作出停业整顿或者吊销金融、业务许可证行政处罚的，应当在银保监会官方网站或具有较大影响力的全国性媒体上公告，公告内容包括：

（一）银行保险机构的名称、地址；

（二）行政处罚决定、理由和法律依据；

（三）其他需要公告的事项。

第八十九条　立案调查部门负责行政处罚决定的监督执行。

第九十条　当事人确有经济困难，需要延期或者分期缴纳罚款的，经当事人申请，由分管立案调查部门的负责人批准，可以暂缓或者分期缴纳。

第九十一条　当事人逾期不履行行政处罚决定的，作出行政处罚决定的机构可以采取下列措施：

（一）到期不缴纳罚款的，每日按照罚款数额的百分之三加处罚款；

（二）经依法催告后当事人仍未履行义务的，申请人民法院强制执行；

（三）法律、行政法规规定的其他措施。

加处罚款的数额不得超出罚款数额。

第九十二条　行政处罚案件材料应当按照有关法律法规和档案管理规定归档保存。

第九十三条　银保监会及其派出机构应当按照规定在官方网站上公开行政处罚有关信息。

第九十四条　当事人对行政处罚决定不服的，可以在收到行政处罚决定书之日起六十日以内申请行政复议，也可以在收到行政处罚决定书之日起六个月以内直接向有管辖权的人民法院提起行政诉讼。

行政处罚委员会审议并作出处罚决定的案件，当事人申请行政复议或者提起行政诉讼的，法律部门应当做好复议答辩和应诉工作，立案调查部门予以配合。

无需移送行政处罚委员会的案件，当事人申请行政复议或者提起行政诉讼的，立案调查部门应当做好复议答辩和应诉工作，法律部门予以配合。

第九章　法律责任

第九十五条　对于滥用职权、徇私舞弊、玩忽职守、擅自改变行政处罚决定种类和幅度等严重违反行政处罚工作纪律的人员，依法给予行政处分;涉嫌犯罪的,依法移送纪检监察机关处理。

第九十六条 银保监会及其派出机构违法实施行政处罚给当事人造成损害的,应当依法予以赔偿。对有关责任人员应当依法给予行政处分;涉嫌犯罪的,依法移送纪检监察机关处理。

第九十七条 银保监会及其派出机构工作人员在行政处罚过程中,利用职务便利索取或者收受他人财物、收缴罚款据为己有的,依法给予行政处分;涉嫌犯罪的,依法移送纪检监察机关处理。

第十章 附 则

第九十八条 银保监会及其派出机构应当为行政处罚工作提供必要的人力资源与财务经费保障。

第九十九条 银保监会建立行政处罚信息管理系统,加强行政处罚统计分析工作。

银保监会及其派出机构应当按照规定及时将行政处罚决定书等有关行政处罚信息录入行政处罚信息管理系统。必要时可向有关部门和机构披露银行保险机构和从业人员的处罚情况。

第一百条 本办法所称银行业机构,是指依法设立的商业银行、农村合作银行、农村信用社、村镇银行等吸收公众存款的金融机构和政策性银行,金融资产管理公司、信托公司、企业集团财务公司、金融租赁公司、汽车金融公司、消费金融公司,以及经银保监会及其派出机构批准设立的其他银行业机构。

本办法所称保险业机构,是指依法设立的保险集团(控股)公司、保险公司、保险资产管理公司、保险代理机构、保险经纪机构、保险公估机构、外国保险机构驻华代表机构,以及经银保监会及其派出机构批准设立的其他保险业机构。

第一百零一条 本办法所称"以内"皆包括本数或者本级。

第一百零二条 执行本办法所需要的法律文书式样,由银保监会制定。银保监会没有制定式样,执法工作中需要的其他法律文书,银保监局可以制定式样。

第一百零三条 本办法由银保监会负责解释。

第一百零四条 本办法自 2020 年 8 月 1 日起施行,《中国银监会行政处罚办法》(中国银监会令 2015 年第 8 号)、《中国保险监督管理委员会行政处罚程序规定》(中国保监会令 2017 年第 1 号)同时废止。

中国保险监督管理委员会行政复议办法

· 2010 年 1 月 6 日中国保险监督管理委员会令 2010 年第 1 号公布
· 自 2010 年 3 月 1 日起施行

第一章 总 则

第一条 为了防止和纠正违法的或者不当的具体行政行为,保护公民、法人和其他组织的合法权益,保障和监督中国保险监督管理委员会(以下简称"中国保监会")及中国保监会派出机构(以下简称"派出机构")依法行使职权,根据《中华人民共和国保险法》(以下简称"保险法")、《中华人民共和国行政复议法》(以下简称"行政复议法")、《中华人民共和国行政复议法实施条例》(以下简称"行政复议实施条例")等有关法律、行政法规,制定本办法。

第二条 公民、法人或者其他组织认为中国保监会或者其派出机构的具体行政行为侵犯其合法权益的,可以依照法律、行政法规和本办法的规定向中国保监会申请行政复议。

中国保监会作为行政复议机关,依照法律、行政法规和本办法的规定受理行政复议申请,对中国保监会或者其派出机构的具体行政行为进行审查,作出行政复议决定。

第三条 中国保监会负责法制工作的机构作为中国保监会的行政复议机构,具体办理行政复议事项,履行下列职责:

(一)受理行政复议申请;

(二)向有关组织和人员调查取证,查阅文件和资料;

(三)审查申请行政复议的具体行政行为是否合法与适当,拟订行政复议决定;

(四)处理或者转送对本办法第七条所列有关规定的审查申请;

(五)办理行政复议统计和重大行政复议决定备案事项;

(六)对违反本办法规定的行为依照规定的权

限和程序提出处理建议；

（七）督促行政复议决定的执行；

（八）法律、行政法规和中国保监会规章规定的其他职责。

第四条 中国保监会履行行政复议职责，应当遵循合法、公正、公开、及时、便民的原则，坚持有错必纠，保障法律、法规的正确实施。

第二章 行政复议范围

第五条 公民、法人或者其他组织对中国保监会或者其派出机构作出的、属于行政复议法第六条规定的具体行政行为不服，可以向中国保监会申请行政复议。

第六条 对中国保监会或者其派出机构的下列行为不能申请行政复议：

（一）对其工作人员作出的行政处分或者其他人事处理决定；

（二）不具有强制力的行政指导行为；

（三）对公民、法人或者其他组织的权利义务不产生实际影响的行为。

第七条 公民、法人或者其他组织认为中国保监会或者其派出机构的具体行政行为所依据的规定不合法，在对具体行政行为申请行政复议时，可以一并向中国保监会提出对该规定的审查申请；申请人在对具体行政行为提出行政复议申请时，尚不知道该具体行政行为所依据的规定的，可以在中国保监会作出行政复议决定前向中国保监会提出对该规定的审查申请。

前款规定不适用于规章。规章的审查依照法律、行政法规办理。

第三章 行政复议申请

第八条 公民、法人或者其他组织认为中国保监会或者其派出机构的具体行政行为侵犯其合法权益的，可以自知道该具体行政行为之日起六十日内提出行政复议申请。法律规定的申请期限超过六十日的除外。

因不可抗力或者其他正当理由耽误法定申请期限的，经行政复议机构依法审查属实，申请期限自障碍消除之日起继续计算。

第九条 依照本办法申请行政复议的公民、法人或者其他组织是行政复议申请人。

有权申请行政复议的公民死亡的，其近亲属可以申请行政复议。

有权申请行政复议的公民为无民事行为能力人或者限制民事行为能力人的，其法定代理人可以代为申请行政复议。

有权申请行政复议的法人或者其他组织终止的，承受其权利的法人或者其他组织可以申请行政复议。

第十条 合伙企业申请行政复议的，应当以核准登记的企业为申请人，由执行合伙事务的合伙人代表该企业参加行政复议；其他合伙组织申请行政复议的，由合伙人共同申请行政复议。

前款规定以外的不具备法人资格的其他组织申请行政复议的，由该组织的主要负责人代表该组织参加行政复议；没有主要负责人的，由共同推选的其他成员代表该组织参加行政复议。

第十一条 股份制企业的股东大会、股东代表大会、董事会认为中国保监会或者其派出机构的具体行政行为侵犯企业合法权益的，可以以企业的名义申请行政复议。

第十二条 公民、法人或者其他组织对中国保监会或者其派出机构的具体行政行为不服申请行政复议的，作出该具体行政行为的机关是被申请人。

第十三条 与申请行政复议的具体行政行为有利害关系的其他公民、法人或者其他组织，提出申请并经行政复议机构审查认为符合行政复议第三人条件的，可以作为第三人参加行政复议。行政复议机构也可以直接通知上述人员作为第三人参加行政复议。

参加行政复议的第三人有权提出与所参加的行政复议有关的主张。第三人不参加行政复议，不影响行政复议案件的审理。

本条第一款所称利害关系是指与具体行政行为有法律上的利害关系。

第十四条 申请人、第三人可以委托一至二名代理人代为参加行政复议。

委托代理人代为参加行政复议时，应当向行政复议机构提交委托人签署的授权委托书，出示委托人及代理人的合法有效身份证件。授权委托书应当载明委托事项、权限和期限。

公民在特殊情况下无法书面委托的，可以口头委托。口头委托的，行政复议机构应当核实并记录在卷。申请人、第三人解除或者变更委托的，应当书面报告行政复议机构。

第十五条　申请人申请行政复议，可以书面申请，也可以口头申请。

申请人书面申请行政复议的，可以采取当面递交、邮寄或者传真方式提出行政复议申请。

申请人选择口头申请的，行政复议机构应当依照本办法第十六条规定的事项，当场制作行政复议申请笔录交申请人核对或者向申请人宣读，并由申请人签字确认。

第十六条　申请人书面申请行政复议的，应当在行政复议申请书中载明下列事项：

（一）申请人的基本情况，包括：公民的姓名、性别、年龄、身份证号码、工作单位、住所、邮政编码；法人或者其他组织的名称、住所、邮政编码和法定代表人或者主要负责人的姓名、职务；

（二）被申请人的名称；

（三）行政复议请求；

（四）申请行政复议的主要事实和理由；

（五）申请人的签名或者盖章；

（六）申请行政复议的日期。

第十七条　申请人对中国保监会或者其派出机构的具体行政行为不服，可以直接向中国保监会申请行政复议，也可以通过派出机构提出。

申请人选择向派出机构口头提出行政复议申请的，派出机构应当根据本办法第十五条第三款的规定，制作行政复议申请笔录交申请人核对或者向申请人宣读，并由申请人签字确认。

派出机构应当在收到申请人的行政复议申请或者制作完成行政复议申请笔录之日起七日内，将申请人的行政复议申请转呈中国保监会，并告知申请人。

第十八条　有下列情形之一的，申请人应当提提证明材料：

（一）认为被申请人不履行法定职责的，提供曾经要求被申请人履行法定职责而被申请人未履行的证明材料；

（二）法律、法规规定需要申请人提供证据材料的其他情形。

第十九条　申请人向中国保监会申请行政复议，中国保监会已经受理的，在法定行政复议期限内申请人不得向人民法院起诉；申请人向人民法院提起行政诉讼，人民法院已经依法受理的，不得申请行政复议。

第四章　行政复议受理

第二十条　行政复议机构应当在收到申请人提交的或派出机构转呈的行政复议申请之日起五日内进行审查，对不符合行政复议法、行政复议实施条例和本办法规定的受理条件的行政复议申请，决定不予受理，并书面告知申请人。对符合行政复议法、行政复议实施条例和本办法规定的受理条件的行政复议申请，自行政复议机构收到之日起即为受理。

第二十一条　行政复议申请材料不齐全或者表述不清楚的，行政复议机构可以自收到该行政复议申请之日起五日内书面通知申请人补正。补正通知应当载明需要补正的事项和合理的补正期限。无正当理由逾期不补正的，视为申请人放弃行政复议申请。补正申请材料所用时间不计入行政复议审理期限。

申请人采取传真方式提出行政复议申请的，行政复议机构可以要求申请人依照行政复议实施条例第二十九条和本办法第二十二条的规定补充提交申请材料的原件。

第二十二条　有下列情形之一的，属于行政复议申请材料不齐全或者表述不清楚：

（一）未依照本办法第十六条第（一）项的规定提供申请人基本情况；

（二）无明确的被申请人；

（三）行政复议请求不具体、不明确；

（四）委托代理的手续不全或者权限不明确；

（五）未依照本办法第十八条的规定提供证明材料；

（六）其他行政复议申请材料不齐全或者表述不清楚的情形。

第二十三条　行政复议申请材料不齐全或者表述不清楚，或者采取传真方式提出行政复议申请，行政复议机构书面通知申请人补正申请材料或者提交申请材料原件的，受理的审查期限自收到补正后的申请材料或者申请材料原件之日起算。

第二十四条　下列情形不视为申请行政复议，行政复议机构可以转由其他机构处理并告知申请人：

（一）对中国保监会或者其派出机构工作人员的个人违法违纪行为进行举报、控告的；

（二）其他以行政复议申请名义，进行信访投诉的情形。

第二十五条　复议期间具体行政行为不停止执行；但是，有下列情形之一的，可以停止执行：

（一）被申请人认为需要停止执行的；

（二）中国保监会认为需要停止执行的；

（三）申请人申请停止执行，中国保监会认为其要求合理，决定停止执行的；

（四）法律规定停止执行的。

第五章　行政复议决定

第二十六条　行政复议原则上实行书面审查。但是申请人提出要求或者行政复议机构认为必要的，行政复议机构可以向有关组织和人员调查情况，听取申请人、被申请人和第三人的意见。对于重大、复杂的案件，行政复议机构可以采取听证的方式审理。

需要现场勘验的，现场勘验所用时间不计入行政复议审理期限。

第二十七条　行政复议机构应当自行政复议申请受理之日起七日内，将行政复议申请书副本或者行政复议申请笔录复印件发送被申请人。被申请人应当自收到申请书副本或者申请笔录复印件之日起十日内，向行政复议机构提交书面答复一式两份，并提交当初作出具体行政行为的证据、依据和其他有关材料。

中国保监会是被申请人的，由中国保监会主办该具体行政行为的部门提交书面答复，并提交当初作出具体行政行为的证据、依据和其他有关材料。

第二十八条　被申请人提交的书面答复应当载明下列内容：

（一）被申请人的名称和住址；

（二）被申请人当初作出具体行政行为时所认定的事实、证据及所依据的规定，对有关事实的陈述应当注明相应的证据及证据的来源；

（三）对申请人行政复议申请中陈述的事实和理由提出答辩并进行相应的举证；

（四）结论；

（五）作出书面答复的年、月、日，并加盖派出机构或部门的印章。

第二十九条　申请人和第三人可以查阅被申请人提出的书面答复、作出具体行政行为的证据、依据和其他有关材料，除涉及国家秘密、商业秘密或者个人隐私外，中国保监会不得拒绝。

申请人和第三人查阅材料，按下列程序和要求办理：

（一）在行政复议机构要求的时限内，提出查阅申请，并办理相关查阅手续；

（二）在查阅过程中，不得涂改、替换、毁损、隐匿查阅的材料；

（三）经行政复议机构同意，可以摘抄查阅材料的内容。

第三十条　申请人和第三人在行政复议过程中，需要针对被申请人提交的书面答复作出补充说明的，应当在行政复议机构指定的合理期限内提交书面意见，逾期提交的，行政复议机构可以不予接受。

第三十一条　在行政复议过程中，被申请人不得自行向申请人和其他有关组织或者个人收集证据。

第三十二条　行政复议决定作出前，申请人要求撤回行政复议申请的，经说明理由，可以撤回。

申请人撤回行政复议申请的，不得再以同一事实和理由提出行政复议申请。

第三十三条　行政复议期间有下列情形之一，影响行政复议案件审理的，行政复议中止：

（一）行政复议法第二十六条、第二十七条规定的情形；

（二）行政复议实施条例第四十一条规定的情形。

行政复议中止的原因消除后，应当及时恢复行政复议案件的审理。

行政复议机构中止、恢复行政复议案件的审理，应当告知有关当事人。

第三十四条　行政复议期间有行政复议实施条例第四十二条规定情形的，行政复议终止。

第三十五条　申请人、被申请人和第三人认为复议工作人员与本案有利害关系或者有其他关系可能影响公正审理复议案件的，有权申请复议工作人员回避。

复议工作人员认为自己与本案有利害关系或者有其他关系的，应当申请回避。

复议工作人员的回避由行政复议机构负责人决定。行政复议机构负责人的回避由中国保监会负责人决定。

第三十六条　有下列情形之一的,中国保监会应当决定驳回行政复议申请:

(一)申请人认为被申请人不履行法定职责申请行政复议,中国保监会受理后发现被申请人没有相应法定职责或者在受理前已经履行法定职责的;

(二)受理行政复议申请后,发现该行政复议申请不符合行政复议法、行政复议实施条例和本办法规定的受理条件的。

第三十七条　行政复议机构应当对被申请人作出的具体行政行为进行审查,提出意见,经中国保监会负责人同意或者集体讨论通过后,中国保监会按照下列规定作出行政复议决定:

(一)具体行政行为认定事实清楚、证据确凿,适用依据正确,程序合法,内容适当的,决定维持;

(二)被申请人不履行法定职责的,决定其在一定期限内履行;

(三)具体行政行为有下列情形之一的,决定撤销、变更或者确认该具体行政行为违法;决定撤销或者确认该具体行政行为违法的,可以责令被申请人在一定期限内重新作出具体行政行为:

1. 主要事实不清、证据不足的;
2. 适用依据错误的;
3. 违反法定程序的;
4. 超越或者滥用职权的;
5. 具体行政行为明显不当的。

(四)被申请人不按照本办法第二十七条的规定提出书面答复、提交当初作出具体行政行为的证据、依据和其他有关材料的,视为该具体行政行为没有证据、依据,决定撤销该具体行政行为。

中国保监会责令被申请人重新作出具体行政行为的,被申请人不得以同一事实和理由作出与原具体行政行为相同或者基本相同的具体行政行为。因违反法定程序而被撤销的除外。

第三十八条　中国保监会应当自受理申请之日起六十日内作出行政复议决定;但是法律规定的行政复议期限少于六十日的除外。情况复杂,不能在规定期限内作出行政复议决定的,经中国保监会负责人批准,可以适当延长,并告知申请人、被申请人和第三人;但是延长期限最多不超过三十日。

第三十九条　中国保监会作出行政复议决定,应当制作《行政复议决定书》,送达申请人、被申请人和第三人。

行政复议决定书一经送达,即发生法律效力。

第四十条　被申请人应当履行行政复议决定。

被申请人不履行或者无正当理由拖延履行行政复议决定的,中国保监会应当责令被申请人限期履行。

第六章　法律责任

第四十一条　中国保监会或者其派出机构、中国保监会或者其派出机构工作人员,在行政复议活动中有违反行政复议法、行政复议实施条例及本办法规定的行为的,按照行政复议法第三十四条至第三十八条和行政复议实施条例第六十二条、第六十四条的规定,追究法律责任。

第四十二条　拒绝或者阻挠行政复议人员调查取证、查阅、复制、调取有关文件和资料的,对有关责任人员依法给予处分或者治安处罚;构成犯罪的,依法追究刑事责任。

第四十三条　中国保监会或者其派出机构、中国保监会或者其派出机构工作人员,违反行政复议法、行政复议实施条例和本办法规定的,行政复议机构可以向人事、监察部门提出对有关责任人员的处分建议,也可以将有关人员违法的事实材料直接转送人事、监察部门处理;接受转送的人事、监察部门应当依法处理,并将处理结果通报转送的行政复议机构。

第七章　附　则

第四十四条　中国保监会受理行政复议申请,不得向申请人收取任何费用。

第四十五条　行政复议期间的计算依照民事诉讼法关于期间的规定执行。

本办法关于行政复议期间有关"五日"、"七日"的规定是指工作日,不含节假日。

第四十六条　行政复议文书的送达,依照民事诉讼法和中国保监会关于送达的规定执行。

第四十七条　外国人、无国籍人、外国组织在中华人民共和国境内向中国保监会申请行政复议的,适用本办法。

第四十八条　本办法由中国保监会负责解释。

第四十九条　本办法未作规定的,适用行政复议法和行政复议实施条例的规定。

第五十条　本办法自2010年3月1日起施行。中国保监会2001年7月5日发布的《中国保险监督管理委员会行政复议办法》(保监会令〔2001〕2号)同时废止。

银行保险违法行为举报处理办法

· 2019年12月25日中国银行保险监督管理委员会令2019年第8号公布
· 自2020年3月1日起施行

第一条　为规范中国银行保险监督管理委员会及派出机构(以下统称银行保险监督管理机构)对银行保险违法行为举报处理工作,维护经济金融秩序,根据《中华人民共和国银行业监督管理法》《中华人民共和国商业银行法》《中华人民共和国保险法》等有关法律、行政法规,制定本办法。

第二条　自然人、法人或者其他组织(以下简称举报人),对被举报人违反相关银行保险监管法律、行政法规、部门规章和其他规范性文件的行为向银行保险监督管理机构举报,请求银行保险监督管理机构依法履行查处职责,银行保险监督管理机构对该举报的处理,适用本办法。

本办法所称被举报人,包括银行业金融机构及从业人员、保险机构、保险中介机构及从业人员、银行保险监督管理机构负责监管的其他主体,以及涉嫌非法设立银行业金融机构、保险机构、保险中介机构和非法经营银行业务、保险业务、保险中介业务的自然人、法人或者其他组织。

第三条　举报处理工作应当遵循统一领导、属地管理、分级负责的原则。

银行保险监督管理机构应当明确举报处理工作的管理部门和承办部门,分别负责对举报处理工作进行管理和办理。

第四条　银行保险监督管理机构应当遵循依法、公正、及时的原则,建立健全举报处理工作机制。

第五条　银行保险监督管理机构应当在官方网站公开受理举报的通信地址、联系电话、举报受理范围等信息。

第六条　银行保险监督管理机构对被举报人违法行为的管辖,根据银行保险监督管理机构对被举报人的直接监管职权管辖范围确定。

不同银行保险监督管理机构对同一举报事项的管辖权有争议的,报请共同的上级机构确定。

第七条　举报分为实名举报和匿名举报。在举报时提供本人真实姓名(名称)、有效身份信息和有效联系方式、身份证复印件等信息并签字(盖章)的,为实名举报。

对举报人采取书面邮寄方式向银行保险监督管理机构提出举报的,银行保险监督管理机构应当依据书面举报材料进行处理。对采取面谈方式提出举报的,银行保险监督管理机构应当予以记录并经其本人签字确认后提交。对采取电话方式提出举报的,举报人应当补充提交书面举报材料。拒绝签字确认或补充提交书面材料的,视为匿名举报。

五名以上举报人拟采取面谈方式共同提出举报的,应当推选一至二名代表。

对于实名举报,银行保险监督管理机构需按本办法要求,履行相关告知程序。对于匿名举报,银行保险监督管理机构根据举报内容及举报人提供的相关证明材料等情况依法进行处理,不受本办法规定的期限限制,也不履行本办法规定的相关告知程序。

第八条　举报同时符合下列条件的,予以受理:

(一)举报事项属于本机构的监管职责范围;

(二)有明确的被举报人;

(三)有被举报人违反相关银行保险监管法律、行政法规、部门规章和其他规范性文件行为的具体事实及相关的证明材料。

第九条　有下列情形之一的,银行保险监督管理机构不予受理:

(一)不符合本办法第八条规定的受理条件的;

(二)已经受理的举报,举报人在处理期间再次举报,且举报内容无新的事实、证明材料的;

(三)已经办结的举报,举报人再次举报,且举报内容无新的事实、证明材料的;

(四)已经或依法应当通过诉讼、仲裁、行政复议等法定途径予以解决的;

(五)反映的被举报人银行保险违法行为已由

其他银行保险监督管理机构依法处理，或已由本机构通过举报以外的途径发现并依法处理的；

（六）已经或者依法应当由其他国家机关处理的；

（七）其他依法不应当受理的情形。

银行保险监督管理机构经审核认为举报材料中部分事项或诉求属于受理范围，部分事项或诉求不属于受理范围的，可作部分受理，并书面告知举报人。

银行保险监督管理机构在受理举报材料后发现存在本条所列情形的，可作出撤销举报材料受理的决定，并书面告知举报人。

第十条 银行保险监督管理机构应当在收到举报之日起15日内审查决定是否受理，并书面告知举报人。

举报材料不符合本办法第八条第二项、第三项规定，或举报人提供的身份信息等材料不符合实名举报的要求的，银行保险监督管理机构可以要求举报人在合理期限内补充提供有关材料。受理审查时限自收到完整材料之日起计算。举报人无正当理由逾期未补充提供符合本办法第八条第二项、第三项规定的举报材料的，视为放弃举报。举报人无正当理由逾期未补充提供符合实名举报要求的身份信息等材料的，视为匿名举报。

第十一条 对于不属于本机构负责处理，但属于其他银行保险监督管理机构负责处理的举报，应当在收到举报之日起15日内转交其他有职责的单位，同时将举报转交情形告知举报人。

接受转交举报的银行保险监督管理机构，应当在收到转交举报之日起15日内审查决定是否受理，并书面告知举报人。

对于不属于银行保险监督管理机构负责处理的举报，应当在收到举报之日起15日内书面告知举报人向有权机关提出。

第十二条 银行保险监督管理机构应当在受理后及时开展对举报的调查工作。自受理之日起60日内，对被举报的违法行为作出书面调查意见，并及时书面告知举报人，但不得泄露国家秘密、商业秘密和个人隐私。举报人在办理期限内针对已经受理的同一举报事项提出新的事实、证明材料和理由，并需要查证的，或多个举报人就同一事项提出举报的，可以合并处理。举报办理期限自收到新材料之日起重新计算，并书面告知举报人。

法律、行政法规另有规定的，从其规定。

银行保险监督管理机构决定或协调组织开展鉴定以及需要其他行政机关进行协查等工作的，所需时间不计入前款规定的期限。

银行保险监督管理机构依法对被举报的违法行为进行调查后，如发现存在违法违规行为，但无法在受理之日起60日内作出行政处罚、监管强制措施等决定的，在书面调查意见中应当告知举报人将依法予以处理。

在本条规定的60日期限内发现情况复杂，需要延长调查期限的，经批准可以适当延期，一般不超过30日，并应当书面告知举报人。

上级机构可以将本机构受理的举报事项交由下级机构调查。接受交办的下级机构应当及时向上级机构反馈有关情况。

第十三条 在举报调查期限内，举报人主动提出撤回举报申请的，视为放弃举报。银行保险监督管理机构不再将调查处理情况告知举报人。

第十四条 被举报人应当配合银行保险监督管理机构调查，如实提供相关材料。

第十五条 银行保险监督管理机构及其工作人员在举报处理工作中，应当依法对举报人的个人隐私及举报材料中需要保密的内容或有关情况履行必要的保密义务，未经批准，不得随意对外泄露。

银行保险监督管理机构工作人员与举报事项、举报人或者被举报人有直接利害关系的，应当回避。

第十六条 举报人提出举报，应当实事求是，遵守法律、行政法规、部门规章，对所提供材料内容的真实性负责。举报人捏造、歪曲事实，诬告陷害他人的，依法承担法律责任。

第十七条 中国银行保险监督管理委员会建立举报处理工作年度报告制度，各省级派出机构应当于每年4月30日前向中国银行保险监督管理委员会报告上一年度举报处理工作情况。

各派出机构发生重大举报事项的，应当及时向上一级机构报告。

第十八条 对有重大社会影响的银行保险违法行为举报典型案例，银行保险监督管理机构可以向社会公布，但涉及国家秘密、商业秘密和个人隐私的除外。

第十九条 银行保险监督管理机构可以使用

举报处理专用章办理本办法规定的举报事项。

第二十条 对银行保险违法违规问题的举报,相关法律、行政法规和国务院文件有专门规定的,按相关规定处理。

第二十一条 本办法所称"日"为自然日。

本办法所称"书面告知",包括纸质告知以及通过平台短信等电子信息形式进行的告知。

第二十二条 各省级派出机构可以根据本办法制定实施细则。

第二十三条 本办法由中国银行保险监督管理委员会负责解释。

第二十四条 本办法自2020年3月1日起施行。《保险违法行为举报处理工作办法》和《保险消费投诉处理管理办法》同时废止。原中国银监会、原中国保监会以前发布的规定与本办法不一致的,以本办法为准。

银行业保险业消费投诉处理管理办法

- 2020年1月14日中国银行保险监督管理委员会令2020年第3号公布
- 自2020年3月1日起施行

第一章 总 则

第一条 为了规范银行业保险业消费投诉处理工作,保护消费者合法权益,根据《中华人民共和国银行业监督管理法》《中华人民共和国商业银行法》《中华人民共和国保险法》《中华人民共和国消费者权益保护法》等法律法规,制定本办法。

第二条 本办法所称银行业保险业消费投诉(以下简称"消费投诉"),是指消费者因购买银行、保险产品或者接受银行、保险相关服务与银行保险机构或者其从业人员产生纠纷(以下简称"消费纠纷"),并向银行保险机构主张其民事权益的行为。

第三条 银行业保险业消费投诉处理工作应当坚持依法合规、便捷高效、标本兼治和多元化解原则。

第四条 银行保险机构是维护消费者合法权益、处理消费投诉的责任主体,负责对本单位及其分支机构消费投诉处理工作的管理、指导和考核,协调、督促其分支机构妥善处理各类消费投诉。

第五条 各相关行业协会应当充分发挥在消费纠纷化解方面的行业自律作用,协调、促进其会员单位通过协商、调解、仲裁、诉讼等方式妥善处理消费纠纷。

第六条 中国银行保险监督管理委员会(以下简称"中国银保监会")是全国银行业保险业消费投诉处理工作的监督单位,对全国银行业保险业消费投诉处理工作进行监督指导。

中国银保监会各级派出机构应当对辖区内银行业保险业消费投诉处理工作进行监督指导,推动辖区内建立完善消费纠纷多元化解机制。

第二章 组织管理

第七条 银行保险机构应当从人力物力财力上保证消费投诉处理工作顺利开展,指定高级管理人员或者机构负责人分管本单位消费投诉处理工作,设立或者指定本单位消费投诉处理工作的管理部门和岗位,合理配备工作人员。

银行保险机构应当畅通投诉渠道,设立或者指定投诉接待区域,配备录音录像等设备记录并保存消费投诉接待处理过程,加强消费投诉管理信息系统建设,规范消费投诉处理流程和管理。

第八条 银行保险机构应当在官方网站、移动客户端、营业场所或者办公场所醒目位置公布本单位的投诉电话、通讯地址等投诉渠道信息和消费投诉处理流程,开通电子邮件、官网平台等互联网投诉渠道的,应当公布本单位接收消费投诉的电子邮箱、网址等。在产品或者服务合约中,银行保险机构应当提供投诉电话或者其他投诉渠道信息。

第九条 银行保险机构开展消费投诉处理工作应当属地管理、分级负责,充分考虑和尊重消费者的合理诉求,公平合法作出处理结论。及时查找引发投诉事项的原因,健全完善溯源整改机制,切实注重消费者消费体验,提升服务水平。

第十条 银行保险机构应当加强对第三方机构合作业务消费投诉的管理,因合作销售产品或者提供服务而产生消费纠纷的,银行保险机构应当要求相关第三方机构配合处理消费投诉,对消费投诉事项进行核实,及时提供相关情况,促进消费投诉顺利解决。银行保险机构应当将第三方机构对消费投诉处理工作的配合情况纳入合作第三方机构的准入退出评估机制。

第三章　银行业保险业消费投诉处理

第十一条　银行保险机构应当负责处理因购买其产品或者接受其服务产生的消费投诉。

第十二条　银行保险机构可以要求投诉人通过其公布的投诉渠道提出消费投诉。

采取面谈方式提出消费投诉的，银行保险机构可以要求投诉人在其指定的接待场所提出。多名投诉人采取面谈方式提出共同消费投诉的，应当推选代表，代表人数不超过 5 名。

第十三条　银行保险机构可以要求投诉人提供以下材料或者信息：

（一）投诉人的基本情况，包括：自然人或者其法定代理人姓名、身份信息、联系方式；法人或者其他组织的名称、住所、统一社会信用代码，法定代表人或者主要负责人的姓名、身份信息、联系方式，法人或者其他组织投诉代理人的姓名、身份信息、联系方式、授权委托书；

（二）被投诉人的基本情况，包括：被投诉的银行保险机构的名称；被投诉的银行业保险业从业人员的相关情况以及其所属机构的名称；

（三）投诉请求、主要事实和相关依据；

（四）投诉人提交书面材料的，应当由投诉人签字或者盖章。

银行保险机构已经掌握或者通过查询内部信息档案可以获得的材料，不得要求投诉人提供。

第十四条　投诉人提出消费投诉确有困难的，银行保险机构应当接受投诉人委托他人代为投诉，除第十三条规定材料或者信息外，可以要求提供经投诉人亲笔签名或者盖章的授权委托书原件，受托人身份证明和有效联系方式。

银行保险机构应当接受消费者继承人提出的消费投诉，除第十三条规定材料或者信息外，可以要求提供继承关系证明。

第十五条　银行保险机构可以接受投诉人撤回消费投诉。投诉人撤回消费投诉的，消费投诉处理程序自银行保险机构收到撤回申请当日终止。

第十六条　投诉人提出消费投诉，应当客观真实，对所提供材料内容的真实性负责，不得提供虚假信息或者捏造、歪曲事实，不得诬告、陷害他人。

投诉人在消费投诉过程中应当遵守法律、行政法规和国家有关规定，维护社会公共秩序和消费投诉处理单位的办公经营秩序。

第十七条　银行保险机构应当建立消费投诉处理回避制度，收到消费投诉后，应当指定与被投诉事项无直接利益关系的人员核实消费投诉内容，及时与投诉人沟通，积极通过协商方式解决消费纠纷。

第十八条　银行保险机构应当依照相关法律法规、合同约定，公平公正作出处理决定，对于事实清楚、争议情况简单的消费投诉，应当自收到消费投诉之日起 15 日内作出处理决定并告知投诉人，情况复杂的可以延长至 30 日；情况特别复杂或者有其他特殊原因的，经其上级机构或者总行、总公司高级管理人员审批并告知投诉人，可以再延长 30 日。

消费投诉处理过程中需外部机构进行鉴定、检测、评估等工作的，相关期间可以不计入消费投诉处理期限，但应当及时告知投诉人。

投诉人在消费投诉处理期限内再次提出同一消费投诉的，银行保险机构可以合并处理，如投诉人提出新的事实和理由，处理期限自收到新的投诉材料之日起重新计算。

在消费投诉处理过程中，发现消费投诉不是由投诉人或者其法定代理人、受托人提出的，银行保险机构可以不予办理，并告知投诉提出人。

第十九条　银行保险机构在告知投诉人处理决定的同时，应当说明对消费投诉内容的核实情况、作出决定的有关依据和理由，以及投诉人可以采取的申请核查、调解、仲裁、诉讼等救济途径。

第二十条　投诉人对银行保险机构分支机构消费投诉处理结果有异议的，可以自收到处理决定之日起 30 日内向其上级机构书面申请核查。核查机构应当对消费投诉处理过程、处理时限和处理结果进行核查，自收到核查申请之日起 30 日内作出核查决定并告知投诉人。

第二十一条　银行保险机构应当依照本办法的规定向投诉人告知相关事项并保留相关证明资料，投诉人无法联系的除外。

采取书面形式告知的，应当在本办法规定的告知期限内当面递交，或者通过邮寄方式寄出。

采取短信、电子邮件等可以保存的电子信息形式告知的，应当在本办法规定的告知期限内发出。

采取电话形式告知的,应当在本办法规定的告知期限内拨打投诉人电话。

银行保险机构与投诉人对消费投诉处理决定、告知期限、告知方式等事项协商一致的,按照协商确定的内容履行。

第二十二条 银行保险机构在消费投诉处理工作中,应当核实投诉人身份,保护投诉人信息安全,依法保护国家秘密、商业秘密和个人隐私不受侵犯。

第二十三条 银行保险机构在消费投诉处理过程中,可以根据需要向投诉人提出通过调解方式解决消费纠纷的建议。投诉人同意调解的,银行保险机构和投诉人应当向调解组织提出申请。调解期间不计入消费投诉处理期限。

第二十四条 银行保险机构应当充分运用当地消费纠纷调解处理机制,通过建立临时授权、异地授权、快速审批等机制促进消费纠纷化解。

第四章 银行业保险业消费投诉处理工作制度

第二十五条 银行保险机构应当根据本办法健全本单位消费投诉处理工作制度,明确消费投诉处理流程、责任分工、处理时限等要求。

第二十六条 银行保险机构应当建立消费投诉统计分析、溯源整改、信息披露、责任追究制度,定期开展消费投诉情况分析,及时有效整改问题;通过年报等方式对年度消费投诉情况进行披露;对于消费投诉处理中发现的违规行为,要依照相关规定追究直接责任人员和管理人员责任。

第二十七条 银行保险机构应当健全消费投诉处理考核评价制度,综合运用正向激励和负面约束手段,将消费投诉以及处理工作情况纳入各级机构综合绩效考核指标体系,并在各级机构高级管理人员、机构负责人和相关部门人员的薪酬分配、职务晋升等方面设定合理考核权重。

第二十八条 银行保险机构应当建立消费投诉处理登记制度和档案管理制度。消费投诉登记记录、处理意见等书面资料或者信息档案应当存档备查,法律、行政法规对保存期限有规定的,依照其规定执行。

第二十九条 银行保险机构应当依照国家有关规定制定重大消费投诉处理应急预案,做好重大消费投诉的预防、报告和应急处理工作。

重大消费投诉包括以下情形:

(一)因重大自然灾害、安全事故、公共卫生事件等引发的消费投诉;

(二)20名以上投诉人采取面谈方式提出共同消费投诉的群体性投诉;

(三)中国银保监会及其派出机构(以下统称"银行保险监督管理机构")认定的其他重大消费投诉。

第五章 监督管理

第三十条 银行保险监督管理机构应当明确银行保险机构消费投诉处理工作的监督管理部门。

第三十一条 银行保险监督管理机构设立消费投诉转办服务渠道,方便投诉人反映与银行保险机构的消费纠纷。

第三十二条 投诉人反映与银行保险机构的消费纠纷,同时提出应当由银行保险监督管理机构负责处理的其他事项的,依照有关规定处理。

第三十三条 银行保险监督管理机构的消费投诉处理监督管理部门应当自收到辖区内消费投诉之日起7个工作日内,将消费投诉转送被投诉银行保险机构并告知投诉人,投诉人无法联系的除外。

第三十四条 银行保险监督管理机构应当对银行保险机构消费投诉处理情况进行监督检查。

第三十五条 银行保险机构应当按照银行保险监督管理机构的要求,报告本单位消费投诉处理工作相关制度、消费投诉管理工作责任人名单,以及上述事项的变动情况。

第三十六条 银行保险机构应当按照银行保险监督管理机构的要求,报告本单位消费投诉数据、消费投诉处理工作情况,并对报送的数据、文件、资料的真实性、完整性、准确性负责。

第三十七条 银行保险监督管理机构应当定期将转送银行保险机构的消费投诉情况进行通报和对外披露,督促银行保险机构做好消费者权益保护工作。

第三十八条 银行保险监督管理机构应当将银行保险机构消费投诉处理工作情况纳入年度消费者权益保护监管评价。

第三十九条 银行保险监督管理机构要加强对银行业保险业消费纠纷调解组织建设的指导,推动建立行业调解规则和标准,促进行业调解组

第四十条 银行保险机构在处理消费投诉中有下列情形之一的,银行保险监督管理机构可以提出整改要求,并监督其限期整改:

(一)未按照本办法第八条规定公布消费投诉处理相关信息的;

(二)未按照本办法规定程序办理消费投诉并告知的;

(三)无正当理由拒绝配合调解工作或者履行调解协议的。

第四十一条 银行保险机构违反本办法规定,有下列情形之一的,银行保险监督管理机构应当责令限期改正;逾期未改正的,区别情形,银行保险监督管理机构可以进行监督管理谈话,并对银行业金融机构依照《中华人民共和国银行业监督管理法》采取暂停相关业务、责令调整高级管理人员、停止批准增设分支机构以及行政处罚等措施,对保险机构、保险中介机构依照《中华人民共和国保险法》采取罚款、限制其业务范围、责令停止接受新业务等措施,对银行保险监督管理机构负责监管的其他主体依照相关法律法规采取相应措施。

(一)未按照本办法规定建立并实施消费投诉处理相关制度的;

(二)未按照本办法规定报告消费投诉处理工作有关情况的;

(三)违反本办法第四十条规定并未按照要求整改的;

(四)其他违反本办法规定,造成严重后果的。

第六章 附 则

第四十二条 本办法所称银行保险机构包括银行业金融机构、保险机构、保险中介机构以及银行保险监督管理机构负责监管的其他主体。

第四十三条 本办法所称的"以内""以上"均包含本数。

本办法中除"7个工作日"以外的"日"均为自然日。

第四十四条 本办法由中国银保监会负责解释。

第四十五条 本办法自2020年3月1日起施行,原《保险消费投诉处理管理办法》(保监会令2013年第8号)和《中国银监会办公厅关于印发银监会机关银行业消费者投诉处理规程的通知》(银监办发〔2018〕13号)同时废止。原中国银监会、原中国保监会发布的规定与本办法不一致的,以本办法为准。

中国银保监会信访工作办法

· 2020年1月14日中国银行保险监督管理委员会令2020年第2号公布
· 自2020年3月1日起施行

第一章 总 则

第一条 为规范中国银行保险监督管理委员会及其派出机构(以下简称"银行保险监督管理机构")信访工作,保障信访人合法权益,维护信访秩序,依据《中华人民共和国银行业监督管理法》《中华人民共和国保险法》《信访条例》《信访工作责任制实施办法》等规定,制定本办法。

第二条 本办法所称信访,是指公民、法人或其他组织采用书信、传真、电话、走访等形式,向银行保险监督管理机构反映情况,提出建议、意见或者请求,依法应当由银行保险监督管理机构处理的活动。

本办法所称信访人,指采用前款规定的形式反映情况,提出建议、意见或者请求的公民、法人或者其他组织。

第三条 银行保险监督管理机构应当做好信访工作,认真处理来信、接待来访,倾听人民群众的意见、建议和要求,接受人民群众的监督,努力为人民服务。

第四条 银行保险监督管理机构应当遵循"属地管理、分级负责,谁主管、谁负责,依法、及时、就地解决问题与疏导教育相结合"的工作原则,处理职责范围内的信访事项。

第五条 银行保险监督管理机构应当建立统一领导、分工协调,统筹兼顾、标本兼治,各负其责、齐抓共管的信访工作格局,建立健全信访工作联席会议、信访矛盾纠纷排查调处、信访调查处理、信访应急处置等机制。

第六条 银行保险监督管理机构应当落实信访工作责任制。各级机构及其部门的主要负责人对本单位、本部门信访工作负总责,其他负责人根据工作分工，对职责范围内的信访工作负主要领导责任。

各级领导干部应当阅批群众来信，定期接待群众来访，协调处理复杂疑难信访问题。

第七条 银行保险监督管理机构应当建立健全信访工作考核评价机制，每年对本系统信访工作情况进行考核。考核结果作为对领导班子和领导干部综合考核以及其他有关干部考核、奖评的重要参考。对在信访工作中作出优异成绩的单位或个人，应予以表彰奖励。

第八条 银行保险监督管理机构应当明确信访工作部门和信访承办部门。信访工作部门负责对本单位、本系统信访工作进行管理，具体负责分办本单位信访事项，督查指导本单位信访事项办理，协调本单位重大信访问题处理，督促指导下级机构信访工作，联系同级党委政府信访工作机构。信访承办部门负责职责范围内信访事项的受理、调查、核实、答复意见拟制，配合信访工作部门接谈等。

第九条 银行保险监督管理机构应当从人力物力财力上保证信访工作顺利开展。为信访工作部门配备充足、合格的工作人员，加强对信访干部的培训。设立专门的信访接待场所，配备录音录像等设备设施。加强信访信息系统建设，增强运用效果。

第十条 银行保险监督管理机构应当建立信访工作报告制度和通报制度，加强信访信息工作。

第十一条 银行保险监督管理机构对于可能或者已经造成社会影响的重大、紧急信访事项和信访信息，应当在职责范围内依法及时采取措施，并及时报告情况。

第十二条 银行保险监督管理机构及其工作人员在信访工作中依法保护国家秘密、工作秘密、商业秘密和个人隐私。

第十三条 银行保险监督管理机构处理信访事项的工作人员与信访事项或者信访人有直接利害关系的，应当回避。

第十四条 银行保险监督管理机构应当对信访工作重要资料，按档案管理规定予以立卷保存。

第二章 信访事项的提出

第十五条 银行保险监督管理机构应当通过网站等方式向社会公布信访工作部门的通信地址、信访电话、来访接待时间和地点等信息。

银行保险监督管理机构应当在信访接待场所或网站公布与本单位信访工作相关的主要法律法规、工作制度及处理程序，以及其他为信访人依照法定途径反映诉求提供便利的事项。

第十六条 信访人对银行保险监督管理机构及其工作人员的职务行为反映情况、提出建议、意见，或者不服银行保险监督管理机构及其工作人员的职务行为，可以依照本办法向银行保险监督管理机构提出信访事项。

信访人提出信访事项，一般应当采用书面形式，应载明信访人的姓名（名称）、住址、联系方式，并提供有效的身份信息。信访人提出诉求的，还应当写明被反映单位名称或者人员姓名、诉求事项、主要事实及理由，并附上相关证明材料。

信访人采用传真或书信形式提出信访事项的，应当向被反映单位或人员所在地的本级银行保险监督管理机构提出。

信访人采用走访形式提出信访事项的，应当按照逐级走访的规定，到依法有权处理的本级或上一级银行保险监督管理机构设立或者指定的信访接待场所提出。多人采用走访形式提出共同信访事项的，应当推选代表，代表人数不得超过5人。

信访人采用口头形式提出信访事项的，银行保险监督管理机构信访工作人员应当引导其补充书面材料，或者记录信访人的姓名（名称）、住址、联系方式和诉求、事实及理由，信访人对记录的内容以签字、盖章等适当方式进行确认后提交，信访人拒绝确认的视同放弃信访。

信访人采用电话形式提出信访事项的，银行保险监督管理机构信访工作人员应当引导其补充书面材料，或者告知信访工作部门通讯地址、信访接待场所。

第十七条 信访人提出信访事项，应当客观真实，对其所提供材料内容的真实性负责，不得捏造歪曲事实，不得诬告陷害他人。

信访人捏造歪曲事实，诬告陷害他人，构成犯罪的，依法追究刑事责任；尚不构成犯罪的，由公安机关依法给予治安管理处罚。

银行保险监督管理机构在信访事项办理中发现信访人提出的信访事项及材料内容不符合上述规定的，可以终止信访程序。

第十八条 信访人在信访过程中应当遵守法律、法规，不得损害国家、社会、集体和他人的合法权益，自觉维护社会公共秩序和信访秩序。

信访人在银行保险监督管理机构办公场所周围非法聚集，或在信访接待场所滞留、滋事、扰乱、妨碍社会公共秩序或信访秩序的，银行保险监督管理机构应对信访人进行劝阻、批评或教育；信访人违反治安管理法律法规的，银行保险监督管理机构报请公安机关依法处理。

第三章 信访事项的受理

第十九条 银行保险监督管理机构应当依照规定，制定分类清单和处理程序，依法分类处理信访诉求。

银行保险监督管理机构按照职责范围、分级、按权限受理信访事项。信访事项涉及银行保险监督管理机构和其他有权机关的，可按照职责部分受理。信访事项涉及两个或者两个以上银行保险监督管理机构职责范围的，由所涉及的机构协商受理；受理有争议的，由共同的上级机构指定其中的一个机构受理，其他相关机构配合。

第二十条 银行保险监督管理机构对下列属于职责范围的信访事项应当予以受理，并在收到完备材料之日起15日内向信访人出具受理告知书。

（一）对银行保险监督管理机构制定和实施的银行保险监督管理规章、制度和办法等提出建议、意见和批评的；

（二）对银行保险监督管理机构及其工作人员的职务行为提出建议、意见和批评或者不服银行保险监督管理机构及其工作人员的职务行为的；

（三）其他应当受理的信访事项。

第二十一条 银行保险监督管理机构对下列信访事项不予受理或不再受理，并在收到完备材料之日起15日内告知信访人。

（一）不属于银行保险监督管理机构信访职责范围的；

（二）已经或依法应当通过诉讼、仲裁、行政复议等法定途径解决的；

（三）已经受理或正在办理的，在规定期限内向受理或办理上级机关再提出同一事项或复查、复核申请的；

（四）收到书面答复后，未在规定时限内提出复查、复核申请，仍就同一事项重复信访的；

（五）已经完成复核并答复或已经中国银行保险监督管理委员会答复，仍就同一事项重复信访的；

（六）反映的信访事项已由银行保险监督管理机构通过信访以外的途径发现并依法依规处理的；

（七）撤回信访事项后仍就同一事项再次信访的；

（八）其他依法依规不予受理或不再受理的信访事项。

银行保险监督管理机构在受理信访事项后发现存在本条所列情形的，可作出撤销受理的决定，并告知材料提交人。

第二十二条 银行保险监督管理机构对下列不属于信访事项的请求，应依照有关规定程序处理并告知材料提交人。

（一）举报银行保险机构或其工作人员违反相关银行保险监管法律、行政法规、部门规章和其他规范性文件；举报公民、法人或者其他组织涉嫌非法设立银行保险机构或从事银行保险业务，要求监管部门查处的，依照有关银行保险违法行为举报处理规定程序处理。

（二）投诉与银行保险机构或其从业人员因购买银行、保险产品或接受银行、保险相关服务，产生纠纷并向银行保险机构主张其民事权益的，应当转本级消费者权益保护部门，依照有关银行保险消费投诉处理管理规定程序处理。

（三）检举、揭发、控告银行保险监督管理机构或其工作人员涉嫌违纪违法行为的，应当转本级纪检监察机构，依照有关纪检监察规定程序处理。

（四）银行保险监督管理机构工作人员对涉及本人的人事处理、行政处分不服的，应当转本级组织人事部门，依照有关规定程序处理；对党纪政务处分不服，应当转本级纪检监察机构，依照有关规定程序处理。

本条所称银行保险机构指依照《中华人民共和国银行业监督管理法》和《中华人民共和国保险法》，由银行保险监督管理机构负责监管的各类主体。

银行保险监督管理机构在受理信访事项后发现存在本条所列情形的，可作出撤销受理的决定，依照有关规定程序依法分类处理，并告知材料提交人。

第二十三条　银行保险监督管理机构对于收到不属于本机构职责范围处理事项材料的,不作为信访事项予以受理,引导材料提交人向有权机关反映。

第二十四条　银行保险监督管理机构对不属于本机构职责范围,但属于其他银行保险监督管理机构职责范围的信访事项,应当在收到材料之日起 15 日内转交其他有职责的银行保险监督管理机构;有职责的银行保险监督管理机构应当自收到完备材料之日起 15 日内告知信访人相关受理情况。

第二十五条　对于因信访人提交材料反映信访事项不清而不能办理的,银行保险监督管理机构可以在接到信访事项之日起 15 日内告知信访人补充相关材料;有关信访受理、答复等期限自收到完备材料之日起重新计算;信访人拒绝补充材料或不能补充的,视同放弃信访。

信访人在处理期限内针对已经受理的信访事项提出新的事实、证明材料和理由需要查证的,可以合并处理,信访期限自银行保险监督管理机构收到新材料之日起重新计算。

第二十六条　银行保险监督管理机构对属于职责范围的匿名信访事项,应当区别情况,妥善处理,但不进行信访事项的告知、受理、答复等。

信访事项反映对象明确,内容和提供的线索具体清楚的,应当核查处理;反映对象或所反映内容陈述模糊的,可酌情处理。

第二十七条　银行保险监督管理机构对于署名信访事项,但材料提交人提供的联系方式、地址等不明确或存在冒名、假名,联系方式、地址不实,冒用他人联系方式、地址等情形的,按匿名信访事项处理。

第二十八条　信访人可以申请撤回信访事项,信访工作程序自银行保险监督管理机构收到申请当日终止。

第四章　信访事项的办理

第二十九条　银行保险监督管理机构应当依法按程序办理信访事项,恪尽职守、秉公办事,规范细致、及时稳妥,不得推诿、敷衍、拖延。

第三十条　银行保险监督管理机构办理信访事项,可听取或阅悉信访人陈述事实和理由;可要求信访人、相关组织或人员说明情况,需要进一步核实有关情况的,可进行调查。对重大、复杂、疑难的信访事项,可根据利益相关方申请举行听证。

第三十一条　银行保险监督管理机构对已受理的信访事项,经核实、调查,依照相关法律法规和监管规定,针对信访人的诉求事项按程序提出意见,应自受理之日起 60 日内办结并书面答复信访人,但答复内容不得违反相关保密规定。

信访事项办理过程中需其他国家机关协查等所需的时间,不计入前款规定的期限。

在前述 60 日期限内发现情况复杂,需要延长调查期限的,经本单位负责人批准,可以适当延期,但延长期限不得超过 30 日,并告知信访人延期理由。

信访事项办理中,信访人要求查询信访办理进度的,可以告知,但不得涉及保密、敏感性事项或尚未明确的事实、结论等信息。

对匿名信访事项或信访人提供的姓名(名称)、联系方式、地址等不明确的,不适用本条,不予告知或答复。

第三十二条　信访人对银行保险监督管理机构信访事项答复意见不服的,可以自收到书面答复之日起 30 日内向原办理机构的上一级机构书面提出复查,申请材料应包括原处理意见、不服意见的事实和理由。信访人再次向原办理机构以同一事项提出信访诉求的,原办理机构不予受理。

收到复查请求的机构应当自收到复查请求之日起 30 日内提出复查意见,对信访人不服意见的事实和理由进行核查,并书面答复信访人。

第三十三条　信访人对银行保险监督管理机构复查意见不服的,可以自收到书面答复之日起 30 日内向复查机构的上一级机构书面提出复核,申请材料应包括原处理意见、不服意见的事实和理由。信访人再次向原复查机构以同一事项提出重新复查请求的,原复查机构不予受理。

收到复核请求的机构应当自收到复核请求之日起 30 日内提出复核意见,对信访人不服复查意见的事实和理由进行核查,并书面答复信访人。

第三十四条　银行保险监督管理机构信访工作部门发现有下列情形之一的,应当及时督办信访承办部门,并提出改进建议。

(一)无正当理由未按规定时限受理应当受理的信访事项的;

(二)无正当理由未按规定时限办结已受理的

信访事项的；

（三）未按规定反馈信访事项办理结果的；

（四）受理、办理信访事项推诿、扯皮的；

（五）其他需要督办的情形。

第三十五条　银行保险监督管理机构信访承办部门收到信访工作部门改正建议的，应当及时进行改正；收到书面督办意见的，应当书面反馈信访工作部门。

第三十六条　银行保险监督管理机构对转到下级机构办理的信访事项，应当加强督促、指导，要求按规定告知信访人受理情况、按时限答复信访人。

第五章　责任追究

第三十七条　银行保险监督管理机构及其领导干部、工作人员不履行或者未能正确履行信访工作职责，有下列情形之一的，应当按照中国银行保险监督管理委员会相关问责规定追究责任。

（一）因决策失误、工作失职，损害群众利益，导致信访问题产生，造成严重后果的；

（二）未按规定受理、交办、转送和督办信访事项，严重损害信访人合法权益的；

（三）违反群众纪律，对应当依法处理的合理合法诉求消极应付、推诿敷衍，或者对待信访人态度恶劣、简单粗暴，损害党群干群关系或银行保险监督管理机构形象，造成严重后果的；

（四）对发生的集体访或者信访负面舆情处置不力，导致事态扩大，造成严重不良影响的；

（五）对信访工作部门提出的改进工作、完善政策和给予处分等建议重视不够、落实不力，导致问题长期得不到解决，造成严重后果的；

（六）其他应当追究责任的失职失责情形。

第三十八条　对具有本办法第三十七条所列情形，情节较轻的，银行保险监督管理机构对相关责任人进行通报，限期整改。

涉嫌违法犯罪的，按照国家有关法律法规处理。

第三十九条　对在信访工作中失职失责的银行保险监督管理机构相关责任人，应当给予党纪政纪处分，依纪依法追究责任。

第六章　附　则

第四十条　银行保险监督管理机构应使用信访专用章办理本办法规定的信访事项。

第四十一条　本办法所称"告知"，可采取纸面告知、平台短信、录音电话等适当方式。

第四十二条　各级派出机构可结合工作实际，制定实施细则。

第四十三条　对外国人、无国籍人、外国组织涉及银行保险监督管理机构信访事项的处理，参照本办法执行。

第四十四条　本办法所规定的"以内"包括本数；本办法所称"日"指自然日。

第四十五条　本办法由中国银行保险监督管理委员会负责解释。

第四十六条　本办法自2020年3月1日起施行。《中国银监会信访工作办法》和《中国保险监督管理委员会信访工作办法》同时废止。原中国银监会、原中国保监会发布规定与本办法不一致的，以本办法为准。

保险机构案件责任追究指导意见

· 2010年1月29日
· 保监发〔2010〕12号

第一条　为进一步增强保险机构案件风险防范意识，规范案件责任追究工作，有效遏制各类案件及重大违法违规行为，根据《中华人民共和国保险法》等法律、法规，制定本指导意见。

第二条　本指导意见所称保险机构，是指经中国保险监督管理委员会（以下简称"保监会"）及其派出机构（以下简称"派出机构"）批准设立的保险集团（控股）公司、保险公司、保险资产管理机构及其分支机构。

第三条　本指导意见所称案件包括以下内容：

（一）触犯《中华人民共和国刑法》，构成贪污、挪用、侵占、诈骗、商业贿赂、非法集资、洗钱、传销等犯罪，人民法院已经作出生效判决的案件，或者人民法院尚未判决，但案件事实已基本查清、实际损失已确定发生的案件。

（二）违反《中华人民共和国保险法》等法律、法规、规章，受到保险监管部门等金融监管部门重大行政处罚的案件。

（三）严重违反公司规章制度，给公司造成重大损失，或者社会影响特别恶劣、造成系统性风险的其他案件。

第四条 本指导意见所称案件责任人员,是指对案件的发生负有责任的保险机构从业人员,包括直接责任人和间接责任人。

直接责任人,指对保险案件负有直接责任的主管人员和其他直接责任人员,即决策、组织、策划、实施或参与实施违法犯罪行为,或部署、授意、默许、胁迫、协助他人实施违法犯罪行为的保险机构从业人员,以及其他不履行或不正确履行职责,对形成案件风险、引发不良后果起直接作用的违法违规人员。

间接责任人,指在职责范围内,不履行或不正确履行职责,未能有效制约或防范案件的发生,对案件造成的风险或者不良后果起间接作用的保险机构从业人员,包括经营管理责任人和其他间接责任人。

前款所称经营管理责任人是指对发案机构具有经营管理责任的保险机构高级管理人员和部门负责人。前款所称其他间接责任人是指在其职责范围内,因故意、过失或不尽职尽责,对应制约、管理或监督的工作不履行或不正确履行职责,对造成案件风险或者不良后果负间接责任的董事、监事,以及合规负责人等其他高级管理人员和部门负责人。

本指导意见所称保险机构从业人员,包括保险机构员工和为其代理业务的保险营销员等。

第五条 保险机构案件责任追究应当遵循"事实清楚、证据确凿、责任明确、程序合法、权责对等、逐级追究、公平公正、惩教结合"的原则,根据案件性质、涉案金额、风险损失、社会影响程度等情况,在核实相关人员责任的基础上予以追究。

第六条 本指导意见为保险机构案件责任追究的最低标准,各保险机构应当在本指导意见的基础上,结合公司实际,制定内部案件责任追究办法,规范案件责任追究的范围、对象、标准、程序,以及对于应追究责任而未追究责任或者责任追究不到位等情况的处理规定。

第七条 保险机构根据内部案件责任追究办法,开展案件责任追究工作,并按照内部管理路径由责任追究机构发布责任追究处理决定。

第八条 保险机构案件责任追究方式包括:纪律处分、组织处理和经济处分。

纪律处分由轻到重依次包括:警告、记过、记大过、降级(职)、撤职、留用察看、开除。

组织处理包括:调离、停职、引咎辞职、责令辞职、免职等。

经济处分包括:扣减薪酬等。

上述案件责任追究方式可以单处或并处。

第九条 对导致案件发生的直接责任人,在核清违法违规事实后,属公司员工的,按规定程序和标准,追究其责任,构成犯罪的,一律开除;属非公司员工的,如营销员等,依照相关的法律、法规和代理合同追究其责任。

对直接责任人的责任追究标准不应低于对同一案件的间接责任人的责任追究标准。

第十条 对保险公司分公司以下层级保险机构经营管理责任人的间接责任,参照以下标准进行追究:

(一)有下列情形之一的,给予发案机构相关部门负责人留用察看以上处分、分管负责人撤职以上处分、主要负责人降级(职)以上处分:

1. 发生单个案件,涉案金额100万元以上;
2. 发生单个案件,造成损失10万元以上;
3. 一年内发生两起涉案金额50万元以上100万元以下案件;
4. 一年内发生两起损失金额5万元以上10万元以下案件;
5. 虽未出现以上1-4种情形,但一年内发生案件累计涉案金额200万元以上;
6. 虽未出现以上1-4种情形,但一年内发生案件累计损失金额20万元以上;
7. 机构因违法违规行为被责令停业整顿或者吊销业务许可证。

(二)支公司辖内有下列情形之一的,若该支公司不是本条第(一)项中所列的发案机构,给予该支公司相关部门负责人降级(职)以上处分、分管负责人记大过以上处分、主要负责人记过以上处分:

1. 发生单个案件,涉案金额100万元以上;
2. 发生单个案件,造成损失10万元以上;
3. 一年内发生两起涉案金额50万元以上100万元以下案件;
4. 一年内发生两起损失金额5万元以上10万元以下案件;
5. 虽未出现以上1-4种情形,但一年内发生案件累计涉案金额500万元以上;

6. 虽未出现以上 1-4 种情形,但一年内发生案件累计损失金额 50 万元以上。

(三)中心支公司辖内有下列情形之一的,若该中心支公司不是本条第(一)项中所列的发案机构,给予该中心支公司相关部门负责人撤职以上处分、分管负责人降级(职)以上处分、主要负责人记大过以上处分:

1. 发生单个案件,涉案金额 500 万元以上;
2. 发生单个案件,造成损失 50 万元以上;
3. 一年内发生两起涉案金额 300 万元以上 500 万元以下案件;
4. 一年内发生两起损失金额 30 万元以上 50 万元以下案件;
5. 虽未出现以上 1-4 种情形,但一年内发生案件累计涉案金额 1000 万元以上;
6. 虽未出现以上 1-4 种情形,一年内发生案件累计损失金额 100 万元以上;
7. 一年内辖内两家以上直管机构高级管理人员被撤销任职资格或者禁入保险业;
8. 一年内辖内两家以上直管机构因违法违规行为被责令停业整顿或者吊销业务许可证。

第十一条 对保险公司分公司经营管理责任人的间接责任,参照以下标准进行追究:

(一)有下列情形之一的,给予分公司相关部门负责人降级(职)以上处分、分管负责人记大过以上处分、主要负责人记过以上处分:

1. 分公司本部发生单个案件,涉案金额 100 万元以上 1000 万元以下;
2. 分公司本部发生单个案件,造成损失 10 万元以上 100 万元以下;
3. 分公司本部一年内发生两起涉案金额 50 万元以上 100 万元以下案件;
4. 分公司本部一年内发生两起损失金额 5 万元以上 10 万元以下案件;
5. 一年内辖内有两家以上直管机构高级管理人员因违法违规行为被撤销任职资格或者禁入保险业;
6. 一年内辖内有两家以上直管机构因违法违规行为被责令停业整顿或吊销业务许可证。

(二)辖内有下列情形之一的,给予分公司相关部门负责人撤职以上处分、分管负责人降级(职)以上处分、主要负责人记大过以上处分:

1. 发生单个案件,涉案金额 1000 万元以上 5000 万元以下;
2. 发生单个案件,造成损失 100 万元以上 200 万元以下;
3. 一年内发生两起涉案金额 500 万元以上 1000 万元以下案件;
4. 一年内发生两起损失金额 50 万元以上 100 万元以下案件;
5. 虽未出现以上 1-4 种情形,但一年内发生案件累计涉案金额 5000 万元以上 1 亿元以下;
6. 虽未出现以上 1-4 种情形,但一年内发生案件累计损失金额 200 万元以上 500 万元以下。

(三)辖内有下列情形之一的,给予分公司相关部门负责人留用察看以上处分、分管负责人撤职以上处分、主要负责人降级(职)以上处分:

1. 发生单个案件,涉案金额 5000 万元以上 1 亿元以下;
2. 发生单个案件,造成损失 200 万元以上 500 万元以下;
3. 一年内发生两起涉案金额 1000 万元以上 5000 万元以下案件;
4. 一年内发生两起损失金额 100 万元以上 200 万元以下案件;
5. 虽未出现以上 1-4 种情形,但一年内发生案件累计涉案金额 1 亿元以上;
6. 虽未出现以上 1-4 种情形,但一年内发生案件累计损失金额 500 万元以上。

(四)辖内有下列情形之一的,给予分公司相关部门负责人开除处分、分管负责人留用察看以上处分、主要负责人撤职以上处分:

1. 发生单个案件,涉案金额 1 亿元以上;
2. 发生单个案件,造成损失 500 万元以上;
3. 一年内发生两起涉案金额 5000 万元以上 1 亿元以下案件;
4. 一年内发生两起造成损失 200 万元以上 500 万元以下案件。

第十二条 对保险公司总公司经营管理责任人的间接责任,参照以下标准进行追究:

(一)有下列情形之一的,给予总公司相关部门负责人降级(职)以上处分、分管负责人记过以上处分、主要负责人警告以上处分:

1. 总公司本部发生单个案件,涉案金额 200 万元以上 1000 万元以下;
2. 总公司本部发生单个案件,造成损失 50 万元以上 100 万元以下。

（二）有下列情形之一的，给予总公司相关部门负责人撤职以上处分、分管负责人降级(职)以上处分、主要负责人记大过以上处分：

1. 总公司本部发生单个案件，涉案金额 1000 万元以上；

2. 总公司本部发生单个案件，造成损失 100 万元以上；

3. 系统内发生单个案件，涉案金额 1 亿元以上；

4. 系统内发生单个案件，造成损失 1000 万元以上；

5. 一年内三家以上直管机构高级管理人员因违法违规行为被撤销任职资格或者禁入保险业；

6. 一年内三家以上直管机构因违法违规行为被责令停业整顿或者吊销业务许可证。

第十三条　保险资产管理机构经营管理责任人的间接责任追究标准，由保险资产管理机构参照保险公司的标准，结合公司实际、业务类型、案件性质、危害后果等情况自行制定。

第十四条　对保险集团(控股)公司经营管理责任人的间接责任，参照以下标准进行追究：

（一）有下列情形之一的，给予保险集团(控股)公司相关部门负责人降级(职)以上处分、分管负责人记过以上处分、主要负责人警告以上处分：

1. 集团公司本部发生单个案件，涉案金额 200 万元以上 1000 万元以下；

2. 集团公司本部发生单个案件，造成损失 50 万元以上 100 万元以下。

（二）有下列情形之一的，给予保险集团(控股)公司相关部门负责人降级(职)以上处分、分管负责人记大过以上处分、主要负责人记过以上处分：

1. 集团公司本部发生单个案件，涉案金额 1000 万元以上；

2. 集团公司本部发生单个案件，造成损失 100 万元以上。

第十五条　发生社会影响特别恶劣，或者造成系统性风险的重大违法违规行为，给予发案机构相关部门负责人开除处分、分管负责人留察看以上处分、主要负责人撤职以上处分。同时根据情节轻重追究上级机构直至总公司经营管理责任人的间接责任。

第十六条　实行业务条线管理的保险机构，根据"权责对等"的原则，按照第十条至第十五条的标准，追究负有经营管理权责的相关经营管理责任人的间接责任。

第十七条　保险机构发生本指导意见规定的责任追究事项，应根据内部职责分工，按照"双线问责"的原则，对具有业务管理、流程制约，以及审计稽核等职责的其他间接责任人员，由本级或上级有权部门一并追究责任。

第十八条　对被动发现案件，以及反复发生同质同类案件的，应从重追究主要负责人及相关人员责任：

（一）对发现的案件苗头、违法违规事实或重大线索不及时报告、制止、整改、纠正、处理，或故意包庇隐瞒；

（二）发生案件后，未进行有效整改，不采取积极措施挽回影响和损失，或者隐瞒事实真相，隐匿、伪造、篡改、毁灭证据和妨碍、干扰、阻挠、抗拒调查和处理。

（三）严重失职，管理不力，致使内部控制制度和风险管理制度存在严重缺陷导致案件发生。

（四）因违反决策程序造成重大决策失误，导致公司资产发生损失。

（五）因参与内幕交易或者违规关联交易，导致公司资产发生损失。

（六）未按规定进行业务检查，导致案件隐患未被及时发现，或者因对检查发现的问题不及时进行有效整改，导致重大案件发生。

（七）案件引发系统性风险或群体性事件，造成的社会影响特别恶劣、后果特别严重。

第十九条　保险机构通过以下情形自查发现的案件，若属于自然人作案，在管理责任追究上可以从轻处理：

（一）在业务流程中，关联岗位员工发现异常情况或案件线索，经反映举报并采取后续措施发现的案件。

（二）在业务流程中，通过流程监督机制或 IT 系统预警功能发现异常情况或案件线索，经向相关部门负责人或本机构负责人报告并采取后续措施发现的案件。

（三）业务流程或工作部门的负责人，在日常管理监督或通过岗位轮换、强制休假等措施发现异常情况或案件线索，经向本机构负责人报告并采取后续措施发现的案件。

（四）在本机构组织的检查或在本机构内审（稽核）监察部门检查中发现异常情况或案件线索，经本机构采取后续措施发现的案件。

（五）在上级机构组织的检查或在上级机构内审（稽核）监察部门检查中发现异常情况或案件线索，责成或会同该机构采取后续措施发现的案件。

（六）保险机构按照保监会或其派出机构的部署，在组织开展全面自查或专项自查中发现异常情况或案件线索，经该机构采取后续措施发现的案件。

（七）作案嫌疑人迫于内部监督检查、信访举报核查、岗位轮换、强制休假等措施的压力，在作案行为未暴露前，主动向本机构坦白交代发现的案件。

（八）其他情形自查发现的案件。

发案机构及其上级机构应对上述自查发现案件进行调查确认。在报告案件时，应注明属于自查发现案件、详细叙述自查发现案件的背景和过程、提出认定意见，由上级机构出具认定结果，并由总公司或者省级分公司主要负责人签署并加盖公章后向保监会或其派出机构报告。

第二十条　有下列情形之一的，可以从轻追究相关人员责任：

（一）通过加大案件治理、完善流程操作、改进业务管理、加强内审（稽核）检查及采取得当措施自查发现、主动揭露并暴露案件的。

（二）案发前发现内控中存在问题并及时提示风险、提出整改要求，或曾主动反映、举报案件线索的。

（三）案发后及时主动追缴资金和积极赔偿损失的，根据挽回损失程度相应减轻有关人员责任。

（四）在受到胁迫情况下行为失当，事后积极补救的。

（五）有重大立功表现和其他可从轻处理情节的。

出现上述情形的，发案机构及其上级机构应出具书面证明材料，经各级机构集体研究通过，由总公司或者省级分公司主要负责人签署并加盖公章后向保监会或其派出机构报告。

第二十一条　保险机构发生案件，应在案发之日起6个月内，对案件责任人员的责任追究作出处理决定。案情复杂的，经请示保监会或其派出机构可以适当延长。

第二十二条　相关责任人退休不到2年（含2年）的，仍应当追究其案件责任。

相关责任人已经调离原工作岗位的，由发案保险机构追究其案件责任，并将处理决定通知其现工作的单位；对不能通知的，由作出处理决定的保险机构将处理决定予以公告。

第二十三条　对应当追究责任而未追究责任，或者责任追究不到位的保险机构的主要负责人，由任命、选举或聘用机构给予记过以上的纪律处分。

第二十四条　在案件责任追究过程中，进行案件责任追究的相关保险机构应当告知案件责任人案件情况、拟处理意见，并听取相关案件责任人员的陈述、申辩，作出公正处理。案件责任追究决定应当制作书面决定，说明被问责行为事实和处理依据，并送达当事人。

保险机构案件责任人员，如果对责任追究决定不服，可以按照规定程序向作出责任追究决定机构或上级机构申诉，或向劳动管理部门申请仲裁，或提起诉讼。

第二十五条　对于受到案件责任追究的人员，保险机构应当参照以下标准进行管理：

（一）受到撤职、留用察看、开除纪律处分的人员3年内不得担任保险机构高级管理人员，不得享受奖励薪贴或者加薪，不得变相升职或安排同等职务（级）的岗位。

（二）受到警告、记过、记大过、降级（职）等纪律处分的人员2年内不得晋升职务（级），不得享受奖励薪贴或者加薪。

（三）受到经济处分的人员1年内不得享受奖励薪贴或者加薪。

（四）发生与所在单位经营管理有关的刑事案件，发案机构的相关高级管理人员在人民法院尚未做出生效判决或者上级机构作出责任追究决定之前，原则上应暂缓提拔任用。

第二十六条　保险机构录用被其他保险机构追究责任的人员，应遵守本指导意见。

第二十七条　保险机构应当完善内部控制制度，建立健全风险管理体系，提高案件防范能力。应当建立健全案件责任制度，明确总公司及其分支机构案件防范和查处职责，加强对分支机构的案件防范和查处工作的监督检查。

保险机构应当根据案件责任追究需要,建立内部报告制度,细化案件报告时限、报告内容、报告路径,以及相关责任人。报告内容至少应当包括以下方面:案件基本情况、案件处理情况、需从重问责或从轻问责的情形、内部责任追究情况、整改措施等。

第二十八条 对被依法追究刑事责任或者受到行政处罚的案件责任人员,仍应依据案件责任追究办法追究其责任。

第二十九条 本指导意见所称"以上"均包括本数,所称"以下"均不包括本数。

第三十条 外国保险机构在华分公司、保险中介公司参照本指导意见制定内部案件责任追究办法。

第三十一条 本指导意见由保监会负责解释和修订。

第三十二条 本指导意见自2010年7月1日起施行,保监会2006年1月发布的《国有保险机构重大案件领导责任追究试行办法》(保监发〔2006〕11号)同时废止。

保险业内涉嫌非法集资活动预警和查处工作暂行办法

· 2007年12月26日
· 保监发〔2007〕127号

第一条 为贯彻落实党中央、国务院处置非法集资的方针和政策,根据处置非法集资部际联席会议的要求,切实做好保险业内涉嫌非法集资活动的预警和查处工作,建立综合治理长效机制,制定本办法。

第二条 保险业内涉嫌非法集资活动是指保险机构、保险中介机构及其工作人员涉嫌从事非法集资活动,以及其他单位、个人涉嫌以保险名义从事非法集资活动。

第三条 中国保险监督管理委员会(以下简称"保监会")、保监局、保险机构和保险中介机构,应当结合保险行业的实际情况,按照统一领导、分级负责、疏堵并举、防治结合的原则,建立健全保险业内涉嫌非法集资活动预警和查处工作机制。

第四条 保监会负责指导保监局、保险机构、保险中介机构建立保险业内涉嫌非法集资活动预警和查处工作机制,负责监督、检查保监局、保险机构、保险中介机构保险业内涉嫌非法集资活动预警和查处工作。

第五条 保监局应当根据本办法,结合辖区实际情况,制定本辖区保险业内涉嫌非法集资活动预警和查处工作办法,负责指导辖区内保险机构和保险中介机构建立保险业内涉嫌非法集资活动预警和查处工作机制,负责监督、检查辖区内保险机构和保险中介机构保险业内涉嫌非法集资活动预警和查处工作。

第六条 保监会、保监局应当与相关部门建立协调机制,应当协助、配合地方政府做好保险业内非法集资的处置、取缔工作,并向地方政府做好政策解释和业务指导工作。

第七条 保监会、保监局应当按照国家统一的宣传教育规划,结合保险业的实际情况,制定相应的宣传普及教育计划,并通过灵活多样的方式具体实施。

第八条 保险机构和保险中介机构应当依法经营,并应当加强对分支机构的业务管理和指导,不得利用开展保险业务从事非法集资活动,不得为非法集资活动提供保险保障和其他便利。

第九条 保险机构和保险中介机构要建立保险业内涉嫌非法集资活动预警和查处工作机制,制订工作方案,密切关注行业内外以保险名义从事非法集资活动的行为,防止非法集资的风险传递到保险行业中。

第十条 保监会、保监局、保险机构、保险中介机构要指定专门人员和相关机构,通过建立群众举报、媒体监督和检查监管制度,加强日常监管,负责对本行业非法集资活动的监测预警,建立"反应灵敏、配合密切、应对有力"的防范预警工作体系。

第十一条 保监会负责组织实施全国范围内保险业内涉嫌非法集资活动的监测预警工作,保监局负责组织实施辖区内保险业内涉嫌非法集资活动的监测预警工作。

保险机构、保险中介机构发现利用保险名义从事非法集资活动,或者为非法集资活动提供保险保障和其他便利的,应当及时向保监会或者所在地的保监局书面报告。

保监局应当及时将收集到的本行业内涉嫌非

法集资活动的情况向保监会和所在地省级政府报告，并协助配合案发地省级政府采取相应的前期调查取证工作。

第十二条 保监会接到部际联席会议办公室转送的省级政府提出的非法集资活动性质认定请求后，应当依据国家法律法规和行业标准，进行前期审核，并按照部际联席会议要求的统一格式，向部际联席会议办公室反馈审核意见。

第十三条 保监局应当按月向保监会报送《行业涉嫌非法集资案件统计表》，按季度向保监会报送保险业内涉嫌非法集资活动情况分析和处置工作情况，并在年终向保监会报送全年汇总情况。保监局应当分别在月后、季后、年后7个工作日内完成上述报送。

对于发生的保险业内涉嫌非法集资的重大或者典型案件，保监局应当在案发后24小时内报送保监会，特别重要的应当立即报送。

第十四条 保监会在汇总保监局和会机关掌握的保险业内涉嫌非法集资活动情况后，应当分别在月后、季后、年后15个工作日内向部际联席会议办公室进行报送。

对于发生的保险业内涉嫌非法集资的重大或者典型案件，保监会应当在案发后48小时内报送部际联席会议办公室，特别重要的应当立即报送。

第十五条 对违反本规定的单位和个人，保监会、保监局将依法予以责任追究。

附件：《行业涉嫌非法集资案件统计表》(略)

银行保险机构
涉刑案件管理办法(试行)

- 2020年5月22日
- 银保监发〔2020〕20号

第一章 总 则

第一条 为进一步规范和加强银行保险机构涉刑案件(以下简称案件)管理工作，建立责任明确、协调有序的工作机制，依法、及时、稳妥处置案件，依据《中华人民共和国银行业监督管理法》《中华人民共和国商业银行法》《中华人民共和国保险法》等法律法规，制定本办法。

第二条 本办法所称银行保险机构包括银行机构和保险机构。

银行机构，是指在中华人民共和国境内依法设立的商业银行、农村合作银行、农村信用社、村镇银行等吸收公众存款的金融机构以及政策性银行。

保险机构，是指在中华人民共和国境内依法设立的保险集团(控股)公司、保险公司、保险资产管理公司。

在中华人民共和国境内依法设立的金融资产管理公司、信托公司、财务公司、金融租赁公司以及中国银行保险监督管理委员会(以下简称银保监会)批准设立的其他金融机构，适用本办法。

保险专业中介机构适用本办法。

第三条 本办法所称案件管理工作包括案件分类、信息报送、案件处置和监督管理等。

第四条 案件管理工作坚持机构为主、属地监管、分级负责、分类查处原则。

第五条 银行保险机构承担案件管理的主体责任，应当建立与本机构资产规模、业务复杂程度和内控管理要求相适应的案件管理体系，制定本机构的案件管理制度，并有效执行。

第六条 银保监会负责指导、督促银保监会派出机构(以下简称派出机构)和银行保险机构的案件管理工作；负责银保监会直接监管的银行保险机构法人总部案件的查处工作；负责银行保险机构案件管理的信息化建设和统计分析等工作。

银保监会案件管理部门可以直接查处派出机构管辖的案件，也可以指定派出机构查处银保监会管辖的案件。

第七条 银保监会省级派出机构(以下简称银保监局)按照属地监管原则，负责本辖区案件管理工作，并承担银保监会授权或指定的相关工作。

第八条 银行保险机构、银保监会及其派出机构应当按照要求对案件准确分类，区分不同类型案件开展查处工作。

第二章 案件定义、分类及信息报送

第九条 案件类别分为业内案件和业外案件。

第十条 业内案件是指银行保险机构及其从业人员独立实施或参与实施，侵犯银行保险机构或客户合法权益，已由公安、司法、监察等机关立案查处的刑事犯罪案件。

银行保险机构及其从业人员在案件中不涉嫌刑事犯罪,但存在违法违规行为且该行为与案件发生存在直接因果关系,已由公安、司法、监察等机关立案查处的刑事犯罪案件,按照业内案件管理。

银行保险机构从业人员违规使用银行保险机构重要空白凭证、印章、营业场所等,套取银行保险机构信用参与非法集资活动,以及保险机构从业人员虚构保险合同实施非法集资活动,已由公安、司法、监察等机关立案查处的刑事犯罪案件,按照业内案件管理。

第十一条 业外案件是指银行保险机构以外的单位、人员,直接利用银行保险机构产品、服务渠道等,以诈骗、盗窃、抢劫等方式严重侵犯银行保险机构或客户合法权益,或在银行保险机构场所内,以暴力等方式危害银行保险机构场所安全及其从业人员、客户人身安全,已由公安、司法等机关立案查处的刑事犯罪案件。

第十二条 有下列情形之一的案件,属于重大案件:

(一)银行机构案件涉案金额等值人民币一亿元以上,保险机构案件涉案金额等值人民币一千万元以上的;

(二)自案件确认后至案件审结期间任一时点,风险敞口金额(指涉案金额扣除已回收的现金或等同现金的资产)占案发银行保险法人机构总资产百分之十以上的;

(三)性质恶劣、引发重大负面舆情、造成挤兑或集中退保以及可能诱发区域性或系统性风险等具有重大社会不良影响的;

(四)银保监会及其派出机构认定的其他属于重大案件的情形。

第十三条 案发银行保险机构在知悉或应当知悉案件发生后,应于三个工作日内将案件确认报告分别报送法人总部和属地派出机构。派出机构收到案发银行保险机构案件确认报告后,应审核报告内容,于三个工作日内逐级上报至银保监会案件管理部门,抄报银保监会机构监管部门。

银保监会直接监管的银行保险机构在知悉或应当知悉法人总部案件发生后,应于三个工作日内将案件确认报告报送银保监会案件管理部门,抄报银保监会机构监管部门。派出机构负责监管的银行保险机构法人总部收到其分支机构案件确认报告后,应审核报告内容,于三个工作日内报送属地派出机构。

对符合《银行业保险业突发事件信息报告办法》的案件,应于报送突发事件信息后24小时内报送案件确认报告。

第十四条 案件应当年报告、当年统计,按照案件确认报告报送时间纳入年度统计。案件性质、案件分类及涉案金额等依据公安、司法、监察等机关的立案相关信息确定;不能知悉相关信息的,按照监管权限,由银保监会案件管理部门或银保监局初步核查并认定。

第十五条 案件处置过程中,案件性质、案件分类、涉案金额、涉案机构、涉案人员等发生重大变化的,银行保险机构、派出机构应当及时报送案件确认报告续报,报送路径与案件确认报告一致。

第十六条 对于公安、司法、监察等机关依法撤案、检察机关不予起诉、审判机关判决无罪或经银保监局核查确认不符合案件定义的,银行保险机构、银保监局应当及时撤销案件,案件撤销报告报送路径与案件确认报告一致。

对于已撤销的案件,银行保险机构和相关责任人员存在违法违规问题的,应当依法查处。

第三章 案件风险事件定义及信息报送

第十七条 案件风险事件是指可能演化为案件,但尚未达到案件确认标准的有关事件。

第十八条 有下列情形之一,可能演化为案件的事件,属于案件风险事件:

(一)银行机构从业人员、保险机构高管人员因不明原因离岗、失联的;

(二)客户反映非自身原因账户资金、保单状态出现异常的;

(三)大额授信企业及其法定代表人或实际控制人失联或被采取强制措施的;

(四)同业业务发生重大违约的;

(五)银行保险机构向公安、司法、监察等机关报案但尚未立案,或者银保监会派出机构向公安、司法、监察等机关移送案件线索但尚未立案的;

(六)引发重大负面舆情的;

(七)其他可能演化为案件但尚未达到确认标准的情形。

第十九条 事发银行保险机构在知悉或应当知悉案件风险事件后,应于五个工作日内将案件风险事件报告分别报送法人总部和属地派出机构。

派出机构收到事发银行保险机构案件风险事件报告后，应审核报告内容，于五个工作日内逐级上报至银保监会案件管理部门，抄报银保监会机构监管部门。派出机构向公安、司法、监察等机关移送案件线索且尚未立案的，按"谁移送、谁报告"原则报送案件风险事件报告。

银保监会直接监管的银行保险机构在知悉或应当知悉法人总部案件风险事件后，应于五个工作日内将案件风险事件报告报送银保监会案件管理部门，抄报银保监会机构监管部门。派出机构负责监管的银行保险机构法人总部收到其分支机构案件风险事件报告后，应审核报告内容，于五个工作日内报送属地派出机构。

对符合《银行业保险业突发事件信息报告办法》的案件风险事件，应于报送突发事件信息后24小时内报送案件风险事件报告。

第二十条 银行保险机构、派出机构在报送案件风险事件报告后，应当立即开展核查，涉及金额、涉及机构、涉及人员等发生重大变化的，应当及时报送案件风险事件续报。经核查认定符合案件定义的，及时确认为案件；不符合案件定义的，及时撤销。案件风险事件续报和撤销报告报送路径与案件风险事件报告一致。

对于已撤销的案件风险事件，银行保险机构和相关责任人员存在违法违规问题的，应当依法查处。

第二十一条 案件风险事件自报送之日起超过一年仍不能确认为案件的，应予以撤销。

第四章 案件处置

第一节 业内案件处置工作职责

第二十二条 业内案件处置工作包括机构调查、监管督查、机构内部问责、行政处罚、案件审结等。

第二十三条 银行保险机构对案件处置工作负主体责任，具体承担以下职责：

（一）开展案件调查工作，按规定提交机构调查报告；

（二）对案件责任人员进行责任认定并开展内部问责；

（三）排查并整改内部管理漏洞；

（四）及时向地方政府报告重大案件情况；

（五）按规定提交案件审结报告。

第二十四条 银保监会案件管理部门负责指导、督促各银行保险机构和银保监局开展案件处置工作，具体承担以下职责：

（一）负责银保监会直接监管的银行保险机构法人总部案件的督查和行政处罚立案调查工作，指导、督促上述机构开展内部问责；

（二）指导、督促、统筹、协调银保监局开展案件督查和行政处罚工作；

（三）对重大案件实施现场或非现场督导。

第二十五条 派出机构对本辖区的案件处置工作负监管责任，具体承担以下职责：

（一）指导、督促或直接开展辖内案件调查工作；

（二）成立督查组开展监管督查工作，按规定提交监管督查报告；

（三）指导、督促银行保险机构开展内部问责；

（四）对涉案机构和案件责任人员的违法违规行为实施行政处罚；

（五）必要时向地方政府报告重大案件情况；

（六）按规定提交案件审结报告。

派出机构在案件处置过程中发现辖区外案件线索的，应及时向相关派出机构移交。

第二节 业内案件机构调查

第二十六条 银行保险机构应成立调查组并开展案件调查工作。银行保险机构分支机构发生案件的，调查组组长由其上级机构负责人担任；银行保险机构法人总部发生案件或分支机构发生重大案件的，调查组组长由法人总部负责人担任。案件调查工作包括：

（一）对涉案人员经办的业务进行全面排查，制定处置预案；

（二）最大限度保全资产，依法维护消费者权益；

（三）做好舆情管理，必要时争取地方政府支持，维护案发机构正常经营秩序；

（四）积极配合公安、司法、监察等机关侦办案件；

（五）查清基本案情，确定案件性质，明确案件分类，总结发案原因，查找内控管理存在的问题；

（六）对自查发现的案件，提出意见和理由。

第二十七条　银行保险机构自查发现的案件，是指银行保险机构在日常经办业务或日常经营管理中，通过内部审计监督、纪检监察、巡视巡察等途径，主动发现线索、主动报案并及时向银保监会案件管理部门或属地派出机构报送案件确认报告的案件。

银行保险机构通过外部举报、外部信访、外部投诉、外部审计、监管检查、舆情监测等外部渠道发现的，不属于自查发现案件。

第二十八条　银行保险机构应于案件确认后四个月内报送机构调查报告，报送路径与案件确认报告一致。不能按期报送的，应书面说明延期理由，每次延期时间原则上不超过三个月。

第三节　业内案件监管督查

第二十九条　银保监会案件管理部门或派出机构在监管督查阶段应开展以下工作：

（一）指导、督促并跟踪银行保险机构做好案件应急处置与调查工作，及时掌握案件调查和侦办情况，协调做好跨机构资金核查，必要时可以直接调查或开展延伸调查。

（二）对银行保险机构和案件责任人员的违法违规行为进行调查。

（三）督促银行保险机构配合公安、司法、监察等机关侦办案件。

（四）确定案件性质、案件分类和涉案金额。

（五）根据案件情况组织辖内银行保险机构对相关业务进行排查。

（六）必要时发布风险提示，向银行保险机构通报作案手法和风险点、提出监管意见。银保监局发布的风险提示应抄报银保监会案件管理部门和机构监管部门。

银保监会案件管理部门和银保监局应按照监管权限，对案件是否属于自查发现作出结论。

第三十条　派出机构应于案件确认后五个月内逐级向银保监会案件管理部门报送监管督查报告，抄报银保监会机构监管部门；不能按期报送的，应书面说明延期理由，每次延期时间原则上不超过三个月。

第四节　业内案件内部问责

第三十一条　银行保险法人机构应当制定与本机构资产规模和业务复杂程度相适应的内部责任追究制度，报送银保监会案件管理部门或属地派出机构。在机构调查工作完成后，银行保险机构应对案件责任人员作出责任认定，根据责任认定情况进行内部问责。内部问责方案应当按照监管权限与银保监会案件管理部门或派出机构沟通。

银保监会案件管理部门或派出机构应当按照监管权限指导、监督银行保险机构开展内部问责工作。

第三十二条　内部问责工作由案发机构的上级机构牵头负责，案发机构人员不得参与具体问责工作，但案发机构为法人总部的除外。银行保险机构分支机构发生重大案件的，由法人总部牵头组织开展问责工作。

第三十三条　银行保险机构应追究案发机构案件责任人员的责任，并对其上一级机构相关条线部门负责人、机构分管负责人、机构主要负责人及其他案件责任人员进行责任认定，根据责任认定情况进行问责。

发生重大案件的，银行保险机构除对案发机构及其上一级机构案件责任人员进行责任认定外，还应对其上一级机构的上级机构相关条线部门负责人、机构分管负责人、机构主要负责人等进行责任认定，根据责任认定情况进行问责。

银行保险机构组织架构和层级不适用本条有关问责要求的，法人总部应向银保监会案件管理部门或属地派出机构提出申请，由银保监会案件管理部门或属地派出机构根据实际情况决定。

第三十四条　案件内部问责包括但不限于以下方式：

（一）警告、记过、记大过、降级、撤职、开除等纪律处分；

（二）罚款、扣减绩效工资、降低薪酬级次、要求赔偿经济损失等经济处理；

（三）通报批评、调离、停职、引咎辞职、责令辞职、用人单位单方解除劳动合同等其他问责方式。

案件问责方式可以合并使用。应予纪律处分的，不得以经济处理或其他问责方式替代。

第三十五条　有下列情形之一的，银行保险机构可以对案件责任人员从轻或减轻问责：

（一）认为上级的决定或命令有错误，已向上级提出改正或撤销意见，但上级仍要求其执行的；

（二）符合第二十七条规定自查发现的案件的；

（三）积极配合案件调查，主动采取有效措施，

且消除或减轻危害后果的;

(四)受他人胁迫实施违法违规行为,且事后及时报告并积极采取补救措施的;

(五)其他可以从轻、减轻问责的情形。

第三十六条 有下列情形之一的,银行保险机构可以免于追究案件责任人员的责任:

(一)因紧急避险,被迫采取非常规手段处置突发事件,且所造成的损害明显小于不采取紧急避险措施可能造成的损害的;

(二)受他人胁迫实施违法违规行为,事后及时报告并积极采取补救措施,且未造成损害的;

(三)在集体决策的违法违规行为中明确表达不同意见且有证据予以证实的;

(四)违法行为轻微并及时纠正,没有造成危害后果的;

(五)其他可以免责的情形。

第三十七条 有下列情形之一的,银行保险机构应对案件责任人员从重问责:

(一)发生重大案件的;

(二)对一年内发生的两起以上案件负有责任的;

(三)管理严重失职、内部控制严重失效,导致案件发生的;

(四)指使、授意、教唆或胁迫他人违法违规操作,导致案件发生的;

(五)对违法违规事实或发现的重要案件线索不及时报告、制止、处理,导致案件发生或案件后果进一步加重的;

(六)对上级机构或监管部门指出的内部控制薄弱环节或提出的整改意见,未采取整改措施或整改不到位,导致案件发生的;

(七)隐瞒案件事实或隐匿、伪造、篡改、毁灭证据,抗拒、妨碍、不配合案件调查和处理的;

(八)对检举人、证人、鉴定人、调查处理人实施威胁、恐吓或打击报复的;

(九)瞒或多次迟报、漏报案件信息的;

(十)其他应从重问责的情形。

第三十八条 银行保险机构离职人员对离职前的案件负有责任的,银行保险机构应做出责任认定,并按照监管权限报告银保监会案件管理部门或派出机构。该人员离职后仍在银行业保险业任职的,原任职单位应将责任认定结果及拟处理意见送交离职人员现任职单位。

第五节 业内案件行政处罚

第三十九条 银保监会及其派出机构应当按照监管权限,及时对业内案件开展立案调查,实施行政处罚。

银保监局辖区内发生的重大案件,由银保监局实施行政处罚。

第四十条 案件的行政处罚应坚持依法从严、过罚相当原则,除对涉案机构的违法违规行为依法予以行政处罚外,还应对案件责任人员予以行政处罚。

第四十一条 对涉及多家银行保险机构的案件,按照穿透原则,依法对相关机构及责任人员的违法违规行为进行查处。

第四十二条 有下列情形之一的,应依法对涉案机构和案件责任人员从轻或减轻处罚:

(一)主动消除或者减轻违法行为危害后果的;

(二)受他人胁迫有违法行为的;

(三)配合行政机关查处违法行为有立功表现的;

(四)其他依法从轻或者减轻行政处罚的情形。

对自查发现的案件,在法律法规规定的范围内,可以对涉案机构和案件责任人员从轻处罚。

违法行为轻微并及时纠正,没有造成危害后果的,不予行政处罚。

第四十三条 有下列情形之一的,应依法对涉案机构和案件责任人员从重处罚:

(一)严重违反审慎经营规则,导致重大案件发生的;

(二)严重违反市场公平竞争规定,影响金融市场秩序稳定的;

(三)严重损害消费者权益,社会关注度高、影响恶劣的;

(四)拒绝或阻碍监管执法的;

(五)多次违法违规的;

(六)性质恶劣、情节严重的其他违法违规行为。

第六节 业内案件审结

第四十四条 银行保险机构应于案件确认后八个月内报送案件审结报告,报送路径与案件确认报告一致。不能按期报送的，应当书面说明延期理由，每次延期时间原则上不超过三个月。

第四十五条　派出机构应于案件确认后一年内逐级向银保监会案件管理部门报送案件审结报告，抄报银保监会机构监管部门。不能按期报送的，应当书面说明延期理由，每次延期时间原则上不超过三个月。

对作出不予立案调查决定或经立案调查决定不予处罚的案件，应在审结报告中予以明确。

第四十六条　银行保险机构、银保监会及其派出机构应分别建立档案，在案件处置工作结束后，将有关案卷材料立卷存档。

第七节　业外案件处置要求

第四十七条　对符合重大案件定义的业外案件，参照业内案件进行机构调查、监管督查和案件审结，必要时可以督导机构内部问责，开展行政处罚。

第五章　监督管理

第四十八条　银行保险机构应针对案件制定整改方案，建立整改台账，明确整改措施，确定整改期限，落实整改责任。整改完成后，银行保险机构向案发机构属地派出机构报告整改落实情况；银保监会直接监管的银行保险机构法人总部向银保监会机构监管部门报告整改落实情况，抄报银保监会案件管理部门。

第四十九条　银保监会及其派出机构在对案发银行保险机构进行监管评级、市场准入、偿付能力评估、现场检查计划制定时，应体现差异化监管原则，综合参考机构业内案件发生、内部问责、整改落实和是否属于自查发现的案件等情况。

第五十条　银行保险机构应按本办法开展案件管理工作。违反本办法的，由银保监会及其派出机构依据《中华人民共和国银行业监督管理法》《中华人民共和国商业银行法》《中华人民共和国保险法》等法律法规予以处罚。

第五十一条　派出机构违反本办法，不及时报告辖内银行保险机构案件，或未按规定处置案件的，由上级单位责令其改正；造成重大不良后果或影响的，依据相关问责和纪律处分规定，追究相关单位和人员的责任。

第五十二条　银行保险机构、银保监会及其派出机构应保守案件管理过程中获悉的国家秘密、商业秘密和个人隐私。对违反保密规定，造成重大不良影响的，应依法处理。

第六章　附　则

第五十三条　本办法所称"案件责任人员"是指在违法违规行为发生时，负有责任的银行保险机构从业人员，包括相关违法违规行为的实施人或参与人，以及对案件发生负有管理、领导、监督等责任的人员。

本办法所称"违法违规行为"是指违反法律、行政法规、规章和规范性文件中有关银行业保险业监督管理规定的行为。

第五十四条　银保监会对农村信用社省联社履行辖内农村合作金融机构案件管理有关职责以及对保险机构案件责任追究另有规定的，从其规定。

第五十五条　本办法由银保监会负责解释，自2020年7月1日起施行。

银行保险机构涉刑案件风险防控管理办法

· 2023年11月2日
· 金规〔2023〕10号

第一章　总　则

第一条　为提高银行保险机构涉刑案件（以下简称案件）风险防控水平，促进银行业保险业安全稳健运行，根据《中华人民共和国银行业监督管理法》《中华人民共和国商业银行法》《中华人民共和国保险法》等法律法规和其他相关规定，制定本办法。

第二条　本办法所称银行保险机构包括银行机构和保险机构。

银行机构，是指在中华人民共和国境内依法设立的商业银行、农村合作银行、农村信用合作社、村镇银行等吸收公众存款的金融机构以及政策性银行。

保险机构，是指在中华人民共和国境内依法设立的保险公司。

第三条　银行保险机构案件风险防控的目标是健全案件风险防控组织架构，完善制度机制，全面加强内部控制和从业人员行为管理,不断提高案件风险防控水平,坚决有效预防违法犯罪。

第四条 银行保险机构应当坚持党对金融工作的集中统一领导,坚决落实党中央关于金融工作的决策部署,充分发挥党建引领作用,持续强化风险内控建设,健全案件风险防控长效机制。

第五条 案件风险防控应当遵循以下原则:预防为主、关口前移、全面覆盖、突出重点、法人主责、分级负责、联防联控、各司其职、属地监管、融入日常。

第六条 银行保险机构承担本机构案件风险防控的主体责任。

第七条 国家金融监督管理总局(以下简称金融监管总局)及其派出机构依法对银行保险机构案件风险防控实施监督管理。

第八条 中国银行业协会、中国保险行业协会等行业自律组织应当通过加强交流沟通、宣传教育等方式,协调、指导会员单位提高案件风险防控水平。

第二章 职责分工

第九条 银行保险机构应当建立与其经营范围、业务规模、风险状况、管理水平相适应的案件风险防控组织体系,明确董(理)事会、监事会、高级管理层等在案件风险防控中的职责分工。

第十条 银行保险机构董(理)事会承担案件风险防控最终责任。董(理)事会的主要职责包括:

(一)推动健全本机构案件风险防控组织架构和制度机制;

(二)督促高级管理层开展案件风险防控工作;

(三)审议本机构年度案件风险防控评估等相关情况报告;

(四)其他与案件风险防控有关的职责。

董(理)事会下设专门委员会的,可以授权专门委员会具体负责案件风险防控相关工作。未设立董(理)事会的银行保险机构,由执行董(理)事具体负责董(理)事会案件风险防控相关工作。

第十一条 设立监事会的银行保险机构,其监事会承担案件风险防控监督责任,负责监督董(理)事会和高级管理层案件风险防控履职尽责情况。

未设立监事会的银行保险机构,由监事或承担监督职责的组织负责监督相关主体履职尽责情况。

第十二条 银行保险机构高级管理层承担案件风险防控执行责任。高级管理层的主要职责包括:

(一)建立适应本机构的案件风险防控组织架构,明确牵头部门、内设部门和分支机构在案件风险防控中的职责分工;

(二)审议批准本机构案件风险防控相关制度,并监督检查执行情况;

(三)推动落实案件风险防控的各项监管要求;

(四)统筹组织案件风险排查与处置、从业人员行为管理工作;

(五)建立问责机制,确保案件风险防控责任落实到位;

(六)动态全面掌握本机构案件风险防控情况,及时总结和评估本机构上一年度案件风险防控有效性,提出本年度案件风险防控重点任务,并向董(理)事会或董(理)事会专门委员会报告;

(七)其他与案件风险防控有关的职责。

银行保险机构应当指定一名高级管理人员协助行长(总经理、主任、总裁等)负责案件风险防控工作。

第十三条 银行保险机构应当明确案件风险防控牵头部门,并由其履行以下主要职责:

(一)拟定或组织拟定案件风险排查与处置、从业人员行为管理等案件风险防控制度,并推动执行;

(二)指导、督促内设部门和分支机构履行案件风险防控职责;

(三)督导案件风险防控相关问题的整改和问责;

(四)协调推动案件风险防控信息化建设;

(五)分析研判本机构案件风险防控形势,组织拟定和推动完成年度案件风险防控重点任务;

(六)组织评估案件风险防控情况,并向高级管理层报告;

(七)指导和组织开展案件风险防控培训教育;

(八)其他与案件风险防控牵头管理有关的职责。

第十四条　银行保险机构内设部门和分支机构对其职责范围内的案件风险防控工作承担直接责任，并履行以下主要职责：

（一）开展本条线、本机构案件风险排查与处置工作；

（二）开展本条线、本机构从业人员行为管理工作；

（三）开展本条线、本机构案件风险防控相关问题的整改工作；

（四）在本条线、本机构职责范围内加强案件风险防控信息化建设；

（五）开展本条线、本机构案件风险防控培训教育；

（六）配合案件风险防控牵头部门开展相关工作。

第十五条　银行保险机构内部审计部门应当将案件风险防控工作纳入审计范围，明确审计内容、报告路径等事项，及时报告审计发现的问题，提出改进建议，并督促问题整改和问责。

第十六条　银行保险机构总部案件风险防控牵头部门应当配备与其机构业务规模、管理水平和案件风险状况相适应的案件风险防控专职人员。

分支机构应当设立案件风险防控岗位并指定人员负责案件风险防控工作。

银行保险机构应当加强专业人才队伍建设，定期开展系统性案件风险防控培训教育，提高相关人员业务素质和履职能力。

第三章　任务要求

第十七条　银行保险机构应当建立健全案件风险防控机制，构建起覆盖案件风险排查与处置、从业人员行为管理、领导干部监督、内部监督检查、追责问责、问题整改、举报处理、考核奖励、培训教育等环节的全链条防控体系。前瞻研判本机构案件风险防控重点领域，针对性完善案件风险防控重点措施，持续加大信息化建设力度，及时开展案件风险防控评估。

第十八条　银行保险机构应当制定案件风险排查与处置制度，确定案件风险排查的范围、内容、频率等事项，建立健全客户准入、岗位准入、业务处理、决策审批等关键环节的常态化风险排查与处置机制。

对于案件风险排查中发现的问题隐患和线索疑点，银行保险机构应当及时规范处置。

发现涉嫌违法犯罪情形的，银行保险机构应当及时移送公安机关等有权部门处理，并积极配合查清违法犯罪事实。

第十九条　银行保险机构应当制定从业人员行为管理制度，健全从业人员职业操守和行为规范，依法依规强化异常行为监测和排查。

银行保险机构应当加强对劳务派遣人员、保险销售人员的管理，并督促合作机构加强第三方服务人员管理。

第二十条　国有和国有控股银行保险机构应当加强对"一把手"和领导班子的监督，严格落实领导干部选拔任用、个人事项报告、履职回避、因私出国（境）、领导干部家属从业行为、经济责任审计、绩效薪酬延期支付和追索扣回等规定。

其他银行保险机构可以参照前款规定加强对董（理）事、监事和高级管理人员的监督。

银行保险机构各级管理人员任职谈话、工作述职中应当包含案件风险防控内容。对案件风险防控薄弱的部门负责人和下级机构负责人，应当及时开展专项约谈。

第二十一条　银行保险机构应当在内部监督检查制度中建立健全监督和检查案件风险防控的相关机制，组织开展相关条线和各级机构案件风险防控内部监督检查，并重点加大对基层网点、关键岗位、案件易发部位和薄弱环节的监督检查力度。

第二十二条　银行保险机构应当健全内部问责机制，坚持尽职免责、失职追责，对案件风险防控相关制度不完善或执行不到位、案件风险应处置未处置或处置不当、管理失职及内部控制失效等违规、失职、渎职行为，严肃开展责任认定，追究相关机构和个人责任。

第二十三条　对于内外部审计、内外部监督检查中发现的案件风险防控问题，银行保险机构应当实行整改跟踪管理，严防类似问题发生。

银行保险机构应当及时系统梳理本机构案件暴露出的规章制度、操作流程和信息系统的缺陷和漏洞，并组织实施整改。

第二十四条　银行保险机构应当在举报处理制度中建立健全案件风险线索发现查处机制，有效甄别举报中反映的违法违规事项，及时采取措施处置和化解案件风险隐患。

第二十五条 银行保险机构应当将案件风险防控作为绩效考核的重要内容，注重过程考核，鼓励各级机构主动排查、尽早暴露、前瞻防控案件风险。对案件风险防控成效突出、有效堵截案件、主动抵制或检举违法违规行为的机构和个人予以奖励。

第二十六条 银行保险机构应当全面加强案件风险防控的业务培训。相关岗位培训、技能考核等应当包含案件风险防控内容。

银行保险机构应当定期组织开展案件警示教育活动。通过以案说法、以案为鉴、以案促治，增强从业人员案件风险防控意识和合规经营自觉，积极营造良好的清廉金融文化氛围。

银行保险机构应当将本机构发生的涉刑案件作为业务培训和警示教育重点内容。

第二十七条 银行保险机构应当依据本机构经营特点，充分识别重点领域案件风险点的表现形式，包括但不限于信贷业务、创新业务、资产处置业务、信用卡业务、保函业务、同业业务、资产管理业务、柜面业务、资本市场业务、债券市场业务、网络和信息安全、安全保卫、保险展业、保险理赔等领域。

第二十八条 银行保险机构应当不断提高内部控制有效性，持续完善案件风险防控重点措施，确保案件风险整体可控，包括但不限于股东股权和关联交易管理、分级授权体系和权限管理、重要岗位轮岗和强制休假管理、账户对账和异常交易账户管理、重要印章凭证管理等。

第二十九条 银行保险机构应当加大案件风险防控信息化建设力度，推动内设部门和分支机构持续优化业务流程，加强大数据分析、人工智能等信息技术应用，强化关键业务环节和内控措施的系统控制，不断提升主动防范、识别、监测、处置案件风险的能力。

第三十条 银行保险机构应当建立健全案件风险防控评估机制，对照本办法要求，结合本机构实际情况，及时、全面、准确评估本机构案件风险防控有效性。评估事项包括但不限于以下内容：

（一）案件风险防控组织架构；

（二）制度机制建设和落实情况；

（三）案件风险重点领域研判情况；

（四）案件风险重点防控措施执行情况；

（五）案件风险排查与处置情况；

（六）从业人员行为管理情况；

（七）案件风险暴露及查处问责情况；

（八）年内发生案件的内设部门、分支机构或所涉业务领域完善制度、改进流程、优化系统等整改措施及成效；

（九）上一年度评估发现问题的整改落实情况，本年度案件风险防控存在的主要问题及改进措施。

银行保险机构应当于每年3月31日前，按照对应的监管权限，将案件风险防控评估情况向金融监管总局或其派出机构报告。

第四章 监督管理

第三十一条 金融监管总局及其派出机构应当将银行保险机构案件风险防控作为日常监管的重要内容，通过非现场监管、现场检查等方式加强案件风险防控监督管理。

第三十二条 金融监管总局及其派出机构案件管理部门承担归口管理和协调推动责任。

金融监管总局机构监管部门、功能监管部门和各级派出机构承担银行保险机构案件风险防控的日常监管职责。

第三十三条 金融监管总局及其派出机构应当采用风险提示、专题沟通、监管会谈等方式，对银行保险机构案件风险防控实施非现场监管，并将案件风险防控情况作为监管评级的重要考量因素。

金融监管总局及其派出机构应当及时研判并跟踪监测银行保险机构案件风险变化趋势，并对案件风险较高的机构实施重点监管。

第三十四条 金融监管总局及其派出机构应当依据银行保险机构的非现场监管情况，对案件风险防控薄弱、风险较为突出的银行保险机构，适时开展风险排查或现场检查。

第三十五条 金融监管总局及其派出机构发现银行保险机构案件风险防控存在问题的，应当依法视具体情况采取以下监管措施：

（一）责令限期改正，并在规定时限内报告整改落实情况；

（二）纳入年度监管通报，提出专项工作要求；

（三）对法人机构或分支机构负责人进行监管约谈；

（四）责令机构开展内部问责；
（五）向有关单位或部门进行通报；
（六）动态调整监管评级；
（七）适时开展监管评估；
（八）其他监管措施。

第三十六条 银行保险机构应当按照本办法开展案件风险防控工作。违反本办法规定，造成不良后果的，由金融监管总局及其派出机构依据《中华人民共和国银行业监督管理法》《中华人民共和国商业银行法》《中华人民共和国保险法》等法律法规和其他相关规定予以行政处罚。

第五章 附 则

第三十七条 有关案件定义，适用《中国银保监会关于印发银行保险机构涉刑案件管理办法（试行）的通知》（银保监发〔2020〕20号）。

第三十八条 在中华人民共和国境内依法设立的信托公司、金融资产管理公司、企业集团财务公司、金融租赁公司、汽车金融公司、货币经纪公司、消费金融公司、保险集团（控股）公司、再保险公司、保险专业中介机构、保险资产管理公司，外国及港澳台银行保险机构，以及金融监管总局批准设立的其他金融机构，参照本办法执行。

第三十九条 本办法由金融监管总局负责解释。金融监管总局派出机构可以依据本办法制定实施细则，并报金融监管总局案件管理部门备案。

第四十条 本办法自2024年1月1日起施行。此前有关规定与本办法不一致的，以本办法为准。《中国银监会办公厅关于印发银行业金融机构案防工作办法的通知》（银监办发〔2013〕257号）同时废止。

中国保监会关于在行政执法中及时移送涉嫌犯罪案件的规定

· 2008年5月8日
· 保监发〔2008〕37号

第一条 为完善行政执法与刑事司法相衔接工作机制，保证保险监督管理机构在行政执法中及时移送涉嫌犯罪案件，根据《行政执法机关移送涉嫌犯罪案件的规定》《关于在行政执法中及时移送涉嫌犯罪案件的意见》以及《中国保险监督管理委员会行政处罚程序规定》，制定本规定。

第二条 保监会或者派出机构在依法查处保险违法行为过程中，发现违法事实涉及的金额、违法事实的情节、违法事实造成的后果等，涉嫌构成犯罪，依法需要追究刑事责任的，应当依照本规定向司法机关移送。

第三条 保监会及派出机构执法职能部门在查处保险违法行为时，发现违法行为人涉嫌构成犯罪的，应当依法采取措施，收集、保存证据。

对查获的涉案物品，应当如实填写涉案物品清单，并按照国家有关规定予以处理。对易腐烂、变质、灭失等不宜或者不易保管的涉案物品，应当采取必要措施，留取证据；对需要进行检验、鉴定的涉案物品，应当由法定检验、鉴定机构进行检验、鉴定，并出具检验报告或者鉴定结论。

第四条 应当向公安机关移送涉嫌犯罪案件的，执法职能部门应立即指定2名或者2名以上行政执法人员组成专案组专门负责，核实情况后提出移送涉嫌犯罪案件的书面报告，制作《涉嫌犯罪案件移送书》，连同涉嫌犯罪案件情况的调查报告、涉案物品清单、有关检验报告或者鉴定结论以及其他有关涉嫌犯罪的材料交法制部门会签，并报中国保监会负责人或者派出机构负责人批准。

中国保监会负责人或者派出机构负责人应当自接到报告之日起3个工作日内作出批准移送或者不批准移送的决定。

第五条 决定批准移送的，执法职能部门应当在24小时内向有管辖权的公安机关移送；决定不批准的，应当将不予批准的理由记录在案。

对经批准移送的案件，执法职能部门应当将《涉嫌犯罪案件移送书》、涉嫌犯罪案件情况的调查报告、涉案物品清单、有关检验报告或者鉴定结论以及其他有关涉嫌犯罪的材料一并移交公安机关。《涉嫌犯罪案件移送书》应当同时抄送同级人民检察院。

第六条 执法职能部门现场查获的涉案金额或者案件其他情节明显达到刑事追诉标准、涉嫌犯罪的，应当立即移送公安机关查处。

第七条 对在移送前已作出行政处罚的涉嫌犯罪案件，执法职能部门应当于作出行政处罚10日内向同级公安机关、人民检察院抄送《行政处罚决定书》副本，按照本规定移送案件，并书面告知相关权利人。

第八条 执法职能部门对公安机关决定立案的案件,应当自接到立案通知书之日起3日以内将涉案物品以及与案件有关的其他材料移送公安机关,并办理交接手续;法律、行政法规另有规定的,依照其规定。

第九条 执法职能部门对公安机关不立案决定有异议的,经保监会负责人或者派出机构负责人同意,在接到不立案通知书后的3日以内,可以向作出不立案决定的公安机关提请复议,也可以建议人民检察院依法进行立案监督。

执法职能部门对公安机关不予立案的复议决定仍有异议的,经保监会负责人或者派出机构负责人同意,可以自收到复议决定通知书之日起3日内建议人民检察院依法进行立案监督。

第十条 保监会或者派出机构对公安机关决定不予立案的案件,应当依法作出处理;其中,依照有关法律、法规或者规章的规定应当给予行政处罚的,应当依法实施行政处罚。

第十一条 对公安机关经过审查不需要追究刑事责任,但依法应当追究行政责任的,并将案件移送保监会或者派出机构的,保监会或者派出机构应当依法作出处理,并将处理结果书面告知公安机关和人民检察院。

第十二条 保监会或者派出机构对应当向公安机关移送的涉嫌犯罪案件,不得以行政处罚代替移送。

保监会或者派出机构向公安机关移送涉嫌犯罪案件前已经作出的警告、限制业务范围、责令停止接受新业务、责令停业整顿、暂扣或者吊销保险许可证、经营保险兼业代理业务许可证的行政处罚决定,不停止执行。

第十三条 保监会或者派出机构对案情复杂、疑难、性质难以认定的案件,可以向公安机关、人民检察院咨询。对有证据表明涉嫌犯罪的行为人可能逃匿或者销毁证据,需要公安机关参与、配合的,保监会或者派出机构可以商请公安机关提前介入。

第十四条 保监会或者派出机构在依法查处违法行为过程中,发现国家工作人员贪污贿赂或者国家机关工作人员渎职等违纪、犯罪线索的,应当根据案件的性质,及时向监察机关或者人民检察院移送。

第十五条 在查办违法犯罪案件工作中,保监会以及派出机构应当与公安机关、监察机关、人民检察院建立联席会议、情况通报、信息共享等机制,加强联系,密切配合,各司其职,相互制约,保证准确有效地执行法律。

第十六条 保监会机关业务部门、派出机构违反本规定,隐匿、私分、销毁涉案物品的,由保监会对其正职负责人根据情节轻重,给予降级以上的行政处分;构成犯罪的,依法追究刑事责任。

对前款所列行为直接负责的主管人员和其他直接责任人员,比照前款的规定给予行政处分;构成犯罪的,依法追究刑事责任。

第十七条 保监会机关业务部门、派出机构违反本规定,逾期不将案件移送的,由保监会责令限期移送,并对其负责人根据情节轻重,给予记过以上的行政处分;构成犯罪的,依法追究刑事责任。

保监会机关业务部门、派出机构违反本规定,对应当移送的案件不移送,或者以行政处罚代替移送的,由保监会责令改正,给予通报;拒不改正的,对其负责人给予记过以上的行政处分;构成犯罪的,依法追究刑事责任。

对本条第一款、第二款所列行为直接负责的主管人员和其他直接责任人员,分别比照前两款的规定给予行政处分;构成犯罪的,依法追究刑事责任。

第十八条 本规定"3日"、"10日"的规定是指工作日,不含节假日。

第十九条 本规定由中国保监会负责解释。

第二十条 本规定自公布之日起施行。

最高人民法院、中国保险监督管理委员会关于在全国部分地区开展建立保险纠纷诉讼与调解对接机制试点工作的通知

- 2012年12月18日
- 法〔2012〕307号

各省、自治区、直辖市高级人民法院,新疆维吾尔自治区高级人民法院生产建设兵团分院,各保监局,各保险行业协会:

为贯彻中央关于诉讼与非诉讼相衔接的矛盾纠纷解决机制改革的总体部署和人民法院"调解优先、调判结合"的工作原则,充分发挥保险监管机构、保险行业组织预防和化解社会矛盾纠纷的积极作用,依法、公正、高效化解保险纠纷,最高人民法院与中国保险监督管理委员会决定在全国部分地区联合开展建立保险纠纷诉讼与调解对接机制试点工作(试点地区名单附后)。现就有关事项通知如下:

一、工作目标

1. 建立、完善保险纠纷多元解决机制,促进依法、公正、高效、妥善化解矛盾纠纷,为保险纠纷当事人提供更多可选择的纠纷解决渠道,维护各方当事人的合法权益,推进保险业持续健康发展。

二、工作原则

2. 依法公正原则。保险纠纷诉讼与调解对接工作应当依法、公正进行,严格遵守法律、行政法规、司法解释规定的程序,充分尊重当事人意愿,不得强制调解;相关调解工作不得损害当事人及利害关系人的合法权益,不得违反法律的基本原则,不得损害社会公共利益。

3. 高效便民原则。开展保险纠纷诉讼与调解对接工作,应注重工作效率,不得以拖促调,不得久调不决;应根据纠纷的实际情况,灵活确定调解的方式、时间和地点,尽可能方便当事人,降低当事人解决纠纷的成本。

4. 积极稳妥原则。建立保险纠纷诉讼与调解对接机制采取先试点、后推广的方式进行,试点地区法院和保险监管机构应积极探索,稳妥推进,认真总结和积累经验,待条件成熟后,逐步在全国其他地区推广。

三、工作要求

5. 试点地区法院和保险监管机构应充分认识此项工作的重要性,加强组织领导,建立健全制度,不断提高保险纠纷诉讼与调解对接工作的公正性和公信力。

6. 试点地区法院可以根据《最高人民法院关于扩大诉讼与非诉讼相衔接的矛盾纠纷解决机制改革试点总体方案》(法〔2012〕116号)的精神,建立特邀调解组织名册、特邀调解员名册。要健全名册管理制度,向保险纠纷当事人提供完整、准确的调解组织和调解员信息,供当事人自愿选择。要充分利用法院诉讼与调解对接工作平台,有条件的法院还可以提供专门处理保险纠纷的调解室,供特邀调解组织、特邀调解员开展工作。

7. 保险监管机构应加强对保险行业调解组织的工作指导,监督其规范运行。应指导当地保险行业协会建立行业调解组织并明确调解组织经费来源,协助保险行业调解组织建立、完善调解员遴选制度,为调解提供稳定资金和人员保障。

8. 保险行业协会负责保险行业调解组织的建设和运行管理,完善工作制度和程序,制定调解员工作规则和职业道德准则,加强对调解员的培训,不断提高调解员的业务素质和调解水平,推动调解工作依法公正的进行。

9. 试点地区法院要在尊重当事人意愿的前提下,按照《最高人民法院关于建立健全诉讼与非诉讼相衔接的矛盾纠纷解决机制的若干意见》(法发〔2009〕45号)的相关规定,采用立案前委派调解、立案后委托调解等方式,引导当事人通过保险纠纷诉讼与调解对接机制高效、低成本地解决纠纷。

10. 保险监管机构应引导保险公司积极通过保险纠纷诉讼与调解对接机制处理矛盾纠纷,敦促其积极履行调解、和解协议。

11. 根据《最高人民法院关于建立健全诉讼与非诉讼相衔接的矛盾纠纷解决机制的若干意见》(法发〔2009〕45号)、《最高人民法院关于扩大诉讼与非诉讼相衔接的矛盾纠纷解决机制改革试点总体方案》(法〔2012〕116号)及民诉法的相关规定,保险纠纷当事人经调解组织、调解员主持调解达成的调解协议,具有民事合同性质,经调解员和调解组织签字盖章后,当事人可以申请有管辖权的人民法院确认其效力。经人民法院确认有效的调解协议,具有强制执行效力。

12. 试点地区法院和保险监管机构、保险行业协会应通过多种途径,加大对保险纠纷诉讼与调解对接机制的宣传力度,加强公众对该纠纷解决机制的了解和认识。

13. 试点地区法院和保险监管机构应加强合作交流,建立沟通联系和信息共享机制,确定联系部门和联系人,及时就保险纠纷诉讼与调解对接工作中遇到的问题进行协商,提高调解质量和效率。

14. 最高人民法院民二庭与中国保险监督管理委员会保险消费者权益保护局具体负责对试点工作的指导。各试点地区法院所在辖区的高级人民法院或中级人民法院应指导、督促、检查其辖区内的试点工作,并注意总结试点经验,确保试点工作顺利进行。试点地区法院和保险监管机构在试点工作中遇到的问题,应及时层报最高人民法院和中国保险监督管理委员会。

15. 非试点地区的人民法院、保险监管机构和保险行业协会可以积极探索保险纠纷的多元解决方式,借鉴试点地区的成功经验,为保险纠纷诉讼与调解对接机制的建立和完善奠定良好的基础。

附件:建立保险纠纷诉讼与调解对接机制试点地区名单(略)

图书在版编目（CIP）数据

中华人民共和国保险注释法典／中国法制出版社编. —北京：中国法制出版社，2023.11
（注释法典）
ISBN 978-7-5216-3442-6

Ⅰ.①中… Ⅱ.①中… Ⅲ.①保险法-法律解释-中国 Ⅳ.①D922.284.5

中国国家版本馆 CIP 数据核字（2023）第 065799 号

责任编辑：刘晓霞　　　　　　　　　　　　　　封面设计：周黎明

中华人民共和国保险注释法典
ZHONGHUA RENMIN GONGHEGUO BAOXIAN ZHUSHI FADIAN

编者／中国法制出版社
经销／新华书店
印刷／三河市紫恒印装有限公司
开本／710 毫米×1000 毫米　16 开　　　　　印张／41.75　字数／1074 千
版次／2023 年 11 月第 1 版　　　　　　　　　2023 年 11 月第 1 次印刷

中国法制出版社出版

书号 ISBN 978-7-5216-3442-6　　　　　　　　　　　　定价：96.00 元

北京市西城区西便门西里甲 16 号西便门办公区
邮政编码：100053　　　　　　　　　　　　　传真：010-63141600
网址：http：//www.zgfzs.com　　　　　　　　编辑部电话：010-63141664
市场营销部电话：010-63141612　　　　　　　印务部电话：010-63141606

（如有印装质量问题，请与本社印务部联系。）